D0943276

LENI RIEFENSTAHL
MEMOIREN

LENI RIEFENSTAHL
MEMOIREN

EVERGREEN

Umschlagvorderseite:
Starfoto als Junta für den Film *Das Blaue Licht* (1932)

Umschlagrückseite:
Arbeitsfoto, um 1940. Diese Aufnahme entsteht während der
Dreharbeiten zu dem Film *Tiefland* (1940–1954).

EVERGREEN is an imprint of TASCHEN GmbH

© für diese Ausgabe: 2000 TASCHEN GmbH
Hohenzollernring 53, D–50672 Köln
© 1987 Leni Riefenstahl
Erstmalig erschienen 1987 bei
Albrecht Knaus Verlag GmbH,
München und Hamburg

Printed in Spain
ISBN 3–8228–0834–2

Dem Andenken meiner
Eltern und meines Bruders

INHALT

«Über mich sind schon massenweise so unverschämte Lügen und freie Erfindungen erschienen, daß ich längst unterm Boden wäre, wenn ich mich darum kümmern sollte. Man muß sich damit trösten, daß die Zeit ein Sieb hat, durch welches die meisten Nichtigkeiten im Meer der Vergessenheit ablaufen.»

ALBERT EINSTEIN

TANZ UND FILM

Sonne, Mond und Sterne

Es ist nicht leicht, mich aus der Gegenwart zu lösen und in die Vergangenheit zu versenken, um die lange Gratwanderung meines Lebens zu begreifen. Es kommt mir vor, als hätte ich viele Leben gelebt, die mich durch Höhen und Tiefen führten und nie zur Ruhe kommen ließen – gleich den Wellen eines Ozeans. Immer war ich auf der Suche nach dem Ungewöhnlichen, dem Wunderbaren und den Geheimnissen des Lebens.

In meiner Jugend war ich ein glücklicher Mensch. Als «Naturkind» wuchs ich auf, unter Bäumen und Sträuchern, mit Pflanzen und Insekten, behütet und abgeschirmt, in einer Zeit, die weder Radio noch Fernsehen kannte.

Schon mit vier oder fünf Jahren machte es mir Spaß, mich zu verkleiden und mir die phantastischsten Spiele einfallen zu lassen. So erinnere ich mich ganz deutlich an einen Abend in unserer Wohnung am Berliner Wedding, in der Prinz-Eugen-Straße, in der ich auch geboren wurde. Meine Eltern waren ausgegangen. Mit Hilfe von Bettlaken hatte ich meinen drei Jahre jüngeren Bruder Heinz in eine ägyptische Mumie verwandelt, damit er sich nicht rühren konnte, hatte selbst die langen lila Abendhandschuhe meiner Mutter angezogen und mich obenherum mit Tüll als indische Bajadere verkleidet.

Der große Augenblick, vor dem mir ziemlich bange war, war gekommen, als meine Eltern zurückkehrten. Fassungslos betrachtete meine Mutter diese Verkleidungsszene und den eingewickelten kleinen Bruder. Wie sie mir später gestand, hatte sie selbst Schauspielerin werden wollen, hatte aber schon mit zweiundzwanzig geheiratet. Sie war das 18. Kind meines Großvaters, der aus Westpreußen kam und Baumeister war. Die Hände über dem Bauch gefaltet, hatte sie während ihrer Schwangerschaft gebetet: «Lieber Gott, schenke mir eine wunderschöne Tochter, die eine berühmte Schauspielerin werden wird.» Das Kind, das sie am 22. August 1902 zur Welt brachte, schien freilich aber eine Ausgeburt an Häßlichkeit zu sein, verschrumpelt, mit struppigem dünnen Haar und schielenden Augen.

Meine Mutter weinte sehr, als sie mich zum ersten Mal betrachtete, und für mich war es ein geringer Trost, wenn die Kameraleute mir später versicherten, mein «Silberblick» eigne sich hervorragend für das zweidimensionale Medium Film. Mein Vater Alfred Riefenstahl, der meine Mutter, Bertha Scherlach, auf einem Kostümfest kennengelernt hatte, war ein moderner, vorausschauender Geschäftsmann, Inhaber einer großen Firma für Heizungs- und Lüftungs-Anlagen. Vor dem Ersten Weltkrieg richtete er in Berliner Häusern sanitäre Anlagen ein. Zwar liebte er das Theater, das er mit meiner Mutter häufig besuchte, aber Schauspieler, besonders Schauspielerinnen, waren für ihn «Halbseidene», wenn nicht sogar «Halbwelt», mit Ausnahme von Fritzi Massary, die einzigartige Soubrette, die er glühend verehrte und von deren Premieren er keine versäumte. Er war ein großer, kräftiger Mann, mit blondem Haar und blauen Augen, lebensfroh und temperamentvoll, aber zu Jähzorn neigend, wenn sein starker Wille sich gegen meine Mutter und mich nicht durchsetzen konnte. Selten wagte jemand, ihm zu widersprechen, überall verschaffte er sich wie selbstverständlich Autorität, ob bei seinen Jagdfreunden, bei den Kegel- oder Skatbrüdern oder in der Verwandtschaft. Er allein hatte das Bestimmungsrecht über Frau und Kinder, so sehr ihm auch meine Mutter zu widersprechen versuchte. Als junger Mann spielte er selbst begeistert Theater, hatte eine gute Stimme, aber nie wäre er auf den Gedanken gekommen, daß seine Tochter einmal ähnliche Neigungen entwickeln könnte.

Ein unvergeßliches Kindheitserlebnis für mich wurde das erste Theaterstück, das ich mit vier oder fünf Jahren zu Weihnachten sah: «Schneewittchen». Ich weiß nicht mehr, in welchem Berliner Theater es stattfand. Es versetzte mich in die allergrößte Erregung, und ich erinnere mich sehr gut an die Heimfahrt in der «Elektrischen»; die Mitfahrer hielten sich die Ohren zu und forderten meine Mutter auf, das hysterisch plappernde Kind endlich zum Schweigen zu bringen. Das Theater, die geheimnisvolle Welt hinter dem Vorhang, die «Bösen» vor allem, die da ihr Wesen trieben, haben mir seit diesem Erlebnis keine Ruhe mehr gelassen. Ich wuchs zu einem schrecklich wißbegierigen Kind heran, das alle, die irgendwie mit dem Theater zu tun hatten, unaufhörlich mit tausend Fragen belästigte.

Mein armer Vater bekam Zustände, weil ich darauf beharrte, er müßte mir die Anzahl der Sterne am Himmel ganz genau nennen. In der Schule dürfte ich wohl das einzige Kind gewesen sein, das ständig schlechte Noten im «Betragen» bekam, weil ich mit meinen Zwischenfragen oft den Unterricht störte. Noch mit 35 Jahren bin ich im «Deutschen Theater» mitten aus einer «Othello-Vorstellung» geflüchtet. Als die Intrigen ihren Höhepunkt erreichten, fing ich unbeherrscht zu schreien an. Es geschah in der Szene, in der Jago durch sein raffiniertes Lügengespinst den arglosen Mohr zu so wahnsinniger Eifersucht treibt, daß dieser seine geliebte Desdemona tötet. Das war aber auch ein Jago, von Ferdinand Marian, und ein Othello, von Ewald Balser gespielt.

«Märchenlesen» war meine Lieblingsbeschäftigung, nicht nur als Kind. Noch mit fünfzehn kaufte ich mir jede Woche das neue Groschenheft «Es war einmal» und schloß mich, um beim Lesen nicht gestört zu werden, in mein Zimmer ein, sobald ich es in Händen hatte.

Einige der Märchen konnte ich immer wieder lesen, wie das «Mädchen mit den drei Nüssen». Ich habe das junge Mädchen, das im Wald eine alte Frau fand, die nicht mehr laufen kann, weil ihre Füße bluten, nie vergessen. Die Alte hatte sich verirrt, ihre Schuhe waren zerrissen, vor Erschöpfung konnte sie sich nicht mehr aufrichten. Das Kind hat Mitleid mit der armen Frau, zieht das Kleid aus, zerreißt es in zwei Teile und wickelt es um ihre blutenden Füße. Dann führt die alte Frau das Mädchen in ihre Hütte und schenkt ihr zum Dank drei Walnüsse. In der einen liegt ein silbriges feines Gewand. Das Mädchen berührt das Gewebe, und es verwandelt sich in ein wunderschönes Kleid von der Farbe des Mondlichts. In der zweiten Nuß findet es ebenfalls ein Gewand, wie aus Lichtstrahlen gewoben, noch schöner als das andere, funkelnd wie glitzernde Sterne. Als das Mädchen die dritte Nuß öffnet, strömen ihm Strahlenbündel entgegen, die wie die Sonne leuchten. Mond, Sterne, Sonne..., die Steigerung des Lichts.

Tatsächlich haben Himmelskörper in meinem Leben immer großen Einfluß auf mich ausgeübt. Als Kind war ich sogar mondsüchtig. An Wochenenden fuhren wir meist aufs Land nach Rauchfangswerder. Zweimal hat mich meine Mutter bei Vollmond vom Dach unseres Hauses heruntergeholt; danach mußte ich bei Vollmondnächten immer im Zimmer meiner Eltern schlafen. Später hat sich diese Veranlagung gegeben. Doch noch als ich «Das blaue Licht» drehte, spielte der Mond darin die Hauptrolle. Das blaue Licht entsteht in dieser Filmlegende aus Mondstrahlen, die sich in Bergkristallen brechen. Zu den erhabensten Augenblicken meines Lebens gehören die Sternennächte am Montblanc und am Nil. Die Sonne aber war es, die mich, wie ich in meinem letzten Bildband schrieb, dem Zauber Afrikas verfallen ließ.

Mein Elternhaus

Ich war nicht nur ein verträumtes Kind, ich war schon früh sportlich aktiv. In diesen Jahren vor dem Ersten Weltkrieg war man noch weit davon entfernt, regelmäßig Sport zu betreiben. Das taten nur wenige. Der Turnvater Jahn und seine Veranstaltungen auf der Hasenheide waren von den Intellektuellen belächelt, von Karikaturisten verspottet worden – von Männern wie meinem Vater aber bewundert. Schon in frühester Jugend spielte er in Rixdorf Fußball, später interessierte er sich für Boxen und Pferderennen.

Ich war gerade fünf Jahre, als er mir aus Schilf eine Schwimmweste bastelte und mich mit ihr ins Wasser warf. Bevor wir das Häuschen in Rauchfangswerder, südlich von Berlin, bezogen hatten, verbrachten wir die Wochenenden in dem kleinen idyllischen Dorf Petz in Brandenburg, eine Stunde Eisenbahnfahrt von Berlin entfernt. Dichtes Schilf und Schmakeduzien umsäumten das Seeufer. Es gab dort eine Menge Frösche, und manchmal konnte man im dunklen Wasser sogar Ottern sehen. Einmal wäre ich bei meinen Schwimmversuchen fast ertrunken – ich hatte zuviel Wasser geschluckt. Merkwürdigerweise habe ich dabei keine Angst empfunden – es ging alles so schnell, bis ich bewußtlos wurde. Ich habe das noch genau in Erinnerung, und seitdem war mir das Wasser vertraut. In Rauchfangswerder bin ich oft weite Strecken geschwommen, meistens hinüber auf die andere Seeseite, wo Tante Olga, eine ältere Schwester meiner Mutter, mit ihrem Mann ein großes Gartenrestaurant betrieb. Bei diesem Langstrecken-Schwimmen begleitete mich meist meine Mutter mit unserem Ruderboot.

Mit zwölf durfte ich dem Schwimmclub «Nixe» beitreten, machte dort Kinderschwimmkämpfe mit und holte mir Preise. Nach einem Unfall mußte ich das Schwimmen eine Zeitlang unterbrechen. Im Freibad Hallensee übten wir Mädchen Kopfsprünge vom Dreimeter-Brett. Als ich mich dann einmal auf das Fünfmeter-Brett hinaufwagte und etwas zaghaft in die Tiefe schaute, bekam ich von rückwärts einen Stoß und stürzte mit dem Bauch voll auf die Wasseroberfläche. Die Schmerzen waren schlimm. Ich habe mich nie wieder auf ein Fünfmeter-Brett gestellt.

Ohne meinen Vater um Genehmigung zu bitten, trat ich einem Turnverein bei, und das Turnen wurde bald meine große Leidenschaft. Barren und Ringe wurden meine Lieblingsgeräte. Doch auch hier hatte ich Unglück. Während ich an den Ringen einen Kopfstand machte, ließ jemand versehentlich die an der Wand festgehakten Seile los, und ich stürzte senkrecht in die Tiefe. Dabei habe ich mir fast die Zunge abgebissen und eine schwere Gehirnerschütterung bekommen. Dafür wurde ich nach den Regeln damaliger Erziehung von meinem Vater auch noch bestraft. Ich durfte nicht mehr turnen. Damit verschwand ein weiteres Vergnügen aus meiner Kindheit. Aber das verbotene Turnen wurde durch etwas anderes ersetzt: Rollschuh- und Schlittschuhlaufen. Mein Drang, mich körperlich auszutoben, befriedigte allerdings nur die eine Seite meiner Neigungen. Trotz aller Bewegungslust blieb ich eine Träumerin, die nach dem Sinn des Lebens suchte.

Ich sträubte mich, Gedanken, Anschauungen und Meinungen der Erwachsenen zu übernehmen, da es oft vorkam, daß zwei Personen, die für mich als Kind gleich große Autoritäten darstellten, sich widersprachen und jeder haargenau das Gegenteil vom anderen behauptete. Darunter litt ich, denn wie sollte ich wissen, wer recht hatte. Doch damit begann für mich eine große Leidenszeit. Ich quälte mich mit allen möglichen Gedanken ab. Es ging vor allem um die Todesstrafe, die damals wegen der vielen Kinder-Sexualmorde heftig diskutiert wurde, und über Fragen der persönlichen Freiheit, aber es waren auch religiöse Themen, die mich sehr beschäftigten. Mit meinen Schulkameradinnen konnte ich darüber nicht sprechen, die hatten kaum Interesse daran, daher wurde ich schon ziemlich früh eine Einzelgängerin.

Ich war zwölf, als ich in der Berliner Belle-Alliance-Straße mit ansah, wie ein kleines Mädchen überfahren wurde. Ich höre die Schreie der verzweifelten Mutter noch heute. In mir tobten schreckliche Gedanken. Wie konnte Gott so etwas zulassen? Was täte ich, wenn mir das gleiche zustieße? Würde ich das Leben verfluchen? Was hätte mir die Schönheit der Natur noch bedeutet, wenn ich plötzlich erblindet wäre oder nicht mehr laufen könnte?

Meine Eltern wunderten sich über meine Blässe. Wochenlang aß ich kaum und grübelte in schlaflosen Nächten. Mein kindlicher Verstand sagte mir schließlich, daß das Böse in der Welt das Gute schon längst verschlungen hätte, wenn es wirklich das Stärkere wäre. Dann gäbe es schon lange keinen grünen Halm, keine Blume und keinen Baum mehr. In Billionen Jahren hätte das Böse genügend Zeit gehabt, alles zu zerstören und den Menschen das Leben zu nehmen, wenn es so zu verneinen wäre. Dann würde man nur dahinvegetieren, nur essen, schlafen und auf ein unberechenbares Schicksal warten. Doch in mir siegte die Zuversicht, und ich fühlte mich plötzlich wie befreit. Ich wußte, daß ich zum Leben «Ja» sagen würde – immer – ganz gleich, was kommen würde.

Von nun an betete ich jeden Abend vor dem Schlafengehen, daß Gott mir die Kraft geben möge, alles, aber auch alles zu ertragen, was mir das Schicksal auferlegen würde, und nie das Leben zu verdammen, sondern Gott zu danken. Diese Erkenntnis wurde für mein späteres Leben eine unerschöpfliche Kraftquelle.

Rauchfangswerder ist eine Halbinsel im Zeuthener See, südöstlich von Berlin; ihr gegenüber liegt an der Bahnstrecke Berlin-Königswusterhausen der Ort Zeuthen. Diese Gegend gehörte zu den schönsten in der näheren Umgebung der Reichshauptstadt.

Dort hatten meine Eltern ein Grundstück, unmittelbar am See gelegen, mit einer herrlich verwilderten Wiese. Man hatte sie glücklicherweise im Urzustand belassen. Am Ufer standen große Trauerweiden, ihre Äste reichten bis ins Wasser. In ihrer Nähe hatte ich mir eine winzige Strohhüte gebaut, die von einem kleinen Garten umsäumt wurde.

Auf einer kleinen Fläche des Grundstücks pflanzten meine Eltern allerlei «Nützliches» an: Obst, Gemüse, Kartoffeln. Mein Vater war hier viel friedfertiger als in der Stadt. Er angelte unverdrossen stundenlang und forderte mich oft auf, mit ihm Schach oder Billard zu spielen. Selbst als «Dritten Mann» rief er mich manchmal zum Skat.

Um mich ganz abzuschirmen, hatte ich um mein Hüttchen einen Zaun aus mannshohen Sonnenblumen gepflanzt. An diesem Platz habe ich viel geträumt.

Eine Zeitlang glaubte ich, es müßte schön sein, Nonne zu werden. Die Abgeschlossenheit der Klöster, ihre friedlichen Gärten, gefielen mir. Andererseits hatte ich noch immer Spaß an den wildesten Spielen. Mit den Kindern unserer Nachbarn, einer Bande Jungen und Mädchen, kletterte ich auf Bäumen herum, schwamm, ruderte und segelte um die Wette. Nichts war mir zu hoch, zu steil oder zu gefährlich. Dazwischen zog es mich immer wieder in mein Gartenhäuschen, wo ich Gedichte und Theaterstücke schrieb. Ich war hier in die Natur geradezu vernarrt, und so kamen nicht Menschen in meinen Versen vor, sondern Bäume, Vögel, sogar Käfer, Raupen und Bienen.

Im ersten Schuljahr in Berlin-Neukölln, wohin meine Eltern vom Wedding zum Hermannsplatz umgezogen waren, hatten wir Mädchen besonderen Spaß daran, manchmal auf dem Obst- und Gemüsemarkt Äpfel zu klauen. Fast immer war ich die Anführerin. Wir kippten, wenn die Situation günstig war, die Körbe um und holten uns dann einige der davonrollenden Äpfel. Als ich einmal dabei erwischt wurde und mein Vater davon erfuhr, verprügelte er mich fürchterlich und sperrte mich einen ganzen Tag lang in ein dunkles Zimmer. Auch bei anderen Gelegenheiten bekam ich seine Strenge zu spüren.

In der Zeit, als wir am Hermannsplatz wohnten, hatte ich ein schreckliches Erlebnis. Damals trieb sich in Berlin ein Lustmörder herum. Er wurde jahrelang nicht gefaßt. Er mordete Kinder und schlitzte ihnen den Bauch auf. Wir hatten alle große Angst vor ihm. Eines Abends sollte ich für meinen Vater Bier holen. Die Kneipe war nur wenige Minuten von unserem Haus entfernt. Mit einem Syphon – so wurden damals die Bierkrüge mit Deckelverschluß aus weißem Porzellan genannt – lief ich die Treppe hinunter. Plötzlich stockte ich. Vor einem Treppenhausfenster stand ein Mann, mit dem Rücken zur Treppe gewandt. Er wirkte so unheimlich, weil er sich vor das Fenster gestellt hatte, durch das man aber in der Dunkelheit nicht sehen konnte. Als ich hinter seinem Rücken vorbeihuschte, blieb er bewegungslos stehen. Ich hatte große Angst und dachte, hoffentlich ist er nicht mehr da, wenn ich zurückkomme.

Mit dem gefüllten Syphon stand ich vor der Tür unseres Hauses. Ich wagte nicht, es zu betreten. Was sollte ich tun? Meine Eltern konnte ich nicht verständigen. Telefon hatten wir nicht. Nachts auf der Straße bleiben wollte ich auch nicht. So entschloß ich mich schließlich doch, nach oben zu gehen. Der Mann stand breitbeinig in genau derselben Stellung da wie vorher. Starr und schweigend schaute er auf das dunkle Fenster. Ich umklammerte meinen Bierkrug und rannte rückwärts, so schnell ich konnte, an ihm vorbei, mehrere Stufen auf einmal nehmend. Doch ich kam nicht weit. Er packte mich hinten am Mantelkragen, ich ließ den Bierkrug fallen und stürzte auf die Treppe, laut um Hilfe schreiend. Er legte seine Hände um meinen Hals und versuchte mich zu würgen, aber im gleichen Augenblick rissen einige Hausbewohner die Wohnungstüren auf. Der Lärm hatte sie alarmiert. Der Mann ließ mich los und flüchtete. Geblieben ist mir bis zum heutigen Tag ein Schock, wenn ich hinter mir Schritte höre.

Meine Großeltern mütterlicherseits kamen aus Westpreußen. Sie übersiedelten nach Polen, weil mein Großvater dort eine gute Anstellung als Baumeister erhielt. Als seine erste Frau nach dem achtzehnten Kind, das meine Mutter war, starb, heiratete er die Erzieherin der Kinder, von der er noch drei weitere bekam. Als Polen von Rußland annektiert wurde, wollte er die russische Staatsangehörigkeit nicht annehmen und ging nach Berlin. Die Familie mußte sehr sparen, da mein Großvater zu alt war, um noch Arbeit zu bekommen. Er wirkte jedoch noch sehr rüstig und sah blendend aus. Ich liebte ihn, weil er immer freundlich war und auch gern mit mir spielte, aber das jüngste seiner 21 Kinder, meine Tante Toni, verzieh ihm die große Kinderschar nicht. Meine Mutter, die eine gute Näherin war, unterstützte ihre Eltern, indem sie Blusen nähte, die sie verkaufte. Ich erinnere mich auch an eine andere Arbeit und sehe uns an einem langen, großen Tisch sitzen und Zigarettenhülsen kleben.

Von den älteren Geschwistern meiner Mutter blieben einige in Rußland und heirateten dort. Wir haben nie wieder etwas von ihnen gehört. Vermutlich sind sie während der russischen Revolution umgekommen.

Die Eltern meines Vaters und ihre Vorfahren stammten aus der Mark Brandenburg. Mein Großvater war Schlossermeister. Er hatte drei Söhne und eine Tochter. Meine beiden Großmütter waren sanfte und stille Frauen, die für die Familie sorgten. So lebte ich als Kind in einer durch und durch bürgerlichen Welt, in der ich mich nicht besonders wohl fühlte.

Zu den bürgerlichen Verpflichtungen jener Zeit gehörte es auch, daß junge Mädchen aus gutem Hause Klavierspielen erlernen mußten. Zweimal in der Woche brachte mich mein Vater zur Klavierstunde in die Genthiner-Straße und das fünf Jahre lang. Es war immer dieselbe Lehrerin. Ich muß gestehen, ich hatte keine Freude an diesen Stunden, für die ich auch nur ungern geübt hatte, obgleich ich Musik so liebte, daß ich später als Tänzerin kaum ein gutes Konzert ausließ. Mit dem Klavierspielen ging es mir ähnlich wie mit der Malerei – für beides war ich begabt, so daß ich sogar für ein Schülerkonzert in der Philharmonie ausgewählt wurde, in dem ich mit großem Erfolg eine Sonate von Beethoven spielte. Aber die Leidenschaft fehlte, die ich für den Tanz so stark empfand.

Wenn ich an die großartigen Konzerte in der Berliner Philharmonie zurückdenke, bleibt mir Ferruccio Busoni, der geniale Pianist und Komponist, unvergeßlich. Ich hatte das Glück, ihn, während meiner Ausbildungszeit als Tänzerin, persönlich kennenzulernen. In einem Salon der Familie von Baumbach versammelte sich einmal wöchentlich ein Kreis von Künstlern, zu dem auch Busoni gehörte. Als er einmal etwas sehr Rhythmisches spielte, fing ich plötzlich zu tanzen an. Nachdem sein Spiel beendet war und die Anwesenden aufmunternd klatschten, kam er auf mich zu, strich mir übers Haar und sagte: «Mädchen, Sie sind begabt. Sie werden einmal eine große Tänzerin, ich werde etwas für Sie komponieren.» Schon nach wenigen Tagen erhielt ich von ihm ein Kuvert mit Noten darin. Auf einem beiliegenden Zettel stand: «Für die Tänzerin Leni Riefenstahl – Busoni.»

Der «Valse caprice», den er damals für mich komponierte, zählte später zu meinen großen Erfolgen.

Bis zu meinem 21. Lebensjahr – solange mußte ich bei meinen Eltern wohnen – durfte ich mit keinem jungen Mann ausgehen. Auch ein Kinobesuch ohne elterliche Begleitung war mir nicht erlaubt. Der Unterschied zum Leben der heutigen Jugend ist unvorstellbar. An den Pfingstfeiertagen putzte meine Mutter mich immer mit einem besonders hübschen Kleid heraus, das sie selbst genäht hatte, mein Vater jedoch war stets leicht gereizt. Wenn sich dann manchmal Männer nach mir umdrehten, versetzte ihn das in Wut. Er bekam einen roten Kopf und fuhr mich an: «Schau runter, guck die Männer nicht so an!»

Sein Vorwurf war ungerechtfertigt. Ich dachte gar nicht daran, mit Männern zu flirten.

«Reg dich nicht auf, Papa», sagte meine Mutter besänftigend, «die Leni schaut doch gar nicht auf die Männer!»

Meine Mutter hatte ebenso recht wie unrecht. Seit meinem 14. Lebensjahr war ich immer in irgend jemanden verliebt, auch wenn ich meine Idole nie kennenlernte. Zwei Jahre lang himmelte ich einen jungen Mann an, den ich nur einmal zufällig auf der Tauentzienstraße gesehen, aber nie gesprochen hatte. Nach jedem Schultag ging ich die Tauentzienstraße rauf und runter, vom Wittenbergplatz bis zur Kaiser-Wilhelm-Gedächtniskirche und zurück zum KaDeWe, in der Hoffnung, ihn vielleicht doch noch einmal wieder zu sehen. Kein anderes männliches Wesen interessierte mich, nur dieser eine. So war es – sehr zum Kummer eines anderen jungen Mannes, der mich auf der Eisbahn in der Nürnberger Straße kennengelernt hatte, als er mir half, die Schlittschuhe anzuziehen. Von da an folgte er mir jahrelang wie ein Schatten.

Einmal hatten meine Freundin Alice und ich uns einen tollen Spaß mit ihm erlaubt, der bedauerlicherweise böse für ihn ausging. Unsere Turnstunde hatte eine neue Lehrerin übernommen, die noch nicht alle Schülerinnen kannte. Wir überredeten Walter Lubowski, so hieß mein Verehrer, sich als Mädchen zu verkleiden und mit uns zur Turnstunde zu gehen. Walter war so vernarrt in mich, daß er auch zu einem Löwen in den Käfig gegangen wäre, wenn ich es verlangt hätte. Er beschaffte sich eine blonde Perücke, Ohrringe und Mädchenkleider und setzte sich, weil er eine ziemlich große Nase hatte, eine Sonnenbrille auf. Die neue Lehrerin war fassungslos, als sie die tollen Riesenschwünge, die dieses Mädchen am Reck vorführte, sah, während wir das Lachen kaum unterdrücken konnten. Aber, kaum faßbar, sie merkte nichts. Wir nannten Walter «Wilhelmine» und zogen nach Schulschluß mit

ihm in seinen Mädchenkleidern zum Café Miericke, in die Rankestraße an der Gedächtniskirche. Dort bestellten wir uns gemischtes
Eis. Wir waren vier Mädchen im Alter von fünfzehn, während Walter
schon siebzehn war.

Das Malheur passierte, als der Ober zum Zahlen kam. Da wollte
unser «Mädchen» gewohnheitsmäßig das Portemonnaie aus der Ho-
sentasche ziehen. Um dahin zu gelangen, griff er unter seinen Rock.
Die Augen des Obers sahen plötzlich die behaarten Schenkel eines
Mannes. Walter sprang erschrocken auf und lief davon und wir ihm
nach – ohne zu zahlen. Wir rannten die Tauentzienstraße hinunter bis
zum KaDeWe. Dort verschwand Walter in einer Telefonzelle, um sich
seiner weiblichen Aufmachung zu entledigen. Zum Glück war uns
niemand gefolgt, so daß wir glaubten, es wäre noch alles gutgegangen.
Aber es kam anders: Der arme Walter wurde zu Hause rausgeschmissen. Sein Vater hatte die Perücke und die ganze Mädchenkleidung im
Zimmer seines Sohnes gefunden und angenommen, Walter sei ein
Transvestit, was damals als eine ungeheure Schande galt. Wir alle
waren über den Ausgang unseres harmlosen Scherzes sehr betroffen.
Auf den Gedanken, seinen Vater aufzusuchen und den Irrtum aufzuklären, kamen wir allerdings nicht. Wir waren zu jung, zu gehemmt,
und Walter hatte uns seinen Vater als wahren Teufel geschildert. So
blieb uns nichts übrig, als unserer «Wilhelmine» zu helfen, vor allem
mit Lebensmittelkarten, die besonders Alice beschaffte, da ihre Eltern
ein großes Restaurant hatten, das «Rote Haus» am Nollendorfplatz.
Es war Krieg, und alles war rationiert. Zum Glück war Walter auch
allgemein sehr begabt, er hielt sich mit Nachhilfestunden über Wasser
und schaffte trotz der für ihn so schwierigen Situation sogar noch sein
Abitur. Wir haben ihn sehr bewundert. Über ihn werde ich noch
einiges zu erzählen haben.

Inzwischen waren wir in die Goltzstraße umgezogen, wohnten dort
aber nur ein knappes Jahr, da die Wohnung meinem Vater nicht groß
genug war. Er fand eine schönere in der Yorkstraße. Von dort aus fuhr
ich meist in fünfzehn Minuten mit Rollschuhen zur Schule. Wenn sie
aus war, machte ich häufig einen Abstecher zum Tiergarten, wo ich
mit meinen Rollschuhkünsten das Publikum anlockte, bis die Polizei
erschien und ich Reißaus nahm.

Meine Freundin Alice, die ich erst viel später wiedersah, da sie nach
Istanbul geheiratet hatte, erinnerte mich an allerlei Streiche. Sie wußte
noch, daß wir zu Kaisers Geburtstag auf das Schuldach geklettert
waren und die Fahne vom Mast herunterholten. Als der Kaiser aber
einmal keinen Geburtstag hatte und es auch keinen Sieg zu feiern gab,
haben wir die Fahne gehißt, um schulfrei zu bekommen. Ich war

damals schon schwindelfrei und kletterte aufs Dach wie ein Affe. Einmal malte ich, um die Schule zu schwänzen, Alice rote Punkte auf Hals, Arme und Gesicht. Zu dieser Zeit herrschte eine Röteln-Epidemie, und so schickte die Lehrerin Alice erschrocken nach Hause. Zwei Tage später bekam sie dann die Röteln wirklich.

Alice fand mich mit meinen fünfzehn Jahren noch unglaublich naiv. Als mir einmal ein Junge einen Kuß gab, soll ich sie gefragt haben, ob ich davon ein Kind bekommen würde. Ich war tatsächlich lange nicht so reif wie meine Freundinnen. Einmal zeigte mir Alice ihren Busen. Ich genierte mich, denn ich hatte noch keinen. Um mehr davon vorzutäuschen, steckte ich mir Strümpfe in die Bluse. Alice war mit fünfzehn schon verlobt, mit neunzehn bereits verheiratet, ich dagegen war mit einundzwanzig Jahren noch unentwickelt und sah um Jahre jünger aus.

Trotz der dummen Streiche, die ich mit meinen Schulkameradinnen machte, wurde ich mir der ernsten Seite meiner Natur mehr und mehr bewußt. Ich schloß mich oft in mein Zimmer ein, um ungestört nachdenken zu können. Noch während der Schulzeit beschäftigte ich mich intensiv mit einer Sache, ganz untypisch für Mädchen. Ich fing an Flugzeuge zu zeichnen, die eine größere Anzahl von Leuten befördern konnten. Eine zivile Luftfahrt gab es noch nicht.

Wir befanden uns im letzten Kriegsjahr. Flugzeuge wurden nur an der Front eingesetzt. Viele wurden abgeschossen und verbrannten mit ihren Piloten.

Wieviel besser wäre es, dachte ich, wenn Flugzeuge die Menschen friedlich von Stadt zu Stadt bringen würden. Ich arbeitete einen exakten zivilen Luftfahrtplan aus, der die wichtigsten deutschen Städte miteinander verband, und veranschlagte auch die Kosten für die Herstellung der Maschinen, den Bau von Flugplätzen und den nötigen Benzinverbrauch, um die Preise für die Flugkarten zu errechnen. Diese Arbeit faszinierte mich. Damals bemerkte ich schon die in mir schlummernden organisatorischen Fähigkeiten.

Wenn mein Vater mich bei dieser Beschäftigung ertappte, sagte er, wie so oft: «Schade, daß du nicht ein Junge geworden bist, und dein Bruder ein Mädchen.»

Mein Vater hatte nicht unrecht. Heinz war in seiner Veranlagung fast das Gegenteil von mir. Ich war aktiv, er zurückhaltend, ich lebhaft, mein Bruder eher still. Trotzdem hatten wir etwas gemeinsam, das Interesse für Kunst und schöne Dinge, zum Kummer unseres Vaters, der sich seinen Sohn als Partner und Nachfolger seiner Firma wünschte. Aber mein Bruder wollte Architekt werden, wofür er auch begabt war, besonders für Innenarchitektur, das war sein Hobby.

Aber er konnte seinen Willen nicht durchsetzen. Heinz mußte sein Studium als Ingenieur machen und anschließend in der Firma meines Vaters arbeiten. Trotz seiner Strenge liebte er uns, ebenso wie die Mutter, abgöttisch.

Obgleich ich oft die Schule schwänzte, habe ich noch im «Kollmorgenschen Lyzeum» ein gutes Abschlußzeugnis erhalten. Nicht in allen Fächern eine eins, aber in Mathematik und Algebra, auch in Turnen und Malen war ich die Beste, in Geschichte und Gesang dagegen die Schlechteste. Mein Vater war zufrieden.

Gleich nach Schulabschluß, ich war noch nicht sechzehn, wurde ich Ostern 1918 in der Kaiser-Wilhelm-Gedächtniskirche eingesegnet. Ich erinnere mich noch an den Namen des Pfarrers, er hieß Nithak-Stahn. Er sah sehr gut aus, wir Mädchen schwärmten für ihn. Meine Mutter hatte mir ein wunderbares Kleid aus schwarzem Tüll genäht, mit vielen Rüschen, in Seidenbänder eingefaßt. Alice behauptete später, ich hätte wie eine «femme fatale» ausgesehen.

Die Grimm-Reiter-Schule

Ich war sechzehn, als eine schicksalhafte Wende eintrat. Sie kündigte sich an in Form eines kleinen Inserats, das ich in der «B. Z. am Mittag» las. So etwa lautete der Text:

«Zwanzig junge Mädchen werden für den Film ‹Opium› gesucht. Anmeldungen in der Tanzschule Grimm-Reiter, Berlin-W, Budapester Straße 6.»

Ich ging hin, eigentlich nur aus Neugierde. Im Ernst dachte ich nicht daran, zur Bühne zu gehen. Sollte ich tatsächlich ausgewählt werden, so fände sich leicht ein Grund abzusagen. Als ich mich in der Tanzschule einfand, stand ich in einer Halle, in der sich schon ein Schwarm junger Mädchen drängte. Der Reihe nach mußten wir an einen Tisch treten, an dem Frau Grimm saß. Sie musterte jedes Mädchen mit einem kurzen Blick und notierte sich Namen und Adresse. Ich beobachtete, daß sie ab und zu hinter einem Namen ein Kreuz machte, und stellte mit Genugtuung fest, daß auch ich ein solches Kreuz bekam. Uns wurde gesagt, wir würden Bescheid bekommen. Enttäuscht, denn ich hatte geglaubt, eine Entscheidung würde an Ort und Stelle schon getroffen, wollte ich gerade wieder gehen, als ich an einer Tür stehenblieb: Durch einen Spalt hatte ich einige junge Tänzerinnen erblickt. Ich hörte ein Klavier und eine Stimme kommandieren, eins-zwei-drei, eins-zwei-drei – ein Hüpfen und Stampfen. Mich überfiel ein unbändiges Verlangen mitzumachen. Gegen jede Vernunft, denn ich wußte, mein Vater würde mir dies nie erlauben, ließ ich mir die Aufnahmebedingungen geben, den Preis für die Stunden sagen und meldete mich sofort für den Anfängerkurs an: Zwei Stunden in der Woche. Außer einer mäßigen Gebühr, die ich schon aufbringen konnte, benötigte ich lediglich einen Tanzkittel. Dies war nicht das Problem, wohl aber die Frage, wie ich diese Stunden vor meinem Vater verheimlichen konnte. Glücklicherweise war mein Vater zu dieser Zeit noch im Büro beschäftigt. Trotzdem erwies sich die Sache als nicht ganz ungefährlich. Meine arme Mutter mußte einmal wieder Mitwisserin und Mithelferin spielen. Meinem leidenschaftlichen Drängen konnte sie nicht widerstehen. Da ich die Tanzstunden ja nur zu meiner Freude mitmachen wollte und nicht entfernt daran dachte, sie beruflich zu nützen, hatten wir auch kein allzu schlechtes Gewissen.

Nun mußte ich aber jeden Morgen den Postboten abpassen, damit meinem Vater nicht etwa die ersehnte Benachrichtigung in die Hände fiele, und tatsächlich konnte ich schon bald den Brief abfangen. Die Ausgewählten wurden wieder in die Grimm-Reiter Schule bestellt, aber diesmal traf ich bedeutend weniger Mädchen an. Jede von uns mußte der Filmjury einen Walzer vortanzen. Ich wurde mit einigen anderen dazu ausgewählt. So sehr ich mich auch darüber freute, so wußte ich doch, daß ich diese Chance nicht wahrnehmen konnte. Das habe ich dem enttäuschten Regisseur auch gleich gesagt.

Entschädigt wurde ich durch die heimlichen Tanzstunden, die mich immer mehr begeisterten. Dabei stellte ich mich anfangs keineswegs sehr geschickt an. Ich war zu verkrampft, aber technisch fiel mir infolge meines ständigen Sporttrainings alles sehr leicht. Nach der fünften oder sechsten Stunde lösten sich schon die Verkrampfungen, und meine Glieder begannen der Musik zu folgen.

Von nun an machte ich große Fortschritte und wurde in kurzer Zeit eine Meisterschülerin. Obwohl ich nun schon seit drei Monaten an dem Unterricht teilnahm, blieb es meinem Vater verborgen. Dadurch ermutigt, beschloß ich, auch den Ballettkurs mitzumachen. So ging ich nun viermal in der Woche zum Unterricht. Bald konnte ich bereits auf den Spitzen tanzen und ließ mir von meinen Freundinnen die Glieder verrenken, so daß ich sie wie eine Gummipuppe bewegen konnte. Kein Schmerz war mir zu groß, ich scheute keine Anstrengung und trainierte außerhalb der Schule täglich viele Stunden. Jede Stange, jedes Geländer wurde dazu mißbraucht, in der Straße bewegte ich mich in Sprüngen fort, tänzelte und bemerkte kaum, wie mir die Leute kopfschüttelnd nachschauten. Schon immer hatte ich die Angewohnheit, mich nur mit dem zu befassen, was mich interessierte. Alles andere nahm ich kaum wahr, ich spann mich ein in meine eigene Welt. Was andere Leute über mich sagten oder dachten, war mir gleichgültig.

Meine Freundinnen hatten schon einen Freund, flirteten, und ihre aufregenden Erlebnisse drehten sich fast immer nur um Männer. Ich zeigte daran noch nicht das geringste Interesse. Zwar war ich schon heftig verliebt gewesen, aber das waren nur Schwärmereien, die mir viel Kummer bereiteten – vor allem deshalb, weil ich dem von mir so leidenschaftlich Angebeteten nie nahe kam. So konnte ich meine Gefühle ausschließlich in meinen Tanz hineinströmen lassen.

Daß der Weltkrieg inzwischen beendet war, daß wir ihn verloren hatten, daß eine Revolution stattfand, es keinen Kaiser und keinen König mehr gab, dies alles erlebte ich nur wie im Nebel. Mein Bewußtsein kreiste um eine kleine winzige Welt.

In dieser Zeit, im Winter 1918 oder im Frühjahr 1919, geriet ich einmal in Straßenkämpfe. Der Hochbahnzug, in dem meine Mutter und ich uns befanden, wurde in der Nähe des Bahnhofs Gleisdreieck beschossen. Wir mußten uns alle auf den Boden legen, das Licht ging aus, und als wir dann später nach Hause liefen, pfiffen Schüsse an uns vorbei. Wir sprangen von Hausflur zu Hausflur und suchten Deckung. Ich hatte keine Ahnung, warum das geschah und was das bedeutete. Das Wort Politik kam in meinem Wortschatz noch nicht vor, und auf alles, was mit Krieg zu tun hatte, reagierte ich mit einer Gänsehaut. Zu meiner Schande muß ich gestehen, daß mir als junger Mensch nationale Gefühle fremd waren. Krieg war für mich der Inbegriff des Schrecklichen, und übertriebene Nationalgefühle konnten schuld daran sein, daß es überhaupt Krieg gab. Für mich hatten Menschen, ob schwarz, weiß oder rot, den gleichen Wert, und von Rassentheorien hatte ich noch nie etwas gehört. Dafür interessierte ich mich immer mehr für den Kosmos, für die Geheimnisse des Himmelsraumes und der Planeten. Die Sterne, insbesondere der Mond, übten noch immer auf mich eine unwiderstehliche, magische Anziehungskraft aus.

Nach der Schulzeit

Mit sechzehn verließ ich die Schule. Eine Entscheidung für meine Zukunft mußte gefällt werden. Es war der unumstößliche Entschluß meines Vater, mir endgültig die Flausen, Schauspielerin zu werden, auszutreiben. Ich sollte eine Haushaltsschule, das sehr angesehene Lettehaus in Berlin, besuchen und anschließend ein Pensionat. Alle meine Vorstöße, mich als Schauspielerin ausbilden zu lassen, scheiterten. Sie riefen bei meinem Vater solche Zornausbrüche hervor, daß ich meiner Mutter zuliebe vorläufig mein Drängen aufgab und nur mit allen Mitteln versuchte, meine Verbannung in ein Pensionat zu verhindern. Dorthin zu gehen, war mir ein unerträglicher Gedanke.

Ich wollte nicht von Berlin fort, denn ich liebte meine Geburtsstadt über alles – den Tiergarten und den Zoo, die Theater, die wunderbaren Konzerte, die festlichen Kinopremieren, den Kurfürstendamm und die Prachtstraße Unter den Linden. Dann die tollen Caféhäuser, das «Romanische Café» gegenüber der Kaiser-Wilhelm-Gedächtniskirche, der Treffpunkt meiner heimlichen Rendezvous, oder das «Café des Westens». Nicht zu vergessen «Aschinger», wo man so schnell an runden Holztischen für billiges Geld im Stehen warme Würstchen oder Erbsensuppe verzehren konnte. Berlin war eine aufregende Stadt. Schon einige Male war ich im «Romanischen Café» und bei «Schwanecke» in der Rankestraße von Filmregisseuren angesprochen worden, die mich aufforderten, Probeaufnahmen machen zu lassen oder in ihren Filmen mitzuwirken. Aber ich widerstand immer solchen Versuchungen, weil sich solche Pläne ja doch nie erfüllen ließen. Als ein Regisseur einmal einfach nicht locker ließ und mich täglich verfolgte und desgleichen seine Frau, ließ ich mich schließlich überreden. Hinter dem Rücken meines Vaters, mit Hilfe meiner Mutter, habe ich einige Tage gefilmt.

In einem kleinen Zimmer-Atelier in der Belle-Alliance-Straße spielte ich die Rolle eines jungen Köhlermädchens. An den Namen dieses Regisseurs kann ich mich nicht mehr erinnern, ich weiß nur noch, daß er mir eine große Zukunft prophezeite. An den Aufnahmen selbst, also an meinem eigentlichen Film-Debüt, habe ich nicht viel Freude gehabt. Die Angst, mein Vater könnte davon erfahren, peinigte mich zu sehr. Deshalb hatte der Regisseur mich durch Frisur und Maske so verändern müssen, daß ich mich dann im Kino selbst nicht wiedererkennen konnte.

In dieser Zeit hatte ich ein lustiges Erlebnis. Ein junger Mann, der sich Paul Lasker-Schüler nannte, sprach mich auf der Straße an. Er war der Sohn der berühmten Dichterin, die mir damals noch unbekannt war. Er sah gut aus und war achtzehn. Wir trafen uns einige Male heimlich, und da er viel mehr wußte als ich, machte es mir Spaß, mich mit ihm zu unterhalten. Ich konnte viel von ihm lernen. Eines Tages sagte er zu mir ohne jeden Zusammenhang: «Weißt du eigentlich, daß du einen sehr sinnlichen Mund hast?»

Ich, völlig ahnungslos, sagte: «Quatsch, ich habe keinen sinnlichen Mund.»

Er: «Wetten? Ich wette mit dir, daß ich es dir innerhalb der nächsten vier Wochen beweisen werde.»

«Gut, wetten wir», antwortete ich, «um was wetten wir?»

«Daß du mich küssen wirst.»

«Und wenn du verlierst?»

«Dann werde ich dir etwas Hübsches schenken», war seine Antwort.

Wir sahen uns längere Zeit nicht. Dann traf ich ihn eines Tages wieder. Er bat mich, ich sollte mir seine Zeichnungen ansehen, und, ohne an die Wette zu denken, willigte ich sofort ein.

In der Rankestraße hatte er ein möbliertes Zimmer. Kaum hatte ich es betreten, umfaßte er mich und versuchte, mich zu küssen. Über diesen unerwarteten Überfall war ich so wütend, daß ich mich von ihm losriß und ihn an die Wand stieß, wobei ich aber furchtbar lachen mußte. Dieses Lachen muß ihn in seinem männlichen Stolz so beleidigt haben, daß er mich mit fast brutaler Gewalt aus dem Zimmer warf. Ich habe meinen stürmischen Verehrer nie wieder gesehen und auch kein Geschenk für meine gewonnene Wette erhalten. Er ist, wie ich viel später erfuhr, in sehr frühen Jahren gestorben.

Mein Wunsch, selbständig zu sein, wurde immer stärker. Niemals wollte ich in meinem Leben von irgend jemand abhängig werden. Wenn ich sah, wie meine Mutter von meinem Vater manchmal behandelt wurde – er konnte wie ein Elefant trampeln, wenn sich am gestärkten Kragen seines Hemdes der Knopf nicht aufmachen ließ –, dann schwor ich mir, daß ich in meinem späteren Leben niemals das Steuer aus der Hand geben würde. Nur mein eigener Wille sollte entscheiden.

Meine Mutter war eine großartige Frau, aber sie wurde zur Sklavin meines Vaters. Sie hat ihn sehr geliebt, aber was sie mitmachen mußte, war entsetzlich. Ich habe mit ihr gelitten. Trotzdem habe ich meinen Vater nicht hassen können. Er besaß auch viele gute Eigenschaften. Er sorgte für seine Familie, war ungemein fleißig, und wenn er in seinem Jähzorn Porzellan zerschlagen hatte, versuchte er es wieder zu kitten. Aber es war oft sehr schwierig, mit ihm auszukommen. Er spielte gern mit mir Schach – aber ich mußte ihn immer gewinnen lassen. Als ich ihn einmal matt gesetzt hatte, wurde er so zornig, daß er mir den Besuch eines Kostümfests verbot, auf das ich mich so gefreut hatte. Zum Glück war mein Vater oft auf seiner Jagd, und wenn er dorthin fuhr, dann fühlten wir uns zu Hause endlich frei. Meine Mutter und ich gingen dann ins Kino, und sogar auf Bälle. Mein Bruder, in unsere Heimlichkeiten eingeweiht, war noch zu jung, er mußte brav zu Haus bleiben.

Die Rennbahn

Mein Vater war ein eifriger Rennbahnbesucher. Er wettete gern, keine großen Beträge, aber immerhin verlor er manchmal mehr, als es gut war. Meine Mutter und ich durften ihn begleiten. Er ging nur zu den Galopprennen im Grunewald und in Hoppegarten, Trab- und Hindernis-Rennen waren ihm gleichgültig. Ich hatte weder Geld noch Interesse am Wetten und konzentrierte mich ganz auf die Pferde und die Jockeys. Der Lieblings-Jockey der Berliner hieß Otto Schmidt, er wurde auch bald mein Liebling. Wenn er siegte, tobte das Publikum. Er ritt ausschließlich für den Rennstall der Herren von Weinberg, was an den weiß-blauen Streifen auf den Jockey-Blusen erkennbar war. Dieser Rennstall besaß damals ein sogenanntes Wunderpferd, das elf Siege hintereinander errungen hatte und noch nie geschlagen worden war. Es hieß «Pergolese», ein Galopper für kurze Rennstrecken von 1000 bis 1200 Meter. Erst als die Besitzer den Fehler machten, «Pergolese» beim 12. Einsatz über eine doppelt so lange Strecke laufen zu lassen, wurde das Wunderpferd geschlagen. Über diese Niederlage trauerten alle seine Liebhaber, auch ich habe schrecklich geweint.

Meist war meine Freundin Hertha mit uns auf der Rennbahn. Wir standen im Ring, wo die Jockeys die Pferde einritten, rannten zum Start, beobachteten das Rennen und sahen die Zieleinläufe. Wir jauchzten und wir litten – mit Otto Schmidt. Um auch nach außen hin unsere Sympathie für den Rennstall von Weinberg zu zeigen, nähten wir an unsere Sommerkleider und Tüllhüte blau-weiße wehende Bänder. Manchmal fragte ich Hertha, ob denn Otto Schmidts Blick – hoch oben vom Pferd – einmal auf meine schwärmerischen Augen gefallen sei, das bestätigte sie mir meist. Ich glaubte ihr aber nicht, denn Reiter, wie auch Schauspieler auf der Bühne, erkennen selten jemand im Publikum.

Um Otto Schmidt kennenzulernen, habe ich mich in ein kleines Abenteuer eingelassen. Bevor die Pferde auf die Rennbahn geführt werden, kann man sie und die Reiter auf einem Platz beobachten, wo sie in einem kleinen Kreis geritten werden. Dies war die einzige Stelle auf dem Gelände, auf der man sich mit einem Jockey unterhalten konnte. Einige Male hatte ich vergebens versucht, einen Kontakt mit Otto Schmidt herzustellen. Er war scheu und zurückhaltend. Aber da gab es einen anderen, bekannten und beliebten Jockey namens Rastenberger. Er war genau das Gegenteil von Otto Schmidt. Lebhaft und kontaktfreudig, unterhielt er sich öfter mit Leuten aus dem Publikum. Er hatte mich schon einige Male beobachtet, und eines Tages sprach er mich auch an. Mein Vater war nicht in Sicht, so konnte ich mit ihm etwas plaudern.

Er war über meine Kenntnisse der Vollblutzucht überrascht. Mein Schwarm für Otto Schmidt hatte mich veranlaßt, mich mit der Vollblutzucht zu beschäftigen. Von allen guten Rennpferden kannte ich den Stammbaum auswendig und keineswegs nur von denen der Herren von Weinberg, sondern ebenso von den anderen großen Gestüten wie Oppenheim, Haniel, Weil usw. Ich hatte mir von allen maßgeblichen Gestüten die Unterlagen schicken lassen und dann dieses Material statistisch verarbeitet. Es war fast eine Doktorarbeit. Ich besitze es noch heute, das dicke Heft mit dem schwarzen Kaliko-Deckel, in das ich jahrelang Abstammung und Erfolge der Pferde eingetragen hatte. Eine der wenigen Reliquien aus der Jugendzeit, die mir verblieben sind.

Rastenberger war beeindruckt, daß ich auch die Eltern und Großeltern der Pferde, die er ritt, aufzählen konnte. Der Berliner würde sagen: «Dem blieb die Spucke weg.» Er schlug mir ein Rendezvous vor, und ich nahm es mit Herzklopfen an. Da ich jeden Abend mit meinem Vater nach Hause fahren mußte, kam nur ein Nachmittag in Frage.

Treffpunkt war ein Lokal in der Friedrichstraße. Vor der Tür wurde ich schon von Rastenberger erwartet. Mein erstes Rendezvous, und ich war jetzt siebzehn. Wir gingen eine schmale Treppe hinauf, und ein wenig später befand ich mich in einem Séparée. Das hatte ich nicht erwartet, ich wurde unruhig. In dem kleinen Raum war alles rot, die Wände waren mit rotem Samt bezogen, das Sofa rot und sogar die Tischdecke. Ich ahnte, was das für ein Raum war und auf was ich mich eingelassen hatte. Rastenberger hatte eine Flasche Champagner bestellt, und schon beim Anstoßen der Gläser versuchte er, mich zu umfassen.

Vorsichtig befreite ich mich und zerbrach mir den Kopf, wie ich auf Otto Schmidt kommen könnte, denn nur seinetwegen hatte ich mich auf diese Sache eingelassen. Ich steuerte direkt mein Ziel an und sagte zu Rastenberger: «Wissen Sie, daß ich eine unbekannte Cousine von Otto Schmidt bin? Es würde sicher eine große Überraschung für ihn sein, wenn Sie mich zu ihm führen würden.»

Aber Rastenberger war daran überhaupt nicht interessiert. Immer handgreiflicher, versuchte er mich zu küssen. Ich konnte mich losreißen und lief die Treppe hinunter, er mir nach. Als ich ins Freie trat, regnete es in Strömen. Da bekam ich ein paar Schläge auf den Kopf, eine Frau schlug auf mich ein – Frau Rastenberger.

Das gleiche erlebte ich einige Jahre später noch einmal. Ich saß auf der Zuschauertribüne im Tennisclub «Rot-Weiß». Eine Reihe über mir die damals sehr berühmte Filmschauspielerin Pola Negri: Wir waren uns noch nie begegnet, beide waren wir nur eines Mannes wegen zu diesem Turnier gekommen. Es war Otto Froitzheim, seit Jahren Deutschlands bester Tennisspieler. Ich war mit ihm befreundet, erst später wurde ich seine Verlobte, Pola Negri war damals seine Geliebte. Als Froitzheim während seines Spiels öfter zu mir hinaufblickte, versetzte Pola Negri mir mit ihrem Sonnenschirm einen Schlag. Dann verließ sie schnell die Tribüne.

Erstes öffentliches Auftreten

Nur zweimal in der Woche konnte ich meine Tanzstunden vor meinem Vater verbergen. Jeden Dienstag und Freitag von 4–5 Uhr fuhr ich mit meinen Rollschuhen zur Budapester Straße. Die Yorkstraße war asphaltiert, so daß ich bis vor die Haustüre laufen konnte. Dies alles ging eine Zeitlang gut, bis es zu dem auf die Dauer unvermeidlichen, furchtbaren Krach kam. Frau Grimm-Reiter hatte den Blüthner-Saal für einen Schüler-Tanzabend gemietet. Das geschah einmal in jedem Jahr. Diesmal freute sie sich besonders, weil sie einen «Star» zur Verfügung hatte – Anita Berber. Sie war eigentlich keine Schülerin mehr, aber mit Frau Grimm-Reiter studierte sie ihre Tänze in dieser Schule ein. Anita Berber, ein faszinierendes Wesen mit einem knabenhaften Körper, war durch ihre Nackttänze auf kleinen Bühnen und in Nachtclubs schon sehr bekannt. Ihr Körper war so vollkommen, daß ihre Nacktheit nie obszön wirkte.

Ich hatte sie oft beim Einstudieren beobachtet und kannte jeden Schritt, jede Bewegung. Wenn ich allein war, versuchte ich, ihre Tänze nachzuahmen. Dies erwies sich bald als mein großes Glück. Anita Berber war das Zugpferd des Tanzprogramms der Schule. Drei Tage vor der Veranstaltung erfuhren wir, daß sie an einer schweren Grippe erkrankt sei und daß darum der Tanzabend voraussichtlich nicht stattfinden könne. Wir waren alle sehr niedergeschlagen. Da kam mir der Gedanke, ich könnte vielleicht für Anita Berber einspringen. Ungläubig sah mich Frau Grimm-Reiter an. Nach intensivem Bitten erlaubte sie, daß ich ihr die beiden Tänze vorführte. Überrascht, aber unsicher sagte sie danach: «Du hast gut getanzt – aber auf der Bühne wirst du Lampenfieber bekommen –, und du hast auch keine Kostüme.»

«Sie haben doch einen ganzen Raum mit Kostümen», sagte ich, «da finden Sie bestimmt etwas für mich.»

Und wirklich fanden wir ein paar hübsche, passende Kostüme. Erst als das alles so überraschend schnell vor sich gegangen war, fiel mir mein Vater ein. Es wäre aussichtslos gewesen, seine Genehmigung zu erhalten. Aber meine Mutter und ich fanden einen Ausweg: Freunde unserer Familie organisierten einen Skatabend. Außer meiner Mutter wurde nur mein kleiner Bruder eingeweiht; als Zuschauer sollte er mein erstes öffentliches Auftreten miterleben. Das Publikum setzte sich zum größten Teil aus Verwandten und Freunden der Tanzschülerinnen zusammen.

Ich zitterte vor Ungeduld vor meinem ersten Auftritt. Lampenfieber hatte ich merkwürdigerweise nicht. Im Gegenteil, als endlich das Zeichen für mich kam, schwebte ich beglückt über die Bühne – und es kam mir vor, als hätte ich das schon immer getan. Der Beifall war so stark, daß ich meine Tänze wiederholen mußte.

Nach diesem Abend war ich vor Glück wie betäubt, ich fühlte, daß nur dies meine Welt sein würde. Aber dieses Glücksgefühl war von kurzer Dauer.

Der große Krach

Ein Bekannter unserer Familie hatte mich in der Vorstellung gesehen und gratulierte ahnungslos meinem Vater zu seiner begabten Tochter. Erst jetzt erkannte ich die Tragweite der Krise, die mein Wunsch, zur Bühne zu gehen, auslösen würde.

Es gab einen furchtbaren Krach. Mein Vater war zum äußersten Widerstand entschlossen. Seine erste Reaktion: Er beauftragte einen Rechtsanwalt, um sich von meiner Mutter scheiden zu lassen; sie hatte mich unterstützt und heimlich meine Kostüme genäht. Mir war es unerträglich, meine Mutter leiden zu sehen. Ich kämpfte mit mir Tag und Nacht, bis ich entschlossen war, auf meine Träume, meine Sehnsüchte zu verzichten.

Das wochenlange Schweigen meines Vaters wurde unerträglich, bis mir endlich eine Aussprache mit ihm gelang. Ich flehte ihn an, die Scheidung zurückzunehmen, und schwor, daß ich meinen Wunsch, zur Bühne zu gehen, begraben würde. Aber er traute mir nicht. Sein Befehl lautete: «Du kommst in ein Pensionat, ich habe dich schon angemeldet, in Thale im Harz.»

Meinen Bemühungen, dieser Pensionatszeit auszuweichen, kam eine Krankheit zu Hilfe. Seit meinem dreizehnten Jahr litt ich an Gallenkoliken, und als ich nun wieder einige Tage schwere Anfälle bekam, konnte ich meinen Vater überzeugen, daß ich unmöglich die

Obhut des Elternhauses entbehren könnte. Er sah, wie ich litt, er wußte, daß ich mich danach verzehrte, eine Schauspielschule zu besuchen, aber für ihn waren Schauspielerinnen Halbweltdamen. Mein armer Vater litt selbst so stark, daß er kaum fröhlich war. Er fing an, mir leid zu tun, denn ich wußte, wie sehr er mich liebte. Immer mehr wurde mir bewußt, daß meinetwegen das Leben einer ganzen Familie zerstört wurde. Mein Bruder liebte mich und litt mit mir. Wir lebten unter einem Alpdruck – ein unerträglicher Zustand.

Immer wieder fragte ich mich unter Zweifeln und Tränen, ob ich ein Recht besäße, durch meine Wünsche vier Menschen unglücklich zu machen. Mein kleiner Bruder war ja auch ein Opfer.

So eröffnete ich meinem Vater eines Tages, ich wollte ihm zuliebe die Malerei erlernen. Erst sah er mich mißtrauisch an, dann atmete er etwas auf, und schon am nächsten Tag meldete er mich zur Aufnahmeprüfung in der Staatlichen Kunstgewerbeschule in der Prinz-Albrecht-Straße an. Lustlos ging ich zu dieser Prüfung. Über hundert Personen, männlichen wie weiblichen Geschlechts, waren da zusammengekommen. Wir mußten einige Aktzeichnungen machen, Porträts und etwas Selbstgewähltes. Nur zwei Anwärter bestanden die Prüfung, der eine war ich, aber Freude empfand ich trotzdem nicht – eigentlich nur Trauer, denn gerade diese Auszeichnung bedeutete wohl für immer das Ende meiner Zukunftsträume.

Von nun an besuchte ich täglich die Zeichenschule. In dieser Zeit bemächtigte sich meiner eine immer stärker werdende Schwermut. Mein Vater konnte das nicht übersehen.

Pensionat Thale/Harz

Inzwischen hatte mein Vater sich aus allen möglichen Himmelsgegenden Prospekte von Mädchen-Pensionaten schicken lassen und (ohne etwas davon zu sagen) das Pensionat «Lohmann» in Thale im Harz ausgewählt, und mich dort angemeldet. Dieses Mal konnte ich den «Abtransport» nicht verhindern. So brachten mich meine Eltern im Frühjahr 1919 nach Thale. Als ich dort Fräulein Lohmann, der Leiterin des Pensionats, vorgestellt wurde, sagte mein Vater zu ihr: «Behandeln Sie meine Tochter sehr streng. Vor allem, unterstützen Sie nicht ihre Neigungen – sie möchte nämlich Schauspielerin oder Tänzerin werden. Ich habe sie hierher gebracht, damit sie für immer diese Spinnereien aufgibt. Ich hoffe sehr, daß Sie alles daran setzen, mir zu helfen.»

Trotzdem hatte ich heimlich meine Ballettschuhe eingepackt und mein Gewissen mit dem Gedanken beruhigt, daß ich ja nur für mich allein üben werde – und das tat ich sehr ausgiebig. Jede freie Stunde habe ich heimlich trainiert. Schon um fünf Uhr früh klingelte mein Wecker. Dann hatte ich drei Stunden Zeit, um mit meinen Ballettschuhen zu üben. Eine besondere Freundschaft verband mich mit meiner Zimmerkameradin Hela Gruel. Auch ihr Wunsch war es, Schauspielerin zu werden, und sie sollte hier das Theater, wie ich das Tanzen, vergessen. Mein Vater hatte nicht bedacht, daß in einem solchen Pensionat auch Theaterspielen zu den Vergnügungen der Schüler gehört. In mir fand es eine Hauptinterpretin. Ich inszenierte die Stücke und «übernahm» alle möglichen Rollen – ein buckliges Weib im «Rattenfänger von Hameln», daneben «Die schöne Galathee», ja ich spielte sogar den Faust im altdeutschen Spiel von «Dr. Fausts Höllenfahrt».

Im übrigen durften wir an jedem Wochenende die Freilichtbühne in Thale besuchen; dort wurden vor allem klassische Stücke gegeben: Schillers «Räuber», Lessings «Minna» und Goethes «Faust». Hätte Fräulein Lohmann geahnt, wie ungeheuer stark diese Aufführungen meine verdrängten Wünsche wieder aufflammen ließen, hätte sie mir diese Besuche kaum erlaubt. Damals schrieb ich meiner Freundin nach Berlin:

Liebe Alice!
Ich werde immer ernster und weiß nicht weshalb. Ich denke zu viel und werde zu vernünftig, es ist zum Verrücktwerden, aber es ist nun mal so. Ich fürchte, ich könnte keinen Unsinn mehr machen, mir kommt alles so lächerlich vor, die Menschen am allermeisten. Ich verändere mich sehr. Ob zu meinem Vorteil oder Nachteil, kann ich nicht sagen. Weißt du, mir ist so, als ob ich schon zwanzig oder dreißig wäre ... Stell Dir vor, ich habe angefangen zu «schriftstellern». Einige Artikel habe ich schon geschrieben, die ich der Sportwelt einschicken wollte, aber bisher noch nicht den Mut gefunden. Außerdem möchte ich einige kleine Novellen schreiben, die ich vielleicht der Filmwoche einsende. Auch arbeite ich an einem Filmstoff, den ich aber für mich behalte, weil ich selbst einmal die Hauptrolle spielen möchte. Der Titel: Königin des Turf. Hoffentlich gelingt es mir. Der Film besteht aus einem Vorspiel und sechs Akten. Außerdem habe ich über die Flugzeuge etwas ausgearbeitet, und zwar wegen des kommenden zivilen Luftverkehrs. Ich habe davon mehrere Zeichnungen gemacht. Natürlich ist dies alles nur Phantasie. Ich wünschte, ich wäre ein Mann, dann wäre es leichter, meine Pläne zu verwirklichen ...

Deine Leni

Diesen kindlich naiven Brief, den mir meine Freundin vor einigen Jahren zurückgab, zitiere ich nur, weil darin die Anlagen für meine spätere berufliche Tätigkeit schon sichtbar werden.

Bevor ich nach einem Jahr das Pensionat verließ, verlangte mein Vater, ich müßte mich nun für eine berufliche Ausbildung entscheiden. Mein Ideal einer Frau war die Polin Madame Curie. Ihr entsagungsreiches Leben, ihre Besessenheit, ihr konzentrierter Wille, nur für ihre Aufgabe zu leben, war für mich ein Vorbild. Aber ich fürchtete, bei meinem so stark ausgeprägten Hang zur Gefühlswelt und zur Kunst würde mich ein rein wissenschaftlicher Beruf nicht ausfüllen, so sehr ich mich auch für die Wissenschaften interessierte.

Ich hatte auch an Philosophie und Astronomie gedacht. Aber je länger und tiefer ich grübelte, desto schwerer erschien es mir, eine Wahl zu treffen. Unter Astronomie verstand ich die Erforschung der Himmelskörper. So sehr ich den Sternenhimmel liebte, erschien mir die Entdeckung noch unbekannter Planeten nicht aufregend genug. Was hätte ich vom Leben, dachte ich, wenn ich jahrzehntelang in einem Observatorium säße, um zu den Billionen von Sternen noch ein paar neue zu entdecken. Auch gegen das Studium der Philosophie hatte ich ähnliche Bedenken. Goethes Faust kannte ich fast auswendig. Sagt er nicht: «... Und sehe, daß wir nichts wissen können!» Solche Gedanken beschäftigten auch mich, ein junges Mädchen. Warum Philosophie studieren, wenn es keine Antworten auf die entscheidenden Fragen gibt? Wohl wäre es faszinierend, sich mit der Fülle philosophischer Systeme auseinanderzusetzen, aber was wäre mein Beitrag, und würde ich vielleicht nie über unproduktives Grübeln hinauskommen? Der wahre Grund meiner Unentschlossenheit lag aber vermutlich darin, daß ich das Tanzen nicht aufgeben wollte. Es ging nicht um die Bühne, die war mir so wichtig nicht, sondern um den Tanz. Auf ihn für immer zu verzichten, war mir ein unerträglicher Gedanke.

Da fiel mir etwas ein − eine listige Idee. Ich wußte, es war der geheime Wunsch meines Vaters, mich als Privatsekretärin und Vertraute in seinem Büro um sich zu haben. Wenn ich ihm diesen seinen Lieblingswunsch erfüllen würde, könnte ich mir vorstellen, daß er mir daneben meine Tanzstunden erlauben würde, natürlich mit dem Versprechen, nie mehr an eine Bühne zu denken. Nachdem ich mir dies alles so zurechtgelegt hatte, schrieb ich meinem Vater einen diplomatischen Brief und war überglücklich, als ich seine Antwort erhielt.

Er war einverstanden.

Letztes Auftreten als Schülerin der Grimm-Reiter-Schule, dieses Mal mit
Erlaubnis des Vaters. Erst nach ihrem neunzehnten Geburtstag
konnte Leni Riefenstahl mit ihrer beruflichen Ausbildung
als Tänzerin im Russischen Ballett beginnen.

Auf dem Tennisplatz

An meinem ersten Arbeitstag bei meinem Vater wurde mir die Porto-
kasse übergeben. Ich erinnere mich noch heute, daß ich eine Über-
stunde machte, weil ich ein Defizit von fünf Pfennig in der Kasse nicht
aufklären konnte.

Ich mußte Schreibmaschine, Stenographie und Buchhaltung erlernen. Mein Vater war mit mir zufrieden und ich auch, denn dreimal
in der Woche durfte ich meine geliebten Tanzstunden nehmen, in
denen ich mich ausleben konnte. Er gab mir sogar die Erlaubnis, an
einem Tanzabend der Grimm-Reiter-Schule im Blüthner-Saal teilzunehmen.

Um mir eine Freude zu bereiten, erlaubte mir mein Vater auch den
Tennis-Unterricht. Er hatte im Berliner Schlittschuhclub Bekannte, die
auf mich aufpassen sollten. Von nun an verbrachte ich viele Stunden
auf den Tennisplätzen.

In kurzer Zeit lernte ich dort nette Menschen kennen. Vor allem
meine beiden Tennislehrer, mit denen ich mich befreundete. Der eine
war Max Holzboer, der Kapitän der Eishockey-Mannschaft des Berliner Schlittschuhclubs, dem ich später wegen seines eindrucksvollen
Aussehens in den Filmen «Das blaue Licht» und «Tiefland» Rollen
gab. Der andere, Günther Rahn, war früher einmal Adjutant bei Seiner
Königlichen Hoheit, dem Kronprinzen Wilhelm, gewesen, wurde
dann Tennis-Profi, reiste von einem Turnier zum anderen und gab mir
nur deshalb Tennisstunden, weil er in mich heftig verliebt war. Bald
konnte ich schon leichte Turniere spielen.

In dieser Zeit erlebte ich etwas sehr Merkwürdiges. Ich befand mich
in der Damengarderobe des Berliner Schlittschuhclubs, als die Tür von
einem Mann geöffnet wurde. Er blieb stehen und blickte mich lange
an. Sein Blick irritierte mich. Es waren graue, etwas verschleierte
Augen, die eine Suggestion auf mich ausübten. Dann wurde die Tür
geschlossen. Es dauerte noch eine Zeit, bis sich die Spannung in mir
löste. Ich hatte so etwas wie Funken gespürt, ein mir unbekanntes
Gefühl.

Die Tennisplätze vom Berliner Schlittschuhclub waren überfüllt, als
das Endspiel der besten deutschen Spieler stattfand: Otto Froitzheim,
seit Jahren ungeschlagener deutscher Meister, gegen Kreutzer,
Deutschlands zweitbesten Spieler. Da erkannte ich in Otto Froitzheim
den Mann, dessen Blick mich kurz vorher in dem Garderobenraum so
verwirrt hatte. Im Tennisclub wurde öfter über ihn gesprochen, nicht
nur von seinem guten Spiel, mehr noch von seinen unzähligen Liebes-

affären. Und ausgerechnet dieser Mann hatte eine solche Wirkung auf mich ausgeübt. Ich nahm mir fest vor, alles zu vermeiden, um ihn kennenzulernen, da ich ihn wegen seines Rufes als Lebemann fürchtete.

Erste Operation

In jedem Jahr fuhr mein Vater im Frühsommer zur Kur nach Bad Nauheim – er war herzkrank. Dieses Mal durfte ich meine Eltern begleiten. Da ich hier keine Tanzstunden hatte, spielte ich viel Tennis. Unter meinen Partnern befanden sich zwei gutaussehende junge Männer, die um meine Gunst warben und mich mit Blumengeschenken verwöhnten. Überrascht stellte ich fest, daß mein Vater, der mir nie erlaubt hatte, Kontakte mit männlichen Wesen anzuknüpfen, daran Gefallen fand. Der Grund war, so vermutete ich, daß diese so verschieden aussehenden Kavaliere vielleicht sehr wohlhabend waren. Der Schwarzhaarige war ein Chilene, der, wie mein Vater erfuhr, Silberminen besaß und einer der reichsten Männer seines Landes sein sollte, der andere ein blonder spanischer Aristokrat, der mit seiner Dienerschar eine ganze Hoteletage gemietet hatte. Ich ahnte, daß mein Vater sich den einen oder den anderen gut als Schwiegersohn vorstellen konnte.

Aber verliebt war ich in keinen. Als mein Vater mich fragte, wie mir denn meine Verehrer gefielen, und ich ihm sagte, «ganz gut, aber heiraten würde ich keinen», schien er schwer enttäuscht. Er runzelte die Stirn und sagte: «Wie kannst du nur so dumm daherreden, wer hat denn schon solche Verehrer?» Jedenfalls, so kam es mir vor, war mein Vater anscheinend von dem Reichtum und dem Auftreten dieser Männer geblendet und wollte mich unter die Haube bringen. Ich war inzwischen schon fast neunzehn. Meine Mutter verhielt sich neutral.

Unser Aufenthalt erfuhr eine unvorhergesehene Wendung. Mitten im Spiel mit meinem chilenischen Partner erlitt ich eine so heftige Gallenkolik, daß ich mich vor unerträglichen Schmerzen am Boden herumwälzte. Zum Bewußtsein kam ich erst, als ich in einen Operationssaal gefahren wurde. Man hatte mir eine Spritze gegeben, bevor man mich in die Klinik nach Gießen brachte. Dort wurde mir die Gallenblase herausgenommen. Damals noch eine seltene Operation. Als ich in einem freundlichen, hellen Zimmer erwachte, lagen auf dem Nachttisch die Gallensteine, zwei davon waren so groß wie Walnüsse. Von der Narkose noch benommen, erkannte ich meine Mutter und – ich konnte es nicht fassen – Walter Lubowski –, den Jungen, den wir in der Turnstunde als Mädchen verkleidet hatten und den sein Vater darum verstoßen hatte. Ich schloß schnell die Augen, denn ich glaubte, eine Fata Morgana gesehen zu haben. Aber es war keine. Jeden Vormittag erschien nun Walter und saß stumm neben meiner Mutter an meinem Bett. Ab und zu hörte ich ihn meinen Namen flüstern. Trotz des Drängens meiner Mutter, die Klinik nach der Besuchszeit zu verlassen, blieb er da. Erst bei Dunkelheit sprang er vom Balkon meines Zimmers im ersten Stock, da die Haupttür der Klinik schon geschlossen war. Meine Mutter schien Mitleid mit dem verrückten Jungen zu haben, mir wurde er langsam unheimlich.

Schon nach einer Woche durfte ich die Klinik verlassen. Wir fuhren nach Hause, nicht in die Yorkstraße, sondern nach Zeuthen, wo mein Vater inzwischen ein Haus mit Garten erworben hatte. Das Grundstück hatte einen herrlichen Baumbestand und lag unmittelbar am Zeuthener See. Das Ufer umstanden Trauerweiden, die ich neben Birken und Lärchen am liebsten hatte. Ich war von dem neuen Haus begeistert, vor allem von dem Ruder- und Segelboot. Allerdings brauchten wir täglich eineinhalb Stunden, um in das Geschäft meines Vaters zu kommen. Zur Bahnstation mußte man zehn Minuten durch einen Wald gehen – die Eisenbahnfahrt dauerte vierzig Minuten bis zum Görlitzer Bahnhof. Von dort lief man noch mal zehn Minuten zur Hochbahn, mit der wir dann, mit Umsteigen am Gleisdreieck, zum Wittenbergplatz fuhren. Von dort nochmals zehn Minuten zu Fuß bis zur Kurfürstenstraße, zum Büro meines Vaters. Das war der Preis, den wir für das schöne Wohnen in Zeuthen zahlen mußten, aber der Weg wurde mir nie zuviel.

Schon wenige Tage, nachdem ich die Klinik hinter mir hatte, durfte ich den Tanzunterricht wieder aufnehmen. Ich war froh, nun endlich von den Gallenkoliken befreit zu sein, die mich schon seit ein paar Jahren immer wieder befallen hatten.

Hinauswurf aus dem Elternhaus

Irgend etwas stimmte nicht mit meinem Vater. Seit wir aus Nauheim zurück waren, sprach er kaum ein Wort mit uns. Wir hatten keine Ahnung, was die Ursache sein konnte. Geschäftlich hatte er Erfolg, sonst hätte er doch das Haus in Zeuthen nicht kaufen können. Meine Mutter und mein Bruder, nicht einmal ich, gaben ihm den geringsten Anlaß zu Ärger oder Verdruß. Wir standen vor einem Rätsel. Wenn ich mit ihm in der Eisenbahn saß, las er seine Zeitung – mit mir sprach er kein Wort. Wir alle litten unter diesem Zustand, aber ich wagte nicht, meinen Vater nach der Ursache seines merkwürdigen Verhaltens zu fragen.

In Zeuthen brach es dann eines Abends aus ihm heraus. Er schrie mich an wie ein Irrsinniger: «Ich weiß, du willst doch zur Bühne gehen – du belügst mich – nur um mich zu täuschen, arbeitest du als Sekretärin bei mir – nie hast du daran gedacht, dein Versprechen zu halten. Ich habe keine Tochter mehr!»

Das war zuviel – zu ungerecht. Es war mein fester Wille gewesen, auf eine Bühnenlaufbahn zu verzichten. Erregt, aber innerlich wie befreit, lief ich aus dem Zimmer, packte einen Koffer mit den allerwichtigsten Sachen, küßte und tröstete meine arme, weinende Mutter und verließ, so schnell ich konnte, das elterliche Haus. Wie gehetzt rannte ich durch den Wald zum Bahnhof, aus Furcht, mein Vater könnte seinen Zornausbruch bereuen und mich zurückholen.

Jetzt gab es kein Zurück mehr. Ich fuhr zu meiner Großmutter, der Stiefmutter meiner Mutter, nach Berlin-Charlottenburg, wo sie eine bescheidene Wohnung hatte. Es war schon spät, als ich bei ihr eintraf. Sie war sehr lieb und zeigte Verständnis für meine Lage.

In dieser Nacht fühlte ich, daß es wie Zentnerlasten von mir abfiel. Etwas Elementares hatte sich ereignet. Meine Schicksalsstunde war gekommen. Meinen Lebensunterhalt und das Geld für meine Ausbildung wollte ich mir als Theaterstatistin verdienen. Ich nahm mir vor, einige Jahre hart zu trainieren, nichts anderes zu tun als zu arbeiten und vor allem meinem Vater zu beweisen, daß ich eine gute Tänzerin werden und ihm nie Schande bereiten würde, was er so sehr fürchtete.

Aber es kam ganz anders als gedacht. Schon am nächsten Morgen wurde ich durch einen Angestellten meines Vaters in sein Büro bestellt. Er hatte von meiner Mutter erfahren, wo ich mich aufhielt. Herzklopfend stand ich ihm gegenüber, entschlossen, mit allen Mitteln nie mehr meine eben erst erkämpfte Freiheit aufzugeben. Mein Vater schien gefaßt. Mit erzwungener Ruhe und großer Selbstbeherrschung sagte er, ich hätte einen ebenso harten Schädel wie er selbst, und nur meiner Mutter zuliebe erkläre er sich mit meiner Tanzausbildung einverstanden.

«Ich persönlich», sagte er «bin überzeugt, daß du nicht begabt bist und auch nie über den Durchschnitt hinauskommen wirst, aber du sollst später nicht sagen, ich hätte dein Leben zerstört. Du wirst eine erstklassige Ausbildung erhalten, und alles andere liegt bei dir allein.»

Er machte eine Pause, und ich konnte ihm ansehen, wie schwer ihm das Sprechen fiel. Fast hätte ich wieder Mitleid mit ihm bekommen. Als er aber voller Verbitterung fortfuhr: «Hoffentlich muß ich mich nicht später zu Tode schämen, wenn ich deinen Namen an den Litfaßsäulen lesen sollte», verhärteten sich meine Gefühle von neuem. Und doch war ich von tiefer Dankbarkeit erfüllt. Während er diese harten Worte sprach, legte ich vor mir das Gelübde ab, nie etwas zu tun, was meinen Vater enttäuschen könnte.

Noch am gleichen Tag ging er mit mir zu der hervorragenden russischen Ballettlehrerin Eugenie Eduardowa, einer ehemals berühmten Solotänzerin aus Petersburg. Auch ihr sagte er, ich sei seiner Überzeugung nach unbegabt, und die ganze Tanzerei wäre nur ein Spleen von mir. Sie solle mich mit größter Strenge unterrichten.

Niemand war glücklicher als meine Mutter, als ich am Abend mit meinem Vater gemeinsam nach Zeuthen kam. Nun begann für mich eine wunderbare Zeit, wenn auch die Ballettstunden außerordentlich anstrengend waren. Mit neunzehn Jahren war ich eigentlich schon zu alt für diesen Unterricht. Die meisten von Eugenie Eduardowas Schülerinnen fingen mit sechs bis acht Jahren an. Und diesen großen Vorsprung mußte ich versuchen einzuholen. Ich übte, bis mir manchmal vor Erschöpfung schwarz vor Augen wurde, aber immer wieder gelang es mir, durch Willenskraft meine Schwäche zu überwinden. Da ich von frühester Jugend an durch Sport trainiert war, schaffte ich es auch. Schon nach wenigen Monaten konnte ich minutenlang auf den Spitzen tanzen, und nach einem Jahr gehörte ich zu den Besten der Schule. Frau Eduardowa war mit mir zufrieden. Sie war nicht nur eine wunderbare Lehrerin, sie war eine außergewöhnliche Frau. Ich verehrte sie sehr.

Tragische Jugendliebe

Meine Tage verliefen in dieser Zeit ungefähr so:

In der Früh fuhr ich mit meinem Vater von Zeuthen nach Berlin. Am Vormittag hatte ich Ballettstunden in der Regensburger Straße, mittags aß ich bei meinem Onkel Hermann, dem älteren Bruder meines Vaters, der ein Dekorationsgeschäft in der Prager Straße hatte, und nach dem Essen schlief ich dort zwei Stunden. Am Nachmittag ging ich zusätzlich in die Jutta-Klamt-Schule, wo Ausdruckstanz gelehrt wurde, und am Abend fuhr ich mit meinem Vater wieder nach Zeuthen hinaus.

Diese abendlichen Heimfahrten wurden für mich beunruhigend. Der Grund war Walter Lubowski. Immer wieder versuchte er, sich mir zu nähern, und ich vermied alles, was in ihm irgendeine Hoffnung wecken konnte. Seine fanatische Zuneigung erschreckte mich. Abends, wenn ich mit meinem Vater nach Zeuthen fuhr, stieg er in dasselbe Abteil und setzte sich uns gegenüber. Er trug eine große dunkle Sonnenbrille und war immer schwarz gekleidet. Er wurde mir immer unheimlicher. Mein Vater kannte ihn nicht, aber es fiel ihm auf, daß derselbe junge Mann mit der Sonnenbrille jeden Tag in unserem Abteil saß. Niemals wurde ein Wort zwischen uns gewechselt. Walter hätte nichts Törichteres tun können, als so aufdringlich zu handeln. Meine Abneigung wuchs nur um so stärker.

Es war ein sehr kalter Wintertag. Ich hatte in unserem Haus mit meinem Vater noch eine Partie Billard gespielt, während meine Freundin Hertha, die zu Besuch bei uns war, sich mit meiner Mutter unterhielt. Meine Eltern sagten uns dann gute Nacht und gingen in die obere Etage, wo sich ihr Schlafzimmer befand. Mein Zimmer lag unmittelbar darunter. Draußen heulte ein scheußlicher Sturm, die Fensterläden wurden hin- und hergeschlagen. Hertha und ich wollten uns auch gerade schlafenlegen, als es an der Tür klopfte. Wir erschraken – wer konnte das sein? Es war schon Mitternacht. Wir standen in der Nähe der Tür und machten keine Bewegung. Nach einer Weile klopfte es wieder. Die Spannung wurde unerträglich – was sollten wir tun? Meinen Vater rufen – das wagte ich nicht. Dann war mir, als ob ich eine klagende Stimme hörte. Ich öffnete die Tür ein wenig und sah entsetzt draußen im Schneesturm Walter, der unbeweglich vor Kälte dastand. Wir zogen ihn ins Haus. Wenn mein Vater herunterkäme, würde er mich schlagen. Aber Walter wäre erfroren, wenn wir ihn nicht hereingebracht hätten. Wir führten ihn in mein Schlafzimmer, zogen ihm die nassen Kleider aus, trockneten ihn ab und legten ihn aufs Bett. Hertha kochte Tee, den wir ihm einflößten – er konnte kein Wort herausbringen, nur noch winseln. Fast eine Stunde lang blieben wir bei ihm, dann schien er eingeschlafen zu sein. Wir gingen ins Nebenzimmer und berieten, was wir mit ihm machen könnten, ohne daß mein Vater etwas bemerkte. Da hörten wir aus meinem Zimmer Stöhnen. Leise schlichen wir zu ihm und sahen entsetzt Blut auf der Bettdecke. Der rechte Arm hing herab bis zum Fußboden, auf dem sich schon eine Blutlache gebildet hatte. Walter hatte sich die Pulsader aufgeschnitten und war ohnmächtig geworden. Ich zerriß ein Handtuch, umwickelte die blutende Wunde und hielt seinen Arm hoch, während Hertha ihm kalte Umschläge aufs Gesicht und auf den Oberkörper legte.

Nach einiger Zeit fing er wieder an zu stöhnen – er lebte noch. Wir blieben bis zum Morgengrauen bei ihm. Dann schleppten wir ihn in das Nebenzimmer, legten ihn dort unter die Couch, wischten alle

Blutspuren auf und warteten zitternd vor Angst auf meine Eltern. Mein Vater hatte noch nichts bemerkt.

In der Küche berichtete ich meiner Mutter das furchtbare nächtliche Geschehen. Die Angst vor der Entdeckung durch meinen Vater ließ uns gemeinsam verschwiegen handeln. Die ganze Verantwortung für Walters Leben lag nun bei meiner armen Mutter, da Hertha und ich ja mit meinem Vater nach Berlin fahren mußten. Ich hatte mit der Mutter verabredet, daß sie sofort einen Arzt kommen ließe, der ihn in ein Krankenhaus bringen lassen würde. Hertha und ich wollten inzwischen Walters Geschwister verständigen.

Er wurde gerettet, mußte aber längere Zeit in einer psychotherapeutischen Klinik behandelt werden. Man befürchtete einen Rückfall. Er durfte mich nicht mehr sehen.

Später brachte ihn seine Familie nach Amerika, wo er langsam gesundete. Er konnte in San Francisco sein Studium in Mathematik und Volkswirtschaft fortsetzen und brachte es sogar bis zum Professor. Bis an sein Lebensende konnte er mich nicht vergessen. Bevor er in San Francisco fast total erblindet starb, besuchte er mich und meine Mutter noch einige Male nach Kriegsende in Kitzbühel und München.

Der Zauberkünstler

Im Juli 1923, vor Beginn der Inflationszeit, erlaubten mir meine Eltern, mit Hertha an einem Sommertanzkurs der Jutta-Klamt-Schule am Bodensee teilzunehmen. Man stelle sich vor, unsere erste gemeinsame Reise allein, ohne Eltern! Große Aufregung und Freude. Unsere Eltern brachten uns zur Bahn. Außer vielen Ratschlägen erhielten wir genügend Taschengeld der Tageswährung und die Rückfahrkarten III. Klasse Lindau/Berlin.

Wir waren selig und konnten unser Glück kaum fassen. Aber unser Freudenrausch endete am Bahnhof in Ulm. Dort wurde uns von einer unbekannten Dame die Nachricht übergeben, daß der Tanzkurs infolge einer Erkrankung von Frau Klamt abgesagt werden mußte; leider hätten wir nicht mehr rechtzeitig verständigt werden können.

Unsere so schwer errungene Freiheit wollten wir aber nicht aufgeben. So fuhren wir, zwar etwas beklommen, aber doch bester Stimmung, nach Lindau weiter, wo wir uns bei einem Professor ein nettes Zimmer nahmen. Wir hofften, unsere Eltern würden von dem abgesagten Tanzkurs nichts erfahren.

Wir genossen die Freiheit, die herrliche Bodenseelandschaft mit den damals noch leeren Badeufern – es war wunderbar.

Eines Abends lockte uns ein Plakat, das einen Zauberer von internationalem Rang ankündigte. In dem großen Saal, in dem er auftrat, saßen schon fast tausend Menschen. Die Vorstellung war ausverkauft. Ich liebte Circus und Zauberkunststücke und saß mit Hertha in einer der vorderen Reihen. In der ersten Hälfte des Programms sollten nur Zauberkunststücke vorgeführt werden, denen nach der Pause Experimente mit Hypnose folgen würden.

Der Zaubermeister, der einen athletisch gewachsenen Schwarzen als Assistenten dabei hatte, schien sehr geschickt zu sein. Er zauberte aus einem Zylinder das Übliche hervor – Blumen, Tücher, Tauben, Hühner –, so toll hatte ich das noch nie gesehen. Ich glaube, niemand wäre hinter seine Tricks gekommen. Das Publikum und wir waren begeistert.

Was dann aber im zweiten Teil des Abends geschah, war im Programm nicht vorgesehen. Der Meister trat vor die Bühne und forderte das Publikum auf, die Arme über den Kopf zu strecken, die Hände zu schließen, die Außenflächen der Hände nach oben zu drehen und so eine Weile zu verharren. Dann sprach er etwas Unverständliches, machte einige Armbewegungen und rief laut in den Saal: «Versuchen Sie nun, die Hände auseinanderzuziehen – einige von Ihnen werden die Hände nicht mehr trennen können. Diese Personen sind für die hypnotischen Experimente geeignet, und nur sie möchten auf die Bühne kommen.»

Hertha und ich sahen uns an. Ich vermutete sofort einen Schwindel. Es war mir ein Leichtes, die Hände auseinanderzunehmen, aber ich wollte gern auf die Bühne, um mehr zu erfahren. Deshalb tat ich so, als könnte ich meine Hände nicht voneinander lösen. Hertha bekam von mir einen Schubs, daß sie dasselbe machen sollte, und mit ziemlich ängstlicher Miene folgte sie mir. Wir standen vor den Stufen, die zur Bühne hinaufführten. Der mächtige Neger versuchte bei jedem, die geschlossenen Hände zu trennen, bei einigen gelang es ihm, die schickte er zurück. Als ich an die Reihe kam, schloß ich meine Hände so fest zusammen, daß er mich durchließ. Auch Hertha gelang dies zu meiner Verblüffung. Nun standen ungefähr zwanzig Personen auf der Bühne. Der Meister sagte uns, daß wir nun die Hände voneinander lösen könnten, was auch geschah. Ich hatte keine Ahnung, ob ihn die anderen Personen, ebenso wie wir, nur täuschten oder tatsächlich unter seinem Zwang handelten.

Als erstes legte er eine Streichholzschachtel auf den Boden, rief einen aus der Reihe und sagte: «Diese Schachtel wiegt zwei Zentner, Sie können sie nicht aufheben.»

Ich war gespannt, was nun geschehen würde. Tatsächlich bemühte sich ein junger Mann vergeblich, die Schachtel hochzuheben. Auch ein Mädchen konnte sie nicht von der Stelle bewegen. Als ich an die Reihe kam, blickte mich der Zauberkünstler, wie mir schien, etwas beunruhigt an. Ich überlegte mir, ob ich den Trick mitmachen solle. Um kein Spielverderber zu sein, tat ich so, als ob auch ich die Schachtel nicht vom Fleck rücken könnte. Er machte dann verschiedene andere komische Dinge mit uns. So sagte er zum Beispiel: «Wir haben jetzt vierzig Grad minus.»

Darauf begannen wir, uns die Arme zu schütteln, die Beine zu massieren und uns gegenseitig warm zu schlagen. Dann rief er: «Nun sind Sie in der Wüste unter dem Äquator, es ist unerträglich heiß, die Temperatur beträgt nahezu fünfzig Grad.» Wir begannen zu stöhnen, ließen die Köpfe hängen, einige legten sich auf den Fußboden – das Publikum schrie und amüsierte sich toll. Inzwischen hatte ich mit verschiedenen der «Hypnotisierten» durch Augensprache und Mimik Fühlung aufgenommen und dabei festgestellt, daß alle nur aus Jux mitmachten. Keiner handelte in Hypnose.

Der Meister war selig, daß alles so nach seinem Sinn klappte. Ich hatte inzwischen mit ihm einen leisen Kontakt aufgenommen, ihm zugezwinkert und ihm ins Ohr geflüstert: «Lassen Sie mich tanzen, ich kann es.»

Er verstand, ahnte aber nicht, was ich im Sinn hatte. Er ließ einen Tusch blasen, trat zur Rampe und verkündete: «Meine Damen und Herren, jetzt werden Sie die Kraft meiner hypnotischen Fähigkeiten an einem ungewöhnlichen Beispiel erleben. Ich werde eine der jungen Damen hypnotisieren, daß diese Ihnen einen Tanz vorführen wird, als wäre das ihr Beruf.»

Bewegung im Publikum. Er nahm mich an der Hand, führte mich in die Mitte der Bühne – ich schlug die Augen nieder, und er rief der Kapelle zu: «Los, den Walzer von Strauß.»

Als die Musik ertönte, begann ich mich langsam wie in Trance zu bewegen, mich dann im Tanz zu wiegen, steigerte mich und machte Drehungen und Sprünge, die nur eine Ballettänzerin ausüben kann – das Publikum war aufgestanden und klatschte wie verrückt, noch bevor die Musik aufhörte. Ich verbeugte mich, immer wieder, blieb aber auf der Stelle stehen. Mein Entschluß war, das Publikum aufzuklären, denn es hätte mich geärgert, daß der Zaubermeister die Leute so an der Nase herumführte. Als der Applaus abebbte, rief ich ins Publikum: «Meine Damen und Herren, es tut mir sehr leid, aber ich muß Ihnen eine große Enttäuschung bereiten. Was Sie auf der Bühne gesehen haben, ist alles ein großer Schwindel...»

Weiter kam ich in meiner Ansprache nicht, denn der Neger zerrte mich von der Bühne in einen danebenliegenden Garderobenraum. Ich hörte nur noch das Schreien der Leute, Protestrufe – aber auch Klatschen, dann sah ich den «Meister» auf mich zustürzen, ich dachte, er würde mich erschlagen. Was geschah aber? Er schüttelte mir die Hände und sagte: «Mädchen, Sie waren wunderbar – Sie müssen mit mir arbeiten, ich möchte Sie engagieren!»

Zwischendurch lief er immer wieder auf die Bühne, verneigte sich – ich wußte nicht, warum und was er dem Publikum gesagt hatte, mir schwirrte der Kopf – denn genau das Gegenteil hatte ich erreichen wollen. Nichts wie an die frische Luft, dachte ich. Es gelang mir, in dem Tumult aus dem Raum zu laufen, und als ich Hertha fand, flüsterte sie mir zu: «Leni, das hast du toll gemacht.»

Die größte Überraschung erwartete uns aber daheim. Der Professor, bei dem wir wohnten, war auch in der Vorführung gewesen. Wir konnten ihn nicht überzeugen, daß wir nicht hypnotisiert waren. Er glaubte felsenfest, daß wir immer noch unter Hypnose des Magiers standen.

Inflation

Der nächste Morgen brachte uns eine böse Überraschung. Die Inflation hatte uns in den Fängen – unser Geld war keinen Pfennig mehr wert. Der Professor und seine Frau teilten mit uns ihr karges Essen. Wir durften, ohne zu zahlen, bei ihnen bleiben. Aus Angst, sofort heimfahren zu müssen, wagten wir nicht, unsere Eltern um Geld zu bitten. Zum Glück befanden sie sich im Urlaub.

Auf dem Schreibtisch des Professors entdeckte ich ein Dutzend Postkarten. Mit einigen Farbstiften zeichnete ich Bodensee-Landschaften, die ich den Besuchern in den Gartenrestaurants zum Kauf anbot. Ich weiß nicht mehr, ob die Papierscheine, mit denen in diesen Tagen gezahlt wurde, einen Wert von Millionen oder Billionen hatten. Ich weiß nur noch, daß die Scheine, die ich für meine «Kunstkarten» kassierte, nicht einmal für eine warme Mahlzeit langten.

Da sahen wir plötzlich zwei Männer vor uns, denen wir fast um den Hals fielen: Meinen Freund Willy Jaeckel, den ich von der Berliner Sezession kannte, und Nuschka, auch ein Maler. Sie waren nur für ein paar Stunden nach Lindau gekommen, um etwas Geld aufzutreiben. Jaeckel hatte in Gunzesried im Allgäu ein Sommerhaus, in dem er einen Malkurs abhielt. Geld konnten auch sie uns nicht geben, aber Jaeckel meinte, in Gunzesried könnten wir gut leben. Er habe gerade für ein Bild einen Riesenkäse bekommen, und Brot und Milch seien dort leicht zu haben. Er hatte gerade noch so viel Benzin in seinem Wägelchen, daß wir bald darauf sicher in Gunzesried ankamen.

In dieser herrlichen Allgäuer Landschaft verlebten wir unvergeßliche Tage. Jaeckel machte Radierungen für eine neue Bibelausgabe, mich zeichnete er in allen möglichen Posen. Durch ihn lernten wir einen Schmuckhändler aus Schwäbisch-Gmünd, einen kleinen, etwas molligen Mann, kennen. Er besaß ein motorisiertes Dreirad, mit dem er nach Stuttgart fahren wollte. In Esslingen, nicht weit davon, lag das frühere königlich-württembergische Gestüt Weil, und da ich noch immer eine Pferdenärrin war, überredete ich den Juwelierhändler, uns mit Umweg über Esslingen nach Stuttgart mitzunehmen. Über Herthas Bedenken, daß unsere Rückfahrkarten ab Lindau und nicht ab Stuttgart gingen, machte ich mir keine Gedanken.

Nach einem herzlichen Abschied von Jaeckel saßen wir zu dritt in dem Dreirad und fuhren knatternd los. Das erste Mal, daß ich an einem «Volant» Platz nahm, wenn man das Gefährt auch kaum ein Auto nennen konnte. Es war ein komisches Vehikel, oben und an den Seiten offen, aber es fuhr doch ganz schön schnell dahin. Unser Gönner ließ sich überreden, mir das Fahren beizubringen, und zeigte mir Gas, Bremse und Kupplung. Das machte mir riesigen Spaß. So passierten wir eine Reihe von Dörfern. Manchmal kam ich Enten und Hühnern zu nahe, die dann kreischend davonflogen. Die arme Hertha auf dem Hintersitz muß Angstzustände gehabt haben.

Die Zeit verrann wie im Flug. Bald kletterten wir, schon in Esslingen, einen steilen Serpentinenweg hinauf, der zum Gestüt Weil führte. Man empfing uns verwundert, denn üblicherweise wurde ein Besuch vorher gemeldet, als man aber feststellte, daß ich mich in der Abstammung dieser Vollblüter auskannte, durften wir das Gestüt besichtigen. Es lag auf einem Hügel, und die herrlichen Pferde grasten auf den Weiden.

Lange bleiben konnten wir nicht, da wir in Stuttgart den Zug noch erreichen wollten. Unser Schmuckhändler überließ mir wieder das Steuer. Der Weg war steil und schmal und durch die vielen Serpentinen unübersichtlich. Ohne Fahrkenntnisse war es ziemlich leichtsinnig, mich den steilen Weg hinunterfahren zu lassen. Da kam uns von der unteren Kurve ein Ochsengespann entgegen. Erschrocken versuchte ich zu bremsen – nur nicht in die Ochsen hineinfahren, war mein letzter Gedanke. Ich riß das Fahrzeug nach rechts und schrie: «Hertha, rausspringen!»

Dann gab es einen gewaltigen Ruck, und ich hechtete die Bergwiese hinunter. Als ich nach oben schaute, sah ich, daß sich der Kühler in die

Erde gebohrt hatte und die Hinterräder sich in der Luft drehten. Daneben stand der Besitzer, der seine Taschenuhr ans Ohr hielt und immer wieder mit matter Stimme sagte: «Die geht nicht mehr.» Hertha lag gefährlich nahe dem total zerstörten Vehikel, aber bis auf ein paar blutige Kratzer war ihr nichts passiert. Der Mann tat mir schrecklich leid. Irgendein fremdes Auto nahm uns auf und brachte uns zum Stuttgarter Bahnhof. Dort mußte ich den fremden Autofahrer für zwei Bahnsteigkarten anpumpen.

In einem leeren Abteil ii. Klasse fanden wir Platz. Als der Schaffner kam, um unsere Fahrkarten zu kontrollieren, zeigte ich ihm unsere Bahnsteigkarten. Hertha war nur noch ein Wasserfall. Vor Schluchzen kaum verständlich, erzählte ich dem Schaffner, wir hätten unsere Karten verloren und uns mit unserem letzten Geld die Bahnsteigkarten gekauft. Er sah uns mitleidsvoll an und sagte zu unserer großen Erleichterung, wir dürften im Zug bleiben – er werde seinen Kollegen, der ihn bald ablösen würde, informieren, daß wir unbeschadet bis nach Berlin fahren könnten.

Zu Hause gelang es uns, mit allerlei Hilfe nach Warnemünde zu kommen. Wir hatten uns die Ostsee gewählt, um dort nach den aufregenden Abenteuern eine ruhigere Zeit zu verbringen. Wir waren viel im Wasser, lagen in der Sonne, und wenn diese nicht so herunterbrannte, trainierte ich am Strand. Ich hatte mir ein Ziel gesetzt: Im Herbst wollte ich in einem Konzertsaal auftreten, es sollte allerdings nur eine Probe sein. Ich wollte meinen Vater bitten, mir diesen Abend zu finanzieren. Zwei Jahre hatte ich erst – die Grimm-Reiter-Schule nicht eingerechnet – trainiert. Zwei bis drei weitere Jahre wollte ich weiterstudieren, aber ich hätte doch schon jetzt gern gewußt, wie ich beim Publikum ankäme und woran ich noch am meisten zu arbeiten hätte.

Bei meinen Übungen am Strand wurde ich andauernd von einem jungen Mann beobachtet. Er hatte dunkles Haar und ein schmales, aristokratisch geschnittenes Gesicht. Eines Tages sprach er mich an und stellte sich vor: «Harry Sokal aus Innsbruck.»

Er machte mir Komplimente über meine improvisierten Strandtänze und sagte schon bei diesem ersten Gespräch: «Ich kann Sie, wenn Sie möchten, für einige Tanzabende im Innsbrucker Stadttheater engagieren.»

«Sind Sie Intendant oder Direktor dieses Theaters?» fragte ich.

Er lächelte.

«Das nicht», sagte er, «aber ich habe das Geld, um das Theater zu mieten, und ich bin überzeugt, daß Sie einen großen Erfolg haben werden.»

Zurückhaltend sagte ich: »Soweit bin ich noch nicht, ich muß noch ein paar Jahre studieren.«

«Spielen Sie Tennis?» fragte er. Ich bejahte. Am Abend lud er uns zum Essen ein. Wir besuchten ein originelles Fischrestaurant. Eine angenehme Abwechslung in unserem Aufenthalt, und Hertha war gelöst wie selten. Ihr gefiel dieser Mann.

Von nun an waren wir fast immer zu dritt und wurden bald, man könnte sagen, gute Freunde. Er spielte ausgezeichnet Tennis, was mich anfeuerte, und wir waren täglich auf dem Tennisplatz. Mir entging nicht, daß er in mich verknallt war, nur leider ich nicht in ihn. Mehr als sympathisch fand ich ihn nicht.

Und dann war der Urlaub aus. Am letzten Tag fragte mich Harry Sokal schlankweg, ob ich ihn heiraten würde. Ich fand es immer peinlich, wenn sich ein Mann in mich verliebte und ich seine Gefühle nicht erwidern konnte. Aber Sokal gab die Hoffnung nicht auf – er schien entschlossen, um mich zu kämpfen.

Bei unserer Rückkehr befanden sich unsere Eltern noch in Bad Nauheim, und auch Herthas Eltern waren noch im Urlaub. Wir hatten Glück gehabt, erst Jahre später haben wir ihnen unsere Abenteuer verraten.

Eine Schönheitskonkurrenz

In den Zoo-Festsälen wurde eine Schönheitskonkurrenz veranstaltet. Mein Vater verbrachte das Wochenende auf seiner Jagd, und so konnte meine Mutter mit mir diesen Ball besuchen. Sie hatte mir ein hübsches silbergrünes Seidenkleid genäht, mit weißen Schwanenfedern eingesäumt. An den Litfaßsäulen stand zu lesen, daß auch Filmstars an der Konkurrenz teilnehmen würden, darunter Lee Parry, eine damals bekannte superblonde Filmschauspielerin, die aus München stammte. Theater und Film fesselten mich immer mehr, weil ich nur strenge Bürgerlichkeit kannte.

Wir mußten uns durch eine Menschenmenge zwängen, die Säle waren überfüllt. Ein Vergnügen schien diese Veranstaltung nicht gerade zu werden. Jeder trat jedem auf die Füße, und die ständig hin- und herrennenden Leuten versperrten die Sicht auf die Bühne. Von allen Seiten wurden mir Zettel hingehalten, die ich aber nicht annahm, da wir sie für Lotterielose hielten und ich von Fremden keine Geschenke annehmen durfte. Mein Hauptinteresse galt den Filmstars, die auf einer mit Blumen geschmückten Podiumsbühne auftreten sollten.

Erst als ich mich schon bis in deren Nähe vorgearbeitet hatte, erfuhr ich, daß die Mädchen, die die meisten Stimmzettel erhielten, die Preise bekommen würden. Nun tat es mir leid, daß ich die vielen Zettel nicht genommen hatte, und von nun an verschmähte ich sie nicht mehr. Plötzlich ein Tusch, und ein Herr versuchte, von der Bühne herab sich Ruhe zu verschaffen.

«Alle Damen, die mehr als zwanzig Zettel erhalten haben», rief er, «sollen bitte heraufkommen.»

Aufgeregt zählte ich meine Zettel – es waren mehr als genug. Nur widerstrebend erlaubte mir meine Mutter, auf die Bühne zu klettern. Vom Scheinwerferlicht geblendet, konnte ich zuerst kaum etwas erkennen. Von unten wurde mir noch eine Menge eingerollter Zettel vor die Füße geworfen, soviel, daß ich sie gar nicht alle aufsammeln und in Händen halten konnte. Ungefähr dreißig junge Mädchen standen jetzt auf der Bühne. Wieder ein Tusch, und dann wurden die Zettel ausgezählt.

Den ersten Preis erhielt, wie erwartet, die blonde Lee Parry. Sie trug ein mit Silberflittern besetztes weißes Tüllkleid. Der zweite Preis – ich dachte, in den Boden zu versinken – fiel auf mich. Ein Riesenapplaus setzte ein, ich wurde von der Bühne geholt, und zwei Herren trugen mich zum Entsetzen meiner Mutter auf ihren Schultern durch den Saal. Mehr noch als das lebensgefährliche Gedränge fürchtete ich die Blitzlichter der Pressefotografen. Nicht auszudenken, wenn mein Vater ein Foto von mir in der Zeitung sehen würde.

Blumen und Visitenkarten wurden mir zugesteckt, viele Leute baten mich um Namen und Adresse. Nur mit Mühe konnte ich mich aus dem Menschenknäuel befreien und zurück zu meiner Mutter gelangen. Wir hatten ein verdammt schlechtes Gewissen, aber zum Glück erfuhr mein Vater nie von dieser Schönheitskonkurrenz.

Unter den Karten, die ich erhielt, fielen mir zwei Namen auf. Sie waren mir aus Zeitschriften bekannt. Auf der einen stand F. W. Koebner, auf der anderen Karl Vollmoeller, der Verfasser des Theaterstücks «Mirakel», das Max Reinhardt groß herausgebracht hatte; man wußte, daß er mit Reinhardt befreundet war. Koebner war Chefredakteur einer bekannten Mode-Zeitschrift, ich glaube, der «Dame».

Auf Vollmoellers Karte stand: «Es wird mir eine Freude sein, Sie kennenzulernen und zu fördern.»

Auf Koebners Karte: «Sie sind sehr schön, ich verspreche Ihnen eine große Karriere.»

Eines Nachmittags hatte ich mich bei Herrn Koebner angemeldet. Er wohnte im Westen in einem Parterregeschoß. Ein junges Mädchen öffnete mir die Tür. Der Raum, in den ich geführt wurde, befremdete mich etwas. An allen vier Wänden hingen Fotos, auf denen man nur Beine sehen konnte – keine Körper, keine Gesichter, nur Beine. Dann betrat Koebner den Raum – schlank, ziemlich groß und elegant salopp gekleidet. Er begrüßte mich mit einem etwas mokanten Lächeln, das in mir sofort Antipathie auslöste. Das erste, was er sagte, war: «Zeigen Sie mir, hübsches Mädchen, Ihre Beine.»

Ich war verdutzt, denn ich hatte einen ziemlich kurzen Rock an.

«Sie können doch meine Beine sehen», sagte ich.

«Bitte, ziehen Sie den Rock etwas höher, über die Knie.»

Törichterweise zog ich ihn hoch bis zur Hälfte der Oberschenkel, dann ließ ich ihn aber wieder fallen.

«Was soll das?» fragte ich verärgert. Gönnerhaft bot er mir einen Stuhl an und sagte mit einem Ausdruck, als wolle er mir ein überwältigendes Geschenk machen: «Ich habe für Sie etwas Besonderes im Sinn. Wenn Sie auch nur halb so gut tanzen können, wie Ihre Beine aussehen, dann verschaffe ich Ihnen eine Solotanznummer in der ‹Scala›.»

Die «Scala» war das größte Varieté-Theater Berlins und durch sein internationales Programm weltberühmt. Wenn Herr Koebner gedacht hatte, daß ich ihn vor Freude umarmen oder einen Jubelschrei ausstoßen würde, mußte ich ihn sehr enttäuschen. Ich überlegte einen Augenblick und sagte dann mit einem etwas süffisanten Lächeln: «Aber Herr Koebner, ich habe nie die Absicht gehabt, in einem Varieté-Theater aufzutreten, auch wenn es so berühmt ist wie die ‹Scala›. Ich werde nur in Konzertsälen und auf Theaterbühnen tanzen.»

Er sah mich an, als ob ich nicht normal sei, war beleidigt und sagte nur: «Na denn, viel Glück.»

Er öffnete die Tür und ließ mich hinausgehen.

Mein Besuch bei Herrn Dr. Vollmoeller verlief ganz anders. Eigentlich wollte ich nach dem Zusammentreffen mit Herrn Koebner keine fremden Männer aus der Welt der Zoo-Festsäle mehr kennenlernen. Aber Vollmoellers Zusammenarbeit mit Max Reinhardt, dessen Inszenierungen im «Deutschen Theater» oder in den «Kammerspielen» ich, wenn es irgend ging, nie versäumte, erschien mir der Weg wert. So stand ich an einem Nachmittag am Pariser Platz vor einem vornehmen Haus, ganz in der Nähe des Brandenburger Tors, auf derselben Seite, wo zehn Jahre später Goebbels als Minister seine Amtsräume hatte und ich in eine ähnliche Situation wie jetzt mit Dr. Vollmoeller geraten sollte.

Ein Diener führte mich in ein superelegantes Zimmer, antike Möbel, schwere Teppiche, kostbare Gemälde, alles höchst geschmackvoll aufeinander abgestimmt. Nichts war da überladen. Leise, kaum hörbar, betrat Dr. Vollmoeller den Raum. Er wirkte zierlich, und ich hätte ihn mir in dieser Umgebung gut in einem Barock- oder Rokokokostüm vorstellen können. Sein Gesicht war hager, seine Augen waren hell, und er hatte hellbraunes, etwas schütteres Haar. Mit einem Handkuß begrüßte er mich – dem ersten, den ich erhielt. Der Diener servierte Tee und Gebäck. Er bot mir eine Zigarette an, die ich dankend ablehnte.

«Rauchen Sie nicht?» Ich verneinte.

«Darf ich Ihnen einen Likör anbieten?» Wiederum verneinte ich.

«Ich vertrage keinen Alkohol, er macht mich müde und schwindlig», sagte ich entschuldigend.

«Sind Sie in allem so brav?»

Ich schüttelte den Kopf und sagte belustigt: «Das glaube ich nicht, nur meine Schwächen liegen woanders.»

«Und wo?»

«Ich bin sehr eigenwillig und mache oftmals nicht das, was andere von mir verlangen – auch bin ich recht undiplomatisch.»

«Wie meinen Sie das.»

«Oft reizt es mich, Dinge zu sagen, die Leute nicht gern hören.»

«Das sieht man Ihnen aber nicht an – Sie wirken eher sanft.»

Dann kamen wir auf das Theater, auf das Tanzen und meine zukünftigen Pläne zu sprechen.

«Wie stellen Sie sich Ihre Laufbahn vor?»

«Ich werde Tänzerin.»

«Und wie und wo wollen Sie tanzen?»

«So wie die Impekhoven, die Gert, die Wigman. In Konzertsälen und auf Bühnen.»

«Haben Sie einen reichen Freund, der das finanziert?»

Ich lachte: «Dazu brauche ich keinen reichen Freund – ich werde es auch so schaffen.» Lächelnd unterbrach er mich.

«Sie kleines Fräulein, Leni Riefenstahl – so heißen sie doch? – erscheinen mir sehr naiv. Sie brauchen einen reichen Freund, ohne den können Sie nie etwas erreichen. Niemals.»

«Wetten wir», sagte ich.

«Ja, wetten wir», sagte er und versuchte, mich zu umarmen. Ich entzog mich ihm, stand auf und ging Richtung Tür.

«Schade», sagte ich, «hatte mich darauf gefreut, mit Ihnen zu plaudern.»

Er versuchte, mich zurückzuhalten, aber ich ging schnell hinaus. Bevor ich die Türe schloß, rief ich ihm zu: «Zu meinem ersten

Tanzabend erhalten Sie eine Einladung – das verspreche ich Ihnen. Auf Wiedersehen!»

Diese Einladung hat er erhalten – ein halbes Jahr später.

Ein Film über Einstein

Während meiner Tanzausbildung mußte ich einige Male eine größere Pause machen. Dreimal hatte ich mir die Füße gebrochen. Das erste Mal glitt ich nach einer Ballettstunde auf einer Orangenschale aus; ich konnte nicht mehr aufstehen und mußte in eine Klinik gebracht werden – der rechte Knöchel war gebrochen. Aber schon nach drei Wochen konnte ich wieder tanzen. Das zweite Malheur ereignete sich ein halbes Jahr später. Beim Heimweg vom Bahnhof, im Dunkeln, trat ich im Wald in ein Erdloch; diesmal war es der linke Knöchel. Der dritte Unfall erwies sich als schlimmer. Der Fußboden meines Schlafzimmers war einen Tag vorher frisch gestrichen worden. Um ihn nicht zu berühren, versuchte ich von meinem Bett mit einem Riesensprung die Diele zu erreichen; das Bett rutschte nach hinten, ich verlor das Gleichgewicht und sprang schief auf. Nun war der Mittelfußknochen an der Reihe, und sechs Wochen mußte ich mit dem Training aussetzen. Die Schmerzen spürte ich noch Jahre später.

In dieser Zeit erzwungener Ruhe wurde Lesen meine Hauptbeschäftigung. Es waren nicht mehr Märchen, nun verschlang ich Jack London, Conan Doyle, Zola, Tolstoi und Dostojewski. Mein Lieblingsschriftsteller aber war Balzac. Seine «Eugenie Grandet» habe ich mehrere Male gelesen. Sein Stil war wie der Pinselstrich eines genialen Malers. Menschen und Räume, die er beschrieb, sah ich lebendig vor mir. Daneben haben mich die Romane der beiden großen Russen, Tolstois «Krieg und Frieden» und Dostojewskis «Brüder Karamasoff», auch tief beeindruckt.

Durch das Lesen angeregt, veranstaltete ich im Elternhaus spiritistische Sitzungen, die, wie mir meine Freundinnen versicherten, sehr stimmungsvoll gewesen sein müssen. Das Zimmer war mit Kerzen spärlich beleuchtet, und wir saßen, uns an den Händen fassend, um einen runden Tisch. Angeblich soll sich der Tisch bewegt und gehoben haben, was meine Freundinnen noch heute glauben. Ich glaubte es nicht und erwähne dies nur, weil ich mich später nie mehr auf Spiritismus eingelassen habe, obwohl mich Mystik immer anzog.

Ähnlich stand es mit meinen Beziehungen zu Astrologie, Handlesen und Kartenspielen. Es widersprach meiner Natur, Entscheidungen

hrsagungen oder Horoskopen zu treffen, denn für die Rich-
...olcher Deutungen gibt es keine Sicherheit. Ich ziehe es vor,
me.... inneren Stimme zu folgen und die Verantwortung allein zu
tragen. Auch aus Lotteriespielen und Wetten habe ich mir nie etwas
gemacht. Wo der Zufall entscheidet, passe ich.

In dieser Zeit sah ich in einem Kino am Nollendorfplatz einen Film
über Albert Einstein und seine Relativitätstheorie: Absolutes Neuland,
das für mich zu einer wichtigen Entdeckung wurde. Ich glaube, nicht
zu übertreiben, wenn ich sage, daß von der Stunde an, da ich mich mit
dieser Theorie auseinanderzusetzen begann, sich mir vieles anders
darstellte. Ich erlebte eine Erweiterung meines Bewußtseins. Für meine
Gedankenwelt war das Einsteinsche «relativ» revolutionär.

In der Zeit, als ich nicht trainieren konnte, habe ich vieles nachholen
können. Es kam zu einem Widersehen mit Willy Jaeckel; ich hatte ihn
seit dem Besuch in seinem Allgäuer Häuschen nicht mehr gesehen. Auf
den Porträts, die er von mir machte, konnte ich mich allerdings nicht
erkennen. Er war eben ein «moderner» Maler, der die Welt in seine
Formensprache umsetzte. Ich fand, daß ich auf seiner Leinwand
scheußlich aussah. Im Gegensatz dazu waren die Bilder, die Eugen
Spiro, Ernst Oppler und Leo von König von mir machten, schmeichelhaft. Nur eines dieser Gemälde konnte ich durch die Kriegswirren
retten, das von Eugen Spiro, der mich 1924 als Tänzerin gemalt hat.

Der erste Mann

Nun war ich einundzwanzig und hatte mein erstes Erlebnis mit einem
Mann. Ohne es mir einzugestehen, hatten sich meine Gefühle für Otto
Froitzheim immer mehr vertieft und Besitz von mir ergriffen, und doch
hatte ich es fertiggebracht, ihn zwei Jahre lang nicht mehr zu sehen.
Das war nur deshalb möglich, weil die Leidenschaft für den Tanz mich
ganz und gar erfüllte.

Alle meine Freundinnen hatten schon ihre Liebesaffären, einige
waren verlobt, und Alice, meine liebste Freundin, war sogar schon
verheiratet. Ich als einzige hatte noch keine Erfahrung mit Männern
gemacht. Mit der Zeit empfand ich das denn doch als ein Manko und
begann öfter mit dem Gedanken zu spielen, mich auf ein Abenteuer
einzulassen. Aber mit wem? Ich hatte eine Reihe stiller Verehrer, aber
zu geringe Sympathie für sie. So konzentrierten sich meine Gedanken,
ganz gegen meinen Willen, immer mehr auf den Mann, vor dem ich
mich fast fürchtete. Der gutmütige Günther Rahn, mein glühendster

Verehrer, war ein Freund Otto Froitzheims. Irgendwie gelang es mir, Günther in meine geheimen Wunschgedanken einzuweihen, obgleich mir klar war, daß ihm das großen Kummer machen würde. Er war mir wirklich ein sehr lieber Freund, aber eben auch nicht mehr. Von ihm erfuhr ich, daß Froitzheim nicht mehr in Berlin, sondern nun in Köln wohnte, wo er zum stellvertretenden Polizeipräsidenten avanciert war – doch hatte er noch immer seine Wohnung im Tiergarten und kam, wie mir Günther versicherte, alle vierzehn Tage nach Berlin. Ich begann meinen armen Freund zu bedrängen, für mich ein Rendezvous mit Froitzheim zu arrangieren, vielleicht eine Einladung zum Tee oder was Ähnliches. Das war gar nicht so einfach, da ein solches Treffen nur an einem Wochenende möglich war, wenn Papa zur Jagd fuhr. Ich war noch immer ein streng behütetes Mädchen.

Groß war meine Aufregung, als mir Günther nach einigen Wochen mitteilte, Otto Froitzheim werde mich in seiner Wohnung erwarten. Erst in diesem Augenblick wurde mir das Abenteuerliche meines Unternehmens voll bewußt. Ein «Zurück» gab es nicht mehr, doch vor dem, was da kommen sollte, hatte ich große Angst. Die in Liebesdingen schon erfahrene Alice weihte ich in mein Geheimnis ein und erbat ihren Rat.

«Vor allem», sagte sie, «mußt du schöne Unterwäsche anziehen, mit deinen Wollsachen kannst du da nicht hingehen – ich borge dir meine schwarze Seidengarnitur.»

Pünktlich um fünf Uhr stand ich mit Herzklopfen vor dem Haus in der Rauchstraße – einem alten, herrschaftlichen Patrizierhaus. Breite Marmortreppen mit Plüschteppichen und dicken Messingstangen führten zum Hochparterre hinauf. Langsam, sehr langsam stieg ich, Fuß vor Fuß, die Stufen hinauf, als ging es zu einer Hinrichtung. Ich klingelte. Dann stand der Mann, den ich noch gar nicht kannte und nach dem ich mich zwei Jahre lang gesehnt hatte, in der Tür, im Gegenlicht, so daß ich sein Gesicht nicht erkennen konnte. Er streckte mir seine Hand entgegen und sagte mit einer sanften dunklen Stimme, die mir eine Gänsehaut verursachte: «Fräulein Leni, so darf ich Sie doch nennen, kommen Sie, ich freue mich sehr, daß ich Sie kennenlernen darf.» Dann half er mir, meinen schwarzen Samtmantel auszuziehen, der mit unechtem Hermelin besetzt war. Ich richtete meine Haare, betrat dann ein Wohnzimmer, das durch raffinierte Beleuchtung intim wirkte, und setzte mich in einen bequemen Sessel, während er mir von dem Tee, den er vorbereitet hatte, eine Tasse einschenkte. Es entwickelte sich eine zögernde Unterhaltung. Wir sprachen über Tennis, Tanz und Belanglosigkeiten.

Meine Befangenheit wurde immer stärker. Von Günther wußte ich,

daß Froitzheim achtzehn Jahre älter war als ich – mit seinen neunund-
dreißig Jahren für meine damaligen Vorstellungen schon ein älterer
Herr. Je länger er mich betrachtete, desto unruhiger wurde ich,
besonders, wenn sein Blick auf meine Beine fiel. Am liebsten wäre ich
auf und davongelaufen. Er legte eine Grammophonplatte auf, eine
Tangomelodie. Widerstandslos ließ ich mich aus dem Sessel ziehen,
und wie hypnotisiert tanzte ich einige Schritte mit ihm – glücklich an
ihn geschmiegt –, meine Träume und Sehnsüchte hatten sich erfüllt.
Da hob er mich plötzlich hoch und legte mich behutsam auf eine
Couch. Wie weggewischt waren meine Glücksgefühle, ich verspürte
nur noch Angst, Angst vor etwas Unbekanntem. Er riß mir fast die
Kleider vom Leib und versuchte, mit beinahe brutaler Gewalt schnell
und ganz von mir Besitz zu ergreifen.

Was ich nun erlebte, war fürchterlich. Das sollte Liebe sein? Ich
fühlte nichts als Schmerzen und Enttäuschung. Wie weit war das
entfernt von meinen Vorstellungen und Wünschen, die nur nach
Zärtlichkeit verlangten, ich wollte bei ihm sein, mich an ihn schmiegen
– ihm zu Füßen liegen. Ich ließ alles über mich ergehen und bedeckte
mein verweintes Gesicht mit einem Kissen. Nach kurzer Zeit warf er
mir ein Handtuch zu und sagte, auf die Tür zum Bad zeigend: «Da
kannst du dich waschen.»

Voller Schamgefühl und gedemütigt ging ich ins Bad, wo ich von
einem Weinkrampf geschüttelt wurde. Ein Gefühl von Haß stieg in mir
auf.

Als ich ins Zimmer zurückkam, war er schon angezogen. Er sah auf
seine Uhr und sagte mit einer Stimme, die mir entsetzlich gleichgültig
vorkam: «Ich habe eine Verabredung.»

Dann drückte er mir einen Geldschein, eine Zwanzig-Dollar-Note,
in die Hand – in dieser Zeit ein Vermögen – und sagte: «Wenn du
schwanger werden solltest, kannst du es dir damit wegmachen lassen.»

Ich zerriß den Schein und warf ihm die Fetzen vor die Füße. «Du
Ungeheuer!» schrie ich ihn an und verließ fluchtartig die Wohnung.
Verzweiflung, Wut und Scham tobten in mir.

Draußen war es kalt und neblig! Ich irrte durch die Straßen bis zum
Landwehrkanal, der in der Nähe fließt. Stundenlang starrte ich auf das
Wasser und hatte nur den einen Wunsch: zu sterben. Dieses Erlebnis
war zu schrecklich, ich glaubte, nicht mehr weiterleben zu können.

Aber Kälte und Nässe holten mich langsam in die Wirklichkeit
zurück. Spät am Abend kam ich wieder in Zeuthen bei meinen Eltern
an. Noch in derselben Nacht schrieb ich einen Brief an diesen Mann,
über meine Liebe und meinen grenzenlosen Abscheu vor ihm.

Ich wollte aus Berlin fort. Meinen Vater bat ich, mich in Dresden bei der Mary-Wigman-Schule anzumelden, womit er überraschenderweise einverstanden war. Meine Mutter brachte mich nach Dresden und mietete mir dort bei einer Familie ein kleines Zimmer, in der Nähe der Wigman-Schule.

Schon am nächsten Tag durfte ich Frau Wigman vortanzen und kam in ihre Meisterklasse, wo ich gemeinsam mit der Palucca, Yvonne Georgi und Vera Skoronell Unterricht nahm. Aber ich fühlte mich in Dresden sehr einsam, da ich mich nur schwer in den Gruppentanz der Wigman-Schule einordnen konnte. Der Stil war mir zu abstrakt, zu streng, auch zu asketisch. Ich verspürte mehr den Drang, mich voll und ganz den Rhythmen der Musik hinzugeben. In dieser Zeit habe ich sehr gelitten, auch weil mich Zweifel an meiner Begabung quälten. Deshalb mietete ich mir in einem Gasthof einen kleinen Raum und versuchte dort, meine eigenen Tänze zu gestalten.

Unter dem Eindruck meines Erlebnisses mit Froitzheim entstanden in Dresden einige meiner späteren Tänze, der Zyklus «Die drei Tänze des Eros.» Den ersten nannte ich «Das Feuer», ein leidenschaftlicher Tanz nach einer Musik von Tschaikowski, für den zweiten Tanz, «Hingebung», wählte ich ein Thema von Chopin, und den dritten Tanz, «Loslösung», den ich, von gotischen Skulpturen inspiriert, choreographiert hatte, tanzte ich nach einer Musik von Grieg.

Eines Tages fand ich in meinem Zimmer prachtvolle Blumen vor. Dazu diese Karte: «Verzeih mir, ich liebe dich, ich muß dich wiedersehen – Dein Otto.»

Ich war wie gelähmt. Nie hatte ich eine Antwort auf meinen verzweifelten Brief erwartet. Diesen Mann wollte ich nie wiedersehen. Und jetzt schickte er diese Blumen. Warum warf ich sie nicht sofort aus dem Fenster, warum drückte ich sie fest an mich? Warum küßte ich die Karte? Ich schloß mich ein und weinte, weinte und weinte.

Ein paar Tage später war er selbst da. Ich spürte es die ganze Zeit, daß ich nicht die Kraft haben würde, dieser Unverfrorenheit Widerstand entgegenzusetzen. Ich war ihm auf rätselhafte Weise verfallen. Er strich mir übers Haar und sagte: «Dein Brief hat mich erschüttert, verzeih. Ich wußte das doch alles nicht, du bist wunderbar.»

Er blieb einen Tag und eine Nacht, er war zärtlicher geworden, und ich fand ihn irgendwie verändert. Seine Augen, vor allem aber seine Stimme hypnotisierten mich, aber körperlich konnte ich nichts für ihn empfinden.

Schon nach zwei Wochen kam er wieder und dann ein drittes Mal. Inzwischen behandelte er mich, als ob ich sein Eigentum geworden wäre, während ich trotz meiner Hörigkeit Fluchtgedanken hatte.

Tanz und Malerei

Mein Tanzstudium in Dresden hatte ich aufgegeben und setzte in Berlin meinen Unterricht, weiter bei der Eduardowa und Jutta Klamt, intensiver denn je fort, der Wirklichkeit fast entrückt. Ich geriet in eine starke schöpferische Phase, in der zwei meiner bekanntesten Tänze entstanden. «Die Unvollendete» von Schubert und «Der Tanz an das Meer» nach der Fünften Symphonie von Beethoven. Ich versäumte keinen Abend, wenn Niddy Impekoven, Mary Wigman oder Valesca Gert auftraten. Sie waren für mich Göttinnen, unerreichbare Wesen. Am stärksten beeindruckte mich Harald Kreutzberg – er war ein Genie, ein Zauberer. Seine Ausdruckskraft fand ich unglaublich, seine Tänze phantastisch. Die Zuschauer waren von ihm so hingerissen, daß niemand den Saal verließ, bevor Kreutzberg nicht eine Anzahl Zugaben getanzt hatte.

Auch die Malerei spielte für mich in dieser Zeit wieder eine besondere Rolle. Meine Freundschaft mit Jaeckel und anderen Künstlern verhalf mir zu einem besseren Verständnis für Musik und moderne Malerei. Ich denke da an Kandinsky, Pechstein, Nolde und andere. Besonders fesselten mich die Arbeiten von Franz Marc. Sein «Turm der blauen Pferde» wurde eines meiner Lieblingsbilder.

Sooft ich konnte, besuchte ich das Kronprinz-Palais, dieses herrliche Museum, überreich an Schöpfungen zeitgenössischer Maler und Bildhauer. Ein regelrechtes Hobby machte ich mir daraus, in jedem Saal ein Bild auszuwählen, das mir am besten gefiel und das ich als «meines» betrachtete. Unter den von mir bevorzugten Gemälden befanden sich Impressionisten wie Manet und Monet, aber auch Cézanne, Degas und Klee. Einmal hat mich dort ein Bild auf sehr ungewöhnliche Weise gefesselt. Ein Blumenbild, das in seiner Stille nicht sonderlich auffiel, mich aber merkwürdigerweise nicht mehr losließ und in eine solche Erregung versetzte, daß ich beinahe in Tränen ausbrach. Ich habe oft darüber nachgedacht, warum gerade dieses Bild so stark auf mich gewirkt hat. Es ging nicht um das Motiv, nicht um die Blumen, sondern um den Maler überhaupt – Vincent van Gogh. Es war das erste Bild, das ich von diesem Künstler sah. Seit diesem Erlebnis habe ich mich viel mit van Gogh beschäftigt, mit seinem Leben und seinen Bildern. Er erschien mir von allen Malern der leidenschaftlichste zu sein, ein Künstler, der sich völlig verzehrte. Diese Leidenschaft muß, als ich sein Bild betrachtete, wie ein Funken auf mich übergesprungen sein. So stark kam in seinen Bildern Genie und Wahnsinn zum Ausdruck.

Noch vor Beginn des Zweiten Weltkriegs schrieb ich ein Filmmanu-skript über sein Leben. Dieses sehr ungewöhnliche, tragische Leben war ein Film, den ich brennend gern gemacht hätte, und für dessen Gestaltung ich Intuitionen hatte, die filmisch neu waren, den ich aber, wie so viele meiner Träume, nicht mehr verwirklichen konnte.

Mein erster Tanzabend

Ich trainierte härter denn je, mehrere Stunden am Tag. Todmüde schlief ich abends ein, und es war mir eine Qual, am frühen Morgen aufzustehen. Meine geliebte Mutter verwöhnte mich sehr. Sie zog mir im Bett Strümpfe und Schuhe an, und ich mußte dann rennen, um den Zug zu erreichen.

Dann kam der Tag, an dem ich die Probe zu bestehen hatte. Am 23. Oktober 1923 stand ich in München in der Tonhalle auf der Bühne – in größter Spannung wartete ich auf den Einsatz der Musik. Für einen einzigen US-Dollar, die Inflation hatte eine abenteuerliche Höhe erreicht, hatte Harry Sokal, der nie aufgehört hatte, mit mir in Verbindung zu bleiben, den Saal gemietet und die für den Auftritt nötige Werbung bezahlt. Er wollte, daß ich vor meinem ersten Tanz-abend in Berlin, der vier Tage später folgen sollte und von meinem Vater finanziert wurde, eine Art Generalprobe absolvierte, um für die Premiere in Berlin schon einige Erfahrung mitzubringen.

Der Saal war knapp zu einem Drittel voll. Ich war unbekannt. Die wenigen Besucher, die sich einfanden, kamen vermutlich auf Freikar-ten der Konzertdirektion. Mich störte die Leere des Saales nicht. Ich war glücklich, daß ich vor einem Publikum tanzen konnte. Lampenfie-ber hatte ich nicht. Im Gegenteil, ich konnte den Augenblick, auf der Bühne zu stehen, kaum abwarten.

Schon mein erster Tanz, «Studie nach einer Gavotte», löste beachtli-chen Beifall aus, den dritten Tanz mußte ich bereits wiederholen, und dann steigerte sich der Beifall immer mehr, bis meine Zuschauer bei den letzten Tänzen nach vorne kamen und Wiederholungen forderten. Ich tanzte so lange, bis ich vor Erschöpfung nicht mehr konnte. Die «Münchner Neuesten Nachrichten» schrieben: «Sie ist Wiesenthal-scher Art – diese glückbegabte Tänzerin, die immer wieder im ausge-sprochenen und ursprünglich Tänzerischen, wie etwa in der ‹Valse Caprice› und im sommerlichen Schlußtanz, als wogende und kreisende Naturfreude, als wiegender Mohn und nickende Kornblume ihre wahrsten Erfolge feiern wird...»

Und dann stand ich in Berlin auf der Bühne – wieder im Blüthner-saal. Der Raum war fast gefüllt. Freunde hatten dafür gesorgt. Dieses Mal hatte ich meinem Vater zu beweisen, daß es keinen anderen Weg für mich gab. Ich mußte ihn überzeugen, erobern und besiegen – endgültig, und darum war mir, als tanzte ich nur für ihn. Ich verausgabte mich völlig, als ob es um Leben oder Sterben ginge.

Am Schluß meines Auftretens schlug mir eine Woge von Beifall entgegen, und während ich mich verbeugte, fühlte ich die Augen meines Vaters auf mir. Hatte er mir verziehen? An diesem Abend errang ich meinen ersten großen Sieg. Mein Vater hatte mir nicht nur verziehen, er war tief bewegt, küßte mich und sagte: «Nun glaube ich an dich.»

Dies war mein schönster Lohn. Der Abend wurde mehr als ein Erfolg, er wurde ein Triumph, wie ich es mir nicht erträumt hätte.

Am nächsten Tag saß ich in einer Konditorei am Kurfürstendamm und las in der «B.Z. am Mittag» die Überschrift «Eine neue Tänzerin». Mir kam nicht einmal der Gedanke, daß ich damit gemeint sein könnte. Fast bestürzt war ich, als ich bemerkte, daß sich die Kritik auf mich bezog. Sie war eine einzige Lobeshymne, und nicht nur die der «B.Z.», sondern auch die aller anderen Berliner Zeitungen. John Schikowski, sachkundigster und gefürchteter Tanz-Kritiker Berlins, schrieb im «Vorwärts»: «Es war eine Offenbarung. Neuland! Eine fast völlige Entmaterialisierung der Kunstmittel war hier erreicht, man fühlte sich in die Höhe absoluter Kunst entrückt, die Künstlerin kam dem Ziel ganz nahe, nach dem die berühmtesten Kolleginnen bisher vergebens strebten; die Erfüllung dessen bringen, was wir vom Tanz der Zukunft erhoffen; den neuen Geist und den großen Stil.»

Fred Hildenbrandt schrieb im «Berliner Tageblatt»:

«Wenn man dieses Mädchen in der Musik stehen sieht, weht eine Ahnung daher, daß es Herrlichkeiten im Tanze geben könnte, die keine von jenen dreien zu tragen und zu hüten bekam, nicht der heroische Gongschlag der Mary, nicht der süße Geigenlaut der Niddy, nicht die grausame Trommel der Valeska: die Herrlichkeit der Tänzerin, die alle tausend Jahre wiederkehrt, die der vollkommenen, starken Anmut, der beispiellosen Schönheit...»

Über Nacht war ich aus dem Dunkel des Nichts in das Licht der Öffentlichkeit gehoben worden, und mit einem Schlag wurde mein Leben in völlig neue Bahnen gelenkt. Von allen Seiten erhielt ich Angebote und, unerfahren wie ich war, nahm ich ohne Hilfe eines Impresarios alles an, ohne Rücksicht, ob dies sinnvoll war oder nicht.

Einer der ersten, die mich engagierten, war Max Reinhardt. Sechs Abende tanzte ich in seinem «Deutschen Theater» und auch einige

Konzertdirektion Bauer, München.

Tonhalle :: Dienstag den 23. Oktober 1923, abends 7½ Uhr

Tanz-Abend

Leni Riefenstahl

Valse Caprice
Studie nach einer Gavotte
Aus der unvollendeten h-moll Symphonie
Mazurka

=========== PAUSE ===========

Die drei Tänze des Eros:
Das Feuer
Hingebung
Loslösung

Lyrische Tänze:
Orientalisches Märchen
Traumblüte
Sommer

Kammer-Trio: **Paul Mueller-Melborn**

Konzertflügel:
Grotian-Steinweg aus dem Magazin von M. J. Schramm, Rosenstr. 5

Nachtrag zur Konzertschau.

Freitag, 2. November 1923, 7½ Uhr im Herkules-Saal Klavier-Abend von Alexander **Semmler** mit Werken von Schubert (Wanderer-Fantasie), Brahms (Sonate f-moll) und Chopin (12 Etüden op. 25). (Semmler ist einer der begabtesten Schüler von Prof. Josef Pembaur und ist bereits für Konzerte nach Amerika verpflichtet worden.)

6 Hausegger-Konzerte im Abonnement.

Der Konzertverein München sieht sich nicht in der Lage, die Abonnementskonzerte im kommenden Winter durchzuführen. Im Hinblick auf diesen für das musikalische Leben Münchens sehr bedauerlichen Umstand hat sich die Konzertdirekton trotz den erforderlichen großen materiellen Opfern entschlossen im Winter 1923/24 **6 Hausegger-Konzerte** im Abonnement zu veranstalten.

Der erste Abend ist Montag, 5. November, 7½ Uhr in der Tonhalle. Als Solist wurde Edwin **Fischer** gewonnen. Das Programm enthält die Egmont-Ouvertüre und ein Klavierkonzert von Beethoven und Bruckners 1. Sinfonie (c-moll).

Erstes öffentliches Auftreten als Solotänzerin

Matineen in seinen «Kammerspielen». Damals hatte ich keine Ahnung, wieso Max Reinhardt so schnell auf mich aufmerksam geworden war. Erst später erfuhr ich, daß ich dies Dr. Vollmoeller zu verdanken hatte, mit dem ich gewettet habe, ich würde mein Ziel auch ohne einen reichen Freund erreichen. Ich hatte ihn nicht vergessen und ihm zwei Karten für den Blüthnersaal geschickt, aber nichts mehr von ihm gehört. Wie er mir erst später erzählte, hatte er zu meinem ersten Abend Reinhardt mitgenommen, der so begeistert war, daß er mich ins «Deutsche Theater» holte. Zum ersten Mal trat eine Tänzerin in dem berühmtesten Theater Deutschlands ohne Ensemble auf.

Darauf erhielt ich von Agenturen viele Angebote. Fast jeden Abend tanzte ich nun in einer anderen Stadt, in Frankfurt, Leipzig, Düsseldorf, in Köln und Dresden, in Kiel und Stettin – und überall erlebte ich denselben unbeschreiblichen Erfolg bei Publikum und Presse. Meine Mutter begleitete mich auf allen diesen Reisen. Schon nach wenigen Monaten bekam ich auch Angebote aus dem Ausland. Noch ehe das Jahr zu Ende ging, tanzte ich im Züricher Schauspielhaus, im Innsbrucker Theater und in Prag im Konzertsaal «Central». Ich lebte wie in einem Rausch. Selbst in Zürich, bei den verhaltenen Schweizern, mußte ich schon meinen ersten Tanz, einen «Kaukasischen Marsch» von Ippolitow, wiederholen. Das hatte ich noch in keiner anderen Stadt erlebt, und in Prag geschah es, daß ich meinen Tanz «Orientalisches Märchen», nach der Musik von Cui, dreimal neu beginnen mußte, weil das Publikum schon bei meinen ersten Bewegungen so heftig applaudierte, daß ich die Musik nicht mehr hören konnte und den Tanz abbrechen mußte.

Die körperlichen Anstrengungen waren enorm, da ich die Tanzabende ja allein bestritt. In der Pause lag ich, in Schweiß gebadet, auf irgendeiner Couch, unfähig, ein Wort zu sprechen. Aber meine Jugend und das harte Training ließen mich alle Erschöpfungen überwinden. Mein Programm enthielt zehn Tänze, fünf im ersten Teil, fünf weitere nach der Pause. Durch die Wiederholungen wurden es manchmal sogar bis zu vierzehn.

Die Kostüme, die ich entwarf, nähte meine Mutter. Der Hintergrund der Bühne war immer schwarz, ideal, weil auf diese Weise nichts von der sich in Lichtkegeln bewegenden Tänzerin ablenkte. Einen meiner erfolgreichsten Tänze hatte ich «Traumblüte» genannt. Nach der Musik von Chopin war er dem «Sterbenden Schwan» der Anna Pawlowa nachempfunden, aber nicht als Spitzentanz, da ich nur barfuß tanzte. Bei diesem Tanz trug ich ein eng anliegendes Trikot aus Silberlamé, darüber in satten Herbstfarben schimmernde Chiffontücher, deren Farbwirkung durch rötliches und violettes Scheinwerferlicht unterstützt wurde. Aber der Tanz, in dem ich mich am stärksten ausdrücken konnte, war «Die Unvollendete» von Schubert.

Fühlte ich mich glücklich in dieser Zeit? Ich glaube ja, wenn auch die Ungewöhnlichkeit der Erfolge mir nicht voll zu Bewußtsein kam. Nach dem ersten Berliner Tanzabend waren alle meine Auftritte ausnahmslos ausverkauft. Außer den Spesen erhielt ich 500 bis 1000 Mark für jede Vorstellung in der neuen, wertvollen Rentenmark. Für diese Zeit, unmittelbar nach Ende der Inflation, ein enormes Geld, ich konnte mir Kleider und schöne Sachen kaufen, das war herrlich, und doch war ich nicht ganz zufrieden. Ich litt darunter, daß ich zu früh aus meinem Studium herausgerissen wurde, lieber hätte ich mich technisch und künstlerisch noch weiter entwickelt. Aber es war sehr schwer, nun aus dem Strom der Erfolge wieder auszusteigen.

Auch verschiedene Filmangebote trafen ein, die ich aber, ohne sie zu prüfen, ablehnte. Ich wollte nur für den Tanz leben und mich nicht zersplittern. Dies erforderte Opfer, da ich auf vieles verzichten mußte, besonders auf ein Privatleben. Das Training war hart, und die Tanzabende verlangten den uneingeschränkten Einsatz aller meiner Kräfte. Zwar interessierte mich der Film auch damals schon, aber der Gedanke, einige Wochen oder vielleicht sogar Monate mit dem Training auszusetzen, war für mich undenkbar. Eine Absage allerdings fiel mir nicht leicht. Mir war angeboten worden, in dem UFA-Film «Pietro der Korsar» die Hauptrolle zu spielen. Reizvoll daran war, daß es sich dabei um eine Tänzerin handelte. Der Regisseur, der mich ausgewählt hatte, hieß Artur Robison. Paul Richter sollte mein Partner werden. Ich konnte der Versuchung nicht ganz widerstehen und ließ Probeaufnahmen von mir machen. Sie müssen gefallen haben, denn als ich vor dem Gewaltigen der UFA, Erich Pommer, stand und er mir die für damalige Verhältnisse sagenhafte Gage von 30000 Mark anbot, war ich nicht imstande, sofort abzulehnen.

Ich bat um einige Tage Bedenkzeit, aber nach einem schweren Kampf mit meinem Gewissen sagte ich Nein zu Herrn Pommer und verzichtete auf diese einzigartige Chance.

Gastspiel in Zürich

Als ich volljährig geworden war, durfte ich mein Elternhaus verlassen. Ich nahm mir in der Fasanenstraße, in der Nähe des Kurfürstendamms, eine kleine Wohnung. Ich blieb aber mit meiner Mutter in fast täglichem Kontakt. Es war die Zeit, in der wir die Stoffe für meine

Kostüme einkauften. Sie wußte von meinen Beziehungen zu Otto Froitzheim und war darüber ziemlich unglücklich, vor allem wegen des großen Altersunterschieds. Von seinem nicht gerade bürgerlichen Leben war ihr nichts bekannt. Sie war immer meine beste Freundin, auch, wenn ich ihr nicht alles erzählen konnte.

Als sie mich einmal nicht begleiten konnte, im Februar 1924, sprang meine Freundin Hertha für sie ein. Es ging um Tanzabende in Zürich, Paris und London. Harry Sokal, der noch immer die Hoffnung nicht aufgegeben hatte, mich zu erobern, wollte sich mit mir in Zürich treffen. Als ich in mein Hotelzimmer kam, fand ich ein Blumenmeer vor. Sokals Empfangsgrüße. Ich fragte mich, warum man mir kein Doppelzimmer mit Hertha gegeben hatte und weshalb sie eine Etage tiefer wohnte. Noch überraschter war ich, daß Sokals Zimmer direkt neben meinem lag – ein Gedanke, der mir nicht angenehm war. Aber an unserem ersten Abend erwiesen sich meine Befürchtungen als Irrtum, Sokal verhielt sich korrekt.

An zwei Abenden, im Februar 1924, hatte ich Gastspiele im Züricher Schauspielhaus zu absolvieren. Meine Auftritte fanden im Wechsel mit Tolstois Stück «Der lebende Leichnam» statt: Alexander Moissi in der Hauptrolle, ein begnadeter Schauspieler. Wir verstanden uns sofort sehr gut. Als ich eines Abends, den wir zusammen verbracht hatten, verspätet ins Hotel kam und mich schon ausgezogen hatte, klopfte es an der Tür. Es war Sokal, der um Einlaß bat. Ich wies ihn ab.

«Ich bin müde», sagte ich, «und ich möchte so spät in der Nacht keinen Mann in mein Zimmer lassen.»

Er klopfte heftiger: «Ich muß dich unbedingt sprechen, unbedingt», sagte er mit erregter Stimme.

«Morgen», sagte ich, «morgen nach dem Frühstück.» Dann war einen Augenblick lang Ruhe.

Plötzlich aber schlug er mit den Fäusten an die zwischen uns liegende Zimmerwand und schrie: «Ich halte es nicht mehr aus», dann leiser werdend und bittend:

«Komm in mein Zimmer, ich tu dir nichts, ich möchte dich nur einmal allein bei mir haben.» Fast empfand ich Mitleid mit ihm. Ich versuchte, ihn zu beruhigen.

«Sei vernünftig, Harry – ich kann nicht zu dir kommen – ich würde dich nie glücklich machen können.»

Er weinte, schrie und drohte, er würde sich erschießen, und redete lauter schreckliche Sachen. Ich bekam Angst, zog mich blitzschnell wieder an, verließ mein Zimmer und rannte die Treppe hinunter zu Hertha, die mir verschlafen die Tür öffnete. Erst am nächsten Mittag wagten wir, das Zimmer zu verlassen, und erfuhren zu unserer großen

Erleichterung, daß Sokal abgereist war. Der Concierge überreichte mir einen Brief. Sokal entschuldigte sich für sein gestriges Verhalten. Er wolle auf keinen Fall meine Freundschaft verlieren und versprach, mich nicht noch einmal so zu belästigen. Er wollte, schrieb er, einzig und allein mir nur Freude bereiten, und darum habe er auch die Tanzabende in Paris und London arrangiert.

Ich war sprachlos. Ich hatte keine Ahnung, daß die Angebote aus Paris und London von ihm organisiert und wahrscheinlich auch finanziert waren. Tief enttäuscht ließ ich den Brief fallen. Noch hatte keine deutsche Tänzerin nach dem Ersten Weltkrieg in Paris einen Tanzabend gehabt. Ich war so stolz, so glücklich gewesen, als ich die Angebote erhielt – und nun diese Enttäuschung! Ich hatte keine Lust mehr, in Paris und London aufzutreten. Als ich den Brief aufhob und zu Ende las, wurde mir klar, daß ich das nie mitmachen könnte. Sokal schrieb weiter:

«Da du keine Garderobe hast, um in solchen Weltstädten standesgemäß aufzutreten, veranlaßte ich, daß dir heute entsprechende Garderobe ins Hotel geschickt wird. Du kannst dir auswählen, was dir gefällt.»

In diesem Augenblick läutete es an der Türe meines Zimmers, und ein Bote brachte zwei Arme voll Pelzmäntel herein. Hertha unterschrieb die Quittung für zwei Nerzmäntel, einen Hermelin und einen sportlichen Leopardenmantel, mit schwarzem Leder verarbeitet. So verführerisch diese fabelhaften Pelze waren, ich empfand das Ganze als eine Ohrfeige. Zu schön wäre es gewesen, in Paris und in London zu tanzen, solche Pelze zu besitzen, aber was sollte mich das kosten! Ich hätte Liebe vortäuschen und Theaterspielen müssen – das konnte ich nicht und wollte ich nicht.

«Hertha», sagte ich impulsiv, «wir nehmen den nächsten Zug nach Berlin.» Ich schrieb einige tröstende Abschiedszeilen an Sokal, bat um Verständnis und verließ mit meiner Freundin fluchtartig das Hotel.

Im Eisenbahnabteil umarmte ich Hertha und sagte: «Du kannst dir nicht vorstellen, wie glücklich ich nach dieser Entscheidung bin. Nun bin ich wieder ein freier Mensch.»

Das Unglück in Prag

Mein nächster Tanzabend in Prag, in einem dreitausend Personen umfassenden Saal, in dem vorher nur Anna Pawlowa getanzt hatte und der bis auf den letzten Platz ausverkauft war, wurde zu einem

Triumph, aber vielleicht auch zu meinem letzten. Während ich auf der Bühne einen meiner artistischen Sprünge ausführte, knackste es im Knie, und ich spürte einen so stechenden Schmerz, daß ich nur mit Mühe zu Ende tanzen konnte.

Noch war es zu früh, um die Schwere dieses Unfalls zu ahnen. Die Schmerzen wurden immer stärker. Nur mit letzten Willenskräften konnte ich noch einige Tanzabende durchstehen, doch dann ging es nicht mehr. Ich mußte alle Veranstaltungen absagen und mehrere Ärzte konsultieren.

Zuerst besuchte ich den damals berühmten Orthopäden Professor Lexer in Freiburg. Seine Diagnose: Bänderzerrung – Operation nicht möglich – viel Ruhe. Ich war verzweifelt und reiste nach München zu dem ebenfalls bekannten Professor Lange. Er stellte dieselbe Diagnose. Keiner der beiden konnte mir sagen, wie lange ich aussetzen müßte und ob die Schmerzen wieder weggehen würden.

Ich begann an den Diagnosen zu zweifeln und konsultierte in Holland und Zürich einige andere international anerkannte Spezialisten. Aber auch sie wußten keinen Rat. Alle verordneten mir Ruhe und nochmals Ruhe.

Ich war hilflos. Von heute aus gesehen klingt es völlig unglaubhaft, daß orthopädische Spezialisten, es war das Jahr 1924, und 30 Jahre vorher waren die X-Strahlen entdeckt worden, keine Röntgenaufnahmen machen ließen. Und von der Diagnose meines Zustandes hing meine Laufbahn als Tänzerin ab. So blieb mir nichts anderes übrig, als zu warten und zu hoffen, daß die Schmerzen im Knie wieder vergehen.

Während dieser unglücklichen Zeit, in der ich mich nur mit Hilfe eines Stockes bewegen konnte, hatte sich Otto Froitzheim sehr um mich gekümmert. Obgleich wir uns vor meinem Unfall wegen meiner vielen Gastspiele nur selten treffen konnten, bestand er auf einer offiziellen Verlobung. Er hatte mich seiner Mutter, die in Wiesbaden lebte, vorgestellt und schon begonnen, Vorbereitungen für die Hochzeit zu treffen. Ich hatte in alles eingewilligt. Er besaß immer noch große Macht über mich, ich konnte ihm in seiner Gegenwart nicht widersprechen. Innerlich war ich fest entschlossen, ihn nicht zu heiraten – ich wußte, daß wir nur unglücklich werden würden.

«Berg des Schicksals»

Da trat etwas Unerwartetes ein, das mein Leben völlig veränderte. Es war im Juni, wenige Tage nach dem Pfingst-Tennis-Turnier, in dem Froitzheim wie immer erfolgreich gespielt hatte. Er war jede freie Stunde mit mir beisammen gewesen und war nun wieder abgereist. Ich stand ein wenig abgehetzt allein auf dem hochgelegenen Bahnsteig der U-Bahn am Nollendorfplatz, auf dem Weg zu einem Arzt, einem Freund meines Vaters, kein Orthopäde, aber ein hervorragender Internist. In ihm sah ich meine letzte Hoffnung. Ungeduldig wartete ich auf den nächsten Zug, der nicht kommen wollte. So eilig hatte ich es, daß mir die wenigen Minuten, die ich warten mußte, wie Stunden vorkamen. Meine Augen schweiften über die Plakate hin, die an den Wänden des Bahnsteigs klebten – Ankündigungen, Reklamen. Ich nahm sie nur oberflächlich wahr, meine Gedanken waren woanders, sie überflogen die letzte Zeit. Vor sechs Monaten hatte ich in München meinen ersten Tanzabend erlebt. Drei Tage später folgte der zweite in Berlin. Das ging mir wie ein Karussell durch den Kopf. Mir war, als könnte ich noch immer nicht begreifen, was alles in diesen wenigen Wochen geschehen war. Nach dem Berliner Abend hatte es mich wie eine Welle mitgerissen, eine Welle des Erfolgs, eines unerwartet unfaßbaren, unglaublichen Erfolgs. Über Nacht war die unbekannte Tanzelevin berühmt geworden. Die Wirklichkeit hatte meine ehrgeizigsten Wunschträume weit hinter sich gelassen. Alles, was ich in dieser Zeit sah, Bilder, Statuen – was ich hörte, Musik – alles hatte in mir nur noch Beziehungen zum Tanz. Es schien mir vom Schicksal bestimmt, daß nur der Tanz, den ich mir hatte ertrotzen müssen, ausschließlich mein Leben bedeuten würde, heute und für alle Zukunft. Und dann dieser Sturz.

Müde und zermürbt stand ich auf dem Bahnsteig und wartete. Ich mußte die Zähne zusammenbeißen. Im Knie begann es wieder zu stechen. Meine Augen glitten über die Farben der Plakate der mir gegenüberliegenden Wand, und plötzlich blieb mein Blick auf einem hängen. Ich sah eine Männergestalt, wie sie einen hohen Felskamin überschreitet. Darunter stand «Berg des Schicksals» – «Ein Film aus den Dolomiten von Dr. Arnold Fanck.» Eben noch von traurigen Gedanken über meine Zukunft gepeinigt, starrte ich wie hypnotisiert auf dieses Bild, auf diese steilen Felswände, den Mann, der sich von einer Wand zur anderen schwingt.

Die Bahn fuhr ein und schob sich zwischen das Plakat und mich. Es war die Bahn, auf die ich schon ungeduldig gewartet hatte. Sie fuhr wieder ab und gab mir den Blick auf das Plakat frei. Wie aus einer Trance erwachend, sah ich die Bahn im Tunnel der Kleiststraße verschwinden.

«Der Berg des Schicksals» lief im Mozartsaal, auf der anderen Seite des Platzes. Ich ließ den Besuch bei dem Arzt sausen und ging hinaus auf die Straße. Wenige Minuten später saß ich im Kino. In den Zeiten des Stummfilms konnte man jederzeit in ein Kino hinein- und wieder hinausgehen.

Schon von den ersten Bildern war ich fasziniert. Berge und Wolken, Almhänge und Felstürme zogen an mir vorüber – ich erlebte eine mir fremde Welt. Noch nie hatte ich solche Berge gesehen, ich kannte sie nur von Postkarten, auf denen sie leblos und starr aussahen. Aber hier im Film wirkten sie lebendig, geheimnisvoll und faszinierend. Nie hatte ich geahnt, daß Berge so schön sein können. Je länger der Film dauerte, um so stärker fesselte er mich. Er erregte mich so sehr, daß ich, noch ehe er zu Ende war, beschlossen hatte, diese Berge kennenzulernen.

Verwirrt und von einer neuen Sehnsucht erfüllt, verließ ich das Kino. In der Nacht konnte ich lange Zeit keinen Schlaf finden. Immer wieder überlegte ich, ob es wirklich nur die Natur war, die mich so packte, oder die Kunst, mit der dieser Film gestaltet war. Ich träumte von wilden Felsnadeln, sah mich über Geröllhalden laufen. Wie ein Symbol erschien mir als Hauptdarstellerin des Films ein steiler Felsturm: die Guglia.

Aus Traum wird Wirklichkeit

Einige Wochen später stand ich das erste Mal vor diesen Felswänden. Ich hatte es in Berlin nicht mehr ausgehalten, nachdem ich mir eine Woche lang den Film jeden Abend angesehen hatte. In Begleitung meines Bruders, den ich, seitdem ich nicht mehr in Zeuthen bei meinen Eltern wohnte, leider nur noch selten sah und der mich jetzt beim Gehen stützen mußte, fuhr ich nach Karersee in die Dolomiten, in der törichten Hoffnung, dort die Darsteller und den Regisseur, die diesen Film gemacht hatten, vielleicht zu treffen. Die Wirklichkeit enttäuschte mich nicht. Ich konnte mich nicht sattsehen an den roten Felsburgen, den grünen Gebirgswäldern, den zartgrünen schlanken Lärchen und dem Karersee, der wie ein buntschillernder Schmetterlingsflügel in dunkelgrüne Tannen eingebettet liegt. Längst vergessene Märchen meiner Kindheit feierten ihre Auferstehung.

Vier Wochen verbrachte ich mit der Entdeckung einer verzauberten

Welt und dann, am Tag meiner Abreise im Hotel Karersee, hatte ich –
noch dazu in letzter Stunde – eine Begegnung, die ich mir so sehr
erhofft hatte. In der Halle entdeckte ich ein Plakat mit der Ankündigung, der Film «Berg des Schicksals» würde an diesem Abend im Hotel
vorgeführt werden, der Hauptdarsteller, Luis Trenker, werde bei der
Vorführung anwesend sein. Ich konnte es kaum fassen, daß meine
Wünsche so schnell in Erfüllung gehen sollten.

Unruhig verfolgte ich nach dem Abendessen die Vorstellung. Ich
kannte fast jede Bildfolge. Trotzdem wirkte der Film noch genauso
stark auf mich wie in Berlin. Kaum war er zu Ende und der Saal wieder
erleuchtet, humpelte ich nach rückwärts, wo der Filmprojektor aufgebaut war. Daneben stand ein Mann, in dem ich den Hauptdarsteller
erkannte.

«Sind Sie Herr Trenker?» fragte ich etwas schüchtern. Sein Blick
glitt über meine elegante Kleidung, dann nickte er und sagte: «Dös bin
i.» Meine Befangenheit verflog. Meine Begeisterung für den Film, die
Berge und die Darsteller sprudelte nur so aus mir heraus.

«Im nächsten Film spiele ich mit», sagte ich mit einer Sicherheit, als
sei dies die selbstverständlichste Sache der Welt.

Trenker schaute mich verdutzt an, fing an zu lachen und sagte: «Ja,
könn's denn klettern? Ein so feines Fräulein wie Sie hat doch nichts in
den Bergen zu suchen.»

«Ich werde es lernen, ich werde es bestimmt lernen – ich kann es
auch, wenn ich es unbedingt will.» Wieder spürte ich einen stechenden
Schmerz im Knie, der mich aus meiner Euphorie riß und ernüchterte.
Über Trenkers Gesicht huschte ein ironisches Lächeln. Mit einer
Grußbewegung wandte er sich von mir ab.

Ich rief ihm nach: «Wie kann ich Sie brieflich erreichen?»

Er rief zurück: «Trenker, Bozen, das genügt.»

Nach meiner Rückkehr nach Berlin schrieb ich ihm sofort einen
Brief, in dem ich bat, die beiliegenden Fotos und Zeitungsausschnitte
an Dr. Fanck weiterzuleiten. Voller Ungeduld wartete ich auf eine
Antwort von Trenker oder Dr. Fanck. Aber ich wartete vergeblich.

Über Günther Rahn, Nothelfer in allen Lebenslagen, erfuhr ich, daß
Dr. Fanck in nächster Zeit aus Freiburg, seiner Heimatstadt im
Schwarzwald, nach Berlin kommen würde, um mit der UFA Verhandlungen über seinen neuen Film zu führen. Nun ließ ich Günther nicht
mehr in Ruhe. Er selbst kannte Dr. Fanck nicht, aber ein guter Freund
von ihm, Dr. Bader, hatte als Skiläufer in Fancks sensationellem
Sportfilm «Die Wunder des Schneeschuhs» mitgewirkt. Tatsächlich
brachte Günther eine Zusammenkunft zwischen Dr. Fanck und mir
zustande.

An einem sonnigen Herbsttag betrat ich die Konditorei Rumpelmeyer am Kurfürstendamm. Dort sollte ich den Regisseur treffen. Ein Erkennungszeichen war nicht verabredet. Meine Blicke durchstreiften das Lokal, und ich glaubte, Dr. Fanck zu erkennen. Ein Mann mittleren Alters saß allein an einem runden Tisch und löffelte in einer Tasse.

«Verzeihen Sie, sind Sie Dr. Fanck?» sagte ich und trat an ihn heran. Er stand auf und fragte seinerseits: «Und Sie Fräulein Riefenstahl?»

Wir setzten uns, und ich eröffnete die Unterhaltung. Anfangs war ich noch durch die Schüchternheit Dr. Fancks gehemmt, aber langsam wurde ich lebhafter und geriet immer mehr ins Schwärmen. Dr. Fanck saß mir stumm gegenüber, die Augen fast immer auf seine Kaffeetasse gerichtet. Nur einmal richtete er eine Frage an mich. Er wollte wissen, womit ich mich beschäftigte. Also hatte Trenker ihm meine Bilder und meinen Brief nicht geschickt, Dr. Fanck wußte über mich nichts. Zögernd begann er zu erzählen. Er sollte einen Film für die UFA drehen, hatte aber noch kein Thema. Ich wagte nicht, ihn um eine Rolle zu bitten, sagte nur, daß ich bei seinem nächsten Film so gern dabei sein möchte – wenn auch nur als Zuschauerin.

Dann verabschiedeten wir uns. Er bat mich, ihm Bilder und Kritiken von den Tanzabenden zu senden, und ich gab ihm meine Adresse. Dann stand ich wieder allein auf dem Kurfürstendamm. Es war sieben Uhr abends. In mir tobte es wie in einem Vulkan. Aber eine Ahnung sagte mir, daß sich etwas Schicksalhaftes entwickeln würde. Die Schmerzen in meinem Knie, die sich noch immer nicht gebessert hatten, zwangen mich nach dieser Begegnung zu sofortigem Handeln. Keine Stunde durfte ich mehr verlieren. Da fiel mir Dr. Pribram ein. Ich hatte ihn im Tennisclub «Rot-Weiß» kennengelernt, ein junger Chirurg und Assistenzarzt bei dem berühmten Professor Bier. Schon einige Male hatte ich mit ihm über meine Beschwerden gesprochen. Er hatte mir versprochen, eine Röntgenaufnahme von meinem Knie zu machen. Neben der Konditorei stand eine Telefonzelle. Ich versuchte, Dr. Pribram zu erreichen, der aber noch in der Klinik war und nicht gestört werden durfte.

Mit einem Taxi fuhr ich dorthin, um ihn vor dem Heimweg abzufangen. Ich bestürmte ihn, noch am gleichen Abend die Röntgenaufnahmen zu machen. Er lehnte ab. Ich bat, weinte, flehte, bis er schließlich einwilligte. Endlich erhielt ich Gewißheit. Seine Diagnose nach dem Röntgenfilm war, daß sich im Meniskus durch einen Riß eine wahlnußgroße Knorpelwucherung gebildet hatte, die nur durch eine Operation zu entfernen war. Aber damals machte man noch keine Meniskusoperationen, und Dr. Pribram sowie sein Chef waren hauptsächlich auf Gallensteinoperationen spezialisiert. Nun wußte ich endlich, wie es mit meinem Knie bestellt war, und ich wollte keine Stunde mehr bis zur Operation verlieren. Wie ich es geschafft habe, weiß ich heute nicht mehr, aber es gelang mir, ihn zu überreden, mich schon am nächsten Morgen zu operieren. Er hatte mich über alle Risiken aufgeklärt, aber ich bestand auf der Operation. Mindestens zehn Wochen Gips, sagte er, und, was viel schlimmer wäre, das Bein könnte steif bleiben. Doch in diesem Augenblick gab es für mich keine Wahl, entweder – oder! Sonst hätte ich keine Chance gehabt, mit Dr. Fanck in die Berge zu gehen. Ohne die Eltern und meine Freunde etwas über meinen Entschluß wissen zu lassen, teilte ich es nur Dr. Fanck mit. Die versprochenen Tanzfotos und Kritiken schickte ich ihm zu.

Noch in derselben Nacht traf ich in der Klinik ein und lag früh um acht schon auf dem Operationstisch. Während des Ätherrausches sah ich beglückt – wie in einem tanzenden Chaos – visionär die Bilder aus dem «Berg des Schicksals»: Felswände – Wolken – und immer wieder den Hauptdarsteller des Films, die «Guglia», die Schicksalsnadel. Sie ragte vor mir auf, jäh empor und wich langsam zurück – erlosch – löste sich auf.

Ich versank in den tiefen Schlaf der Bewußtlosigkeit.

«Der heilige Berg»

Am dritten Tag nach der Operation meldete mir die Schwester Besuch. Ungläubig schaute ich sie an, denn niemand wußte, wo ich mich befand. Da kam Dr. Fanck herein. Er sah bleich und übernächtigt aus. Die Schwester ließ uns allein.

«Ich habe Ihnen etwas mitgebracht», sagte er, «in den letzten drei Nächten schrieb ich es für Sie». Und er überreichte mir eine in Papier eingewickelte Rolle. Langsam packte ich sie aus – ein Manuskript. Auf der ersten Seite las ich:

DER HEILIGE BERG

geschrieben für die Tänzerin Leni Riefenstahl.

Was ich in diesem Augenblick empfand, hätte ich nie mit Worten ausdrücken können. Ich lachte und weinte vor Glück. Wie war es möglich, dachte ich, daß ein Wunsch so schnell sich erfüllen kann, ein Wunsch, den ich nicht einmal ausgesprochen hatte.

Drei Monate mußte ich liegen, drei unermeßlich lange Monate, in denen ich nicht wußte, ob ich das Bein wieder würde bewegen können wie zuvor. In dieser Zeit ging Dr. Fanck Szene für Szene des Films mit mir durch. Seine Zuversicht war bewunderungswürdig, als wäre ein Zweifel am Gelingen der Operation ausgeschlossen. In der dreizehnten Woche durfte ich endlich aufstehen. Arzt und Schwester waren damit beschäftigt, mir die ersten Schritte zu erleichtern. Und – ich hatte Glück: Ich konnte das Knie beugen und ohne Schmerzen bewegen. Dr. Pribram strahlte: Welche Gefühle von Dankbarkeit mich bewegten, konnte er nicht ermessen.

Auf den Straßen fielen inzwischen die ersten Schneeflocken. Langsam und unscheinbar rieselten sie herab – Berliner Schnee, der zu nichts nutze ist. Der einzige Schnee, den ich bisher kannte. Wie anders sollte das nun werden!

Auch in meinem Privatleben trat eine Veränderung ein. Von meinen Tennisfreunden erfuhr ich, daß Otto Froitzheim, mein Verlobter, während meines Klinikaufenthalts bei einem Tennis-Turnier in Meran ein Verhältnis mit einer Tennis-Kollegin angefangen hatte. Eine Woche lang hätten sie gemeinsam ein Zimmer bewohnt! So sehr mich diese Nachricht schmerzte, empfand ich sie doch als eine Fügung, mich endlich von diesem Mann lösen zu können – ein Entschluß, zu dem ich bisher die Kraft nicht aufgebracht hatte. Auch jetzt litt ich noch schrecklich bei dem Gedanken einer endgültigen Trennung.

Froitzheim wollte von einer Trennung nichts wissen. Täglich schickte er Briefe und Blumen. Eines Tages stand er vor meiner Tür und bat, hereinkommen zu dürfen. Nie hätte ich geglaubt, daß dieser Mann so um mich kämpfen würde. Ich wußte, wenn ich ihn hereinließ, würde ich ihm wieder verfallen, aber es fiel mir unsagbar schwer, ihm nicht die Tür zu öffnen. Er mußte mein Schluchzen gehört haben, denn er ging nicht fort, klopfte im Treppenhaus immer wieder und flehte mich mit seiner sanften, verführerischen Stimme an: «Leni, laß mich hinein – Leni, Leni...»

Ich biß mir in die Hand, um mein Schluchzen zu unterbrechen, aber ich blieb bei meinem Vorsatz. Es war die schmerzlichste Entscheidung, die ich bisher zu treffen hatte. Als sich seine Schritte entfernt hatten, heulte ich bis zum Morgen.

Fanck, der mich täglich besuchte, wunderte sich über meine Traurigkeit und mein verweintes Gesicht. Er bedrängte mich mit Fragen – schließlich berichtete ich ihm alles. Als er mich tröstend an sich zog, spürte ich, daß es keineswegs, wie ich gehofft hatte, väterliche Gefühle waren, die er für mich empfand. Ich entzog mich ihm und ließ ihn verstehen, daß er das bleiben lassen sollte.

Kurz vor Weihnachten konnte ich an eine Reise denken. Ich sollte nach Freiburg kommen, wo Dr. Fanck in seinem Atelier Probeaufnahmen von mir machen wollte. Vor diesen Aufnahmen hatte ich Angst, denn davon hing es ab, ob ich in der Tat die weibliche Hauptrolle des Films erhalten würde.

Ich schminkte mich, wie ich es von meinen Bühnenauftritten gewohnt war. Ein Stein fiel mir vom Herzen, als Dr. Fanck erklärte, seine Darsteller müßten darauf verzichten, sich zurechtzumachen. Er wolle natürliche Gesichter haben, keine Filmgesichter. Als ich mich am nächsten Tag das erste Mal auf einer Leinwand sah, war ich niedergeschmettert. Die Enttäuschung, die viele Filmschauspieler erleben, blieb auch mir nicht erspart. Ich kam mir fremd und häßlich vor. Die Probeaufnahmen wurden wiederholt, und zu meiner Überraschung waren sie diesmal gelungen. Den Grund dafür erklärte mir Dr. Fanck. Die Veränderung sei durch eine andere Beleuchtung entstanden. Hier lernte ich zum ersten Mal, welche entscheidende Rolle das Licht für den Film spielt. Man kann ein Gesicht, auch ein ungeschminktes, allein durch die Lichtführung um Jahre jünger oder älter machen.

Der Regisseur war mit den neuen Aufnahmen zufrieden.

Ich erhielt einen Vertrag mit einer Stargage von 20000 Mark. Außerdem stellte mir die UFA während der ganzen Zeit der Aufnahmen einen Pianisten zur Verfügung und, nicht genug damit, ließ sie auch ein Klavier auf die Berghütten hinauftransportieren, in denen wir wochenlang hausen mußten, damit ich neben der Filmerei mein Tanztraining, das ich wieder aufgenommen hatte, nicht unterbrechen mußte. Ich hatte nach glücklich verlaufener Operation keinen Augenblick mehr daran gedacht, meine Karriere als Tänzerin aufzugeben. Ich wollte nur in diesem einen Film mitwirken, um die Bergwelt, besonders die von Dr. Fanck, kennenzulernen.

Für die Aufnahmen war eine Zeit von drei Monaten vorgesehen.

Trenker und Fanck

Dr. Fanck lud mich ein, einige Tage in Freiburg zu bleiben, bis zur Ankunft seines männlichen Hauptdarstellers, Luis Trenker. Mit ihm wollten wir das Filmprojekt durchsprechen. Inzwischen lernte ich im Hause von Dr. Fancks Mutter seine ungewöhnlich reiche, interessante Bibliothek kennen, in der fast kaum ein Dichter, Schriftsteller oder Philosoph von Rang und Namen nicht zu finden war. Außerdem war es schon ein ästhetischer Genuß, die Bücher in die Hand zu nehmen, die meisten waren kunstvoll in Leder gebunden.

Dr. Fancks Schwester war eine sehr talentierte Buchbinderin. Sie entwarf später die Titel für seine Filme, auf die der stumme Film nicht verzichten konnte, wenn er die Handlung dem Zuschauer verständlich machen mußte. Außer der Bibliothek besaß Fanck auch eine Vielzahl von Originalzeichnungen und Radierungen moderner Künstler vorwiegend sozialistischer Themen wie Käthe Kollwitz, George Grosz und anderer. Dr. Fanck wurde für mich mein geistiger Lehrer. Als Filmregisseur war er ein krasser Außenseiter. Sein eigentlicher Beruf war Geologe. Er hatte an der Universität in Zürich studiert. Zur gleichen Zeit wie Lenin, mit dem er in Verbindung gekommen war. Seine Neigungen galten den Bergen und der Fotografie.

Als Kind war er immer krank. Er litt an schwerem Asthma und mußte, wie er mir erzählte, das Gehen immer wieder neu erlernen. Mit elf Jahren wurde er nach Davos geschickt und dort von Stund an gesund. Dies hatte ihn so bewegt, daß er sich die Berge zu seiner Welt schuf. Er kam nach Zuoz im Engadin in die Schule und blieb dort bis zum Abschluß. Seine freie Zeit verbrachte er mit Skilaufen, Bergsteigen und Fotografieren. Bei Ausbruch des Ersten Weltkriegs war er sechsundzwanzig und bis Kriegsende bei der Abwehr tätig, wo er mit der berühmten deutschen Spionin «Mademoiselle Docteur» zusammenarbeitete. Nach Kriegsende gründete er in Freiburg mit Freunden die «Freiburger Berg- und Sportfilm Gesellschaft», für die er seine ersten berühmt gewordenen Dokumentarfilme machte: «Der Kampf mit dem Berg» – «Die Wunder des Schneeschuhs» und deren zweiter Teil «Die Fuchsjagd im Engadin». Das Neue an diesen Filmen war, daß sie keine eigentliche Handlung hatten, aber trotzdem durch eine damals revolutionäre, phantastische Fotografie und eine raffinierte Schnitt-Technik spannender waren als viele Spielfilme. Auf diesem Gebiet war er ein Pionier. Auch war er der Erste, der Zeitraffung und Zeitlupe zum filmischen Gestaltungsmittel machte.

Das Brodeln der Wolken, das Ziehen des Sonnenlichts und die wandernden Schatten über Bergkuppen und Felswände konnte man zum ersten Mal nur in seinen Filmen sehen. Den Erfolg mußte er sich schwer erkämpfen. Kein Verleih war bereit, seine ersten Filme zu übernehmen. Niemand in der Branche hielt einen Erfolg für möglich – eine spannende Geschichte war für den Film unabdingbar. Fanck aber glaubte an seine Arbeit. Er mietete sich Säle und führte die Filme selbst vor. Der große Erfolg gab ihm recht. Sogar die UFA bot ihm plötzlich 300000 Mark für einen Bergfilm, allerdings nur, wenn er eine Handlung enthalten würde. So entstand «Der heilige Berg».

Ich lernte Dr. Fanck immer näher kennen. Meine Hochachtung und Bewunderung für ihn als genialen Filmpionier und geistvolle Persönlichkeit war groß, aber als Mann übte er auf mich nun einmal keine Wirkung aus.

Es beunruhigte mich, daß Fanck sich von Tag zu Tag mehr in mich verliebte. Er überhäufte mich mit Geschenken, wertvoll gebundenen Büchern, besonderen Ausgaben von Hölderlin und Nietzsche, Holzschnitten von Käthe Kollwitz und Graphiken zeitgenössischer Künstler wie Zille und George Grosz. Er akzeptierte meine unveränderte Ablehnung nicht. Sein Verhalten bedrückte mich. Ich spürte, wie sehr er meine Nähe suchte und wie nervös er wurde, wenn ich ihm auswich. Deshalb wollte ich bis zum Beginn der Aufnahmen zurück nach Berlin, aber Fanck bat mich, noch bis zur Ankunft meines Partners Trenker zu bleiben.

Beinahe hätte ein neuer Unfall meine Mitarbeit am Film verhindert. Soviel verschiedenartigen Sport ich auch betrieben hatte, noch nie war ich auf einem Fahrrad gesessen. In Freiburg hatte fast jeder ein Rad. Eines Morgens überraschte mich Fanck mit einem neuen Geschenk – ein Fahrrad. Wir schoben unsere Räder die Straße hinauf zu einem der hübschen stillen Aussichtsplätze über der Stadt, ich glaube, er hieß «Schau ins Land». Dort oben wollte Fanck mir das Radfahren beibringen. Ich versuchte mit leidlichem Erfolg einige Runden, und alle amüsierten sich, weil ich mich nicht sehr geschickt anstellte. Die Lenkstange gehorchte mir nicht, und jeder Baum zog mich an. Plötzlich drehte sich mein Rad der steil abfallenden Straße zu, und mit Schrecken stellte ich fest, daß es mir nicht gelang zu bremsen. Im Gegenteil wurde die Fahrt immer schneller, die Gefahr, aus den Kurven herausgeschleudert zu werden, immer größer. Hinter mir hörte ich Fancks entsetzte Stimme: «Bremsen, bremsen!»

Da mir das nicht glückte, versuchte ich wenigstens, den Fahrzeugen auszuweichen, die nach oben fuhren, was mir auch wie durch ein Wunder gelang. Als ich dann unten in den belebten Straßen ankam, war das Unglück nicht mehr aufzuhalten. Zwischen vielen Autos mich durchlavierend, fuhr ich pfeilgerade auf einen großen, von zwei schweren Pferden gezogenen Bierwagen zu und lag im nächsten Augenblick mit meinem Rad unter den Pferdebäuchen.

Erst in Fancks Villa kam ich wieder zu Bewußtsein. Zum Glück war ich mit einer leichten Gehirnerschütterung und Hautabschürfungen davongekommen. Von diesem Vorfall ist mir eine heftige Abneigung gegen das Radeln geblieben.

Am nächsten Tag kam Luis Trenker an, er hatte schon erfahren, daß ich seine Partnerin werden würde. Anders als im «Hotel Karersee» war er aufgeschlossen, lustig und voller Mutterwitz. Wir verstanden uns vom ersten Augenblick an so gut, als wären wir schon seit Jahren befreundet. Dr. Fanck holte einige besondere Weine aus seinem Keller, die wir der Reihe nach probieren sollten. Für mich ein Risiko, da ich

Alkohol nur in kleinen Mengen vertrage. Ein Glas Bier genügt, um mich müde zu machen. Aber ich war so glücklich, mit Fanck und Trenker zusammenzusein, über unseren Film zu sprechen, daß ich übermütig vor Freude die «Weinprobe» vom Anfang bis zum Ende mitmachte.

Es war schon nach Mitternacht, als Fanck uns mit Champagner animierte, Brüderschaft zu trinken und auf das Gelingen unseres Films anzustoßen. Als er dann für ein paar Augenblicke aus dem Zimmer ging, umarmte mich Trenker und küßte mich. War es der Champagner, war es die Freude auf die kommende Arbeit oder die bloße Atmosphäre unseres Zusammenseins, ich weiß nur, daß ich zum ersten Mal beseligt in den Armen eines Mannes lag, beherrscht von einem mir bisher unbekannten Gefühl. Als Fanck zurückkam und uns in dieser Situation sah, starrte er uns wie versteinert an. Sein Gesicht war fahl geworden. Ich löste mich von Trenker und fühlte bestürzt, daß irgend etwas geschehen war, das unser Vorhaben gefährdete. Würde mein Traum, im «Heiligen Berg» zu spielen, zerstört werden? Einen Augenblick lang war die Stille unerträglich. Trenker stand auf und sagte: «Es ist spät, gehen wir, ich bringe Leni in ihr Hotel.»

Fanck: «Nein, ich bringe Leni in den ‹Zähringer Hof›.»

Trenker, froh, sich zurückziehen zu können, sagte, indem er meine Hand drückte: «Bevor ich morgen nach Bozen fahre, komme ich in der Früh zu dir.»

Am liebsten wäre ich mit ihm gegangen, aber mein aufkommendes Mitleid mit Fanck ließ dies nicht zu. Kaum waren wir allein, brach Fanck zusammen und schluchzte, das Gesicht in den Händen vergrabend. Aus den kaum verständlichen, zusammenhanglosen Worten erfuhr ich, wie tief seine Zuneigung zu mir war, in welche Hoffnungen er sich schon hineingeträumt hatte, wie furchtbar ihn meine Umarmung mit Trenker verwundet hatte. Ich versuchte, ihn zu trösten. Er streichelte meine Hände und sagte: «Du – meine Diotima.»

Dies war der Name meiner Rolle im «Heiligen Berg». Er erhob sich, reichte mir den Mantel und sagte: «Ich bring dich in dein Hotel, du mußt ausruhen – verzeih mir.»

Schweigend gingen wir durch die Straßen – die Luft war kalt und feucht. Plötzlich, an einer kleinen Brücke, blieb Fanck stehen, er stieß einen dumpfen Schrei aus und lief die Böschung zum Fluß hinunter. Er wollte hineinspringen. Ich warf meine Arme um seinen Hals und versuchte verzweifelt, ihn zurückzuhalten. Ich rief um Hilfe. Fanck war schon bis über die Hüfte im Wasser, und meine Kräfte reichten nicht aus, ihn herauszuziehen. Aber ich hielt seinen Kopf wie eine Zange in meinen Armen eingeklemmt. Dann hörte ich Schritte und

Rufe. Nun ging alles ganz schnell. Männer zogen Fanck aus dem Wasser, er schüttelte sich vor Kälte, ließ aber alles mit sich geschehen. Mit einem Taxi brachten wir ihn in das Freiburger Krankenhaus. Er hatte Fieber und phantasierte. Ich durfte bei ihm bleiben, bis er einschlief. Niedergeschlagen und unsagbar traurig, fuhr ich in mein Hotel. Was würde geschehen? Was sollte ich tun? Unter diesen Umständen konnte der Film nicht zustande kommen. Alles Fragen ohne Antworten. So quälte ich mich die wenigen Stunden bis zum Morgen.

In der Früh klopfte es an meiner Tür. Als ich sie öffnete, stand Trenker vor mir. Ich ließ ihn eintreten. Einen Augenblick schauten wir uns verlegen an, dann legte er seine Arme um mich, und ich begann zu schluchzen. Ich erzählte ihm, was ich in der Nacht mit Fanck erlebt habe.

«Der spinnt», sagte Trenker aufgebracht, «er wird schon wieder zu sich kommen. Ich kenne ihn, er hat schon einmal, während der Filmarbeiten beim ‹Berg des Schicksals›, schwer gesponnen.»

«Und unser Film?»

Trenker zuckte die Achseln. «Abwarten», sagte er, «er wird sich beruhigen». Da klopfte es heftig an der Tür, die ich leichtsinnigerweise nicht verschlossen hatte. Sie ging auf, und Fanck trat ins Zimmer. Wie ein Rasender stürzte er sich auf Trenker, der, stärker als Fanck, ihn packte. Doch Fanck war wie von Sinnen, riß sich los und schlug wild auf Trenker ein. Nun begann ein brutaler Kampf, der immer heftiger wurde. Ich versuchte, die beiden zu trennen, bat und flehte, sie sollten aufhören – vergebens. Ich lief zum Erkerfenster, öffnete es und schwang mich auf das Fensterbrett, als wollte ich mich aus dem Fenster stürzen. Das hatte schließlich Erfolg. Die Männer beendeten den Kampf, Trenker nahm mich in seine Arme und Fanck verließ das Zimmer.

Mit dem nächsten Zug reiste ich nach Berlin, ohne Fanck noch einmal gesehen zu haben. Ich war überzeugt, nun sei alles zerstört, aber meine Angst war unbegründet. Schon bald nach meiner Ankunft trafen von Fanck Blumen ein und Briefe von Trenker und Fanck. Mein Regisseur schien sich damit abgefunden zu haben, daß ich ihn nur als Künstler verehre.

Trotzdem brauchte man kein Prophet zu sein, um zu ahnen, daß es bei den Dreharbeiten zu Schwierigkeiten kommen würde. Meine Sorge vertiefte sich noch mehr, als ich erfuhr, Sokal, von dem ich seit unserer Auseinandersetzung in Zürich nichts mehr gehört hatte, habe sich mit 25% bei der UFA an der Finanzierung des Films «Der Heilige Berg» beteiligt und habe außerdem noch die «Berg- und Sportfilm Gesellschaft» von Dr. Fanck mit der dazugehörigen Kopieranstalt in Freiburg gekauft. Fanck hatte mir von diesen Transaktionen Sokals nichts erzählt. Meine Angst, es würde bei dieser Filmarbeit noch eine Menge Überraschungen geben, steigerte sich.

Inzwischen waren die Vorbereitungen soweit gediehen, daß die Aufnahmen mit mir Anfang Januar in der Schweiz, in Lenzerheide, beginnen sollten. Jetzt wurde mir erst bewußt, daß ich ja keine Ahnung vom Skilaufen hatte. Zu dieser Zeit, vor fast sechzig Jahren, war das noch kein Volkssport wie heute. Damals fuhren nur wenige Leute Ski. Ich wollte mich aber vor Fanck nicht blamieren und kam deshalb auf den Gedanken, heimlich Unterrichtsstunden bei Trenker zu nehmen, der, vor den eigentlichen Dreharbeiten, in den Dolomiten noch Aufnahmen mit dem Kameramann Schneeberger machen sollte. Fanck durfte von meinem Vorhaben nichts erfahren. Ich fuhr nach Cortina, wo die beiden arbeiteten. Noch nie hatte ich Berge im Schnee gesehen. Die tief verschneiten Tannenwälder erweckten in mir Kindheitserinnerungen. Die Winterlandschaft war atemberaubend schön.

Trenker und Schneeberger waren bereit, mir Unterricht zu geben. Es wurden Skier und Stöcke ausgesucht. Den ersten Versuch wollten wir am Falzaregopaß machen. Nachdem man mir das Wenden im damaligen Stil gezeigt hatte, wobei ich mehr am Boden lag als stand, durfte ich eine kleine Schußfahrt riskieren. Ich ließ die Skier den flachen Hang hinuntergleiten, und ich genoß das Gefühl des Dahinschwebens, bis ich merkte, daß meine Fahrt schneller wurde – ich wollte bremsen, schaffte es aber nicht, der Hang wurde steiler, meine Fahrt schneller und schneller, bis ein Sturz mich zum Stoppen brachte. Ich lag tief im Schnee vergraben und versuchte, mich herauszuwühlen. Trenker und Schneeberger waren bereits da und halfen mir. Verdammt – ich fühlte in meinem linken Fuß stechende Schmerzen – ich konnte nicht mehr stehen. Kein Zweifel, der Fuß war gebrochen. Was für ein Unglück! Was sollte ich denn nur Fanck sagen? In wenigen Tagen sollten in der Lenzerheide die wichtigsten und auch die kostspieligsten Aufnahmen des Films gemacht werden. Auf dem vereisten See waren phantastische Eispaläste gebaut worden. Sie verschlangen ein Drittel des ganzen Etats.

Trenker fuhr hinab nach Cortina, um einen Schlitten zu holen. Es wurde dunkel und bitter kalt. Schneeberger nahm mich auf den Rücken und watete durch den Schnee. Es stürmte, meine Knöchel schmerzten. Immer wieder brachen wir durch die Schneedecke ein und stürzten, so daß wir es schließlich aufgaben und frierend auf den Schlitten warteten. Mich quälte bittere Reue.

Am nächsten Morgen wurde in Cortina das Bein in Gips gelegt.

Beide Knöchel am linken Fuß waren gebrochen. Ein Rekord: Fünf Brüche innerhalb eines Jahres. Ich stand Höllenqualen aus, weil ich mit schwersten Vorwürfen von Fanck rechnen mußte, der noch keine Ahnung hatte, was mir zugestoßen war. Mit Auto und Eisenbahn fuhren wir nach Lenzerheide. Von Chur aus verständigten wir unseren Regisseur telefonisch. Was eigentlich geschehen war, erfuhr er erst an der Bahn, als er uns abholte. Er wurde bleich. Der Film stand und fiel mit mir. Was sollte werden, wenn ich ausscheiden müßte? Am See konnten wir erst den Umfang der Katastrophe ganz ermessen. Die Eisbauten, ungefähr fünfzehn Meter hoch, waren fertig. Wochenlang hatte sie der Frost geformt. Die Aufnahmen hätten sofort beginnen können – und ich lag in Gips. Wir waren verzweifelt.

Es kam noch schlimmer – Föhnwetter zog auf –, und in sechs Tagen war die ganze Pracht, das Werk vierwöchiger Arbeit, geschmolzen. Nur die Skelette standen auf dem noch zugefrorenen See. Schon zog die nächste Katastrophe herauf. Hannes Schneider, der im Film ebenfalls eine wichtige Rolle zu spielen hatte, rutschte bei einer Skitour über eine vereiste Stelle ab und blieb mit vierfachem Oberschenkelbruch liegen. Wochenlang schwebte er in Lebensgefahr. Also konnten die Szenen, in denen er mitwirkte, nicht gedreht werden. Als ob es damit noch nicht genug wäre, schied auch Ernst Petersen aus, ein Neffe Dr. Fancks, neben Trenker die zweite Hauptrolle. Bei einer wilden Skiaufnahme war er über einen verschneiten Stein, unmittelbar vor der Kamera, gestürzt, wurde fünfzehn Meter weit durch die Luft gewirbelt und landete mit einem gebrochenen Fuß. Und schließlich, es war geradezu teuflisch, verunglückte auch noch Schneeberger, unser Kameramann. Die Serie unserer Unfälle verschaffte ihm Arbeitsurlaub, er war nach Kitzbühel gefahren, um als heißer Favorit an den Österreichischen Skimeisterschaften teilzunehmen. Die Schneeverhältnisse waren katastrophal, aus allen Hängen ragten stellenweise Steine, Gestrüpp und Sandflecken heraus. Schneefloh, wie sein Spitzname hieß wegen seiner tollen Sprünge, damals einer der besten Abfahrtsläufer Österreichs und der Schweiz, versuchte im Abfahren diese Hindernisse zu überspringen, kam in ein rasendes Tempo – wirbelte durch die Luft und blieb mit angebrochener Wirbelsäule liegen.

So verwandelte sich unser Filmlager in ein Lazarett. Wochenlang war es fraglich, ob «Der Heilige Berg» je noch zustande kommen würde. Es hieß, die UFA wolle den Film abbrechen. Wir hatten fast jede Hoffnung verloren. Sechs Wochen lungerten wir in Lenzerheide herum, ohne auch nur einen einzigen Meter drehen zu können. Der Föhn räumte immer mehr mit dem Schnee auf. Ein trostloser, tückischer Winter.

Da kam der Wind plötzlich von Nordost, und Frost setzte ein..Die Temperatur sank, die Arbeiter begannen von neuem mit den Eisbauten. Tag und Nacht wurde geschuftet. Der Arzt nahm mir den Gipsverband ab, ich konnte wenigstens humpeln.

Die ersten Aufnahmen wurden gemacht – nachts auf dem See in Lenzerheide. Die Scheinwerfer leuchteten auf, bestrahlten die Eisbauten. Es war entsetzlich kalt, die Kabel wurden auseinandergerissen, die Steckdosen und Kameras froren ein. Aber trotz aller Widrigkeiten ging die Arbeit weiter. Ich bewunderte die Ruhe und die Selbstbeherrschung, die Fanck bei diesen Katastrophen zeigte. Von der Arbeit war ich fasziniert. Fanck gab mir Einblick in seine Regie. Er lehrte mich, daß man alles gleich gut fotografieren müsse: Menschen, Tiere, Wolken, Wasser, Eis. Bei jeder Aufnahme, sagte Fanck, gehe es darum, das Mittelmaß zu überschreiten, das Wichtigste wäre, von der Routine wegzukommen und alles möglichst mit einem neuen Blick zu sehen.

Ich durfte durch die Kamera schauen, Bildausschnitte aussuchen, lernte Negativ- und Positivmaterial, das Arbeiten mit verschiedenen Brennweiten, die Wirkung der Objektive und Farbfilter kennen. Ich fühlte, daß der Film eine Aufgabe für mich sein könnte, ein neuer Inhalt. Zugleich wurde mir klar, daß beim Film der einzelne nichts ist, daß hier alles nur in Gemeinschaftsarbeit entstehen konnte. Der beste Darsteller kommt nicht zur Geltung, wenn der Kameramann nichts taugt, und der wiederum ist auf bestmögliche Entwicklungsarbeit der Kopieranstalt angewiesen, und die beste Entwicklung kann nichts erbringen, wenn die Kameraarbeit ungenügend war.

Wenn nur einer versagt, ist das Ganze gefährdet.

Zwei Wochen arbeiteten wir noch in Lenzerheide, dann brachen wir dort die Arbeiten ab. «Der Heilige Berg» war noch lange nicht bezwungen. Als unseren nächsten Standplatz hatte Fanck Sils Maria im Engadin gewählt, hier quartierten wir uns in einer kleinen Pension ein. Es war schon Anfang April, alle Hotels waren geschlossen, der Ort wie ausgestorben. Die Belastungen der letzten Monate, in denen wir immer fürchten mußten, der Film werde abgebrochen, hatten unsere privaten Probleme in den Hintergrund treten lassen. Aber verschwunden waren sie nicht. Harry Sokal kam oft nach Lenzerheide und versuchte bei jeder Gelegenheit, sich mir wieder zu nähern. Ich wollte wissen, ob er seinen Beruf gewechselt habe – er war bei der Österreichischen Kreditanstalt in Innsbruck als Bankier tätig gewesen – oder ob sein Einstieg in die Filmindustrie nur ein Gastspiel sei. Eine Filmproduktion, erklärte er, würde ihn fesseln, sie sei tausendmal interessanter als das Bankgeschäft. Ich hatte keinen Zweifel, daß er in erster Linie meine Nähe suchte.

Noch immer versuchte auch Dr. Fanck, meine Zuneigung zu gewinnen. Wir alle spürten, wie sehr er litt. Deshalb bemühten sich Trenker und ich, vor ihm unsere Gefühle füreinander, die mehr waren als Sympathie, zu verbergen. Dies alles erzeugte schwer zu ertragende Spannungen. Vor allem für mich. Nachdem ich mich von Froitzheim getrennt hatte, den ich noch immer liebte, hoffte ich, durch Trenker von meiner Abhängigkeit von ihm befreit zu werden.

Sokal und Trenker waren abgereist, Trenker nur für kurze Zeit. Das Wesen Fancks veränderte sich, er wurde wieder fröhlicher. Jetzt waren wir nur noch zu siebt, und ich gehörte schon zum «alten Stab». Ich hatte mich schnell an dieses neue, einfache Leben gewöhnt, es gefiel mir. In Sils Maria mußte ich nun vor allen Dingen ernsthaft Skilaufen lernen. Als Lehrer bestimmte Fanck unseren Kameramann. Meine Knöchelbrüche hatten mich unsicher gemacht. Schneeberger mußte viel Geduld aufwenden. Aber es ging von Tag zu Tag besser.

Inzwischen entstanden stimmungsvolle Sequenzen. Dabei erfuhr ich, welcher Ausdauer es bei Naturaufnahmen bedarf. Meist machte die Sonne nicht mit. Einige Augenblicke schaute sie heraus – wollten wir dann drehen, verschwand sie wieder. So ging das viele Stunden, bis wir schließlich die Kamera verpackten und mit blauen Nasen und Ohren über die verharschten Schneehänge zurück ins Tal fuhren. Aber es gab auch Tage, an denen wir Glück hatten und herrliche Aufnahmen zustande brachten.

Bis jetzt kannte ich die Berge nur von unten. Das sollte anders werden. Wir wollten Aufnahmen auf der Fornohütte machen. Von Maloja ging es durch ein langgestrecktes Tal hinauf. Unsere Gruppe bestand aus fünf Personen: Fanck, Trenker, der aus Bozen zurück war, Schneeberger, ein Träger und ich. Die Frühlingssonne brannte. Es war meine erste Bergtour, unter die Skier wurden Seehundfelle gespannt. Die unzähligen Serpentinen ermüdeten mich bald, der Schweiß rann mir von der Stirn, und meine Beine wurden immer schwerer. Endlich kam der letzte steile Hang, dann waren wir oben. Das Panorama eines ungeheuer weiten Horizonts war überwältigend. Für unsere Aufnahmen war es an diesem Tag schon zu spät, so mußten wir am nächsten Morgen mit der Arbeit beginnen. Die Hütte, unbewirtschaftet, war gerade groß genug, um uns aufzunehmen. Brot und Speck wurden ausgepackt, ein Feuer gemacht, Bergsteigergeschichten erzählt, und plötzlich hatten wir alle nur den einen Wunsch, möglichst bald schlafen zu gehen.

Da die Hütte noch zu kalt war und wir nur wenige Decken hatten, zogen wir bloß die Bergstiefel aus. Der Träger mußte auf der Bank schlafen; es waren zwei übereinanderliegende Bettstellen vorhanden.

Wie würde Fanck sie verteilen? Normal wäre es gewesen, wenn auf jeder Schlafstelle zwei Personen gelegen hätten. Fanck bestand darauf, allein oben zu schlafen. Trenker, Schneeberger und ich sollten uns zu dritt die untere Matratze teilen. Jeder wickelte sich in zwei Decken ein, dann legten wir uns hin. Nervöse Spannung herrschte im Raum. Ich konnte nicht einschlafen, auch Trenker nicht. Ab und zu hörte ich, wenn Fanck sich auf seinem Lager unruhig wälzte, das Knarren der Holzbretter. Der erste, der einschlief, war Schneeberger. Ich lag zwischen ihm und Trenker und wagte mich nicht zu bewegen. Aber nach stundenlangem Wachsein mußte mich die Müdigkeit überfallen haben. Da war mir, als ob ich Geräusche hörte, doch ich schlief wieder ein. Als ich aufwachte, merkte ich, daß mein Kopf auf Schneebergers Arm lag, der schlief tief. Ich richtete mich auf und entdeckte erschrocken, daß der Platz links neben mir leer war. Trenker war nicht mehr da. Ich leuchtete mit der Taschenlampe den Raum ab, konnte ihn aber nirgends sehen. Was war geschehen? Angst überfiel mich. Hatte ich mich im Schlaf vielleicht zu der Seite gedreht, auf der Schneeberger lag, konnte Trenker das falsch gedeutet und Eifersucht ihn gepackt haben? Sollte er wirklich auf und davon sein, wäre das der reine Wahnsinn. Ich weckte Schneeberger und Fanck. Sie stellten fest, daß Trenkers Rucksack und Skier fehlten. Er mußte anscheinend den Gletscher hinuntergefahren sein. Wir waren alle sehr betroffen. Fanck machte sich Vorwürfe, weil er in den letzten Tagen aus Spaß Trenker auf Schneeberger eifersüchtig gemacht hatte. Schon öfter hatte ich bei Fanck eine kleine sadistische und auch masochistische Ader feststellen können. Nun befanden wir uns in einer unmöglichen Situation. Ich war mir keiner Schuld bewußt, denn zu dieser Zeit waren meine Gefühle für Trenker noch ungetrübt, die für Schneeberger dagegen nur freundschaftlich, aber meine Wut galt Fanck. Hätte er Trenker nicht so gereizt wie ein Mephisto, so wäre dies alles nicht geschehen.

Mißmutig tranken wir, immer noch fröstelnd, unseren Morgenkaffee, als plötzlich die Tür aufgestoßen wurde, Sonnenlicht in unsere Hütte fiel und Trenker lachend mit «Grüß Gott» hereinkam. Uns fielen Steine vom Herzen. Trenker tat, als sei er guter Laune, nahm Fanck auf den Arm, indem er ihm zurief: «Fancketoni, gell, host glabt, i kim nimma, ha, ha, ha, des freit mi oba.»

Mich beachtete er nicht. Fanck jedoch hatte nur einen Gedanken: Er wollte so schnell wie möglich die Szene mit mir und Trenker im Kasten haben. Noch vor Sonnenuntergang waren die Aufnahmen beendet, und wir machten uns für die Abfahrt bereit.

Trenker fuhr voraus. Während Schneeberger und Fanck die Kameraausrüstung und die Rucksäcke packten, kam Sturm auf. Zum ersten

Mal erlebte ich, wie sich das Wetter im Gebirge blitzschnell verändern kann. Eben noch schien die Sonne, jetzt peitschte ein eisiger Schneesturm um die Hütte. An Abfahren war nicht mehr zu denken. Das Wetter mußte auch Trenker bei der Abfahrt nach Maloja erwischt haben, aber als erfahrener Alpinist würde er den Weg schon hinunterfinden. Wir vertrieben uns ohne ihn die Zeit, so gut es ging. Fanck versuchte, der Stimmung mit Galgenhumor aufzuhelfen. Sicher mußten wir die Nacht wieder hier verbringen. Die Verteilung der Schlafplätze war nun kein Problem mehr. Ich schlief unten, Fanck und Schneeberger oben. Das Toben des Schneesturms wurde immer stärker. Zwei Tage und zwei Nächte waren schon vergangen, unsere Vorräte und unser Holz wurden knapp; für eine längere Zeit waren wir nicht ausgerüstet. Wir aßen nur ganz wenig, bis die letzte Brotkrume aufgebraucht war. Ich war mir bewußt, daß ich allein das Hindernis für die Abfahrt war. Ohne mich wären die Männer trotz des Schneesturms längst abgefahren. Nur meine schwache Sicherheit auf den Skiern war daran schuld, daß wir zu viert noch in der Hütte bleiben mußten. Diese Rücksicht auf mich war jedoch zu Ende, als die Rucksäcke leer waren. Ein kurzer Entschluß, in wenigen Minuten machten wir uns fertig für den Start. Es gab keinen anderen Ausweg. Fanck und der Träger fuhren voraus, Schneefloh, der am besten fuhr, mußte sich meiner annehmen. Treffpunkt: Maloja.

Schon nach wenigen Sekunden waren die beiden Gestalten vor uns verschwunden, der Schneesturm hatte sie verschluckt. Ich stand mit Schneeberger vor der Hüttentür. Der Sturm drang durch die Kleider. Unsere Wimpern und die Haare waren sofort vereist. Vor uns lag ein undurchsichtiger Raum. Floh packte mich am Arm, und wir glitten ins Ungewisse hinaus. Nichts aber war zu sehen. Mir war unbegreiflich, wie wir den Weg finden sollten.

«Die Füße zusammenhalten!» schrie Schneefloh. Da merkte ich auch schon, daß wir über Lawinenbollen flogen. Danach wurden die Füße wieder ruhiger. Plötzlich hatte ich das Gefühl, stillzustehen. Im selben Augenblick stürzte ich aus rasendem Tempo kopfüber und überschlug mich ein paarmal. Neben einem Felsen blieb ich liegen. Erschrocken spürte ich, wie Schnee sich über mein Gesicht schob und mein Körper mit einer Schneemasse ins Gleiten kam. «Eine Lawine!» schrie ich, so laut ich konnte. Zum Glück war es aber nur ein kleiner Schneerutsch. Bis zum Hals lag ich im Schnee vergraben. Schattenhaft sah ich Schneeberger in der Nähe herumgeistern und auf mich zukommen. Er grub mich aus und rieb mir die Hände warm. Aber Angst hatte mich überfallen, ich wollte nicht mehr weiter abfahren. Ich fürchtete mich vor den Lawinen und den Felsen, vor allem aber vor einem neuen

Beinbruch. Ich wollte umkehren. Schneefloh packte mich am Arm, und so sausten wir weiter den Gletscher hinunter, oft knapp an den Felsen vorbei, die erst in letzter Sekunde aus undurchdringlichem Grau auftauchten. Wie eine Gummipuppe hing ich in Schneebergers Armen. Plötzlich kamen wir in den Wald, das Toben des Sturms ließ nach, die Sicht wurde besser.

Noch ein paar Wiesen und Wege und wir waren in Maloja. Trenker war schon abgereist.

Tanz oder Film

Interlaken war unser nächstes Ziel. Dort sollten die Frühlingsaufnahmen gemacht werden. Welch ein Gegensatz! Die Schneestürme auf der Fornohütte, die Narzissenwiesen hier.

Aber schon zeigte sich wieder der Unstern, der diesen Film begleitete. Die Aufnahmen mußten eingestellt werden, da Dr. Fanck von der UFA zur Berichterstattung nach Berlin gerufen wurde. Der Film sollte abgebrochen werden, weil die Winteraufnahmen infolge unserer Unglücksfälle nicht fertiggestellt werden konnten und man einen zweiten Winter im Hochgebirge nicht wagen wollte. Mit Schneeberger und Benitz, unserem jungen Kamera-Assistenten, blieb ich in Interlaken.

Bedrückt sahen wir zu, wie die Baumblüte von Tag zu Tag ihrem Ende entgegenging. Wir hatten nicht nur einen Winter halb verloren, nun ging auch der Frühling vorüber. Da beschloß ich, eigenmächtig zu handeln. Wir hatten noch 600 Meter Film und eine leere Kasse. Ich mußte meinen Schmuck versetzen, die Verantwortung übernehmen und versuchen, Dr. Fanck zu ersetzen. Meine erste Regieaufgabe!

In Les Avants, wo es die schönsten Narzissenwiesen gab, drehten wir in drei Tagen alle Szenen. Voller Bangen schickten wir das Material nach Berlin. Der Rüffel, mit dem wir gerechnet hatten, blieb aus. Statt dessen kam ein Telegramm von Fanck:

«Gratuliere. UFA von Aufnahmen begeistert – Film wird fertiggestellt.»

Wir jubelten.

Bald traf auch Geld ein, mit dem wir uns vom Hotel loskaufen konnten. Wir fuhren nach Freiburg zurück. Hier bezog ich ein Giebelstübchen, von dem aus ich täglich zur Kopieranstalt fuhr. Fanck prüfte in einem kleinen Vorführraum das Material, das wir in den vergangenen fünf Monaten aufgenommen hatten. Ich lernte dabei, wie man entwickelt und kopiert. Man arbeitete damals noch mit Rahmenentwicklung, die den Vorzug hatte, daß jede Aufnahme individuell behandelt werden konnte. So war es möglich, erstklassige Resultate zu erzielen, auch unter- oder überbelichtete Szenen konnten noch gerettet werden. Von Fanck lernte ich auch das Schneiden des Filmmaterials, eine Tätigkeit, die mich begeisterte. Aufregend, was man alles aus den verschiedenen Szenen komponieren konnte. Das «Filmschneiden» ist ein schöpferischer Vorgang von ungeheurer Faszination. Mit meinen dreiundzwanzig Jahren hatte ich in einem Neuland ganz schöne Fortschritte gemacht.

Während ich in meinem neuen Beruf ganz aufzugehen schien, tobte in meinem Innern ein schwerer Kampf. Sollte ich auf den Tanz verzichten? Ein unerträglicher Gedanke. Als ich die Rolle in diesem Film übernahm, hatte ich nie daran gedacht, meinen Beruf als Tänzerin aufzugeben. Meine Filmarbeit sollte höchstens drei Monate dauern. Soviel Zeit zu opfern, war ich bereit. Nun waren aber schon sechs Monate vergangen, und ein Ende der Aufnahmen war noch nicht abzusehen. Was sollte ich tun? Gab es eine Möglichkeit, beides zu machen? Meine Lage erschien mir fast hoffnunglos. Der ursprüngliche Gedanke, auf Berghütten zu trainieren, hatte sich als dilettantisch und undurchführbar erwiesen. Es war zu anstrengend, auf Berge zu steigen und gleichzeitig täglich zu trainieren.

Ich bat Herrn Klamt, meinen Pianisten, der mich auf allen Tanzgastspielen begleitet hatte, nach Freiburg zu kommen, und begann hier wieder mit dem Training. Die ersten Übungen nach der Knieoperation und nach einer Pause von einem Jahr waren sehr hart. Ich mußte die Zähne zusammenbeißen, um sie durchzustehen. Kaum hatte ich das Schwerste überwunden, wurde ich zum Film abberufen.

Auf Helgoland sollten, unterhalb der steilen Felsküsten, dort, wo die Brandung am stärksten ist, die Tanzaufnahmen gemacht werden. Es sollten die Einführungsszenen des Films werden – eine romantische Lieblingsidee von Fanck, für die ich einen Tanz komponieren mußte, den «Tanz an das Meer», nach der Fünften Symphonie von Beethoven. Fancks Vorstellung war, Wellen und Brandung sollten genau auf die Bewegungen der Tänzerin abgestimmt werden, was durch Schnitt und Zeitlupenaufnahmen möglich werden sollte. Es war verdammt schwierig, in dieser wilden Brandung barfuß auf den glitschigen Felsen zu tanzen. Damit der Tanz auch zum Rhythmus der Musik paßte, wurde ein Geiger über die Felswand abgeseilt. So abenteuerlich konnte Filmarbeit sein zu einer Zeit, die Tonbänder noch nicht kannte. Das Getöse der Brandung war aber so stark, daß ich nur ab und zu einige Töne der Musik hören konnte. Ich war froh, als diese Aufnahmen vorüber waren. Einige Male hatte mich die Brandung ins Meer geworfen.

Den Filmarbeiten auf Helgoland folgten die Atelieraufnahmen in Berlin-Babelsberg. Zur gleichen Zeit drehte dort Fritz Lang sein «Metropolis» mit Brigitte Helm, Murnau seinen berühmten «Faust» mit Gösta Ekman, Camilla Horn als Gretchen und Jannings als Mephisto – alles Stummfilme, die noch heute international bewundert werden. Das Spielen im Atelier war wesentlich leichter als in der Natur. In geschlossenen Räumen konnte man sich besser konzentrieren.

Im Herbst folgten die Aufnahmen in Zermatt. In Europa kann es kaum eine schönere Berglandschaft geben. Sie ist überwältigend. Voller Verlangen blickte ich zu den Gipfeln des Matterhorns, des Monte Rosa und des Weißhorns hinauf, unwiderstehlich zog es mich nach oben. Ich wußte, eines Tages würde ich auf solchen Gipfeln stehen.

Seitdem uns Trenker nachts auf der Fornohütte verlassen hatte, hatten die Beziehungen zwischen ihm und mir einen Bruch erlitten, der sich mehr und mehr vertiefte. Am Beginn unserer Bekanntschaft hatte ich vor allem den Schauspieler Trenker in seiner Rolle bewundert, den Helden der Berge – von seinen Charaktereigenschaften wußte ich noch wenig. Erst als er damals zur Forno-Hütte zurückgekehrt war und sich so sehr verstellen konnte, ahnte ich, daß es da noch einen anderen Trenker gab, und ihm gegenüber wurde ich kritischer. Schon während der Aufnahmen bemerkte ich einiges, was mir nicht gefiel. Vor allem störte mich sein übergroßer Ehrgeiz. Er konnte sich schon aufregen, wenn er annahm, Fanck habe von mir ein paar Meter mehr gedreht als von ihm. Seine Eifersucht auf die Arbeit zwischen Fanck und mir wurde immer hitziger. Ich erkannte inzwischen, daß meine Beziehung zu ihm nur ein Strohfeuer gewesen war.

Nachdem die Aufnahmen in Zermatt beendet waren, nahm ich sofort mein Tanztraining wieder auf. Ich befand mich in einem großen Zwiespalt. Im Tanz sah ich die Erfüllung meines Lebens, aber auch der Film hatte mich fasziniert. Noch versuchte ich, zum Tanz zurückzukehren.

So stand ich nach einer Pause von eineinhalb Jahren wieder auf der Bühne. Mein erster Tanzabend fand im Schauspielhaus in Düsseldorf statt, dann trat ich im Frankfurter Schauspielhaus und wieder im Deutschen Theater in Berlin auf; Dresden, Leipzig, Kassel und Köln folgten. Der Erfolg stellte sich ein, aber ich spürte, daß ich inzwischen nicht weitergekommen war. Die Unterbrechung war zu lang gewesen. Aber von Abend zu Abend tanzte ich gelöster, wurde geschmeidiger und fühlte, daß ich es noch einmal schaffen könnte – da wurde ich noch einmal für den Film abberufen. Ich mußte meine Tournee abbrechen und in die Berge zurückkehren. Zum ersten Mal wollte ich nichts mehr vom Film wissen. Aber ich war vertraglich gebunden und hätte auch Dr. Fanck nicht im Stich lassen können. Er bemühte sich, seine Gefühle, die immer noch gleich stark mir gegenüber waren, in spöttischen Humor umzusetzen, meist in Form von Gedichten, die er mir, auf kleinen Zetteln geschrieben, fast täglich zusteckte.

Von Lawinen verschüttet

Januar 1926 – der zweite Winter dieses Films! Zuerst arbeiteten wir auf dem Feldberg. Dort ging die Arbeit unendlich langsam voran. Das Wetter war zu schlecht. Zwei, ja drei Wochen verstrichen, ohne daß wir auch nur einen einzigen Meter drehen konnten. Entweder ließ sich die Sonne nicht sehen oder sie schien so stark, daß der Schnee schwer wurde und für die Aufnahmen nicht genug stäubte. Die Mühen, unter denen unsere Naturaufnahmen entstanden, sind schwer zu schildern. Mit Tricks wurde nicht gearbeitet, und was es an Sensationen gab, war in Wirklichkeit meist viel gefährlicher, als es nachher auf der Leinwand aussah.

Da stand beispielsweise im Manuskript eine Szene, in der die Darstellerin auf dem Weg zur Skihütte von einer Lawine verschüttet wird. Wohl kann man Lawinen loslassen, man weiß nur nicht, wie das endet. Ist man vorsichtig und läßt nur wenig Schnee hinunter, so wird die Lawine zu klein, nimmt man viel Schnee, so muß man unter Umständen die Teilnehmer nachher zusammensuchen, falls man sie überhaupt noch findet.

Wir brauchten aber nur einmal eine ordentliche Lawine, und so fuhren Schneeberger und ich nach Zürs am Arlberg, wo wir auf der Flexenstraße, damals noch nicht untertunnelt, hofften, unsere Aufnahmen zu bekommen. Wir waren allein, Fanck wurde auf dem Feldberg noch zurückgehalten.

Seit fünf Tagen schneite es unentwegt, die Flexenstraße war gesperrt. Kein Schlitten, kein Pferd, kein Mensch konnte sie passieren. Sie war extrem lawinengefährdet. Das war es genau, was wir brauchten. Aber es gelang uns nicht, einen Träger zu bekommen. Niemand war zu bewegen, mit uns zu gehen. Die Bergführer hielten es für Wahnsinn, auf die Flexenstraße zu gehen. Wir aber brauchten die Aufnahmen. Inzwischen war es April und die letzte Chance für den Film. Jeden Tag konnte der Schnee naß werden, dann war es zu spät.

Wir beschlossen, mit der Sache allein fertigzuwerden. Schneeberger trug die Kamera mit dem Stativ, ich den Koffer mit den Optiken. Es stürmte so sehr, daß man nicht zehn Meter weit sehen konnte. Langsam kämpften wir uns gegen den Schneesturm bis zur Flexenstraße durch. Dort lösten sich von den Felsen ständig kleine und größere Lawinen. Wir brauchten nicht nachzuhelfen, mußten nur eine geeignete Stelle finden, an der wir unter überhängenden Felsblöcken Deckung finden konnten, um nicht in die Schlucht hinuntergerissen zu werden. Die Kamera wurde aufgestellt, und nun hieß es warten und frieren. Über zwei Stunden harrten wir auf dem gleichen Fleck aus, ohne daß auch nur ein kleiner Schneerutsch kam. Die Füße verloren jedes Gefühl, die Nase lief, und die Wimpern waren vereist. Trotzdem wollten wir nicht aufgeben – noch nicht. Endlich hörten wir über uns ein Rauschen, Schneefloh sprang an die Kamera, ich an die vorbereitete Stelle, wo ich mich mit den Händen an den Felsen festhalten konnte. Es wurde dunkel um mich, und ich fühlte, wie sich der Schnee fest und schwer auf mich legte. Ich war verschüttet. Nun packte mich doch die Angst. Ich spürte mein Herz klopfen, versuchte mit Armen, Kopf und Schultern den Schnee zu durchstoßen – da fühlte ich, wie Schneeflohs Hände über mir gruben. Ich konnte wieder atmen.

«Wir haben pfundige Aufnahmen bekommen», sagte er, «der Fanck wird Augen machen.»

Ich hörte kaum, was er sagte, ich war noch betäubt. Das Schlimme war, daß wir die Szene noch einige Male wiederholten mußten, da Fanck alles in fern, halbnah und nah haben wollte. Ich streikte. Ich war nur noch ein einziger Eisklumpen. Erbost war ich, als ich später in einigen Blättern las: «Die Lawinenaufnahmen mit der Hauptdarstellerin waren unecht. Sie hätten in den Bergen und nicht im Atelier gefilmt werden müssen.»

Die Wunderheilung in St. Anton

Von Fanck erhielt ich bereits einen weiteren Auftrag. Ich sollte mit Hannes Schneider und mehreren Skiläufern Fackelaufnahmen in einem verschneiten Wald machen und die Regie übernehmen, da Fanck nicht in St. Anton sein konnte.

An einem Bach fanden wir das geeignete Motiv. Es dämmerte schon, die Kamera stand auf einer kleinen Brücke. Ich kurbelte selbst, weil Schneeberger aus Mangel an genügend Skiläufern mitspielen mußte. Jeder von ihnen hielt eine Magnesiumfackel in der Hand, auch ein kleiner Junge aus dem Dorf, der unmittelbar neben mir stand. Im Licht der Fackeln glitzerten die verschneiten Tannen in tausend Reflexen –

ein schönes Motiv. Ich begann zu drehen. Da sah ich plötzlich einen grellen Lichtschein, es krachte und blitzte: Die Fackel, die der Junge hielt, war explodiert. Ich hörte ihn schreien, fühlte Feuer in meinem Gesicht. Mit der Linken versuchte ich die Flammen zu löschen, mit der Rechten kurbelte ich weiter, bis die Szene zu Ende war. Dann schaute ich mich um. Der Junge war verschwunden. Ich ließ die Kamera stehen, lief mit schmerzendem Gesicht nach Hause, die Treppe hinauf und schaute in den Spiegel. Die eine Gesichtshälfte war schwarz, die Haut hing in Fetzen herunter, die Wimpern und Augenbrauen waren verbrannt. Das Haar, durch eine Lederkappe geschützt, war angesengt.

Dann suchte ich das Kind. Es lag im Nachbarhaus im Bett und hatte am ganzen Körper schwere Brandwunden. Es schrie so furchtbar, daß ich meine eigenen Schmerzen vergaß. Der Arzt kam, aber er konnte nicht helfen. Da erlebte ich etwas Merkwürdiges. Die Bauern brachten ein altes Mütterchen, das sich zu dem Jungen ans Bett setzte, ihn anpustete, und nach wenigen Minuten wurde das Kind still, streckte sich aus und schlief ruhig ein. Ich war sprachlos. Ich hätte nie an Wunderheilungen geglaubt. Nun spürte ich meine Schmerzen wieder. Ich lief hinaus, um den Brand mit Schnee zu kühlen. Der Schmerz wurde dadurch nur schlimmer. In meiner Verzweiflung suchte ich das alte Mütterchen auf. Es wohnte in einem alten Bauernhaus, etwas außerhalb von St. Anton. Ich bat es, auch mir zu helfen, aber die alte Frau wollte nicht. Ich flehte so sehr, bis sie mich in ihre Stube ließ. Sie murmelte etwas vor sich hin, kam dann mit ihrem Gesicht ganz nah an das meine, ich spürte ihren Atem, der so kühl wie Eis war, und die Schmerzen verschwanden. Ich kann mir denken, daß dies ganz unglaubhaft klingt, auch der Hautarzt in Innsbruck, den ich am nächsten Tag aufsuchte, glaubte mir nicht. Er stellte eine Verbrennung dritten Grades fest, nach seiner Diagnose würden Gesichtsnarben zurückbleiben. Hätte er recht behalten, wäre meine Laufbahn beim Film damals zu Ende gewesen. Aber es blieben keine Narben zurück. Tatsächlich ein Vorgang, der wissenschaftlich nicht zu erklären ist.

Jedenfalls warf mein Unglücksfall den Film noch einmal um Monate zurück. Erst als meine Verbrennung ausgeheilt war, konnten die Filmaufnahmen fortgesetzt werden.

Auch das Kind aus St. Anton, das am ganzen Körper verbrannt war, wurde wieder gesund.

Kurz vor der Premiere des Films kam es noch zu einer wenig schönen Auseinandersetzung zwischen Fanck und Trenker. Eigentlich wollten wir an diesem Abend eine kleine Versöhnungsfeier arrangieren; das Verhältnis zwischen den beiden und auch zwischen Trenker und mir war nicht mehr gut. Fanck hatte mit seinem Humor des öfteren versucht, Trenkers Laune zu verbessern, aber der blieb grantig. Einen Tag vor der Premiere hatte er nun aber doch zugestimmt, mit uns gemeinsam essen zu gehen. Vorher wollten wir am UFA-Palast am Zoo vorbeischauen, um uns an der Frontseite die Ankündigungen unseres Films anzusehen. Wir standen vor dem Haupteingang und schauten auf die in flimmernden Farben gemalten Buchstaben «Der Heilige Berg». Da hörte ich Trenker fluchen. Er war wütend, daß die UFA meinen Namen vor den seinen gesetzt hatte, und auch über die Ankündigung, ich würde vor jeder Vorstellung tanzen, wozu ich mich vertraglich verpflichtet hatte. Ich war damals als Tänzerin ein Star, dagegen Trenker noch fast unbekannt. Er hatte bisher nur in einem Film von Dr. Fanck gespielt, und es ist branchenüblich, daß die Filmgesellschaften ihre Stars in den Vordergrund stellten. Trenker dagegen glaubte, dies sei von Dr. Fanck so manipuliert worden. Mir hätte es nichts ausgemacht, wenn man Trenker in der Reihenfolge der Namen den Vortritt gelassen hätte.

Ich ließ die streitenden Männer stehen und ging langsam meinen Weg nach Hause. Meine Wohnung in der Fasanenstraße lag in der Nähe des UFA-Palasts. Fanck hatte mich bald eingeholt. Er war über die Szene, die Trenker ihm gemacht hatte, verärgert; die Situation war deshalb so bedauerlich, weil Fanck mit ihm als Schauspieler weiterarbeiten wollte. Er hatte in den letzten Wochen ein neues Drehbuch für die UFA geschrieben, die Fanck wieder unter Vertrag genommen hatte. Dieser neue Film sollte «Wintermärchen» heißen. Für die Aufnahmen war fast ausschließlich das Riesengebirge wegen der dort besonders starken Rauhreifbildung bestimmt worden. Das sehr interessante Manuskript war vielleicht das Beste, das Fanck geschrieben hat, nicht nur wegen der Handlung, in der Märchenwelt und Realität harmonisch eine Einheit bildeten, sondern vor allem wegen genialer Filmideen, wie sie Jahrzehnte später Walt Disney in seinen besten Filmen gestaltet hat. Es enthielt auch neuartige Trickaufnahmen, überraschender, dekorativer für eine Traumwelt aus Schnee, Eis und Licht. Ein in Wien lebender tschechischer Künstler, der für seine Vorführungen die schönsten Puppen selbst herstellte, hatte sie entworfen. Die

Handlung dieses Films war nur zum Teil realistisch, im Wesentlichen spielte sie sich in einer Traumwelt aus Schnee, Eis und Licht ab. Die Hauptrollen hatte Fanck für Trenker und mich geschrieben, und beide waren Doppelrollen. Sollte dieses ungewöhnliche Filmprojekt nun durch solche Zwistigkeiten gefährdet werden?

Am Premierenabend, dem 14. Dezember 1926, saßen wir gemeinsam in der Loge im «UFA-Palast am Zoo». Vor Beginn des Films hatte ich die «Unvollendete» von Schubert getanzt, und dann sah ich zum ersten Mal die Bilder auf einer so großen Leinwand. Nicht nur auf mich war die Wirkung enorm, auch das Publikum ging begeistert mit. Wiederholt wurde während der Vorführung applaudiert. Immer wieder mußten wir uns auf der Bühne verbeugen. Von unserer Zerstrittenheit war nach außen hin nichts zu bemerken, aber es gab keinen Zweifel mehr – meine Freundschaft mit Trenker war zerbrochen.

«Der Heilige Berg» war ein großer Erfolg für uns alle. Einen Tag nach der Premiere ging bei mir das Telefon unausgesetzt, und ich erhielt zahlreiche Glückwünsche und Blumen. Auch Dr. Servaes, ein bekannter Berliner Theaterkritiker, rief an. Entrüstet berichtete er mir von einer Pressekonferenz, auf der Trenker sich sehr abfällig über mich und Fanck geäußert hätte. Mich hatte er als «ölige Ziege» tituliert und den Journalisten erzählt, ich beeinflußte Fanck so negativ, daß dessen künstlerische Fähigkeiten darunter litten. Dr. Servaes erwähnte auch, Trenker habe als Naturbursche so echt gewirkt, daß einige der Kritiker gern glaubten, was er ihnen so erzählte. Ich war sprachlos. Als Dr. Servaes mir dann die Kritik unseres Films in der «B. Z. am Mittag» vorlas, von einem der einflußreichsten Filmkritiker Berlins, Dr. Roland Schacht, verfaßt, war ich erschüttert. Sein Bericht gab getreulich alles wieder, was Trenker in der Pressekonferenz über uns an Gift verspritzt hatte. Auch seine «ölige Ziege» fehlte nicht.

Ich war empört. Soviel Gemeinheit hätte ich Trenker nicht zugetraut. Auch Fanck war außer sich. Besonders, als diese Kritik bei der UFA wie eine Bombe einschlug. Obgleich die meisten Journalisten Lobeshymnen schrieben und der Film ein Kassenschlager wurde, hatte diese abfällige Kritik des sehr angesehenen Dr. Schacht bei den Herren der UFA starkes Mißtrauen gegen Fanck und mich gesät. Das ging so weit, daß die UFA am liebsten den neuen Vertrag mit ihm aufgelöst hätte. Nun wollte sie wenigstens das Risiko verringern und mit Fanck keinen so teuren Film mehr riskieren. Das «Wintermärchen» war so hoch kalkuliert wie «Metropolis», der teuerste Film, den die UFA bisher gemacht hatte. Deshalb bat man Fanck, für eine billigere Produktion, die höchstens die Hälfte kosten durfte, ein neues Drehbuch zu schreiben.

Ausschnitt aus der ersten Seite einer umfangreichen Presseschau
zu Leni Riefenstahls erstem Film

Nachdem Fanck den ersten Schock überwunden hatte und durch die Kassenrekorde, die «Der Heilige Berg» brachte, getröstet wurde, schrieb er in erstaunlich kurzer Zeit ein neues Buch mit dem Titel «Der große Sprung». Das Thema war so ziemlich das Gegenteil des «Wintermärchens» – ein Lustspiel aus den Bergen, beinahe eine Burleske. Ich sollte darin eine Ziegenhirtin spielen, und da Humor eine der positiven Seiten meines Regisseurs war, hatte er Dr. Schacht zuliebe vorgesehen, daß mich im Film auch eine kleine Ziege begleiten sollte.

«Der große Sprung»

Bevor ich Dr. Fanck zusagte, ob ich die weibliche Hauptrolle in seinem neuen Film übernehmen würde, mußte ich mich nun endgültig und ganz rasch entscheiden: Tanz oder Film. Einer der schwersten Entschlüsse, die ich jemals zu treffen hatte. Ich wählte den Film und unterschrieb den Vertrag.

Und der Tanz? Der Unfall und die lange Pause hatten mich doch sehr zurückgeworfen, und mit vierundzwanzig Jahren glaubte ich schon zu alt zu sein, um die verlorenen zwei Jahre wirklich einholen zu können. Das hat den Ausschlag gegeben. Damals dachte man so über Jugend und Alter.

Während Fanck die Vorbereitungen für seinen Film traf, hatte ich mir in einem Neubau in Berlin-Wilmersdorf eine Dreizimmer-Wohnung gemietet. Sie lag im fünften Stock, hatte einen Dachgarten und ein großes Atelier, in dem ich sogar Tänze einstudieren konnte. Ich war überglücklich, nun eine eigene Wohnung zu haben. Überschattet wurde diese Freude dadurch, daß Harry Sokal die andere Wohnung, die auf derselben Etage lag, für sich mietete. Ein Zeichen, daß er mich noch immer nicht aufgegeben hatte. Auch hatte er am Film so großen Gefallen gefunden, daß er eine eigene Firma gegründet hatte und verschiedene erfolgreiche Filme produzierte. Seine bekanntesten waren «Der Golem», mit Paul Wegener, und «Der Student von Prag», mit Dagny Servaes, Werner Krauss und Conrad Veidt – jeder von ihnen ein großer Künstler.

Im «Großen Sprung» sollte Fancks Kameramann Schneeberger die Hauptrolle übernehmen. Er wehrte sich mit Händen und Füßen, aber das half ihm nicht. Keiner außer ihm wäre imstande, die schwierigen akrobatischen Kunststücke auszuführen, die Fanck seinem Hauptdarsteller zugedacht hatte. Schneefloh mußte sich für unseren Film opfern.

Und es wurde ein Opfer im wahrsten Sinne des Wortes. Was dem armen Schneefloh alles abverlangt wurde, war toll. In einem aufgeblasenen Gummianzug, den die lustige Rolle von ihm verlangte, mußte er die schwersten Skiabfahrten machen, über steile Hänge und Hütten springen und dabei noch immer so tun, als könnte er gar nicht skilaufen. Wenn er nach den täglichen Aufnahmen seinen Gummianzug ablegte, dampfte er wie ein Rennpferd, und obwohl er an sich schon hager genug war, verlor er nach und nach noch zwanzig Pfund an Gewicht.

Trotz der heftigen Spannungen zwischen Fanck und Trenker kam es doch noch einmal zu einer Zusammenarbeit – zu einer letzten. Ich hatte Fanck gebeten, ihm doch wenigstens irgendeine Rolle zu geben. Fanck war nicht nachtragend und ließ ihn einen Bauernburschen spielen, was Trenker auf den Leib geschrieben war.

In Stuben am Arlberg hatten wir mit den Skiaufnahmen begonnen und waren, als der Schnee wegschmolz, immer höher hinaufgezogen bis nach Zürs. Dort filmten wir so lange, bis auf den Wiesen Krokusse durch den Schnee brachen. Nun ging es an die Sommeraufnahmen.

Fanck hatte inzwischen seinen Wohnsitz gewechselt. Er war von Freiburg nach Berlin gezogen und hatte am Kaiserdamm, nur wenige Minuten von meiner Wohnung entfernt, eine schöne Villa mit Garten gemietet. Hier richtete er sich auch seinen Schneideraum ein, der ganz anders war als alle Schneideräume, die ich kannte. An den Wänden standen Gestelle mit großflächigen, durchleuchteten Opalglasscheiben, durch die man die vielen Filmstreifen, die daran hingen, gut sehen konnte, was die Arbeit sehr erleichterte. Später habe ich dieses System übernommen, was für mich beim Schneiden meiner Filme eine große Hilfe war.

Eines Tages sagte Fanck zu mir: «Leni, jetzt fährst du, während ich die Winteraufnahmen schneide, mit unserem Oberkletterer und Oberskiläufer Floh in die Dolomiten und läßt dich im Klettern eintrainieren, verstanden?»

Und ob ich einverstanden war. Mit Schneefloh verband mich schon lange eine Freundschaft, und seit Beginn der Aufnahmen in Stuben war daraus Liebe geworden. Wir wurden unzertrennlich. Fanck und Sokal mußten sich damit abfinden.

Trotzdem bekam ich von Fanck noch immer Liebesbriefe und für mein Tanzstudio sogar einen Flügel zum Geschenk. Es kam mir so vor, als ob weder Fanck noch Sokal an eine längere Verbindung zwischen Schneeberger und mir glaubten. Ein Irrtum, wie sich herausstellen sollte.

Als wir uns von Fanck verabschiedeten, sagte er zu mir: «Vor allem mußt du barfuß klettern, wie es die Rolle vorschreibt.»

Da hatten wir einen neuen, ungewöhnlichen Auftrag unseres Regisseurs, der, entgegen seiner sonstigen Sanftmut, keinen Widerspruch duldete.

Unser Fahrzeug nach den Dolomiten war eine «Motoguzzi» – ein Motorrad mit Beiwagen. Wir waren beide sportlich, und die Fahrt machte uns bis auf einen kleinen Zwischenfall riesigen Spaß. Als wir vom Karerpaß hinabfuhren, löste sich mein Beiwagen, und ich rollte allein die Paßstraße hinunter. Zum Glück verlief das harmlos, ich kippte nur in einen Graben.

Als Ausgangspunkt für unsere Kletterübungen hatten wir die Sellajochhütte gewählt. Vor dem Langkofel lagen Steinblöcke jeder Größe. Mit Leidenschaft begann ich zu klettern. Zuerst noch mit Schuhen. Es machte mir nicht nur großen Spaß, es fiel mir auch so leicht, als hätte ich das schon lange getan. Durch das Tanztraining war mein Gleichgewichtsgefühl ausgebildet, und durch den Spitzentanz hatte ich Kraft in den Zehen. Schneefloh war mit meinen Fortschritten so zufrieden, daß er vorschlug, eine richtige Klettertour zu versuchen. Er wählte dafür die Vajolette-Türme aus.

Als ich vor diesen Felsen stand, schien es mir undenkbar, die hohen, senkrechten Wände hinaufzuklettern. Fassungslos sah ich oben an der Dellagokante zwei Menschen, klein wie Ameisen. Von unten war der Anblick furchterregend, aber Schneefloh ließ mir nicht lange Zeit zum Überlegen – er band mir ein Seil um den Leib, und wenige Minuten später stand ich schon in der Wand. Anfangs hütete ich mich, nach unten zu schauen, aber der Fels war griffig, und es fiel mir nicht so schwer, wie ich es mir vorgestellt hatte.

Ich kam immer besser voran und verlor dabei jede Angst. Wir stiegen langsam und ununterbrochen. Auf einem schmalen Band rasteten wir. Hier versuchte ich zum ersten Mal in die Tiefe zu sehen – schwindlig wurde mir nicht, aber lange mochte ich nicht hinunterschauen. Dann ging es weiter, durch kleine Kamine, mit Traversen und über schmale Bänder. Ziemlich bald waren wir bereits oben, und glücklich stand ich auf meinem ersten Gipfel. Ein wunderbares Gefühl, so frei, so weit und den Wolken so nahe. Es folgten weitere Touren, schwierigere, bei denen es schon vorkam, daß ich glaubte, nicht weiterzukönnen. Aber jedesmal, wenn wir es geschafft hatten, freute ich mich schon auf die nächste Tour. Ich lernte Überhänge erklettern, Haken ein- und ausschlagen, steile Wände traversieren. Das Abseilen machte mir besonderen Spaß.

Nun müßten wir mit dem Barfußtraining beginnen – kein Spaß,

denn an dieses haarscharfe Dolomitengestein würden sich meine Fußsohlen nie gewöhnen. Auch wochenlanges Barfußgehen in den Felsen und das tägliche Klettern ohne Schuhe konnten nicht verhindern, daß später, als die Aufnahmen begannen, meine Füße bluteten. Es war eine Schinderei und nach meiner Überzeugung völlig überflüssig. Aber da war mit Fanck nicht zu reden. Ich war froh, als wir diese Aufnahmen hinter uns hatten.

Es folgten noch andere unangenehme Szenen, in denen wir stundenlang in eiskalten Gebirgsbächen zu spielen hatten. Auch verlangte Fanck, daß ich, nur mit einem Hemdchen bekleidet, durch den Karersee schwimmen sollte – bei einer Temperatur von sechs Grad. Aber unser Regisseur wollte diesen romantischen, in Grüntönen schimmernden See in seinen Film einbeziehen.

So fesselnd, ja aufregend für mich das Zusammenarbeiten mit Fanck in den Bergen war, so wenig befriedigte es mich als Künstlerin. Die lange Produktionszeit dieser schwierigen Filme und die wenigen Spielszenen darin, die auch zeitlich weit auseinander lagen, konnten keine künstlerische Aufgabe sein. Als Tänzerin war jeder Tag ausgefüllt gewesen, nicht nur mit dem Training, sondern ebenso mit dem Erfinden neuer Tänze. Mein Regisseur kannte meinen Kummer, er wollte mir helfen und versuchte, mir auch andere Rollen zu verschaffen. Aber er hatte damit keinen Erfolg, und ich auch nicht. Von allen Seiten hörten wir das gleiche. Die Riefenstahl ist doch Bergsteigerin und Tänzerin. Unter diesem Vorurteil litt ich maßlos. Eine schwere Zeit begann für mich, in der ich sogar den Versuch machte, Filmmanuskripte zu schreiben.

Mein erster Stoff hieß «Maria», eine Liebesgeschichte mit tragischem Ende. Eigentlich hatte ich diesen Stoff für mich geschrieben und ihn auch niemandem gezeigt, nicht einmal Schneefloh, mit dem ich zusammenlebte und sehr glücklich war. Meine Zuneigung hatte sich langsam entwickelt, war dann aber intensiver geworden und wurde schließlich so stark, daß wir uns nicht mehr trennen konnten. Obgleich Schneeberger sieben Jahre älter war als ich, ließ er sich gern führen, er war der passive, ich der aktive Partner. Unser Zusammenleben war harmonisch. Wir liebten die Natur, den Sport und vor allem unseren Beruf. Wir waren keine Stadtmenschen und mochten weder Parties noch gesellschaftliche Verpflichtungen. Am glücklichsten waren wir, wenn wir allein sein konnten.

Abel Gance

Die Welt des Films erweiterte meinen Gesichtskreis. So begegnete ich vielen eindrucksvollen Menschen, von denen ich die meisten nicht gekannt hatte. Ich denke da vor allem an Regisseure und Kameraleute wie Lupu Pick, G. W. Pabst und insbesondere an Abel Gance. Er war ein großartiger Regisseur und außerdem auch ein sympathischer Mann. Nie zeigte er, im Gegensatz zu einigen seiner berühmten Kollegen, Überheblichkeit und Selbstgefälligkeit und hatte doch mit seinem viele Stunden dauernden «Napoleon» einen sensationellen Erfolg errungen. Nicht nur die neuartige Technik dieses Films hatte ihn so berühmt gemacht – erstmals wurden Szenen mit drei Kameras aufgenommen und mit drei Projektoren vorgeführt –, sondern seine künstlerische Pionierarbeit schlechthin. Ich hatte seinen Triumph im UFA-Palast miterlebt und den Erfolg mit ihm gefeiert. Daß dieser Film nun nach sechzig Jahren eine ganze Generation von Zuschauern begeistern konnte, ist ein Beweis, daß sein Regisseur zu den Großen der Filmgeschichte gehört. Die Neuaufführung «Napoleon» ist dem englischen Regisseur Kevin Brownlow zu verdanken, einem Bewunderer von Abel Gance, der das jahrzehntelang verschwundene Filmmaterial auffand und Sequenz für Sequenz wieder restaurierte.

Nach der glanzvollen Premiere in Berlin lud mich Abel Gance nach Paris ein und versuchte, dort einen Film mit mir zu machen. Aber trotz seiner Erfolge konnte er für die Themen, die ihm vorschwebten, keine neuen Geldgeber finden. Doch unsere Freundschaft überdauerte sogar den Zweiten Weltkrieg. Während der Kampf um Stalingrad tobte, schickte Abel Gance mir 1943 eine Kopie seines zuletzt entstandenen Films «J'accuse» – Ich klage an. Der Film war eine leidenschaftliche Anklage gegen den Krieg und hinreißend gestaltet. Seinen Wunsch, zu veranlassen, daß der Film Hitler vorgeführt werde, konnte ich ihm nicht erfüllen. Abgesehen davon, daß Hitler, soweit ich damals informiert war, seit Kriegsbeginn sich überhaupt keine Filme mehr angesehen haben soll, hätte ich auch keine Möglichkeit gehabt, ihm diesen Wunsch vorzutragen. Das konnte ich nicht einmal, als es um das Leben meines einzigen Bruders ging. Er war auf Grund gewissenloser Verleumdungen denunziert und zeitweise in eine Strafkompanie versetzt. An der Ostfront wurde er durch eine Granate zerfetzt.

Kurz bevor Abel Gance in Paris im Alter von neunzig Jahren starb, konnte Kevin Brownlow ihm noch die neue Kopie seines «Napoleon»-Films vorführen. Den Welterfolg, den sein Film wieder errang, besonders in den Vereinigten Staaten, hat der Meister nicht mehr erlebt.

Erich Maria Remarque

Einen anderen ungewöhnlichen Mann lernte ich in dieser Zeit kennen: Erich Maria Remarque. Als Schriftsteller war er noch unbekannt. Eines Tages läutete er an meiner Tür und stellte sich als Journalist vor. Er wollte für das «Scherl-Magazin» ein Foto von mir haben. Bald darauf lernte ich auch Frau Remarque kennen. Als ich sie bei einer Filmpremiere im Gloria-Palast am Kurfürstendamm zum ersten Mal sah, war ich von ihrer Erscheinung ungemein beeindruckt. Sie war nicht nur sehr schön, sie war auch sehr intelligent. Groß von Gestalt, schlank wie ein Mannequin und sehr apart gekleidet, hatte sie etwas Sphinxhaftes an sich, im Typ ähnlich den Vamprollen, die später Marlene Dietrich verkörperte. Ich glaube, daß viele Männer Remarque um diese Frau beneidet haben. Sie mochte mich, es entwickelte sich eine Freundschaft zwischen uns.

Wenn sie zu mir kam, und sie besuchte mich oft, hatte sie immer ein Manuskript dabei, einen Roman, den ihr Mann geschrieben hatte. Da er beruflich zu überlastet sei, sagte sie, nehme sie ihm die Arbeit daran ab, korrigiere den Text und schriebe auch das Schlußkapitel fertig. Das wunderte mich nicht, sie war sehr klug. Erst später, als dieses Buch unter dem Titel «Im Westen nichts Neues» weltberühmt wurde, fiel mir die Zeit wieder ein, in der Frau Remarque so intensiv daran gearbeitet hatte. Remarque pflegte seine Frau abends bei mir abzuholen, und ich hatte den Eindruck, daß die beiden eine gute Ehe führten. Aber bald sollte ich Zeuge eines bösen Dramas werden.

Remarque wollte den Filmregisseur Walter Ruttmann, mit dem ich gut befreundet war, kennenlernen. Ich versprach, bei mir einen gemütlichen Abend zu arrangieren. Schneeberger hatte Außenaufnahmen, und so waren wir nur zu viert. Ich war überrascht, als ich Frau Remarque begrüßte. Sie kam in einer eleganten Abendrobe, wie zu einem Gala-Abend; sie sah hinreißend aus. Ihr rötliches lockiges Haar, das von Schmuckspangen gehalten wurde, schmeichelte ihrer fast weißen Haut. Sie gefiel nicht nur mir und ihrem Mann, vor allem aber Walter Ruttmann.

Zuerst ging alles sehr lebhaft und fröhlich zu. Wir tranken Wein und Champagner. Frau Remarque benahm sich so verführerisch, daß sie Ruttmann völlig den Kopf verdrehte. Zuerst glaubte ich, dies sei alles nur ein Spiel, aber bei fortgeschrittener Stimmung erhoben sich Ruttmann und Frau Remarque und ließen mich mit ihrem Mann allein. Sie zogen sich in eine andere, wenig beleuchtete Sitzecke zurück. Ich blieb bei Remarque, der seine Eifersucht im Trinken zu betäuben suchte. Ruttmann und Frau Remarque verhielten sich, als wären sie allein. Ich war fassungslos und wußte nicht, was ich in dieser peinlichen Situation tun sollte. Remarque saß mit hängendem Kopf auf der Couch und starrte zu Boden. Er tat mir furchtbar leid. Auf einmal stand Frau Remarque mit Ruttmann vor uns und sagte zu ihrem Mann: «Du hast zuviel getrunken, ich lasse mich von Herrn Ruttmann nach Hause bringen. Wir sehen uns später.»

Ich drückte dem unglücklichen Remarque die Hände, ging, von den beiden gefolgt, zum Fahrstuhl und brachte sie unten hinaus. Beim Verabschieden sagte ich zu ihr: «Lassen Sie Ihren Mann nicht so leiden.»

Sie lächelte nur und warf mir eine Kußhand zu. Ruttmann gab ich nicht die Hand, ich verabscheute sein Handeln genauso wie das seiner Begleiterin.

Als ich wieder ins Zimmer kam, fand ich dort einen schluchzenden Mann. Ich versuchte, Remarque zu trösten – er war völlig mit den Nerven fertig.

«Ich liebe meine Frau, ich liebe sie wahnsinnig. Ich darf sie nicht verlieren, ohne sie kann ich nicht leben.»

Immer wieder hörte ich diese Sätze, während es seinen Körper schüttelte. Ich wollte ein Taxi rufen – er weigerte sich. So blieb ich, bis es hell wurde, bei ihm. Im Morgenlicht sah er wie ein menschliches Wrack aus. Ohne Widerstand konnte ich ihn jetzt in ein Taxi setzen. Ich war vollkommen fertig. Nach Fanck erlebte ich nun zum zweiten Mal einen Mann in einer solchen Verfassung. Beide waren sie außergewöhnlich begabt, aber in ihrer Sensibilität sehr leicht verwundbar.

Zwei Tage nach diesem Vorfall rief mich Remarque an. Seine Stimme klang rauh und aufgeregt.

«Leni, ist meine Frau bei dir? Hast du sie gesehen, hat sie dich angerufen?» Er wartete kaum mein Nein ab und rief in den Apparat: «Sie ist nicht mehr zurückgekommen, ich kann sie auch nirgends finden.» Dann legte er auf.

Am Abend kam er zu mir und weinte sich aus. Er trank einen Cognac nach dem anderen. Immer wieder versicherte er, seine Ehe sei bis zu dieser Begegnung mit Ruttmann ungetrübt, ja ausgesprochen glücklich gewesen. Er konnte das ungeheuerliche Verhalten seiner Frau nicht verstehen. Er glaubte an einen Zauber und daß sie zurückkommen würde, er wollte ihr alles verzeihen, nur sollte sie wiederkommen. Aber sie kam nicht zurück. Sie meldete sich auch nicht bei mir. Ich hatte längst versucht, Ruttmann zu erreichen, aber es meldete sich niemand.

Ungefähr vierzehn Tage kam der verzweifelte Remarque fast täglich zu mir. Dann teilte er mir unerwartet mit, er könne es in Berlin nicht mehr aushalten, er werde vielleicht eine Kur machen, in jedem Falle wollte er fort. Danach hat er sich nie mehr bei mir gemeldet. Auch von seiner Frau habe ich jahrelang nichts mehr gehört.

Einige Zeit nachdem mich Remarque zum letzten Mal besucht hatte, es können wenige Wochen gewesen sein, las ich in der Zeitung, daß Frau Ruttmann Selbstmord verübt hatte, sie war aus dem Fenster gesprungen.

Später erfuhr ich aus der Presse von Remarques großen Erfolgen. Schon Ende kommenden Jahres, im November 1928, erschien «Im Westen nichts Neues». Zunächst im Vorabdruck in der «Vossischen Zeitung», ein Jahr später als Buch im Propyläen-Verlag. Ein Sensationserfolg. Schon nach drei Monaten waren mehr als 500000 und noch vor Ablauf des Jahres 900000 Bücher verkauft. Das hatte es noch nie gegeben. Natürlich war ich begierig, den Roman, der zu Teilen in meiner Wohnung bearbeitet und geschrieben worden war, zu lesen – damals hatte ich keine Zeile davon gelesen. Wie hätte ich ahnen können, daß Remarque, der als fast unbekannter Journalist für «Sport im Bild» arbeitete, so weltberühmt werden würde. Sein Roman war erschütternd. Er erzählte realistisch das Leben der Soldaten an der Westfront, ohne ein Wort der Beschönigung. Als dann 1930 der gleichnamige Film, der in Amerika produziert wurde, auch in Deutschland zur Aufführung kam, gab es Demonstrationen. Sie waren so gut organisiert, daß der Film, wie ich erfuhr, schon im Dezember dieses Jahres in verschiedenen Ländern nicht mehr gezeigt werden durfte.

Ich hatte ihn bei der Erstaufführung im Berliner Mozartkino am Nollendorfplatz gesehen und miterlebt, mit welchen Mitteln die Vorführung gestört wurde. Plötzlich brach im Kino ein Geschrei und eine Panik aus – ich dachte zuerst, es sei Feuer ausgebrochen. Mädchen und Frauen standen kreischend von den Sitzplätzen auf. Die Vorführung wurde abgebrochen und erst, als ich mich schon auf der Straße befand, hörte ich von Umstehenden, daß ein Dr. Goebbels, dessen Namen ich nicht einmal kannte, mit Hunderten weißer Mäuse, die im Kino nach Beginn der Vorführung losgelassen wurden, die Panik veranstaltet hatte. Aus Zeitungen war zu erfahren, daß Remarque schon 1929 in die Schweiz gegangen war und 1939 nach den USA emigrierte. Am 25. September 1970 starb er in Locarno.

Es mag in den siebziger Jahren gewesen sein, als mich Frau Remarque in München anrief. Es tat uns beiden leid, daß es nicht zu einer Wiederbegegnung kam. Ich war gerade im Aufbruch nach Afrika.

Die weiße Arena

Um Depressionen und Schwermut zu verdrängen, trieb ich viel Sport und Gymnastik. «Der große Sprung» war überraschend erfolgreich, aber trotzdem trat für mich eine Pause ein. Fanck konnte anschließend keinen Spielfilm machen; er hatte ein Angebot aus der Schweiz angenommen, die Olympischen Winterspiele 1928 in St. Moritz zu verfilmen. Da er Schneeberger als Kameramann verpflichtete und ich ohne Arbeit war, fuhr ich mit und erlebte dort als Zuschauerin meine erste Olympiade.

Diese Veranstaltung wurde für mich zu einem großen Erlebnis. Schon diese traumhaft schöne Landschaft des Engadin als Rahmen der damals noch jungfräulichen Olympischen Spiele war wie das Bühnenbild eines «Wintermärchens».

Unter dem überwältigenden Eindruck, den diese Spiele auf mich machten, schrieb ich damals meinen ersten kleinen Zeitungsbericht. Der Berliner «Film-Kurier» hatte mich darum gebeten. Um die Stimmung dieser aufregenden Tage wiederzugeben, die ich mit der Begeisterungsfähigkeit der Jugend erlebte, möchte ich einige Zeilen daraus zitieren:

17. Februar 1928
Schon vor der Olympiade war es herrlich – das Auge konnte schwelgen, eine Farbenpracht auf dem weißen Schnee – Farben machen so froh wie bunte Teppiche auf weißem Grund. Menschen aus aller Welt – von Honolulu bis Tokio – von Kapstadt bis Canada, nur Indianer habe ich nicht gesehen. So viele junge Menschen waren wohl noch nie beieinander. Alles so fröhlich, heiter, wetteifernd mit der berühmten Sonne am blauen Engadiner Winterhimmel.

Auftakt zur Olympiade – das Stärkste gleich der Anfang. 25 Nationen ziehen ins Eisstadion bei Schneesturm – es ist bitterkalt, was macht's? Der Augenblick ist gekommen, der der Olympiade ihren Sinn gibt – 25 Nationen vereint –, die Menge jubelt und jauchzt und schreit. Die Spiele beginnen, acht Tage wird gekämpft, unvergeßliche acht Tage. Am schönsten zweifellos drei Dinge – die Canadier, der norwegische Skikönig Thulin Thams und die kleine, so große Sonja.

Die Canadier sind Teufel auf dem Eis – sie spielen zu sehen, ist hinreißend, ein Furioso an Schnelligkeit und Mut. Ihnen nicht nachstehend die fliegenden Menschen, in rasender Fahrt kommen sie auf den Sprunghügel, wie eine Kugel zusammengekauert, um sich beim Absprung von der Schanze wie Vögel auf die Luft zu legen. Thulin

Thams, der kühnste unter ihnen, springt 73 Meter – diese Leistung zu
toll, um ruhig zuschauen zu können. Dazwischen die farbigen Bobs,
das irrsinnige Skeleton – die Pferderennen und im rasenden Tempo das
Skijöring durch staubenden Schnee.

Als einziger Ruhepunkt die harmonisch gleitenden Bewegungen der
großen Eiskunstläufer, an ihrer Spitze Sonja – ein Naturwunder. Ihre
Sprünge spotten jeder Erdenschwere – sie ist ein wirkliches Wunder –
diese Sonja. Schön, unvergeßlich schön war es in der weißen Arena,
und froh bin ich, daß ich nicht filmen mußte.   L. R.

Ich hätte mir nicht träumen lassen, daß ich acht Jahre später selbst eine
Olympiade filmen würde. Damals besaß ich noch nicht einmal eine
Fotokamera. Leider war Dr. Fancks Film der große Erfolg versagt. Das
war überraschend, denn er war ein Meister der Filme, die in der Natur
spielten und auf eine Handlung verzichteten. Die Ursache lag wohl
darin, daß es ihm trotz der herrlichen Fotografie nicht gelungen war,
dem Ablauf des Films die dramaturgisch notwendige Spannung zu
geben.

«Das Schicksal derer von Habsburg»

Überraschend erhielt ich zum ersten Mal ein Angebot, die weibliche
Hauptrolle in einem Spielfilm zu übernehmen. Es war die Maria
Vetsera in dem Film «Das Schicksal derer von Habsburg». Der
Regisseur war Rolf Raffée, von dem ich bis dahin keine Ahnung hatte.
Es ging um die zwar bekannte, aber noch immer geheimnisumwitterte
Tragödie des österreichischen Thronfolgers Rudolf, der sich gemein-
sam mit der Baronesse Mary Vetsera auf Schloß Mayerling das Leben
nahm.

Ich war sehr glücklich, endlich eine interessante Rolle in einem Film,
den nicht Fanck inszenierte, zu erhalten. Die Aufnahmen sollten in
Schloß Schönbrunn bei Wien gemacht werden.

Als ich zu den Aufnahmen abberufen wurde, hatte ich etwas erhöhte
Temperatur, deshalb begleitete mich meine Mutter. Unglücklicher-
weise bekam ich eine Diphterie, die von Tag zu Tag schlimmer wurde.
Ich konnte weder schlucken noch essen. Der Regisseur hatte wenig
Spielraum, meine Aufnahmen zu verschieben; meine Partner waren an
Theatertermine gebunden. Um überhaupt beginnen zu können, mußte
er meine Rolle kürzen. Das Fieber kletterte immer höher, und meine
Rolle wurde immer kürzer. Schließlich blieben nur noch sechs Tage, an

denen ich aber trotz hohem Fieber mit Hilfe ärztlicher Betreuung zu spielen hatte. An diese Aufnahmen kann ich mich allerdings kaum erinnern. Nur eine Szene ist mir im Gedächtnis geblieben: Die Aufnahme, in der mir die Kronprinzessin Stephanie, von der blonden, hübschen Maly Delschaft dargestellt, mit einer Peitsche ins Gesicht schlagen will, Kronprinz Rudolf, ihr Gatte, ihr aber in den Arm fällt und den Schlag verhindert. Wahrscheinlich wurde diese Szene so oft geprobt, daß ich sie als einzige nicht vergessen habe.

Über das Pech, das ich bei diesem Film hatte, und meine verstümmelte Rolle war ich so verzweifelt, daß ich mir den Film nie angesehen habe. Er verschwand auch wieder schnell aus den Kinos.

Berlin – eine Weltstadt

Um so mehr ging ich in russische und amerikanische Filme – kaum einen habe ich versäumt. Dabei begann ich, mich auch für die Technik zu interessieren, vor allem die der Fotografie. Mir waren in den Hollywoodfilmen die Nahaufnahmen der weiblichen Stars aufgefallen, die trotz brillanter Schärfe weich und schmeichelhaft waren. Um denselben Effekt zu erzielen, hatte ich mit Schneeberger im Garten von Dr. Fancks Haus verschiedene Probeaufnahmen gemacht, mit Weichzeichnerlinsen und mit Tüll, das Resultat war nicht zufriedenstellend. Ich schrieb an amerikanische Kameraleute in Hollywood, und es gelang mir, eine solche Porträt-Optik zu kaufen, mit der wir dann dieselben Effekte erzielten.

Da Schneeberger zwar ein ausgezeichneter Kameramann für Außenaufnahmen war, aber keine Erfahrung im Atelier hatte, bemühte ich mich mit Erfolg, ihn als Assistenten bei der UFA unterzubringen. Dort hatte er das Glück, bei Walter Rittau, einem der besten Kameraleute der Zeit, zu lernen und sein Assistent zu werden.

Inzwischen lernte ich immer mehr Film- und Theaterleute kennen. Alles was Rang und Namen hatte, konnte man in Berlin treffen. Die Stadt war erfüllt von Leben. Fast täglich gab es Premieren, Feste und Einladungen. Einmal wöchentlich trafen sich viele Künstler bei Betty Stern in der Nähe vom Kurfürstendamm. Ihre Räume waren immer so überfüllt, daß man nirgends sitzen konnte. Dort lernte ich auch Elisabeth Bergner und ihren Mann Paul Czinner kennen. Die Bergner wurde in Berlin geliebt und verehrt wie keine zweite Schauspielerin nach Käthe Dorsch. Sie war in der Tat eine Zauberin. Ihre «Heilige Johanna» von Shaw, die sie unter Reinhardts Regie im Deutschen

Theater spielte, wird niemand, der sie gesehen hat, je vergessen können. Zu Betty Stern kam auch der russische Regisseur Tairow, der ebenso wie Max Reinhardt und Dr. Fanck die «Penthesilea» mit mir machen wollte. Es war aber noch die Zeit des Stummfilms, und «Penthesilea» ohne die Sprache von Kleist konnte ich mir nicht vorstellen. Neben der Bergner traf ich noch andere große Schauspielerinnen, so die dämonische Maria Orska, die in «Lulu» einen großen Erfolg hatte, oder Fritzi Massary und ihren Mann Max Pallenberg, ein unvergleichliches Paar in ihren spritzigen Operetten. Originell, geistvoll und brillant war auch das Gastspiel des russischen Kabaretts «Der blaue Vogel».

Ein Vergnügen ganz besonderer Art bereitete mir das Auftreten Josefine Bakers im «Nelson-Theater» am Kurfürstendamm. Dort zeigte sie ihren später so berühmt gewordenen Bananentanz. Stürmisch feierten die Berliner die junge, kaffeebraune Schönheit. Auch die unsterbliche Anna Pawlowa kam nach Berlin. Ich hatte das Glück, sie nicht nur auf der Bühne zu sehen, auf der ich sie als «Sterbender Schwan» erlebte, ich konnte sie, in der ich die größte aller Tänzerinnen sah, auf dem Berliner Presseball auch persönlich kennenlernen. Sie wirkte so zart und zerbrechlich, daß ich kaum wagte, ihre Hand zu berühren.

In dieser Zeit sah ich den Film, der alle bisher gesehenen Filme in den Schatten stellte: «Panzerkreuzer Potemkin» von Sergej M. Eisenstein. Als ich das Kino am Kurfürstendamm verließ, war ich wie betäubt. Die Wirkung war ungeheuer, Technik, Fotografie und Personenführung revolutionär. Zum ersten Mal wurde mir bewußt, daß Film auch Kunst sein könnte.

«Die weiße Hölle vom Piz Palü»

Dr. Fanck sagte mir, daß er an einem neuen Stoff arbeite. Eine Zeitungsnotiz hatte ihn dazu angeregt: Ein Drama in den Bergen nach einer wahren Begebenheit. Er schrieb Tag und Nacht. Wieder war Harry Sokal der Produzent, und in dem Film sollte auch ich eine gute Rolle bekommen. Wenn ich auch viel lieber mit einem Spielfilm-Regisseur gearbeitet hätte, mußte ich froh sein, wieder filmen zu können. Dies verstand Sokal, und er versuchte, mich finanziell zu erpressen. So bot er mir eine Gage an, die nur zehn Prozent der Summe betrug, die ich bisher für jede meiner Rollen erhalten hatte. Für zweitausend Mark sollte ich sieben Monate lang zur Verfügung stehen, davon fünf Monate für schwerste und gefährlichste Aufnah-

men in Schnee und Eis! Bisher hatte ich für jede Rolle 20 000 Reichsmark erhalten. Aber Sokal wollte sich an mir rächen. Er hat mir nie
verziehen, daß ich ihn als Liebhaber und Heiratskandidaten abgewiesen habe. Als Darstellerin wollte er trotzdem auf mich nicht verzichten. Er wußte, daß er niemand finden würde, der diese gefährlichen
Szenen ohne Double spielte und gleichzeitig skilaufen und klettern
konnte. Empört lehnte ich Sokals Angebot ab.

In dieser Zeit lernte ich G.W. Pabst kennen, einen Regisseur, den
ich verehrte. Jeden seiner Filme hatte ich mir mehrmals angeschaut.
Wir hatten sofort miteinander Kontakt und verstanden uns blendend.
Ich hatte nur einen Wunsch: Unter seiner Regie zu spielen. Da kam
mir eine ziemlich verrückte Idee. Sollte es mir gelingen, Sokal und
Fanck dazu zu bringen, daß Pabst in dem neuen Fanckfilm die
Spielregie bekäme und Fanck nur die Natur- und Sportaufnahmen
übernähme, wäre dies eine fabelhafte Kombination. In seinem Metier
von Naturfilmen war Fanck unschlagbar, aber die Darsteller vernachlässigte er.

Pabst schätzte Dr. Fanck und war bereit, auf diese Zusammenarbeit einzugehen. Die Sache war weniger schwierig, als ich gedacht
hatte. Fanck erfüllte mir immer noch jeden nur möglichen Wunsch,
und Sokal war intelligent genug, um zu erkennen, daß diese Zusammenarbeit für das neue Filmprojekt, das den Titel «Die weiße Hölle
vom Piz Palü» haben sollte, ein großer Gewinn wäre. Da ich mich
weigerte, für zweitausend Mark die Rolle zu übernehmen, erhöhte
Sokal meine Gage auf viertausend, dies allerdings auf Kosten Fancks,
dem er diesen zusätzlichen Betrag von seinem Honorar abzog. Niemand verriet mir das. Erst viel später habe ich es von Fanck erfahren.

Ein Zufall machte es mir möglich, diesen Film sensationell zu
bereichern. Bei strömendem Regen stand ich vor dem Film-Atelier in
der Cicerostraße, nahe dem Kurfürstendamm, und wartete auf ein
Taxi. Da kam ein kleiner Herr auf mich zu und bot mir seinen Schirm
an.

«Sind Sie Fräulein Riefenstahl?»

«Ja – und», ich sah ihn fragend an.

«Ich bin Ernst Udet», sagte er fast schüchtern. «Darf ich Sie nach
Hause fahren?»

«Wie nett von Ihnen, sehr gern.» Ich war vor Freude ganz aufgeregt, denn Ernst Udet war ein Begriff, wer kannte nicht den besten
Kunstflieger der Welt? Er nahm meine Einladung zu einem Cognac
an. Unsere Unterhaltung wurde immer lebhafter, so als kannten wir
uns jahrelang. Da kam mir eine verrückte Idee. «Würden Sie nicht
gern mal bei einem Film mitmachen und Ihre Kunststücke auch in

den Bergen vorführen? Zum Beispiel eine Rettung von Menschen, die sich in Bergnot befinden?»

«Das wäre prima», sagte Udet mit strahlenden Augen. Er hatte inzwischen schon einige Cognacs intus.

«Gut», sagte ich, «ich mache Sie mit Dr. Fanck bekannt. Der schreibt gerade einen Filmstoff, in den Sie mit Ihren Kunstflügen gut hineinpassen würden.»

So kam Ernst Udet zum Film. Ein Glück für den Film, aber für mich der Beginn einer privaten Tragödie.

Auch Schneeberger lernte Udet kennen. Er war von ihm so begeistert, daß sich zwischen beiden Männern in kurzer Zeit ein freundschaftliches Verhältnis entwickelte. Für Schneeberger war Udet der große Held, der im Weltkrieg im Richthofengeschwader als erfolgreichster deutscher Jagdflieger alle nur denkbaren Auszeichnungen erhalten hatte. Der Österreicher Schneeberger hatte als junger Leutnant im Gebirgskampf gegen die Italiener die Goldene Tapferkeitsmedaille bekommen. So wurden sie bald richtige Kumpels.

Erni, wie wir Udet gern nannten, amüsierte es, daß wir wie Kletten aneinanderhingen. Kaum waren Schneefloh und ich nur einige Stunden voneinander getrennt, ging ein Telefonieren los. Unsere Zuneigung hatte sich in den Jahren immer mehr vertieft – eine Trennung erschien uns undenkbar. Deshalb hatte auch kein anderer Mann die geringste Chance bei mir, obgleich ich genügend Verehrer hatte. Udet blieben so tiefgehende Gefühle unverständlich. Er war im Gegensatz zu uns ein Lebemann, der sich gern und viel mit schönen Frauen umgab, das Leben von der leichten Seite nahm und es auch so genoß. Im Luxusrestaurant «Horcher» war er Stammgast – in jedem guten Nachtlokal war er bekannt. Er trank gern und viel, war immer lustig und voller Humor. Er erzählte, er sei mit Göring zusammen in der berühmten Richthofenstaffel geflogen, was ihn veranlaßte, köstliche Karikaturen von ihm zu zeichnen, die er mit treffenden Spottversen versah. Seine Karikaturen waren meisterhaft.

Eines Tages nahm er mich beiseite und versuchte mich ernsthaft davon zu überzeugen, daß das Leben, wie ich es mit Schneefloh führte, das Ende meiner Karriere bedeuten würde. Es sei unentschuldbar, meinte er, daß ich mich durch meine Liebe zu Schneefloh von allem abkapseln würde. Er hatte von Schneefloh erfahren, daß wir finanzielle Probleme hatten und kaum noch Geld besaßen. «Ich werde dich mit einigen meiner reichen Freunde bekanntmachen, vielleicht gefällt dir einer, und du brauchst dann nicht mehr wie ein Aschenbrödel zu leben.»

Ich lachte. «Du spinnst», sagte ich, «glücklicher kann ich überhaupt nicht mehr sein, wie ich es mit meinem Schneefloh bin, und da ist die Karriere zweitrangig. Und, was das Geld anbelangt, da wird es schon eine Lösung geben, ich kann sehr gut bescheiden und anspruchslos leben, auch ohne die Hilfe meiner Eltern.» Nie sollte mein Vater erfahren, daß ich finanzielle Probleme hatte.

Dann erzählte ich Udet, wie unglücklich meine erste Liebe zu Otto Froitzheim verlaufen war und welche Enttäuschung ich mit Luis Trenker erlebt hatte. Schneeberger war der erste Mann, mit dem ich das Glück einer vollkommenen Liebe nun schon seit fast drei Jahren teilte.

Udet gab seine Bemühungen nicht auf – warum eigentlich, weiß ich nicht. Fast täglich rief er mich an, und eines Tages bat er mich, eine persönliche Einladung von ihm anzunehmen – ein Abendessen bei «Horcher». Ungefähr ein Dutzend Personen waren gekommen. Zu meiner Überraschung die Damen in eleganten Abendgarderoben, die Herren im Smoking. Die Tafel war festlich mit Blumen und Kerzen geschmückt. Ich trug nur ein einfaches Kleid und kam mir in dieser Gesellschaft ziemlich verloren vor. Zu meiner Linken saß ein gutaussehender Mann mit leicht graumeliertem Haar. Udet hatte ihn mir als Bankier vorgestellt, seinen Namen habe ich mir nicht gemerkt.

Nach der Vorspeise passierte es. Plötzlich ergreift mein Tischnachbar meine linke Hand, an der ich einen recht hübschen Ring trug, eine weiße Gemme aus Elfenbein auf schwarzem Grund. Er betrachtete meine Hand einen Augenblick und sagte dann: «Dieser Ring paßt nicht zu einer so schönen Hand, ich werde Ihnen morgen einen Ring mit Brillanten schenken, daran werden Sie Freude haben.»

Ich schaute ihn erschrocken an – was für eine Unverschämtheit! Damals war ich noch zu unerfahren, um mit einer entsprechenden witzigen Antwort einen solchen Vorfall zu bagatellisieren. Statt dessen stand ich ruckartig auf und verließ, ohne irgend jemand anzusehen, den Raum. Udet bat mich zurückzukommen, aber ich war wütend auf ihn. Er hatte mir diese ganze dumme Geschichte eingebrockt.

Inzwischen waren die Vorbereitungen für den Piz Palü-Film abgeschlossen, und Ende Januar 1929 bezogen wir im Engadin unser Standquartier am Morteratsch-Gletscher. Zuerst sollten möglichst konzentriert alle Spielszenen gedreht werden, bei denen Pabst Regie führte. Es herrschte sibirische Kälte, wie seit Jahrzehnten nicht. Die Temperaturen bewegten sich zwischen minus 28 und 30 Grad, und dies wochenlang. Für G. W. Pabst war es nicht einfach, unter solchen Verhältnissen zu arbeiten. Ohne Fanck wäre er ziemlich ratlos gewesen, die richtigen Motive ausfindig zu machen. Wir benötigten für die Spielszenen, die auch viele Nachtszenen enthielten, eine Eiswand und elektrischen Strom! Wo Eiswände waren, gab es keinen Strom. So mußten diese Motive erst geschaffen werden. Nicht weit vom «Hotel Morteratsch» entfernt fand Fanck eine haushohe Felswand. Sie wurde solange mit Wasser bespritzt, bis sie vereist war. Für Nahaufnahmen konnte in der Nähe des Hotels ein tief verschneites Felsband gebaut werden.

Die Aufnahmen mit Pabst dauerten einen Monat. Durch die bittere Kälte, wir mußten stundenlang im Schnee eingegraben sitzen, während schneidender Wind uns die Eiskristalle ins Gesicht trieb und Eisnadeln die Haut aufritzten, hatte ich mir Erfrierungen an den Oberschenkeln zugezogen und vor allem ein schweres Blasenleiden, das ich nie mehr losgeworden bin. Meine beiden Partner, Gustav Diessl und Ernst Petersen, froren ebenso wie ich. Diessl am meisten, denn er war in verschiedenen Szenen nur mit einem Hemd bekleidet. Für einige Aufnahmen wurden zusätzlich zum Wind Propeller eingesetzt, die den Schneesturm noch unerträglicher machten. Oftmals mußten wir die Arbeit unterbrechen, um uns an einem Küchenherd aufzutauen. Dann wurden die Kleider gewechselt, und es ging wieder hinaus in die Kälte. Wie beneidete ich in solchen Stunden die Kollegen, die in einem wind- und wetterfesten Atelier arbeiteten, und die man schminkte und pflegte.

Die Großaufnahmen von mir wurden aber erst gemacht, wenn ich nach vielstündigem Aufstieg todmüde und abgespannt aussah, und meist auch bei grimmiger Kälte, sie schnitt mir scharfe Falten in das Gesicht. Bei dieser Temperatur vertrug ich sogar Cognac. Ohne Alkohol hätte ich diese Strapazen nicht durchgehalten.

Unter der Regie von G. W. Pabst zu spielen, war für mich ein neues Erlebnis. Zum ersten Mal verspürte ich, daß ich auch eine Schauspielerin bin. Der Grund, warum ich unter Dr. Fanck nicht so gut spielen konnte, lag darin, daß er mein Wesen völlig verkannte und sein weibliches Wunschwesen in mich hineinprojizierte, dem ich nun mal nicht entsprach. Sein Idealmädchen war ein naiver, sanfter Gretchentyp, dem ich in keiner Weise entsprach. So war ich beim Spielen fast immer gehemmt.

Pabst und nicht Fanck war es auch, der als erster meine Begabung für Regie erkannte. Bei einer Spielszene sagte er: «Leni, schau nach links.»

Ich schaute aber nach rechts, und noch einige Male blickte ich in die falsche Richtung, bis Pabst die Ursache herausfand. Er rief mir zu:

«Du bist jetzt Schauspielerin und keine Regisseurin.»

«Wie meinst du das?» fragte ich ihn.

«Du betrachtest alles so, als ob du durch die Kamera schauen würdest. Da sind die Richtungen umgekehrt, da ist ‹links› ‹rechts› und ‹rechts› ‹links›. Pabst hatte recht. Ich war durch Dr. Fanck gewohnt, die Motive für die Kamera durch einen Sucher zu sehen.

Die Erfrierungen an den Beinen waren so schlimm, daß ich einige Wochen aussetzen mußte, um sie durch Bestrahlungen auszuheilen. In dieser Zeit entstanden die Flugaufnahmen mit Udet. Es war seine erste Filmarbeit, und er zeigte sich von der neuen Aufgabe begeistert. Er wünschte, Schneeberger sollte die Aufnahmen direkt aus seiner Maschine machen. Dies war nicht so einfach zu erreichen, da Schneeberger als Kameraassistent bei der UFA unter Vertrag stand, aber Udet schaffte es, ihn für einige Wochen loszueisen.

Wir alle fanden Udet großartig. Er machte nicht nur die tollsten akrobatischen Kunststücke, er war auch ein pünktlicher und angenehmer Mitarbeiter. Wir hielten den Atem an, wenn wir ihn in seiner silberroten Flamingo-Maschine haarscharf an den Felswänden vorbeiflitzen sahen.

Obwohl ich große Sympathie für Udet hatte, war ich ihm gram. Er hatte bei Sokal durchgesetzt, daß Schneefloh nicht bei uns im «Hotel Morteratsch» wohnte, sondern in St. Moritz im Palace, wo Udet eine Suite hatte. Es war das erste Mal, daß Schneefloh und ich getrennt wurden. Zwar sahen wir uns täglich, aber wenn die Aufnahmen mit Udet beendet waren, flog er mit ihm nach St. Moritz. Ich litt unter dieser Trennung mehr als Schneefloh. Er lernte nun eine neue, ihm bisher unbekannte Welt kennen mit schönen und eleganten Frauen, von denen Udet immer umgeben war. Ich erfuhr von ausgelassenen Festen, die bis zum Morgen durchgefeiert wurden. Langsam begann ich unruhig zu werden und spürte zum ersten Mal so etwas wie Eifersucht. Eigentlich war das Gefühl mehr Angst, ihn zu verlieren.

Nachdem die Aufnahmen mit Udet beendet waren, wurde Schneeberger nach Berlin zur UFA zurückgerufen. Es sollten die letzten glücklichen Tage sein, die ich mit ihm verlebte.

Im März begannen mit Fanck die Aufnahmen auf der Diavolezzahütte. Eine Seilbahn gab es noch nicht. Die Hütte war unbewirtschaftet, und so verlegten wir unser Standquartier in die «Berninahäuser», von hier hatten wir fast täglich vielstündige Anmärsche in die Eis- und Felswände des Piz Palü zurückzulegen. Es wurde immer alpiner, immer schwieriger.

Um die Anmärsche zu verkürzen, beschloß Fanck, daß wir uns nun für einige Zeit auf der Diavolezzahütte einquartierten, die in Größe und Komfort mit der heutigen Diavolezzahütte ganz und gar unvergleichbar ist. Wenn wir früh vor Sonnenaufgang aufstanden, war das Waschwasser in den Schüsseln gefroren. Bei Kaffee wärmten wir uns etwas auf. Dann ging es hinaus zu den Aufnahmen. Oft glitten wir mit den Skiern zum Gletscher hinunter, zu unserem hauptsächlichen Arbeitsfeld. Die meisten Aufnahmen mußten ohne Seil gemacht werden; bei der schnellen Arbeitsweise war es ausgeschlossen, die Filmleute wieder an- und auszuseilen. Manchmal dröhnte der Gletscher unheimlich, und ich fürchtete, daß sich der Boden unter mir öffnen könnte und ich in eine der tiefen Spalten fiele.

Die Aufnahmen am Piz Palü waren von einer Härte, daß ich nur mit Grauen an einige Episoden zurückdenken kann. Da stand z. B. im Manuskript, daß ich über eine Eiswand hochgezogen werden sollte, und daß während des Hinaufziehens Lawinen über mich stürzten. Vor dieser Aufnahme hatte ich unheimliche Angst. Fanck hatte am Morteratschgletscher eine zwanzig Meter hohe Wand ausgesucht. Drei Tage lang wurden oben am Rand dieser Eiswand große Mengen von Schnee und Eisbrocken aufgeschichtet. Ich beobachtete diese Vorkehrungen mit großem Mißtrauen. Auch kannte ich Fanck nun schon so gut und wußte, daß es ihm nichts ausmachte, seine Darsteller in die schwierigsten Situationen zu manövrieren, wenn er nur gute Bilder davon erhielt.

Es war soweit. Für die Aufnahmen war alles vorbereitet. Fanck, der meine Angst bemerkte, versprach, ich würde nur einige Meter hochgezogen werden. Dann wurde ich angeseilt. «Drehen», hieß das Kommando, und man zog mich hoch. Da sah ich, wie sich über mir an der Kante der Eiswand die Schneemauer löste. Der Himmel verdunkelte sich, und schon stürzten die Massen über mich hinweg. Da meine Arme mit Seilen eingebunden waren, konnte ich mich nicht vor dem Schneestaub schützen. Ohren, Nase und Mund waren voller Schnee und Eisstücke. Ich schrie, man sollte mich hinablassen. Aber vergebens, man zog mich, entgegen Fancks Versprechen, über die ganze Eiswand hinauf. Aber auch an der scharfen Eiskante machte man nicht Halt, man zerrte mich auch noch darüber hinweg. Unter großen Schmerzen und weinend vor Wut über die Brutalität meines Regisseurs kam ich oben an. Fanck freute sich nur über die gelungenen Aufnahmen.

Eine weitere Sensationsaufnahme wurde mir zugemutet, diesmal allerdings mit meiner Einwilligung. Allerdings hatte ich mir die Sache leichter vorgestellt. Mit einem Schritt nach rückwärts, aber angeseilt, sollte ich in eine Gletscherspalte stürzen – eine Szene, die mit meiner Rolle nichts zu tun hatte. Im Film gab es noch eine weitere weibliche Rolle, die aber nur am Anfang vorkommt. Für sie hatte Fanck die junge Mizzi ausgewählt, die Tochter des Gastwirts unseres Hotels. Sie spielte die Braut von Gustav Diessl und mußte, weil laut Drehbuch eine herabstürzende Eislawine das Seil, das sie mit ihrem Verlobten verbindet, durchschlägt, rückwärts in eine Gletscherspalte stürzen. Mizzi wollte diesen Sturz nicht riskieren, und Fanck wollte keine Puppe verwenden. Da er wußte, daß ich mich in einer finanziellen Notlage befand, hoffte er, daß ich an Mizzis Stelle diesen Sturz als Double machen würde. Dafür bot er mir nur den lächerlichen Betrag von fünfzig Mark an, und so sagte ich mehr aus Ehrgeiz zu. Ich zog Mizzis Kleider an, die Kamera surrte. Ich hatte geglaubt, ich würde nur zwei bis drei Meter fallen, aber ich sauste mindestens fünfzehn Meter in die Tiefe und schlug mit meinem Kopf an harte spitze Eiszapfen. Auch hatte ich mir nicht vorstellen können, daß das unter meiner Brust befestigte Seil so scheußlich schmerzen würde. Hoch über mir sah ich das kleine Loch, durch das ich gefallen war und das nur wenig Licht in die düstere Spalte ließ. Unter mir hörte ich Wasser rauschen, es mußte ein Gletscherbach sein. Eine scheußliche Situation. Als ich endlich wieder herausgezogen wurde, konnte ich mich kaum bewegen. Alles tat mir weh, Kopf und Glieder.

Nie wieder, das schwor ich mir, würde ich mich auf solche Szenen einlassen.

Starker Schneesturm hielt uns schon seit acht Tagen gefangen. Es war unmöglich, die Hütte zu verlassen, der Sturm hätte jeden sofort weggefegt. In der Nacht war es besonders schauerlich. Der Sturm tobte so heftig, daß man fürchten mußte, er würde das Dach abtragen und auf den Gletscher werfen. Wir alle hatten den Winter satt und sehnten uns nach dem Frühling. Seit fünf Monaten waren wir nicht ein einziges Mal aus dem Eis herausgekommen.

Ich litt auch unter Fanck. Jede Nacht fand ich unter meinem Kopfkissen Gedichte und Liebesbriefe – es war quälend. Weil nun Schneeberger nicht mehr bei mir war, glaubte er, mich umstimmen zu können. Er erreichte nur das Gegenteil. Ich konnte ihn nicht mehr ansehen und hatte nur den einen Wunsch, fort von hier, weit weg. Das wurde schließlich zu einer fixen Idee. Unter unseren Bergführern befand sich ein junger Schweizer, bekannt für seine Kühnheit. Ich konnte ihn überreden, mit mir durchzubrennen. Schon am nächsten Tag, während alle ahnungslos ihren Mittagsschlaf hielten, gingen wir, bis zur Unkenntlichkeit gekleidet, in den Sturm hinaus.

Niemals vorher hatte ich ein solches Wüten der Elemente erlebt. Wir wurden buchstäblich in die Luft geschleudert. Nach wenigen Minuten war von der Hütte nichts mehr zu sehen, die Spuren hinter uns waren verweht. Wir befanden uns in einem brodelnden, ohrenbetäubenden Hexenkessel und mußten uns an den Händen festhalten, um uns nicht zu verlieren. Die Skier glitten ins Ungewisse. Längst bereuten wir dieses unbesonnene Abenteuer, wagten es aber nicht auszusprechen. Mein Gesicht war erstarrt, an den Haaren hingen Eiszapfen herunter, die Hände schmerzten. Ein «Zurück» gab es nicht mehr. Jede Orientierung war unmöglich, und wie leicht konnten wir in Lawinenhänge geraten . . .

In diesem Augenblick höchster Not erschien es uns wie ein Wunder, als uns aus dem grauen Nebel drei Menschen entgegenkamen. Ich glaubte an eine Fata Morgana. Aber sie kamen tatsächlich auf uns zu und, als sie ganz nah bei uns waren, erkannte ich den Engadiner Führer, Caspar Grass, der mit zwei Touristen schon seit sieben Stunden zur Diavolezzahütte unterwegs war. Caspar Grass schrie uns an: «Seid ihr wahnsinnig geworden! Ihr kommt nie hinunter! Der ganze Weg ist lawinengefährdet. Wir sind selbst nur mit großer Not aus einer Lawine herausgekommen!»

Wir waren froh, daß wir nur zu gehorchen brauchten, schlossen uns den dreien an und erreichten nach zwei Stunden wieder die Hütte. Hätten wir Caspar Grass nicht getroffen, wären wir nie wieder aus der Weißen Hölle herausgekommen.

Den Krach, den wir gefürchtet hatten, gab es nicht. Alle waren froh, daß wir noch am Leben waren. Sie hatten wenig Hoffnung gehabt, uns wiederzusehen.

Als wollte der Wettergott alles wieder gutmachen, legte sich plötzlich der Sturm, und die Sonne strahlte vom blauen Himmel. In großer Eile wurden meine letzten Aufnahmen abgedreht, und endlich konnte ich die Eiswelt verlassen.

Die schwierigen alpinen Aufnahmen ohne die Hauptdarsteller übergab Fanck seinem sehr begabten Kameramann Richard Angst, der mit den kühnen Schweizer Bergführern David Zogg und Beni Führer die unglaublichsten Szenen im Bauch des Gletschers filmte. Hierfür mußten sich die beiden mit den Fackeln in der Hand nachts über fünfzig Meter tief in den Gletscherspalten abseilen. Eine sportliche Höchstleistung. Nur so gelang es dem Kameramann, der die tollkühnen Szenen mitmachen mußte, diese einzigartigen Bilder einzufangen. Das bewegte Licht der Magnesium-Fackeln in den dunklen, tiefen Eisschlünden erzeugte eine so phantastische Stimmung unwirklicher Schönheit, daß bei diesen Aufnahmen im Kino fast immer geklatscht wurde.

So froh ich war, wieder daheim zu sein, so sehr bedrückte mich die
Einsamkeit. Schneefloh war schon seit einigen Wochen bei Außenaufnahmen in Ungarn. Die UFA drehte dort «Ungarische Rhapsodie»
mit Lil Dagover und Willy Fritsch in den Hauptrollen.

Fanck, der nun auch wieder in Berlin war, schrieb nach seinem
nicht verwirklichten «Wintermärchen» an seinem besten Manuskript, «Die schwarze Katze», ein Dolomiten-Kriegsfilm nach einem
Erlebnis Schneebergers. Die große Sprengung am Casteletto war das
Hauptthema.

Schneeberger hatte als Leutnant die Stellung mit sechzig Mann bis
zum letzten Augenblick gehalten, dann wurde sie von den Italienern
in die Luft gesprengt. Alle seine Kameraden wurden mit ihm verschüttet. Mit acht Mann konnte er aus den Trümmern gerettet werden, und mit dieser kleinen Schar von Kämpfern gelang es ihm, die
Stellung bis zu seiner Ablösung zu halten. Für diese Leistung hatte er
eine hohe Auszeichnung erhalten.

Diese Erlebnisse hatte er an der Dolomitenfront niedergeschrieben
und sie Fanck übergeben. Eine weitere wahre Begebenheit aus diesem
österreichisch-italienischen Gebirgskrieg war das tragische Erlebnis
der Tochter des bekannten Bergführers Innerkofler, das Fanck mit
der Geschichte Schneebergers in seinem Manuskript verband. So bot
sich mir die Chance, endlich einmal eine dramatische Rolle zu spielen.

Die Tochter Innerkoflers wurde wegen ihrer Kletterkünste die
«Schwarze Katze» genannt. In der Filmhandlung kletterte sie mit
ihrem Vater in die Nähe eines italienischen Militärstützpunktes, den
sie für die Österreicher auskundschaften sollten. Ihr Vater wird dabei
erschossen, aber die «Schwarze Katze» rächt sich. Sie wird Spionin,
kriegt den Termin der italienischen Sprengung heraus und kann so
die Österreicher rechtzeitig warnen. Sie selbst wird ein Opfer dieser
Sprengung. Dies war der Handlungsfaden dieses Films.

Fanck bot der UFA diesen Stoff an. Er wurde abgelehnt. Man wollte
zur Zeit keine Kriegsfilme. Andere Gesellschaften hatten die gleichen
Bedenken. Das Manuskript ging durch unzählige Hände, alle waren
von dem Thema begeistert, aber niemand wagte sich an einen Kriegsfilm. Dann bekam Harry Sokal das Manuskript in die Hand, und er
war der einzige, der die Erfolgschancen dieses Films sofort erkannte.
Da es eine teure Produktion werden würde, wollte er das Risiko nicht
allein tragen und suchte einen Partner. Er fand ihn in der «Homfilm».

Die Verträge wurden geschlossen, und die Vorbereitungen liefen an. Ich war glücklich, endlich eine Rolle spielen zu können, die mir lag.

Da platzte die Bombe. Fanck rief mich an: «Unser Film ist in Gefahr, Trenker muß mein Manuskript gelesen und kopiert haben. Er ist uns voraus, denn er hat seinen Film, den er ‹Berge in Flammen› nennt, im Filmkurier bereits angekündigt.»

Fanck erfuhr auch, über wen Trenker sein Manuskript offenbar erhalten hatte. Von dem Kamermann Albert Benitz, der bisher als zweiter Operateur bei Fanck gearbeitet hatte und nun die große Chance für sich erwartete, bei Trenker als erster Kameramann zu arbeiten. Außerdem war Benitz nicht gut auf Fanck zu sprechen, weil der einen harmlosen Flirt mit seiner Frau hatte. Deshalb war er furchtbar eifersüchtig auf Fanck. Sokal war fuchsteufelswild und verklagte Trenker wegen Plagiats. Er konnte auch in erster Instanz den Prozeß gewinnen, verlor aber in zweiter Instanz.

Tatsächlich waren beide Manuskripte einander sehr ähnlich, der Gebirgskrieg und das dramatische Hauptthema, die von Hans Schneeberger miterlebte Sprengung. Die «Schwarze Katze» war allerdings in dem Trenkerfilm nicht aufzufinden. Günstig für Trenker war, daß Albert Benitz vor Gericht eidesstattlich aussagte, er habe Trenker das von Fanck geschriebene Manuskript nicht übergeben. Auch eine Schauspielerin, der Trenker das Versprechen einer Rolle in seinem Film gegeben hatte (was er aber nicht hielt, wie sie nach dem Krieg selbst erzählte), sagte zu Trenkers Gunsten aus. Jedenfalls war es weder Sokal noch Fanck möglich, vor Gericht Trenker ein Plagiat nachzuweisen. So mußte die «Schwarze Katze» sterben. Zum zweiten Mal konnte ein besonders gut gelungenes Drehbuch Fancks nicht realisiert werden. In beiden Fällen war Trenker die Ursache.

Wieder stand ich vor einem Trümmerhaufen. Meine Karriere als Tänzerin hatte ich verspielt, die guten Filmprojekte waren zerplatzt, mein Geld ging zur Neige, und nirgendwo sah ich eine Hoffnung. Ich hatte einen Tiefpunkt in meinem Leben erreicht und war doch erst sechsundzwanzig.

Ich war kaum in der Lage, die Miete zu zahlen, aber meinem Vater würde ich meine Notlage nie anvertrauen, nicht einmal meiner Mutter. In dieser verzweifelten Stimmung wurde mir die Trennung von Schneefloh immer unerträglicher.

Eines Nachts erwachte ich aus einem bösen Traum, in Schweiß gebadet. Ich hatte geträumt, wie eine elegante, aber nicht mehr junge Frau Schneefloh umarmte und küßte. Neben ihr stand ein junger Mann, und sie sagte zu Schneefloh: «Das ist mein Sohn.» An Schlaf war nicht mehr zu denken, ich lief in meiner Wohnung auf und ab und kam zu dem erlösenden Entschluß, möglichst schon am nächsten Tag Schneefloh in Ungarn, wo er Aufnahmen machte, zu besuchen. Da ich nicht wußte, an welchem Ort gedreht wurde, schickte ich ihm ein Telegramm, mit der Ankündigung meines Besuchs. Nach einem Tag unerträglichen Wartens kam seine Antwort: «Komme nicht. Warte meinen Brief ab.»

Wieder das schreckliche Warten, ich wurde von ungewisser Eifersucht gequält. Drei schlimme Tage und Nächte, dann kam der Brief. Ich schaute immer wieder den Umschlag an, als könnte ich daraus den Inhalt lesen. Angst war es, daß ich minutenlang nicht wagte, den Brief zu öffnen. Es war, als ob ich das Unheil schon im voraus spürte. In dem Brief, der ein jahrelang glückliches Zusammenleben zerstörte, den ich nie vergessen konnte, stand: «Es tut mir sehr leid, was ich Dir heute mitzuteilen habe. Ich liebe Dich nicht mehr, ich habe eine Frau kennengelernt, die ich liebe und mit der ich zusammenlebe. Bitte, komme nicht. Es würde sich nichts ändern, und ich möchte auch nicht, daß wir uns noch einmal wiedersehen. Dein Schneefloh.»

Das war grausam, ich konnte es nicht begreifen. Wir waren in den ganzen Jahren immer ein glückliches Paar. Nie hatte es Streit oder eine Verstimmung zwischen uns gegeben. Waren wir nur für Stunden getrennt, brannten wir schon vor Sehnsucht auf das Wiedersehen. Aber dieser Brief? Das konnte nur eine Teufelei sein – er mußte verhext worden sein –, ich konnte es nicht glauben. Der Schmerz kroch mir in jede Zelle meines Körpers, er lähmte mich, bis ich versuchte, mich durch einen furchtbaren Schrei zu befreien. Weinend, schreiend, in meine Hände beißend, taumelte ich von einem Zimmer ins andere. Ich nahm einen Brieföffner und fügte mir Wunden zu, an Armen, Beinen und Hüften. Ich spürte diese körperlichen Schmerzen nicht, die seelischen brannten wie Feuer in der Hölle.

Ich weiß nicht, wie ich die furchtbaren Wochen und Monate überleben konnte. In meiner Erinnerung gehört diese Zeit zu der schlimmsten meines Lebens. Aus jedem Fenster wollte ich mich stürzen, vor jede Bahn wollte ich mich werfen – warum tat ich es nicht? Es waren Hoffnungen, durch Aussprachen Schneefloh zurückgewinnen zu können, aber sie erwiesen sich als trügerisch. Schneefloh gab mir keine Chance, ihn noch einmal zu sehen. Er tat alles, um eine Begegnung zu verhindern. Ich bat Udet, aber auch ihm widersetzte sich Schneefloh. Er wollte mich nicht wiedersehen.

Mehr als fünf Monate habe ich mit diesem Schmerz gelebt. Langsam habe ich meine Liebe getötet. Aus mir wurde ein anderer Mensch. Nie wieder, das schwor ich mir, nie wieder wollte ich einen Mann so lieben.

Josef von Sternberg

Das einzige, das mich in dieser Zeit von meinem Schmerz ablenken konnte, war, gute Filme anzusehen. Und es gab einige sehr gute mit Stars wie Charlie Chaplin, Harold Lloyd, Buster Keaton. Es war die letzte große Epoche des Stummfilms, bevor der Tonfilm ihn verdrängte.

Eines Tages sah ich einen Film, der mich in seinen Bann schlug. Ich schaute mir ihn noch ein zweites Mal an. Ähnlich wie bei Fancks «Berg des Schicksals» war ich überzeugt, diesen Film konnte nur ein ungewöhnlich begabter Regisseur gemacht haben. Nicht das Thema war es, was mich fesselte, sondern die Kunst des Regisseurs und seiner Kamera. Mit Worten ist das schwer zu erklären. Eine wahrhaft künstlerische Arbeit besitzt eine Ausstrahlung. Ich denke da an meine Empfindungen, wie mich die Bilder von van Gogh, Marc oder Klee bewegt hatten.

Es geht um «Die Docks von New York». Regie: Josef von Sternberg. In der «BZ» fand ich eine kurze Notiz, Sternberg werde nach Deutschland kommen, für eine Produktion mit der UFA. Wie es mir schon mit Fanck ergangen war, hatte ich auch hier den Wunsch, diesen Regisseur kennenzulernen. Er kam aus Hollywood, sonst wußte ich nichts über ihn. Als ich etwas später aus der Presse erfuhr, daß er schon in Berlin eingetroffen war und Verhandlungen mit der UFA führte, entschloß ich mich, ihn dort aufzusuchen.

Ich hatte mich, so chic ich konnte, angezogen. Kleid und Mantel aus russisch-grünem Wollstoff, mit rotem Pelzfuchs besetzt, dazu einen passenden grünen Filzhut. Nach dem Film von Sternberg wußte ich, daß er Wert auf gut gekleidete Frauen legte.

Lange mußte ich in dem Bürohaus der UFA herumfragen, bis ich erfuhr, in welchem Zimmer sich Sternberg aufhielt; ich dürfe aber auf keinen Fall stören; Sternberg befinde sich in einer wichtigen Besprechung, zusammen mit Erich Pommer und den Schriftstellern Heinrich Mann und Carl Zuckmayer. Alles respektheischende Namen. Mit ziemlichem Herzklopfen stand ich vor der Tür des Konferenzzimmers, aus dem lautes Stimmengewirr drang. Ich schwankte, was ich tun sollte – klopfen oder weggehen, und ich entschloß mich zu klopfen. Die Tür wurde geöffnet, dicker Zigarrenqualm strömte mir ins Gesicht. Eine Stimme sagte: «Was wünschen Sie?»

Mit meinem mir plötzlich unerklärlichen Mut konnte ich nur noch piepsend herausbringen: «Ich möchte Herrn von Sternberg sprechen.»

Die Stimme: «Geht nicht.»

Die Tür wurde mit einem Ruck zugeschlagen. Benommen stand ich vor der geschlossenen Tür. Da wurde sie noch einmal geöffnet, und ein mir unbekannter Mann mit auffallend schönen hellgrauen großen Augen steckte seinen Kopf durch den Türspalt.

«Was wünschen Sie von mir?» fragte er mit einer wohlklingenden Stimme, aber in sarkastischem Tonfall.

«Ich möchte Sie sprechen, ich habe Ihre Filme gesehen, und ‹Die Docks von New York› sind einfach genial.»

Sternberg musterte mich von oben bis unten, machte dann die Tür etwas weiter auf, so daß ich seine ganze Gestalt sehen konnte. Dann sagte er etwas ironisch: «So, so, der Film hat Ihnen gefallen.»

Einen kurzen Augenblick schien es, er wüßte nicht, was er tun sollte, dann blickte er auf seine Armbanduhr und sagte: «Könnten Sie um 14 Uhr ins Hotel ‹Bristol› kommen, dort könnten wir zusammen essen.»

Schon eine Stunde vor der Zeit war ich im «Unter den Linden» im Bristol und wartete geduldig. Ich war mir nicht sicher, ob er tatsächlich kommen würde, aber er kam. Noch heute erinnere ich mich an unser Menü: Zartes Rindfleisch mit Wirsing und Meerrettich, eine Spezialität des Hauses.

Nun erst konnte ich mich vorstellen, aber meinen Namen als Tänzerin und Filmschauspielerin kannte er nicht. Er interessierte ihn auch nicht. Er wollte nur wissen, warum mir sein Film so gut gefallen habe, daß ich ihn sogar mitten in einer für ihn so wichtigen Besprechung aufsuchte. Es war nicht einfach, ihm zu erklären, was ich bei diesem Film empfunden hatte.

«Ich meine, daß alles in Ihrem Film von einer sehr persönlichen Handschrift geprägt ist», sagte ich zögernd, «und aufgefallen ist mir, daß Sie die Szenen nicht ausspielen lassen, so daß der Zuschauer mit seiner eigenen Phantasie das Gesehene beenden kann.»

Sternberg zeigte keine Reaktion. Etwas unsicher fuhr ich fort: «Es gefällt mir, daß Sie nie direkt eine Kußszene bringen, sondern sich eine Liebesszene nur entwickeln lassen. Sie deuten die Dinge nur an, und das macht sie, wenigstens wie ich es verstehe, in der Wirkung stärker. Sie lassen vieles weg, dadurch entsteht Spannung. Und noch etwas: Ihre Bildtechnik bringt besondere Atmosphäre hervor, man spürt die Luft in jedem Raum.»

Hier unterbrach mich Sternberg: «Sie sagen, daß Sie in meinem Film die Luft in den Räumen spüren, das hat noch kein Kritiker bemerkt. Sie haben eine gute Beobachtungsgabe», und ohne ironischen Unterton fuhr er fort: «Sie gefallen mir.»

Dann begann er über sein augenblickliches Projekt bei der UFA zu sprechen. «Der blaue Engel» sollte der Film heißen, und worum es im Augenblick ging, war die Besetzung der weiblichen Hauptrolle. Fest stand, daß Emil Jannings die männliche spielen würde – den «Professor Unrat» nach dem gleichnamigen Roman von Heinrich Mann, den Carl Zuckmayer und Sternberg für den Film umarbeiten sollten. «Für den weiblichen Star habe ich noch keine Besetzung», sagte er nervös, «man will mir da Damen aufschwätzen, die mir nicht gefallen.» Er machte eine Pause, bestellte beim Ober ein Glas Wasser und fuhr fort: «Aber ich habe kaum noch Hoffnung, meine ‹Lola› zu finden. Die Fotos, die man mir von einer Marlene Dietrich zeigte, sind schlecht.»

«Marlene Dietrich, sagen Sie? Ich habe sie nur einmal gesehen, sie ist mir aufgefallen. Das war bei Schwanecke, einem kleinen Künstlercafé in der Rankestraße. Dort saß sie mit einigen jungen Schauspielerinnen zusammen. Mir fiel ihre tiefe und rauhe Stimme auf, die eine Spur ordinär wirkte und aufreizend war. Vielleicht war sie etwas beschwipst. Ich hörte, wie sie mit lauter Stimme sagte: ‹Warum muß man immer einen schönen Busen haben, der kann ja auch mal ein bißchen hängen.› Dabei hob sie ihren linken Busen etwas an und amüsierte sich über die verdutzten Gesichter der um sie sitzenden jungen Mädchen. Ich glaube», sagte ich zu Sternberg, «diese Frau wäre ein guter Typ für Sie.»

Schon am nächsten Tag wollte mich Sternberg noch einmal sehen und mir die verschiedenen Fotos zeigen. Wir trafen uns wieder im «Bristol». Er erzählte, er sei gestern im Theater gewesen. Die UFA hatte ihm Hans Albers für die zweite männliche Hauptrolle seines Films vorgeschlagen. Der Abend war ein Glücksfall. Nicht nur Albers erschien ihm die ideale Besetzung – er habe auch seine «Lola» gefunden – Marlene Dietrich: «Ich war fasziniert. Sie hatte nur eine winzige Rolle, aber wenn sie auf der Bühne erschien, konnte ich meine Augen nicht von ihr lassen. Morgen soll ich sie kennenlernen.»

Von nun an sahen wir uns täglich. Ich gefiel ihm und er mir auch. Es war keine Liebesromanze, aber es entwickelte sich mehr und mehr ein freundschaftliches Verhältnis. Sternberg erzählte mir alles, was den «Blauen Engel» betraf, und ich kam mir fast wie seine Mitarbeiterin vor. So erfuhr ich von dem Kampf, den er vor allem gegen Jannings und eine Reihe anderer in diesem Film beschäftigter Schauspieler führen mußte, um die Dietrich für die weibliche Hauptrolle durchzusetzen. Er war überzeugt, in Marlene die ideale Besetzung für seine Lola gefunden zu haben, und ich bestärkte ihn darin, da sie auch mir sehr gefiel.

Eines Tages erhielt ich einen großen Maiglöckchenstrauß, eingebunden in weiße Seidenbänder. Darin eine Karte mit den Worten:

«Für Du-Du von Jo.»

Die Maiglöckchen waren der Beginn einer leider nur einseitigen Liebeserklärung Josef von Sternbergs. Ich hätte ihm gern mehr als nur Sympathie und Bewunderung entgegengebracht, denn er war nicht nur ein gutaussehender Mann, sondern auch im Gespräch und im Umgang eine der faszinierendsten Persönlichkeiten, die mir je begegnet sind. Aber die schmerzliche Enttäuschung, die ich mit Schneeberger erlebt hatte, war noch lange nicht überwunden. Sternberg kam fast jeden Abend zu mir in die Hindenburgstraße, und wir aßen dann gemeinsam zu Abend. Oft wurde es spät, bis er wieder aufbrach und mit mir nach Babelsberg fuhr, um mir die Muster seiner Aufnahmen zu zeigen. Er war an meiner Meinung interessiert und hörte sie gern, ehe Pommer das Material zu sehen bekam.

Der Zufall wollte es, daß Marlene im gleichen Häuserblock wie ich wohnte, die Eingangstür zu ihrem Haus lag in der Hildegardstraße, parallel zur Hindenburgstraße. Ich wohnte im fünften Stock und Marlene im dritten. Von meinem zum Hof gelegenen Dachgarten konnte ich ihr in die Fenster schauen. Aber noch wußte sie nichts von meiner Freundschaft mit Sternberg. Dies hätte ihr auch bei Beginn der Filmaufnahmen kaum etwas ausgemacht, aber bald sollte sich das ändern.

An den Wochenenden holte mich Sternberg ab, und wir fuhren mit einem Mietauto an idyllische Plätze in die Umgebung Berlins. Das waren poetische und unterhaltsame Stunden. Sternberg war ein glänzender Erzähler. Er nannte mich «Du-Du», niemals Leni, und ich nannte ihn «Jo». Er verwöhnte mich mit den herrlichsten und ausgefallensten Blumen, und ich kam in eine Art Verlegenheit, wie ich ihm danken sollte. Das schönste Geschenk für mich aber war, wenn ich bei seinen Aufnahmen im Atelier zusehen durfte. Es war ein Erlebnis, ihn bei der Arbeit zu beobachten. Mit seinen Schauspielern ging er wie ein Dompteur um, sie hingen alle an seinen Augen.

An einem solchen Aufnahmetag wurde mir Emil Jannings vorgestellt, der ausnahmsweise einmal gut gelaunt und bereit war, sich mit mir zu unterhalten. Sternberg probte mit Marlene die später so berühmt gewordene Szene, in der sie sitzend, das rechte ihrer schönen Beine bis zur Brust angewinkelt, ihren berühmten, von Friedrich Holländer verfaßten Schlager sang: «Ich bin von Kopf bis Fuß auf Liebe eingestellt, denn das ist meine Welt, und sonst gar nichts.»

Sternberg probte und probte. Es wollte nicht klappen. Marlene schien durch meine Anwesenheit irritiert zu sein, sie hörte nicht hin, was Sternberg zu ihr sagte, und begann, gelangweilt und pikiert, an ihrem Höschen zu zupfen. Dabei setzte sie sich so hin, daß man ungehindert alles sehen konnte, was sie verdecken sollte. Sie tat dies so auffällig, daß man blind hätte sein müssen, um nicht zu sehen, wie sie provozieren wollte. Und Sternberg wurde plötzlich wütend, er schrie sie an: «Marlene, benimm dich!»

Sie machte nur eine trotzige Bewegung, zupfte ihr Höschen etwas runter, und es wurde weiter probiert. Mir war diese Situation peinlich, und so verabschiedete ich mich von Sternberg.

Am Abend erzählte er mir, Marlene habe ihm nach Beendigung der Aufnahmen eine scheußliche Szene gemacht und gedroht, sie dächte nicht daran weiterzumachen, wenn ich noch einmal ins Atelier käme. Marlenes Verhalten überraschte mich. Jo hatte mir erzählt, daß sie in ihn verliebt war. Da ich in Sternberg weder verliebt war noch ein Verhältnis mit ihm hatte, hätte mich eine Affäre zwischen ihm und Marlene kalt gelassen. Jo sagte, Marlene bemuttere ihn förmlich und koche sogar täglich für ihn, trotzdem sei sie für ihn nur das Material, aus dem er seine «Lola» gestalten wollte. Um die ohnedies angespannte Atmosphäre, vor allem durch Jannings' Betragen heraufbeschworen, nicht noch explosiver werden zu lassen, stellte ich weitere Besuche beim «Blauen Engel» im Babelsberger Filmstudio ein.

Harry Sokal, der sich inzwischen mit der schönen Gräfin Agnes Esterházy, einem der attraktivsten Stars der Stummfilmzeit, liiert hatte, kam mit einer völlig überraschenden Bitte zu mir: «Möchtest du nicht für zwei bis drei Wochen nach Paris gehen, um von der deutschen Version, die Fanck inzwischen von der ‹Weißen Hölle› geschnitten hat, fünfhundert Meter herauszuschneiden? Der Film ist für die französische Version einfach viel zu lang.»

«Du weißt doch, daß ich noch nie einen Film geschnitten habe», sagte ich zu ihm.

«Fanck kann sich von keinem Meter Film trennen. Aber du könntest es, das weiß ich doch», bedrängte er mich. Natürlich reizte es mich kolossal, plötzlich Paris kennenzulernen. Ich traute mir auch zu, den «Piz Palü» zu kürzen.

«Und was kriege ich dafür?» fragte ich.

«Alles frei und dazu noch dreihundert Mark.»

«Du spinnst», sagte ich, und wir begannen zu handeln. Mehr als fünfhundert waren aus ihm nicht herauszuholen. Schließlich sagte ich zu.

In einer Nebenstraße der Champs Elyseés gab es einen kleinen Schneideraum, vis-à-vis eine Pension, in der ich mir ein bescheidenes Zimmer nahm. Als ich dort einzog, fand ich den tristen Raum durch einen herrlichen Blumenkorb verschönt – er kam von Sternberg. Ich hatte keine Ahnung, wie er meine Adresse herausbekommen hatte Wahrscheinlich hatte Sokal sie ihm verraten.

Noch am ersten Abend bummelte ich über die Champs Elyseés. Was für eine herrliche Straße, schöner als der Kurfürstendamm. Traumwandlerisch bewegte ich mich zwischen den vielen Menschen und bewunderte die kostbaren Auslagen der Geschäfte. Gut, daß ich in dieser fremden Stadt war – sie lenkte mich ab von meinen Problemen.

Das Schneiden machte mir großen Spaß, und es fiel mir überraschenderweise auch leicht. Ich bekam eine Kleberin zur Hilfe, und innerhalb von zehn Tagen hatte ich die gewünschten fünfhundert Meter aus der Kopie herausgeschnitten. Der Film wirkte in dieser Straffung stärker. Sokal war zufrieden, aber Fanck hat mir diesen Eingriff nie verziehen.

Nach meiner Rückkehr nach Berlin wartete Sternberg schon auf mich. Alles war wie vorher, nur fuhr ich nicht mehr nach Babelsberg hinaus.

An einem grauen Novembertag hatte die «Weiße Hölle vom Piz Palü» im UFA-Palast am Zoo Premiere.

Fanck erlebte den größten seiner Erfolge. Und er war auch ein Erfolg für Pabst und für mich. Die Berliner Presse überschlug sich in Lobeshymnen. Auch Zeitungen, die frühere Fanckfilme kritisiert hatten, schrieben: «Nie war ein Film ergreifender, niemals das Miterleben bitterer, nie die Rührung größer als bei diesem Film.»

Auch Sternberg sah ihn sich mit mir an.

«Du bist sehr gut», sagte er, «ich könnte aus dir einen großen Star machen. Komm mit mir nach Hollywood!» Schade, dachte ich. Ich wußte, daß ich diese einzigartige Chance nicht wahrnehmen konnte; ich hatte noch nicht die Kraft, mich von meiner Bindung zu Schneeberger zu lösen.

«Du bist das absolute Gegenteil von Marlene», fuhr Sternberg fort. «Ihr seid ungewöhnliche Geschöpfe, und so, wie ich Marlene verzaubern werde, würde ich auch dich verzaubern. Du bist ja noch gar nicht entdeckt.»

Er sagte noch mehr, aber diese Worte sind mir im Gedächtnis geblieben. Daß ich damals mit Sternberg nicht nach Amerika gegangen bin, habe ich nach Kriegsende oft bereut.

Trotz des Riesenerfolgs, den der «Piz Palü» überall, wo er gezeigt wurde, erzielte, ging es mir finanziell katastrophal. Als ich am ersten Dezember meine Miete nicht zahlen konnte, gestand ich schweren Herzens Sokal, der sein Büro in der Friedrichstraße hatte, meine Lage. Ich bat ihn, mir 300 Mark zu leihen. Nie werde ich vergessen,

wie Sokal mich ansah und was er antwortete: «Du bist doch ein
hübsches Mädchen, du kannst dir doch dein Geld auf der Straße
verdienen.»

Ich war wie versteinert. Was hatte er da gesagt? Es war der Haß
eines abgewiesenen Freiers.

«Du ekelst mich an», und ich spuckte vor ihm aus.

Wie oft in meinem Leben, wenn ich einen Tiefpunkt erreicht hatte,
geschah etwas Erfreuliches. Diesmal war es ein Brief der AAFA, einer
Film-Firma, der Sokal seinen «Piz Palü» für einen Verleih übergeben
hatte. Überraschend bot mir die AAFA 20 000 RM für die weibliche
Hauptrolle im nächsten Fanckfilm «Stürme über dem Montblanc».
Das hing gewiß mit den großen Erfolgen des «Piz Palü» zusammen.
Und der Erfolg hielt an. Ich wurde nach Paris und London eingeladen,
um bei den Premieren anwesend zu sein. Der starke Beifall, den ich
überall bei Publikum und Presse fand, ermutigte mich ungemein.

Bevor ich wieder in die weiße Bergwelt fahren mußte, bat mich
Sternberg, mit ihm auf den Berliner Presseball zu kommen. Er wollte
mich abholen. Ich war noch beim Anziehen, da kam er eine Stunde zu
früh. Es war das erste Mal, daß ich ihn aufgeregt erlebte. Er bat um
Verzeihung, daß er nicht mit mir auf den Ball gehen könnte, Marlene
habe, als sie es erfuhr, mit Selbstmord gedroht. Ich konnte das nicht
verstehen. Natürlich verzichtete ich sofort. Wie schade, dachte ich,
daß wir nicht zu dritt hingehen können.

Von diesem Presseball, den ich dann mit G. W. Pabst und seiner
Frau besuchte, gibt es ein besonderes Foto. Es wurde von dem amerikanischen Fotografen Alfred Eisenstein gemacht und zeigt mich zusammen mit Marlene und der chinesischen Schauspielerin Anna May
Wong, die Hollywood zu einem Weltstar gemacht hatte.

Mit Sternberg verlebte ich noch einen stimmungsvollen Abschied
bei dem Regisseur Erwin Piscator in dessen Wohnung. Sie war festlich
mit Blumen und Kerzen geschmückt, und es gab Champagner und
Kaviar. Sternberg wußte, daß ich auf Kaviar versessen war. Ich hatte
ihm einmal erzählt, daß ich schon als Tanzelevin, als ich nur ein ganz
kleines Taschengeld erhielt, dies solange zusammensparte, bis ich mir
bei Winkelstern in der Joachimsthaler-Straße für drei Mark ein Dös-
chen kaufen konnte.

«Heute sollst du dich einmal an Kaviar satt essen», sagte Jo. Er war
froh, daß ich ihm den mißglückten Ballbesuch nicht übelgenommen
hatte, und redete mir zu, ihm nach Hollywood zu folgen.

«Und Marlene?» fragte ich.

«Sie hat sich noch nicht entschieden», sagte er. «Marlene wird einen
großen Erfolg haben, aber die UFA-Leute sind so blöd, sie glauben noch

immer nicht an den Erfolg meines Films und schon gar nicht an einen von Marlene. Sie sind so dumm, daß sie nicht einmal die Option genutzt haben, die sie für die Dietrich besaßen.»

Ich erzählte Sternberg, ich hätte so etwas Ähnliches schon mit der Garbo erlebt. Als ich 1925 in Berlin den Film «Die freudlose Gasse» mit Asta Nielsen, Werner Krauss und der Garbo sah, war ich von dieser Frau so fasziniert, daß ich Fanck und Sokal ins Kino schleppte, sie sollten sich die Garbo doch auch einmal ansehen. Damals bekniete ich Sokal, die Garbo zu engagieren, ich war von dem Adel ihrer Schönheit geradezu betört und überzeugt, sie würde weltberühmt werden. Aber weder Fanck noch Sokal konnten das Geringste an ihr finden. Ich war wütend und traurig. Nur wenige Tage danach sah ich sie schon auf der Titelseite der «Berliner Illustrierten» – sie war nach Hollywood engagiert.

Als ich endgültig von Sternberg Abschied nahm – es war im Januar 1930 –, war noch nicht sicher, ob Marlene oder ich ihm nach Hollywood folgen würden.

«Stürme über dem Montblanc»

Im Februar kam ich nach Arosa und wurde mit großem Hallo von dreißig Skiläufern begrüßt. Die besten Schweizer und Innsbrucker Abfahrtsläufer waren es, mit denen ich eine Fuchsjagd zu fahren hatte – unter ihnen die berühmten Brüder Lantschner und David Zogg. Jetzt hatte ich die Gelegenheit, mein Skilaufen sehr zu verbessern.

Die Skiläufer trugen alle rote Pullover, was gegen den weißen Schneehintergrund reizvoll aussah. Damals kam mir zum ersten Mal die Grundidee meines späteren Filmprojekts «Die roten Teufel», das ich 1954 vergeblich zu verwirklichen suchte. Farben im Schnee – mit Farben auf weißem Grund zu arbeiten wie ein Maler, das beschäftigte mich, seit ich die roten Teufel durch den Pulverschnee fahren sah.

Fanck hatte ein großes Problem. Den männlichen Hauptdarsteller hatte er noch nicht. Es ist selten, jemand, der Schauspieler und zugleich Alpinist ist, zu finden. Fanck, hörte ich, wisse keinen Rat mehr und wollte sich einen Schauspieler aus Berlin kommen lassen.

Ich fand das eine abwegige Idee und zermarterte mir den Kopf, wie man einen erstklassigen Sportsmann finden kann. Da fiel mir etwas ein, was ich längst vergessen hatte. Sepp Allgeier, einer unserer Kameraleute, hatte mir einmal von einem sehr guten Skiläufer erzählt, den er in Gurgl kennengelernt hatte, er zeigte mir auch ein kleines Foto von ihm. Wie hieß doch der Mann? Ich kramte angestrengt in meinem Gedächtnis, und allmählich fiel mir alles wieder ein.

Es war ein Polizeifunker aus Nürnberg. Ich war ja immer auf der Suche nach «Filmgesichtern», und diesen Namen – Sepp Rist hieß er – hatte ich mir aus irgendeinem Grund gemerkt. Merkwürdig, daß ich sofort davon überzeugt war, dieser Nürnberger Polizist wäre der richtige Mann für uns. Ich erzählte das Dr. Fanck. Der nahm mich nicht ernst. Nachsichtig lächelnd sagte er: «Was hat so eine Fotografie schon zu bedeuten – es geht um die Hauptrolle, und was ist dein Mann – ein Beamter! Woher soll er denn schauspielern können?»

Aber mein Instinkt warnte mich, meinem Regisseur zu glauben. Man könnte doch wenigstens Sepp Rist zu einem Versuch kommen lassen. Leider war Dr. Fanck nicht zu bekehren, er hatte auch schon Verhandlungen mit einem Bühnenstar aufgenommen. Gewiß lag es außerhalb meiner Zuständigkeit, mich da einzumischen, aber da mir nie nur meine eigene Rolle am Herzen lag, sondern immer der ganze Film, fand ich die Vorstellung, eine so alpine Rolle mit einem Bühnenschauspieler zu besetzen, grauenhaft.

Eigenmächtig, ohne Fanck etwas zu sagen, sandte ich ein Telegramm an die Nürnberger Polizeiverwaltung und bat, mir die Adresse von Sepp Rist mitzuteilen. Nach wenigen Stunden hatte ich sie. Nun ging ich entschlossen vor. Ich schickte Rist ein Telegramm, ob er zu Filmaufnahmen sofort nach Arosa kommen könnte, und unterzeichnete die Depesche mit dem Namen von Dr. Fanck.

Am nächsten Morgen lag ich auf der Lauer und fing das Antworttelegramm ab:

«Habe zufällig zehn Tage Urlaub, drahtet, ob Zeit genügt.» Und ohne die Wimper zu zucken, drahtete ich zurück:

«Bitte sofort kommen, Dr. Fanck.»

Nun fiel mir ein Stein vom Herzen.

Der Regisseur war erstaunt über meine Frechheit, als Sepp Rist vor uns stand, das war aber auch alles. Er sagte nur: «Klar, daß du die Auslagen seiner Reise zu bezahlen hast.»

«Du kannst ihn jedenfalls in seinen zehn Urlaubstagen als Skiläufer benutzen. Er soll über zweihundert Skipreise erhalten haben», war meine Antwort. Dann sah ich mir meinen Schützling erst einmal richtig an. So wie er aussah, wirkte er nicht besonders auf mich, aber mir war klar, daß daran vor allem sein im Militärstil viel zu kurz geschnittenes Haar schuld war. Da er aus der Stadt kam, war er auch noch zu blaß. Aber der Augenausdruck und die Gesichtszüge waren gut.

Sepp Rist hatte keine Ahnung, was um ihn herum vorging, und daß ich die verwegene Idee hatte, ihn in der Hauptrolle zu sehen. Fanck war noch lange nicht von meiner Vorstellung überzeugt, und die anderen Mitglieder unserer Expedition betrachteten den Neuen mit unverhohlener Mißgunst.

Bei den Skiaufnahmen fielen Fanck immerhin die harmonischen Bewegungen meines Polizeifunkers auf, und er begann, ihn aufmerksamer zu beobachten. Nachdem Rist schon leicht braungebrannt war, machte ich ein paar Großaufnahmen von ihm und legte die Fotos auf Fancks Suppenteller.

Nun begann Fanck endlich, sich mit dieser Rollenbesetzung zu befassen. Großer Widerstand kam von Seiten der Produktionsleitung, und Fanck selbst war auch noch unsicher. Ich kämpfte für Rist, als wäre es mein Film – und siegte.

Nach einer Reihe gut gelungener Probeaufnahmen wurde er für die Hauptrolle verpflichtet. Seine Dienststelle genehmigte eine Urlaubsverlängerung von fünf Monaten. Dr. Fanck bat mich nun, mit Rist nach Innsbruck zu fahren, um ihn für die Rolle einzukleiden. Dort ging ich erst einmal mit ihm zum Friseur, der ihm einen neuen Haarschnitt machte und das Haar aufhellte. So wurde aus dem jungen Polizeibeamten ein gutaussehender alpiner Filmtyp. Was wir alle damals noch nicht wußten: Sepp Rist besaß auch eine große schauspielerische Begabung.

Nach drei Wochen waren die Skiaufnahmen beendet. Es ging für wenige Tage nach St. Moritz. Dort wartete schon Udet auf uns, der auch in diesem Film wieder dabei war. Ich hatte ihn bei seinen waghalsigen Flügen am Piz Palü oft bewundert, selber aber war ich noch nicht mit ihm geflogen. Heute sollte nun die Premiere stattfinden. Die Flugbedingungen waren alles andere als ideal. Auf dem St. Moritzer See wurde die Eisdecke schon weich, an verschiedenen Stellen war er offen. Ich kletterte in die Maschine, Udets berühmte «Motte». Der kleine silbrige Eindecker mußte sich anstrengen, um uns von der schweren, klebrigen Schneedecke in die Höhe zu heben. Kaum waren wir in der Luft, machte Udet einen Looping, ohne mir vorher etwas zu sagen. Da ich nicht angeschnallt war, glaubte ich, aus der Maschine zu fallen. Ich bekam einen furchtbaren Schreck. Das war Udets Absicht gewesen. Er drehte sich nach mir um und lachte mich aus wie ein Lausbub. Wir mußten dann einige Male ganz niedrig um die Filmkamera kreisen. Es war nicht gerade harmlos, und bei der Landung machten wir beinahe Bruch.

Von St. Moritz zog unsere Karawane zum «Bernina Hospiz». Es war Anfang April, und wir blieben dort sechs Wochen. Das Hospiz liegt in einer Höhe von 2300 Meter auf dem Bernina-Paß, von dem wir ein Jahr zuvor oft den Aufstieg zum Piz Palü gemacht hatten. Rauhes Wetter, fast immer Schneesturm, ist dort an der Tagesordnung.

In der Nähe der Berninabahn wurde der Innenraum eines Montblanc-Observatoriums gebaut – im Hochgebirge ein richtiges Atelier mit Scheinwerfern. Auch dies war eine Pioniertat von Dr. Fanck. Er ließ unter großen Anstrengungen in eine nahezu arktische Landschaft diesen Raum bauen, der vereisen mußte und Schneestürmen ausgesetzt war. Die Kälte war kaum zu ertragen. Kameraleute, Beleuchter, der Regisseur und vor allem Sepp Rist mußten Tag und Nacht stundenlang in diesem Eisloch arbeiten.

Zum Glück hatte ich in dieser eisigen Dekoration nicht viele Szenen. Ich benutzte jeden freien Tag, um mit den Brüdern Lantschner Hochtouren zu machen, ein notwendiges Training für die kommenden alpinen Aufnahmen im Gebiet des Montblanc.

Doch vorher gingen wir noch einige Tage nach Lausanne in den Frühling. Von hier wollte Udet seine Montblanc-Flüge starten. Am ersten Schönwetter-Tag flogen wir los – mein erster langer alpiner Flug. Es wurde das Aufregendste, was ich je erlebt habe. Nachdem der Genfer See hinter uns lag, jagten plötzlich die schroffen Schneefirne des Dent du Midi auf uns zu. Das zweite Flugzeug folgte uns. Darin saß Schneeberger mit seiner Kamera. Fanck hatte ihn verpflichten müssen, da Udet darauf bestanden hatte, daß Schneeberger die Flugaufnahmen von ihm machen sollte. Mir selbst machte es nichts mehr aus, ihm wieder zu begegnen. Meine Gefühle für ihn waren erloschen – seltsamerweise empfand ich bei seinem Anblick weder Trauer noch Haß.

Wir stießen durch dicke Cumuluswolken und sahen unter uns das französische Hochgebirge und, alles überragend, den Gipfel des Montblanc. Wie schlafende Eisbären lagen die schneebedeckten Berge unter uns.

Doch in einem einzigen Augenblick änderte sich die Szenerie. Heftige Fallböen wirbelten uns wie ein Blatt Papier herum – an messerscharfen Graten vorbei. Wir überflogen einige Gletscher und sahen in die blauschwarzen, unermeßlich tiefen Spalten hinein. Ein zerrissener Hochgrat raste direkt auf uns zu. Der vom Gipfel herabstürmende eisige Wind bekam uns zu packen und wirbelte uns immer näher an die Felsen. Ich schrie auf – die Eiswände schienen auf uns zu stürzen. Ich sah den Himmel über mir und eine Sekunde später unter mir – und einen Abgrund, vor dem ich nur noch rasch die Augen schließen konnte. Etwa fünfhundert Meter vor uns versackte das Begleitflugzeug, jetzt waren wir selber ebenfalls in einem Luftloch und fielen wie ein Stein hinunter. Es gelang Udet, den Sturz aufzufangen, und dann glitt er wie im Segelflug durch die Wolken und landete wie ein großer

Vogel auf dem Gletscher. Die erste Landung eines Flugzeugs auf dem Montblanc, und ich hatte dabei sein dürfen.

Nach diesen Aufnahmen kamen wir endlich nach Chamonix. Da lag er vor uns, unser Hauptdarsteller, der klotzige Riese, der Montblanc. Bis ins Tal durch die grünen Wälder hindurch reichten seine weißen Gletschertatzen. Vor unserem Hotel «Gourmet» standen wir Filmleute und tasteten den weißen Block mit Ferngläsern ab. Hoch oben sahen wir die Vallot-Hütte, winzig liegt sie auf einem Grat, 4400 Meter hoch. Dort würden wir später längere Zeit hausen müssen. Doch zunächst suchten wir einen geeigneten Landeplatz für Udet. Abends rief er aus Lausanne an und eröffnete uns, er könne auf dem von Fanck vorgesehenen Platz, bei den «Grand Mulets», nicht landen. Eine andere Stelle wurde ausgewählt. Also verließen wir Chamonix und stiegen auf. Dr. Fanck, den die Grippe gepackt hatte, blieb einstweilen zurück. Unser Ziel war die unbewirtschaftete Dupuishütte. Der Aufstieg war anstrengend. Erst einmal zwei Stunden lang steile Geröllhalden und Felsen, wo wir die Skier tragen mußten, was unbequem und ermüdend war. Noch unterhalb der Schneegrenze fiel ein Rucksack über die Felskante. Jeder unserer Rucksäcke enthielt wertvolles Fotomaterial, deshalb mußten wir versuchen, ihn wiederzukriegen. Dreihundert Meter tief war er gefallen. Eine schwierige Rettungsaktion, aber wir hatten uns umsonst bemüht – die Kamera war zertrümmert. Weiter führte unser Weg durch die schweigende Einsamkeit. Nach langem anstrengenden Aufstieg schmeckten das Abendbrot und der Grog besonders gut.

Die Hütte war so primitiv, wie ich es bisher noch nicht erlebt hatte. An Schlaf war in der ersten Nacht nicht zu denken. Wir lagen auf harten Strohsäcken, in schmutzige Decken eingehüllt. Es war kalt, und wer sich Romantik erwartet hatte, war tief enttäuscht. Hier einige Notizen aus meinem Tagebuch:

1. Tag. Auf der Dupuishütte. Wetter neblig – schlecht – keine Aussicht. Wir verbringen den Tag faul auf den Pritschen. Einige von uns spielen Karten – ich finde einen Schachspieler und schlage mit Spiel den halben Tag tot. Weil wir uns langweilen, werden wir nervös.

2. Tag. Habe heute nacht ein paar Stunden geschlafen. Aber die Glieder sind steif geworden. Das Wetter ist wie gestern, wir alle sind ziemlich deprimiert. Es ist gräßlich, immer Nebel vor sich zu haben. Dabei muß Udet in zwei Tagen nach Berlin. Was soll werden, wenn wir seine Landung auf dem Gletscher für unseren Film nicht bekommen?

3. Tag. Wir dösen seit dem frühen Morgen – das Wetter scheint sich etwas zu bessern. Im Nebel erscheinen wenigstens Umrisse. Da hören wir Propellergeräusch – das kann nur Udet sein. Alle laufen vor die

Hütte, das Surren kommt näher und verschwindet wieder. Schneefall setzt ein – auch der Wind wird stärker, und wieder geistert Nebel vorbei. Wir sehen kaum fünfzehn Meter weit. Was will Udet eigentlich? Landen kann er bei diesem Wetter doch nicht – plötzlich ein Windstoß, der aus dem Tal emporbläst, und für Sekunden liegt die ganze Wolkenmasse über uns. Da ist ja ein Flugzeug – mitten im Grau fliegt es.

Wir schreien, wir winken und wir erkennen, daß es nicht Udet ist, sondern die zweite Maschine, die von Klaus von Suchotzky gesteuert wird. Die Maschine sackt ab, wird aufgefangen und kreist dann über unserem Hüttendach, die beiden winken, und jetzt fällt ein Paket und dann noch eines – ist das eine Freude, sie bringen uns Proviant. Und dann kommt noch etwas heruntergeflattert, ein kleiner Nelkenstrauß. Was für eine Überraschung! Aus zweitausend Meter werfen sie mir Nelken zu. Dann verschwindet das Flugzeug wieder im Nebel.

4. Tag. Seit fünf Uhr sind wir auf den Beinen, der erste schöne Tag. Die Wolken liegen wie ein brodelndes Meer unter uns. Der Gletscher ist frei und strahlt im Glanz der Sonne. Wir gehen zum vorgesehenen Landungsplatz und treten den Schnee fest.

Die Wolken beginnen langsam zu steigen. Wenn Udet nicht bald kommt, wird es zu spät für die Aufnahmen. Die Sonne zieht Wasser, und das ist immer verdächtig. Vier Stunden warten wir nun schon. Da – um neun Uhr – hören wir Propellergeräusch. Fünfzehn Augenpaare suchen den Himmel ab, ohne etwas zu sichten. Aber dann taucht in der Ferne über den Wolken ein schwarzer Punkt auf. Das ist er – das muß er sein. Sepp Allgeier klettert schnell auf einen Schneegipfel, auch Kameramann Angst baut seinen Apparat auf. Und wir anderen werfen uns auf den Schnee, um nicht mit ins Bild zu kommen. Die Kameraleute visieren. Jetzt nur keine Aufregung, keine Ungeschicklichkeit. Diese einmalige Gelegenheit verpassen, hieße einen unersetzlichen Verlust verschulden.

Dann schwirren die beiden Maschinen über uns. Und alles weitere geht blitzschnell. Udets Maschine scheint durchzufallen, so überraschend senkt sie sich und setzt auf dem Gletscher auf. Und die Kameraleute drehen und drehen. Zum ersten Mal ist eine Landung auf dem Gletscher gefilmt worden. Fünf Minuten später sind wir wieder mitten im Nebel. Die Wolken haben uns erreicht und ziehen über uns weg, als würde ein Vorhang vorgezogen. In letzter Sekunde erfolgte eine Landung. Aber wie wird Udet wieder wegkommen? Er muß durch den Nebel starten, fort vom Gletscher. Das Grau wird immer dichter. Es wird schwarz. Da entschließt sich Udet, es darauf ankommen zu lassen, denn er kann nicht bis zur Nacht warten. Er wirft den Propeller an und läßt die Maschine hineingleiten in die suppige, undurchsichtige Luft. Wir hören, wie sich das Geräusch entfernt und dann ganz aufhört. Udet ist fort – wird er ankommen? Wird er den Weg zwischen den vielen Felsspitzen finden? – Soweit meine Eintragungen.

Und er fand ihn. Wir erfuhren es erst nach Tagen, als wir wieder in Chamonix eintrafen. Er war ohne Schaden in Lausanne gelandet.

Nun begann der Aufstieg auf den Montblanc. Ihn zu besteigen, ist heute keine große Sache mehr, es ist nur anstrengend. Die Alpinisten, die zu der Expedition gehörten, sorgten dafür, daß alles gut vonstatten ging. Nur das Wetter hatten die Bergführer nicht in ihrer Gewalt.

Wir wollten mit den Aufnahmen auf der Vallothütte beginnen. Um zwei Uhr nachts stiegen wir von der Grand-Mulet-Hütte auf. Der Schnee war um diese Zeit gefroren. Mit den Steigeisen kamen wir gut voran. Schon um sechs Uhr erreichten wir unser Ziel. Die dünne Luft machte mir keinerlei Beschwerden, wahrscheinlich nur deshalb, weil ich einen sehr niedrigen Blutdruck habe. Anders erging es Fanck und den Männern, die schwere Lasten zu tragen hatten, sie litten unter Atemnot und Kopfschmerzen.

Auch diese Hütte war ein jämmerliches Loch – zwölf Leute fanden gerade noch Platz, wenn sie dicht wie die Heringe nebeneinander lagen. Da war nichts als Eis und Schnee und gefrorene Decken. Wir hatten alles mit hinaufgeschleppt, sogar Kochtöpfe, Geschirr. Nicht einmal einen Herd besaß die Vallot.

Aber die Landschaft, in der sie steht! Sie ist umrahmt von den wildesten und gefährlichsten Gletscherbrüchen und Eiswänden, die man in Europa findet. Unaufhörlich krachte es, Lawinen und Eisblöcke stürzten in fast gleichmäßigem Rhythmus. Täglich veränderte sich der Gletscher. Es war schon Juni, der Schnee schmolz, und die Spalten öffneten sich zusehends. Wo noch vor einigen Tagen große Schneeflächen den Boden bedeckten, wurden jetzt Spalten sichtbar, groß und so tief, daß man den Kölner Dom oder den Tempel von Karnak darin verschwinden lassen könnte.

Fanck, besessen davon, die Einzigartigkeit dieser Bilder mit der Kamera einzufangen, dachte kaum je an die Gefahren, in denen wir uns befanden. Und das wurde ihm zum Verhängnis. Hunderte von Metern unter der Vallothütte waren die Apparate ausgepackt. Er ging einige Schritte voraus, um die besten Motive zu finden – da sahen wir, nur zwanzig Meter von uns entfernt, ihn lautlos entgleiten. Der Gletscher hatte ihn verschluckt. Totenstill war unsere kleine Gruppe – aber nur für wenige Sekunden. Dann erlebte ich, mit welcher Geistesgegenwart der Fancksche Stab in solchen Fällen arbeitete. In wenigen Sekunden schon fiel das Seil hinunter in die Spalte. Alle lauschten, während es Meter um Meter ablief. Die Gesichter unserer Männer wurden immer finsterer. Schon war die Hälfte des Seils abgerollt, zwanzig Meter hingen in der Gletscherspalte – da drang endlich ein Laut herauf, und wir atmeten auf. Ein Lebenszeichen! Die Männer spürten einen Zug am Seil. Nun zogen alle aus Leibeskräften, und dann erschien Fancks Kopf. Immer noch die Zigarette im Mund, die er während des Absturzes zwischen den Zähnen festgehalten hatte. Mit einer Ruhe, als sei nichts geschehen, kletterte er aus der Spalte, und schon wurden die Aufnahmen fortgesetzt.

Ein böser Wettersturz fesselte uns an die Hütte. Unsere Vorräte waren so gut wie aufgezehrt. Wir verfügten noch über Brotkrusten und dreifach aufgewärmten Kaffee-Ersatz. Bald wurde die Stimmung unter den Männern unerträglich, besonders für mich als einzige Frau. Zwar konnte mir keiner zu nahe kommen, aber die lange währende Enthaltsamkeit der jungen Männer machte sich Luft. Jeder versuchte, den anderen mit obszönen Witzen zu überbieten. Einige errichteten um die Hütte herum eindeutige Sexsymbole aus Eis und Schnee. Natürlich wurde ich bedrängt. Es war für mich eine unerträgliche Situation. Einer der jungen Leute bildete sich ein, sich so sehr in mich verliebt zu haben, daß er mit Selbstmord drohte und sich in eine Spalte stürzen wollte. Auch Fanck hatte mich noch immer nicht aus seinen Wunschträumen verbannt. Täglich steckte er mir in Prosa oder in Versform Zettel zu, die ständig erotischer wurden. Ich war erlöst, als wir endlich für zwei Tage nach Chamonix abfahren durften.

Unangeseilt, wie bei fast allen Fanckfilmen, sausten wir von den 4400 Metern hinab zur Bergstation, vorbei an den riesigen Spalten, hinweg über schmale Brücken, steile Hänge, durch Pulverschnee und Eis. Die Männer fuhren so rasant, daß ich ihnen nicht folgen konnte, aber einer unserer Bergführer, der Schweizer Beni Führer, blieb bei mir.

Der letzte Steilhang oberhalb der Grand-Mulet-Hütte war reines Eis. Trotz der Stahlkanten hatten die Skier keinen Halt. Ich flog über 50 Meter hinab und blieb auf einer Schneebrücke über einer riesigen Spalte liegen. Einen meiner Skistöcke sah ich im Abgrund verschwinden. Mir war himmelangst. Ich wagte nicht die geringste Bewegung, in jedem Augenblick konnte die Brücke unter mir nachgeben. Beni warf sich auf den Bauch, reichte mir seine Skistöcke und zog mich langsam über die Brücke.

«Da haben wir aber Sau gehabt», waren die einzigen Worte, die er in seinem Schreck herausbrachte.

Nach zwei Tagen ging es wieder hinauf. Vor allem im Bossongletscher waren noch Lawinenaufnahmen zu machen. Der Gletscher war um diese Zeit so ausgeapert, daß wir beim Aufstieg bis zur Hütte acht Leitern legen mußten, um über die Spalten hinwegzukommen. Allmählich wurden wir stumpf gegen die unaufhörlichen Gefahren, in denen wir uns befanden. Wir hatten nur den einzigen Wunsch, so schnell als möglich aus der Gletscherwelt herauszukommen.

Der Monat der Lawinen war gekommen. Sepp Rist mußte in seiner Rolle als Wetterwart auf Skiern ohne Stöcke abfahren; nach dem Manuskript waren ihm die Hände erfroren. Es bedurfte größter Geistesgegenwart, vor den Spalten so abzuschwingen, daß er durch den Schwung nicht herausgetragen wurde. Während wir eine solche Szene mit Rist drehten, sahen wir, wie sich im Hintergrund eine riesige Eiswächte von der Felsunterlage ablöste und mit einer unvorstellbaren Wucht über die Felsen auf unseren Gletscher stürzte. Die Kameraleute arbeiteten mit eiserner Ruhe weiter. Sie drehten, wie die Lawine hinter Rists Rücken angebraust kommt und er vor ihr flieht. Für uns war es zu spät zu fliehen. Gewaltige Eismassen wälzten sich über den Gletscher auf uns zu, wir konnten nur hoffen, daß die Lawine noch vor uns zum Stehen kommt.

Immer dichter wurden wir von Schneestaub eingehüllt. Keiner wagte zu sprechen. Erst nach Minuten der Stille löste sich der Bann. Es dauerte fast eine Viertelstunde, bis der Schneestaub sich setzte und wir wieder einigermaßen freie Sicht hatten. An diesem Tag hörten wir mit der Arbeit auf. Jeder von uns hatte von Schneeabenteuern genug.

Fanck hatte eine mächtige Eiswächte entdeckt. Sie hatte sich schon nach vorn geneigt, jeden Augenblick konnte sie abbrechen. Noch nie war so etwas gefilmt worden. Kleinere Wächten konnte man sprengen, aber nicht eine von solcher Größe. Er gab Schneeberger den Auftrag, solange an seiner Kamera zu bleiben, bis die Wächte abbrach. Stundenlang rührte er sich nicht vom Fleck, dann mußte er aber doch einen Augenblick von der Kamera weg – Notwendigkeiten, stärker als der Wille. Und gerade in diesem Augenblick brach die Lawine los. Erschrocken jagte Schneeberger aus dem Häuschen heraus, stürzte zur Kamera – aber er konnte das Geschehene nicht zurückdrehen! Die Geburtsstunde der Lawine hatte er verpaßt. In unsere Heiterkeit mochte er nicht einstimmen. Er war wütend.

Meine letzte Aufnahme im Montblanc-Eis war gekommen. Ich sollte auf einer Leiter eine fünfzehn Meter breite Gletscherspalte überschreiten. Der Regisseur hatte wegen der Bildwirkung eine von großer Tiefe ausgesucht. Vor dieser Aufnahme hatte ich Angst, ich wollte kneifen. Meine Kameraden hatten bereits Wetten abgeschlossen, daß ich nicht über die Leiter gehen würde. Mit so einer Wette war ich meist zu fangen. Sie kannten meine Schwäche, nicht feige zu erscheinen. Schon auf dem Weg zur Spalte stellte ich mir vor, wie einfach es doch sein müßte, über so eine Leiter zu laufen. Was kann mir da schon passieren, fragte ich mich, ich bin ja angeseilt und kann darum nie weit hinunterstürzen. Aber dieses kleine Wort «weit» besagt alles. Ich konnte noch immer zehn bis fünfzehn Meter fallen und mir dabei an den Eiswänden den Schädel einschlagen. Diesen scheußlichen Gedanken versuchte ich zu verdrängen, und ich suggerierte mir, ich werde nicht fallen, wenn ich nicht hinunterschaue.

Es war soweit. Bei dem Ruf: «Achtung, Aufnahme!» ging ich, ohne auf mein Herzklopfen zu achten, sofort los. Ich spürte, wie die Leiter unter meinen Füßen zu wippen begann. Damit hatte ich nicht gerechnet. Das Schwanken wurde immer stärker, je mehr ich zur Mitte kam. Zu allem anderen verlangte die Szene von mir noch, daß ich mich während des Hinübergehens umwende, um den mir Nachfolgenden etwas zuzurufen. Ich nahm meinen ganzen Willen zusammen, um mich nicht vor Angst einfach auf die Leiter fallen zu lassen. Aber es gelang mir, und so bekam Fanck doch noch die letzte Aufnahme, wie er sie von mir wollte.

Am Abend durchblätterte ich das Hüttenbuch. Ich hatte bisher nicht hineingeschaut, weil darin die schrecklichen Unfälle verzeichnet sind, die am Montblanc und seinen Gletschern geschehen waren. Und ich fühlte etwas wie Dank aufsteigen, daß uns ein glücklicher Stern davor bewahrt hatte, diese traurige alpine Chronik auch nur um einen einzigen Fall vermehrt zu haben.

Der Landstreicher vom Montblanc

Während wir noch die letzten Aufnahmen machten, erschienen in einer Berliner Illustrierten die ersten Fotos von unserer Arbeit im Gebiet des Montblanc. Und ein Berliner Primaner, der sich diese Bilder ansah, wurde von einer großen Sehnsucht ergriffen, dies alles auch mit uns zu erleben. Er rannte von der Schule weg, schwang sich aufs Fahrrad, hatte nur zwölf Mark in der Tasche und kam ohne einen Pfennig auf der Dupuishütte an. Wir waren aber längst weitergezogen. Und der arme Junge, der neun Tage von Berlin nach Chamonix geradelt war, der mutterseelenallein über die Gletscherspalten hinwegwanderte, so daß seine Schuhe kaum noch Sohlen hatten, fand in der Dupuishütte, auf der er uns vermutet hatte, nur noch Reste von Proviant und Filmmaterial. Auf dem Gletscher sah er die vereisten Spuren von Udets Landung. Zwei Tage blieb er auf der Hütte. Dann kehrte er halb verhungert nach Chamonix zurück, wo man ihm sagte, wir arbeiteten jetzt auf der anderen Seite des Montblanc.

Er fand uns auf der Grand-Mulet-Hütte, setzte sich still in eine Ecke, sprach kaum mit uns und beobachtete uns nur. Er sah wie ein Landstreicher aus, und wir wußten nicht, was wir mit ihm anfangen sollten. Fanck schenkte ihm ein paar Schuhe; seine Sohlen waren mit Bindfäden festgebunden. Am nächsten Tag durfte der Junge Gepäck tragen und verdiente sich etliche Franken Trägerlohn. Die Aufnahmen waren beendet, der Landstreicher vom Montblanc setzte sich wieder aufs Rad und fuhr nach Berlin zurück.

Ein halbes Jahr später meldete mir mein Mädchen, ein junger Mann stehe vor der Tür, der sich der ‹Landstreicher vom Montblanc› nenne und mich sprechen möchte. Ich konnte mich nicht erinnern, wer das sein könnte. Dann stand ich einem gut angezogenen jungen Mann gegenüber, der mit dem Abenteurer vom Montblanc keine Ähnlichkeit hatte. Er übergab mir ein Manuskript über seine Erlebnisse am Montblanc und verschwand wieder.

Erst beim Durchlesen der Blätter erfuhr ich, welche ungeheure Begeisterung ihn bewegt hatte, diese abenteuerliche Fahrt gegen den Willen seiner Eltern zu riskieren. Sein Text war fesselnd, und mir gefiel, daß er uns nicht gerade schmeichelhaft beschrieben hatte.

Der Junge war begabt. Ich übertrug ihm die Erledigung der Autogrammpost, die er so gut ausführte, daß er allmählich zu meinem Sekretär wurde. Die erste Schreibhilfe, die ich hatte. Schon ein Jahr später, beim «Blauen Licht», konnte ich ihn bei Schneeberger als Kamera-Assistenten ausbilden lassen. Er war in der Tat talentiert und hat eine gute Karriere gemacht, nicht nur in Deutschland, sondern auch in den USA, wo er heute noch ein anerkannter Kameramann ist.

Der Tonfilm kommt

Der Tonfilm kam. Er bedeutete eine Revolution. Auch «Stürme über dem Montblanc» war schon als Tonfilm konzipiert, aber noch wurde der Ton synchronisiert. Bei schwierigen Bergaufnahmen war es 1930 technisch noch nicht möglich, mit den ersten, schweren Tonkameras zu arbeiten. Diese neue Technik erforderte eine völlige Umstellung der Produktion. Drehbücher, Inszenierungen entstanden nach anderen Methoden, und vor allem mußten die Schauspieler nach neuen Gesichtspunkten ausgewählt werden. Für einige der internationalen Stars war dies das Ende ihrer Karriere, da ihre Stimme sich nicht für

Tonwiedergabe eignete. Viele Filmschauspieler bangten um ihre Existenz, und viele gute Bühnendarsteller konnten nicht so ungezwungen sprechen, da die Bühnensprache sich von der im Film beträchtlich unterscheidet. Es gab Ausnahmen. So hatte Hans Albers mit seinem ersten Tonfilm, der noch vor dem «Blauen Engel» hergestellt wurde, einen großen Erfolg. Ihm gelang auf Anhieb, was manche seiner Kollegen nie erlernten: vor der Kamera natürlich zu sprechen.

Nach meiner Rückkehr vom Montblanc suchte ich mir sofort einen guten Lehrer für die Ausbildung der Stimme. Kollegen empfahlen mir Herrn Kuchenbuch, einen hageren Mann mit vogelartig geschnittenem Gesicht, ein hervorragender Lehrer. Es machte mir großen Spaß, mit ihm zu arbeiten. Täglich nahm ich eine Stunde Unterricht, bei der ich vor allem viele Atemübungen machen mußte. Probleme machte mir das rollende «R». Ich übte und übte und war manchmal sehr verzagt, weil ich kaum einen Fortschritt bemerkte. Aber auch hier bewies es sich, daß man nicht so leicht etwas aufgeben soll. Mit Fleiß und Zähigkeit, vor allem aber mit Geduld und Zuversicht kann man viel erreichen. So hatte ich dann auch bei meinen ersten Tonaufnahmen für den Montblancfilm keinerlei Schwierigkeiten.

Bevor der Tonfilm in die deutschen Kinos kam, hatte ich mir in London eine Wochenschau angesehen, in der ich zum ersten Mal einen Redner sprechen hörte. Für mich war das ein technisches Wunder. Obgleich mich diese neue Dimension des Films begeisterte, war ich über das unausbleibliche Sterben des Stummfilms betrübt. Gegenüber dem Tonfilm hatte er große Vorzüge, vor allem in künstlerischer Hinsicht. Wenn die Sprache fehlte, mußten andere Ausdrucksformen sie ersetzen. Die Kunst der Fotografie hatte bei dieser Gegebenheit große Leistungen der Kamera hervorgebracht. Der Stummfilm hatte oftmals mehr Atmosphäre als ein Tonfilm, weil in dem meist der Dialog zum entscheidenden Mittel der Handlung wird. Und wieviel überflüssiges Zeug wird da manchmal geredet.

So wurden Tonfilme, die den Dialog nur sparsam verwendeten und wie bisher den Wert auf künstlerische Gestaltung legten, zu Meisterwerken. Sternberg, Buñuel, Kazan, Clément, de Sica, Fellini, Kurosawa, um nur einige zu nennen, haben sie hervorgebracht.

Unvergessen blieben Stummfilme mit Asta Nielsen, Henny Porten, Greta Garbo, Charlie Chaplin, Harold Lloyd, Buster Keaton, Lilian Gish, Douglas Fairbanks, Conrad Veidt und Emil Jannings, Filme wie «Der Golem», «Das Cabinet des Dr. Caligari» oder «Die Nibelungen» und ihre Regisseure: «Das gab's nur einmal.» Dasselbe gilt auch für die Filme der großen russischen Regisseure wie Pudowkin und Eisenstein, dessen «Panzerkreuzer Potemkin» in seiner Urfassung noch ein Stummfilm war.

Bemerkenswert erscheint mir, daß in letzter Zeit viele der besten Stummfilme eine Renaissance erleben und auch auf die Jugend große Anziehungskraft ausüben. Manchmal wird die Wiederaufführung solcher Werke sogar durch ein lebendes Orchester begleitet, wie es zur Zeit ihrer ersten Aufführung in den Kinopalästen der ganzen Welt selbstverständlich war. Guiseppe Becce im UFA-Palast oder Alexander Laszlo im Münchner Phoebus-Palast dirigierten bei jeder Vorstellung Orchester von vierzig Mann und mehr zu den von ihnen für den jeweiligen Film geschaffenen Partituren.

Für diese Musiker bedeutete die Anfangszeit des Tonfilms ein soziales Problem.

«Das blaue Licht»

Wieder war eine große Arbeit beendet. Wieder fragte ich mich, ob sie mich befriedigt hatte. Ich konnte es nicht bejahen. Es war nicht allein die schauspielerische Leistung, auf die es mir ankam, sondern noch etwas anderes kam hinzu. Ich hatte begonnen, mich für das Arbeiten mit der Kamera zu interessieren, für Objektive, für das Filmmaterial und die Filtertechnik.

Auch hatte ich Fanck beim Schneiden seiner Filme zugeschaut. Ich war fasziniert, welche Wirkungen man durch den Bildschnitt erreichen kann. Der Schneideraum wurde für mich zu einer Zauberwerkstatt, und Fanck war, was das Filmschneiden betraf, ein Meister.

Wider Willen wurde ich mehr und mehr auf die Gestaltung von Filmen gelenkt. Ich wehrte mich anfangs dagegen, ich war Schauspielerin, und ich wollte mich nicht verzetteln. Aber ich konnte es nicht ändern, daß ich inzwischen alles mit Filmaugen sah. Jeden Raum, jedes Gesicht setzte ich in Bilder und Bewegung um. Ein immer stärkeres Verlangen beherrschte mich, selber etwas zu schaffen.

Mit meiner Rolle in meinem letzten Bergfilm war ich unzufrieden. Es war überhaupt keine richtige Rolle. Die Arbeiten an diesem Film waren nur äußerst strapaziös und gefährlich gewesen. Von der eisigen Kälte, den Stürmen und Gletschern hatte ich mehr als genug. Ich sehnte mich nach den Bergen – ohne Eis und Schnee, und ich begann zu träumen.

Aus meinen Träumen entstanden Bilder. Nebelhaft erkannte ich die Umrisse eines jungen Mädchens, das in den Bergen lebt, ein Geschöpf der Natur. Ich sah es beim Klettern, sah es im Mondlicht, ich erlebte, wie es verfolgt und mit Steinen beworfen wird, und schließlich träumte ich, wie dieses Mädchen sich von einer Felswand löst und langsam in die Tiefe stürzt.

Diese Bilder ergriffen Besitz von mir, sie verdichteten sich, und eines Tages schrieb ich das alles nieder – ein Exposé von achtzehn Seiten. Ich nannte es «Das blaue Licht». Der Mädchengestalt gab ich den Namen Junta. Woher mir dieser Name zuflog, wußte ich nicht, ich hatte ihn vorher noch nie bewußt gehört.

Das Exposé zeigte ich meinen Freunden. Es gefiel ihnen. Dann übergab ich es einigen Filmproduzenten, denen es nicht gefiel. Sie fanden die Geschichte langweilig. Schließlich gab ich es meinem Regisseur. Gespannt wartete ich auf sein Urteil. Er meinte, die Handlung sei nicht so schlecht, erfordere aber große Geldmittel.

«Wieso große Geldmittel?» fragte ich überrascht, «fast alle Aufnahmen können in der Natur gemacht werden, und außerdem benötigt man doch nur ein paar Darsteller.»

Fanck: «Du stellst dir den Film doch in Form einer Legende oder eines Märchens vor. Um das zu verwirklichen, müßten alle Naturaufnahmen stilisiert sein, wie es Fritz Lang in seinen «Nibelungen» gemacht hat. Er baute den Wald und die anderen Naturmotive für enormes Geld im Atelier, und nur dadurch konnte er eine unrealistisch wirkende Natur schaffen.»

Ich widersprach. «Gerade das möchte ich vermeiden, nichts soll an Atelier und Pappe erinnern. Ich sehe die Motive in der Natur auch stilisiert, aber nicht durch künstliche Bauten, sondern durch die Art der Bildausschnitte, vor allem aber durch den Einsatz der Lichtquellen. Mit Licht kann man mit der Kamera zaubern und, wenn man dann zusätzlich noch mit Farbfiltern arbeitet, durch die man die Tonwerte verändern kann, muß es gelingen, die Natur zu verfremden und so die Stilisierung zu erreichen.»

Fanck, der bei meinen Worten nachsichtig und ironisch lächelte, sagte dann: «Wie willst du denn die Felswände, in denen du in deiner Rolle zu klettern hast, unrealistisch fotografieren? Fels wird immer wie Fels aussehen.»

Ein gewichtiges und überzeugendes Gegenargument, das mich tief bestürzte.

Fanck triumphierend: «Schlag dir dieses Projekt aus dem Kopf, es ist die reine Spinnerei.»

War mein Traum denn wirklich unerfüllbar? Tagelang, nächtelang grübelte ich und dachte darüber nach, wie ich die realistischen Felswände in meine Märchenwelt so einbeziehen konnte, daß sie zu meinen anderen Bildvisionen paßten.

Und tatsächlich fand ich schon nach wenigen Tagen die Lösung – eine sehr einfache. Ich würde die Felswände durch Nebelschwaden verschleiern, so könnten sie nicht mehr realistisch, sondern geheimnisvoll wirken. Dieser Einfall verjagte meine depressive Stimmung blitzartig. In die Idee meines Projekts war ich schlechthin vernarrt, aber ich wollte sie unbedingt nur so ausführen lassen, wie sie mir vorschwebte. Wie war das aber zu bewerkstelligen? Ich hatte mir zwar einiges gespart, doch bei weitem nicht die Summe, die ich benötigte. Auf das teure Atelier konnte ich verzichten. Schon beim Verfassen des Exposés hatte ich fast alle Spielszenen ins Freie verlegt. Die wenigen Szenen in den Innenräumen wollte ich mit Hilfe eines Lichtwagens an den Originalplätzen drehen. Die Gage für die weibliche Hauptrolle würde entfallen, da ich sie an mich selber auszahlen müßte.

Das finanzielle Hauptproblem war das Honorar für den Regisseur. Würde ich einen finden, der mit einer Bezahlung auf Kredit, wenn der Film Gewinn bringen sollte, einverstanden wäre? Daß ich selbst die Regie übernehmen würde, daran hatte ich zu diesem Zeitpunkt überhaupt nicht gedacht. Die wenigen Rollen wollte ich, mit Ausnahme der männlichen Hauptrolle, mit Laien besetzen, was in der damaligen Zeit – es war das Jahr 1931 – noch üblich war. Die ideale Besetzung für die Rolle des «Vigo» war für mich Mathias Wieman. Damals war er im Film noch fast unbekannt, hatte sich aber auf der Bühne schon einen Namen gemacht. Er war kein Schönling, sondern ein junger, herber, romantischer Typ mit einer überzeugenden Ausstrahlung. Aber es war noch zu früh, mit ihm Kontakt aufzunehmen.

Am wichtigsten erschien es mir, einen guten Mitarbeiter für das Drehbuch zu finden. Ich wandte mich an Bela Balazs, der zu den besten Filmautoren der damaligen Zeit zählte, aber auch Opernlibretti geschrieben hatte wie für Bertons «Herzog Blaubarts Burg». Zu meiner freudigen Überraschung war Balazs von dem Stoff so begeistert, daß er sich bereit erklärte, auch ohne Gage das Drehbuch mit mir zu schreiben. Als Kameramann wäre Hans Schneeberger der Beste. Würde ich eine so enge Zusammenarbeit mit ihm ertragen können? Zwei Jahre waren erst vergangen, seitdem wir uns getrennt hatten. Trotz der Erschütterung, die das für mich bedeutet hatte, schienen die Narben verheilt. Bitterkeit war nicht zurückgeblieben.

Schneeberger war bereit, ohne Gage zu arbeiten. Für seinen Assistenten hatte ich Heinz von Javorsky, meinen Sekretär, den «Landstreicher vom Montblanc», vorgesehen, der glücklich war über die Chance, bei einem Meister wie Schneeberger zu lernen, auch wenn er nur 50 RM Monatsgehalt bekommen konnte. Ich hoffte, mit meiner Mannschaft von nur sechs Personen auszukommen, und das für eine

Zeitdauer von zehn Wochen. Alle mußten auf ihre Tagegelder verzichten und ich auf einen Produktionsleiter, einen Regie-Assistenten, eine Sekretärin, eine Garderobiere und den Maskenbildner.

Während ich immer neue Kostenvoranschläge ausarbeitete, mußte ich feststellen, daß mir mindestens 90 000 RM Bargeld fehlten, für Filmmaterial, Arbeiten in der Kopieranstalt, Miete des Lichtwagens, den Bau einer Kristallgrotte und die Synchronisation inklusive der Musikaufnahmen. Sooft ich auch die Zahlen durcheinander schrieb, es änderte sich nichts an dieser Tatsache.

Mußte ich nun endgültig auf meinen Plan verzichten? Noch nicht. Fanck drehte einen neuen Wintersportfilm, den «Weißen Rausch», ein Lustspiel im Schnee, und ich nahm das Angebot der weiblichen Hauptrolle an. Die Gage würde ich für mein «Blaues Licht» verwenden können.

Die Aufnahmen fanden in St. Anton und Zürs am Arlberg statt. So schön es auch war, mit Hannes Schneider, Rudi Matt, den Brüdern Lantschner und anderen Rennläufern Ski zu laufen, ich konnte mich diesem herrlichen Vergnügen nicht so recht hingeben, da alle meine Gedanken nur um mein «Blaues Licht» kreisten. Hinzu kam, daß ich die Rolle, die ich im «Weißen Rausch» zu spielen hatte, reichlich blöd fand. Bei fast jeder Gelegenheit verlangte der Regisseur von mir, ich müßte «au fein!» ausrufen. Es war mir zuwider, und ich brachte es einfach nicht mehr über die Lippen. Tränen waren die Folge und Krach mit Fanck, der das genoß. Er hatte großen Spaß daran, mich wütend zu machen. Selbstverständlich wurde er dabei unterstützt von Sokal, dem Produzenten dieses Films, der ihn für den «AAFA-Filmverleih» herstellte.

Sokal, der sich ganz dem Film zugewendet hatte und mit der «Weißen Hölle vom Piz Palü» ein Vermögen verdiente, hatte sich anders als Fanck inzwischen damit abgefunden, mich nicht zu erobern. Aber geblieben war sein starkes Interesse an der Filmproduktion, für die er sich auch ausgesprochen begabt zeigte. Er war es auch, neben G. W. Pabst, der mir Regiefähigkeiten zutraute. Trotzdem riskierte er es noch nicht, mich bei der Finanzierung meines eigenen Projekts zu unterstützen.

Während ich mich in meiner Rolle als Skianfängerin mit allen möglichen Stürzen abplagen mußte, erfuhr ich ganz unerwartet eine sehr angenehme Überraschung. Bela Balazs besuchte mich in St. Anton, um mit mir an unserem Drehbuch meiner Filmlegende zu arbeiten. Das gab mir einen mächtigen Auftrieb. Wir ergänzten uns in idealer Weise. Während er ein Meister im Aufteilen der Szenen und im Dialog war, konnte ich alles gut ins Optische umsetzen. So entstand in weniger als vier Wochen ein bemerkenswertes Buch.

Kaum konnte ich die Zeit abwarten, bis meine Aufnahmen am Arlberg beendet waren.

Endlich, nach fünf Monaten – es war inzwischen Mai geworden –, war ich wieder in Berlin. Da ich die 20 000 RM, die ich für meine Rolle erhalten hatte, in mein Filmprojekt stecken wollte, brauchte ich jetzt nur noch 70 000 Mark. Um die Gage nicht anrühren zu müssen, lebte ich sparsam wie ein tibetanischer Mönch. Nicht einmal Strümpfe kaufte ich mir mehr und ging nur noch in Hosen.

Trotz des eindrucksvollen Drehbuchs hatte kaum jemand Vertrauen zu dem Stoff. Haupteinwände waren, der Film sei zu still, zu romantisch und biete nicht die harmlosesten Sensationen. Über die wahre Ursache der Ablehnung war ich mir nicht im Zweifel. Außer diesen Einwänden, die sogar verständlich waren, war die Abneigung vor allem darin zu suchen, daß sich niemand in meine Bildvisionen hineinversetzen konnte. Sie würden das Besondere dieses Films ausmachen – in der von mir konzipierten Art war so etwas noch nie versucht worden, vor allem nicht die Darstellung eines solchen Themas in einem Bildstil, wie ich ihn anstrebte. Mein «Blaues Licht» war das Gegenteil der Filme von Dr. Fanck. Ich will dies an einem Beispiel erklären. Alle Themen der Fanckfilme waren realistisch, nicht aber seine Fotografie, die in erster Linie «schön» sein mußte. Immer sollte die Sonne scheinen, und die Aufnahmen, auch wenn es nicht zur Szene paßte, mußten «schön» sein. Das hat mich oft gestört, und ich empfand es als Stilbruch. Da aber auch ich optisch «schöne» Aufnahmen mochte, habe ich mich für eine Handlung entschieden, die vom Thema her, sei es als ein Märchen, eine Legende oder eine Dichtung, optisch hervorragende Aufnahmen verlangte. Erst wenn Thema und Bildgestaltung ein und dasselbe ausdrücken, entsteht eine Stileinheit. Und das war es, worum es mir ging. Wie aber weiterkommen? Ich setzte mich mit der AGFA in Verbindung, wobei ich an eine Filmemulsion dachte, die für bestimmte Farben unempfindlich wird und durch die bei Benutzung besonderer Filter Farbveränderungen und irrationale Bildeffekte zu erreichen waren. Die AGFA zeigte sich kooperativ, machte Versuche, und daraus entstand dann das «R-Material». Später wurde es allgemein verwendet, vor allem, wenn bei Tageslicht die Wirkung von Nachtaufnahmen erzielt werden sollte.

Zum Dank für meine Anregung versprach AGFA mir das Filmmaterial zur Verfügung zu stellen. Nachdem sich auch die Kopieranstalt Geyer bereit erklärte, mir kostenlos einen Schneideraum mit einer Kleberin zu geben, wagte ich das Risiko. Ich verkaufte Schmuck, den meine Eltern mir geschenkt hatten, eine Original-Radierung, die ich von Fanck bekam, einfach fast alles, was ich besaß, verpfändete meine

Wohnung und gründete im Frühsommer 1931 als alleinige Gesell-
schafterin meine erste eigene Filmgesellschaft, die L. R. STUDIO-FILM
GmbH. In wenigen Wochen hatte ich meine Vorbereitungen beendet
und konnte im Juni mit der Motivsuche beginnen. Wegen der geringen Mittel hatte ich mich entschlossen, die Regie selbst zu übernehmen.

Im Tessin, am Ende des Maggiatals, am Fuße eines großen Wasser-
falls, liegt das kleine Dörfchen Foroglio. Im Drehbuch war es als
Schauplatz der Handlung vorgesehen. In den Dolomiten fand ich in
der Brentagruppe den Crozzon, im Film Monte Cristallo genannt, an
dessen Gipfel in der Filmlegende das blaue Licht in den Vollmondnächten schimmert.

Nun fehlten mir noch die Bauern, sie waren am schwierigsten zu
finden. Ich wollte besondere Gesichter haben, herbe und strenge
Typen, wie sie auf den Bildern von Segantini verewigt sind. In den
entlegensten Gebirgstälern besuchte ich viele Dörfer, fühlte mich
immer enttäuschter und war der Verzweiflung nahe. Keiner der Bauern paßte zu meinem Filmstil.

In Bozen traf ich einen befreundeten Maler, ihm erzählte ich meine
Probleme.

«Ich kenne die Bauern, die Sie suchen, die gibt es», sagte er, «aber
es ist hoffnungslos, sie zum Filmen zu bewegen. Schon seit Jahren will
ich den einen oder anderen malen, es sind ungewöhnliche Typen,
aber sie sind äußerst scheu und stur und waren weder für Geld noch
Geschenke bereit, sich malen zu lassen.»

Seine Worte elektrisierten mich. «Wo finde ich sie?»

«Gar nicht weit von hier, in weniger als einer Stunde können Sie
dort sein, Sie finden sie im Sarntal. Um sie zu sehen, müßte man an
einem Sonntag-Vormittag nach Sarentino fahren, dem kleinen
Hauptstädtchen des Sarntals. Dort kommen sie jeden Sonntag von
ihren Hütten herunter zum Gottesdienst.»

Am nächsten Sonntag war ich dort. Das Dörfchen Sarentino, zu
deutsch Sarntheim, liegt nur knapp dreißig Kilometer von Bozen
entfernt. Wie ausgestorben waren die kleinen Gassen. In der Mitte
des Dorfs stand die Kirche, gegenüber ein kleines Gasthaus. Ich ging
hinein, um von dort aus die Bauern, wenn sie aus der Kirche heraus-
kamen, zu beobachten. Meine Spannung war unerträglich, als wenn
es um «alles oder nichts» ginge. Wie werden die Bauern aussehen?
Werde ich mit ihnen ins Gespräch kommen können?

Endlich öffnete sich die Kirchentüre, und die ersten erschienen. Ich
war sprachlos. Tatsächlich sahen sie so aus, wie ich sie mir vorgestellt
hatte. Strenge, schwarzgekleidete Gestalten mit hageren Gesichtern

und unnahbaren, abweisenden Mienen. Die Männer trugen alle große schwarze Filzhüte, was sie noch eindrucksvoller machte.

Ich hörte mein Herz schlagen und versuchte meine Angst zu unterdrücken, diese wunderbaren Typen nicht für meinen Film zu bekommen. Ich nahm meine Leica und ging hinaus. Inzwischen hatten sich verschiedene Gruppen vor der Kirche versammelt, unter ihnen auch ältere Frauen, die ebenfalls schwarz und streng gekleidet waren. Als ich mich der ersten Männergruppe näherte, die ich mit «Grüß Gott» ansprach, wendeten sich alle von mir ab. Dann versuchte ich es bei einer anderen Gruppe – dasselbe Ergebnis. Nachdem ich auch von einer dritten Gruppe nur abweisende Blicke und ihre Rücken zu sehen bekam, gab ich es auf. So schwierig hatte ich es mir nicht vorgestellt. Der Wirt, der mir viel von den Bauern erzählte, was sich nicht sehr ermutigend anhörte, hatte gesagt, diese Menschen hätten noch nie ein Foto von sich gesehen, sie lebten völlig abgeschlossen auf ihren Berghöfen. Darin sah ich eine Möglichkeit. Ich werde sie fotografieren, vielleicht erreiche ich so mein Ziel. Ab und zu gelang es mir, einige unbeobachtete Aufnahmen zu machen. Ich sah Köpfe unter ihnen, wie von Dürer gezeichnet.

Ich mietete mir im Wirtshaus ein Zimmer und blieb ein paar Tage, um die Leute kennenzulernen. Die Mühe lohnte sich. Plötzlich stellte ich fest, daß die Blicke nicht mehr so abweisend waren.

Als am nächsten Sonntag nach dem Kirchenbesuch einige Bauern im Wirtshaus einen Schoppen tranken, pirschte ich mich an sie heran und schob ihnen einige Fotos zu. Erst geschah gar nichts, dann nahm einer eines der Fotos in die Hand, betrachtete es und begann zu lachen. Nun sahen sich alle die Bilder an, und es entstand ein lebhaftes Durcheinanderreden. Ich ließ einige Krüge Rotwein kommen, und der Bann schien gebrochen. Die Fotos und der Wein hatten Wunder gewirkt. Ich saß unter diesen Männern und versuchte, mich mit ihnen zu verständigen. Die meisten waren nie aus dem Sarntal herausgekommen und hatten vom Film keine Ahnung.

Mir wurde himmelangst, wenn ich an die schweren Spielszenen dachte, die im Drehbuch vorgesehen waren, z. B. an eine Verfolgung auf der Dorfgasse, ein ausgelassenes Fest und bestimmte dramatische Szenen. Erschwerend war auch, daß die Bauern erst im September freie Zeit haben würden, bis dahin hatten sie mit dem Heu und der Ernte zu tun. Aber das Eis war gebrochen. Sie versprachen mir, wenn ich im Herbst wiederkäme, sich frei zu machen. Trotzdem war mir bewußt, daß die Sarntaler Bauern für meinen Film ein großes Risiko blieben.

Anfang Juni verließ unsere kleine Mannschaft Berlin. Außer mir waren es noch fünf Personen. Neben Hans Schneeberger, seinem

Assistenten Heinz von Javorsky, war Waldi Traut dabei, damals noch ein junger Student, einige Jahrzehnte später erfolgreicher Filmproduzent bei Ilse Kubaschewskis «Gloria-Film». Ihm vertraute ich meine bescheidene Kasse an; er war mit einem Monatsgehalt von 200 Mark einverstanden. Unser fünftes Mitglied war Karl Buchholz, ein tüchtiger Aufnahmeleiter, er wurde zu unserem Mädchen für alles und war ein echter Schatz, der in den schwierigsten Situationen immer einen Ausweg wußte. Und unser sechstes Mitglied war Walter Riml, der die Standfotos machen sollte. Er hatte das noch nie gemacht, aber einen «Profi» als Fotografen konnte ich mir nicht leisten.

Vor Beginn unserer Aufnahmen gab es noch eine böse Panne. Wir wollten, von Innsbruck kommend, über den Brenner nach Bozen fahren. Die italienischen Zöllner, die in unserem Gepäck fast 20 000 Meter unbelichtetes Filmmaterial und eine professionelle Kameraausrüstung fanden, verlangten Zollgebühren und eine Kaution, die unserer mageren Kasse den Todesstoß versetzt hätte. Dieses Geld hatten wir nicht. Erklärungen, wir würden ja alles aus Italien wieder zurückführen, alles Bitten blieb ohne Erfolg. Wir mußten den Zug ohne uns weiterfahren lassen. Ratlos und verzweifelt hockte ich auf einem Stein. Eine Wahnsinnsvorstellung, jetzt alles aufgeben zu müssen, so kurz vor dem Ziel. Auch meine Kameraden waren verzagt. In meiner Verzweiflung beschloß ich, einen telegrafischen SOS-Ruf an Mussolini loszulassen, in dem ich ihm unsere Lage schilderte und um Erlaß der Zollspesen bat. Nach nur sechs Stunden kam die Antwort. Sie war positiv. Die Zöllner machten große Augen, und wir durften glückselig über die Grenze fahren.

In Bozen feierten wir im Hotel «Zum Mondschein» unseren Sieg. In so fröhlicher Stimmung war ich schon lange nicht. Trinken konnte jeder nach Herzenslust – der Wein war ja hier so herrlich billig.

Bald danach waren wir im Tessin. Um zu unserem Dörfchen am Wasserfall zu gelangen, mußten wir zwei Stunden zu Fuß gehen. Einheimische aus dem Maggiatal schleppten unser Gepäck. In Foroglio waren wir von der Welt fast abgeschlossen. Ohne Post, Telefon und Zeitungen fühlten wir uns unbeschwert und konnten uns ganz auf die Arbeit konzentrieren. Ich glaube, eine kleinere Filmkarawane für einen Spielfilm hat es noch nicht gegeben, aber auch keine sparsamere. Schon die Hotelunterkunft belastete uns nicht – es gab kein Hotel. Und eine Gastwirtschaft auch nicht. Das ganze Dorf hatte neun erwachsene Bewohner, einige Kinder, zwei Kühe, ein Schaf, eine Ziege und etliche Katzen. Die meisten Häuser standen leer. Vor Jahren waren viele Bewohner nach Amerika ausgewandert.

Jeder von uns konnte also ein Haus für sich mit Beschlag belegen.

Eine Pritsche und eine Wasserschüssel war der ganze Luxus, den wir brauchten. Welch ein Gefühl, als es nun an die Arbeit ging und wir die ersten Spielszenen am Wasserfall besprachen! In großer Ruhe, ohne Überstürzung, konnten wir schaffen. Niemand stand hinter uns, um uns zu drängen, keine Firma hatte einen Aufpasser gestellt. Wir waren unsere eigenen Herren. Oft drehten wir nur wenige Minuten am Tag, um am Wasserfall einen bestimmten Lichteffekt zu bekommen.

An jedem Aufnahmetag entwickelten wir ein kurzes Filmstückchen zur Probe, um zu sehen, ob wir die Stimmung richtig getroffen hatten. Abends saßen wir in einem der halb zerfallenen Häuser am Kaminfeuer und besprachen die Szenen. Es war eine echte Gemeinschaftsarbeit. Vier Wochen hatten wir gutes Filmwetter, und so konnten wir fast täglich drehen. Dann schickten wir die ersten 3000 Meter Film zum Entwickeln nach Berlin und warteten gespannt auf das Ergebnis. Nach einigen Tagen erhielt ich ein Telegramm, das ich kaum zu öffnen wagte – zu viel hing von dem Inhalt ab, aber dann riß ich es auf. Mein Blick fiel zuerst auf die Unterschrift, ich las «Arnold». Das konnte nur Fanck sein.

«Gratuliere, die Aufnahmen sind unbeschreiblich – nie gesehene Bilder.» Was für ein Wunder. Diese Worte von Fanck, der mir fast den Mut genommen hätte, diesen Film zu machen. Ich war außer mir. Dann gab es eine noch größere Überraschung. Ein zweites Telegramm von Sokal: «Nach Besichtigung der Aufnahmen bin ich bereit, als Copartner mitzumachen und die Endfinanzierung dieses Films zu übernehmen unter der Bedingung, daß du die Verantwortung für die Herstellungskosten des Films übernimmst. – Harry Sokal.»

Wir umarmten uns vor Freude und tanzten wie wild gewordene Affen vor dem Postamt. Ich war so sehr von dem Gelingen dieses Films überzeugt, daß mir kein Risiko zu groß erschien. Ich telegrafierte an Sokal:

«Einverstanden, schicke mir Vertragsentwurf, Leni.»

Wir arbeiteten mit noch größerem Auftrieb. Wir durften dieses Vertrauen nicht enttäuschen. Auch wurde es für mich immer mehr eine Existenzfrage, da ich die Verantwortung für die Herstellungskosten übernommen hatte, ohne zu wissen, wie hoch die Endkosten sein würden. Die Kosten für die Kristallgrotte, die Synchronisation und die Musikaufnahmen waren noch nicht errechnet. Ohne die Opferbereitschaft meiner Mitarbeiter hätte ich es nicht schaffen können. Wir waren wie eine Familie. Alles wurde aus einer gemeinsamen Kasse bezahlt. Jeder bemühte sich, sowenig wie möglich zu verbrauchen, um die Kasse solange wie nur denkbar am Leben zu erhalten. Hatte einer zerrissene Schuhsohlen oder brauchte er sonst etwas Dringendes, wurde es aus dieser Kasse bezahlt. Anfang August traf Mathias Wieman bei uns ein, zwei Wochen später Bela Balazs, der einige meiner Spielszenen überwachen wollte. Es war ein ideales Zusammenarbeiten. Nie gab es schlechte Laune oder einen Streit.

In der Brenta-Gruppe der Dolomiten drehten wir vor allem die Kletterszenen. Eines Morgens hatten wir dort ein tolles Erlebnis. Wir sahen auf einem schmalen Felsband in großer Höhe ein Rudel von mehr als vierzig Gemsen, angeführt von einer großen schneeweißen Gemse. Es war wie in einem Märchen. Der Hüttenwirt sagte, es sei außerordentlich selten, diese sagenumwobenen Tiere lebend zu sehen. Ausgestopft war eine im Gasthaus in Madonna di Campiglio zu bewundern.

Wir wohnten in einer hoch in den Felsen gelegenen primitiven Almhütte, Brot und Käse waren unsere tägliche Mahlzeit. Selbst hier verzichteten wir nicht auf das Entwickeln der Filmproben, allerdings ging das nicht in der Almhütte vor sich. Zwei unserer Leute mußten täglich nach Sonnenuntergang ins Tal nach Madonna di Campiglio laufen, wo sie die Proben entwickeln konnten. Oft kamen sie erst um Mitternacht zurück. Um fünf Uhr früh am nächsten Morgen konnte ich die Aufnahmen schon sehen. Das war notwendig, weil wir mit verschiedenen Farbfiltern experimentierten.

Um möglichst echte Aufnahmen zu bekommen, wollte ich das Innere der Almhütten, Bauernhäuser und der Dorfkirche an den Originalplätzen aufnehmen. Dazu brauchten wir einen Lichtwagen, den ich aus Wien kommen ließ. Es war nicht sicher, ob der Versuch gelingen würde. Wir besaßen noch keine Erfahrung. Damals entstanden Innenaufnahmen grundsätzlich im Atelier. Doch «Papa John», dem der Lichtwagen gehörte, bewährte sich großartig. Nicht ein einziges Mal versagten die Scheinwerfer. Und das war kein einfaches Problem. Kabel bis zu hundert Meter Länge mußten über die Felswände hinauf zur Burg Runkelstein gezogen werden, wo die ersten Aufnahmen mit den Sarntaler Bauern gedreht werden sollten.

In der Nacht davor schlief ich unruhig. Wir hatten uns in dem Gasthof in Sarntheim einquartiert. Über den Wirt hatte ich etwa vierzig der Bauern, die ich nach meinen Fotos ausgesucht hatte, um sieben Uhr früh auf den Marktplatz bestellt. Aber würden sie auch kommen? Davon hing die Fertigstellung unseres Films ab. Was könnten wir nur tun, wenn sie nicht kämen? Ich wälzte mich in meinem Bett von einer Seite auf die andere. Dieser Film war schon eine aufregende Sache. Zum Unglück fing es auch noch zu regnen an. Ich stand auf und schaute aus dem Fenster: Ein richtiger dicker Landregen. Bei diesem Sauwetter würde mit Sicherheit keiner kommen. Dabei durfte ich keinen Tag mehr verlieren. Mathias Wieman, mein Hauptdarsteller, mußte an sein Theater nach Berlin zurück.

Es dämmerte. Von meinem Fenster konnte ich unmittelbar auf den Marktplatz hinabsehen. Keine Menschenseele war in dem Regen zu entdecken. Es war aber noch nicht sieben, da kamen die ersten, dann kamen mehr. Mit riesigen Regenschirmen bewaffnet, standen sie auf dem Platz. Unter ihnen sah ich einen hinkenden Alten und zwei alte Frauen, die ihren Sonntagsstaat, große glänzende Atlasschürzen, angelegt hatten. Und wieder näherte sich eine Gruppe, es schien eine ganze Familie zu sein. Nun kamen immer mehr. Ich war selig, am liebsten hätte ich sie alle umarmt. Sie waren trotz der Regengüsse gekommen! Ich lief zu ihnen hinunter und schüttelte jedem einzelnen die Hand.

Die Bauern warteten geduldig auf die Dinge, die da kommen sollten. Unterdessen trafen die beiden bestellten Postautos ein, die alle nach Schloß Runkelstein bringen sollten. Zunächst wollten einige, besonders die Alten, nicht einsteigen. Sie waren noch nie in so einem Ungetüm gefahren. Aber nachdem ich allen, die verängstigt waren, gut zugeredet hatte und dabei auch von den jüngeren Bauern unterstützt wurde, verschwand der Widerstand, und schließlich wollte keiner mehr zurückbleiben. Die Wagen waren vollgepfropft: Viel mehr Bauern waren gekommen als bestellt waren.

Nach einer Fahrt von 20 Kilometern erreichten wir das alte Schloß Runkelstein, eine verwilderte Burgruine. Alles war gut vorbereitet, und unter den alten Eichen und schattigen Buchen waren Holztische und Holzbänke für die Bauern aufgestellt. Hier bekamen sie vor allem so viel Wein, wie sie haben wollten. Unglaublich, was Alkohol bewirken kann. Sie verloren schnell ihre Hemmungen und entwickelten sogar großes Interesse an unseren Filmgeräten. Um die Sarnthaler nicht kopfscheu zu machen, begannen wir mit einigen leichten Aufnahmen, und die Bauern waren völlig unbefangen. Es ging so gut mit ihnen, daß wir noch am gleichen Tag zu schwierigeren Szenen übergehen konnten. Mit erstaunlicher Intelligenz begriffen sie besser als mancher Schauspieler, daß es auf Natürlichkeit ankam. Einer von ihnen, der sein Tal noch nie verlassen hatte, sagte, von einigen Schoppen Wein etwas angeheitert: «I wär miar moa Pfeiffn anzünden, dös schaut immer guat aus.»

Am ersten Tag filmten wir bis zum späten Abend. Dann mußten die Bauern wieder in ihr Dorf gebracht werden. Todmüde, aber glücklich fiel ich in dieser Nacht in tiefen Schlaf. Noch eine Woche müßten wir durchhalten, dann war das Schwerste geschafft. Was meine Mitarbeiter in dieser Zeit leisteten, war unglaublich. Bis in die dritte und vierte Nachtstunde hinein schleppten sie täglich Kabel und Scheinwerfer auf die hochliegende Burgruine hinauf.

Der letzte Tag auf Schloß Runkelstein war gekommen. Die Aufnahmen mußten zu Ende gebracht werden, da die Bauern schon am nächsten Tag nicht mehr frei waren. Sehr früh begannen wir mit unserem Pensum. Gut, daß diese Bauern an strenge Arbeit gewohnt waren, aber als es Mitternacht wurde, hatten wir es noch nicht geschafft. Das große Fest war noch nicht inszeniert. Alle waren hundemüde, auch ich konnte mich kaum noch aufrechthalten. Ich setzte mich, das Manuskript in den Händen, auf ein leeres Bierfaß. Mir war zum Heulen elend. Seit einer Woche hatte ich kaum geschlafen und wenig gegessen – ich konnte mich kaum mehr konzentrieren. In allen Ecken lagen schlafende Bauern: Mit ihnen sollte ich nun ein ausgelassenes Volksfest filmen.

Wie Ameisen, die Eier transportierten, schleppten meine Leute die Scheinwerfer heran, Tische, Bänke, Fässer, alles, was wir für die ländliche Festdekoration brauchten. Dann wurden die Musikanten zusammengeholt. Mit einer ohrenbetäubenden Polka weckten sie nun die ganze Gesellschaft. Und wirklich kam durch Wein und frisches Bier noch einmal Stimmung auf. Ich tanzte mit den Bauernburschen, es wurde gelacht und gezecht. Meine Leute drehten unterdessen von jeder Ecke aus. Der lange Hamburger Walter Riml, dem Schneeberger eine Handkamera anvertraut hatte, kletterte in ein leeres Faß, um möglichst unbemerkt Aufnahmen einfangen zu können.

Um zwei Uhr morgens war der Spuk vorüber. Während die Bauern nach Hause gefahren wurden und meine Jungs die Kabel einzogen, saß ich wieder auf meinem Bierfaß und strich mit einem dicken Rotstift eine ganze Manuskriptseite durch.

Am nächsten Morgen konnten wir endlich ausschlafen. Wieman und Balazs waren schon abgereist, und in einer schnell zugenagelten Kiste schickten wir weitere 8000 Meter Film zum Entwickeln nach Berlin. Es fehlten uns nur noch die Aufnahmen mit den Bauern in ihren Stuben, Gassen und in der Kirche.

An diese Zeit denke ich mit Rührung zurück. So unnahbar wie diese Menschen anfangs waren, so hilfsbereit zeigten sie sich jetzt. Sie waren zu allem bereit. Wir durften sie sogar während des Gottesdienstes in der Kirche filmen. Selbst der Geistliche spielte mit. Es war uns gelungen, ihre Herzen zu erobern.

Der Abschied wurde uns nicht leicht gemacht. Schon in aller Frühe brachten uns die Sarntaler ein Ständchen, und ein altes Mütterchen drückte mir selbstgemachte Wachsblumen in die Hand. Blumen, die nie verwelken. Einige Sarntaler wollten sich überhaupt nicht von uns trennen. Sie begleiteten uns nach Bozen.

Es war Herbst geworden, Mitte September. Unser Kreis war wie zu Anfang auf sechs Personen zusammengeschmolzen, und der Lichtwagen war schon wieder in Wien. Für meine Kletterszenen mußten wir noch einmal hinauf in die Brenta. Es war allerhöchste Zeit. In den Bergen lag schon der erste Schnee, und den konnten wir in unserem Sommerfilm ganz und gar nicht gebrauchen. Außerdem mußte ich barfuß klettern, nur mit Lumpen am Körper und ungesichert. Die kaum sichtbaren Stahlseile gab es noch nicht. Zum Glück bescherte uns der Monat noch ein paar warme Tage, so daß wir schließlich alle Aufnahmen bekamen.

Auf den Tag genau, nach zehn Wochen, konnte ich nach Berlin zurückfahren. Das Aufregendste, das mich erwartete, war die Besichtigung des Filmmaterials. Im Vorführraum betrachtete ich mit fast angehaltenem Atem unsere Aufnahmen. Sie waren stärker, als ich es mir vorgestellt hatte.

Mit Harry Sokal regelte ich alles Geschäftliche – unser Vertrag sah vor, daß alle Geld- und Organisationsangelegenheiten von nun an von seiner Firma übernommen würden – für mich eine große Entlastung. Nun konnte ich unbeschwert an die Aufnahmen im Atelier gehen. Wir brauchten nur zwei Arbeitstage in der Dekoration der Kristallgrotte – unser einziger Atelierbau, und er war dem Architekten hervorragend gelungen. Er hatte sich einen Waggon mit großen Glasstücken kommen lassen, wahrscheinlich Reste aus einer Glasfabrik, und daraus echt wirkende Kristalle schleifen lassen. Diese Dekoration kam auf 10000 Mark, ein Drittel der Kosten sämtlicher Außenaufnahmen.

Nun begann für mich eine aufregende Arbeit. Am liebsten hätte ich den Schneideraum nicht verlassen, so sehr war ich von dieser Tätigkeit gefesselt. Da ich aber mit Ausnahme der in Paris gemachten Kürzungen an dem Palü-Film noch nie einen Film geschnitten hatte und mir auch keinen Schnittmeister leisten konnte, fiel es mir schwer. Ich war mit meiner Arbeit unzufrieden. Immer wieder änderte ich den Schnitt, verlängerte oder verkürzte die Szenen, aber es fehlte die Spannung. Da entschloß ich mich, Fanck um Hilfe zu bitten.

Abends brachte ich ihm meine Schnittkopie in die Kaiserallee. Er versprach, mit mir gemeinsam den Schnitt zu verbessern. Was nun aber geschah, war schrecklich. Als ich am nächsten Vormittag wieder zu ihm kam, sagte er mir: «Du kannst dir deinen Film ansehen, ich habe ihn diese Nacht neu geschnitten, fast jede Szene verändert und umgesetzt.»

Entsetzt schaute ich Fanck an.

«Du hast ohne mich meinen Film zerschnitten – bist du wahnsinnig geworden», schrie ich.

«Du wolltest doch, daß ich dir helfe», sagte er.

«Aber nur mit mir gemeinsam», schluchzte ich, dann brach ich weinend zusammen. Mein erster Nervenzusammenbruch.

Nachdem Fanck aus dem Zimmer gegangen war und ich mich langsam wieder beruhigt hatte, suchte ich die Hunderte von Filmresten zusammen, die noch an Fancks Glaswänden hingen, und schmiß sie alle in einen großen Korb, der im Zimmer stand.

Es dauerte Tage, bis ich den Mut fand, mir die von Fanck umgeschnittene Kopie anzusehen. Vielleicht war es nicht so schlimm, wie ich fürchtete. Aber was ich zu sehen bekam, war eine Verstümmelung. Was hatte Fanck mit meinem Film angerichtet! Ich habe nie erfahren, ob dies ein Racheakt war, oder ob er nur keine Beziehung zu dem Thema hatte. Ihm hatte ja schon das Exposé nicht gefallen, er war nur von den Aufnahmen begeistert gewesen.

Seitdem war unser freundschaftliches Verhältnis gestört. Ich stand nicht mehr unter seinem Einfluß. Meine neue selbständige Karriere hatte begonnen.

Um meinen Film zu retten, begann ich noch einmal, ihn neu zu schneiden. Aus den tausend Röllchen, die ich wieder zusammenkleben mußte, entstand allmählich ein richtiger Film, Woche für Woche wurde er sichtbarer, endlich lag meine noch vor einem Jahr geträumte Legende vom «Blauen Licht» fertig vor mir.

Am 24. März 1932 fand im Berliner UFA-Palast die Uraufführung statt. Sie wurde ein ungeahnter Erfolg, ein Triumph, den ich mir nie erträumt hatte – eine Sensation. Die Berliner Kritiker überschlugen sich vor Begeisterung. «Das blaue Licht» wurde als der beste Film der letzten Jahre gefeiert. Er verdiene den höchsten Preis, den die Filmindustrie zu vergeben hat, schrieb die Presse. Im «Film-Kurier» stand: «Das Publikum war wie entrückt, es hatte, ehe der Saal sich wieder erhellte, in einer anderen Welt gelebt. Eine mutige, in ihrem Werk, ihrer Besessenheit gläubige Frau hat den abgeblaßten Kinohimmel einstürzen lassen.»

Wie wirkte sich dieser unerwartete, beispiellose Erfolg auf mich aus? Ich kam kaum zum Überlegen, er überrollte mich einfach. Täglich brachte mir der Briefträger begeisterte Post, darunter sogar telegrafische Glückwünsche von Charlie Chaplin und Douglas Fairbanks, die in Hollywood bereits eine Kopie gesehen hatten.

Die Pariser und Londoner Premieren standen bevor – die Biennale in Venedig, die in diesem Jahr zum ersten Mal stattfinden sollte, und die wenige Monate später «Das blaue Licht» als zweitbesten Film mit der

Silbermedaille auszeichnete. Wie war dieser Erfolg erklärbar? Die Handlung, eine romantische Legende ohne alle Sensationen, war von der ganzen Filmindustrie belächelt und von allen abgelehnt worden.

Wie in einer Vorahnung habe ich im «Blauen Licht» mein späteres Schicksal erzählt: Junta, das seltsame Mädchen in den Bergen, das in einer Traumwelt lebt, verfolgt und ausgestoßen wird, geht zugrunde, weil ihre Ideale – im Film sind es symbolisch die schimmernden Bergkristalle – zerstört werden. Auch ich hatte bis zum Frühsommer 1932 in einer Traumwelt gelebt, die harte Wirklichkeit der Zeit ignoriert und Ereignisse wie den Ersten Weltkrieg mit seinen dramatischen Folgeerscheinungen nicht wahrgenommen.

«Aber», sagten später meine Freunde, «du mußt dich doch um Gottes willen an den Tag erinnern, als der Krieg aus war, als in Berlin alles drunter und drüber ging und die Straßen voller Menschen, Soldaten und roten Fahnen waren.»

Die Wahrheit ist: Ich war sechzehn, ging in der Nähe der Kaiser-Wilhelm-Gedächtniskirche zur Schule und sah und hörte wenig vom letzten Tag des Krieges. Ich wußte nicht einmal, warum in den Straßen geschossen wurde. Erst, als ich nach der Premiere des «Blauen Lichts» mit meinem Film von Stadt zu Stadt kreuz und quer durch Deutschland reiste, kam ich mit der Bevölkerung in Berührung. Hier hörte ich zum ersten Mal den Namen Adolf Hitler. Als man mich fragte, was ich von diesem Mann erwarte, konnte ich nur verlegen antworten: «Keine Ahnung». Immer öfter stellte man mir diese Frage. Ich fing an, mich für diesen Mann zu interessieren. Wohin ich auch kam, überall wurde leidenschaftlich über Hitler diskutiert. Viele von ihnen sahen offenbar in ihm den Retter Deutschlands, andere wieder spotteten über ihn. Ich konnte mir kein Urteil bilden. Politisch war ich so unwissend, daß ich mir nicht einmal unter Begriffen wie «rechts» oder «links» etwas vorstellen konnte.

Zwar wußte ich, daß wir über sechs Millionen Arbeitslose hatten, und meine Eltern waren der Meinung, die Not und die Verzweiflung würden immer bedrohlicher und die Hoffnung auf eine Besserung der Verhältnisse ständig geringer. Mein Vater hatte zwei Drittel seiner Arbeiter entlassen und konnte nur mit großer Mühe seine vorher sehr gutgehende Firma über Wasser halten. Unser Haus am Zeuthener See wurde verkauft, und er hatte nun mit meiner Mutter eine kleine Wohnung in der Nähe des Schöneberger Rathauses genommen. Die soziale Fürsorge brach zusammen, konnte dem Elend nicht steuern. Schon grassierte unter den armen Bevölkerungsschichten eine Hungersnot. Wo ich auch hinkam, wurde von Adolf Hitler gesprochen, von ihm erwarteten viele ein Ende dieser Not. Die Fotos und Zeitungs-

lithos, die ich von ihm sah, gefielen mir nicht. Ich konnte mir kaum
vorstellen, daß dieser Mann die in ihn gesetzten Hoffnungen erfüllen
könnte.

Gern hätte ich mir selbst ein Bild von ihm gemacht.

Schicksalhafte Begegnung

Ich kam von meiner Film-Tournee nach Berlin zurück. Überall klebten
Plakate mit der Ankündigung, daß Adolf Hitler im Berliner Sportpalast eine Rede halten werde. Spontan entschloß ich mich hinzugehen –
ich glaube, es war Ende Februar 1932 –, noch nie hatte ich eine
politische Versammlung besucht.

Der Sportpalast war überfüllt. Es war schwer, noch einen Platz zu
finden. Schließlich saß ich eingeengt zwischen aufgeregten und lauten
Menschen. Schon bereute ich es, hergekommen zu sein. Aber es war
kaum möglich, den Raum zu verlassen, Menschenmassen versperrten
die Eingänge.

Endlich, mit großer Verspätung, erschien Hitler, nachdem eine
Blaskapelle Marsch um Marsch gespielt hatte. Die Leute sprangen von
ihren Sitzen auf, schrien wie von Sinnen: «Heil, Heil, Heil!» – minutenlang. Ich saß zu weit entfernt, um Hitlers Gesicht sehen zu können.
Nachdem die Rufe verhallten, sprach Hitler: «Volksgenossen, Volks-
genossinnen.» – Merkwürdigerweise hatte ich im gleichen Augenblick
eine beinahe apokalyptische Vision, die ich nie mehr vergessen konnte.
Mir war, als ob sich die Erdoberfläche vor mir ausbreitete – wie eine
Halbkugel, die sich plötzlich in der Mitte spaltet und aus der ein
ungeheurer Wasserstrahl herausgeschleudert wurde, so gewaltig, daß
er den Himmel berührte und die Erde erschütterte.

Ich war wie gelähmt. Obgleich ich vieles in der Rede nicht verstand,
wirkte sie auf mich faszinierend. Ein Trommelfeuer prasselte auf die
Zuhörer nieder, und ich spürte, sie waren diesem Mann verfallen.

Zwei Stunden danach stand ich fröstelnd auf der Potsdamer Straße.
Ich war nicht in der Lage, ein Taxi anzuhalten, so stark wirkte das
Erlebnis dieser Versammlung in mir nach. Kein Zweifel, ich war
infiziert. Unerwartete neue Gedanken schossen mir durch den Kopf.
Würde dieser Mann in Deutschlands Geschichte eine Rolle spielen und
würde dies zum Guten oder zum Bösen führen? Während ich langsam
Richtung Hindenburgstraße heimging, konnte ich von solchen Gedan-
ken nicht loskommen.

Am nächsten Tag traf ich mich mit einem Freund, mit dem ich über

Hitler sprechen wollte. Es war Manfred George, Redakteur der Berliner Abendzeitung «Tempo» im Ullstein Verlag – zehn Jahre später im Zweiten Weltkrieg in New York der Herausgeber und Chefredakteur der deutsch-jüdischen Zeitung «Der Aufbau». Bis zu diesem Zeitpunkt hatte ich keine Ahnung, was es hieß, ein Jude zu sein. In meiner Familie und meinem Bekanntenkreis wurde darüber nie gesprochen. Ohne die Freundschaft mit Manfred George wäre ich vielleicht tiefer in die nationalsozialistischen Ideen verstrickt worden. Er war ein glühender Zionist, trotzdem sah auch er damals noch nicht die drohenden Gefahren in ihrem ganzen Ausmaß voraus. Sein Urteil damals über Hitler: Genial, aber gefährlich.

Viele werden nicht verstehen, wieso ich, trotz meiner Freundschaft mit George, jahrelang Hitler vertrauen konnte. Ich will hier versuchen, diese schwierige Frage ehrlich und schonungslos zu beantworten. George hatte in unseren Gesprächen durchaus Verständnis, daß ich von Hitlers Persönlichkeit beeindruckt war. Ich machte allerdings einen entscheidenden Unterschied zwischen Hitlers politischen Vorstellungen und seiner Person. Das waren für mich zwei ganz verschiedene Dinge. Seine rassistischen Ideen lehnte ich ohne Einschränkung ab, deshalb hätte ich auch nie in die NSDAP eintreten können, seine sozialistischen Pläne begrüßte ich. Die Vorstellung, daß es Hitler gelingen könnte, die ungeheure Arbeitslosigkeit, die schon über sechs Millionen unglücklich und verzweifelt machte, abzubauen, war für mich das Entscheidende. Die Rassenlehre, so glaubten damals viele, sei nur eine Theorie und nichts als Wahlpropaganda. Trotz der Verwirrung, in die mich das Auftreten Hitlers im Sportpalast gestürzt hatte, traten die Eindrücke dieses Abends bald wieder in den Hintergrund. Zu dieser Zeit – im Frühjahr 1932 – haben mich meine zukünftigen Filmpläne mehr als die Politik beschäftigt. Da erhielt ich aus Hollywood ein Telegramm, in dem mir die Universal-Film ein interessantes Angebot machte. Ich sollte in dem neuen Fanckfilm die weibliche Hauptrolle nicht nur in der deutschen, sondern auch in der amerikanischen Version übernehmen. Es ging um eine deutsch-amerikanische Co-Produktion. Die Aufnahmen sollten in der Arktis gemacht werden.

Mit widerstreitenden Gefühlen las ich das Telegramm und ebenso die folgenden Depeschen, die immer dringlicher meine Antwort erwarteten. Ich konnte mich aber zu einer Zusage nicht entscheiden. Kein Zweifel, Grönland würde ein Erlebnis sein, aber der Erfolg des «Blauen Lichts» bot mir die Chance, selbständig weitere Filme zu machen. Und darauf sollte ich nun verzichten? So reizvoll das Angebot war, ich lehnte es ab.

Dr. Fanck kam meine Absage gelegen. Seit dem Siegeszug meines

Films kam es zu einer weiteren Entfremdung zwischen uns. Er hat meinen Erfolg nie überwunden.

Aber die «Universal» wollte mich um jeden Preis haben und bot mir nun eine abenteuerliche Gage an. Es war nicht in erster Linie das Geld, daß ich mich schließlich für das Angebot entschied, mehr noch reizte mich die nie wiederkehrende Gelegenheit, Grönland kennenzulernen. Gewiß spielte auch die Chance, durch die amerikanische Version in den USA bekannt zu werden, eine Rolle. Der letzte Anstoß aber war emotional. Die Aussicht, noch einmal und vielleicht zum letzten Mal gemeinsam mit meinen früheren Mitarbeitern eine solche Expedition zu erleben, war ausschlaggebend.

Ich sollte eine Fliegerin darstellen, deren Mann, ein Wissenschaftler, im Grönland-Eis verschollen war. Die vorgesehenen Aufnahmen waren außerordentlich schwierig. Knud Rasmussen, der ungekrönte König der Eskimos, halb Däne, halb Eskimo, konnte für diesen Film gewonnen werden. Seine Kenntnisse über sein Heimatland Grönland und seine Beziehungen zu den Eskimos waren für das Gelingen dieses Films von unschätzbarem Wert. Paul Kohner, dem Produktionsleiter, gelang es auch noch, zwei Mitglieder der Wegener-Expedition zu verpflichten, die Wissenschaftler Dr. Loewe und Dr. Sorge.

Während die Vorbereitungen zu diesem Film auf vollen Touren liefen, verfolgte mich eine fixe Idee. Nach der Rede Hitlers im Sportpalast hatte ich den Wunsch, ihn persönlich kennenzulernen. Ich wollte mir eine eigene Meinung über ihn bilden. War er ein Scharlatan oder tatsächlich ein Genie? Ich wollte einfach mehr über ihn wissen. Je näher der Termin unseres Aufbruchs nach Grönland kam, desto stärker wurde mein Wunsch, diesem so umstrittenen Mann noch vor meiner Abreise zu begegnen.

Obgleich es so gut wie aussichtslos erschien, rechtzeitig eine Antwort zu erhalten, schrieb ich an Hitler einen Brief. Ich weiß noch jedes Wort, denn ich habe diesen Brief später oft zitieren müssen. Am 18. Mai 1932 warf ich meinen Brief in den Kasten:

Sehr geehrter Herr Hitler,
vor kurzer Zeit habe ich zum ersten Mal in meinem Leben eine politische Versammlung besucht. Sie hielten eine Rede im Sportpalast. Ich muß gestehen, daß Sie und der Enthusiasmus der Zuhörer mich beeindruckt haben. Mein Wunsch wäre, Sie persönlich kennenzulernen. Leider muß ich in den nächsten Tagen Deutschland für einige Monate verlassen, um in Grönland zu filmen. Deshalb wird ein Zusammentreffen mit Ihnen vor meiner Abreise wohl kaum noch

*möglich sein. Auch weiß ich nicht, ob dieser Brief jemals in Ihre Hände
gelangen wird. Eine Antwort von Ihnen würde mich sehr freuen. Es
grüßt Sie vielmals Ihre   Leni Riefenstahl*

Die Adresse fand ich im «Völkischen Beobachter», auch las ich darin,
daß es in München ein «Braunes Haus» gibt. Ich sandte den Brief
dorthin. In der Zeitung stand allerdings, daß Hitler sich nicht in
München aufhielte, sondern in Norddeutschland, wo er auf einer
Wahlreise in Oldenburg unterwegs war. Also konnte ich mit einer
Antwort vor meiner Abreise nicht rechnen.

Fast erleichtert traf ich die letzten Vorbereitungen für die lange
Reise, die fünf Monate dauern sollte. Ich besorgte mir für meine Rolle
ein Fliegerkostüm und Kleidung aus Pelz. In meiner Vorstellung
bestand Grönland aus Eis und noch mal Eis. Daß sie falsch war, erlebte
ich erst später. Ich nahm an, ich würde in den kalten Regionen
Grönlands viel freie Zeit haben, und nahm für alle Fälle zwei Kisten
mit Büchern mit.

In diesen Tagen vor unserer Abreise erhielt ich überraschend einen
ungewöhnlichen Besuch: Es war ein hoher katholischer Priester, der
später Kardinal in Köln wurde, Monsignore Frings; er hatte mir schon
brieflich mitgeteilt, er sei von Rom aus gebeten worden, mit mir ein
Gespräch zu führen. Nun erfuhr ich den Grund: Monsignore Frings
fragte mich, ob ich bereit wäre, für die katholische Kirche Filme
herzustellen. Von diesem Angebot war ich außerordentlich überrascht, besonders, weil ich Protestantin bin. In dem Gespräch mit dem
geistlichen Herrn erfuhr ich, daß «Das blaue Licht» im Vatikan
starken Eindruck hinterlassen hatte. Vor allem war es das Mystische in
diesem Film, was die Kirchenmänner so ansprach.

Keine einfache Lage. Ich wollte den Priester, den ich sehr sympathisch fand, nicht enttäuschen, aber mir widerstrebte der Gedanke,
Auftragsfilme über ein vorgeschriebenes Thema zu machen. Ich
dankte für die Ehre und das Vertrauen und bat, bis nach meiner
Rückkehr aus Grönland, um Bedenkzeit. Etwas betroffen und irritiert
verabschiedete ich mich.

Im Haus von Dr. Fanck gab die Universal-Film für die Presse und
alle Expeditionsmitglieder einen Abschiedsempfang. Erst jetzt erfuhren wir Näheres über unsere Expedition. Udet sollte drei Kunstflug-
zeuge mitnehmen, die kleine Klemm, seine berühmte «Motte» und ein
Wasserflugzeug. Ein englisches Schiff würde uns in die Arktis bringen
und wieder abholen. Zwei Motorboote, 40 Zelte, 400 Zentner Gepäck gehörten zu unserer Ausrüstung – dazu zwei Eisbären aus dem
Hamburger Zoo.

«Auf freilebende Eisbären», sagte Fanck, «können wir in Grönland nicht warten.» Wie recht er hatte, erlebte ich später.

Einen Tag vor unserer Abreise ging das Telefon.

«Hier spricht Brückner, Adjutant des Führers» – ich hielt den Atem an –, «der Führer hat Ihren Brief gelesen, und ich soll fragen, ob es Ihnen möglich ist, morgen für einen Tag nach Wilhelmshaven zu kommen, wir würden Sie vom Bahnhof abholen und mit dem Auto nach Horumersiel fahren, wo sich der Führer zur Zeit aufhält.» Es entstand eine Pause, dann hörte ich: «Sie könnten in der Früh in Berlin abfahren und würden um vier Uhr nachmittags in Wilhelmshaven eintreffen.»

Ich glaubte, jemand habe sich einen Scherz mit mir erlaubt, und rief ins Telefon: «Wer ist am Apparat, sind Sie noch da?»

«Wilhelm Brückner», hörte ich, «was kann ich dem Führer sagen?»

«Ich weiß nicht, wer Sie sind. Sie wollen Adjutant von Hitler sein?» fragte ich noch immer zweifelnd.

Lachend sagte er: «Ich bin's, natürlich bin ich es, Sie können es mir glauben.»

Meine Zweifel begannen zu schwinden. Da fiel mir plötzlich ein, daß ich morgen um dieselbe Zeit am Lehrter Bahnhof sein mußte, zur gemeinsamen Reise nach Hamburg. Die Universal hatte einen Sonderwagen gemietet und die Berliner Presse eingeladen. Der Regisseur und die Hauptdarsteller sollten im Zug vor der endgültigen Abfahrt des Schiffes Interviews geben, wobei besonders Wert auf meine Anwesenheit gelegt wurde. Das schoß mir alles blitzschnell durch den Kopf. Es war mir klar, daß ich auf keinen Fall unsere Mannschaft im Stich lassen könnte, aber ich hörte mich sagen: «Ja – ich komme.»

«Danke – ich werde es dem Führer ausrichten.»

Dann legte ich wie versteinert den Hörer auf.

Was war nur mit mir geschehen? Wie konnte ich das tun? Setzte ich nicht sogar meine Laufbahn aufs Spiel? Ich war zutiefst beunruhigt, aber meine Neugier und das Abenteuerliche einer Begegnung mit Hitler waren stärker.

Mit ein paar Zeilen teilte ich Fanck mit, ich könnte wegen einer unvorhergesehenen Sache nicht zum Lehrter Bahnhof kommen, würde aber mit Sicherheit vor Auslaufen des Schiffes in Hamburg eintreffen. «Bitte, macht Euch keine Sorgen, ich komme bestimmt.» Ich wußte, daß das Schiff erst in zwei Tagen den Hamburger Hafen verlassen würde.

Während am nächsten Morgen die Herren der Universal-Film, die Expeditionsteilnehmer und die Journalisten am Lehrter Bahnhof vergebens auf mich warteten und ohne mich abreisen mußten, fuhr ich von einem anderen Bahnhof nach Wilhelmshaven.

Ich war so durcheinander, daß ich während der Fahrt weder Zeitungen noch ein Buch lesen konnte. Warum hatte ich mich auf so etwas eingelassen? Ich wußte es nicht. Ich handelte wie unter einem inneren Zwang. Je mehr sich der Zug Wilhelmshaven näherte, desto unruhiger wurde ich. Auf keinen Fall, das schwor ich mir, wollte ich mich von Hitler beeinflussen lassen, auch dann nicht, wenn er einen günstigen Eindruck auf mich machen sollte. Wo viel Sonne ist, dachte ich, ist auch viel Schatten, und mir fielen die Worte Manfred Georges ein: «Der Mann ist ein Genie – aber gefährlich.»

Pünktlich um vier Uhr nachmittags stieg ich in Wilhelmshaven aus und schaute mich auf dem Bahnsteig um. Ein großgewachsener Mann kam auf mich zu und stellte sich als Brückner, Adjutant des Führers, vor. Er war in Zivil, da, wie ich später erfuhr, die SA Uniformverbot hatte. Er führte mich zu einem schwarzen Mercedes, in dem einige Männer saßen, ebenfalls in Zivil. Den Wagen fuhr ein Herr Schreck. Die beiden anderen Männer wurden mir als Sepp Dietrich und Dr. Otto Dietrich vorgestellt.

Während der Fahrt, die eine knappe Stunde dauerte, fragte ich Herrn Brückner, wieso ich so schnell eine Antwort erhalten konnte.

Brückner: «Es war tatsächlich ein großer Zufall. Wenige Stunden, bevor ich die Post aus München erhielt, bin ich mit dem Führer am Strand spazierengegangen: Wir sprachen auch über Filme. Da sagte er: ‹Das Schönste, was ich jemals im Film gesehen habe, war der Tanz der Riefenstahl am Meer im ‚Heiligen Berg‘.› Als ich dann im Hotel die Post sortierte und Ihren Namen als Absender sah, habe ich den Brief herausgenommen und ihn dem Führer gebracht. Nachdem er ihn gelesen hatte, sagte er: ‹Versuchen Sie, Fräulein Riefenstahl noch zu erreichen, ich möchte sie gern kennenlernen.› So war es und nicht anders.» Ich fragte mich, war dies Zufall oder Schicksal?

In der Nähe des Strandes hielt der Wagen. Hitler kam auf mich zu und begrüßte mich. Aus der Gruppe einiger im Hintergrund stehender Leute sprang ein Mann hervor, der offensichtlich die Begrüßung fotografieren wollte. Doch Hitler winkte ab: «Lassen Sie das, Hoffmann, das könnte Fräulein Riefenstahl schaden.» Ich begriff das nicht. Warum sollte mir das schaden?

Auch Hitler war in Zivil. Er trug einen dunkelblauen Anzug mit weißem Hemd und eine unauffällige Krawatte. Sein Kopf war unbedeckt. Er wirkte natürlich und ungehemmt, wie ein ganz normaler Mensch, auf keinen Fall wie ein kommender Diktator, eher bescheiden. Das hatte ich nicht erwartet. Dieser Hitler hatte mit dem, den ich im Sportpalast erlebt hatte, anscheinend nichts gemeinsam.

Wir gingen am Strand spazieren. Das Meer war ruhig, und für diese

Jahreszeit war die Luft schon warm. In kurzem Abstand folgten Brückner und Schaub. Hitler hatte ein Fernglas dabei und beobachtete Schiffe, die am Horizont zu sehen waren. Dabei erzählte er, was das für Schiffe seien, und ich hatte den Eindruck, daß er sich mit Schiffstypen anscheinend gut auskannte.

Bald kam er auf meine Filmtätigkeit zu sprechen. Begeistert äußerte er sich über meinen «Tanz an das Meer» und sagte, daß er alle Filme, in denen ich spielte, gesehen habe. «Den stärksten Eindruck», sagte er, «hat auf mich Ihr Film ‹Das blaue Licht› gemacht, vor allem auch deshalb, weil es ungewöhnlich ist, daß sich eine junge Frau gegen die Widerstände und den Geschmack der Filmindustrie durchzusetzen vermochte.»

Nun war das Eis gebrochen. Hitler stellte viele Fragen, wobei ich wahrnahm, daß er über die gerade laufenden Filme gut informiert war. Ich kam ins Erzählen, und er hörte lange und geduldig zu.

Plötzlich sagte er unvermittelt: «Wenn wir einmal an die Macht kommen, dann müssen Sie meine Filme machen.»

«Das kann ich nicht», sagte ich impulsiv. Hitler schaute mich, ohne eine Reaktion zu zeigen, ruhig an.

«Ich kann es wirklich nicht», sagte ich nun fast entschuldigend, «erst vor zwei Tagen habe ich ein sehr ehrenvolles Angebot der katholischen Kirche abgelehnt. Auftragsfilme werde ich nie machen können, dazu habe ich kein Talent – ich muß eine sehr persönliche Beziehung zu meinem Thema haben, sonst kann ich nicht kreativ sein.» Immer noch schwieg Hitler. Ermuntert fuhr ich nach einer Pause fort: «Bitte, verstehen Sie meinen Besuch nicht falsch, ich bin überhaupt nicht an Politik interessiert. Ich könnte auch niemals ein Mitglied Ihrer Partei werden.»

Jetzt schaute Hitler mich überrascht an: «Ich würde niemanden zwingen», sagte er, «in meine Partei einzutreten. Wenn Sie älter und reifer werden, können Sie vielleicht meine Ideen verstehen.»

Zögernd sagte ich: «Sie haben doch Rassen-Vorurteile. Wenn ich als Inderin oder Jüdin geboren wäre, würden Sie überhaupt nicht mit mir sprechen. Wie sollte ich für jemand arbeiten, der solche Unterschiede zwischen den Menschen macht.»

Hitler erwiderte: «Ich wünschte, meine Umgebung würde genauso unbefangen antworten wie Sie.»

Das war das Gespräch, das zwischen uns stattfand.

Inzwischen waren Brückner und Schaub schon einige Male zu uns gekommen und mahnten Hitler, er müsse zu seiner Wahlversammlung aufbrechen. Auch meine Absicht war es, mich zu verabschieden, da ich noch in der Nacht nach Hamburg wollte. Hitler aber sagte: «Bitte bleiben Sie doch noch hier. Es ist so selten, daß ich mit einer echten Künstlerin sprechen kann.»

«Es tut mir leid, aber ich muß rechtzeitig morgen auf unserem Schiff sein.»

«Machen Sie sich keine Sorgen», unterbrach er mich, «Sie werden morgen früh dort sein. Ich werde ein Flugzeug für Sie organisieren.» Dann gab er Schaub den Auftrag, für mich ein Zimmer zu besorgen. Bevor ich noch widersprechen konnte, kamen die Autos, alles drängte in die Wagen. Die Zeit für den Weg zur Wahlversammlung war längst überschritten. Ich blieb betroffen mit Schaub zurück.

In dem kleinen Fischerort Horumersiel gab es einen Gasthof. Dort wohnte Hitler mit seinen Leuten. Unten war die Wirtsstube, im oberen Stockwerk lagen die Zimmer. Da Schaub kein freies Zimmer für mich fand, räumte er mir seines ein und suchte sich irgendwo anders eine Unterkunft.

Noch vor Dunkelheit kam Hitler mit seinem Gefolge zurück, die Wagen mit Blumen überladen. Beim Abendessen herrschte beste Stimmung, auch bei Hitler. Er sagte, noch nie sei es vorgekommen, daß sich bei solchen Veranstaltungen eine Frau unter ihnen befand, und daß es angenehm sei, nicht immer nur von Männern umgeben zu sein.

Nach dem Essen gingen wir alle hinaus, die meisten spazierten Richtung Meer. Hitler wartete eine Weile, dann bat er mich, ihn zu begleiten. Wieder folgten in einiger Entfernung die beiden Adjutanten. Mir war irgendwie sonderbar zumute, aber ich wollte nicht unhöflich sein und den Spaziergang ablehnen. Hitler war ganz entspannt und sprach von seinem privaten Leben und von Dingen, die ihn besonders interessierten. Das waren vor allem Architektur und Musik – er sprach über Wagner, über König Ludwig und über Bayreuth. Nachdem er darüber eine Zeitlang geredet hatte, veränderte sich plötzlich sein Ausdruck und seine Stimme. Leidenschaftlich sagte er: «Aber mehr als das alles erfüllt mich meine politische Aufgabe. Ich fühle in mir die Berufung, Deutschland zu retten – ich kann und darf mich dem nicht entziehen.»

Das ist der andere Hitler, dachte ich, der, den ich im Sportpalast erlebt hatte. Es war dunkel, und ich konnte auch die Männer hinter uns nicht mehr sehen. Wir gingen stumm nebeneinander. Nach einer längeren Pause blieb er stehen, sah mich lange an, legte langsam seine Arme um mich und zog mich an sich. Ich war bestürzt, denn diese Wendung der Dinge hatte ich mir nicht gewünscht. Er schaute mich erregt an. Als er merkte, wie abwehrend ich war, ließ er mich sofort los. Er wandte sich etwas von mir ab, dann sah ich, wie er die Hände hob und beschwörend sagte: «Ich darf keine Frau lieben, bis ich nicht mein Werk vollendet habe.»

Ich war zutiefst betroffen. Dann gingen wir, ohne noch irgendwelche Worte zu wechseln, zum Gasthof zurück. Dort wünschte er mir etwas distanziert «Gute Nacht».

Ich fühlte, daß ich ihn verletzt hatte, und bereute zu spät, daß ich gekommen war.

Am nächsten Morgen frühstückten wir alle zusammen im Gastzimmer. Hitler erkundigte sich, wie ich geschlafen hätte, war aber gegen gestern schweigsam. Er wirkte abwesend. Dann fragte er Brückner, ob das Flugzeug bereit sei. Brückner bestätigte es, und Hitler begleitete mich die Stufen hinunter. Dort verabschiedete er sich mit einem Handkuß und den Worten: «Kommen Sie gesund zurück und erzählen Sie mir von Ihren Grönlanderlebnissen.»

«Ich melde mich nach meiner Rückkehr», sagte ich, «seien Sie vorsichtig vor einem Attentat.»

Seine Stimme war schneidend, als er antwortete: «Nie wird mich die Kugel eines Schuftes treffen.»

Wir fuhren ab. Als ich mich, ehe der Wagen in die Kurve bog, noch einmal umwandte, stand Hitler immer noch an derselben Stelle und schaute uns nach.

«SOS Eisberg»

Am Vormittag des 24. Mai befand ich mich schon an Deck unseres englischen Schiffes. Es hieß «Borodino». Mit großer Erleichterung wurde ich von unseren Expeditionsmitgliedern begrüßt. Alle wollten wissen, warum ich nicht mit ihnen gefahren war und was geschehen sei. Vorläufig verriet ich mein Geheimnis noch nicht. Dr. Fanck war ernstlich böse auf mich, was sich aber bald legte, da er mit Arbeit und Problemen überlastet war. Außerdem bedeutete mein verspätetes Eintreffen ohnedies keinen Schaden, da die «Borodino» einen Tag später als geplant auslief. Nur Paul Kohner, unser netter Produktionsleiter, später in Hollywood erfolgreicher Agent großer Stars, hat mir meine damalige Sympathie für Hitler nie verziehen.

Als am nächsten Morgen das Schiff aus Hamburg auslief, bewegte uns alle wohl die gleiche Frage: Wie wird es in Deutschland aussehen, wenn wir wieder zurück sind?

Die «Borodino» gehörte uns Filmleuten ganz allein. Außer uns war nur die Schiffsmannschaft an Bord. Vom Kapitän erfuhr ich, es sei etwas Außergewöhnliches, daß die dänische Regierung uns die Erlaub-

Als Fliegerin Hella in «SOS Eisberg», 1932

Meine Mutter Bertha Riefenstahl, geb. Scherlach,   und mein Vater Alfred Riefenstahl, 1902, dem Jahr meiner Geburt

Als Kind von vier Jahren begann ich meine ersten Gedichte aufzuschreiben.

Mit meinem Bruder Heinz, sechs Jahre alt – dreieinhalb Jahre
jünger als ich

«Traumblüte»
nannte ich diesen Tanz. Max Reinhardt hatte mich für mehrere Tanzabende
an sein «Deutsches Theater» verpflichtet. Am 20. Dezember 1923 tanzte
ich auf dieser weltberühmten Bühne zum ersten Mal.

«Studie nach einer Gavotte»
Eine Verletzung am Knie zwang mich, nach mehr als siebzig Tanzabenden
im In- und Ausland meine erfolgreiche Karriere als Tänzerin aufzugeben.

«Der heilige Berg», 1925/26
Eine Traumvision aus Eis, die der Regisseur Dr. Fanck in der Natur
aus dem gefrorenen See in Lenzerheide bauen ließ.

Als Tänzerin Diotima in «Der heilige Berg»

«Die weiße Hölle vom Piz Palü», 1929
Nachtaufnahmen. Bei mehr als minus 30 Grad arbeiteten wir wochenlang
für diesen Film. Dabei zogen wir uns schwere Erfrierungen zu.
Mein Partner auf diesem Bild ist Ernst Petersen.
Dieser Film der Regisseure Dr. Arnold Fanck und G. W. Pabst
wurde ein Welterfolg.

In Bergnot geraten! Gustav Diessl, der Hauptdarsteller des «Piz Palü»-Films, und ich versuchen verzweifelt ein Rettungsflugzeug auf uns aufmerksam zu machen, das uns in den Eiswänden dieses Bergmassivs sucht.

nis gab, nach Grönland zu reisen. Nicht einmal Dänen erhielten die Genehmigung, weil die Eskimos vor Krankheiten und einer für sie schädlichen Zivilisation geschützt werden sollten. Nur wissenschaftliche Expeditionen durften grönländischen Boden betreten.

Wir Bergmenschen fanden die See großartig. Nach den ersten drei Tagen hatten wie die Seekrankheit hinter uns und genossen die Ruhe auf Deck. Nun gab ich auch mein Geheimnis preis und erzählte meinen Freunden von meiner Begegnung mit Hitler. Wie in Deutschland waren auch hier die Meinungen über ihn geteilt. Einige waren begeisterte Anhänger, andere skeptisch, die meisten waren desinteressiert.

Große Aufregung auf Deck, die ersten Walfische wurden gesichtet. Ihre Flossen tauchten hinter dem Heck des Schiffes auf, für uns Landratten eine Sensation. Stärker aber wirkte der erste Eisberg, der vom Horizont auf uns zuzusegeln schien. Diese Begegnung war mehr als ein ungewohntes Bild. Wir fühlten, dort schwimmt unser Film. Auf einem solchen bleichen Sockel, der an uns vorüberzog, würden wir die nächsten Monate verbringen.

Dann kamen mehr und immer mehr Eisberge in Sicht, in phantastischen Formen und scheinbar unerschütterlicher Festigkeit. Unterdessen wurden die Nächte immer kürzer. Schließlich erlebten wir Tag und Nacht die Sonne.

Eines Morgens schaute ich aus dem Bullauge meiner Kabine und sah zu meinem größten Erstaunen, daß wir vor dem Festland lagerten. Und schon hörte ich draußen rufen: «Umanak, Umanak!»

Wir waren am Ziel, elf Tage waren wir unterwegs gewesen. Schnell wickelte ich mich aus den Decken und stürzte hinaus an die Reling. Was für eine Überraschung! Ein großer felsiger Berg, dessen Spitze mindestens über tausend Meter über dem Meeresspiegel emporragte; am Fuß dieses Berges lag eine kleine Siedlung. In schmalen Kajaks kamen die Eskimos auf unser Boot zugeschossen. Bald kletterten sie an der Falleiter hinauf und grinsten uns an. Sie ahnten nicht, daß wir viele Monate unter ihnen leben wollten.

So also sah Grönland aus, gar nicht unfreundlich, gar nicht grau, im Gegenteil, eine zarte grüne Färbung lag über dem Land. Und es war auch nicht eiskalt, man konnte im leichten Mantel spazierengehen.

Unser Schiff schien von großen Eisbergen ringsum eingeschlossen. Es war eine großartige Leistung unseres englischen Kapitäns, den 2000-Tonnen-Frachter unbeschädigt durch dieses Eislabyrinth hindurchzusteuern.

Der Verwalter von Umanak, der nur 250 Einwohner zählenden Kolonie, ein Eskimo, kam zu unserer Begrüßung. Wir gingen mit ihm an Land. Wie angenehm, wieder festen Boden unter den Füßen zu haben! Eine Horde von Hunden stürzte uns entgegen – Hunde, soweit man sehen konnte. Alle machten sie einen ausgehungerten Eindruck.

Mein Auge war entzückt von dem herrlichen Farbenzauber, aber meine Nase stellte fest, daß es schrecklich nach Tran roch. Die Fischabfälle lagen nur so herum, und auch die Hunde hinterließen Spuren. Die ganze Luft war vom Trangeruch erfüllt. Wir hatten es mit unserer Ankunft gut getroffen: Gerade wurde von einem Walfischfänger ein riesengroßer Wal an Land gezogen, und wir erfuhren, daß so ein Fang nur alle paar Jahre gelingt. Unter den Eskimos herrschte große Aufregung. Monatelang konnten sie nun in Umanak von diesem einzigen Fisch leben. Sein mächtiger Leib wurde soweit wie möglich auf das Land gezogen, dann liefen die Menschen auf dem Wal hin und her und zerschnitten ihn in mehr oder weniger große Würfel. Die Stiefel waren vom Blut getränkt, die Gesichter vor Arbeitseifer strahlend, von Schweiß bedeckt. Gierig fraßen die hungrigen Hunde die Eingeweide und den Abfall des Wals, so gierig, daß einige von ihnen am nächsten Tag mit voll gefressenen Leibern tot dalagen. Das Walfleisch wurde gesalzen und zum Trocknen aufgehängt. Der Geruch lag wie eine schwere Wolke über der ganzen Küste.

Wir flohen auf das Schiff zurück, auf dem man unterdessen mit dem Ausladen begonnen hatte. Da sahen wir erst, welche Unmenge Kisten der Bauch der «Borodino» gefaßt hatte. Acht Tage dauerte es, um alles an Land zu bringen. Solange durften wir noch an Bord bleiben.

Als Udets drei Maschinen ausgepackt und zusammenmontiert wurden, machten die Eskimos große Augen. Schon nach wenigen Tagen wurde die erste Wassermaschine flottgemacht, und Udet startete zu einem Probeflug. Ein herrlicher Anblick, wie er zwischen den Eisbergen hindurch das Wasser verließ und dann in eleganten Schleifen um die schwimmenden Eisburgen kreiste. Die Eskimos kamen aus dem Staunen nicht heraus.

Dann war das Ausladen beendet, und wir mußten Abschied von der «Borodino» nehmen. Fast war es ein schmerzliches Gefühl, das Schiff abdampfen zu sehen und zu wissen, daß wir nun für fast fünf Monate an dieser Küste im Norden Grönlands ausgesetzt waren, ohne Verbindung zu Europa – in einem fremden Land und unter Menschen, die unserer Welt ganz fern standen. Wir hatten hier nicht einmal eine Hütte. Wir mußten in kleinen Zelten schlafen und konnten auch nicht, wie in den Bergen, schnell in die Zivilisation zurück, wenn uns das Verlangen nach einem warmen Bad überkam. Nachdenklich blickten wir der Rauchfahne unseres Schiffes nach, bis es hinter den Eisbergen verschwunden war.

Auf unserem Lagerplatz, zwanzig Minuten vom Trangeruch Umanaks entfernt, war eine Unmenge Holzkisten gestapelt. Zuerst wurden die Zelte und Werkzeugkisten ausgepackt, damit wir unsere Schlafstellen aufbauen konnten, dann begann ein Run, um den besten, möglichst windstillen Zeltplatz mit der schönsten Aussicht zu erobern. Wir wußten nicht, ob es Tag oder Nacht war. Unaufhörlich strahlte die Sonne. Aus leer gewordenen Holzkisten wurden primitive Möbel gezimmert. Tische, Stühle, kleine Kommoden kamen zum Vorschein, und etliche dieser Dinge wurden hübsch mit Wachstuch bespannt. Bei einem Eskimo handelte ich mir ein Hundefell als Bettvorlage ein.

Mit der Zeit wurde unsere Zeltstadt immer großartiger. Wir verfügten sogar über eine eigene Küche. Zwei kleine Zelte wurden als Dunkelkammern eingerichtet, zwei große als Eßzelte aufgestellt, in denen wir gemeinsam unsere Mahlzeiten einnahmen. Aus leeren, schwimmenden Benzinfässern hatte unser tüchtiger Aufnahmeleiter einen fabelhaften Landungssteg gebaut, während Dr. Sorge mit einer Schar gutwilliger Eskimos Eisbärzwinger errichten sollte.

Filmfremde Menschen werden sich fragen, warum wir Eisbären nach Grönland mitnahmen, wo es sie doch im Eismeer zur Genüge gibt. Fanck hatte die Frage schon beantwortet. Wie stellt sich ein Laie die Aufnahme folgender Szene vor?

«Während die Expeditionsmitglieder ahnungslos in ihren Zelten schlafen, kommt ein Eisbär ans Ufer geschwommen, um die Zelte zu überfallen.» Glaubt wirklich jemand, daß solche Aufnahmen mit freilebenden Bären zu machen wären? Für einen Kulturfilm ohne Spielhandlung könnten wir tagelang auf Eisbären Jagd machen, bis wir einen aufstöberten. Und hätten wir wirklich einen einheimischen Eisbären gesichtet, würde er sich, so schnell er nur kann, aus dem Staub machen. Im günstigsten Fall bekämen wir einen schwimmenden oder kletternden Eisbären vor die Kamera. Schließlich konnte sich nicht ein Teilnehmer der Expedition, allein aus dem Wunsch, alles möglichst echt zu zeigen, von einem Eisbären auffressen lassen. Kein Mensch auf der Welt würde es schaffen, in der Arktis schwimmende Eisbären drehbuchgerecht zu dirigieren.

Übrigens waren unsere drei Bären keineswegs zahm wie Hunde. Es handelte sich um ausgewachsene, wilde Burschen, vielleicht sogar wilder als solche, die in Freiheit leben. Nicht einmal ihr Hamburger Wärter wagte es, in den Käfig zu greifen oder gar die Käfigtür zu öffnen. Deshalb wußten wir auch noch gar nicht, ob uns die vorgesehenen Spielszenen gelingen würden. Um die Tiere nicht die ganze Zeit über im Käfig zu halten, versuchten wir, ihnen einen Freiluftzwinger zu bauen. Von drei Seiten standen uns Felsen zur Verfügung, die bei Flut allerdings nur zwei Meter über das Wasser hinausragten. Die vierte Seite des Zwingers bildete das offene Meer. Diesen Ausgang mußten wir durch ein großes Drahtnetz absperren. Das Netz reichte vier Meter unter den Wasserspiegel bis zum Boden der Bucht. Auf diese Weise glaubten wir sicher zu sein, daß die Bären uns nicht entkommen würden.

Da kam für Tommy, dem mächtigsten unserer Bären, der große Augenblick, als seine Käfigtür geöffnet wurde. Vorsichtig streckte er den Kopf hinaus, schaukelte ihn ein bißchen und ließ sich dann ins Wasser plumpsen, wo er mit begreiflichem Wohlbehagen den Schmutz seiner langen Gefangenschaft aus dem Fell spülte. Seine beiden Kollegen in den anderen Käfigen sahen neidvoll zu. Aber bald merkten wir, daß wir Tommy unterschätzt hatten. Zuerst versuchte er, die Felsen hinaufzuklettern, Steinwürfe trieben ihn zurück ins Wasser. Wir ahnten, daß die Sache mit dem Zwinger nicht funktionieren würde. Denn schließlich konnte nicht immer jemand auf dem Felsen stehen und das Tier zurückjagen. Aber Tommy hatte schon den Ausweg entdeckt. Er tauchte und suchte nach einer Stelle, an der er hindurchschlüpfen konnte. Das Drahtnetz reichte bis zu dem flachen Grund. Nachdem er kein Loch entdeckte, grub er mit seinen Tatzen den weichen Schlamm weg, und schon war er nach draußen entwischt. Wir stimmten ein Kriegsgeschrei an, und um so schneller paddelte er hinaus ins Polarmeer. Sofort fuhr ihm der Eskimo Tobias, ein kühner Eisbärjäger, der schon zur Wegener-Expedition gehörte, in seinem Kajak nach. Tatsächlich gelang es seiner Behendigkeit, den Bären zurückzutreiben. Aber in den Käfig ging Tommy nicht mehr hinein, das beste Seehundstück konnte ihn nicht dazu bewegen. Anscheinend vergnügt schwamm er herum, zwei Männer mußten aufpassen, daß jeder Ausbruchversuch vereitelt wurde.

Wir alle schliefen in diesen Tagen schlecht, weil wir jedes Geräusch mit unserem Eisbären in Verbindung brachten. Endlich, am vierten Tag, gab Tommy den Kampf gegen den knurrenden Magen auf und trottete in seinen Käfig zurück. Im gleichen Augenblick klappte das Gatter zu.

Mit der einzigen Ausnahme einiger Eskimoszenen spielte sich nach dem Drehbuch unsere ganze Filmarbeit auf Eisbergen und Eisschollen ab. Die Aufgabe war also, einen Eisberg ausfindig zu machen, den man unter möglichst geringen Gefahren besteigen konnte. Da stündlich unzählige Eisberge an Umanak vorüberzogen, war Auswahl genug da, nur zogen diese Berge eben vorüber und blieben nicht fest liegen. Sie hatten eine solche Geschwindigkeit, daß sie sich innerhalb weniger Stunden an die hundert Kilometer von unserem Lagerplatz entfernten.

Da gab es noch ein anderes Problem. Wir hatten ja nicht nur einen

Tag auf dem Eisberg zu drehen, sondern einige Wochen. Solange aber blieb kein Eisberg am Leben. Ununterbrochen stürzten von seiner Kante große Stücke ins Meer, dadurch verändert sich seine Lage, er kippt zur Seite und beginnt zu trudeln – oder er stellt sich einfach auf den Kopf.

Eisberge sind kein sicherer Boden unter den Füßen, ich halte sie für gefährlicher als Gletscher. Manchmal ist das Getöse, das ihre Aufsplitterungen und Kalbungen hervorrufen, so stark, daß man glaubt, Kanonendonner eines Schlachtschiffes zu hören. Keiner von uns konnte sich vorstellen, daß man ein so wackliges Gestell betreten, geschweige denn auf ihm arbeiten konnte. Das Gesicht unseres Regisseurs wurde von Tag zu Tag besorgter. Er begann einzusehen, daß er die Gefahren dieser Filmarbeit unterschätzt hatte, und daß bei jeder Szene das Leben seiner Leute gefährdet war.

Eines Morgens rief uns Dr. Fanck alle zusammen und erklärte, er habe sich nach Rücksprache mit unseren Wissenschaftlern entschlossen, die Operationsbasis weiter hinein in die Fjorde Grönlands zu verlegen. Die Eisberge, die dort erst frisch vom Gletscher abgebrochen waren, seien stabiler und härter als die im offenen Meer. Er hoffte, dort einen gestrandeten Eisberg zu finden, der seinem Wandertrieb nicht so nachgeben konnte wie die hier draußen.

Wir hatten nur zwei kleine Motorboote. So konnten wir das ganze Lager nicht abbauen. Proviant und Zelte sollten in Umanak bleiben und nur nach Bedarf zum Arbeitslager am inneren Fjord geholt werden.

Zwölf Leute begleiteten Fanck, die anderen blieben im Lager in Umanak. Bei diesem Fanckfilm war ich übrigens, wie sonst fast immer, nicht das einzige weibliche Wesen, sondern es gab unter den 37 Mitgliedern unserer Expedition neun weibliche Teilnehmer.

Die Wissenschaftler hatten ihre Ehefrauen mitgenommen, Udet seine rassige rothaarige Freundin mit dem Spitznamen Laus; unser Regisseur seine Sekretärin Lisa, die später seine Frau wurde. Außerdem war da noch eine zierliche Amerikanerin, die Gattin des amerikanischen Regisseurs Marton, der neben unserem Film ein Lustspiel mit Guzzi Lantschner und Walter Riml des Titels «Nordpol Ahoi» drehte.

Da ich für Filmaufnahmen zunächst noch nicht gebraucht wurde, genoß ich meine Freiheit und auch die mich umgebende arktische Landschaft in vollen Zügen. Die Luft war seidenweich und so warm, daß man im Badeanzug herumlaufen konnte, aber es brach eine schreckliche Mückenplage aus. Um den Moskitos zu entgehen, machte ich mein Faltboot fertig, paddelte im Badeanzug hinaus aufs Meer und ließ mich treiben, Stunde um Stunde, halbe Tage lang. Ich glitt durch

Eistore hindurch, an glitzernden, haushohen Eisbergen vorbei, durch schimmernde Grotten, deren Wände sich bis ins Meer hinab grün, rosa, blau und violett spiegelten. Einige Male traf ich Eskimos in ihren wendigen Kajaks, sie kamen von der Jagd – ihr Gruß war ein Lächeln.

Eines Tages nahm ich mir, von niemandem bemerkt, eine Gummimatratze aus meinem Zelt ins Paddelboot und suchte mir einen Eisberg mit flachem Fuß, auf den ich leicht hinaufsteigen konnte. Es war der erste Eisberg, den ich betrat. Aus dem Schmelzwasser hatte sich ein kleiner See gebildet, der wie ein Smaragd im Eis lag. Auf dem Eisberg herrschte Gletscherhitze, so daß ich in dem kleinen See ein erfrischendes Bad nahm. Dann legte ich mich auf meine Matratze und ließ mich von der Sonne bestrahlen. So befreit und sorgenlos hatte ich mich selten gefühlt, während der Eisberg langsam durch den Fjord zog.

Mit einem Male riß mich ohrenbetäubendes Krachen aus meinen Träumereien – mein Berg geriet ins Wanken, der See spülte über mich hinweg, ich rutschte auf dem Bauch den Hang hinunter und klammerte mich an mein Paddelboot, das ich nicht verlieren durfte. Zum Glück drehte sich mein Berg nicht ganz rundrum, er fing nur an zu pendeln, hin- und herzuschwanken. Allmählich beruhigte er sich, jetzt erst konnte ich sehen, was geschehen war. Nicht mein Berg hatte gekalbt, sondern ein Nachbarberg war auseinandergebrochen. Er wälzte sich wie ein riesiges Untier im Wasser, ständig brachen von ihm neue Eisstücke ab, die große Wellen verursachten und meinen kleinen Eisberg nicht zur Ruhe kommen ließen. Ich verließ meinen gefährlichen Platz. Es war das erste und das letzte Mal, daß ich zu meinem Privatvergnügen einen Eisberg betreten habe. Meinem Regisseur erzählte ich von diesem Abenteuer natürlich nichts.

Obgleich ich mir nach der Trennung von Hans Schneeberger geschworen hatte, mich nie mehr zu verlieben, erwischte es mich doch von neuem. Es waren ein paar grüne Katzenaugen, die mich schon seit einigen Tagen irritiert hatten – sie gehörten unserem Expeditionsmitglied Hans Ertl. Fanck hatte ihn neben dem Schweizer Bergführer David Zogg als Spezialisten für das Schlagen von Eisstufen, die zum Besteigen der Eisberge notwendig waren, mitgenommen. Ohne Zweifel war er von sämtlichen männlichen Mitgliedern der Expedition der Attraktivste. Im Wesen temperamentvoll und begeisterungsfähig, konnte er mit seiner Erzählungsgabe die Zuhörer stundenlang fesseln.

Als ich wieder einmal allein mit meinem Faltboot hinausfahren wollte, begleitete er mich, um, wie er sagte, mir das richtige Paddeln beizubringen. Aus einem leichten Flirt entstand plötzlich eine Leidenschaft. Ich vergaß alle meine Vorsätze und war glücklich, wieder verliebt sein zu können. Wir beide waren Augenmenschen und sehr

naturverbunden. Solange uns noch Zeit blieb, jagten und fischten wir
– bald waren wir unzertrennlich.

Man brauchte nur einen Eimer in das Meerwasser zu tauchen, schon
war er mit Fischen angefüllt. Es waren mehr Fische im Eimer als
Wasser. Da Hans auch ein vorzüglicher Koch war – er hatte das in
einer Klosterschule gelernt –, bereitete er uns die schmackhaftesten
Fischgerichte. Auch konnte er aus Seehundfleisch, das wir sonst
ungenießbar fanden, eine Delikatesse machen. Er legte das stark ranzig
riechende Fleisch einige Tage in Essig, würzte es mit Zwiebeln und
Lorbeerblättern und verfeinerte es mit Rahmsauce.

Diesen paradiesischen Zustand ungetrübten Glücks konnten wir
fast eine Woche lang genießen. Dann wurde Hans von unserem
Regisseur abberufen, zu einem neuen Lager, das weiter nördlich
aufgebaut werden sollte. Ich mußte mit den anderen Frauen und
einigen Männern im Hauptlager in Umanak zurückbleiben.

Unsere Expedition bestand jetzt aus drei Teilen, aus dem Hauptlager in Umanak, dem Fanckschen Arbeitslager in Nuljarfik und dem
Udetschen Fliegerlager in Igloswid, 100 Kilometer von Umanak entfernt. Dort hausten mit Udet der Flieger Schrieck, sein Monteur Bayer
und Schneeberger, der wieder, wie beim «Piz Palü» und am Montblanc, die Flugaufnahmen machte. Das Fliegen war in Grönland nicht
so einfach, wie es am ersten Tag erschien. Damals war das Meer von
Umanak ziemlich frei von Eisbergen, nun aber füllte sich die Bucht
wieder mit Eisschollen. Die Wasserflugzeuge hatten nun keinen Landeplatz mehr, und eine Landung mit Udets «Motte» war bei diesem
hügeligen Gelände unmöglich. Deshalb hatte er sich einen eisfreien
Start- und Landeplatz suchen müssen. Der einzige, den er fand,
Igloswid, war weit von Umanak entfernt. Wie sollte man sich aber mit
Igloswid verständigen? Udet hatte sich eine praktische Lösung ausgedacht, die allerdings nur er, der geniale Flieger, ausüben konnte. Zu
allen Aufnahmen mit ihm schrieb Fanck ausführliche Anweisungen,
was Udet in der Luft machen sollte, legte die Richtungen genau fest
und fertigte dazu Skizzen an. Der Brief wurde in einen Postsack
gesteckt und an der Spitze einer langen Stange aufgehängt, den Udet
mit seinem Flugzeug, an dem ein Seil mit einem Angelhaken befestigt
war, angeln mußte. Um das zu erreichen, flog er so oft um die Stange
herum, bis er den Postsack hochziehen konnte. Ohne seine Kunstfer-
tigkeit wären die Fliegeraufnahmen nie gelungen.

Endlich erhielten wir einen Bericht von Fanck, den Udet in einem
Sack über Umanak abwarf. Was wir da lasen, war nicht gerade lustig.
Fanck war in einen Fjord eingedrungen, wo sie auf Eisschollen arbeite-
ten, aber er schrieb, der Fjord sei sehr gefährlich. In sein Ende

mündeten, hoch vom Inlandeis herab, zwei große Gletscher, der Umaniako und der Rinksgletscher, und beide lieferten alle acht bis vierzehn Tage mächtige Gletscherkalbungen. Die Eismassen, die von den Inlandgletschern abbrechen, sind so gewaltig, daß sie den ganzen Fjord in Aufruhr versetzen. In diesen Stunden darf sich kein Boot im Fjord befinden, sogar große Eisberge werden durch die Kalbungswellen herumgeschleudert und zerbersten. Ein Boot würde unweigerlich zerschmettert werden. Trotzdem mußten wir, um zu Fancks Arbeitslager zu kommen, hindurchfahren. Das konnte aber nur riskiert werden, wenn diese Fahrt zwischen zwei Kalbungen durchgeführt wurde. Wann aber traten die Kalbungen ein? Es gab noch keine Berechnung, den Zeitpunkt des Abbruchs genau vorauszusagen. Vierzig Kilometer mußten wir durch den gefährlichen Fjord fahren.

Nach einigen Tagen kam unser Boot «Per», um mich zu holen und zwei der drei Eisbären. Frau Sorge fuhr mit, sie hatte Sehnsucht nach ihrem Mann. Die gefährliche Fahrt war gekommen. Die Ladung des Motorboots bestand aus dem Bootsführer Krauß, zwei Frauen, zwei Eisbären, vielen Proviantkisten und Petroleum. So fuhren wir durch das Eismeer. Mir war klar, daß Fanck uns alle wieder einmal in ein wahnwitziges Abenteuer hineinmanövriert hatte.

Weil es bitter kalt wurde, zogen wir Frauen uns sofort in die Kajüte zurück, wo allerdings kaum Platz zum Ausruhen war. In dem winzigen Raum fanden wir eine Art Pritsche, ungefähr so breit wie ein besseres Bügelbrett. Frau Sorge und ich mußten uns fest umschlingen, um darauf liegen zu können. Sobald eine von uns einschlief und den Arm etwas lockerte, flog sie hinunter auf unsere Sardinenvorräte, die auf dem Boden der Kajüte lagen. Es roch nach feuchtem Holz, nach den Bären, nach Speiseresten und Petroleum. Und an die Seitenwände unserer «Per» schlugen die Eisschollen.

So fuhren wir viele Stunden, erst in milchiger Dämmerung, dann in greller Sonne. Als sich der Hunger regte, suchten wir aus den Vorräten eine Leberwurstbüchse heraus und kochten uns auf Spiritus ein paar Tassen Tee. Dann kletterten wir übermüdet und beschmiert an Deck, um frische Luft zu schnappen. Doch hier verflog mit einem Male jede Schläfrigkeit. Das Ungewöhnliche dieser Fjordlandschaft überwältigte uns. Das Ufer wurde von senkrechten kohlschwarzen Wänden gebildet, und um uns bewegte sich eine schimmernde Eismasse, durch die sich unser kleines Boot mühsam den Weg bahnte. Alles um uns herum war eingehüllt in zartblaue Nebelschleier. Stumm saßen wir beiden Frauen auf den Tauen und schauten bewegt in diese unvorstellbar schöne «Landschaft».

Die Stimme des Bootsführers Krauß rief uns aus unserer Versunkenheit.

«Unmöglich», sagte er, «hier weiterzukommen.»

«Was soll denn werden?» fragte ich beunruhigt. Er zuckte nur die Schultern.

«Das ist eben Grönland», meinte er. Aber er gab es noch nicht auf – er versuchte durchzukommen. Öffnete sich zwischen den Eisschollen vor uns eine kleine Rinne, so schlüpfte das Boot sofort hinein, aber die Barriere schloß sich bald hoffnungslos. Noch weiter vorzudringen, erschien unserem Bootsführer zu gefährlich, weil es dann vielleicht kein Zurück mehr gab. Eine beängstigende Vorstellung. Wir waren nach 24 Stunden Fahrt nur noch höchstens eine Stunde von Dr. Fanck entfernt und doch auf Tage von ihm getrennt.

Da schob sich plötzlich ein mächtiger Eisblock unmittelbar vor uns aus dem Wasser und richtete sich zwischen den Schollen hoch auf. Nun saßen wir endgültig fest. Wir waren im Eis gefangen. Ich betrachtete das ziemlich nahe gelegene Ufer und überlegte, ob man riskieren könnte, über die Schollen hinüberzuspringen, um ans Ufer zu kommen. Von dort müßte man das Lager zu Fuß erreichen können. Das wäre die einzig mögliche Rettung. Gerda Sorge war sofort dabei. Wir wollten es versuchen. Krauß blieb mit seinen Eisbären im Boot. Würden wir das Lager erreichen, wollten wir Hilfe schicken. Dann liefen und sprangen wir über die Schollen.

Wir hatten Glück und erreichten das Land. Und dann marschierten wir beiden Frauen über Hügel und Felsen, bis wir nach einer Stunde tief unter uns, wie einen kleinen Pilz, das weiße Zelt von Dr. Fanck erkannten. Wir riefen, jodelten und brüllten, und wirklich kam aus dem weißen Pilz eine Person heraus und schaute nach oben. Nun zeigten sich noch mehr Leute. Wir liefen den Abhang hinab und wurden unten mit Jubel empfangen. Fern zwischen den Eisschollen lag unser kleines Boot, aber schon am nächsten Tag trieb eine günstige Strömung die Eisblöcke auseinander und befreite es aus seiner bedrängten Lage.

Drei Zelte hatten wir in Nuljarfik. Fünfzehn Personen lebten darin. Gottlob war das Wetter gut, und wir konnten endlich arbeiten. Die Aufnahmen mit den Eisschollen gestalteten sich schwieriger, als Fanck gedacht hatte. Oft brachen die Schollen, und die Darsteller kamen so von einem kalten Bad ins andere. Besonders gefährdet waren dabei unsere Kameras. Wenn die ins Wasser fielen, war unser Film verloren. Neue Kameras aus Europa kommen zu lassen, wäre aussichtslos gewesen.

Sepp Rist mußte fast täglich zwischen den treibenden Schollen schwimmen, eine entsetzliche Schinderei. Und Fanck war gnadenlos. Immer wieder fand er ein noch schöneres Motiv, und immer wieder mußte Sepp Rist ins eiskalte Wasser. Was dieser Mann leistete, war unglaublich, aber der Preis dafür war zu hoch. Ein schweres Rheumaleiden wurde er sein Leben lang nicht mehr los.

Leichtsinnigerweise versuchte auch ich es einmal, den Sprung ins eiskalte Wasser, aber länger als eine Minute hielt ich es nicht aus. Im ersten Augenblick wußte ich nicht, ob es eiskalt oder siedendheiß war. Nach dem Bad war das Gefühl herrlich. Die Eskimos bestaunten unser Schwimmen, das eiskalte Wasser hatte sie davon abgehalten, es zu erlernen. So war es ihnen unverständlich, daß sich Menschen wie Fische im Wasser bewegten.

Sehr angenehm empfanden wir, daß Knud Rasmussen, zu dem die Eskimos wie zu ihrem König aufsahen, eintraf, um uns bei den Aufnahmen mit den Eskimos zu helfen. Er beherrschte ihre Sprache, da seine Mutter Grönländerin war. Mit ihm übersiedelten wir in die kleine Eskimosiedlung Nugatsiak, wo ein Begrüßungsfest für uns veranstaltet wurde. Hier lernten wir die so heiter lächelnden Eskimos von ihrer wahren Seite kennen. Sie waren große Kinder, die über alles Fremde, das ihnen entgegentrat, in schrankenlose Bewunderung ausbrachen. Sie waren gutwillig, sorglos – aufopferungsbereit –, aber um keinen Preis der Welt, auch nicht um den von zwanzig Walfischen, würden sie mit ihren Kajaks an einem Eisberg vorbeifahren. Mutete man ihnen das zu, dann sagten sie: «Aijapok, aijapok» (sehr, sehr schlecht). Und selbst Rasmussen, ihr Abgott und Landsmann, konnte sie nicht dazu bringen. Sie wußten auch warum. Aber Fanck hatte unglücklicherweise in seinem Drehbuch alle Spielszenen auf Eisberge und Schollen verlegt. Er selbst litt unter den möglichen Gefahren, und wir alle wußten nur zu gut, daß jeden Tag ein Unglück geschehen konnte. Trotzdem wollte Fanck versuchen, die Szenen auf dem Eisberg zu drehen, unser Film hätte sonst abgebrochen werden müssen. Tag für Tag suchte er mit dem Fernglas nach einem möglichst stabilen Eisberg, der nach einer Seite flach zum Meer abfiel, so daß wir ihn aus den Booten besteigen konnten. Endlich fand er einen, der geeignet war. Nur die wichtigsten Leute nahmen an dieser Fahrt teil, dazu die Eisbären, die für diese Aufnahmen gebraucht wurden. Auch ich mußte mitkommen, meine ersten Szenen sollten gedreht werden.

Wir steuerten auf den Eisberg zu, einen Riesen von mindestens achtzig Meter Höhe. Als wir dicht heran waren, sahen wir, daß die ins Meer fallende Wand noch immer fünf bis sechs Meter hoch war. Zu hoch, um die zentnerschweren Käfige mit den Eisbären hinaufziehen zu können. Ertl und Zogg konnten Stufen und Sicherungshaken in die

Eiswand schlagen und die Apparate hinaufziehen. Ich kletterte mit der ersten Gruppe die Eiswand hinauf. Erst oben auf dem Berg gewann ich einen Überblick über Größe und Höhe dieses ungeheuren Eisklotzes, der seine stille Bahn durch das Polarmeer zog. Um auf die höchste Stelle zu kommen, hatte ich eine halbe Stunde zu gehen. Mit einigen unserer Leute stand ich ungefähr fünfzehn Meter von der Eiskante entfernt, als ein leichtes Beben und dumpfes Dröhnen in dem Koloß zu spüren war. Ehe ich zur Kante laufen konnte, bebte es zum zweiten Mal: Entsetzt sah ich, wie sich vor mir ein breites Stück Eis spaltete und vier unserer Männer, die darauf standen, ins Meer stürzten. Ein ohrenbetäubendes Krachen und Getöse erfüllte die Luft, in das sich Schreie und Hilferufe mischten. Wir erstarrten. Riesige Wassersäulen stiegen senkrecht in die Höhe. In Todesangst krochen wir bis zu dem Rand der Abbruchstelle und sahen unser Boot inmitten von Eismassen schwanken und schaukeln, gleich einer Nußschale zwischen den Eisblöcken hin- und hergeworfen. Verzweifelt kämpften unsere Leute um ihr Leben – einige von ihnen konnten nicht schwimmen. Man warf ihnen vom Boot aus Seile zu. Hilflos sah ich, wie Hans Ertl, David Zogg, Richard Angst und Schneeberger unter den Eisblöcken verschwanden, dann wieder auftauchten, und wie sie sich an den Eisklötzen festzuklammern suchten. Als erster konnte Hans mit einer langen Stange gerettet werden, die ihm vom Boot aus zugereicht wurde, dann auch die anderen, die Nichtschwimmer.

Inzwischen war ein Boot ganz nahe an die Abbruchstelle herangefahren, und in größter Eile wurden wir mit Leitern und Seilen hinuntergebracht. Jeden Augenblick konnten weitere Eismassen abbrechen. Wir atmeten auf, als wir aus der Gefahrenzone heraus waren. Zum Glück hatten wir die Kameras und die Eisbären nicht schon auf den Eisberg gebracht.

Tagelang saß uns der Schreck in den Gliedern. Keiner hatte mehr Lust, für einen Film sein Leben aufs Spiel zu setzen. Noch war kein Meter der Eisbergszenen gedreht, und schon ging der Polarsommer zu Ende. Es wurde kühler, die Nächte länger, und Dämmerung legte sich über Land und Meer. Unsere Stimmung hatte den Nullpunkt erreicht.

Dr. Sorge

Vor neun Tagen war Dr. Sorge in den Fjord gefahren, um die Kalbungen der Rinksgletscher zu vermessen. Für die Forschung war es wichtig zu erfahren, mit welcher Geschwindigkeit sich Gletscher fortbewegen.

Mit einem kleinen Faltboot war der Wissenschaftler allein losgefahren, nicht einmal ein Zelt hatte er mitgenommen. Seit neun Tagen waren wir ohne Nachricht von ihm. Sein Proviant mußte längst zu Ende sein. Gerda, seine Frau, und wir alle waren tief beunruhigt. Fanck ließ ein Rettungsunternehmen vorbereiten, als uns ein Eskimo, der im Fjord auf Seehunde jagte, das Mittelstück von Dr. Sorges Faltboot brachte, er hatte es aufgefischt. Was konnte dieses zersplitterte Boot anderes bedeuten, als daß Eismassen es zerschmettert hatten. Im bleichen Gesicht Gerda Sorges zuckte kein Muskel. Erst als sie in der Totenstille, die über unserem Kreis lag, hervortrat, um Fanck die Pläne ihres Mannes zu geben, stürzten ihr die Tränen aus den Augen.

Die Boote und Udet wurden zum Suchen ausgeschickt, und mit uns warteten die Eskimos auf Nachricht. Nach vier Stunden erst kam Udet zurück; er hatte den ganzen Fjord über eine Länge von vierzig Kilometern abgesucht, aber keine Spur von Dr. Sorge finden können. Auch die Eisberge hatte er überflogen. Weitere Suche schien vergeblich. Wir mußten Dr. Sorge aufgeben. Aber Udet wollte es noch einmal versuchen. Wieder warteten wir Stunden.

Es dunkelte schon, bis wir den Lärm von Udets Maschine hörten. Als das Flugzeug dicht über unsere Köpfe strich und wir Udets Winken sehen konnten, ahnten wir, er werde uns gute Nachrichten bringen. Und tatsächlich – Udet hatte Dr. Sorge gefunden, ganz am Ende des Fjords, am Fuße des Rinksgletschers. Wir alle stießen ein freudiges Geheul aus, und unsere Freunde, die Eskimos, gebärdeten sich wie närrisch. Obwohl Udet nur noch wenig Sprit in der Maschine hatte, wollte er ein drittes Mal in den Fjord hineinfliegen, um Proviant und Kleider für den Gelehrten abzuwerfen. Auf einem Zettel, den er mit einem Stein befestigt hatte, stand, er habe unseren Leuten in den Rettungsbooten eine Kartenskizze zugeworfen, durch die sie ihn mit Sicherheit auffinden und aus seiner Lage befreien könnten.

Genau 24 Stunden später kamen unsere zwei Suchboote mit Sorge zurück. Trotz seiner Erschöpfung berichtete er uns sofort sein Abenteuer. Dreißig Stunden war er durch die Eisblöcke des Fjordwassers bis zum Fuße des Gletschers gepaddelt. Dort war er die steilen Felsen hinaufgeklettert und hatte das kleine Boot hinter sich hergezogen, das er mehrere Meter über dem Wasser auf ein Plateau legte. Dann stieg er mit den Instrumenten und dem Proviant ziemlich hoch hinauf, bis er für sein Meßgerät einen geeigneten Platz fand. In dem Augenblick, in dem er durch sein Fernglas schaute, ereignete sich eine Katastrophe, die wahrscheinlich noch kein Mensch zuvor erlebt hatte. Die ganze Gletscherfront löste sich in einer Breite von etwa fünf und einer Tiefe von einem Kilometer von der nachschiebenden Inlandeismasse und donnerte hinab in den Fjord. Die riesigen Wellen erinnerten ihn, sagte er, an die fantastischen Vorstellungen einer vorgeschichtlichen Sintflut. Hunderte von Metern hohe Wassersäulen wurden durch den Druck der Eismassen in die Luft geschleudert. Die Masse des niederbrechenden Gletschereises übertraf nach seinen Berechnungen den Kubikinhalt sämtlicher Häuser Berlins.

Die gewaltige Springflut hatte das Boot von Dr. Sorge weggespült, aber den Glauben an seine Rettung hatte er keinen Augenblick verloren. Unbewegt führte er seine weiteren wissenschaftlichen Beobachtungen und Messungen durch, teilte den Proviant, der für fünf Tage berechnet war, überlegt ein und stellte Steinmänner auf, um seine Lage aus der Luft erkennbar zu machen. Die Beeren, die am Fuße des Gletschers wuchsen, ergänzten ein wenig seinen Proviant. Erst beim zweiten Flug hatte Udet die aufgebauten Steinpyramiden entdeckt und auch die kleine Rauchsäule, die Dr. Sorge mit brennendem Moos notdürftig unterhielt, und um die er wie ein Urwaldmensch herumhüpfte. Mit dem letzten Tropfen Benzin erreichte Udet wieder seinen Landeplatz.

Der Polarwinter naht

Das schlechte Wetter machte uns zu schaffen. Kalter Wind fegte über die Zelte, und eines Nachts wurde ich unsanft geweckt. Mein ganzer Zeltbau mitsamt Pfählen, Stäben und Schnüren war über mir zusammengebrochen. Als ich mich endlich aus dem Netzwerk der Halteseile befreit hatte, entdeckte ich, daß es allen anderen ebenso ergangen war.

Mit den Hunden hatten wir viel Ärger. Schon einmal waren einige nachts in unser Küchenzelt eingebrochen und hatten sich auf unseren wertvollen Proviant gestürzt. Jetzt gingen sie dazu über, die Zelte einzureißen und unser Leder- und Pelzzeug zu fressen. Meine Bergstiefel hatten schon dran glauben müssen, und nicht einmal meine Leica, deren Lederetui die Hunde angezogen hatte, war vor ihrer Freßgier sicher. Wir bauten große Steinmauern um die Zelte, und trotzdem vermißte ich eines Tages meine Seehundhose, mein schönstes Filmkostüm. Unter meinem Schlafsack glaubte ich sie besonders sicher, aber die Hunde fanden sie auch dort.

Wieder vergingen zwei Wochen bei trostlosem Wetter. Die Tage wurden immer kürzer, die Nächte eiskalt. Langsam bekamen wir eine Ahnung von der Einsamkeit der Polarnächte. Als sich das Wetter besserte, machten wir unsere ersten Aufnahmen mit Tommy. Der Eisbär wurde mit seinem Käfig ins Boot gelassen, wir nahmen Gewehre mit und fuhren einige Stunden hinaus ins Meer, damit der Bär, wenn er ausgesetzt wurde, nicht ans Land zurückschwimmen konnte. Er mußte wieder eingefangen werden, da er für weitere Aufnahmen gebraucht wurde, und wir uns der dänischen Regierung gegenüber verpflichtet hatten, keine Bären in Grönland in Freiheit zu lassen. Bären, die schon in Europa waren, können Trichinen haben, und das würde, wenn der Bär von einem Eskimo erlegt wird, verhängnisvolle Folgen haben.

An einem Eisberg, der uns geeignet schien, öffneten wir die Falltür des Käfigs, und Tommy war mit einem Satz draußen. Zuerst noch etwas schwach, verbesserte er schnell seine Form und turnte auf die höchste Spitze des Eisberges hinauf, so daß wir gute Aufnahmen von ihm bekamen. Dann lockte ihn das Wasser, und er schwamm schneller davon, als wir ihm folgen konnten. Immer wieder entwischte er uns. Stundenlang mußten wir ihm nachfahren, aber er ließ sich nicht einfangen. Nachdem wir einen ganzen Tag lang unterwegs waren und den Bären noch immer nicht hatten einfangen können, waren wir vollkommen erschöpft. Tommy legte sich auf einem Eisberg schlafen, wir auf unserem Boot.

Als wir wach wurden, war der Eisbär ausgerückt. Für Tommy eine gute Sache, für uns weniger. Wieder suchten wir viele Stunden mit unserem Boot das Wasser ab, und endlich, auf einer kleinen Felseninsel, ganz nahe dem Ufer, fanden wir Tommy wieder – im tiefsten Schlaf. Unser Eskimo Tobias konnte dem Bären eine Schlinge um den Hals werfen und ihn wieder in den Käfig sperren.

Ich hatte mich bei dieser langen polarherbstlichen Eisbärenjagd so schwer erkältet, daß ich hohes Fieber bekam und Koliken meinen Körper schüttelten. Ein Unglück, denn von mir war noch nicht eine einzige Szene aufgenommen worden, und unser schlauer dänischer Expeditionsarzt hatte weder Morphium noch andere Schmerzmittel dabei, auch keine sonstigen Medikamente, die mir hätten helfen können. «Dieser Kerl», sagte Fanck wütend, «hat nur verrostete Tripperspritzen bei sich.» Er beschloß, daß ich mit einem Flugzeug nach Umanak gebracht werde. Dort gab es wenigstens ein kleines Kinderkrankenhaus.

Nach einer Stunde Flug steuerte die Maschine auf die Siedlung zu. Wir überflogen das Dach des Krankenhauses und wollten landen, aber der plötzlich aufkommende Sturm ließ das nicht zu. Der Wellengang war so heftig, daß er die Schwimmer der Maschine zerschmettert hätte. Es blieb nichts anderes übrig, als wieder umzukehren. Eine dramatische Situation. Meine Schmerzen wurden immer unerträglicher, und wir hatten die Szenen mit mir noch vor uns.

Was blieb mir übrig, als zu versuchen, trotz Fieber und Schmerzen wenigstens die wichtigsten Szenen zu spielen – vor allem die mit Udet. Trotz meines Zustandes wurden diese Arktisflüge zu einem unvergeßlichen Erlebnis. Udet flog durch Eistore und stieg an den Eiswänden steil aufwärts, um sich gleich wieder fallen zu lassen. Doch einmal ging mir bei diesen Aufnahmen der Atem aus. Udet wollte durch zwei riesige, ganz nahe beieinanderstehende senkrechte Eistürme hindurchfliegen, dabei sah er erst im letzten Augenblick, daß noch ein dritter Turm dahinter stand. Im Bruchteil einer Sekunde riß er das Flugzeug herum und schoß mit schief gestellter Maschine zwischen den Eistürmen hindurch. Ich glaubte, mein Herz bleibt stehen.

Nach diesen Aufnahmen blieb für Udet und mich nur noch eine Szene zu filmen – die schwerste, auf die aber Fanck nicht verzichten konnte. Sie war dramaturgisch unentbehrlich. Ich hätte gedoubelt werden können, was für Fanck jedoch undenkbar war. Das Drehbuch verlangte, ich mußte als Pilotin mit meinem Flugzeug gegen die Wand eines Eisberges prallen, wobei die Maschine in Flammen aufgeht und ich mich durch einen Sprung ins Wasser rette.

Nicht nur ich hatte Angst vor dieser Aufnahme, auch Udet war nervös. Er sollte, in der Maschine versteckt, das Flugzeug steuern, damit es beim Aufprall beschädigt, aber nicht total zerstört werde, da es sonst nicht mehr brennen würde. Udet war außerdem kein guter Schwimmer.

Aufnahme! Wir starteten – Udet machte einige Schleifen, dann drosselte er den Motor und flog, immer stärker Tempo verlierend, auf den Eisberg zu. Ich schloß die Augen, und als ich sie für einen Augenblick öffnete, kam es mir vor, als würde sich der Eisberg auf uns stürzen. Dann krachte es – eine Stichflamme, und die Maschine stand in Flammen. Blitzschnell sprang ich ins eisige Wasser, Udet etwas später, da er nicht im Bild erscheinen durfte.

Fanck hatte seine Aufnahme im Kasten, und wir waren ungemein erleichtert, das hinter uns gebracht zu haben. Traurig war, daß für diese Sensations-Szene nun Udets berühmte «Motte» geopfert werden mußte. Sie liegt im Grönlandeis auf dem Meeresgrund.

Die letzten Tage sollten uns noch einmal die Schrecken der Arktis zeigen. So verging kein Tag, ohne daß wir nicht Kämpfe mit der Natur zu bestehen hatten. Meine Abseilszene war die nächste Aufnahme. Das Boot wurde mit einem Haken am Berg festgehalten, und ich hatte schon das Seil umgeschlungen. Ertl und Zogg bestiegen als erste den Eisberg, um Sicherungshaken und Karabiner einzuschlagen. Plötzlich schrie Tobias: «Motor anwerfen!» Und da sahen wir auch schon, wie unser Boot von einem Eissockel, der bisher unter Wasser war, in die Höhe gehoben wurde. Der Berg, an dem wir angelegt hatten, begann zu trudeln. Unser Bootsführer konnte das Boot in letzter Sekunde vor dem Kentern retten, indem er es am Eissockel abrutschen ließ. Wir waren gerettet.

Aber was war mit Ertl und Zogg, die sich auf dem trudelnden Eisberg befanden? Eben noch standen sie acht Meter über dem Wasserspiegel, im nächsten Augenblick befanden sie sich, weil der Eiskoloß aus dem Wasser stieg, schon dreißig Meter über uns. Ein furchtbarer Anblick. Wie auf einer Riesenschaukel wurden sie mal in die Höhe, mal in die Tiefe getragen, aber meist gelangten sie nicht tief genug, um gefahrlos ins Wasser springen zu können. Das war schlimm für David Zogg, der nicht schwimmen konnte. Ertl verlor seine Steigeisen, kam ins Rutschen, konnte sich aber noch ins Eis verkrallen und sprang, als der Berg sich wieder zum Meer senkte, ins Wasser. Während wir ihn ins Boot zogen, ruderte Sepp Rist mit einem kleinen Kahn nahe an den sich noch immer wälzenden Eisberg heran, damit Zogg in einem geeigneten Moment ins Boot springen konnte. Hilflos schauten wir in fast unerträglicher Spannung zu. Da stieß Zogg einen Schrei aus, und wir sahen ihn in der Vorlage eines Skispringers mit gewaltigem Sprung direkt in das Boot hechten und mit dem Kopf in der Magengrube von Rist landen.

Diesmal hatte auch Fanck einen Schock bekommen. Er ordnete eine Ruhepause von einigen Tagen an. Als er erfuhr, in kurzer Zeit werde ein dänischer Frachter nach Umanak kommen, entschloß er sich schweren Herzens, meine Spielszenen in den Schweizer Alpen zu drehen und mich mit der «Disco», so hieß das dänische Schiff, vorausfahren zu lassen.

Abschied von Grönland

In größter Eile packte ich alles zusammen. In einer Stunde sollte mich das Motorboot nach Umanak bringen, wo der dänische Frachter inzwischen angelegt hatte. Erst als man mir meine Eisenkoffer auf das kleine Boot brachte und ich auf einem Berg alter leerer Benzinfässer in dicke Decken eingepackt dasaß, kam mir zu Bewußtsein, daß dies ein Abschied war. Alle drückten mir die Hände und gaben mir Grüße nach Deutschland mit.

In der grauen Dämmerung konnte ich die Gesichter meiner Kameraden kaum noch erkennen. Als ich den Abschiedssalut hörte, heulte ich los wie seit Jahren nicht mehr. Nur noch durch einen Tränenschleier sah ich das Ufer, das sich immer weiter entfernte. Die Benzinfässer wackelten. Ich fror in meinem Anzug aus Hundefellen. Es wurde Nacht, richtige Nacht. Seit Monaten sah ich den ersten Stern. Ein blutroter Streifen leuchtete am Horizont – welch ein Spiel der Lichter und der Farben! Geisterhaft zogen die Eisberge vorbei. Gespenster im Mondlicht. Eingehüllt in grüne Nebelschleier, wallten und winkten sie, als wollten sie mich zurückhalten. Schwermut kam über mich. Würde ich Grönland noch einmal wiedersehen? Leise tuckerte das Boot durch die Stille. Langsam schlief ich ein.

Der schrille Ton einer Dampfersirene weckte mich aus dem Schlaf. Es kam von meinem Schiff. Irgend jemand übernahm meine Koffer. Benommen folgte ich. Das Wasser rauschte auf vor dem Kiel, die «Disco» fuhr Richtung Süden. Wir verließen Grönland.

Bei der Erinnerung an diese Reise schaudert es mich noch heute. Vier Wochen fuhren wir durch schwere Stürme. Fast alle Passagiere waren seekrank, auch ein großer Teil der Besatzung. Meterhohe Wellen überspülten das Deck. Aus dem Sturm wurde ein Orkan mit Windstärke 12 – mir war speiübel. Zusätzlich quälten mich unerträgliche Blasenkoliken. Auch litt ich an einem stechenden Schmerz an der großen Zehe. Seit ich Ballett getanzt hatte, wuchsen mir, wenn ich nicht rechzeitig zum Pediküren ging, die Fußnägel in die Haut. Schon dreimal war ich deswegen operiert worden. Als der Kapitän meinen Fuß sah, sagte er spontan: «Das sieht böse aus, damit können Sie nicht bis zur Ankunft in Europa warten. Wir werden einen Hafen in Südgrönland anlaufen, da können Sie operiert werden.» Tatsächlich änderte die «Disco» ihren Kurs.

Beim Erwachen aus der Narkose hörte ich den dänischen Arzt sagen: «Bevor Sie ganz weg waren, haben Sie zweimal geflüstert, ‹das Leben ist schön›.»

Von nun an ging es mir besser, da ich im Krankenhaus auch Schmerzmittel gegen die Koliken erhalten hatte.

Ehe wir unser Endziel Kopenhagen erreichten, lief die «Disco» den Hafen von Stockholm an. Hier ließ mich der Kapitän sofort in eine urologische Klinik bringen. Die Diagnose war vernichtend: «Ihre Blase ist so stark geschädigt, daß Sie diese schmerzhafte Krankheit nie wieder ganz los werden.» Damals ahnte ich nicht, wie recht der Arzt hatte. Wie eine Geißel hat diese Krankheit mich jahrzehntelang gequält.

Nach einem so langen Aufenthalt in Grönland kamen mir europäische Städte bedrückend vor. Ich war völlig verwirrt. Der Anblick so vieler in Kiosken ausliegender Zeitschriften und anderer überflüssiger

Dinge, die wir in Grönland überhaupt nicht vermißt hatten, irritierte mich. Ich hatte zwei Kisten mit Büchern mitgenommen und nicht ein einziges gelesen. Der Lärm in den Straßen und die hin- und herhetzenden Menschen machten mich ganz krank. Am liebsten wäre ich wieder umgekehrt – zurück nach Grönland.

In der letzten Septemberwoche lief die «Disco» in Kopenhagen ein. Dort erwartete mich eine große Überraschung. Meine Eltern schlossen mich in ihre Arme – überglücklich. Ein Journalist fragte mich: «Sind Sie froh, wieder hier zu sein? War es nicht schrecklich in dieser Einöde und Kälte – und die Strapazen, wie haben Sie das nur aushalten können?»

Gewiß, die Strapazen waren groß gewesen, aber nur, weil wir auf Eisbergen filmen mußten, eine Wahnidee von Fanck. Aber Grönland war wunderbar – so herrlich, daß fast keiner von uns glücklich war, es zu verlassen. Selbst Udet, der Vergnügungen und das Nachtleben mit schönen Frauen liebte, wollte dort bleiben. Einer versicherte dem anderen: Wir kommen wieder – ganz bestimmt in zwei oder drei Jahren. Und es ist nicht nur uns so ergangen – alle Menschen, die einmal in dieser Natur gelebt hatten, sagen und fühlen dasselbe, und einige blieben für immer dort.

Worin besteht das große Wunder, das dieses Land ohne Bäume – ohne Blumen, ohne Vegetation, bis auf das Sumpfgras in den Sommermonaten, so verzaubert? Ich glaube, dieses Wunder ist nicht zu erklären. Alles wirklich Wundersame ist unerklärlich. Der Zauber Grönlands ist wie ein Schleier gesponnen, aus Tausenden von unsichtbaren Seidenfäden. Wir sehen dort anders, fühlen anders. Europas Fragen und Probleme verlieren ihre Bedeutung – sie verblassen. Was uns zu Hause in Erregung versetzte, war uns in Grönland kaum noch bewußt. Ein Riesenballast von überflüssigen, unproduktiven und niemals glücklich machenden Dingen schien ins Meer zu verschwinden – kein Telefon, kein Radio, keine Post und kein Auto –, auf all das kann man verzichten.

Und wir hatten Zeit – unser eigentliches Leben wurde uns wieder geschenkt.

Hotel Kaiserhof

Wieder in Berlin. Das erste war ein Gang zu meinem Hausarzt Dr. Oskar Lùbowski, übrigens einem Bruder meines unglücklichen Verehrers aus der Jugendzeit, Walter Lubowski. Ihre Schwester Hilda, eine Schönheit, war mit dem Bildhauer Thorak verheiratet, der sich aber leider, weil sie Jüdin war, von ihr trennte. Sie lebte später mit ihrer Familie in Holland. Oskar war ein wunderbarer Arzt. Schon seit dem «Heiligen Berg» behandelte er mein Blasenleiden, bisher immer mit Erfolg. Aber wenn ich wochenlang in so extremer Kälte wie beim «Piz Palü» oder während der Stürme in Grönland filmen mußte, brach die Krankheit wieder aus.

Auch dieses Mal trat schon nach zwei Wochen eine Besserung ein. Freunde besuchten mich zu Hause und erzählten, was während meiner Abwesenheit geschehen war.

Hitler war noch nicht an der Macht, und seine Partei hatte Rückschläge erfahren: An den Litfaßsäulen war wieder eine Rede Hitlers im Sportpalast angekündigt. Ich hatte ihm versprochen, über Grönland zu berichten, und rief deshalb im «Hotel Kaiserhof» an, wo ich Herrn Schaub oder Herrn Brückner verlangte. Dieses Mal meldete sich Schaub, der sich etwas mürrisch gab. Ich bat ihn, Hitler zu sagen, ich sei aus Grönland zurück. Schon nach wenigen Stunden kam ein Anruf. Nun war Brückner am Apparat. Er fragte, ob ich am Nachmittag etwas Zeit hätte, Hitler würde gern mit mir Tee trinken. Wir vereinbarten fünf Uhr.

Als ich im «Hotel Kaiserhof» mit dem Fahrstuhl hinauffuhr, fiel mir ein kleiner Mann mit hagerem Gesicht und großen dunklen Augen auf, der mich ungeniert fixierte. Er trug einen Regenmantel und einen Filzhut. Es war Dr. Goebbels, der spätere Propagandaminister, wie ich nachher erfuhr. Er stieg in derselben Etage aus. Herr Brückner, der mich schon erwartete, begrüßte auch den mir Unbekannten und sagte: «Doktor, der Führer ist noch beschäftigt, nehmen Sie solange Platz im Salon.»

Dann brachte Brückner mich in Hitlers Arbeitszimmer, es lag in der ersten Etage. Hitler kam mir entgegen und begrüßte mich unbefangen und herzlich. Seine ersten Worte waren: «Was haben Sie alles in Grönland erlebt?»

Nachdem ich ihm begeistert von meinen Eindrücken und Erlebnissen in Grönland erzählte und ihm Fotos gezeigt hatte, kam Brückner herein und sagte: «Dr. Goebbels wartet im Salon.»

Hitler unterbrach ihn: «Sagen Sie dem Doktor, ich komme bald.»

Hitler wollte mehr wissen, und ich war von unserer Expedition noch so erfüllt, daß ich soviel sprach, als würde ich einen Vortrag über Grönland halten.

Wieder erschien Brückner und drängte Hitler zum Aufbruch. Nun erhob er sich und sagte höflich: «Entschuldigen Sie, Fräulein Riefenstahl. Sie haben so fesselnd erzählt, daß ich beinahe zu meiner Wahlversammlung zu spät gekommen wäre.»

Inzwischen erschien Schaub mit Hitlers Mantel. Während sich Hitler anzog, sagte er zu Brückner: «Nehmen Sie Fräulein Riefenstahl in Ihrem Wagen zùm Sportpalast mit, ich gehe schnell zum Doktor.»

Verwundert fragte ich: «Was hat das zu bedeuten?»

Brückner: «Der Führer nahm an, daß Sie auch zum Sportpalast gehen, aber wegen der Verspätung nicht mehr hinkommen, deshalb soll ich Sie mitnehmen. Warten Sie hier einen Augenblick, ich hole Sie gleich.»

Nun geschah alles in größter Eile. Ich wurde in einen Wagen gesetzt, in dem auch zwei Damen saßen, an deren Namen ich mich nicht mehr erinnere.

Von der Veranstaltung im Sportpalast sind mir keine Einzelheiten im Gedächtnis geblieben. Ich erinnere mich nur, daß alles ganz ähnlich war wie bei der ersten Hitlerrede, die ich vor meiner Grönlandreise erlebt hatte. Die gleichen begeisterten Massen, die gleichen beschwö-renden Worte Hitlers. Er sprach frei, ohne Konzept. Mit akzentuierter Schärfe peitschten seine Worte auf die Zuhörer nieder. Fast dämonisch suggerierte Hitler ihnen, er würde ein neues Deutschland schaffen, er versprach das Ende der Arbeitslosigkeit und Not. Als er sagte: «Ge-meinnutz geht vor Eigennutz», traf mich das im Innersten. Bisher hatte ich vor allem an meine persönlichen Interessen gedacht und mir wenig Gedanken über andere Menschen gemacht, ich hatte ganz egozen-trisch gelebt. Ich fühlte mich beschämt und wäre in diesem Augenblick bereit gewesen, Opfer für andere zu bringen. Vielleicht war ich nicht die einzige, die so empfand. Womöglich haben sich aus diesem Grund viele der Suggestion Hitlers nicht entziehen können.

Nach der Rede hatte ich nur einen Gedanken, so schnell wie möglich nach Hause zu kommen. Es war fast eine Flucht. Ich wollte nicht in etwas hineingezogen werden, was meine Unabhängigkeit gefährden konnte.

Am nächsten Tag erhielt ich überraschend von Frau Goebbels, die ich noch nicht kannte, eine Einladung. Eigentlich widerstrebte es mir, hinzugehen, aber mein Interesse, dort mehr über Hitler zu erfahren, war stärker. Ich hatte mich nicht getäuscht. Als ich in die Wohnung am Reichskanzlerplatz kam, befand sich auch Hitler unter den vielen Gästen. Nichts erinnerte mehr an den fanatischen Redner von gestern.

Wie ich von Frau Goebbels, die man neidlos eine Schönheit nennen konnte, erfuhr, wurde ein solches geselliges Beisammensein immer dann arrangiert, wenn Hitler sich nach anstrengenden Wahlreisen im Kreise der Familie Goebbels in Berlin entspannen wollte. Bei diesen Gelegenheiten wurden vor allem Künstler eingeladen.

Hier traf ich auch Hermann Göring, der damals noch nicht so

beleibt war wie später als Reichsmarschall. In Zeitungen hatte er über meine Flüge mit Udet in Grönland gelesen und wollte nun gern mehr über unsere Zusammenarbeit wissen. Es interessierte ihn sehr. Sie waren ja Fliegerkameraden. Göring hatte seit 1918 mit Udet keinen Kontakt mehr gehabt.

Dann entdeckte mich Dr. Goebbels, und wieder spürte ich diesen merkwürdigen Blick. Er stellte mir einige Künstler vor. Mit geistreichen Wortspielen und sprühendem Witz war er ein glänzender Unterhalter. Trotzdem hatte ich, ohne es begründen zu können, in seiner Nähe ein ungutes Gefühl. Sein Gesicht war nicht uninteressant, auffallend die großen dunklen Augen, seine hohe Stirn, dichtes dunkles Haar und gepflegte Hände. Die untere Gesichtshälfte, besonders der Mund, wirkte etwas vulgär. Merkwürdig, daß dieser Mann eine so schöne Frau hatte. Magda Goebbels war eine Dame, distanziert und selbstsicher, eine vorbildliche Gastgeberin, die sofort meine Sympathie gewann.

Die Gäste – etwa vierzig bis fünfzig – waren mir unbekannt. Über Politik wurde wenig gesprochen, Hauptthema waren Theater und andere kulturelle Ereignisse.

Mit Hitler, dessen Nähe ich mied, hatte ich nur wenige Worte gewechselt. Er saß fast den ganzen Abend auf einem kleinen Sofa und unterhielt sich intensiv mit Gretl Slezak, der Tochter Leo Slezaks, einer bekannten jungen Sängerin, mit der er, wie es hieß, seit längerer Zeit befreundet war. Ich kannte sie nur von der Bühne und hatte sie in einigen Operetten gesehen. Sie war blond, etwas mollig, aber eine hübsche Erscheinung mit viel Temperament.

Bevor ich mich kurz vor Mitternacht verabschiedete, kam Hitler auf mich zu und stellte die überraschende Frage, ob er morgen mit seinem Fotografen Heinrich Hoffmann auf einen kurzen Sprung bei mir vorbeikommen könnte; ich sollte Hoffmann meine Aufnahmen vom «Blauen Licht» zeigen. Auf einen solchen Besuch war ich nicht vorbereitet, deshalb fragte ich beklommen: «Geht es nicht übermorgen?»

«Leider nein», sagte Hitler, «Hoffmann und ich müssen morgen abend nach München zurück, und wir kommen so bald nicht wieder nach Berlin.»

Ich dachte an meinen winzigen Fahrstuhl und sagte: «Ich wohne im fünften Stock, und der Fahrstuhl im Haus ist sehr klein.»

Hitler lachte: «Wir schaffen es auch ohne Fahrstuhl.» Ich hatte keine Visitenkarte bei mir und schrieb meine Adresse auf einen Zettel.

Am nächsten Tag wartete ich aufgeregt auf den Besuch. Mein Mädchen hatte Tee vorbereitet und den Kuchen selbst gebacken. Pünktlich um fünf Uhr läutete es. Außer Hitler und Heinrich Hoffmann waren auch noch Dr. Goebbels und ein Herr Hanfstaengl mitgekommen. Als sie mein Atelier betraten, blieben Hitlers Augen auf den Kohlezeichnungen von Käthe Kollwitz hängen.

«Das gefällt Ihnen?» fragte er.

«Ja – Ihnen nicht, Herr Hitler?»

«Nein», antwortete er, «die Bilder sind zu traurig, zu negativ.»

Ich widersprach: «Ich finde die Zeichnungen ergreifend, der Ausdruck von Hunger und Not in dem Gesicht der Mutter und des Kindes ist genial gestaltet.»

Hitler sagte: «Wenn wir an die Macht kommen, wird es keine Not und kein Elend mehr geben.»

Dann wandte er sich von den Bildern ab, und mein Mädchen servierte den Tee. Die Worte Hitlers mochte ich nicht, sie machten mich betroffen – ich sah, daß er wenig oder nichts von Malerei verstand. Fanck, der mir diese Bilder geschenkt hatte und dem ich von dem bevorstehenden Besuch Hitlers erzählte, hatte mir geraten, die Kollwitz-Zeichnungen von der Wand zu nehmen. Ich habe es aber mit Absicht nicht getan, weil ich Hitlers Reaktion sehen wollte.

Nach einer kurzen Unterhaltung wünschte Hitler die Fotos zu sehen. Beim Betrachten der Bilder sagte er: «Schauen Sie, Hoffmann, das sind Aufnahmen, die eine Komposition haben, aber Sie knipsen mir viel zuviel herum – lieber weniger, aber gut.»

Ich wurde rot – taktvoll war das nicht, und ich verteidigte Hoffmann: «Diese Bilder sind nicht mit seinen zu vergleichen. Herrn Hoffmanns Aufgabe ist das schnelle Festhalten von aktuellen Ereignissen, da kann man nicht auf Komposition achten.» Hoffmann blinzelte mir erfreut zu.

Unterdessen hatte sich Hanfstaengl an meinen Flügel gesetzt und improvisierte einige Melodien. Da bemerkte ich, daß Hitler an meinem Schreibtisch in einem Buch blätterte. Als ich näher kam, sah ich, daß es «Mein Kampf» war. Ich hatte einige kritische Bemerkungen an den Rand geschrieben, beispielsweise «stimmt nicht» – «Irrtum» – «falsch» oder auch «gut». Mir war das einigermaßen unangenehm, aber Hitler schien sich zu amüsieren. Er nahm das Buch, setzte sich und blätterte weiter darin herum. «Das ist ja interessant», sagte er, «Sie sind eine scharfe Kritikerin, aber wir haben ja eine Künstlerin vor uns.»

Diese kleine Episode hat Hitler nie vergessen. Noch nach Jahren, wenige Monate vor Ausbruch des Zweiten Weltkrieges, erfuhr ich es in der Reichskanzlei.

Wie in jedem Jahr waren dort über tausend Künstler eingeladen, Musiker, Bildhauer, Architekten, Schauspieler von Theater und Film.

Sie waren aus ganz Deutschland zusammengekommen. Ich kam ziemlich spät. In den verschiedenen, großzügig angelegten Räumen hatten sich überall Gruppen gebildet. In einem von ihnen sah ich einen größeren Kreis von Menschen. Als ich hinzutrat, sah ich Hitler in der Mitte stehen. Vor Schreck wäre ich fast zu Boden gesunken, als ich hörte, wie er von den kritischen Bemerkungen erzählte, die er in meinem Exemplar gefunden habe. Nicht genug damit. Er sprach auch von unserer ersten Begegnung an der Nordsee, als ich ihm sagte, ich könnte nie in die Partei eintreten. Er trug dies wie ein Schauspieler vor, in dem er unseren Dialog komödiantisch imitierte. Als man mich entdeckte, konnte ich mich vor den Umarmungen meiner Kollegen kaum retten.

6. November 1932

Bald erhielt ich wieder eine neue Einladung von Frau Goebbels. Ich hatte mich sehr verspätet und war überrascht, nur wenige Gäste anzutreffen. Nun erfuhr ich erst, daß dies ein besonderer Tag war, der Wahlsonntag, an dem ein neuer Reichstag gewählt wurde. Sein Ausgang sei für die Partei entscheidend. Es war der 6. November 1932. Ich hatte noch nie gewählt und mich auch dieses Mal nicht an der Wahl beteiligt. Wieso man mich eingeladen hatte, blieb mir ein Rätsel.

Es war schon Abend. Den Mienen der Anwesenden sah man an, daß die Nachrichten schlecht waren. Es herrschte eine fast unerträgliche Spannung. Als der Rundfunk immer weitere Einbußen der NSDAP und Erfolge der Kommunisten meldete, waren alle sehr niedergeschlagen. Nach den letzten Ansagen ging Dr. Goebbels in ein Nebenzimmer, man konnte hören, wie er mit Hitler in München telefonierte, aber ich konnte nur ein paar Wortfetzen verstehen. Bei Bekanntgabe des vorläufigen Endresultats gegen Mitternacht hatte Dr. Goebbels einen versteinerten Ausdruck. Zu seiner Frau sagte er: «Wir gehen schweren Zeiten entgegen – aber wir haben schon schlimmere Krisen überwunden.»

Ich hatte das Gefühl, er glaubte selbst nicht an das, was er da sagte.

Am nächsten Abend fuhr ich nach München. Ich sollte im «Atlantik»-Kino am Isartor anläßlich einer Neuaufführung vom «Blauen Licht» einen Vortrag halten. Gerade als ich meine Schlafwagentür schließen wollte, sah ich Dr. Goebbels draußen im Gang stehen. Er war ebenso überrascht wie ich und bat, sich einen Augenblick zu mir setzen zu dürfen. Er wollte Hitler in München treffen und sprach von seinen persönlichen Sorgen und den Machtkämpfen in der Partei. Als er bemerkte, wie ahnungslos ich war, wechselte er sein Thema und kam merkwürdigerweise auf Homosexualität zu sprechen. Er sagte, Hitler habe eine extreme Abneigung gegen homosexuelle Männer, er selbst sei toleranter und verurteile nicht alle gleich.

«Meiner Ansicht nach», sagte ich, «sind die Anlagen beider Geschlechter mehr oder weniger bei allen Menschen vorhanden, vielleicht besonders ausgeprägt bei Künstlern – das hat aber doch nicht das Geringste mit Schuld oder Minderwertigkeit zu tun.» Goebbels stimmte mir überraschenderweise zu.

Als ich am nächsten Mittag in München von einer Lichtprobe im «Atlantik»-Kino in das Hotel zurückkehrte, rief Dr. Goebbels an. Er fragte, ob ich ihn zu der Besprechung mit Hitler begleiten möchte. Ich zögerte. Ich bekam langsam das Gefühl, in politische Dinge hineingezogen zu werden, mit denen ich nichts zu tun haben wollte. Andererseits war dies eine Gelegenheit, Hitlers Reaktion auf das Wahlergebnis persönlich zu erfahren.

Tatsächlich wurde ich Zeuge einer historischen Stunde. Das Treffen fand in dem Hinterzimmer einer im bayrischen Stil eingerichteten Gaststätte statt, im »Sternecker«, wie ich später erfuhr. Als ich mit Goebbels den Raum betrat, erhoben sich ungefähr acht bis zehn Männer, die an einem runden Holztisch saßen. Hitler, dessen Gesicht stark gerötet war, begrüßte mich wie immer mit Handkuß und stellte mir die anderen vor, von denen mir nur der Name Wagner in Erinnerung geblieben ist. Er wurde später Gauleiter von München.

Meine Erwartung, einen niedergeschlagenen Hitler zu sehen, war falsch. Ich staunte nur. Hitler redete, als sei er der Wahlsieger. Die Mienen der um ihn versammelten Männer, die vorher deprimiert und verdrossen waren, hellten sich zusehends auf. Und schon nach kurzer Zeit gelang es Hitler, ihnen wieder Mut zu machen und sie zu überzeugen, sie würden trotz dieser momentanen Niederlage bald an die Macht kommen.

«Bei den nächsten Landtagswahlen in Lippe», sagte er, «müssen wir in jedes Haus gehen, um jede Stimme ringen – wir werden diese Wahl gewinnen und damit endgültig den Durchbruch erringen. Nur die Schwachen sind von uns abgefallen, und das ist gut!»

Es gelang ihm sogar, den recht mutlos wirkenden Goebbels umzustimmen. Noch nie hatte ich jemand kennengelernt, der eine solche Überzeugungskraft besaß und Menschen so beeinflussen konnte. Ein Grund für mich, trotz der Faszination, die dieser Mann ausübte, seine Nähe möglichst zu meiden.

Hitler am Ende

Ich war wieder in Berlin, entschlossen, mich nur noch mit meinen zukünftigen Aufgaben zu beschäftigen und mich nicht durch politische Abenteuer ablenken zu lassen. Ich hatte verschiedene Angebote erhalten, und einige waren auch reizvoll. Aber noch war ich nicht frei. In wenigen Wochen sollten am Bernina-Paß die Spielszenen für den Grönlandfilm fertiggestellt werden.

Durch einen Zufall traf ich doch noch einmal in diesem Jahr mit Hitler zusammen – in einer ungewöhnlichen Situation. Nach meinen Kalendernotizen war es am 8. Dezember 1932. Ich hatte ein Konzert besucht und kam auf dem Heimweg durch die Wilhelmstraße. Da hörte ich Zeitungsverkäufer rufen: «Gregor Strasser verläßt Hitler», «Die NSDAP am Ende», «Hitlers Stern untergegangen». Ich kaufte mir die Zeitungen und setzte mich in die Halle des Hotels «Kaiserhof», um diese Sensationsmeldungen zu lesen. Was in den Zeitungen stand, war für Hitler vernichtend. Nun begriff ich erst, was Goebbels mir im Zug von Intrigen und Machtkämpfen in der Partei erzählt hatte. Wie schnell konnte sich alles so extrem ändern? Noch vor einem Monat in München hatte ich die Siegeszuversicht Hitlers miterlebt, und nun sollte ich den Zerfall seiner Hoffnungen erfahren – vielleicht schon das Ende.

Während ich meinen Gedanken nachhing, sagte eine Männerstimme: «Was machen Sie denn hier?» Ich schaute auf. Vor mir stand der lange Brückner.

«Stimmt das, was da in den Zeitungen steht?»

Mit wegwerfender Handbewegung sagte er: «Eine Pressekampagne, nichts weiter», und schon lief er mit großen Schritten auf die Treppe zu. Ich war bestürzt und fühlte, daß sich etwas Ungewöhnliches abspielte. Dann vertiefte ich mich wieder in die Lektüre der Blätter. Mir war weder der Name «Gregor Strasser» noch «General Schleicher» ein Begriff, ich hatte diese Namen nie bewußt gehört. Jetzt sah ich sie in großen Lettern auf den Titelseiten vor mir. Anscheinend war Strasser ein wichtiger Gefolgsmann Hitlers, der nun abgesprungen war und mit seinen Gegnern paktierte.

Wieder stand Brückner vor mir.

«Gut, daß Sie noch da sind», sagte er, «kommen Sie bitte mit, der Führer möchte Sie sehen.» Mir schoß das Blut in den Kopf. In dieser kritischen Situation wollte ich Hitler nicht sehen – ich zögerte, aber dann folgte ich Brückner herzklopfend doch. Wir gingen eine breite, teppichbedeckte Treppe hinauf zur Bel Etage, dort einen Gang entlang, um eine Ecke, und dann stand ich in Hitlers Salon. Brückner ließ uns allein.

Ich verstand noch immer nicht, warum mich Hitler in einer so dramatischen Situation zu sich kommen ließ. Er gab mir die Hand und ging dann im Zimmer auf und ab. Sein Gesicht war fahl, die Haare hingen ihm in die Stirn, die mit Schweißtropfen bedeckt war. Dann brach es aus ihm heraus: «Diese Verräter, diese Feiglinge – und das kurz vor dem endgültigen Sieg – diese Narren – dreizehn Jahre haben wir gekämpft, geschuftet und alles gegeben – schwerste Krisen haben wir überwunden, und nun kurz vor dem Ziel, dieser Verrat!»

Während er diese Worte ausstieß, sah er mich nicht ein einziges Mal an. Wieder ging er auf und ab, blieb stehen, griff sich an die Stirn und dann, wie im Selbstgespräch, sagte er: «Wenn die Partei zerfallen sollte, muß ich mit meinem Leben Schluß machen.» – Nach einer kurzen Pause fuhr er erregt fort: «Aber solange ich noch Männer wie Heß und Göring um mich habe, darf ich das nicht tun – ich kann sie nicht im Stich lassen, auch nicht die vielen treuen Parteigenossen. Wir werden weiterkämpfen, und wenn wir noch einmal ganz von vorne anfangen müßten.»

Hitler atmete schwer, verkrampfte die Hände ineinander. Nun verstand ich, warum er mich kommen ließ. Er brauchte einen Menschen in seiner Nähe, dem er sich anvertrauen konnte. Dann verfiel er in einen endlosen Monolog, indem er über die Entstehung der Partei sprach. Langsam wurde er ruhiger. Dann sah er mich zum ersten Mal an, hielt meine Hand und sagte: «Ich danke Ihnen, daß Sie gekommen sind.»

Ich konnte nicht sprechen, ich war zu bewegt. Ohne auch nur ein einziges Wort gesprochen zu haben, verließ ich das Zimmer.

Dr. Goebbels

Aus der Presse ging hervor, daß in der Partei Hitlers der Kampf um die Macht weiterging. Dr. Goebbels als Gauleiter von Berlin verstärkte seinen Einsatz. Erstaunlich, über welche physischen Kräfte dieser kleine Mann verfügte. Eine Kampfrede folgte auf die andere. Ich mochte ihn nicht, aber gerechter Weise mußte ich zugeben, daß er großen persönlichen Mut besaß. Wenn er in Berlin am Wedding vor kommunistischen Arbeitern redete, wurden Biergläser nach ihm geworfen. Er verließ das Podium nicht, auch, wenn er verletzt wurde, und es gelang ihm fast immer, die gegen ihn aufgebrachte Menge in den Griff zu bekommen und für sich zu gewinnen. Für Hitler war er in Berlin unentbehrlich.

Um so unbegreiflicher war es, daß dieser Mann, der in der Endphase des Ringens um die Macht seine ganze Kraft aufbieten mußte, sich in das hoffnungslose Unternehmen stürzte, mich um jeden Preis zu gewinnen.

Schon wenige Tage, nachdem ich Zeuge eines verzweifelten Hitlers geworden war, meldete sich Goebbels. Was ich vermutet hatte, bestätigte sich jetzt. Es verging kein Tag, an dem er mich nicht anrief, an manchen Tagen sogar mehrmals, und immer mehr drängte er zu einem Treffen. Eines Nachmittags stand er unangemeldet vor meiner Haustür.

«Bitte, nur einen kurzen Augenblick», bat er entschuldigend, «ich hatte in der Nähe zu tun.» Das war mir sehr unangenehm, aber ich wagte nicht, ihn abzuweisen. Als ich mein Mädchen bat, einen Tee zu bereiten, wehrte er ab: «Keine Umstände, ich habe wenig Zeit – ich muß heute abend noch zu einer Versammlung.»

«Was führt Sie zu mir, Doktor?»

«Ich habe Sorgen und wollte mich bei Ihnen aussprechen.»

«Ich glaube nicht, daß ich eine geeignete Person bin.»

Goebbels ignorierte meine Antwort und begann, scheinbar unbeeindruckt, von persönlichen Problemen zu sprechen, vor allem von seinen politischen Aktivitäten. Die Art und Weise, wie er darüber sprach, wirkte überheblich und arrogant.

So sagte er: «Im Reichstag bin ich der unsichtbare Drahtzieher, der alle Fäden in der Hand hat und der die Puppen tanzen läßt.»

Das klang so zynisch, daß er mir in diesem Augenblick wie ein leibhaftiger Mephisto vorkam. Ich konnte mir vorstellen, daß er ebenso, wenn es die Umstände erforderten, auch Stalin dienen würde. Er war ein gefährlicher Mann.

Obgleich ich Goebbels gebeten hatte, nicht mehr zu kommen, änderte das an seinem Verhalten nichts. Er mußte längst bemerkt haben, daß ich keine Sympathien für ihn empfand, aber meine Ablehnung reizte ihn um so mehr. Offenbar konnte er nicht begreifen, wie eine Frau seinem Werben widerstehen konnte. Schließlich kam es zu einer peinlichen Auseinandersetzung. Ich hatte abgelehnt, ihn in meiner Wohnung zu empfangen. Als er aber versprach, nur noch ein letztes Mal zu kommen, willigte ich leider ein, in der Hoffnung, endlich meine Ruhe vor ihm zu haben. In der Tat benahm er sich wie ein verliebter Primaner. Mit glänzenden Augen schilderte er, wie er schon 1926, das war vor sechs Jahren, bei der Premiere meines ersten

Films «Der heilige Berg» vor dem UFA-Palast gestanden habe, um mich einmal aus der Nähe sehen zu können.

Bisher hatte ich angenommen, daß er mich nur als Schauspielerin verehrte, jetzt mußte ich feststellen, daß seine Gefühle mir vor allem als Frau galten. Während er mich so anschwärmte, fiel sein Blick auf ein aufgeschlagenes Buch, es war Nietzsches «Zarathustra». Er nahm es, blätterte darin herum und fragte mich, ob ich eine Nietzsche-Anhängerin sei, was ich bejahte.

«Besonders», sagte ich «liebe ich seine Sprache und vor allem seine Lyrik. Kennen Sie Nietzsches Gedichte?» Er nickte und vertiefte sich in das Buch. Dann begann er überraschend wie ein Schauspieler aus dem «Zarathustra» zu deklamieren. Ich war froh, daß er abgelenkt war. Aber er legte das Buch beiseite, kam auf mich zu und schaute mich an, als wollte er mich hypnotisieren: «Gestehen Sie», sagte er, «Sie lieben den Führer.»

«Was ist das für ein Unsinn», rief ich, «Hitler ist ein Phänomen, das ich bewundern, aber nicht lieben kann.»

Da verlor Goebbels seine Beherrschung: «Sie müssen meine Geliebte werden, ich brauche Sie – ohne Sie ist mein Leben eine Qual! Ich liebe Sie schon so lange!» In der Tat kniete er vor mir nieder und fing sogar zu schluchzen an. Heller Wahnsinn. Fassungslos schaute ich auf den knienden Goebbels. Als er dann aber meine Fußgelenke umfaßte, wurde es mir zuviel. Ich wich zurück und forderte ihn auf, meine Wohnung zu verlassen. Er wurde aschfahl, und als er zögerte, rief ich: «Was sind Sie für ein Mensch! Sie haben eine so wunderbare Frau, ein süßes Kind! Ihr Benehmen ist einfach empörend.»

Goebbels: «Ich liebe meine Frau und mein Kind, verstehen Sie nicht? Aber ich liebe auch Sie, und ich würde jedes denkbare Opfer für Sie bringen.»

«Gehen Sie, Doktor», rief ich erregt, «gehen Sie, Sie sind verrückt.»

Ich öffnete die Wohnungstür und ließ den Fahrstuhl kommen. Mit gesenktem Kopf ging er, ohne mich noch einmal anzusehen.

Diese Demütigung hat mir der spätere Propagandaminister nie verziehen.

Flucht in die Berge

Ich hatte nur einen Wunsch: Sobald als möglich Berlin zu verlassen. Ich wollte es nicht auf eine Begegnung mit Dr. Goebbels ankommen lassen, und nicht nur mit ihm, sondern auch mit Hitler. Bis zum Weihnachtsfest waren es nur noch wenige Tage. Meine Eltern wollten den Heiligen Abend mit mir verleben, und so beschloß ich, bis dahin noch in Berlin zu bleiben. Auch hatte ich die Artikelserie für Manfred George noch nicht beendet. Im «Tempo» waren schon die ersten Fortsetzungen erschienen. Nach meiner Rückkehr aus Grönland hatte mich George gebeten, ein Buch über meine Erlebnisse während meiner Filmtätigkeit zu schreiben, von dem er die Vorabdrucksrechte für «Tempo» erwarb. Das Buch erschien Anfang 1933 beim Verlag Hesse & Becker in Leipzig. Titel: «Kampf in Schnee und Eis».

Als ich eines Tages vom Einkaufen nach Hause kam, lag ein Blumenstrauß vor meiner Tür. Auf dem beiliegenden Kärtchen stand: «Du-du – ich bin wieder da und wohne im Hotel Eden.» Josef von Sternberg war in Berlin, nach dreijähriger Abwesenheit. Am nächsten Tag sahen wir uns, er hatte sich kaum verändert. Sternberg erzählte, daß Erich Pommer ihn eingeladen hatte, hier wieder einen Film zu machen.

Wir kamen natürlich auch auf Hitler und den Nationalsozialismus zu sprechen, und ich erzählte ihm von meinen Begegnungen. Zu meiner Überraschung sagte er: «Hitler ist ein Phänomen – schade, daß ich Jude bin und er ein Antisemit ist. Wenn er an die Macht kommt, wird man sehen, ob sein Antisemitismus echt oder nur Wahlpropaganda war.» Übrigens war Sternberg nicht der einzige meiner jüdischen Bekannten, der so sprach. Auch Harry Sokal und andere haben sich ähnlich geäußert. Ich weiß, es klingt heute, da wir die entsetzlichen Verbrechen kennen, die während des Hitlerregimes geschehen sind, unglaubhaft, gerade für jüngere Menschen – aber es ist die Wahrheit.

Sternberg wollte mein «Blaues Licht» sehen. Wir fuhren nach Neukölln zur Kopieranstalt Geyer. Dort lagerte mein Filmmaterial. Auf sein Urteil war ich angstvoll gespannt. Ich wußte, er war ein strenger Kritiker. Aber ich wurde nicht enttäuscht.

«Das ist ein schöner Film», sagte er, «und du bist wunderbar. Es gibt keine größeren Gegensätze als dich und Marlene – du als ‹Junta› im ‹Blauen Licht› und Marlene als ‹Lola› im ‹Blauen Engel›. Ich habe Marlene geformt, sie ist mein Geschöpf, nun ist sie ein Weltstar. Und du – wann kommst du?»

«Ich komme, sobald meine Aufnahmen für ‹SOS-Eisberg› beendet sind. Ich hoffe sehr, im Frühjahr.»

Mit diesem Versprechen trennten wir uns, nachdem wir am Abend in der Edenbar bis nach Mitternacht mit reichlich Champagner ein zweites Mal Abschied gefeiert hatten – diesmal für lange Zeit.

Am folgenden Tag – es war Heiligabend – hatte ich noch lange nicht alles für meine Reise in die Schweizer Berge vorbereitet. Immerhin würden die Aufnahmen einige Monate dauern.

Während ich meine Koffer packte, läutete die Türglocke in einem fort. Boten brachten die noch vor dem Fest zu liefernden Waren und eine Menge Weihnachtsgeschenke. Es klingelte schon wieder. Ärgerlich und nervös riß ich die Tür auf. Fassungslos starrte ich in das verlegen lächelnde Gesicht von Dr. Goebbels. Noch ehe ich einen Laut herausbringen konnte, sagte er: «Entschuldigen Sie bitte, ich wollte Ihnen nur frohe Festtage wünschen und ein kleines Weihnachtsgeschenk überreichen.»

Stumm ließ ich ihn herein. Als er die großen Schrankkoffer sah, fragte er überrascht: «Wollen Sie verreisen?»

Ich nickte.

«Fahren Sie längere Zeit fort?»

Wieder nickte ich.

«Wohin reisen Sie – wann kommen Sie zurück?»

«Ich bleibe lange fort. Zuerst werde ich mich beim Skilaufen erholen, und dann muß ich meine Aufnahmen für SOS-Eisberg machen.» Goebbels erregt: «Bitte, fahren Sie nicht weg.» Als er meine abwehrende Handbewegung sah, bat er: «Haben Sie keine Angst, ich werde Ihnen nicht mehr zu nahe treten – aber ich möchte Sie wenigstens ab und zu sprechen können. Ich bin sehr allein, meine Frau ist schwer erkrankt. Sie liegt im Krankenhaus, und ich bange um ihr Leben.» Er sagte dies mit einem so bewegten Ausdruck, daß ich fast Mitleid mit ihm empfand. Vor allem bestürzte es mich, daß Magda Goebbels in einer Klinik war.

«Hören Sie, Doktor, Ihr Platz ist jetzt mehr denn je bei Ihrer Frau. Jede freie Minute sollten Sie bei ihr sein.» Ich konnte diesen Menschen nicht verstehen. Goebbels war sehr niedergeschlagen. Er setzte sich, ohne seinen Mantel auszuziehen, auf die Couch.

«Sagen Sie mir wenigstens, wo Sie zu erreichen sind, daß ich Sie anrufen kann.»

«Das weiß ich nicht. Ich werde die Wintersportplätze wechseln und habe noch keine Ahnung, wann die Aufnahmen für den Film beginnen.»

Nachdem er die Hoffnungslosigkeit seiner Bemühungen einsehen mußte, verschwand das Menschliche aus seinen Zügen. Sein Gesicht wirkte nun maskenhaft. Er überreichte mir zwei Päckchen und sagte: «Ein Weihnachtsgruß.»

Als die Tür hinter ihm zu war, öffnete ich seine Geschenkpakete. In einem Päckchen befand sich ein in rotes Leder gebundenes Exemplar der Erstausgabe von Hitlers «Mein Kampf» mit einer von Goebbels hineingeschriebenen Widmung, im zweiten eine Bronzemedaille mit dem Relief seines Kopfes. Wie geschmacklos, dachte ich, sich selbst zu verschenken. Wenig später ging ich zu meinen Eltern. Dieses Weihnachten war für uns ein trauriges Fest. Mein Vater hatte große geschäftliche Sorgen. Er mußte mehr Arbeiter und Angestellte entlassen. Auch war Heinz zum ersten Mal nicht bei uns. Er war als Mitarbeiter meines Vaters in Indien und mußte dort in dem Palast des Maharadscha von Indore eine Klimaanlage einbauen. Diesen interessanten Auftrag hatte Heinz durch den bekannten Architekten Eckart Muthesius erhalten, mit dem er befreundet war.

Endlich war ich wieder in den Bergen! In St. Anton am Arlberg konnte ich mich in der vielleicht besten Skischule der Welt bei Hannes Schneider verbessern und die neueste Technik erlernen. Ich fühlte mich dort wie zu Hause. Die meisten Skilehrer hatten in unseren Bergfilmen mitgewirkt, und wir alle verstanden uns ausgezeichnet. Die Freude an diesem herrlichen Sport ließ mich alles vergessen, was mich vorher bedrückt hatte. Selbst meine beruflichen Pläne traten in den Hintergrund.

Als ich eines Nachmittags von einer Abfahrt in mein «Hotel Post» zurückkam, sagte mir der Hoteldirektor, ein gewisser Dr. Goebbels habe schon mehrere Male angerufen. Wie hatte er nur herausbekommen, daß ich in St. Anton war? Kaum hatte ich mich umgezogen, wurde ich ans Telefon geholt. Tatsächlich war er es wieder. Aufgebracht fragte ich, wer ihm meinen Aufenthalt verraten habe, und seine Antwort war, er habe einige Wintersportplätze angerufen. Mußte ich das glauben?

«Was möchten Sie von mir?»

«Ich wollte mich nur erkundigen, wann Sie wieder in Berlin sind.» Die Hartnäckigkeit dieses Menschen war unglaublich. Wütend sagte ich: «Vorläufig nicht, und ich bitte Sie, Herr Goebbels, lassen Sie mich in Ruhe, und rufen Sie mich nicht mehr an.» Ich hing den Hörer ein. An diesem Abend war mir meine ganze Stimmung verdorben.

Beim Abfahrtslauf am nächsten Tag war die internationale Spitzenklasse fast vollständig erschienen. Das lenkte mich von meinem Ärger ab. Das Rennen ging über die schwierige Kandaharstrecke hinunter bis zur Seilbahnstation. Es war fantastisch, in welchem Tempo die Läufer den mit vielen Buckeln versehenen Steilhang hinunterbrausten.

Mitte Januar reiste ich ab und fuhr nach Davos. Dort lockte mich das Skigebiet der Parsenn – damals für Skifahrer ein Traumgebiet, das alle meine Erwartungen übertraf. Hier wurde ich vom Skifieber erst richtig erfaßt. Es gab kilometerlange Abfahrten im Pulverschnee und so viele, daß man jeden Tag eine andere Strecke wählen konnte, eine war schöner als die andere.

Damals, im Januar 1933, traf man noch wenige Skifahrer auf den Pisten an. Heute, wo sich Tausende auf der Parsenn tummeln, ist das kaum vorstellbar. Niemals hatte man an den Skibahnen zu warten, Lifte gab es noch nicht, und Zusammenstöße, wie sie heute die Regel sind, waren eine Seltenheit. Vom Weißfluhgipfel bis Küblis konnte man vierzehn Kilometer ununterbrochen abfahren. Allerdings mußte man eine gute Kondition haben, um diese Strecke, ohne stehenzubleiben, durchzufahren. Ich genoß das wie einen Rausch. Selbst in meinen Träumen schwebte ich über Steilhänge.

Auf der Parsenn traf ich Walter Prager, den ich in St. Anton kennengelernt habe. Überraschend war dieser junge Schweizer Kandaharsieger geworden. Er bot mir an, mich für das Parsenn-Derby-Rennen zu trainieren. Mit ihm machte das Skilaufen noch mehr Spaß. Er war ein erstklassiger Trainer. Von Tag zu Tag machte ich Fortschritte – wir trainierten jetzt nach der Uhrzeit.

Zwischen Walter Prager und mir entwickelte sich ein freundschaftliches Verhältnis. Mit der Zeit wurde es immer herzlicher, so entstand eine engere Beziehung, die eine Dauer von mehr als zwei Jahren hatte.

Merkwürdigerweise habe ich mich nie in Männer verliebt, die gesellschaftlich, politisch oder als Künstler einen Namen hatten oder die Frauen mit kostbaren Geschenken verwöhnten.

Als meine Mutter später meinen Freund kennenlernte, war sie nicht sehr glücklich über meine Wahl.

«Was findest du nur an dem Jungen?» fragte sie. «Nie kommst du mit einem gescheiten Mann, ich begreife dich nicht.»

Arme Mutti, wie sollte ich ihr das erklären können? Walter sah gut aus, machte aber eher einen unscheinbaren Eindruck. Sein besonderer Charme, sein Temperament, sein sympathisches Wesen nahmen mich ganz für ihn ein. Es ist nicht leicht, selbst einem nahestehenden Menschen, wie meine Mutter es war, plötzliche Gefühle von Zuneigung und Liebe zu einem anderen verständlich zu machen.

Der Arbeitsbeginn unserer schweizerischen Grönland-Aufnahmen verzögerte sich von Woche zu Woche. Ich hatte nichts dagegen. Es war Ende Januar, als ich in Davos von der sensationellen Nachricht überrascht wurde: Hitler war Reichskanzler geworden. Er hatte es also geschafft, wie, wußte ich nicht. Ich hatte seit Wochen keine Zeitungen mehr gelesen. Da es damals noch kein Fernsehen gab, habe ich den Tag der Machtübernahme mit dem Fackelzug erst Jahre nach dem Krieg in alten Wochenschauen gesehen.

Hitler hatte nun sein Ziel erreicht, und als Reichskanzler interessierte er mich weit weniger als vor der «Machtübernahme».

Anfang Februar wurde ich endlich zu den Aufnahmen nach dem «Bernina Hospiz» gerufen. Noch befand ich mich in Davos. Die Koffer waren schon gepackt, da stand plötzlich unerwartet Udet vor mir.

«Was machst du denn hier?» fragte ich überrascht.

«Dich abholen», sagte er verschmitzt.

«Wie», fragte ich fassungslos, «mit deiner Maschine?»

«Natürlich mit meiner Maschine.» Unglaublich dieser Udet. Meine Koffer-Ungetüme ließ ich mit der Bahn zum Bernina Paß befördern und stieg in das Sportflugzeug, mit dem Udet auf dem eingefrorenen kleinen See in Davos gelandet war.

Beinahe wäre es beim Start zu einem Unglück gekommen. Der Platz für den Auslauf der Maschine war kurz: Erschrocken sah ich, wie unser Flugzeug auf die Heustadel am Ende des Sees zuraste. Mit der ihm eigenen Geschicklichkeit zog Udet aber kurz vor den Stadeln die Maschine senkrecht in die Höhe. Starker Rückenwind hatte diese gefährliche Situation verursacht. Nach kurzer Zeit landeten wir mühelos auf der kleinen Eisfläche des Bernina Sees, ganz in der Nähe unserer Filmbauten. Mit großem Hallo wurde ich empfangen. Außer Fanck und seinen Mitarbeitern begrüßte ich die Filmleute, die aus Hollywood kamen. Tay Garnett führte Regie in der amerikanischen Version, mein Partner hieß Rod la Roque.

Die Eisbauten waren fantastisch, die Architekten hatten für die Spielszenen eine echte Arktis-Landschaft gebaut, in der sich große Eishöhlen befanden. Die Arbeitsatmosphäre fand ich ausgezeichnet. Auch der Kontakt zwischen Tay Garnett und Dr. Fanck schien mir gut. Unter der Regie Garnetts zu spielen, war ein wahres Vergnügen. Wäre es nur nicht so bitter kalt gewesen, und hätten sich die Arbeiten nicht so lange hingezogen! Zum Glück hatte ich oft längere Pausen, und unser Produktionsleiter Paul Kohner war großzügig genug, mich an freien Tagen mit Udet nach Davos fliegen zu lassen. Ich konnte auf der Parsenn mein Skitraining fortsetzen und wurde mit einem Erfolg belohnt. In dem bekannten Parsenn-Derby belegte ich auf dieser langen Abfahrtsstrecke, auf welcher die besten Schweizer Läuferinnen mitfuhren, den zweiten Platz.

Es war schon Mai geworden, und noch immer waren die Aufnahmen nicht zu Ende. Das Eis begann zu schmelzen, und wir mußten noch höher hinauf. So übersiedelten wir auf das dreitausend Meter hoch gelegene Jungfraujoch in den Berner Alpen. Dort entstanden vor allem die Szenen mit den Schlittenhunden.

Endlich, im Juni, war die letzte Klappe des Grönlandfilms gefallen.

Zum Abschluß machten alle, die Ski fuhren, die schönste Sommer-Skiabfahrt der Schweizer Alpen, vom Jungfraujoch über den Aletschgletscher hinunter bis in die blühenden Sommerwiesen.

Besuch in der Reichskanzlei

Nach sechsmonatiger Abwesenheit von Berlin mußte ich mich erst wieder an die Großstadt gewöhnen und an die Veränderungen in Deutschland. Daß Hitler Reichskanzler geworden war, hatten wir auch am Bernina Paß erfahren, nichts aber von den Bücherverbrennungen im Mai vor der Universität und den beginnenden Diffamierungen der Juden mit ihrem ersten Boykott in allen Städten. Ich war zutiefst bestürzt und beunruhigt.

In meiner Post fand ich einen Brief meines Freundes Manfred George aus Prag, in dem er schrieb, er habe wie viele seiner jüdischen Bekannten emigrieren müssen, da er in Deutschland nicht mehr arbeiten konnte. Er wollte versuchen, in die USA zu gehen und, was mich am meisten erschütterte, mir wünschte er Glück. Auch von Bela Balazs, mit dem mich ebenfalls ein Freundschaftsverhältnis verband, war ein Brief da, aus Moskau. Er, ein überzeugter Kommunist, wolle vorläufig in Rußland bleiben und später in seine ungarische Heimat zurückkehren. Weinend hielt ich die Briefe in meinen Händen.

Von immer mehr Freunden und Bekannten hörte ich, daß sie Deutschland verlassen hatten. Nur meine beiden Ärzte, Dr. Lubowski, der Verlobte meiner Freundin Hertha, und Dr. Cohn, ein bekannter Frauenarzt, waren noch in Berlin. Viele große jüdische Schauspieler, wie Elisabeth Bergner, spielten nicht mehr, und auch Max Reinhardt und Erich Pommer hatten Deutschland schon verlassen. Was für schreckliche Dinge mußten sich da ereignet haben! Ich konnte das alles gar nicht verstehen. Was sollte ich tun? Seit Dezember hatte ich nichts mehr von Hitler und natürlich auch nichts von Goebbels gehört, worüber ich nur froh war. Nachdem Hitler an der Macht war, wollte ich keine Verbindung mehr mit ihm haben.

Seit der erfolgreichen Premiere des «Blauen Lichts» war über ein Jahr vergangen. In Grönland und später in den Schweizer Alpen hatte ich keine Kontakte mehr mit der Filmindustrie gehabt und war so auch nicht imstande gewesen, den Erfolg dieses Films für meine Karriere zu nutzen. Alles, was «Das blaue Licht» betraf, hatte ich vertrauensvoll in die Hände meines Co-Partners Harry Sokal gelegt. In der langen Arbeitszeit an «SOS Eisberg» hatte ich meine Gage verbraucht, mit der ich noch Verpflichtungen meiner eigenen Firma nachkommen mußte. Wieder war ich ohne finanzielle Mittel, besaß kaum genügend, um meine rückständige Miete zu bezahlen. Da ich aber mit fünfzig Prozent am Gewinn meines Films beteiligt war, machte ich mir keine Sorgen.

Als ich Sokal sprechen wollte, erfuhr ich von Herrn Plehn, seinem Prokuristen, auch er sei weggegangen – verständlich, Sokal war Halbjude. Was ich nicht verstehen konnte, war, daß er mit mir noch nie die Gewinne meines Films abgerechnet hatte, weder aus dem Verleih in Deutschland noch aus dem Ausland. Der Film war ein Welterfolg geworden. Ich war auf den Gewinnanteil meines Films angewiesen und hatte von Sokal noch keine Mark erhalten. Beklommen fragte ich Herrn Plehn: «Hat Herr Sokal Ihnen kein Geld für mich hinterlassen?»

«Nein», war die Antwort.

«Und wie werde ich zu meinem Geld kommen?»

Herr Plehn zuckte die Achseln und antwortete ausweichend: «Herr Sokal wird das sicher vom Ausland regeln, aber viel Hoffnung besteht nicht. Das Finanzamt Friedrichstraße hat an ihn eine Forderung von 275 000 Mark.»

Auf diese Hiobsbotschaft folgte eine noch schlimmere. Bei der Kopieranstalt Geyer erfuhr ich, daß Sokal mein Originalnegativ ins Ausland mitgenommen hatte. Verzweifelt versuchte ich ihn zu erreichen. Es hieß, er sei in Frankreich, aber ich konnte ihn nirgends ausfindig machen.

In diesen Tagen, in denen ich von Depressionen gepeinigt wurde, erinnerte ich mich an einen Filmstoff, den mir Fanck einmal vorgeschlagen hatte: «Mademoiselle Docteur». Ein Spionagefilm, dessen Handlung im Weltkrieg zwischen Deutschland und Frankreich spielte. Fanck hatte mir dafür wertvolle dokumentarische Unterlagen zur Verfügung gestellt. Er hatte mit der Spionin zusammen in der deutschen Abwehr gearbeitet. Den Namen «Mademoiselle Docteur» hatten ihr die Franzosen in Anerkennung ihrer hervorragenden und von ihnen gefürchteten Tätigkeit gegeben.

Ich legte den Stoff der UFA vor, die von dem Thema beeindruckt war und sich bereit erklärte, den Film in ihr Programm aufzunehmen und auch zu finanzieren. Ferner sicherte sie mir, was die künstlerische Gestaltung anbelangte, ein Mitbestimmungsrecht zu. Für das Drehbuch verpflichtete sie ihren Starautor, Gerhard Menzel, mit dem ich schon Kontakt aufgenommen hatte, und für die Regie wünschte ich mir Frank Wisbar, womit die UFA sehr einverstanden war.

Zum ersten Mal seit dem »Blauen Licht« erhielt ich die Chance, mich in einem Spielfilm in einer dramatischen Rolle zu bewähren, was schon seit Jahren mein größter Wunsch war.

Da bekam ich einen Anruf aus der Reichskanzlei. Am ganzen Körper zitternd, hielt ich den Hörer in der Hand. Man fragte mich, ob ich am nächsten Tag um vier Uhr in die Reichskanzlei kommen würde, der Führer möchte mich sprechen. Ich hatte nicht den Mut «Nein» zu sagen. Nach dieser langen Pause fürchtete ich mich vor einer Begegnung mit Hitler. Als Reichskanzler war er sicherlich ein anderer geworden.

Beinahe pünktlich war ich am nächsten Tag in der Reichskanzlei, wo Hitler mich bereits erwartete. Es war ein wolkenloser, warmer Sommertag. Ich hatte ein einfaches weißes Kleid angezogen und mich dezent geschminkt. Auf der Terrasse zum Garten war der Teetisch gedeckt. Nur der Diener war anwesend, weder Schaub noch Brückner habe ich gesehen.

Hitler wirkte entspannt und genauso freundlich, wie ich ihn vor einem Jahr an der Nordsee kennengelernt hatte.

«Nehmen Sie bitte Platz, Fräulein Riefenstahl.» Er schob meinen Stuhl zurück und setzte sich mir gegenüber. Der Diener schenkte Tee ein und bot Gebäck an. Ich hatte die Augen niedergeschlagen und war sehr gehemmt, im Gegensatz zu früher.

«Wir haben uns sehr lange nicht gesehen», begann Hitler, «wenn ich mich recht erinnere, war es im Dezember letzten Jahres, bevor wir an die Macht kamen. Sie haben mich damals in einer meiner schwersten Stunden erlebt. Ich war nahe daran, mir eine Kugel durch den Kopf zu jagen.» Mein Blick war immer noch auf die Tasse gerichtet.

«Aber», fuhr er fort, «das Schicksal hat es nicht gewollt, und es ist für alle diejenigen, die leicht den Mut verlieren, ein Beispiel, daß man einen Kampf nie aufgeben darf, auch, wenn es noch so hoffnungslos aussieht.» Ich wagte nicht, ihn anzusehen. «Als meine Partei zerfiel und meine Mitkämpfer mich verließen, konnte ich nicht ahnen, daß mir schon in sechs Wochen der Sieg wie eine reife Frucht zufallen würde.» Er trank einen Schluck Tee, sah mich an und fragte aufmunternd: «Und Sie, wo waren Sie in der ganzen Zeit, und was haben Sie gemacht?»

Ich hatte noch immer keine Silbe gesagt – ich dachte an Manfred George und meine anderen Freunde, die seinetwegen Deutschland verlassen hatten. Ich wußte nicht, wie ich es anfangen könnte, mit ihm darüber zu sprechen. Mir war, als ob ich einen Kloß in der Kehle hätte. Aber dann überwand ich meine Hemmung und sagte: «Ich war in Österreich und in der Schweiz, wo ich die Aufnahmen für ‹SOS Eisberg› fertiggemacht habe. Ich bin erst seit kurzem wieder in Deutschland. Aber es hat sich so vieles verändert.»

«Wie meinen Sie das?» fragte er, jetzt distanzierter werdend.

«Einige meiner besten Freunde sind emigriert und auch große Künstler, wie zum Beispiel die einzigartige und unersetzbare Elisabeth Bergner.»

Hitler hob seine Hand, als wollte er meine Worte stoppen, und sagte dann etwas gereizt: «Fräulein Riefenstahl, ich kenne Ihre Einstellung, die Sie mir in Horumersiel mitteilten. Ich respektiere sie. Aber ich möchte Sie bitten, mit mir nicht über ein Thema zu sprechen, das mir unangenehm ist. Ich schätze Sie als Künstlerin hoch ein, Sie haben eine seltene Begabung, und ich möchte Sie auch nicht beeinflussen. Aber eine Diskussion über das jüdische Problem kann ich mit Ihnen nicht führen.» Sein Gesicht entspannte sich wieder, und dann fuhr er mit einem liebenswürdigen Ausdruck fort: «Ich habe Ihnen noch nicht gesagt, warum ich Sie eingeladen habe. Ich möchte Ihnen ein ehrenvolles Angebot machen, das Ihrem Talent entspricht. Wie Sie wissen, ist Dr. Goebbels als Reichspropagandaminister nicht nur für die Presse verantwortlich, sondern auch für Theater und Film. Da er aber auf dem Gebiet des Films keinerlei Erfahrung hat, habe ich an Sie gedacht. Sie könnten an seiner Seite die künstlerische Leitung des deutschen Filmschaffens übernehmen.»

Bei diesen Worten Hitlers wurde mir fast schwindlig.

«Sie sehen plötzlich so bleich aus», sagte er besorgt, «ist Ihnen nicht gut?» Wenn Hitler eine Ahnung gehabt hätte, was sich zwischen Goebbels und mir abgespielt hatte, würde er mir diesen Vorschlag nie gemacht haben. Ich konnte unmöglich mit Hitler darüber sprechen. Aber ganz unabhängig von dieser Geschichte hätte ich ein solches Amt niemals übernommen.

«Mein Führer», sagte ich «verzeihen Sie mir, daß ich mich nicht in der Lage fühle, diese ehrenvolle Aufgabe zu übernehmen.»

Überrascht sah Hitler mich an.

«Warum nicht, Fräulein Riefenstahl?»

«Dafür habe ich keine Fähigkeiten. Ich habe bestimmte Vorstellungen von dem, was ich machen könnte. Wenn ich aber etwas tun müßte, wofür ich keine Antenne habe, dann wäre ich ein schlimmer Versager.»

Hitler sah mich lange prüfend an, dann sagte er: «Gut, ich verstehe. Sie sind eine sehr eigenwillige Persönlichkeit. Aber Sie könnten doch dann Filme für mich machen.» Genau das hatte ich so befürchtet.

«Ich denke da an einen Film über Horst Wessel oder einen über meine Bewegung.» Nun war ich es, die Hitler unterbrach.

«Das kann ich nicht, das kann ich nicht», sagte ich fast flehend. «Vergessen Sie bitte nicht, ich bin eine Schauspielerin, und dies mit Leib und Seele.»

An Hitlers Ausdruck sah ich, wie sehr ich ihn enttäuscht hatte. Er stand auf, verabschiedete sich und sagte: «Es tut mir leid, daß ich Sie nicht für meine Filme gewinnen konnte, aber ich wünsche Ihnen Glück und Erfolg.» Dann winkte er dem Diener aus dem Nebenzimmer: «Bitte, geleiten Sie Fräulein Riefenstahl zu ihrem Wagen.«

Verwirrt und bedrückt fuhr ich nach Hause. Daß ich Hitler, den ich damals noch immer verehrte, so enttäuscht hatte, schmerzte mich. Aber es war mir nicht möglich, über meinen Schatten zu springen. Als mich Fanck besuchte, berichtete ich ihm von dieser Unterhaltung und meinem Dilemma. Er war sprachlos: «Du hast dich unmöglich benommen, du mußt versuchen, es irgendwie gutzumachen.»

«Aber wie?» fragte ich niedergeschlagen.

Fanck überlegte: «Ich habe dir schon vor Jahren, als ich noch so sehr in dich verknallt war, eine wertvolle Erstausgabe sämtlicher Werke von Fichte geschenkt, die meine Schwester kunstvoll in weißes Leder gebunden hat. Wie wärs, wenn du dich davon trennst und sie Hitler mit ein paar Zeilen, die dein Verhalten erklären, schenkst?»

«Eine gute Idee», sagte ich und umarmte dankbar meinen Regisseur.

Panne im Grunewald

Wenige Tage danach bekam ich Besuch. Walter Prager und Hans Ertl erzählten mir von den Bergtouren, die sie nach Abschluß der Grönlandarbeit noch unternommen hatten.

Während wir in fröhlicher Stimmung das Abendessen miteinander vorbereiteten, läutete das Telefon. Da es schon sehr spät war, wollte ich es nicht mehr abnehmen. Aber Prager hatte den Hörer schon in der Hand und reichte ihn mir. Als ich die Stimme erkannte, wäre mir der Hörer fast aus der Hand gefallen. Kein Zweifel, es war die Stimme von Dr. Goebbels.

«Darf ich noch kurz bei Ihnen vorbeikommen?»

«Nein», sagte ich schroff, «es tut mir leid, Herr Minister, ich habe Besuch.» – Eine Pause, dann hörte ich: «Es ist sehr dringend, was ich Ihnen mitteilen muß.»

«Ich kann Sie nicht empfangen. Meine Freunde sind heute aus der Schweiz gekommen und werden bei mir übernachten.»

Goebbels drängend: «Nur einen Augenblick – ich bin in zehn

Minuten vor Ihrem Haus – ich komme mit einem Taxi.» Ohne meine Antwort abzuwarten, hatte er eingehängt. Ich war wütend und wollte nicht hinuntergehen. Aber meine Freunde rieten, die Situation mit Goebbels nicht auf die Spitze zu treiben. Deshalb ging ich hinunter. Jedenfalls war uns der nette Abend gründlich vermasselt.

Als ich aus der Tür kam, stand Dr. Goebbels tatsächlich mutterseelenallein davor. Es goß in Strömen, weit und breit war kein Taxi zu sehen. Er hatte einen Regenmantel an und seinen breitkrempigen Hut tief ins Gesicht gezogen.

Nachdem er mich begrüßt und sich für sein plötzliches Erscheinen entschuldigt hatte, sagte er, sich nach allen Seiten in der menschenleeren, dunklen Straße umsehend: «Hier können wir nicht bleiben, Sie werden ganz naß.»

Mein Blick fiel auf meinen kleinen Mercedes, der vor der Tür stand, dort hinein flüchteten wir uns.

«Ich darf mit Ihnen nicht gesehen werden, wir müssen von hier wegfahren.»

«Wohin?» fragte ich betroffen.

«Wohin Sie wollen, aber wo uns niemand sieht.»

«Was soll das, Doktor? Was wollen Sie überhaupt von mir?»

«Ich wußte nicht, daß Sie wieder hier sind. Ich habe es erst gestern vom Führer erfahren.»

«Sie sind immer noch wahnsinnig – Sie bringen sich und mich in die schrecklichsten Situationen.»

Ich ließ den Motor an und fuhr die Kaiserallee hinunter, Richtung Grunewald. Ich hatte nur einen Gedanken: Daß uns niemand sieht. Der Regen war so stark, daß ich kaum etwas durch die Scheiben erkennen konnte. Jeden Augenblick konnte es anfangen zu hageln. Am günstigsten, dachte ich, wäre es, in den Grunewald hineinzufahren, da würden bei diesem Wetter bestimmt keine Leute mehr spazierengehen. Als wir vom Hohenzollern-Damm kommend in den Grunewald einbogen, sah ich, wie Goebbels aus seiner Manteltasche eine Pistole herausnahm und sie in das Handschuhfach legte.

Meine erschrockene Reaktion bemerkend, sagte er lächelnd: «Ohne Waffe gehe ich nie aus.»

Nun war ich in der Tat gespannt, was er mir denn Dringendes zu sagen hatte. Aber er schwieg. Ich konnte nur noch im Schritt fahren. Große Wasserpfützen hatten sich auf der Straße gebildet und bespritzten die Autoscheiben. Nur nicht an einen Baum fahren, dachte ich. Ich war von der Straße abgekommen und fuhr direkt durch den Wald. Immer enger standen die Bäume beisammen, so daß ich mein Auto wie in einem Slalom um die Fichten herumdirigieren mußte. Ich brauchte meine ganze Konzentration, um überhaupt noch in dem morastig gewordenen Boden weiterfahren zu können. Da legte Goebbels seinen Arm um meine Taille. In diesem Augenblick gab es einen heftigen Ruck, und das Auto blieb stehen. Erschrocken stellte ich fest, daß sich der Wagen in einer gefährlichen Schräglage befand. Wir wagten kaum, uns zu bewegen, aus Angst, das Auto könnte umkippen. Goebbels, der erstaunlich ruhig blieb, nahm vorsichtig seine Pistole aus dem Handschuhfach und steckte sie in seine Manteltasche. Dann versuchte er, die Wagentür zu öffnen. Glücklicherweise konnten wir aus dem Auto heraus. Ich war wegen der schlechten Sicht auf einen Erdhügel gefahren. Der hintere Teil des Wagens steckte bis zu dem linken Trittbrett im Schlamm, während die Vorderräder in der Luft hingen. Eine katastrophale Situation. Es war aussichtslos, zu zweit den Wagen aus dem Morast zu ziehen.

Goebbels sagte dann: «Fräulein Riefenstahl, wenn Sie hier langgehen», dabei deutete er in die Richtung, aus der wir gekommen waren, «dann kommen Sie in wenigen Minuten auf eine Straße, wo es möglich sein wird, nach einem Taxi zu telefonieren. Leider kann ich Sie nicht begleiten. Man darf uns auf keinen Fall zusammen sehen.»

Ich wunderte mich, daß er sich in der Dunkelheit so gut auskannte. Dann verabschiedete er sich, schlug seinen Mantelkragen hoch und machte sich in entgegengesetzter Richtung auf den Weg.

Nach langem Umherirren fand ich eine Kneipe, von der ich mit meiner Wohnung telefonieren konnte. Ich bat meine Freunde, die schon in größter Sorge über mein Verschwinden waren, mich mit einem Taxi abzuholen. Vielleicht würde es ihnen mit Hilfe eines Taxichauffeurs gelingen, das Auto wieder flott zu machen. Ich war bis auf die Haut naß und bat auch um warme Sachen, einen Regenmantel sowie alles, was an Taschenlampen aufzufinden war.

Während ich schlotternd vor Nässe dasaß und wartete, erwärmte mich ein heißer Grog. Der sehr nette Wirt gab mir eine Strickjacke und einen Wollschal für mein nasses Haar. Noch immer spürte ich in mir die Angst vor Goebbels, der mich in geradezu infamer Weise verfolgte, und das ungeheure Geheimnis, das er nur mir enthüllen wollte, war doch nur ein fauler Trick.

Erleichtert war ich, als meine Freunde kamen. Was für ein Glück, daß ich an diesem Abend nicht allein war. Zu viert begaben wir uns auf die Suche nach meinem Wagen.

Schließlich fanden wir ihn, aber alle Versuche, ihn wieder flott zu kriegen, scheiterten. Wir mußten mit dem Taxi nach Hause zurückfahren, wo wir die «Rettung» ausgiebig feierten.

Ein Geständnis von Magda Goebbels

Meine Freunde hatten Berlin verlassen, das Auto stand wieder in der Garage, und ich konnte mich jetzt ganz meiner neuen Aufgabe widmen. Fast täglich arbeitete ich mit Gerhard Menzel an dem Drehbuch zu «Mademoiselle Docteur» und hatte Besprechungen mit Frank Wisbar. Mitte September sollten die Aufnahmen in den UFA-Ateliers in Babelsberg beginnen.

Da erhielt ich zu meiner Überraschung aus der Reichskanzlei eine Einladung für einen Sonntagsausflug nach Heiligendamm; auch Hitler würde daran teilnehmen. Näheres wurde mir nicht gesagt. Nach meiner letzten Begegnung mit Hitler hatte ich angenommen, ich würde von ihm nicht wieder hören.

Von diesem Ausflug habe ich wenig im Gedächtnis behalten. Ich weiß nur noch, daß wir mit zwei Autos nach Heiligendamm unterwegs waren. Im ersten Wagen saß Hitler mit Goebbels, dem Fotografen Heinrich Hoffmann und Brückner. Im zweiten Frau Goebbels und ich, und neben dem Fahrer ein Adjutant von Goebbels.

Allerdings habe ich eine ungetrübte Erinnerung an das Gespräch mit Magda Goebbels. Nachdem wir uns zuerst über alltägliche Dinge unterhielten wie Mode, Kosmetik und Künstler, wurde sie vertraulicher und begann aus ihrem Leben zu erzählen. Sie gestand, Goebbels nur geheiratet zu haben, damit sie oft in Hitlers Nähe kommen konnte.

«Ich liebe auch meinen Mann», sagte sie, «aber meine Liebe zu Hitler ist stärker, für ihn wäre ich bereit, mein Leben zu lassen. Ich bin dem Führer verfallen, so sehr, daß ich mich von Günther Quandt, mit dem ich eine gute Ehe führte und der mich sehr verwöhnte, scheiden ließ. Es bedeutet mir nichts, auf Reichtum und Luxus zu verzichten. Ich hatte nur den einen Wunsch, in der Nähe Hitlers zu sein. Darum ließ ich mich als Sekretärin von Dr. Goebbels engagieren. Erst als mir klar war, daß Hitler, außer Geli, seiner Nichte, deren Tod er nie überwinden wird, keine Frau mehr lieben kann, sondern, wie er immer sagt, nur ‹sein Deutschland›, habe ich in eine Ehe mit Dr. Goebbels eingewilligt, weil ich nun dem Führer nahe sein kann.»

An diese Worte von Magda Goebbels wurde ich wieder erinnert, als ich von dem schrecklichen Ende der Familie Goebbels in der Reichskanzlei hörte, wo Frau Goebbels, nachdem sie wußte, daß Hitler sich erschießen würde, ihre sechs Kinder, die sie abgöttisch liebte, mit in den Tod nahm.

Warum hatte Frau Goebbels dieses Geständnis gemacht? Ich weiß es noch heute nicht. Im übrigen erinnere ich mich nur noch, daß die

Wagen vor einem Hotel, ich glaube, es war das «Parkhotel», hielten und Hitler und Goebbels, der verlegen lächelte, mich begrüßten. Von Frau Goebbels hatte ich erfahren, daß Frau von Dirksen, eine Gönnerin Hitlers, diesen Ausflug arrangiert hatte, um ihn mit ihrer Nichte, der Baronesse von Laffert, bekanntzumachen. Dieses junge, sehr schöne Mädchen soll zu den wenigen Frauen gehört haben, die Hitler bewundert und verehrt hat.

Der Propagandaminister

Nur wenige Tage nach diesem Ausflug teilte mir das Propagandaministerium im Auftrag des Ministers mit, ich möge mich am kommenden Tag um vier Uhr nachmittags in dessen Dienstwohnung am Pariser Platz einfinden. Was konnte ich nur tun, um eine neuerliche Begegnung mit Goebbels zu vermeiden? Ich könnte eine Krankheit vortäuschen, aber das würde an dieser unangenehmen Situation nichts ändern. Je eher eine Entscheidung fiel, desto besser.

Pünktlich um vier Uhr läutete ich. Ein Diener führte mich in einen großen, elegant eingerichteten Raum, der mich an die Wohnung von Dr. Vollmoeller erinnerte. Es könnte sogar dieselbe Wohnung gewesen sein oder eine gleiche im Nebenhaus. Fast lautlos betrat Dr. Goebbels den Raum. Elegant angezogen und sehr gepflegt aussehend, begrüßte er mich beinahe fröhlich. Der kleine Tisch, zu dem er mich führte, war mit Blumen geschmückt.

«Trinken Sie Tee oder Kaffee?» Ich bat um Kaffee und versuchte, ruhig zu erscheinen.

«Wie Sie wissen», fing Goebbels diesmal an, «hat mich der Führer beauftragt, die Leitung von Film, Theater, Presse und Propaganda zu übernehmen. Ich wollte mich deshalb mit Ihnen über Ihre zukünftigen Filmprojekte unterhalten. In der Zeitung las ich, daß Sie von der UFA für einen Spielfilm engagiert wurden, der sich mit Spionage beschäftigt. Wie sind Sie auf diesen Stoff gekommen?»

Ich erzählte ihm von Dr. Fanck und den Erlebnissen jener deutschen Spionin im Weltkrieg.

«Was sind dann Ihre weiteren Pläne?»

«Mein größter Wunsch wäre es, die ‹Penthesilea› zu spielen.»

«Das wäre eine Rolle für Sie», sagte Goebbels, «als Amazonenkönigin könnte ich Sie mir gut vorstellen.» Das Thema wechselnd, fragte er: «Waren Sie nicht vor einiger Zeit beim Führer und haben mit ihm über Ihre Pläne gesprochen?»

«Nicht direkt», sagte ich ausweichend, «aber ich habe ihm gesagt, daß es mein Wunsch ist, nur als Schauspielerin zu arbeiten und nicht als Regisseurin. Meine Regiearbeit im ‹Blauen Licht› war nur eine Notlösung, weil mir das Geld für einen Regisseur fehlte.»

Goebbels: «Eigentlich schade, daß Sie dieses Talent nicht weiter pflegen wollen. Ich habe ein großartiges Thema für Sie, und darüber wollte ich heute mit Ihnen reden.»

Beunruhigt schaute ich ihn an.

«Es ist ein Film über die Presse, ich würde ihm den Titel ‹Die siebte Großmacht› geben.» Ehe ich etwas darauf erwidern konnte, sprach er weit ausholend von der Bedeutung der Presse, die in der Lage sei, alles zu manipulieren. Er geriet in Begeisterung und sagte: «Ich würde das Manuskript entwerfen und die Produktion unterstützen, Sie könnten dann unmittelbar mit mir zusammen arbeiten.»

Ich unterbrach ihn: «Von diesem Gebiet habe ich keine Ahnung, da würde ich Sie schwer enttäuschen. Das wäre eine interessante Aufgabe für Walter Ruttmann, der den hervorragenden Dokumentarfilm ‹Berlin, Sinfonie einer Großstadt› gemacht hat.»

Goebbels winkte ab: «Ruttmann ist Kommunist, der kommt dafür nicht in Frage.»

«Aber begabt ist er», widersprach ich.

Der Ausdruck in Goebbels' Gesicht veränderte sich, mit fast leiser Stimme sagte er: «Ihre Eigenwilligkeit gefällt mir, Sie sind eine ungewöhnliche Frau, und Sie wissen, daß ich Sie begehre, ich werde nie aufhören, um Sie zu kämpfen.»

Dann machte er den größten Fehler, den ein Mann in einer solchen Situation begehen kann: Er griff nach meiner Brust und versuchte, mich mit Gewalt an sich zu ziehen. Dabei entspann sich zwischen uns ein Kampf, und es gelang mir, mich aus seinen Armen zu befreien. Von ihm gefolgt, lief ich zur Tür. Rasend vor Wut stemmte er mich mit seinen Armen gegen die Wand und versuchte, wie von Sinnen, die Augen weit aufgerissen, mich zu küssen. Verzweifelt wehrte ich mich und versuchte, mich an der Wand entlangzuschieben – sein Gesicht war völlig verzerrt.

Mit meinem Rücken gelang es mir, auf eine Klingel zu drücken. Sofort ließ Goebbels mich los, und noch bevor der Diener kam, schien er sich wieder in der Gewalt zu haben. Als ich die Wohnung verließ, wußte ich, daß der Propagandaminister nun endgültig mein Feind werden würde.

Es war in der letzten Augustwoche 1933, als ich telefonisch zu einem Mittagessen in die Reichskanzlei eingeladen wurde. Nichts Gutes ahnend, fuhr ich in die Wilhelmstraße. Brückner empfing mich und wies mir einen Platz an einer langen Tafel an. Etwa dreißig bis vierzig Personen waren schon versammelt, die meisten von ihnen in SA- und SS-Uniform, nur wenige in Zivil. Als einziges weibliches Wesen fühlte ich mich völlig deplaciert. Mit Ausnahme der Adjutanten Brückner und Schaub kannte ich alle diese Männer nicht. Als Hitler den Raum betrat, wurde er mit erhobenem Arm begrüßt. Er nahm den Platz an der Spitze ein. Es wurde lebhaft gesprochen, bald hörte man aber nur noch seine Stimme. Mich bewegte allein nur der eine Gedanke, warum ich hierher bestellt worden war.

Nach Beendigung der Mahlzeit lösten sich die Anwesenden in Gruppen auf. Brückner kam auf mich zu und sagte: «Der Führer möchte Sie sprechen.»

Er führte mich in einen Nebenraum. Dort stand ein Diener an einem kleinen Tisch, um Kaffee, Tee oder Mineralwasser zu servieren, sonst war niemand in dem Zimmer. Kurz danach begrüßte mich Hitler, anscheinend gutgelaunt. Schon seine erste Frage brachte mich in tiefe Verlegenheit.

«Ich habe Sie heute eingeladen, um zu erfahren, wie weit Sie mit Ihren Vorbereitungen für den Parteitagfilm gekommen sind, und ob Sie auch genügend Unterstützung durch das Propagandaministerium haben.» Fassungslos schaute ich Hitler an – wovon redete er? Verwundert über meine Reaktion, sagte er: «Wurden Sie nicht vom Propagandaministerium informiert, daß Sie auf meinen Wunsch einen Film über den Parteitag in Nürnberg machen sollen?» Ich schüttelte den Kopf. Nun war Hitler verdutzt. «Sie wissen nichts davon?» sagte er erregt, «das ist doch nicht möglich. Schon vor Wochen hat Brückner persönlich meinen Auftrag Dr. Goebbels übermittelt. Wurden Sie davon nicht verständigt?»

Wiederum mußte ich es verneinen. Nun geriet Hitler in noch größere Erregung. Er ließ Brückner kommen und fragte ihn aufgebracht: «Haben Sie meinen Auftrag an den Doktor nicht weitergegeben? Warum wurde Fräulein Riefenstahl nicht informiert?» Dabei verkrampfte er seine Hände, er war rasend vor Zorn. So hatte ich Hitler noch nie erlebt. Ehe der erschrockene Brückner antworten konnte, sagte er spöttisch: «Ich kann mir vorstellen, wie neidisch die Herren im Propagandaministerium auf diese junge, begabte Künstlerin sind. Sie können es nicht verkraften, daß eine so ehrenvolle Aufgabe einer Frau übertragen wird und noch dazu einer Künstlerin, die nicht einmal Parteimitglied ist.»

Weder Brückner noch ich wagten etwas zu erwidern. «Es ist ungeheuerlich, daß man meinen Auftrag boykottiert», setzte Hitler hinzu. In barschem Ton forderte er Brückner auf, Dr. Goebbels anzurufen und ihm auszurichten, daß er sofort den Herren seiner Filmabteilung den Auftrag erteilt, mich bei meiner Arbeit in Nürnberg mit allen Mitteln zu unterstützen.

Nun unterbrach ich Hitler, selbst sehr erregt. «Mein Führer, ich kann diesen Auftrag nicht annehmen – ich habe noch nie einen Parteitag gesehen und weiß überhaupt nicht, was da vorgeht, auch besitze ich keinerlei Erfahrung, wie man einen Dokumentarfilm macht. Es ist doch besser, wenn derartige Filme von Parteigenossen gemacht werden, die diese Materie kennen und froh sind, wenn sie mit solchen Aufgaben betraut werden.» Fast beschwörend redete ich auf Hitler ein, der sich langsam entkrampfte und ruhiger wurde.

Er schaute mich an und sagte: «Fräulein Riefenstahl, lassen Sie mich nicht im Stich, es sind ja nur wenige Tage, die Sie sich freimachen müßten. Es ist meine Überzeugung, daß nur Sie die künstlerischen Fähigkeiten besitzen, aus realen Geschehnissen mehr als nur Wochenschauaufnahmen zu machen, nicht aber die Beamten der Filmabteilung des Propagandaministeriums.» Mit gesenktem Blick stand ich vor Hitler, der immer intensiver auf mich einredete: «In drei Tagen beginnt der Parteitag. Natürlich können Sie nun nicht mehr einen großen Film machen, vielleicht im nächsten Jahr, aber Sie können nach Nürnberg fahren, um Erfahrungen zu sammeln und versuchen zu filmen, was noch ohne Vorbereitungen möglich ist.» Er machte einige Schritte und fuhr fort: «Wahrscheinlich wurde dem Doktor mein Wunsch nie ausgerichtet, ich werde ihn persönlich bitten, daß er Sie unterstützt.»

Mein Gott, dachte ich, wenn Hitler wüßte, wie unmöglich eine Zusammenarbeit zwischen Goebbels und mir sein würde. Aber ich hatte keine Lust, ihm die Eskapaden seines Ministers zu erzählen. Außerdem verlor ich immer mehr den Mut, ihm zu widersprechen.

Hitler verabschiedete sich, seine letzten Worte waren: «Kopf hoch, es wird alles gutgehen. Noch heute werden Sie weitere Informationen erhalten.»

Hatte Hitler nicht verstanden, wie unglücklich mich sein Auftrag eines solchen Dokumentarfilms machen mußte? Mein leidenschaftlicher Wunsch war es doch, als Schauspielerin zu arbeiten. Dieser Auftrag war eine Bürde, alles andere als eine Verlockung, wie später immer wieder behauptet wurde.

Als ich nach Hause kam, fand ich unter der Post einen Brief von der UFA, in dem mir mitgeteilt wurde, daß das Filmprojekt «Mademoiselle Docteur» nicht realisiert werden könne. Das Reichswehrministerium habe die Herstellung von Spionagefilmen generell verboten. Ich war wie betäubt und todunglücklich.

Man verständigte mich, daß die Herren der Filmabteilung sich schon alle in Nürnberg befänden. Ich sollte mich dort mit ihnen in Verbindung setzen. Verbittert entschloß ich mich hinzufahren. Ich hatte weder einen Vertrag noch irgendein Schreiben in Händen, aus dem zu ersehen war, daß ich im Auftrag Hitlers auf dem Parteitag filmen sollte. Ich nahm an, daß dies nun alles in Nürnberg von der Filmabteilung des «Promi» geregelt würde. Persönlich kannte ich dort niemand. Als ich mich bei einem der zuständigen Herren der Filmabteilung des Propagandaministeriums, Herrn Fangauf, vorstellte, um mit ihm alles zu besprechen, wußte der angeblich von nichts. Wie das? Er wollte mir auch weder einen Kameramann noch Filmmaterial zur Verfügung stellen. Ich spürte die große Feindseligkeit, die von ihm ausging, und ließ mich auf keine weiteren Dispute ein. Was sollte ich tun? Abreisen wäre das Beste.

Während ich darüber nachdachte und mir ziemlich hilflos vorkam, wurde ich von einem jüngeren Mann angesprochen. Es war Albert Speer, der Architekt, der die Bauten für den Parteitag entworfen hatte. Ich hatte ihn noch nicht kennengelernt. Er war mir von Anfang an sympathisch, und wir hatten sofort einen guten Kontakt. Als ich ihm von dem Auftrag Hitlers erzählte und dem Boykott aus dem «Promi», riet Speer mir, nicht aufzugeben.

«Sie müssen es versuchen, ich werde Ihnen helfen.» Tatsächlich gelang es ihm, sofort einen jungen Kameramann kommen zu lassen, der zwar noch nie für einen größeren Film gearbeitet hatte und auch nur eine Handkamera besaß, aber begabt sein sollte, was sich bestätigte. Er hieß Walter Frentz und wurde später einer meiner besten Kameraleute. Dann gelang es mir, telefonisch zwei weitere Operateure zu engagieren, unter ihnen Sepp Allgeier, einen erfahrenen Kameramann, der Fancks erste Bergfilme aufgenommen hatte. Filmmaterial erhielt ich von AGFA, zu der ich seit den Tagen des «Blauen Lichts» gute Kontakte hatte. Da ich ohne jede Hilfe war, rief ich meinen Vater an und bat ihn, mir für sechs Tage meinen Bruder Heinz auszuleihen – ich hatte ja nicht einmal einen Assistenten. Außerdem mußte mir mein Vater Geld leihen, damit ich mit der Arbeit überhaupt beginnen konnte. Als wir mit den Aufnahmen anfingen, bestand unser Stab aus fünf Personen: Drei Kameraleuten, meinem Bruder, der die Kasse übernommen hatte, und mir. Eine groteske Situation.

Am ersten Tag filmten wir nur die alten schönen, mit Fahnen und Girlanden geschmückten Häuser der Altstadt und die Bauarbeiten der noch nicht fertiggestellten Tribünen. Vom zweiten Tag an wurde das Filmen eine Qual. Wo wir uns auch postierten, wurden wir von SA- oder SS-Männern rausgeschmissen. Wir hatten keine Ausweise, und so konnten wir uns dagegen auch nicht wehren. Am dritten Tag kam es zu einem unglaublichen Vorfall. Ich wurde zu Rudolf Heß bestellt, der mich kühl begrüßte und gleich zur Sache kam: «Mir wurde von einem SA-Mann berichtet, Sie sollen gestern mittag im Rathauskeller, wo Sie mit Herrn Speer und Staatssekretär Gutterer an einem Tisch saßen, laut geäußert haben, daß der Führer nach Ihrer Pfeife tanzen würde, und auch weitere abfällige Bemerkungen über ihn gemacht haben. Ich muß Sie warnen, in dieser respektlosen Weise über den Führer zu reden.»

«So etwas trauen Sie mir zu?» rief ich empört.

Heß: «Der SA-Mann, der mir das mitteilte, ist mir bekannt und kein Lügner, er kann sich so etwas nicht aus den Fingern saugen.»

«Es ist aber eine infame Lüge», ich war rasend vor Wut, «kein Wort habe ich über Hitler gesprochen.»

Heß etwas abfällig: «Bei einer Schauspielerin wären solche Sprüche schon denkbar, aber», fügte er nun einlenkend hinzu, «selbstverständlich werde ich die Herren Speer und Gutterer als Zeugen befragen.» Ohne mich zu verabschieden, verließ ich, die Tür hinter mir zuschlagend, den Raum.

Bisher hatte ich noch nie etwas mit Intrigen zu tun gehabt. Dieser Vorfall erschütterte mich so sehr, daß ich den ganzen Tag mein Hotel nicht verließ. Es tröstete mich auch wenig, als am nächsten Tag Speer und Gutterer mir sagten, Heß habe ihnen Glauben geschenkt und werde sich bei mir entschuldigen. In was war ich hineingeraten? Was braute sich da über meinem Kopf zusammen? Leicht möglich, daß Goebbels dahintersteckte. Meine Kameraleute erzählten, wie schwierig es gewesen sei, Aufnahmen von ihm zu machen. Jedesmal, wenn sie ihn filmen wollten, drehte er sich ostentativ um.

Durch diese Aufregungen und Widerstände erlitt ich in Nürnberg am letzten Abend einen Nervenzusammenbruch. Ich wurde ohnmächtig, und als ich erwachte, standen mein Bruder, ein Arzt und ein Mann in Parteiuniform vor meinem Bett. Als er seinen Namen nannte, bekam ich eine Gänsehaut, denn es war Julius Streicher, der Frankenführer und Herausgeber dieser widerlichen antisemitischen Zeitung «Der Stürmer». Ausgerechnet er hatte den Arzt gerufen und zeigte sich über meinen Zustand sehr besorgt. Nachdem der Arzt mich untersucht hatte und gegangen war, sagte ich zu Streicher: «Wie können Sie nur eine so schreckliche Zeitung wie Ihren ‹Stürmer› herausbringen?» Streicher lachte ungeniert und sagte: «Die Zeitung ist nicht für gescheite Leute wie Sie geschrieben, sondern für die Landbevölkerung, damit die Bauernmadeln den Unterschied zwischen Ariern und Juden erkennen.»

«Ich finde es trotzdem abscheulich, was Sie tun», antwortete ich.

Immer noch lachend, verabschiedete er sich und sagte: «Ich wünsche Ihnen gute Besserung, Fräulein Riefenstahl.»

Der Parteitag war zu Ende, auch meine drei Kameraleute waren schon abgereist. Der Arzt hatte mir Ruhe und größte Schonung verordnet. Aber wie konnte ich ruhig bleiben? Ich stand vor einem Scherbenhaufen. Meine glänzenden Erfolge als Tänzerin, Schauspielerin und junge Produzentin schienen in Deutschland beendet zu sein. Denn gegen die Macht des Propagandaministers, dem die gesamte deutsche Filmindustrie, Theater und Presse unterstand, und der mich als abgewiesener Liebhaber zu hassen begann, sah ich keine Chancen mehr für mich.

Kaum war ich in Berlin, wurde ich zur Reichskanzlei gebeten. Wie beim letzten Mal saß ich als einzige Frau an der großen Mittagstafel, und wieder war es Hitler, der das Wort führte, ab und zu von Dr. Goebbels, der diesmal zu meinem Schrecken anwesend war, sekundiert. Als die Tafel aufgehoben war, wurde ich wie bei meiner ersten Einladung in das mir schon bekannte Nebenzimmer geführt. Kurz danach erschien Hitler in Begleitung von Goebbels.

Eine peinliche Szene folgte. Die unerträgliche Spannung zwischen Goebbels und mir suchten wir vor Hitler zu verbergen.

«Erzählen Sie mir», sagte Hitler, «wie es Ihnen mit Ihrer Arbeit in Nürnberg ergangen ist?» Da konnte ich mich nicht mehr beherrschen. Erregt berichtete ich über alles, was ich an Demütigungen, Schikanen und Verweigerungen in Nürnberg erlebt hatte, auch über das merkwürdige Verhör durch Rudolf Heß. Mit Tränen kämpfend, brachte ich kaum mehr ein Wort heraus. Hitlers Gesicht war rot angelaufen, während Goebbels kreideweiß wurde. Hitler sprang auf und sagte zu Goebbels in scharfem Ton: «Doktor, Sie sind verantwortlich für das, was geschehen ist – es darf sich nie mehr wiederholen. Der Film über den Reichsparteitag wird von Fräulein Riefenstahl gemacht, und nicht von den Filmleuten der Partei – das ist mein Befehl.»

Verzweifelt rief ich: «Das kann ich nicht, das kann ich nie!»

Hitlers Gesicht wurde eisig: «Sie werden es können. Es tut mir leid, was Sie mitgemacht haben, und es wird nie wieder vorkommen.» Dann verabschiedete er sich, verließ den Raum und würdigte

Goebbels keines Blickes. Auch der verließ, ohne mich anzusehen, mit versteinertem Gesicht das Zimmer.

Noch immer völlig verstört, war ich zu Hause angekommen. Da läutete das Telefon. Es wurde mir gesagt, ich hätte sofort ins Propagandaministerium zu kommen, der Minister wünschte mich zu sprechen. Ich war auf das Schlimmste gefaßt. Mit einem Taxi raste ich zum «Promi». Als ich das große Arbeitszimmer des Ministers betrat, kam mir Goebbels entgegen, das Gesicht wutverzerrt. Er schrie mich an: «Wenn Sie nicht eine Frau wären, würde ich Sie jetzt die Treppe hinunterschmeißen. Wie können Sie sich unterstehen, meine Leute bei Hitler anzuschwärzen. Ich bin der Chef, Sie haben zu mir zu kommen.»

Am ganzen Körper zitternd, versuchte ich mich zu verteidigen: «Der Führer hat mich doch aufgefordert, ihm über meine Arbeit in Nürnberg zu berichten, und Sie, Herr Minister, waren doch dabei.»

Goebbels rasend: «Sie sind eine gefährliche Person, Sie hinterbringen dem Führer alles. Gehen Sie! Ich kann Sie nicht mehr sehen!» Jede Einzelheit dieser Begegnung ist mir in Erinnerung, auch das Datum. Es war der 13. Oktober 1933, der Tag, an dem Dr. Goebbels nach Genf fuhr, um auf der Abrüstungskonferenz den Austritt Deutschlands aus dem Völkerbund zu verkünden.

Einige Tage nach diesem Auftritt besuchte mich ein Herr Quaas, ein Mitarbeiter der Filmabteilung des «Promi». Er sei, sagte er, beauftragt worden, mir bei der Fertigstellung des Parteitagfilms behilflich zu sein. Auch bat er um eine Zusammenstellung meiner bisherigen Ausgaben, die mir zurückerstattet werden sollten, und informierte mich, daß alle weiteren Unkosten die Partei übernehmen würde. Damit konnte ich mich diesem Auftrag nicht mehr entziehen.

In der Kopieranstalt Tesch wurde mir ein Arbeitsraum zur Verfügung gestellt, aber das Zimmer war so primitiv und klein, daß nicht einmal der Schneidetisch darin Platz hatte, er mußte in einen stillgelegten Lastenfahrstuhl, in dem man die Türen abmontiert hatte, gestellt werden. Zum Glück erhielt ich eine sympathische und tüchtige Negativabzieherin zur Hilfe, Erna Peters, die für Jahrzehnte meine unentbehrlichste Mitarbeiterin wurde, die mir auch nach dem Krieg die Treue hielt und mit der mich heute noch Freundschaft verbindet.

Lustlos begann ich das Filmmaterial zu sortieren und bemühte mich, irgend etwas Brauchbares zusammenzuschneiden. Da der Film weder eine Handlung noch ein Manuskript hatte, konnte ich nur versuchen, die Bilder aneinanderzureihen, daß eine optische Abwechslung und ein gewisser Bildrhythmus entstand. Der mir sooft gemachte Vorwurf, ich hätte Propagandafilme gemacht, ist abwegig. Es war ein Dokumentarfilm, was einen großen Unterschied macht: Niemand, auch nicht die Partei, hatte mir irgendeine Anweisung, wie ich den Film machen sollte, gegeben. Auch wurden die Aufnahmen nicht für die Kamera gestellt. Das mir zur Verfügung stehende Filmmaterial – wir hatten nur 12 000 Meter zur Verfügung – bestand aus Dokumentar-Aufnahmen, die nur während des Parteitags an Ort und Stelle gemacht wurden. An Propaganda habe ich während meiner Arbeit nicht einen Augenblick gedacht.

Während ich in der Kopieranstalt an dem Film arbeitete, kam ein dringender Anruf von Rudolf Diels, Chef der Geheimen Staatspolizei. Er wollte mich sprechen. Was hatte das zu bedeuten – was wollte die Gestapo von mir?

Es war spät, als ich Herrn Diels empfing. Ich saß bis in die Nacht am Schneidetisch.

«Es tut mir leid, daß ich Sie zu so später Stunde aufsuche», sagte er, «aber es ist so dringend, daß ich keine Zeit versäumen wollte.»

«Was habe ich denn getan?» fragte ich beklommen.

«Sie brauchen keine Angst zu haben, es geht nur um Ihre Sicherheit. Ich habe den Auftrag erhalten, Sie ab sofort unter meinen Schutz zu stellen.»

«Wer hat Sie beauftragt?»

«Mein Chef», sagte er, «Reichsminister Göring.»

«Das kann doch nur ein Scherz sein, weshalb soll ich beschützt werden?»

«Darüber kann ich Ihnen nichts sagen. Sie dürfen Vertrauen zu mir haben.»

«Ich kenne Sie nicht und weiß nicht, ob das stimmt, was Sie mir da sagen. Vielleicht wollen Sie mich nur aushorchen – verzeihen Sie», sagte ich etwas höflicher werdend, «aber ich habe in letzter Zeit so unglaubliche Dinge erlebt, daß ich ganz durcheinander bin und, was ich niemals war, mißtrauisch wurde.»

Während ich Diels etwas zu trinken anbot, fiel mir ein, was Ernst Udet mir erst vor wenigen Tagen erzählt hatte: «Du mußt dich vorsehen», sagte er, «du hast Feinde, die sogar nach deinem Leben trachten.»

«Warum nur?» hatte ich ihn erschrocken gefragt, und Udet sagte: «Hitler schätzt dich zu sehr, man fürchtet, daß du direkten Zugang zu ihm haben könntest, und das will man verhindern.»

«Und wer soll das sein?»

Udet: «Man munkelt, daß sie aus SA-Kreisen kommen.» Da fiel mir die Szene mit Heß ein, der gesagt hatte, ein SA-Mann war es, der mich so beschuldigt hatte. Angst stieg in mir auf.

«Wie können Sie mich überhaupt schützen?» fragte ich Diels.

«Sie werden, ohne daß Sie es merken oder belästigt werden, Tag und Nacht bewacht, solange, bis wir genau wissen, welche Personen es sind, die Ihnen Schaden zufügen wollen.»

«Warum verfolgt man mich?» fragte ich immer noch ungläubig, und da sagte mir Diels fast dasselbe, was Udet gesagt hatte: «Weil der Führer, der Sie als Künstlerin hoch schätzt, was viele der Parteigenossen nicht begreifen können, Sie beauftragt hat, einen Film über den Reichsparteitag zu machen. Das hat unter den Parteileuten, die jahrelang auf solche Aufgaben gewartet hatten, böses Blut gegeben und wie eine Provokation gewirkt.»

«Aber jeder weiß doch», erwiderte ich, «daß ich diesen Film nicht machen wollte und auch in Zukunft nicht machen will.»

Diels: «Darauf kommt es nicht an, es ist die Tatsache, daß Hitler Sie bewundert, und das erregt großen Neid und Mißgunst, besonders bei den Frauen der Parteifunktionäre. Es sind Gerüchte im Umlauf, daß Sie die Mätresse von Hitler sind und deshalb gefährlich werden könnten. Man versucht alles, um Sie bei Hitler unbeliebt zu machen. So wurde ihm zum Beispiel vor wenigen Tagen ein Dokument vorgelegt, das als vertrauliches Schriftstück durch diverse Stellen des Propagandaministeriums lief, in dem behauptet wird, daß Ihre Mutter Jüdin sei. Dieses Dokument hat man Hitler vorgelegt, er soll es vom Tisch gefegt haben.»

Ich war zutiefst betroffen. Es war nicht schwer für mich, mir vorzustellen, wem ich solche Machenschaften zu verdanken hatte.

Während Diels langsam ein Glas Wein trank, betrachtete ich ihn. Er war ein auffallend gutaussehender, noch junger Mann, der eine Hauptrolle in einem amerikanischen Western spielen könnte. Groß, schlank, das schmale, kantige Gesicht war durch Schmisse gezeichnet, die Haare und Augen dunkel, ein Typ, der Anklang bei vielen Frauen finden würde.

Um mich abzulenken, wechselte Diels das Thema. Er erzählte von seiner Arbeit an dem Reichstagsbrand-Prozeß, der in dieser Zeit stattfand. Er hatte weltweit Aufsehen erregt, und über seine Ursachen gab es die abenteuerlichsten Versionen. Die Zeitungen berichteten täglich in großer Aufmachung darüber. Erst heute scheint das Rätsel gelöst zu sein, aber dennoch stimmen nicht alle Historiker der Tobias-These zu, die schon Diels damals vertrat.

Während damals die deutsche Presse die Kommunisten beschuldigte, dieses Verbrechen begangen zu haben, behauptete die Auslandspresse mehr oder weniger einhellig, Nationalsozialisten hätten diesen Brand selbst gelegt. Kaum irgendwo aber konnte man lesen, was mir an diesem Abend Herr Diels, der Chef der Geheimen Staatspolizei, erzählte, der damals mit dem Hauptangeklagten, van der Lubbe, viele Verhöre geführt hatte.

«Merkwürdig», sagte Diels, «daß kaum einer glauben will, daß van der Lubbe den Brand allein gelegt hat, ohne kommunistische Hintermänner. Dieser Mann ist ein Fanatiker – ein Besessener. Es ist verständlich, daß es für die Nationalsozialisten keine bessere Propaganda geben kann, als die Tatsache, daß dieser Brand eine von den Kommunisten vorbereitete Tat war und van der Lubbe ihr Werkzeug gewesen ist, nicht aber, daß das Feuer von einem Irren allein gelegt wurde.»

«Sie glauben also wirklich, daß van der Lubbe allein den Brand gelegt hat?»

«Ich weiß es», sagte er. Damals konnte ich nicht einschätzen, ob Diels ein Mann von Scharfsinn oder eitler Voreingenommenheit war.

Am liebsten wäre ich nach diesem Abend in die Berge geflüchtet. Aber ich mußte leider noch den Parteitagfilm fertigstellen, eine mehr als undankbare Arbeit. Schließlich gelang es mir doch. Der Film hatte eine Laufzeit von etwas mehr als einer Stunde. Auf Verlangen der Partei erhielt er den Titel «Sieg des Glaubens», das war der offizielle Name des 5. Parteitages in der Geschichte der NSDAP.

Von der Filmabteilung des «Promi», welche die Produzentin war, erhielt ich für meine Arbeit ein Honorar von 20 000 DM. Die gesamten Herstellungskosten, inclusive Musik, Synchronisation und meine Gage, beliefen sich auf nur 60 000 DM. Dies erwähne ich nur als Erwiderung über die unsinnigen Gerüchte, die über diesen Film in letzter Zeit wieder verbreitet wurden. So las ich erst vor kurzem, Hitler habe mich beauftragt, das Negativ und sämtliche Kopien vernichten zu lassen, weil in dem Film einige Aufnahmen von Ernst Röhm enthalten sind, dem damaligen Stabschef der SA, den Hitler am 30. Juni 1934 erschießen ließ. In Wahrheit lagerten diese Dupnegative und Lavendelkopien noch nach Kriegsende in Berlin und Kitzbühel in einem Bunker. Sie sind von den Alliierten beschlagnahmt oder verschleppt worden. Das Originalnegativ, auch das vom «Triumph des Willens», ist in den letzten Tagen des Krieges bei einem Transport nach Bozen, wo es vor Bombenangriffen geschützt sein sollte, verlorengegangen. Trotz aller Bemühungen, auch von seiten der Alliierten, konnten diese Original-Negative nie mehr gefunden werden.

Als ich mir den Film im Kino ansah, war ich alles andere als glücklich. Was da auf der Leinwand ablief, war für mich nur ein unvollkommenes Stückwerk, kein Film, den Zuschauern aber schien er zu gefallen, vielleicht weil er immerhin interessanter war als die üblichen Wochenschauen. Sepp Allgeier, der die meisten Aufnahmen machte, hat gut gearbeitet, und Herbert Windt, den ich erst bei dieser Arbeit kennenlernte, hat mit seiner Musik auch diesem bescheidenen Film zu einer gewissen Wirkung verholfen. Ich jedenfalls habe mir diesen Film ein zweites Mal nicht mehr angesehen. Ich muß lächeln, wenn ich gelegentlich in der Presse lese, der Film sei mit «kolossalem» technischen Aufwand gedreht worden, und ich selbst hätte seine Vorführung nach 1945 verboten.

Eine der vielen Legenden. Aber die Partei hat für den Film eine glanzvolle Premiere veranstaltet. Am 1. Dezember 1933 war im UFA-Palast die Uraufführung. Hitler und die Parteigrößen waren auch von diesem nur eine Stunde laufenden Film begeistert.

Der große Ball

Wenige Tage, bevor ich Berlin verließ – ich wollte mich für einige Monate von diesem unerfreulichen Leben in die Berge zurückziehen, besuchte mich noch einmal Herr Diels. Er fragte mich, ob ich zu dem großen Ball, den Dr. Goebbels in Gemeinschaft mit Frau von Dirksen veranstaltete, eine Einladung erhalten hätte. Ich verneinte. Diels berichtete mir, es handle sich um ein großes gesellschaftliches Ereignis, zu dem viele Künstler und die schönsten Frauen Deutschlands eingeladen seien. Bei dieser Gelegenheit, meinte er, sollte Hitler eine Frau zugespielt werden, da man glaube, Hitler werde sich weniger fanatisch geben, wenn er eine Frau an seiner Seite hätte. Frau von Dirksen, so Diels, bemühe sich schon seit langem darum, ihm eine Frau zuzuspielen.

An dem Tag, an dem nun der große Ball stattfand, es war ein Sonnabend, saß ich an meinem kleinen Schreibtisch und machte Tagebuchnotizen. Ich war betroffen, keine Einladung erhalten zu haben. Ich wollte gerade zu Bett gehen, da ging das Telefon. Am Apparat ein Herr Kannenberg, der sich als Hitlers Küchenchef ausgab. Seine Frage kam mir sehr merkwürdig vor: «Sind Sie noch auf, Fräulein Riefenstahl?»

«Ja», sagte ich, ohne daß ich eigentlich hätte antworten wollen.

«Würde es Ihnen etwas ausmachen, wenn Sie noch so spät zur Reichskanzlei kommen? Der Führer weiß nichts von meinem Anruf, aber ich bin sicher, er würde sich sehr freuen, wenn Sie kommen könnten.»

Völlig überrascht sagte ich: «Ich verstehe nicht, ich denke, der Führer ist auf einem Ball?»

«Ja, das stimmt, aber der Führer hat sich im letzten Augenblick geweigert, auf den Ball zu gehen. Er war schon angezogen, die Adjutanten sind ohne ihn fortgegangen. Er ist allein zurückgeblieben, und als ich ihm vorhin etwas zu Trinken brachte, sagte er, wie schön wäre es, wenn Fräulein Riefenstahl jetzt da wäre.»

Einen Augenblick schwankte ich – mir fiel die Warnung von Udet und Diels ein, aber dann sagte ich doch: «Ich komme.» In größter Eile zog ich mich an und raste mit meinem kleinen Mercedes zur Reichskanzlei.

Als ich mit dem Fahrstuhl oben ankam, stand Hitler schon auf der Treppe und begrüßte mich. Immer wieder bedankte er sich, daß ich noch so spät gekommen sei, und dann erzählte er mir, warum er im letzten Augenblick nicht auf den Ball gegangen wäre.

«Ich hatte den Eindruck», sagte er, «daß man mich verkuppeln wollte, das war mir unerträglich.» Wir setzten uns auf zwei bequeme Sessel. Kannenberg brachte Getränke, Obst und Gebäck und ließ uns allein.

«Ich bin kein Frauenfeind», sagte Hitler, «ich habe schöne Frauen sehr gern um mich, aber ich vertrage es nicht, wenn man mir etwas aufzwingen will.»

Hitler erzählte von seiner Jugend, von seiner großen Liebe zu seiner Mutter, von Wien, von seiner Enttäuschung, daß er als Maler versagt habe, von seinen politischen Plänen, wie er Deutschland wieder gesund und unabhängig machen wollte, und er sprach auch von den Schwierigkeiten, seine Ideen zu verwirklichen. Mit keinem Wort berührte er das jüdische Problem. Ich kam mir feige vor, aber ich wußte, er würde es unter keinen Umständen zu einem Dialog kommen lassen, er wäre sofort aufgestanden und hätte sich verabschiedet.

Auch dieses Mal war Hitlers Reden ein einziger Monolog. Nicht eine Frage richtete er an mich, und er gab mir auch keine Gelegenheit, ihn durch eine Frage zu unterbrechen. Ohne Pause kamen die Worte aus seinem Mund. Aber, das spürte ich, es war ihm angenehm, daß jemand zuhörte.

Es war schon spät, als er aufstand, meine Hände ergriff und sagte: «Sie werden müde sein, ich danke Ihnen sehr, daß Sie gekommen sind.»

Er rief Kannenberg, der mich hinunterführte.

Nachdem ich meine Arbeiten in Berlin abgeschlossen hatte, fuhr ich für längere Zeit nach Davos. Im Haus Weber, gegenüber der Parsennbahn, hatte ich mir eine kleine Wohnung gemietet. Hier hoffte ich, Ruhe vor den Intrigen in Berlin zu finden und mich nicht mehr von der Gestapo «beschützen» lassen zu müssen. Ich war nicht allein – Walter Prager war bei mir. Es war keine stürmische Liebe zwischen uns, eher eine zärtliche Verbindung. Ich mochte sein zurückhaltendes Wesen und seine Sensibilität. Walter war nicht nur ein Sportsmann, sondern nahm auch an geistigen Dingen Anteil. Und außerdem verband uns die gemeinsame Freude am Skisport.

Oft begleitete ich ihn bei seinen Rennen, freute mich über seine Siege und tröstete ihn bei seinen Niederlagen. Auch ich beteiligte mich an einigen Abfahrtsläufen und konnte Preise erringen. Ermutigt durch meine Erfolge, besonders über mein gutes Abschneiden im Kandaharrennen – ich gewann den dritten Platz in der Kombination –, beteiligte ich mich auch an verschiedenen Rennen in den italienischen Alpen. Toni Seelos, der Trainer der deutschen Damen-Olympia-Mannschaft, testete mich bei einigen Slalomläufen und stellte mich danach für die deutsche Olympia-Mannschaft auf. Das sollte im kommenden Jahr noch großen Ärger geben.

Es kam die Frühlingssonne, die Zeit der herrlichen Abfahrten im Firnschnee. Hänge, die im Winter zu steil sind, konnte man jetzt nur so hinuntertanzen. Trotz der Begeisterung für das Skilaufen waren meine künstlerischen Wünsche und Pläne aber nicht erloschen. Nachdem meine Wunschrolle, die «Mademoiselle Docteur», mir nicht vergönnt war, beschäftigte mich eine andere Traumrolle: «Penthesilea», die letzte Amazonenkönigin, nach der Tragödie von Heinrich von Kleist.

Mein Wunschtraum, diese Rolle zu spielen, war auf seltsame Weise entstanden. Als ich 1925 zu meinen ersten Filmaufnahmen in die Berge reiste, wurde ich im Speisewagen von einem Herrn, der mit einer Dame am Nebentisch saß, auffällig beobachtet. Als ich aufstand und den Wagen verlassen wollte, vertrat mir der Unbekannte den Weg. Er sah mich strahlend an, breitete die Arme aus und sagte: «Penthesilea – endlich habe ich meine Penthesilea gefunden.»

«Das ist ein Verrückter», dachte ich.

Als er meine Verwirrung sah, lächelte er: «Kennen Sie mich nicht? Sie haben doch in meinem Theater getanzt – ich bin Max Reinhardt, und das ist Helene Thiemig, meine Frau.»

Vor Scham wäre ich fast in den Boden versunken, ich hatte Reinhardt persönlich nie kennengelernt, obgleich ich ihm meinen frühen Ruhm als Tänzerin zu verdanken hatte. Ich sagte schon, daß mein damaliges Auftreten an seinem «Deutschen Theater» eine Sensation war. Glücklich vor Freude über die Begegnung, saß ich nun mit dem großen Regisseur beisammen, und er schwärmte: «Sie sind es, die vollkommene Penthesilea, die ich seit Jahren suche.»

Als ich ihm gestand, daß ich dieses Stück von Kleist noch nicht kenne, sagte er, ich würde fasziniert sein, wenn ich es lese. Dann erzählte er mir den Inhalt; es sei das schwierigste, aber hinreißendste Theaterstück. Wir saßen noch lange zu dritt zusammen, bis ich in Innsbruck aussteigen mußte. Beim Abschied mußte ich Reinhardt versprechen, ihn nach Beendigung meiner Filmaufnahmen in Berlin zu besuchen.

Als ich dann in Lenzerheide ankam, wo die ersten Aufnahmen vom «Heiligen Berg» gedreht wurden, und ich Dr. Fanck von diesem Zusammentreffen erzählte, sagte er, Reinhardt habe recht, es gebe keine Rolle, die mir mehr auf den Leib geschrieben wäre als die «Penthesilea».

Die Lektüre dieses Stücks wurde zu meinem größten Erlebnis. Nicht nur die Rolle, sondern die Dichtung überhaupt begeisterte mich. Verstärkt wurde dies noch, als mich ein Jahr später der russische Theaterregisseur Tairow im Salon von Betty Stern zum ersten Mal sah. Genau wie Max Reinhardt brach er in den Ruf aus: «Penthesilea».

Er war so begeistert, daß er Dr. Fanck aufsuchte und ihn dazu brachte, mit ihm zusammen ein Filmmanuskript zu schreiben. Leider wurde wegen der zu hohen Kosten nichts daraus. Es wäre auch schade gewesen, denn noch herrschte der Stummfilm, und die Verse von Kleist wären nur als Titel erschienen.

Für mich blieb «Penthesilea» ein Traum.

«Tiefland»

In den letzten Tagen, die ich noch in Davos verbrachte, rief die «Terra-Film» aus Berlin an und bot mir Regie und Hauptrolle für einen Film «Tiefland» an. Die Sache interessierte mich, und ich fuhr nach Berlin.

Die Oper «Tiefland» von Eugen d'Albert geht auf ein altes spanisches Volksstück von Angel Guimera zurück. Der Inhalt ist einfach. Die Handlung spielt in Spanien, in der Zeit Goyas. Die Bergwelt mit dem Hirten Pedro verkörpert das Gute, das Tiefland mit Don Sebastian das Böse. Zwischen diesen Männern geht der Kampf um Martha.

Das Werk d'Alberts gehört zum Repertoire aller Opernhäuser der Welt, und Pedros Arie: «An der offenen Kirchentür wartet schon die Braut» zu den beliebtesten Ohrwürmern der Opernfreunde.

Die Verhandlungen mit der «Terra» gingen zügig voran. Man räumte mir weitgehendes künstlerisches und organisatorisches Mitspracherecht ein, so daß wir uns für eine Co-Produktion entschieden. Für die Rolle des Don Sebastian wurde Heinrich George, für den Pedro Sepp Rist verpflichtet. Als Mitregisseur für meine Spielszenen engagierten wir den Schauspieler Hans Abel. Die Außenaufnahmen sollten in Spanien gedreht werden.

Nicht zuletzt habe ich mich für dieses Vorhaben so schnell entschlossen, weil ich mich einem neuen Auftrag Hitlers entziehen wollte. Ich hatte nicht das geringste Interesse an einem zweiten Parteitagfilm. Falls aber Hitler, was zu befürchten war, darauf bestehen würde, wollte ich versuchen, einen guten Ersatzregisseur zu finden, in der Hoffnung, Hitler umstimmen zu können. Am besten könnte das ohne Zweifel Walter Ruttmann machen – allerdings ein ziemlich kühner Gedanke. Seit seiner Affäre mit Frau Remarque hatte ich ihn nicht mehr gesehen, auch sonst war es fraglich, von ihm als einem überzeugten Kommunisten eine Zusage zu bekommen. Um so überraschter war ich, daß er meinen Vorschlag begeistert aufgriff.

Da ich mit der Partei nie zusammenarbeiten würde, käme für das Projekt nur private Finanzierung in Frage. Schneller als gedacht, hatte ich damit Erfolg. Die UFA, die damals noch nicht dem «Promi» unterstand, war von dem Projekt angetan. Nach einer Unterredung mit dem Generaldirektor Ludwig Klitzsch erhielt meine Firma, die «L. R. Studio-Film GmbH», die ich wegen dieser Produktion in «Reichsparteitagfilm GmbH» umbenannte, einen Verleihvertrag in Höhe von 300 000 RM. Damit konnte ich als unabhängige Produzentin arbeiten und Walter Ruttmann engagieren. Ich wußte, daß er einen überdurchschnittlich guten Film machen würde, und hoffte, daß Hitler so ausgesöhnt werden könnte.

Ich stellte mir den Film nur aus Dokumentar-Aufnahmen vor. Ruttmann hatte aber eine ganz andere Auffassung. Er sagte, es wäre unmöglich, nur aus Reden und Aufmärschen einen abendfüllenden interessanten Film zu machen. Er sah die Aufnahmen vom Parteitag nur als letztes Drittel des Films, während der Hauptteil den Aufstieg der NSDAP zeigen sollte, das heißt, wie aus sieben Mann in wenigen Jahren eine so große Partei wie die NSDAP entstand. Ich war davon nicht überzeugt, aber Ruttmann versicherte, er könnte diesen Teil aus Wochenschauaufnahmen, Zeitungen, Plakaten und Dokumenten eindrucksvoll zusammenstellen – im Stil der Russenfilme.

Mein Respekt vor Ruttmanns Können war so groß, daß meine Zweifel verdrängt wurden. Wir vereinbarten, daß er mit Sepp Allgeier, während ich in Spanien am Tiefland-Film arbeite, seine Aufnahmen in Deutschland machen sollte.

Die Vorbereitungen für «Tiefland» liefen inzwischen auf vollen Touren. Guzzi Lantschner und Walter Riml waren zur Motivsuche schon nach Spanien unterwegs. Meine Vorbereitungsarbeiten mußte ich für einige Tage unterbrechen, weil ich in England an den Universitäten London, Cambridge und Oxford Vorträge über meine bisherigen Filmarbeiten und über die Erlebnisse in Grönland halten sollte. Den Flug nach England habe ich nicht vergessen. Über der Nordsee tobten so heftige Stürme, daß ich seekrank wurde und in so elendem Zustand ankam, daß ich den Vortrag in Oxford, den ich am Tag meiner Ankunft halten sollte, absagen wollte. Auf der Fahrt nach Oxford fühlte ich mich schon wieder besser, und so ließ ich mich überreden, den Vortrag doch zu halten. Als ich den Vortragsraum betrat, war die Begeisterung der Studenten so groß, daß ich mitgerissen wurde. Kein Stuhl hatte mehr Platz, und die meisten saßen auf dem Boden. Erst bei Morgengrauen kam ich ins Bett. Nach dem Ende meines Vortrags ging die Diskussion im Zimmer des Lehrers stundenlang weiter. Dasselbe erlebte ich in Cambridge und London. Nie hätte ich geglaubt, daß Engländer an Begeisterungsfähigkeit sogar Italiener übertreffen können.

In London hatte ich das Glück, den Regisseur Flaherty kennenzulernen und bei der Premiere seines Films «Men of Aran» dabeizusein. Dieser stille Film hat mich in seiner Einfachheit und Bildsprache ergriffen – er gehört zu meinen stärksten Filmerlebnissen.

In Berlin hatte ich die letzten Produktionsbesprechungen, wegen des Parteitagfilms mit Ruttmann und mit Willy Cleve, dem Produktionsleiter der «Terra», betreffend «Tiefland». Die Aufnahmen in Spanien waren wegen des Nachschubs mit einem großen Risiko belastet, und die Termine mußten präzise eingehalten werden, da Heinrich George, unser Hauptdarsteller, uns wegen seiner Theaterverpflichtungen nur achtzehn Tage zur Verfügung stehen konnte.

Die «Terra» übernahm in Berlin die Produktionsarbeiten, ich fuhr nach Spanien, um dort an der Motivsuche teilzunehmen und die spanischen Schauspieler zu engagieren: In Barcelona traf ich meine Assistenten Guzzi Lantschner und Walter Riml, die eine gute Vorarbeit geleistet hatten, aber nicht gerade bester Laune waren. Sie hatten noch keinen Pfennig von der «Terra» gesehen. Schon längst hatten sie ihre eigenen bescheidenen Mittel ausgegeben. Auch ich war noch ohne Geld. Die «Terra» hatte versichert, daß ich es bei der Bank in Barcelona abholen könnte.

Um keine Zeit zu verlieren, wollten wir trotz unserer prekären Lage sofort nach Mallorca, um dort die Windmühlenmotive zu fotografieren. Um das Fahrgeld für die Überfahrt zu sparen, versteckten wir uns auf dem Dampfer und liefen glücklicherweise unentdeckt als blinde Passagiere in Mallorca ein. Wir fanden unsere Windmühlen, was wir aber nach unserer Rückkehr in Barcelona nicht fanden, war weder eine Nachricht noch eine Überweisung.

Kein guter Anfang für unseren Film. Telefonisch war in Berlin niemand von der «Terra» zu erreichen, also borgte ich mir einen größeren Betrag von dem sehr entgegenkommenden Deutschen Konsulat. Dann zogen wir los, zuerst durch die Provinz Aragon.

Die spanische Landschaft war für die Kamera hervorragend geeignet, eine idealere Filmkulisse hätten wir nicht finden können. Auch die Menschen und die herrlichen Bauten beeindruckten mich. Mit Staunen betrachtete ich die alten Mauern in Avila, die Innenhöfe in Salamanca, die Kirchen von Burgos und, vor allem, die von Cordoba.

In Madrid erwartete mich mein alter Tennisfreund Günther Rahn. Er lebte seit einem Jahr in Spanien. Gottlob kamen aus Berlin die ersehnten Nachrichten und auch etwas Geld, leider nicht genug. Was uns weniger gefiel, war die Mitteilung, der Drehbuchautor sei erkrankt, und der Lichtwagen könnte erst mit zweiwöchiger Verspätung eintreffen. Wie sollten wir da noch die Aufnahmen mit Heinrich George schaffen? Ich war in großer Sorge.

Meine Motive hatte ich gefunden und auch die für den Film geeigneten Schauspieler. Mit Ungeduld erwartete ich täglich das Eintreffen der Mitarbeiter aus Deutschland. Bis zum Tag des Drehbeginns waren es nur noch wenige Tage.

Endlich kam Schneeberger, unser Kameramann – leider ohne Filmmaterial. Was er von der «Terra» erzählte, klang katastrophal. Alles gehe dort drunter und drüber, der Produktionsleiter sei so gut wie unerreichbar. Ich fand kaum noch Schlaf, meine Nerven waren überreizt, ich wurde mit Telefonaten und Telegrammen von Tag zu Tag hingehalten. Es war zum Verzweifeln.

Der Tag des Drehbeginns war gekommen, aber immer noch nicht der Filmstab. Zitternd vor Erregung, stand ich in der Telefonzelle unseres Hotels und hörte wie aus weiter Ferne unseren Produktionsleiter sagen: «Der Aufnahmebeginn muß um zwei Wochen verschoben werden...» Mir wurde es schwarz vor Augen, der Hörer fiel mir aus der Hand. Ich tastete mich, um nicht umzukippen, die Wände entlang bis zur Hotelhalle. Da stand Schneeberger, und während ich auf ihn zugehen wollte, drehte sich in diesem Augenblick die Decke, und ich schlug in der Hotelhalle auf dem Marmorboden hin.

Als ich erwachte, lag ich im Deutschen Krankenhaus in Madrid. Meine Vermutung, ich hätte nur einen Schwächeanfall erlitten, war falsch. Die Ärzte bezeichneten meinen Zustand als ernst. Zwei Wochen lang durfte ich keinen Besuch empfangen. Es wäre ein Kreislaufkollaps, sagte man mir, aber was wirklich mit mir los war, habe ich nie erfahren. Ich weiß nur, daß ich lange Zeit Untertemperatur hatte und immer müde war. Sogar Sprechen strengte mich an.

Erst langsam bekam ich heraus, was geschehen war. Der Film war nach meinem Zusammenbruch abgeblasen worden. Zum Glück hatte die «Terra» ohne mein Wissen bei Lloyd eine Ausfallversicherung für mich abgeschlossen. Sie bekam den Schaden ersetzt. Aber für mich war «Tiefland» gestorben – der zweite große Rückschlag innerhalb eines Jahres.

Nach vier Wochen wurde ich aus dem Krankenhaus entlassen. Der Arzt riet mir, nicht vor einem Monat die Rückreise anzutreten.

Im Norden Mallorcas fand ich in dem neu eröffneten «Hotel Formentor», das nur wenige Gäste beherbergte, die notwendige Entspannung. Langsam schwand die Schwäche, und ich konnte mit Ruttmann, der sich telefonisch angemeldet hatte und von Barcelona mit einem Wasserflugzeug direkt in der Bucht vor meinem Hotel landete, seine Arbeitspläne besprechen. Noch fürchtete ich jede Aufregung, aber meine heimliche Angst, Unangenehmes von ihm zu erfahren, war grundlos. Ruttmann war mit seiner Arbeit zufrieden, vor allem lobte er den Fleiß und die Begabung seines Kameramannes Allgeier. Er hoffte, mir bereits nach meiner Rückkehr den größten Teil seiner Aufnahmen vorführen zu können. Aber irgend etwas irritierte mich, er wirkte zerfahren, auch sein unruhiger Blick fiel mir auf. Als er sich verabschiedete, hatte ich trotz seines Optimismus ein beklommenes Gefühl.

«Triumph des Willens»

Es war Mitte August, als ich zu Hause in der Hindenburgstraße wieder eintraf. Körbe voll ungeöffneter Post erwarteten mich. Aber die ersten zwei Tage öffnete ich keinen Brief aus Furcht vor schlechten Nachrichten.

Schließlich mußte ich aber doch einen Anfang machen. Nachdem ich die Verehrerpost aussortiert hatte, fiel mir ein größeres Kuvert mit dem Absender «Braunes Haus, München» auf. Ängstlich öffnete ich den Brief. Heß schrieb, er sei überrascht, daß ich den Auftrag des Führers, den diesjährigen Parteitagfilm zu machen, an Walter Ruttmann weitergegeben habe. Der Führer bestehe darauf, daß nur ich den Film herstellen solle. Heß bat mich, so bald als möglich mich mit ihm in Verbindung zu setzen.

Das war nicht gut, war das nicht fast eine Drohung? Trotzdem war ich entschlossen, mich dieser Arbeit zu widersetzen. Zuerst versuchte ich, Heß zu erreichen. Ich rief das «Braune Haus» an, wo mir gesagt wurde, Herr Heß käme in zwei oder drei Tagen nach Berlin, ich könnte ihn dort in der Reichskanzlei erreichen. Die Zeit nutzte ich, um mir Walter Ruttmanns Aufnahmen anzusehen. Ein neuer Schock. Was ich da auf der Leinwand sah, war, gelinde gesagt, unbrauchbar. Ein Wirrwarr von Aufnahmen – auf der Straße flatternde Zeitungen, aus deren Titelseiten der Aufstieg der NSDAP sichtbar gemacht werden sollte. Wie konnte Ruttmann nur eine solche Arbeit vorzeigen! Ich war todunglücklich. Dieses Material konnte ich niemand zeigen – und Ruttmann hatte für diese Aufnahmen schon 100000 RM ausgegeben, ein Drittel meines Etats. Er selbst war auch deprimiert. Er habe, wie er sagte, nicht gewußt, daß es sowenig Wochenschaumaterial aus den Jahren vor der Machtübernahme gab. Keinesfalls konnte ich für diese Arbeit eine Verantwortung übernehmen, mir fiel aber auch kein Ausweg ein. Ich sah keine andere Möglichkeit, als auf Ruttmanns Aufnahmen zu verzichten und nur während des Parteitags in Nürnberg zu drehen. Auch Ruttmann sah das jetzt ein.

Nach vielen Versuchen konnte ich Heß endlich erreichen. Im Gegensatz zum vorigen Jahr war er diesmal liebenswürdig und zeigte Verständnis für meine Ablehnung. Er sagte mir zu, mit Hitler darüber zu sprechen und mir dann Bescheid zu geben.

Nach zwei Tagen rief Heß wieder an. Er bedauerte, daß er nichts bei Hitler ausrichten konnte. Hitler sei verärgert gewesen, daß ich mit den Vorbereitungen noch nicht angefangen hätte, denn schon in zwei Wochen beginne der Parteitag. Ich bat Heß, mir zu sagen, wo ich Hitler erreichen könnte. Ich mußte ihn unbedingt persönlich sprechen, um ihn noch einmal zu bitten, mich nicht zu dieser Arbeit zu zwingen. Heß sagte, der Führer sei in Nürnberg, um das Parteitagsgelände zu besichtigen.

Eine Stunde danach saß ich im Wagen und jagte nach Nürnberg. Ich hatte nur einen Gedanken, mich von dieser Arbeit zu befreien. Am Nachmittag fand ich Hitler, er war auf dem Parteitagsgelände, umgeben von einer Gruppe von Männern, darunter Speer, Brückner und Hoffmann. Als ich auf ihn zuging, kam es mir so vor, als sei ihm offenbar klar, was ich von ihm wollte.

Nach der Begrüßung sagte er freundlich, aber ernst: «Vom Parteigenossen Heß weiß ich, warum Sie mich sprechen wollen. Ich kann

Ihnen versichern, daß Ihre Besorgnis unbegründet ist, Sie werden dieses Mal keine Schwierigkeiten haben.»

«Das ist nicht alles, mein Führer. Ich fürchte, ich kann diesen Film nicht machen.»

Hitler: «Warum können Sie ihn nicht machen?»

«Die ganze Materie ist mir fremd, ich kann nicht einmal die SA von der SS unterscheiden.»

«Das ist doch gut so, dann sehen Sie nur das Wesentliche. Ich wünsche keinen langweiligen Parteitagsfilm, keine Wochenschau-Aufnahmen, sondern ein künstlerisches Bilddokument. Die dafür zuständigen Männer der Partei verstehen dies nicht. In Ihrem ‹Blauen Licht› haben Sie bewiesen, daß Sie es können.»

Ich unterbrach Hitler: «Das war kein Dokumentarfilm, woher soll ich wissen, was politisch wichtig und unwichtig ist, was gezeigt werden muß und was nicht? Wenn ich aus dieser Unkenntnis diese oder jene Persönlichkeit im Film nicht zeige, werde ich mir viele Feinde schaffen.»

Hitler hörte aufmerksam zu, dann sagte er lächelnd, aber mit Bestimmtheit: «Sie sind zu sensibel. Diese Widerstände bestehen nur in Ihrer Einbildung. Machen Sie sich keine Sorgen, und lassen Sie sich doch nicht so bitten, es sind doch nur sechs Tage, die Sie mir schenken sollen.»

«Sechs Tage», unterbrach ich Hitler, «es sind Monate, denn die Hauptarbeit beginnt doch erst im Schneideraum. Aber unabhängig von der Zeit», sagte ich bittend, «könnte ich nie die Verantwortung für eine solche Arbeit übernehmen.»

Hitler eindringlich: «Fräulein Riefenstahl, Sie müssen mehr Vertrauen zu sich haben. Sie können und Sie werden diese Arbeit schaffen.» Das klang fast wie ein Befehl.

Ich sah ein, daß ich Hitlers Widerstand nicht brechen konnte. Nun wollte ich wenigstens versuchen, möglichst gute Arbeitsbedingungen zu erreichen. Ich fragte ihn: «Werde ich völlige Freiheit bei der Arbeit haben, oder könnten mir von Dr. Goebbels und seinen Leuten Vorschriften gemacht werden?»

Hitler: «Ausgeschlossen, die Partei wird keinen Einfluß auf Ihre Arbeit ausüben, das habe ich mit Dr. Goebbels besprochen.»

«Auch finanziell nicht?»

Hitler sarkastisch: «Wenn die Partei den Film finanzieren sollte, dann würden Sie das Geld erst erhalten, wenn der Parteitag vorbei ist. Die Parteistellen erhielten von mir Anweisungen, Sie und Ihre Leute zu unterstützen.»

«Wird mir ein Termin gesetzt, bis wann der Film fertig sein muß?»

Hitler schon ungeduldig: «Nein, Sie können ein Jahr daran arbeiten oder mehrere, Sie sollen unter keinem Zeitdruck stehen!»

Nachdem ich meinen Widerstand aufgegeben hatte, wagte ich zum Schluß noch eine Bitte: «Ich werde es versuchen, aber ich werde es nur können, wenn ich nach Beendigung dieser Arbeit frei bin und keine Auftragsfilme mehr machen muß. Das wäre eine Belohnung. Verzeihen Sie mir diese Bitte. Aber ich möchte nicht leben, wenn ich meinen Beruf als Schauspielerin aufgeben müßte.»

Hitler, sichtlich zufrieden, daß ich nachgegeben hatte, nahm meine beiden Hände und sagte: «Ich danke Ihnen, Fräulein Riefenstahl! Ich werde mein Wort halten. Nach diesem Reichsparteitagfilm können Sie alle Filme machen, die Sie sich wünschen.»

Die Entscheidung war gefallen. Trotz allem überkam mich ein Gefühl der Erleichterung. Der Gedanke, daß ich nach diesem Film ganz frei sein würde und machen könnte, was ich wollte, gab mir einen ungeheuren Auftrieb.

Knapp zwei Wochen standen mir noch zur Verfügung. Das Wichtigste war, in dieser kurzen Zeit die geeigneten Kameraleute zu finden. Ein schwieriges Problem. Die besten waren bei Filmfirmen oder Wochenschauen fest angestellt. Aber ich hatte Glück, daß ich, außer meinem Chefkameramann Sepp Allgeier, den jungen begabten Walter Frentz engagieren konnte. Sie waren für diese neue Art von Dokumentarfilm besonders geeignet. Schließlich bekamen wir doch noch achtzehn Kameraleute zusammen, die alle einen Assistenten erhielten. Von Ruttmann trennte ich mich in Freundschaft.

Eine große Hilfe war Regierungsrat Gutterer. Ihm gelang es innerhalb von 24 Stunden in Nürnberg für uns ein leerstehendes Haus zu möblieren und dort einen Telefonanschluß einzurichten. Jeden Morgen und jeden Abend hielten wir unsere Besprechungen ab. Kiekebusch, unser Aufnahmeleiter, die «Mutter der Kompagnie» genannt, kannte jeden und wußte über alles Bescheid. Zuerst verteilte er die Autos, jeder Kameramann erhielt einen Wagen, dann wurden weiße und rote Zettel für die Windschutzscheiben ausgegeben, die uns freie Durchfahrt durch alle Sperren verschafften, und schließlich bekamen Kameraleute und technisches Personal Armbinden. Die Beleuchter, Kamera- und Tonleute, die Fahrer eingerechnet, war unser Stab auf 170 Personen angewachsen.

Erst jetzt konnte ich mit den Regiebesprechungen beginnen. Jeder Kameramann bekam seine Aufgabe für den kommenden Tag zugeteilt. Ich mußte mir überlegen, mit welchen Mitteln man den Film über das Niveau von Wochenschau-Aufnahmen hinausheben könnte. Es war nicht leicht, aus Reden, Vorbeimärschen und so vielen sich ähnelnden

Veranstaltungen einen Film zu machen, der die Zuschauer nicht langweilt. Eine Spielhandlung einzubauen, wäre aber Kitsch. Ich kam auf keine andere Lösung, als die dokumentarischen Ereignisse so vielseitig wie nur möglich aufnehmen zu lassen. Das Wichtigste war, daß die Motive nicht statisch, sondern bewegt aufgenommen wurden. Deshalb ließ ich Kameraleute mit Rollschuhen üben. Mit solchen Effekten arbeitete man damals noch selten. Abel Gance hatte in seinem «Napoleon» als erster die bewegte Kamera erfolgreich eingesetzt – in einem Spielfilm. In Dokumentarfilmen wurden Fahraufnahmen damals noch nicht gemacht. Das wollte ich versuchen, und so ließ ich an allen möglichen Stellen der Veranstaltung Fahrbahnen und Schienen legen. Sogar an einem 38 Meter hohen Fahnenmast wollte ich einen winzigen Fahrstuhl anbringen lassen, um besonders optische Effekte zu erzielen. Die Stadtverwaltung verweigerte zuerst die Genehmigung, aber durch Albert Speers Hilfe konnte der Fahrstuhl doch an dem Fahnenmast angebaut werden.

Nicht überall erreichten wir, was wir uns vorgenommen hatten. So bauten wir an einem Haus, wo Hitler den Vorbeimarsch abzunehmen pflegte, einen provisorischen Balkon, der zehn Meter lang war, auf dem Schienen gelegt wurden. Von hier hätten wir erstklassige Fahraufnahmen der marschierenden Gruppen bekommen können, aber nur wenige Minuten vor Beginn des Vorbeimarsches wurde die Fahrbahn von SA-Leuten gesperrt. Wir mußten auf Dächer und Fenster ausweichen.

Auch für die Rede Hitlers vor der Hitlerjugend auf dem Märzfeld hatte ich mir etwas Besonderes einfallen lassen und mit großer Hartnäckigkeit auch durchgesetzt. Um die eintönigen Einstellungen der zahlreichen Reden aufzulockern, ließ ich rings um das Rednerpult runde Schienen legen. Die Kamera konnte so, während Hitler sprach, in gebührender Entfernung um ihn herumfahren. Auf diese Weise entstanden neue, lebendige Bildwirkungen.

Die Atmosphäre in unserem Arbeitsstab war sehr angenehm, unangenehm war, was uns bei unserer Arbeit begegnete. Die Zusicherung, es würde mir diesmal leichter gemacht, erwies sich als ein großer Irrtum. Boykott und Widerstand waren womöglich noch stärker. Nicht einer der Wochenschauleute kümmerte sich um meine Anweisungen, vor allem machten uns die Leute an den Sperren die größten Schwierigkeiten. Einmal warfen SA-Leute unseren Tonwagen in einen Graben, dann wurden Fahrbahnen abmontiert und mir sogar der Zugang zu den Veranstaltungen oftmals verwehrt. Es war so aufreibend, daß ich einige Male alles hinschmeißen wollte. Während dieser Tage war es jedoch hoffnungslos, an Hitler heranzukommen, um ihm diese unmöglichen Zustände zu melden.

Trotzdem habe ich bei dieser Arbeit wichtige Erfahrungen gemacht. Ich entdeckte in mir eine gewisse Begabung für Dokumentarfilme, was ich nicht gewußt hatte. Ich erlebte den Reiz, den man verspürt, wenn man reale Geschehnisse, ohne sie zu verfälschen, filmisch gestalten kann. Dieses Gefühl war ein Ansporn, den ganzen Ärger durchzustehen. Manchmal standen wir vor beinahe unlösbaren technischen Problemen. So konnten wir die ausländischen Diplomaten, die in einem auf dem Nürnberger Hauptbahnhof abgestellten Sonderzug wohnten, nicht filmen: Auf dem Bahnhof war es auch tagsüber zu dunkel. Damals hatte man noch nicht das hochempfindliche Filmmaterial, wie es für die Aufnahmen notwendig gewesen wäre. Ich nahm an, die Diplomaten würden sich gern im Film sehen, und so fragte ich sie, ob es ihnen etwas ausmachte, wenn der Zug ins Freie hinausführe. Ohne Ausnahme waren sie damit einverstanden, und, was ja die Hauptsache war, ebenso der Lokomotivführer. Der Zug wurde langsam aus der Bahnhofshalle herausgezogen, und wir konnten bei Sonnenlicht filmen. Den Diplomaten machte die Sache offensichtlich Spaß, da sie sich wahrscheinlich sehr langweilten.

Nicht immer lief es mit den Diplomaten so gut ab. Für die Aufnahmen des nächtlichen Zapfenstreichs zum Abschluß des Parteitags, der vor Hitlers Hotel, dem «Deutschen Hof», stattfand, ließen wir in aller Eile Scheinwerfer holen, ohne uns das von irgend jemand genehmigen zu lassen, und plötzlich standen Kapelle und Diplomaten in grellem Licht – aber nur für zwei Minuten, dann mußten die Scheinwerfer abgeschaltet werden. Ich wußte nicht, daß dies auf einen Befehl Görings geschehen war, und ließ sie wieder einschalten, was zu lautem Protest führte. Nun wurden sie endgültig abgeschaltet. Was war zu tun? Einem der Mitarbeiter fiel ein, daß wir Magnesiumfackeln mitgenommen hatten, die ließ ich holen und anzünden – aber ich hatte nicht mit dem verheerenden Rauch gerechnet, den sie entwickelten. Im Nu war alles in Qualm gehüllt, die Diplomaten, die neben der Kapelle standen, fingen zu husten an, einige ergriffen sogar die Flucht. Zu spät erkannte ich, was wir angerichtet haben, aber wir hatten einige stimmungsvolle Aufnahmen bekommen. Das tröstete mich. Ohne das über mich hereinbrechende Gewitter abzuwarten, verließ ich so schnell wie möglich den Platz und fuhr mit dem nächsten Zug nach Berlin.

Ehe ich zum Sichten des Materials kam, hatte ich noch eine unangenehme und aufregende Unterredung mit Herrn Klitzsch, dem Generaldirektor der UFA. Es ging um eine Prestige-Angelegenheit der UFA. Wie ich schon erwähnte, hatte sie mit meiner Firma einen Verleihvertrag abgeschlossen; darin war nicht festgehalten, daß die Kopien in der

AFIFA, einer zur UFA gehörenden Kopieranstalt, hergestellt werden müßten. Für alle im «UFA-Verleih» erscheinenden Filme war dies selbstverständlich, für mich aber lag der Fall anders. Ich war mit Herrn Geyer so eng verbunden, daß ich ihm diesen Auftrag zugesagt hatte. Ihm fühlte ich mich seit dem «Blauen Licht» zu Dank verpflichtet. Er hatte mich immer großzügig unterstützt und mir eigens für den «Parteitagfilm» auf seinem Gelände ein Haus mit modernen Schneideräumen gebaut.

Ich hatte die Bedeutung der Frage der Kopieranstalt weit unterschätzt. Das spürte ich, als ich nun vor dem Filmgewaltigen der UFA stand. «Wie können Sie sich überhaupt nur vorstellen», donnerte er mich an, «daß von einem Film, den die UFA vorfinanziert, die Kopien bei Geyer hergestellt werden?»

«Ich verstehe», sagte ich, «daß dies für die UFA nicht angenehm ist, aber bitte, verstehen Sie, ich bin Herrn Geyer zu tiefstem Dank verpflichtet – er hat mir in meiner Notzeit geholfen und mir jetzt ein wunderbares Schneidehaus gebaut.»

Klitzsch unterbrach mich mit heftigen Worten: «Wir bauen Ihnen ein noch schöneres, wir sind sogar bereit, der Firma Geyer den Gewinn aus der Herstellung der Kopien zu zahlen, aber wir können nicht zulassen, daß dort die Kopien entstehen.»

Ihm lief der Schweiß über das Gesicht und mir auch. Ich befand mich in einer unerträglichen Lage. Natürlich begriff ich das Verlangen von Herrn Klitzsch, andererseits fühlte ich mich außerstande, mein Versprechen, das ich Herrn Geyer gegeben hatte, zu brechen.

«Sprechen Sie selbst mit Herrn Geyer», war alles, was ich noch sagen konnte. Ungnädig wurde ich entlassen.

Tatsächlich fand zwischen Herrn Klitzsch und Herrn Geyer eine Unterredung statt – erfolglos, wie vorauszusehen war. Herr Geyer war nicht bereit zu verzichten, und ich hatte das ungute Gefühl, nun einen Feind mehr zu haben.

Nun stand ich vor dem schwersten Teil der Arbeit, dem Schnitt des Films. Ein Filmmaterial von 130000 Metern mußte gesichtet werden, aus dem ich etwa 3000 Meter verwenden wollte. Obgleich Hitler mir keinen Termin für die Fertigstellung des Films gesetzt hatte, so verlangte aber mein Vertrag mit der UFA, den Film spätestens Mitte März des kommenden Jahres abzuliefern. Genau fünf Monate hatte ich zur Verfügung. Für die damalige Filmtechnik, bei der jede Klebestelle mit dem Messer geschabt werden mußte, war das reichlich knapp. Es gab für die Gestaltung dieses Films kein Vorbild, nichts, woran ich mich hätte orientieren können. Ich mußte selber experimentieren, auch hatte ich für diese Arbeiten keine Berater oder sonstige Hilfen außer den Damen, die die Filmstellen klebten und das Material sortierten. Erst für den Tonschnitt hatte ich einen Cutter.

Die Aufgabe erschien beinahe unlösbar. Ich schloß mich von der Außenwelt ganz ab und konzentrierte mich nur auf die Arbeit im Schneideraum. Für niemand war ich zu sprechen, selbst nicht für meine Mutter. Waren es in der ersten Woche «nur» zwölf Arbeitsstunden, wurden es in der zweiten schon vierzehn. Dann folgten täglich sechzehn, und so ging das auch jedes Wochenende und jeden Feiertag.

Schon nach zwei Monaten fühlten wir uns erschöpft. Einige meiner Leute wurden krank, und in den letzten Monaten waren es außer mir nur noch drei Mitarbeiter, die dieses Arbeitstempo durchhielten, Frau Peters, die im Schneideraum tätig war, Wolfgang Brüning, ein aus der Schule entlassener Junge, der die Filmausschnitte beschriftete, sowie unser Fotograf, Herr Lantin, der jede Nacht freiwillig so lange dablieb, bis er Frau Peters und mich um fünf Uhr früh mit meinem Wagen nach Hause fuhr.

Es mag Anfang Dezember gewesen sein, als Waldi Traut, mein engster Mitarbeiter – Produktionsleiter und Prokurist meiner Firma –, der alles von mir fernzuhalten hatte, was die Arbeit unterbrechen würde, mir einen Besuch meldete, den ich empfangen mußte. General von Reichenau und einen zweiten General, dessen Namen ich vergessen habe. Die Herren wollten sich die Aufnahmen der Wehrmacht aus Nürnberg ansehen. Da die Wehrmachtsübungen bei schlechtem Wetter stattgefunden hatten, teilweise sogar bei Regen, hatte ich längst beschlossen, diese Aufnahmen nicht einzuschneiden. Als ich dies Herrn von Reichenau erklärte, ahnte ich nicht, was ich damit anrichtete. Ich wußte nicht, wie groß die Bedeutung war, daß die Wehrmacht 1934 zum ersten Mal an einem Parteitag teilgenommen hatte. Völlig konsterniert sah mich der General an, als ob ich mir mit ihm einen schlechten Scherz erlaubt hätte.

«Sie können doch nicht die Wehrmacht aus dem Film fortlassen – wie stellen Sie sich denn das vor?»

Ich versuchte, ihm klarzumachen, daß die Aufnahmen nicht gut genug waren. Sie waren grau und für den Film nicht verwendbar. Der General verlangte sie zu sehen. Ich war erschüttert, daß sie ihm gefielen. «Sind doch wunderbar», sagte er, «ich weiß nicht, was Sie wollen.»

Nun wurde die Sache ernst, denn ich hatte ihm ohnehin nur die schlechtesten Aufnahmen gezeigt. Daß diese ihn sogar entzücken könnten, damit hatte ich nun nicht gerechnet. Er aber bestand darauf, daß die Wehrmachtsaufnahmen in jedem Fall in den Film hineinkommen müßten. Ich erklärte aber, daß ich sie nicht einschneiden werde.

«Es tut mir leid», sagte General von Reichenau, «dann werde ich mich an den Führer wenden müssen», verabschiedete sich und verließ den Vorführraum. Ich empfand ein großes Unbehagen – das war nicht gut, denn nun hatte ich mir wieder neue Gegner geschaffen. Ich überlegte, ob ich vielleicht doch eine Lösung finden könnte, aber ich kam zu keiner Lösung. Es war mein Fehler, ich war zu kompromißlos – aber ich konnte gegen meine Natur nicht angehen.

Einige Wochen nach diesem Vorfall verständigte mich Brückner, Hitler bitte mich, am ersten Weihnachtsfeiertag nach München zu kommen, er möchte mich in der Wohnung der Familie Heß sprechen. Ich würde um vier Uhr zum Tee erwartet. Seit der kurzen Unterredung auf dem Parteitagsgelände hatte ich Hitler nicht mehr gesehen. Was hatte diese Einladung zu bedeuten?

Etwas verspätet traf ich in München-Harlaching in der Villa der Familie Heß ein. Hitler war schon da. Wohlwollend erkundigte er sich nach meiner Arbeit. Ich erzählte ihm von meinen Problemen im Schneideraum, wie schwierig es zum Beispiel sei, eine Rede von ihm, die in Wirklichkeit zwei Stunden dauerte, im Film auf wenige Minuten zusammenzuschneiden, ohne dabei ihre Bedeutung zu verändern. Hitler nickte verständnisvoll. Frau Heß, die ich noch nicht kannte, fand ich sympathisch. Sie unterhielt sich lebhaft mit uns, während ihr Mann sich nicht in das Gespräch mischte.

Plötzlich sagte Hitler: «Als ich Ihnen den Auftrag für den Reichspar-teitagfilm gab, versprach ich Ihnen völlige Freiheit für die Gestaltung des Films.» Gespannt schaute ich Hitler an: «Ich will auch mein Versprechen halten, vor allem aber möchte ich, daß Sie durch diese Arbeit keine Unannehmlichkeiten haben und sich auch keine neuen Feinde zuziehen.» Mir schwante nichts Gutes. Hitler: «Ich habe Sie gebeten, hierherzukommen, weil ich Sie bitten möchte, einen einzigen Kompromiß zu machen.»

Ich versuchte, ruhig zu bleiben. Er fuhr fort: «General von Reiche-nau besuchte mich. Er hat sich beschwert, daß Sie die Wehrmacht nicht in den Film einschneiden wollen, und er verlangte energisch, daß die Aufnahmen in den Film hineinkommen müssen. Ich habe darüber nachgedacht und mir ist eine Idee gekommen, wie Sie ohne Änderun-gen Ihres Filmschnitts und ohne künstlerisch Kompromisse machen zu müssen, alle Personen in den Film hineinnehmen können, die sich besondere Verdienste erworben haben. Die Menschen sind nun einmal mehr oder weniger eitel, und es wurden mir von verschiedenen Seiten Wünsche vorgetragen.»

Genau das hatte ich befürchtet und mich damals auch so gewundert, als mir freie Gestaltung versprochen wurde.

Hitler: «Ich möchte Ihnen deshalb folgendes vorschlagen: Ich werde die wichtigsten Generäle und Herren der Partei bitten, in ein Filmatelier zu kommen – auch ich werde dabeisein. Dann stellen wir uns in einer Reihe auf, und die Kamera fährt langsam an uns vorbei, das gibt die Möglichkeit, daß zu jeder Person mit einigen Worten ihre Verdienste hervorgehoben werden. Das könnte der Vorspann zu Ihrem Film sein. Dann kann keiner gekränkt sein, und Sie haben niemand verärgert.» Hitler hatte sich immer mehr in Begeisterung geredet, ich bin aber immer unruhiger geworden. Bestürzt sah ich ihn an.

«Was haben Sie denn», fragte er mich erstaunt, «gefällt Ihnen die Idee nicht?» Vor meinen Augen zog mein Bildschnitt vorbei. Das Wolkenmeer am Anfang des Films, aus dem die Türme und Giebel der Stadt Nürnberg herausblendeten. Einen anderen Anfang des Films konnte ich mir nicht vorstellen. Diese Stimmung würde zerstört werden, wenn ich die von Hitler vorgeschlagenen Aufnahmen vorher einschneiden müßte. Mir kamen die Tränen.

«Was haben Sie denn, um Gottes willen», sagte Hitler, «ich will Ihnen doch nur helfen», und er fing nochmals an, mir alle Vorzüge seiner Idee zu schildern.

Da vergaß ich, wen ich vor mir hatte, ich dachte nur an meine filmische Arbeit und daß ich den Vorschlag Hitlers einfach schrecklich fand. Meine Abwehrreaktion war so heftig, daß ich die Kontrolle über mich verlor, aufsprang und mit dem Fuß aufstampfend rief: «Das kann ich nicht tun.»

Zum ersten Mal sah ich Hitler böse werden. Er herrschte mich an: «Haben Sie vergessen, wen Sie vor sich haben?» Hitler stand auf und sagte gereizt: «Sie benehmen sich wie ein störrischer Esel – ich habe es mit Ihnen doch nur gut gemeint, aber wenn Sie nicht wollen, dann lassen Sie es.»

Um meine Tränen zu verbergen, hatte ich mich abgewandt. Plötzlich hatte ich einen Einfall: «Könnte ich es nicht dadurch gutmachen», sagte ich, «daß ich im kommenden Jahr einen Kurzfilm von der Wehrmacht mache, damit würde man die Generäle vielleicht wieder aussöhnen.»

Hitler stand schon in der geöffneten Tür, machte eine fast müde wirkende Handbewegung und sagte: «Das überlasse ich Ihnen.» Dann verließ er, von Frau Heß begleitet, den Raum.

Mein Verhalten Hitler gegenüber konnte ich mir nicht verzeihen. Ich haderte mit mir, aber nach einigen Stunden hatte ich mich so weit gefaßt, daß ich nach Berlin zurückfuhr.

Die letzten Wochen im Schneideraum waren körperlich ein Martyrium, nur noch eine Quälerei. Mehr als vier bis fünf Stunden Schlaf blieben uns nicht. Jeden Morgen, wenn ich aufstand, glaubte ich, zusammenzubrechen. Frau Peters schlief während dieser Monate bei mir, auch sie war am Ende ihrer Kräfte. Wenn wir in der Früh nach Hause kamen, umwickelte sie meine Beine mit nassen, kalten Bettlaken, damit ich besser einschlafen konnte. Schlafmittel wagte ich nicht zu nehmen.

Zu meiner Arbeit hatte ich kaum noch einen objektiven Abstand. Ich wußte nicht, wird der Film gut oder nicht. Täglich änderte ich den Schnitt, wechselte die Komplexe, nahm neue Szenen hinein und andere heraus, kürzte oder verlängerte die Aufnahmen solange, bis ich das Gefühl hatte, sie stimmen.

Der von der UFA festgesetzte Premierentermin in der letzten Märzwoche schwebte wie ein Damoklesschwert über meinem Kopf. Ich fürchtete, jetzt den Schnitt nicht mehr allein zu schaffen, und engagierte deshalb Herrn Schaad, einen der besten Schnittmeister, und beauftragte ihn, den «Vorbeimarsch» zu schneiden. Der Komplex sollte eine Laufzeit von 20 Minuten haben, wofür 10 000 Meter Filmmaterial zur Verfügung standen. Herr Schaad bekam für diese Arbeit einen eigenen Schneideraum, einen Assistenten und zwei Monate Zeit. Ich hoffte auf ein Gelingen.

Vor der Synchronisation ließ ich mir seine Rolle vorführen und bekam einen Schock. Ich hatte fest damit gerechnet, sie wenigstens als Rohschnitt verwenden zu können, aber sie war genauso unbrauchbar wie der Film von Ruttmann, es wirkte wie eine Wochenschau. Mir blieb nichts anderes übrig, als den gesamten Komplex neu zu schneiden. Zum Glück besaß ich inzwischen so große Übung, daß ich es in drei Tagen schaffte. Diese Tage mußten wir fast ohne Schlaf durcharbeiten.

Für den Bildschnitt verwendete ich ein kleines Lytaxgerät, womit auch Fanck seine Filme, solange sie Stummfilme waren, geschnitten hatte. So primitiv das Gerät auch war, so unentbehrlich wurde es mir; mit keinem anderen noch so guten Schneidetisch hätte ich so schnell arbeiten können. Es besaß keinen Bildschirm, sondern nur eine zweifache Vergrößerungslinse, durch die man das Filmmaterial hin und herziehen konnte. Ohne dieses Gerät, für die Augen zwar sehr anstrengend, hätte ich für den Bildschnitt ein Mehrfaches an Zeit aufwenden müssen. Anders verhielt es sich mit dem Tonschnitt. Man verwendete dafür meist Klangfilm- oder Unionstische. Übrigens sollte Herr Gaede, mein Toncutter, der Erfinder der Steenbeck-Schneidetische werden. Bei unserer gemeinsamen Arbeit haben wir uns immer wieder den Kopf zerbrochen, wie man die Tontische verbessern könnte: Der Steenbeck-Tisch errang Weltruhm.

Für die Synchronisation hatten wir zwei Tage zur Verfügung. Hier entstand ein neues Problem, und wieder handelte es sich um den «Vorbeimarsch». Weder dem Komponisten Herbert Windt noch dem Kapellmeister gelang es, die für den Film vorgesehene Marschmusik synchron zum Bild zu dirigieren. Zu dieser Zeit gab es noch keine Kameras mit automatischer Geschwindigkeit, es wurde noch von Hand gekurbelt. Jeder Kameramann arbeitete mit einer anderen Geschwindigkeit, was für mich am Schneidetisch eine enorme Schwierigkeit bedeutete. Bei einigen Aufnahmen marschierten die Leute zu schnell, bei anderen zu langsam. So wurde es bei dem schnellen Bildwechsel den Dirigenten unmöglich, den Musikern immer rechtzeitig den Einsatz zu geben und die Musik den nach so verschiedenem Tempo marschierenden Gruppen anzupassen. Als trotz stundenlangen Übens weder der Kapellmeister noch Herr Windt imstande waren, die Musik synchron zum Bild zu bekommen, Herr Windt sogar vorschlug, auf den ganzen Vorbeimarsch einfach zu verzichten, übernahm ich es selbst, das aus achtzig Mann bestehende Orchester zu dirigieren. Ich kannte jeden Schnitt auswendig und wußte so rechtzeitig, bei welchen Aufnahmen die Musik schneller, bei welchen sie langsamer dirigiert werden mußte. Und in der Tat bekamen wir den Ton synchron.

Bis wenige Stunden vor der Uraufführung im UFA-Palast am Zoo, es war der 28. März 1935, arbeiteten wir noch an der Kopie. Es war nicht einmal Zeit gewesen, den Film vorher der Zensur vorzuführen – eine ganz ungewöhnliche Situation, da keine unzensierten Filme öffentlich vorgeführt werden durften. Außer meinen Mitarbeitern hatte niemand den Film vor der Uraufführung gesehen. So wußte ich auch nicht, wie der Film aufgenommen werden würde.

In der Kopieranstalt war ich noch so lange beschäftigt, daß ich nicht einmal Zeit hatte, zum Friseur zu gehen. In großer Hetze kämmte und schminkte ich mich, zog mir ein Abendkleid an und fuhr viel zu spät mit meinen Eltern und Heinz zum festlich geschmückten UFA-Palast. Der Direktor des Kinos wartete schon ungeduldig und führte uns zu unseren Plätzen.

Eine peinliche Situation: Hitler und sämtliche Ehrengäste, auch die Diplomaten, saßen schon in ihren Logen.

Kaum hatten wir Platz genommen, verstummten langsam die Stimmen, die Lichter erlöschten und ein Orchester spielte Marschmusik. Dann teilte sich der Vorhang, die Leinwand hellte sich auf und der Film begann.

Noch einmal erlebte ich meine schlaflosen Nächte und die mühevollen Versuche nach Übergängen von einem Komplex zum anderen, die Unsicherheit, was meine Mitarbeiter und ich falsch gemacht haben könnten. Wie die Wehrmacht, hatte ich auch eine Reihe anderer Veranstaltungen fortgelassen, so den Kongreß der Frauen.

Während ich die Augen meist geschlossen hatte, hörte ich immer öfter Beifall. Am Ende des Films gab es langanhaltenden, nichtendenwollenden Applaus. In diesem Augenblick war es mit meiner Kraft endgültig zu Ende. Als Hitler sich bei mir bedankte und mir einen Fliederstrauß überreichte, erlitt ich einen Schwächeanfall – ich verlor das Bewußtsein.

Nach dem Krieg konnte man in auflagenstarken deutschen Illustrierten lesen, daß Hitler mir nach der Premiere ein Brillantkollier überreichte und ich ihm dabei so tief in die Augen geschaut habe, daß ich in Ohnmacht fiel.

Den Wunsch der UFA, mich bei den Premieren in anderen großen Städten Deutschlands zu präsentieren, habe ich aus gesundheitlichen Gründen abgelehnt. Ich hatte nur einen einzigen Wunsch: Ruhe und nochmals Ruhe. So nahm ich nur noch an der Aufführung in Nürnberg teil, aus Dankbarkeit für die Hilfe, die wir dort von der Stadt erhalten hatten. Dann fuhr ich mit einigen meiner Mitarbeiter in die Berge.

In Davos

Die Saison war vorüber, der Ort fast menschenleer, und ab 1. April stellte sogar die Parsennbahn ihren Betrieb ein. Mir war das gleich. Ich war viel zu kaputt, um skilaufen zu können. Der Portier des «Hotels Seehof», in dem ich wieder wohnte, erkannte mich nicht mehr, so sehr hatte ich mich verändert. Ich war abgemagert, und den Blick in einen Spiegel wagte ich kaum. Das Gesicht war aschfahl, die Augen waren eingefallen, und darunter hatte ich tiefe Schatten. In diesem Zustand hatte mich Hitler einmal im «Hotel Kaiserhof» gesehen, wo ich mit Sven Noldan, der die Titel für «Triumph des Willens» entwarf, eine Verabredung hatte. Hitler saß mit einigen Männern in der Hotelhalle und winkte mich an seinen Tisch. Mir war das unangenehm, da ich mich in einem miserablen Zustand befand und ungepflegt aussah. Er sagte: «Sie scheinen zu viel zu arbeiten, das sollten Sie nicht tun.»

Ich konnte nur antworten: «Entschuldigen Sie mich, bitte!» und ging zu Herrn Noldan zurück.

Am nächsten Tag wurde mir im Schneideraum im Auftrag Hitlers ein Strauß roter Rosen mit einer Briefkarte übergeben. Darin stand, er sei, als er mich gestern im «Kaiserhof» gesehen habe, über mein Aussehen erschrocken. Ich solle nicht so viel arbeiten, und es sei unwichtig, wann der Film fertig werde. Ich möge mich schonen. Die Unterschrift lautete: «Ihr ergebener Adolf Hitler».

Er hatte diese Zeilen mit der Hand geschrieben, übrigens die einzigen, die ich außer Glückwunsch- oder Beileidstelegrammen jemals von Hitler bekommen habe.

Das und vieles andere ging mir durch den Kopf, wenn ich, in Decken gewickelt, in einem Liegestuhl auf dem Balkon lag und die wunderbare, frische Winterluft einatmen konnte. Die gibt es in keinem anderen Ort der Welt.

Großen Kummer erfuhr ich nach meiner Ankunft in Davos, die Trennung von meinem Freund Walter Prager. Der Grund war eine Frauengeschichte, schuld daran war mein Film. Ich hatte, als ich mit den Arbeiten im Schneideraum begann, ihn gebeten, bis zur Beendigung meiner Arbeit nach Davos zu fahren, wo er zu Hause war. Wir telefonierten zwar oft miteinander, aber die Zeit der Trennung war zu lang, jedenfalls für ihn – volle sechs Monate. Kaum war ich in Davos, schon wurde mir hinterbracht, Walter habe während der Zeit unserer Trennung mit einem Mädchen zusammengelebt, wollte aber nach Beendigung meiner Arbeit wieder zu mir zurückkehren. Ich war nicht großzügig genug, darauf einzugehen, obwohl ich ihn noch immer liebte. So schwer es mir auch fiel, ich brach die Beziehung ab.

Es dauerte eine Woche, bis ich spazierengehen konnte, zwei weitere, bis ich mir die Skier anschnallte. Erst nach einem Monat war ich in der Lage, Skitouren zu machen.

Es muß Ende April gewesen sein, als mich ein junges, mir unbekanntes Mädchen aus Berlin besuchte.

Mit Tränen in den Augen sagte sie: «Verzeihen Sie diesen Überfall, ich heiße Evelyn Künneke – ich flehe Sie an, helfen Sie mir und meinem Vater.» Ich versuchte, das aufgeregte Mädchen zu beruhigen. Es erzählte mir, daß es sogar seinen Schmuck verkauft oder versetzt habe, um sich die Fahrkarte nach Davos leisten zu können.

«Womit kann ich Ihnen helfen?» fragte ich das Mädchen.

«Mein Vater», schluchzte sie, «will sich das Leben nehmen, er darf nicht mehr arbeiten – er wurde aus der Reichsfilmkammer ausgeschlossen.» Künneke, fiel mir ein, war doch der bekannte Komponist beliebter Operetten.

«Wurde er aus rassischen Gründen aus der Filmkammer ausgeschlossen?»

Sie nickte und sagte verzweifelt: «Nur Sie können helfen, Sie kennen doch Dr. Goebbels!»

«Das hilft uns nicht», sagte ich, «denn Dr. Goebbels ist mir nicht wohlgesonnen. Ich will es trotzdem versuchen.»

Ich ließ eine Platte Bündnerfleisch und einen Schoppen Wein kommen und bemühte mich, dem Mädchen Mut zu machen. Dann schrieb ich an Dr. Goebbels einen Brief. Ich bat ihn, das Arbeitsverbot des Komponisten, das bei Bekanntwerden im Ausland einen internationalen Skandal auslösen würde, aufzuheben.

Ich hatte wenig Hoffnung, daß meine Zeilen Erfolg haben würden, sagte dies aber Fräulein Künneke nicht. Sie wollte den Brief persönlich im Propagandaministerium abgeben. Ich bat sie, mich von dem Ergebnis zu benachrichtigen, und sagte ihr beim Abschied, ich würde mich erst an Hitler wenden, wenn dieser Versuch erfolglos bliebe. Aber schon nach wenigen Tagen bekam ich von Evelyn Künneke einen überschwenglichen Dankesbrief. Auf Veranlassung von Goebbels war das über ihren Vater verhängte Arbeitsverbot aufgehoben worden.

Am Nachmittag des 1. Mai kamen mehrere Glückwunschtelegramme. Der «Triumph des Willens» hatte den Nationalen Filmpreis erhalten. Auch Hitler schickte ein Telegramm. Die Freude über diese Auszeichnung konnte die hinter mir liegenden Intrigen und Strapazen auch nicht annähernd ausgleichen.

Mit dem Skilaufen kehrten langsam meine Kräfte zurück. Da alle Bahnen und Skilifte den Betrieb eingestellt hatten, ging ich mit einigen meiner Mitarbeiter und Davoser Skifreunden zu Fuß auf die Berge — ein gutes Training.

Zweimal im Lauf eines Vormittags stiegen wir, unsere Skier auf den Schultern tragend, über die Stufen der Parsennbahn bis zum Weißfluhgipfel hinauf — eine Höhendifferenz von 1300 Metern. Um bei der zweiten Abfahrt noch guten Schnee zu haben, mußten wir schon um zehn Uhr wieder auf dem Gipfel sein. Nun konnten wir noch einmal, ehe wir im Schnee einbrachen, die herrliche Abfahrt über das Meierhoftäli nach Wolfgang machen. Bei einer dieser steilen Schußfahrten blieb mein Fuß an einem wenig verschneiten Stein hängen, ich wirbelte in mehreren Saltos durch die Luft, spürte einen starken Schmerz: Der rechte Arm war ausgekugelt. Trotzdem konnte ich, nachdem er im Davoser Hospital wieder eingerenkt und durch eine Schlinge gehalten wurde, noch so lange Ski laufen, bis der Schnee im Mai zu schlecht geworden war. Ich fuhr nach Hohenlychen, einer Spezialklinik für zerbrochene Knochen. Nach vier Wochen wurde ich geheilt entlassen.

In der Berliner Oper

Zu meiner Überraschung fand ich zu Haus in der Post eine persönliche Einladung von Goebbels zu einer festlichen Premiere in der Städtischen Oper Berlins. Ich glaube, «Madame Butterfly» wurde gegeben. Wahrscheinlich wollte sich der Minister mit mir als «Trägerin des Nationalpreises» in der Öffentlichkeit zeigen, um den Gerüchten über die zwischen uns bestehende Feindschaft entgegenzutreten. Vielleicht hatte Hitler ihn aus solchen Gründen dazu veranlaßt.

In der Mitelloge des Theaters wurde ich von Magda Goebbels und ihm begrüßt. Er bot mir den Platz zu seiner Rechten an. Seine Frau saß mit dem italienischen Botschafter Cerrutti hinter uns. Links neben dem Minister saß sein Adjutant, Prinz Schaumburg-Lippe. An diese Sitzordnung erinnere ich mich so genau, weil wir fotografiert wurden und das Foto dieser Loge in vielen Zeitungen erschien, wohl mit ein Grund, warum man mich eingeladen hatte.

Als sich das Theater verdunkelte und das Orchester einsetzte, fühlte ich erschrocken, wie Goebbels seine Hand unter mein Kleid schob, mein Knie berührte und den Oberschenkel hinauffahren wollte. Empört hielt ich blitzschnell seine Hand an, ich konnte sie nicht zerkratzen, da der Stoff des Kleides dazwischenlag. Was für ein geschmackloser Kerl war dieser Mann.

Am liebsten wäre ich in der Pause weggegangen, aber ich fürchtete einen Skandal. So blieb ich bei Magda Goebbels, die, wie sie mir anvertraute, wieder ein Baby erwartete. Auch erzählte sie in naiv wirkender Ahnungslosigkeit, wieviel sie für ihr Aussehen tun müßte, um neben den schönen Schauspielerinnen, die ihren Mann umschwärmten, bestehen zu können. In ganz Deutschland waren die Liebeseskapaden ihres Mannes Tagesgespräch.

Arme Magda Goebbels, dachte ich, sie weiß nicht, daß sie mit einem Teufel verheiratet ist.

Olympia

In meinem Kopf spukte noch immer die «Penthesilea», aber ich fühlte mich noch nicht reif genug, um so ein gigantisches Filmprojekt zu verwirklichen. Ich beschäftigte mich mit verschiedenen Filmthemen, wie «Gustav Adolfs Page», nach Conrad Ferdinand Meyer, «Michael Kohlhaas», die eindrucksvollste aller Erzählungen Kleists, und dem «Leben der Druse», wie E. A. Reinhardt es beschrieben hat.

Um körperlich fit zu bleiben, ging ich jeden zweiten Tag ins Sportstadion im Grunewald und trainierte verschiedene leichtathletische Disziplinen. Ich fühlte mich gut in Form und bereitete mich auf das silberne Sportabzeichen vor.

Ich übte gerade Hochsprung, da kam auf mich ein Mann mittleren Alters zu.

«Diem», stellte er sich vor. Es war Professor Dr. Carl Diem, Generalsekretär des Organisationskomitees für die XI. Olympischen Spiele, die in einem Jahr auf diesem Gelände stattfinden sollten. «Fräulein Riefenstahl, ich habe ein Attentat auf Sie vor!» sagte er mit verbindlichem Lächeln. Ich klopfte mir den Sand der Hochsprunggrube von den Beinen und fragte: «Ein Attentat? Was meinen Sie damit?»

«Ich habe eine Idee», sagte Diem, «es ist meine Aufgabe, die Olympischen Spiele in Berlin vorzubereiten, und ich möchte sie mit einem großen Fackellauf quer durch Europa, vom alten Olympia in Griechenland bis zum neuen Olympia in Berlin einleiten. Es soll eine schöne Olympiade werden, und es wäre jammerschade, wenn wir das nicht im Film festhalten würden. Sie sind eine große Künstlerin, Sie verstehen viel vom Sport, Sie haben mit Ihrem ‹Triumph des Willens› ein Meisterwerk geschaffen, als einen Film ohne Handlung – einen solchen Film müssen Sie auch über die Olympiade machen!»

Erschrocken hob ich die Hände.

Nie mehr wollte ich einen Dokumentarfilm machen, das hatte ich mir geschworen. «Unmöglich», sagte ich.

Aber Diem ließ nicht locker. Er war als Organisator und Vorstand der Deutschen Sportbehörde für Leichtathletik ein hartnäckiger diplomatischer Mann. Er sagte, wie wichtig es sei, die Olympische Idee zu verfilmen. Ich konnte mir im ersten Augenblick aber kaum vorstellen, wie man aus mehr als 100 Wettkämpfen einen Film machen könnte.

Diem: «Natürlich können nicht alle Kämpfe gezeigt werden, viel wichtiger ist es, die Olympische Idee zum Ausdruck zu bringen. «Bisher», sagte ich, «gab es, soviel ich weiß, noch nie einen Film über eine Sommer-Olympiade. Auch der Versuch der Amerikaner, die Spiele 1932 in Los Angeles zu verfilmen, hat trotz großen Aufwandes zu nichts geführt, mehr als ein Lehrfilm ist daraus nicht geworden. Dabei hatte ein so berühmter Regisseur wie Dupont den mißglückten Versuch gemacht. Sie erinnern sich an ‹Varieté› mit Jannings und Lya de Putti? Das war ein Film von Dupont.» Dann erzählte ich Professor Diem auch ein wenig von den großen Schwierigkeiten, die ich beim Parteitagfilm mit dem «Promi» gehabt hatte. «Letzten Endes», sagte ich, «untersteht doch alles wieder Dr. Goebbels. Ich würde in jedem Fall jede Menge Ärger bekommen.

Dazu Diem: «Das glaube ich nicht. Bei den Olympischen Spielen ist das IOC Hausherr. Niemand kann ohne seine Erlaubnis die Kampfstätten und das Olympische Dorf betreten. Nur das Komitee kann erlauben, daß im Inneren des Stadions Kameras arbeiten. Selbst die Wochenschauen dürfen nur vom Zuschauerraum aus filmen. Aber der Präsident des IOC, der Schweizer Otto Mayer, würde Ihnen ohne Zweifel Sondervollmachten einräumen. Er hat mich beauftragt, Ihnen dieses Angebot zu machen. Er ist wie ich von Ihren Fähigkeiten überzeugt. Lassen Sie mich Ihnen bitte Material zusenden, damit Sie sich einmal ein Bild über die kommenden Spiele machen können.»

Ich schüttelte den Kopf: «Abgesehen davon, daß ich mir beim besten Willen bei einer solchen Fülle von Wettkämpfen keinen Film vorstellen kann», wiederholte ich, «habe ich mir geschworen, unter keinen Umständen noch einmal einen Dokumentarfilm zu machen.» Diem, offenbar von meiner Weigerung noch immer nicht überzeugt, sagte zum Abschluß dieses Gesprächs: «Aber ich darf Sie doch dem Kanzler des IOC vorstellen, er wird in den nächsten Tagen nach Berlin kommen.»

«Gern», sagte ich und verabschiedete mich.

Das Essen mit dem Kanzler des IOC und Dr. Diem fand in einem Restaurant in der Nähe der Kaiser-Wilhelm-Gedächtniskirche statt. Beide Herren schwärmten vom «Blauen Licht» und versuchten auch sonst, mir mit allen möglichen Versprechungen ihr Projekt des Olympiafilms schmackhaft zu machen. Ich fühlte mich nicht imstande, ihnen eine Zusage zu geben. Ich bat um Bedenkzeit.

Aber mehr, als mir lieb war, beschäftigte mich diese Idee. Ich fing an, darüber nachzudenken, wie man die Aufgabe anpacken könnte, und sah nur Schwierigkeiten. Eine Lösung, wie man aus den zahllosen olympischen Disziplinen einen Film machen könnte, der nicht nur künstlerisch, sondern auch sportlich und international befriedigen würde, sah ich nicht. So beschloß ich, mit Fanck über das Problem zu sprechen. Vielleicht könnte er als ein Meister des Dokumentar- und Sportfilms diese Aufgabe übernehmen.

Fanck hatte 1928 in St. Moritz mit den besten Kameramännern einen Film über die Olympischen Winterspiele gemacht. So anziehend und schön die Aufnahmen in der glitzernden Winterlandschaft auch wirkten, sein Film war kein Erfolg.

Fanck lehnte meine Frage, ob er nicht an diesem Olympiafilm interessiert wäre, brüsk ab. «Wenn mein Winterolympiadefilm schon keinen Erfolg hatte», sagte er, «dann erst recht nicht einer über die

Sommerspiele. Die Wettkämpfe in der Winterlandschaft sind doch viel reizvoller als alles, was sich im Stadion oder in Hallen abspielt.»

Ich mußte ihm recht geben, aber ich wollte mehr von ihm wissen. «Nehmen wir mal an», fragte ich hartnäckig, «du müßtest den Film machen, wie würdest du ihn dir denn vorstellen können?»

Fanck dachte eine Weile nach, dann sagte er: «Ich sehe drei Möglichkeiten. Einmal als einen abendfüllenden Film, der nur nach ästhetischen und künstlerischen Wirkungen zusammengestellt wird, eine Impression von Bewegungen und Elementen verschiedener Sportarten. Diese Form hätte allerdings keinen dokumentarischen Wert, da es unmöglich wäre, in zwei Stunden auch nur die wichtigsten Sportarten unterzubringen. Es würde die unbrauchbarste Form sein. Eine andere Möglichkeit wären vielleicht sechs abendfüllende Großfilme und die dritte, die ich für die geeignetste halte, würden richtige Reportagefilme sein, ohne jedes künstlerische Format. Die müßten spätestens sechs Tage nach Schluß dieses Mammutunternehmens in Kinos vorgeführt werden und wären höchstens bessere Wochenschauen.»

Das klang ebenso überzeugend wie entmutigend.

«Schade», sagte ich, «daß du den Versuch nicht machen willst. Wer weiß, wann wir jemals eine Sommerolympiade wieder nach Deutschland bekommen.»

«Nein», sagte Fanck entschieden, «das tue ich mir nicht an.» Er rechnete mir mit der Stoppuhr und der derzeitigen Weltrekordtabelle vor, wie lange jede einzelne Sportdisziplin dauert, und konnte damit die Länge der Filmmeter schätzen. Dabei kam die zehnfache Zeit heraus, die für einen Film zur Verfügung stand.

Langsam begann mich die Idee zu fesseln. Von den drei Möglichkeiten, die Fanck sah, käme für mich keine in Frage – sechs Großfilme hätten keinen Verleiher gefunden, und Reportagefilme zu machen, war für mich indiskutabel. Die Wochenschauen würden Sonderfilme herausbringen, was schließlich auf dasselbe hinausliefe.

Aber sollte es in der Tat nicht doch eine Möglichkeit geben, die Olympische Idee und die wichtigsten Olympischen Kämpfe in einem Film zu vereinen?

Ohne es noch erklären zu können, nahm die Vorstellung, wie dieser Film aussehen müßte, Konturen an. Plötzlich sah ich, wie die alten Ruinen der klassischen Olympia-Stätten langsam aus Nebelschwaden herausblenden und die griechischen Tempel und Plastiken vorbeiziehen, Achilles und Aphrodite, Medusa und Zeus, Apollo und Paris, und dann erschien der Diskuswerfer des Myron. Ich träumte, wie er sich in einen Menschen aus Fleisch und Blut verwandelt und in Zeitlupentempo beginnt, den Diskus zu schwingen – die Statuen verwandelten sich in griechische Tempeltänzerinnen, die sich in Flammen auflösen, das Olympische Feuer, an dem die Fackel entzündet und vom Zeustempel bis in das moderne Berlin von 1936 getragen wird – eine Brücke von der Antike bis zur Neuzeit. So erlebte ich visionär den Prolog meines Olympiafilms.

Nachdem ich diese Bildvision fast greifbar nahe vor Augen sah, faßte ich den Entschluß, den Film zu machen, zur Freude von Professor Diem und Otto Mayer, dem Kanzler des IOC.

Es mußte aber die finanzielle Seite geklärt werden. Nur, wenn es gelingen sollte, eine unabhängige Finanzierung zu erreichen, würde ich die Arbeit übernehmen. Zunächst versuchte ich es bei der UFA. Trotz des vorausgegangenen Zerwürfnisses mit Generaldirektor Klitzsch war ich optimistisch. Die UFA hatte mit «Triumph des Willens», der auf der Biennale in Venedig mit der Goldmedaille ausgezeichnet worden war, einen großen Erfolg erzielt. So zeigten sich die Herren der UFA nicht uninteressiert. Sie stellten aber die Schicksalsfrage: «Was hat denn dieser Film für eine Handlung?»

«Ich kann mir in diesem Film keine Handlung vorstellen. Der Olympiafilm ist nur als reiner Dokumentarfilm möglich.» Darunter konnten sich die UFA-Leute nun überhaupt nichts vorstellen. Allen Ernstes machten sie den Vorschlag, es müßte eine Liebesgeschichte eingebaut werden. Nachdem es mir nicht gelang, die Herren von meiner Vorstellung zu überzeugen, war das Gespräch für mich erledigt.

Nun versuchte ich es bei der Konkurrenz. Das war die «Tobis», die ebenfalls in Berlin ihren Sitz hatte. Ich kannte dort niemand. Als ich anrief, wurde ich mit Friedrich Mainz, dem Chef der Firma, verbunden. Er hörte interessiert zu, als ich ihm von dem Olympia-Filmprojekt erzählte. Er fragte, ob er mich nicht sofort sprechen könnte. Ich war verblüfft. Kurze Zeit danach war er schon in der Hindenburgstraße.

Wir kamen sehr schnell, ohne jegliche Umstände und ohne abgeschmackte Liebesgeschichte, zu einem ungewöhnlichen Ergebnis. Mainz hatte, anders als die UFA, die große Chance dieses Films erkannt. Er akzeptierte meinen Vorschlag, daß der Film aus zwei Teilen bestehen müßte. Nach langen Überlegungen war ich zu diesem Schluß gekommen, nur dann würde es gelingen, die wichtigsten Wettkämpfe zu zeigen.

Ein so versierter Filmproduzent wie Friedrich Mainz konnte sich auf Grund seiner Erfahrungen auch ein ungefähres Bild über die Kosten eines solchen Projektes machen. Was aber entscheidend war: Er wußte, daß ein solcher Film erst lange nach den Olympischen Spielen fertiggestellt und vorgeführt werden könnte. Sein bedingungsloses

Vertrauen überraschte mich. Er war von dem Gelingen dieses Films so überzeugt, daß er mir schon bei dieser ersten Unterredung für die Herstellungskosten beider Teile des Films eine Garantie von 1 500 000 RM anbot – für die damalige Zeit ein sensationeller Betrag, den es in Deutschland für einen Dokumentarfilm noch nie gegeben hatte.

Als der Propagandaminister erfuhr, daß ich mit der «Tobisfilm» einen Vertrag über einen Olympiafilm abgeschlossen hatte, ließ er mich in sein Ministerium kommen. Anders als vor zwei Jahren, wie er wutentbrannt geschrien hatte, er wolle mich am liebsten die Treppe hinunterschmeißen, begrüßte er mich dieses Mal kühl und distanziert. Er stellte verschiedene Fragen, vor allem, wie ich mir den Film vorstellte und wieviel Zeit ich für seine Fertigstellung benötigen würde. Als ich sagte, der Film werde aus zwei Teilen bestehen, und daß ich bei der Riesenfülle an Material mit einer Arbeitszeit von eineinhalb Jahren rechnete, schaute er mich verblüfft an und brach in ein Gelächter aus: «Wie stellen Sie sich denn das vor?» fragte er ironisch. «Glauben Sie denn, daß sich nach zwei Jahren noch irgend jemand einen Olympiafilm ansehen wird? Das ist doch einfach ein Witz und kann doch nicht Ihr Ernst sein.» Ich wurde unsicher und versuchte nun Goebbels meine Vorstellungen über die Gestaltung des Films zu erklären. Er machte eine Handbewegung, als wollte er meine nichtsnutzigen, törichten Gedanken wegschieben, und sagte sarkastisch: «Die Verfilmung der Spiele hat nur einen Sinn, wenn der Film möglichst schon ein paar Tage nach Beendigung der Olympiade vorgeführt werden kann.» Genau dasselbe hatte mir Dr. Fanck gesagt. «Die Schnelligkeit ist hierbei das Entscheidende, nicht die Qualität», fuhr er fort.

Meine Antwort: «Das ist Sache der Wochenschauen, aber der Olympiafilm sollte ein künstlerischer Film werden, der noch nach Jahren seinen Wert hat. Um das zu erreichen», sagte ich, «müssen einige hunderttausend Filmmeter aufgenommen, gesichtet, geschnitten und vertont werden. Das ist mühsam und schwierig», fuhr ich zögernd fort, «und ich bin nicht einmal sicher, ob es gelingt. Sie können recht haben, Doktor, ich habe noch viel darüber nachzudenken. Vielleicht werde ich sogar auf diese Arbeit verzichten.»

«Gut», sagte der Minister, «ich bitte Sie, mich von Ihrer Entscheidung zu benachrichtigen.»

Nach diesem Gespräch war ich nahe daran, den Vertrag mit der «Tobis», den ich inzwischen erhalten hatte, nicht zu unterschreiben. Das Risiko erschien mir doch zu groß, und Goebbels Einwände hatten ihre Wirkung nicht verfehlt.

Und doch hatte mich dieser Film schon eingefangen. Immer intensiver beschäftigte mich diese neue Aufgabe. Was ich an Literatur über die Olympischen Spiele finden konnte, studierte ich und zerbrach mir den Kopf, wie dieses Projekt in seinen einzelnen Teilen in die Tat umgesetzt werden könnte. Genaugesehen war das ganze Unternehmen eben doch hoffnungslos irreal, selbst, wenn man nur die Hälfte der 136 Kämpfe zeigte. Dabei waren noch nicht die Vor- und Zwischenläufe eingerechnet, die oft bessere sportliche Leistungen bringen und dramatischer verlaufen können als das Finale. Rechnet man für jede Sportart nur 100 geschnittene Meter, was einer Laufzeit von ungefähr dreieinhalb Minuten entspricht, dann wären das bei 136 Konkurrenzen 13 600 Filmmeter, eine Strecke für fünf abendfüllende Großfilme. Vieles war noch nicht einmal eingerechnet, wie der Prolog, der Fackellauf, die Eröffnung der Spiele, das Tanzfest, das Olympische Dorf und die Schlußfeier. Fanck lag mit seiner Zeitkalkulation gar nicht so falsch. Eindeutige Konsequenz: So konnte der Film nicht gemacht werden. Man müßte auswählen, weglassen, Schwerpunkte setzen, das Wesentliche zeigen und auf Unwesentliches verzichten. Aber wie sollte ich vorher wissen, was sich als wichtig oder unwichtig herausstellen und bei welchem Vorlauf vielleicht ein Weltrekord aufgestellt würde. Das hieß, man müßte fast alles filmen, und dies aus allen nur erdenklichen Perspektiven. Und dann die Sklavenarbeit bei der Auswahl im Schneideraum.

Nicht nur die Fülle der Ereignisse wurde zum Problem. Auch war es notwendig, sich mit jeder einzelnen Sportart erst einmal vertraut zu machen, ihre Dramatik zu erforschen und zu erproben, wie man die wirksamsten Bilder erzielen kann. Trotz aller Bedenken war ich nach einigen Wochen schließlich bereit, den Film zu machen.

Nun mußte ich den Minister verständigen. Meine Entscheidung erfreute ihn nicht, und er warnte mich vor dem finanziellen Risiko. Ich versuchte ihn zu überzeugen, daß die von der «Tobis» garantierte Summe genügen würde, da weder Atelier- noch Stargagen zu zahlen wären.

«Glauben Sie denn wirklich, daß das Publikum interessiert sein könnte», fragte Goebbels ungläubig, «wenn es den Film erst nach einem oder zwei Jahren zu sehen bekommt? Und dann noch zwei Filme? Diese Idee gefällt mir nicht.»

«Es gibt keine andere Lösung», sagte ich, «ich komme um zwei Teile nicht herum, wenn ich auch nur das Wichtigste unterbringen will.»

Goebbels sarkastisch: «Dann wünsche ich Ihnen viel Glück für Ihr Abenteuer. Ich werde die Herren meines Ministeriums von Ihrem Vorhaben verständigen.»

Das Gespräch war beendet.

«Das Stahltier»

Bald danach mußte ich mich noch einmal an Goebbels wenden, so ungern ich es tat. Diesmal ging es nicht um meine Angelegenheiten, sondern um Willy Zielke, einen genialen Bildregisseur, und um seinen Film «Das Stahltier». Er hatte ihn im Auftrag der Deutschen Reichsbahn für das hundertjährige Jubiläum der Eisenbahn produziert.

Als ich diesen Film zum ersten Mal sah, blieb mir der Atem weg. Eine grandiose Bildsinfonie, wie ich sie seit Eisensteins «Panzerkreuzer Potemkin» nicht mehr gesehen hatte. Der Inhalt: Die hundertjährige Geschichte der Eisenbahn, das Schicksal ihrer Erfinder und die Entwicklung von der ältesten Dampfmaschine bis zur modernen Lokomotive. Zielke hatte aus diesem spröden Stoff einen hinreißenden Film gemacht. Seine Lokomotive wirkte wie ein lebendes Ungeheuer. Die Scheinwerfer der Lok waren die Augen, die Armaturen das Hirn, die Kolben die Gelenke und das triefende Öl, das aus den bewegten Kolben lief, wirkte wie Blut. Verstärkt wurde der Eindruck noch durch die revolutionäre Tonmontage.

Als die Herren der Reichsbahndirektion den Film sahen, waren sie, wie mir Zielke erzählte, so entsetzt, daß sie wortlos den Vorführraum verließen, ihre Verbitterung war so groß, daß sie nicht nur beschlossen, jede Vorführung zu verbieten, sondern alle Kopien und sogar das Negativ sollten vernichtet werden. Grund ihrer Empörung: Dieser Film hatte nicht das Geringste mit ihrer Vorstellung zu tun. Sie wollten eine Einladung für die Zuschauer haben, gern und mit größtem Vergnügen Eisenbahn zu fahren. Für einen solchen Film hätte die Reichsbahn einen konservativen Regisseur verpflichten müssen, nicht aber Willy Zielke, der in seiner revolutionären Filmkunst dem damaligen Filmschaffen um Jahrzehnte voraus war. In Zielkes Film krachten die Waggons beim Rangieren so heftig aufeinander, daß es die Zuschauer aus den Sesseln riß. Ein Schock für die Reichsbahndirektion – schön sanft sollte das Eisenbahnfahren sein.

Zielke war todunglücklich. Mit Leidenschaft und Besessenheit hatte er ein Jahr an seinem Film gearbeitet, und nun sollte alles umsonst gewesen sein und sein Werk sogar vernichtet werden. Ich wollte versuchen, das zu verhindern und notfalls dafür zu kämpfen, als ob der Film mein eigener wäre. Zum Glück gelang es mir, vor der Vernichtung des Negativs, eine Kopie für mein Archiv zu erwerben.

Also mußte ich mich in die Höhle des Löwen wagen. Niemand außer

Minister Goebbels, Chef der deutschen Filmindustrie, konnte das angekündigte Urteil verhindern. Ich hoffte, er würde bei seiner Intelligenz den künstlerischen Wert von Zielkes Film erkennen und eine Vernichtung des Negativs verbieten. Von seinem Sekretär bekam ich den Termin für eine Vorführung.

Als ich mich abends im Prinz-Karl-Palais am Wilhelmsplatz, dem Amtssitz des Ministers, einfand, war ich befremdet, außer einer bekannten Theater- und Filmschauspielerin keine Gäste anzutreffen. Auch überraschte mich die Eleganz der Räume. Ich erinnerte mich, welchen Eindruck es mir gemacht hatte, als Goebbels, Gauleiter von Berlin, vor der Machtübernahme seinen Wählern emphatisch versprochen hatte, kein Minister solle nach der «Machtübernahme» mehr als tausend Mark im Monat verdienen. Welch eine Ironie! Goebbels, jetzt selbst Minister, scheute sich nicht, vor aller Öffentlichkeit das verschwenderische Leben seines Intimfeindes Göring nachzuahmen.

Goebbels war an diesem Abend bester Stimmung, ebenso auch seine Schauspielerin. An Getränken wurden Obstsaft und Sekt angeboten. Als wir den großen Raum betraten, in dem die Vorführung stattfinden sollte, nahmen wir auf einem breiten Sofa Platz. Etwas von mir entfernt die Schauspielerin, die sich ungeniert an die Schulter von Goebbels schmiegte.

Nachdem es dunkel geworden war und der Film anlief, redeten die beiden weiter, ohne auf die Leinwand zu schauen. Sie beachteten den Film kaum. Ich wurde unruhig. Es kam noch schlimmer. Die Schauspielerin machte abfällige Bemerkungen über den Film, kicherte an besonders interessanten Stellen und brach manchmal völlig unmotiviert in schallendes Gelächter aus. Auf Goebbels, den sie duzte und glatt «Jupp» nannte, wirkte das ansteckend. Ich war verzweifelt.

Als es wieder hell wurde, sagte der Minister: «So wie diese Dame reagiert hat, wird auch das Publikum den Film ablehnen. Ich gebe zu», fuhr er fort, «daß der Regisseur talentiert ist, aber für die Masse ist der Film unverständlich, zu modern und zu abstrakt, es könnte ein bolschewistischer Film sein, und das ist der Eisenbahn-Direktion nicht zumutbar.»

«Das ist aber noch kein Grund, den Film zu vernichten. Er ist ein Kunstwerk», antwortete ich erregt.

«Es tut mir leid, Fräulein Riefenstahl», sagte Goebbels, «aber die Entscheidung liegt allein bei der Reichsbahn, die den Film finanziert hat. Ich möchte mich da nicht einschalten.»

Damit war das Todesurteil über Zielkes Werk gesprochen.

Seit meiner Kindheit träumte ich von einem eigenen Haus. Nun dachte ich ernsthaft daran, es zu realisieren. In Berlin-Dahlem fand ich ein geeignetes Grundstück, es hatte eine günstige Lage, nur zehn Minuten vom Kurfürstendamm entfernt, und befand sich doch mitten im Wald.

Ich zeichnete die Grundrisse und begab mich auf eine Reise durch Deutschland, ich wollte mir Häuser ansehen. Da ich ein Bergfan bin, gefielen mir die Bauten des Garmischer Architekten Hans Ostler besonders gut. Ich ließ mir von ihm Entwürfe anfertigen, die mich so beeindruckten, daß ich ihn und seinen Partner, Architekt Max Ott, beauftragte, mein Haus in Dahlem zu bauen. Noch während der Bauzeit begann ich mit den Vorbereitungsarbeiten für den Olympiafilm. Vorher wollte ich noch einmal beim Klettern richtig ausspannen. Als Begleitung wählte ich den Schweizer Bergführer Hermann Steuri. Er lebte in Grindelwald. Wir trafen uns in Bozen und beschlossen als erste Tour die Überschreitung der Vajolettürme. Bei dieser Kletterei gibt es eine schwierige Stelle, den Winklerriß, der schon neun Tote gefordert hatte. Ausgerechnet in diesem Riß kugelte sich Steuri seinen rechten Arm aus. Eine kritische Situation. Wie er es an dieser so exponierten Stelle schaffte, sich den Arm wieder einzurenken, verstehe ich noch heute nicht – aber es gelang ihm, und er konnte mich auch noch beim Nachklettern sichern. Nach Überquerung der drei Türme seilten wir etwas bedrückt an der Delagokante ab.

Die nächsten Klettertouren konnte Steuri wegen zu starker Schmerzen nicht mehr führen. Als dritter Mann machte er aber noch alle weiteren Klettereien mit, für die ich den italienischen Bergführer Marino engagieren konnte.

Jeden Tag unternahmen wir eine andere Tour, die meisten im Rosengartengebiet. Ich genoß diese Tage und war glücklich, weil es mir immer leichter fiel, auch schwierige Routen zu durchsteigen.

Oft wurde ich gefragt, warum mich Klettern so begeistert, da ich doch als Berlinerin ein «Stadtmensch» sei. Das hat verschiedene Gründe: Die Berge haben auf mich immer große Anziehungskraft ausgeübt, insbesondere die Dolomiten, für mich ein Zaubergarten. Inmitten einer Berglandschaft fühle ich mich freier und gesünder. Bei keinem anderen Sport – ausgenommen das Tauchen – kann ich mich so gut erholen. Besonders bei schwierigen Klettereien, wenn man sich vollständig auf Griffe und Tritte konzentrieren muß, werden alle anderen Gedanken ausgeschaltet. Klettern ist das Beste für strapazierte Nerven, anders als Skilaufen, bei dem man von Skirowdies umgefahren und auch ohne eigenes Verschulden verletzt werden kann. Für mich wurde Klettern eine wahre Leidenschaft.

«Tag der Freiheit»

Nach der Rückkehr aus den Dolomiten mußte ich für zwei Tage nach Nürnberg, um mein Versprechen einzulösen, dort einen Kurzfilm über die Wehrmachtsübungen auf dem Reichsparteitag 1935 zu drehen. Es war der Komplex, den ich im «Triumph des Willen» zum Ärger der Generäle nicht eingeschnitten hatte.

Für diese Arbeit wurden fünf Kameraleute verpflichtet, unter ihnen der geniale Zielke, Ertl, Frentz, Lantschner und Kling. Außer den Wehrmachtsübungen, die an einem Tag stattfanden, brauchten wir keine weiteren Aufnahmen zu machen.

So entstand ein Kurzfilm mit einer Laufzeit von ungefähr 25 Minuten, für den Peter Kreuder eine sehr schmissige Musik komponierte. Er erhielt den Titel «Tag der Freiheit», entsprechend dem Namen des Parteitages.

Meine Firma, die sich seit 1934 «Reichsparteitagfilm» nannte, verkaufte den Film an die UFA, die ihn im Beiprogramm als «Lokomotive» für einen ihrer schwächeren Spielfilme einsetzte.

Die Kameraleute hatten hervorragend gearbeitet. Die Mitarbeit von Zielke, der besonders bei der Tonuntermalung der Aufnahmen, in Zusammenarbeit mit Guzzi Lantschner, neuartige Effekte erzielte, verschaffte dem Film künstlerisches Format.

Als er fertiggestellt war, wurde ich gebeten, ihn in der Reichskanzlei vorzuführen. Um eine Versöhnung mit der Wehrmacht herbeizuführen, hatte Hitler eine kleine Premiere arrangiert und viele Generäle mit ihren Damen eingeladen. Abends um acht Uhr sollte die Vorführung beginnen.

Noch zehn Minuten vor acht kämpfte ich bei mir zu Hause mit meinen wilden Haaren und bekam keine vernünftige Frisur zusammen. Wie eine Irre raste ich mit meinem Wagen durch Berlin. Nur der damals noch schwache Autoverkehr bewahrte mich vor einem Unfall. Als ich gehetzt und mit wirren Locken in der Reichskanzlei ankam, hatte ich mich um zwanzig Minuten verspätet. Eine Katastrophe. Hitler und Goebbels standen bereits in der Halle und erwarteten mich voller Ungeduld. Hitlers Gesicht war bleich, Goebbels schien zu feixen. Er genoß es, mich in einer so peinlichen Lage zu sehen. Die

Begrüßung war eisig. Beklommen und verwirrt versuchte ich eine Entschuldigung.

Ungefähr 200 Gäste warteten auf mich, die Generäle in Uniform, ordengeschmückt, die Frauen in Abendkleidern. Auch hier wurde ich mit fast versteinerten Mienen begrüßt. Am liebsten hätte ich mich in Luft aufgelöst.

Die Vorführung begann. Noch immer war ich benommen und hatte das Gefühl großer Einsamkeit. Während der Film lief, war ich mit meinen Gedanken weit weg von hier. Nach einigen Minuten spürte ich ein aufkommendes Interesse, so etwas wie Wärme. Wer oft auf der Bühne gestanden ist, entwickelt einen sechsten Sinn dafür, ob man bei den Zuschauern ankommt. Überraschend übte der Film eine starke Wirkung aus.

Als es wieder hell wurde, erlebte ich einen Sieg. Mir wurden die Hände geschüttelt, ich wurde umarmt. Leni hier – Leni da – die Begeisterung war groß. Auch Hitler kam erfreut auf mich zu und beglückwünschte mich. In Goebbels' Gesicht stand zu lesen, wie sehr er mir den Erfolg mißgönnte.

Hitler hatte Humor: Er schenkte mir zu Weihnachten eine Meißner Porzellanuhr mit Läutwerk.

Auf der Zugspitze

Obgleich ich schon mit den Vorarbeiten für den Olympiafilm begonnen hatte, nahm ich im Spätherbst 1935 noch an einem Trainingskurs der Deutschen Damen-Skimannschaft auf der Zugspitze teil.

Unser Trainer, Toni Seelos, hatte mich eingeladen. Ich wollte das Skilaufen noch einmal genießen – nicht, weil ich etwa von Olympia-Medaillen träumte. Die Damen-Mannschaft hatte zu dieser Zeit drei Läuferinnen, die unangefochten Spitze waren: Christl Crantz, die spätere Goldmedaillen-Gewinnerin, Käthe Grasegger, die die Silbermedaille gewann, und Lisa Resch. Da waren aber auch Läuferinnen wie Lotte Baader und Hedi Lantschner, denen mein Leistungsstand etwa entsprach. So kam es zu neidvoller Unruhe in der Mannschaft, fast zur Meuterei gegen mich – nicht von Seiten der guten Läuferinnen, mit denen ich mich gut verstand. Die Angst der schwächeren, ich könnte in die Olympia-Mannschaft hineinkommen, und eine von ihnen würde diese Chance verlieren, war jedoch töricht. Schon die umfangreichen Vorarbeiten für den Olympiafilm erlaubten mir nicht die Zeit für das notwendige harte Training. Es hatte mir nur Spaß gemacht, einmal bei einem Trainingskurs dabeizusein.

Nun redeten aber einige der Damen kein Wort mehr mit mir, selbst Hedi Lantschner nicht, die noch im Frühjahr mein Gast in Davos war und viele Skiabfahrten mit mir gemacht hatte. So war mir die Lust an diesem Kursus vergangen. Allerdings wollte ich auch nicht so ohne weiteres von der Zugspitze herunter, zu sehr hatte ich mich auf das Slalomtraining gefreut. Ich telefonierte mit meinem Berg- und Skikameraden Hermann Steuri in Grindelwald. Er war sofort bereit, mit mir auf der Zugspitze zu trainieren.

Schon am nächsten Tag war er da, und wir begannen sofort mit dem Training. Unsere Slalomstangen stellten wir in einiger Entfernung der deutschen Mannschaft auf. Durch den Nebel hindurch konnte man sich kaum sehen. Da geschah etwas Unglaubliches. Friedl Pfeifer, Mannschaftsführer der Olympia-Damen, bisher mit mir befreundet und Gatte Hedi Lantschners, die in der Tat fürchtete, ich könnte sie von ihrem Platz verdrängen, protestierte gegen unser Training. Er forderte, wir sollten die Zugspitze sofort räumen. Sein Argument: Hermann Steuri könnte als Trainer der Schweizer Olympia-Damen seinem Training etwas abschauen, und das wäre doch glatt Spionage.

Wir kümmerten uns nicht um seinen Protest, worauf Pfeifer telefonisch Baron Le Fort, den Generalsekretär der Olympischen Winterspiele, verständigte. Er hielt sich in Garmisch auf und war schon mit den Vorbereitungen für die Winterolympiade beschäftigt. Und wirklich, er erschien am nächsten Tag mit einem Herrn des Olympischen Komitees und forderte uns kategorisch auf, die Zugspitze zu verlassen. Eine Zumutung, die wir uns selbstverständlich nicht gefallen ließen. Schließlich konnte auf der Zugspitze laufen, wer da wollte.

«Freiwillig gehen wir nicht!» sagte ich zu dem Baron. Wir nahmen unsere Skier und begaben uns auf den Slalomhang. Als wir zurückkamen, waren beide Herren verschwunden.

Die Olympiade-Film GmbH

Nach dem Abenteuer auf der Zugspitze war es Zeit, für den Olympiafilm die Refinanzierung des Tobis-Vertrages zu beschaffen. An sich war das problemlos, da zur Förderung des Filmschaffens vom Propagandaministerium eine Film-Kreditbank geschaffen wurde, bei der Produzenten und Verleiher günstige Zinsbedingungen erhielten. Allerdings nur für Spielfilme.

Es waren bereits Verhandlungen mit Dr. Goebbels vorangegangen, der überraschenderweise anfing, sich für den Olympiafilm zu interessieren. Er hatte sogar den Vorschlag gemacht, mir bei der Vorfinanzierung des Vorhabens behilflich zu sein, mit der Begründung, daß der Film, wenn er gelingen sollte, auch eine Werbung für das Reich darstelle, und dafür sei sein Ministerium zuständig. Diese unerwartete Haltung des Ministers war für mich eine große Erleichterung. Trotzdem gestalteten sich die weiteren Verhandlungen zwischen den Beamten des «Promi» und Herrn Traut und Herrn Großkopf, den Prokuristen meiner Firma, schwierig.

Es dauerte mehrere Monate, bis nach endlosen Überlegungen und Beratungen mit Finanz- und Steuerexperten eine Lösung gefunden wurde. Man hatte mir vorgeschlagen, daß es am zweckmäßigsten sei, für die Herstellung des Olympiafilms eine eigens zu schaffende Firma zu gründen, damit die Kredite, die das «Promi» bereit war zu geben, nicht an mich, sondern an die neue Firma gezahlt wurden. Im Dezember 1935 wurde die Olympiade-Film GmbH im Handelsregister eingetragen. Mein Bruder Heinz und ich waren die Gesellschafter. Um hohe Steuerbeträge zu ersparen, riet mir Dr. Schwerin, Syndikus meiner Firma, die Anteile der Olympiade-Film GmbH kostenlos an das Propagandaministerium abzutreten, bis sämtliche Kredite plus Zinsen zurückgezahlt sein würden. Da es sich hierbei lediglich um eine aus steuerlichen Gründen vorgenommene Formalität handelte, war ich damit einverstanden. Entscheidend war für mich allein, daß meine künstlerische Freiheit nicht eingeschränkt würde. Allerdings war ich nicht ganz frei. Die Firma unterstand, wie fast alle deutschen Filmfirmen, der finanziellen Kontrolle durch die Film-Kreditbank, die dem «Promi» unterstand. Als Geschäftsführerin der neuen Firma war ich für jede geliehene Mark verantwortlich. Auch gab es weitere Auflagen, so wurde meinen persönlichen Entnahmen ein Limit gesetzt. Außerdem sollte ich vor der Presse sagen, Dr. Goebbels habe mir den Auftrag für die Herstellung des Olympiafilms gegeben, obgleich dies der Wahrheit widersprach. Aber das machte mir damals nichts aus.

Das alles beschäftigte mich nur am Rande. Ich war bereits voll mit den Vorbereitungen meines Films in Anspruch genommen. Darum habe ich auch erst zu spät bemerkt, daß das Propagandaministerium immer mehr versuchte, mich unter seine Kontrolle zu bekommen. Unerträgliche Spannungen waren die Folge.

Wie jedes Jahr fuhr ich am Heiligabend 1935 in die Berge. Kurz vor der Abreise kam ein Anruf von Schaub: Ob ich am ersten Weihnachtsfeiertag vormittags Hitler in seiner Münchner Wohnung besuchen könnte; den Grund für diese überraschende Einladung konnte er mir nicht nennen. Da ich ohnehin auf dem Weg nach Davos über München kam, war dies kein Problem.

Um elf Uhr vormittags, dieses Mal pünktlich, stand ich am Prinzregentenplatz Nummer 16, einem unauffällig aussehenden Eckhaus neben dem Prinzregententheater. Als ich im zweiten Stock klingelte, öffnete eine Frau mittleren Alters die Tür, Frau Winter, wie ich später erfuhr, die Haushälterin in Hitlers Privatwohnung. Sie führte mich in ein geräumiges Zimmer, in dem ich von Hitler begrüßt wurde. Wie jedesmal, wenn ich zu ihm gerufen wurde, war ich beunruhigt. Würde er sein Versprechen halten und mir nicht weitere Filmarbeiten auftragen?

Hitler war in Zivil. Er gab sich leger. Das Zimmer war bescheiden eingerichtet und ziemlich ungemütlich: Darin ein großes Bücherregal, ein runder Tisch mit Spitzendecke und einige Stühle.

Als hätte Hitler meine Gedanken erraten, sagte er: «Wie Sie sehen, Fräulein Riefenstahl, lege ich keinen Wert auf Komfort und Besitz. Jede Stunde brauche ich, um die Probleme meines Volkes zu lösen. Darum ist jeder Besitz nur eine Belastung für mich, selbst meine Bibliothek stiehlt mir Zeit, und ich lese sehr viel.» Er unterbrach seine Worte und bot mir etwas zum Trinken an. Ich nahm Apfelsaft.

«Wenn man ‹gibt›», fuhr Hitler fort, «muß man auch ‹nehmen›, und ich nehme mir, was ich brauche, aus Büchern. Ich habe da viel nachzuholen. In meiner Jugend hatte ich nicht die Mittel und die Möglichkeit, mir eine ausreichende Bildung zu verschaffen. Jede Nacht lese ich ein bis zwei Bücher, auch dann, wenn ich sehr spät schlafen gehe.»

Ich fragte: «Und was ist Ihre Lieblingslektüre?»

Er antwortete spontan: «Schopenhauer – er war mein Lehrer.»

«Nicht Nietzsche?» warf ich ein.

Er lächelte und sagte: «Nein, mit Nietzsche kann ich nicht viel anfangen, er ist mehr Künstler als Philosoph, er hat nicht den glasklaren Verstand wie Schopenhauer.» Das überraschte mich, denn es hieß allgemein, Hitler sei Nietzsche-Anhänger.

Er fügte hinzu: «Natürlich schätze ich Nietzsche als Genie, er schreibt vielleicht die schönste Sprache, die die deutsche Literatur heute aufzuweisen hat, aber er ist nicht mein Leitbild.»

Um auf ein anderes Thema zu kommen, fragte ich Hitler: «Wie haben Sie den Heiligabend verbracht?»

Hitler beinahe schwermütig: «Ich bin mit meinem Fahrer ziellos im Auto herumgefahren, über Landstraßen und durch Ortschaften, bis ich müde wurde.»

Erstaunt sah ich ihn an.

Er fuhr fort: «Das mache ich jedes Jahr am Heiligen Abend», und nach einer Pause: «Ich habe keine Familie und bin einsam.»

«Warum heiraten Sie nicht?»

Hitler: «Es wäre von mir verantwortungslos, wenn ich eine Frau an mich binden würde. Was hätte sie von mir? Sie müßte fast immer allein sein. Meine ganze Liebe gehört nur meinem Volk – und wenn ich Kinder hätte, was würde aus ihnen, wenn einmal das Glück von meiner Seite weichen würde? Ich hätte dann keinen einzigen Freund mehr, und meine Kinder müßten Demütigungen ertragen und vielleicht sogar verhungern.» Er sprach verbittert und erregt, beruhigte sich aber bald und sagte: «Ich versuche, mich dankbar zu erweisen, wo ich nur kann, denn Dankbarkeit ist eine Tugend, die nicht genug gepflegt werden kann. Ich habe an meiner Seite Leute, die mir in schlechten Jahren geholfen haben, denen werde ich die Treue halten, auch wenn sie nicht immer die Fähigkeiten haben, die ihre Stellung erfordert.» Dann sah er mich prüfend an und sagte ganz unvermittelt. «Und was machen Sie, was sind Ihre Pläne?»

Ich bekam Herzklopfen. «Hat Dr. Goebbels Ihnen nicht berichtet?»

Hitler verneinte. Erleichtert erzählte ich, daß ich mich nach langem Widerstreben entschlossen hätte, einen Film über die Olympischen Spiele in Berlin zu machen.

Überrascht sah mich Hitler an. «Das ist eine interessante Aufgabe für Sie. Aber ich dachte, Sie wollten keine Dokumentarfilme mehr machen, sondern nur noch als Schauspielerin arbeiten?»

«Das stimmt», sagte ich, «und ich mache mit Sicherheit das letzte Mal einen Dokumentarfilm. Ich habe es mir lange überlegt, aber die große Chance, die mir das IOC bot, und ein großartiger Vertrag mit der ‹Tobis› und nicht zuletzt auch der Gedanke, daß wir in Deutschland auf lange Zeit keine Olympiade mehr erleben werden, haben mich schließlich dazu gebracht, ja zu sagen.» Dann erzählte ich Hitler von den Schwierigkeiten des Projekts und von der großen Verantwortung, die mich beunruhige.

«Das ist falsch, Sie müssen viel mehr Vertrauen zu sich haben – was Sie machen werden, wird wertvoll sein, auch, wenn es in Ihren Augen unvollständig sein sollte. Wer, außer Ihnen, sollte einen Olympiafilm machen können? Sie werden dieses Mal auch keine Probleme mit Dr. Goebbels haben, wenn das IOC der Veranstalter der Spiele ist und wir nur die Gastgeber sind.» Zu meiner Überraschung sagte er: «Ich selbst bin an den Spielen nicht sehr interessiert, am liebsten würde ich ihnen fernbleiben...»

«Wieso das?» fragte ich.

Hitler zögerte. Dann sagte er: «Wir haben keine Chance, Medaillen zu gewinnen, die Amerikaner werden die meisten Siege erringen, und die Schwarzen werden ihre Stars sein. Das anzusehen, macht mir keine Freude. Und dann werden viele Ausländer kommen, die den National-sozialismus ablehnen. Da könnte es Ärger geben.» Auch erwähnte er, daß ihm das Olympiastadion nicht gefalle, die Säulen seien zu schmächtig, der Bau nicht imposant genug.

«Aber lassen Sie sich dadurch nicht entmutigen, Sie werden sicher einen schönen Film machen.» Dann kam er auf Goebbels zu sprechen und sagte: «Kann ein Mann, der so herzlich lachen kann wie der Doktor, schlecht sein?» Noch ehe ich mich dazu äußern konnte, beantwortete er seine Frage selbst: «Nein, wer so lacht, kann nicht schlecht sein.» Ich hatte das Gefühl, daß Hitler sich seines Urteils über Goebbels trotzdem nicht ganz sicher war.

Ich stand auf, da ich den Eindruck hatte, Hitler wollte das Gespräch beenden. Was nun geschah, habe ich nie begriffen. Hitler sah mich einen Augenblick an, zögerte ein wenig und sagte dann: «Bevor Sie mich verlassen, möchte ich Ihnen etwas anvertrauen. Bitte, kommen Sie mit.» Dann führte er mich durch den Flur und öffnete eine verschlossene Tür. In dem Zimmer stand eine mit Blumen geschmückte Mädchenbüste. «Ich erzählte Ihnen, warum ich nie heiraten werde, aber dieses Mädchen», sagte er und deutete dabei auf die Büste, «ist Geli, meine Nichte. Ich habe sie sehr geliebt – sie war die einzige Frau, die ich hätte heiraten können. Aber das Schicksal wollte es nicht.»

Ich wagte nicht zu fragen, woran sie gestorben ist. Erst viel später erfuhr ich von Frau Schaub, daß sie sich erschossen hat, hier in dieser Wohnung. Am Abend vorher hatte sie einen Liebesbrief von Eva Braun in Hitlers Manteltasche gefunden. Gelis Tod soll Hitler nie überwunden haben.

Als ich mich verwirrt verabschiedete, sagte Hitler: «Ich wünsche Ihnen Glück für Ihre Arbeit. Sie werden es schon schaffen.»

Am 6. Februar 1936 wurden in Garmisch-Partenkirchen die Olympischen Winterspiele eröffnet. Vierundzwanzig Stunden zuvor war es noch ungewiß, ob sie abgehalten werden konnten. Es hatte lange Zeit nicht geschneit, die Wiesen und Waldschneisen waren mehr grün als weiß. Aber in der Nacht vor Beginn der Spiele fiel der ersehnte Schnee in großen Mengen und verwandelte Garmisch-Partenkirchen in eine prächtige Winterlandschaft.

Ich hatte mich im «Garmischer Hof» einquartiert, um als Zuschauerin die Spiele zu erleben, aber auch um zu beobachten und zu lernen, wie sportliche Ereignisse am besten mit der Filmkamera einzufangen sind. Einige meiner Kameraleute probierten Apparate, Optiken und Filmmaterial aus.

Überraschend hatte Goebbels sich entschlossen, auch einen Olympiafilm zu machen. Er beauftragte damit Hans Weidemann, einen Mann von der Filmabteilung seines Ministeriums. Für mich gab es keinen Zweifel, daß er mir beweisen wollte, wie gut und wie schnell man einen Olympiafilm drehen kann. Ich wurde oftmals gefragt, warum ich nicht auch den Film über die Winterolympiade produziert habe. Das hätte mich schon gereizt, aber ich sah es als unmöglich an, zwei Filme in ein und demselben Jahr herzustellen. Deshalb hatte ich verzichtet. Die Sommerolympiade war mir wichtiger.

In Garmisch kam es zu hinreißenden Wettkämpfen. Phänomenal war wieder Sonja Henie, die nach zehn Weltmeisterschaften nun ihre dritte Olympische Goldmedaille gewann. Zu einem Erlebnis wurden auch Maxi Herber und Ernst Baier im Paarlauf. Wenn sie ihren berühmten Walzer tanzten, brachen die Zuschauer in Jubel aus. Bei den Abfahrtsläufen der Männer holte sich der deutsche Hans Pfnür vor dem kleinen, verwegen fahrenden Österreicher Guzzi Lantschner die Goldmedaille. Bei den Damen war es Christl Cranz, damals die «Königin» der Skiläuferinnen. Sie siegte unangefochten.

Die Olympiade in Garmisch wurde ein so großer Erfolg, daß auf einer Sitzung des Internationalen Olympischen Komitees am 8. Juni 1939 in London, nur wenige Monate vor Kriegsbeginn, in geheimer Wahl einstimmig und bei Stimmenthaltung der Deutschen beschlossen wurde, die nächsten Olympischen Winterspiele 1940 wieder nach Garmisch-Partenkirchen zu vergeben.

Dem Goebbels-Film war kein Erfolg beschieden, obgleich ich Herrn Weidemann einige meiner besten Kameraleute, wie Hans Ertl, zur Verfügung stellen mußte. Trotz phantastischer Aufnahmen und der eindrucksvollen Unterstützung durch das Propagandaministerium wurde der Film im Olympischen Dorf, als er dort im Juli 1936 zum ersten Mal vor den Olympiateilnehmern gezeigt wurde, ausgepfiffen. Das zeigt, wie schwierig es ist, trotz bester Kameraleute und aller technischer Hilfsmittel, einen guten Sportfilm zu machen. Ich hatte das Problem noch vor mir.

Mussolini

Die Winterspiele waren zu Ende, und ich reiste nach Davos. Kaum war ich angekommen, erhielt ich eine Einladung von Mussolini; sie kam von dem Kulturreferenten der italienischen Botschaft in Berlin. Vor zwei Wochen hatte ich sie schon einmal erhalten, konnte sie aber nicht annehmen, da ich mich in Garmisch befand und auf eine Teilnahme an den Spielen nicht verzichten wollte. Die Italienische Botschaft hatte mir mitgeteilt, der Duce wolle sich mit mir über meine Filmarbeit unterhalten.

Beim Abschied in Davos sagten meine österreichischen Freunde, die mit mir im Parsenngebiet skifahren wollten, im Scherz, ich möchte nicht vergessen, dem Duce zu sagen, daß sie keine Italiener werden wollen, sie möchten Österreicher bleiben. Es ging um Südtirol.

Auf meinem Weg nach Rom mußte ich in München übernachten. Im «Hotel Schottenhamel» am Bahnhof, wo ich meist wohnte, traf ich in der Halle Frau Winter, Hitlers Wirtschafterin. Ich erzählte ihr von meiner Einladung nach Rom. Nur eine Stunde danach läutete das Telefon. Wieder war es Frau Winter. Sie sagte: «Der Führer ist in München. Ich habe ihm erzählt, daß Sie vom Duce eingeladen sind. Der Führer läßt fragen, wann Ihr Flugzeug morgen geht.»

«Mittags um zwölf», sagte ich, «muß ich am Flughafen sein.»

«Ist es Ihnen möglich, etwas früher aufzustehen, damit Sie um zehn Uhr beim Führer sein können?» Ich bekam einen ganz schönen Schreck. Was hatte das zu bedeuten? Meine österreichischen Freunde hatten erzählt, daß italienische Truppen an der österreichischen Grenze stünden, und das Südtirol-Problem hochbrisant sei – wollte Hitler mich deshalb sprechen?

Am nächsten Morgen war ich am Prinzregentenplatz. Hitler entschuldigte sich, daß er mich so früh zu sich gebeten hatte. «Ich hörte», sagte er, «der Duce hat Sie eingeladen. Werden Sie länger in Rom bleiben?» Ich verneinte, aber Hitler begann nicht, wie ich erwartet hatte, vom Duce zu sprechen, sondern erzählte von seinen Bauplänen, sprach über Architektur und verschiedene Baudenkmäler im Ausland, die er bewundere und zu meiner Überraschung genau beschrieb. Die Namen sind mir nicht haften geblieben. Das alles hatte nichts mit meinem Besuch in Rom zu tun. Erst als ich mich verabschieden wollte, sagte Hitler wie beiläufig: «Der Duce ist ein Mann, den ich hoch schätze. Selbst, wenn er einmal mein Feind werden sollte, hätte ich große Hochachtung vor ihm.» Das war alles. Er bestellte nicht einmal einen Gruß.

Ich war erleichtert, keine Nachricht überbringen zu müssen. Hitler hatte seinen Chauffeur beauftragt, mich mit seinem Mercedes pünktlich zum Flugplatz Oberwiesenfeld zu bringen.

In Rom – man landete noch in «Ciampino» an der Via Appia Antica – empfingen mich italienische Regierungsmitglieder, einige von ihnen in schwarzen Uniformen. Sogar Guido von Parisch, der Kulturattaché der Italienischen Botschaft in Berlin, war anwesend; von ihm hatte ich die zweimalige Einladung erhalten. Er saß neben mir im Auto und flüsterte mir ins Ohr: «Sie werden noch heute den Duce sehen.» Plötzlich kam mir der Verdacht, es könnte sich vielleicht nicht um eine übliche Audienz handeln. Kein beruhigender Gedanke.

Schon nach einigen kurzen Stunden betrat ich den Palazzo Venezia. Man hatte mir gesagt, Mussolini mit «Exzellenz» anzusprechen.

Langsam öffneten sich die schweren Türen, und ich betrat einen Saal. Ganz hinten, fern der Tür, stand ein großer Schreibtisch, von dem Mussolini auf mich zukam. Er begrüßte mich und geleitete mich zu einem kostbaren Sessel, der gegenüber von seinem Schreibtisch stand.

Obwohl der Duce nicht besonders groß war, wirkte er aber männlich. Ein Bündel geballter Energie, aber auch ein wenig Caruso in Uniform. Nachdem er mir einige Liebenswürdigkeiten gesagt hatte, übrigens in erstaunlich gutem Deutsch, kam er auf meine Filme zu sprechen. Ich war erstaunt, daß er sich an so viele Details erinnerte. Er wollte kaum glauben, daß die gefährlichen Szenen in den Alpen und in Grönland ohne Double gemacht worden waren, auch äußerte er sich bewundernd über die Bildtechnik. Dann kam er auf den «Triumph des Willens» zu sprechen.

«Dieser Film», sagte er, «hat mich überzeugt, daß Dokumentarfilme durchaus wirkungsvoll sein können. Deshalb habe ich Sie auch eingeladen. Ich möchte Sie fragen, ob Sie bereit wären, auch für mich einen Dokumentarfilm zu machen.»

Überrascht sah ich ihn an.

«Einen Film über die ‹Pontinischen Sümpfe›, die ich trocken legen lasse, um neues Land zu gewinnen – ein großes Unternehmen für mein Land.»

«Ich danke für Ihr Vertrauen, Exzellenz, aber ich muß jetzt einen großen Film über die Olympiade in Berlin machen, und ich fürchte, daß ich mit dieser Arbeit gut zwei Jahre beschäftigt sein werde.» Mussolini lächelte, stand auf und sagte: «Schade, aber ich verstehe, diese Aufgabe ist wichtiger.»

Dann ging er um den riesigen Schreibtisch auf mich zu, betrachtete mich und sagte in pathetischem Tonfall: «Sagen Sie Ihrem Führer, daß ich an ihn und seine Sendung glaube.»

«Warum», fragte ich, «sagen Sie das mir?»

Mussolini: «Weil die Diplomaten, deutsche wie italienische, alles tun, um eine Annäherung zwischen mir und dem Führer zu verhindern.»

In diesem Augenblick fielen mir die Grüße meiner österreichischen Freunde ein, und ich fragte: «Werden Sie denn keine Probleme mit Hitler wegen Österreich bekommen?»

Mussolinis Gesicht verdunkelte sich. Dann sagte er: »Sie können dem Führer sagen, was auch mit Österreich geschieht, ich werde mich nicht in die inneren Angelegenheiten Österreichs einmischen.»

Zwar verstand ich von Politik wenig, doch die Bedeutung dieser Worte wurde mir bewußt. Sie besagten nicht mehr und nicht weniger: Mussolini würde Hitler gegebenenfalls nicht daran hindern, den «Anschluß» Österreichs an Deutschland zu vollziehen.

Kaum war ich wieder in Berlin, wurde ich in die Reichskanzlei bestellt. Hitler mußte man von italienischer Seite über meinen Rückflug informiert haben. In der Reichskanzlei wurde ich von Herrn Schaub in ein kleines Audienzzimmer geführt. Bald darauf kam Hitler herein und begrüßte mich. Während Schaub den Raum verließ, forderte er mich auf, mich zu setzen. Hitler selbst blieb stehen.

«Wie hat Ihnen der Duce gefallen?» fragte er.

«Er hat sich für meine Filme interessiert und mich gefragt, ob ich auch für ihn einen Film machen würde, einen Dokumentarfilm über die Trockenlegung der Pontinischen Sümpfe.»

«Und was haben Sie geantwortet?»

«Ich habe das ausschlagen müssen, da ich ja mit der Verfilmung der Sommerspiele beschäftigt bin.»

Hitler schaute mich durchdringend an und fragte: «Und sonst nichts?»

«Ja», sagte ich, «er bat mich, Ihnen einen Gruß auszurichten.» Ich hatte mir nach der Audienz Mussolinis Worte aufgeschrieben und berichtete wortgetreu: «Sagen Sie dem Führer, daß ich an ihn und seine Sendung glaube, und sagen Sie ihm auch, daß die deutschen und die italienischen Diplomaten eine Freundschaft zwischen mir und dem Führer zu verhindern suchen.»

Hitler hatte bei meinen Worten die Augen gesenkt und blieb ganz unbewegt.

Ich fuhr fort: «Dann habe ich etwas gesagt, was ich vielleicht nicht hätte sagen dürfen» ... Hier stockte ich.

Hitler: «Sprechen Sie ruhig weiter.»

Ich erzählte ihm dann von den Grüßen meiner österreichischen Freunde an den Duce. Überrascht sah mich Hitler an. Ich erklärte: «So wörtlich, wie meine Freunde das ausgedrückt haben, habe ich es dem Duce nicht gesagt. Ich habe ihn nur gefragt, ob er keine Probleme mit Ihnen wegen Österreich bekommen würde, worauf der Duce antwortete: ‹Sie können dem Führer sagen, was auch mit Österreich geschieht, ich werde mich nicht in die inneren Angelegenheiten Österreichs einmischen›.»

Hitler ging im Zimmer auf und ab. Dann blieb er mit abwesendem Blick vor mir stehen: «Ich danke Ihnen, Fräulein Riefenstahl.» Erleichtert, dieser Mission ledig zu sein, verließ ich die Reichskanzlei.

Kaum war ich in meiner Wohnung, läutete es schon wieder. Am Apparat Göring: «Ich habe gehört, daß Sie beim Führer waren und vorher in Rom beim Duce, es interessiert mich sehr, was Mussolini gesagt hat.»

«Nichts, was Sie interessieren könnte.»

Göring fuhr fort: «Würden Sie einen Tee mit mir trinken, ich möchte mich ein wenig mit Ihnen unterhalten.»

Görings Wohnung lag im Regierungsviertel, in der Nähe des Brandenburger Tors. Er zeigte mir voller Stolz die Räume. Sie waren prunkvoll eingerichtet, überladen mit antiken Möbeln, kostbaren Gemälden und schweren Teppichen. In diesem Pomp hätte ich es nicht einen einzigen Tag ausgehalten. Göring war in Zivil und gab sich jovial. Es berührte mich peinlich, daß er mir im einzelnen die horrenden Preise nannte, die er für seine Gemälde und antiken Möbel gezahlt hatte.

Beim Tee kam er sofort zum Thema: «Was wollte der Duce eigentlich von Ihnen? Was hat er gesagt?»

«Er hat mir ein Filmangebot gemacht.»

«Und sonst nichts?»

«Grüße an den Führer.»

«Das ist nicht alles! Sie verschweigen mir etwas!»

«Fragen Sie doch den Führer! Ich kann Ihnen nichts anderes sagen.»

Göring versuchte noch einige Zeit, etwas aus mir herauszuholen. Schließlich gab er es auf und entließ mich, ziemlich ungnädig.

Eine Woche nach meiner Rückkehr aus Rom, am 7. März 1936, erklärte Hitler den Locarno-Pakt als nichtig und ließ die Wehrmacht in die entmilitarisierte Zone des Rheinlands einmarschieren.

Einige Zeit später erfuhr ich, daß er zu diesem Schritt durch die Botschaft Mussolinis ermutigt wurde. Der italienische Botschafter Attolico sei es gewesen, der meine Romreise geplant hatte.

Der Olympiafilm

Von nun an konzentrierte ich mich ausschließlich auf den Olympiafilm. Unsere Büro- und Schneideräume wurden von Geyer vergrößert und modernisiert. Sie waren vorbildlich eingerichtet. Außer vier großen Schneideräumen, alle mit durchleuchtbaren Glaswänden und neuesten Tontischen ausgerüstet, hatten wir einen eigenen Vorführraum, Dunkelkammer, Reproraum, einen gemütlichen Aufenthaltsraum und eine eigene Kantine. Das war notwendig, da wir uns auf zwei Jahre Arbeit einrichteten, wir waren ein Stab von ungefähr 18 bis 20 Personen.

Als wir einziehen wollten, wurde mir der Zutritt zu meinen Räumen von einem Mann in Parteiuniform verwehrt. Ausgerechnet von Hans Weidemann, dem Vizepräsidenten der Reichsfilmkammer, der von Dr. Goebbels mit der Oberleitung des Winter-Olympiafilms beauftragt worden war. Er wollte meine Räume für seine Arbeit beschlagnahmen. Ich hatte schon allerhand mit Parteileuten erlebt, aber dies war der Höhepunkt an Dreistigkeit.

Ich ließ mich auf keinen Disput ein, sondern ging mit Waldi Traut, meinem Produktionsleiter, zur nächsten Polizeistation, wo wir den Vorfall meldeten. Ich hatte einen Mietvertrag mit Geyer, und so war die Rechtslage eindeutig. Wir hatten Glück, daß der Polizeibeamte keine Angst vor dem Parteimann Weidemann hatte. Er begleitete uns zu unseren Räumen und forderte Herrn Weidemann auf, unverzüglich zu verschwinden. Wutentbrannt und mit Drohungen, dies Dr. Goebbels zu melden, verließ er unser Schneidehaus, und ich hatte einen Feind mehr.

Nun begann ich, meinen Mitarbeiterstab zusammenzustellen. Neben meinen beiden Prokuristen Traut und Großkopf waren das vor allem die Kameraleute. Wieder befand ich mich in der gleichen Situation wie beim «Triumph des Willens». Die meisten guten Operateure waren nicht frei, und die deutschen Wochenschau-Kameramänner, die sich für eine solche Arbeit am besten eigneten und mir auch nach Vereinbarung mit dem «Promi» für diesen Film unterstellt waren, übten sich in passivem Boykott: Sie wollten nicht unter einer Frau arbeiten. Zugegeben, sie hätten mir zeitlich auch kaum zur Verfügung stehen können, denn sie mußten in erster Linie für die täglichen Sonderberichte der Wochenschauen arbeiten.

Ein Jammer war es, daß Sepp Allgeier, der für den Parteitagfilm das Gros der Aufnahmen gemacht hatte, nicht frei war. Immerhin konnte ich Willy Zielke für den Prolog gewinnen. Von allen Kameraleuten, mit denen ich gearbeitet hatte, war er der genialste und für diese Sequenzen der allerbeste. Für schwierige und experimentelle Sportaufnahmen verpflichtete ich Hans Ertl; er hatte sich an Hand von Lehrbüchern als Autodidakt entwickelt und ohne jede praktische Erfahrung einen hervorragenden abendfüllenden Film über die Himalayaexpedition von Professor Dyhrenfurt geschaffen. Bei unserer Grönlandexpedition, die er ja als Bergsteiger mitmachte, hatte er noch keine Kamera in der Hand gehabt. Nicht nur, daß er einer der besten war, er war auch der ehrgeizigste unter den Kameraleuten und hätte am liebsten die gesamten Aufnahmen allein gemacht. Das machte ihn naturgemäß bei einigen seiner Kollegen unbeliebt, und es bedurfte manchmal großer Diplomatie, um das auszugleichen. Er war arbeitsbesessen und hatte auch erstaunliche Ideen, wie zum Beispiel eine Unterwasserkamera, damals noch etwas Neues. Er hatte sie selbst gebastelt und machte mit ihr die später so berühmt gewordenen Sprungaufnahmen im Schwimmstadion. Auch an der Konstruktion der Stahltürme, die zum ersten Mal im Innern des Stadions aufgestellt wurden und auf denen er die atemberaubenden Schwenkaufnahmen machte, war er beteiligt.

Das Gegenteil zum stürmischen Ertl war Walter Frentz, dessen Talent ich schon bei den Parteitagfilmen schätzen gelernt hatte: Ein sehr sensibler, besonnener Künstler, dessen Stärke die mehr romantischen und lyrischen Bilder waren. Er arbeitete vor allem im Olympischen Dorf, beim Segeln und beim Marathonlauf, wo ihm einzigartige Aufnahmen gelangen.

Guzzi Lantschner war die große Überraschung. Er hatte, außer von den wenigen Tagen, als er sich in Nürnberg bei dem Wehrmachtsfilm erstmalig an der Kamera versuchte, noch keinerlei Erfahrung, aber seine Begabung war mir aufgefallen. Er übertraf alle meine in ihn gesetzten Erwartungen. Seine Aufnahmen, vor allem die der Reiter und Turner, machten ihn Ertl und Frentz ebenbürtig. Zu meinem Stab gehörten auch viele junge Kameraleute, wie Heinz von Javorsky, unser «Landstreicher vom Montblanc», und Leo de Laforque, der sich auf die kleine, nur fünf Filmmeter enthaltende Kinamo-Kamera spezialisiert hatte und damit unbeobachtete Aufnahmen aus dem Publikum machen konnte. Im Gegensatz zu ihm arbeitete Hans Scheib mit einer 600 mm Brennweite, dem damals größten Teleobjektiv. Damit filmte er vor allem die vor dem Start konzentrierten Gesichter der Athleten, Otto Lantschner, ein Bruder Guzzis, hatte den Auftrag, einen Werkfilm über unsere Arbeit zu machen, der, von Rudi Schaad zusammengestellt, auf der Weltausstellung 1937 in Paris eine Goldmedaille erhielt.

Noch viele andere verdienten genannt zu werden. Alle diese Männer empfanden sich nicht als Stars, sie waren von der Aufgabe begeistert und setzten ihre Kreativität ein, um das oftmals Unmögliche möglich zu machen. Sie brüteten über raffinierten Lärmschutz-Hauben für die Kameras, damit das Surren der Laufwerke die Athleten nicht störte. Sie entwarfen Fahrbahnen, Gleitschienen – Systeme für die optische Verfolgung der Wettkämpfe. Sie dachten an Freiballons, Fesselballons, Flugzeuge, Motorboote, alles, um Olympia so nah, so dramatisch aufnehmen zu können, wie Sport noch nie zuvor festgehalten wurde. Neben den namentlich Genannten hatte ich noch rund zwei Dutzend anderer engagiert. Das hört sich imponierend an – doch die meisten waren Amateure und Assistenten. Ich benötigte sie, um genügend Schnappschüsse von den Reaktionen des Publikums zu bekommen; einige arbeiteten nur mit Schmalfilmkameras.

Ab Mai begannen wir mit Probeaufnahmen bei den verschiedensten Sportveranstaltungen. Die Kameraleute mußten üben, manchmal ohne Film in den Kameras, um die schnellen Bewegungen der Sportler einfangen zu können. Ohne dieses Training wären die späteren Aufnahmen nicht gelungen. Außerdem wollten wir ausprobieren, mit welchem Filmmaterial die beste Bildqualität zu erzielen war. Zu diesem Zweck machten wir ein ungewöhnliches Experiment. In Frage kamen Kodak, Agfa und das damals noch fast unbekannte Perutz-Material, wohlgemerkt schwarz-weiß. 1936 gab es noch keinen guten Farbfilm. Wir wählten drei verschiedene Motive: Gesichter und Personen, Architektur und Landschaften mit viel Grün. Das Resultat war verblüffend. Die Porträtaufnahmen wirkten mit Kodak am besten, weil es die meisten Zwischentöne aufwies, Bauten und Architektur kamen auf Agfa am plastischsten heraus, und die große Überraschung war das Perutzmaterial, das bei Aufnahmen mit viel Grün im Motiv eine auffallende Leuchtkraft besaß. Also entschlossen wir uns, mit allen drei Materialien zu drehen, jeder Kameramann konnte das Material wählen, das er am geeignetsten für seine Motive hielt.

Die Mannschaft war ständig auf Achse. Am Wochenende unternahmen wir Ausflüge mit Zelt und Kamera, saßen am Ufer der Havel zusammen und diskutierten über unsere Arbeit. Wir versuchten, für jedes Problem eine Lösung zu finden. Die Kameras waren bei weitem nicht so leistungsfähig und beweglich, wie sie es heute sind. Es gab noch keine Arriflexkameras, die Dr. Arnold, wie er später erzählte, erst auf Grund seiner Beobachtungen unserer damaligen Filmarbeit entwickelte und baute.

Einmal fuhr ich mit einigen meiner Mitarbeiter für drei Tage nach Bad Harzburg, um mit ihnen in aller Abgeschiedenheit den Marathonlauf zu besprechen. Während der Autofahrt zerbrach ich mir den Kopf, wie man einen 42 Kilometer langen Lauf im Film dramatisieren konnte, und fand tatsächlich auf dieser Fahrt die Lösung. Ich versuchte mich in den Läufer hineinzuversetzen und seine Gefühle nachzuempfinden: Seine Müdigkeit und Erschöpfung, wie seine Füße am Boden kleben und er mit letzter Willenskraft versucht, das Stadion zu erreichen. Auch hörte ich die peitschende Musik, die den müden Körper antreibt und ihn dazu bringt, nicht aufzugeben, ehe sie in die Jubelschreie der Zuschauer übergeht, wenn der Läufer ins Stadion kommt und mit seinen letzten Kraftreserven das Ziel erreicht. Noch waren es nur optische Visionen, die wir versuchen mußten, in die Realität umzusetzen.

Anstrengender und oft auch unerfreulich waren andere Vorarbeiten. Schon Monate vor den Spielen mußten wir gegen eine Übermacht bürokratischer Behinderungen kämpfen. Das waren Funktionäre, die für die vielen Sportverbände zuständig waren. Immer ging es darum, wo die Kameras postiert werden durften. Eigentlich war jede Kamera im Innenraum des Stadions störend. Ich mußte im Kampf mit den Funktionären viel Geduld und Selbstbeherrschung aufbringen, um nicht aufzugeben. Wurde endlich ein Standort genehmigt, kamen neue Proteste, meist von ausländischen Sportfunktionären. Bei diesen Verhandlungen erwies es sich oftmals als Vorteil, daß ich eine Frau war.

Nahezu aussichtslos war es, die Genehmigung für die Gruben im Innenraum des Stadions zu erhalten. Um gute Aufnahmen von den Sportlern zu erhalten, mußte man versuchen, sie gegen einen ruhigen Hintergrund aufzunehmen, am günstigsten gegen den Himmel. Das war aber nur mit möglichst tiefstehenden Kameras zu machen. Nur so konnte vermieden werden, daß hinter den Köpfen Stangen, Nummernschilder oder andere das Bild störende Gegenstände sichtbar wurden und die Bildwirkung beeinträchtigten. Es war keineswegs meine Absicht, wie so manche Journalisten schreiben, die Athleten auf «schön» zu idealisieren. Die Kameraleute sollten aus Gruben filmen, in denen sie Sportler und Zuschauer am wenigsten störten. Aber mit der Erlaubnis dieser Anlagen sah es hoffnungslos aus, nicht eine dieser Gruben wollte man mir bewilligen. Ich mußte buchstäblich wochenlang um jede einzelne mit den Funktionären der Leichtathletik kämpfen. Aber schließlich schaffte ich es doch mit Hilfe von Professor Dr.

Diem und des IOC, die Bewilligung für die wichtigsten sechs Gruben zu erhalten. Um einem Außenstehenden einen Einblick in diese Materie zu geben, möchte ich einige der Vorschriften des Leichtathletik-Organisations-Komitees, nach denen wir uns zu richten hatten, nennen.

Erlaubt wurden: Eine Grube am Hochsprung, eine am Weitsprung, am Stabhochsprung, eine in fünf Meter Entfernung vom Hundert-Meter-Start, eine seitlich des Ziels und eine Grube neben dem Dreisprung. Ferner zwei Türme in der Mitte des Stadions, ein Turm hinter dem Start der Hundertmeterbahn, eine Schiene um das Drahtgitter der Hammerwerfer. Dagegen durften nicht mehr als sechs Kameraleute den Innenraum des Stadions betreten, keine weitere Grube ausgehoben und auch keine automatisch auf Schienen laufenden Kameras verwendet werden.

Wir hatten uns auch mit anderen Problemen auseinanderzusetzen, die kein Komitee lösen konnte. So die Eröffnungsansprache Hitlers, die nach olympischer Tradition nur aus ein paar Worten bestehen darf. Auf der Ehrentribüne war für die große Tonkamera kein Platz. Wo immer wir sie hinstellen würden, verdeckte sie die Aussicht der Ehrengäste. Einen Turm zwischen den Zuschauern zu bauen, wurde mir nicht gestattet. Es blieb mir nichts übrig, als darüber mit Hitler persönlich zu reden. Das erwies sich als schwierig. Hitler, den ich seit meiner Romreise nicht mehr gesehen hatte, sei, sagten die Adjutanten, mit Terminen überbelegt. Aber dann kam es doch zu einem kurzen Gespräch.

Ich hatte einen Plan mitgebracht, in dem die Standorte der Tonkameras eingezeichnet waren – aus Platzmangel konnten sie nur neben dem Geländer der Tribüne aufgestellt werden, so daß die Ehrengäste mit einiger Mühe an den Kameras vorbeikämen. Nachdem Hitler sich das angeschaut hatte, sagte er: «Sie können Ihre Kameras dort aufstellen. Ich genehmige es. Es sind ja nur wenige Minuten, in denen sie stören.» Ich atmete erleichtert auf. Dann wechselten wir noch einige Worte über die Olympiade. Wie schon in München, erklärte Hitler auch hier, er wäre an dieser Veranstaltung nicht interessiert.

«Ich bin froh», sagte er, «wenn der ganze Olympia-Rummel vorüber ist, am liebsten würde ich diese Spiele überhaupt nicht besuchen.» Ich war sprachlos. Es befremdete mich auch, daß er nicht das geringste Interesse für meinen Film zeigte.

Trotzdem besuchte Hitler das Stadion. Seine Umgebung hatte ihm eingeredet, seine Anwesenheit würde die deutschen Sportler anspornen. Nachdem schon am ersten Tag, an dem Hitler zusah, zwei Deutsche Goldmedaillen gewannen, kam er dann jeden Tag.

Tatsächlich wurde Deutschland überraschend die siegreichste Nation: Die deutschen Sportler gewannen 33 Gold-, 26 Silber- und 30 Bronzemedaillen, ein Rekord, den sie nie wieder erreichten.

Anatol, der Fackelläufer

Ich wußte noch nicht, wie ich den Fackellauf von 7200 Kilometern und durch sieben Länder gestalten könnte. Am 17. Juli 1936 verließen acht Mann in drei Mercedes-Wagen Berlin. Sie sollten die Fackelläufer begleiten. Ich selbst flog wenige Tage später mit einem kleinen Stab in einer Ju 52 nach Athen, um im Hain von Olympia das Entzünden des Olympischen Feuers und die ersten Läufer auf dem Weg durch Griechenland aufzunehmen.

Bei unvorstellbarer Hitze traf unsere Wagenkolonne in Athen ein. Auf der Fahrt nach Olympia wurden wir jubelnd von den am Straßenrand stehenden Griechen begrüßt. Bei glühender Mittagssonne erreichten wir, erschöpft und durchgeschwitzt, die klassische Olympia-Stätte. Die Wirklichkeit übertraf meine schlimmsten Erwartungen. Autos und Motorräder entstellten die Landschaft. Der Altar, auf dem das Olympische Feuer entzündet werden sollte, sah erschreckend nüchtern aus. Auch der griechische Jüngling in sportlicher Kleidung paßte überhaupt nicht in die Atmosphäre, wie ich sie mir vorgestellt hatte. Ich war bitter enttäuscht.

Unsere Kameraleute bemühten sich, einen Blick auf den Altar zu bekommen, aber das Gedränge war so groß, daß es hoffnungslos zu sein schien. Plötzlich verkündeten laute Jubelschreie, daß das Olympische Feuer entzündet sein mußte. Wir sahen zwischen Motorrädern und Autos das rötliche Licht der Fackel und erkannten den ersten Fackelläufer, wie er sich durch die Menge drängte und auf die Landstraße hinauslief. Als unsere Wagen hinterherfahren wollten, wurden sie von einer Kette von Polizisten aufgehalten – wir durften nicht weiterfahren. Selbst Plaketten des IOC an unseren Windschutzscheiben halfen nicht. Ich sprang aus dem Wagen und flehte die Polizisten an, die sich schließlich erweichen ließen und etwas verblüfft den Weg freigaben. Unsere Wagen brausten davon. Nach wenigen Minuten hatten wird den Läufer eingeholt. Mir war klar, daß wir so keine brauchbaren Aufnahmen bekommen konnten. Was wir filmten, war reine Wochenschau. Wir mußten versuchen, unseren eigenen Fackellauf aufzunehmen, jenseits dieser Straßen mit Motiven, die dem Charakter meines Olympischen Prologs entsprachen.

Erst der vierte Läufer dieser Staffel sah so aus, wie ich ihn mir vorgestellt hatte: ein junger dunkelhaariger Grieche. Einige Kilometer nach Olympia wurde er in einem Dorf abgelöst. Er stand im Schatten eines Baumes, war vielleicht achtzehn oder neunzehn und wirkte sehr fotogen. Einer meiner Mitarbeiter sprach ihn an, er reagierte abweisend. Wir gaben nicht auf, und da niemand von uns griechisch sprechen konnte, versuchten wir uns pantomimisch zu verständigen. Es stellte sich heraus, daß er etwas französisch verstand. Wir machten ihm deutlich, er sollte mit uns kommen. Er lehnte das ab. Wir sagten, wir würden ihn auch wieder zurückbringen. Schließlich gab er uns zu verstehen, daß er mit seiner kurzen Hose nicht mitkommen könnte, erst müßte er nach Hause, um sich ordentlich anzuziehen. Nachdem wir versprochen hatten, ihn einzukleiden, stieg er zu uns ins Auto. Ich versuchte, Näheres von ihm zu erfahren. Mit Hilfe einiger französischer Wörter kam heraus, daß mein klassischer griechischer Jüngling kein Grieche, sondern Sohn russischer Emigranten war. Er hieß Anatol. Langsam gewöhnte er sich an uns. Wir fuhren mit ihm nach Delphi. Bei den Aufnahmen im Stadion stellte er sich geschickt an. Seine Rolle schien ihm zunehmend besser zu gefallen. Bald bekam er Allüren wie ein Filmstar, weigerte sich, so zu laufen, wie wir es wünschten, und zeigte uns, wie er es sich vorstellte. Wir freuten uns über seinen Eifer, und schließlich verstanden wir uns sehr gut.

Als wir mit unserer Arbeit fertig waren, fuhren wir mit ihm zur Deutschen Botschaft und gaben ihm genügend Geld, daß er zu seinen Eltern zurückfahren konnte. Beim Abschied weinte er herzzerreißend, er wollte sich nicht mehr von uns trennen.

Später ließen wir ihn auf Bitten seiner Eltern nach Deutschland kommen, wo er bei der «Tobis» als Schauspieler ausgebildet werden sollte. Leider hatte er eine brüchige Stimme, und es wurde nichts aus seinem Plan. Trotzdem wollte er nicht mehr von Deutschland fort. In kürzester Zeit lernte er perfekt deutsch, arbeitete als Zeichner in einem Flugzeugwerk und meldete sich bei Kriegsausbruch freiwillig bei der Luftwaffe. Er war untröstlich, daß er als Ausländer nicht angenommen wurde. Aber sein unnachgiebiger Wunsch ging bei der Marine in Erfüllung. Anatol kam zu den gefährlichen Einmann-U-Booten.

Er hatte Glück und überlebte den Krieg.

Nach meiner Rückkehr aus Griechenland quartierten wir uns alle in Schloß Ruhwald ein, einem alten, unbewohnten Gebäude in einem Park an der Spandauer Chaussee, in der Nähe des Stadions. Die Zimmer wurden notdürftig mit Feldbetten und Obstkisten möbliert. Büros, Reparaturwerkstätten, Materiallager, eine Kantine wurden eingerichtet. Wir brauchten Schlafsäcke und Platz für den Wagenpark. Unser Arbeitsplatz für die nächsten Wochen glich einem spartanischen Hauptquartier. Bis zu 300 Personen waren hier beschäftigt, von denen die Hälfte dort auch wohnte. Von hier aus fuhren die Filmtrupps Tag für Tag auf das Olympische Gelände. Zwischen Ruhwald, Stadion und den Kopierwerken Geyer wurde ein pausenloser Pendelverkehr eingerichtet, um das belichtete Filmmaterial noch am selben Tag zu prüfen, die Arbeitsweise der Kameraleute zu diskutieren und aus etwaigen Mängeln des Materials Schlüsse ziehen zu können.

Herr über diesen großen Arbeitsstab war wieder Arthur Kiekebusch. Als ein glänzender Organisator meisterte er auch kritische Situationen. Er beschäftigte mindestens zehn Assistenten, die an den oft weit auseinanderliegenden Kampfstätten alles für die Kameraleute vorbereiteten. Neben dem Olympia- und Schwimmstadion galt unsere Aufmerksamkeit dem Maifeld, dem Olympischen Dorf, dann Döberitz mit dem Gelände für die «Military», Grünau, dem Austragungsort der Ruderregatten, und an der Ostsee Kiel, wo die Segelwettfahrten stattfanden.

Vor der Arbeit der Aufnahmeleiter habe ich höchsten Respekt. Was diese Männer leisten, ist bewundernswert und übertrifft manchmal die Arbeit der Regisseure. Sie sind rücksichtslos gegen sich selbst, und manche müssen den Streß ihres Berufs mit einer verkürzten Lebensdauer bezahlen. Viele von ihnen werden nicht alt.

Ehe die Aufnahmen begannen, engagierte ich noch Ernst Jäger, den früheren Chefredakteur des «Film-Kurier», als Pressechef, obgleich ich wußte, daß dies mit Goebbels Ärger geben würde. Jäger war überzeugter Sozialdemokrat und auch wegen seiner Ehe mit einer jüdischen Frau aus der Reichsschrifttumskammer ausgeschlossen worden. Schon vor einem Jahr, als er sich in finanzieller Not befand, konnte ich ihm helfen; meine Firma beauftragte ihn, für die Werbeabteilung der UFA eine Broschüre über die Arbeit am «Triumph des Willens» zu schreiben, die er «Hinter den Kulissen des Reichsparteitag-Films» nannte. Diese von mir gutgemeinte Hilfe hat mir nach dem Krieg viele Angriffe eingebracht. Jäger, im übrigen ein ausgezeichneter

Journalist, hatte einen unerträglich schwülstigen Text geschrieben, vielleicht in der Hoffnung auf eine Chance, so wieder in die Reichsschrifttumskammer aufgenommen zu werden. Mein Pech war, daß ich die Broschüre bei der vielen Arbeit, die ich hatte, vor Erscheinen nicht gelesen habe. Jäger hatte sie mit der Werbeabteilung der UFA zusammengestellt, die dieses Heft unter meinem Namen herausbrachte.

In Ruhwald hatten wir ein Modell des ganzen Reichssportfeldes aufgestellt, an dem ich gute Kamerastandpunkte übersichtlich festlegen konnte. Veranstaltungen außerhalb des Geländes der Olympischen Spiele, wie die Tanzfestspiele auf der Dietrich Eckart-Bühne oder Veranstaltungen im Lustgarten, konnte ich in meinen Film nicht einbeziehen. Wir waren nur auf die Olympischen Veranstaltungen fixiert. Es lief alles auf vollen Touren. Von dieser Zeit an hatten wir nur noch wenige Stunden Schlaf gefunden.

In Berlin war inzwischen das Olympiafieber ausgebrochen. Die Stadt war mit Tausenden von Fahnen geschmückt, und Hunderttausende von Besuchern strömten durch die Stadt. Mehr als achtzig Theater spielten, die Nachtclubs waren brechend voll, und in den Kinos liefen Filme wie «Traumulus» mit Emil Jannings, «Moderne Zeiten» von Charlie Chaplin und die unvergeßliche «Broadway Melodie».

Was sich aber hinter diesem Trubel und Glanz an menschlichen Tagödien abspielte, ahnte ich damals noch nicht.

Olympia – Berlin 1936

Am 1. August 1936 war der große Augenblick gekommen, der Beginn der Olympischen Spiele in Berlin. Um sechs Uhr früh waren wir startbereit. Ich gab noch die letzten Anweisungen für die Einteilung der Kameraleute. Die Motive des ersten Tages waren überwältigend: Der Einmarsch der Nationen, die Ankunft des Fackelläufers, das Entzünden des Olympischen Feuers, Hitlers Worte zur Eröffnung, die zu Hunderten aufsteigenden Tauben, die von Richard Strauss komponierte Hymne. Um das Ganze erfassen zu können, hatten wir noch 30 weitere Kameras eingesetzt. Sechzig Operateure filmten die Eröffnungsfeier.

Ein großes Problem stellten die zwei Tonkameras auf der Ehrentribüne dar, die wir wegen Platzmangel an das Geländer der Tribüne anseilen mußten. Auch der Kameramann und sein Assistent wurden angeseilt, sie konnten nur hinter dem Geländer stehen.

Während ich von einem Operateur zum andern lief, um die letzten Instruktionen zu geben, wurde ich plötzlich gerufen. Ein aufgeregter Mitarbeiter rief: «ss-Leute versuchen, die beiden Tonkameras von der Tribüne abzumontieren.» Erschrocken lief ich zur Ehrentribüne. In der Tat waren die Männer schon dabei, die Seile zu lösen. Ich sah das verzweifelte Gesicht meines Kameramannes. Mir blieb nichts anderes übrig, als mich schützend vor die Kamera zu stellen. Die ss-Leute erklärten, sie hätten den Befehl dazu von Reichsminister Goebbels erhalten, der für die Sitzordnung der Ehrengäste auf der Tribüne zuständig sei. Wütend machte ich ihnen klar, daß der Führer es genehmigt hatte und die Kameras bleiben müßten. Die ss-Leute waren verunsichert, sie zögerten. Als ich ihnen sagte, daß ich bleibe, bis die Spiele beginnen, verließen sie ratlos und schulternzuckend die Tribüne. Ich wagte es auch nicht, diesen Platz zu verlassen, da ich fürchtete, sie könnten zurückkommen.

Die ersten Ehrengäste trafen ein, meist ausländische Diplomaten. Die Tribüne und die Ränge füllten sich. Es war mir einigermaßen peinlich, so angeseilt an dem Geländer zu stehen, und ich wurde immer nervöser, meinen Kameraleuten keine Anweisungen mehr geben zu können. Bei der Eröffnungsfeier war das besonders wichtig, es mußte viel improvisiert werden.

Da betrat Goebbels die Tribüne. Als er mich und die Kameras erblickte, sprühte sein Blick vor Zorn. Er schrie mich an: «Sind Sie wahnsinnig geworden? Sie können hier nicht bleiben! Sie zerstören das ganze feierliche Bild. Machen Sie sofort, daß Sie und die Kameras wegkommen!»

Zitternd vor Angst, Wut und Empörung stürzten mir die Tränen übers Gesicht, und ich stammelte: «Herr Minister, ich habe rechtzeitig den Führer um Genehmigung gebeten – und sie auch erhalten. Es gibt keinen anderen Platz, um die Eröffnungsansprache aufzunehmen. Es ist eine historische Zeremonie, die in einem Olympiafilm nicht fehlen darf.»

Goebbels beeindruckte das überhaupt nicht. Er schrie weiter: «Warum haben Sie die Kameras nicht auf die andere Seite des Stadions gestellt?»

«Das ist technisch unmöglich! Die Entfernung ist viel zu groß.»

«Warum haben Sie nicht einen Turm neben der Tribüne gebaut?»

«Wurde mir nicht erlaubt.»

Es schien, als ob es Goebbels vor Wut fast zerriß. In diesem Augenblick betrat Generalfeldmarschall Göring in weißer Prachtuniform die Ehrentribüne. Für Eingeweihte hatte diese Begegnung besonderen Reiz. Sie wußten, daß sich die beiden grundsätzlich nicht ausstehen konnten. Mein besonderes Unglück war, daß Goebbels für die Plazierung der Ehrengäste auf der Tribüne verantwortlich war – und ausgerechnet an dem Eckplatz, den er für Göring reserviert hatte, einer der besten Plätze in der ersten Reihe, standen unsere Kameras und versperrten die Aussicht. Um sich vor Göring zu rechtfertigen und seine Unschuld zu demonstrieren, beschimpfte mich Goebbels noch lauter. Da hob Göring seine Hand – Goebbels verstummte –, dann wandte sich Göring zu mir und sagte mit versöhnlicher Stimme: «Na, Mädchen, weine mal nicht. Ich werde mit meinem Bauch hier schon Platz finden.»

Zum Glück war Hitler noch nicht eingetroffen, aber viele der Ehrengäste waren Zeugen dieser peinlichen Szene.

Die Legende um Jesse Owens

Von nun an hat mich die Arbeit aufgefressen. Ich habe diese Olympischen Spiele kaum miterleben können. Oft hatte ich keine Ahnung, was sich ereignete. Zum Beispiel habe ich die Tragödie der deutschen Frauenstaffel, wie Ilse Dörffeldt mit zehn Metern Vorsprung vor der favorisierten Amerikanerin den Stab fallen ließ, nachdem sie ihn schon übernommen hatte, den Aufschrei der Zuschauer nicht erlebt. Ich mußte an zu vielen Stellen zugleich sein. Erst im Schneideraum habe ich diese Szene gesehen.

Wir wollten mit diesem Film etwas Neues schaffen, und das bedeutete, daß wir technisch experimentieren mußten. Hans Ertl hatte eine automatische Katapult-Kamera entwickelt, die neben den 100-Meter-Läufern herfahren konnte. Damit hätten wir Aufnahmen bekommen, die es noch nie gab: Es wurde ihm von einem Schiedsrichter verboten. Um das Stadion aus der Vogelperspektive zu filmen – Hubschrauber gab es noch nicht –, haben wir Versuche mit einem Ballon gemacht. Jeden Vormittag ließen wir ihn, mit einer kleinen Handkamera versehen, aufsteigen. Mit Hilfe eines Inserats in der «BZ am Mittag», in dem wir für den Finder der Kamera eine Belohnung aussetzten, haben wir unser Gerät immer wieder zurückbekommen.

Um die Entscheidung bei den Ruderregatten in Grünau zu bekommen, bauten wir einen Steg, 100 Meter lang, auf dem Schienen montiert wurden. So konnte die Kamera, auf einem Wagen festgemacht, den dramatischen Endspurt der Boote bis ins Ziel verfolgen. Unser Versuch, diesen Endkampf auch aus der Luft aufzunehmen – wir hatten uns hierfür von der Luftwaffe einen Fesselballon ausgeliehen –, wurde vereitelt: Nur wenige Minuten vor Beginn der Wettkämpfe wurde er uns verboten – wegen Unfallgefahr. Dabei befand sich unser Ballon mit dem Kameramann schon in der Luft und schwebte direkt über dem Ziel. Nun mußte er schnellstens verschwinden. Ich heulte vor Wut.

Den Reitern der «Military» haben wir die schon genannten kleinen Kameras mit ihren fünf Metern Film an den Sattel gebunden. So erzielten wir besondere Effekte; zwar waren die meisten Bilder verwackelt, aber die wenigen brauchbaren Meter lohnten das Experiment. Eine andere filmische Neuheit gelang Walter Frentz. Er konstruierte einen Drahtkorb für eine Kleinkamera, hängte ihn den Marathonläufern im Training um, welche die Läufer selber auslösen konnten. So entstanden auch von dieser Disziplin ungewöhnliche Aufnahmen.

Mit vier Goldmedaillen und zwei Weltrekorden war Jesse Owens das sportliche Phänomen der Spiele. Es gehört zu den Legenden, Hitler habe es aus rassischen Gründen abgelehnt, diesem großen Athleten nach dem Sieg die Hand zu geben. Karl Ritter von Halt, Mitglied des IOC und Präsident des Deutschen Olympischen Komitees, der die Gesamtleitung der leichtathletischen Wettkämpfe unter sich hatte, erzählte mir, wie es wirklich gewesen ist. Es ist übrigens auch in dem offiziellen amerikanischen Bericht über die «Olympic Games» zu lesen. Es soll sich folgendermaßen zugetragen haben:

Hitler hat am ersten Tag der Wettkämpfe die Sieger auf der Ehrentribüne empfangen. Das wurde ihm aber von dem französischen Präsidenten des Olympischen Komitees, Graf Baillet-Latour, untersagt, da es gegen das Olympische Protokoll verstieß. Deshalb kam es danach nicht mehr zu einem Händedruck mit irgendeinem Athleten.

Fast wäre Jesse Owens durch meine Schuld verunglückt. Eine unserer Gruben befand sich etwa zwanzig Meter hinter dem Ziel des 100-Meter-Laufs. In der Grube standen ein Kameramann und ein Assistent. Es passierte im zweiten Vorlauf der 100-Meter-Strecke: Owens fegte in unglaublicher Leichtigkeit über die Aschenbahn, in der er den damaligen Weltrekord mit der Zeit von 10,2 Sekunden unterbot, was allerdings wegen des Rückenwinds nicht anerkannt wurde. Im Auslauf konnte Owens sein Tempo kaum stoppen und wäre beinahe in unsere Grube gestürzt. Nur durch seine unglaubliche Reaktion vermochte er, blitzschnell zur Seite zu springen und so einen Unfall zu verhindern. Der Skandal blieb nicht aus. Wir mußten nicht nur diese Grube sofort zudecken, sondern auch alle anderen. Ich machte Bittgänge und habe auch den Grafen Baillet-Latour angefleht, uns wieder in den Gruben arbeiten zu lassen. Schließlich wurde es von den Herren des IOC genehmigt.

Die Kameraleute waren folgendermaßen eingeteilt: Jeden Abend um zehn Uhr erhielt ich von zwei Mitarbeitern – es waren Cutter – die Berichte aus der Kopieranstalt Geyer über das Ergebnis der an diesem Tag entstandenen Aufnahmen. Etwa 15 000–16 000 Meter Material wurden täglich kopiert, angesehen und beurteilt. So konnte ich jeden Tag, je nach Resultat, die Einsätze der Kameramänner wechseln. Die gut arbeitenden Operateure erhielten die schwierigen Aufnahmeplätze, die unbegabten die weniger wichtigen. Nur fünf Minuten hatte ich für jeden Kameramann Zeit, um ihm seine Aufgaben für den kommenden Tag zuzuweisen. Diese Besprechungen endeten nie vor zwei Uhr nachts.

Skandal im Stadion

Was wir bei unserer Arbeit wirklich nicht gebrauchen konnten, waren Ärger und Schikanen. Wir bekamen reichlich davon – wieder einmal von Goebbels persönlich. Beim Hammerwerfen hatte Deutschland im Wettbewerb zwei heiße Medaillenanwärter aufzuweisen: Erwin Blask und Karl Hein. Wir hatten um den Hammerwurfkäfig eine Schiene legen lassen, um erstklassige Aufnahmen zu erhalten. Das Organisations-Komitee hatte sie genehmigt. Außerdem waren die Hammerwerfer selbst damit einverstanden.

Das dramatische Duell zwischen Blask und Hein sollte einer der Höhepunkte unseres Films werden. Gespannt beobachtete ich Guzzi Lantschner bei seinen Fahraufnahmen. Plötzlich lief ein deutscher Kampfrichter auf ihn zu, zerrte ihn von der Kamera weg, packte ihn am Arm und zog ihn vom Rasen. Da packte mich eine solche Wut, daß ich auf den Kampfrichter zulief, ihn am Jackett packte und anschrie: «Sie Schweinehund!» Der Mann starrte mich an und beschwerte sich sofort danach bei seinem Vorgesetzten.

Es dauerte auch nicht lange, bis mir ein Zettel übergeben wurde, ich sollte auf die Tribüne zu Goebbels kommen. Ich sah Böses auf mich zukommen. Der Minister erwartete mich schon außerhalb der Tribüne auf dem Gang und schrie hemmungslos: «Was erlauben Sie sich! Haben Sie den Verstand verloren! Ich verbiete Ihnen, von diesem Augenblick an, das Stadion noch einmal zu betreten! Ihr Benehmen ist ein einziger Skandal!»

«Wir hatten die Genehmigung», rief ich erregt, «auch von den Hammerwerfern. Der deutsche Schiedsrichter hatte überhaupt kein Recht, den Kameramann vom Platz zu zerren.»

Mit eisiger Kälte entgegnete Goebbels: »Das ist mir ganz egal. Ich verbiete es Ihnen, Ihre Filmarbeit hier fortzusetzen», ließ mich stehen und ging zurück auf die Tribüne. Verzweifelt setzte ich mich auf die Stufen und heulte – es war unfaßbar, daß alles umsonst gewesen sein sollte.

Nach einiger Zeit kam Goebbels überraschend zurück und, etwas ruhiger geworden, sagte er schneidend: «Hören Sie auf zu weinen. Es gibt noch einen internationalen Skandal. Ich befehle Ihnen, sich sofort bei dem Kampfrichter zu entschuldigen.»

Notgedrungen ging ich hinunter und suchte den Kampfrichter. Als ich ihn fand, bat ich ihn um Verzeihung.

«Ich bedaure den Vorfall», sagte ich, «ich wollte Sie nicht beschimpfen – ich habe die Nerven verloren.» Der Kampfrichter nickte nur. Für mich war der Fall damit ausgestanden. Dieser Auftritt war nicht unbemerkt geblieben. Einige ausländische Zeitungen berichteten darüber in großer Aufmachung. Goebbels' feindselige Haltung gegen mich war längst kein Geheimnis mehr.

Die Kämpfe wurden immer spannender. An der Tafel wurde die Entscheidung im 100-Meter-Lauf angekündigt, ein Höhepunkt der Olympischen Spiele. Im Stadion war es totenstill. Hunderttausend Menschen hielten den Atem an. Der schwarze Metcalfe bekreuzigte sich, bevor er zum Start niederkniete. Jesse Owens hatte die Innenbahn. Der Starter Miller in seinem weißen Mantel sah in unerschütterlicher Ruhe auf die in den Startlöchern knienden Läufer. Noch einmal überflog mein Blick hastig die Aufstellung der Kameraleute. Die Aufnahmen dieser fantastischen Konkurrenz mußten uns gelingen. Owens Beinmuskeln spannten sich. Dann peitschte der Startschuß durch die Stadionstille – ein ohrenbetäubendes Geschrei brach aus, das sich orkanartig steigerte –, Jesse Owens wurde der überlegene Sieger. Glücklich lächelnd ließ er seinen Blick über die ihm zujubelnden Menschen schweifen.

Es ist unmöglich, auch nur die wichtigsten Kämpfe hier nachzuzeichnen. Aber der Kampf Lovelocks ist mir im Gedächtnis haften geblieben. Er war der einzige Athlet, der Neuseeland bei den Spielen vertrat. Wie Lovelock sich den Sieg im 1500-Meter-Lauf und sogar in Weltrekordzeit erkämpfte, war ein sensationelles Ereignis. Ich habe diesen dramatischen Lauf ohne einen Zwischenschnitt in ganzer Länge in den Film hineingenommen. Was muß Lovelock, der als einziger beim Einmarsch der Nationen die Fahne seines Landes trug, empfunden haben, als er die Goldmedaille und den Lorbeerkranz erhielt.

Ganz anders mußte ich den 10000-Meter-Lauf gestalten. Hier konnte ich nur die dramatischen Höhepunkte zeigen, die Zeitabstände mußten durch Bilder aus dem Publikum überbrückt werden. Ähnlich wie im Weitsprung beim Duell zwischen Lutz Long und Jesse Owens, kam es auch hier zu einem Duell zwischen den als unschlagbar geltenden drei Finnen und dem kleinen zähen, wie ein Löwe kämpfenden Japaner Murakoso. Ihm gelang das Unglaubliche, an den drei Finnen vorbeizuziehen und sie hinter sich zu lassen, angefeuert von seinen japanischen Landsleuten. Er mußte aber schließlich doch den starken Finnen den Sieg überlassen. Dennoch hatte sich Murakoso die Herzen der Zuschauer erobert.

Strahlende Sonne lag über dem Stadion, als sich die Läufer am Start zum Marathonlauf versammelten, der klassischsten Disziplin der Olympischen Spiele. Zwölf Kameraleute waren für die 42 Kilometer lange Strecke eingesetzt. Zabala, Argentinien, der Sieger von Los Angeles, wollte ein zweites Mal gewinnen, aber Japan war ein gefährlicher Gegner. Nan war der Favorit, aber auch Son, der zweite Japaner, war stark, ebenso die Finnen.

Die Dramatik dieses Laufes, den die Kameraleute mit einem Auto begleiteten, habe ich erst am Schneidetisch erlebt. Das Material war so hervorragend gelungen, daß der Marathonlauf einer der Höhepunkte des Olympiafilms wurde. Ein ergreifender Anblick war die Siegerehrung der Japaner, wie sie ihre mit Lorbeerkränzen geschmückten Köpfe senken und, in fast religiöser Hingabe versunken, ihre Nationalhymne hören.

Glenn Morris

Ich befand mich im Innenraum des Stadions. Der Zehnkampf war im Gang. Deutschlands Meister, Erwin Huber, ein guter Freund, hatte mir schon bei meinen Vorbereitungen geholfen und mir Verbindungen mit Sportlern verschafft. Im Prolog des Films sollte er den Diskuswerfer von Myron darstellen. Heute wollte er mich mit den drei führenden Amerikanern im Zehnkampf bekanntmachen. Es war der zweite Tag des Zehnkampfes, an dem der Amerikaner Clark vor seinem Landsmann Glenn Morris führte. Huber war auf dem vierten Platz.

Glenn Morris lag, mit einem Handtuch über dem Kopf, entspannt auf dem Rasen, um Kraft für die nächste Disziplin zu schöpfen. Als Huber mir Morris vorstellte und wir uns ansahen, konnten sich unsere Blicke kaum mehr voneinander lösen. Ein unglaublicher Augenblick, wie ich ihn noch nie erlebt hatte. Ich versuchte, die in mir aufsteigenden Gefühle zu unterdrücken und zu vergessen, was geschehen war. Ich ging Morris von nun an aus dem Weg. Wir haben höchstens ein Dutzend Worte miteinander gewechselt. Und doch hatte diese Begegnung mich tief getroffen.

Glenn Morris gewann den Zehnkampf und stellte damit einen neuen Weltrekord auf. Es war schon ziemlich dunkel, als die drei siegreichen Amerikaner auf dem Podium standen und ihre Medaillen erhielten. Das schwache Licht ließ es nicht zu, die Siegerehrung zu filmen. Als Glenn Morris die Stufen herunterstieg, kam er auf mich zu. Ich reichte ihm die Hand und beglückwünschte ihn. Da nahm er mich in den Arm, riß mir die Bluse herunter und küßte mich auf die Brust, mitten im Stadion, vor hunderttausend Zuschauern. Ein Wahnsinniger, dachte ich, befreite mich von ihm und rannte davon. Aber der wilde Blick, mit dem er mich ansah, verfolgte mich. Nie mehr wollte ich mit ihm sprechen, nie mehr mich in seine Nähe begeben. Doch dann wurde es wegen des Stabhochsprungs unvermeidlich.

Die Sprungkonkurrenz wurde zum vielleicht dramatischsten Ereignis dieser Spiele. Schon am Vormittag begann das Springen, und am Abend rangen noch immer fünf Springer in erbittertem Kampf zwischen Amerika und Japan um den Sieg. Zwei kleine, fast zarte Japaner kämpften verbissen gegen drei bärenstarke Amerikaner. Es wurde immer dunkler, es wurde schon kalt. Die Springer hüllten sich in Wolldecken, und die Zuschauer verfolgten gebannt dieses dramatische Schauspiel. Nach fünf Stunden fiel die Entscheidung. Earle Meadows, ein junger Amerikaner, siegte vor den beiden Japanern Nishida und Oe.

Die große Verliererin dieses Abends aber war ich. Denn ich hatte keine Aufnahmen von diesem fantastischen Ereignis. Es war zu dunkel gewesen. Da gab es nur eine Chance, am nächsten Tag diesen nächtlichen Stabhochsprung bei Scheinwerferlicht zu wiederholen. Würden aber die Springer auch mitmachen? Das war nach diesem höllisch anstrengenden Tag und den vorangegangenen Wochen voller Entsagungen unwahrscheinlich.

Erwin Huber, unser Zehnkämpfer, meinte: «Was die Amerikaner angeht, könnte nur Glenn Morris helfen.»

Er sprach mit ihm, und Morris war bereit, seine Kameraden zu überreden. Aber sie hatten das Olympische Dorf schon verlassen, sie waren ausgeflogen, in irgendein Tanzlokal. Der erste freie Tag nach wochenlanger Abstinenz. Die Japaner erklärten sich sofort bereit, für die Kamera noch einmal zu springen.

Morris fand seine Kameraden tatsächlich in einer Tanzdiele und schleppte sie zu uns ins Stadion. Sie waren nicht gerade begeistert. Wir bemühten uns um eine bessere Stimmung. Ich machte ihnen

Komplimente über Komplimente und versuchte sie aufzuheitern. Die Japaner warteten schon, ihr Lächeln schien mir unergründlich.

Sie alle haben schließlich mitgemacht – sie sind gesprungen. Und plötzlich bekamen sie Lust am Springen. Bald wurde ein nahezu echter Wettkampf daraus, und sie ereichten die gleichen Höhen wie am Tag zuvor. Es war fantastisch – wir bekamen herrliche Aufnahmen. Das Licht war ausgezeichnet – Zeitlupe, Nahaufnahmen, alles gelang perfekt. So wurde dieser Abend für mich einer der glücklichsten während der Arbeit an diesem Film.

Für seine Vermittlung bat sich Glenn Morris eine kleine Gefälligkeit aus. Er wollte mich nach den Spielen in meinem Schneideraum besuchen und die Aufnahmen sehen, bei denen er im Bild war. Das ließ ich zu, habe ihn aber sonst gemieden. Ich spürte, ich war in ihn verliebt, ging aber dagegen an. Ich wußte, er würde in die USA zurückkehren, und außerdem wehrte ich mich gegen emotionale Komplikationen.

Am Abend des 16. August erlebten die XI. Olympischen Sommerspiele ihren feierlichen Ausklang. Flakscheinwerfer, die nach einer Idee Albert Speers rund um das Stadion aufgestellt waren, schlossen sich, senkrecht gegen den dunklen Himmel, strahlend zu einem grandiosen Lichtdom zusammen. Als dann langsam zu den Klängen der Richard Strauss-Hymne die Olympische Flamme erlosch und die dunklen Rauchschwaden nach oben stiegen, ertönte eine Stimme: «Ich rufe die Jugend der Welt nach Tokio.»

Wer hätte sich an diesem Abend vorstellen können, daß nur wenige Jahre später diese Scheinwerfer am Himmel über Berlin nach feindlichen Fliegern suchen würden und an den Flakscheinwerfern und in den Maschinen die Jugend sich befehdete, die hier so friedlich gekämpft hatte.

Die Kurische Nehrung

Die Olympischen Spiele waren zu Ende, unsere Filmarbeit war es noch nicht. Willy Zielke, aus Griechenland zurückgekehrt, hatte für die letzten Aufnahmen zum Prolog einen besonderen Platz ausgewählt. Im entferntesten Osten Deutschlands, nahe der litauischen Grenze, schlug er an der Kurischen Nehrung sein Filmlager auf. Für seine besonderen Aufnahmen brauchte er Ruhe und Abgeschiedenheit, vor allem deshalb, weil die Mädchen, die die Tempeltänzerinnen darstellen sollten, unbekleidet waren, in damaliger Zeit im Film alles andere als alltäglich. Er wünschte sich keine Zuschauer. Auch benötigte er für diese

Szenen weite, baumlose Sandflächen und sehr viel Himmel. Der Platz, an dem Zielke seine Baracken aufbauen ließ, war von Sandbergen umgeben. Man nannte ihn «Tal des Schweigens». Dort fand Zielke seine ideale Filmkulisse.

Noch während wir im Stadion arbeiteten, erhielt ich von Zielke ein Telegramm mit merkwürdigem Inhalt:

«Um ungestört arbeiten zu können, brauche ich einen Stacheldraht von mehreren Kilometern Länge, Gruß, Zielke.»

«Was für eine verrückte Idee», sagte Waldi Traut, mein Produktionsleiter, irritiert. Trotzdem gab er den Auftrag, den gewünschten Stacheldraht zu besorgen.

Um bei den wichtigsten Aufnahmen dabei zu sein, entschloß ich mich, nach Beendigung unserer Berliner Arbeit zur Kurischen Nehrung zu fahren. Einige meiner Mitarbeiter begleiteten mich. Wir konnten nicht geradewegs bis zu Zielke kommen, sondern mußten von Pillkoppen, einem kleinen ostpreußischen Fischerort, wo Fichtner uns abgeholt hatte, mit einem alten Motorboot unsere Reise fortsetzen. Wir tuckerten durch die Ostsee und blieben dabei einige Male auf Sandbänken stecken. Hier konnte nur unser Aufnahmeleiter Fichtner helfen, der dann ins Wasser sprang und viel Zeit und Kraft aufwenden mußte, um das Boot wieder flottzumachen.

Was er uns über die Arbeit mit Zielke erzählte, war nicht zum Lachen, es war beunruhigend und jagte mir einen Schrecken ein. Er berichtete, die Mädchen fürchteten sich vor Zielke, er hatte von ihnen verlangt, nach Einbruch der Dunkelheit ihre Zelte nicht mehr zu verlassen. Verständlich, denn im Lager befanden sich außer jungen Sportlern auch noch Beleuchter und Hilfsarbeiter, und er wollte nächtlichen Rendezvous zuvorkommen. Zielke fühlte sich für die Sitte und Moral des Lagers verantwortlich. Dabei ging er so weit, ehe er sich hinlegte, seinen mit Platzpatronen gefüllten Revolver neben sich ans Bett zu legen. Wenn sich ein Schatten bewegte und er glaubte, es könnte ein Mädchen sein, das möglicherweise zum Toilettenhäuschen ging, hatte er Schreckschüsse abgegeben. Die Mädchen waren sehr verängstigt und froh, als sie von unserem Kommen hörten.

Als ich Zielke zur Rede stellte, schaute er mich treuherzig an und sagte: «Leni, erinnerst du dich nicht, du hast mir doch gesagt, ich soll aufpassen, wenn neben jungen hübschen Mädchen auch Männer in einem Zeltlager leben, damit wir nicht ins Gerede kommen. Deshalb glaubte ich, so deinem Wunsch gerecht zu werden.» Was sollte ich antworten – ich durfte Zielke nicht die Freude an seiner Arbeit nehmen.

Die Aufnahmen mit den Mädchen waren schon beendet, wir hatten jetzt noch die mit den Männern vor uns, und vor allem die reichlich komplizierte Trickaufnahme, in deren Verlauf sich der Diskuswerfer von Myron in eine lebende Gestalt verwandelt. Zielke hatte alles gut vorbereitet: Hinter einer Glasscheibe stand in der Haltung der klassischen Statue Erwin Huber, der deutsche Zehnkampfmeister, der fast zentimetergenau die gleichen Körpermaße hatte. Auf das Glas war mit schwarzer Farbe der Umriß des Diskuswerfers gemalt; durch geschickte Beleuchtung, aus Tages- und Kunstlicht gemischt, erreichte Zielke die für diese Aufnahmen vorgesehene Stimmung.

Eine andere wichtige Szene konnten wir hier in idealer Weise stellen – das Entzünden des Olympischen Feuers auf einem antiken Säulenstumpf, wozu wir in Griechenland keine Gelegenheit gehabt hatten. Auf der Kuppe eines Sandhügels hatte der Filmarchitekt einen dorischen Tempel so naturgetreu nachgebaut, daß man ihn für echt hätte halten können. So gelangen hier mit Anatol, der mit uns gekommen war, bessere Aufnahmen als in Olympia. Das schräg einfallende Sonnenlicht, das es in südlichen Ländern nicht gibt, schuf eine Atmosphäre, die nicht idealer hätte sein können.

Die Arbeiten waren bald beendet, das Lager wurde abgebrochen.

Die Archivierung

Als in der Kopieranstalat Geyer das letzte Material abgeliefert wurde, registrierten wir die endgültige Ziffer des belichteten Films: Über 400000 Meter. Nun mußte der Film geschnitten, vertont und kommentiert werden – eine gewaltige Arbeit lag vor uns.

Die Archivierung des Materials war bei seiner Menge ein besonderes Problem. Das Tempo, mit dem bei sportlichen Wettkämpfen gearbeitet werden muß, läßt den Kameraleuten, anders als beim Spielfilm, nicht die Zeit, um vor jeder Aufnahme die Nummerntafel mitzufilmen. Wie sollten wir die einzelnen Szenen ohne Nummern sortieren? Es mußte eine Methode gefunden werden, nach der man innerhalb kürzester Zeit die gewünschte Aufnahme herausfinden konnte.

Meine Lösung sah so aus: Jede Sportart bekam eine Komplexnummer, so daß wir zusammen mit dem Prolog, der Eröffnungs- und Schlußfeier 150 Komplexe hatten, oft bis zu 100 Nummern unterteilt. Beim Bereich «Publikum», das die Komplexnummer 10 hatte, las sich das dann so: 1a Publikum in Sonne, 1b Publikum im Schatten, 1c Publikum klatscht, 1d Publikum enttäuscht und so fort. Außerdem waren die Publikumsaufnahmen auch nach den verschiedenen Nationen und Kampfstätten zu unterteilen. So war es möglich, jede gewünschte Szene rasch zu finden.

Zur weiteren Erleichterung einer übersichtlichen Archivierung führte ich ein Farbsystem ein, das sich als zweckmäßig und zeitsparend erwies: In orangefarbene Schachteln kam das ungeschnittene Material, Kürzungen in grüne, Reserven in blaue und der Ausschuß in schwarze Schachteln, während Tonmaterial in gelben aufbewahrt wurde. In «Rot» kamen die fertig geschnittenen Musterrollen. Die Archivierung nahm einen Monat in Anspruch, die Besichtigung, bei täglich zehn Stunden Vorführzeit, zwei Monate.

Auch das Sortieren des Negativmaterials war eine ungemein schwierige Aufgabe, da Tausende von Metern keine Fußnummern hatten. Das sind die kleinen Zahlen, die sich am unteren Rand des Negativs befinden. Alle 33 Zentimeter, die ungefähre Länge eines Fußes, gibt es eine fortlaufende Nummer, daher die branchenübliche Bezeichnung «Fußnummer», die es ermöglicht, jedes Bild schnellstens im Original zu finden. Fehlen sie, was leider früher oftmals vorkam, dann ist das Heraussuchen außerordentlich schwierig und zeitraubend. Hier hatte ich glücklicherweise meine Frau Peters zur Verfügung, die das Wunder vollbrachte, jede einzelne Szene herauszufinden.

Wenn jemand in den Schneideraum kam und etwa fragte, ob ich ihm den Sprung des italienischen Reiters, Leutnant Campello, zeigen könnte, wie er in der «Military» über den Dorfgraben sprang, warf ich einen Blick auf die Liste: «Military» war Komplex 70, «Dorfgraben» 22, in weniger als einer Minute konnte der Besucher sich die Rolle am Schneidetisch anschauen. Manche Filmfachleute hat dieses System verblüfft. Selbst Hitler, der uns ein einziges Mal überraschend mit einigen Begleitpersonen besuchte, staunte, als ich ihm alle gewünschten Aufnahmen zeigen konnte.

Ein Graphologe

Plötzlich fiel mir ein, daß uns vom Zehnkampf der nächtliche 1500-Meter-Lauf fehlte. Unsere Linsen waren damals für solche Aufnahmen nicht lichtstark genug. Nun zählte aber der Zehnkampf neben dem Marathon- und dem 100-Meter-Lauf zu den wertvollsten Goldmedaillen der Leichtathletik, deshalb sollte er möglichst vollständig in meinem Film sein.

Erwin Huber und der Tscheche Klein, die diesen Endlauf erreicht hatten, hielten sich noch in Berlin auf. So bestünde vielleicht die

Möglichkeit, einige Szenen nachzustellen, aber nur, wenn auch Morris, der Sieger, auffindbar wäre. Wir brachten heraus, daß die amerikanischen Olympiateilnehmer noch nicht in die USA abgereist waren und sich in Stockholm an den schwedischen Leichtathletik-Meisterschaften beteiligten. Es gelang, Morris in Stockholm ans Telefon zu bekommen, und er erklärte sich auch sofort bereit, mitzumachen. Der Gedanke, ihn wiederzusehen, versetzte mich in starke Unruhe.

Als wir Glenn Morris vom Flughafen abholten, mußten wir uns beide beherrschen, um uns nichts anmerken zu lassen. Aber gegen unsere Gefühle konnten wir nichts mehr machen. Sie wurden so stark, daß Morris nicht nach Schweden zu seiner Mannschaft zurückkehrte und ich mir einbildete, er sei der Mann, den ich heiraten könnte.

Ich hatte völlig den Kopf verloren, so daß ich fast alles vergaß, sogar meine Arbeit. Noch nie hatte ich eine solche Leidenschaft erfahren. Dann kam der Tag von Morris' Abreise, und mit Schrecken fiel mir ein, daß ich die Aufnahmen, die mit ihm gemacht werden sollten, vergessen hatte.

Uns blieb nur noch eine Nacht. Am kommenden Tag sollte Morris mit seiner Mannschaft von Hamburg aus mit dem Schiff nach Amerika abreisen. Wir mußten endgültig Abschied nehmen. Morris bat mich, auf die Aufnahmen zu verzichten, aber das brachte ich nicht fertig. Es fiel mir unsagbar schwer, ihm diesen Wunsch abzuschlagen, aber die Vernunft war stärker als die Leidenschaft. In größter Eile ließ ich durch meine Mitarbeiter alles für die im Stadion zu drehenden Szenen vorbereiten. Wie das in dieser Nacht noch arrangiert werden konnte, war mir ein Rätsel – doch wir schafften es. Erst nach Mitternacht wurden wir mit den Aufnahmen fertig.

Am frühen Morgen mußte Morris mich verlassen. Ein Gefühl großer Traurigkeit ergriff mich. Er durfte in New York als Zehnkampfsieger bei der Konfetti-Feier für die erfolgreiche Olympiamannschaft nicht fehlen.

Aus der Presse erfuhr ich, daß Glenn Morris mit einer amerikanischen Lehrerin verlobt war. Das war der erste kleine Schock. Der nächste folgte bald. Ich bekam einen Brief von ihm. Als ich die Schrift sah, fiel er mir beinahe aus der Hand. Ich verstehe nichts von Graphologie, aber ich hatte ein ungutes Gefühl, als ich die merkwürdig verschlungenen Schriftzüge sah. Trotzdem schickte ich ihm viele Fotos, die ich von ihm gemacht hatte. Sie trugen entscheidend dazu bei, daß er in Hollywood für die Rolle des Tarzan engagiert wurde. Ich glaubte immer noch, ihn zu lieben.

In Kampen auf Sylt verbrachte ich einige Tage mit meiner Freundin Margot von Opel. Ein kurzer Urlaub, bevor ich mit der Arbeit im

Schneideraum beginnen wollte. Wir saßen auf der Terrasse eines Cafés. Ein Graphologe ging von Tisch zu Tisch. Meine Freundin übergab ihm einen Brief und war frappiert über die richtige Deutung. Da fiel mir der Brief von Glenn Morris ein, den ich bei mir hatte. Der Mann betrachtete ihn kurz und sagte dann abrupt: «Den deute ich nicht.»

«Warum?» fragte ich verwundert.

«Das kann ich nicht.»

Ich mußte den Mann lange bedrängen, und erst nachdem ich ihm einen größeren Geldschein gegeben hatte, ließ er sich bewegen, die Schrift zu deuten. Offensichtlich tat er es nur ungern. «Es handelt sich», sagte er zögernd, «um einen Menschen, der nicht ungefährlich ist – unbeherrscht, rücksichtslos, brutal und sogar mit sadistischen Anlagen...» Ich konnte das nicht glauben, aber der Schreck saß tief.

Ich habe lange mit mir gekämpft. Auf Grund meiner schmerzlichen Erfahrungen entschloß ich mich, so schwer es mir auch fiel, diese Beziehung abzubrechen. Vor allem aus Furcht, noch einmal solche Enttäuschungen zu erleben wie in der Vergangenheit. Es dauerte ein halbes Jahr, bis ich mich aus dieser Bindung lösen konnte. Erst viel später erfuhr ich aus amerikanischen Zeitungen etwas über das traurige Schicksal von Glenn Morris. Er sei auf die schiefe Bahn geraten. Von seiner Frau geschieden, soll er an Alkohol und Drogen zugrunde gegangen sein.

Probleme und Sorgen

Anfang September 1936 gab Ministerialrat Berndt im Auftrag des Ministers auf der täglichen Pressekonferenz im Propagandaministerium offiziell bekannt, daß bis auf weiteres über meinen Olympiafilm und meine Person in der Presse nicht berichtet werden dürfe. Dieses Verbot wurde über ein Jahr eingehalten und erst wenige Wochen vor der Uraufführung aufgehoben, mit zwei Ausnahmen: Einmal dementierte das «Promi» ausländische Pressemeldungen, in denen Dr. Goebbels in Verbindung mit mir beleidigt wurde, und ebenso konnte man nicht verschweigen, daß ich im Frühsommer 1937 auf der Weltausstellung in Paris drei Goldmedaillen erhalten hatte.

Es folgten weitere Schikanen aller Art von Seiten Goebbels'. Bei einer Überprüfung der Buchhaltung und Kassenunterlagen meiner Firma durch die Filmkreditbank wurde festgestellt, unsere Kasse weise ein Defizit von 80 Mark auf. Darauf verlangte Goebbels, ich sollte wegen dieser geringen Summe meinen langjährigen, treuen Mitarbeiter Walter Großkopf, Vater von drei Kindern, entlassen. Diese unglaubliche Zumutung lehnte ich ab.

Ebenso mußte ich eine andere Forderung ablehnen. Goebbels ließ sie mir durch Herrn Hanke, seinen Sekretär, übermitteln. Der Olympiafilm dürfe nur aus einem Teil bestehen, und die «Schwarzen» sollten nicht zu oft gezeigt werden. Ich nahm es auf mich, auch diese Zumutung nicht zu beachten. Nur wenige Tage später teilte mir das «Promi» mit, ich hätte auf Anweisung des Ministers meinen Pressechef Ernst Jäger, wegen seiner Ehe mit einer «nicht arischen Frau», fristlos zu entlassen. Auch hier wagte ich es, seine Aufforderung zu ignorieren. Mir war klar, daß man meinen Widerstand nicht mehr lange hinnehmen werde.

Was ich befürchtet hatte, traf ein. Goebbels versuchte, mich endgültig auszuschalten und meinen Olympiafilm seinem Ministerium einzuverleiben. Am 6. November verfügte er, daß das Propagandaministerium, über das bisher die Refinanzierung des Tobis-Vertrags erfolgte, keine Gelder mehr an meine Firma auszahlen dürfe. Das bedeutete das Ende meiner Arbeit: Wir hatten die Garantie der «Tobis» in Höhe von 1,5 Millionen verbraucht. Kostenüberschreitungen waren nicht mehr durch den Verleihvertrag gedeckt. Wir brauchten ein Darlehen von einer halben Million Mark für die vorgesehenen vier fremdsprachigen Versionen und eine Serie von Sportkurzfilmen. Unser Budget war überzogen, unsere Kasse war leer. Deshalb hatte ich beim «Promi» den Antrag auf Gewährung eines Darlehens gestellt. Die Situation war so kritisch, daß ich kaum noch schlafen konnte und ernsthaft erwog, den Film abzugeben und ins Ausland zu gehen.

Um ihn dennoch zu retten, sah ich nur noch eine Chance: Mit Hitler zu sprechen. Aber ich bekam keinen Termin. Hitler hatte keine Zeit, er war immer unterwegs. Vergeblich versuchte ich es von Woche zu Woche. Endlich, am 11. November, bekam ich einen Termin, zufällig an Frau Goebbels' Geburtstag. Um 17 Uhr sollte ich in der Reichskanzlei sein.

Hitler begrüßte mich freundlich wie immer und erkundigte sich nach meiner Arbeit. Ich war mit den Nerven so fertig, daß ich unbeherrscht zu weinen anfing und schluchzend sagte, ich kann hier nicht mehr arbeiten und müßte unter diesen Umständen Deutschland verlassen.

Hitler verblüfft: «Wieso denn das?»

Verzweifelt rief ich: «Dr. Goebbels haßt mich!»

Nun wurde Hitler ärgerlich: «Was reden Sie für einen Unsinn? Warum sollte Dr. Goebbels Sie hassen?»

Es widerstrebte mir, die Eskapaden zu erwähnen, die Goebbels sich mir gegenüber erlaubt hatte. Ich berichtete nur von den Schikanen, die meine Arbeit betrafen.

Hitler: «Sie sind überarbeitet – Sie sind etwas hysterisch. Das ist doch alles nicht möglich. Warum sollte Dr. Goebbels etwas gegen Sie unternehmen wollen?»

Es verwirrte mich, wie sehr Hitler ihn verteidigte und mir keinen Glauben schenken wollte. Da half nur noch eins: Ihm das polizeiliche Protokoll zu zeigen, was ich nur im äußersten Notfall tun wollte – und der war nun gekommen. Es handelte sich um die Vorgänge in Nürnberg, als Hans Weidemann, der in der Filmabteilung des «Promi» eine leitende Stellung einnahm, meine Kameraleute verhaften ließ, weil sie sich weigerten, für ihn zu arbeiten. Wir hatten bei den Leichtathletik-Meisterschaften wichtige Nahaufnahmen von Hein und Blask, den Siegern im Hammerwerfen, zu machen, da bei den Olympischen Wettkämpfen der Schiedsrichter den Kameramann daran gehindert hatte. Weidemann, der den Parteitagfilm 1936 machen sollte, wollte den «Triumph des Willens» übertreffen und hatte deshalb meine Kameraleute annektieren wollen. Als sich Hans Ertl und die anderen weigerten, ließ er sie durch ss-Leute verhaften.

Bis zu diesem Augenblick war Hitler für Goebbels eingetreten. Nun las er das Polizeiprotokoll und wurde ganz ruhig.

Ich beobachtete in seinem Gesicht jene Blässe, die auf innere Erregung schließen ließ.

«Gut», sagte Hitler kurz, «ich werde mit Dr. Goebbels sprechen. Mehr kann ich Ihnen jetzt nicht sagen. Gehen Sie nach Hause. Sie werden eine Nachricht bekommen.»

Fast brüsk verabschiedete er sich, nachdem sein Adjutant Brückner ihn schon zweimal gemahnt hatte, zur Geburtstagsfeier von Frau Goebbels zu gehen. Verstört fuhr ich nach Hause – ich war wie gelähmt.

Nach einigen Tagen rief mich Brückner an und teilte mir im Auftrag Hitlers folgendes mit: «Sie werden von nun an nicht dem Minister Goebbels unterstellt sein, auch nicht dem Propagandaministerium, sondern Rudolf Heß und dem ‹Braunen Haus›. Dies ist», sagte Brückner «das Ergebnis einer Aussprache zwischen dem Führer und Dr. Goebbels, nachdem der Minister erklärt hatte, daß er mit Ihnen nicht mehr zusammenarbeiten könnte.»

Im ersten Augenblick erfaßte ich die Bedeutung dieser Mitteilung noch nicht. So erleichtert ich war, meine Arbeit fortsetzen zu können und nicht mehr Goebbels und seinem Ministerium unterstellt zu sein, war ich doch noch immer über Komplikationen besorgt, die sich möglicherweise trotzdem in der Zukunft ergeben könnten.

Aber bald zeigte sich, daß diese Anordnung ein Segen war. Alle Schikanen und Einmischungen hörten auf. Nicht nur für mich war dies eine Befreiung, sondern ebenso für meine Mitarbeiter. Von nun an konnten wir ungestört arbeiten. Das Darlehen wurde bewilligt. Unsere Beziehungen zum «Promi» beschränkten sich auf Abrechnungen und Kontrollmaßnahmen bis zur völligen Abdeckung der gegebenen Kredite und der hierfür zu zahlenden Zinsen. Aber damit hatte ich selbst nichts zu tun, da mich Traut und Großkopf so gut abschirmten, daß ich mich jetzt ausschließlich der Arbeit an meinen Filmen widmen konnte.

Willy Zielke

Während wir das Material sichteten, auswählten und beschrifteten, erhielten wir eine Nachricht, die uns alle erschütterte. Willy Zielkes Mutter hatte uns in großer Verzweiflung mitgeteilt, ihr Sohn sei nach Haar, der Irrenanstalt von München, eingeliefert worden. Von Zielkes Frau erfuhren wir, daß ihr Mann in einem Anfall von Geistesgestörtheit den größten Teil seiner Fotoarbeiten vernichtet und Tisch und Stühle seiner Wohnung zertrümmert hatte. Auch habe er mit einem Gewehr geschossen und Feuer legen wollen.

Wir waren völlig konsterniert. Schon am nächsten Tag fuhr ich mit Waldi Traut nach München, um mit dem verantwortlichen Direktor der Anstalt zu sprechen. Daß Willy Zielke nicht mit normalen Maßstäben zu messen war, wußten wir. Sein Verhalten war oft sonderbar gewesen. Des öfteren hatte er mich mitten in der Nacht um drei oder vier Uhr angerufen, um mit mir über irgendeine Kameraeinstellung zu diskutieren, schließlich mußte ich Ausflüchte erfinden, um ihn nicht zu kränken. Er war extrem sensibel, aber ich kam immer glänzend mit ihm aus, und außerdem mochte ich ihn sehr. Jetzt fiel mir sein merkwürdiges Verhalten an der Kurischen Nehrung wieder ein, und auch, daß Frau Peters sich vor ihm fürchtete, weil Zielke, als sie ihn einmal besuchte, mit einer Luftdruckpistole auf Fliegen, die im Zimmer herumschwirrten, geschossen hatte.

Die Unterredung mit dem Leiter von Haar war deprimierend. Nach den ersten Beobachtungen zu schließen, lag hier ein besonders schwerer Fall von Schizophrenie vor. Ich wollte ihm nicht glauben und bat ihn, mich zu ihm zu führen. «Es ist unmöglich», sagte der Direktor, «Zielke weigert sich, irgendeinen Menschen zu empfangen – er will weder seine Mutter noch seine Frau sehen.»

Ich war konsterniert. «Sie müssen alles veranlassen», sagte ich, «daß

Zielke wieder gesund wird, er muß eine ganz besonders gute Pflege erhalten. Die Kosten übernehme ich.» Es wurde vereinbart, daß wir ständig über sein Befinden informiert werden. Die Nachrichten aus der Anstalt waren entmutigend. Später erhielten wir Briefe von ihm. Die Worte ergaben keinen Sinn, und die Buchstaben konnte nur lesen, wer die Schrift gegen das Licht hielt. Er hatte sie mit einer Nadel durch das Papier gestochen.

Es dauerte mehrere Jahre, bis ich Zielke das erste Mal besuchen durfte – meiner Erinnerung nach im ersten Kriegsjahr. Sein Ausdruck war abweisend, äußerlich fand ich ihn wenig verändert. Auf meine Worte reagierte er überhaupt nicht. Erst als ich fragte: «Würde es dir nicht Freude machen, eine Kamera in die Hand zu nehmen», murmelte er: «Keine Kamera – hier möchte ich bleiben – ich will hierbleiben, nimm mich nicht raus.» Er wurde ganz aufgeregt und ängstlich. Ich versuchte ihn zu beruhigen. «Du kannst zu mir kommen, ich werde dich betreuen.»

«Ich bin nicht krank – ich bin hier bei Gott.»

Dann bin ich noch einmal bei ihm gewesen, und fast alles wiederholte sich, wie bei meinem ersten Besuch. Erst im Kriegsjahr 1944 konnte ich ihn nach größeren Schwierigkeiten und Widerständen aus Haar herausholen, allerdings unter der Bedingung, daß ich durch meine Unterschrift die persönliche Haftung für ihn übernahm. Mit seiner Betreuung und Pflege wurde unser Fotograf, Rolf Lantin, betraut, der ihn zu uns nach Kitzbühel brachte. Wir bemühten uns alle um ihn und wünschten nur, daß er sich wieder für die Arbeit mit der Kamera interessieren würde. Aber er benahm sich immer noch zu seltsam.

Als ich im Dezember 1944 die letzten Aufnahmen für den «Tiefland»-Film in Prag machte, nahmen wir Zielke mit und ließen ihn im Studio einige Proben filmen, wie Titel und kleine Szenen mit Pflanzen und Gräsern. Bemerkenswerterweise beherrschte er die Technik noch einwandfrei, aber die Motive, die er aufnahm, zeigten Symptome seiner Erkrankung – sie waren extrem verfremdet.

Nach Kriegsende konnte ich meine Bemühungen für Zielke nicht fortsetzen. Ich hatte noch veranlassen können, daß er und eine Bekannte von ihm, die wir auch aufgenommen hatten und die ihn betreute, Geld bekamen, um zu seiner Mutter fahren zu können.

Was ich später von ihm hörte, hat mich sehr betrübt. Filmleute, die ihn während der Berliner Filmfestspiele gesprochen hatten, berichteten, Zielke soll behauptet haben, ich hätte ihn in die Irrenanstalt Haar bringen lassen und sogar veranlaßt, daß er dort kastriert werde. Noch leben einige meiner Mitarbeiter, die bestätigen können, was ich hier über ihn berichtet habe. Vor Jahren erfuhr ich, daß seine Bekannte, die wir in Kitzbühel aufgenommen hatten, seine Frau wurde.

Willy Zielke ist nicht der einzige, dem ich geholfen habe und der mich später so bitter enttäuschte. Aber für ihn, dessen Fähigkeiten mich immer fasziniert haben, um dessen «Stahltier» ich bei Goebbels so kämpfte, und den ich unter persönlicher Verantwortung aus der Nervenheilanstalt holte, gibt es eine Entschuldigung: Seine Krankheit, sein bemitleidenswertes Schicksal.

Im Schneideraum

Vier Monate hatten wir für das Anschauen und die Archivierung des Filmmaterials benötigt, bei einer durchschnittlichen Arbeitszeit von täglich zwölf bis vierzehn Stunden. Erst Anfang Februar 1937 konnte ich mit dem eigentlich schöpferischen Arbeitsprozeß, dem Schneiden der beiden Filme, beginnen. Von den ausgewählten 100000 Metern aus dem Gesamtmaterial waren 6000 Meter für die endgültige Form bestimmt. Ein scheinbar unlösbares Beginnen.

Man fragte mich in dieser Zeit oft, warum lassen Sie nicht andere das Material aussuchen, warum können nicht verschiedene Schnittmeister einige Komplexe schneiden, warum kann die Vertonung nicht ein anderer Regisseur übernehmen – dann könnte der Film einige Monate früher herauskommen. Für einen Laien, der keine Vorstellung von dieser Arbeit besitzt, sind solche Fragen verständlich. Aber was für ein stilloser, disharmonischer Film käme dabei heraus! Wie sähe ein Haus aus, dessen Architekten sich die Aufgabe teilen: einer baut eine Fassade, ein anderer gestaltet das Treppenhaus, ein dritter die Innenräume, ein vierter das Dach. Ein Monstrum wäre das Ergebnis solchen Plans.

Für den Olympiafilm gab es keinen Plan, konnte es keinen geben. Die Ereignisse waren im voraus nicht berechenbar. Niemand konnte wissen, in welchem der vielen Zwischenläufe die Weltrekorde errungen würden, und ob es den Kameramännern gelänge, sie auch einzufangen. Die Gestaltung eines Dokumentarfilms erfolgt erst im Schneideraum. Was heißt Gestaltung? Zunächst muß der architektonische Aufbau festgelegt werden: Womit beginnt der Film, wie endet er, wo liegen die Höhepunkt, wo die größten Spannungsmomente und die weniger dramatischen Ereignisse. Entscheidend ist auch die Länge der Bilder, die man einschneidet, sie können kurz oder sehr lang sein – dies bestimmt den Rhythmus des Films. Ebenso wichtig ist es auch, wie eine

Bewegung die andere ablöst – vergleichbar dem Vorgang des Komponierens – ebenso intuitiv.

Um so arbeiten zu können, muß man gegen die Außenwelt möglichst abgeschirmt sein. Deshalb hielten meine Mitarbeiter jede Ablenkung von mir fern, kein noch so wichtiger Telefonanruf wurde an mich weitergeleitet, selbst für meine Eltern und Freunde war ich nicht zu sprechen. Ich lebte in völliger Isolation. Das war notwendig, um mich ganz auf den Schnitt konzentrieren zu können.

Unter meinen Mitarbeitern befanden sich auch zwei junge Frauen, Film-Kleberinnen, ein Beruf, den die moderne Technik durch Klebepressen ersetzt, was ein viel schnelleres Arbeiten ermöglicht. Außerdem war mit uns noch ein junger Mann im Schneideraum, der jedes Stückchen Film, das ich abschnitt, zu beschriften und abzulegen hatte. Heute kann man durch Klebepressen ohne Bildverlust schneiden, damals kostete jeder Schnitt ein Bild, das durch Schwarzfelder ersetzt werden mußte. Aber die Technik war nicht das Problem – es lag in der Gestaltung, die mir viel Kopfzerbrechen bereitete.

Gewiß wäre es verlockend gewesen, aus der Fülle von Bildern und Bewegungen eine Bildkomposition zu schaffen, die ohne Rücksicht auf den sportlichen Wert zu einem sinfonischen Bewegungsrausch geworden wäre. Ich hatte mich aber für die sportliche Form entschieden. Lediglich bei Sportarten, bei denen die kämpferischen Elemente nicht so sichtbar werden, wie beim Turnen, Segeln, Kunst- oder Turmspringen, habe ich diese Teile nach ästhetischen und rhythmischen Gesetzen zusammengefügt.

Auch der Prolog konnte nur nach diesen Gesichtspunkten geschnitten werden. An dieser Arbeit, mit der ich begann, wäre ich fast gescheitert, so schwierig war der Schnitt gerade dieses Komplexes. Über zwei Monate hat es mich gekostet. Der Prolog hatte keine Handlung, und bei den sich ähnelnden Bildern durfte keine Langeweile aufkommen. Das war nur dadurch zu erreichen, daß jede Aufnahme eine Steigerung der vorhergehenden war. Oft war ich so verzweifelt, daß ich alles hinwerfen und sogar auf einen Teil dieses Beginns verzichten wollte. Die Suche nach einer mich befriedigenden Lösung verfolgte mich auch in schlaflosen Nächten. Immer wieder schnitt ich die Bilder um, versuchte neue Kombinationen, nahm Aufnahmen heraus und setzte andere hinein, solange bis mir eines Tages endlich diese Sequenzen in der Vorführung gefielen.

Danach ging es flüssiger voran. Erst hier erlebte ich die Olympischen Wettkämpfe und wurde von ihnen so gefesselt, daß mir das Schneiden immer mehr Freude machte. Meist konnte ich mich erst lange nach Mitternacht davon trennen. Auch meine Mitarbeiter haben monatelang ohne Pause – auch an Wochenenden und Feiertagen – diese Zeit mit mir durchgestanden. Die Arbeit hatte uns alle in ihren Bann gezogen. Ohne diesen Gemeinschaftsgeist wäre der Olympiafilm nie zu dem geworden, wie er in seiner endgültigen Gestaltung gezeigt werden konnte.

«Der gefallene Engel des III. Reiches»

Es muß im Mai oder Juni 1937 gewesen sein, als Waldi Traut leise in den Schneideraum hereinkam und mir etwas ins Ohr flüsterte. Da ich gerade konzentriert einen Schnitt ausprobierte, hatte ich nicht verstanden, was er sagte. Ich entledigte mich der Filmstreifen, die um meinen Hals hingen, und ging mit ihm hinaus. Es mußte wohl etwas Wichtiges sein, denn zum ersten Mal wurde ich bei der Arbeit gestört. Traut wiederholte: «Die Reichskanzlei hat angerufen, Hitler möchte dich sprechen. Du sollst sofort kommen.» Ich bekam einen Schreck. Was konnte um Gottes willen schon wieder passiert sein?

«Haben sie nicht gesagt, was man von mir will?»

Waldi verneinte. Ich schaute in den Spiegel, ungepflegte Haare, eingefallene Augen und ein bleiches Gesicht blickten mich an. Seit Wochen war ich nicht mehr zum Friseur gekommen. Ich zog meinen Schneidekittel aus und ließ mich von unserem Chauffeur, so wie ich war, in Rock und Pulli zur Reichskanzlei fahren. Seit dem letzten Mal, als ich Hitler über Goebbels mein Leid geklagt hatte, war ein halbes Jahr vergangen. Seitdem hatte ich Ruhe gehabt.

Beklommen und mit Herzklopfen betrat ich Hitlers Arbeitszimmer. Meine Angst wich, als er mich gut gelaunt begrüßte.

«Es tut mir leid, daß ich Sie von der Arbeit weggeholt habe, aber es geht um eine eilige Angelegenheit, bei er ich Ihre Hilfe erbitte.» Nun war ich überrascht und noch mehr, als er fortfuhr: «Können Sie Dr. Goebbels und mich morgen in Ihr Haus zum Tee einladen?»

Ich begriff überhaupt nichts. «Mein Haus ist noch nicht fertig, ich wohne noch immer in der Hindenburgstraße.»

Nun war Hitler enttäuscht: «Ist es nicht eingerichtet?»

Ich erzählte ihm, daß die Inneneinrichtung noch nicht komplett sei, worauf er lachend sagte: «Das ist ja großartig», und sich die Hände rieb. Dann nahm er eine Zeitung vom Tisch und zeigte sie mir. Es war die Schweizer «Weltwoche». Auf der Titelseite stand: «Der gefallene Engel des III. Reiches».

«Lesen Sie nur», forderte Hitler mich auf, «was für schamlose

Lügen wieder einmal im Ausland verbreitet werden. Ich gebe sonst nichts auf dieses Geschmiere, aber das geht mir zu weit, das kann ich auf Dr. Goebbels nicht sitzen lassen.»

Ich überflog den langen Bericht, der wirklich unglaublich klang.

Da stand ungefähr folgendes zu lesen:

«Bei einem Abendessen, das Reichsminister Dr. Frick für in- und ausländische Gäste gab, unter denen sich auch Dr. Goebbels und die Schauspielerin Leni Riefenstahl befanden, soll es zu einem unglaublichen Skandal gekommen sein. Dr. Goebbels sei während des Essens aufgestanden und hätte erklärt, Fräulein Riefenstahl sei jüdischer Abstammung. Er verlangte, daß sie sofort das Haus verlassen müßte, worauf sie zur Reichskanzlei gefahren wäre. Am nächsten Morgen hätte ein Möbelwagen ihre Sachen dort abgeholt, und die in völlige Ungnade gefallene Leni hätte Deutschland verlassen müssen und versteckte sich nun als ‹gefallener Engel des III. Reiches› irgendwo in der Schweiz.»

Hitler war entrüstet: «Dieser Unfug wird bestimmt durch den ganzen internationalen Blätterwald gehen, und darum möchte ich ihn sofort durch ein aktuelles Foto dementieren. Morgen nachmittag, wenn wir Sie zum Tee im Garten Ihres neuen Hauses besuchen dürfen, wird Herr Hoffmann uns gemeinsam fotografieren. Dr. Goebbels wird Ihnen zur Einweihung Ihres Hauses einen Strauß Rosen überreichen.»

Ich kann nicht behaupten, daß mir die Idee, mit Dr. Goebbels in meinem Garten fotografiert zu werden, gefiel, aber ich verstand Hitlers Überlegungen. Wie hätte ich ahnen können, welche Rolle diese Bilder nach Kriegsende für mich spielen würden!

Einem meiner Freunde brachte dieser Besuch Hitlers allerdings einen unerwarteten Erfolg, dem in Künstlerkreisen sehr beliebten und begabten Tiermaler Bollschweiler, einem Original. Seine Tierliebe war so unermeßlich, daß es ihm sogar gelang, meine Abneigung gegen Schlangen ins Gegenteil zu verwandeln. Meistens zeichnete er im Berliner Zoo. Er konnte in jeden Käfig gehen und wurde nie angegriffen. Ich hatte erfahren, er sei unglücklich, daß keines seiner Bilder für die bevorstehende erste Ausstellung im «Haus der Deutschen Kunst» in München ausgewählt worden war, die Jury kannte sie gar nicht. Darauf beschloß ich, mit Hilfe meiner Sekretärin, noch am Abend vor dem Besuch mit einem Lastwagen alle nur auffindbaren Bilder Bollschweilers einzusammeln und die leeren Wände meines Hauses damit zu schmücken.

Pünktlich, wie vereinbart, erschienen am nächsten Tag Hitler, Dr. Goebbels und der Fotograf Heinrich Hoffmann. Außerdem hatte ich meine Mutter und meinen Bruder und einige Bekannte eingeladen. Es verlief alles programmgemäß.

Lächelnd überreichte mir Dr. Goebbels einen großen Strauß roter Rosen, und Heinrich Hoffmann fotografierte fleißig. Er machte auch Gruppenfotos, wie wir uns gemeinsam den Garten ansahen. Als Hitler das Haus besichtigte, fielen ihm die Bollschweiler-Bilder zuerst nicht auf. Als er aber in einem der noch unmöblierten Zimmer stand, blieb er vor meinem Lieblingsbild stehen: Ein weißer Pferdekopf gegen einen zartblauen Hintergrund.

«Schön», sagte Hitler.

«Ein wunderbares Bild», hakte ich nach, «ich liebe es sehr.»

Hitler wandte sich an Hoffmann: «Wissen Sie, ob der Maler in der Ausstellung im ‹Haus der Deutschen Kunst› vertreten ist?»

Hoffmann verlegen: «Ich glaube nicht, mein Führer.» Worauf Hitler das tat, was ich mir erhofft hatte. Er verlangte von Hoffmann, Bollschweiler-Bilder für die Ausstellung in München anzufordern.

Pariser Weltausstellung

Die «Tobis» hatte mich gebeten, nach Paris zu fahren, wo drei meiner Filme aufgeführt werden sollten. Neben dem «Blauen Licht» und dem «Triumph des Willens» war auch der Werkfilm über die Arbeit am Olympiafilm hingeschickt worden.

In Paris waren die wildesten Gerüchte über meine Person verbreitet. Ich reiste nicht unter meinem Namen. So entstieg ich auf dem Flughafen «Le Bourget» als Madame Dupont der regulären Linienmaschine. Die Journalisten liefen zu einem zweiten Flugzeug, einer Sondermaschine, die zur gleichen Zeit landete, und in der sie mich vermuteten. Nur der bekannte Roger Féral vom «Paris Soir» hatte mich entdeckt und folgte mir bis zum Hotel. Er zeigte mir eine Zeitung, mit der Schlagzeile: «Leni Riefenstahl in Paris», darunter «Ist der gefallene Engel des III. Reiches nicht mehr in Ungnade?»

«Alles Unsinn», sagte ich und zeigte ihm die Fotos von Hitler und Goebbels in meinem Garten. Er kannte sie schon, wollte aber erst mit mir darüber sprechen.

Am nächsten Tag stand groß auf der Titelseite des «Paris Soir»:

«Madame Dupont, Pompadour des Dritten Reiches in Paris.» Wieder neuer Klatsch, dachte ich und stellte mir das Gesicht von Goebbels vor.

Ich hatte viel zuwenig Zeit, um mir Paris anzuschauen – die Stadt, zu der es mich seit Jahren hinzog. Ich war sehr niedergeschlagen und so übermüdet, daß ich meine Zeit im Hotel mit Schlafen verbrachte. Der Schlaf war so tief, daß ich das Wecken überhörte und wieder einschlief. Als ich aufwachte, war es schon acht Uhr abends. Längst hätte ich im Kino sein müssen, das sich auf dem Ausstellungsgelände befand, um laut Zeitungsinseraten das französische Publikum vor Beginn der Vorführung des «Triumph des Willens» zu begrüßen. So schnell habe ich mich noch nie angezogen, die Haare kämmte ich mir im Wagen, der schon lange auf mich wartete, und erschien völlig aufgelöst im Saal, in dem ich mit Pfiffen und Fußtrampeln, aber auch mit Applaus begrüßt wurde. Eine schreckliche Situation. Das Publikum hatte fünfundzwanzig Minuten auf mich gewartet. Ich schämte mich so, daß ich mich am liebsten, als es im Kino dunkel wurde, davongeschlichen hätte.

Aber dann erlebte ich eine Überraschung. Schon nach kurzer Zeit gab es Applaus, der sich viele Male wiederholte und am Schluß so steigerte, wie ich es noch nie erlebt hatte. Das Publikum war verrückt. Die Franzosen hoben mich auf die Schultern, umarmten und küßten mich und zerrissen mir die Kleider. Ich war wie betäubt. Einen solchen Erfolg hatte dieser Film weder in Berlin noch in irgendeiner anderen deutschen Stadt gehabt.

Am nächsten Tag erhielt «Triumph des Willens» die Goldmedaille. Der französische Ministerpräsident Edouard Daladier überreichte sie. Damit wurde ein Dokumentarfilm, keineswegs ein Propagandafilm, ausgezeichnet. Welches Interesse hätten die Leitung der Weltausstellung und der französische Ministerpräsident daran gehabt?

Auf dem Berghof

Auf meiner Rückreise sollte ich Hitler auf dem Berghof besuchen, um ihm über meine Eindrücke von der Weltausstellung zu berichten. Das erfuhr ich erst in Paris vom deutschen Botschafter, Graf von Welczek, der mir zu Ehren der Verleihung von drei Goldmedaillen ein Abschiedsessen gab. Auch «Das blaue Licht» und der «Olympia-Werkfilm» wurden mit einer Goldmedaille ausgezeichnet.

Es war mein zweiter Besuch auf dem Berghof. Das erste Mal war ich im September 1934 nach dem Reichsparteitag dort gewesen, um Hitler über meine Arbeit in Nürnberg zu berichten. Damals fragte ich ihn, wie der Film heißen sollte, worauf Hitler impulsiv antwortete: «Triumph des Willens». Das war auch der Name des Parteitags 1934.

Am Nachmittag holte mich ein schwarzer Mercedes von meinem Hotel in Berchtesgaden ab. Die Auffahrt zum Berghof war sehr kurvenreich und steil. Dieses Mal konnte ich mir Hitlers Domizil etwas näher betrachten. Seine Lage inmitten der Berglandschaft war eindrucksvoll. Ein Adjutant führte mich in die leere Eingangshalle, in der merkwürdigerweise ein Film ohne Zuschauer lief. Auf der Leinwand erkannte ich Marlene Dietrich. Hitler kam die Treppe herunter und begrüßte mich wie immer. Er beglückwünschte mich zu meinen Erfolgen in Paris, fragte, was ich trinken wolle, und setzte sich dann mit mir auf die Terrasse. Ich bekam Kaffee mit Kuchen, Hitler hielt sich wie meist nur an Mineralwasser.

«Wie hat Ihnen Paris gefallen?» war seine erste Frage.

«Ich muß gestehen, daß ich nur wenig von Paris gesehen habe, ich war zu abgespannt und habe leider die wenigen freien Stunden verschlafen.»

«Wie schade», sagte Hitler, «was würde ich darum geben, wenn ich einmal Paris sehen könnte! Aber das wird mir wohl im Leben nicht vergönnt sein.»

«Ich wohnte an den Champs-Elysées», sagte ich, «eine wirklich wunderschöne Straße, auch die Place de la Concorde, die Kirchen ‹La Madeleine› und ‹Sacré-Coeur› haben mich beeindruckt.» Mehr konnte ich von der Stadt nicht berichten. Dafür um so mehr Hitler.

«Paris», schwärmte er, «ist die schönste Stadt der Welt – wie häßlich ist dagegen Berlin. Ich kenne jedes historische Gebäude dieser Stadt bis ins kleinste Detail, leider nur aus Abbildungen und Plänen. Sie müssen Paris noch einmal besuchen und sich die Zeit nehmen, diese einmaligen Baudenkmäler zu besichtigen.»

Dann fragte ich: «Wie ist Ihre Einstellung zum französischen Volk?»

«Das Volk hat meine Sympathien», erwiderte er, «ich habe einige Franzosen als Soldat im Krieg kennen- und schätzengelernt, aber die französische Nation, die eine der größten Kulturen hervorbrachte, ist dekadent geworden, und ich fürchte, ihre Blütezeit ist vorüber, und sie wird langsam untergehen.»

Hitler griff zu seinem Mineralwasser und fuhr dann fort: «Nur ein großer politischer Führer könnte Frankreich vor dem Zerfall retten. Ich wäre froh, einen gesunden und starken Nachbarn an meiner Seite zu haben.»

Nachdem mir Hitler noch einiges aus Frankreichs Geschichte erzählt hatte, forderte er mich zu einem Spaziergang auf. Ich konnte verstehen, daß er sich gern hierher zurückzog. Die herrlichen Wälder und der Blick über den Königssee waren hinreißend schön.

An einem Ausblick blieb Hitler stehen, deutete in eine Richtung und sagte: «Sehen Sie, da liegt Österreich, jeden Tag, den ich hier oben bin, schaue ich dorthin und flehe den Allmächtigen an, daß er mir vergönnt, den Tag zu erleben, an dem sich Österreich und Deutschland vereinen zu einem einzigen großen Deutschen Reich. Nur deshalb habe ich dieses Haus gekauft, weil ich von hier aus auf Deutschland und Österreich blicken kann.» Er schaute lange nach Westen und schien vergessen zu haben, daß ich neben ihm stand.

Wie merkwürdig, dachte ich, daß er bei allem Interesse an meiner Arbeit noch nie eine persönliche Frage an mich gerichtet hat. Niemals hatte er sich nach meiner Familie oder meinen Freunden erkundigt, nie gefragt, was ich gern lese, was mir etwas bedeutet oder was ich nicht mag. Er sprach immer nur von seinen Ideen. Deshalb blieb er mir, trotz meiner Bewunderung und der Dankbarkeit, die ich damals noch für ihn empfand, im Innersten fremd.

Als wir weitergingen, kam er unvermittelt auf Religion zu sprechen. Obgleich ich mir nach dieser Zusammenkunft Notizen über das Gespräch machte, kann ich die Ausführlichkeit seiner Rede hier nur gekürzt wiedergeben. Hitler sagte, Religion sei für das Volk wichtig, da die meisten Menschen mit der Bürde des Lebens nicht allein fertig werden würden. In seinen Augen war die katholische Kirche weitaus erfolgreicher als die evangelische, die er für zu nüchtern hielt. Pomp und Weihrauch, mit dem der Katholizismus arbeite, sei zum Einfangen der Seelen effektvoller. Gleichzeitig geißelte er die Geschichte der katholischen Kirche, sprach von ihren historischen Verbrechen, von Hexenverbrennungen und anderen Untaten, die im Zeichen des Kreuzes begangen worden sind.

Ich fühlte mich betroffen, denn es war nicht möglich, mit ihm über Dinge zu sprechen, die mir am Herzen lagen, wie beispielsweise seinen Antisemitismus. Jedesmal, wenn ich bei Hitler war, hatte ich mir vorgenommen, davon zu spechen, und mir vorher meine Fragen zurechtgelegt, aber immer, wenn ich davon anfing, schnitt Hitler mir das Wort ab und sagte, er habe mich doch nicht hierhergebeten, um mit mir über Dinge zu sprechen, über die er mit mir nicht diskutieren könne.

«Ich kenne Sie und weiß, wie stur Sie sind», sagte er, «so stur, wie ich es sein kann, aber da gibt es bei einigen Themen zwischen uns keine Verständigung. Glauben Sie mir», sagte er einlenkend, «ich komme nicht leichtfertig zu meinen Entschlüssen. Bevor ich mich zu etwas durchringe, verbringe ich Tage und Nächte, in denen ich mich nur mit dieser einen Sache beschäftige. Ich rüttle an den Pfeilern meiner grundsätzlichen Erkenntnisse», sagte er, «und betrachte sie mit den kritischsten Augen und allen mir bekannten Gegenargumenten. Ich greife meine eigene Überzeugung an, solange, bis ich sicher bin, schwarz ist schwarz und weiß ist weiß.»

Ich wagte einzuwenden: «Und was ist, wenn Sie sich irren?»

Hitler: «Ich glaube, mich nicht zu irren. Man muß von seinen Grundsätzen fest überzeugt sein, sonst kann man nichts Großes schaffen.»

«Glauben Sie an Gott?» fragte ich und schaute ihn fest an. Hitler sah mich überrascht an, dann lächelte er und sagte: «Ja – ich glaube an eine göttliche Kraft, nicht an die Dogmen der Kirche, die ich aber für notwendig halte. Ich glaube an Gott und an ein göttliches Schicksal.» – Hitler wandte sich von mir ab und schaute, die Hände gefaltet, in die Ferne. – «Und wenn die Zeit reif ist, wird ein neuer Messias kommen – es muß kein Christ sein, aber der Stifter einer neuen Religion, die die Welt verändern wird.»

«Nur, wenn er alle Menschen liebt», sagte ich, «und nicht nur die Deutschen.»

Ich weiß nicht, ob Hitler verstanden hatte, was ich sagte. Jedenfalls sprach er kein Wort mehr mit mir. Langsam gingen wir zum Berghof zurück, wo er sich ziemlich distanziert von mir verabschiedete. Er ließ mich nach Berchtesgaden in mein Hotel zurückbringen.

Tag der Deutschen Kunst

In Berlin erhielt ich eine Einladung nach München anläßlich der feierlichen Eröffnung des «Hauses der Deutschen Kunst». Fast alle Künstler und Persönlichkeiten von Rang und Namen waren gekommen: Bildhauer, Maler und Architekten, auch Schriftsteller, Schauspieler, berühmte Dirigenten wie Furtwängler oder Knappertsbusch und Vertreter des diplomatischen Corps, alle als Gäste der Reichsregierung. Mein Schlafwagenabteil teilte ich mit Elisabeth Flickenschildt, einer Schauspielerin, die ich besonders schätze.

Als ich das «Haus der Deutschen Kunst» betrat, entdeckte ich, auf der Treppe sitzend und verzückt lächelnd, meinen Malerfreund Bollschweiler. Als er mich sah, stürzte er auf mich zu und sagte mit tränenerstickter Stimme: «Leni, es ist nicht zu glauben, aber alle meine Bilder sind schon verkauft.»

«Das gibt es doch nicht», sagte ich überrascht.

«Doch», strahlte Bollschweiler, «um dein Lieblingsbild, den Pferdekopf, haben sich Hitler und Göring schon gestritten, aber Hitler hat es gekauft und Göring zahlte zehntausend Mark für meinen Tiger. Daraufhin wollten sie alle meine Bilder haben, und nun sind tatsächlich alle weg.»

Also war es kein schlechter Einfall gewesen, die Bollschweilers in meine leeren Zimmer zu hängen. Ich umarmte meinen glücklichen Freund.

Am Abend, nach dem festlichen Dinner, wurde getanzt. Da entdeckte ich in der Mittelhalle Luis Trenker. Seit unserer Entzweiung und unserem gemeinsamen UFA-Film «Der große Sprung» waren zehn Jahre vergangen. Seitdem hatte ich Trenker nicht mehr getroffen. Er hatte inzwischen einige gute Filme gemacht, den «Rebell» und den «Verlorenen Sohn». Schon längst wollte ich das Kriegsbeil begraben und hatte ihn deshalb mit ein paar Zeilen zu seinen Erfolgen beglückwünscht. Strahlend kam er auf mich zu, umarmte und küßte mich ungeniert vor allen Leuten. «Über deine Zeilen habe ich mich höllisch gefreut», sagte er, «und nur deinetwegen bin ich aus Zermatt gekommen, wo ich wieder einen Film am Matterhorn drehe.»

Ich war froh, daß das Vergangene vergessen war. Wir tanzten dann einige Runden. Später berichtete er mir von seinem Ärger, den er mit Goebbels hatte. Es ging um seinen Film «Condottieri».

«Stell dir vor», sagte er verärgert, «die haben mir sehr wichtige Szenen herausgeschnitten.»

«Wieso das, was für Szenen?»

«Einige der wichtigsten», schimpfte Trenker, «einen Höhepunkt des Films, die Aufnahmen wie ‹Condottieri› mit seinen Rittern im Vatikan vor dem Papst niederkniet.»

«Daß Goebbels davon nicht sehr begeistert ist, hättest du dir doch denken können», sagte ich amüsiert.

Trenker: «Ich hatte doch das Drehbuch eingereicht, und es wurde auch vom Ministerium genehmigt. Man hätte mir das doch vorher sagen können, dann hätte ich das gar nicht erst aufgenommen – das wäre mir doch scheißegal gewesen.» Dann wischte er sich über die Stirn, umfaßte meine Taille und tanzte mit mir einen Walzer. Nie hätte ich mir vorstellen können, was ich mit diesem Mann noch erleben würde.

Eine andere kleine Episode am Rande der turbulenten Tage: Auf dem Weg in Richtung Feldherrnhalle durch die Ludwigstraße, als der Festzug vorüber war, fiel mein Blick auf einen jungen Mann in einer Telefonzelle. Er sah sehr fotogen aus. Immer wenn ich Menschen sah, gleich ob jung oder alt, ob Mann oder Frau, die ich für den Film geeignet hielt, bat ich sie um Namen und Adresse. So besaß ich schon eine ziemlich umfangreiche Kartothek. Als der junge Mann die Zelle verließ, sprach ich ihn an und bat ihn auch um Namen und Adresse.

«Wieso?» fragte der Fremde verdutzt.

«Verzeihen Sie – vielleicht kennen Sie mich, ich bin Leni Riefenstahl.»

Der junge Mann lachte und sagte: «Ich heiße Henri Nannen und bin über den Bruckmann-Verlag in München erreichbar.»

Bei den Synchronarbeiten am Olympiafilm erinnerte ich mich an ihn. Wir mußten noch eine kleine Rolle besetzen, den deutschen Sprecher, der die Olympischen Spiele eröffnet. Ich beauftragte Herrn Bartsch, einen meiner Mitarbeiter, mit diesem jungen Nannen Kontakt aufzunehmen und mit ihm die Aufnahme, die vor einer Rückprojektion des Stadions gemacht werden sollte, zu probieren. Eine kurze Szene mit nur einem Satz. Ich konnte nicht dabeisein, ich war im Schneideraum beschäftigt.

Erst fünfzehn Jahre später habe ich den jungen Mann aus der Telefonzelle wiedergesehen, als Chefredakteur des «stern». Es gibt namhafte Journalisten, die sich nicht geniert haben, Henri Nannen zu unterstellen, er müsse auch deshalb ein Nazi gewesen sein, weil er 1938 in meinem Olympiafilm eine wichtige Rolle hatte. Um dies aufzuklären, habe ich diese kleine Episode erzählt.

Aber noch ein Wort zum «Tag der Deutschen Kunst». Er wurde hier in der Öffentlichkeit so festlich begangen wie zwei Jahre zuvor in Berlin die Wochen der Olympischen Spiele. Mit großem Aufwand und viel Geschmack hatten Münchner Künstler die Straßenzüge, durch die sich der Festzug bewegte, dekoriert. In Nymphenburg wurde eine «Nacht der Amazonen» gefeiert, und im Englischen Garten rund um den Chinesischen Turm hingen in den hohen Bäumen große, bunte Stoffballons und verwandelten die Szene in einen feenhaften Sommernachtstraum.

Im Gegensatz zu dieser Pracht hatte mich der Anblick der ausgestellten Werke verwirrt. Welche Peinlichkeit stellten da Adolf Zieglers vier Nackedeis als «Die vier Elemente» dar, um die sich die Besucher drängten, oder Hitler als «Ritter» auf einem weißen Gaul und ein weiteres Dutzend heroischer oder allegorischer Führerporträts. Wo waren «meine» deutschen Künstler – Klee, Marc, Beckmann, Nolde oder Käthe Kollwitz –, die ich von Jugend an verehrt und so oft im Kronprinzen-Palais bewundert habe.

Durch das Übermaß an Arbeit hatte ich, vom täglichen Geschehen völlig abgesondert, gelebt wie in einem Ei, abgeschlossen von der Außenwelt. Sogar meine Eltern und Heinz sah ich nur ganz selten.

Rundfunk hörte ich nicht, und Zeitungen kamen nie in meine Hände. So hatte ich keine Ahnung, daß die Werke «meiner» Künstler aus Museen und Galerien verschwunden und als «Entartete Kunst» diffamiert ausgestellt und oder im Ausland versteigert worden waren.

Nicht nur der Anblick der neuen deutschen Kunst versetzte mir einen Schock, auch Hitlers Rede, die er vor Tausenden zum «Thema Kunst» hielt, irritierte mich. Über Politik hatte ich kein Urteil, aber zu allem, was mit Kunst zu tun hatte, hatte ich eine starke Beziehung. Als Hitler seine Entschlossenheit zu einem «unerbittlichen Säuberungskrieg» gegen die «sogenannte moderne Kunst» verkündete, war ich entsetzt. Noch dachte ich damals, ein Politiker muß nicht unbedingt Kunstverständnis besitzen, aber die Leidenschaft, mit der Hitler von der ausschließlichen Wahrheit seiner Ansichten überzeugt schien, und die Inbrunst, mit der er versuchte, seine Zuhörer zu beeinflussen, ließen mich die Gefahr ahnen, die von seiner Suggestivkraft ausging.

Zum ersten Mal erlebte ich bewußt, wie sehr Hitler sich täuschen konnte. Seit diesem Tag habe ich mir Hitlers Reden immer kritischer angehört, konnte mich jedoch erst wenige Monate vor Kriegsende ganz von ihm lösen. Als Hitler aber kurz vor dem makabren Untergang Deutschlands vor der zerschossenen Reichskanzlei in Berlin Kinder als «tapfere Soldaten» mit dem Eisernen Kreuz dekorierte, habe ich ihn gehaßt.

Die Guglia di Brenta

Im August 1937 war die Arbeit am Bildschnitt des ersten Teils des Olympiafilms, den ich «Fest der Völker» nannte, abgeschlossen. Seine Laufzeit betrug zwei Stunden. Nun gönnte ich mir einen Urlaub in den Bergen. Ich hoffte auf die Erfüllung eines Wunschtraums, die Besteigung der Guglia, dieser spitzen Felsnadel in der Brentagruppe, die in dem Fanckfilm «Berg des Schicksals» eine Hauptrolle gespielt und mein Leben verändert hatte.

Seitdem habe ich oft von der Guglia geträumt. Sie zog mich unwiderstehlich an. Nun wollte ich mit Hans Steger, einem der besten Bergführer in den Dolomiten, den Versuch einer Besteigung machen. Er war bereit, mich auf die Guglia zu führen.

Bei meiner Ankunft in Bozen erwartete mich eine Enttäuschung. Im Hotel Greif, wo wir uns treffen wollten, lag ein Telegramm vor, in dem Steger bedauerte, nicht kommen zu können; der belgische

König Leopold, mit dem er schon seit Jahren Klettertouren machte, würde früher kommen als vorgesehen. Er schlug mir vor, mit seinem Freund Anderl Heckmair, einem ausgezeichneten Bergführer, zu klettern.

Ich habe es nie bereut, daß ich Heckmair, den Erstbezwinger der Eiger Nordwand, kennenlernte. Mit ihm habe ich meine abenteuerlichsten Klettertouren erlebt. Schon beim ersten Händedruck war er mir sympathisch. Seine Art war zwar etwas rauh, aber ich spürte sofort sein aufrichtiges Wesen. Er hatte den Ruf, einer der tollkühnsten Bergsteiger zu sein, aber bei den ersten Touren, die wir machten, erwies er sich als sehr vorsichtig und bedacht. Er kletterte mit der Sicherheit einer Katze, so daß ich jede Angst verlor. Unser dritter Mann am Seil war Xaver Kraisy, einer meiner Skikameraden.

Nachdem wir als Training erst leichtere Touren wie die Besteigung der Sellatürme, der Pordoi-Südwand und der Fünffingerspitze unternommen hatten, gingen wir nach Cortina. Dort erkletterten wir unter anderen Touren den Preußriß der kleinsten Zinne und seilten über den Dülferweg ab.

Wir hatten ausgesprochenes Wetterglück, und ich genoß das Klettern so sehr, daß ich Olympiafilm, Schneideraum und alles, was dazugehörte, völlig vergaß. In der Bergwelt war ich glücklich. Jeder Anstieg zu einer Felswand wurde zu einem neuen Erlebnis. Die aromatische Luft, die blühenden Almwiesen, die steilen Felswände haben unvergeßliche Eindrücke hinterlassen. Bei jeder Wand, die ich betrachtete, suchte ich nach einem möglichen Aufstieg. Auch an den steilsten Stellen bereitete mir das Klettern keine Mühe. Nicht ein einziges Mal bin ich ins Seil gefallen. Das Ballett- und Tanztraining war eine ideale Vorbildung für den Klettersport – Kraft in den Zehen und ein Gefühl der Balance hatte ich dabei gewonnen. Bevor wir als Krönung und letzte Tour die Guglia besteigen wollten, schlug Heckmair die Schleierkante als Vortraining vor. Wir erkletterten sie in einer Rekordzeit von nur drei Stunden. Nun zweifelte Anderl nicht mehr, daß ich auch die Guglia schaffen würde, und wählte sogar die schwerste Route, den Preußweg über die Ostwand.

Der aufregende Augenblick war gekommen. Wir standen vor der Guglia, leider verspätet, denn der Hüttenwirt hatte vergessen, uns zu wecken. Wir wollten sehr früh in die Wand einsteigen, um den Abstieg noch bei Tageslicht zu schaffen – nun stand die Sonne schon im Zenit. Eigentlich hätten wir jetzt auf die Tour verzichten müssen, aber es war unser letzter Tag.

Die ersten Seillängen gingen leicht, es gab da keine Probleme. Die schwierigste Kletterstelle befand sich im obersten Drittel der Wand.

Sie hatte schon mehrere Todesopfer gefordert, auch «Preuß», nach dem diese Route benannt wurde, soll bei seinem Erstbesteigungsversuch an dieser Stelle umgekehrt sein.

Wir kletterten langsamer, als wir uns der gefährlichen Traverse näherten. Ich spürte nun doch Erregung in mir aufsteigen. Vor mir sah ich eine fast grifflose, senkrechte Wand. Ungefähr zwanzig Meter über mir erblickte ich Heckmair, wie er nach Griffen und Tritten tastete – er kam nur langsam voran. Tief unter mir stand Xaver. Ich versuchte, meine Nervosität zu unterdrücken und ruhig zu atmen. Da hörte ich Anderls Stimme, der mich aufforderte, nachzukommen.

Es ging besser, als wir gedacht habe. Bald war ich bei ihm oben. Inzwischen war Xaver nachgeklettert und stand eine Seillänge unter mir. Obgleich ich gesichert war, wurde die Situation ungemütlich; ich stand an einem sehr exponierten Platz, konnte nur mit den Zehenspitzen auf winzigen Tritten stehen und hatte auch für die Finger keinen guten Griff. Es war die Stelle, an der die gefährliche Traverse begann. Ich beobachtete, wie Heckmair, an der Traverse balancierend, sich immer weiter von mir entfernte, bis er am Ende um die Ecke verschwand.

Dann hörte ich ihn: «Leni, nachkommen!» Er hatte ein Doppelseil gespannt, so daß ich mich daran festhalten konnte. Als ich aber in der Mitte der Traverse war, bewegte sich das Seil nicht mehr, es hatte sich verklemmt. Ich konnte keinen Zentimeter mehr weiterklettern, weder vorwärts noch rückwärts. Dabei stand ich, die Beine wie in einer Spagatstellung weit auseinandergespreizt, mich nur mit den Zehenspitzen haltend, den Körper fast überhängend, an der Wand und fürchtete, jeden Augenblick Beinkrämpfe zu bekommen. In dieser Stellung mußte ich ausharren, bis Heckmair die Stelle fand, an der sich das Seil verklemmt hatte. Es schien mir eine Ewigkeit, bis Anderl das Seil frei bekam und ich aus meiner Stellung erlöst wurde.

Danach wurde das Klettern leicht, so daß mir die Führung der letzten Seillängen anvertraut wurde. Als wir den Gipfel betraten, konnten wir uns kaum der Freude, ihn geschafft zu haben, hingeben, denn schon dämmerte es und Blitze kündigten ein Gewitter an. Wir mußten so schnell wie möglich hinunterkommen. Da es schon dunkel wurde und es schwierig war, die Abseilstellen zu finden, ging es viel zu langsam.

Die Blitze kamen näher, und in Sekundenschnelle hatte uns das Gewitter erreicht. Es wurde stockdunkel, der Donner war fürchterlich. Nachdem wir uns einige Male abseilen konnten und das Wetter immer schauerlicher wurde, suchte Anderl vergeblich nach einer Abseilstelle. Er fand keine und seilte sich von uns ab; er hielt es für zu gefährlich, mit uns auf die andere Seite des Turms zu traversieren. Wir sollten hier auf ihn warten. Der Platz, an dem wir standen, war exponiert, zu klein, um es hier längere Zeit aushalten zu können. Inzwischen wütete der Sturm wie ein Orkan.

Wir warteten und warteten, aber Anderl kam nicht zurück. Als wir auf unser Rufen keine Antwort erhielten, befürchteten wir das Schlimmste. Unsere Situation verschlimmerte sich noch, weil es nun zu hageln anfing. Die Eisstücke waren so scharf und groß, daß sie unsere Kleider zerrissen und uns verletzten. Meine feste Windjacke, die am Piz Palü manche Schneestürme überlebt hatte, zerfetzte der Hagel in wenigen Minuten. Wir konnten hier nicht länger stehenbleiben, wir mußten versuchen, auch ohne Heckmair hinunterzuklettern. Nur wenn es blitzte, konnten wir uns abwärts bewegen. Als wir eine Zeitlang geklettert waren, stand plötzlich Anderl vor uns, der, durch Blitze erhellt, wie ein beleuchtetes Gespenst wirkte. Ich glaubte, es müßte eine Halluzination sein. Aber dann konnten wir befreit aufatmen und unter seiner Führung weiter hinunterklettern.

Der Hagel hatte aufgehört, das Gewitter ließ nach. Unsere Augen hatten sich inzwischen an die Dunkelheit gewöhnt, und langsam tastend stiegen wir ab. Jetzt stand Xaver tief unter mir und im Dunkeln nicht erkennbar, Heckmair über mir, der beim Abstieg als letzter ging, um uns zu sichern. Plötzlich hörte ich ein Geräusch, und entsetzt sah ich einen dunklen Körper auf mich zustürzen. In diesem Bruchteil einer Sekunde erlebte ich unseren Absturz. Über mir, vielleicht nur zwei Meter entfernt, hing Anderl an einem Felszacken, an dem er in seinem Sturz hängengeblieben war. Ein unvorstellbarer Glücksfall. Wäre das nicht geschehen, hätte es uns drei in den Abgrund gerissen. Wir waren alle mit dem Seil verbunden, aber weder Xaver noch ich hatten uns in der Dunkelheit sichern können. Erst später erfuhren wir, was den Sturz ausgelöst hatte. Als Anderl sich abseilte, ging der Seilknoten auf, und er flog frei durch die Luft.

Die Abenteuer dieser Tour waren damit noch nicht zu Ende. Als wir endlich mit der letzten Seillänge festen Boden unter den Füßen hatten, froh, dem Steinschlag entronnen zu sein, erwarteten uns neue Schwierigkeiten. Die tagsüber aufgefirnte, sehr lange und schmale steile Eisrinne war nachts hart gefroren wie Stein. Für jeden Schritt mußte eine Stufe geschlagen werden, und so ging es in unzähligen Zickzackwegen, die nicht enden wollten, abwärts. Abrutschen durfte keiner – wir wären unten an den großen Felsblöcken zerschellt. Wie von guten Geistern beschützt, erreichten wir das Ende der Rinne. Unsere Hände bluteten, aber bei der extremen Anspannung, in der wir uns befanden, fühlte man die Schmerzen kaum.

Obwohl wir nicht weit von unserer Hütte entfernt sein konnten, fanden wir in der Dunkelheit nicht den Weg. Wir krochen auf allen vieren zwischen Steinblöcken und Geröll. Als es dann noch zu regnen begann, suchten wir Schutz unter einem Felsblock und schliefen dort erschöpft ein.

Beim Erwachen stellten wir fest, daß wir kaum hundert Meter von der Hütte entfernt biwakiert hatten. Ein strahlender Sonnentag war angebrochen, und mit der Sonne erschien alles nicht mehr so schlimm. Meine zerschundenen Finger konnten eine Woche lang keinen Kamm mehr halten, aber die Freude am Klettern war eher noch größer geworden. Noch nie habe ich mich so gesund und vital gefühlt wie nach dieser Tour.

Wieder im Schneideraum

Wie neu geboren, kehrte ich nach Berlin zurück. Alle seelischen Belastungen waren verschwunden, und ich konnte nachts wieder schlafen. Die Arbeit im Schneideraum fiel mir so leicht, daß ich den Schnitt des zweiten Teils meines Films in zwei Monaten bewältigte – für den ersten Teil hatte ich fünf Monate gebraucht. So konnte ich mit den Synchronisationsarbeiten früher beginnen als geplant und Herbert Windt schon mit dem Abstoppen für seine Musik beginnen. Als er mir seine Themen vorspielte, war ich beeindruckt. Es war wunderbar, wie er sich in die Olympische Atmosphäre eingefühlt hatte. Die Tempel und die Gesichter der Plastiken wurden lebendig. Überglücklich umarmte ich ihn. Zum ersten Mal fing ich an, an meinen Film zu glauben. Und nicht nur ich. Überraschend bekamen wir im Schneideraum Besuch von Dr. Goebbels, begleitet von seiner Frau und Frau v. Arent, der Gattin des bekannten Bühnenbildners. Glücklicherweise konnte ich einige Schnittrollen vorführen, allerdings noch ohne Ton. Goebbels war verblüfft, das hatte er nicht erwartet – er war begeistert, und wie es mir dieses Mal erschien, war seine Begeisterung echt.

Als nächstes kam die Arbeit mit den Sprechern. Zwei der bekanntesten Sportsprecher des Rundfunks wurden verpflichtet, Paul Laven und Rolf Wernicke. Die Technik hat sich seit damals sehr verändert. Die Arbeit – heute mit einem Magnetband ein Kinderspiel – war damals noch ein mühseliger Prozeß. Zur Zeit unserer Olympia-Aufnahmen befand es sich erst in der Entwicklung, man arbeitete nur mit Lichtton. Nur der Fachmann weiß, was dies bedeutet. Um den Ton abzuhören, mußte erst das Lichtton-Negativ entwickelt und von dem entwickelten Negativ ein Ton-Positiv hergestellt werden, ein Vorgang, der mehrere Stunden, oft einen ganzen Tag in Anspruch nahm. Auch konnten fehlerhafte Aufnahmen nicht gelöscht werden – heute bei Magnetton eine Sache von Sekunden.

Nicht nur die Technik, auch die Sprechweise hat sich sehr verändert. Damals wurden sportliche Ereignisse mit großem Pathos gesprochen. Heute kommentiert man Sportereignisse sachlich. So wirkt die damalige Sprechweise heute komisch. Am schwierigsten gestaltete sich die Herstellung der Geräuschkulisse ohne Magnetbänder. Mit Ausnahme der kurzen Ansprache Hitlers wurde alles nachträglich synchronisiert. Das Atmen der Pferde, die Laufschritte der Sportler, das Aufschlagen von Hammer und Diskus, die Geräusche beim Rudern und Segeln, all das konnte nur auf Lichtton-Negativ aufgenommen werden, auch die Tonkulisse der Zuschauer, die dem Film erst die lebendige Atmosphäre vermittelt. Die Original-Tonaufnahmen, die wir im Stadion gemacht hatten, waren qualitativ nicht verwendbar, sie genügten nur für Wochenschauaufnahmen. Unsere Zuschauer-Tonkulisse mußte fein nuanciert sein, vom leisesten Piano bis zum Fortissimo.

Sechs Wochen waren für diese Arbeit nötig, vier Toncutter haben sich dabei bemüht, beste Qualität zu erzielen. Vor dem Weihnachtsfest waren alle Tonbänder geschnitten. Anfang Januar sollten die Musikaufnahmen und anschließend die Mischungen gemacht werden. Vor diesem letzten Arbeitsstreß konnten sich in den Feiertagen meine Mitarbeiter zum ersten Mal eine Woche Urlaub gönnen.

Silvester in St. Moritz

In Fritz von Opels schönem Chalet in St. Moritz verbrachte ich Weihnachten und Silvester 1937/38. Ich kannte ihn durch Udet schon seit Jahren. Einmal hatte er mich zu einer Ballonfahrt eingeladen, meiner ersten und leider auch letzten. Wir starteten in Bitterfeld bei Abenddämmerung zu einem Nachtflug bei Vollmond. Ich bin viel mit Udet geflogen und habe mit ihm unvergeßliche Flüge im Hochgebirge und in Grönland zwischen Eisbergen erlebt. Aber dieser Ballonflug übertraf die Erlebnisse noch. Wir schwebten in vollkommener Stille. Oftmals flogen wir nur wenige Meter über den Wäldern, ab und zu drang Hundebellen herauf, sonst aber war es unwirklich still. Manchmal, wenn der Boden unserer Gondel die Baumwipfel streifte, warf Fritz von Opel einen Sandsack ab. Wenn ich an diese Ballonfahrt zurückdenke, ist dieses Erlebnis nur mit dem des Tauchens vergleichbar – bei beidem ist man der Wirklichkeit entrückt.

In St. Moritz traf ich meine Freundin Margot wieder, Fritz von Opels erste Frau, eine aparte Erscheinung und dazu eine liebenswürdige Gastgeberin mit Witz und Charme. Ihr Haus verriet viel Geschmack. Fast jeden Abend kamen Gäste, Margot war immer die Eleganteste. Bisher hatte ich nie Zeit gehabt, mich für Mode zu interessieren, hier aber, wo ich Margot täglich in einem anderen Abendkleid bewundern konnte, stieg zum ersten Mal der Wunsch in mir auf, auch so schöne Kleider zu tragen. Sie nannte mir ihren Salon, das Modehaus Schulze-Bibernell, das später auch für mich arbeitete. Ich habe nie einen Couturier kennengelernt, der schönere Kreationen entwarf als Heinz A. Schulze. Margot war auch eine leidenschaftliche Hunde-Liebhaberin. Sie besaß sechzehn der schönsten Chow-Chows. Wenn sie die Hunde auf Reisen mitnahm, was nicht selten vorkam, belegte sie zwei Bahnabteile. Mit einem ihrer Lieblingshunde erlebte sie etwas Trauriges. Ein chinesischer Diplomat, entzückt von Margots Hunden, erhielt von ihr einen zum Geschenk. Als sie sich einige Zeit später nach dem Befinden ihres Chow-Chow in China erkundigte, sagte der Chinese lächelnd: «Er hat köstlich geschmeckt.»

Silvester brachte für mich eine Überraschung. Josef von Sternberg hatte sich angesagt. Wir hatten korrespondiert, aber uns seit vier Jahren nicht mehr gesehen. Das letzte Mal wenige Wochen vor der Machtübernahme Hitlers. Er wollte viel von mir wissen, vor allem über Hitler.

«Wie ist er wirklich?»

Wie oft wurde ich danach gefragt, und wie schwer war die Frage zu beantworten. «Ich weiß es nicht», sagte ich, «Hitler erscheint mir unergründlich und voller Widersprüche. Ungewöhnlich an ihm ist seine suggestive Kraft, die sogar seine Gegner umzustimmen vermag.»

«In Amerika meint man, du bist seine Geliebte, stimmt das?» Ich mußte lachen. «So ein Blödsinn», sagte ich, «wenn man von einem Mann bewundert wird, muß man doch nicht gleich ein Verhältnis mit ihm haben – ich bin auch nicht sein Typ, und er nicht meiner.»

«Ich habe es auch nicht geglaubt», sagte Sternberg, «die Presse schreibt viel, aber der Film, den du in seinem Auftrag gemacht hast, ‹Triumph des Willens›, ist große Klasse.»

«Wo hast du ihn denn gesehen?» fragte ich überrascht.

«In New York, im ‹Museum of Modern Art›.»

«Findest du den Film wirklich so gut?»

«Mädchen», sagte Sternberg, «der Film wird Filmgeschichte machen – er ist revolutionär. Als wir uns kennenlernten», fuhr er fort, «wollte ich aus dir eine große Schauspielerin machen, dich formen wie Marlene, nun bist du eine große Regisseurin geworden.»

«Ich wäre aber lieber Schauspielerin und am liebsten unter deiner Regie. ‹Olympia› wird mein letzter Dokumentarfilm sein – es war für mich mehr eine Pflichtaufgabe, die ich nur mit halbem Herzen übernommen habe. Wenn das alles endlich einmal hinter mir ist», sagte ich, «werde ich frei sein und meinen Wunschtraum mir erfüllen können. Ich will die Penthesilea spielen und nie wieder einen Dokumentarfilm machen.»

Dann erzählte ich Sternberg von den Intrigen, denen ich ausgesetzt war, und den technischen Schwierigkeiten, die wir bei dem Olympia-film hatten, von den Problemen der Gestaltung, und wie mutlos und deprimiert ich immer wieder war.

«Ruhm macht nicht glücklich», sagte ich.

«Mich auch nicht», erwiderte Sternberg, «trotzdem wollen wir heute einen schönen Silvesterabend verbringen.»

Wir feierten im Palace-Hotel mit Margot und Fritz von Opel und ihren Gästen, darunter auch der Fürst von Starhemberg mit seiner Freundin, der schönen Hollywood-Schauspielerin Nora Gregor. Als ein Fotograf vorbeikam und Bilder von uns machte, fragte Sternberg, ob ich nicht Schwierigkeiten bekäme, wenn diese Fotos veröffentlicht würden.

«Warum?» fragte ich.

Sternberg deutete auf unsere Runde.

«Du feierst doch mit lauter ‹Freunden› von Hitler, wird man dir das nicht verübeln?»

Daran hatte ich keinen Augenblick gedacht, ich fühlte mich vollkommen frei und fand auch nichts dabei, mit Gegnern der Nationalsozialisten, wie es vor allem der Fürst von Starhemberg war, zusammenzusein.

Von Sternberg erfuhren wir, er habe in Wien eine junge Schauspielerin entdeckt, der er eine große Karriere prophezeite. Es war Hilde Krahl, damals im Film noch unbekannt. Sie sollte in seinem nächsten Film, Zolas «Germinal», die Hauptrolle spielen.

«Und wann arbeiten wir zusammen?» fragte ich scherzhaft.

«Sobald wir beide keine Verpflichtungen haben», sagte Sternberg, «und wenn es keinen Krieg gibt.»

«Krieg?» sagte ich erschrocken, «warum sollte es Krieg geben?»

Es war das letzte Mal, daß ich Sternberg vor Ausbruch des Krieges sah. Erst zwanzig Jahre danach traf ich ihn wieder – auf der Biennale in Venedig.

Im Ton-Studio

Anfang Januar 1938 hatten die Aufnahmen mit den Berliner Symphonikern stattgefunden, eine große Freude für uns. Für die Arbeit kam nun der letzte Einsatz, das Mischen der Tonbänder zu einem einzigen Tonband. Ich war ahnungslos, was uns da an Problemen erwartete. In Berlin Johannistal hatte die UFA ein modernes Tonatelier, einen fensterlosen, dunklen Raum mit einem Mischpult, in dem außer dem Bildband sieben Tonbänder gleichzeitig laufen konnten. Für die damalige Zeit eine sensationelle Apparatur, für unsere Arbeit aber war sie technisch noch nicht genügend entwickelt; üblicherweise wurden nur zwei oder drei Tonbänder gemischt, dabei war der Geräuschspiegel noch erträglich. Anders verhielt es sich bei sieben und mehr Tonbändern. Geräuschspiegel nennt man die Nebengeräusche bei Aufnahmen, die mit dem Lichttonsystem gemacht werden; bei Magnetaufnahmen, die es noch nicht gab, entfällt dieser Störfaktor. Als wir zum ersten Mal sieben Tonbänder einlegten, hörten wir nur ein Rauschen wie von einem Wasserfall. Es war unerträglich. Mein Tonmeister, Sigi Schulz, war verzweifelt und erklärte, es sei unmöglich, die Bänder zu einem brauchbaren Ton zu mischen. Die Tonqualität war so katastrophal, daß er sich weigerte, weiterzuarbeiten. Die Techniker berieten, wie das Problem gelöst werden könnte. Schließlich hatte einer von ihnen einen genialen Einfall. Er ließ Siebe herstellen, die alle Nebengeräusche filterten, ohne dabei die Lautstärke der Tonaufzeichnungen zu verändern. Jedenfalls erlaubte uns diese Erfindung die Experimente, auf die es ankam. Nachdem es auch noch gelang, Hermann Storr, den besten deutschen Tonmeister, zu gewinnen, hofften wir, die Olympiafilme so vertonen zu können, wie ich es mir vorgestellt hatte.

Noch heute ist es ein Alptraum, wenn ich an diese Arbeit zurückdenke. Mein Tonmeister stand oft meinen Wünschen fassungslos gegenüber und erklärte: Das geht nicht. Aber immer wieder probierten wir, bis es dann doch gelang. Oftmals stellten wir fest, daß die Sprache die Musik zerstörte, dann mußten die Tonbänder geändert werden, verkürzt oder verlängert. Wir probierten, ob Geräusche dominieren sollten oder die Sprache und die Musik. Die Tongestaltung war für den Erfolg des Films mit ausschlaggebend, da es kein Spielfilm, sondern ein Dokumentarfilm war; Bild und Ton mußten die Dialoge ersetzen.

Manchmal, wenn das Resultat tagelanger Arbeit unbrauchbar war, weil die Tonnegative falsch entwickelt oder die Mischungen schlecht waren, und alles wiederholt werden mußte, war ich der Verzweiflung nahe. Wir hatten nur den einen Wunsch: Fertig zu werden.

In diesen Monaten erlebten wir kritische Augenblicke, in denen wir glaubten, nicht weiter zu können. Zwei Monate verbrachte ich mit dem Tonmeister und den Kleberinnen am Tonmischpult in einem fensterlosen Raum und hörte täglich bis zu vierzehn Stunden von früh bis nachts nur Töne ab. Oft zweifelte ich, ob ich überhaupt noch Urteilskraft und kritisches Vermögen besitze.

Vielleicht hätte ich diese Zeit nicht durchgestanden, wenn ich in unserem Tonmeister, Hermann Storr, nicht einen Freund gewonnen hätte. Er war nicht nur ein sehr sensibler Mann seines Fachs, der sich nur mit höchster Qualität zufriedengab, er hatte auch Verständnis für meine Ideen und für meine Natur. So vertiefte sich unsere Freundschaft. Als dann die letzte Tonmischung gelungen war, beschlossen wir, zusammenzubleiben.

Die verschobene Premiere

Die «Tobis» informierte uns, daß die Premiere für Mitte März angesetzt wurde. Ich konnte aufatmen, endlich war es soweit. Würde der Film Erfolg haben? Ich wußte es nicht.

Da bis zur Premiere noch zwei Wochen Zeit war, mietete ich ein kleines Berghäuschen in Kitzbühel, um dort mit einigen meiner Mitarbeiter auszuspannen. Kaum waren wir angekommen, erreichte uns eine Hiobsbotschaft. Die «Tobis» teilte mir mit, das Propagandaministerium habe den Premierentermin auf unbestimmte Zeit verschoben. Das war niederschmetternd. Eineinhalb Jahre hatten wir, um früher fertig zu werden, Überstunden gemacht und die Nächte durchgearbeitet, einige meiner Mitarbeiter waren krank geworden, sie konnten das Arbeitstempo nicht durchstehen. Und nun sollte dies umsonst gewesen sein? In der Branche wurde ich verspottet, weil kein Mensch verstand, warum ich solange an diesem Film arbeitete. Selbst in den Cabarets am Kurfürstendamm machte man Witze über mich, und am hämischsten waren meine lieben «Freunde» im «Promi». Sie wünschten mir von ganzem Herzen den größten Reinfall meines Lebens.

Bald erfuhren wir, warum die Premiere abgesetzt worden war. Deutsche Truppen marschierten am 12. März in Österreich ein, und Hitler verkündete in Wien Österreichs Anschluß ans Deutsche Reich. Meine österreichischen Mitarbeiter waren vor Freude wie von Sinnen.

Wenn ich auch einsah, daß diese Ereignisse sich auf den Premierentermin ungünstig auswirkten, so wollte ich es nicht wahrhaben, daß die Uraufführung des Films bis zum kommenden Herbst verschoben werden sollte. Im Sommer würde kein Verleih einen guten Film herausbringen.

Meine Verzweiflung war so groß, daß ich auf die verrückte Idee kam, Hitler während seiner Fahrt durch Österreich an irgendeinem Ort zu treffen und ihn zu bitten, daß der Film doch noch im Frühjahr herauskommen könnte.

Ich fuhr mit der Bahn nach Innsbruck, wo Hitler erwartet wurde, und quartierte mich bei Bekannten ein. Alle Hotelzimmer waren belegt. Was ich in Tirol erlebt habe, mag heute unglaubhaft klingen, selbst wenn ich die Schilderung sehr abschwächen würde. Die Innsbrucker befanden sich wie in einem Taumel. In fast religiöser Ekstase streckten sich Arme und Hände Hitler entgegen. Ältere Männer und Frauen weinten. Der allgemeine Jubel war schlechthin unvorstellbar.

Durfte ich in dieser Situation Hitler mit meinen persönlichen Angelegenheiten behelligen? Unsicher, was ich tun sollte, stand ich lange vor der Absperrung des Hotels «Tiroler Hof». Es war schon Abend, aber immer noch standen Menschenmassen auf dem Platz und riefen nach Hitler, der sich ab und zu am Fenster zeigte.

Es war kalt, und ich fing an zu frösteln. In einem günstigen Augenblick gelang es mir, durch die Absperrung in die Hotelhalle zu kommen. Auch hier wimmelte es vor Menschen. Irgendwie kam ich doch zu einem Sitzplatz. Die Unsinnigkeit meines Vorhabens wurde mir immer klarer, und ich bereute es schon, mich auf diesen törichten Versuch eingelassen zu haben.

Da entdeckte mich Schaub, der mich ziemlich entgeistert fragte: «Was machen Sie denn hier?» Ohne eine Antwort abzuwarten, sagte er unwirsch: «Der Führer ist heute nicht zu sprechen», und schon war er verschwunden. Er bestätigte mir die Torheit meines Unternehmens. Da erschien Schaub nach einiger Zeit wieder, diesmal etwas freundlicher: «Kommen Sie bitte mit», sagte er.

Nun bekam ich einen Schreck. Was sollte ich Hitler erzählen – mein Mut hatte mich verlassen, in dieser Situation ungeheurer patriotischer Begeisterung von meinen privaten Sorgen zu sprechen.

Als Schaub an die Tür klopfte, kam ein Gruppenführer aus dem Zimmer. Ich kannte ihn nicht. Hitler befand sich in euphorischer Stimmung, kam auf mich zu und sagte, mir beide Hände reichend: «Eine Freude, daß Sie diese großen Stunden hier miterleben – Sie können nicht ermessen, wie glücklich ich bin.» Dann sah er mich an, als hätte er meine Gedanken erraten: «Sie haben doch etwas auf dem Herzen, sprechen Sie nur!»

«Mein Führer», stotterte ich, «es ist mir peinlich, jetzt mit Ihnen über meine Sorgen zu sprechen.»

«Sie haben einen guten Augenblick erwischt, also was bedrückt Sie?» fragte er gut gelaunt.

Ich atmete tief und sagte dann: «Es geht um den Termin der Olympia-Premiere. Sie war für Mitte März festgesetzt und wurde nun auf unbestimmte Zeit verschoben. Man spottet, macht sich schon jetzt über meine endlose Arbeit an diesem Film lustig. Wie wird das werden, wenn der Film erst im Herbst herauskommt...» Hitler sagte nachdenklich: «Das ist natürlich ein Pech für Ihren Film, aber wenn in dieser Zeit eine Premiere stattfinden würde, wäre sie von den politischen Ereignissen überschattet. Und ich meine, Ihr Film sollte einen guten Premierentermin haben, aber den gibt es wohl vor dem Herbst nicht mehr.»

Ich schaute zu Boden und dachte über eine Möglichkeit im nächsten Monat nach, kein idealer Termin, aber viel besser als erst einer im Herbst. Da fiel mir blitzartig Hitlers Geburtstag ein, und implusiv sagte ich: «Wäre der 20. April nicht ein guter Termin?»

Hitler ganz überrascht: «Ein guter Termin, ja, ein sehr guter Termin – aber an diesem Tag habe ich zu viele Verpflichtungen, da muß ich die Parade abnehmen, Gratulanten kommen, da hätte ich keine Zeit, der Premiere beizuwohnen, und das wäre doch schade.» «Daran habe ich nicht gedacht», sagte ich. Es entstand eine Pause.

«Wissen Sie was», sagte Hitler, «wir werden die Premiere doch auf den 20. April legen, und ich werde kommen, das verspreche ich Ihnen.» Ungläubig, fassungslos sah ich ihn an, ich konnte kein Wort herausbringen – da klopfte es an die Tür. Schaub meldete Herrn von Ribbentrop.

«Er möchte einen Augenblick warten», sagte Hitler, «ich muß erst mit Dr. Goebbels sprechen, denn ich habe eben Fräulein Riefenstahl versprochen, daß die Premiere für ihren Olympiafilm an meinem Geburtstag stattfinden soll und ich dabeisein werde.» Schaub, betroffen, machte Einwände und zählte das Geburtstagsprogramm auf, und daß eine Filmpremiere den Ablauf dieses Tages völlig umwerfen würde. Aber Hitler winkte ab und sagte nur: «Lassen Sie das meine Sache sein, der Doktor wird das schon alles richtig organisieren.»

Wie in Trance saß ich wieder unten in der Halle, niemand war da, dem ich mein Glück hätte mitteilen können. Hatte ich das alles nur geträumt? Ich weiß nicht, wie lange ich so dagesessen habe, dann war es wieder Schaub, der mich aus meinen Gedanken riß. «Ich soll Ihnen vom Führer ausrichten», sagte er mürrisch wie immer, «daß nach der Premiere ein Empfang im Saal des Propagandaministeriums vorgesehen ist. Sie und alle ihre Mitarbeiter werden eingeladen.»

Der 20. April 1938 war gekommen. Erst am Tag vorher kam ich aus Davos, wo ich mich von der Frühlingssonne bräunen ließ, um an diesem Festtag gut auszusehen. Ich hatte des Guten zuviel getan. Mein Rücken war so verbrannt, daß sich die Haut schon schälte und ich zu meinem Abendkleid ein Jäckchen anziehen mußte, um den verbrannten Rücken zu verdecken.

Mit meinen Eltern und meinem Bruder fuhr ich zum UFA-Palast am Zoo. Er war festlich geschmückt. Architekt Speer hatte eine neue Fassade entworfen, riesige Olympiafahnen mit goldenen Bändern bedeckten die ganze Frontseite. Um das Kino herum war alles abgesperrt. Eine Menschenmenge wartete auf Hitler. Wer Rang und Namen hatte, war zur Premiere eingeladen. Die Reichsminister, das diplomatische Corps, führende Persönlichkeiten der Wirtschaft und des Sports, aber auch Künstler wie Furtwängler, Gründgens, Jannings und viele andere, vor allem aber die deutschen Olympiateilnehmer.

Die erregte Atmosphäre des Publikums übertrug sich auf mich. Wie würde der Film aufgenommen werden? Niemand, außer meinen Mitarbeitern, hatte ihn bis zu dieser Stunde gesehen. Kein Mitglied des IOC, nicht einmal der Generalsekretär der Olympischen Spiele, Professor Dr. Diem, der doch der Initiator dieses Films war. Es wäre mir unerträglich gewesen, eine unfertige Arbeit zu zeigen – leider bin ich ein unverbesserlicher Perfektionist.

Würden die Zuschauer mitgehen, würden sie sich langweilen? Die lange Vorführzeit machte mir Sorgen, denn beide Teile hatten zusammen eine Laufzeit von fast vier Stunden. Ich war gegen eine Vorführung beider Filme, aber der Verleih hatte es so gewünscht. Nach dem ersten Teil war eine halbstündige Pause vorgesehen. Meine Gedanken wurden durch Heilrufe der Menge unterbrochen. Hitler war eingetroffen und nahm mit einigen Herren, unter ihnen Goebbels und Ribbentrop, in der Mittelloge Platz. Als der Raum sich langsam verdunkelte, verstummten die Heilrufe, und das Orchester setzte ein. Als Ouvertüre wurde Herbert Windts Komposition zum Marathonlauf gespielt, er dirigierte selbst. Als sich danach der Vorhang teilte und auf der Leinwand in großen Lettern OLYMPIA erschien, zitterte ich am ganzen Körper.

Der Reigen der Bilder begann, die Tempel, Plastiken, Statuen und der Fackellauf, das Entzünden der Olympischen Flamme im Stadion von Berlin. Ich schloß die Augen und fühlte noch einmal die Mühen, die es gemacht hatte, das alles in eine Form zu gestalten. Ich konnte mich nicht mehr beherrschen – ich heulte, ohne Rücksicht auf Wimperntusche und Schminke.

Schon während des Prologs gab es Applaus, der immer wieder einsetzte. Nun wußte ich, es wird ein Erfolg, aber dies änderte nichts an meinem Gemütszustand. Ich fühlte mich wie ausgelaugt.

Nach dem Ende des ersten Teils steigerte sich der Beifall zu Ovationen. Hitler war der erste, der mich beglückwünschte: «Sie haben ein Meisterwerk geschaffen, für das Ihnen die Welt danken wird.» Der griechische Botschafter überreichte mir im Namen seiner Regierung ein Diplom und einen Ölzweig aus Olympia.

Mitternacht war vorüber, als der zweite Teil endete. Der Applaus und die Ovationen waren noch stärker geworden. Wieder führte man mich zu Hitler, dem man keine Müdigkeit ansah und der mich nochmals beglückwünschte.

Da erschien Goebbels, nahm mich beiseite und sagte: «Ich soll Ihnen im Namen des Führers ausrichten, daß Sie sich für Ihre große Leistung etwas wünschen dürfen.»

Unvorbereitet und ohne nachzudenken, habe ich mir etwas Törichtes gewünscht: «Ich wäre dankbar, Herr Minister», sagte ich spontan, «wenn Sie den früheren Chefredakteur des ‹Film-Kurier›, Herrn Jäger, wieder in die Reichsfilmkammer aufnehmen würden und ihm gestatten, daß er mich auf meiner vorgesehenen Amerikareise als Pressechef begleiten darf.»

Goebbels ärgerlich: «Das werde ich nicht tun können, denn dann müßte ich auch andere, die aus denselben Gründen aus der Reichsfilmkammer ausgeschlossen wurden, wieder zulassen.»

Ich bat: «Herr Jäger ist ein ungewöhnlich begabter Journalist, bitte erfüllen Sie mir diesen Wunsch.»

Goebbels: «Sie werden sich mit Herrn Jäger viel Ärger einhandeln, täuschen Sie sich nicht in ihm. Ich warne Sie.»

«Für Herrn Jäger übernehme ich jede Verantwortung», sagte ich aus voller Überzeugung, «er ist absolut integer.»

Hätte ich nur geahnt, was ich mir mit diesem Wunsch angetan habe!

Der Empfang im «Promi» war der Abschluß dieser festlichen Premiere. Es war schon sehr spät, als Hitler jedem einzelnen meiner Mitarbeiter die Hand gab und sie alle für ihre Arbeit lobte. Als er mich nach meinen zukünftigen Plänen fragte, erzählte ich, daß ich auf Wunsch der «Tobis» eine Europa-Tournee mit dem Olympiafilm mache und mir anschließend einen großen Wunsch erfüllen werde, Amerika kennenzulernen und einige Monate durch das Land zu reisen. Dann aber hoffte ich, meine «Penthesilea» realisieren zu können.

«Ein großes Programm», sagte Hitler in freundlichem Ton, «das Sie sich vorgenommen haben. Ich wünsche Ihnen Glück.»

Der Deutsche Filmpreis 1938

Viel Zeit hatte ich nicht, mich nach der Olympia-Premiere auszuruhen. Der Verleih drängte, ich sollte unbedingt bei den Premieren in verschiedenen europäischen Hauptstädten anwesend sein. In den wenigen Tagen, die mir blieben, ließ ich mich im Salon von Schulze-Bibernell für die Tournee einkleiden.

Die erste Premiere fand in Wien statt. Hier wurden wir – ich hatte einige meiner Mitarbeiter mitgenommen – mit beispiellosem Jubel empfangen. Nie in meinem Leben, nicht vorher und nicht nachher, habe ich so viele und wunderbare Blumensträuße bekommen. Wir konnten nur zwei Tage bleiben, dann ging es nach Graz, wo die Begeisterung womöglich noch stürmischer war. Hunderte junger Mädchen in steirischer Tracht bildeten von unserem Hotel bis zum Kino Spalier.

Schon am nächsten Morgen flog ich in aller Früh von Graz nach Berlin. Ich sollte der Festsitzung der Reichskulturkammer im Deutschen Opernhaus beiwohnen. Hier wurde jedes Jahr der nationale Film- und Buchpreis vergeben. Es war naheliegend, daß der Olympiafilm den Preis erhalten würde, sicher aber war es nicht. Zu dieser Veranstaltung begleitete mich Hubert Stowitts, ein amerikanischer Maler, mit dem ich seit zwei Jahren befreundet war. Obgleich er noch lieber junge Männer als Mädchen um sich hatte, verstanden wir uns besonders gut. Bei einer Ausstellung seiner Bilder, die die amerikanische Botschaft während der Olympischen Spiele für ihn in Berlin eröffnet hatte, lernten wir uns kennen. Er malte von allen amerikanischen Athleten, die an den Spielen teilnahmen, überlebensgroße, realistische Bilder. Gemeinsame künstlerische Interessen verbanden uns. Hubert war nicht nur Maler, er war auch Tänzer und Choreograph. Fünf Jahre war er Partner der berühmten Anna Pawlowa gewesen und hatte auch die russischen Tänzer und Tänzerinnen gemalt. Während seiner Berliner Zeit arrangierte er für Lilian Harvey die Tanzszenen in ihren UFA-Filmen. Er war der einzige, der mich, außer meinen Mitarbeitern, in meinen Schneideräumen besuchen durfte.

Wie vorauszusehen, wurde mir für die Gestaltung des Olympiafilms der deutsche Filmpreis des Jahres 1938 verliehen. Es befremdete mich,

daß mich niemand im Deutschen Opernhaus begrüßte und beglückwünschte. Was für ein Gegensatz zu der Berliner Premiere und dem
Jubel, den ich in Wien und Graz erlebt hatte! Auch wurde kein Platz
für mich reserviert, und so saß ich unbemerkt mit Hubert irgendwo im
ersten Rang. Die kühle Atmosphäre war bedrückend – ich konnte sie
mir nur dadurch erklären, daß Goebbels hier der Hausherr war und
meine «Freunde» im «Promi» diese Veranstaltung organisierten. Aber
in seiner Rede ließ Goebbels sich nichts anmerken. Dazu war er viel zu
klug.

Mit überschwenglichen Worten würdigte er meine Arbeit. Ich
glaube sogar, daß dies echt war. Der Film und ich waren für ihn zwei
verschiedene Dinge. Ich mußte an die vielen peinlichen Szenen denken,
die ich mit ihm erlebt hatte, und wunderte mich nicht über die Rolle,
die er spielte. Er war ein Meister der Verstellung.

Unbeachtet verließen wir das Deutsche Opernhaus und fuhren in
meine Dahlemer Villa, wo inzwischen schon viele Glückwunschtelegramme eingetroffen waren.

Bisher hatte ich keine Zeit gehabt, mich in meinem neuen Haus
einzuleben. Daß es überhaupt bewohnbar war, verdankte ich Stowitts,
der, während ich im Schneideraum arbeitete, Möbel, Bilder und
Teppiche zur Auswahl in mein Haus bringen ließ, aus der ich erst
nachts, wenn das Tagespensum im Schneideraum erledigt war, auswählen konnte. Nun hoffte ich, wenigstens mein Heim und meinen
Garten genießen zu können, leider nur für kurze Zeit. Schon in
wenigen Wochen mußte ich mit meinem Olympia-Film auf Tournee
gehen.

Unerwarteter Besuch

Kurz vor meinen Premieren-Reisen, es war Juni, erhielt ich einen
unerwarteten Besuch Hitlers. Die Reichskanzlei hatte telefonisch gefragt, ob ich den Führer empfangen könnte. Das überraschte mich. Ich
war gespannt, was ihn zu mir führte. Helene, meine Köchin, und
Mariechen, mein Zimmermädchen, waren ganz aufgeregt. Sie stritten
sich, wer den Tee servieren sollte. Um vier Uhr meldete Helene, ein
schwarzer Mercedes sei vorgefahren. In der Halle begrüßte ich Hitler
und seinen Begleiter, Albert Bormann, einen Bruder von Martin
Bormann. Beide waren in Zivil, Hitler trug einen dunkelblauen Anzug.

Bevor wir das Wohnzimmer betraten, bat Hitler seinen Begleiter,
auf ihn zu warten. Mein Mädchen führte ihn in die im Souterrain
liegende rustikale Bar. Inzwischen war Hitler mit mir in das große

Zimmer gegangen, das zugleich mein Filmvorführraum war. Vorsorglich hatte ich Herrn Kubisch, meinen Vorführer, kommen lassen, um Hitler eventuell einen Film zeigen zu können.

Hitler schien in glänzender Laune zu sein. Er bewunderte das Haus, den Garten und vor allem, was mich etwas überraschte, auch die Inneneinrichtung, da sie einen ganz anderen Stil als seine eigenen Räume hatte. Etwas befangen fragte ich: «Mögen Sie Kaffee oder Tee?»

«Ausnahmsweise Tee, aber schwach, wenn ich bitten darf, ich muß Rücksicht auf meinen Magen nehmen.»

Helene hatte im Garten unter der überdachten Pergola einen mit Blumen geschmückten Teetisch gerichtet und servierte stolz ihren selbstgebackenen Apfelstrudel.

«Es kommt selten vor», sagte Hitler, «daß ich mir die Zeit nehmen kann und einige Stunden Privatmensch sein darf. Ich weiß, daß Sie auch ein Arbeitstier sind und kaum ein Privatleben haben.»

Verlegen löffelte ich in meiner Teetasse.

«Ich glaube», fuhr er fort, «daß Sie ebenso wie ich zuviel arbeiten, Sie sollten sich mehr schonen.»

Das war das Stichwort. Nun konnte ich von meiner Arbeit sprechen, von Enttäuschungen und wachen Nächten, aber auch von den Glücksgefühlen, wenn eine Arbeit Erfolg hatte.

«Menschen wie Sie», sagte Hitler, «werden meist einsam sein. Sie werden es nicht leicht haben.»

Diese Worte überraschten mich, denn noch nie hatte Hitler so persönlich mit mir gesprochen. Ich wußte darauf nichts zu erwidern, ich war irritiert. Hitler lobte Helenes Apfelstrudel und sagte dann: «Sie sind für eine Frau ungewöhnlich aktiv und dynamisch. Das wirkt auf manche Männer herausfordernd und schafft Ihnen Feinde. Auch Ihre Erfolge werden Ihnen viele mißgönnen, und nicht nur Männer. Sie wissen wahrscheinlich, daß es selbst für mich schwierig war, Ihnen Ihre Arbeit zu erleichtern.»

Ich mußte an Goebbels denken, vielleicht konnte ich heute mit Hitler über ihn sprechen. Ein plötzlich aufkommender Wind unterbrach das Gespräch und ließ uns ins Haus gehen. Hitler setzte sich auf ein Sofa, seitlich vom Kamin, und blätterte in einigen Bildbänden, die auf einem kleinen Tisch lagen. Dann sagte er unvermittelt: «Sie wissen, daß ich Sie sehr verehre und es mir eine Freude ist, in Ihrer Gesellschaft zu sein, aber leider lassen es meine Verpflichtungen nicht zu, daß ich mir dies öfter gönnen kann.»

Seine Komplimente verwirrten mich.

Hitler: «Ich kenne keine Frau, die so zielbewußt arbeitet und von ihrer Aufgabe so besessen ist – genauso bin ich meiner Aufgabe verfallen.»

«Und Ihr Privatleben?» fragte ich.

«Seitdem ich mich entschloß, Politiker zu werden, habe ich auf mein privates Leben verzichtet.»

«Ist es Ihnen schwergefallen?»

«Sehr schwer», antwortete er, «besonders, wenn ich schönen Frauen begegne, die ich gern um mich habe.» Nach einer Pause fuhr er fort: «Aber ich bin nicht der Typ, der Freude an kurzen Abenteuern hat. Wenn ich Feuer fange, dann sind meine Gefühle tief und leidenschaftlich – wie könnte ich das mit meinen Pflichten Deutschland gegenüber verantworten? Wie sehr müßte ich jede Frau, auch wenn ich sie noch so liebte, enttäuschen.»

Ich war überrascht, daß Hitler wieder einmal von seinen persönlichen Gefühlen sprach. Nach einer kleinen Pause sagte er mit stark verändertem Ausdruck und seltsamem Pathos: «Es ist meine Absicht, ein starkes und unabhängiges Deutschland zu schaffen – ein Bollwerk gegen den Kommunismus –, und dies ist nur zu meinen Lebzeiten möglich. Nach mir wird niemand mehr kommen, der das schaffen kann.»

Ich wagte zu fragen: «Woher nehmen Sie die Überzeugung?»

«Es ist meine Berufung, die ich täglich in mir spüre, ein innerer Zwang, der mich so und nicht anders handeln läßt...»

Bei diesen Worten war Hitler wieder ganz unpersönlich, so wie ich ihn als Redner bei seinen Versammlungen erlebt hatte. Er schien zu merken, daß ich an Politik nicht so interessiert war, und auf einmal war er wieder ganz liebenswürdiger Privatmann.

Inzwischen brachte uns Helene einige Salate, Toast und Obst. Ich trank ein Glas Wein, Hitler begnügte sich mit seinem Fachinger. Ich bat mein Mädchen, Feuer im Kamin zu machen. Als wir wieder allein waren, fragte ich Hitler: «Waren Sie immer Vegetarier?» Er verneinte und erzählte zögernd, daß er nach einem schweren Schock kein Fleisch mehr habe essen können. Ich bereute meine Frage, aber Hitler fuhr fort: «Ich habe Geli, meine Nichte, zu sehr geliebt – ich glaubte, ohne sie nicht mehr leben zu können. Als ich sie verlor, habe ich tagelang nichts mehr gegessen, seitdem sträubt sich mein Magen gegen jede Art von Fleisch.»

Ich war betroffen, daß Hitler mir das alles so freimütig erzählte, dann fragte ich zaghaft: «War Geli Ihre erste Liebe?» Hitler begann von Frauen zu erzählen, die er vor Geli geliebt hatte.

«Meine Liebesaffären», sagte er, «waren meist glücklos. Die Frauen waren entweder verheiratet oder wollten geheiratet werden.» Den

Namen Eva Braun erwähnte er nicht. Aber er sagte, daß es ihn sehr belaste, wenn Frauen durch Selbstmorddrohungen versuchten, ihn an sich zu binden, und wiederholte, nur Geli hätte er heiraten können.

Ich fragte, wie ihm die hübsche Engländerin Unity Mitford gefalle, die, wie alle Welt wußte, in ihn so verliebt war. Seine Antwort machte mich sprachlos: «Dieses Mädchen ist sehr attraktiv, aber ich könnte nie mit einer Ausländerin, auch wenn sie noch so schön wäre, eine intime Beziehung haben.»

Ich hielt dies für einen Scherz.

Doch Hitler versicherte: «Meine Gefühle sind so national, daß ich nur ein deutsches Mädchen lieben könnte.» Amüsiert sagte er: «Ich sehe es Ihnen an, daß Sie das nicht verstehen. Übrigens», fuhr er in etwas ironischem Ton fort, «für eine Ehe wäre ich absolut ungeeignet, denn ich könnte nicht treu sein. Ich verstehe große Männer, die eine Geliebte haben.»

Dieses merkwürdige Gespräch wurde durch ein Klopfen meines Mädchens unterbrochen. Es wollte wissen, ob mein Vorführer noch gebraucht würde. Obwohl es schon spät war, wollte Hitler noch einen Film sehen. Er wählte aus meiner Titelliste den «Großen Sprung», eine Groteske von Fanck. In diesem Stummfilm war ich eine italienische Ziegenhirtin, Trenkers «ölige Ziege», die mit nackten Füßen in den Dolomiten herumkraxelt, Schneeberger ein Skiakrobat, der mit einem aufgeblasenen Gummianzug über die Berge fliegt. Es war schon fast elf, als der Film zu Ende war. Hitler, der sich sehr amüsiert hatte, verabschiedete sich und verließ mit Bormann, der inzwischen geduldig in meiner Kellerbar gewartet hatte, mein Haus.

Ich konnte lange nicht einschlafen. Die Spannung, in der ich mich befunden hatte, war zu stark gewesen. Warum hatte mich Hitler besucht, warum war er solange geblieben? Und weshalb hatte er mir einen so intimen Einblick in sein Privatleben gegeben?

An diesem Abend habe ich gefühlt, daß Hitler mich als Frau begehrte.

Die Europa-Tournee

Die nächste große Premiere erfolgte in Paris. Wenige Tage vor meiner Abreise gab es bei der «Tobis» einige Aufregung, die meine Reise beinahe in Frage stellte. Mir wurde mitgeteilt, auf den französischen Verleih, der die Rechte für Frankreich gekauft hatte, werde von einigen Seiten starker Druck ausgeübt, den Film in Frankreich nicht zu zeigen oder zumindest nur unter bestimmten Schnittauflagen. So sollte

ich Aufnahmen von Hitler und einigen deutschen Siegern herausschneiden. Ich hatte die Szenen mit Jesse Owens und den anderen
schwarzen Athleten nicht, wie Goebbels es gefordert hatte, herausgenommen, also weigerte ich mich auch jetzt, die Hitlerbilder herauszuschneiden. Die Lage spitzte sich zu. Die «Tobis» riet mir aber, nicht
nach Paris zu fahren. Ich war überzeugt, in persönlichen Gesprächen
mit dem französischen Verleih dessen Bedenken ausräumen zu können. Noch ahnte ich nichts von dem beginnenden Boykott gegen das
Hitlerregime, erinnerte mich vielmehr an die leidenschaftliche Begeisterung der Franzosen für den «Triumph des Willens» vor einem Jahr
und an die drei Goldmedaillen der Weltausstellung.

In Paris wurde ich von den Direktoren der Filmfirma höflich
empfangen. Man hatte mir im «George V» ein elegantes Apartment
reserviert und mich am Abend meiner Ankunft ausgeführt, um mir
Paris bei Nacht zu zeigen. Diese Glitzer- und Flimmerwelt gefiel mir,
und ich geriet von einem Entzücken ins andere. Allein schon die
bildschönen Frauen in den Revuen waren ein ästhetischer Genuß.
Noch nie hatte ich so kostbare Ausstattungen und so fantastische
Kostüme gesehen, vor allem noch nie soviel einfallsreich inszenierten
Charme.

In dieser Atmosphäre und mit entsprechend reichlichem Champagner hofften meine französischen Gastgeber, mich umstimmen zu
können. In bester Laune hörte ich mir ihre Vorschläge und Argumente
an, aber ich blieb unnachgiebig. Die guten Herren waren verzweifelt.
Auch die weiteren, bis zur Premiere noch verbleibenden Abende, als sie
mir auch den Montmartre vorführten, konnten mich nicht bewegen,
nachzugeben. Schließlich wurden sie massiv und drohten, den Film in
Frankreich überhaupt nicht zu zeigen, was ich nicht recht glauben
wollte. Sie hatten an die «Tobis» schon große Vorauszahlungen
geleistet. Ich war nicht bereit, auf meinen Grundsatz zu verzichten, den
Film überall nur in der Originalfassung vorführen zu lassen. Wenn es
selbst Goebbels nicht gelungen war, mich umzustimmen, so konnten
es die Franzosen auch nicht.

Es kam der Tag der Premiere. Auf den Champs-Elysées war der Film
im «Normandie» groß angekündigt. Es sollten nicht, wie bei der
Uraufführung in Berlin, beide Teile gezeigt werden, sondern immer
nur ein Teil; der zweite sollte den ersten nach einigen Wochen ablösen.
Bis auf wenige Ausnahmen wurde dies in allen Kinos, auch im
Ausland, so gehandhabt.

Mittags um zwölf hatte ich noch eine Unterredung im Büro des
Verleihs. Ich war überzeugt, man würde in letzter Stunde alles versuchen, mir Zugeständnisse abzuringen. Als die zwei Direktoren mich

zum letzten Mal beschworen, erklärte ich mich zu einem kleinen Kompromiß bereit. Ich war einverstanden, daß zwei Aufnahmen herausgeschnitten würden: Eine, in der man Hitler mit dem italienischen Kronprinz Umberto bei der Eröffnungsfeier sieht, beide mit dem faschistischen Gruß die vorbeiziehende italienische Mannschaft grüßend, die andere eine deutsche Siegerehrung mit Hakenkreuzfahnen.

Nun stand endgültig fest, daß der Olympiafilm, den die Franzosen «Les dieux du Stade», Die Götter des Stadions, nannten, an diesem Tag seine französische Uraufführung erleben würde – allerdings nur am Nachmittag als Testvorführung und ohne Beteiligung offizieller französischer Persönlichkeiten. Mir wurde geraten, der Vorstellung nicht beizuwohnen. Man befürchtete nach wie vor Proteste.

Meine Neugier war stärker als meine Angst. Vor Beginn spazierte ich, um unerkannt zu bleiben, mit Sonnenbrille die Champs-Elysées hinauf- und hinunter. Was würde geschehen? Ich wollte es mit eigenen Augen erleben. Die Vorstellung war ausverkauft, und so konnte ich mich, um nicht bemerkt zu werden, erst später in das Kino hineinschmuggeln. Als eine Platzanweiserin meine Karte sehen wollte, mußte ich mich zu erkennen geben. Die Frau sah mich überrascht an und brachte mir dann einen Hocker.

Während der Szene, in welcher der letzte Fackelläufer mit dem Olympischen Feuer durch das Berliner Stadion läuft, wurde spontan applaudiert. Von nun an gab es immer wieder Applaus, zu meiner größten Überraschung auch bei den Aufnahmen von Hitler. Wo blieben die gefürchteten Proteste? Erleichtert und von einer Bürde befreit, blieb ich bis zum Schluß. Während das Publikum begeistert klatschte, versuchte ich, das Kino unerkannt zu verlassen, wurde aber erkannt und war in wenigen Sekunden von der Menge eingeschlossen. Glücklich über diesen Verlauf, beantwortete ich mit meinem so gut wie vergessenen Schulfranzösisch viele Fragen und gab Autogramme.

Nach diesem unerwarteten Erfolg veranstaltete der französische Verleih eine glanzvolle Abendvorstellung, bei der alle, die Rang und Namen in Paris hatten, eingeladen waren. Es wurde ein Triumph, ähnlich wie vor einem Jahr der Parteitagfilm auf der Pariser Weltausstellung. Ich wurde umarmt, abgeküßt und umlagert.

Entgegen den Befürchtungen überbot sich die Pariser Presse in Lobeshymnen. Einige Sätze, vor fünfzig Jahren geschrieben, möchte ich zitieren. So überschwengliche Kritiken werden selten geschrieben:

...Die Götter des Stadions haben der Erde ihr zweites Versprechen gegeben
–Ewigkeit   «Le Journal»

...OLYMPIA es ist mehr und besser als ein Film und selbst als ein

Schauspiel. Das ist ein glühendes Gedicht der Bilder, des Lichtes und des Lebens, er ist ohne Alter und fast ohne Nationalität.   «L'Ordre»

...die Olympische Flamme, die in eine Atmosphäre steigt, wie sie günstiger für den Frieden der Welt nie geschaffen wurde.   «Le Figaro»

...ein Film, von dem man sich einen unvergänglichen Filmstreifen wünschen möchte, der auf ewig in den Archiven bewahrt werden müßte.
                    «Marianne»

...der Film «Die Götter des Stadions» ist von solcher Größe, solcher Poesie, daß auch die am schwersten zu Bewegenden unter uns die Vorführung tief beeindruckt verließen... Ein Film von einem Einfluß, dessen Adel, wenn ich das Wort anwenden darf, diejenigen besser macht, die ihn sehen.
                    «Liberté»

Nach diesem sagenhaften Erfolg sollte ich der Premiere in Brüssel beiwohnen. Auch hier mußte ich zuerst einiges Mißtrauen überwinden. Die «Tobis» wurde von der Deutschen Botschaft verständigt, die Uraufführung des Films hänge von einer Vorbesichtigung durch einen Vertreter des belgischen Königshauses ab. Gespannt warteten wir auf das Ergebnis. Es war positiv, die Deutsche Botschaft gab mir dennoch den Rat, an der Premiere nicht teilzunehmen. Proteste seien zu erwarten.

Durch den Erfolg in Paris in meinem Selbstbewußtsein gestärkt, reiste ich nach Brüssel. Die Veranstalter begrüßten mich herzlich – anscheinend wieder ein Fehlalarm. Als neueste Nachricht hieß es, voraussichtlich werde sogar der belgische König zur Premiere kommen. Da ich keine Erfahrung in der Etikette bei Hofe hatte, wurde mir schnell noch ein Hofknicks beigebracht.

Wenige Minuten vor Beginn der Festvorstellung, die im «Palais der schönen Künste» stattfand, erschien Leopold III. in Begleitung des Ministerpräsidenten Spaak und des deutschen Gesandten, Freiherrn von Richthofen. Ich machte vor dem König meinen tiefen Knicks. Als wir die Mittelloge betraten, wurde der König mit langanhaltendem Jubel begrüßt. Ich durfte zu seiner Linken Platz nehmen, zu seiner Rechten eine Gräfin, hinter uns Henri Spaak.

Nachdem der Jubel sich gelegt hatte und der Saal sich verdunkelte, überfielen mich wieder Zweifel, aber wie in Paris spürte ich auch hier, wie die Zuschauer mitgingen. Als Hitler zum ersten Mal erschien, brach überraschend Beifall aus, der sich bei jeder Aufnahme, die ihn zeigte, wiederholte. Es kam weder zu Protesten noch zu Störungen. Die unpolitische Gestaltung des Films besiegte alle Vorurteile. Mehr als zweitausend Zuschauer verfolgten «Olympia» mit

Spannung. Am Schluß der Vorführung minutenlanger Applaus. Wie in Paris überbot sich die Presse. In einer der schönsten Kritiken stand:

> ...Das Dokument ist ein Triumph der Dichtung, ein Triumph einer sinnlichen und reinen Lyrik. Es trägt diesen kostbaren Stempel einer vibrierenden Leidenschaft, einer technischen Meisterschaft und eines unerschütterlichen Glaubens – das ist das dreifache Geheimnis seiner traumhaften Größe.
>
> «Le Vingtième»

Am nächsten Tag gab Ministerpräsident Spaak ein Sektfrühstück. Belgische Künstler, Diplomaten und bekannte Journalisten wurden mir vorgestellt. Die Bewunderung und Zuneigung, die ich von allen Seiten erfuhr, machten mich glücklich.

Nun folgte eine Tournee durch die skandinavischen Länder, auf der mich meine Mutter begleitete. Zuerst kamen wir nach Kopenhagen. Im «Old-Fellow-Palais» nahm das dänische Königspaar an der feierlichen Aufführung teil. Schon am Vormittag hatte mich Christian x. in Audienz empfangen. Über ein Stunde unterhielt sich der sympathisch und bescheiden wirkende Monarch mit mir, in der Hauptsache über meine zukünftigen Filmprojekte.

Wie in Berlin, Wien, Paris und Brüssel setzte sich der Siegeszug meines Films fort. Eine dänische Zeitung schrieb:

> Es ist schwer, ein sachliches Referat zu schreiben, wenn man im Innersten von dem ergriffen ist, was in dem Referat behandelt werden soll, und wir gestehen offen, daß der Film über die Olympischen Spiele uns tief ergriffen hat – er ist ein Drama von ganz großem Format, ein Film, der auf der Höhe der Kunst steht – ein Gedicht in Bildern.
>
> «Berlingske Tidende»

So wiederholte sich das in der Presse bei den Premieren in Stockholm, Helsinki und Oslo. In Stockholm wurde ich von dem schwedischen König Gustav v. Adolf in Audienz empfangen; er war erstaunlich gut über den internationalen Film informiert. Bemerkenswert, was «Svenska Dagbladet» schrieb:

> Es wäre bedauerlich, wenn der Geist der übernationalen Verbrüderung, den der Olympia-Film repräsentiert, die Schranken der politischen Antipathien nicht brechen könnte.
>
> Ein Jahr vor Ausbruch des Zweiten Weltkriegs geschrieben.

In Lund, Schwedens alter Universität, hielt ich einen Vortrag über meine Arbeit, von den Studenten stürmisch begrüßt. Bei der abendlichen Festtafel im großen Saal des Akademischen Vereins erwiesen sie mir eine besondere Ehre. Sie erhoben sich von den Sitzen und sangen das Deutschlandlied. Wenige Monate später erhielt ich den schwedischen «Polar-Preis».

Unvergeßlich werden mir die Tage in Finnland bleiben. Meine Mutter und ich waren dort Gäste des Bürgermeisters von Helsinki, Herrn von Frenckel, der sich die Zeit nahm, uns persönlich die landschaftlichen Schönheiten Finnlands zu zeigen. Welch ein herrliches Land!

Von allen meinen Auslandsreisen hatte ich in Finnlands Hauptstadt sicherlich das ungewöhnlichste Erlebnis. Am Tag der Festvorführung besuchte ich die finnischen Leichtathletik-Meisterschaften, die für die Finnen so etwas wie ein nationaler Feiertag sind. Zu meinem Tribünenplatz, von dem aus ich die Wettkämpfe verfolgte, kam nach kurzer Zeit einer der Sportfunktionäre und bat mich, ihm zu folgen. Er führte mich in das Innere des Stadions, nahm ein Trichtermikrofon in die Hand und rief etwas hinein, was ich nicht verstand, aber aus seinen enthusiastisch gesprochenen Worten hörte ich meinen Namen heraus. Die Wettkämpfe wurden unterbrochen, die Zuschauer in dem überfüllten Stadion erhoben sich von ihren Sitzen. Dann sangen sie die finnische Nationalhymne. Diese Ehrung war zuviel für mich – ich konnte die Tränen nicht zurückhalten. Als die Hymne verklungen war, stand ich noch immer fassungslos in der Mitte des Stadions. Bewegt nahm ich einen großen Strauß roter Rosen in meine Arme.

Am kommenden Vormittag hatten wir uns von unseren finnischen Freunden verabschiedet und wollten schon ins Flugzeug einsteigen, als mir im allerletzten Augenblick ein finnischer Sportler, atemlos vom Laufen, ein Abschiedsgeschenk überbrachte, das ich noch heute besitze: Ein in Leder gebundenes Buch mit dem offiziellen finnischen Bericht über die Olympischen Spiele in Berlin. In den kurzen Tagen meines Aufenthalts in Helsinki hatten sich sämtliche finnischen Olympiateilnehmer, auch solche, die im hohen Norden des Landes lebten, eingetragen. Kein einziger Name fehlte. Selbst Nurmi, das finnische Laufwunder, hatte unterschrieben.

Nach diesen Huldigungen in den skandinavischen Ländern war Oslo unsere letzte Station. Von den kühlen Norwegern war eine ähnliche Begeisterung wie in Finnland sicherlich kaum zu erwarten. Auch die «Tobis» war dieser Meinung und legte mir wieder einmal nahe, nicht nach Oslo zu fahren. Norwegen sei trotz seines populären Königs zu «rot», auch würde die norwegische Regierung alles andere als deutschfreundlich sein. Ich schwankte, aber dann siegte mein Optimismus. Was heißt hier «rot»? Ich habe keine Vorurteile gegen politisch Andersdenkende.

Beim Schneiden des Films hatte ich mich bemüht, ihn so zu gestalten, daß ein und dieselbe Fassung in allen Ländern gezeigt werden konnte. Die vielen unerwarteten deutschen Siege hatte ich nicht hervorgehoben und nicht einmal erwähnt, daß Deutschland die meisten

Medaillen gewann. Ich wollte vermeiden, daß wir als Gastgeber der Spiele uns mit unseren Erfolgen brüsteten und damit Nationen, deren Athleten weniger vom Glück begünstigt waren, herabsetzten. Deshalb habe ich vor allem die Medaillengewinner der kleineren Nationen gezeigt, wie beispielsweise den einzigen Neuseeländer Lovelock.

Die Deutsche Botschaft in Oslo war von meiner Ankunft nicht entzückt, aber ich war zuversichtlich. Schon im Zug zur norwegischen Hauptstadt war mir ein Reporter der Zeitung «Aftenposten» entgegengefahren. Wenn ich dieses Interview heute lese, muß ich meine damalige Ansicht, die Norweger seien kühl, revidieren. Es ist ein «Gedicht in Prosa». Mit dieser «Ouvertüre» fühlte ich mich gegen eventuelle Angriffe einigermaßen gewappnet.

Alle meine Befürchtungen erwiesen sich auch hier als Irrtum. Schon am ersten Tag wurde ich, zur größten Überraschung des deutschen Botschafters, vom norwegischen König Haakoon zu einer Audienz gebeten. Es war die längste Unterredung, die ich in Skandinavien mit einem Monarchen hatte. Der König gab mir die Ehre, die Festaufführung meines Film im «Colosseum» mit seiner Familie zu besuchen. Dort saß er inmitten der deutschen Ehrengäste, was selbst kein Norweger für möglich gehalten hätte.

Der Film wurde auch hier von Beifallsstürmen begleitet, und selbst in Oslo wurde, wie in allen europäischen Hauptstädten zuvor, geklatscht, wenn Hitler erschien. Und wer es nicht glauben will, mag es in den Zeitungsarchiven nachlesen. Ich habe oft darüber nachgedacht, was es bedeutete, daß solche Sympathien in Europa Hitler noch ein Jahr vor Kriegsausbruch entgegengebracht wurden.

In Oslo erlebte ich einen anderen Höhepunkt norwegischer Toleranz. Einen Tag nach der Premiere gab der norwegische Ministerpräsident im festlich geschmückten Rokokosaal mir zu Ehren ein Abendessen, an dem alle Minister und Regierungsvertreter teilnahmen, es waren ungefähr dreihundert Personen. Die Situation war ungewöhnlich. An der festlich geschmückten Tafel saßen nur Herren im Frack, meine Mutter und ich waren die einzigen Frauen.

Einige Regierungsvertreter sprachen sich in ihren Reden für eine kulturelle Zusammenarbeit mit Deutschland aus, danach würdigte der Ministerpräsident in seiner Ansprache meine Arbeit und nannte den Olympiafilm einen «Boten des Friedens». In «Aftenposten», Norwegens größter Zeitung, stand: «Der Olympia-Film ist ein Dokument, das trotz allem, was um uns geschieht, uns berechtigt, den Glauben an eine bessere Zukunft der Menschheit zu bewahren.»

Biennale in Venedig

Nach den anstrengenden Premierenreisen wollte ich mich vor der Biennale etwas erholen. Ich beschloß, mit Hermann Storr, meinem Freund, den ich durch meine Verpflichtungen sehr vernachlässigt hatte, einen Urlaub in der Sonne und am Meer zu verbringen. Nicht weit vom Festspielhaus gibt es ein kleines Fischerdorf am Lido. Dort versteckten wir uns vor der immer stärker anschwellenden Publicity.

Wenige Kilometer entfernt hatte die Jury schon ihre Arbeit aufgenommen, wir aber genossen das einfache Leben in dem kleinen Ort, wo mich niemand kannte und ich ungestört in Sanddünen sonnenbaden konnte. Erst in letzter Stunde ließ ich mich im Festspielhaus blicken. Unter der deutschen Delegation und im italienischen Komitee herrschte schon große Aufregung, weil niemand Ahnung hatte, wo ich mich aufhielt. «Olympia» zählte zu den preisverdächtigen Filmen. Hauptkonkurrenten waren Walt Disneys «Schneewittchen», Englands «Pygmalion» und «Quai de Brumes» von Marcel Carné.

Überraschung und Ärger gab es, als Marschall Balbo, der italienische Gouverneur von Libyen, unangemeldet mit einer Sondermaschine erschien und den Wunsch äußerte, während der Vorführung neben mir zu sitzen. Die Festspielleitung schlug es ihm ab. Nach dem Protokoll saßen der italienische Minister Alfieri und von Mackensen, der deutsche Botschafter, neben mir. Balbo, ein Freund des Duce und Luftfahrtminister von Italien, war beleidigt – er verließ noch am gleichen Tag den Lido. Ich war über diesen Vorfall ziemlich unglücklich. Balbo hatte mir für die geplante «Penthesilea» ein fantastisches Angebot gemacht: Er wollte mir für die Kampfszenen tausend weiße Pferde mit libyschen Reitern zur Verfügung stellen. Die Aufnahmen zwischen den Amazonen und den Griechen sollten in Libyens Wüste aufgenommen werden. Das war nun wohl in Frage gestellt.

Am Lido erlebte ich die Krönung des Erfolgs von «Olympia». Der Film erhielt vor den Filmen Walt Disneys und Marcel Carnés den «Goldenen Löwen».

Bei der Preisverleihung traf ich auch einen alten Bekannten, Carl Vollmoeller, der mich vor fünfzehn Jahren als Tänzerin für Max Reinhardt entdeckte. Er wohnte in Venedig im Palazzo Vendramin, in dem Richard Wagner die letzten Tage seines Lebens verbracht hatte. Vollmoeller lud uns zu einem Abendessen ein. In diesem ehrwürdigen alten Palais am Canal Grande verlebte ich bei Kerzenlicht und herrlichem Wein meinen letzten Abend in Venedig.

Vor «Penthesilea» wollte ich eine lange Pause einlegen. Nach dem Streß mit dem Olympiafilm mußte ich erst wieder Kräfte sammeln. Drei Jahre hatte mich diese Arbeit gekostet.

Am schnellsten habe ich mich immer beim Klettern erholt. Nur wer diesen Sport betreibt und liebt, kann verstehen, daß Klettern zur Sucht werden kann, und ich glaube, ich war süchtig.

Hans Steger hatte schon interessante Routen für mich ausgewählt. Als letzte der Touren wollte er mit mir als Krönung die Zweitbesteigung der «Direttissima» der Rosengarten-Ostwand machen. Er hatte sie als erster mit dem belgischen König Albert, dem Vater Leopolds III., bestiegen. Vor dieser Wand, die tausend Meter senkrecht in die Höhe steigt, hatte ich oft bewundernd gestanden, konnte mir aber nicht vorstellen, daß ich sie in direkter Fallinie besteigen könne. Es wäre für mich im Klettern die größte Herausforderung.

Die Touren, die wir vorher als Training unternahmen, wurden immer schwieriger. Als ich wieder gut in Form war, schlug mir Steger die Rosengarten-Nordwand vor, ein Test, ob ich die «Direttissima» der Ostwand schaffen könnte. Diese düstere, fast schwarze senkrechte Wand, den Vajolett-Türmen gegenüberliegend, wirkt abweisend. Steger überlegte, ob wir die Piaz- oder Solleder-Route wählen sollen. Wir entschieden uns für den Solleder-Weg.

In einer Rekordzeit von drei Stunden, haben wir die Wand durchstiegen, obgleich ein einsetzendes Schneetreiben uns überraschte. Noch nie hatte ich so lange Traversen mit so winzigen Tritten und Griffen gemacht. In der Vajolett-Hütte wärmten wir uns mit heißer Milch und Cognac auf.

Nun sprach Hans von der «Direttissima». Das Besondere dieser Route durch die Rosengarten-Ostwand sind die vielen Überhänge, nicht die enorme Höhe. Jede Seillänge ist schwierig.

Mit einer Stunde Verspätung, der Hüttenwirt vergaß wie bei der «Guglia» uns rechtzeitig zu wecken, stiegen wir in die Wand ein. Die ersten Seillängen gingen gut, aber bald spürte ich eine Ermüdung. Ich mußte viele Klimmzüge machen, die Arme waren aber nicht so kräftig wie meine Beine. Auch das Herausschlagen der vielen Haken, die ich mitschleppen mußte, strengte mich an. Es war notwendig, weil die Wand so hoch und schwierig war.

Schon nach einem Viertel der Strecke glaubte ich nicht mehr weiterzukönnen. Meine Armmuskeln schmerzten, die Hände waren schon wund. Aber ein Zurück gab es nicht. So schwer hatte ich mir das nicht

Als Junta im «Blauen Licht», 1931/32

Dieser Film wurde mir zum Schicksal. Nicht, weil ich mich hier zum ersten Mal erfolgreich als Produzentin und Regisseurin versuchte – der Film, auf der Biennale in Venedig 1932 mit der Silbermedaille ausgezeichnet, lief ohne Unterbrechung 14 Monate in Paris und 15 Monate in London im «Rialto» –, sondern weil Hitler von diesem Film so fasziniert war, daß er darauf bestand, ich müßte eine Dokumentation über den Parteitag in Nürnberg machen. So entstand «Triumph des Willens».

Nachfolgend: Ein Werkfoto hoch oben in der Brenta-Gruppe der Dolomiten

Im «Blauen Licht» mußte ich als Junta ungesichert klettern. Da Klettern eine
Leidenschaft von mir war, brauchte ich auch nie ein Double.

«Stürme über dem Montblanc», 1930
Einer der waghalsigsten und gefährlichsten Bergfilme Dr. Fancks, den er nach monatelangen Aufnahmen im Montblanc-Gebiet fertigstellte. Mit Herzklopfen überquerte ich
auf einer Leiter eine tiefe Gletscherspalte. Am schwersten hatten es die Kameraleute und
unser Hauptdarsteller Sepp Rist: Seine Leistung war unglaublich.

«SOS Eisberg», 1932/33, eine deutsch-amerikanische Coproduktion der «Universal». Knud Rasmussen, ungekrönter König der Eskimos, begleitete das Filmteam nach Grönland.

Dr. Arnold Fanck, Leiter der Expedition und Regisseur dieses Films

Auf der Spitze eines Eisbergs. In der Rolle einer Fliegerin bin ich auf der Suche
nach meinem in der Arktis verschollenen Mann.

Udet fliegt für den Film. Die verwegenen Flüge mit ihm haben mich oft in Angst und Schrecken versetzt.

Eskimos retten mich, nachdem ich von einem trudelnden Eisberg ins Meer gestürzt bin.

vorgestellt. Zum ersten Mal machte mir das Klettern keine Freude – ich hatte nur noch den Wunsch, nach oben zu kommen. Wir waren schon mehr als zehn Stunden in der Wand, die Sonne war längst untergegangen, und es dämmerte bereits. Doch den Gipfel konnte ich nicht sehen, nur die schwindelerregende Tiefe unter uns. Es wurde dunkler, wir konnten nur langsam weiterklettern. Hans hob seine Hand und zeigte mir drei Finger. Ich verstand: Nur noch drei Seillängen, die mußten wir noch schaffen. Aber es wurde so schnell finster, daß man kaum noch etwas sehen konnte.

Erlöst war ich, als Hans zeigte, wir hätten nur noch eine Seillänge bis zum Gipfel. Er mußte aber feststellen, daß diese letzten zwanzig Meter zu schwierig waren, um sie in der Dunkelheit zu erklettern. Wir waren gezwungen, an dieser extrem exponierten Stelle zu biwakieren. Hans umwickelte mich mit einem Seil und befestigte es an einem Haken. So hing ich, wie in einer winzigen Hängematte, mit halbem Körper über dem tausend Meter tiefen Abgrund. Von dort sah ich ein schwaches Licht, das aus der Hütte kam. Wie gut hatten es doch alle da unten, dachte ich – ich beneidete jeden Hund. Das Schlimmste war die Kälte: Wir waren viel zu leicht angezogen. Für das Klettern in der Sonne war die leichte Kleidung von Vorteil, aber mit einem Biwak hatten wir nicht gerechnet. Es fehlte uns die eine Stunde, die wir zu spät geweckt wurden.

Aber ein Schutzengel war um uns. Bevor die Sterne verblaßten, glaubte ich, Stimmen zu vernehmen. Dann hörten wir unsere Namen rufen. Auf dem Gipfel standen unsere Retter, Piaz, der bekannte Bergführer, mit Helfern und unserem Freund Xaver, der unseren Aufstieg mit dem Fernglas beobachtet und ihn verständigt hatte. Piaz hatte sich zufällig in der Vajolett-Hütte aufgehalten und schnell eine kleine Rettungsmannschaft zusammengerufen, die in wenigen Stunden auf dem von rückwärts leicht zu ersteigenden Berg den Gipfel erreichte.

Nun ging alles sehr schnell. Es wurden Seile hinuntergeworfen, an denen wir uns anseilten und hochgezogen wurden. Dankbar umarmte ich meine Freunde.

Zur Belohnung durfte ich am kommenden Tag bei unserer letzten Tour die Führung übernehmen. Es war der Aufstieg über die Delago-kante der Vajolett-Türme und zugleich mein Abschied von den Dolo-miten.

Ehe ich nach Berlin zurückkehrte, mußte ich noch einer Einladung nach Rom folgen. Im Beisein des Duce sollte der Olympiafilm aufgeführt werden.

Im «Al Supercinema», dem Ort der festlichen Premiere, erwartete mich eine Überraschung. Der deutsche Botschafter, Herr von Mackensen, flüsterte mir ins Ohr, Mussolini könnte nicht kommen, er sei plötzlich nach München gerufen worden. Das klang beunruhigend. Als ich in den Dolomiten war, mußte der belgische König Leopold auch plötzlich abreisen, obwohl er sich mit Steger und mir zu Klettertouren verabredet hatte. Als Grund nannte er uns die durch die Sudetenkrise entstandene politische Lage. Er sprach von einer Teilmobilisierung Englands und Frankreichs, nachdem Hitler auf dem Reichsparteitag mit einer drohenden Rede die Welt erschreckt habe. Ich hatte das nur für eines der üblichen Gerüchte gehalten. Aber nun fürchtete ich, daß die plötzliche Abreise Mussolinis nach München etwas damit zu tun haben könnte.

Ich war voller Unruhe und hatte keine Freude mehr an dieser Festaufführung, obgleich die Premiere glanzvoll verlief. Auch erhielt ich viele Einladungen und wäre leidenschaftlich gern einige Tage in Rom geblieben, einer Stadt, in der ich leben könnte und die ich liebe. So schwer es mir fiel, sagte ich alle Besuche ab und flog am nächsten Morgen über München nach Berlin.

Es war der 29. September, der schicksalhafte Tag, an dem Chamberlain, Daladier, Mussolini und Hitler in München zusammenkamen, über die Abtretung des Sudetenlandes an Deutschland verhandelten und den «Frieden von München» schlossen. Wie groß damals die Kriegsgefahr schon war, ahnte ich nicht. Sonst hätte ich für meinen langersehnten Urlaub mir nicht Amerika ausgewählt. Seit Jahren war es mein Wunsch gewesen, die Vereinigten Staaten kennenzulernen, nun konnte ich ihn mir endlich erfüllen.

Amerika

Während meiner Abwesenheit wurden in meiner Firma unter Leitung von Joachim Bartsch Beiprogrammfilme hergestellt. Hierbei bewährte sich vor allem Guzzi Lantschner, dessen Filme «Bergbauern», «Wildwasser» sowie «Osterskifahrt in Tirol» mit dem Skiweltmeister Heli Lantschner und Trude Lechner Höchstpreise erzielten. Auch wurden aus dem nicht verwendeten Olympiamaterial an die zwanzig Sportfilme gemacht. Durch die Produktion dieser Kulturfilme konnte ich den engeren Stab meiner Mitarbeiter bis zum Ausbruch des Krieges immer beschäftigen.

Auf meiner Amerikareise begleitete mich Werner Klingenberg, der im deutschen Olympischen Komitee als Sekretär von Professor Dr. Diem gearbeitet hatte, und Ernst Jäger, gegen dessen Mitreise sich Dr. Goebbels so lange gesperrt hatte. Erst im letzten Augenblick bewilligte er sie, allerdings nur zögernd und mit Vorbehalten. Ich konnte sein Mißtrauen gegen Jäger nicht teilen, ich war überzeugt, nie einen ergebeneren und treueren Mitarbeiter gehabt zu haben.

In den ersten Novembertagen schifften wir uns in Bremerhaven auf der «Europa» ein. Für mich war diese Reise ein besonderes Erlebnis. Zum ersten Mal befand ich mich auf einem Schiff dieser Klasse. Die Überfahrt war ein Traum, ich genoß Wind, Meer und auch den Luxus, den das Schiff bot.

Als die Silhouette von Manhattan im Nebel auftauchte, überraschte uns die Ankunft vieler kleiner Boote mit amerikanischen Journalisten, die mich mit Fragen bestürmten. Einige hatten Brieftauben dabei. Sie hofften, Sensationelles von mir zu erfahren, was so auf schnellstem Wege in die Redaktion gelangen sollte.

Immer wieder wurde ich gefragt, ob ich mit Hitler eine Romanze hätte.

«Sind Sie Hitlers Geliebte?» Ich lachte und antwortete allen das gleiche: «Nein – das sind unwahre Gerüchte. Ich habe nur Dokumentarfilme für ihn gemacht.» Von allen Seiten wurde ich bedrängt und unentwegt fotografiert.

Da rief ein Reporter: «What do you say the Germans burn down Jewish Synagoges and disturb Jewish shops and kill Jewish people?»

Erschrocken widersprach ich: «That is not true, this cannot be true!»

Auf dem Schiff hatten wir amerikanische Zeitungen gelesen, in denen viel dummes Zeug über Deutschland stand. Deshalb war ich überzeugt, daß auch dies nur eine Verleumdung sein konnte. Seit fünf Tagen hatten wir auf dem Schiff nur alte Zeitungen gelesen und hatten keine Ahnung von den neuesten Nachrichten. So konnten wir auch nichts über die Geschehnisse der entsetzlichen «Kristallnacht» wissen.

Das Ergebnis meiner Dementis las ich auf den Titelseiten der amerikanischen Zeitungen in New York: «Leni Riefenstahl says that nothing is true what american newspapers write about the Nazis.» Auf derselben Seite dazu parallel: «Synagoges are burning in Germany, Jewish shops are being destroyed, Jews killed.» So wurde meine Urlaubsreise in Amerika durch diese furchtbaren Geschehnisse überschattet. Hätte ich geglaubt, was in den Zeitungen stand, würde ich damals nie amerikanischen Boden betreten haben. Erst als ich nach drei Monaten wieder nach Deutschland kam, erfuhr ich, was ich nie für möglich gehalten hätte.

Sofort nach meiner Rückkehr suchte ich Hauptmann Wiedemann auf, einen der Adjutanten Hitlers, der im Ersten Weltkrieg sein Vorgesetzter war. Da sein Verhältnis zu Hitler wegen seiner halbjüdischen Freundin distanzierter war, hoffte ich, von ihm die ungeschminkte Wahrheit zu erfahren. Was er berichtete, hat mich erschüttert. Er erzählte, wie es am 9. November zu diesen Untaten kam: Ein junger Jude hatte am 7. November in der Deutschen Botschaft in Paris den Botschaftssekretär, Ernst vom Rath, erschossen. Als das bekannt wurde, hätten sich Hitler und alle führenden Männer der Partei in München befunden, um am 9. November den Jahrestag des Marsches zur Feldherrnhalle von 1923 zu begehen. «Wie eine Bombe», sagte Wiedemann, «hat diese Meldung auf die versammelten Parteileute gewirkt.» Hitler hatte am Vorabend im Bürgerbräukeller in höchster Erregung eine Rede gehalten, in der er für das Attentat Rache forderte. In Hitlers Abwesenheit hat Goebbels in Berlin vor versammelten Parteifunktionären eine fanatische Hetzrede gegen die Juden gehalten. Daraufhin wurden in den deutschen Städten Synagogen niedergebrannt, jüdische Geschäfte zerstört und Juden in Konzentrationslager gesteckt. Nach Wiedemanns Worten soll Hitler über dieses eigenmächtige Vorgehen von Goebbels empört gewesen sein – nicht aus Mitleid mit den Juden, sondern aus Furcht vor der Reaktion des Auslands. Der «Friede von München» war zu dieser Zeit erst ein paar Wochen alt. Wie schon sooft, hat Hitler seinen Minister gedeckt.

Noch hatten diese Nachrichten in New York eine antideutsche Stimmung nicht ausgelöst. Ahnungslos und unbeschwert nahm ich die vielen Huldigungen, die mir zuteil wurden, entgegen. King Vidor, der bekannte Regisseur, kam aus Hollywood, um mich in New York zu begrüßen. Selbst die Presse war im ganzen mehr als wohlwollend.

Wir besuchten die phänomenale «Radio Music Hall», das größte Kino Amerikas und mit seinem Zuschauerraum für sechstausend Personen das größte der Welt. In der Pause überbrachte mir der Direktor des Hauses Blumen und führte mich hinter die Bühne, wo er mir die weltbekannten «Ziegfeld-Girls» vorstellte. Vor Beginn jeder Vorstellung tanzten sie in einer Revue. Als sie hörten, daß ich auch Tänzerin war, umringten sie mich, und alle wollten sie mir die Hände schütteln und Autogramme haben. In dieser fröhlichen Stimmung ahnte ich nicht, was sich über meinem Kopf zusammenbraute. Es sah alles so erfreulich aus. Der Direktor, ein Holländer, hätte mit mir am liebsten sofort einen Vertrag gemacht: Er wollte den Olympiafilm für sein Theater haben. Einen phantastischeren Start konnte es für meinen Film in Amerika nicht geben. Wir verabredeten, uns in Hollywood zu treffen, um dort den Vertrag im Beisein eines Anwalts auszuarbeiten.

Unsere nächste Station war Chicago. Hier waren wir Gäste von Avery Brundage, dem Präsidenten des IOC. In seinem Haus wurde zum ersten Mal der Olympiafilm in englischer Sprache gezeigt und von den etwa hundert Gästen begeistert aufgenommen.

Wir erhielten in Chicago auch eine Einladung des amerikanischen Automobilkönigs Henry Ford. Er begrüßte uns in Detroit. Sehr bald stellten wir seine große Sympathie für Deutschland fest. Er sprach sich lobend über die Beseitigung der Arbeitslosigkeit bei uns aus. Überhaupt schien ihm der Sozialismus sehr am Herzen zu liegen. Mit Stolz erzählte er, wie in seiner Firma schon 1914 durch die Einführung des Fließbandes der Mindestlohn von täglich 2,50 Dollar auf das Doppelte erhöht werden konnte, und daß er seine Arbeiter am Gewinn beteilige. Immer sei es sein Bestreben gewesen, billige Autos herzustellen, nicht nur für Wohlhabende. So konnte er schon 1918, als er jährlich über eine halbe Million produzierte, den Preis eines Autos von 950 auf 515 Dollar senken.

Beim Abschied sagte Ford zu mir: «Wenn Sie nach Ihrer Rückkehr den Führer sehen, sagen Sie ihm, ich bewundere ihn und freue mich, ihn auf dem kommenden Parteitag in Nürnberg kennenzulernen.»

Auf der Fahrt nach Kalifornien unterbrachen wir unsere Reise für einige Tage, um die fantastischen Grand Canyons kennenzulernen. Von Indianern kaufte ich mit echten Türkisen verzierten Silberschmuck, Geschenke für meine Freunde daheim.

Von Los Angeles, unserer nächsten Station, war ich enttäuscht. Ich hatte sie mir anders vorgestellt. Sie wirkte trostlos und häßlich. Deshalb fuhren wir schnell weiter und mieteten uns in Hollywood im «Beverly-Hills-Hotel» einen geräumigen Bungalow. Der Swimming-Pool, die Gärten und bunten Blumen, die Sträucher mit Apfelsinen und Grapefruit-Früchten waren unser Entzücken. Das Schönste von allem aber war das wunderbare Klima. Hier konnte man sich wohlfühlen.

Zu meinem Leidwesen traf ich Sternberg nicht an. Er war in Japan. Schade, ich hatte mich so auf das Wiedersehen mit ihm gefreut. Aber ein anderer Freund begrüßte mich: Hubert Stowitts, der Maler, der mir mein Haus so geschmackvoll einzurichten half. Als großer Ästhet war er sehr an meiner Linie interessiert. Ich mußte abnehmen, und er paßte auf, daß ich mich mehr oder weniger nur von Salaten ernährte. Ich bin ein Freund kulinarischer Genüsse, und so fiel mir seine Kur ziemlich schwer, aber ich wurde dafür auch belohnt. In kurzer Zeit hatte ich eine Mannequin-Figur.

Über Nacht verflog meine Urlaubsstimmung. Die Presse brachte Inserate, in denen die Anti-Nazi-Liga zum Boykott gegen mich aufforderte. Die Texte lauteten:

«Es gibt in Hollywood keinen Platz für Leni Riefenstahl.» Auch über die Straßen waren solche Transparente gespannt. Hollywood zeigte mir die kalte Schulter. Kein Wunder nach dem Geschehen der schrecklichen Kristallnacht. Nach der Sympathie, mit der man mich bisher empfangen hatte, war dies ein schwerer Schock. Ich hatte mich so gefreut, meine amerikanischen Kollegen kennenzulernen und die Studios in Hollywood zu besichtigen. Die erste Auswirkung dieses Boykotts bekam ich bald zu spüren. Ohne eine Absage war der Termin mit dem Direktor der «Radio Music City Hall» verstrichen. Es hieß, er sei fristlos entlassen worden, weil es seine Absicht war, die Olympia-filme als amerikanische Uraufführung in seinem Theater herauszubringen. Ich wollte sofort abreisen, da es mir unter diesen Umständen keine Freude machte, in Hollywood zu bleiben.

Im Gegensatz zu dem Aufruf der Anti-Nazi-Liga bestürmten mich aber viele Amerikaner, nicht abzureisen. Die Liga, sagten sie, vertrete nur eine Minderheit, ich hätte hier viele Freunde. Wir wurden mit Einladungen geradezu überschüttet, und ich ließ mich überreden zu bleiben. So hatte uns eine wohlhabende Amerikanerin alle – wir waren immerhin mit Stowitts vier Personen – in ihre Luxus-Villa nach Palm Springs eingeladen, wo wir uns, solange wir Lust hatten, aufhalten konnten. Wir blieben dort eine Woche.

Damals war Palm Springs, wo vor allem Hollywoodstars und reiche Amerikaner lebten, noch klein. Mitten in einer Wüstenlandschaft blühte hier hinter hohen Zäunen ein durch künstliche Bewässerung geschaffenes Südseeparadies. Schönere Swimmingpools hatte ich noch nie gesehen.

Auch von Gary Cooper bekam ich überraschend eine Einladung. Er war, wie ich in der Presse las, begeistert von einem Deutschlandbesuch zurückgekommen. Man ließ mich wissen, ich würde von meinem Hotel abgeholt. Aber dann kam eine Absage. Cooper habe unerwarte-terweise nach Mexiko reisen müssen und bedaure, mich nicht treffen zu können. Kein Zweifel für mich, daß er unter Druck gesetzt worden war.

Anders verlief es mit Walt Disney. Auch er hatte mich eingeladen. Schon am frühen Vormittag empfing er uns in seinen Studios und verbrachte den ganzen Tag mit uns. Geduldig, aber auch stolz, zeigte er uns, wie seine Trickfiguren entstehen, erläuterte seine ungewöhnliche Technik und ließ uns die Skizzen sehen, die er für seine neue Produktion «Der Zauberlehrling» entworfen hatte. Ich war fasziniert – für mich war Disney ein Genie, selber ein Zauberer, dessen Fantasien unbegrenzt zu sein schienen. Bei einem Lunch kam er auf die Biennale zu sprechen, wo «Schneewittchen» und «Olympia» im Wettstreit gestanden hatten. Er wollte gern beide Teile der Olympiafilme sehen. Kein Problem. Die Kopien waren im Hotel, sie mußten nur geholt werden. Disney überlegte, dann sagte er: «Ich fürchte, daß ich es mir nicht leisten kann.»

«Warum», fragte ich überrascht.

Disney: «Wenn ich mir die Filme ansehe, dann weiß das morgen ganz Hollywood.»

«Aber», warf ich ein, «Sie haben hier doch eigene Vorführräume, da weiß es doch niemand.»

Disney resigniert: «Meine Vorführer sind gewerkschaftlich organisiert, von ihnen würde man es erfahren. Ich bin zwar ein unabhängiger Produzent, aber ich habe keinen eigenen Verleih und keine eigenen Theater. Es könnte passieren, daß man mich boykottiert. Das Risiko ist zu groß.»

Wie mächtig die Anti-Nazi-Liga war, konnte ich drei Monate später, nachdem ich Amerika schon verlassen hatte, aus der US-Presse ersehen. Walt Disney wurde gezwungen, eine Erklärung abzugeben, daß er bei meinem Besuch nicht wußte, wer ich bin.

Um so erstaunlicher war es, daß viele Amerikaner, auf welche die Anti-Nazi-Liga scheinbar keinen so starken Einfluß ausüben konnte, uns verwöhnten. Als Gäste lebten wir auf großen Landgütern und lernten den Wilden Westen Amerikas kennen. Auf einer Ranch versuchte ein Cowboy mir das Lassowerfen beizubringen und gab mir auch meine ersten Reitstunden. Einmal ging mir das Pferd durch, es versuchte, mich an jedem Baum abzustreifen. Aber dem neben mir galoppierenden Cowboy gelang es im letzten Augenblick, die Zügel des wild gewordenen Gauls zu ergreifen, bevor ich an der Stalltür hängengeblieben wäre. Das freie Leben im «Wilden Westen» hätte mir gefallen.

Erst später habe ich erfahren, daß mir in den Straßen Hollywoods bezahlte Privatdetektive folgten, die die Aufgabe hatten, zu verhindern, daß ich mit Schauspielern oder Regisseuren Kontakte aufnahm. Jeder der Hollywoodkünstler, der sich mit mir getroffen hätte, mußte damit rechnen, seine Stellung zu verlieren. Trotzdem bedrängten mich Journalisten, ihnen meine Olympiafilme zu zeigen. Nach einigem

Zögern willigte ich ein. Es war nicht ungefährlich, aber ich verließ mich auf die Wirkung der Filme.

Vor ungefähr fünfzig Personen wurden sie in Hollywood in einer geschlossenen Vorstellung gezeigt. Um nicht erkannt zu werden, kamen einige bekannte Regisseure erst, als der Raum schon dunkel war. Wie in Europa waren die Zuschauer auch hier gefesselt – es wurde ein Riesenerfolg. Selbst die Presse war trotz des Boykotts ungewöhnlich gut.

So schrieb in den «Hollywood Citizen News» Henry McLemore, der United-Press-Korrespondent: «Gestern abend erlebte ich den besten Film, den ich jemals gesehen habe. Mir kam zu Ohren, daß der Film wegen des Anti-Nazi-Liga-Boykotts und weil er deutsche Propaganda enthalten soll, hier niemals gezeigt werden wird. Der Film enthält keine Propaganda – er ist so überragend, daß er überall, wo eine Bildwand vorhanden ist, gezeigt werden sollte.» Und in der Los Angeles Times stand: «Der Film ist ein Triumph der Kameras und ein Epos der Leinwand. Entgegen den Gerüchten ist er keineswegs ein Propagandafilm, und als Propaganda für irgendeine Nation ist seine Wirkung definitiv gleich Null.»

Nun kamen aus verschiedenen Teilen Amerikas Angebote. Am interessantesten war die Anfrage aus San Francisco, wo gerade die Weltausstellung stattfand. Dies war gleichzeitig eine gute Gelegenheit, die schönste Stadt Amerikas kennenzulernen. Mit einem gemieteten Wagen fuhren wir die herrliche Küstenstraße über Santa Barbara nach Norden – allein diese Fahrt ist mir unvergeßlich.

Der Olympiafilm begeisterte die Direktion der Weltausstellung so sehr, daß mir innerhalb von 24 Stunden ein Kontrakt vorgelegt wurde. Ein Glücksfall – ich konnte es kaum glauben. Der Vertrag sollte nur noch von einem Anwalt überprüft werden. Vor Freude trank ich mir am Abend mit meinen beiden Begleitern einen kleinen Schwips an. Aber schon unmittelbar nach meiner Rückkehr nach Hollywood erhielt ich aus San Francisco ein Telegramm – wieder eine Absage. Nun gab ich jede Hoffnung auf, in den USA einen Verleih zu finden, der es riskieren würde, den Olympiafilm zu zeigen.

Maria Jeritza, die große Wiener Opernsängerin, eine der schönsten Stimmen ihrer Zeit, verheiratet mit Mr. Sheehan, einem amerikanischen Filmproduzenten, der für «Metro-Goldwyn-Mayer» arbeitete, lud mich zu einem Abendessen in ihre feudale Villa ein. Sie bat mich, wenn es möglich wäre, zwei Rollen des Olympiafilms mitzubringen, die sich ihr Mann ansehen wollte, aber nur, wenn es niemand erführe. Nach dem Essen – ich war der einzige Gast – ging Mr. Sheehan mit einem Vorführer in das Untergeschoß des Hauses, um sich dort allein die zwei Filmrollen anzusehen. Vorsorglich hatte ich aber die vollständigen Kopien beider Teile mitgebracht. Erst nach vier Stunden kam er wieder zu uns nach oben. Was ich vermutet hatte, war eingetreten. Entgegen seiner Absicht hatte er sich nach den ersten Rollen den ganzen Film angesehen.

«Ich habe nicht aufhören können», sagte er noch ganz benommen, «es wäre ein Verlust, wenn dieser Film, der wirklich einzigartig ist und sicherlich ein Riesengeschäft werden würde, in den USA nicht gezeigt werden könnte. Jammerschade.»

«Bist du denn so sicher?» fragte seine Frau.

«Selbstverständlich», meinte er, «trotzdem würde ich den Film gern ‹Metro-Goldwyn-Mayer› zeigen.» Aber dann resignierend: «Es ist hoffnungslos.»

Ein Spion

Es kam der Tag der Abreise. Meine beiden Begleiter waren nach New York vorausgefahren. Ernst Jäger wollte noch, bevor wir die USA verließen, einen Presseempfang organisieren. Seine Idee war, die Journalisten direkt auf das Schiff einzuladen.

Wenige Stunden vor Abfahrt meines Zuges rief Maria Jeritza an. «Können Sie», sagte sie aufgeregt, «mich heute nachmittag besuchen?»

«Es tut mir sehr leid», sagte ich bedauernd, «aber ich muß heute abreisen, nach New York.»

«Nur eine Stunde», sagte sie mit drängender Stimme.

«Was ist geschehen?» fragte ich beunruhigt.

«Kommen Sie wenigstens für ein paar Minuten, es ist für Sie sehr wichtig», sagte sie fast bittend, «ich schicke Ihnen sofort meinen Wagen.»

«Liebe Frau Jeritza, wie gern würde ich kommen, aber in wenigen Minuten muß ich mein Hotel verlassen, können Sie es mir nicht am Telefon sagen?» Ich war schon sehr nervös.

Dann begann sie, erst zögernd, dann immer eiliger und eindringlicher zu sprechen: «Liebe Leni, so darf ich Sie doch nennen, ich muß Sie warnen, vor einer großen Gefahr.» Nach einer Pause: «Sie haben einen Spion um sich, der alles, was Sie vorhaben und tun, gegen Dollarschecks weitergibt.»

«Das ist unmöglich», rief ich ins Telefon, «meine beiden Begleiter sind mir treu ergeben.»

«Das glauben Sie, aber dies ist ein Irrtum. Ich habe mit eigenen

Augen gesehen, wie mein Mann Herrn Jäger hohe Dollarbeträge übergab als Dank für die Kopien, die er von Ihrer Korrespondenz anfertigte, und für die Informationen, die er laufend lieferte.»

«Das ist unmöglich», sagte ich entsetzt.

Frau Jeritza: «Herr Jäger war ständig mit der Anti-Nazi-Liga in Verbindung, er hat sie auch von San Francisco angerufen, nachdem die Direktoren der Weltausstellung Ihren Olympiafilm gesehen haben. Er hat sie täglich, manchmal stündlich über Ihre sämtlichen Vorhaben verständigt. Deshalb wurden alle Angebote, die Sie erhielten, rückgängig gemacht. Wohin Sie auch in Amerika reisen, niemand wird es wagen, den Olympiafilm zu spielen.»

Ich war so fassungslos, daß ich nicht mehr antworten konnte. «Sind Sie noch am Telefon?» hörte ich ihre Stimme, «deshalb wollte ich Sie, mein liebes Kind, sprechen. Herr Jäger, dem Sie so vertrauen», fuhr sie fort, «hat von allen Ihren Briefen, die Sie nach Deutschland schickten, Kopien gemacht und diese Ihren Feinden ausgehändigt. Er fährt auch nicht mit Ihnen zurück nach Deutschland, er soll, wie ich hörte, nach Ihrer Abreise die Absicht haben, mit dem Regisseur Dupont eine Zeitung herauszubringen, die in der Hauptsache Skandalberichte über Sie bringen soll.»

Mir wurde ganz schwindlig – ich konnte nur noch meinen Dank ins Telefon flüstern.

Fünf Tage rollte die Eisenbahn von Los Angeles nach New York, fünf lange Tage und Nächte, in denen sich meine Gedanken fast ausschließlich mit Ernst Jäger befaßten. Noch immer wollte ich nicht wahrhaben, was mir Maria Jeritza erzählt hatte. Was hatte ich nicht alles für diesen Mann getan, sogar für seine Integrität hatte ich mich Dr. Goebbels gegenüber verbürgt.

Als ich in New York in Central Station aus dem Zug stieg, erwartete mich Ernst Jäger mit einem Strauß roter Rosen. Lächelnd und unbefangen begrüßte er mich wie immer, so daß ich meine Gedanken wie einen bösen Spuk abschütteln wollte. Doch schon im Hotel erhielt ich weitere Hinweise, die den gegen ihn erhobenen Verdacht zu bestätigen schienen.

In der Halle traf ich Mrs. Whitehead, die Gattin eines der reichen Coca-Cola-Besitzer, mit dem Heinz und ich gut bekannt waren. Sie hatten mir bei ihrem letzten Besuch in Berlin einen prachtvollen jungen Schäferhund geschenkt, den ich dressieren ließ und der aufs Wort gehorchte.

Mrs. Whitehead kam auf mein Zimmer. Sie berichtete mir, Herr Jäger habe mehrmals versucht, sich von ihr größere Geldbeträge zu borgen, angeblich zu meiner Disposition. Sie mißtraute ihm und gab ihm kein Geld. Auch warnte sie mich vor ihm, da er geäußert hatte, daß er auf keinen Fall nach Deutschland zurückfahren würde.

Ein Eilbrief wurde mir überbracht. Sein Inhalt ließ mich erblassen. Ein wohlhabender Amerikaner, mit dem wir gemeinsam die Überfahrt nach Amerika gemacht hatten, schrieb, er habe auf dringende Telegramme Jäger zehntausend Dollar überwiesen, die er für mich angefordert hatte, mit der Begründung, ich benötige das Geld dringend nach meiner Ankunft in New York und werde es in kürzester Zeit zurückzahlen.

Das war zuviel. Ich rief die Deutsche Botschaft an und erfuhr, daß Jäger auch dort versucht hatte, sich Geld, angeblich für mich, zu borgen. Noch bevor ich den Hörer auflegte, klopfte es, und Ernst Jäger betrat das Zimmer. Treuherzig sah er mich an, und im Ton eines Biedermannes sagte er, für den morgigen Presseempfang auf der «Hansa», so hieß unser Schiff, mit dem wir zurückfahren sollten, sei alles vorbereitet.

Da war es mit meiner Beherrschung vorbei. «Was sind Sie für ein Scheusal», schrie ich ihn an, «wie konnten Sie mich nur so hintergehen, nachdem ich so viel für Sie getan habe. Sie haben nicht nur spioniert, mich belogen und betrogen, sich betrügerisch von fremden Menschen Geld geben lassen, sondern wollen auch, wie Mrs. Whitehead mir sagte, nicht nach Deutschland zurückkehren...» Aber wenn ich geglaubt hatte, einen zerknirschten und reumütigen Menschen vor mir zu sehen, so täuschte ich mich sehr.

Er wartete, bis ich nicht mehr sprechen konnte, dann sagte er, seine Hände beschwörend in die Höhe haltend: «Meine liebe Leni Riefenstahl, bitte regen Sie sich doch nicht auf, bleiben Sie ruhig, nie könnte ich Ihnen so etwas antun. Natürlich begleite ich Sie nach Deutschland zurück. Ich weiß doch, daß Sie für mich gebürgt haben – ich wäre ein Schuft, wenn ich Sie so betrügen würde. Sie wissen doch, wie ich Sie seit Jahren verehre. Das alles sind Mißverständnisse, die ich Ihnen erklären werde – mein Leben würde ich für Sie geben.» Er stand vor mir wie ein Heiliger.

Ich wurde unsicher. «Und was ist mit dem Geld?» fragte ich erregt.

«Unsere Kasse ist leer», sagte er, «und deshalb habe ich vorgesorgt. Sie brauchen doch das Geld noch in New York.»

«Sie können doch nicht ohne mein Einverständnis Geld für mich borgen», sagte ich ungläubig. «Es fällt mir schwer, Ihnen zu glauben. Wenn nur etwas von dem wahr ist, was man mir erzählt hat, könnte ich Ihren Anblick nicht mehr ertragen.» Dann ging ich auf ihn zu, schaute ihm fest in die Augen und sagte: «Können Sie mir Ihr Wort geben, daß Sie morgen mit mir zurück nach Deutschland kommen, daß Sie mich nicht verraten und verleumdet haben und daß Sie mir das geborgte Geld aushändigen werden?»

Ernst Jäger sah mich offen und ruhig an, verbeugte sich und sagte mit einer tiefen und, wie mir schien, bewegten Stimme: «Mein Ehrenwort.»

Noch einmal schien alles sich zum Guten zu wenden. Wenn auch Jäger mein Mißtrauen trotz seines «Ehrenworts» nicht ausräumen konnte, glaubte ich, beeindruckt von seiner Treuherzigkeit, daß noch alles zu reparieren wäre. Zu oft hatte er mir Beweise tiefster Verehrung gegeben. Auch meine Stimmung war optimistischer, weil sich im letzten Augenblick doch noch eine Chance ergeben hatte, meinen Olympiafilm entgegen dem Boykott an eine große Verleihfirma in New York zu verkaufen. Jäger wußte davon noch nichts, und ich war nun gewarnt, ihm nichts davon zu sagen.

Im Büro der «British Gaumont» hatte man mich schon mit Ungeduld erwartet. Das war die Firma, die die Verleihrechte der Olympiafilme für Amerika und auch für England erwerben wollte. Daß dies trotz des Boykotts möglich war, lag ausschließlich daran, daß «British Gaumont» ein unabhängiger englischer Verleih war, achthundert eigene Kinos in den USA besaß, auf welche die Anti-Nazi-Liga keinen Einfluß ausüben konnte. Das Angebot war fantastisch, die Vorverträge, die ich der «Tobis» übergeben sollte, waren ausgearbeitet. Ein Sieg in letzter Stunde.

Am nächsten Tag stand ich auf Deck der «Hansa». Der Kulturattaché der Deutschen Botschaft, den ich über den Verdacht gegen Jäger informiert hatte, begleitete mich und versuchte, mich zu beruhigen. Ich war sehr erregt, die ersten Gäste, vor allem die eingeladenen Journalisten, kamen auf das Schiff. Ernst Jäger war nirgends zu entdecken. Ich war außer mir. Was sollte ich nur tun? Auch der Kulturattaché wurde nervös. Möglicherweise war Jäger tatsächlich ein Spion, der noch weiteren Schaden anrichten könnte. Während ich mich bemühte, die Fragen der Journalisten zu beantworten, beobachtete ich unentwegt die Gangway in der Hoffnung, Jäger würde noch im letzten Augenblick erscheinen. Was sollte ich nur Goebbels sagen, wenn ich ohne Jäger zurückkäme! Schlimmer und schmerzlicher aber war die menschliche Enttäuschung.

Nachdem der Kapitän wiederholt zur Abfahrt gemahnt hatte und die letzten Gäste gegangen waren, verließen mich meine Kräfte. Ich wurde von Weinkrämpfen geschüttelt. Der Kulturattaché brachte mich in meine Kabine und versuchte vergeblich, mich zu beruhigen. Da er mich in diesem Zustand nicht allein lassen wollte, blieb er auf der «Hansa» und begleitete mich bis Canada.

In Paris

Das Unwetter, das auf dem Atlantischen Ozean tobte, hatte die Fahrt der «Hansa» so verlangsamt, daß ich erst mit halbtägiger Verspätung am 27. Januar in Cherbourg eintraf, wo ich schon von französischen Korrespondenten erwartet wurde. Sie wollten über meine Eindrücke und Erlebnisse in Amerika informiert werden.

In Paris erwartete mich der deutsche Botschafter, Graf Welczek; ich sollte, im Rahmen der deutsch-französischen kulturellen Zusammenarbeit, im «Centre-Marcellin Berthelot» einen Vortrag halten über das Thema: «Wie ich meine Filme mache.» Der mehr als 2000 Personen fassende Saal war bis auf den letzten Platz besetzt.

Abel Bonard, ein Schriftsteller der «Académie Française», stellte mich in einer Einführungsrede vor. Den Vortrag hielt ich in deutscher Sprache, er wurde von einer jungen Französin übersetzt. Nachdem ich meine Freude und meinen Dank für die Einladung zum Ausdruck gebracht hatte und in ein paar Worten erwähnte, wie alte Kulturen und geistige Gemeinsamkeiten Frankreich und Deutschland verbinden und wie sich in idealer Weise beide Nationen ergänzen könnten, kam ich auf mein Thema zu sprechen:

IST FILM KUNST?

«Ich bejahe diese Frage. Der Film ist eine Kunst wie andere Künste auch, aber sie steckt noch in den Kinderschuhen. Er hat aber alle Voraussetzungen, ein ebenso künstlerisches Erlebnis zu werden, wie es das Schaffen eines Rodin, eines Beethovens, Leonardo da Vinci oder Shakespeare vermitteln kann. Allerdings nicht der Film, den wir heute kennen, sondern der Film, den es erst in der Zukunft geben wird. Selbst die besten aller Filme, die wir bisher gesehen haben, lassen nur ahnen, was der Film als Kunstwerk für Möglichkeiten hat.

Diese neue Kunst ist von den anderen Künsten unabhängig. Es wäre nicht richtig zu sagen, die Filmkunst sei besonders verbunden mit der Malerei oder der Musik, oder der Literatur – nein – sie berührt zwar diese Kunstarten, aber das Wort, das die Filmkunst charakterisiert, ist ‹filmisch›. Unter ‹filmisch› verstehe ich vor allem bewegte Bilder, was keine andere Kunstart zu bieten hat, nur der Film ist bewegtes Bild. Er hat seine eigenen Gesetze. Bei einem künstlerischen Film muß alles nach diesen Gesetzen geschaffen sein, das Thema, die Regie, die Darstellung, die Fotografie, die Architektur, der Ton und der Schnitt. Ein absolut sicheres Stilgefühl ist das Wichtigste, was ein Filmregisseur haben solle.

Eine weitere wichtige Voraussetzung für einen Filmregisseur ist, daß er ein Gefühl für Dynamik, Aufbau und Rhythmus hat. Die Verteilung der Höhepunkte in einem Film ist von großer Bedeutung – Spannung und Entspannung muß man im richtigen Wechsel finden. Die Bildfolge kann durch den Bild-schnitt hundertfach verändert werden. Ist der Filmregisseur, der eigentlich auch immer der Cutter seines Films sein sollte, ein musikalisch begabter Mensch, dann komponiert er mit den Bildern und Tönen wie ein Musiker nach den Gesetzen des Kontrapunktes.

Der Cutter kann die Bilder im wilden Rhythmus tanzen oder in traumhafter Langsamkeit vorbeiziehen lassen, er kann aus den Bildern eine Orgie sinnloser Zufälligkeiten dichten und er kann mit denselben Bildern eine logisch klare Handlung aufbauen.

Der Regisseur – Gestalter des Ganzen – müßte im Idealfall alles beherr-schen. Ein Gemälde kann nicht von vielen Händen gemalt, eine Sinfonie nicht von verschiedenen Musikern komponiert werden. Die Beherrschung aller Mittel ist erste Voraussetzung, um ein Kunstwerk zu schaffen, leidenschaftli-che Visionen sind mehr Trieb als Vernunft – ideal, wenn beides zueinander im Gleichgewicht ist. Der schöpferische Prozeß, die Geburt kann chaotisch sein, die spätere Formung, die Verwirklichung und Ausführung, bewußt.

Sind diese Vorbedingungen gegeben, dann ist es möglich, mit dieser ‹jüng-sten› aller Künste ebenso große Kunstwerke zu schaffen wie mit der Architek-tur, der Musik, der Malerei.

Was unterscheidet Film von den anderen Künsten? Er ist in erster Linie bewegtes Bild, das bedeutet, die Grundelemente sind Bild und Bewegung, und zwar untrennbar miteinander verbunden, das heißt, der Film kann Kunst sein, wenn er nur aus diesen beiden Elementen besteht. Weder Farbe noch Ton sind notwenig. Damit will ich nicht sagen, daß Ton- oder Farbfilme nicht auch Kunstwerke sein können, aber der stumme Schwarz-Weiß-Film ist der ‹Film an sich›, weil er aus den filmischen Grundelementen, Bild und Bewegung, besteht. Der Tonfilm ist nur eine Erweiterung dieser neuen Kunstform – eine schöne und wunderbare Bereicherung. Besteht der stumme Schwarz-Weiß-Film aus zwei Elementen, so der Tonfilm aus drei. Infolgedessen ist es schon schwieriger, einen künstlerischen Tonfilm als einen künstlerischen Stummfilm zu machen.

Der Regisseur eines guten Stummfilms muß zwei Gaben besitzen: Erstens alles, was er mit seinen Augen wahrnimmt, ins Optische umsetzen können, und zweitens ein angeborenes Gefühl für Rhythmus und Bewegung haben. Außerdem müßte er musikalisch sein, nicht auf irgendeinem Gebiet speziali-siert, sondern er sollte filmisch musikalisch sein. Das hat mit der üblichen Musikalität wenig zu tun.

Ein Beispiel: Es kann jemand sehr musikalisch sein, aber nicht fühlen, daß diese Musik zu den Bildern nicht paßt. Es stört ihn nicht, wenn irgendeine klassische oder moderne Musik als Untermalung bestimmter Filmszenen verwendet wird. Dem begabten Filmschöpfer aber wird sich der Magen umdrehen. Bei der Gestaltung seines Films fühlt er, auch wenn er selbst nicht ausübender Musiker ist, was für eine Musik zu den Bildern gehört – unbewußt komponiert er mit. Er spürt, diese Aufnahmen vertragen überhaupt keine Musik, sie würde die Bildwirkung zerstören – hier gehören realistische Töne hin – und hier darf die Musik nur diesen Rhythmus, diesen Ausdruck, diese

Instrumentation und diese Lautstärke besitzen. Es ist ihm unerträglich, wenn der Ton zu laut oder zu leise ist. Übrigens wird es viel seltener gute Tonfilme als gute Stummfilme geben. Nur wenige Menschen besitzen diese dreifache Gabe und können ihre einzelnen Elemente harmonisch miteinander verbinden. Auch das ist entscheidend. Keines dieser Elemente darf das Übergewicht haben, schon eine Disharmonie der Kräfteverteilung zueinander wird nie ein vollendetes Kunstwerk entstehen lassen.

Unendlich viel schwieriger verhält es sich beim Farbfilm. Denn hier bedarf es noch einer vierten Begabung. Ein Gefühl für Farben oder Talent zum Malen allein genügt nicht, wie viele glauben. Der Regisseur, der sich zu einem künstlerischen Farbfilm befähigt fühlt, sollte zu den vorher genannten Talenten auch die Gabe haben, die Farbe ‹filmisch› zu handhaben. Er kann dadurch die dramaturgische Wirkung wesentlich steigern, da Farben verschiedene Gefühle auslösen. Zum Beispiel ist ‹blau› eine feminine, romantische Farbe und im Gegensatz dazu ‹rot› eine Farbe, die Lebensfreude, Vitalität und Leidenschaft ausdrückt. Es muß aber auch beachtet werden, daß zu viele oder zu bunte Farben die Wirkung der Bilder zerstören können. Die Farbe sollte sich harmonisch eingliedern und in künstlerischer Wechselwirkung die anderen Elemente des Films ergänzen. Durch diese neue vierfache Kombination von Bild-Bewegung, Ton und Farbe kann Film auch Kunst werden.

Käme nun noch die Erfindung des plastischen Films hinzu, so erhöhten sich die Schwierigkeiten, einen künstlerischen Film zu schaffen, ins Unendliche. Diese fünf Elemente würden sich nicht vertragen. Sie würden dem Film als Kunstwerk das Leben auslöschen. Es entstünde eine Überrealität, die sich von der Kunst entfernen würde.»

Fast zwei Stunden dauerte mein Vortrag, der mit minutenlangem Beifall belohnt wurde. Glücklich über die Anerkennung und Sympathien, die mir die Franzosen entgegenbrachten, schlief ich nach den Aufregungen der letzten Wochen endlich wieder einmal ruhig ein.

Bevor ich von Paris abreiste, spielte ich ohne mein Wissen in einer peinlich-komischen Szene mit. Meine Freunde wollten mir französische Filmstudios zeigen. Wir besuchten die Ateliers von Pathé. Der Direktor führte mich durch die verschiedenen Hallen. In der größten und letzten wurde eine bemerkenswerte Dekoration aufgebaut. Als wir näher kamen, unterbrachen die Arbeiter ihre Tätigkeit. Sie stellten sich in zwei Reihen zu einer Gruppe auf und fingen zu singen an, wie ich annahm, mir zu Ehren. Es waren Bühnenarbeiter, Beleuchter und Techniker. Erfreut hörte ich mir andächtig den Gesang an, ohne eine Ahnung zu haben, daß das die «Internationale» war. Erst als ich auf die Gruppe zuging, um mich bei ihnen zu bedanken, bemerkte ich, daß die Männer ihre rechten Hände zu Fäusten geballt hatten. Noch bevor ich dem ersten Arbeiter die Hand geben konnte, stürzte der Direktor auf mich zu und zog mich aus der Halle. Die Arbeiter verharrten, ohne eine Emotion zu zeigen, bewegungslos in ihrer Stellung. Sie wirkten wie ein Kirchenchor, der gerade seinen Choral zu Ende gesungen hat. Erst als sich der Direktor bei mir für diesen Vorfall entschuldigte, fing ich langsam an zu begreifen, daß dies alles andere als eine Huldigung für mich war.

Ich hatte bis dahin weder die «Internationale» gehört noch die geballte Faust als kommunistisches Symbol erlebt. Heute mag das unglaubhaft klingen, aber selbst damals, vor fast einem halben Jahrhundert, war meine politische Unwissenheit kaum entschuldbar.

Skandalberichte aus Hollywood

Der Postbote brachte mir in Berlin ein Päckchen der Deutschen Botschaft aus Washington. Es enthielt einen Brief und ein Bündel Zeitungen. Als ich beides las, wurde mir schlecht. Maria Jeritzas Prophezeiungen hatten sich erfüllt: Ernst Jäger hatte mit dem Regisseur Dupont in Hollywood eine primitive Klatsch-Zeitung herausgebracht, die unglaubliche Skandalgeschichten über mich berichtete. Darin stand zu lesen, daß ich nicht nur die Mätresse Hitlers, sondern gleichzeitig auch die Gespielin der Herren Goebbels und Göring sei. Sogar meine Spitzenunterwäsche war beschrieben, die ich für die jeweiligen Liebesstunden bevorzugte. Dazwischen Abschnitte, die der Wahrheit entsprachen, Ausschnitte aus meinen Briefen, die sich Jäger kopiert hatte. Für Außenstehende mußte das alles, infame Lügen und wahre Begebenheiten miteinander vermischt, glaubwürdig erscheinen.

Was ich las, war widerwärtig, teilweise pornographisch und auch politisch gefährlich. Jäger hatte einige meiner Äußerungen über Goebbels, die nicht immer schmeichelhaft waren, in Hollywood heimlich aufgezeichnet und mit erfundenen Skandalberichten geschickt vermischt. Auch hatte er peinliche Affären von Goebbels, die er zum Teil durch meine Mitarbeiter erfahren hatte, ausgeschmückt und in freier Gestaltung wiedergegeben.

Wenn dem Minister diese Berichte in die Hände fielen, käme es zu einem unvorstellbaren Skandal, und mir bliebe nichts übrig, als aus Deutschland wegzugehen, mir in irgendeinem anderen Land Arbeit zu suchen. Selbst Hitler würde mir da nicht helfen können.

Was war zu tun? Im «Promi» hatte ich keine Freunde, die verhindern konnten, daß Goebbels die Zeitungen erhielt. Im Gegenteil, mit großer Schadenfreude würde man ihm die Skandalgeschichten so schnell wie möglich vorlegen. Wahrscheinlich hatte Goebbels sie schon erhalten. In dem Brief der Botschaft war in einer Fußnote vermerkt, daß die Zeitungen auch an das Propagandaministerium geschickt würden. Die Katastrophe war nicht mehr aufzuhalten.

Ich hatte keine ruhige Stunde mehr. Jeden Augenblick rechnete ich mit einer Vorladung ins «Promi». Da erhielt ich eine Einladung nach München zum «Tag der Deutschen Kunst». Sollte ich fahren oder daheim bleiben? Ich wußte, daß ich Goebbels dort treffen würde. Ich war unentschlossen. Die Ungewißheit war aber so unerträglich, daß ich es vorzog, lieber so schnell wie möglich eine Entscheidung herbeizuführen.

Als ich in München abends an der Festtafel im «Haus der Deutschen Kunst» nach meiner Tischkarte suchte, traute ich meinen Augen nicht – Goebbels war mein Tischnachbar. Was für ein teuflischer Zufall. Weggehen konnte ich nicht mehr, da sich der Saal schon mit Gästen füllte. Erst jetzt bemerkte ich, daß Adolf Hitler und die italienische Botschafterin, Madame Attolico, uns gegenüber plaziert waren. Als rechten Tischnachbarn hatte ich Dr. Dietrich, den Reichspressechef. Ich kam mir vor wie vor einer Hinrichtung.

Da betrat Goebbels den Saal. Er begrüßte mich eisig und unnahbar. An seinem Ausdruck war nicht erkennbar, ob er die Berichte bereits kannte. Jeden Augenblick rechnete ich mit einer Katastrophe.

Die italienische Botschafterin mußte irgend etwas Nettes über mich zu Hitler gesagt haben. Beide prosteten mir mit ihren Gläsern zu, wobei ich zu meiner Überraschung sah, daß Hitlers Glas mit Champagner gefüllt war.

In diesem Augenblick hatte ich eine plötzliche Eingebung. Ich wandte mich an Goebbels und sagte: «Ich muß Ihnen etwas beichten.» Goebbels sah mich mißtrauisch an.

«Erinnern Sie sich, Doktor», sagte ich mit echtem Schuldgefühl, «Sie haben mich vor Herrn Jäger gewarnt, für den ich mich bei Ihnen so eingesetzt und verbürgt habe.»

«Und?» unterbrach Goebbels gereizt. In seinen Mienen glaubte ich zu lesen, daß er über Jägers Skandalgeschichten nicht informiert war.

Ich atmete auf und sagte so leise, daß die anderen es nicht hören konnten: «Es ist etwas Schlimmes passiert – Herr Jäger hat in Hollywood unglaubliche Skandalgeschichten über mich publiziert – haben Sie diese Berichte schon gelesen?» Erregt wartete ich auf seine Reaktion.

Mit einer wegwerfenden Handbewegung sagte Goebbels verächtlich: «Ich habe Ihnen doch gleich gesagt, daß Sie diesem Schmierfink nicht trauen können.» Ich nickte nur zustimmend. Nach dieser Bemerkung hielt ich es für unwahrscheinlich, daß Goebbels sich die Zeit nehmen würde, Jägers Geschichten noch zu lesen.

Ich muß einen Schutzengel gehabt haben, nur ganz knapp bin ich einer großen Gefahr entgangen.

«Penthesilea»

Von nun an sah ich für mich nur eine Aufgabe, den «Penthesilea»-Film. Für diese Produktion hatte ich nach meiner Rückkehr aus den USA die «Leni Riefenstahl Film GmbH» gegründet. Die «Olympia-Film GmbH» war ausschließlich für die Herstellung der Olympiafilme ins Leben gerufen worden, und in meiner «Studio-Film», die ich in «Reichsparteitagfilm» umbenannt hatte, konnte ein so teures Filmprojekt wie «Penthesilea» nicht produziert werden, das Risiko wäre, da sie eine offene Handelsgesellschaft war, zu groß. Der beispiellose internationale Erfolg der Olympiafilme machte die Finanzierung meines neuen Films nicht schwierig. Die Mitteilung vom «Promi», daß «Penthesilea» unter Nr. 1087 ins Titelregister eingetragen wurde, bedeutete den Startschuß für mich.

Ich war mir bewußt, daß die Verfilmung dieses Stoffs gewaltige Schwierigkeiten mit sich brachte. Entscheidend würde der Stil des Films sein. Das Thema stand auf des Messers Schneide zwischen Erhabenem und Lächerlichem – es gab da keine Mitte. Entweder es würde ein großes Werk oder es würde völlig mißlingen.

Um diese Aufgabe bewältigen zu können, mußte ich soweit als möglich entlastet werden. Vor allem von organisatorischen Dingen. Ich hatte Glück. Meine Mitarbeiter hatten viel gelernt und sich in ihrem Beruf qualifiziert. Außerdem waren sie meine Freunde. Ihnen konnte ich Vertrauen schenken. Das waren vor allem meine beiden Prokuristen Waldi Traut und Walter Großkopf.

Vor den eigentlichen Vorarbeiten mußte vor allem meine Sprache ausgebildet werden. Die Rolle verlangte viel von der Stimme. Auch sollte ich als Königin der Amazonen das Können einer Zirkusreiterin besitzen. Trotz meiner vielseitigen sportlichen Tätigkeiten hatte ich mit Ausnahme meines gescheiterten Versuchs in Kalifornien noch keine Gelegenheit gehabt, reiten zu lernen. Täglich nahm ich nun Reitstunden. Wie bei anderen Sportarten fiel es mir auch hier leicht, und es machte mir großen Spaß. Ich mußte auf ein galoppierendes Pferd springen und ohne Sattel reiten können. Mit meiner Kollegin Brigitte Horney, einer erfahrenen Reiterin, die nicht weit von mir entfernt auch in Dahlem wohnte, konnte ich schon bald Ausritte durch den Grunewald machen.

Auch meine Figur sollte der einer Amazone ähnlich werden. Dazu mußte ich hart trainieren. Jeden Morgen kam ein Sportlehrer, der mit mir die notwendigen Übungen machte. Tagsüber befaßte ich mich vor allem mit dem Schreiben des Szenarios. Auch mußten schon die wichtigsten Mitarbeiter ausgewählt werden. Als Komponist kam für mich nur Herbert Windt in Frage. Für die Bauten verpflichtete ich Herlth und Röhricht, die begabten Filmarchitekten, die fast alle Filme von Murnau und Fritz Lang ausgestattet hatten.

Mein Leben war so mit diesem Projekt ausgefüllt, daß mir für gesellschaftliche Verpflichtungen keine Zeit blieb. Ich vermißte sie auch nicht. Schon seit meiner Jugend hatte ich kein Interesse daran. Selbst in dem Klub «Kameradschaft der Künstler», Treffpunkt der Prominenz, den auch Goebbels und andere Minister häufig besuchten, war ich nicht ein einziges Mal. Hatte ich den Wunsch, einen Künstler näher kennenzulernen, dann lud ich ihn ein. Mir war es am liebsten, mich mit einem Menschen allein zu unterhalten.

Zu meinen Besuchern in dieser Zeit gehörte Gertrud Eysoldt, damals die beste Penthesilea-Interpretin. Sie war eine der Lieblingsschauspielerinnen Max Reinhardts gewesen und hatte am Deutschen Theater alle großen Rollen gespielt. Von meiner Idee eines «Penthesilea»-Films war sie so fasziniert, daß sie bereit war, die Rolle mit mir zu studieren.

Auch Emil Jannings war gern bei mir zu Gast. Ich hatte ihn durch Sternberg bei den Aufnahmen zum «Blauen Engel» kennengelernt. Unsere Unterhaltung verlief aufregend. Sein letzter Film «Der zerbrochene Krug», nach Heinrich von Kleists Lustspiel, in dem er die Rolle des Dorfrichters Adam spielte, hatte mir nicht gefallen. Nach meiner Ansicht war das verfilmtes Theater, und im übrigen eignete sich dieses brillante Bühnenstück überhaupt nicht für den Film. Ich empfand es als einen Stilbruch. Jannings schien gekränkt zu sein.

«Wie meinen Sie das?» fragte er mich. Vorsichtig versuchte ich ihm meine Ansicht klarzumachen. Mein Hauptargument war, daß die Einstellung des Publikums im Kino eine andere ist als im Theater. Im Kino ist der Besucher – anders als im Theater – ziemlich verwundert, wenn die Leinwand eine Bauernstube zeigt, auf der ein im Bett liegender, sich schneuzender dicker Dorfrichter den Mund aufmacht und dann in Versen redet. Jannings war noch immer nicht überzeugt, er warnte mich, «Penthesilea» zu verfilmen.

«Es ist schwierig», sagte er, «Sie werden daran scheitern, es ist und bleibt ein Bühnenstück und wird nie ein Film.»

«Nein», sagte ich, «die ‹Penthesilea› auf der Bühne ist ein Stilbruch. Amazonen und Pappferde, was für ein Kitsch! Dieser Stoff kann nur im Film gestaltet werden. Wenn schon auf der Bühne, dann könnte es als Sprechstück, von guten Schauspielern gesprochen, ein Erlebnis sein. Ich habe eine ganz andere Vision der ‹Penthesilea›. Die Sprache von Kleist sollte im Film durch Musik und die Klagesänge der Amazonen-Priesterinnen so vorbereitet werden, daß die Verse für uns so natürlich klingen wie die Sprache in Prosa.»

Jannings lachte und sagte: «Sie beginnen mich zu überzeugen.» Und auf einmal war er Feuer und Flamme, er wollte immer mehr wissen, bis ich ihm beinahe das ganze Drehbuch, das vorläufig allerdings nur in meinem Kopf existierte, erzählt hatte.

Die Nacht verging, es war schon fast Sonnenaufgang, als Jannings ging. Er torkelte leicht; er hatte zwei Flaschen Wein und einige Schnäpse getrunken. Zum Abschied sagte ich: «Lieber Freund, wenn ich die ‹Penthesilea› überleben sollte und wir beide noch gesund sind, dann machen wir gemeinsam einen Film unseres geliebten Kleist, den ‹Michael Kohlhaas›.»

Um das Drehbuch in Ruhe schreiben zu können, hatte ich mir in Kampen auf Sylt ein strohbedecktes Häuschen gemietet. Meine Mutter, meine Sekretärin und vor allem «Märchen», meine Schimmelstute, die mein Reitlehrer in dem Gestüt von Hannover gekauft hatte, kamen mit. Ich wollte mein Reittraining auf der Insel fortsetzen.

Wir hatten prachtvolles Sommerwetter, und alles sah so erfreulich aus – meine Wünsche schienen sich zu erfüllen. In Begleitung von Margot von Opel, die ein Haus auf der Insel besaß, ritt ich jeden Morgen schon bei Sonnenaufgang aus. Das Reiten in den Nordseedünen war ein Traum, bis mich eines Tages «Märchen» abwarf und ich in einem Dornbusch landete. Das war nicht zum Lachen: Im Hinterteil steckten unzählige lange Dornen, so daß meine Freundin viel Zeit brauchte, sie alle herauszuziehen.

Nach dem Reiten absolvierte ich meine «Amazonengymnastik» und arbeitete danach am Drehbuch. Nie war mir eine Arbeit so leicht gefallen. Die Szenen standen mir alle klar vor Augen, ich brauchte sie nur niederzuschreiben.

Für die Spielszenen wünschte ich mir Jürgen Fehling als Regisseur. Er war damals unbestritten einer der großen Theaterregisseure Deutschlands und brachte bei Gründgens im Preußischen Staatstheater am Gendarmenmarkt, damals die erste Bühne Deutschlands, hervorragende Inszenierungen heraus. Ich hatte ihm geschrieben und erwartete mit Spannung seine Antwort. Er telegrafierte: «Ich springe mit aufs Pferd, Fehling.» Was für ein Glück – ich jubelte. Bald kam er angereist. Da ich keine Erfahrungen als Bühnenschauspielerin hatte, flößte er mir großen Respekt ein, ich kam mir wie eine Anfängerin vor. Mit der Zusammenarbeit zwischen uns war es nicht so einfach. Immer wieder lenkte er von unseren Gesprächen ab, besonders gern sprach er über sexuelle Anomalitäten, die er behauptete erlebt zu haben. Ich dagegen war ausschließlich auf meinen Film fixiert. Mich störte auch an ihm, daß er in wenig schöner Weise die Fähigkeit von Gründgens als Schauspieler und Intendant herabsetzte. Sein Urteil über Gründgens war so vernichtend, daß ich es charakterlos fand, trotzdem gemeinsam mit ihm zu arbeiten. Fehling, so genial er als Bühnenregisseur war, blieb mir menschlich fremd. Bald wurde ich unsicher, ob es mit uns beiden auf die Dauer gutgehen würde.

Andererseits konnte ich mir keinen besseren Regisseur als ihn vorstellen. Aus diesem Grunde bemühte ich mich, vieles zu überhören. Was die Besetzung der Rollen betraf und den Stil, der mir vorschwebte, gab es keine Meinungsunterschiede. Auch war Fehling von den Aufnahmeplätzen, die ich ausgewählt hatte, begeistert. Die Schlachtszenen zwischen den Amazonen und Griechen sollten in der libyschen Wüste aufgenommen werden. Nicht allein wegen der Unterstützung, die mir Marschall Balbo dort zugesagt hatte, sondern bestechend war der ewig blaue wolkenlose Himmel, vor dem die klassischen Gestalten unter der hochstehenden Sonne wie in Stein gemeißelte Relieffiguren aussehen würden. Der Film sollte auf keinen Fall bunten Hollywoodfilmen ähneln. Ich wollte die Farben sparsam verwenden. Sie sollten zwischen den Farbtönen beige und braun abgestuft sein, wie die Farben der alten Götterbauten am Nil.

Die düstere Tragik der letzten Kampfszene, das Duell zwischen Penthesilea und Achilles, die einen starken Gegensatz zu den ersten großen Schlachtszenen in der Sonnenlandschaft Libyens darstellt, sollte auch optisch zum Ausdruck kommen. Deshalb wollte ich diese Aufnahmen auf Sylt oder an der Kurischen Nehrung machen. Dort konnten wir die Szenen gegen dunkle Wolkenbänke filmen. Alles sollte in der Natur, nichts im Atelier aufgenommen werden. Allerdings sollte die Natur im Bild niemals realistisch wirken, sondern durch Bildausschnitt, Licht und überdimensional aufgenommene Motive wie etwa von Sonne und Mond stilisiert werden. Für die Kamera war es eine faszinierende Aufgabe, aus Regenbogen und Wolken, aus stürzenden Wassern und entwurzelten Baumriesen solche unwirklichen Bilder zu schaffen. Mit diesen optischen Visionen würde Kleists Sprache harmonieren.

Nur so konnte ich mir «Penthesilea» im Film vorstellen.

In Berlin waren die Vorbereitungsarbeiten für den Film in vollem Gang. Wichtige Entscheidungen waren zu treffen. Es ging vor allem um die Auswahl der Darsteller. Noch hatten wir keinen Achilles. Verpflichtet waren bisher nur Maria Koppenhöfer und Elisabeth Flickenschildt, für die Rollen der Priesterinnen, und junge sportliche Mädchen, die in Reitkursen ihre Ausbildung als Amazonen erhielten.

In Wien wählten wir die Lipizzaner-Hengste aus, im Rheinland die großen Doggen, mit denen Penthesilea gegen Achilles in ihren letzten Kampf zieht. Die Kameraleute wurden verpflichtet und Probeaufnahmen gemacht.

Über diesem hektischen Arbeitstempo hatte ich vergessen, Albert Speer anzurufen. Er wollte mich dringend sprechen. An einem Nachmittag, Mitte August, besuchte ich ihn in seinem Atelier am Pariser Platz. Er zeigte mir ein riesengroßes Modell des geplanten Neubaus von Berlin. Erst dachte ich, es handelt sich um ein architektonisches Phantasieobjekt. Ich konnte mir nicht vorstellen, daß eine Stadt wie Berlin neu aufgebaut werden sollte. Aber Speer erklärte mir, schon in allernächster Zeit würde mit dem Bauen begonnen werden.

«Deshalb», sagte er, «wollte ich Sie sprechen. Von diesen Modellbauten, deren Entwürfe nicht nur von mir, sondern auch von anderen Architekten stammen, möchte ich ein Filmdokument herstellen lassen, und da dachte ich an Sie.»

Ich mußte Speer leider enttäuschen, da ich ja «Penthesilea» vorbereitete. Ich schlug ihm Dr. Fanck vor, der mit seinen zwei letzten Filmen wenig Erfolg gehabt hatte und gerade nicht beschäftigt war. Speer war einverstanden, bat mich aber, Fanck durch meine erfahrenen Mitarbeiter zu unterstützen und die Produktion dieses Films, die von der Organisation Todt finanziert wurde, im Rahmen meiner Firma zu organisieren und zu überwachen.

Unerwartet erschien Hitler. Er trug seine Parteiuniform, braune Jacke und schwarze Hose, weder Mantel noch Mütze. Anscheinend war er durch eine Hintertür, die zu den Gärten der Reichskanzlei führte, in Speers Atelier gekommen.

Ich wollte mich sofort verabschieden, aber Hitler sagte: «Bleiben Sie nur, Fräulein Riefenstahl, Sie können hier etwas Einmaliges sehen.»

Während er die Modelle betrachtete, hörte ich, wie Speer sagte: «Mein Führer, ich kann Ihnen die erfreuliche Mitteilung machen, daß wir nach dem Ergebnis der Boden-Untersuchungen die Neubauten von Berlin in fünfzehn statt in zwanzig Jahren fertigstellen können.»

Hitler blickte überrascht auf und sagte mit freudig erregter Stimme, etwas pathetisch, die Hände hochhebend und den Blick nach oben gewandt, wie ich es schon einmal bei meiner ersten Begegnung mit ihm an der Nordsee erlebt hatte: «Gott gebe, daß ich das noch erleben darf und daß ich nicht zu einem Krieg gezwungen werde.»

Ich war erschrocken, als ich das Wort «Krieg» hörte. Als schon zwei Wochen später der Krieg ausbrach, habe ich oft an diese Worte Hitlers in Speers Atelier denken müssen. Ich habe sie mir nie erklären können.

Hitler und Speer debattierten eingehend über Details der Modellanlage. Mir fiel darin eine große, riesig breite Straße auf, die von Süden nach Norden lief und zwei Bahnhöfe miteinander verband. Dem Gespräch entnahm ich, daß es nur noch diese zwei Bahnhöfe geben sollte. Um die Bahnhofsgebäude waren breite Wasseranlagen geplant, von Rasenflächen umsäumt und von Bäumen und Blumen bepflanzt. Hitler erklärte: «Wenn Gäste unsere Hauptstadt besuchen, sollen sie von Berlin einen überwältigenden Eindruck bekommen.»

In manchen Stadtteilen lagen Universitäten, Schulen und Lehranstalten beisammen, in anderen Museen, Galerien, Theater, Konzertsäle und Lichtspieltheater. Ein weiterer Stadtteil bestand aus Krankenhäusern, Kliniken und Altersheimen. Am auffälligsten waren Regierungs- und Parteigebäude in klassizistischem Stil, wie Speer ihn bei seinem Bau der Neuen Reichskanzlei schon praktiziert hatte. Bombastisch empfand ich einen gigantischen Kuppelbau, der durch seine enorme Höhe – den Kölner Dom hätte man in jeden der vier Ecktürme hineinstellen können – das Stadtbild zerstörte. Dieser Bau war, soviel ich verstand, besonderen Massenveranstaltungen vorbehalten, und in den riesigen Ecktürmen sollten Grabstätten für verdiente Parteileute Platz finden.

Hitler fragte mich: «Was für Bäume sollen wir auf unserer neuen Hauptstraße pflanzen?»

Spontan sagte ich: «Die Bäume, die ich in Paris auf den Champs-Elysées gesehen habe. Ich glaube, es sind Platanen.»

«Was meinen Sie, Speer?»

«Finde ich gut», sagte Speer trocken.

«Also Platanen», sagte Hitler gut gelaunt. Dann verabschiedete er sich.

Aus meinen Aufzeichnungen ersehe ich, daß die Unterhaltung bei Speer Mitte August 1939 stattgefunden hatte – nur zwei Wochen vor Kriegsausbruch.

Wenige Tage danach wurde ich zufällig Zeuge einer Szene, die mir historisch ungemein wichtig erschien. In die Reichskanzlei wurden von Zeit zu Zeit Künstler zu Filmabenden eingeladen. Ich war meistens zu beschäftigt und mußte gewöhnlich absagen. Aber diesmal wollte ich hingehen. Nach meinem Besuch bei Speer hatte ich das Gefühl, irgend etwas liege in der Luft, was mich beunruhigte.

Wie sooft kam ich zu spät, die Vorführung hatte schon begonnen. Verschiedene Wochenschauen wurden gezeigt. Bei einer sah man Stalin, wie er in Moskau eine Truppenparade abnahm. Dabei waren einige leinwandgroße Profilaufnahmen Stalins zu sehen. Ich beobachtete, daß Hitler sich bei den Stalinbildern vorbeugte und sie konzentriert betrachtete. Als die Vorführung zu Ende war, verlangte er überraschend, diese Wochenschau noch einmal zu sehen, ohne zu sagen, warum. Als Stalin wieder im Bild erschien, hörte ich, wie er sagte: «Dieser Mann hat ein gutes Gesicht – mit ihm müßte man doch verhandeln können.» Als es hell wurde, stand Hitler auf, entschuldigte sich und ging fort.

Schon zwei Tage später – ich erinnere mich an das Datum genau, es war mein Geburtstag – flog der deutsche Außenminister Joachim von Ribbentrop nach Moskau. Unter seinen Begleitern befand sich Walter Frentz, einer meiner Kameraleute. Er führte Kopien meiner Olympiafilme mit sich, sie waren von der Reichskanzlei angefordert worden. Jetzt glaubte ich die Bedeutung der Filmvorführung und Hitlers Anruf zu verstehen. Tatsächlich wurde schon einen Tag nach der Ankunft Ribbentrops in Moskau der Nichtangriffspakt zwischen Deutschland und Rußland unterzeichnet.

Nach Ribbentrops Rückkehr fand in Berlin in der sowjetischen Botschaft ein Empfang zur Feier des alle Welt verblüffenden «Hitler-Stalin-Pakts» statt. Ich war eingeladen. Mir wurde ein handgeschriebener Brief Stalins überreicht, in dem er seine Bewunderung für die Olympiafilme zum Ausdruck brachte.

Mein Eindruck war, daß der plötzliche Entschluß Hitlers, mit Stalin zu verhandeln, in dem Augenblick entstand, als er seine Nahaufnahmen in der Wochenschau gesehen hatte.

Auf der Himmelsspitze

Vor Beginn der «Penthesilea»-Aufnahmen wollte ich noch einmal ausspannen. Es war der 30. August, als ich mich in meinen Sportwagen setzte und nach Bozen fuhr. Hans Steger erwartete mich. Von dort ging es zur Sellahütte, unserem Ausgangspunkt für die ersten Touren.

Am nächsten Morgen machten wir als Training die «Himmelsspitze». Durchtrainiert, wie ich jetzt war, wurde diese Kletterei für mich zu einem Spaziergang – und, wie immer, zu einem großen Genuß. Als ich auf dem Gipfel stand, glücklich und von Zukunftsträumen erfüllt, ahnte ich nicht, daß schon am nächsten Tag alles zerstört sein würde.

Als wir mittags zur Hütte zurückkehrten, empfing uns Paula Wiesinger, die Lebensgefährtin Stegers, ganz aufgeregt: «Leni, du mußt sofort zurück nach Berlin, dein Freund Hermann hat angerufen. Schrecklich – es gibt Krieg! Hermann befindet sich schon, genauso wie Guzzi und Otto und andere deiner Mitarbeiter, in einer Kaserne. Die Mobilmachung ist bereits in vollem Gange.» Wahnsinn, dachte ich, das kann nicht wahr sein. Eine Welt stürzte für mich ein.

Steger begleitete mich. Die Autobahn München-Berlin war so gut wie leer. Als wir tanken wollten, gab es kein Benzin mehr. Mit dem letzten Tropfen erreichten wir unser Ziel. Erschöpft kamen wir in Dahlem an.

Ich erfuhr, daß meine Mitarbeiter von der Mobilmachung erfaßt waren. Jeden Augenblick erwartete man die offizielle Kriegserklärung. Sofort fuhr ich zu meinen Leuten und traf sie alle in einer Kaserne, an deren Namen ich mich nicht mehr erinnern kann. Sie bestürmten mich, eine Wochenschaukompanie zusammenzustellen. Lieber wollten sie als Kameraleute an die Front gehen.

Ich verstand sie, aber von wem sollte ich so schnell die Genehmigung dazu erhalten. Ich versuchte, mich in der Reichskanzlei zu erkundigen, und hatte auch Glück, durch die Wachmannschaften hindurchzukommen. Dort traf ich einen Oberst und trug ihm mein Anliegen vor.

«Wenn Sie sich beeilen», sagte er, «können Sie im Reichstag den Führer hören, der eine Erklärung über den möglichen Krieg abgeben wird.» Er schrieb einen Zettel aus, mit dem ich die Krolloper betreten durfte.

Als ich den dichtbesetzten Raum betrat, hörte ich nur noch von weitem Hitlers Stimme: «Seit 5.45 Uhr wird jetzt zurückgeschossen!»

IM KRIEG

Krieg in Polen

Krieg – ein entsetzlicher, ein unfaßbarer Gedanke. Hitlers Kriegserklärung an Polen war mir unbegreiflich. Er hatte doch erst vor wenigen Tagen, als Speer mit ihm über die Neugestaltung Berlins sprach, gesagt: «Gott gebe, daß ich das noch erleben darf und nicht gezwungen werde, einen Krieg zu führen.»

Hitler hatte früher einmal bei einem Tischgespräch sich sehr anerkennend über den polnischen Regierungschef Marschall Pilsudski geäußert. Sinngemäß hatte er gesagt, solange der Marschall regiert, könnte jedes Problem zwischen Polen und Deutschland in Freundschaft gelöst werden. Aber inzwischen war Pilsudski tot.

Damals war ich überzeugt, nur schwerwiegende Gründe könnten Hitler den Entschluß zu diesem Krieg abgerungen haben. Rundfunk und Presse hatten immer wieder berichtet, Hitler wolle lediglich eine Landverbindung nach Ostpreußen und Danzig in das Deutsche Reich wiedereingliedern. Aber die wiederholten Bemühungen der deutschen Regierung, Polen dazu zu bringen, blieben erfolglos. So jedenfalls wurde die Öffentlichkeit informiert. Hitler soll überzeugt gewesen sein, England würde trotz der den Polen zugesagten Garantie neutral bleiben, und deshalb riskierte er wohl den Krieg. Er glaubte, ihn in kurzer Zeit beenden zu können.

Ich überlegte, wie ich mich in einem Krieg nützlich machen könnte. Zuerst dachte ich, mich als Krankenschwester ausbilden zu lassen. Einige meiner Mitarbeiter bedrängten mich weiterhin, eine Filmgruppe zu organisieren, für die Kriegsberichterstattung an der Front.

Ich bemühte mich, diesen Vorschlag zu verwirklichen. Nachdem ich noch keinen Bescheid von der Wehrmacht erhalten hatte, beschloß ich, etwas Konkretes vorzulegen. Wir stellten gemeinsam eine Liste von Mitarbeitern auf, die dafür geeignet waren, darunter Allgeier, Guzzi und Otto Lantschner, Traut und als Tonmeister Hermann Storr, und machten einen kurzen Bericht über unser Vorhaben. Damit fuhr ich abermals zur Reichskanzlei, in der Hoffnung, dort einem von Hitlers Verbindungsoffizieren zur Wehrmacht die Liste und den Bericht übergeben zu können. Ich mußte lange warten, doch dann konnte ich meinen Plan einem höheren Wehrmachtsoffizier vortragen. Er versprach, die Unterlagen seiner vorgesetzten Dienststelle vorzulegen. Schon nach 24 Stunden erhielt ich telefonisch die Nachricht, der Plan sei von der Wehrmacht genehmigt.

Ein Major brachte uns im Grunewald bei, mit Gasmaske und Pistole umzugehen. Innerhalb von zwei Tagen erhielten wir blaugraue Uniformen, wie sie von den Kriegsberichterstattern später getragen wurden. Deutschen war es verboten, sich im Frontgebiet in Zivilkleidung aufzuhalten. Sepp Allgeier mußten wir aber in Zivil mitnehmen; er konnte nicht mehr rechtzeitig eingekleidet werden.

Am 8. September verließ unser kleiner Filmtrupp Berlin, Richtung Osten. Wir sollten uns in Polen bei dem Chef der Heeresgruppe Süd, Generaloberst von Rundstedt, melden. Schon um die Mittagszeit erreichten wir das Hauptquartier, wo wir von Rundstedt begrüßt wurden und die Anweisung erhielten, zu Generaloberst von Reichenau zu fahren, der weiter vorn bei Konskie seinen Gefechtsstand hätte.

In diesem kleinen polnischen Ort ging es recht lebhaft zu. Soldaten in allen Straßen, Motorräder und Kübelwagen sausten an uns vorüber. Generaloberst von Reichenau hatte in einem abgestellten Eisenbahnabteil sein Quartier aufgeschlagen. Ich erkannte in ihm den Mann wieder, der sich bei Hitler anläßlich des Parteitagfilms beschwert hatte. Fünf Jahre lag das zurück. Er begrüßte uns kurz, aber freundlich, schien mir nichts nachzutragen, war aber ziemlich ratlos, wo er uns unterbringen sollte. Reichenau riet, mit unseren Wagen möglichst in der Nähe des Wagenparks der Wehrmacht zu bleiben. Wir befanden uns in unmittelbarer Frontnähe und konnten in Feuergefechte geraten. Am kommenden Tag sollten wir Vorschläge für Filmaufnahmen erhalten. Fest stand nur, daß ein Kameramann im Kübelwagen in das Frontgebiet fahren sollte. Guzzi meldete sich freiwillig. Glücklicherweise hatte ich mein Zelt mitgenommen und konnte die Nacht, vor Kälte und Wind geschützt, auf dem Parkplatz verbringen. Die anderen versuchten, es sich in unseren beiden Autos bequem zu machen.

Kurz vor der Morgendämmerung wurde Guzzi für die Aufnahmen abgeholt. Wir hörten Geschützfeuer. Geschosse schlugen plötzlich durch mein Zelt. So gefährlich hatte ich mir das nicht vorgestellt.

Einige meiner Leute hatten inzwischen schon Verbindung zu den Soldaten aufgenommen. Am Tag vor unserer Ankunft hatten polnische Zivilisten einen hohen deutschen Offizier und vier Soldaten ermordet und auf das Furchtbarste verstümmelt; man hatte ihnen die Augen ausgestochen und die Zungen herausgeschnitten. Dies war schon das zweite schreckliche Ereignis innerhalb von zwei Tagen. Beim ersten waren sechs Soldaten von polnischen Partisanen im Schlaf ermordet und massakriert worden. Ihre Leichen wurden nach Berlin überführt. Die bei dem Massaker des gestrigen Tages getöteten Soldaten lagen in der Kirche aufgebahrt und sollten hier beerdigt werden.

Wir gingen zum Marktplatz, auf dem eine Menge deutscher Soldaten versammelt war. In ihrer Mitte schaufelten polnische Männer eine Grube, das Grab für die deutschen Soldaten. Unter den Soldaten herrschte größte Erregung, in den Gesichtern der Polen spiegelte sich Todesangst. Sie verstanden kein Deutsch und fürchteten, ihr eigenes Grab auszuheben. Da erschien ein deutscher Polizeioffizier, stellte sich an den Rand der Grabstelle und forderte die Soldaten auf, Ruhe und Disziplin zu bewahren. Er hielt eine kurze Ansprache: «Soldaten, so grausam auch der Tod unserer Kameraden gewesen ist, wir wollen nicht Gleiches mit Gleichem vergelten.» Dann forderte er die Soldaten auf, die Polen nach Hause zu schicken und die Toten zu begraben.

Nachdem der Offizier zurückgetreten war, zogen einige Soldaten die verängstigten Polen nicht gerade sanft aus der Grube. Neben mir stand eine besonders aufgebrachte Gruppe. Sie mißachtete die Aufforderung des Offiziers und versetzte den sich aus der Grube drängenden Männern brutale Fußtritte.

Das empörte mich. Ich schrie sie an: «Habt ihr nicht gehört, was der Offizier euch gesagt hat? Ihr wollt deutsche Soldaten sein?» Die aufgebrachten Männer richteten sich jetzt bedrohlich gegen mich. Einer schrie: «Haut ihr eine aufs Maul, weg mit dem Weib!» Ein anderer rief: «Schießt dieses Weib nieder», und richtete sein Gewehr auf mich. Entsetzt schaute ich auf die Soldaten. In diesem Augenblick wurde ich fotografiert.

Als der Gewehrlauf auf mich gerichtet war, rissen mich meine Mitarbeiter zur Seite. Im gleichen Augenblick hörten wir in der Ferne einen Schuß, kurz danach mehrere. Alles rannte von der Grabstelle in die Richtung, aus der die Schüsse kamen. Noch ehe ich wußte, was geschehen war, meldete ich mich bei Reichenau, um gegen das undisziplinierte Verhalten der Soldaten zu protestieren. Erst hier erfuhr ich, was sich inzwischen Schreckliches ereignet hatte. Der Schuß eines Luftwaffen-Offiziers hatte eine Panik ausgelöst, durch die eine sinnlose Schießerei entstand. Soldaten hatten in die davonrennenden Polen geschossen. Sie nahmen an, unter ihnen befänden sich die Leute, die das Massaker verübt hatten.

Mehr als dreißig Polen fielen dieser unsinnigen, vom Zaun gebrochenen Schießerei zum Opfer. Vier deutsche Soldaten wurden verwundet. Reichenau war empört und von Abscheu erfüllt, wie wir alle. Er sagte, eine solche Schweinerei sei in der deutschen Armee noch nie vorgekommen, die Schuldigen würden vor ein Kriegsgericht gestellt.

Dieses Erlebnis hatte mich so mitgenommen, daß ich den General bat, meine Filmberichtertätigkeit niederlegen zu dürfen. Er zeigte volles Verständnis. Sobald als möglich wollte ich nach Berlin zurück.

Während meine Mitarbeiter ihre Arbeit als Kriegsberichter fortsetzen wollten, saß ich schon in einem Geländewagen, begleitet von dem Kameramann Knuth, der auch nicht in Konskie bleiben wollte. Wir fuhren zur Heeresgruppe Süd. Dort bot sich uns die einzige Gelegenheit, in den Westen zu gelangen. Eine Militärmaschine, mit Ziel Danzig, nahm uns mit.

Es war eine Heinkel 111 mit Platz für fünf Personen. Ich lag auf einem ausgerollten kleinen Teppich neben dem Piloten in einer durchsichtigen Kanzel. Hinter mir Knuth und der Bordmechaniker.

Wir befanden uns noch im Kriegsgebiet. Unsere Maschine wurde von feindlicher Flak heftig beschossen. In den Flügeln des Flugzeugs waren die Einschläge zu sehen. Das Krachen der Geschosse wurde immer stärker. Plötzlich stürzten wir senkrecht nach unten, der Erde zu. Aufregende Schrecksekunden. Ich erinnere mich noch an den angespannten Ausdruck des Piloten und, als ich mich umsah, an den hinter mir sitzenden Kameramann, der sich mit angstverzerrtem Gesicht an irgendwelchen Gurten hochzuziehen versuchte.

Ein Wunder – wir lebten noch. Kein Krachen, kein Flammenausbruch – wir wurden nicht abgeschossen. Der Pilot hatte geistesgegenwärtig zum Sturzflug angesetzt, als unsere Maschine getroffen wurde. Erst wenige Meter über dem Wald fing er sie wieder ab und entkam so dem Flakfeuer. Aber wir waren noch nicht aus der Gefahrenzone – immer wieder wurde auf uns geschossen. Unsere Maschine flog vergleichbar etwa dem Slalom eines Skiläufers und so niedrig, daß wir fast die Baumkronen und Telegrafendrähte streiften, wobei der Pilot Flugrichtung und Höhe ständig wechselte. Mit Udet hatte ich aufregende Flüge erlebt, aber dies war das aufregendste Flugerlebnis meines Lebens.

Danzig lag in stürmischem Wetter, mehrere Landeversuche auf dem kleinen Flugfeld mißlangen. Schließlich schaffte es der Pilot – allerdings mit einer Bruchlandung. Wir mußten in Danzig bleiben. Es gab noch keine Verkehrsverbindung mit Berlin. Plötzlich wurde verbreitet, Hitler werde erwartet. Nach seiner Ankunft gab er im «Kasino-Hotel» in Zoppot ein Mittagessen, zu dem ich eingeladen wurde. An Hitlers rechter Seite saß Frau Forster, die Frau des Gauleiters von Danzig, ich links von ihm. An der einfachen Tafel saßen etwa hundert Personen, meist Offiziere.

Ich benutzte die Gelegenheit, um Hitler von den Vorgängen in Konskie zu berichten. Er war bereits informiert und sagte das gleiche, was ich schon von Reichenau gehört hatte, daß ein solches Vergehen noch nie in der deutschen Armee vorgekommen sei und die Schuldigen vor ein Kriegsgericht gestellt würden.

Während des Essens erhielt Hitler eine Depesche. Ich hörte, wie er den Inhalt mehrmals halblaut vor sich hersagte. Da ich neben ihm saß, konnte ich einige Zeilen lesen. Das Telegramm war mit den Buchstaben OKH-Oberkommando des Heeres unterzeichnet und lautete sinngemäß: Man bitte Hitler dringend um sein Einverständnis, endlich mit dem Angriff auf Warschau beginnen zu können. Hitler wandte sich dem Ordonnanz-Offizier zu, der das Telegramm überbracht hatte, und sagte erregt: «Es ist schon das dritte Mal, daß wir die polnische Regierung aufgefordert haben, Warschau kampflos zu übergeben. Solange noch Frauen und Kinder in der Stadt sind, will ich nicht, daß geschossen wird. Ich wünsche, daß wir noch einmal ein Kapitulationsangebot machen und alles versuchen, sie von der Unsinnigkeit ihrer Verweigerung zu überzeugen. Es ist ein Wahnsinn, auf Frauen und Kinder zu schießen.»

Das waren Hitlers Worte. Würde sie mir ein Dritter berichten, hielt ich sie für unglaubhaft. Aber ich schreibe die Wahrheit, so schwer es mir auch fällt. Nachkommen der Millionen Opfer Hitlers müssen diese Worte wie ein Hohn klingen. Vielleicht aber ist diese Episode ein Beitrag zum Verständnis seines schizophrenen Wesens.

Bevor ich Danzig verlassen konnte, hörte ich noch im Artushof am Langen Markt eine Rede Hitlers, in der er versuchte, seinen Krieg gegen Polen zu rechtfertigen. Er sprach über die Mißhandlungen der Deutschen in Polen, die sich seit dem Tod des Marschall Pilsudski ins Unerträgliche gesteigert hätten, dann beschuldigte er England, Polen in den Krieg getrieben zu haben, und beschwor leidenschaftlich seinen Friedenswillen. «Niemals», sagte Hitler, «hatte ich die Absicht, mit Frankreich oder England Krieg zu führen – wir haben im Westen keine Kriegsziele.»

Nach meiner Rückkehr aus Danzig brachte der Rundfunk die Nachricht von der Besetzung Warschaus. Durch Udet, inzwischen Generalluftzeugmeister der Luftwaffe, bot sich mir die Gelegenheit, mit einer Militärmaschine nach Warschau zu fliegen. Dort wollte ich meine Mitarbeiter treffen. Sie waren gesund und überzeugt, der Krieg werde in kurzer Zeit aus sein. Erstaunlich war, was sie mir über die ersten Unstimmigkeiten zwischen der deutschen und der russischen Armee erzählten. Telefongesprächen deutscher Offiziere hatten sie entnehmen können, daß die Russen Gebiete beanspruchten, die deutsche Truppen in Galizien erobert hatten. Es handelte sich dabei um Öl. Die Wehrmachtsführung protestierte, aber auf persönlichen Befehl Hitlers mußten die deutschen Generäle grollend der Roten Armee weichen. Nach dieser Entscheidung Hitlers wurden die Fähnchen, die auf der großen Landkarte im Hauptquartier des Heeres die Frontlinien markierten, zurückgesteckt. Einer unserer Kameraleute hatte das zu filmen. Dabei hörte er einen Offizier fluchend sagen: «Deutsche Soldaten haben diese Gebiete mit ihrem Blut erobert. Nun schenkt Hitler dieses Land den Russen.»

Am nächsten Tag fand in Warschau ein Vorbeimarsch der kämpfenden Truppen vor Hitler statt. Sepp Allgeier und die Brüder Lantschner filmten ihn. Ich stand neben Allgeier in Hitlers Nähe und erlebte, wie die vorbeimarschierenden Männer ihn wie hypnotisiert anschauten. Sie erschienen mir ausnahmslos bereit, alles für Hitler zu tun, wenn er es befehlen würde, auch für ihn zu sterben.

Seit diesen Erlebnissen in Polen war ich nie wieder an irgendeiner Front und habe auch niemals irgendwelche Kriegsaufnahmen gemacht.

Noch einmal «Tiefland»

In Berlin stellte ich zu meiner Überraschung fest, daß die Filmindustrie trotz des Krieges fast wie in Friedenszeiten produzierte. Aber eine «Penthesilea» hätte keine Chance gehabt, der Aufwand war zu groß. Goebbels kam es jetzt in erster Linie auf patriotische Stoffe und Unterhaltung jeder Art an, um die Zuschauer einerseits auf das Ziel des Krieges auszurichten, andererseits von ihren Sorgen abzulenken.

Im «Film-Kurier» las ich, die «Tobis» beabsichtige «Tiefland» zu drehen. Das elektrisierte mich. An diesem Film hatte ich ja schon vor Jahren gearbeitet, aber ich hatte ihn abbrechen müssen. Sollte ich das Projekt von neuem aufgreifen? Manches sprach dafür, manches dagegen: Dafür, daß dieses Thema nichts mit Politik und Krieg zu tun hatte und, wie ich damals glaubte, eine leichte, nur wenige Monate dauernde Arbeit sein würde. Dagegen, daß ich die innere Beziehung zu diesem Stoff nicht mehr besaß. In jedem Fall aber schien es mir besser, «Tiefland» zu verfilmen, als einen Propaganda- oder Kriegsfilm machen zu müssen. Dieser Verpflichtung hätte ich mich kaum entziehen können. Die Macht von Goebbels hatte sich durch den Krieg nur verstärkt.

Hätte ich nur geahnt, welche unüberwindlichen Schwierigkeiten dieser Film mit sich bringen würde! Mehr als zwanzig Jahre vergingen, bis «Tiefland» endlich herauskommen konnte. Niemand hat diese Entwicklung voraussehen können. Krieg, Krankheit und eine fast zehnjährige Beschlagnahme des Materials waren die Ursache. Die Geschichte dieses Films, eine Odyssee, wäre für sich allein schon ein Filmstoff.

Am Anfang sah alles noch gut aus. Die Herren der «Tobis» waren begeistert. Der Vertrag, den Direktor Lehmann mit mir abschloß, sah vor, meine Firma sollte die Produktion, die «Tobis» den Verleih übernehmen.

Ich wollte diesen Stoff nicht als Oper verfilmen, meine Vorstellung war eine epische Dichtung, die ich ins Optische umsetzen wollte, eine Bildballade. Ich war deshalb glücklich, Richard Billinger, den seit seiner «Rauhnacht» so erfolgreichen Bühnen- und Filmautor, für das Drehbuch zu gewinnen.

Vom Optischen her reizte mich das Milieu, das mich an die spanischen Maler Goya und El Greco erinnerte. Das Thema ist einfach:

Oben im Gebirge lebt Pedro, der Hirt und Leibeigene des Marques Don Sebastian, eines Despoten, der in «Tiefland» erbarmungslos gegen seine Untergebene und insbesondere gegen seine Bauern herrscht. Pedro ist eine Art Parsifalfigur. Er kommt nur selten ins Tiefland, das, wie der alte Hirte Nando sagt, «schlecht» ist. Martha ist die schöne Ziehtochter eines armen Zigeuners und wird von beiden Männern geliebt. Die hieraus entstehenden Konflikte ergeben die dramatische Handlung. Zwischen den Rivalen kommt es zu einem Messerkampf. Pedro tötet Don Sebastian, er erwürgt ihn wie den Wolf, der in seine Herde einbrach. Nach dem Tod Sebastians kommt der erlösende Regen – die monatelang anhaltende Dürre ist beendet –, die Bauern haben ihr Wasser, und Pedro und Martha verlassen das «Tiefland» – sie gehen hinauf in die Berge.

Als ich Billingers ersten Entwurf las, dem der Stoff auf den Leib geschrieben sein mußte, wie ich glaubte, war ich enttäuscht. Auch der zweite und dritte mißlang. Selbst Billinger war mit seiner Arbeit unzufrieden. Schade, wenn es ihm nicht gelang, wem dann? Ich versuchte es mit Frank Wisbar, dem Regisseur so guter Filme wie «Fährmann Maria» und «Die Unbekannte». Es war wie verhext, auch sein Manuskript war eine Enttäuschung.

Alle anderen guten Drehbuchautoren waren «ausgebucht», wie man heute sagen würde. Mir blieb nichts übrig, als es selbst zu versuchen. Ich mietete mir in Kitzbühel auf dem Hahnenkamm eine kleine Berghütte und zog mich zurück. Unmittelbar am Anfang der berühmten ‹Streif›-Abfahrt gelegen, war es eine starke Versuchung, mich wieder auf die Bretter zu stellen. Täglich zog ich die rotkarierten Gardinen vor die Fenster, um die Winterlandschaft nicht zu sehen.

Die Arbeit fiel mir nicht leicht, und ich hätte sie kaum geschafft, wenn mir der Zufall nicht geholfen hätte. Auf dem Hahnenkamm traf ich Harald Reinl. Er war als einer der besten Skiläufer in vielen Fanck-Filmen dabei gewesen und hatte auch schon in meiner eigenen Firma als Guzzi Lantschners Assistent gearbeitet. Unsere Begegnung wurde für ihn zur Schicksalsstunde. Reinl hatte an der Innsbrucker Universität seinen Doktor jur. gemacht und bereitete sich auf eine Beamtenlaufbahn vor. Da entschlüpfte ihm die Bemerkung, viel lieber würde er beim Film arbeiten. Er gab mir eines seiner Manuskripte zu lesen. Schon nach wenigen Seiten war ich mir über seine filmische Begabung nicht im Zweifel.

Impulsiv fragte ich: «Würdest du deine Ministerialratskarriere sausenlassen, wenn ich dich als Regieassistenten für ‹Tiefland› engagiere?»

Er schaute mich ungläubig an und erwiderte: «Ich hab doch keine praktischen Erfahrungen.»

«Macht nichts», sagte ich, «du bist begabt, und das ist wichtiger.»

So kam Harald Reinl zum Film. Bald begannen wir auf der Berghütte mit der gemeinsamen Arbeit, und sie lief gut. Ich hatte einen Gesprächspartner, und bei den Dialogen war er eine große Hilfe. Schon nach sechs Wochen war das Drehbuch fertig. Wir hatten, abweichend von der Oper, ein soziales Thema, den Aufstand der leibeigenen Bauern gegen ihren Herrn, eingebaut.

Auf ungewöhnliche Weise entdeckte ich unseren «Pedro». Sepp Rist, 1934 für diese Rolle vorgesehen, war inzwischen für den «Pedro» zu alt. Er hatte nach seinem großen Erfolg in «SOS Eisberg» als Partner von Brigitte Horney in dem Fanckfilm «Der ewige Traum» die Rolle des «Balmat» gespielt, der als erster im vorigen Jahrhundert den Montblanc bestieg. Reinl und ich sahen uns in St. Anton am Arlberg das Kandahar-Skirennen an. In einer Schlange der Skiläufer, die vor einer geschlossenen Eisenbahnschranke wartete, entdeckte ich einen jungen Mann. Ich wußte gleich, das ist Pedro. In diesem Augenblick gingen die Schranken hoch, die Skiläufer strömten zur Seilbahn, meinen Pedro hatte ich verloren. Auf dem Galzig, am Start zum Kandahar-Rennen, sah ich ihn wieder, und nun setzte ich Reinl auf ihn an. Das Ergebnis des Gesprächs war enttäuschend. Reinl berichtete, der junge Mann spreche einen so starken Dialekt, daß selbst er, ein Landsmann, ihn kaum verstehe. Wie schade! Seiner Erscheinung nach wäre er für die Rolle ideal gewesen. Ich gab es noch nicht auf und lud ihn zu einem Nachmittagstee ins «Hotel Post» ein. Er war schüchtern, wagte kaum den Mund aufzutun, aber sein Ausdruck entsprach nun einmal dem Bild, das ich mir von dieser Rolle gemacht hatte. Notfalls könnte man die Sprache synchronisieren. Er war dreiundzwanzig, Sanitätssoldat und von der Wehrmacht als Skilehrer in das Arlberggebiet abkommandiert. Noch war ich unsicher, die Hauptrolle mit einem so blutjungen Laien zu besetzen – ein beträchtliches Risiko. Ich behielt aber den jungen Mann im Gedächtnis.

Schauplatz der Außenaufnahmen sollte Spanien sein, möglichst mit den gleichen Motiven wie beim ersten Anlauf vor sechs Jahren. Wir schickten im Frühjahr 1940 den Kameramann, die Architekten und eine Kostümbildnerin nach Spanien. Ich wollte indessen in Berlin die Darsteller auswählen. Die «Tobis» war wenig entzückt über meine Absicht, die Hauptrolle mit einem Anfänger zu besetzen. Aber ich war einverstanden, von den damals schon bekannten, vielleicht geeigneten jungen Schauspielern Probeaufnahmen zu machen. Nur wenige entsprachen dem Pedro-Typ. Es ging nicht nur um die äußere Erscheinung, sondern vor allem um die echte Naivität, welche die Rolle verlangte. Es mußte glaubhaft wirken, wenn er sagt: «Ich hab noch nie ein Weib gehabt.» Würde man dies dem Schauspieler nicht zutrauen, wäre es eine Fehlbesetzung und das Kino ein Lachkabinett. Bei den Probeaufnahmen kam nichts heraus. Ich wurde meinen Pedro vom Arlberg nicht los. Für den Don Sebastian war Bernhard Minetti Favorit. In seinen Bühnenrollen bei Gründgens als Robespierre in Büchners «Dantons Tod» und als «Richard III.» hatte ich ihn bewundert. Ich machte auch Probeaufnahmen mit Gustav Knuth und Ferdinand Marian, entschied mich schließlich aber für Minetti. Schon seine asketisch wirkenden Gesichtszüge ließen ihn mir für die Rolle eines nordspanischen Edelmanns geeigneter erscheinen.

Eine wichtige Entscheidung war die Besetzung der weiblichen Hauptrolle, der Zigeunertänzerin Martha. Damals wollte ich sie übernehmen, aber diesmal ging es mir nur um die Regie. Ich sah nur zwei Schauspielerinnen für diese Rolle: Brigitte Horney oder Hilde Krahl. Sie waren beide nicht frei. Es war zum Verzweifeln. Die «Tobis» und meine Leute bedrängten mich, ich sollte die Rolle wieder selbst übernehmen. Ich ließ mich überreden, aber nur unter der Bedingung, daß wir einen Regisseur für meine Spielszenen fänden.

Willy Forst, Helmut Käutner und andere, die ich mir vorstellen konnte, waren beschäftigt. «Tiefland» schien unter einem schlechten Stern zu stehen. Endlich ein Lichtblick. Einer der begabtesten Filmregisseure, G. W. Pabst, kam aus Hollywood zurück, wo er einige Jahre tätig gewesen war. Er wollte wieder in Deutschland arbeiten – für ihn nicht einfach, da er bei Goebbels trotz seiner Erfolge unbeliebt war. Mit seinem vielleicht besten Film «Kameraden» fiel er unter die Kategorie «links».

Seit den Tagen der «Weißen Hölle vom Piz Palü» verband mich mit G. W. Pabst eine tiefe Freundschaft. Er war sofort bereit, die Regie der Spielszenen zu übernehmen.

Bis auf «Pedro» waren alle Rollen besetzt: neben Minetti mit so hervorragenden Berliner Schauspielern wie Maria Koppenhöfer,

Frieda Richard und Aribert Wäscher. Nun beschloß ich, es mit meinem Pedro zu versuchen. Ein Urlaubsantrag wurde von seiner Dienststelle in Wien genehmigt, und dann stand «Pedro» eines Tages vor uns. Ich hatte mich nicht getäuscht. Franzl, wie wir ihn nannten, war in seinen Probeaufnahmen einfach großartig, bis auf die Sprache, doch dazu hatte ich mir auch schon Gedanken gemacht. Unglücklicherweise lehnte ihn G. W. Pabst ab, obwohl er von der Ausdruckskraft des jungen Mannes überrascht war. Auch bei ihm scheiterte Franzl am Sprachproblem. Was tun? Wir hatten also noch immer keinen männlichen Hauptdarsteller. Dazu kam ein weiterer Rückschlag. Der bisher von Goebbels so ungeliebte G. W. Pabst erhielt von ihm zu aller Überraschung ein phantastisches Angebot für zwei große Spielfilme, die sogar vom Propagandaministerium gefördert wurden, die «Komödianten» mit Käthe Dorsch und den «Paracelsus» mit der Starbesetzung Werner Krauss und Harald Kreutzberg. Ich brachte es nicht übers Herz, Pabst diese tolle Chance zu vermasseln, er war mir dankbar, aber ich war wieder ohne Regisseur. Da erinnerte ich mich an Mathias Wieman, meinen Partner aus dem «Blauen Licht». Er hatte inzwischen mit seiner «Faust»-Inszenierung am Deutschen Schauspielhaus in Hamburg Regietalent bewiesen.

Während dieser langwierigen Vorbereitungen rief mich Veit Harlan an und bat um eine Unterredung. Ich kannte ihn persönlich noch nicht. Bei seinem Besuch war er sehr nervös und machte einen depressiven Eindruck. Er kam sofort auf sein Anliegen: «Sie müssen mir helfen, Fräulein Riefenstahl – Sie sind meine letzte Hoffnung.» Dann erzählte er mir, Goebbels wolle ihn zwingen, einen antisemitischen Film über «Jud Süß» zu machen. Er habe alles versucht, sich diesem Auftrag zu entziehen, sich sogar freiwillig an die Front gemeldet, aber Goebbels habe dies als Sabotage ihm gegenüber bezeichnet und ihm befohlen, den Film zu machen.

Harlan tat mir leid. Ich kannte Goebbels zu genau und wußte, daß es besonders jetzt im Krieg keine Chance gab, sich ihm zu widersetzen. Ich mußte Harlan enttäuschen, ich konnte die Hoffnungen, die er in mich gesetzt hatte, nicht erfüllen. Ich war die Letzte, die ihm bei Goebbels hätte helfen können. Harlan dagegen war überzeugt gewesen, ich hätte ein freundschaftliches Verhältnis zu Goebbels und Einfluß auf ihn. Ungläubig schaute er mich an, als ich ihm über meine eigenen schweren Auseinandersetzungen mit Goebbels erzählte. Er war so verzweifelt, daß er von einem Weinkrampf geschüttelt wurde. Ich versuchte ihn zu beruhigen und gab ihm den Rat, in die Schweiz zu gehen. «Sie dürfen den Film nicht machen», bat ich ihn eindringlich.

«Sie werden mich als Deserteur erschießen. Was soll aus Kristina werden?»

Dieses Gespräch erwähne ich nur, weil ich vor einiger Zeit im Fernsehen eine Diskussion über den Film «Jud Süß» und Veit Harlan gesehen habe, in der einer seiner Kollegen in verächtlicher Weise behauptete, Harlan sei nicht gezwungen worden, «Jud Süß» zu machen, sondern hätte den Film nur aus Ehrgeiz gedreht.

Am 10. Mai 1940 brachte der Rundfunk in einer Sondermeldung die schon seit Monaten befürchtete Nachricht: Der Krieg im Westen hatte begonnen. Seit Monaten hatten wir in unerträglicher Spannung gelebt. Kaum jemand glaubte damals, daß es noch ein «Zurück» gab. Alle rechneten in Erinnerung an den Ersten Weltkrieg mit einem jahrelangen Kampf. Mit um so größerer Überraschung und Begeisterung wurden die Tag für Tag durchgegebenen Sondermeldungen der Wehrmacht aufgenommen. Holland kapitulierte schon fünf Tage nach dem Einmarsch deutscher Truppen. Zwei Wochen später Belgien und, was niemand für möglich gehalten hatte, nach weiteren siebzehn Tagen Frankreich. Als die ersten deutschen Truppen am 14. Juni Paris erreichten und der Wehrmachtsbericht auch die siegreiche Beendigung der Kämpfe in Norwegen meldete, läuteten drei Tage in Deutschland die Glocken. Ein Fahnenmeer wehte aus Fenstern und von den Dächern. Berlin befand sich in einem Taumel. Tausende, berichtete der Rundfunk, jubelten auf den Straßen Adolf Hitler zu. Auch ich schickte ihm ein Glückwunschtelegramm. Aber alle, die nun an einen baldigen Frieden glaubten, hatten sich geirrt. Noch waren die Kämpfe nicht beendet.

Obgleich die Franzosen schon kapituliert hatten, erklärte ihnen Mussolini den Krieg und ließ italienische Truppen in Südfrankreich einmarschieren. Eine wenig imponierende Aktion.

Im Schatten dieser Ereignisse mußten die in Spanien vorgesehenen «Tiefland»-Aufnahmen nach Deutschland verlegt werden. Anstatt der Pyrenäen wählten wir das Karwendelgebirge. Auf den Buckelwiesen in Krün bei Mittenwald wurde nach spanischen Motiven unser Filmdorf «Roccabruna», das Kastell und die Mühle, gebaut.

Als ich zum ersten Mal die Bauten besichtigte, bekam ich einen Schock. Den Architekten war ein verhängnisvoller Fehler unterlaufen. Sie hatten das Dorf nicht nach dem angegebenen Kamerastandpunkt gebaut. Die Häuser standen so weit auseinander, daß es unmöglich war, die wichtige Dorftotale mit den Bergen im Hintergrund zu bekommen. Der sündhaft teure Bau war nicht verwendbar. Schlimmer noch als der Verlust von fast einer halben Million war die verlorene Zeit. Denn die sechs Wochen, die der Neubau erforderte, waren nicht mehr einzuholen. Es war schon Juli, und vor Einbruch des Winters mußten die Außenaufnahmen beendet sein. Die «Tobis», die schon für zwölf Millionen Mark Vorverträge für «Tiefland» abgeschlossen hatte, bestand auf der Fertigstellung des Films.

Ein anderes Problem war der gezähmte Wolf. Es gelang unserem tüchtigen Aufnahmeleiter nicht, ein solches Tier aufzutreiben. Überall hatte er nachgefragt, jeden Zirkus angerufen, die Antwort war immer dieselbe: Löwen, Bären, Tiger und andere Tiere können dressiert werden, aber nicht Wölfe. Wir versuchten es nun mit ausgebildeten Schäferhunden, aber die Aufnahmen zeigten unverkennbar, daß es Hunde, nicht Wölfe waren.

Als ich mit meinem schon sehr verzweifelten Aufnahmeleiter, Rudolf Fichtner, die Kaiser-Allee in Berlin entlangfuhr, sah ich auf dem Gehsteig einen jungen Mann, mit einem Wolf an der Leine. Fassungslos schaute ich auf das Tier – es war tatsächlich ein Wolf. Fichtner fragte den Mann, ob es wirklich ein gezähmter Wolf sei. Strahlend kam er und gab mir eine Visitenkarte: Dr. Bernhard Grzimek, Zoologe.

«Es ist ein echter Wolf», sagte Fichtner aufgeregt, «Herr Grzimek ist dabei, ihn zu dressieren.»

«Und», fragte ich nervös, «können wir mit dem Wolf arbeiten?»

«Vielleicht, aber im Augenblick ist der Wolf noch zu gefährlich. Herrn Grzimeks Frau liegt im Krankenhaus, der Wolf hat sie gebissen! Er hofft aber, ihn zähmen zu können», sagte Fichtner schon weniger optimistisch, «wir haben eine Besprechung mit Produktionsleiter Traut vereinbart.»

Inzwischen hatten wir Franz Eichberger, so hieß unser Pedro, nach Berlin kommen lassen. Er nahm Sprachunterricht in einer Schauspielschule, die mir von Frieda Richard empfohlen wurde. Ich war zu der Überzeugung gekommen, er sei der einzige für diese Rolle. Unser Fotograf, Rolf Lantin, betreute ihn und schirmte ihn gegen das Großstadtleben Berlins ab. Er könnte, so wurde befürchtet, zu viel von seiner «Unschuld» verlieren und dann seine Rolle nicht mehr so überzeugend spielen.

Während in Krün das Dorf neu aufgebaut wurde, begab ich mich auf Motivsuche in die Dolomiten. Auf der Fahrt von Mittenwald nach Bozen saß ich allein in meinem Abteil. Plötzlich spürte ich, daß mich jemand ansah. Irgend etwas hielt mich davon ab, aufzuschauen. Als ich die Augen doch öffnete, fiel mein Blick auf das Gesicht eines Mannes. Das Ungewöhnliche war, daß ich in diesem Moment, im Bruchteil einer Sekunde, eine Vision hatte, die zweite meines Lebens: Zwei Kometen mit riesigen Schweifen rasten auf mich zu, prallten zusammen und explodierten. Ich erschrak so heftig, als hätte ich das wirklich erlebt. Erst nach einiger Zeit, als meine Erregung sich etwas gelegt hatte, sah ich wieder in dasselbe Männergesicht. Der Blick war unentwegt, wie hypnotisiert, auf mich gerichtet. Der Fremde stand auf dem Gang und hatte seine Stirn an die Glasscheibe der geschlossenen Tür gepreßt, ein Offizier in Gebirgsjäger-Uniform, noch jung, vielleicht Anfang dreißig. Sein Ausdruck hatte etwas Verwegenes an sich. Das markante Gesicht war durch Schmisse gezeichnet. Ich spürte eine ungewöhnlich starke Anziehung, zugleich aber auch Furcht und vermied es, seinen Blick zu erwidern. Ich versuchte zu schlafen und das Erlebte wegzuwischen. Erst als der Zug in Innsbruck hielt, bemerkte ich, daß der Platz, an dem der Mann gestanden hatte, leer war.

In den Dolomiten fand ich im Rosengartengebiet auf Ciampedi, zu deutsch Himmelswiese, alle Motive, die wir in den Bergen brauchten. Auch einen idealen Platz für Pedros Hütte; dort sollte sich der Kampf mit dem Wolf abspielen. Wir hatten inzwischen die Zusage von Dr. Grzimek erhalten, konnten aber schon vorher mit den Szenen ohne den Wolf beginnen. Die Arbeit mit Eichberger war ein Vergnügen. Seine Natürlichkeit vor der Kamera überraschte uns.

Nach drei Wochen brachen wir die Arbeit in den Dolomiten ab. Die Bauten in Krün waren fertig. Die kostspielige Dorftotale mit den unzähligen Komparsen mußte vor Einbruch des Winters abgedreht werden. Erst Mitte September konnten wir damit beginnen. Viel zu spät.

Nur großes Wetterglück könnte uns noch helfen. Vor allem waren die Komplexe mit der Komparserie aufzunehmen. Meine Sarntaler Bauern, die sich so großartig im «Blauen Licht» bewährt hatten und der nordspanischen Bevölkerung sehr ähnelten, waren bereit, mitzumachen. Um das spanische Kolorit zu verstärken, hatte ich Harald Reinl schon im August beauftragt, auch Zigeuner zu engagieren, junge Männer, Mädchen und Kinder. Er fand sie in Salzburg, wo er sie in einem nahe gelegenen Zigeunerlager auswählte. Nach dem Kriege mußte ich verschiedene Prozesse führen, und während ich dies schreibe, wird in dieser Sache abermals verhandelt. Verantwortungslose Journalisten hatten behauptet, ich hätte die Zigeuner persönlich aus einem KZ-Lager geholt und sie als «Arbeitssklaven» benutzt. In Wahrheit war das Lager, in dem Dr. Reinl und Hugo Lehner, einer meiner Aufnahmeleiter, unsere Zigeuner auswählten, zu dieser Zeit kein KZ-Lager. Ich selbst konnte nicht dabei sein. Ich befand mich noch in den Dolomiten auf Motivsuche.

Die Zigeuner, Erwachsene wie Kinder, waren unsere Lieblinge. Wir haben sie nach dem Krieg fast alle wiedergesehen. Die Arbeit mit uns sei die schönste Zeit ihres Lebens gewesen, erzählten sie. Niemand hatte sie zu diesem Bekenntnis veranlaßt.

Während wir in Krün arbeiteten, hatte ich Dr. Fanck mit Dr. Grzimeks Hilfe betraut, die Wolfspassagen in den Dolomiten aufzunehmen. Als wir uns nach einem Monat die Aufnahmen in einem Kino in Mittenwald ansahen – Fanck hatte zehntausend Meter Film verdreht –, sah ich, daß bis auf zwei Einstellungen alles unbrauchbar war. Fanck hatte aus übergroßer Vorsicht den Wolf aus zu großer Entfernung aufnehmen lassen. Der Wolf hätte auch eine Katze sein können. Ich war außer mir. Es kam aber noch schlimmer.

Ein paar Tage später telegrafierte unser Aufnahmeleiter: «Der Wolf ist tot, Grzimek verzweifelt – müssen Aufnahmen abbrechen.» Wir waren ratlos, Pedros Kampf mit dem Wolf war eine der Hauptszenen des Films. Dr. Grzimek trauerte um seinen «Dschingis», wie er ihn nannte. Das Tier hatte zu gierig gefressen und war daran erstickt. Uns blieb nichts anderes übrig, als einen neuen Wolf zu suchen.

«Roccabruna» war inzwischen zu einer Touristen-Attraktion geworden. Immer mehr Besucher störten unsere Arbeit, auch wurden wertvolle Requisiten wie schmiedeeiserne Lampen, Gitter und alte Krüge aus dem Dorf gestohlen, welche die Architekten aus Spanien mitgebracht hatten. Es blieb nichts übrig, als Polizeischutz anzufordern. Und als wir eines Morgens erwachten, lag Schnee auf den Bergen. Glücklicherweise ließ ihn ein Wärmeeinbruch rasch schmelzen.

Da gab es eine neue Überraschung. Als unsere Sarntaler Bauern zur Aufnahme erschienen, waren sie nicht wiederzuerkennen. Sie hatten ihre prachtvollen Bärte abrasiert und genossen unsere entsetzten Gesichter. Sie wollten nicht länger in Krün bleiben, sondern daheim bei den Erntearbeiten helfen, was wir ihnen auch versprochen hatten. Durch die anhaltenden Schlechtwettertage waren wir in Verzug geraten. Nachdem ihr Bitten, sie abreisen zu lassen, nichts half, hatten sie sich diese List ausgedacht, aber unseren Aufnahmeleiter unterschätzt. Sie bekamen neue Bärte vom Maskenbildner angeklebt. Mir taten sie leid, und ich ließ die meisten ziehen mit der Bitte, uns ganz eilig «Ersatzbauern» zu schicken. Mit dem Ergebnis, daß doppelt soviel kamen, als wir gebraucht hätten.

Für eine Reitszene benötigten wir ein Pferd und für Minetti, der sich von seinen Theaterverpflichtungen nicht freimachen konnte, ein Double. Unser Aufnahmeleiter hatte schon alles in die Wege geleitet, ich sollte mich nur noch persönlich bei General Dietl, dem Kommandeur von Narvik, bedanken, der uns Pferd und Reiter zur Verfügung gestellt hatte. Als ich vor der Kaserne in Mittenwald ankam, stand dort ein dunkles, rassiges Pferd. Ein Offizier hielt es am Zügel, er sollte Minetti in seiner Reitszene doubeln. Ich glaubte meinen Augen nicht zu trauen: Es war der Mann, der mich im Zug so lange angestarrt hatte. Wieder trug er eine lässig hängende Pelerine, eine schief sitzende Mütze, und wieder kam mir sein Ausdruck verwegen vor. Ohne erkennen zu lassen, was in mir vorging, gab ich ihm die Hand. Auch er verriet durch nichts, daß er mir schon einmal begegnet war. Nach ein paar höflichen Worten verabschiedete ich mich.

War diese Begegnung nur ein Zufall? Irgendwie spürte ich eine Gefahr auf mich zukommen. Ich wollte alles tun, um diesem Mann aus dem Wege zu gehen. Nur nicht noch einmal mitmachen, was ich vor elf Jahren erlebte, als mich Hans Schneeberger verließ. Das hatte ich mir geschworen.

Bevor wir die Reitszenen filmten, hatte ich Näheres über den Offizier erfahren. Er hieß Peter Jacob, war Oberleutnant bei den Gebirgsjägern, aktiver Soldat aus dem 100 000 Mann-Heer und vom ersten Tag des Krieges an im Fronteinsatz. Im Frankreichfeldzug hatte er das EK I. erhalten, wurde leicht verwundet und verbrachte gerade in Mittenwald seinen Urlaub.

Obgleich Peter Jacob für die Aufnahmen noch nicht gebraucht wurde, kam er täglich auf das Gelände. Ich wechselte kein Wort mit ihm. Als er im Gasthof an unseren Abendmahlzeiten teilnahm und Fühlung zu unseren Mitarbeitern suchte, ließ ich mir mein Essen auf das Zimmer bringen und ging auch nicht mehr in die Gaststube hinunter. Meine Leute, denen das auffiel, nahmen an, daß mir der junge Mann unsympathisch sei. Das Gegenteil war der Fall – es war eine Flucht. Aber zu lange konnte ich ihm nicht ausweichen. Im Kostüm Minettis sah der Offizier dem Schauspieler aus einiger Entfernung zum Verwechseln ähnlich. Meine Rolle schrieb vor, daß ich hinter ihm auf dem Pferd sitze. Dies mußte oft probiert werden. Das Pferd, durch die vielen Menschen nervös geworden, fing öfter zu steigen an. Ich war froh, als diese Szenen endlich abgedreht waren.

Hatte ich geglaubt, ich würde den jungen Offizier nun nicht mehr sehen, war dies ein Irrtum. Auch nach den Reitszenen hielt er sich immer in der Nähe der Aufnahmeplätze auf. Er hatte sich inzwischen mit einigen meiner Mitarbeiter angefreundet und saß jeden Abend mit ihnen in unserer Gaststube. Als ich erfuhr, daß er sich in unserem Haus sogar ein Zimmer gemietet hatte, wurde ich zornig. Aufdringlichkeit verstärkte nur meinen Widerstand.

Mein Mädchen hatte im ersten Stock neben meinem Zimmer die Filmgarderobe zu betreuen. Als ich nach Beendigung der Aufnahmen zu ihr kam, um mich umzuziehen, legte sie den Finger auf den Mund

und deutete auf die Couch, auf der in voller Uniform, scheinbar schlafend, Oberleutnant Jacob lag. Mariechen, so hieß das Mädchen, flüsterte mir ins Ohr, sie habe ihm Tabletten gegen Kopfschmerzen gegeben. Ich nahm die Kleider, um mich in meinem Schlafzimmer umzuziehen. Das Mädchen brachte mir noch eine Flasche Mineralwasser ins Zimmer und verabschiedete sich, sie wohnte in einem anderen Haus.

Da klopfte es an die Tür. Auf meine Frage, wer draußen sei, bekam ich keine Antwort. Es wurde heftiger geklopft. Keine Antwort. Dann wurde stürmisch an die Tür geschlagen. Empört öffnete ich sie ein wenig. Peter Jacob vor der Tür, zwängte seinen Stiefel durch den Spalt, drängte sich durch die Tür, schloß sie ab und hatte nach heftigem Widerstand sein Ziel erreicht.

Noch nie hatte ich eine solche Leidenschaft kennengelernt, noch nie wurde ich so geliebt. Dieses Erlebnis war so tiefgreifend, daß es mein Leben veränderte. Es war der Beginn einer großen Liebe. Als Peter Jacobs Urlaub endete, konnte ich nicht zählen, wie oft er sich von mir verabschiedete. Es war wie eine Trennung für immer.

Wir waren mit den Aufnahmen noch nicht fertig, als der Winter endgültig gekommen war. Es blieb kein anderer Ausweg, als im nächsten Sommer die Außenaufnahmen in Krün fortzusetzen. Das kostete nicht nur viel Geld, sondern brachte eine Menge Schwierigkeiten mit sich. So hatte niemand eine Überwinterung dieser großen Dekoration einkalkuliert. Vor allem aber bereiteten uns die Termine der Schauspieler die größten Sorgen. Die meisten gehörten dem Ensemble von Gründgens an, der sie uns erst nach langwierigen Verhandlungen nur noch für die anschließenden Atelieraufnahmen freigab.

In den Studios von Babelsberg hatten die Architekten Grave und Isabella Ploberger sich mit ihren Bauten selbst übertroffen. Sie waren hinreißend. Besonders eindrucksvoll der Innenhof des Kastells. Er sah so echt aus, daß man glauben konnte, sich in der Alhambra zu befinden. Als wir vor dem ersten Drehtag noch eine Lichtprobe machten, traf vom Propagandaministerium die Mitteilung ein, wir müßten die Filmhallen räumen, sie würden für die kriegswichtigen Filme «Ohm Krüger» und «Der alte und der junge König» gebraucht.

Konnte es sich um einen Irrtum handeln? Es erschien uns als heller Wahnsinn, diese teuren Bauten abzureißen, ehe noch ein Meter darin gedreht worden war. Sofort versuchte ich Goebbels zu erreichen, erhielt aber keinen Termin. Nur den unzweideutigen Befehl, die von uns gemieteten Atelierhallen müßten auf persönliche Anordnung des Ministers sofort geräumt werden. Dr. Fritz Hippler, Reichsfilmintendant, schickte ihn schriftlich. Die teuren Bauten mußten abgerissen werden. Von Entschädigung kein Wort. Das war ungeheuerlich. Die Rache des «Promi» und seines Herrn, der mich nach Beendigung des Polen-Feldzugs zu einem Film über den Westwall aufgefordert hatte. Ich hatte abgelehnt.

Die Aufregungen machten mich krank. Mein chronisches Leiden, das ich mir bei meinen Bergfilmen geholt hatte, stellte sich wieder ein. Bisher konnte es immer ausgeheilt werden, diesmal half nichts. Meine Nerven waren zu sehr strapaziert. Ich kam ins Krankenhaus.

Professor Dr. Ringleb, Urologe, übernahm meinen Fall, aber in den drei Wochen seiner Behandlung verschlimmerte sich meine Krankheit wie nie zuvor. Damals gab es noch nicht die helfenden Sulfonamide und Antibiotika. Der Professor sagte: «Reisen Sie in die Berge, laufen Sie Ski, und Sie werden gesund sein.» Er war eine Kapazität, und so vertraute ich ihm und reiste noch am gleichen Abend nach Kitzbühel. Schon während der Fahrt bekam ich so schwere Koliken, daß ich die Reise in München unterbrechen mußte und in die Klinik von Professor Kielleuthner gebracht wurde, auch ein Urologe von Rang.

Die sofort eingeleitete Untersuchung ergab die gegenteilige Diagnose des Berliner Kollegen. Kielleuthners Urteil war entmutigend, er nahm mir jede Hoffnung auf eine Ausheilung meiner Krankheit. «Ihr Leiden ist zu weit fortgeschritten», sagte er, «auch eine Operation könnte nicht helfen.» Meine Bitte, mich in der Klinik zu behalten, lehnte er mit der Begründung ab, daß dies keine Hilfe bringe, es sei besser, wenn ich mich in den Bergen aufhielte als in einem Krankenzimmer. Ich erhielt schmerzlindernde Mittel und setzte die Reise nach Kitzbühel fort.

Glücklicherweise half mir, wie die Professoren es vorausgesagt hatten, die gesunde Bergluft tatsächlich. Die Schmerzen ließen nach, und nach einiger Zeit konnte ich aufstehen und leichte Spaziergänge machen. Eine gute Nachricht erreichte mich: Peter schrieb mir, er würde vor einem neuen Fronteinsatz Weihnachtsurlaub erhalten und wollte ihn mit mir in Kitzbühel verleben. Wieder überkam mich ein Gefühl großer Unruhe. Aber noch war ich sicher, meine Gefühle steuern zu können. Immer wieder las ich seine Briefe, von denen ich an manchen Tagen mehrere erhielt. Sie übten eine fast magische Wirkung auf mich aus, weil mir aus den Zeilen ein so starkes und echtes Gefühl entgegenströmte.

Trotzdem brachten die von uns so sehr ersehnten Urlaubstage in Kitzbühel kein Glück. Auf unbegreifliche Weise entstanden Spannungen – aus dem Nichts, die sich grundlos ins Unerträgliche steigerten. Dabei war an der Stärke unserer Gefühle nicht zu zweifeln. Diese Unstimmigkeiten wurden immer wieder durch glückliche Stunden abgelöst. Aber irgend etwas stimmte nicht, ich wußte nicht, was es war. Diese aufregenden Tage, die wir in dem kleinen Berghaus auf dem Hahnenkamm verbrachten, waren eine Qual. Peters Gefühle waren explosiv wie der Ausbruch eines Vulkans, was mich anzog und gleichzeitig erschreckte.

Peter war wieder bei seiner Truppe und ich in Berlin. Waldi Traut war es gelungen, eine kleine Halle in Babelsberg zu mieten. Schon nach wenigen Tagen meldete sich meine schreckliche Krankheit wieder – eine Kolik löste die andere ab. Da ich weder Morphium noch andere Schmerzmittel vertrug, war ich diesen furchtbaren Anfällen hilflos ausgeliefert. Meine Leute waren verzweifelt. Wieder standen wir vor der Entscheidung, «Tiefland» abzubrechen oder die Arbeiten zu verschieben. Es hatte soviel Mühe gemacht, eine Atelierhalle zu bekommen, und Gründgens gab uns noch einmal Bernhard Minetti frei – auf keinen Fall wollte ich auf den Film verzichten. Mit Kampferspritzen, intravenösen Injektionen, Novalgin und allen möglichen Aufbaumedikamenten wurde ich künstlich arbeitsfähig gehalten. Man wickelte mich in warme Decken und band mir Wärmflaschen um. So versuchte ich wenigstens meine Tätigkeit als Regisseurin auszuüben. Als Schauspielerin konnte ich nicht mehr arbeiten. Mein Kameramann Benitz war verzweifelt, auch weiche Optiken und Schleier halfen nicht. Die Schmerzen hätten mein Gesicht zu sehr gezeichnet. Zwar gelang es mir, noch einige wichtige Szenen zu inszenieren, aber dann war ich am Ende. Wieder kam ich in ein Krankenhaus und hoffte trotzdem auf Genesung. Auf Anraten der Ärzte sollte ich mich in Bad Elster mit Moorbädern behandeln lassen. Der Aufenthalt in dem Sanatorium war für mich eine Qual. Noch nie hatte ich mich in eine solche Abgeschlossenheit begeben. Um nicht allein zu sein, hatte ich mein Mädchen mitgenommen. Aber die Moorbäder brachten keine Linderung. Meine einzige Freude war die Post, die von der Front kam. Ich hatte schon Bündel von Briefen erhalten.

Nach einem Monat wurde ich aus dem Sanatorium entlassen. Ich war so krank, wie ich gekommen war. Professor Kielleuthner wollte mich noch einmal untersuchen. Bevor in seiner Klinik ein Bett frei wurde, wohnte ich im Hotel «Rheinischer Hof» gegenüber dem Hauptbahnhof. Dort erhielt ich überraschend einen ungewöhnlichen Besuch: Hitler. Seit Danzig hatte ich ihn nicht mehr gesehen. Von seiner Wirtschafterin Frau Winter hatte er von meiner Krankheit und meinem Aufenthalt in München erfahren. Hitler war unterwegs nach Wien, wo er, wie er sagte, den Dreimächtepakt mit Jugoslawien unterzeichnen wollte.

«Was machen Sie für Sachen!» sagte er, nachdem er mir Blumen überreicht hatte. Er sprach mir Mut zu und bot mir an, mich von seinem Arzt Dr. Morell behandeln zu lassen. Mein Zustand ließ es nicht zu, mir alles zu merken, wovon Hitler sprach. Einiges ist mir haftengeblieben. Ich erinnere mich, Hitler sprach davon, sich von der Politik zurückziehen zu wollen, sobald der Krieg beendet war, daß ihm aber die Frage der Nachfolge große Sorgen bereite.

«Keiner meiner Leute», sagte er, «besitzt die Fähigkeit, die Führung zu übernehmen. Deshalb müßte diese Aufgabe ein Gremium erhalten, das aus Personen meines Führungsstabs gebildet wird.» Namen nannte er nicht. Sprachlos war ich, als er sagte, er wollte mich nach Kriegsende auf den Berghof einladen, um mit mir Filmmanuskripte zu schreiben. Erst glaubte ich, es sei ein Scherz, aber es war sein Ernst. Er sprach ausführlich darüber, wie wichtig gute Filme seien, und sagte: «Wenn sie genial gestaltet würden, könnten Filme die Welt verändern.» Dabei begeisterte er sich für ein Thema, das ihm anscheinend besonders am Herzen lag – die Geschichte der Katholischen Kirche. Er geriet fast in Ekstase, als er über dieses Thema sprach.

«Es wäre fantastisch», sagte er, «wenn man heute Filme aus der Vergangenheit sehen könnte, Filme über Friedrich den Großen, über Napoleon und die historischen Ereignisse aus der Zeit der Antike.» Er unterbrach seine Rede und schien über etwas nachzudenken, dann fuhr er fort: «Wenn Sie wieder gesund sind, Fräulein Riefenstahl, können Sie mir einen großen Dienst erweisen. Setzen Sie sich bitte mit dem Kaiser-Wilhelm-Institut in Berlin in Verbindung und besprechen Sie dort mit den hervorragenden Wissenschaftlern und Forschern dieses Problem. Ich könnte mir ein Filmmaterial aus feinstem Metall vorstellen, das sich weder durch Zeit noch durch Witterungseinflüsse verändern und Jahrhunderte haltbar sein kann. Stellen Sie sich vor, wenn in tausend Jahren die Menschen sehen könnten, was wir in dieser Zeit erleben.» Hitler redete, als sei der Krieg schon beendet und wir lebten wieder im Frieden.

Als er sich verabschiedete, hatte der Optimismus, der von ihm ausging, seine Wirkung auf mich nicht verfehlt.

Die nächsten Tage verbrachte ich im Josephinum, einer Münchner Privatklinik, wo mich katholische Ordensschwestern liebevoll betreuten. Das Untersuchungsergebnis war deprimierend. Mir blieb nichts anderes übrig, als mich wieder mit meinem Paket von Medikamenten und Tees in das Berghäuschen auf dem Hahnenkamm zurückzuziehen. Die Krankheit verschlimmerte sich von Tag zu Tag. Die Anfälle kehrten immer wieder, die Schmerzen waren oft unerträglich. In diesem hoffnungslosen Zustand wurde mir ein homöopathischer Arzt aus München empfohlen. Als er mich besuchte, konnte ich mir schwer vorstellen, daß er mir helfen könnte. Sein Aussehen war so alltäglich. Ein kleiner Mann mit rundlichem Gesicht, der ebensogut ein Bäcker oder ein Gastwirt sein konnte. Aber ich irrte mich. Keineswegs ist der erste Eindruck immer der richtige.

Mit Hilfe einer kurzen Augendiagnose stellte er meine Krankheit exakt fest und schlug mir eine Akupunkturbehandlung vor. Ich willigte sofort ein. Als ich die langen Nadeln sah, die er mir tief in den Leib steckte, wurde mir schwindlig. Merkwürdigerweise verspürte ich kaum einen Schmerz. Dann rieb er flüssige homöopathische Mittel in die Armvenen. Und – wie ein Wunder – die Schmerzen ließen nach.

Auch am nächsten Morgen war ich noch immer schmerzfrei. Die vergangenen schrecklichen Monate erschienen mir wie ein böser Spuk. Um völlig geheilt zu werden, hätte ich drei Monate in München zur Behandlung bei Herrn Reuter bleiben müssen. Übrigens war er, was ich damals nicht wußte, auch einer der Ärzte von Rudolf Heß. Leichtsinnigerweise blieb ich nicht in München. Sobald die Koliken ausblieben, fuhr ich nach Berlin. Das habe ich oft bereut.

In der ersten Nacht, die ich in meinem Haus verbrachte, erlebte ich einen heftigen Luftangriff auf Berlin. Zuerst beobachtete ich die unzähligen Scheinwerfer, die wie Geisterhände den Himmel abtasteten, und die roten und gelben Leuchtraketen. Aber dann zog ich meinen Kopf aus dem Fenster zurück, denn ein fürchterliches Krachen setzte ein, als stünde die Flak rings um mein Haus, so nah war der gewaltige Lärm der Geschütze. Mein Haus bebte. Ich glaubte, mich daran gewöhnen zu können, aber das war ein Irrtum, denn die Angriffe wurden immer heftiger, und immer mehr Menschen kamen unter den Trümmern um.

Auch an der Front wurde verbissen gekämpft. In einer Zeitung las ich über die Gebirgsjäger in Griechenland: Seit Tagen marschierten sie in strömendem Regen über aufgeweichte, uferlose Straßen und kämpften. War Peter dabei oder lebte er nicht mehr? Seit achtzehn Tagen hatte ich kein Lebenszeichen mehr erhalten.

Meine Ängste waren glücklicherweise unbegründet, denn eines Tages hörte ich im Rundfunk seinen Namen. Ihm war wegen besonderer Tapferkeit beim Durchbruch der Metaxaslinie in Griechenland das Ritterkreuz verliehen worden. Nun wußte ich, daß er noch am Leben war und alle Gefahren überstanden hatte. Es war mein felsenfester Glaube, daß ich sein Schutzengel war. Die lange Trennung vertiefte unsere Gefühle und ließ Streit und Disharmonie verblassen.

Gesundheitlich ging es mir nach der Behandlung durch den Homöopathen besser. Seitdem ich seine Mittel benutzte, blieben die Anfälle aus. Da kam ein Brief von Peter, in dem er mich zum ersten Mal fragte, ob ich mit einer Heirat einverstanden wäre. Diese Frage überraschte mich nicht, nur hatte ich selbst noch nicht daran gedacht, da ich «heiraten» als eine sekundäre Form des Zusammenlebens ansah. Viel wesentlicher erschien mir, ob zwei Menschen sich so lieben, daß sie ein Leben lang in Harmonie zusammen sein können. An der Stärke unserer Liebe zweifelte ich nicht, wohl an der Harmonie. Trotzdem war ich zu diesem Zeitpunkt innerlich bereit, Peters Frau zu werden. Aber die Umstände ließen es noch nicht zu: Peter stand vor einem neuen Einsatz, und ich mußte «Tiefland» fertigstellen.

Da brachte der Rundfunk die sensationelle Meldung des England-flugs von Rudolf Heß. Ich war gespannt, Näheres darüber zu erfahren. An die Adjutanten konnte ich mich in Kriegszeiten nicht wenden, aber an Frau Winter in München. Sie sagte, Hitler sei vor Enttäuschung und Empörung außer sich, er sei geradezu rasend gewesen. Ich war über-zeugt und bin es heute noch, daß Hitler die Absichten von Heß nicht kannte. Aus einem persönlichen Gespräch mit Heß, vor meiner Eu-ropa-Tournee, wußte ich, wie sehr er unter seiner undankbaren Auf-gabe litt, als «Stellvertreter des Führers» Differenzen und Querelen unter den Parteileuten zu schlichten. Seine hauptsächlich bürokrati-sche Tätigkeit befriedigte ihn nicht. Ihm war keine Aufgabe wie Göring, Goebbels oder Ribbentrop zugefallen. Gern wäre er Außen-minister geworden und hielt sich selbst dafür befähigt. Die Arbeit des Herrn Ribbentrop schätzte er nicht. Ich konnte mir daher vorstellen, daß Heß durch eine mutige und nach seiner Überzeugung dem Frieden dienende Mission seinen Führer beeindrucken und ihm den Wert seiner Persönlichkeit beweisen wollte.

Inzwischen war ein Film-Atelier freigeworden, auch G. W. Pabst hatte seine Arbeiten abgeschlossen. Er war meine ganze Hoffnung. Aber schon am ersten Arbeitstag spürte ich, daß er nicht mehr derselbe war wie vor zwölf Jahren, als wir beim «Piz Palü» so ideal zusammen-gearbeitet hatten. Seine Persönlichkeit hatte sich verändert. Damals ging von ihm Wärme und Begeisterungsfähigkeit aus, jetzt kam er mir nüchtern und fast kalt vor. Von seinem früher so guten Blick für das Optische war nichts geblieben. Hollywood mußte ihm nicht bekom-men sein, seine jetzige Arbeitsweise war routiniert und entsprach mehr den üblichen kommerziellen Filmen. Vergebens versuchte ich, Spuren seiner früher so stark ausgeprägten Originalität zu entdecken.

Es kam zu Spannungen, die das Arbeiten immer mehr erschwerten und beinahe unmöglich machten. Ich litt unter seiner despotischen Regie so stark, daß ich kaum noch spielen konnte. Unsere Zusammen-arbeit wurde immer unerträglicher – ich sah keinen anderen Ausweg mehr, als mich von ihm zu trennen. Ein Zufall kam mir zu Hilfe. Pabst wurde von Goebbels, seinem neuen Gönner, zu einem anderen Film abberufen.

Nun hatte ich neben meiner Aufgabe als Darstellerin auch Regie zu führen, aber es ging leichter als gedacht. Die Aufnahmen fielen so aus, wie ich sie mir vorgestellt hatte. Meine Mitarbeiter lebten auf, und die bedrückende Atmosphäre wich einem angenehmen Arbeitsklima. Aber als ich kurz vor der Beendigung der Atelieraufnahmen wieder von heftigen Koliken heimgesucht wurde, mußte abermals ein anderer Regisseur engagiert werden. Glücklicherweise kam uns Arthur Maria Rabenalt zu Hilfe. Er war das Gegenteil von Pabst. Mit großem Einfühlungsvermögen, ruhig und fast sanft, führte er mit einem Lächeln auch so schwierige Schauspieler, wie es Minetti war. Seine Arbeit war für mich eine wichtige Erfahrung. Ich konnte viel von ihm lernen, besonders was die Führung von Schauspielern betraf. Unglücklicherweise wurden auch diesmal die Atelieraufnahmen nicht beendet. Die große Halle, die wir für unseren Kastellbau benötigten, stand uns nicht zur Verfügung.

Vor unserer Übersiedlung nach Krün erlebte Berlin einen schweren Luftangriff. Schon nach wenigen Tagen kamen die Engländer wieder. Die Angriffe wurden immer heftiger.

Da gab es für mich eine freudige Überraschung – ein Telegramm! Peter hatte Urlaub bekommen, wir hatten beide nicht damit gerechnet. Es war eine Anerkennung seiner Teilnahme an den schweren Kämpfen in Griechenland und seines erfolgreichen Stoßtruppunternehmens, für das er das Ritterkreuz erhalten hatte, vor allem aber auch, weil er nach Rußland an die Eismeerküste bei Murmansk abkommandiert werden sollte.

Ein Urlaub, wie wir ihn uns so sehnsüchtig gewünscht hatten, wurde es wieder nicht. Ich konnte mich von meinen Belastungen nicht freimachen. Produzentin, Regisseurin und Darstellerin, das war zuviel. In dieser Zeit habe ich diesen Film verwünscht. Peter zeigte Verständnis für meine Arbeit, aber wir mußten für unsere Liebe große Opfer bringen.

Und dann kam unverrückbar der Tag, der uns, wie Hunderttausende jeden Tag in dieser Zeit, wieder trennte. Auf unbestimmte Zeit und in der Ungewißheit eines Wiedersehens. Wir schieden als zwei Menschen, die in diesen kurzen Wochen erlebten, wie ihre Liebe sich vertieft hatte.

Arbeit war der beste Trost. In den Dolomiten standen uns die Aufnahmen mit dem Wolf bevor. In unserer Not hatten wir uns einen ungezähmten aus dem Leipziger Zoo geholt, ein großes, wild aussehendes Tier. Wir waren alle gespannt, wie es sich vor der Kamera benehmen würde. Der Wolf erwies sich als zu zahm. Was wir auch versuchten, er fletschte nicht die Zähne und war sanft wie ein Lamm. Und eines Morgens war der Zwinger leer, der Wolf verschwunden. Er hatte sich in den steinigen Erdboden einen Tunnel gegraben. Eine schlimme ·Sache, denn so sanft er mit uns umgegangen war, so gefährlich konnte ihn Hunger machen. Es begann eine Suche nach ihm. Dann wurde uns mitgeteilt, man hatte ihn erschießen müssen, weil er sich nicht fangen ließ.

«Tiefland» ohne Wolf – das ging nicht, den Film abbrechen ebensowenig. Hilfesuchend wandten wir uns wieder an Grzimek. Er empfahl uns lakonisch, ein Jahr zu warten, bis «Katja», sein junger Wolf, erwachsen wäre.

Die «Tiefland»-Odyssee war noch lange nicht zu Ende.

Peter und ich

In Berlin spürte ich den Krieg wieder hautnah. Die Luftangriffe der Engländer hatten schwere Schäden angerichtet, aber noch immer gingen die Menschen ihrer Arbeit nach, wenn auch Bahnlinien zerstört waren und sie weite Wege zu ihrem Arbeitsplatz zurücklegen mußten. Mein Haus, das ich so liebte, war noch nicht zerbombt. Noch bevor ich ans Auspacken ging, schloß ich mich in mein Schlafzimmer ein, um dort ungestört das Bündel Feldpostbriefe zu lesen, das ich vorfand. Seit unserer Trennung in Mittenwald hatte ich noch kein Lebenszeichen von Peter erhalten. Seine Briefe hatte ich mir aus Furcht, sie könnten verlorengehen, nicht nachsenden lassen.

Peters Briefe waren für mich Medizin. Sie übten eine so starke Wirkung aus, daß sie immer wieder meine Angst, wir könnten uns verlieren, verdrängte. Peter schrieb:

10. September 1941
Liebe, liebe Leni, jetzt bin ich schon wieder acht Tage auf dem Meer. Ich merke deutlich, wie furchtbar schwer es für mich ist, wenn ich so ganz ohne Verbindung mit Dir bin. Weißt Du, Leni, ich habe in letzter Zeit in den vielen Stunden, die ich ganz allein bin und nur das weite Meer sehe, sehr oft über uns beide und über unser Leben nachgedacht. Und ich bin immer wieder zu der letzten Erkenntnis gekommen, daß ich, wenn ich in diesem Einsatz oder im jetzigen Krieg fallen sollte, ein unerfülltes Leben gehabt habe ... Du weißt ja, daß ich den Tod nicht fürchte – aber seit ich Dich habe, habe ich auch einen fanatischen

Willen zum Leben. Es muß ja alles gut werden. Ich möchte Dir einmal
sagen können, wie sehr ich Dich liebhabe. Aber dazu reichen alle
Sprachen der Welt nicht aus. Ich weiß ja, daß Du alles fühlst, und ich
kann Dir nur immer wieder sagen, ich bin

ganz Dein Peter.

Kein Wort über die Zerwürfnisse, die unser Zusammensein verdüstert
hatten, nur Liebe sprach aus seinen Zeilen, und an der Echtheit seiner
Gefühle hatte ich nie gezweifelt. So las ich einen Brief nach dem
anderen. Er schrieb mir von dem Vormarsch auf der Eismeerstraße,
von den schweren Schneeverwehungen und Stürmen und daß schon
seit Tagen keine Post mehr nach vorne kam.

In einem späteren Brief berichtete er über die Einsätze an der Front,
von Kämpfen mit den Russen, die alle planmäßig verlaufen wären, und
daß die Stimmung seiner Leute trotz der enormen körperlichen Bean-
spruchung ausgezeichnet sei. «Ab und zu», schrieb er, «dringen
spärliche Nachrichten von der übrigen Front durch, auf die wir
natürlich lauern – nicht ganz so sehr, wie auf die Feldpost, die mich zur
Zeit stiefmütterlich behandelt...»

Einige Tage danach: «Heute habe ich einen Ruhetag. Ich sitze in
einem sogenannten Erdbunker, das ist, einfach ausgedrückt, ein größeres Loch im Boden, das mit Birkenstämmen abgedeckt ist und mit
einer Oberschicht von Erde. Leider habe ich noch keine Post von Dir
bekommen, ich hoffe nur, daß Dir nichts passiert ist. Ich bin jetzt Tag
und Nacht unterwegs und weiß manchmal nicht, wo ich die paar
Stunden zum Schlafen hernehmen soll...»

Zwei Tage später: «...das Schlimmste ist, daß ich nichts mehr von
Dir höre, wenn ich doch nur wieder etwas Post von Dir habe, daß ich
weiß, wo Du bist. Voraussichtlich werde ich ab Morgen einige schwere
Tage haben und vielleicht nicht schreiben können. Bist Du noch als
mein Schutzengel bei mir?...»

Ein weiterer Brief: «...Jetzt habe ich Dir fünf Tage nicht schreiben
können. Zur Zeit bin ich die ganzen Nächte unterwegs und komme
dann am Morgen zerschunden und erfroren in meinen Erdbunker, der
mir wie ein Luxushotel erscheint. Dann verfalle ich in einen totenähnlichen Schlaf. Morgen gehe ich wieder nach vorn, vielleicht kannst Du
vorher noch mal schreiben...»

Nach zwei Tagen erhielt ich einen weiteren Brief, der mich sehr
berührte: «...Mein lieber, kleiner Schutzengel, vorgestern warst Du
wieder in dieser Eigenschaft bei mir...»

Beim Lesen dieser Zeilen fiel mir ein seltsames Erlebnis ein, das ich
in meinem Kalender eingetragen hatte. Es war der 29. Oktober, der

Tag, an dem mich Peter seinen Schutzengel nannte. Während ich an ihn schrieb, überfielen mich plötzlich Unruhe und große Angst. Wie im Traum sah ich zwei Russen, die sich über den auf dem Erdboden liegenden Peter beugten und versuchten, ihn mit Gewehrkolben zu erschlagen. Während dieser Schreckvision hörte ich ein Geräusch – eine große Kakteenblüte war abgebrochen und zu Boden gefallen. Als ich dies Monate später Peter erzählte, ergab sich, daß in der gleichen Stunde, in der ich diese Schreckvision hatte und die Blüte zu Boden fiel, Peter sich in tödlicher Gefahr befand. Er mußte sein Leben gegen zwei Russen, die ihn angegriffen haben, verteidigen.

Udets letzter Anruf

Eines Morgens wurde ich durch einen Anruf im tiefsten Schlaf geweckt.

«Du schläfst ja noch», hörte ich wie aus weiter Ferne eine mir bekannte Stimme.

«Wer spricht?» fragte ich verschlafen.

«Ich bin's – Erni, kennst du meine Stimme nicht?»

«Udet», rief ich jetzt munter werdend, «was ist los, warum rufst du mich in aller Herrgottsfrühe an? Was gibt es?»

«Nichts Besonderes, ich wollte nur noch einmal deine Stimme hören.»

«Wie meinst du das!» fragte ich ihn beunruhigt.

«Tschau – Leni, schlaf noch ein bißchen», sagte er sehr leise, und damit war dieses Gespräch zu Ende.

Nur wenige Stunden später hörte ich aus dem Rundfunk die Meldung, Generaloberst Ernst Udet habe bei der Erprobung einer neuen Waffe einen tödlichen Unfall erlitten. Ich war erschüttert. Nun begriff ich, warum er mich angerufen hatte. Es war ein Abschied für immer. Verzweiflung mußte ihn in den Tod getrieben haben. Ich erinnerte mich an einige Gespräche mit ihm, die mich ahnen ließen, warum er keinen anderen Ausweg sah. Er war ein wunderbarer Kamerad, und wir alle liebten ihn, auch er war eines der unzählbaren Opfer dieses entsetzlichen Kriegs. Nur seine engsten Freunde wußten, daß Udet freiwillig aus dem Leben geschieden war. Er hatte sich in seiner Berliner Wohnung erschossen.

Wenn ich mit Udet in den letzten Jahren auch nicht mehr sooft wie früher zusammenkam, war unsere Freundschaft doch unverändert geblieben. Er hatte einige Male mit mir über seine Probleme gesprochen! Besonders hatte er sich darüber beklagt, daß er niemals mit Hitler allein zusammentreffen konnte, um mit ihm über den Stand der Produktion für die Luftwaffe und die damit verbundenen Probleme zu reden. Immer war Göring dabei, der, wie Udet sagte, Hitler nie wahre Angaben über die Produktionszahlen machte, sondern immer mit höheren Stückzahlen jonglierte, als tatsächlich produziert wurden. Auf diese Weise sei Hitler getäuscht worden, was zu verheerenden Folgen führte, erklärte er mir in einem solchen Gespräch. Gegen Göring sei er machtlos, und ein Alleingang zu Hitler verbiete ihm, wie er mir einmal gestand, seine Offiziersehre. Ich selbst konnte mir kein Bild über Göring machen, da ich in den zwölf Jahren des Dritten Reiches nur ein einziges Mal mit ihm gesprochen habe, nach meinem Besuch bei Mussolini, als er mich zu sich bat.

Udet muß unter dieser Situation sehr gelitten haben. Anders als in früheren Zeiten, in denen man ihn nur als fröhlichen und vor Leben sprühenden Menschen kannte, hatte er sich sehr verändert. Er war ernst geworden, sein Humor wirkte nicht mehr überzeugend. Im Kreise seiner Freunde hatte er nie einen Hehl daraus gemacht, daß ihn seine Berufung zu einem «Generalluftzeugmeister» nicht sehr glücklich gemacht habe. Udet war alles andere als ein Büromensch. Als er sich das Leben nahm, war er erst fünfundvierzig. Sein Tod und die Umstände seines Todes hat uns zutiefst erschüttert.

Carl Zuckmayer hat in seinem Schauspiel «Des Teufels General» Udets Charakter zutreffend gezeichnet, aber die Motive darin, die Udet zum Freitod trieben, sind Dichtung. Udet war nicht, wie Zuckmayer es darstellt, ein Opfer der Gestapo, auch ist es falsch, ihn als Hitlergegner zu stilisieren. Er gehörte allerdings nicht zu Hitlers kritiklosen Bewunderern, hatte aber doch, wie er mir selbst erzählte, großen Respekt vor ihm. Er hätte es verdient, von einem bedeutenden Schriftsteller, wie Zuckmayer es ist, eine realistische Darstellung seiner Tragödie zu erfahren.

Ein böser Traum

Der Krieg fraß sich immer weiter. Die deutschen Truppen hatten große Teile Europas besetzt, sie beschossen Leningrad und waren bis zur Halbinsel Krim vorgedrungen – sie standen 30 Kilometer vom Zentrum Moskaus entfernt. In Asien kämpften die Japaner gegen Amerikaner und Engländer, die Kriegsschauplätze reichten von Singapur über Hongkong bis Borneo, und in Nordafrika stand Rommels

Armee im Kampf gegen die Briten. Der Krieg war zu einem riesigen Steppenbrand geworden, der sich über den ganzen Erdball verbreitet hatte.

Immer stärker bekamen wir die Härte des Krieges zu spüren, die unaufhörlichen Luftangriffe, die Nacht für Nacht heulenden Warn- und Entwarnungssirenen, die vollständige Verdunklung des ganzen Landes, die Rationierungen, nicht nur von Lebensmitteln, sondern von allem und jedem, was ein Mensch zum Leben braucht.

Trotzdem fanden noch Theateraufführungen und Kinopremieren statt, die ich aber nicht mehr besuchte. Ich hatte mich von allem, auch von meinen Freunden zurückgezogen. Mein Denken und Fühlen war ausschließlich auf Peter und sein Schicksal gerichtet. Ich vernachlässigte meine Umgebung, hatte kaum noch Verbindung mit meinen Eltern, obgleich sie mir so viel bedeuteten und ich meine Mutter abgöttisch liebte, auch nicht zu meinem Bruder, der mir seit meiner Jugend sehr nahe stand. Ich hatte nur noch die Verpflichtung, den «Tiefland»-Film zu beenden. Meine Krankheit schien ausgeheilt zu sein, und so konnte ich endlich mit Harald Kreutzberg, der in Seefeld sein Tanzstudio hatte, die spanischen Tänze einstudieren, die meine Rolle als Zigeunermädchen vorsah. Die Arbeit mit Kreutzberg war für mich als Tänzerin ein Erlebnis.

Zu dieser Zeit verfolgte mich ein böser Traum. Eine telepathische Angstvision rief mir die Schrecken des Krieges wieder ins Bewußtsein. Ich sah surrealistische Bilder aus Schnee, Eis und Menschenkörpern, die auseinanderflossen und sich wie in einem Puzzlespiel wieder zusammensetzten. Ich sah ein Meer von Kreuzen auf weißen Friedhöfen und Totenmasken, von Eisschichten bedeckt. Die Bilder wurden unscharf und wieder scharf, mal waren sie nah, dann wieder fern, wie aus einem trudelnden Flugzeug aufgenommen – dann glaubte ich, Schreie zu hören – ein schrecklicher Traum. Stunden nach meinem Erwachen meldete der Rundfunk, der deutsche Vormarsch in Rußland sei durch einen sibirischen Kälteeinbruch zum Stehen gekommen, das habe große Opfer an Menschen gekostet. Bei diesen Nachrichten wurde mir unheimlich zumute. Zwischen meinem Traum und der Tragödie in Rußland bestand ohne Zweifel eine mediale Verbindung. Wenn ich auch schon früher übersinnliche Erlebnisse hatte, so habe ich diese Schreckensvision meines Traums nie mehr vergessen können.

Als Presse und Rundfunk bekanntgaben, Hitler habe einige Generäle ihrer Stellung enthoben, sich selbst zum Oberbefehlshaber des Heeres ernannt und den Vereinigten Staaten den Krieg erklärt, glaubte ich nicht mehr an einen Sieg. Es war mehr geschehen als der Kälteeinbruch, der für das in Rußland kämpfende Heer unvorstellbare Leiden bedeutete. Das Vertrauen, das die Wehrmacht Hitler als siegreichem Feldherrn in so tiefer Überzeugung entgegengebracht hatte, war zerbrochen. Sein Befehl, die Front vor Moskau trotz der ungeheuren Verluste an Menschen und Material in dieser wahnsinnigen Kälte zu halten, erzeugte bei einigen Generälen und vielen Soldaten Widerspruch und Mißtrauen. So könnte der Kälteeinbruch vom 5. Dezember 1941 in Rußland indirekt der Auslöser der folgenden Katastrophen gewesen sein.

Das Jahr 1942

Im Dezember überraschte mich Peter mit seinem Besuch. Sein Rheuma war ausgeheilt, und nach der Entlassung aus dem Feldlazarett hatte ihn sein Kommandeur beauftragt, einige wichtige Kurierdienste in Deutschland zu übernehmen. Seine Abberufung an die Front wurde immer wieder verschoben. So konnten wir einige Wochen zusammen verbringen und, was mich sehr glücklich machte, zum ersten Mal verlebten wir diese Zeit ohne Szenen und Streitigkeiten. Um so schwerer fiel uns dieses Mal der Abschied – denn Peter mußte an die Eismeerfront zurück. Wir konnten uns nicht trennen. Immer wieder riß Peter sich los, kam zurück, um mich noch fester in die Arme zu schließen, und lief schließlich, ohne sich noch einmal umzuwenden, aus dem Haus.

Nach drei Tagen war er wieder da. Was war geschehen?

«Die Ostsee ist vereist», sagte er, «die Schiffe stecken fest. Wir müssen warten, bis Eisrinnen eine Ausfahrt möglich machen.» Die schmerzliche Abschiedszeremonie wiederholte sich einige Male. Beim letzten Abschied – nach meinem Tagebuch war es der 24. Januar 1942 – waren wir beide mit den Nerven ziemlich am Ende. Peter wollte mich, ehe die Schiffe ausliefen, noch einmal aus Saßnitz anrufen.

Ich wartete vergebens. Kein Anruf – kein Telegramm – kein Brief. Ich wartete zwei Tage – drei Tage – vier Tage. Ich wurde unruhig und konnte nicht mehr schlafen. Als ich nach neun Tagen noch immer ohne Nachricht war, drehte ich durch. Ich fürchtete, daß Peter nicht mehr am Leben war, das Schiff vielleicht versenkt wurde oder auf eine Mine gelaufen sei. Bisher war es Peter auch während schwerster Kämpfe und aus entferntesten Gegenden immer gelungen, Nachrichten an mich weiterleiten zu lassen oder mich durch Sonderkuriere über seinen Aufenthalt zu verständigen.

In meiner Verzweiflung versuchte ich von der Wehrmachtsdienststelle Näheres über den Verbleib der Schiffe zu erfahren – ohne Erfolg.

Dann erkundigte ich mich bei den Gebirgsjägern in Mittenwald. Nach mehreren Telefongesprächen erfuhr ich von einem Offizier, die Schiffe seien immer noch nicht ausgelaufen und lägen noch im Hafen.

Das konnte ich nicht fassen. Wo war Peter? Ich glaubte, den Verstand zu verlieren. Da erhielt ich einen Anruf, es war ein Bekannter von Peter.

«Ich hörte», sagte er, «Sie möchten erfahren, wo Peter Jacob sich aufhält.»

«Ja», sagte ich und hielt den Atem an.

«Vor wenigen Tagen war ich mit ihm zusammen – wir sprachen auch über Sie.»

«Sie waren mit ihm zusammen?» stammelte ich.

«Ja», sagte er mit etwas dröhnender Stimme, «wir haben tüchtig einen gehoben – es war eine feucht-fröhliche Feier.»

«Und wo ist er jetzt?» fragte ich entgeistert.

«Er müßte noch in Berlin sein.»

«In Berlin?»

«Ja, in Berlin, er wohnte seit einer Woche im ‹Eden-Hotel›, mit einer sehr attraktiven Frau, die Sie wahrscheinlich kennen.» Mir wurde schwindlig, und der Hörer entglitt meinen Händen. Betäubt lag ich auf meinem Bett.

Beim Morgengrauen ging wieder das Telefon, ich wollte nichts mehr hören, aber es läutete unentwegt. Schließlich nahm ich den Hörer ab und vernahm aus weiter Ferne eine Stimme – es war die von Peter –, ich glaubte, mein Herz würde zerspringen. «Leni – kannst du mich verstehen?»

«Peter? – Bist du es – wo bist du?»

Die Verbindung war so schlecht, ich konnte kaum etwas hören.

«Ich spreche von Saßnitz – ich bin noch hier – in einigen Stunden fahren wir ab – bitte komm – ich muß dich vorher noch sehen.»

«Unmöglich – ich kann nicht kommen», sagte ich verzweifelt.

Peter: «Komm – du mußt kommen – ich kann nicht fort, bevor ich dir nicht alles erklärt habe.» Meine Erregung war zu groß, ich konnte nicht sprechen.

«Leni – hörst du mich nicht? Bitte, bitte komm!» Seine Stimme war heiser und, wie mir schien, verzweifelt: «Wenn du sofort mit dem Auto abfährst, können wir uns noch sehen – die Schiffe werden warten – ich werde verhindern, daß sie abfahren, bis du hier bist – du mußt kommen!»

«Ich will es versuchen», sagte ich.

Nach diesem Gespräch hatte ich das Gefühl, als sei eine große Last von mir gefallen. Ich war jetzt nur von dem einen Wunsch beseelt,

Peter vor seinem nächsten Fronteinsatz noch einmal zu sehen und zu erfahren, was ihn getrieben haben könnte, mich auf diese unfaßbare Weise zu betrügen.

Erst um die Mittagszeit kam ich in Begleitung von zwei meiner Mitarbeiter mit meinem kleinen Fiat aus Berlin heraus. Es hatte Stunden gedauert, bis wir das notwendige Benzin auftreiben konnten. Ich war fast verrückt vor Angst, daß ich Peter nicht mehr antreffen könnte.

Es war kalt und es schneite, auf den Straßen wurde das Vorwärtskommen immer schwieriger. Man konnte kaum noch durch die Windschutzscheibe sehen. Das Schlimmste war, daß es schon viel zu früh dunkel wurde. Nach einigen Stunden türmte sich der Schnee so hoch, daß wir nur noch langsam vorankamen, bis wir steckenblieben. Ich war vor Todesangst, nicht rechtzeitig anzukommen, fast verrückt.

Wir schaufelten den Schnee weg und kamen noch ein paar Kilometer weiter, dann blieben wir wieder stecken. Um uns waren Schneemassen wie im Hochgebirge. Wieder schaufelten wir und quälten uns Kilometer um Kilometer, bis der Wagen endgültig stehenblieb. Nichts half mehr – kein Schaufeln, kein Schieben – es war aus.

Wir konnten nicht mehr weit von Saßnitz entfernt sein. Traut wollte sich nach Saßnitz auf den Weg machen, um Hilfe zu holen. Ich sollte, vor den Schneestürmen geschützt, im Auto warten. Aber ich war nicht mehr aufzuhalten – es trieb mich nach Saßnitz, und so stampften wir in der stockdunklen Nacht durch den Schneesturm. Manchmal versanken wir bis zum Bauch in den Schneemassen.

Um Mitternacht erreichten wir das Hafengelände von Saßnitz. Bei der totalen Verdunklung konnten wir kaum etwas erkennen. Zum Glück hatten wir kleine abgeblendete Taschenlampen bei uns. Im Hafengebiet war es totenstill – kein Mensch zu sehen. Der Sturm hatte nachgelassen, und es schneite auch nicht mehr. Ab und zu gaben die Wolken das Mondlicht frei. Da erblickte ich am Kai in der Nähe des Wassers die Silhouette eines Mannes. Als wir näher kamen, bewegte er sich und kam auf uns zu – es war Peter. Er schloß mich in seine Arme und stammelte «Leni – Leni...»

Waldi Traut war es gelungen, in einem kleinen Hotel ein Zimmer für die Nacht aufzutreiben. Nun war ich mit Peter allein und erfuhr, wie er die Ausfahrt der Schiffe verzögern konnte. Er hatte dem Kapitän erklärt, er erwarte noch wichtige Kurierpost aus Berlin, die er mitnehmen müsse.

Die wenigen Stunden, die uns bis zur endgültigen Trennung blieben, verbrachten wir nicht nur mit Zärtlichkeiten. Ich wollte alles von ihm wissen und hoffte, er würde mir die Wahrheit sagen. Ich war bereit zu verzeihen, wenn ich es nur begreifen könnte. «Wie war es möglich, daß du, nur wenige Minuten von mir entfernt, zehn Tage mit einer Frau zusammenleben konntest und mich in dem Glauben gelassen hast, du wärest längst unterwegs – auf dem Wege zur Front?» Peter leugnete – nicht daß er im Eden-Hotel gewohnt hätte, das konnte er nicht, aber er gab das Zusammenleben mit einer Frau nicht zu. Ich war bereit zu vergeben, aber ich wollte sein Handeln verstehen.

Ich flehte ihn an, die Wahrheit zu sagen: «Wir können uns doch nicht mit solchen Lügen belasten, es wäre schrecklich, wenn ich dir nie mehr trauen könnte. Meine Liebe müßte daran zerbrechen.»

Peter nahm mich fest in die Arme, strich über meine Wangen, sah mir in die Augen und sagte: «Wie kannst du dir, mein Liebes, nur vorstellen, daß ich so etwas tun könnte – dich betrügen. Ich wäre ein Schuft, der es nicht verdient, von dir geliebt zu werden. Zu einer so gemeinen Handlung wäre ich nie fähig», und er beschwor mich, nichts von dem zu glauben, was andere mir erzählten.

Entsetzt schaute ich ihn an. Ich wußte, daß es eine Lüge war. Vielleicht hätte ich damals die Größe haben sollen, nicht zu fragen, nichts wissen zu wollen – aber das ging über meine Kraft. «Peter», sagte ich verzweifelt, «du sagst nicht die Wahrheit.» Erregt antwortete er: «Wie kannst du mir so etwas zutrauen – ich schwöre dir beim Leben meiner Mutter, ich habe mit keiner Frau zusammengewohnt, keine berührt und an keine gedacht – Du bist ein dummes, eifersüchtiges Mädchen.»

Beim Morgengrauen trennten wir uns. Noch lange stand er winkend am Ufer. Mit seiner Hand warf er Münzen in die Luft, die er mit spielerischer Geste auffing. In mir war etwas zerbrochen.

Auf der Heimfahrt überfielen mich Koliken in einer mir bis dahin noch unbekannten, unerträglichen Heftigkeit. Aber stärker als die körperlichen Schmerzen waren die seelischen. Ich wurde sofort in Berlin in die Charité gebracht, bekam Spritzen und Schmerzmittel. Nichts half, ich konnte nicht mehr schlafen.

Wie meine Mutter und mein Bruder mir später erzählten, habe ich mich in einer Art Delirium befunden – ich verweigerte alles, auch die Nahrungsaufnahme. Als meine Angehörigen keinen Rat mehr wußten, brachten sie mich zu Professor Johannes H. Schultz, schon damals in ganz Deutschland durch sein autogenes Training berühmt.

Auch er konnte mir nicht helfen. Er sagte mir immer wieder: «Sie können nur geheilt werden, wenn Sie sich von diesem Mann trennen.» Meinem Einwand, daß man durch die Kraft der Liebe alles erreichen kann, auch einen Menschen ändern, widersprach er. «Dieser Mann kann sich nicht ändern, er wird immer derselbe bleiben», und eindringlich warnte er mich: «Wenn Sie sich nicht von ihm trennen, dann befinden Sie sich ständig in Gefahr, es ist, als könne Ihnen bei einem Spaziergang unerwartet ein Ziegelstein auf den Kopf fallen.»

Das ertrug ich nicht mehr. Ich ließ mich nicht mehr von Professor Schultz behandeln, ich begann eine Abneigung gegen ihn zu empfinden. Seine Worte waren für mich eine Qual. Ich war trotz allem immer noch viel zu sehr an Peter gebunden.

Eine Zeit voller Passivität und Depressionen folgte. Man schickte mich ins Gebirge – schon oft hatten mir die Berge Heilung gebracht. In Begleitung meiner Mitarbeiterin, Frau Peters, fuhr ich nach Zürs am Arlberg, wo ich jeden Schneehang kannte. Aber Skilaufen konnte ich in meinem Zustand nicht. In Decken gewickelt, lag ich teilnahmslos im Liegestuhl. Die noch fälligen «Tiefland»-Aufnahmen waren auf unbestimmte Zeit verschoben – bis eine große Halle frei werden würde. Und für die Szenen mit den Kampfstieren, die nur in Spanien gedreht werden konnten, hatten wir noch keine Devisengenehmigung. Wir wurden auf den Sommer vertröstet. Meine Mitarbeiter wie Kameramann Benitz und Aufnahmeleiter Fichtner waren an Firmen ausgeliehen, die Filme mit kriegswichtigen Themen herstellten.

Eines Tages lag in Zürs auf meinem Frühstückstablett ein Feldpostbrief – das erste Lebenszeichen von Peter. Ich hatte nach diesem Brief gefiebert, aber als er jetzt vor mir lag, hatte ich nicht den Mut, ihn zu öffnen. Am Poststempel sah ich, daß er einige Wochen unterwegs war. Bis zum Abend hielt ich mich zurück, dann las ich ihn:

«Liebe, liebste Leni, vor zwei Tagen habe ich noch mit dir gesprochen, und jetzt habe ich schon wieder soviel Sehnsucht, als ob wir Wochen und Monate getrennt wären... Ich habe das feste Vertrauen, daß ich bald wieder bei dir sein kann und wir dann für immer zusammenbleiben können. Auch du mußt den festen Glauben haben, daß das Schicksal es gut mit uns meint, der Größe unserer Liebe entsprechend. Ich habe früher nie an eine Vorsehung glauben können, durch unsere Liebe erst bin ich mit dem tiefen Vertrauen an eine Allmacht erfüllt worden...»

Dieser Brief entfachte in mir einen Sturm – kann man, nach dem, was geschehen war, so schreiben? Aus einem Selbsterhaltungstrieb wollte ich mich von diesem Mann lösen, aber seine Worte wirkten auf mich wie ein Gift. War der Krieg nicht an allem schuld? Aber die Eifersucht war stärker als die Vernunft.

Nun schrieb mir Peter in regelmäßiger Folge. Seine Briefe erschütterten mich, da sie keinen Zweifel an seiner inneren Wandlung durch die schweren Erlebnisse an der Front zuließen. Einige will ich zitieren. Ohne sie wäre mein späteres Leben und Leiden mit diesem Mann unverständlich.

2. März 1942

... heute nacht vor drei Stunden habe ich endlich Deinen Brief erhalten – ich bin tief erschüttert über das Leid, das ich Dir zugefügt habe. Meine kleine, liebe Leni, Du darfst nicht mehr leiden, hörst Du? Ich habe doch nur Dich überhaupt je geliebt, denn ich bin ein Teil von Dir – unlösbar mit Dir verbunden. Vielleicht ist es unser Schicksal, daß wir beide leiden müssen, ehe wir die höchste Stufe unseres Glücks erreichen können. Was Du mitmachst, fühle ich in meiner eigenen Seele – ich war zerrissen und unglücklich, denn ich hatte so furchtbare Angst, Dich zu verlieren. Du wirst aus meinen Briefen ersehen haben, daß ich ganz und nur Dir gehöre – es hat nie etwas zwischen uns gestanden, glaube mir das. Und ich habe das feste Vertrauen, daß nie mehr auch nur ein Funke eines Mißtrauens zwischen uns entstehen kann ... Ich befinde mich augenblicklich in einer ganz entscheidenden Krise meines Lebens. Warum ich überhaupt noch weiterleben will, weißt Du ja, der Grund bist Du und immer wieder Du ... Ich war noch zu verwirrt, über all das Unglück, was aus diesen zehn Tagen entstanden ist, daß ich nicht alles so aussprechen und ausdrücken kann, wie ich es gefühlt habe ... Du weißt auch, Leni, daß ich Dich viel mehr brauche als Du mich ... Du fühlst ja und weißt es, daß Du mich nie verloren hast und nie verlieren kannst, außer durch den Tod ...

13. März 1942

... auch heute habe ich bei meiner Rückkehr keine Post von Dir vorgefunden. Ich weiß nicht mehr, ob Du mir überhaupt noch schreiben wirst – und ich darf darüber nicht mehr nachdenken – ich bin in einem Zustand, der sich mit meiner Verantwortung hier nicht mehr vereinbaren läßt. Da Du ja weißt, was es für mich bedeutet, wenn ich Dich verliere, wird allmählich die Vermutung zur furchtbaren Gewißheit, daß Du mich nicht mehr liebst ... Da Du ja über die 10 Tage so unterrichtet bist, kann ich nicht annehmen, daß noch immer etwas zwischen uns stehen sollte, Du weißt ja, Leni, daß ich Dich in keiner

Minute weniger geliebt habe oder jetzt liebe. Aber ich kann mit diesen Zweifeln nicht mehr weiterleben...

9. April 1942

...gestern bin ich von einem großen Unternehmen zurückgekommen – es ist alles gut gegangen. Ich habe gleich anschließend einige Verwundete besucht und bin heute früh wieder auf meinem Btl. Gef. St. eingetroffen. Leider habe ich wieder keine Post von Dir bekommen – dieses ewige Warten und die dann folgende Enttäuschung ist kaum noch zu ertragen. Wir sind jetzt viel unterwegs, so daß die Möglichkeit besteht, daß ich Dir vielleicht ein paar Tage nicht werde schreiben können. Es liegt aber keineswegs ein Grund zur Beunruhigung vor... Liebe Leni, weißt Du eigentlich nicht, oder fühlst Du nicht, wie Du mich mit Deinem Stillschweigen quälst? Aber ich will mich mit allem abfinden, wenn Du nur wieder gesund geworden bist – es muß ja alles einmal wieder gut werden. Immer und immer werde ich sein...

20. April 1942

... Vor zehn Tagen habe ich Dir das letzte Mal geschrieben – wenige Stunden vor einem Einsatz... ich habe mit meinem Bataillon 10 schwere Tage hinter mir und bin heute auf 6 Tage zur Auffüllung und Auffrischung herausgenommen worden, nachdem wir in dieser Zeit die Hauptlast der ganzen hiesigen Front getragen haben. Ich bin zwar so fertig, daß ich nicht mal mehr den 10tägigen Dreck abkratzen will, bevor ich einen mindestens 24stündigen Schlaf ansetze – ich muß Dir nur noch schnell schreiben, damit Du Dich nicht länger ängstigst. Dieses Mal, warst Du, mein lieber, lieber Engel, dringend vonnöten. Aber jetzt ist es vorbei und ich will auch nicht mehr daran denken... Aber eines weiß ich, sicher hat noch nie ein Mensch so geliebt wie ich Dich...

22. April 1942

...jetzt habe ich mal dreißig Stunden ausgeschlafen und fühle mich wieder ganz in Ordnung. Die letzten vierzehn Tage hatten wir doch ziemlich schwere Kämpfe, das kommt einem dann erst hinterher zum Bewußtsein – mitten im Geschehen lebt man ja in einer solchen Spannung und Konzentration, daß man die Schwere und Härte der Kämpfe gar nicht so empfinden kann. Ich glaube, daß das einer der letzten und verzweifelten Versuche der Russen sein dürfte, in meinem Abschnitt durchzubrechen, sie haben es mit hohen Verlusten zahlen müssen. Da wir dabei auch natürlich mitgenommen worden sind, bin ich jetzt mit meinem Bataillon in meine ursprüngliche Stellung zurückgenommen worden, und ausgerechnet mein einziger Freund, der Hptm. Mayer, hat mich mit seinem Btl. ablösen müssen. Ich hoffe aber, daß ich ihn in einigen Tagen wieder ablösen kann. So allmählich beginnt es auch schon hier ganz schüchtern Frühling zu werden – es kommt schon vereinzelt an den Felsblöcken das Rentiermoos durch, die einzige Vegetation. Die Lichtverhältnisse haben sich auch schnell grundlegend geändert... Ich glaube, daß man mit jedem neuen Kampf auf Leben und Tod innerlich reifer wird. Und wenn ich einmal wieder den Glauben haben darf, daß Du und ich zu unserer früheren Einheit verschmolzen sind, und daß ich Dich nicht verlieren werde, werde ich auch ohne Unruhe und Angst leben können, und es wird alles gut werden. Ich habe viel über uns beide nachgedacht und habe mich geprüft, ob ich jemals noch einmal in meine alten Schwächen zurückfallen kann, und ich weiß heute, daß dies niemals mehr möglich sein kann. Ob ich in diesem Kampf zu Dir zurückkehren werde, oder ob ich falle, wird das Schicksal und die Vorsehung entscheiden – Du aber mußt immer und in jedem Fall wissen, daß ich in meinem ganzen Leben nur Dich geliebt habe und überhaupt lieben kann...

25. April 1942
...seit einigen Tagen liege ich wieder auf der Nase mit meinem alten Gelenkrheuma – ich liege jetzt in meinem Gefechtsstand dick eingepackt – und hoffe nur, daß ich bis zu den nächsten Angriffen wieder einigermaßen in Form bin. Im letzten Brief hatte ich Dir geschrieben, daß sich auch bei uns der Frühling schon bemerkbar macht – in der Zwischenzeit hat sich die Nachricht leider überholt, da wir seit gestern wieder Schneefälle in rauhen Mengen haben. Angeblich soll das ja bis zum Juni dauern. Die Aussicht, bald bei Dir zu sein, verringert sich dadurch zusehends. Ich weiß auch nicht, wie ich weiterhin diese dauernde Trennung von Dir ertragen soll – es ist alles so schwer. Wenn ich nicht den Hptm. Mayer hätte, wüßte ich überhaupt nicht, wie ich das durchstehen soll, er redet mir immer wieder zu wie einem kranken Pferd und hat sich mir als einmaliger Freund erwiesen. Ich hoffe sehr, daß Du Deine Vitalität wieder aufgenommen hast und viel Freude und große Erfolge Dir darin beschieden sind. Du wirst ja noch im Laufe dieses Sommers nach Spanien gehen, und ich werde dich von hier in der Tundra auch auf allen Deinen Wegen und bei Deiner Arbeit in Gedanken begleiten. Wenn ich doch nur bald wieder bei Dir sein könnte – vielleicht ist die Nichterfüllung und Unmöglichkeit meines einzigen Wunsches und meiner ganzen Hoffnung die Strafe... Ich denke oft darüber nach, ob wir alles

Unschöne werden vergessen können, um von neuem unser Leben in
seiner schicksalhaften Einheit von Grund auf aufzubauen ...

6. Mai 1942

... ich kann Dir jetzt immer nur kurz schreiben, da ich beide Hände in
Watte eingepackt habe und der Verband nur am Morgen zum Waschen entfernt wird. Diese paar Minuten, in denen ich aufstehen darf,
weil mein Bett gemacht wird, werde ich sooft wie möglich benutzen,
Dir zu schreiben. Leider ist keine Besserung eingetreten, und ich weiß
noch nicht, wann ich hier wieder rauskomme. Wir haben wieder
Schneestürme und Kälte. Hoffentlich habe ich das bald überstanden –
ich lebe in einer zermürbenden Unruhe – es kommt so alles zusammen
– die schweren Kämpfe und Angriffe, bei denen ich jetzt nicht dabei
sein kann, wo ich dringend gebraucht würde, aber vor allem die
großen Sorgen um Dich ... Heute werden, nachdem die Straßen zum
Teil befahrbar sind, weitere 300 Verwundete hier erwartet. Ich hoffe,
daß auch Mayer noch dabei ist, es wäre mir ein unerträglicher Gedanke, daß ihm etwas passiert ist durch den Umstand, daß er mich
abgelöst hat. Wenn alles gutgeht, werde ich mich dafür einsetzen, daß
er nicht mehr an die Front darf ...

13. Mai 1942

... vorgestern ist Hauptmann Mayer gefallen, ich bin jetzt wieder ganz
allein. Mit ihm ist bestimmt einer unserer Allerbesten und Tapfersten
weggeblieben – seine Frau steht jetzt mit den vier Kindern allein da ...
Vielleicht hätte er nicht fallen müssen, wenn ich nicht krank geworden
wäre. Diese Tatsache bedrückt mich um so mehr, als es doch mein
einziger Freund war – Leni, Du bist der einzige Mensch, den ich noch
habe und brauche zum Leben. Es muß ja einmal der Leidensweg und
der Weg der Irrungen zu Ende sein. Ich glaube, daß ich die Prüfung für
unser gemeinsames, besseres Leben bestanden habe ... Ich weiß heute,
daß ich trotz meiner großen Liebe zu Dir nicht die notwendige Reife
hatte. Nach diesem furchtbaren Erleben glaube ich nicht, daß ich in
Zukunft nochmals irgendwelchen Rückschlägen ausgesetzt sein
werde ... Du hast aus mir einen neuen Menschen gemacht, sehend für
die wahren Werte und Begriffe des Lebens – Du bist für mich die
Erfüllung eines bis jetzt falschen und ungelebten Lebens. Laß mich
jetzt nicht allein, Leni, dann kann ich Dir auch der Helfer und Halt
sein, den Du brauchst – denn ich liebe Dich unsagbar ...

25. Juni 1942

*Meine Leni – heute wage ich es zum ersten Mal, Dich wieder so zu
nennen. Vor ein paar Stunden hat mich auf einem Stützpunkt Dein
20. Brief erreicht – ich bin das erste Mal seit ewigen Zeiten wieder
innerlich frei und froh – jetzt da ich weiß, daß Du den festen Willen
hast, nochmals unser gemeinsames Leben von Grund auf aufzubauen, Du hast mir dadurch wieder Mut zum Leben gegeben. Ich
habe schwer gelitten, und ich habe in meiner Verzweiflung und
Hoffnungslosigkeit geglaubt, daß Deine Liebe gestorben ist, das
Schwerste, was mir das Schicksal aufbürden könnte. Heute, nach
Deinem Brief, ist die fürchterlichste Last meines Lebens von mir
genommen. In den letzten Tagen habe ich auf einem meiner Stützpunkte meinen Div. Kdr. Herrn General von Hengl getroffen, und er
hat mir dabei eröffnet, daß ich voraussichtlich Ende Juli in Urlaub
fahren könnte. Ich will jeden Tag das Schicksal bitten, daß es mir
diesen, meinen größten Wunsch nochmals in Erfüllung gehen läßt.
Ich suche schon verzweifelt nach einem Offizier, der mich während
des Urlaubs vertreten kann – durch meine neue Stellung als selbstän-
diger Btl. Kdr. unterstehe ich direkt der Division und habe dadurch
eine größere Verantwortung. Du wirst Dir ungefähr ein Bild von
meiner neuen Aufgabe machen können, wenn Du Dir vorstellst, daß
ich mit meinen Stützpunkten ein Gebiet von 300 qkm besetzt habe.
Ich bin jetzt der nördlichste deutsche Kdr. überhaupt ... wenn nur
Schörner, der übrigens General der Gebirgstruppen geworden ist, die
Urlaubs-Genehmigung gibt ... Liebste, die Tatsache, daß Du mich
noch liebst, ist das schönste Geschenk, das du mir in Deinem Brief
gemacht hast, das Wissen, daß Du wieder arbeiten kannst – laß mich
auch darin mit Dir mitleben – alles was Du tust, hat ja auch jetzt für
mich eine ungeheure Bedeutung ...*

Verlobung

Seit meiner Rückkehr aus Zürs hatte sich mein Gesundheitszustand
verschlechtert. Ich konnte nur liegen und habe kaum gegessen – über
zwanzig Pfund hatte ich abgenommen.

Während dieser Zeit waren Peters Briefe die einzigen Lichtblicke.
Ich klammerte mich an jedes Wort, schöpfte Hoffnung auf ein neues,
gemeinsames Leben. Aber ganz konnte ich das Vergangene nicht
auslöschen. Quälende Bilder überfielen mich immer wieder. Aber
stärker als Eifersucht war die Angst, Peter zu verlieren. Blieben die

Briefe einige Tage aus, geriet ich in Panik, immer glaubte ich das Schlimmste. Ich war eine Gefangene meiner Gefühle.

Peters letzter Brief, in dem er von einem möglichen Urlaub schrieb, vollbrachte ein Wunder – es war, als ob ich aus einer langen Narkose erwachen würde. Ich fing an, mehr zu essen, machte Spaziergänge und blühte langsam wieder auf. Mein Arzt war völlig verblüfft.

Ein paar Wochen später konnte ich sogar meine Arbeit an «Tiefland» fortsetzen. Die große Halle in Babelsberg war frei geworden. Zuerst drehten wir meine spanischen Tänze im Beisein von Harald Kreutzberg. Dann wiederholten wir die mißglückten Szenen von Pabst. Die Arbeitsatmosphäre war so gut, daß wir früher fertig wurden als geplant. Damit waren bis auf das Schlußbild sämtliche Atelieraufnahmen von «Tiefland» gemacht. Es fehlten nur noch die Aufnahmen mit dem Wolf in den Dolomiten und die Komplexe mit den Stieren, die nur in Spanien gedreht werden konnten.

Dr. Grzimeks junge Wölfin war inzwischen erwachsen. Er hatte sie mit viel Liebe und Mühe großgezogen. Aber bevor wir mit ihr die Aufnahmen machen konnten, benötigten wir für die Wolfsszenen noch ein wichtiges Motiv, einen kleinen Gebirgssee in der Nähe von Pedros Hütte. Aber es gab dort weder Wasser noch einen See.

Nachdem wir zwei Tage vergeblich nach einer Quelle gesucht hatten, aus der wir einen künstlichen See gewinnen wollten, versuchten wir es mit einem Wünschelrutengänger. Unser Mitarbeiter, Hans Steger, hatte ihn uns empfohlen. Wir hatten Glück. Herr Moser, der Rutengänger, leistete Erstaunliches. Er entdeckte mit seiner Rute, die nicht aus Metall, sondern aus Holz war, nicht nur alle Knochenbrüche, die wir einmal gehabt haben, er fand auch eine kleine Quelle, die allerdings so spärlich floß, daß man Geduld brauchte, bis ein Eimer voll war.

Inzwischen hatten wir einen kleinen See, mit einem Durchmesser von zehn bis fünfzehn Metern, ausgehoben. Der zementierte Boden war blaugrün gestrichen und das Ufer war so malerisch mit Steinen und Almrosenbüschen verziert, daß der See ganz echt aussah. Problematisch aber war, ihn mit Wasser zu füllen, da die kleine Quelle mit einem Höhenunterschied von 300 Metern tiefer lag. Um das Wasser zu dem See hinaufzubekommen, engagierten wir im Tal etwa fünzig Italiener, die von der Quelle bis zu dem hochgelegenen Plateau eine Kette bildeten und die mit Wasser gefüllten Eimer immer an den höher stehenden Mann weiterleiteten.

Es dauerte Stunden, aber dann hatten wir unseren See. Da erlebten wir eine nicht vorhergesehene Überraschung. Nach dem Manuskript sollte Pedros Schafherde am Seeufer ruhen. Als unsere Schafe aber, ungefähr achtzig, zum See getrieben wurden, blieb keines dort, sie zogen weiter. Einer unserer Leute kam auf die Idee, Salz zu streuen, und hoffte, die Tiere würden dann vom See nicht weggehen. Es war das Verkehrteste, was wir tun konnten! Die Schafe bekamen durch das Salz so großen Durst, daß sie in kurzer Zeit den ganzen See ausgesoffen haben. Dreimal mußte er wieder mit Wasser gefüllt werden, jedesmal streuten wir weniger Salz, aber es half nichts, der See wurde jedesmal wieder leergesoffen. Wir waren ratlos. Schließlich pflockten wir jedes einzelne Schaf am Seeufer an.

Am ersten Drehtag erschien Peter auf Ciampedi, glücklich schloß er mich in seine Arme. Er kam gerade, als wir versuchten, Aufnahmen mit «Katja» zu machen. Es ging alles wunderbar. Dr. Grzimek hatte die Wölfin gut dressiert. Sie war nicht zu wild und nicht zu zahm. Trotzdem war größte Vorsicht geboten. Erst unmittelbar vor dem Drehen konnte Grzimek dem Wolf seinen eisernen Maulkorb abnehmen, aber nur, wenn ihm vorher eine Blutspur gelegt wurde, die bis zur Kamera führte. Dort lag ein mit Blut getränktes Stofflämmchen, in das sich der Wolf verbeißen konnte, und er ließ es dann auch nicht mehr los. Mit dieser List gelangen uns gute Aufnahmen.

Aufregender verliefen die Kampfszenen zwischen Pedro und dem Wolf, da sie bis auf eine einzige ohne Tricks gemacht wurden. Franz Eichberger, unser Pedro, hatte den Mut, ohne Double zu arbeiten. Bei der Aufnahme, in welcher der Wolf ihn anspringt, hatte er unter dem Hemd um seinen Arm eine blutgetränkte Ledergamasche gewickelt. Beim Ansprung hielt er dem Wolf den Unterarm vor die Schnauze, in den sich das Tier verbiß. Sechs Mal mußte Franzl diese Szene wiederholen.

Riskant waren die Aufnahmen, in denen Pedro den Wolf erwürgt. Bei diesen Szenen konnte das Tier noch nicht betäubt werden, da es sich noch wehren mußte. Franzl wälzte sich mit ihm auf dem Boden, bis der Wolf auf dem Rücken lag und er über ihm knien konnte. Dann umklammerte er seinen Hals mit den Händen. Wir zitterten, denn diese Minuten waren äußerst gefährlich. Keinen Augenblick durfte er seine Hände lockern, sonst hätte der Wolf sein Gesicht zerfetzt. Das Sterben des Wolfes mußte dann allerdings durch eine Betäubungs- spritze herbeigeführt werden. Wir atmeten auf, als diese Aufnahmen beendet waren. Der Wolf war später wieder quicklebendig.

Eine der schwierigsten Szenen hatten wir noch vor uns: Der Wolf sollte in die Herde einbrechen und ein Schaf reißen. Dazu brauchten wir die Reaktion der Schafe, die das Anschleichen des Wolfes spüren und von Unruhe befallen werden. Der Versuch dieser Aufnahme mißlang. Durch keinen Lärm waren die Schafe zu bewegen, erschreckt zu sein. Sämtliches Kochgeschirr hatten wir aus der Hütte verteilt und daraus ein ohrenbetäubendes Orchester gebildet. Sogar die Schüsse aus einem Schrotgewehr blieben ohne Wirkung. Da kam Hans Steger auf den Gedanken, einen Sprengmeister zu engagieren, um durch eine Detonation das Erschrecken der Tiere endlich zu erreichen.

Der beste italienische Sprengmeister der Gegend wurde verpflichtet, ein Mann, der seinen Beruf seit vielen Jahren ohne einen Zwischenfall ausgeübt hatte. An einem frühen Morgen bei wolkenlosem blauen Himmel und strahlender Sonne war alles aufnahmebereit. Sobald der Sprengmeister das Zeichen gab, sollten drei Kameraleute drehen. In Nähe der Schafherde hatte er die Sprengladung auf einem kleinen Grashügel vergraben. Alle Augen richteten sich auf ihn. Er hatte sich eilig von dem Grashügel entfernt, gab das Zeichen, und die Kameras surrten, aber es erfolgte keine Explosion. Da sah ich erschrocken, wie der Mann zu der Stelle lief, an der er das Dynamit vergraben hatte, und in dem Augenblick, als er sich bückte, explodierte die Ladung. Entsetzt sah ich, wie er sich mit seinen Händen an den Hals griff, aus dem ein Blutstrahl herausspritzte. Jede Hilfe kam zu spät, der Mann verblutete in wenigen Sekunden.

Wir waren nicht imstande weiterzuarbeiten und unterbrachen die Aufnahmen für einige Tage. Dieses Unglück hatte uns schwer getroffen. Dann begannen wir mit den Adleraufnahmen, die auch sehr schwierig waren, da dieser große prachtvolle Vogel nur fliegen konnte, wenn er genügend Wind hatte. Hob er sich dann aber in die Lüfte, so war das ein unvergleichlicher Anblick. In Sekunden war er nur noch als Punkt über den Berggipfeln zu sehen. Faszinierend war es auch, wenn der Adler in nur wenigen Sekunden vom Himmel auf den künstlichen Hasen stürzte, den der Falkner ihm zuwarf. Unglücklicherweise hatten junge Burschen von unseren drei Adlern zwei mutwillig abgeschossen.

Als wir mit allen Aufnahmen in den Dolomiten fertig waren, ging auch Peters Urlaubszeit zu Ende. Auch diese gemeinsame Zeit war nicht frei von Spannungen. Dieses Mal gab ich meiner Arbeit die Schuld. Merkwürdig war es festzustellen, daß zwischen dem Inhalt von Peters Briefen und seinem Verhalten hier bei mir Welten lagen. Er wurde für mich immer mehr zu einem Rätsel, das ich zu lösen suchte.

Vor seiner Abreise, zufällig der Tag meines Geburtstags, steckte er mir einen schmalen goldenen Ring an den Finger und sagte: «Jetzt bist du auch offiziell meine Braut.»

Verdutzt sah ich ihn an, daran hatte ich nie gedacht. Trotzdem gefiel mir dieser Einfall. «Und wo ist dein Ring?» fragte ich. Peter sah mich überrascht an und sagte dann unbekümmert: «Den müßte ich noch besorgen.»

Wir stiegen zu einer Berghütte hinauf, um etwas auszuruhen. Dies waren die ersten Stunden, in denen wir allein waren, und der Tag meiner Verlobung. Peter blieb aber nicht bei mir, sondern unterhielt sich stundenlang mit dem ihm unbekannten alten Hüttenwirt, spielte mit ihm Karten und trank dabei ein Bier nach dem anderen, bis es dunkel wurde. Ich fühlte mich verletzt, und neue Zweifel überfielen mich. War das der Mann, der mir die wunderbaren Briefe schrieb?

Ich konnte keine Antwort finden.

Der totale Krieg

Nach meiner Rückkehr erlebte ich in Berlin den Krieg in seiner ganzen Unerbittlichkeit. Die Luftangriffe richteten schwere Schäden an, es starben immer mehr Menschen. Der Kampf um Stalingrad hatte begonnen, und an ein Ende dieses Krieges war nicht zu denken.

Auch Peters Nachrichten von der Eismeerfront waren deprimierend. In seinem ersten Brief berichtete er, einen Tag vor seiner Rückkehr hätten die Russen zwei seiner Stützpunkte erobert und alle Soldaten und Offiziere umgebracht, sogar die Verwundeten wurden getötet. Ein einziger deutscher Soldat hatte das Massaker überlebt.

Auch mein Bruder kämpfte jetzt an der Ostfront – zeitweise sogar in einer Strafkompanie. Sein bester Freund, der auch in der Firma meines Vaters tätig war, hatte ihn denunziert, weil er angeblich auf dem Schwarzen Markt Fleisch kaufte und sich abfällig über Hitler geäußert haben sollte. Ich war verzweifelt, ihm nicht helfen zu können. Es wäre mir unmöglich gewesen, mich mitten im Krieg an Hitler mit einer persönlichen Bitte zu wenden.

Dies alles machte mich von neuem krank: Ich hoffte wie immer, in den Bergen Linderung zu finden. Aber seitdem Dr. Goebbels im Februar 1943 den «totalen Krieg» erklärt hatte, konnte man nur noch mit einem ärztlichen Attest, das vom Propagandaministerium anerkannt werden mußte, in einen Gebirgsort reisen. Zwei Ärzte hatten mir Atteste ausgestellt, in denen ein Aufenthalt in den Bergen dringend empfohlen wurde. Trotzdem wurden meine Gesuche vom Propagandaministerium abgelehnt. Ich mußte in Berlin bleiben.

In einer Serie von Luftangriffen erlebte ich in meinem Haus am 1. März 1943 nachts einen der schwersten. Türen sprangen aus den

Rahmen, sämtliche Scheiben zerbrachen. Ich glaubte, mein Trommelfell würde zerreißen, so heftig waren die Detonationen. Sieben Brandbomben konnte ich mit meinem Mädchen löschen. Als sich die Bomber entfernten, gingen wir ins Freie. Alle Häuser in meiner Umgebung brannten. Vom Nachbarhaus, in dem die mit mir befreundete Familie Geyer wohnte, hörten wir Hilferufe. Zusammen mit ihrem Mädchen konnten wir die zwei Kinder aus den Flammen retten. Noch lange war der Himmel rot.

Am nächsten Morgen zählten wir auf meinem Grundstück fast 200 Brandbomben, und in den Ästen eines Baumes, nahe dem Balkon meines Hauses, hing die zerfetzte Leiche eines britischen Fliegers. Ich konnte diese Schrecken kaum noch ertragen und wollte nicht länger in Berlin bleiben. Da half mir Albert Speer. Er bot mir in Kitzbühel ein Zimmer im «Todtheim» an. Da Dr. Fanck im Rahmen meiner Firma für die «Organisation Todt» die Modellbauten von Berlin filmte, hatte ich Anrecht, mich dort kurzfristig aufzuhalten. Ich nahm das Angebot an. Die Nacht vor meiner Abreise werde ich nie vergessen. Es war wie ein Weltuntergang.

In Spanien 1943

Nach einer Pause von neun Monaten, die große Geduld von uns forderte, hofften wir für unseren Unglücksfilm endlich die letzten Außenaufnahmen in Spanien machen zu können. Wegen der Kampfstierszenen war es unmöglich, diese Komplexe woanders aufzunehmen. Fast hatten wir die Hoffnung verloren, den Film noch fertigstellen zu können. Der Grund: Das Wirtschaftsministerium hatte alle unsere wiederholten Devisenanträge abgelehnt, mit der Begründung, «Tiefland» sei kein kriegswichtiger Film. Dabei hatte die «Tobis» den Film schon nach Spanien verkauft, die notwendigen Peseten waren gesichert.

Da entschlossen sich meine beiden Prokuristen Traut und Großkopf zu einem Bittbesuch bei Reichsleiter Martin Bormann, der seit dem Englandflug von Heß als Chef im «Braunen Haus» residierte und seit dem großen Krach mit Goebbels unsere oberste Dienststelle war. Wenn Bormann etwas erreichen wollte, berief er sich, wie allgemein bekannt war, auf einen Befehl Hitlers. Nur deshalb bekamen wir auch unsere Devisen.

Der Flug nach Madrid erschien mir kurz, weil ich sehr übermüdet war. Unmittelbar vor dem Abflug gab's wieder Fliegeralarm, und ich hatte die letzte Nacht noch im Schneideraum arbeiten müssen.

In Barcelona hatten wir eine Stunde Aufenthalt. Hier gab es Bohnenkaffee, Bananen, Apfelsinen, Schokolade, einfach alles, was das Herz
begehrt. Was für ein Gefühl, nach vier Jahren Krieg in ein Land zu
kommen, das im Frieden lebt – ich glaubte zu träumen. Die ersten
Eindrücke waren verwirrend. Spanien hatte sich nach dem Bürger-
krieg erholt, riesige Lichtreklamen erleuchteten die nächtlichen Straßen von Madrid.

Wie schon vor fast zehn Jahren war ich auch dieses Mal beeindruckt
von den Menschen, dem Land, den Sitten, der Kunst, überhaupt, von
der spanischen Art zu leben. Verstärkt wurde dieses Gefühl noch
durch die Deutschfreundlichkeit der Bevölkerung und ihrem liebenswürdigen Wesen.

Unsere erste Motivsuche führte uns nach Sepulveda, dann nach
Segovia und Avila in Kastilien. Sie zählen seitdem für mich zu den
interessantesten spanischen Städten, wie auch Salamanca mit seinen
prachtvollen Innenhöfen.

Dann kamen wir in den Süden. Die Alhambra in Granada verschlug
mir den Atem. Dieses Wunderwerk arabischer Baukunst schien nicht
aus Steinen erbaut, sondern wie aus Spitzen gewebt. In der Nähe
Sevillas erlebten wir echte Zigeunertänze, so hinreißend, daß wir die
ganze Nacht zuschauten.

In Algeciras lag die Meerenge von Gibraltar vor uns – Palmen und
Oleander leuchteten im Sonnenlicht gegen das blaue Meer –, im Dunst
konnte man die afrikanische Küste sehen und, zum Greifen nah, den
Felsen von Gibraltar.

In Südspanien sahen wir die größte Chance für die Aufnahmen mit
den Kampfstieren. Hier gab es die meisten Stierfincas. Günther Rahn,
mein Jugendfreund, der nun schon seit fast zehn Jahren in Madrid
lebte, machte mich mit den berühmten Toreros wie Belmonte, Biennevenida und dem für die Spanier unsterblichen Manolete bekannt, die
meist auch Besitzer großer Stierfincas waren.

Doch leider konnten die geplanten Aufnahmen mit den Stieren hier
nicht gemacht werden, da für unsere Szenen nicht die geeigneten
Landschaftsmotive zu finden waren.

Eine letzte Möglichkeit schien Kastilien zu bieten. In der Nähe von
Salamanca, auf der größten Stierfinca Spaniens, weideten über tausend Kampfstiere.

Anfangs sah es hoffnungslos aus, den Besitzer zu bewegen, uns seine
wertvollen Tiere zur Verfügung zu stellen. Wenn es nach endlosen
Besprechungen trotzdem gelang, ihn umzustimmen, dann nur deshalb,
weil er etwas für die Deutschen übrig hatte. Allerdings mußten wir uns
verpflichten, die «Torros» – das sind die großen Kampfstiere, die nur

für die besten Stierkämpfe gezüchtet werden – hoch zu versichern. Ein teurer Spaß: Denn wir wollten 600 Kampfstiere haben. Aber auch dieses Problem verstand Günther zu lösen.

Das Schwierigste stand uns noch bevor. Wir waren ahnungslos, wie kompliziert die Aufnahmen verlaufen würden. Die Stiere mußten, von mehreren Hirten geführt, täglich viele Stunden zu den Aufnahmeplätzen getrieben werden, dann wurden sie einen Tag geschont.

Endlich aber war es soweit. Vor «Las Pedrizas», einem kleinen Gebirge, fünfzig Kilometer von Madrid entfernt, war mit Hilfe berittener Spezialisten für die «Torros» alles vorbereitet. Bei einer Temperatur von über 60 Grad in der Sonne kamen unsere ersten Aufnahmen zustande. Ein unglaubliches Bild, als Hunderte schwarzer Tierkörper gegen den Hintergrund der gelben Grasflächen auf uns zugaloppierten, wo sie vor der Kamera von Reitern aufgehalten und wieder zurückgetrieben wurden. Zum Glück verlief alles ohne Zwischenfälle.

Nun traf auch Bernhard Minetti ein. Da Gründgens ihn nicht freigab, hatten wir seinetwegen fast ein Jahr die Aufnahmen unterbrechen müssen. Im Gegensatz zu seinem Verhalten im Atelier war er hier viel gelöster, und es war leicht und angenehm, mit ihm zu arbeiten.

Nachdem beinahe alle Szenen abgedreht waren, erwartete mich eine Riesenüberraschung: Plötzlich stand Peter vor mir, den ich an der Eismeerfront vermutete. Ich glaubte zu träumen. Mit keinem Wort hatte er in seinen Briefen diesen Urlaub erwähnt. Wir waren sprachlos. Wie war es möglich, daß ein deutscher Offizier mitten im härtesten Krieg nach Spanien reisen konnte? Aber Peter schaffte es. In gefährlichen Fronteinsätzen hatte er sich diesen kurzen Urlaub verdient. Er wollte damit meine Zweifel an ihm beseitigen und mich fest an sich binden. Das ist ihm auch gelungen.

Haus Seebichl

Das Wiedersehen mit Berlin war trostlos: Nichts als Trümmer und zerbombte Häuser, was für ein Gegensatz zu Spanien. Das «Promi» hatte inzwischen viele Firmen aufgefordert zu evakuieren. Auch wir entschlossen uns, mit einigen Mitarbeitern von Berlin wegzugehen. In der Nähe von Kitzbühel hatten wir ein Haus gefunden. Wir hatten es nur bekommen, weil es ohne Heizanlage unbewohnbar war. Wir mußten sie erst einbauen.

Um das Filmmaterial vor den Bombenangriffen zu retten, nahmen wir mit, was wir nur konnten: Negative, Positive, Lavendelkopien,

Dupnegative, nicht nur von «Tiefland», sondern auch von den fremdsprachigen Versionen der Olympia- und Parteitagfilme, vom «Blauen Licht» und vielen Kurz- und Sportfilmen. Die Hälfte lagerten wir in zwei Bunkern in Berlin-Johannisthal ein.

In diesen bedrückenden Tagen besuchte mich manchmal nach Bombenangriffen Albert Speer. Er war nach Todts überraschendem Tod zum Rüstungsminister ernannt worden. Bei starkem Kaffee, den Helene kochte, versuchte er sich zu entspannen. Immer war er einer der ersten, der bei den Luftangriffen draußen war und mit Ruhe und Besonnenheit die Löscharbeiten leitete. Ich bewunderte seine Furchtlosigkeit und seine Anspruchslosigkeit. Als ich ihn einmal bat, mir Baumaterial für einen Luftschutzkeller zu bewilligen, in dem ich wertvolle Kopien vor Luftangriffen schützen wollte, lehnte er es mit der Begründung ab, er könne kein Material bewilligen, ehe nicht alle Menschen sichere Luftschutzkeller besäßen. Das galt auch für seine eigenen Modellaufnahmen des künftigen Berlins, die von Dr. Fanck gefilmt wurden. Speer sprach verächtlich über einige Minister und Parteileute, wie beispielsweise den Wirtschaftsminister Dr. Funk. Er war verärgert, daß diese Männer, wie er sagte, wie in Friedenszeiten dahinlebten und in erster Linie an sich und nicht an die notleidende Bevölkerung dachten. Auch Hitler kritisierte er. Einmal sagte er: «Wenn Hitler in manchen seiner Entschlüsse nicht zu weich wäre, könnte ich die Produktion des Kriegsmaterials erheblich steigern, was dringend notwendig wäre.»

«Wie meinen Sie das?» fragte ich.

«Zu früh wird Fliegeralarm gegeben, bei jeder Warnung könnte man viel Zeit einsparen, und das würde bei den ständig zunehmenden Angriffen eine große Anzahl von Stunden ausmachen, in denen in den Rüstungsbetrieben gearbeitet werden könnte.»

«Und warum geht das nicht?»

«Weil ich den Führer dafür nicht gewinnen kann. Er beharrt auf dieser langen Vorwarnung. Er will, daß alle Menschen noch rechtzeitig einen Luftschutzkeller erreichen, was ja menschlich verständlich ist, aber», Speer sagte es verärgert, «das können wir uns nicht leisten.»

«Und finden Sie das nicht trotzdem richtig?» fragte ich betroffen.

«Ja», sagte er, «aber wichtiger ist, daß wir den Krieg gewinnen. Und wenn nicht, dann werden unsere Verluste an Menschenleben das Vielfache betragen.»

«Glauben Sie denn noch an einen Sieg?» fragte ich beklommen.

«Wir müssen siegen», sagte Speer trocken, ohne eine Emotion zu zeigen.

Ich konnte seit dem Rußlandfeldzug nicht mehr an einen Sieg glauben.

Im November 1943 übersiedelten wir nach Kitzbühel. Im Haus Seebichl hoffte ich, mit meinem Tieflandfilm fertig zu werden. Wir hatten einen größeren Raum für die Vorführung, ein Ton-Mischatelier, einige Schneideräume eingerichtet, vor allem aber genügend Zimmer für die Mitarbeiter. In einer alten Burgruine, «Schloß Münichau», nur wenige Kilometer entfernt, konnten wir unser Filmarchiv relativ sicher vor Feuer und Bombenangriffen lagern.

Hier waren wir vorläufig vor Fliegerangriffen geschützt. Aber ich konnte nicht arbeiten. Ich erlitt einen schweren Rückfall. Die Koliken waren so heftig wie damals auf dem Hahnenkamm, aber der Heilpraktiker Reuter, der mir so geholfen hatte, war nicht mehr in München und nirgends zu erreichen. Meine Ärzte versuchten alles, um mir zu helfen. Täglich wurden mir Traubenzucker und herzstärkende Mittel in die Venen gespritzt, bis sie verstopft waren. Ich fuhr zweimal nach Salzburg, um mich von Morell, Hitlers Leibarzt, untersuchen zu lassen. Auch er konnte keine Besserung erzielen. Damals gab es noch keine Antibiotika, die diese Krankheit heilen konnten.

Letzte Begegnung mit Hitler

Am 21. März 1944 – Frühlingsanfang – stand ich mit Peter Jacob, der inzwischen zum Major befördert war und einen kurzen Sonderurlaub erhalten hatte, in Kitzbühel vor dem Standesbeamten, der an der Eismeerfront sein Meldegänger gewesen war und Peters Briefe an mich weitergeleitet hatte. Ein unwahrscheinlicher Zufall, wie manches bei dieser Kriegstrauung, gegen die ich mich so lange gesträubt hatte. Wir waren an diesem tief verschneiten Morgen vom Haus Seebichl abgefahren, und schon nach wenigen Metern kippte der Schlitten um. Als ich mich aus dem Schnee grub, lag zu meinen Füßen ein altes Hufeisen. Der Volksmund sagt, das bringe Glück. Ich hob es auf und besitze es auch heute noch. Es hat mir aber kein Glück gebracht.

Meine Eltern, die zu der kleinen Hochzeitsfeier nach Kitzbühel kamen, waren über meine Wahl nicht sehr glücklich. Als mein Vater, der in letzter Zeit sehr krank war und sich wegen Heinz große Sorgen machte, mit mir allein war, hatte er Tränen in den Augen, was ich bei ihm noch nie erlebt hatte. Bewegt sagte er: «Mein Kind, ich wünsche dir, daß du glücklich wirst.»

Ein Abendessen war im Grandhotel in Kitzbühel vorbereitet. Als wir die Halle betraten, kam es zu einem peinlichen Zwischenfall. Ein Luftwaffenoffizier, zweifellos volltrunken, lief mit ausgebreiteten Armen auf mich zu und rief laut: «Leni, kannst du dich noch an unsere Liebesnächte erinnern – du warst zärtlich wie eine Katze!»

Fassungslos schaute ich auf den Verrückten – alle blieben betroffen stehen. Dann sah ich, wie Peter sich bückte und mit einem Anlauf dem Mann einen Kinnhaken versetzte, daß er zu Boden fiel. Während sich einige Leute um den betrunkenen Offizier kümmerten, setzten wir uns an die Tafel. Ich war froh, daß mein Mann, der sehr eifersüchtig war, beherrscht blieb und mir auch glaubte, daß ich diesen Betrunkenen nie in meinem Leben gesehen hatte.

Wenige Tage vor Peters Urlaubsende erhielt ich von Hitler einen Blumenkorb mit Glückwünschen und einer Einladung. Wir sollten beide am 30. März auf den Berghof kommen. Über Julius Schaub, dessen Frau in Kitzbühel wohnte, hatte er von meiner Trauung erfahren.

Ich war beunruhigt und fast bestürzt, Hitler in dieser dramatischen Phase des Krieges gegenüberzutreten. Über drei Jahre hatte ich ihn nicht mehr gesehen. Würde uns Hitler etwas von seinen Gedanken verraten? In welcher Verfassung würden wir ihn antreffen?

Als der schwarze Mercedes uns in Berchtesgaden im Hotel abholte, stieg General Schörner aus dem Auto; er kam von Hitler, der ihn sehr schätzte.

Wie oft bin ich gefragt worden, welchen Eindruck ich von Hitler hatte. Besonders bei meinen Verhören durch die Alliierten spielte diese Frage immer die Hauptrolle. Es ist nicht leicht, meine damaligen Empfindungen für Hitler zu beschreiben. Einerseits empfand ich große Dankbarkeit, wie er mich vor meinen Feinden wie Goebbels und anderen beschützt hatte, und daß er mich als Künstlerin so sehr schätzte. Aber es hatte mich empört und beschämt, als ich im Herbst 1942, aus den Dolomiten kommend, in München das erste Mal sah, wie jüdische Menschen einen gelben Stern tragen mußten. Daß sie in Konzentrationslager verschleppt wurden, um dort vernichtet zu werden, habe ich erst nach dem Krieg durch die Alliierten erfahren.

Die frühere Begeisterung, die ich für Hitler empfunden hatte, war abgekühlt, die Erinnerung daran lebte noch in mir. Meine Gefühle bei dieser Begegnung blieben zwiespältig. Vieles störte mich an ihm. So war es mir unerträglich, wenn Hitler von den Russen als «Untermenschen» sprach. Diese pauschale Verurteilung eines ganzen Volkes, das so große Künstler hervorgebracht hat, verletzte mich tief. Auch fand ich es schrecklich, daß Hitler keinen Weg fand, diesen hoffnungslosen, mörderischen Krieg zu beenden. Ich nahm mir vor, ihn zu fragen, warum er sich nicht die zerbombten deutschen Städte ansehe – aber ich blieb stumm.

Hitler küßte mir die Hand und begrüßte meinen Mann kurz und ohne ihm Aufmerksamkeit zu schenken. Mir fiel seine zusammengesunkene Gestalt auf, das Zittern seiner Hand und das Flackern seiner Augen – Hitler war seit unserer letzten Begegnung um Jahre gealtert. Aber trotz dieser äußerlichen Verfallserscheinungen ging noch immer die gleiche magische Wirkung von ihm aus, die er seit jeher besessen hatte. Ich spürte, daß die Männer und Frauen, die um ihn waren, blindlings seinen Befehlen folgten.

Hitler hat bei diesem meinem letzten Zusammentreffen mit ihm nicht eine einzige Frage an meinen Mann gestellt, was mich wunderte. Ich nahm an, daß er sich erkundigen würde, an welchen Frontabschnitten er gekämpft und wofür er das Ritterkreuz erhalten hätte. Auch an mich richtete er keine Fragen, sondern begann wie in der Nachtstunde im «Kaiserhof» gleich nach der Begrüßung zu reden – fast eine Stunde lang; wieder war es nur ein Monolog. Ruhelos ging er dabei auf und ab.

Drei Themen schienen ihn hauptsächlich zu beschäftigen. Zuerst sprach er ausführlich über den Wiederaufbau Deutschlands nach Kriegsende. Er führte auf, daß er viele Fotografen und Spezialisten beauftragt habe, von allen Kunstwerken, Kirchen, Museen, historischen Gebäuden, Fotografien anzufertigen, nach denen alles naturgetreu nachgebildet werden solle. «Deutschland», sagte er mit Pathos, «wird schöner denn je aus den Trümmern entstehen.»

Das andere Thema betraf Mussolini und Italien. Er beschuldigte sich eines unverzeihlichen Irrtums, daß er Italien ebenso hoch eingeschätzt habe wie den Duce. «Mussolini», sagte er, «ist als Italiener eine Ausnahme, seine Qualitäten stehen weit über dem Durchschnitt. Die Italiener», rief er, «führen nur Kriege, die sie verlieren. Bis auf ihre alpinen Truppen können sie nicht kämpfen, ebenso wie die anderen Balkanvölker, mit Ausnahme der tapferen Griechen. Der Eintritt Italiens in den Krieg war für uns nur eine Belastung. Hätten die Italiener nicht Griechenland angegriffen und unsere Hilfe gebraucht, dann hätte sich der Krieg anders entwickelt. Wir wären dem russischen Kälteeinbruch um Wochen zuvorgekommen und hätten Leningrad und Moskau erobert. Es hätte dann kein Stalingrad gegeben. Die Front im Süden Rußlands ist nur zusammengebrochen, weil die Italiener und Balkansoldaten nicht kämpfen können, deshalb hatten wir die ganze Kriegslast allein zu tragen. Mussolini führt einen Kampf ohne Volk, das ihn noch schändlicherweise verraten hat.»

Hitler, immer erregter werdend, kam nun auf England zu sprechen.

Zitternd vor Wut, die Faust geballt, rief er: «So wahr ich hier stehe, niemals mehr wird ein Engländer mit seinen Füßen deutschen Boden betreten.» Darauf folgte eine Flut von Haßtiraden über England. Hitler sprach wie ein abgewiesener Liebhaber, denn alle aus seiner Umgebung wußten, wie sehr er die Engländer bewundert hatte. Seine Vorliebe für die Briten war so groß, daß er, wie einige seiner Generäle berichteten, das deutsche Landungsunternehmen auf die Insel unter allen möglichen Vorwänden immer wieder verschoben und schließlich sogar abgesagt hatte. Der Gedanke, England total zu vernichten, wäre ihm unerträglich gewesen. Er soll es nie verwunden haben, daß England dem Deutschen Reich den Krieg erklärte. Sein politischer Traum, mit England eine Welt nach seiner Vorstellung gegen den Kommunismus aufzubauen, war zerstört. Das war die Quelle seines Hasses gegen England.

Wie aus einer Trance erwachend, kehrte Hitler plötzlich in die Wirklichkeit zurück. Er räusperte sich und machte dann eine unmiß-verständliche Geste, aus der wir entnehmen konnten, daß der Besuch beendet war. Er verabschiedete sich und begleitete uns hinaus auf einen langen Gang. Als ich mich am Ende des Ganges umdrehte, sah ich Hitler noch immer an derselben Stelle, uns nachsehend, stehen.

Ich fühlte, daß ich ihn nicht mehr wiedersehen würde.

Am 20. Juli 1944

In der Stunde, in der das Attentat auf Hitler verübt wurde, stand ich auf dem Dahlemer Waldfriedhof und nahm ergriffen an der Beerdi-gung meines viel zu früh verstorbenen Vaters teil. Er war nur 65 Jahre geworden.

Danach wollte ich Speer besuchen, in der Hoffnung, etwas von den Wunderwaffen zu erfahren, über die in letzter Zeit soviel gesprochen wurde. Als ich in sein Büro am Pariser Platz eintrat, verließ er gerade in großer Eile sein Zimmer und lief mit einem flüchtigen Gruß an mir vorbei. Seine Sekretärin sagte mir, er sei dringend zu Goebbels bestellt worden. Noch wußten wir nichts von dem Anschlag auf Hitler. Durch die Fensterscheiben sah ich Soldaten vor dem jetzt am anderen Ende des Pariser Platzes untergebrachten Propagandaministerium aufmar-schieren.

Wenig später meldete der Rundfunk, daß ein auf Hitler verübtes Attentat mißlungen war. Der Führer sei unverletzt und gesund. Diese Nachricht machte uns tief betroffen. Die Menschen auf den Straßen debattierten in ungeheurer Erregung. Wohin ich kam, war man über das Attentat entsetzt. Auch im Zug – ich fuhr noch am selben Tag nach Kitzbühel – herrschte unter den Reisenden, meistens Soldaten, darunter viele Verwundete, eine ungeheure Erregung.

In Kitzbühel erwartete mich eine furchtbare Nachricht. Mein Bruder war in Rußland gefallen. Sein Tod war grausam – eine Granate hatte ihn zerfetzt. Das Unglück geschah in derselben Stunde, in der die Bombe im Führerhauptquartier explodierte und ich am Grab meines Vaters stand.

Über diesen schrecklichen Tod meines Bruders bin ich bis heute nicht hinweggekommen. Ich konnte und kann mir nicht verzeihen, daß ich es unterließ, ein einziges Mal Hitler um etwas ganz Persönliches zu bitten. Ich hatte Hemmungen, mich in dieser schweren Phase des Krieges an ihn zu wenden.

Mein Bruder war das Opfer interner Intrigen geworden. Er soll auf dem Schwarzmarkt Fleisch gekauft und sich abfällig über den Krieg geäußert haben. Ein Mitarbeiter von ihm, in der Firma meines Vaters tätig, hatte ihn angezeigt. Die Denunziationen begleiteten ihn wie ein Fluch. Trotz seiner Tapferkeit wurde ihm jede Beförderung verweigert, und er wurde, wie er mir schrieb, immer wieder bei den sogenannten «Todeskommandos», zeitweise dabei sogar in einer Strafkompanie, eingesetzt.

Als Chefingenieur in der Firma meines Vaters, die Installationen für Rüstungsbetriebe ausführte, war er längere Zeit u. k. gestellt. Im Auftrag des ss-Generals Wolff, der mit der Frau meines Bruders befreundet war und die sich scheiden lassen wollte, ohne aber die Kinder, die mein Bruder abgöttisch liebte, ihm zu überlassen, erschien bei ihm ein Beauftragter des gefürchteten Generals Unruh, der wörtlich zu meinem Bruder sagte: «Diesmal, Herr Riefenstahl, geht es um Ihren Kopf.»

Im Nachlaß meines Bruders befinden sich zwei Briefe des Generals Wolff. Er droht ihm darin, sich an den Führer zu wenden, falls mein Bruder nicht freiwillig auf sein Recht, seine beiden Kinder nach der Scheidung zu behalten, verzichten wolle. Da mein Bruder sich weder einschüchtern noch erpressen ließ,bekam er bald die Quittung.

Seinen Tod hat er vorausgeahnt. Wenige Jahre vor Kriegsausbruch sagte er mir eines Tages, er habe eine schreckliche Vision gehabt – er sah sich tot in einer Blutlache liegen.

«Ich werde jung sterben», sagte er damals zu mir. Er war achtunddreißig, als er in Rußland den Tod fand.

Sippenhaft

Im Herbst 1944 fielen in Prag die letzten Klappen für «Tiefland». Unser Film war nicht «kriegswichtig», und so hatten wir zwei Jahre warten müssen, bis uns das «Promi» die notwendigen Ateliertage zuwies. Nur noch eine einzige Aufnahme war zu machen, das Schluß- bild des Films, für das wir eine sehr große Halle brauchten. Die junge Architektin Isabella Ploberger, die sich dank ihrer großen Begabung erfolgreich gegen ihre erfahrenen Kollegen durchsetzte, hatte eine herrliche Dekoration aufgebaut – eine stilisierte Gebirgslandschaft mit einem Bündel von Lichtstrahlen, wie man sie in der freien Natur nicht finden konnte.

Wir waren nicht die einzigen, die in Prag arbeiteten. Dort traf ich viele Schauspieler und Filmregisseure, wie G. W. Pabst, Willy Forst, von Cziffra und andere. Es mutete mich gespenstisch an, daß in diesem Stadium des Krieges noch immer an neuen Filmprojekten gearbeitet wurde. Das Arbeitsverhältnis mit den tschechischen Bühnenarbeitern war erstaunlich gut. Über Krieg oder Politik wurde kein Wort gespro- chen. Aber man konnte bei vielen den Unmut über den nicht endenden Krieg spüren. Kaum einer glaubte noch an einen Sieg.

Während ich an meinen letzten Aufnahmen arbeitete, erfuhr ich zu meinem Entsetzen, daß die Kinder meines Bruders, für die ich nach seiner testamentarischen Bestimmung das Sorgerecht übernommen hatte, aus meinem Haus in Kitzbühel, im Auftrage seiner geschiedenen Frau, entführt worden waren. Ich war außer mir. Nach dem Willen meines Bruders hatte ich eine gute Bekannte von ihm, eine Kindergärt- nerin, für die Betreuung der Kinder, die drei und vier Jahre alt waren, gewinnen können. Und die Kinder liebten sie sehr. Ich unterbrach meine Arbeit in Prag und fuhr nach Kitzbühel. Trotz aller meiner Bemühungen gelang es mir nicht, dem letzten Willen meines Bruders Geltung zu verschaffen und die Kinder zurückzubekommen. Auch alle meine späteren Bemühungen blieben ohne Erfolg.

Nach Kriegsende erreichte die Frau meines Bruders, inzwischen wieder verheiratet, durch gerichtliches Urteil, daß mir trotz des Testa- ments meines Bruders das Sorgerecht für die Kinder entzogen wurde. Begründung: Der Name Riefenstahl bedeutet eine Diffamierung für die Kinder von Heinz Riefenstahl.

«Sippenhaft» auf andere Art.

Jeden Mittag brausten jetzt Tausende amerikanischer Bomber über Kitzbühel Richtung München. Wir zitterten um das Leben unserer Freunde und Verwandten – das Inferno der Luftangriffe wurde immer furchtbarer, die Stimmung der Menschen immer depressiver. Ein Wunder, daß noch Züge verkehrten und daß es überhaupt noch Lebensmittel gab.

Trotzdem hatten wir unbegreiflicherweise noch den Wunsch, «Tiefland» zu beenden. In Prag hatten wir das sehr aufwendige Schlußbild bekommen, aber dann passierte eine Katastrophe. Unsere unersetzbaren Film-Negative waren verschwunden. Das Material war in Prag per Bahnexpreß aufgegeben worden. Mit Telefonaten und Telegrammen bombardierten wir Tag für Tag die Reichsbahn, aber unser Filmmaterial blieb unauffindbar. Die Spannung, in der wir lebten, war unerträglich.

Nach Wochen kam die erlösende Nachricht – das Filmmaterial wurde gefunden, aber unglücklicherweise befand es sich im Kampfgebiet, es war an die Westfront geraten: Der Güterwagen mit unserem Material war irgendwo auf der Strecke abgekoppelt worden. Aber wir hatten unglaubliches Glück. Schließlich traf es unversehrt in Kitzbühel ein.

Unterdessen rückten die Fronten immer näher. Jeden Tag brachte der «Wehrmachtsbericht» neue Hiobsbotschaften. Mir war, als ob wir uns auf einem Schiff befänden, das langsam in den Fluten versinkt. Obgleich das bittere Ende unausweichlich erschien, machte keiner von uns den Versuch, seinem Schicksal zu entfliehen. Vor allem bangte ich um das Leben meiner Mutter. Sie war noch immer nicht zu bewegen, ihr Haus in Zernsdorf, 40 Kilometer östlich von Berlin gelegen, zu verlassen. Ebenso war ich in ständiger Sorge um meinen Mann, der bisher alle Kämpfe überlebt hatte. Die meisten seiner Kameraden waren gefallen.

Zum Glück lag seine Einheit nicht mehr am Eismeer, sondern an der italienischen Front, aber meine Hoffnung, die Kämpfe würden dort weniger hart sein, erwiesen sich als falsch. Peter schrieb: «Die Straßen sind tief verschlammt, was den Nachschub sehr erschwert, der Feind ist uns an Menschen und Material weit überlegen. Seit Tagen kommen wir kaum noch zum Schlafen. Auch mein neuer Kompaniechef ist gefallen. Die Amerikaner kämpfen mit seltener Zähigkeit, man muß ihnen viel Tapferkeit zugestehen. Schlimm sind die ständigen feindlichen Luftangriffe, wodurch wir hohe Verluste haben.»

Auch ich erlebte nun zum ersten Mal Tieffliegerangriffe auf der Fahrt nach Berlin, wo ich, wegen der Auseinandersetzung mit meiner Schwägerin, einige Tage zu tun hatte. Zweimal kam Alarm, der Zug hielt, und wir mußten uns alle im Freien auf die Erde legen. Einige Frauen und Kinder wurden verwundet. Sanitäter trugen sie weg.

In der ersten Nacht, die ich in Berlin Anfang November 1944 im «Adlon» verbrachte – in meinem Haus waren Freunde einquartiert –, erlebte ich einen schweren Angriff. Im Luftschutzkeller trafen verschiedene prominente Künstler und Politiker aufeinander, darunter Rudolf Diels, der den Reichstagsbrand diagnostiziert hatte und damals für meine Sicherheit sorgte. Seitdem hatte ich ihn nicht mehr gesehen. Göring hatte ihn als Regierungspräsidenten nach Köln, später nach Hannover versetzt. In dieser Bombennacht erfuhr ich von seiner Verhaftung nach dem 20. Juli. Aber Göring, der ihn sehr schätzte, bekam ihn wieder frei.

Am nächsten Morgen bot Berlin einen trostlosen Anblick. Die Menschen kamen zu Fuß von weither zu ihren Arbeitsplätzen. Erstaunlich, mit welcher Selbstverständlichkeit und Disziplin sie ihre Tätigkeit ausübten.

Ich hatte bei meinem Anwalt, Dr. Heyl, in Angelegenheit der Kinder meines Bruders zu tun. Es war das letzte Mal, daß ich vor dem Ende des Krieges durch die zerstörten Straßen meiner Heimatstadt ging.

Die Rückfahrt nach Kitzbühel wurde ein Martyrium. Der Zug war von Soldaten und Flüchtlingen überfüllt. Hoffnungslos, einen Sitzplatz zu erhalten, fast die ganze Strecke stand ich eingekeilt zwischen Menschen. Dabei überfielen mich meine Blasenkoliken mit solcher Heftigkeit, daß mir das Blut an den Beinen herunterlief. Ein Soldat, der das bemerkte, stellte mir seinen Stahlhelm zwischen die Füße. Eine schreckliche Situation – ich krümmte mich vor Schmerzen. Ab München bekam ich einen Sitzplatz und verfiel in einen totenähnlichen Schlaf.

Wieder mußte die Arbeit wegen meiner nervlichen Verfassung unterbrochen werden. Es ging nur noch um den Feinschnitt und die Synchronisation. Von Peter hatte ich seit längerer Zeit keine Nachricht mehr erhalten. Tagelang versuchte ich, eine telefonische Verbindung mit dem Hauptquartier des Generalfeldmarschalls Kesselring zu bekommen, dem deutschen Oberbefehlshaber in Italien. Schließlich erreichte ich dort einen Offizier, den ich um Erkundigungen über Major Peter Jacob bat. Nach wenigen Tagen bekam ich die Nachricht, P. J. befinde sich nicht mehr auf seinem Gefechtsstand, wahrscheinlich liege er irgendwo in Italien in einem Lazarett.

Da beschloß ich, meinen Mann zu suchen. Im November 1944 traf ich in Meran ein. Es gelang mir, an einen Verbindungsoffizier heranzukommen, der bereit war, mir bei der sinnlos erscheinenden Suche behilflich zu sein. Nach erfolglosen Telefongesprächen erlaubte er mir, mit einer Nachschubkolonne Richtung Front zu fahren. Ich weiß nicht mehr, wo ich überall war, ich erinnere mich nur, daß es eine abenteuerliche Reise wurde. Oft warfen wir uns wegen Tieffliegerangriffen in Erdgräben, ich war von oben bis unten verdreckt, und nach etwa einer Woche ergebnislosen Suchens kam ich nach Meran zurück. Dort entdeckte ich meinen Mann in einem Feldlazarett. Er war eingepackt und konnte sich kaum bewegen, zum Glück hatte er keine Schußverletzungen, sondern nur starkes Rheuma noch von der Eismeerfront, das alle Gelenke erfaßt hatte.

Peter war vor Überraschung sprachlos, er fand es jedoch leichtsinnig, daß ich mich in das Frontgebiet begeben hatte. Ich habe in meinem Leben nicht oft gebetet, obgleich ich glaube, ein tiefreligiöser Mensch zu sein – aber an diesem Tag mußte ich beten. Ich dankte Gott, daß mein Mann noch am Leben war.

Wettlauf mit dem Ende

Es ist mir heute ganz und gar unverständlich, warum wir unbedingt «Tiefland» fertigstellen wollten, während alles um uns zusammenbrach. Es war sinnlos und ist kaum zu erklären. Vielleicht war es mein preußisches Pflichtgefühl, aber es ging mir nicht allein so, alle taten das gleiche.

An die Wunderwaffen, über die viele Gerüchte im Umlauf waren, glaubten wir nicht. Um so mehr fürchteten wir uns vor dem «Morgenthauplan», über den mir Frau Schaub Schreckensdinge berichtet hatte, vor allem über die Strafen, die die Deutschen nach Kriegsende zu erwarten hätten. Wilma Schaub, die Frau von Hitlers ältestem Adjutanten, wohnte seit einigen Monaten im Todtheim in Kitzbühel. Für uns war sie in der letzten Zeit die rettende Verbindung mit Berlin, da sie einen direkten Telefonanschluß zur Reichskanzlei hatte; täglich rief sie ihren Mann an. So bekamen wir nach den Bombenangriffen auf Berlin Nachrichten über das Schicksal unserer dort lebenden Angehörigen.

Frau Schaub half uns auch mit Lebensmitteln – mit Eiern, Milch und manchmal auch mit Brot. Weder ich noch meine Mitarbeiter hatten Beziehungen zum «Schwarzen Markt». Wir waren alle ziemlich ausgehungert. Ich wog weniger als 50 Kilo. Frau Schaub, die ich erst im

Herbst 1944 kennengelernt habe, war am Anfang sehr zurückhaltend. Erst langsam gewann sie zu mir Vertrauen. Von ihr hörte ich zum ersten Mal von Eva Braun, über deren Existenz ich bisher nichts wußte.

Sie sprach über den Selbstmord von Geli Raubal, der Nichte Hitlers, deren Zimmer er mir einmal gezeigt hatte. Frau Schaub war noch am Abend vor Gelis Tod mit ihr zusammen gewesen. Gemeinsam hatten sie eine Theatervorstellung in München besucht, wobei ihr auffiel, daß Geli sehr abgespannt aussah. Sie begleitete sie deshalb zum Prinzregentenplatz. Geli bewohnte eines der Zimmer in Hitlers Wohnung. Sie bat Frau Schaub, ihr noch etwas Gesellschaft zu leisten. Auf dem Flur hing ein Mantel Hitlers. Geli griff in die Taschen und holte einen Brief heraus. Nachdem sie ihn gelesen hatte, sagte Frau Schaub, sei Geli kalkweiß geworden und habe ihr den Brief gegeben: Es war ein überschwenglicher Liebesbrief von Eva Braun.

Stunden später hatte sich Geli erschossen. «Zweifellos», sagte Frau Schaub, «war dieser Brief der Auslöser für Gelis Selbstmord. Schon seit längerer Zeit hat sie ahnungsvoll unter Eifersucht gelitten.»

Auch über den Tod Rommels schien Frau Schaub Bescheid zu wissen. Hitler soll erschüttert gewesen sein, als er von dessen Verbindung zu den Offizieren des 20. Juli erfahren hatte, und vor allem darüber, daß Rommel als sein Nachfolger ausersehen war. Auf meine Frage, ob sie noch an einen Sieg glaubte, sagte sie Nein. Weinend sprach sie davon, sie wisse, daß sie ihren Mann nicht mehr wiedersehen würde, er wolle den Führer nicht verlassen und in Berlin im Bunker bleiben.

«Wenn mein Mann stirbt», rief sie verzweifelt, «will ich mit den Kindern auch sterben.» Vergebens versuchte ich, sie zu beruhigen.

Der Gedanke an Selbstmord kam mir nicht. Ich war überzeugt, daß schwere Zeiten auf uns zukommen würden, aber trotzdem wollte ich leben. Diese Verpflichtung hatte ich vor allem gegenüber meiner Mutter, die nur noch mich besaß, nachdem sie ihren Mann und ihren einzigen Sohn verloren hatte, und auch gegenüber Peter, um dessen Leben ich vier Jahre gebangt habe.

Aber noch war dieser wahnsinnige Krieg nicht zu Ende – jeder Tag brachte schreckliche Nachrichten. Ende Januar 1945 meldete der Rundfunk, der Dampfer «Wilhelm Gustloff», auf dem sich deutsche Flüchtlinge aus Ostpreußen befanden, sei von einem russischen U-Boot versenkt worden, über 5000 Menschen hätten dabei den Tod gefunden. Wenige Tage später erfolgte ein Luftangriff auf Berlin, bei dem mehr als zwanzigtausend Menschen starben. Meine Mutter befand sich immer noch in dieser gefährlichen Zone, und die Russen standen nur noch 40 Kilometer von ihrem Haus entfernt.

Kein Tag verging, an dem wir nicht in Angst und Schrecken lebten. Fassungslos hörten wir die Nachricht von der Zerstörung Dresdens, bei der mehr als 100 000 Menschen den Tod gefunden hätten. Wie lange würde dieses Töten noch weitergehen? Warum fand dieses sinnlose Morden nicht sein Ende? Bei der Heftigkeit meiner Krankheit und den starken Schmerzmitteln, die ich ständig gebrauchte, nahm ich die Geschehnisse nur noch wie in quälenden Träumen wahr.

Unerwartet traf meine Mutter in Kitzbühel ein – überglücklich schloß ich sie in die Arme. Durch einen Zufall kam sie aus Berlin heraus. Sie war in das Büro Speers gegangen, da sie längere Zeit keine Nachricht mehr von mir erhalten hatte. Im Büro traf sie Speer, der gerade im Aufbruch zum Obersalzberg war. Kurzentschlossen nahm er meine Mutter in seinem Wagen mit – es war für sie die letzte Chance.

Ich fragte, ob sie von Speer irgend etwas über das bevorstehende Ende des Krieges erfahren hätte. Sie hatte ihn nicht darauf angesprochen und konnte mir nur etwas über den Verlauf der Fahrt berichten. Speer steuerte den Wagen. Ein Begleiter, der neben ihm saß, notierte seine Anweisungen. Meine Mutter konnte sie nicht verstehen. Sie saß im Fond des Wagens und fing manchmal nur halbe Sätze auf.

«Es ist mir aufgefallen», erzählte sie, «daß Speer aktiv und zuversichtlich wirkte, und aus einigen seiner Bemerkungen gewann ich den Eindruck, daß er noch an einen positiven Ausgang des Krieges glaubt.» Das wunderte mich. Es war Mitte Februar 1945 und Deutschland schon zerschlagen. Ich vermutete, daß Speer, wie fast alle Leute in Hitlers Umgebung, noch unter dessen hypnotischem Einfluß stand. Vielleicht hatte er aber seine wirkliche Gesinnung nicht verraten wollen.

Mein Mann war inzwischen zur Infanterieschule in Döberitz bei Berlin kommandiert, wo er mit seiner Truppe in Bereitschaft ziehen mußte. Er schrieb: «Ich sollte ein Marine-Infanterieregiment an der Oder übernehmen, aber mein Kommandeur hat noch rechtzeitig bemerkt, daß ich ein Gebirgsjäger bin.» Mit solchem Humor versuchte er die brenzlige Lage zu vertuschen. Aber zwischen seinen Zeilen las ich die Gefahr, in der er sich befand. Vom 11. Februar stammten die folgenden, erst viel später eintreffenden Zeilen:

«Mit Ausnahme sehr starker Einschränkungen und dem Erfassen der Bevölkerung zum Schanzen und Aufbau von Barrikaden in Berlin geht das Leben hier normal weiter. Eine unmittelbare Bedrohung der Stadt besteht nach meiner Ansicht nicht.»

Das konnte ich nicht glauben und bestimmt auch Peter nicht. Er schrieb das nur, um mich zu beruhigen.

Überraschend kam ein Telefonanruf vom Obersalzberg. Eine mir bekannte Stimme sagte: «Leni, wir sind eben aus Berlin gekommen, aus dem Bunker der Reichskanzlei.» Es war die Stimme eines Kameramannes, der früher für mich gearbeitet hatte und im Krieg für das Hauptquartier Hitlers abgestellt worden war. Von ihm habe ich, wenn er mich in seiner Urlaubszeit gelegentlich besuchte, manches aus dem FHQ erfahren.

«Gottlob», sagte ich, «dann bist du gerettet.»

«Was sagst du da?» antwortete er erregt, «der Führer hat uns belogen. Er hat gesagt, daß er mit der nächsten Maschine nachkommt, und nun hören wir im Rundfunk, daß er in Berlin bleibt.»

«Wolltest du mit Hitler sterben?»

«Ja», rief er, «wir wollten alle mit Hitler sterben, keiner wollte den Führer verlassen, auch Hanna Reitsch nicht, die mit dem Ritter von Greim noch in den Bunker kam. Auch sie mußten auf Befehl Hitlers die Reichskanzlei wieder verlassen.»

«Ihr habt alle den Verstand verloren», sagte ich. Dann hörte ich nichts mehr, die Leitung war unterbrochen.

Unfaßbar, was ich eben hörte. Der Anrufer war weder ein Parteigenosse, noch hatte er je ideologisch Sympathien für die Rassentheorien der Nationalsozialisten gehabt, er war ein durch und durch liberal denkender Mensch. Was für suggestive Kräfte mußten noch immer von diesem so ausgezehrten Hitler ausgehen, wenn die Leute um ihn lieber mit ihm sterben wollten, als ihr Leben zu retten. Wir alle rechneten täglich mit einem Selbstmord Hitlers.

In diesen letzten düsteren Kriegstagen versuchten wir noch fieberhaft, unseren Film zu synchronisieren. Diese Arbeit wurde zu einem Wettlauf mit der Zeit, wir wollten «Tiefland» um jeden Preis noch vor Kriegsende fertigstellen. Noch ahnten wir nicht das Ausmaß der Tragödie, noch wußten wir nichts von den Verbrechen, die in den Lagern geschehen waren, aber wir spürten den Abgrund, in den wir gerissen würden. Ich fragte mich: was hat das Leben noch für einen Sinn in einer Welt, in der Demütigungen und Schande unser Los sein würden.

Frau Schaub brachte uns Medikamente und einige Neuigkeiten. «Morgen in aller Früh», sagte sie, «kommt ein Wagen vom ‹Braunen Haus› mit wichtigen Dokumenten für den Gauleiter Hofer in Bozen. Wenn Sie Wertsachen in Sicherheit bringen wollen, können Sie noch einiges mitgeben.» Wir bereiteten drei Metallkisten vor, die das Auto mitnahm, darin die Originalnegative der beiden Parteitagfilme «Sieg

des Glaubens» und «Triumph des Willens» und des Wehrmachts-
films «Tag der Freiheit». Wie wir später erfuhren, haben die Kisten
ihr Ziel nicht mehr erreicht. Sie sollen noch bis Bozen gekommen
sein, aber selbst die Nachforschungen der amerikanischen und französischen Film-Offiziere blieben ergebnislos. Diese Originalnegative
waren nicht mehr aufzufinden. Sie sind verschwunden bis auf den
heutigen Tag.

Mitte April kam aus Wien ein Hilferuf meines früheren Freundes
und Kameramannes Hans Schneeberger: «Leni, du mußt mir helfen,
ich bin zum Volkssturm einberufen worden, und die Russen stehen
schon vor der Stadt.» In Berlin, wo Goebbels «Kampfkommissar»
war, hätte ich niemandem helfen können – in Wien vielleicht. Ich
kannte zwar Schirach, den Gauleiter von Wien, persönlich nicht, aber
ich hörte, er sei tolerant. Nach einigen Gesprächen mit einem seiner
engsten Mitarbeiter gelang es mir, Schneeberger, der schon über
fünfzig war, für eine Woche freizubekommen, er sollte die Titel für
«Tiefland» aufnehmen. Da bis Kriegsende sogar noch unpolitische
Filme gemacht wurden, war dies nicht so ungewöhnlich. Wenige
Tage danach wurde meine Hilfe in einer weitaus schwierigeren Situation gebraucht. Gisela, Schneebergers Frau, eine rothaarige, rassige
Erscheinung, die jahrelang bei mir als Fotolaborantin gearbeitet
hatte, war im Zug nach Kitzbühel verhaftet worden und befand sich
im Innsbrucker Gefängnis. Ihr Mann, völlig verzweifelt, reiste sofort
von Wien nach Innsbruck. Die Sache war ernst. In den letzten Tagen
stand auf Äußerungen wie die, zu denen sich Gisela hatte hinreißen
lassen, möglicherweise Todesstrafe. In einem Eisenbahnabteil, in dem
verwundete Soldaten saßen, soll sie diese beschimpft und gerufen
haben: «Ihr Schweine, warum habt Ihr noch für Hitler gekämpft?»
Darauf habe sie ein Offizier, der sich in dem Abteil befand, verhaften
lassen. Ich wußte, daß sie eine Gegnerin des Regimes war, und sie
war Halbjüdin. Aber zu dieser Zeit verwundete Soldaten als
Schweine zu beschimpfen, kam fast einem Selbstmord gleich. Wie
konnte ich ihr nur helfen? Mir fiel Uli Ritzer ein, ein früherer Mitarbeiter, der in Tirol beim Gauleiter Hofer die Kulturabteilung leitete.
Er sprach mit dem Chef der Gestapo – ohne Erfolg. Drei Zeugen
hatten Gisela zu sehr belastet. Da entschloß ich mich nach Innsbruck
zu fahren, wo es mir nach einem längeren Gespräch mit dem Gesta-
pomann gelang, Gisela aus dem Gefängnis zu holen. Ich hatte ihm
berichtet, daß Frau Schneeberger in Wien durch einen schweren
Bombenangriff einen Nervenzusammenbruch erlitten hätte und deshalb für ihre Äußerungen nicht verantwortlich gemacht werden
könnte. Auch beeindruckte es den Mann von der Gestapo, daß sie

meine Angestellte war und ich sie und ihren Mann in meinem Haus Seebichl aufnehmen wollte.

Bei uns ging es immer turbulenter zu. Auf den Gängen lagen Matratzen und Decken. Auch fremde Menschen suchten Unterkuft. Auf den Straßen wurden schon Transparente gespannt: «Wir begrüßen unsere Befreier». Noch wußte man nicht, werden die Amerikaner oder die Russen einmarschieren. Aber noch bevor die Besatzung kam, konnte man erleben, wie aus ehemals begeisterten Hitleranhängern Widerstandskämpfer wurden.

Gisela und ihr Mann wollten aufs Tuxer Joch. Dort besaß ein Vetter Schneebergers einen Gasthof. Sie bedrängten mich, mitzukommen.

«Sie stecken dir das Haus an!» sagte Gisela

«Du wirst alle in Gefahr bringen, wenn du hier bleibst», sagte Hans, «komm mit, dort bist du sicher, wir bleiben auch oben, bis das Schlimmste vorbei ist.» Meine Mitarbeiter und meine Mutter baten mich ebenfalls, mit Schneebergers aus Kitzbühel fortzugehen. Aber ich wollte meine Mutter nicht allein zurücklassen. Ich wurde unsicher, auch wartete ich auf ein Lebenszeichen meines Mannes. Totale Nachrichtensperre war verhängt, und es war aussichtslos zu erfahren, wo er sich jetzt befand.

Als Schneebergers sich von uns verabschiedeten, sagte Gisela: «Du kannst ja nachkommen, ich werde im Gasthof in Mayerhofen auf dich warten. Vergiß nicht, deine wertvollen Sachen mitzubringen – Kleider, Pelze und vor allem deine Filme, die mußt du doch retten.»

Die Sorge, daß meinen Mitarbeitern meine Anwesenheit schaden könnte, trug dazu bei, daß ich Giselas Rat befolgte. Adolf Galland, der Jagdfliegergeneral, den ich persönlich nicht kannte, gab uns noch zwanzig Liter Benzin, damals eine unvorstellbare Kostbarkeit. Vor meiner Abreise veranlaßte ich noch, daß der geniale, aber kranke Willy Zielke, der, nachdem ich ihn aus Haar geholt hatte, mit seiner Betreuerin und späteren Frau bei mir in Kitzbühel lebte, in Sicherheit gebracht wurde. Sie bekamen Lebensmittel und Geld und sollten versuchen, bei Zielkes Mutter Unterkunft zu finden. Als ich mich von meiner Mutter und meinen Mitarbeitern verabschiedete, wußten wir nicht, ob und wann wir uns wiedersehen würden. Die Atmosphäre war gespenstisch.

Wie in einer Vision hatte ich in dieser Nacht einen sonderbaren Traum. In einer kleinen deutschen Stadt sah ich in einer langen schmalen Gasse viele Hakenkreuzfahnen aus den Häusern hängen. Ihre blutrote Farbe wurde langsam immer heller, bis alle Fahnen weiß geworden waren.

Als ich in Mayerhofen, einem kleinen Ort in Tirol, ankam, stieß ich dort auf ein Filmteam der «UFA» mit Maria Koppenhöfer und dem

Regisseur Harald Braun. Noch in diesen letzten Kriegstagen wurde an Filmen gearbeitet. Eine groteske Situation!

Mayerhofen war überfüllt von deutschen Soldaten, die, von der italienischen Front kommend, durch die Straßen zogen. Erschöpft und todmüde warf ich mich in dem kleinen Hotelzimmer auf das Bett. Da stand Gisela Schneeberger plötzlich vor mir. Unfreundlich sagte sie: «Na, bist du doch gekommen?» Auf meine Koffer und Kisten deutend: «Ist das dein ganzes Gepäck?»

Erstaunt über ihr verändertes Wesen wollte ich sie zur Rede stellen, als unter uns in der Gaststube plötzlich gewaltiger Lärm ausbrach. Gisela lief hinunter. Nach einem kurzen Augenblick kehrte sie zurück, führte einen Freudentanz auf und rief: «Hitler ist tot – er ist tot!»

Nun war eingetreten, was wir schon lange erwartet hatten. Was ich in diesem Augenblick empfand, kann ich nicht beschreiben. Ein Chaos von Gefühlen tobte in mir – ich warf mich auf mein Bett und weinte die ganze Nacht.

Als ich am Morgen erwachte, war ich allein. Der Wirt sagte, Frau Schneeberger sei abgereist. Sie wäre noch am Abend mit einem Bauernwagen aufs Tuxer Joch gefahren. Eine Nachricht für mich hatte sie nicht hinterlassen. Ich stand vor einem Rätsel: Sie hatte mich überredet, Kitzbühel zu verlassen und mit ihr zu kommen. Ein ungutes Gefühl sagte mir, daß hier etwas nicht stimmen konnte. Was aber sollte sich geändert haben?

Hans und Gisela gehörten zu meinen engsten Freunden, sie waren sogar zu meiner Trauung nach Kitzbühel gekommen und hatten dort als meine Gäste eine Woche im Haus Seebichl gewohnt. Auch hatte ich beiden geholfen, Hans den Volkssturm erspart und Gisela aus dem Innsbrucker Gefängnis herausgeholt. Was sollte ich tun? Hierbleiben konnte ich nicht. Jeder Raum im Gasthof war belegt, und es war aussichtslos, in Mayerhofen ein Zimmer zu bekommen. Zurück nach Kitzbühel konnte ich auch nicht. Mein Benzin war zu Ende, und zu Fuß war die Strecke kaum zu schaffen, die Entfernung betrug 120 Kilometer. Ich hatte keine Wahl, ich mußte hinauf aufs Tuxer Joch.

Am späten Nachmittag hatte ich einen Bauern gefunden, der mich mit einem kleinen Heuwagen hinaufbrachte. Es war schon dunkel, als ich herzklopfend vor der Tür eines kahlen Gebäudes stand. Auf einem hell gestrichenen Holzschild las ich «Gasthof zum Lamm». Ehe ich läutete, atmete ich tief. Niemand meldete sich. Die Tür war verschlossen. Ich läutete noch einmal, dieses Mal länger. Ein eisiger Wind wehte, und ich zitterte vor Kälte. Es kam niemand. In meiner Verzweiflung hämmerte ich mit den Fäusten gegen die Tür. Endlich wurde sie geöffnet. Ein älterer Mann sah mich unfreundlich und mißtrauisch an.

«Ich bin Frau Riefenstahl», sagte ich, «Herr Schneeberger hat mich gebeten, hierherzukommen.» Er musterte mich und sagte barsch: «Mein Haus betreten Sie nicht!»

«Sie sind doch der Vetter von Hans?» fragte ich erschrocken, «ich soll ein paar Wochen bei Ihnen wohnen.»

«Tut mir leid», sagte er, «Sie betreten mein Haus nicht – Hans wußte nicht, daß ich keine Nazis aufnehme.»

Da verlor ich die Fassung, stieß ihn beiseite, lief in das Haus und rief: «Hans, Hans!» Keine Antwort. Ich rannte durch verschiedene Zimmer, öffnete jede Tür. Ich vermutete ein Mißverständnis und beschloß, trotz des Widerstands des Gastwirts zu warten und mich nicht verjagen zu lassen.

Da entdeckte ich sie, im letzten Raum – in der Küche. In der Mitte stand Gisela, wie eine Furie schrie sie: «Du hier? Bist du verrückt? Hast du wirklich geglaubt, daß du hier bei uns bleiben könntest?» Ich fand keine Worte und sah nur hilflos auf Hans, der in einer Ecke am Boden hockte und seinen Kopf in den Armen verbarg. Er wagte nicht, mich anzuschauen. Das sollte der Mann sein, mit dem ich vier Jahre lang glücklich zusammengelebt hatte und der im Ersten Weltkrieg bei den Gebirgskämpfen in den Dolomiten einer der Tapfersten war? Der auch nach unserer Trennung mein Freund blieb und begeistert mit mir am «Blauen Licht» gearbeitet hatte? Er sagte nichts.

«Hans!» rief ich, «hilf mir!»

Gisela stellte sich wie schützend vor ihn und brüllte mich an: «Du glaubtest, daß wir dir helfen? Du Nazihure!»

Sie ist verrückt geworden, dachte ich und schrie nun auch: «Hans, sag doch ein Wort! Vor ein paar Tagen habe ich euch das Leben gerettet, ich wollte nicht herkommen, dein Weib hat mich hierher gelockt...» Hans zitterte vor Erregung, aber er sagte kein Wort, nicht eines.

Da bin ich gegangen. Ich brachte kein Wort mehr heraus. So etwas hatte ich noch nie in meinem Leben mitgemacht. Die Szene hatte mich angewidert, angeekelt. Ich ließ mein Gepäck stehen und ging hinaus. Eine Welt brach in mir zusammen. Draußen war es totenstill. Langsam ging ich bergab. Der Bauer, der mich heraufgebracht hatte, war längst wieder fort. Ich suchte ein anderes Gasthaus, irgendeine Unterkunft zum Schlafen. Nach wenigen Minuten fand ich eine Pension. «Wir sind besetzt.» Ich klopfte an einem weiteren Haus, die gleiche Frage, dieselbe Antwort, eine dritte Tür, wieder das gleiche.

Ich ging weiter bergab. Vielleicht finde ich eine Scheune, dachte ich, nur nicht im Freien einschlafen. Bei meinem Krankheitszustand mußte ich mich vor Kälte hüten, ich mußte laufen, soweit ich nur konnte.

Da kam plötzlich ein Mann auf mich zu. «Frau Riefenstahl?»

Ich sagte nur: «Ja?»

«Ich weiß nicht, ob Sie sich an mich erinnern, aber ich kenne Sie, ich habe einmal für Sie gearbeitet und habe gehört, daß Sie eine Unterkunft suchen, kommen Sie, ich helfe Ihnen!» Er nahm mich bei der Hand und sagte, er habe ein kleines Zimmer, das ich haben könnte, er würde schon anderswo unterkommen.

Dann sprach er mit dem Wirt. Für eine Nacht durfte ich bleiben.

Die ersten Verhaftungen

Am nächsten Morgen ging ich zurück ins Tal, nach Mayerhofen. Ich hatte nur ein kleines Schminkköfferchen mit Medikamenten und etwas Geld bei mir, die großen Gepäckstücke mußte ich vorläufig bei Schneebergers stehen lassen. Darin befanden sich die Originalnegative meiner Olympiafilme, aber in meinem damaligen Zustand verlor für mich das alles an Bedeutung. Ich hatte nur den einen Wunsch, zu meiner Mutter zurückzugehen.

Unterwegs konnte ich mich auf einen Bauernwagen setzen, der mit Männern in Zivil voll beladen war. Nach ungefähr einer Stunde wurden wir angehalten. Es waren Amerikaner. «Ausweise zeigen!» Auch ich zeigte meinen. Wir mußten alle aussteigen und mit ihnen gehen. Man brachte uns in ein Lager, das sie ein paar Kilometer weiter auf freiem Feld eingerichtet hatten – wir waren verhaftet.

Die ersten, die mir im Lager halfen, waren Kommunisten, Österreicher aus Wien. Sie hatten mich erkannt und waren sehr freundlich zu mir. Ich atmete auf und war dankbar, als sie mir etwas Eßbares gaben. Langsam kehrten meine Lebensgeister zurück. Ich fühlte mich nicht mehr so einsam, wir sprachen miteinander, wie vernünftige Menschen, ohne Haß und Ressentiments. Sie sorgten für mich, indem sie mich mit dem Lagerleben vertraut machten, mir sagten, wo man etwas bekommen konnte und was man besser unterließ. Sie zeigten mir in der Umzäunung eine Lücke, die sie selber, da sie genügend zu essen bekamen, gar nicht so interessierte. Wohl aber mich. Bereits am nächsten Morgen war ich weg. Es war mein erster Ausbruch. Aber meine Freiheit dauerte nur wenige Stunden. Dann lief ich den Amerikanern wieder in die Arme. Sie sperrten mich, ohne mich zu erkennen, in ein anderes Lager. Da dies auch schlecht bewacht war, brach ich wieder aus: Meine zweite Flucht.

Die dritte Gefangenschaft erlebte ich in der Nähe von Kufstein. Hier blieb ich einige Tage, um mich satt zu essen und auszuruhen. Überrascht war ich, wie lässig und locker die Amerikaner ihre Gefangenen bewachten. So war es kein Problem, auch aus diesem Lager zu entweichen.

Wieder ging es weiter zu Fuß, obgleich mir das immer schwerer fiel. Die Kolonnen wurden immer dichter, Jeeps und Panzer kamen nur im Schrittempo voran. Ich war vollkommen erschöpft. Aber Haus Seebichl war nicht mehr weit. Wörgl hatte ich schon hinter mir. Nun trennten mich nur noch 25 Kilometer von meinem Ziel. Meine Füße waren wund, jeder Schritt bedeutete Schmerzen. An einem Bauernhaus blieb ich stehen, weil ich neben dem Hauseingang ein Fahrrad entdeckt hatte. Mit dem Rad zu fahren, wäre eine Hilfe gewesen. Aber ich erinnerte mich an meinen Unfall bei dem ersten Versuch, es zu erlernen. In diesem Augenblick erschien es mir jedoch als einzige Möglichkeit, nach Hause zu kommen. Ich verhandelte mit der Bäuerin, doch sie wollte das Rad nicht hergeben, schon gar nicht für Geld. Ich bemerkte, daß sie mein Krokodilköfferchen bewundernd betrachtete, bot es ihr zum Tausch an, worauf sie einwilligte. Vor dem Bauernhaus versuchte ich erst, einige Kurven zu drehen, dann wagte ich mich auf die Landstraße. In Schlangenlinien fuhr ich an den Lastwagen und Jeeps vorbei. Der Wunsch, meine Mutter wiederzusehen, war größer als meine Angst.

Als ich den schmalen Weg von der kleinen Eisenbahnstation «Schwarzsee» zu meinem Haus hinaufradelte, bekam ich Herzklopfen. Auf dem Dach wehte eine amerikanische Flagge. Die Fensterläden waren geöffnet. Ich zögerte, hineinzugehen. Im Flur kam mir ein amerikanischer Offizier entgegen, der mich so freundlich begrüßte, daß meine Furcht verschwand.

«Frau Riefenstahl?» fragte er in gebrochenem Deutsch, «wir haben Sie schon lange erwartet». Er ging mit mir in den Wohnraum und bot mir Platz an.

«Ich heiße Medenbach und freue mich, Sie kennenzulernen», sagte er lächelnd. «Sie brauchen nicht englisch zu sprechen, ich verstehe gut deutsch, ich habe einige Zeit in Wien studiert.»

Waren dies unsere Feinde? Vor meinen Augen tauchten meine deutschen «Freunde», die Schneebergers, auf. Ich begann unruhig zu werden. Der Offizier, der den Rang eines Majors hatte, bemerkte es und sagte beruhigend: «Sie brauchen keine Angst zu haben, Sie haben Glück gehabt, wir haben zwar Ihr Haus beschlagnahmt, aber es wurde nichts weggenommen. Nur mußten wir alle, die hier wohnten, woanders einquartieren.»

Noch wagte ich nicht, nach meiner Mutter zu fragen, aber Major

Medenbach erriet meine Wünsche. Er sagte: «Ihre Mutter und alle Leute, die in dem Haus wohnten, haben wir wenige Kilometer von hier in einem Gutshof untergebracht, der der Familie Ribbentrop gehörte, kennen Sie diesen Besitz?» Ich verneinte.

«Meine Mutter lebt und ist in meiner Nähe?» fragte ich ungläubig. Er nickte. «Es geht ihr gut», sagte er. Da klappte ich zusammen, die Freude, die erlittenen Schocks, die Strapazen, der tagelange Fußmarsch – ich begann hemmungslos zu weinen. Der Major legte die Hand auf meine Schulter und sagte: «Seien Sie gefaßt, ich habe noch eine Nachricht für Sie, eine gute.» Es entstand eine Pause. Der Amerikaner wartete ab, bis ich nicht mehr weinte, dann sagte er behutsam: «Ihr Mann lebt auch.» Betroffen sah ich ihn an. Peter lebt – ich konnte es nicht fassen. Wieder schüttelte es mich, und ich heulte und konnte nicht mehr aufhören.

«Aber beruhigen Sie sich doch – beruhigen Sie sich», sagte der amerikanische Offizier.

Dann erfuhr ich, daß er meinen Mann aus dem Kriegsgefangenenlager herausgeholt und als Chauffeur engagiert hatte, er sei bei meiner Mutter auf dem Gutshof.

Der Major führte mich hinaus, setzte mich in einen Jeep und fuhr einen steilen, mir unbekannten Waldweg hinauf. Schon nach wenigen Kilometern hielten wir vor einem flachen Gebäudekomplex, der in einer Waldlichtung stand, es war der Besitz der Familie Ribbentrop. Erst lag ich meiner Mutter in den Armen, dann meinem Mann. Es war einfach unwirklich.

Wenig später fand ich mich im Bett, an der Seite meines Mannes. Wie viele Jahre hatte ich diesen Augenblick herbeigesehnt, als Peter an der Eismeerfront stand und ich den Bombenhagel über Berlin erlebte. Nun sollte das alles vorbei sein – ein Leben in Frieden beginnen?

Dieser Glückszustand war jedoch nur kurz und trügerisch. Schon nach wenigen Stunden wurden wir aus dem Schlaf geweckt. Wir hörten kreischende Autoreifen, plötzlich verstummende Motoren, Kommandorufe, Krach, Lärm und ein Hämmern gegen die Fensterläden. Dann wurde die Tür aufgebrochen. Amerikaner mit Gewehren standen vor dem Bett und leuchteten uns an. Keiner von ihnen sprach deutsch. Ihre Gesten sagten: Anziehen, sofort mitkommen.

Meine vierte Verhaftung, aber diesmal war mein Mann dabei. Ich lernte die Sieger nun von einer anderen Seite kennen. Das waren nicht die lässigen, schlaksigen GI's, sondern Soldaten, die hart zugriffen. Mit einem Jeep brachten sie uns hinunter nach Kitzbühel, wo wir in einem Haus, in dem sich schon mehrere Personen befanden, untergebracht wurden. Da Peter bei mir war, blieb ich ruhig und hielt seine Hand fest.

In einem Zimmer konnten wir mit vielen anderen auf dem Fußboden schlafen.

Am nächsten Morgen wurde uns ein Frühstück vorgesetzt. Ham and eggs, Schinken und Spiegeleier. So etwas Gutes hatten wir schon lange nicht mehr gegessen. Nichts von dem geschah, was ich befürchtet hatte. Keine Verhöre. Wir wurden so plötzlich wieder freigelassen, wie wir über Nacht festgenommen worden waren. «You may go», sagte einer der Posten, der uns noch ein paar Stunden zuvor so grob herumgestoßen hatte. Er machte eine Bewegung mit dem Daumen, zwei-, dreimal, weil wir ihn nicht verstanden und es nicht glauben konnten. Dann gingen wir, diesmal zu Fuß, zurück zum Gutshof.

Wieder schloß meine Mutter mich in ihre Arme, sie fragte nicht und wir redeten nicht. Wir waren zu müde. Am nächsten Tag spürte ich neue Unruhe und Angst in mir aufsteigen. Jeden Augenblick glaubte ich kreischende Jeeps zu hören. Doch nichts geschah.

Mein Mann erzählte mir, noch nach dem Tod Hitlers hätten sie bei Regensburg kämpfen müssen. Als einer der ganz wenigen Überlebenden seiner Einheit geriet er in amerikanische Gefangenschaft, fast alle seine Kameraden waren gefallen. Er sprach darüber ohne Gefühlsduselei – Peter neigte dazu zu untertreiben. Er war, was man beim Militär eine Landsknechtnatur nannte, ein Offizier, den seine Soldaten schätzten. Seine gelassene Haltung übertrug sich in diesen Tagen auf uns alle, besonders auf mich. Wir warteten, was die Zukunft bringen würde. Ab und zu kam Major Medenbach herauf und brachte uns Dinge, über die wir uns freuten: Apfelsinen, Schokolade, Kekse.

Aber dann hielt ein Jeep mit zwei Amerikanern in Uniform vor unserer Haustür. Ich wurde wieder verhaftet, diesmal war Peter nicht bei mir. Man forderte mich auf, noch ein paar Kleinigkeiten zusammenzupacken, ein Stück Seife, Waschlappen, Zahnbürste und Kamm. Verzweifelt suchten meine Augen nach meinem Mann, aber Peter war irgendwo mit Medenbach unterwegs. Ich konnte mich nicht mehr von ihm verabschieden. Meine arme Mutter, wieder wußte sie nicht, wann sie mich wiedersehen würde.

Der Jeep raste über die Landstraßen. Wenige Stunden später, es war schon fast dunkel, wurde ich in das Salzburger Gefängnis eingeliefert. Eine ältere Gefängniswärterin beförderte mich mit einem Fußtritt so unsanft in eine Zelle, daß ich zu Boden fiel. Dann wurde die Tür zugesperrt. In dem dunklen, vergitterten Raum befanden sich zwei Frauen. Eine von ihnen rutschte mit ihren Knien auf dem Fußboden und sprach verwirrtes Zeug, dann fing sie zu schreien an, ihre Glieder zuckten hysterisch, sie schien den Verstand verloren zu haben. Die andere Frau hockte auf ihrer Pritsche und weinte still vor sich hin.

Zum ersten Mal befand ich mich in einer Zelle – ein unerträgliches Gefühl. Ich trommelte mit den Fäusten gegen die Tür und steigerte mich in eine solche Verzweiflung hinein, daß ich mich mit voller Wucht gegen die Tür warf, bis ich erschöpft zusammenbrach. Mir erschien Freiheitsberaubung schlimmer als Todesstrafe. Einen längeren Freiheitsentzug glaubte ich nicht überleben zu können.

Stundenlang wälzte ich mich auf der Pritsche. Ich versuchte, was um mich war, zu vergessen, es gelang mir nicht. Die Geisteskranke schrie weiter, die ganze Nacht hindurch. Aber schlimmer noch waren gellende Männerschreie, die vom Hof herkamen, Männer, die geschlagen wurden, Schreie wie von Tieren. In dieser Nacht wurde, wie ich später erfuhr, eine Kompanie ss-Leute verhört.

Am nächsten Morgen holte man mich ab. Ich wurde in eine Gummizelle gebracht. Vorher mußte ich mich nackt ausziehen, und eine Frau untersuchte mich an jeder Körperstelle. Dann mußte ich mich wieder anziehen und auf den Hof hinuntergehen. Dort standen viele Männer, anscheinend Gefangene. Ich war die einzige Frau. Wir mußten uns in einer Reihe aufstellen. Ein amerikanischer Bewacher, der deutsch sprach, kommandierte. Die Gefangenen nahmen Haltung an, ich bemühte mich, das gleiche zu tun. Dann kam ein Amerikaner, der perfekt deutsch sprach. Er stauchte einige Leute zusammen, dann blieb er vor dem ersten in unserer Reihe stehen: «Warst du in der Partei?»

Dieser zögerte einen Moment, dann «ja».

Er bekam einen Boxhieb ins Gesicht, er spuckte Blut.

Der Amerikaner ging weiter zum nächsten.

«Warst du in der Partei?» Der zögerte auch.

«Ja oder nein?»

«Ja», und auch er bekam einen Schlag ins Gesicht, daß ihm Blut aus dem Mund lief. Doch er wagte ebensowenig wie der erste, sich zu wehren. Die beiden hoben noch nicht einmal instinktiv die Hände, um sich zu schützen. Sie taten nichts. Sie steckten die Hiebe ein wie Hunde.

Frage an den Nächsten: «Warst du in der Partei?» Erst Schweigen.

«Na?»

«Nein», brüllte er laut. Keine Hiebe. Von da an sagte keiner mehr, er sei in der Partei gewesen. Ich wurde nicht gefragt.

Die Männer wurden abgeführt, ich mußte warten. Da kam ein Offizier auf mich zu, reich dekoriert. Er schaute mich an, nahm meinen Kopf in seine Hände, küßte mich auf die Stirn und sagte: «Bleib tapfer Mädchen, du wirst siegen.»

Verwirrt sah ich den Offizier an. Er war nicht mehr jung, hatte graumelierte Schläfen, sein Blick war ernst und gütig. «Gib nicht auf», sagte er noch, «halte durch.»

Anschließend wurde ich mit den Männern auf schwere, offene Lastwagen verladen, auf denen Geschütze standen. Niemand wußte, wohin wir gebracht werden sollten.

Im amerikanischen Hauptquartier

Stundenlang fuhren wir über Landstraßen und Autobahnen Richtung Norden. Als wir ausgeladen wurden, befanden wir uns in einem ausgedehnten Lager – ein großer Platz, von einstöckigen Siedlungshäusern umgeben. Das schien kein Gefängnis zu sein. Es war, wie ich später erfuhr, das Hauptquartier und Gefangenenlager der 7. Amerikanischen Armee.

Bevor wir einquartiert wurden, mußten wir in einer Baracke unsere Personalien angeben. Dann führten mich die Amerikaner in eines der kleinen Häuser, wo ich im Erdgeschoß in einem Zimmer mit drei anderen Frauen untergebracht wurde. Wir machten uns bekannt. Die älteste war Johanna Wolf, erste Sekretärin Hitlers. Ich kannte sie ebensowenig wie seine anderen Sekretärinnen. Das zweite Fräulein war eine Sekretärin des Wiener Gauleiters von Frauenfeld, die jüngste eine Deutschfranzösin aus dem Elsaß, die der Spionage verdächtigt wurde. Das Zimmer war mit vier Betten, Tisch, Stühlen und einer Lampe möbliert. Ich war angenehm überrascht, diese Umgebung hatte nichts von Gefängnisatmosphäre an sich.

Am ersten Tag meiner Einlieferung geschah nichts. Ich war so erschöpft, daß ich, ohne mich auszuziehen, auf dem Bett einschlief. Am nächsten Morgen sah ich durch das Fenster viele Männer im Hof spazierengehen. Unter ihnen erkannte ich Hermann Göring, den General der Waffen ss, Sepp Dietrich, den Reichsschatzmeister der NSDAP, Franz Xaver Schwarz, die Adjutanten Hitlers, Julius Schaub und Wilhelm Brückner, sowie einige Generäle.

Über tausend Gefangene befanden sich in diesem Lager, genannt der «Bärenkeller». Besonders bekannte Persönlichkeiten waren hier inhaftiert. Wir vier Frauen waren vorläufig die einzigen weiblichen Insassen. Später machten wir auch in Gemeinschaft der Männer den Rundgang, der sich täglich nach einem genauen Zeitplan wiederholte.

Nach zwei Tagen wurde ich zu meinem ersten Verhör abgeholt. In dem Raum hingen an den Wänden schreckliche Fotos. Abgemagerte Gestalten, die auf Pritschen lagen und hilflos aus riesigen Augen in die Kamera schauten, und solche, auf denen Berge von Leichen und

Skeletten zu sehen waren. Ich schlug die Hände vor mein Gesicht – es war zu grauenhaft.

Der CIC-Offizier fragte: «Wissen Sie, was das ist?»

«Nein.»

«Nie gesehen?»

«Nein.»

«Und Sie wissen nicht, was das ist? Das sind Fotos aus Konzentrationslagern. Sie haben nie etwas von Buchenwald gehört?»

«Nein.»

«Auch nichts von Dachau?»

«Doch, von Dachau habe ich gehört. Es soll ein Lager für politische Gefangene, Landesverräter und Spione gewesen sein.»

Der Offizier sah mich durchdringend an. «Und weiter», fragte er scharf.

Stockend fuhr ich fort: «Ich habe mich dafür interessiert und einen hohen zuständigen Beamten aufgesucht. Das war 1944, während ich meinen Verlobten Peter Jacob auf dem Heuberg besuchte. Ich erinnere mich sogar noch an seinen Namen, weil er der Bruder der Kabarettistin Trude Hesterberg war. Er versicherte mir, daß jeder Inhaftierte einen ordentlichen Prozeß bekommen würde und nur, wer einwandfrei schuldig sei, würde bestraft, bei schwerem Landesverrat mit dem Tod.»

«Kennen Sie noch den Namen anderer Lager?»

«Theresienstadt.»

«Was wissen Sie darüber?»

«Ich hörte, daß Juden, die nicht ausgewandert sind, dort interniert wurden.»

«Weiter.»

«Ich habe mich Anfang des Krieges persönlich beim Reichsleiter Bouhler in der Reichskanzlei nach dem Aufenthaltsort und der Behandlung der Juden erkundigt.»

«Und was hat er darauf geantwortet?»

«Daß die Juden dort interniert werden müssen, weil wir uns im Krieg befinden und sie Spionage betreiben könnten, genauso wie Deutsche und Japaner von unseren Feinden interniert werden.»

«Und das haben Sie geglaubt?»

«Ja.»

«Sie hatten keine Freunde, die Juden waren?»

«Doch.»

«Und, was geschah mit denen?»

«Die sind ausgewandert. Bela Balazs ging nach Moskau, meine Ärzte emigrierten nach Amerika, Manfred George zuerst nach Prag, dann nach New York und Stefan Lorant nach London.» Ich konnte nicht weitersprechen, mir war übel, und ich verlor das Gleichgewicht.

Der Amerikaner stützte mich und gab mir einen Stuhl. Dann sagte er: «Dies sind Bilder, die die amerikanischen Truppen bei ihrem Vordringen auf deutsches Gebiet bei der Besetzung und Befreiung der Konzentrationslager aufgenommen haben.» Er frug mich, ob ich das glaube.

«Unfaßbar», sagte ich.

«Sie werden es noch begreifen», sagte der Amerikaner, «wir werden Sie noch öfter mit solchen Fotos und Dokumenten konfrontieren.»

Erschüttert sagte ich: «Fragen Sie mich, was Sie wollen, hypnotisieren Sie mich, ich habe nichts zu verbergen. Ich werde alles sagen, was ich weiß, aber Aufregendes werde ich nicht enthüllen können...»

Man brachte mich zurück in mein Zimmer, die makabren Bilder bedrängten mich so heftig, daß ich mich auf meinem Bett nur noch herumwälzte und keinen Schlaf finden konnte.

Auch in den nächsten Tagen quälte mich der Gedanke, Näheres zu erfahren, wie es zu diesen Grausamkeiten kommen konnte und ob Hitler davon gewußt hatte. Ich versuchte, mit Johanna Wolf ins Gespräch zu kommen. Sie mußte über vieles informiert sein, da sie bis kurz vor Hitlers Tod in seiner Nähe war. Wenn sie doch reden würde. Sie schwieg. Es dauerte Tage, bis sich ihre innere Verkrampfung etwas löste und sie zögernd einige Fragen beantwortete. Man spürte, daß sie noch immer Hitler verfallen war. Stockend erzählte sie, daß sie die Reichskanzlei nicht verlassen wollte, Hitler ihr aber nahelegte, dies wegen ihrer achtzigjährigen Mutter nicht zu tun. Er habe sie mit anderen gezwungen, Berlin mit dem letzten Flugzeug zu verlassen. Auch Julius Schaub, Hitlers ältester Adjutant, der sich ebenfalls weigerte, sich von Hitler zu trennen, mußte mit dieser Maschine ausfliegen. Hitler erreichte es durch einen Befehl, dem Schaub sich nicht widersetzen konnte. Er sollte auf dem Obersalzberg Briefe und Privatdokumente Hitlers vor dem Eintreffen der Feinde vernichten. Fräulein Wolf berichtete, die in Hitlers Nähe weilenden Personen hätten sich seiner Magie bis zu seinem Tod nicht entziehen können, obgleich er körperlich verfallen war. Dann erzählte sie, wie Magda Goebbels ihre fünf Kinder mit in den Tod nahm. Hitler soll vergebens versucht haben, sie davon abzubringen. Sie wollte zusammen mit ihm sterben, wie Eva Braun, die durch nichts zu bewegen war, die Reichskanzlei zu verlassen – ihr einziger Wunsch war, vor ihrem Tod noch Frau Hitler zu werden. Ich fragte Fräulein Wolf:

«Wie erklären Sie sich diese extremen Gegensätze. Einerseits ist Hitler so besorgt um das Schicksal seiner Leute, andererseits ist er unmenschlich und duldet solche Verbrechen, wie wir sie hier kennenlernen, oder befiehlt sie sogar?»

«Er kann», sagte Fräulein Wolf schluchzend, «über diese Verbrechen nicht informiert gewesen sein – er war von Fanatikern umgeben, Leute wie Himmler, Goebbels und Bormann bekamen immer mehr Einfluß auf ihn, sie gaben Befehle heraus, von denen Hitler nichts wußte.» Sie konnte nicht weitersprechen – ein Weinkrampf schüttelte sie.

Auch ich klammerte mich damals noch an diesen Strohhalm, weil es mir unfaßbar erschien, Hitler, wie ich ihn kannte, mit diesen Grausamkeiten in Verbindung zu bringen. Aber Zweifel begannen sich in mir zu regen, mehr und mehr. Ich wollte, auch wenn es noch so weh tat, die Wahrheit wissen. Es erschien mir schwer vorstellbar, daß Befehle von solcher Tragweite ohne Hitlers Wissen ausgeführt werden konnten. Wie aber waren diese Grausamkeiten in Einklang mit seinen Worten zu bringen, die ich Anfang des Krieges in Zoppot hörte, als er empört sagte: «Solange Frauen und Kinder sich noch in Warschau befinden, wird nicht geschossen.» Oder seine Worte im Büro Albert Speers, wo er nur wenige Tage vor Ausbruch des Krieges in meiner Gegenwart ausrief: «Gott gebe, daß ich nicht zu einem Krieg gezwungen werde.»

Wie war das mit der Unmenschlichkeit in den Konzentrationslagern vereinbar? Ich war völlig verwirrt. Vielleicht, dachte ich, hat sich Hitler durch den Krieg so verändert, möglicherweise durch die Isolierung, in der er seit Anfang des Krieges gelebt hatte. Von diesem Augenblick an hatte er keine Verbindung mehr zu den Menschen außerhalb seiner Bannmeile. Bei seinen früheren Kundgebungen übertrugen sich auf ihn die Gefühle der ihm zujubelnden Menschen, die er wie ein Medium aufnahm. So wurden positive Impulse auf ihn übertragen, die das Negative in ihm unterdrückten. Er wollte ja verehrt und geliebt werden. Aber in seiner selbstgewählten Isolation gab es keine menschlichen Beziehungen mehr. Er wurde einsam und blutleer und schließlich unmenschlich, als er erkannte, daß ein Sieg nicht mehr möglich war. So versuchte ich, so eine Erklärung für sein schizophrenes Wesen zu finden.

Von nun an wurde ich täglich zu stundenlangen Verhören abgeholt. Was ich auch sagte, wurde mitstenographiert, und außerdem hatte ich viele Fragebögen auszufüllen. Ich durfte dabei sitzen und wurde auch korrekt behandelt. Meine Aussagen wurden von Zeugen, die sich im Lager befanden, bestätigt. Bald stellte ich fest, daß die CIC-Offiziere mehr über mich wußten, als ich selbst. Sie waren aufs beste informiert, das wirkte sich auf meine Behandlung günstig aus. Nach einiger Zeit hatte ich nicht mehr das Gefühl, eine Gefangene zu sein. Man lud mich sogar einige Male mit dem Kommandeur des Lagers und seinen Offizieren zum Nachmittagstee ein. Dort wurde sehr frei diskutiert, besonders über einige Gefangene. Die Lieblingsperson war fast immer Göring. Ich war erstaunt, wie beliebt er war. Sie hatten mit ihm Intelligenztests gemacht und bewunderten ihn. Man hatte Göring das Morphium entzogen, und dies hatte anscheinend seine geistigen Fähigkeiten mobilisiert. Er sah abgemagert aus, schien aber immer guter Laune zu sein. Fast keiner der Amerikaner glaubte, daß er als Kriegsverbrecher zum Tode verurteilt werden würde. Ich war überrascht, denn ich zweifelte keinen Augenblick daran. Täglich wurden neue Ankömmlinge eingeliefert.

Einmal hatte ich im Lager ein unangenehmes Erlebnis, den Besuch eines Arztes. Meine Zimmergenossinnen mußten den Raum verlassen. Wir waren allein. «Ich muß Sie bitten, mir heute einige intime Dinge über Hitler mitzuteilen», sagte er.

Verdutzt sah ich den Mann an: «Sie wissen doch genau, daß ich Ihnen nichts ‹Intimes› über Hitler sagen kann.»

Der Arzt: «Frau Riefenstahl, ich verstehe, daß Sie über solche Dinge nicht sprechen wollen, aber ich bin Arzt, und zu mir können Sie Vertrauen haben. Es ist ja kein Verbrechen, wenn Sie als Frau mit Hitler geschlafen haben – ich werde es nicht weiterberichten. Wir wollen wissen, ob Hitler sexuell normal oder ob er impotent war, wie seine Geschlechtsteile aussahen und so weiter – das ist wichtig für die Beurteilung seines Charakters.»

Da konnte ich mich nicht mehr beherrschen.

«Raus», schrie ich, «raus!» Erschrocken sah mich der Arzt an. Ich öffnete die Tür und schubste ihn hinaus. Dann warf ich mich aufs Bett. Wieder einmal war ich mit meinen Nerven am Ende.

Überraschend wurde ich schon nach wenigen Wochen, es war der 3. Juni 1945, entlassen. Dabei erhielt ich ein Dokument, in dem bestätigt wurde, daß nichts gegen mich vorliegt.

Der Originaltext lautet:

Headquarters Seventh Army
Office of the A. C of S. G. – 2
APO 758 US Army

TO WHOM IT MAY CONCERN: Date 3. Juni 1945
This is to certify that Leni Riefenstahl has been examined at Head-

quarters Seventh Army and has been released without prejudice on this
date.

BY COMMAND OF LIEUTENANT GENERAL PATCH:

WILLIAM W. QUINN
Colonel, G. S. C.
A. C. of S. G. – 2

Als ich das Lager verließ, versicherte mir der amerikanische Kommandant, diese Urkunde habe für alle vier Besatzungsmächte Gültigkeit.
Als er Zweifel in meinem Gesicht sah, sagte er: «Sie brauchen keine
Furcht mehr zu haben. Das Dokument bestätigt unsere Untersuchungen. Sie sind rehabilitiert und haben keinerlei Freiheitsbeschränkun-
gen mehr zu erwarten.»

Überglücklich bedankte ich mich.

Ein amerikanischer Jeep brachte mich nach Kitzbühel zurück – in
die Freiheit, wie ich damals glaubte.

NACHKRIEGSZEIT

Wieder auf dem Hörlahof

Meine Mutter weinte vor Glück, als sie mich auf dem Hörlahof – so hieß der Gutshof des Herrn von Ribbentrop – wieder in den Armen hielt. Es sah so aus, als könnte ein neues, besseres Leben für mich beginnen. Meinen Mann sah ich fast täglich, er war viel mit Major Medenbach unterwegs. Es war Juni, der schönste Monat des Jahres. Überall sproß frisches Grün, die Bergwiesen dufteten in ihrer Blüte.

Ich erinnerte mich an die Koffer mit den Originalnegativen der Olympiafilme, die ich in dem «Gasthof zum Lamm» am Tuxer Joch zurücklassen mußte, aber ich wollte dieses Haus nie wiedersehen. Da erhielt ich Hilfe von unserem Freund Medenbach. Er bot mir an, mich hinzufahren und die Koffer persönlich abzuholen. Die Einwohner durften sich damals nur sechs Kilometer von ihren Ortschaften entfernen, deshalb hätte niemand von uns es geschafft. Medenbach war empört, als er erfuhr, was mir widerfahren war. Um mir weitere Aufregungen zu ersparen, brachte er mich nur bis Mayerhofen und ließ mich dort in einem Gasthof zurück. Dann fuhr er allein hinauf zum Tuxer Joch. Als er mit meinen Koffern zurückkam, sagte er lachend: «Das ist aber eine böse Hexe. Wissen Sie, was Frau Schneeberger mir sagte, als ich das Gepäck verlangte? Ich habe geglaubt, daß die Amerikaner die Nazis an den Laternenpfählen aufhängen, statt dessen retten sie ihre Sachen.» Das war «meine Gisela», die sich erst vor wenigen Wochen tränenüberströmt für ihre Rettung bei mir bedankt hatte. Als wir später das Gepäck kontrollierten, stellte ich fest, daß meine Pelze und Kleider fehlten, glücklicherweise aber waren die Olympianegative vollständig vorhanden.

In diesen Tagen lernte ich Hanna Reitsch, die berühmte Pilotin, kennen. Es war eine kurze Begegnung, da sie noch von den Amerikanern inhaftiert war. Sie durfte an diesem Tag, von zwei Soldaten bewacht, eine Grabstelle besuchen. Diese junge Frau, die wegen ihres einzigartigen fliegerischen Könnens überall bewundert wurde – sie war der erste weibliche Flugkapitän der Welt und Inhaberin vieler Weltrekorde –, hatte nach Kriegsende Furchtbares erlebt. Kurz vor Hitlers Tod vollbrachte sie fliegerisch fast eine Wunderleistung. Ihr Freund, Generaloberst Ritter von Greim, wurde in die Reichskanzlei befohlen. Das war mörderisch. Berlin lag schon im Sperrfeuer der Russen. Aus diesem Grunde lehnte es Greim ab, Hanna Reitsch, die ihn unbedingt begleiten wollte, mitzunehmen. Es gelang ihr aber, sich in der kleinen, zweisitzigen Maschine – einem Fieseler Storch – zu verstecken. Erst während des Fluges entdeckte sie Greim. Als sie durch das russische Sperrfeuer flogen, wurde der General schwer verletzt und ohnmächtig. Hanna Reitsch, die hinter ihm saß, ergriff das Steuer, und sie konnte tatsächlich unter Beschuß auf der Charlottenburger Chaussee landen. Es gelang ihr noch, mit dem verwundeten Greim die Reichskanzlei zu erreichen.

Nachdem Hitler Greim zum Nachfolger Görings ernannt hatte, zwang er die beiden, die Reichskanzlei wieder zu verlassen. Sie weigerten sich, denn sie wollten wie die anderen mit Hitler sterben. Aber Hitler bestand auf seinem Befehl. Dann gelang Hanna Reitsch das unmöglich Erscheinende, die Maschine inmitten des Artilleriebeschusses zu starten und den verwundeten Greim aus dem eingeschlossenen Berlin hinauszufliegen. Als sie in der Nähe von Kitzbühel gelandet waren, erschoß sich Greim vor ihren Augen. Er war ihr bester Freund gewesen. Kurz danach erfuhr sie von dem schrecklichen Ende ihrer Angehörigen. Ihr Vater, ein überzeugter Nationalsozialist, hatte die ganze Familie mit Gewehrkugeln ausgelöscht und sich dann selbst erschossen.

Nach diesen Erlebnissen, die nur ein paar Wochen zurücklagen, wunderte es mich, daß sie die Kraft hatte, mir noch weiteres mitzuteilen. Sie holte aus der Tasche einen zerknitterten Brief, gab ihn mir und sagte eindringlich: «Lesen Sie diesen Brief, vielleicht wird er mir abgenommen, und dann gibt es außer mir niemand, der den Inhalt kennt. Er ist von Dr. Goebbels und seiner Frau Magda an ihren Sohn Harald, der sich in amerikanischer Kriegsgefangenschaft befinden soll.» Es waren vier beschriebene Seiten. Die ersten zwei waren von Goebbels, die anderen von Magda geschrieben. Der Inhalt berührte mich peinlich – ich konnte mir nicht vorstellen, daß man in einer solchen Situation, in der sich die Familie Goebbels befand, von «Ehre und Heldentod» schreiben konnte. Der Text war unerträglich pathetisch. Ich hatte den Eindruck, Hanna Reitsch empfand es ebenso.

Die amerikanischen Soldaten drängten sie, das Gespräch zu beenden. Während der eine sie an der Schulter faßte, sagte sie: «Noch etwas möchte ich Ihnen berichten. Der Führer hat auch Sie erwähnt. Vor einigen Monaten, als es mir endlich gelungen war, eine Unterredung bei Hitler zu erhalten. Ich mußte ihn sprechen, denn es wurde in unglaublicher Weise gegen mich intrigiert – natürlich von Kollegen, die mir meinen Erfolg mißgönnten. Hitler meinte, daß dies leider das Schicksal vieler Frauen sei, die Außergewöhnliches leisten. Unter einigen Frauen nannte er auch Ihren Namen und sagte: ‹Schauen Sie, Leni Riefenstahl, sie hat auch so viele Feinde. Man sagte mir, daß sie krank ist, aber ich kann ihr nicht helfen. Wenn ich dies tun würde, könnte das ihren Tod bedeuten.›» Bei diesen Worten fiel mir die Warnung Udets ein, der mir schon 1933 kurz nach Beendigung meiner Arbeit für den ersten Parteitagfilm sagte: «Sei vorsichtig, es gibt eine Gruppe in der SA, die dir nach dem Leben trachtet.»

Noch etwas ist mir von meiner Begegnung mit Hanna Reitsch in Erinnerung geblieben. Sie erzählte, daß sie im Namen einer größeren Gruppe deutscher Kampfflieger Hitler den Vorschlag unterbreitet hatte, sie wollten sich freiwillig auf die englische Flotte stürzen, um die Landung der Alliierten, die später in der Normandie erfolgte, zu verhindern. Hitler habe dies ganz entschieden mit folgenden Worten abgelehnt: «Jeder Mensch, der sein Leben im Kampf für sein Vaterland einsetzt, muß eine Überlebenschance haben, auch, wenn sie gering ist. Wir Deutschen sind keine Japaner, die Kamikaze machen.»

Wieder ein Widerspruch zu den Grausamkeiten, die während des Krieges verübt wurden. Ich fragte Hanna Reitsch: «Haben Sie das wirklich vorgehabt?»

«Ja», sagte diese kleine zerbrechliche Person mit fester Stimme. Wir umarmten uns, dann wurde sie von den amerikanischen Soldaten zum Jeep gebracht. Ich habe sie nie mehr gesehen.

Mein großer Irrtum

Meine Freiheit dauerte noch nicht einmal einen Monat, dann nahm sie ein jähes Ende. Medenbach teilte mir mit, die Amerikaner würden schon am kommenden Tag aus Tirol abziehen, um den Franzosen die Besatzung hier zu überlassen. Er bat mich, in die amerikanische Zone zu übersiedeln. An diesem Tag habe ich einen der größten Fehler meines Lebens gemacht. Ich konnte mich nicht entschließen, trotz der Warnungen Medenbachs, von Kitzbühel wegzugehen.

Schuld daran war, daß ich noch immer die fixe Idee hatte, den «Tiefland»-Film fertigstellen zu können. Es wäre nicht möglich gewesen, das ganze Filmmaterial und die technischen Einrichtungen in der kurzen Zeitspanne, die die Franzosen ultimativ festgesetzt hatten, in die amerikanische Zone zu transportieren.

In Kitzbühel lagerten an die 100000 Meter Film, und im Haus Seebichl befand sich mein fertiges Tonstudio mit Schneideräumen. Auch fühlte ich mich durch das Dokument des Amerikanischen Hauptquartiers, das mir meine Freiheit garantierte, sicher. Hinzu kam, daß ich meine größten Filmerfolge in Frankreich gehabt und in

Paris die meisten Auszeichnungen bekommen hatte. Deshalb erwartete ich die Franzosen nicht mit Angst, im Gegenteil, ich freute mich auf ihr Kommen.

Major Medenbach war über meine Entscheidung sehr beunruhigt. Er meinte, die Franzosen seien unberechenbar, und er könnte mir, wenn er Tirol verließe, nicht mehr helfen. Wäre ich nur mit ihnen gegangen! Ich stand unter amerikanischem Schutz. Mein großer Irrtum war anzunehmen, die Franzosen würden mich so fair behandeln wie die Amerikaner. Bevor diese Kitzbühel verließen, hoben sie noch die Beschlagnahme des Hauses Seebichl auf. In tadellosem Zustand wurde uns alles übergeben, es fehlte kein einziges Stück. Wir durften wieder in unserem Haus wohnen. Das bedeutete allerdings eine abermalige Trennung von meinem Mann. Major Medenbach nahm ihn als Fahrer mit nach Gastein, um ihn vor einer möglichen Gefangenschaft durch die Franzosen zu schützen.

Anfangs schien alles gut zu verlaufen. Der Wechsel vollzog sich unauffällig und reibungslos. Anstatt amerikanischer Uniformen und Fahnen sah man französische. Aber schon nach wenigen Tagen besuchten mich einige Franzosen, die sich als Filmoffiziere vorstellten. Sie waren freundlich und erkundigten sich nach dem «Tiefland»-Film. Nichts wies daraufhin, daß ich Schwierigkeiten bekommen würde. Ich erhielt auch eine Einladung des französischen Militär-Gouverneurs von Kitzbühel, Monsieur Jean Reber. Er unterhielt sich längere Zeit mit mir und bot mir seine Hilfe an. Kurze Zeit danach – es waren vielleicht zwei Wochen vergangen – hielt ein französisches Militärfahrzeug vor dem Haus Seebichl. Barsch forderte mich ein Franzose in Uniform auf, mit ihm zu kommen. Ich sollte Waschzeug mitnehmen. Auf meine Frage, was das bedeute und wohin wir fahren, gab er keine Antwort.

«Beeilen Sie sich», sagte er mißgelaunt in deutscher Sprache.

«Lassen Sie mich mit dem französischen Gouverneur Reber telefonieren, es muß ein Irrtum vorliegen, ich kann doch nicht schon wieder verhaftet werden.» Ich durfte nicht telefonieren. «Sagen Sie doch wenigstens, wohin ich gebracht werde, damit meine Mutter weiß, wo ich bin», bat ich ihn.

«Sie werden es schon sehen, los, kommen Sie und fragen Sie nicht so viel.»

Diesmal spürte ich Angst. Es war so plötzlich gekommen, so unvorbereitet. Das konnte doch nur ein Irrtum sein: Der französische Kommandant hatte mir so warmherzig seine Hilfe angeboten.

Der Franzose fuhr schnell und verrückt wie ein Wahnsinniger. Als eine ältere Bäuerin über die Straße ging, raste er im Höchsttempo auf sie zu und grinste, als sie im letzten Augenblick erschrocken zur Seite sprang und hinfiel. Beinahe wären auch wir umgekippt. Das Schwein, das die Bäuerin mit sich führte, lief über den Weg und, da der Fahrer nicht mehr bremsen konnte, überfuhr er es.

In Innsbruck wurde ich Gott sei Dank nicht in ein Gefängnis gebracht, sondern bei einem älteren Ehepaar, das in der Innenstadt wohnte, abgeliefert. Dieses war über mein Kommen schon informiert, aber mehr als ich wußte es auch nicht, nur soviel, daß ich die Wohnung nicht verlassen dürfte, bis ich abgeholt würde. Die Leute waren eingeschüchtert, aber freundlich. Sie gaben mir zu essen und versuchten, mich zu beruhigen. Schon am nächsten Morgen wurde ich abgeholt und in ein Gebäude gebracht, auf dem die französische Fahne wehte. Es war die Dienststelle des gefürchteten «Deuxième Bureau».

Man brachte mich in eine Dachkammer. Ich legte mich auf eine dort stehende Pritsche. Meine Schmerzen machten sich wieder bemerkbar. Auch hatte ich Angst, was auf mich zukommen würde. Nach einigen Stunden wurde ich geholt und in einen unteren Raum geführt, in dem mehrere Franzosen in Uniform an einer längeren Tafel saßen und ihre Mahlzeit einnahmen. Ich mußte mich dazu setzen und zuschauen, wie die Soldaten ihr Mittagessen verzehrten. Zu essen bekam ich nichts. Schlimmer aber war, daß ich trotz meiner Bitte auch nichts zu trinken erhielt. Dann wurde ich wieder auf den Dachboden gebracht, und am Abend und am nächsten Tag wiederholte sich dieselbe brutale Prozedur. Das Hungergefühl war erträglich, aber der Durst quälte mich wahnsinnig.

Erst am übernächsten Morgen endete diese Folter. Ich bekam eine Tasse Tee und ein Stück Brot. Dann führte man mich in ein kleines Zimmer, in dem ein Mädchen auf einer Schreibmaschine tippte. Sie würdigte mich keines Blickes. Nach mir endlos erscheinender Zeit kam ein uniformierter Franzose und übergab mir ein Schriftstück in französischer Sprache. Ich überflog es zitternd. Es war eine Anordnung des Chefs der «Sureté LT, Colonel Andrieu». Im Text stand, ich müßte innerhalb vierundzwanzig Stunden, bis zum Abend des 4. August, die französische Zone verlassen. Mir wurde erlaubt, mein persönliches Eigentum, mein Geld und meinen Film «Tiefland» mitzunehmen, ebenso alle Filme, die ich vor 1933 gemacht hatte.

Über diese Entscheidung, die ich nicht erwartet hatte, atmete ich auf. Fieberhaft arbeiteten meine Gedanken. Was mußte ich tun, um das alles noch zu schaffen. Mein Mann und Medenbach befanden sich in Bad Gastein. Die Filme und Gegenstände mußten verpackt werden, das Geld von der Bank geholt und eine Transportmöglichkeit gefunden werden, um noch rechtzeitig vor dem nächsten Abend alles über die Grenze zu bringen.

Ich wollte mich bei LT. Colonel Andrieu verabschieden und bedanken, wurde aber nicht vorgelassen. Man brachte mich auf die Straße und ließ mich dort grußlos stehen. Als ich im Zug nach Kitzbühel saß, überfielen mich wieder so heftige Koliken, daß ich das Abteil ohne Hilfe nicht verlassen konnte. Mitreisende halfen mir und verständigten vom Bahnhof aus das kleine Kitzbüheler Krankenhaus. Dort wurde ich in ein Einzelzimmer gelegt und bekam von Dr. von Hohenbalken, dem Leiter des Krankenhauses, einige Spritzen. Als die Schmerzen nachließen, konnte ich mich etwas im Bett aufrichten und durch das Fenster schauen. Erschrocken sah ich, daß das Hospital von mehreren französischen Polizisten bewacht wurde. Was hatte das zu bedeuten? Ich hatte doch erst vor wenigen Stunden meine Ausweisung aus der französischen Zone erhalten, aber anscheinend war ich wieder eine Gefangene.

Der Arzt betrat mein Zimmer. Er sagte, ein französischer Offizier möchte mich dringend sprechen. Ich wehrte ab. In diesem Zustand wollte ich niemand sehen, mir war elend zu Mute. Aber der Franzose kam einfach ins Zimmer, trat an mein Bett, umarmte mich und sagte schwärmerisch: «Leni, mon ange, nous sommes très heureux!» Verwirrt sah ich ihn an. Es war ein junger, gutaussehender Mann, der sich als François Girard und Offizier der französischen Film-Division Paris vorstellte.

«Wissen Sie nicht, daß ich bis morgen abend die französische Zone verlassen muß?»

«Oui – ich weiß», sagte er. «Aber Sie dürfen nicht fortgehen, wir dürfen Sie nicht verlieren, gehen Sie nicht zu den Amerikanern. Sie müssen bei uns bleiben.»

Das war doch zum Verrrücktwerden. Ich zeigte ihm das Dokument des LT. Colonel Andrieu. Er überflog es und sagte: «Ich kenne es, aber das ist die Sureté, die haben keine Ahnung von Filmen. Die wissen gar nicht, was sie anrichten, wenn man Sie mit Ihrem ‹Tiefland›-Film den Amerikanern überläßt. Ich unterstehe nicht der Sureté, sondern dem General Bethouart, dem Chef der französischen Militärregierung in Österreich, und in dessen Auftrag bin ich hier.»

Ich war ratlos. Wer hatte da die höchste Entscheidung, die «Sureté» oder die «Militärregierung»? Wem sollte ich glauben? Meine Freiheit stand auf dem Spiel. Girard versuchte, mir die Situation zu erklären. Er sagte: «Die französische Militärregierung und die ‹Sureté› bekämpfen sich. Die Leute der ‹Sureté› sind Kommunisten, die der Militärregierung Nationalisten.»

In meiner Unsicherheit wollte ich Major Medenbach und meinen Mann um Rat fragen. Mit Hilfe des Arztes konnte ich sie telefonisch erreichen. Beide warnten mich und sagten, dies könnte nur eine Falle sein und ich müßte unbedingt den Befehl Andrieus befolgen. Sie würden mich am nächsten Morgen abholen und mit zwei Wagen den Umzug erledigen.

Erleichtert sagte ich dies Monsieur Girard. Der war verzweifelt. Er versprach mir, die Fertigstellung von «Tiefland» in Paris unter dem Schutz der Militärregierung und weiterhin freie künstlerische Filmarbeiten. Das war verlockend. Ich glaubte ihm sogar. Aber die Würfel waren gefallen, ich konnte nichts mehr ändern. Girard: «Bitte, erfüllen Sie uns dann wenigstens einen großen Wunsch – wir wissen, daß Sie krank sind – aber mit Hilfe des Arztes wird es vielleicht möglich sein, daß sie uns Ihren Tieflandfilm vorführen?»

«Warum denn?» fragte ich, «der Film ist unfertig und noch nicht vertont, es gibt nur eine stumme Arbeitskopie.»

«Bitte, machen Sie uns die Freude, wir sind Ihre Bewunderer.»

Um Ruhe zu haben, ließ ich mich überreden. Der Arzt gab mir noch eine Spritze. Dann fuhren wir mit zwei anderen uniformierten Franzosen zum Haus Seebichl.

Hier ereignete sich etwas Unglaubliches. Während wir im Vorführraum saßen und uns «Tiefland» anschauten, wurde plötzlich die Tür krachend aufgestoßen. Herein kamen zwei französische Soldaten, in den Händen Maschinengewehre. Sie forderten barsch, ihnen die Kopie des Films «Das Stahltier» herauszugeben, Willy Zielkes Film. Die Kopie, die ich erworben hatte, war die einzige, die noch existierte. Ich hatte diesen einmaligen Film retten wollen: Die Direktion der Deutschen Reichsbahn, die ihn herstellen ließ, hatte alle Kopien und sogar das Negativ vernichten lassen.

Ich habe nie erfahren, woher die Franzosen wußten, daß ich eine Kopie vom «Stahltier» besaß und weshalb sie mir dieselbe auf so brutale Weise wegnahmen. Der Vorfall war den mit mir gekommenen Franzosen sehr peinlich, aber sie verstanden jetzt immerhin, warum ich die französische Zone so bald als möglich verlassen wollte.

In eine Falle geraten

Während ich beim Morgengrauen mit Hilfe meiner Mutter und einigen meiner Mitarbeiter das Filmmaterial in Kisten und Koffern verpackte, rief mich mein Mann an. Eine schlimme Nachricht. Auf dem Weg zu uns waren er und Major Medenbach mit dem Auto verunglückt. «Ich bin nur leicht verletzt, Medenbach aber schwerer, ich muß ihn in das Militärkrankenhaus nach Gastein bringen. Trotzdem werde ich in wenigen Stunden bei dir sein und dich hierherbringen.»

Ich war wie betäubt. Was würde mit mir geschehen, wenn ich die 24-Stundenfrist nicht einhalten könnte! Voller Unruhe wartete ich auf die Ankunft meines Mannes – in zwei Stunden war die Frist abgelaufen – da traf Peter ein – uns stand nur noch eine Stunde zur Verfügung. Wir konnten nur das Wichtigste mitnehmen, das Tieflandmaterial mußten wir in Kitzbühel lassen. Wir verabschiedeten uns noch von dem französischen Kommandanten von Kitzbühel, der, ebenso wie Monsieur Girard, mein Verlassen der französischen Zone bedauerte.

Schon wenige Minuten später wurden wir am Ortsrand von einer französischen Militärpatrouille gestoppt und gezwungen, in ihren Wagen zu steigen. Nur ein Handgepäckstück durften wir mitnehmen. Unsere Proteste und mein Geschrei nutzten nichts. Die zwei Franzosen, die bewaffnet waren, saßen vorn, wir rückwärts. Mein Mann versuchte, mich zu beruhigen. Einmal drehte sich der eine um und sagte grinsend in gebrochenem Deutsch zu meinem Mann: «Du auch ins Gefängnis.» Im Gegensatz zu mir war mein Mann gefaßt und verzog keine Miene. Tatsächlich setzte man ihn in Innsbruck im Gefängnis ab. Diese plötzliche und ungewisse Trennung versetzte mich in ungeheure Erregung.

Ich wurde in ein anderes, von Bombentreffern schwer beschädigtes Gebäude gebracht. Auf meine verzweifelten Fragen, was mit meinem Mann geschehen würde, erhielt ich keine Antwort. Man brachte mich in einen Raum, in dem sich viele Frauen befanden. Die meisten hockten auf dem Fußboden, einige saßen auf Stühlen. Ich kroch in eine Ecke – meine Koliken meldeten sich wieder. So lag ich einige Zeit zusammengerollt auf dem Fußboden und versuchte, meine Krämpfe zu verbergen. Da hörte ich neben mir Stimmen.

Irgendwelche Leute beugten sich über mich, dann muß ich das Bewußtsein verloren haben. Als ich wieder zu mir kam, befand ich mich in einem kleinen Raum. Auf dem Boden lag ein Strohsack, und vor mir stand ein junger Mann in Zivil, der Gefängnisarzt. Er gab mir einige Tabletten und ein Glas Wasser. Dann legte ich mich auf den Strohsack und schlief ein. Als ich wieder erwachte, versuchte ich mich an den gestrigen Tag zu erinnern. Nach der gewaltsamen Trennung von meinem Mann sah ich nur Bilder wie aus Nebelfetzen. In der Zelle, in der ich jetzt lag, war außer dem Strohsack nur noch ein Gestell mit einer Waschschüssel.

Apathisch lag ich da. Es war mir gleichgültig, was sie mit mir machen würden. Auch das Essen rührte ich nicht an. Erst als der Arzt hereinkam und sich nach meinem Befinden erkundigte, wagte ich einige Fragen: «Wo bin ich und warum bin ich hier?»

«Sie befinden sich in der Krankenabteilung des Innsbrucker Frauengefängnisses. Leider haben wir noch keine besseren Räume für Ihre Unterbringung. Es tut mir leid, ich bin aber nur der Gefängnisarzt. Wenn Sie mich brauchen, ich heiße Dr. Lindner.»

«Es kann doch nur ein Irrtum sein, daß ich hierhergebracht wurde», sagte ich.

Der Arzt unterbrach mich: «Wir haben keinerlei Einfluß auf die Anordnungen der Besatzungsmacht. Sie wurden im Auftrag der ‹Sureté› auf höchsten Befehl hier eingeliefert.»

«Und mein Mann? Was geschieht mit ihm?»

Der Arzt zuckte die Achseln. Hinter ihm stand ein französischer Wachposten.

«Kommen Sie mit», sagte Dr. Lindner, «die Toilette ist außerhalb Ihrer Zelle. Gewöhnen Sie sich daran, daß ein Wachposten Sie dorthin begleiten wird.»

Ich glaube, es waren zwei bis drei Wochen vergangen, als mich der Wachposten einen Augenblick mit dem Arzt allein ließ. Ich bat ihn, Major Medenbach im Lazarett in Gastein zu verständigen, daß mein Mann sich im Innsbrucker Gefängnis befände. Er nickte mir zu. Schon nach wenigen Tagen wurde meine Zellentür etwas geöffnet, und ich erkannte in dem Türspalt Medenbach.

Die Hand durfte ich ihm nicht geben, er sagte: «Leni, Peter ist frei, ich habe ihn aus dem Gefängnis holen können, dich noch nicht, aber hab Geduld – auch du wirst hier rauskommen. Unglücklicherweise muß ich morgen in die USA zurück. Peter hat meine Adresse, wir bleiben in Verbindung – bleib tapfer – good bye.» Ein Glück. Wenigstens war Peter nicht mehr im Gefängnis, vielleicht sogar in Freiheit?

Von all den Erlebnissen nach dem Krieg gehören die Wochen im Innsbrucker Gefängnis zu den düstersten. Außer meinem Gang zur Toilette konnte ich kein einziges Mal die Zelle verlassen. Ich dämmerte auf meinem Strohsack dahin, ohne Hoffnung. Auch hatte ich keine Verbindung zu anderen Gefangenen. Außer dem Arzt, der immer von einem Wachposten begleitet wurde, war der Gefängniswärter, der das Essen in die Zelle brachte, die einzige Person, mit der ich sprechen konnte. Ein Mann von schwer bestimmbarem Alter, häßlich und mit auffallend abstehenden Ohren und einem merkwürdig verschwommenen Blick. Seine kleinen grauen Augen waren ausdruckslos. Dieser Mann glotzte mich immer an, wenn er das Essen brachte. Eines Tages sagte er: «Heute ist schon wieder einer aus dem Fenster gesprungen, ein bekannter Schauspieler aus Wien. Es ist schon der dritte.»

«Wissen Sie seinen Namen?» fragte ich, aus meiner Lethargie erwachend. Der Mann zuckte nur mit den Achseln.

Einmal sagte ich zu ihm, ich möchte sterben. Die Schmerzen waren nicht mehr auszuhalten, und mein Lebenswille war gebrochen. Der Wärter schmuggelte mir eines Tages eine Broschüre in die Zelle, in der alle Arten von Selbstmord aufs genaueste beschrieben waren. Ich las, daß Tabak oder Zigaretten, wenn sie längere Zeit in Alkohol lägen, Pilze produzieren, mit denen man sich vergiften kann. Ich hatte weder Tabak noch Zigaretten. Mein Wunsch zu sterben wuchs täglich, und ich bedrängte den Wärter, mir irgendein Gift zu bringen. Er hatte mir erzählt, der Giftschrank wäre manchmal geöffnet. Die Belohnung, die er sich für diesen makabren Dienst erbat, war grotesk, nur ein Geisteskranker konnte sich so etwas ausdenken. Er sagte mit ernster Miene: «Ich bringe Ihnen das Gift, aber nur, wenn Sie mit mir, bevor Sie es schlucken, in dieser Zelle einen Tango tanzen.»

Diese verrückten, skurrilen Worte rissen mich aus meiner Lethargie. Ich wollte den Arzt rufen, aber meine Stimme versagte. Ich konnte keinen Ton herausbringen. In diesem Augenblick betraten drei Männer meine Zelle. Sie trugen dunkle Uniformen und Stahlhelme. Ohne ein Wort traten sie an mein Lager und forderten mich auf, ein Schriftstück zu unterschreiben. Einer von ihnen sagte etwas in Französisch. Ich konnte nichts verstehen, auch nicht fragen, was ich unterschreiben sollte. Einer dieser Männer gab mir einen Stift in die Hand, ein zweiter stützte meinen Rücken und zeigte auf eine Stelle am unteren Rand des Papiers. Nachdem ich unterschrieben hatte, war ich wieder allein. Hatte ich mein Todesurteil oder ein Gnadengesuch unterschrieben? Ich befand mich in einer Art Dämmerzustand, war wie gelähmt und schlief ein.

Da spürte ich, wie sich jemand über mich beugte – ein Schatten. Erst an der Stimme erkannte ich, es war meine Mutter. Sie hockte auf dem Fußboden neben meinem Lager und strich über meine Stirn. Lange lagen wir uns weinend in den Armen. Ein Schutzengel mußte sie hierhergeführt haben.

In der Eisenbahn nach Kitzbühel erzählte sie mir, was sie alles unternommen hatte, um mich aus dem Gefängnis herauszuholen. Nachdem sie einige Wochen nichts über meinen Aufenthaltsort erfahren konnte, machte sie sich auf den Weg nach Innsbruck, dem Standort der französischen Dienststellen. Da man sich damals ja nur 6 Kilometer von einem Ort entfernen durfte, war dies eine beschwerliche Reise. Weite Strecken mußte sie zu Fuß gehen. In Innsbruck versuchte sie mehrere Male Colonel Andrieu zu sprechen, kam aber immer nur bis zu seinem Vorzimmer. Dort sagte man ihr: «Ein Gnadengesuch ist hoffnungslos. Ihre Tochter war die Geliebte des Satans, sie wird niemals mehr ein Stück Himmel erblicken.»

Meine Mutter ließ sich nicht entmutigen. Jeden Tag besuchte sie eine andere französische Dienststelle, bis sie schließlich Erfolg hatte. Sie wußte nicht, wer meine Freilassung veranlaßt hatte, wahrscheinlich die Militärregierung, nicht das «Deuxième Bureau». Es wurde ihr nur mitgeteilt, sie könnte mich aus dem Gefängnis abholen.

Unter der Pflege meiner Mutter kam ich langsam wieder zu Kräften, aber die innere Resignation blieb. Zu oft wurden in mir alle Hoffnungen zerstört.

Auch als ein Schreiben des französischen Militär-Kommandanten von Kitzbühel eintraf, blieb ich skeptisch. Es lautete:

Im Auftrag von General Bethouart, Kommandierender Chef in Österreich, ist Frau Leni Riefenstahl-Jacob berechtigt, in ihrem Haus am Schwarzsee in Kitzbühel zu bleiben, wo sie ihren Film «Tiefland» beenden soll.

Nach allem, was ich bisher in der französischen Zone erlebt hatte, empfand ich das nur als Hohn. Aber mein Mann, der nach seiner Entlassung aus dem Gefängnis und vor meiner Rückkehr wieder bei uns wohnte, war optimistisch. Nach diesem Bescheid, meinte er, stehst du von jetzt ab in Österreich unter dem Schutz der französischen Militärregierung.

Er irrte sich. Nach einer kurzen Atempause erschienen plötzlich französische Polizisten und umstellten unser Haus. Was war nun geschehen? Ich litt schon an Verfolgungswahn. Ein Polizeioffizier erklärte: Dieser Befehl käme von höchster Stelle aus Paris und betreffe alle Personen, die zur Zeit im Haus Seeebichl wohnten. Niemand dürfte das Haus Seebichl mehr verlassen. Der Arrest galt also auch meiner Mutter, meinem Mann und sogar drei meiner Mitarbeiter, die sich bei uns befanden. Weder mein Mann noch meine Mutter und auch keiner der drei Mitarbeiter waren Mitglieder der NSDAP gewesen, auch hatte sich niemand von uns politisch betätigt. Es lagen auch keinerlei Anklagen vor. Ohne jeden Rechtsschutz waren wir der Willkür französischer Dienststellen ausgesetzt. Wir erfuhren keine Gründe für diesen neuen Arrest, auch nichts über seine Dauer. Man sagte uns nur, Lebensmittel müßten wir uns telefonisch bestellen, sie könnten ins Haus gebracht werden, aber Besucher dürften wir nicht empfangen. Das vierte Mal war ich nun in der französischen Zone verhaftet worden, nachdem mir vorher von höchster Stelle schriftlich bestätigt worden war, wir dürften bleiben und ich sollte sogar arbeiten können. Eine telefonische Verbindung mit dem Kommandanten von Kitzbühel blieb trotz aller Bemühungen erfolglos.

Ein Anruf von Uli Ritzer aus Innsbruck machte mir die neuen Schikanen einigermaßen verständlich. Er habe Gisela Schneeberger schon mehrmals im Büro der «Sureté» angetroffen, wo sie zu Protokoll gab, meine Filmgeräte im Haus Seebichl wären persönliche Geschenke von Adolf Hitler. Daraufhin hatten die Franzosen das Ehepaar Schneeberger als Treuhänder meiner Firma und meines Vermögens eingesetzt.

Damit nicht genug: In einer französischen Zeitung, die mir zugesandt wurde, fand ich eine Fotomontage, wie ich in den Armen des General Bethouart liege. Darunter stand: «Leni Riefenstahl, die ehemalige Geliebte Adolf Hitlers, ist jetzt die Geliebte unseres Generals Bethouart.» Ich war dem General nie begegnet. So richtete diese Hetze sich nicht nur gegen mich, sondern auch gegen den General, dem ich wahrscheinlich die Entlassung aus dem Innsbrucker Gefängnis zu verdanken hatte. Die politischen Gegner des Generals, das «Deuxième Bureau», die französische Geheimpolizei, waren so mächtig, daß der General einige Zeit später vorübergehend von seinem Posten als Kommandierender Chef der französischen Militärregierung in Österreich abberufen wurde. Seine Gegner waren auch meine Feinde.

Immer mehr wurden wir isoliert. Das Telefon wurde gesperrt, unsere Bankkonten beschlagnahmt, auch die meiner Mutter und meines Mannes. Der nächste Schritt war die Beschlagnahme des Filmlagers und aller persönlicher Gegenstände, einschließlich Kleider, Wäsche, Schmuck etc. – und schließlich das ganze Haus. Wir alle mußten Haus Seebichl räumen, jeder durfte nur ein Gepäckstück von 50 Kilogramm und 120 Reichsmark mitnehmen. Dann brachte man uns ein paar Kilometer entfernt in einem Bauernhaus unter. Ein französischer Soldat wurde als Wache zurückgelassen. Erst nach Wochen fiel eine Entscheidung. Ein Mann der «Sureté» teilte uns mit, wir hätten auf Anordnung der französischen Regierung Österreich zu verlassen und wurden nach Deutschland evakuiert. Meine Bitte, meine Filme und mein Geld mitnehmen zu dürfen, wurde abgeschlagen.

Auf einem offenen Lastwagen, begleitet von drei Franzosen mit Gewehr, verließen wir Tirol. Als wir durch St. Anton kamen, hörte ich, daß dort einige meiner Mitarbeiter Filmaufnahmen machten. Sie hatten, während ich in Innsbruck im Gefängnis war, eine Firma gegründet und mit Hilfe meiner Kameras und Arbeitsgeräte begonnen, einen Bergfilm zu machen. Für die Hauptrolle hatten sie meinen

«Pedro» engagiert, für die Regie meinen Assistenten Dr. Harald Reinl, und die Leitung hatte mein Prokurist Waldi Traut – sie alle waren meine Schüler, und ich freute mich, daß wenigstens sie so schnell wieder arbeiten durften. Von ihnen wollte ich mich verabschieden.

Unser französischer Fahrer zeigte Verständnis und ging, um sie zu benachrichtigen, in den Gasthof zum «Schwarzen Adler», wo die Gruppe gerade beim Essen war. Da erlebte ich eine schmerzliche Enttäuschung. Von meinen langjährigen Mitarbeitern kam nur ein einziger heraus, um sich von mir zu verabschieden, der jüngste unter ihnen: Franz Eichberger, «Pedro», der Hauptdarsteller des «Tiefland»-Films. Meine besten Freunde erschienen nicht – keiner von ihnen. Jahrelang hatte ich sie gefördert und unterstützt, nun wollten sie nichts mehr mit mir zu tun haben.

Als wir weiterfuhren, blickte uns «Pedro» weinend nach.

Kurz vor der Grenze blieb unser Wagen irgendwie hängen, es gab einen heftigen Stoß. Die Folge war, daß sich mein Mann ein Bein brach. Im nächstgelegenen Hospital konnte es in Gips gelegt werden. Dann ging es weiter bis zur deutschen Grenze. Die dort stationierten Franzosen waren nicht informiert, was mit uns geschehen sollte. So fragten sie, in welche Stadt ich fahren möchte.

«Nach Berlin», sagte ich.

«Impossible», sagten sie, «Stadt in der französischen Zone.»

Da nannte ich Freiburg. Mir fiel Dr. Fanck ein, der dort ein Haus besaß, aber ich wußte nicht einmal, ob er noch am Leben war.

Da in der von Bomben zerstörten Stadt Freiburg keine Unterkunft zu finden war, wurden wir in der ersten Nacht in einem Gefängnis untergebracht. Am nächsten Tag versuchte ich meinen früheren Regisseur zu sprechen, und tatsächlich erreichte ich ihn auch. Aber auch Dr. Fanck wollte nichts mehr mit mir zu tun haben. Brüsk bat er, ihn nicht mehr anzurufen. Bestürzt stand ich vor dem Telefonapparat. Immer hatte ich mich für ihn eingesetzt. Als er arbeitslos war, verschaffte ich ihm über Speer die Verfilmung der Modellbauten von Berlin, wodurch er nicht nur gut verdiente, sondern auch während des ganzen Krieges u.k.-gestellt war. Und mit Fancks Hilfe hatte ich gerechnet.

Nachdem die Franzosen in Freiburg keine Unterkunft für uns auftreiben konnten, brachten sie uns nach Breisach, einer kleinen Stadt, nicht weit von Freiburg entfernt. Auch hier nur Trümmer über Trümmer. Breisach war nach dem Krieg die am stärksten zerbombte Stadt Deutschlands. Sie soll zu 85 Prozent zerstört gewesen sein. Der dortige Bürgermeister, ein hilfsbereiter Mann, wußte nicht, was er mit uns anfangen sollte. Schließlich brachte er uns in den halb zerfallenen Räumen des Hotels «Salmen» unter. Auch waren wir immer noch Gefangene, die den Ort nicht verlassen durften.

Wir erhielten die Aufforderung, uns zweimal wöchentlich bei der französischen Polizei zu melden. Dann fuhren die Franzosen wieder ab.

In Breisach

Über zwei Monate lebten wir nun schon in den Trümmern von Breisach – eine traurige Zeit. Am meisten litten wir unter Hunger. Auf die Lebensmittelkarten gab es so gut wie nichts. Auf die Brotkarten von täglich 50 Gramm bekam man nur eine dünne Scheibe, aber auch nicht immer, und zum Bestreichen des Brots höchstens etwas Essig. Es gab kein Fleisch, kein Gemüse, kein Fett, nicht einmal Magermilch. Wie glücklich war ich, als mir eines Tages ein Bauer ein Bündel Mohrrüben schenkte!

Die Franzosen waren sehr hart. Ich hatte in Breisach ein junges Mädchen kennengelernt, Hänni Isele, die später meine Haustochter wurde. Ihre Eltern hatten einen Gemüsegarten und Obstbäume, aber sie durfte nicht eine Pflaume oder einen Apfel pflücken, nicht einmal das auf der Erde liegende Fallobst aufheben. Französische Soldaten kontrollierten sogar die Schrebergärten und schlugen alten Leuten und Kindern auf die Hände, wenn sie versuchten, Fallobst aufzuheben.

Meine Leute wurden immer verzweifelter. Frau Steffen, eine junge Frau, die jahrelang mit mir im Schneiderraum gearbeitet hatte, bekam weißes Haar. Sie wurde fast wahnsinnig, denn auch sie durfte nicht nach Berlin, wo ihr Mann, der aus der Kriegsgefangenschaft gekommen war, sie erwartete. Sie durfte Breisach nicht verlassen, hatte kein Geld und hungerte wie Fräulein Lück, meine Sekretärin, und mein Buchhalter, Herr Hapke. Ich konnte ihnen nicht helfen. Ich hatte selber nichts.

Und mein Mann? Die Trennungen, die wir ertragen mußten, hatten schon seit längerer Zeit Spannungen mit sich gebracht. Meine Krankheit und die immer wieder erfolgten Verhaftungen belasteten ihn, besonders, da er nach fast fünf Jahren Front eine andere Nachkriegszeit verdient gehabt hätte. Er tat vieles, worunter ich sehr litt. Unsere Zuneigung verwandelte sich immer mehr in Haßliebe, doch die Umstände erlaubten es nicht, uns wenigstens versuchsweise zu trennen. Wir mußten auf engstem Raum zusammenleben, und dies unter den unwürdigsten Verhältnissen.

Als unser Leben in Breisach immer unerträglicher wurde, schrieb ich einen verzweifelten Brief an General König, dem Oberkommandierenden der französischen Zone in Deutschland. Nach fünf Monaten, im August 1946, erfolgte eine Reaktion. Ein französischer Polizeiwagen holte mich ab und brachte mich nach Baden-Baden in ein Militärgebäude. Dort erhielt ich ein Zimmer, zusammen mit einer anderen Frau, einer Ausländerin. Wie ich mit der Zeit bemerkte, sollte sie mich aushorchen. Bei den Verhören, die man mit mir anstellte, verstand ich oft den Sinn vieler Fragen nicht. So sollte ich die Haarfarbe dieser oder jener Schauspieler, oder die Augenfarbe einer bekannten deutschen Filmdiva angeben und weitere so belanglose und lächerliche Fragen. Plötzlich änderte sich das. Ich sollte erzählen, welche Künstler an Hitler geglaubt hatten und welche mit ihm befreundet waren.

«Ich bin keine Denunziantin», sagte ich. «Auch könnte ich Ihnen das gar nicht beantworten, weil ich mit meinen Berufskollegen wenig zu tun hatte. Außer Emil Jannings, Gertrud Eysoldt und Brigitte Horney kannte ich persönlich nur die Schauspieler, die in meinen Spielfilmen beschäftigt waren.» Ein Grund für die Franzosen, mich härter in die Zange zu nehmen. Sie gaben mir weniger zu essen und unterwarfen mich unerträglicher seelischer Folter. Dann verfielen sie auf eine andere Methode. Mit allen möglichen Versprechungen wollten sie mich dazu bringen, Kollegen zu denunzieren. «Welche unter Ihren Bekannten waren überzeugte Nationalsozialisten, nicht nur Künstler», so ging das Tag für Tag. Dabei nannten sie auch Namen wie Ernst Udet und andere. «Wir werden Sie für jede Information belohnen. Sie können ein Haus an der Riviera erhalten und wieder als freier Künstler arbeiten.» Ich war so angewidert, daß ich bockig wurde und überhaupt keine Fragen mehr beantwortete.

Wieder wechselten sie das Thema und kamen auf die Konzentrationslager zu sprechen. Hier entspann sich eine immer heftiger werdende Auseinandersetzung. Sie wollten nicht glauben, daß mir außer Dachau und Theresienstadt andere Lager unbekannt waren. «Und Sie haben noch nie etwas von ‹Buchenwald› und ‹Mauthausen› gehört?» schrie mich einer der Franzosen an.

«Nein», sagte ich.

«Sie lügen, das glauben wir nicht, sagen Sie die Wahrheit.»

Vor Erregung zitternd schrie ich: «Nein, nein, nein!»

«Wenn Ihnen das Leben Ihrer Mutter lieb ist, dann...» Das war zuviel, weiter kam er nicht – ich sprang dem Kerl an die Kehle und verbiß mich so in seinem Hals, daß er blutete.

Daraufhin quälten sie mich nicht mehr. Ich wurde auf mein Zimmer gebracht und in Ruhe gelassen. Einige Tage danach wurde ich in einem anderen Gefängnis einem französischen General vorgeführt. Als ich ihm die Hand geben wollte, legte er ruckartig seine Hände auf den Rücken. Mit eiskalter Miene sagte er: «Wir haben beschlossen, Sie von hier fortzubringen. Sie kommen in den Schwarzwald, nach Königsfeld. Sie werden diesen Ort mit Ihrer Mutter und Ihrem Mann nicht verlassen. Ihre Mitarbeiter können nach Berlin, sie sind frei. Sie dagegen müssen sich jede Woche in Villingen bei der französischen Polizei melden.»

Ich fragte ihn: «Und wovon sollen wir leben? Was ist mit meinem Geld, mit meinen Filmen und mit meinem anderen Eigentum?»

«Das interessiert mich nicht, damit habe ich nichts zu tun», sagte er schroff.

«Verstehen Sie doch, bitte», flehte ich, «wovon sollen wir leben, wir besitzen doch nichts.»

Er würdigte mich keiner Antwort, läutete und ließ mich herausführen.

Königsfeld im Schwarzwald

Bevor wir Breisach verließen, erhielten wir unerwarteten Besuch von der Schwester meines Mannes. Sie kam aus Bayern mit einem Koffer voller Lebensmittel, die sie von einem Bauern, dem sie bei der Arbeit half, bekommen hatte. Das war ein Fest! Selbst heute noch, nach mehr als vierzig Jahren, wenn ich in einem Supermarkt die Fülle der Lebensmittel sehe, erinnere ich mich daran.

Königsfeld, ein stiller, von dunklen Tannenwäldern umgebener Kurort im Schwarzwald, erschien uns wie ein Paradies. In einer alten Villa wurde uns eine Zweizimmer-Wohnung zugewiesen, die einer Frau Fanny Raithel aus der bekannten Musiker- und Bankiersfamilie Mendelssohn-Bartholdy gehörte. Das Problem war die Miete. Eine Wohnung unter 300 DM konnte uns der Bürgermeister nicht anbieten. Frau Raithel, eine sympathische, ältere Dame, war bereit, uns die Miete für die ersten Monate zu stunden.

In Villingen, eine halbe Stunde Eisenbahnfahrt entfernt, fand mein Mann bei der Weinhandlung «Voll» Arbeit als Lastwagenfahrer und bald auch als Weinverkäufer. Eine große Hilfe, denn wir konnten nun Wein bei den Bauern gegen Lebensmittel eintauschen.

Weitere Hilfe erhielt ich durch Hanni, dem jungen Mädchen aus Breisach, das mit uns gekommen war. Ich mochte sie vom ersten Tag an, nicht nur wegen ihrer äußeren Erscheinung – sie war auffallend hübsch –, sondern vor allem wegen ihrer Fröhlichkeit und menschlichen Wärme. Sie war damals neunzehn und wollte eigentlich studieren. Nach meiner Freilassung wollte ich sie als Sekretärin oder Cutterin ausbilden lassen, vorläufig aber wurde sie unsere Haustochter.

Bald sahen wir, daß auch in Königsfeld die Not sehr groß war. Es gab nichts zu kaufen, nicht einmal einen Bindfaden. Die Läden waren ratzekahl, und einen «Schwarzen Markt» gab es hier auch nicht. Ein Reichtum blieb uns: die Pilze. Es war Herbst, und täglich gingen wir in den Wäldern Pilze sammeln. Eine solche Menge an Pilzen hatte ich noch nie in einem Wald gesehen. Aber es waren nicht nur die Pilze, die uns so viel Freude bereiteten, es war das Erlebnis des Waldes. Bei jedem Spaziergang hatte ich das wunderbare Gefühl von Freiheit. Keine Verhöre, keine Polizisten. Ich genoß die Ruhe. In Bäume war ich schon immer verliebt gewesen, und dieser Wald hier war wie aus einem Märchenbuch. Meine Kindheitserlebnisse kamen mir in Erinnerung, sogar die Anfangsstrophe meines ersten Gedichts:

«Am dunklen Waldesrand, wo alles ruht und schweigt,
träumt ich von Himmelslust und Glockenklang
und hatte mein Haupt zur Ruhe geneigt...»

Auch als der erste Schnee fiel, hatte sich an unserer Lage noch nichts geändert. Ich hatte verschiedene Briefe und Gesuche an alle nur möglichen französischen Dienststellen geschickt, erhielt aber von keiner eine Antwort.

Unerwartet bekamen wir eines Tages Besuch. Zuerst wagten wir nicht, ihn in unser Zimmer zu lassen – einen jungen Mann mit schmalen, fast asketisch wirkenden Gesichtszügen. Er stellte sich als französischer Schaupieler mit dem deutschen Namen Paul Müller vor. Nachdem sich langsam unser Mißtrauen gelegt hatte, erfuhren wir, daß er eine Theatertournee durch die französische Zone Deutschlands machte und in Villingen «Stürme über dem Montblanc» gesehen hatte. Es gelang ihm, mich ausfindig zu machen, und er hatte jede Mühe auf sich genommen, mich zu finden. Wie hätte ich ahnen können, welchen Einfluß dieser junge Franzose einige Jahre später auf mein Leben nehmen sollte.

Nun erreichten mich auch Briefe von Freunden und Bekannten aus Amerika und sogar Care-Pakete. Jedesmal, wenn ein solches Paket kam, war es wie Weihnachten. Schon ein Stück Seife oder eine Dose Nescafé waren ein Schatz. Von meinem Freund Stowitts, von Major Medenbach und anderen, mir persönlich ganz unbekannten Amerikanern kamen sogar Kleider und warme Sachen. Und nicht nur das. Stowitts schickte mir auch Kopien von Briefen, die er in meiner Angelegenheit an den Präsidenten der «Unesco» und des IOC sowie an die Präsidenten der verschiedenen Nationalen Olympischen Komitees geschrieben hatte. Einen besseren Anwalt hätte ich nicht haben können. Aber die Briefe blieben ohne Echo und ohne jedes Ergebnis.

Im Gegenteil. Wir erfuhren, daß die Franzosen mit Lastwagen mein gesamtes Material abtransportiert hatten – auch Film-Schneidetische, die Tonapparatur, das Mischpult, Filmkameras, sämtliche Büroakten, Koffer, Kleider und alle privaten Sachen. Es sei alles, so schrieb Willy Kruetschnig, ein Kitzbüheler Freund, nach Paris gebracht worden. Ich glaubte, den Verstand zu verlieren. Mein Lebenswerk schien zerstört.

Die Amerikaner hatten mich rehabilitiert und mir mein Eigentum zurückgegeben. Sie hatten keine einzige Filmkopie behalten. Und die Franzosen?

Eine andere schlimme Nachricht kam aus Innsbruck. Dr. Kellner, ein Rechtsanwalt, schrieb: «Capitain Petitjean, der Leiter der französischen Filmstelle in Tirol und offiziell eingesetzter Verwalter für Haus Seebichl und das Filmlager München, hat sich vor dem Abtransport des Materials nach Paris noch zusätzlich von der Sparkasse Kitzbühel sämtliche Gelder Ihrer Konten auszahlen lassen.» Dies waren 300 000 Mark vom Firmenkonto, 30 000 Mark von meinem Privatkonto, 4000 Mark von dem Konto meiner Mutter und 2000 Mark vom Konto meines Mannes. Eine Unglückskette ohne Ende.

Seit Kriegsende waren mehr als zwei Jahre vergangen, und noch immer war mir kein ordentliches Gerichtsverfahren zugebilligt worden, ich war rechtlos und meiner Freiheit beraubt.

Die Depressionen, unter denen ich litt, wurden durch die Auseinandersetzungen mit meinem Mann so sehr verstärkt, daß ich mich entschloß, mich von ihm zu trennen. Auch brauchte ich ärztliche Hilfe. Ein junger Arzt in Königsfeld, Dr. Heisler, hoffte, mich in einem Sanatorium am Feldberg unterbringen zu können, das bereit war, mich ohne sofortige Bezahlung aufzunehmen. Er und ein anderer Arzt aus Königsfeld schienen Erfolg zu haben. Im Mai 1947 hielt ein französisches Militärfahrzeug vor unserem Haus, und ich wurde aufgefordert, mich fertig zu machen und mitzukommen. Für uns bestand kein Zweifel, daß ich in das Sanatorium gebracht werden würde.

Dahin kam ich aber nicht. Wenn nicht noch genügend Zeugen lebten, die diese «Episode» – so sagt man wohl – bestätigen können, geriete ich in den Verdacht, eine unglaubwürdige Story erfunden zu haben. Nach zwei Stunden Autofahrt hätte ich auf dem Feldberg in dem Sanatorium sein müssen. Mit Schrecken stellte ich aber fest, daß wir durch die Stadt Freiburg fuhren und dort vor einem großen Gebäude hielten. Die zwei Franzosen, die mich begleitet hatten, forderten mich auf, ihnen zu folgen. Nun ging alles so schnell, daß ich die Einzelheiten in ihrer Folge nicht mehr rekonstruieren kann. In Erinnerung ist mir nur, daß ich in einer kahlen Halle von einem Arzt und einer Krankenschwester empfangen wurde; daß die Franzosen Papiere unterschrieben; daß ich dann mit einer Krankenschwester allein war, die mir meinen Koffer abnahm und mich in einen kleinen Raum führte. Als sie mich verließ, sah ich, daß sich vor dem Fenster ein Eisengitter befand, und daß auch das Waschbecken vergittert war. Kein Zweifel, ich war in eine geschlossene Anstalt gebracht worden. Meine Proteste halfen nicht. Die Schwestern zuckten mit den Achseln, und der Arzt, der mich am nächsten Tag untersuchte, sagte: «Sie sind auf Anordnung der französischen Militärregierung eingeliefert worden. Sie sollen wegen Ihrer Depressionen behandelt werden.»

Verzweifelt bat ich den Arzt, den die Schwestern mit «Herr Professor» anredeten, mich nach Hause gehen zu lassen, es war aussichtslos. Ich war wieder einmal eingesperrt, diesmal in einer Irrenanstalt.

Nur wenig ist mir aus dieser düsteren Zeit im Gedächtnis geblieben. Ich erinnere mich, wie ich durch lange dunkle Gänge geführt wurde, laute Schreie durch die Türen drangen, und eine Schwester sagte: «Das war Paula Busch, die aus dem Zirkus.» Wie man mich dann in ein Zimmer brachte, in dem ein mageres Mädchen mit bleicher Gesichtsfarbe, auf einer Bank angeschnallt liegend, markerschütternde Schreie ausstieß, während ihr Körper sich auf- und abbog.

An die Elektroschocks, die ich danach bekam, erinnere ich mich nur nebelhaft, vielleicht weil ich zuvor Beruhigungsspritzen erhielt. Warum hatte man mich in eine Irrenanstalt gesperrt? Sollte ich entmündigt oder gar beseitigt werden? Viel später erfuhr ich durch den Brief eines französischen Filmkünstlers, den ich noch besitze, es habe in Paris zwischen einflußreichen Gruppen ein Kampf um den Besitz meiner Filme stattgefunden und ich sollte so lange als möglich in sicherem Gewahrsam bleiben.

Nach drei Monaten wurde ich eines Tages überraschend entlassen. Es war Anfang August 1947, als ich die Anstalt verließ und mit meinem kleinen Koffer langsam die Steinstufen, die zur Straße führten, hinunterstieg. Ich hatte ein Papier erhalten, das ich der französischen Dienststelle vorlegen sollte. Darin stand, daß meine Einweisung in die geschlossene Abteilung der Psychiatrischen Klinik in Freiburg wegen depressiver Gemütsverfassung notwendig war. Da näherte sich ein Schatten, und plötzlich stand vor mir – mein Mann. Ich war völlig verwirrt, denn nachdem ich die Scheidung eingereicht hatte, war ich auf ein so schnelles Wiedersehen nicht vorbereitet. Er nahm mich am Arm und sagte: «Komm, Herr Voll hat mir seinen Wagen geliehen, ich fahre dich nach Königsfeld.»

Während der Fahrt sprachen wir kaum miteinander, wir waren zu gehemmt. Zögernd berichtete mir Peter, die Scheidung sei inzwischen vollzogen worden, in Konstanz durch das Badische Landesgericht. Er habe freiwillig die Schuld auf sich genommen, aber er hoffe, daß dies keine endgültige Trennung sei.

«Ich möchte dich nicht verlieren», sagte er, «ich weiß, daß ich dir viel angetan habe, aber du mußt mir glauben, ich habe immer nur dich geliebt.» Nach einer kurzen Pause fuhr er fort: «Bitte, Leni, versuch es noch einmal mit mir, ich verspreche dir, ich werde mich ändern.»

Ich konnte seine Worte kaum ertragen, zu oft hatte er mir dieses Versprechen gegeben – zu oft hatte ich ihm geglaubt. «Ich kann es nicht mehr, ich werde verrückt», sagte ich weinend. Am liebsten wäre ich aus dem Wagen gesprungen, so groß war meine Angst, wieder schwach zu werden. Meine Zuneigung war noch viel zu stark. Peter versuchte mich zu beruhigen.

«Ich will dir helfen», sagte er, «du brauchst jetzt Hilfe und einen Freund – ich werde warten, aber immer bei dir sein, wenn du mich brauchst.»

Zwei Stunden später brachte er mich zu meiner Mutter. Sie war überglücklich. Peter fuhr zurück nach Villingen.

Der Fremde aus Paris

Wäre ich frei gewesen und hätte mich nicht jede Woche bei der französischen Militärbehörde in Villingen melden müssen oder wenn ich irgendeine berufliche Tätigkeit hätte ausüben dürfen oder wenigstens gewußt hätte, wann ich meine Freiheit zurückgewinne, dann hätte ich unseren Aufenthalt in Königsfeld genießen können. Denn dieser Ort, in herrlichen Wäldern eingebettet, hatte eine besondere Atmosphäre. Es waren die Bewohner, die diesem Kurort ihre Prägung gaben. Von ihnen kamen starke religiöse, geistige und künstlerische Impulse, und Frau Raithel war eine liebenswürdige, warmherzige Vermieterin.

In Königsfeld bestimmte die christliche Brüdergemeinde, die Dichterlesungen, Kirchenkonzerte und interessante Vorträge veranstaltete, das geistige Leben. Auch lebten hier viele Anhänger der antroposophischen Lehre Dr. Steiners, und in Königsfeld hatte auch der berühmte Religionsforscher und Afrikaarzt Dr. Albert Schweitzer ein kleines Sommerhaus besessen. Die Stadt besaß schöne Parkanlagen,

Sanatorien, Pensionen und kleinere Hotels. Keine Hochhäuser oder häßliche Betonbauten verunstalteten den Ort.

Aber diese friedvolle Atmosphäre übertrug sich nicht auf mich. Täglich wartete ich mit immer größerer Ungeduld auf den Postboten – auf eine Nachricht, von der ich mir die Freiheit erhoffte.

An einem nebligen Herbsttag besuchte uns ein Fremder. Er stellte sich als ein Monsieur Desmarais aus Paris vor. Wir waren mehr als mißtrauisch. Er schien unsere Gefühle zu erraten und sagte mit weicher, einschmeichelnder Stimme: «Haben Sie keine Angst, ich bringe Ihnen gute Nachrichten.» Er sprach deutsch mit französischem Akzent. Sein Alter schätzte ich auf 45 bis 50 Jahre. Das Gesicht war etwas schwammig und der Ausdruck seiner Augen undefinierbar.

«Bevor ich Ihnen berichte, was mich hierherführt», sagte er, «möchte ich etwas zu meiner Person sagen.»

Wir hatten gerade ein Care-Paket erhalten, und so konnte meine Mutter ihm Tee und Gebäck anbieten.

«Ich komme aus Paris, bin aber in Deutschland geboren und lebte bis 1937 in Köln. Dann emigrierte ich nach Frankreich. Mein französischer Name ist Desmarais, mein deutscher ist Kaufmann.» Es entstand eine Pause. Keiner von uns wagte eine Frage. Zu sehr waren wir von dem, was hinter uns lag, eingeschüchtert.

«Ich kenne alle Ihre Filme», sagte er, «und ich bin ein großer Verehrer von Ihnen, ebenso meine Frau.»

«Würden Sie mir sagen, welchen Beruf Sie ausüben, sind Sie von der Presse?» fragte ich.

Er wehrte lächelnd ab. «Nein, Sie haben es mit keinem der bösen Journalisten zu tun, auch nicht mit einem getarnten Geheimagenten, ich bin ein französischer Filmproduzent.»

Er entnahm seiner Brieftasche eine Visitenkarte. Ich las:

> L'Atelier Français, Société Anonyme,
> Capital de 500 000 Fr., 6, Rue de Cerisolos
> Paris 8ᵉ.

Diese Karte beeindruckte mich nicht, ich wurde nur noch mißtrauischer. Der Fremde fuhr fort: «Meine Frau und ich sind die alleinigen Inhaber dieser Firma.» Er sagte dies in einer Tonart, wie Kartenspieler sprechen, ehe sie ihre sehr guten Trümpfe auf den Tisch legen.

«Ich habe die französische Staatsangehörigkeit erhalten, daher mein Namenswechsel. Meine Frau ist eine geborene Französin und besitzt ausgezeichnete Kenntnisse über Filmgeschäfte. Gestatten Sie», sagte er, «ich habe Ihnen ein paar Kleinigkeiten aus Paris mitgebracht.» Er übergab mir ein kleines Paket.

«Ich werde es erst auspacken, wenn ich weiß, was Sie zu mir führt», sagte ich zurückhaltend.

Der Fremde lehnte sich zurück, und indem er meine Mutter, mich und Hanni, die auch am Tisch saß, betrachtete, sagte er voller Selbstüberzeugung: «Ich hoffe, Ihnen die Freiheit zu bringen und Ihren ‹Tiefland›-Film zu retten.»

Mein Herz begann zu klopfen, ich sprang auf und verließ das Zimmer. Ich konnte mich nicht mehr beherrschen, ich mußte heulen. Keinen Augenblick hatte ich ihm geglaubt. Aber die Vorstellung, daß mir wieder etwas vorgegaukelt würde, woran ich glauben könnte, und daß sich alles wieder in ein «Nichts» auflösen würde, war für mich zuviel.

Meine Mutter versuchte, mich zu beruhigen, und brachte mich zu dem Gast zurück, der über meine Reaktion erschrocken war. Ich entschuldigte mich.

«Ich weiß», sagte Monsieur Desmarais, dessen Name mir damals noch nicht geläufig war. «Sie haben sehr viel mitgemacht, ich weiß, daß man Ihnen alles weggenommen hat und Sie in eine Irrenanstalt steckte, aber hören Sie mir gut zu, Sie werden, so hoffe ich, diese Leidenszeit bald hinter sich haben.»

Wieder kamen mir die Tränen, und schluchzend sagte ich: «Wie wollen Sie das erreichen, niemand konnte mir helfen. Alle meine Bittgesuche, auch die meiner amerikanischen und französischen Freunde blieben unbeantwortet. Das Schlimmste», sagte ich, «ist die Ungewißheit.»

«Meine liebe Frau Jacob, so heißen Sie doch jetzt ...»

Ich schüttelte den Kopf. «Ich heiße wieder Frau Riefenstahl, ich bin seit einigen Tagen geschieden.»

Desmarais fuhr fort: «Ich werde nun berichten, wie ich auf ‹Tiefland› und Ihr Schicksal aufmerksam wurde.»

Mit starker Spannung hörten wir nun, was er uns erzählte. «Ich hatte in der Pariser Cinemathek zu tun. Im Keller, in dem unendlich viele Filmkopien lagern, entdeckte ich Schachteln, auf denen ‹Tiefland› und Ihr Name stand. Da wurde ich neugierig. Es war mir klar, daß ich nicht so ohne weiteres die Erlaubnis erhalten würde, mir das Material anzusehen. So versuchte ich es über den Lagerverwalter. Nachdem er ein gutes Trinkgeld erhalten hatte, konnte ich mir in einer Nacht einige Rollen des Films vorführen lassen. Es war eine geschnittene Arbeitskopie ohne Ton.»

Als ich hörte, daß mein «Tiefland» noch existierte, und wo es war, atmete ich auf.

«Sie haben meinen ‹Tiefland›-Film gesehen?» fragte ich fassungslos.

«Ja», antwortete Desmarais, «ich weiß nicht, ob es die Kopie ist, die Sie geschnitten haben, denn ich habe bei meinen Nachforschungen erfahren, daß eine französische Cutterin im Auftrage des Capitain Petitjean über ein Jahr an Ihrer Schnittkopie gearbeitet hat. Eine französische Gruppe wollte den Film fertigstellen und ihn ohne Ihre Mitarbeit und Genehmigung auswerten. Diese Leute hatten sehr gute Beziehungen zum ‹Deuxième Bureau› und dessen Chef Colonel Andrieu. Sie waren natürlich interessiert, Sie solange wie möglich inhaftiert zu wissen, damit sie ungestört Ihren Film ‹Tiefland› auswerten konnten.»

«Dann geht es auf diese Leute zurück, daß ich in eine Irrenanstalt eingeliefert wurde?» fragte ich bestürzt.

«Möglich», sagte Desmarais. «Ich muß sehr vorsichtig sein. Es darf niemand in Paris erfahren, daß ich Sie hier besucht habe. Sie müssen alles, was ich Ihnen heute sage, sehr vertraulich behandeln. Sprechen Sie mit niemandem darüber, sonst kann ich Ihnen nicht helfen, und alles ist gefährdet.»

«Aber wie wollen Sie mir helfen können, wenn niemand etwas davon wissen darf?»

«Das werden Sie gleich erfahren. Meine Frau und ich haben einen sehr guten Freund. Er ist einer der ehrenwertesten und angesehensten Anwälte in Paris und Ehrenmitglied der Sorbonne. Sein Name: André Dalsace, Professor au C.P.A., Docteur en Droit. Er hat sich bereit erklärt, Ihre Sache zu übernehmen, da ihn Ihr Schicksal, das zum Teil auch durch die Presse in Paris bekannt wurde, sehr bewegt hat. Er empfindet es für Frankreich unwürdig, wie man Sie behandelt hat. Deshalb wird er für seine Tätigkeit kein Honorar nehmen, damit ihm nicht der Vorwurf gemacht werden kann, er hätte Ihren Fall nur des Geldes wegen übernommen.»

Mein Mißtrauen verflüchtigte sich. Ich begann zu ahnen, daß hier etwas Konkretes vorhanden ist.

«Und was kann Professor Dalsace für mich tun?» fragte ich beklommen.

«Er wird, wenn Sie Ihr Einverständnis geben, und deshalb bin ich hier, Colonel Andrieu verklagen.»

«Das ist unmöglich. Der Chef der geheimen französischen Staatspolizei kann doch nicht wegen einer Deutschen verklagt werden.»

«Das ist möglich, wenn Sie uns dabei helfen. Wir brauchen von Ihnen eine eidesstattliche Erklärung, in der Sie alles wahrheitsgemäß angeben, was mit Ihnen in der französischen Zone Österreichs und Deutschlands geschehen ist. Sollten Sie über geeignete Dokumente verfügen, so müßten davon von einem Notar beglaubigte Kopien angefertigt werden.»

«Ich besitze wichtige Bescheinigungen vom Amerikanischen Hauptquartier der VII. Armee und von Colonel Andrieu. Ich werde sie Ihnen
zeigen, aber», sagte ich, «was haben Sie für Motive, sich so für mich
einzusetzen?»

Desmarais schmunzelnd: «Nun, ich bin Geschäftsmann, ich
möchte, daß Sie den ‹Tiefland›-Film für mich fertigstellen und daß wir
uns den Gewinn dann teilen...»

«Ach», unterbrach ich ihn in euphorischer Stimmung, «wenn ich
nur meine Freiheit wiederbekäme, das Geld ist mir gleichgültig. Sie
können alles haben.»

«Sie werden sehr viel verdienen, der Film ist phantastisch, ich habe
mir die Rollen mehrere Male angesehen.»

«Haben sie denn die finanziellen Möglichkeiten, den Film fertigzustellen?» fragte ich.

«Das ist kein Problem, wichtig ist, daß sobald als möglich Ihre Haft
beendet wird und wir die Rückgabe Ihres beschlagnahmten Eigentums erreichen. Daß Sie aus der Anstalt entlassen wurden, verdanken
Sie auch Professor Dalsace, der schon seit einiger Zeit für Sie tätig
ist.»

Impulsiv sprang ich auf und umarmte Monsieur Desmarais stürmisch, der mir zuerst gar nicht so sympathisch gewesen war, küßte ihn
auf beide Wangen und sprang vor Freude wie wild im Zimmer herum.
Beim Abschied sagte er, daß wir bald von ihm hören würden. Ich sollte
schnellstens die Unterlagen schicken und vor allem Schweigen bewahren.

In dieser Nacht fand ich keinen Schlaf. Die Freude war zu groß, es
war alles so unwirklich, zu phantastisch, um wahr zu sein. Aber ich
hatte nun etwas, an das ich mich mit meinen Hoffnungen klammern
konnte. Mein Stimmungsumschwung übertrug sich auch auf meine
Mutter und Hanni. Wir lebten alle auf und warteten sehnsüchtig auf
Nachrichten aus Paris. Ein neuer Lebensabschnitt schien begonnen zu
haben.

Schon eine Woche später kam von Desmarais der erste Brief. Er bat
dringend um meine eidesstattliche Erklärung und um die notariell
beglaubigten Papiere. Auch erhielten wir von ihm ein Paket mit
Schokolade, Zucker und Medikamenten. Dann hörten wir längere
Zeit nichts mehr. Ich fürchtete schon, daß alles wieder wie eine
Seifenblase zerplatzen würde.

Es fielen die ersten Flocken – der zweite Winter, den wir in Königsfeld verbrachten – zweieinhalb Jahre nach Kriegsende, und ich immer
noch eine Gefangene. Inzwischen gab es eine neue deutsche Regierung,
den Nürnberger Prozeß – und der Wiederaufbau Deutschlands hatte

begonnen. Ich muß gestehen, daß ich durch mein persönliches Schicksal diese Ereignisse nur in einem fast somnambulen Zustand wahrnahm. Von den Angeklagten in Nürnberg bewegte mich das Schicksal von Albert Speer. Ich wollte Frau Speer besuchen, sobald ich frei sein würde.

Meine Geduld wurde auf eine harte Probe gestellt. Stillschweigen aus Paris. Ich begann zu resignieren. Weihnachten und den Beginn des Jahres 1948 verbrachten wir in bedrückter Stimmung. Aber dann kam von Professor Dalsace der erste Brief, der mich zuversichtlich stimmte. Er schickte mir verschiedene Formulare, Eingaben an den französischen Staatsgerichtshof und Prozeßvollmachten, die ich unterschreiben zurücksenden sollte.

Mitte Januar besuchte uns Desmarais zum zweiten Mal. Er brachte zwei Verträge mit, die ich bedenkenlos unterschrieb, denn für die Wiedererlangung der Freiheit hätte ich fast alles unterzeichnet. Der erste Vertrag sah vor, daß ich seiner Firma, l'Atelier Français, die ausschließliche Auswertung aller meiner Filme in der ganzen Welt, «Tiefland» inbegriffen, übertrage. Der Gewinn aus den Nettoeinkünften sollte zur Hälfte zwischen seiner Firma und mir geteilt werden. Ferner mußte ich mich verpflichten, alle Produktionsvorhaben, die ich plane, oder solche, die mir vorgeschlagen würden, Monsieur Desmarais zu unterbreiten.

Der zweite Vertrag beinhaltete, daß l'Atelier Français an meiner Stelle alle Filmgeschäfte, die mir vorgeschlagen werden, erledigt, seien es die Angebote als Regisseurin, als Schauspielerin oder als Mitarbeiterin bei einem Film. Auch sollten meine schriftstellerischen Werke in der ganzen Welt von Desmarais' Firma herausgegeben und verkauft werden. Der Vertrag sah eine Zeitdauer von zehn Jahren vor. Ferner unterzeichnete ich eine Vollmacht, daß nach Freigabe meines Eigentums mein gesamtes in Paris beschlagnahmtes Filmmaterial nur an Monsieur Desmarais ausgehändigt werden dürfe.

In meiner damaligen Situation hätte ich, ohne zu überlegen, noch ungünstigere Bedingungen unterschrieben.

Schneller als ich zu träumen wagte, brachte Anfang Februar der Postbote das Dokument meiner wiedererlangten Freiheit, ausgestellt von der französischen Militärregierung des Landes Baden. Nach fast drei Jahren Haft war ich wieder ein freier Mensch. Monsieur Desmarais hatte nicht zuviel versprochen.

Professor Dalsace hatte die Aufhebung meiner Haft erreicht, nun bemühte er sich um die Freigabe meines Eigentums. Dabei ging es nicht nur um die Filme, sondern auch um das Geld, welches Capitain Petitjean von unseren Konten in Kitzbühel abgehoben hatte. Ohne irgendwelche Mittel konnten wir nicht einmal Königsfeld verlassen.

Schon ergaben sich neue Probleme. Mein französischer Anwalt schrieb, er hätte die Bestätigung der Freigabe meines Eigentums erhalten, aber auf höchsten Befehl wäre alles wieder rückgängig gemacht worden. Der Grund: Die Sensationsberichte einer gewissen französischen Presse hatten großen Wirbel in Paris gemacht. Es handelte sich um die Veröffentlichung des Tagebuchs der Eva Braun, für deren Echtheit Luis Trenker gebürgt haben soll. In großen Buchstaben waren auf den Titelseiten der Boulevardzeitungen Überschriften zu lesen wie «Lenis Nackttänze vor Adolf». «Marlene spielt Leni» oder «Das von Luis Trenker herausgegebene Tagebuch der Eva Braun wird in Hollywood verfilmt. Die Rolle der Riefenstahl hat Marlene Dietrich übernommen» – und ähnliches mehr.

Es wurden schon viele Lügen über mich verbreitet, aber diese Diffamierungen waren nun die böswilligsten, allerdings auch die dümmsten. Und dies ausgerechnet in dem Augenblick, da nach jahrelangen Bemühungen die französische Regierung endlich die Beschlagnahme meines Eigentums aufgehoben hatte.

Professor Dalsace schrieb: «Wenn ich persönlich auch nicht glaube, was in der Presse steht, und das Tagebuch für eine plumpe Fälschung halte, so kann ich im Augenblick nichts für Sie tun. Nur, wenn es Ihnen gelingen sollte, die Fälschung nachzuweisen, könnte ich meine Bemühungen wieder aufnehmen.»

Wieder stand ich vor einer hoffnungslosen Situation. Wie sollte ich vom Schwarzwald aus alles aufklären können? Ohne Geldmittel konnte ich überhaupt nichts unternehmen. Ebenso war es unsicher, ob mir die Franzosen einen Passierschein für die amerikanische Zone geben würden. Freier Personenverkehr zwischen den Zonen war noch nicht erlaubt.

Ich konnte und wollte es nicht glauben, daß Trenker etwas mit dieser üblen Fälschung zu tun haben könnte. Nach 1933 hatte ich ihm die Hand zur Versöhnung gereicht, den Wunsch ausgesprochen, die alte Streitaxt zu begraben. Wie freudig hatte Trenker zugestimmt! Er unterbrach seine Aufnahmen am Matterhorn, nur um nach München zum «Tag der Deutschen Kunst» zu kommen. Begeistert hatte er über meinen 1938 erschienenen Bildband «Schönheit im Olympischen Kampf» geschrieben: «Hier sind Bilder zusammengestellt, wie man sie in der Welt noch nicht gesehen hat, eine Hymne an die Schönheit und ein Dank an die Götter des Olymp!»

Konnte ein Mann, der so etwas geschrieben hatte, eine mich so diffamierende Fälschung veröffentlichen? Ich mußte ihn selbst um Aufklärung bitten. Da erinnerte ich mich, daß schon vor einem Jahr in einer französischen Zeitung gestanden hatte, Luis Trenker würde das Tagebuch der Eva Braun veröffentlichen. Obgleich ich damals diese Nachricht für eine Ente hielt, hatte ich Trenker schriftlich um Aufklärung gebeten. In seiner Antwort ging er auf meine Frage überhaupt nicht ein, erwähnte mit keinem Wort das Tagebuch. In diesem Brief stand wörtlich:

Gries bei Bozen 25. 7. 47

Liebe Leni,
verzeihe, wenn ich, erst heute auf Deinen Brief zurückkommend, Zeit finde, Dir zu schreiben. Ich bin seit drei Monaten in Venedig mit der Herstellung eines Films beschäftigt und kam, auch wegen verschiedener anderer Arbeiten, nicht zur Erledigung meiner privaten Post. Daß Du in den letzten zwei Jahren viel Sorgen und Kummer, vor allem durch den Zusammenbruch der Nationalsozialisten, zu ertragen hattest, war wohl unvermeidlich, der Sturz war wohl auch für Dich zu furchtbar, um ihn so ohne weiteres überwinden zu können ... Das ist nicht leicht, es ist eine harte, entbehrungsreiche Zukunft zu überwinden, in der man wenig nach denen fragt, die an die Irrlehre jenes «Führers» geglaubt haben. So mußt nun wohl auch Du durch dieses von vielen von Euch verdiente Fegefeuer der Buße und der Einkehr gehen ... Ich wünsche Dir vor allem seelische Erholung und Überwindung aller Sorgen und bin mit den besten Grüßen, auch von Hilda, gerne an die schöne Zeit unserer gemeinsamen Arbeit denkender

Luis

Der Brief hatte mich sehr bestürzt. Nicht nur, weil er das Tagebuch nicht erwähnte, sondern seine Worte hatten mich verletzt. Sie klangen so heuchlerisch. Keineswegs war Trenker, wie er sich nach dem Krieg gern präsentierte, ein Naziverfolgter gewesen. Er war lediglich mit seinem 1936 gedrehten Film «Condottieri» für einige Zeit bei Dr. Goebbels in Ungnade gefallen. Am «Tag der Deutschen Kunst» 1937 hatte mir Trenker gesagt, er hätte ohne weiteres diese Szenen herausgeschnitten, wenn das Propagandaministerium es von ihm verlangt hätte. Nach dem «Condottieri» hat Trenker noch mehrere große Filme in Deutschland hergestellt: So 1937 «Der Berg ruft», 1938 «Liebesgrüße aus dem Engadin». Und wäre er bei den Nazis unbeliebt gewesen, hätte er nicht die Erlaubnis erhalten, 1940 einen so nationalen Film wie «Der Feuerteufel» zu machen, in dem er Hauptrolle und Regie innehatte. Auch noch 1942/43 erhielt er die Hauptrolle in dem Film «Germanin» unter der Regie von W. Kimmich, dem Schwager von Goebbels.

Dennoch hatte ich nie den Eindruck, Trenker wäre ein Freund der Nationalsozialisten, was ich auch bei meinen Verhören durch die Amerikaner und Franzosen wiederholt betont habe. Ich kannte seinen Charakter, der gespalten war, aber ich wollte ihm nicht schaden. Auch jetzt zögere ich, über die widerliche Tagebuch-Affäre zu schreiben. Sie hat aber auf mein Schicksal einen so entscheidenden Einfluß ausgeübt, daß ich in meinem Lebensbericht darüber nicht schweigen kann.

Noch bevor ich irgend etwas in dieser Sache unternehmen konnte, überraschte mich der Besuch von Herrn Desmarais und seiner Frau. Was sie erzählten, war aufregend. Wie eine Bombe soll in Paris die Tagebuch-Veröffentlichung bei meinen Gegnern eingeschlagen haben. Diese sensationellen «Enthüllungen» waren neue Munition, mit der sie gegen die Freigabe meines Eigentums protestierten. Nur wenige Tage nach der Veröffentlichung wurde in einer Sitzung hoher französischer Beamter die Freigabe rückgängig gemacht und eine erneute Beschlagnahme verfügt.

«Sie müssen», beschwor mich das Ehepaar Desmarais, «alles unternehmen, um den Beweis zu erbringen, daß dieses Tagebuch eine Fälschung ist. Auch wir haben inzwischen Schwierigkeiten bekommen, seit es bekannt wurde, daß wir Ihnen geholfen haben und den ‹Tiefland›-Film fertigstellen wollen. Die Franzosen, die in der ‹Cinémathèque Française› beschäftigt sind – das ist die Institution, in der Ihr Filmmaterial lagert –, haben uns als Nazicollaborateure bei der Sureté angezeigt. Es wird schwierig, den Film in Europa fertigzustellen. Besser wären Canada oder die USA. Würden Sie damit einverstanden sein?»

Mir schwirrte der Kopf.

«Wenn ich nun nicht in der Lage sein sollte, den Beweis der Fälschung zu erbringen, bleibt dann ‹Tiefland› beschlagnahmt?» fragte ich bekümmert.

«Das haben wir auch bedacht», sagte Monsieur Desmarais. «Es würde die Lage erschweren, aber nicht unmöglich machen. Was wollen die Franzosen mit dem unfertigen Film anfangen, nachdem es Ihnen nicht gelungen ist, ihn selbst fertigzustellen. Ich würde versuchen, den Film über eine dritte Person zu kaufen, aber», fügte er hinzu, «nichts geht, wenn es Ihnen nicht gelingt, die Fälschung zu beweisen.»

Nach der Abreise des Ehepaars Desmarais war ich sehr niedergeschlagen. Das schon so nahe Ziel, «Tiefland» doch noch vollenden zu können, war wieder in weite Ferne gerückt. Hinzu kam, daß mich neue Konflikte mit meinem geschiedenen Mann belasteten. Immer wieder hatte er versucht, mich zu überreden, noch einmal eine neue Ehe zu wagen. Entgegen meiner Vernunft und den in Jahren gemachten schmerzlichen Erfahrungen bin ich darauf eingegangen. Auch meine Mutter, die Sympathien für ihren Schwiegersohn hatte, redete mir zu. Peter war von so echter Reue erfüllt, daß ich mich nach langem Zögern bereit erklärte, allerdings unter einer Bedingung, die er akzeptierte: Wir vereinbarten eine Probezeit von sechs Monaten, in der Peter mir beweisen sollte, daß er auch treu sein könne. Gelänge ihm das nicht, wäre ein endgültiger Bruch unvermeidbar. Ich wäre glücklich gewesen, wenn dieser Versuch zu einer harmonischen Ehe geführt hätte.

In der ersten Zeit ging alles gut. Peter war rücksichtsvoll, besuchte uns oft und half, wo er konnte. Da er in der Weinhandlung nur einen geringen Monatslohn erhielt, den er bis auf die letzte Mark uns gab, konnte er finanziell weiter nichts für uns tun. Er entlastete mich dafür bei Gesuchen und Korrespondenz, und schon glaubte ich an ein neues, verspätetes Glück. Aber Peter konnte sein Versprechen nicht einhalten, er brach seinen Vorsatz in fast brutaler Weise. Ohne eine Adresse zu hinterlassen, verschwand er, und nur durch Zufall erfuhr ich, daß er in Hamburg mit einer jungen Frau zusammenlebte, der er die Ehe versprach. Als diese Frau mir einen Brief darüber schrieb, war alles aus. Und damit war mehr als nur meine Liebe und meine Ehe zerstört.

Nach seiner Rückkehr aus Hamburg versuchte Peter eine Aussprache mit mir zu erzwingen. Aber ich wollte ihn nie wieder sehen. Jedesmal, wenn er nach Königsfeld kam, versteckte mich meine Mutter, um mir Aufregungen zu ersparen. Er quälte sie, ihm mein Versteck zu verraten, aber meine Mutter fand jedesmal neue Ausreden. Eine Zusammenkunft hätte ich nicht überstanden. Um dies zu vermeiden, beschloß ich, für längere Zeit von Königsfeld wegzugehen.

In Villingen bekam ich den Passierschein für eine Einreise in die amerikanische Zone. Bevor ich Königsfeld verließ, schrieb ich meiner Mutter einen Brief, der besser, als meine Erinnerung es vermag, meine damalige Verfassung wiedergibt.

Liebste Mutti —
ich muß für einige Zeit fortgehen, da es ein Unglück gäbe, wenn ich
jetzt mit Peter zusammenkommen würde. Sein so leicht entflammba-

rer Jähzorn würde bei meinen zerstörten Nerven nur schlimme Folgen haben. Mach Dir, liebste Mutti, keine Sorgen. Ich finde überall Menschen, die gut zu mir sind – und ein Schutzengel ist immer, wenn die Not sehr groß ist, um mich. Ich mache jetzt eine schwere Prüfung durch, und da muß ich ganz allein sein, solange bis ich die inneren Kräfte gefunden habe, unser Leben, ganz gleich wie die Würfel fallen, durchzukämpfen. An Peter habe ich ausführlich geschrieben. Tritt ihm nicht mit Bitterkeit entgegen. Er hat uns in den letzten Monaten gezeigt, wie sehr er sich bemüht, sein Versprechen zu halten und für uns zu sorgen. Ich bin ihm, und Du solltest es auch sein, für diesen Versuch dankbar – es ging über seine Kraft. Es ist nicht seine Schuld, daß er mit mir nicht so leben kann, wie es sein müßte, um glücklich zu sein. Sein Rückfall kam gerade noch zur rechten Zeit, ehe wir uns in einer neuen Ehe für immer gebunden und zerstört hätten. Mein Verzicht auf ihn ist das größte Opfer, was ich bringen kann, denn ich liebe ihn mit meiner ganzen Seele – aber was nützt das alles, wenn ich weder ihn noch mich glücklich machen kann. Meine Sehnsucht nach einem Leben ohne Lüge ist viel größer als das zweifelhafte Glück, geliebt, aber betrogen zu werden. Wir haben so schwere Schicksalsschläge in kurzer Zeit ertragen müssen, wir werden auch diesem standhalten. Es ist mein Wunsch, Dir, liebste Mutti, nach Deinem harten und wenig freudvollen Leben noch Freude zu bereiten. Das kann ich aber nicht, solange ich innerlich zermartert bin. Der Verlust meines Tieflandfilms und unseres Vermögens, meine Krankheit und der Zusammenbruch meiner Karriere, das alles bedeutet mir nichts gegen das Unglück meiner Ehe. Aber Kopf hoch, meine liebe, liebste Mutti, ich werde bald wieder bei Dir sein, und wir werden nicht verzagen – Gott beschützt uns –

Deine Leni

Ein Lastwagen, der von Villingen nach München fuhr, nahm mich mit. Seit zwei Jahren war dies meine erste Reise, die mich aus der französischen Zone hinausführte.

Als wir in der amerikanischen Zone in Augsburg eine Rast machten und ein Gasthaus betraten, traute ich meinen Augen nicht. Die Menschen, die ich hier sah, waren vergnügt und sangen gemeinsam mit amerikanischen Soldaten deutsche Lieder. Ich glaubte mich auf einen anderen Stern versetzt. Nichts erinnerte hier an eine feindliche Atmosphäre. Was für ein Gegensatz zu der französischen Zone. Dort habe ich in den zwei Jahren meines Aufenthaltes keine lachenden Gesichter gesehen. Die Deutschen sahen vergrämt und abgestumpft aus, die Franzosen streng, und viele von ihnen hatten einen hochmütigen Ausdruck.

In Solln bei München konnte ich im Haus meiner sympathischen Schwiegermutter Unterkunft erhalten. Mama Jacob, so nannte ich sie, war ein zartes, fast zerbrechlich wirkendes Geschöpf. Aber sie war von starkem Willen geprägt. Niemand konnte sie beherrschen, so schwach sie auch aussah – sie tat nur das, was sie für richtig hielt, oft zum Kummer ihrer Tochter, die hier zusammen mit ihr wohnte. Beide verwöhnten mich, obgleich ihnen meine zerrüttete Ehe bekannt war und sie ihren ‹Burscherl›, wie sie Peter nannten, sehr liebten. Ihr Haus war von Bomben beschädigt, aber schon repariert. Auch hier waren die Menschen, als ob es keinen Krieg gegeben hätte. Nur die Ruinen überall in der Stadt erinnerten an die Bombennächte.

Mit etwas Geld und Lebensmitteln versehen, fuhr ich mit der Bahn nach Rosenheim. Dort waren bei einem Bauern noch kurz vor Kriegsende Sachen aus meinem Berliner Haus und dem meiner Mutter untergestellt worden; hauptsächlich Teppiche, Bücher und einige wertvolle Bilder, an denen besonders meine Mutter hing. Über das Gemeindeamt fand ich den Bauern, aber nicht mehr unsere Sachen: Nach Kriegsende hatte der Bürgermeister den freigelassenen Gefangenen drei Tage Plünderungsrecht zugebilligt. Nach allem, was wir verloren hatten, schmerzte mich dieser Verlust kaum.

In einem Gasthof stärkte ich mich mit einer Leberknödelsuppe, und wieder war ich von der Atmosphäre eingefangen. Während ich in einer Ecke an einem runden Tisch saß und die Leute beobachtete, kam ein wohlgenährter Bayer auf mich zu und fragte, ob er sich zu mir setzen dürfe. Er stellte sich vor: «Hermann Grampelsberger, ich bin der Besitzer dieses Gasthofes, und Sie, Sie sind doch Frau Riefenstahl?»

«Sie haben mich erkannt?» fragte ich etwas beklommen.

«Natürlich habe ich Sie erkannt, ich kenne doch Ihre Filme, aber», fuhr er nach einer Pause fort, in der er mich ungeniert musterte, «Sie sehen ziemlich elend aus, und mager sind Sie auch geworden.»

Nach einem langen Gespräch sagte der freundliche Mann: «Sie müssen erst wieder gefüttert werden. Ich lade Sie ein auf meine Almhütte, da können Sie bleiben, solang Sie wollen.»

«Und wo liegt Ihre Almhütte?» fragte ich überrascht.

«Oben, auf dem Wendelstein.»

Inzwischen war bekannt geworden, daß ich mich auf dem Wendelstein aufhielt. So gern ich Autogramme gab und mich mit den Leuten unterhielt, so lebte ich in Angst, daß Peter mich hier entdecken könnte. Vorläufig aber genoß ich noch die herrliche Frühjahrssonne und den Firnschnee auf den Nordhängen, wo ich, nachdem man mir Ski und

Skistiefel geliehen hatte, nach jahrelanger Pause meine ersten Schwünge wieder probierte. Hierbei lernte ich den Kameramann Paul Grupp kennen. Er überredete mich, einige Zeit auch auf seiner Almhütte, der Zeller Alm, die sich in der Nähe befand, zu wohnen. Dankbar nahm ich auch diese Einladung an.

Eines Tages kam überraschender Besuch: Mein früherer Freund Hans Ertl, einer der Spitzenkameraleute des Olympiafilms. Nachdem wir uns stundenlang unsere Schicksale erzählt hatten, kam das Gespräch auch auf Trenker und das Tagebuch der Eva Braun. «Weißt du», sagte Ertl, «mir fällt da was ein. Ich habe vor einiger Zeit den Gorter besucht, du kennst ihn doch, den Kameramann – ein begeisterter Bergfreund.»

«Nicht persönlich», sagte ich.

«Der hat mir einen Brief vom Trenker gezeigt, in dem er den Gorter bittet, ihm Informationen über Eva Braun zu besorgen, er brauchte sie für eine italienische Zeitung. Alles», fuhr Ertl fort, «habe ich mir nicht gemerkt, es hat mich nicht interessiert, aber nachdem ich jetzt lese, was die Zeitungen über das Tagebuch berichten, geht mir ein Licht auf. Wenn du den Brief von Gorter bekommen könntest, dann wäre der Trenker lackiert und die Fälschung leicht zu beweisen.»

«Das ist unglaublich», sagte ich bestürzt, «ich habe immer noch an Trenkers Unschuld geglaubt und an eine Perfidie der Pariser Presse, mit der er selber nichts zu tun hatte – das ist schrecklich.»

Aber schon ein paar Tage danach bekam ich einen zweiten Beweis für die Fälschung des Tagebuchs, und daß Trenker alle angelogen hatte. Mr. Musmanno, einer der Richter im Nürnberger Prozeß, hatte von meinem Aufenthalt erfahren und mich gebeten, ihn in Garmisch zu treffen. Dort unterhielt er sich einige Stunden mit mir. Als wir auf Trenker und das «Tagebuch» zu sprechen kamen, sagte er: «Sie können sich auf mich berufen, das Tagebuch ist eine Fälschung und Luis Trenker ist ein Lügner. Die Unterlagen sind uns bekannt, und die amerikanischen Dienststellen sind darüber informiert. Sie können sich da nicht nur auf meine Person berufen, sondern auch Auskunft vom War-Department in Washington erhalten.»

Aus dieser so zufälligen Bekanntschaft mit Mr. Musmanno wurde eine jahrelange Freundschaft. Er war sich über meine finanzielle Notlage nicht im Unklaren und sandte mir jeden Monat eine Dollar-Note. Auch von anderer Seite kam unerwartet Hilfe. Walter Frentz, auch einer meiner besten Kameraleute bei Olympia, hatte mich schon einige Male in Königsfeld besucht. Er schlug mir vor, mit der

Familie Braun in Verbindung zu treten. Er selbst traf sich in Garmisch mit Frau Schneider, der besten Freundin Eva Brauns. Sie war ebenso wie die Eltern von Eva Braun über das gefälschte Tagebuch empört.

Um in den Besitz des Trenkerbriefes zu kommen, hatte ich mich inzwischen an die Familie Gorter gewandt. Sie lud Frentz und mich zu einem Besuch nach Kochel ein. Noch ahnte ich nicht, was dieser Besuch bedeutete. Wir sprachen zunächst über Fancks und Trenkers Bergfilme. Gorter liebte die Berge über alles, und sein großer Wunsch war, mit uns als Kameramann zu arbeiten. Gegen Abend kamen wir auf das «Tagebuch» zu sprechen. Als er erfuhr, daß wegen dieser Veröffentlichung mein «Tiefland»-Film von den Franzosen beschlagnahmt blieb, kam er selbst auf den Trenkerbrief zu sprechen. Er war bestürzt, denn, mit Trenker freundschaftlich verbunden, traute er ihm eine solche Fälschung nicht zu. Andererseits schätzte er auch meine Filmarbeit, und der Gedanke, ein Film wie «Tiefland» könnte vernichtet werden, war ihm unerträglich. Da bat ich ihn, mir Trenkers Brief zu zeigen. Ich war ungeheuer gespannt – würde er mich diesen Brief lesen lassen? Gorter stand auf, zögerte einen Augenblick, dann ging er hinaus. Die Situation war dramatisch. Es hing zu viel für mich von diesem Brief ab. Als Gorter zurückkam, den Brief in Händen, hatte ich Herzklopfen. Dann las ich:

Bozen-Gries, den 19. Nov. 1946
Lieber Herr Gorter! *Via Mazzini 16*
Eine italienische Zeitung bringt eine Artikelserie über einzelne Persönlichkeiten des Dritten Reiches heraus, darunter sind auch Leni Riefenstahl und Eva Braun. Ich wurde nun gebeten, Daten über die Kindheit, Schulzeit und das Elternhaus dieser Letzteren zu bringen. Besonders interessiert die Zeitung sich für die Kindheit von Eva Braun, wo sie dieselbe verbracht hat, über ihr Verhältnis zu den Schwestern und zu den Eltern, Lebensverhältnisse daheim, einiges über Mitschülerinnen, welche Schule sie besuchte, einzelne kleine Anekdoten, Bekanntschaften, Liebschaften, wann kam sie zu Heinrich Hoffmann, wo war sie bei H. H. angestellt, wie verhielt sie sich zu ihren Mitschülerinnen, wo sind die Schwestern, wie war sie in der Schule, lernte die etwas, war sie ein intelligentes Kind, wann und wo geboren, woher stammt ihre Mutter und dergl. mehr. Diese Fragen müßten Sie mir in einer ziemlich ausführlichen Weise und verläßlich beantworten. Sie können mir die Briefe dann in getrennten Abschriften doppelt einmal nach Kitzbühel und einmal nach Bozen senden. Es müssen 15–20 Seiten sein. Schikken Sie nicht alles auf einmal, sondern immer 4–5 Seiten. Wenn Sie ein paar Bilder vom Wohnhaus oder von den Eltern beilegen können,

wird es mir recht sein. Soviel ich weiß, wohnen die Eltern in Ruhpol-
ding. Ich bekomme von den Zeitungen ein Honorar von 30 000,– Lire
und ich würde Ihnen die Hälfte davon in Form von Lebensmittelpake-
ten vergüten, falls Sie solche brauchen. Wenn Sie die Auszahlung
anders wollen, so schreiben Sie es mir. Bitte, geben Sie mir überhaupt
bald Antwort, ob es Ihnen möglich ist, diese Sache für mich zu
übernehmen. Aber Sie brauchen niemand davon etwas zu erzählen.

Mit den besten Grüßen bin ich Ihr

Trenker.

P. S.
Wenn Sie selber hingehen, so müssen Sie nicht sagen, um was es sich
handelt, sondern nur im allgemeinen mit den Leuten reden. Sie können
mir ja Ihre persönlichen Eindrücke über die Leute schreiben.

In was für ein Abenteuer hatte sich Trenker da eingelassen! Aber in
diesem Augenblick hatte ich nur den einen Gedanken, diesen Brief zu
bekommen, um den geforderten Beweis der Fälschung des «Tagebuchs» in Händen zu haben.

«Schade», sagte Gorter, die Stille unterbrechend, «daß Trenker
durch lauter solchen Unfug sein Leben und Schaffen ruiniert. Was hat
dieser Mann Millionen Menschen Schönes und Erhabenes geschenkt.
Diese Menschen haben eine gute Meinung von ihm. Warum tut er das?
Was gehen diesen ‹Sohn der weißen Berge›, diesen ‹Rebell›, ‹Carell›
und ‹Feuerteufel› die Männer und Frauen der Politik an?» Gorter
steigerte sich immer mehr in seinen enttäuschten Zorn. Erregt sagte er:
«Und alles zieht er in den Schmutz. Das ist nicht der alte Trenker, wie
wir ihn schätzen und lieben – das ist ein völlig anderer, geschmackloser, taktloser Bursch, den wir in ihm nie kannten. Traurig – sehr
traurig. Aber nicht zu ändern. Letzten Endes siegt doch immer wieder
die Wahrheit.»

Damit war die Entscheidung gefallen. Gorter überließ mir für einige
Tage den Brief, damit bei einem Notar beglaubigte Kopien gemacht
werden konnten, die ich an die französischen Dienststellen schicken
konnte.

An einen Prozeß gegen Trenker dachte ich damals noch nicht. In
Sölln bei meiner Schwiegermutter wollte ich nicht bleiben, ich fürch-
tete, daß Peter mich dort finden würde. Deshalb nahm ich gern die
Einladung der Familie Grupp an, bei ihnen in Harlaching zu wohnen.
Meine Stimmung war fast euphorisch, da ich keinen Zweifel hatte,
endlich meine Filme zu erhalten.

Eines Tages läutete es anhaltend an der Wohnungstür. Da außer mir
niemand zu Hause war, fragte ich vorsichtig: «Wer ist da?» – «Ich bin

es, Peter.» Ein Schock! Niemand, außer der Familie Grupp, wußte, wo ich mich aufhielt – nicht einmal meine Mutter – Briefe hatte ich postlagernd nach München schicken lassen.

«Mach auf», rief Peter ungeduldig, «ich habe dir wichtige Nachrichten zu überbringen.»

Beklommen öffnete ich die Tür und ließ ihn eintreten. «Wie hast du mich gefunden?» fragte ich.

«Ich werde dich überall finden, wo du dich auch verstecken wirst, in der ganzen Welt.»

«Wer gab dir die Adresse?»

«Ganz einfach, das Einwohnermeldeamt.»

Sehr gehemmt fragte ich: «Was sind das für Nachrichten?»

«Hast du was zu trinken? Ich bin aus Villingen mit dem Motorrad unterwegs.»

«Soll ich dir einen Tee kochen?»

«Danke, Wasser genügt.»

«Bringst du mir schlechte oder gute Nachrichten?» fragte ich zögernd.

«Gute, glaube ich wenigstens. Dr. Kellner, dein Anwalt aus Innsbruck, hat geschrieben. Du sollst, sobald du kannst, zu ihm kommen. Die Franzosen wollen einen Teil deiner beschlagnahmten Sachen an die Tiroler Landesregierung ausliefern. Es muß ein österreichischer Treuhänder bestellt werden. Deshalb hält Dr. Kellner es für wichtig, daß du persönlich mit der zuständigen Dienststelle in Innsbruck sprichst.»

«Kommt auch das Filmmaterial nach Innsbruck?»

«Das weiß ich nicht», sagte Peter, «dies wird dir alles Dr. Kellner mitteilen. Wir können in drei bis vier Stunden mit dem Motorrad in Innsbruck sein, wenn dir der Rücksitz nicht zu anstrengend ist.»

Ich war sofort einverstanden.

Das Gespräch mit meinem Anwalt war sicherlich nützlich, aber keineswegs so wichtig, wie es nach Peters Mitteilung erschien. Ich erfuhr lediglich, daß möglicherweise das deutsche in Österreich beschlagnahmte Material an die Österreichische Regierung übergeben werden sollte, aber auch Dr. Kellner wußte noch keinen Zeitpunkt. Ich konnte ihm lediglich für diesen Zweck verschiedene Vollmachten geben. So war die Reise nicht ganz umsonst, besonders, weil Peter sich bereit erklärte, mich mit dem Motorrad nach Königsfeld zu bringen. Er sagte, dort wäre viel Post eingetroffen, und meine Mutter erwarte mich sehnsüchtig.

Am nächsten Tag war ich in Königsfeld. Über zwei Monate war ich weg gewesen, und meiner Mutter ging es gesundheitlich nicht gut. Der wichtigste Brief, den ich vorfand, kam von Monsieur Desmarais. Was er schrieb, war aufregend.

17. 6. 1948

Meine Frau und ich reisen in wenigen Tagen nach den USA, *da wir hier zu große Schwierigkeiten haben, aber seien Sie unbesorgt, wir werden «Tiefland» mit Ihnen in Amerika fertigstellen, und wir hoffen, daß Sie und Ihre Frau Mutter bald nachkommen können. Beiliegend eine Postkarte von dem Schiff, mit dem Sie reisen werden. Es ist die «Amerika», das schnellste und luxuriöseste Schiff, das in den* USA *gebaut wurde. Haben Sie etwas Geduld, und versuchen Sie alles, die Fälschung des Tagebuches festzustellen, davon hängt die Freigabe Ihres Eigentums ab. Sobald wir unser Domizil drüben aufgeschlagen haben, werden wir Sie verständigen.*

Das klang phantastisch. Ich wollte noch einen letzten Versuch machen, Trenker zu bewegen, die Wahrheit zu sagen. Deshalb entschloß ich mich, ihm noch einmal zu schreiben und an unsere frühere Freundschaft zu appellieren. Erst nach drei Wochen erhielt ich eine Antwort aus Rom:

z. Zt. Rom, den 1. 8. 1948
Hotel Inghilterra
Liebe Leni! *Via Rocca di Leone 14*
...Es tut mir leid, daß du glaubst, durch die Veröffentlichungen im France Soir kompromittiert zu sein. Ich hatte die Aufzeichnungen vor zwei Jahren dem amerikanischen Konsul in der Schweiz zur Prüfung vorlegen lassen, später sind dann diese Dokumente, soviel ich weiß, in Amerika freigegeben worden... Mehr weiß ich nicht, da die Veröffentlichungen ohne mich vorher zu verständigen oder meine Einwilligung einzuholen gemacht worden sind. Da Du als Künstlerin unter der Regierung Hitlers sehr prominent warst, ist es verständlich, daß über Dich in positivem und negativem Sinne geschrieben wird. Kritik und Angriffe müssen Künstler sich nun einmal gefallen lassen... Wie ich Dir schon einmal schrieb, habe ich persönlich längst jeglichen Groll gegen Dich begraben und wünsche Dir aufrichtig nur das Allerbeste. Mache Dir nicht zu viele Sorgen durch Gerüchte, die über Dich kursieren, denn, wie ich schon erwähnte, sind Menschen, die im öffentlichen Leben stehen, stets Entstellungen und Verleumdungen ausgesetzt. Ich selbst habe davon in den letzten sieben Jahren der Nazi-Regierung ein bitteres Beispiel erleben müssen.

Mit den besten Grüßen und Wünschen *Dein Luis*

Friedrich A. Mainz, der frühere Direktor der «Tobis-Film», schrieb mir, sein Freund Emil Lustig, ebenfalls ein Film-Produzent, habe ihm in Paris mitgeteilt, Luis Trenker hätte ihm die Verlagsrechte der Memoiren der Eva Braun für einen Kaufpreis von 50000 Dollar angeboten. Aber die amerikanische Militärregierung für Deutschland und Österreich habe nach eingehender Untersuchung festgestellt, daß es sich um eine plumpe Fälschung und ein pornographisches Machwerk handelt.

Noch schlimmer aber traf mich ein Brief, den mir Hans Steger, der Bergführer, mit dem ich viele Touren gemacht hatte, schrieb:

Bozen, den 23. Juli 1948
Liebe Leni! Bei uns haben die Veröffentlichungen des Herrn Trenker auch Wirbel gemacht. Vor längerer Zeit wollte der gleiche Herr Fotos von Dir haben, welche seinerzeit bei der Polentour mit Dir und Deinem seinerzeitigen Filmstab gemacht wurden. Trenker wollte sie für Veröffentlichungen in Amerika haben, kannst Dir denken, daß ich ihn abblitzen ließ, dies sage ich Dir bloß, daß Du siehst, daß er vor nichts sich scheut, den Leuten zu den Schwierigkeiten noch größere hinzuzufügen.

Nie hätte ich Trenker solche Handlungen zugetraut. Nun mußte ich alles daransetzen, diese Fälschung auch gerichtlich aufzuklären. Das war von Königsfeld aus schwierig, ich mußte unbedingt wieder nach München.

Über Nacht entstand eine neue Situation: die Währungsreform. Sie trat am 21. Juni 1948 in Kraft. Jeder Bürger, ganz gleich, wieviel Vermögen er auf den Bankkonten oder im Sparstrumpf besaß, auch wenn es Millionen waren, erhielt als Ersatz nur ein «Kopfgeld» von 40,– DM. Eine neue Ära der Wirtschaft begann. Allerdings nur für Menschen, die Werte wie Aktien, Immobilien und Waren besaßen, oder für solche, die eine Arbeit hatten. Für uns änderte die neue Situation wenig. Wir hatten vor der Währungsreform nichts und nachher auch nichts.

Mit den 40,– DM Handgeld machte ich mich auf meine zweite Reise nach Bayern. Ein Lastwagen nahm mich wieder nach München mit. Meine Mutter und Hanni blieben in Königsfeld. Ich wunderte mich, wie gefaßt meine Mutter dies alles ertrug. Woher nahm sie nur ihre Kraft?

In München las ich vor dem Fenster des Luxusrestaurants «Humpelmayer» die hinter der Scheibe aufgestellte Speisekarte: «Gänsebraten mit Rotkraut und Kartoffeln – Preis 6,– DM». Mit magischen Kräften zog es mich in dieses teure, exklusive Restaurant. Es war

Mittag, und ich konnte nur wenig Gäste entdecken. Schweigend reichte mir der Ober die elegante Speisekarte. Noch nie hat mir eine Mahlzeit so gemundet wie dieser Gänsebraten. Jedenfalls habe ich diese Ausgabe, soviel das damals auch für mich war, nie bereut.

In München erfuhr ich, die Familie der Eva Braun habe den Rechtsanwalt Dr. Gritschneder beauftragt, durch einen Prozeß die Fälschung des angeblichen Tagebuchs ihrer Tochter festzustellen. Die Anwaltskanzlei teilte mir mit, die älteste Schwester Eva Brauns wolle mich sprechen. Ich kannte niemand von der Familie, auch Eva Braun habe ich nie gesehen.

Die Unterredung mit dieser Dame war zumindest am Anfang ziemlich unangenehm. Sie beschuldigte mich, mit Trenker gemeinsame Sache in der Tagebuchangelegenheit gemacht zu haben. An meinem Entsetzen bemerkte sie bald ihren Irrtum. «Warum verklagen Sie Trenker nicht?» fragte sie, noch immer etwas mißtrauisch.

«Weil ich kein Geld habe und deshalb keine Prozesse führen kann», war meine Antwort.

«Schließen Sie sich doch als Nebenklägerin unserem Prozeß an, vielleicht bewilligt man Ihnen das Armenrecht.»

So lernte ich Dr. Gritschneder kennen, den Anwalt, der über Jahrzehnte mich gegen Verleumdungen verteidigt hat. Nicht einen einzigen Prozeß hat er verloren, aber über fünfzig gewonnen. Für fast alle mußte ich das Armenrecht in Anspruch nehmen. Ihm und seinen Kollegen, Dr. Karl Beinhardt und Dr. Hans Weber, habe ich es zu verdanken, daß ich in dem Sumpf der nicht abreißenden Verleumdungen nicht untergegangen bin.

Am 10. September 1948 fand der Prozeß im Landgericht München I, vor der 9. Zivilkammer, statt. Leider nicht gegen Luis Trenker, er hatte es vorgezogen, in Italien zu bleiben. In damaliger Zeit war es Deutschen noch nicht erlaubt, gegen Ausländer zu prozessieren. So konnte der Prozeß vorläufig nur gegen den «Olympiaverlag» in Zirndorf bei Nürnberg geführt werden, der mit der Veröffentlichung des gefälschten Eva Braun-Tagebuches in seiner Zeitschrift «Wochenende» begonnen hatte.

Dieser Prozeß wurde eine Sensation. Schon in wenigen Stunden konnte Dr. Gritschneder den Beweis der Fälschung erbringen, so daß das Gericht noch am selben Tag eine Einstweilige Verfügung gegen den Verlag erwirken konnte. Die Beweise, die der Anwalt vorlegte, waren so unwiderlegbar, daß auch der Verlag keinen Einspruch erhob. Auch ich gewann als Nebenklägerin meinen Prozeß.

Das angebliche Tagebuch, das Trenker von Eva Braun in Kitzbühel erhalten haben will, bestand aus 96 Schreibmaschienenseiten, ohne eine einzige Korrektur. Nicht einmal die Unterschrift von Eva Braun war handschriftlich erfolgt. Von dem Text, den nach Trenkers Angaben Eva Braun geschrieben haben soll, einige Kostproben:

«Für die Gäste hatte Dr. Ley, der Führer der Arbeiterfront, einen erlesenen Spaß vorbereitet. Ein Stier wurde mehrere Tage lang, ehe die Gäste eintrafen, der glühenden Sommerhitze ausgesetzt, ohne auch nur einen einzigen Tropfen Wasser zu erhalten. Dann, am Samstag Nachmittag, wurde das Tier auf einen abgezäunten schattigen Platz geführt und nun wurden ihm unbegrenzte Mengen von Wasser zugeführt. Der Stier, dessen Intelligenz anscheinend seiner Kraft nicht entsprach, begann wie ein Fisch zu trinken und bald stellte sich die von Ley geplante Wirkung ein: Die Gedärme des Tieres platzten und vor einer amüsierten Zuschauerschaft ging es in Stücke. Besonders Hitler und Himmler fanden den Einfall ‹originell›.»

Eine köstliche Entdeckung des Anwalts Dr. Beinhardt war, daß er Teile des Eva Braun-Tagebuchs als Plagiat der 1913 erschienenen Enthüllungen der Gräfin Larisch-Wallersee über den Wiener Hof nachweisen konnte.

Ganze Passagen des Buches der Gräfin Larisch wurden fast wörtlich übernommen. Ein anderes Beispiel aus dem «Tagebuch»:

«Die Cremes, die er mir geschickt hat, scheinen gut zu sein – zweimal wöchentlich eine Gesichtsauflage aus rohem Kalbfleisch und einmal wöchentlich ein Vollbad in warmem Ölivenöl. Wie ungern habe ich mich zum Beispiel an die Lederwäsche gewöhnt, wie er (Hitler) sie haben wollte.»

Fast synchron dazu der Text aus dem Buch der Gräfin Larisch:

«Kaiserin Elisabeth war auf keine bestimmte Gesichtspflege eingeschworen, gelegentlich trug sie nachts eine Maske, die innen mit rohem Kalbfleisch gefüllt war, die Kaiserin nahm oft warme Olivenbäder. Sie liebte dichtanschmiegende Hemden, ihre Beinkleider waren im Winter aus Leder...»

So gäbe es noch viele Beispiele anzuführen. Einige Stellen des Tagebuchs betrafen mich:

Seite 9, Abs. 2
«Gestern war das Haus voller Gäste, die meisten davon mußten allerdings nach dem frühen Nachtmahl wieder nach Berchtesgaden zurück. Einige blieben, darunter Leni. Wir haben uns nicht gesehen. Sie weiß nicht, daß wir uns heute hier treffen. Mir hat er (Hitler) verboten, runterzugehen. Ich muß im Schlafzimmer warten, im Nachthemd, bis er kommt. Ob sie jetzt unten die Nackttänze aufführt, von denen immer wieder die Rede ist und bei denen ich nie dabei sein darf, weil ich ‹ein kleines Mädchen bin› und sie ‹die heimliche Königin›? Ich muß immer an die Leni denken. ‹Sie schimpft über die Leute›, sagte er mir, ‹und das gefällt mir gar nicht.› Aber irgendwie ist er doch fasziniert von ihr und ich weiß nicht, ob sie mich nicht eines Tages aussticht –»

Eine andere Passage auf *Seite 19, 1. Abs.* lautet:

«Zum ersten Mal haben wir ernsthaft über Leni gesprochen. Bisher hat er immer nur gelächelt, wenn ich da was herauskriegen wollte. Jetzt sagt er nur: ‹Aber sie ist eine große Künstlerin und ein bedeutender Mensch.› Von mir aus, wenn sie ihn sonst nur in Ruhe läßt. ‹Als Frau ist sie mir gleichgültig›, behauptet er und jetzt glaub ichs ihm auch. Es kann nicht zu Intimitäten zwischen ihnen gekommen sein. Ich fragte ihn, ob sie einen schönen Körper hat. ‹Ja›, sagte er daraufhin nachdenklich, als wenn er sich erst besinnen müßte, ‹sie hat einen schönen Körper, aber sie ist nicht graziös und zärtlich wie du, sondern ganz Trieb. Und das hat mich immer zurückgestoßen.› Es quält mich aber doch: Hat er ein Verhältnis mit ihr gehabt oder nicht? Werde ichs erfahren? Mir will er natürlich keine Macht geben, ich will auch nie etwas von ihm, hab noch nie etwas von ihm erbeten, ich bin wohl die bequemste Geliebte, die es für ihn gibt.»

Eine letzte Kostprobe von *Seite 32, letzter Absatz:*

«...Die Leni macht sich enorm wichtig und wer nicht Bescheid wüßte, hätte geglaubt, sie sei eigentlich die Hauptperson. Sie war umgeben von rund dreißig Männern mit Kameras. Alle waren merkwürdig gekleidet, wie direkt aus dem Atelier entsprungen. Diese Person hasse ich. Sie kann nichts anderes, als mit ihren vier Buchstaben wackeln. Aber damit kann man berühmt werden. Ich möchte um mein Leben gern wissen, ob es wahr ist, daß sie auf dem Berghof nackt getanzt hat. Mir gegenüber ist sie ungeheuer freundlich, aber vielleicht bin ich ihr sogar gleichgültig. Ihr kommts hauptsächlich darauf, an, daß die Leute *glauben*, daß sie ein Verhältnis mit ihm hat. Sie hat einen bösen Einfluß auf seine Entscheidungen bei sogenannten Kulturfragen. Gottseidank lacht er sie aus, wenn sie über Politik spricht. Es fehlte ja gerade, wenn es anders wäre...»

Diese gemein-gefährlichen Texte, die außer in Frankreich auch noch in anderen Ländern veröffentlicht wurden, haben dazu beigetragen, mich über Jahrzehnte zu diffamieren, so daß ich meinen Beruf als Filmregisseurin nicht mehr ausüben konnte. Auch das Gerichtsurteil, das den Beweis der Fälschung des Tagebuches erbrachte, konnte den mir entstandenen Schaden nie mehr gutmachen.

Trenker schwieg zum Prozeß und zu allen schweren Anschuldigungen. Er erhob gegen niemand Klage und zog sich fünf Jahre lang aus Deutschland zurück. Erst im Oktober 1953 erschien in der «Münchner Illustrierten» von ihm ein Bericht mit dem Titel: «Mein Herz schlug immer für Tirol». In der Annahme, in den vielen Jahren, in denen er in Deutschland nicht mehr aktiv war, sei Gras über die Tagebuchaffäre gewachsen, wagte er sogar, sich wegen dieser Fälschung zu rechtfertigen. Wer dieses Pamphlet verfaßt hatte, wissen außer ihm nur wenige. Die zogen es vor zu schweigen.

Auch für die Spruchkammer war dieses Gerichtsurteil von Wert. Meine erste Verhandlung fand am 1. Dezember 1948 in Villingen im Schwarzwald statt. Nach stundenlangen, aufregenden Diskussionen erhielt ich die Bescheinigung des Untersuchungsausschusses, daß ich in die Gruppe «Vom Gesetz nicht betroffen» eingestuft wurde. «Es wurden nach gründlicher Untersuchung keine politischen Belastungen festgestellt. Die Genannte war weder Mitglied der NSDAP noch einer ihrer Gliederungen.»

Gegen dieses Urteil legte die französische Militärregierung Einspruch ein. So mußte ich mich am 6. Juli 1949 noch einmal der stundenlangen Prozedur unterziehen. Dieses Mal nicht in Villingen, sondern vor der Spruchkammer des Badischen Staatskommissariats für politische Säuberung in Freiburg. Die Verhandlung, in der ich mich allein, ohne Anwalt, verteidigen mußte, dauerte den ganzen Tag. Zu jedem Gerücht, das im Umlauf war, mußte ich Stellung nehmen. Erst gegen Abend wurde das Urteil verkündet. Wieder lautete es einstimmig: «Vom Gesetz nicht betroffen».

In der Begründung stand zu lesen:

«Die Untersuchung über die Beziehung der Frau Riefenstahl zu den führenden Persönlichkeiten des ‹Dritten Reiches› hat – im Gegensatz zu den im Publikum und in der Presse vielfach verbreiteten Gerüchten und Behauptungen – ergeben, daß zu keiner dieser Persönlichkeiten Beziehungen festzustellen waren, die über den Rahmen hinausgingen, der sich aus der geschäftlichen Erledigung der der Künstlerin übertragenen Aufgaben ergab. Es war nicht ein einziger Zeuge oder ein Beweisstück aufzutreiben, nach denen auf ein engeres Verhältnis der Frau Riefenstahl zu Hitler geschlossen werden müßte. Es liegen im Gegenteil eidesstattliche Versicherungen aus der nächsten Umgebung Hitlers vor, die diese Feststellung unterstützen. Für die NSDAP Propaganda zu treiben, lag ihr gänzlich fern. Die Übernahme des Parteitagfilms und die Gestaltung des Olympiafilms bezeugen nicht das Gegenteil. Der Olympiafilm war eine internationale Angelegenheit und scheidet schon deswegen als belastender Tatbestand aus. Die Annahme des Auftrages für den Parteitagfilm hat Frau Riefenstahl mit Entschiedenheit abgelehnt und erst auf unwiderrufliche Bestimmung Hitlers hin ausgeführt. Es fehlte ihr die Absicht oder auch nur das Bewußtsein, die Arbeit als Propagandaarbeit für die NSDAP durchzuführen. Die Aufgabe, die ihr gestellt wurde, zielte gar nicht auf Herstellung eines Propagandafilms, sondern auf die eines Dokumentarfilms. Daß sich der Film nachher als ein wirksames Propagandamittel für den Nationalsozialismus erwies und von der Partei ausgewertet wurde, kann der Herstellerin nicht als Schuld zugerechnet werden. Dieser Film wurde auch vor dem Ausbruch des letzten Krieges im Ausland nicht als Propagandafilm angesehen, wie es die verschiedenen hohen Auszeichnungen beweisen, mit denen internationale Preisgerichte den Film bewerteten. So z. B. die Verleihung der Goldmedaille bei der Weltaustellung 1937 in Paris. Es muß auch darauf hingewiesen werden, daß z. Zt. als der Parteitagfilm gedreht wurde, die Judengesetze noch nicht erlassen waren und die bekannten Judenpogrome noch nicht stattgefunden hatten. Auch die Kriegsvorbereitungen Hitlers waren damals für Außenstehende noch nicht erkennbar, der wahre Charakter der ‹Bewegung› noch verschleiert. Auch eine schuldhafte Förderung der NS-Gewaltherrschaft kann deshalb nicht erkannt werden. Es widersprach den Tatsachen, daß Frau Riefenstahl ‹unstreitig Propagandistin› der nationalsozialistischen Lehren gewesen sei. Sie hat zudem bis in die letzte Zeit Freundschaft im Verkehr mit Juden aufrechterhalten und hat auch während der NS-Herrschaft Nichtarier bei ihrer Filmarbeit beschäftigt und Naziverfolgte unterstützt. Der Hitlergruß war in ihrem Betrieb nicht üblich.»

Die französische Militärregierung protestierte ein zweites Mal mit der Begründung, die Einstufung in die Gruppe der «Vom Gesetz nicht Betroffenen» entspreche nicht dem Gesetz. So mußte das Badische Staatskommissariat mich ein halbes Jahr später ohne mein Beisein als Mitläuferin einstufen. Das war mir auch sympathischer.

Von den vielen eidesstattlichen Erklärungen, die ich der Spruchkammer vorlegen konnte, war wohl die Ungewöhnlichste die von Ernst Jäger. Seit er mich 1939 in New York so schmählich im Stich ließ, hatte ich außer den Presse-Pamphleten, die er über mich verfaßt hatte, nichts mehr von ihm gehört. Als ich nun nach neun Jahren seinen Brief las, stand ich vor einem Rätsel. Wie konnte jemand, der mir so mitgespielt, der meinen Namen für üble Geldgeschäfte mißbraucht hatte, jetzt mit solchem Nachdruck für mich eintreten? In seiner eidesstattlichen Erklärung, die er mir ohne Aufforderung zusandte, schrieb er:

Hollywood 28,
1385 North Ridgewood Place

11. Juli 1948
Ich, Endunterzeichneter Ernst Jäger, wohnhaft in Hollywood, erkläre hiermit in Sachen der Entnazifizierung von Frau Leni Riefenstahl-Jacob an Eidesstatt:

Ich kenne Frau Riefenstahl seit 20 Jahren. Als früherer Chefredakteur des Berliner «Film-Kurier» hatte ich reichlich Gelegenheit, ihren einzigartigen Aufstieg als die bedeutendste Gestalterin des Films in der Welt zu verfolgen. Während der Jahre des Nazi-Regimes von 1933 bis 1938, als ich mit ihr nach Amerika fuhr, hatte ich noch intimere Einblicke in ihre Person und ihr Schaffen, da ich mit allen ihren während dieser Zeit entstandenen Filmen in irgendeiner Form verbunden war.

Wegen angeblich allzu verherrlichender Artikel über Hollywood, die ich 1935 in Deutschland veröffentlichte, wurde ich auf Lebenszeit aus der Pressekammer ausgeschlossen, mein Bann erschien in vielen Zeitungen. Frau Riefenstahl hat von diesem Bann nicht nur Kenntnis genommen, sondern ihm lange Jahre getrotzt. Sie tat dies nicht, weil sie sich irgendwelche Vorteile von meiner Feder erwartete, sondern aus innerem Protest, wie in meinem Fall so in vielen anderen. Es würde Seiten füllen, wie Frau Riefenstahl mich stets veranlaßte, auch für andere unter ähnlichem Bann stehende Schriftsteller einzutreten und ihnen materiell zu helfen. Große Geldsummen hat Frau Riefenstahl dafür ausgeworfen, obwohl sie privatim selbst in jenen Zeiten keineswegs im Gelde «schwamm». Vor der ganzen Welt kann ich ihre Einstellung für und nicht gegen Juden, Franzosen, Techniker, Arbeiter, Beamte und Künstler beweisen, habe ich doch viele Jahre lang eine Art Tagebuch über ihre Persönlichkeit und ihre Künstlerschaft geführt. Daß sie ihren jüdischen Arzt behielt, wissen nur wenige. Die große Mehrheit der Repräsentanten des III. Reiches haßten Frau Riefenstahl, vor allem Dr. Goebbels und seine Trabanten, auch die «alten Parteigenossen», die in ihr eben keinen «Alten Kämpfer» sahen, sondern im günstigsten Fall die ehrgeizige Künstlerin und Frau, die sich nicht kommandieren ließ.

Da sie aber eine Frau war und ist, haben natürlich die Legenden reichlich Nahrung gefunden. Ihr Enthusiasmus für den Film ist einzig, und er hat auch bis heute einzige Resultate gezeigt. In diesen Tagen läuft ihr «Olympia»-Film überall in den Vereinigten Staaten von Amerika, ein Beweis, daß ihre Werke eben gute Filme und nicht Propaganda waren. Selbst «Triumph des Willens» wurde 1947 in Amerika gezeigt, weil er das wirkliche Antlitz einer nun überwundenen Epoche darstellt.

Ich habe seit zehn Jahren von Frau Riefenstahl keine persönliche Nachricht erhalten – ich schreibe diese Zeilen spontan und vom Herzen herunter. Ihre Künstlerschaft war schon vor dem Nazismus bewiesen, sie wird nach dessen Überwindung zu voller Reife kommen. Vor meinem Gewissen kann ich beschwören, daß sie es wie kein anderer verdient.

Ernst Jäger

Monate später versuchte Ernst Jäger mir seine unbegreifliche Sinnesänderung zu erklären. Er schrieb:

Furcht und Bedenken hatten mich nach 1933 krummgebogen, verlogen und verlegen gemacht, verworren und prahlerisch ... Ich glaube, ich kann nun endlich einmal heraussagen, was ich denke.

In einem anderen Brief sagte er von sich:

... Dann fiel Jäger bekanntlich in den Sumpf und Schlamm.

Ich muß gestehen, daß ich mich wieder einfangen ließ und ihm verzieh. Trotz Rehabilitation und Aufklärung war kein Ende der Hetze abzusehen. Keine Zeitung erwähnte die mich rehabilitierende Spruchkammerbegründung. Immer neue Lügen wurden über mich verbreitet. Wie konnte ich mich dagegen wehren? Ich war mittellos; krank und von fast allen Freunden verlassen. Das Schlimmste war, daß ich meinen Beruf nicht mehr ausüben konnte. Ich hatte zwar kein «Berufsverbot», aber mein Name war durch Rufmord so geschädigt, daß niemand es wagte, mir Arbeit zu geben.

Trenker war nicht mein einziger Feind, es saßen noch andere in den Mauselöchern und warteten auf den Augenblick, wo sie mir Schaden zufügen könnten.

Aber auch in dieser Zeit gab es Lichtblicke. Ein Postbote überbrachte mir in Königsfeld eine große Papprolle vom IOC Lausanne, in der sich ein Olympisches Diplom befand. Ich war glücklich. Ein Ersatz für die Olympische Goldmedaille, die mir 1939 für die Gestaltung meiner Olympiafilme verliehen wurde. Eine weitere gute Nachricht kam aus den USA. Dort lief, wie Ernst Jäger schon schrieb, mein Olympiafilm unter dem Titel «Kings of the Olympics» mit großem Erfolg. Die United Artists hatte ihn herausgebracht.

Die Kritiken waren überschwenglich, aber materielle Hilfe brachte mir das nicht. Mit Ungeduld wartete ich inzwischen auf eine Entscheidung aus Paris. Wochen vergingen ohne jede Nachricht. Noch immer war mein gesamtes Eigentum beschlagnahmt.

Mein neues Leben

Ich entschloß mich, von Königsfeld endgültig wegzugehen, da ich hier zu abgeschlossen lebte. So reiste ich wieder per Lastwagen, dieses Mal mit Hanni, nach München, wo wir bei meiner Schwiegermutter vorläufige Unterkunft fanden, meine Mutter mußte zunächst noch in Königsfeld bleiben.

Nachdem alle Bemühungen, eine Arbeit zu finden, ergebnislos waren, wollte ich vorübergehend versuchen, durch den Verkauf von Wein, den ich über meinen Mann beziehen konnte, etwas zu verdienen. Es war schwieriger, als ich es mir vorgestellt hatte, denn ich besaß kein Transportmittel, nicht einmal ein Fahrrad, so daß wir alle Wege zu Fuß zurücklegen mußten. Auch konnten wir nur einige Probeflaschen mitnehmen, die wir im Rucksack trugen.

Meinen ersten Verkauf wagte ich in dem Münchner Nobelhotel «Vier Jahreszeiten». Um nicht erkannt zu werden, hatte ich mir eine dunkle Sonnenbrille aufgesetzt und meine Frisur geändert. Wir konnten nicht eine einzige Flasche verkaufen. Unser zweiter Weg führte uns zu dem Luxusrestaurant «Humpelmayer», in dem ich noch vor kurzem von meinen 40,– DM Kopfgeld 6,– DM leichtsinnigerweise für einen Gänsebraten ausgab. Auch hier hatte ich kein Glück. Nun versuchten wir es in größeren Lebensmittelgeschäften und wurden einige Flaschen los. Aber was dabei für uns heraussprang, war so wenig, daß ich allen Mut verlor und die Sache aufgeben wollte. Aber Hanni ließ nicht locker, sie meinte, wir sollten es auf dem Land versuchen.

Am nächsten Tag warteten wir auf der Landstraße Richtung Garmisch auf ein Fahrzeug nach Starnberg. Ein mit Holz beladener Lastwagen nahm uns mit. Tatsächlich hatten wir in Starnberg etwas Glück, in Hotels, aber auch in Lebensmittelgeschäften. Ermutigt trampten wir weiter nach Weilheim und kehrten in einem kleinen Gasthof ein, wo wir unseren Verdienst verzehrten. Inzwischen hatte auch Hanni eingesehen, daß wir uns auf diese Weise kaum ernähren konnten. Wir kamen noch bis Murnau und verkauften auch dort, ziemlich erschöpft, ein paar Flaschen. In einem Laden erkannte mich eine Verkäuferin, fassungslos, mir als einer Hausiererin zu begegnen. Sie bat uns zu warten, bis sie die letzten Kunden bedient hatte und ihren Laden zusperrte. Dann lud sie uns zum Abendessen ein, und als sie erfuhr, daß wir für die Nacht noch keine Unterkunft hatten, bot sie uns ihr Wohnzimmer zum Übernachten an. Fast immer waren es einfache, oftmals arme Leute, von denen Hilfe kam.

Am nächsten Tag beschlossen wir, dieses mühselige Geschäft aufzugeben. Hanni fuhr vorläufig zu ihren Eltern nach Breisach zurück. In Partenkirchen stellte mir ein früherer Mitarbeiter ein kleines Zimmer zur Verfügung.

Befreit von Verhören, Gefängnissen und Verleumdungen, erholte ich mich von Tag zu Tag mehr. Und der Anblick der Berge erweckte in mir die alte Leidenschaft – die Kletterei. Anderl Heckmeier, mit dem ich vor Kriegsausbruch aufregende Touren gemacht hatte, war bereit, wieder mit mir zu klettern. Auf der Oberraintalhütte wollten wir uns treffen. Diese Touren wurden allerdings eine Enttäuschung. Wir hatten beide vergessen, daß ich fast zehn Jahre ohne körperliches Training war. Das Klettern strengte mich zu sehr an, ich mußte immer wieder Pausen einlegen, und wenn wir zur Hütte zurückkehrten, war ich völlig erschöpft.

Das machte verständlicherweise Anderl keinen Spaß, und als ich eines Morgens auf dem Hüttenlager erwachte, war er, ohne sich zu verabschieden, verschwunden. Schade, denn bei der letzten Tour hatte ich gespürt, daß meine Kräfte wiederkamen und es nur noch eine Frage des Trainings war, wieder fit zu werden. Während ich noch überlegte, ob ich nun auf das Klettern endgültig verzichten müßte, sah ich, wie einige Leute mit einem Fernglas einen Bergsteiger beobachteten, der in einer extrem steilen Wand einen Überhang zu überwinden versuchte. Es war Martin Schließler, damals erst siebzehn und dafür bekannt, daß er allein die waghalsigsten Touren unternahm. Heute ist er ein bekannter Fernsehproduzent, lebt in Canada und macht faszinierende Dokumentar-Filme. Mit Hilfe meiner letzten fünf Mark gelang es mir, ihn als Bergführer zu engagieren.

Schon bei der zweiten Tour hatte ich meine frühere Form fast wieder gefunden, und bald gab es keine Wand mehr, die mir zu schwierig war.

Die Zigeuner-Prozesse

Dieses beglückende Gefühl der Freiheit war nur von kurzer Dauer. Die Münchner Zeitschrift «Revue» brachte am 1. Mai 1949 einen so haarsträubenden Bericht über mich und meinen «Tiefland»-Film, daß ich mich gezwungen sah, den Inhaber dieser Illustrierten, Herrn Kindler, zu verklagen. Wieder mußte ich das Armenrecht in Anspruch nehmen. Dr. Gritschneder war bereit, den Fall zu übernehmen. Am 23. November 1949 fand die Hauptverhandlung gegen Helmut Kindler im Amtsgericht München statt. Die schwerwiegendsten Vorwürfe der «Revue»:

Das Bild einer Zigeunerin war mit folgender Unterschrift versehen: «Spanier aus dem KZ. Geeignete Originalspanier für den Film zu holen, war während des Krieges nicht möglich. Aber Leni Riefenstahl wußte Rat, sie suchte sich Zigeuner in Konzentrationslagern aus.» Unter einem anderen Foto stand: «Filmsklaven. Aus Konzentrationslagern bei Berlin und Salzburg kamen 60 Zigeuner, die das spanische Volk darstellten. Anfangs waren sie begeistert, den Film mit der Munitionsfabrik zu vertauschen... Wieviele werden das KZ überlebt haben?»

Neben diesen unwahren Behauptungen enthielt der Artikel noch andere törichte Bildtexte. So stand unter einem Bild des Hauptdarstellers: «Ein Bankbeamter aus Wien spielte den Pedro. Er wurde aus zweitausend Mittenwalder Gebirgsjägern ausgewählt, die mehrmals an Leni Riefenstahl vorbeiziehen mußten.» Hierzu die eidesstattliche Erklärung von Franz Eichberger, der den Pedro spielte: «Ich war niemals Bankbeamter, noch stamme ich aus Wien. Ich war auch niemals bei den Gebirgsjägern und konnte daher nicht aus Gebirgsjägern ausgewählt werden. Es ist auch nicht richtig, daß 2000 Mitten-

walder Gebirgsjäger an der Regisseurin des Films vorbeiziehen mußten. Frau Riefenstahl hat mich zum ersten Mal in St. Anton gesehen,
wo sie mich für die Rolle des Pedro entdeckte.»

Als während der Gerichtsverhandlung Herrn Kindlers Verteidiger
in theatralischer Pose auf mich zeigte und in den Saal rief: «‹Tiefland›
darf nie auf einer Leinwand gezeigt werden, denn Sie sind die Regisseurin des Teufels!», brach ich zusammen. Ich war nicht mehr fähig, mich
zu verteidigen, was aber ohnehin nicht mehr notwendig war.

Das Gericht hatte sich von der Unwahrheit der «Revue»-Texte
bereits überzeugt. Alle Zeugenaussagen hatten dies bestätigt, mit
Ausnahme der Zigeunerin Johanna Kurz, der Zeugin der «Revue». Sie
hatte behauptet, mit eigenen Augen gesehen zu haben, wie einige der
«Tiefland»-Zigeuner in Auschwitz vergast wurden. Als der Richter sie
fragte, ob sie sich noch an Namen erinnern könnte, nannte sie die
Familie «Reinhardt». Ausgerechnet damit hatte sie Pech. Der Zeuge
Dr. Reinl, mein damaliger Regieassistent, der die Zigeuner in Salzburg
in einem Zigeunerlager auswählte, hatte die Familie Reinhardt nach
Kriegsende wiedergesehen, was er eidesstattlich erklärte. Aber nicht
nur er, sondern auch ich hatte schon vor Monaten zufällig in der
Eisenbahn, als ich von Kitzbühel nach Wörgl fuhr, viele meiner
«Tiefland»-Zigeuner wiedergesehen. Sie hatten mich mit großer
Freude begrüßt und von den Reinhardts berichtet, daß sie wohlauf
sind.

Antonia Reinhardt, angeblich in Auschwitz vergast, hatte in einer
Zeitung über diesen Prozeß gelesen und mir aus Weilheim geschrieben:

Meine liebe Leni Riefenstahl,
...ich werde alles tun, was in meinen Kräften steht, um Ihnen helfen
zu können. Bitte, geben Sie mir umgehend Nachricht, wann ich bei
Ihnen eintreffen soll und ob ich noch jemand von meinen Geschwi-
stern oder meine Mutter, welche damals im Film mitgewirkt hat,
mitbringen soll, oder genügt es, wenn ich allein komme? Bitte, sind Sie
so freundlich und schreiben Sie mir rechtzeitig, damit wir zu dem
angesetzten Termin pünktlich eintreffen. Außer mir ist meine Mutter
und ein Bruder Zeuge für Sie, die auch in Ihrem Film waren. Wir
freuen uns schon jetzt auf ein frohes Wiedersehen. Mit freundlichstem
Gruß verbleibe ich Ihre

Antonia Reinhardt

Das Gericht stellte fest, daß erst im März 1943 die systematische
Verfolgung der Zigeuner begonnen hatte, die «Tiefland»-Aufnahmen

in Krün aber schon 1940 und 1941 entstanden waren. Das Lager Maxglan in Salzburg sei kein KZ-Lager gewesen. Die diversen eidesstattlichen Erklärungen, mit denen ich meinen Bericht nicht belasten will, bestätigten einwandfrei den Sachverhalt. Darunter auch die des Schauspielers Bernhard Minetti, einer der letzten noch heute tätigen Großen aus dem Berliner Gründgens-Ensemble. Er erklärte: ... «Die Behandlung der Zigeuner in Krün war mehr als liebevoll. Frau Riefenstahl war wie die meisten ihrer Mitarbeiter geradezu in die Zigeuner verliebt. Die Begeisterung über das unmittelbare Ausdruckstalent von Alt und Jung wie die natürliche Lebensweise der ‹Zigeunerart› war allgemein, so daß die gesamte Arbeitsatmosphäre mehr als gut, sogar fröhlich war. Die Leichtfertigkeit objektiv unrichtiger Behauptungen der Zeitschrift hat mich empört!» Dr. Reinl sagte aus: ... «Die Behauptung, die Zigeuner seien aus KZs geholt worden, ist eine bewußte Lüge, da jedes Kind in Salzburg weiß, daß in Maxglan niemals ein KZ bestanden hat, sondern lediglich ein Auffanglager für umherziehende Zigeuner. Dies erkläre ich an Eidesstatt.»

Ende November 1949 fällte das Amtsgericht München gegen den Herausgeber der damals sehr verbreiteten «Revue» das Urteil. Herr Kindler wurde eines Vergehens der üblen Nachrede für schuldig befunden und zu einer Geldstrafe von 600,– DM, im Falle der Uneinbringlichkeit zu einer Gefängnisstrafe von zwanzig Tagen sowie zu den Kosten des Strafverfahrens verurteilt. Herr Kindlers Anwalt, Dr. Bayer, legte Berufung ein.

Zu meinem Erstaunen bat mich Dr. Bayer wenige Tage nach der Urteilsverkündung um eine Unterredung. Ich schwankte, denn ich hatte nicht vergessen, mit welchen Worten er mich im Gerichtssaal beschimpft hatte. Noch heute wundere ich mich, daß ich es damals über mich brachte, ihn in meiner Wohnung zu empfangen.

Was er mir eröffnete, war sensationell. Er sagte: «Ich bin nicht mehr der Anwalt von Herrn Kindler, ich habe mein Mandat niedergelegt, und», fuhr er fort, «bevor ich Ihnen alles erkläre, muß ich Sie tausendmal um Entschuldigung bitten, was ich Ihnen im Gerichtssaal angetan habe.»

Schon einmal hatte ich in den zwanziger Jahren eine vergleichbare Situation, wenn auch in einer harmloseren Sache, mit einem namhaften Film-Kritiker erlebt. Dr. Roland Schacht von der «BZ am Mittag» kam mit einem Blumenstrauß zu mir in die Hindenburgstraße und entschuldigte sich für seine wenig freundliche Kritik, die er über mich als Darstellerin in meinem ersten Film «Der heilige Berg» geschrieben hatte. Er erklärte, er habe sich durch Luis Trenker beeinflussen lassen, der mich nur als «dumme Ziege» titulierte, deshalb habe er mich in seiner Kritik «ölige Ziege» genannt, was meinen humorvollen Regisseur Fanck veranlaßt hatte, mich in seinem nächsten Film eine Ziegenhirtin spielen zu lassen. Aber bei Dr. Bayer waren es andere Gründe. Er versicherte, er habe erst im Prozeß die Wahrheit erfahren und war besonders über die Aussage der Zigeunerin Johanna Kurz, die Zeugin der «Revue», empört. Der Vorsitzende hatte sie sofort der Lüge überführt.

Das Gerichtsurteil konnte jedoch nicht verhindern, daß die «Revue»-Lügen über «Tiefland» und mich weiter verbreitet wurden und werden – bis auf den heutigen Tag. Deshalb möchte ich aus einem Bericht der Familie Josef und Katharina Kramer, Besitzer des Hotels «Zugspitz» in Krün, zitieren, den ich unaufgefordert erhielt. Sie hatten mit den Zigeunern während der Filmarbeit täglich unmittelbar zu tun. Maria Kramer gehörte die Scheune, in der sie untergebracht waren. Sie hatte von mir und meinem Aufnahmeleiter Fichtner Anweisung erhalten, sich um ihr Wohl zu kümmern. Frau Kramer schrieb mir nach der Urteilsverkündung:

... Die Zigeuner erhielten die gleiche Verpflegung wie die Hotelgäste. Die Verpflegung war sehr gut und mehr als reichlich. Die Zigeuner hatten doppelte Fleischmarken. Sie erhielten im Verlauf der Zeit zusätzlich zwei Zentner Butterschmalz. Wiederholt wurden Hammel schwarz geschlachtet ... Weiterhin wurden zwei Kälber zur Verpflegung der Zigeuner zusätzlich zu den Marken geschlachtet und verwendet.

Die Zigeuner genossen völlige Freiheit. In aller Früh wurde das Radio angedreht. Zum Frühstück gab es Vollmilch, Butter und Marmelade. Eine Bewachung war unumgänglich notwendig, da die Zigeuner eine starke Neigung zu Diebstählen zeigten. Die Einwohner von Krün lehnten aus diesem Grunde auch ab, Zigeuner bei sich aufzunehmen. Mit aller Eindeutigkeit wurde festgestellt, daß eine Bewachung durch SS oder SA niemals erfolgte, sondern ausschließlich durch zwei Gendarmen, die mit den Zigeunern aus einem Lager in Salzburg gekommen waren. Frau Riefenstahl war bei den Zigeunern, die immer wieder betonten, daß sie es noch nie im Leben so schön gehabt haben, denkbar beliebt. Die Zigeunerkinder waren geradezu begeistert. Im übrigen hatte Frau Riefenstahl genau die gleiche Verpflegung wie die Zigeuner. Bei schlechtem Wetter bekamen die Zigeuner sogar heißen Wein.

Da gewisse Journalisten ihre Angriffe und Schmähungen unvermindert fortsetzten, fing ich an zu zweifeln, ob ich recht getan hatte, den Prozeß geführt zu haben. Dazu Dr. Gritschneder:

Es war für Ihre spätere berufliche Arbeit unbedingt notwendig, eine restlose Klarheit durch ein rechtskräftiges Gerichtsurteil zu erlangen, daß keine Häftlinge bei «Tiefland» verwendet wurden. Sie bekämen sonst bei der Böswilligkeit weitester Kreise – vor allem der dominierenden Leute in Film und Presse und öffentlicher Meinung – später die größten Schwierigkeiten. Es ist heute sehr leicht gesagt, wir hätten den Prozeß nicht führen sollen. Stellen Sie sich bitte die praktischen Auswirkungen vor, wenn Sie diese Verleumdungen – KZ-Sklaven – eingesteckt hätten. Ihre Arbeit wäre in diesem Fall für die nächste Zeit trotz Entnazifizierung unmöglich!

Wie recht hatte Dr. Gritschneder. Ob ich wollte oder nicht, ich mußte mich immer aufs neue stellen. Die hartnäckig aufrechterhaltene Anklage, ich müßte von den furchtbaren Verbrechen in den Vernichtungslagern gewußt haben, lähmte mich so, daß es mir immer schwerer fiel, dagegen anzugehen. Nie hätte ich mir vorstellen können, daß ich mich, fast vierzig Jahre nach dem «Revue»-Prozeß, noch einmal gegen neue, noch schwerere Anschuldigungen zur Wehr setzen müßte.

Obgleich ich mir geschworen hatte, keine Prozesse gegen solche Behauptungen mehr zu führen, fühlte ich mich durch den Film einer Frau Gladitz, den der WDR ausgestrahlt hatte, so getroffen, daß ich diese neuen Anschuldigungen nicht auf sich beruhen lassen durfte, ich mußte klagen. Ihre Lügen überschritten das Maß des Erträglichen. Wieder ging es um die «Tiefland»-Zigeuner. Ich war mir bewußt, was eine Klage an Aufregungen und Kosten bedeuten würde. Aber die Glaubwürdigkeit meiner Memoiren, an denen ich arbeitete, machte eine Stellungnahme unverzichtbar. Da der größte Teil dieser Unwahrheiten schon vor Jahrzehnten widerlegt worden war, nahm ich an, es würde sich um eine einfache gerichtliche Klarstellung handeln.

Ich hatte mich geirrt. Dieser neue Prozeß wurde zu einer Affäre, die erst nach vier Jahren, während ich diese Zeilen schreibe, zu Ende ging.

Neben den alten Vorwürfen waren drei neue Behauptungen aufgestellt worden:

1. Ich soll persönlich in dem Zigeunerlager gewesen sein und die Statisten selbst ausgesucht haben.

2. Ich soll von der bevorstehenden Vernichtung der Zigeuner in Auschwitz gewußt haben und darüber von dem dreizehnjährigen Zigeunerjungen Josef Reinhardt aufgeklärt worden sein.

3. Dem Zuschauer wird der Eindruck vermittelt, daß ich seinerzeit,

im Wissen um die bevorstehende Vernichtung, unseren Zigeunern meine Hilfe, sie vor dem Transport nach Auschwitz zu bewahren, versprochen, sie ihnen aber nicht gegeben und die Menschen einfach ihrem Schicksal überlassen habe.

Unglaublich! Wie ich niemals in Maxglan gewesen bin, hat auch während dieser Filmaufnahmen nie jemand mit mir über Auschwitz gesprochen. Es wäre auch gar nicht möglich gewesen, weil zu dieser Zeit Auschwitz als Vernichtungslager noch nicht bekannt war. Deshalb konnte der damals dreizehnjährige Josef Reinhardt mit mir über die bevorstehende Vernichtung der Zigeuner in Auschwitz nicht gesprochen haben.

Wieder übernahm Dr. Gritschneder, der den Zigeunerprozeß so erfolgreich geführt hatte, diesen Fall. Seinem Gesuch um Erlaß einer einstweiligen Verfügung gegen eine Vorführung dieses aggressiv verlogenen Films wurde Mitte Juni 1983 vom Landgericht Freiburg stattgegeben.

Nachdem Frau Gladitz nicht bereit war, aus ihrem Film, den sie «Zeit des Schweigens und der Dunkelheit» nannte, die Szenen mit den unwahren Behauptungen herauszuschneiden, haben meine Anwälte in Freiburg Klage eingereicht.

Mit welchen Mitteln Frau Gladitz arbeitete, ist aus einem Brief ersichtlich, der mit dem Namen Anna Madou unterzeichnet war. Wie ich erst Jahre später erfuhr, waren beide ein und dieselbe Person. Sie schrieb:

Kirchzarten, 5. 12. 81

Sehr verehrte gnädige Frau!
Darf ich Sie heute mit diesem Brief noch einmal an unser Gespräch erinnern, das wir an der kleinen Kaffeebar der Buchhandlung Rombach in Freiburg führten.

Sie waren so liebenswürdig, mir einen Termin für ein Gespräch mit Ihnen zu nennen, indem Sie sich in meinem Film über große Künstler dieses Jahrhunderts ausführlich als Künstlerin darstellen können.

Sie waren mit mir, glaube ich, auch darin einig, daß man für so ein Gespräch Zeit haben muß, da ich keinesfalls ein Interview im üblichen Stil mit Ihnen machen möchte, weil ich überzeugt davon bin, daß Ihnen diese Interview-Art nie gerecht wurde.

Sie baten mich darum, Ihnen in diesem Brief auch noch einmal zu sagen, welche Fernsehanstalten sich an der Produktion beteiligen bzw. bereits an einem Ankauf interessiert sind.

Es sind dies das I. Deutsche Fernsehprogramm, WDR, das Englische Fernsehen BBC, das Schwedische Fernsehen, und Interesse haben bereits angemeldet das amerikanische Fernsehen NBC *sowie möglicherweise auch das Französische Fernsehen.*

Sie sehen also, daß durchaus großes Interesse daran besteht, einen Film über die Künstlerin Leni Riefenstahl zu sehen.

Als möglichen Termin für dieses Gespräch konnten Sie mir Anfang April vorschlagen, und Sie haben mich darum gebeten, Ihnen in diesem Brief dies zur Erinnerung noch einmal vorzutragen. Nun hatte ich allerdings diese Woche ein Gespräch mit dem WDR, *in dem mir mitgeteilt wurde, daß größtes Interesse daran besteht, den Film schon im März zu sehen bzw. zu senden. Und schlimm genug für diese Terminplanung, bekam ich ein Telegramm von* NBC *New York, Mitte Februar nach New York zu kommen, um den Film vorzuführen.*

Ich bin nun wirklich einigermaßen verzweifelt, weil ich nicht weiß, was ich machen soll. Ich weiß, daß Sie Ungeheures leisten müssen im Moment und selbst unter Druck stehen, wie Sie mir sagten, wegen Ihres neuen Buches, der Memoiren, und der Drehvorbereitungen für einen Film auf den Malediven.

Und trotzdem möchte ich Sie noch einmal bitten, ob Sie irgendeine Möglichkeit sehen können, mir dieses Gespräch früher zu gewähren. Denn Sie können sich vorstellen, daß das Gespräch mit Ihnen das Herzstück des Filmes wäre, ohne das der Film im Grunde wertlos ist. Und sicher werden Sie verstehen, daß bei dem großen internationalen Interesse an diesem Film das Fehlen dieses Gespräches mit Ihnen ein Jammer wäre.

Wenn Sie doch irgendeine Möglichkeit fänden, mich früher zu empfangen als April, wäre ich Ihnen unendlich dankbar. Verzeihen Sie mir bitte noch einmal meine «Zähigkeit», mit der ich Sie schon so schrecklich gestört habe, seien Sie aber meiner Bewunderung und Verehrung für Ihre große Kunst sicher! Darf ich Ihnen eine schöne und besinnliche Vor-Weihnachtszeit wünschen und mich mit hochachtungsvollen Grüßen verabschieden.

Anna Madou

Was für eine Infamie! Ein Jahr, bevor ich ihren Brief erhielt, in dem sie sich als große Verehrerin von «Künstlerin Leni Riefenstahl» ausgab, war ich ihr zum ersten Mal begegnet. Ende September 1980 hielt ich in der Freiburger Universität im Auditorium Maximum einen Dia-Vortrag über die Nuba. Vor Beginn fragte mich eine Dame, die sich als Frau Madou vorstellte, ob sie mich während des Vortrags filmen dürfe. Ich willigte ahnungslos ein. Aber ich war nicht der einzige Mensch, den sie im Bild haben wollte. Sie hatte, was in ihrem Film zu sehen ist, ihren «Kronzeugen», den inzwischen 40 Jahre älter gewordenen Zigeuner Josef Reinhardt, mitten ins Publikum gesetzt. Während die Zuschauer mir applaudieren, schwenkt die Kamera auf den vergrämt dreinschauenden Mann, um ihn, der 1940 bei den Aufnahmen noch ein Knabe war, später in ihrem Film als einen der mißbrauchten «Tiefland»-Zigeuner zu präsentieren.

Frau Gladitz hatte also von Anfang an ein festes Konzept, nämlich ein verleumderisches Machwerk über mich zu produzieren. Obwohl sie in Freiburg schon am ersten Tag ihren «Kronzeugen» im Zuschauerraum plazierte, hatte sie weder im Auditorium Maximum noch am folgenden Tag in der Buchhandlung Rombach, wo sie mich während einer Signierstunde filmte und anschließend ein Gespräch mit mir führte, nie eine Frage zu «Tiefland» oder die darin beschäftigten Zigeuner gestellt. Auch in ihrem über ein Jahr später verfaßten Brief erwähnte sie meinen Film mit keinem Wort. Was für eine Absurdität! Schon über ein Jahr arbeitete sie an ihrer «Dokumentation» über die Herstellung des «Tiefland»-Films, wie sie ihren Streifen klassifizierte.

Wie gezielt ihre Absicht war, meine Arbeit zu verunglimpfen, ist aus der Werbeschrift ersichtlich, die den Kassetten ihres Films beigelegt ist. Da kann man über mich und meine Filmarbeit lesen:

«Ist es legitim, um der Kunst willen, die Schlachthäuser eines barbarischen Systems für künstlerische Zwecke zu benutzen? Und ist es legitim, das Kino so zu lieben, daß man um seiner Kunst willen Menschenrechte verletzt?»

Der Prozeß zog sich über Jahre hin, er führte durch zwei Instanzen. «Kronzeuge» der Beklagten Gladitz war Josef Reinhardt aus der Zigeunerfamilie Reinhardt – im August 1940, als Harald Reinl und mein Aufnahmeleiter Hugo Lehner nach Maxglan kamen, dreizehn Jahre. Gegen ihn wurde in einem Meineidsverfahren 1955 eine Strafe nur deshalb nicht verhängt, weil er unter Amnestie fiel. Dieses Gericht hatte ihm aber bescheinigt, daß er «in mehreren Einzelhandlungen falsche Versicherungen an Eidesstatt abgegeben hat».

Auch anderen Zeugen, die in Maxglan noch Kinder waren, eines sogar nur vier Jahre, schenkte das Gericht Glauben. Dagegen wertete es die Aussage Dr. Reinls, selbst studierter Jurist, nur als «Gegenaussage». Ferner wollte die Freiburger Kammer nicht zur Kenntnis nehmen, daß im «Revue»-Prozeß die Zigeunerin Johanna Kurz in den zahlreichen Anschuldigungen, die sie gegen mich vorbrachte, nie behauptet hatte, ich selbst hätte in Maxglan die Zigeuner ausgesucht. Sie hatte nur von «zwei Herren» gesprochen. Wäre ich persönlich in Maxglan gewesen, wie nun nach Jahrzehnten plötzlich behauptet wurde, hätte sie dies dem Gericht keinesfalls verschwiegen. Außerdem ist in den Akten des Salzburger Landesarchivs (SLA) der Name des Herrn, der seinerzeit in Maxglan verhandelt hat, festgehalten. Über mich kein Wort. Wäre ich als Produzentin, Regisseurin und Hauptdarstellerin eines Millionenfilms, an dem ich seit langem arbeitete, ebenfalls dort gewesen, hätte das zweifellos Eingang in diesen Vermerk gefunden. Und die Salzburger Presse hätte darüber berichtet. Im übrigen war ich zu jener Zeit nicht in Deutschland. Ich war in Italien, auf Motivsuche in den Dolomiten.

Im März 1987 wurde durch das Oberlandesgericht Karlsruhe das endgültige Urteil verkündet, gegen das keine Revision zugelassen wurde. Es entspricht dem der Ersten Instanz. Es wird der Beklagten Gladitz untersagt, ihren Film vorzuführen, wenn nicht die mit mir in Verbindung gebrachten Auschwitz-Behauptungen herausgeschnitten werden. Sie darf jedoch weiterhin verbreiten, daß die Zigeuner «zwangsverpflichtet» und nicht entlohnt wurden, und daß ich sie selbst in Maxglan ausgewählt habe. Obwohl gerade diese letztgenannte Behauptung im Prozeß nicht bewiesen werden konnte, entschieden die Richter dennoch zugunsten der Beklagten Gladitz. Sie sahen nämlich in ihrer Unterstellung keine üble Nachrede, die mich in den Augen der Öffentlichkeit herabsetzen könnte.

Ein unfaßbares Urteil. So wurde es der Presse leichtgemacht, ihre Berichte mit Überschriften wie solchen zu versehen: «Leni Riefenstahls Filmsklaven – Statisten aus Auschwitz», «Riefenstahls Komparsen aus Nazi-KZ», «Riefenstahl suchte im KZ persönlich Komparsen aus» und «Vom Konzentrationslager zum Film – und zurück», einen Bericht Erwin Leisers in der «Weltwoche».

Bezeichnend für das Freiburger Klima war, daß mein dortiger Anwalt, Dr. Bernt Waldmann, der politisch der SPD nahesteht, in der Presse in zwei Glossen dafür zur Rede gestellt wurde, daß er bereit war, meine Klage zu vertreten.

Vier Jahre meines neunten Lebensjahrzehnts hat mich dieses Verfahren und die quälende Frage, ob ich auch diesmal gerechte Richter finden würde, gekostet – während ich meine Kräfte noch einmal auf eine große Aufgabe konzentrierte. Die gutgemeinten Zusicherungen vieler Freunde, das Recht werde siegen, habe ich nach dem Urteil der Ersten Instanz bezweifelt.

Bis an mein Lebensende werde ich demnach im Lager Maxglan gewesen sein, von dem ich nicht einen Grashalm gesehen habe.

Das Leben geht weiter

Wegen der Zusammengehörigkeit beider Zigeuner-Prozesse habe ich hier die Chronologie meiner Lebensgeschichte unterbrochen. Auch nach den Auseinandersetzungen mit der «Revue» ging das Leben weiter – trotz Verzweiflung, Depression und Krankheit. Die Presseberichte über das «Eva Braun-Tagebuch», meine «Entnazifizierung» und der «Revue-Prozeß» hatten auch positive Auswirkungen. Freunde meldeten sich, von denen ich jahrelang nichts gehört hatte. Von Tag zu Tag bekam ich mehr Briefe, unter ihnen auch solche, die mir mein Leben leichter machten. So erhielt ich über den Bayerischen Architekten Hans Ostler, der mein Haus in Berlin-Dahlem gebaut hatte, eine kleine Wohnung in Garmisch. Dort wohnte ich in Untermiete mit meiner Mutter.

Tag für Tag beschäftigte ich mich weiterhin damit, durch immer neue Bittgesuche um die Freigabe meines Eigentums zu kämpfen. Die größte Hilfe erhielt ich durch Otto Mayer, den Kanzler des Internationalen Olympischen Komitees. Er schickte mir nicht nur Lebensmittel und Medikamente, er setzte sich auch für die Freigabe meiner Filme in Paris ein, indem er das französische Olympische Komitee einschaltete. Obgleich sich immer mehr Persönlichkeiten für die Rückgabe meiner Filme bei den Franzosen einsetzten, unter ihnen auch Avery Brundage, der Präsident des amerikanischen Olympischen Komitees, blieben alle Bemühungen ohne Erfolg. Es war nicht einmal festzustellen, wo die Negative der Filme lagerten und ob sie überhaupt noch vorhanden waren. Mein Anwalt in Paris, Professor Dalsace, hatte Klage beim französischen Staatsgerichtshof gegen die französischen Dienststellen eingereicht, mir aber mitgeteilt, daß mit einem Urteil erst in ein bis zwei Jahren zu rechnen sei.

Während dieser Zeit besuchten mich französische Produzenten, die an «Tiefland» interessiert waren. Auch Monsieur Desmarais, der sich in Canada niedergelassen hatte, meldete sich wieder. Er hatte sich mit einer französischen Gruppe zusammengetan und schrieb, es werde in kürzester Zeit möglich sein, das Filmmaterial nach Remagen zu bringen. Der in Remagen zuständige französische Film-Offizier bestätigte mir dies und sprach ebenfalls von bevorstehender Freigabe. So hoffte ich von Woche zu Woche, von Monat zu Monat, von Jahr zu Jahr.

Da mich immer mehr Leute sprechen wollten, versuchte ich, in München zu wohnen. Aber ohne Geld konnte ich mir nicht einmal ein billiges möbliertes Zimmer leisten. Deshalb war ich froh, als es einer

Bekannten gelang, mir eine Schlafstelle in der Hohenzollernstraße 114 zu verschaffen, bei Familie Obermaier, die eine kleine Autowerkstatt betrieb. Die Wohnung lag im Hochparterre. Da mein Fenster sich direkt auf der Straßenseite befand, litt ich nachts unter dem Straßenlärm. Aber Obermaiers waren so nette Menschen, daß ich die Unannehmlichkeiten gern in Kauf nahm.

In dieser Zeit, es war im Herbst 1949, bekam ich zum ersten Mal ein Angebot. Der Präsident des finnischen Olympischen Komitees, Herr von Frenckell, bot mir Leitung und Regie des Olympiafilms an, der von der 1952 in Helsinki stattfindenden Sommerolympiade hergestellt werden sollte. Das war eine Überraschung und eine große Chance. So ehrenvoll dieses Angebot auch war und so sehr ich mich nach einer Aufgabe sehnte, konnte ich es nicht annehmen – leider. Das Hindernis war mein eigener Olympiafilm. Ich wußte, daß ich meinen Film nicht übertreffen könnte – und einen schwächeren wollte ich nicht machen.

Auch als mir die Norweger anboten, den Film über die Olympischen Winterspiele in Oslo zu machen, verzichtete ich aus den gleichen Gründen.

Briefe von Manfred George

Im April 1949 erhielt ich einen Brief von Manfred George. Seit seinem Abschiedsbrief aus Prag hatte ich kein Lebenszeichen mehr von ihm erhalten, aber inzwischen erfahren, daß er der Chefredakteur der deutsch-jüdischen Zeitung «Aufbau» in New York geworden war. Zögernd öffnete ich den Brief und las:

Sie müssen die fehlende Überschrift verzeihen – ich gestehe ehrlich, daß ich ein wenig in Verlegenheit bin, die passende darüber zu setzen ... Natürlich erinnere ich mich an alle die Tage und Abende gemeinsamer Gänge und gemeinsamen Suchens ganz so, als läge nicht eine furchtbare und lange Zeit dazwischen. Als unsere Wege sich trennten, geschah immerhin mehr als ein Adieusagen – und es ist nicht leicht, zu wissen, was Sie, aber auch was ich in der Zeit dazwischen erlebt haben. Einiges ist uns ja freilich davon bekannt, soweit es sich um unser Schicksal als Mitglieder verschiedener Gruppen und Anschauungen handelt. Das erscheint mir aber fast das Unwesentliche – wesentlicher ist, was uns selbst noch getroffen und verwandelt hat. Lassen Sie mich daher auf primitive Art beginnen:

Ich habe Sie immer als einen seine Vollendung suchenden Menschen in der Erinnerung behalten. Sie wissen, daß ich bereits damals den

Weg, den Sie gingen, für einen Irrweg hielt. Sie waren zu jung und zu ehrgeizig, um das zu sehen. Nicht als ob ich glaubte, auf meinen Weg ein Patent zu haben. Aber das Schicksal, das mich getroffen hat – und ich habe viele, viele Menschen verloren – hat mich nur stärker und gläubiger gemacht. Und darum schreibe ich Ihnen, weil ich weiß, daß im Grunde Ihres Weges ein Glaube war.

Die Größe, die aus diesen Zeilen sprach, bewegte mich tief. Wie einen Schatz habe ich diesen Brief, ebenso wie seine weiteren, aufbewahrt. In meiner Antwort stand:

Sie werden nicht ermessen können, wie sehr mich Ihre Zeilen aufgewühlt haben. Ich habe schon einige Briefe an Sie zerrissen, es ist einfach zu viel, was ich Ihnen sagen müßte, daß Sie mich verstehen könnten. Ich bin im Grunde dieselbe geblieben, wie damals, nur haben die harten Kämpfe der letzten zehn Jahre ihre Spuren hinterlassen. Fast alles, was die Presse über mich an Nachrichten bringt, ist aus der Luft gegriffen, nichts, aber auch nichts entspricht den Tatsachen. Meine Feinde sind unsichtbar, namenlos, aber sie sind furchtbar. Ich führe einen verzweifelten Kampf gegen meine Gegner, die mich um jeden Preis vernichten wollen. Aber ich muß diesen Kampf führen, wenn ich leben will.

Die größte Belastung, die ich mir selber zuschreiben muß, fällt noch in die Zeit, in der wir uns sahen. Ich habe damals wirklich geglaubt, daß Hitler ein Mann ist, der sich für soziale Gerechtigkeit einsetzt, ein Idealist, der einen Ausgleich zwischen arm und reich schaffen wird, und der die Kraft hat, die Korruption zu beseitigen. Seine Rassentheorien habe ich, wie Sie wissen, niemals bejaht, dies war auch der Grund, warum ich nicht der Partei beigetreten bin. Ich hatte immer gehofft, daß diese falschen Grundlehren nach Erreichung der Macht verschwinden würden. Nie habe ich bestritten, daß ich der Persönlichkeit Hitlers verfallen war. Daß ich das Dämonische zu spät in ihm erkannt habe, ist zweifellos Schuld oder Verblendung. Entscheidend ist ja das innere Erleben, was wir wirklich an Schuld uns aufgeladen haben, was wir gewußt und was wir nicht gewußt haben. Daß viele von den furchtbaren Geschehnissen in den KZs nichts wußten, das wird uns ja nicht geglaubt. Erst nach dem Krieg als Gefangene erfuhr ich von diesen wahnsinnigen Vebrechen. Monatelang konnte ich an so etwas Grauenhaftes nicht glauben, ich bin fast wahnsinnig darüber geworden, und ich fürchtete, daß ich niemals mehr frei werden kann von dem Alpdruck dieses ungeheuren Leidens. Meine Zeilen sind wie eine kleine Beichte. Daß ich gerade Ihnen das sage, kommt daher, daß ich immer das Gefühl hatte, daß Sie in das Innere eines Menschen schauen können und ihn verstehen.

Manfred George antwortete: *Seien Sie versichert, daß ich Ihre Mitteilungen, Ihre Sorgen, Ihre Kämpfe mit großer Teilnahme verfolgt habe. Ihr Brief war sehr traurig. Auf der anderen Seite hat er mich ein wenig froh gemacht, gerade weil ich Ihnen gegenüber nie Zugeständnisse gemacht habe, die aus meiner langen Kenntnis Ihres Wesens und Lebens und nicht zuletzt aus unseren alten Erinnerungen an die Sonnenuntergänge und Spaziergänge in Wilmersdorf hätten kommen können, rechne ich es Ihnen hoch an, daß Sie weder damals noch heute mich falsch gesehen haben. Natürlich erinnere ich mich an diese ganz merkwürdige Zeit, die nachher in einer so ungeheuren Katastrophe enden und uns in zwei so völlig verschiedenen Lagern sehen sollte. Es ist merkwürdig, wie Sie eigentlich trotz aller Erfahrungen, die Sie machen mußten, nicht von der Säure der Ereignisse geätzt worden sind. Ich hoffe, daß ich Sie in gar nicht so langer Zeit irgendwo in Europa, vermutlich in Deutschland, wiedersehen werde...*

Als ich George wiedersah, sagte er, er habe nicht eine Minute an mir gezweifelt. Wir blieben Freunde, und es war sein Wunsch, mich zu rehabilitieren. Sein viel zu früher Tod, er starb am letzten Tag des Jahres 1965, verhinderte dies. Noch im Sommer zuvor war ich mit ihm während der Berliner Film-Festspiele täglich beisammen.

Wiedersehen mit Harry Sokal

Ein anderer Emigrant besuchte mich 1949 in der Hohenzollernstraße. Es war Harry Sokal, mein Produktionspartner vom «Blauen Licht». Er war mit Manfred George nicht zu vergleichen, aber auch er war eine interessante Persönlichkeit. Allerdings hatte ich einen großen Groll auf ihn, weil er mir das Originalnegativ meines Films «Das blaue Licht» ins Ausland entführt hatte, aber behauptete, es sei in Prag verbrannt. Damals hatte ich noch keinen Beweis, daß es eine Lüge war. Erst zwanzig Jahre später erfuhr ich von Kevin Brownlow, dem englischen Filmregisseur, daß sich das Originalnegativ vom «Blauen Licht» in den USA befinde. Ein Bekannter von Kevin, Mr. Georg Rony, besaß es, er hatte es, ebenso wie die Verleihrechte für die USA, vor Kriegsausbruch von Sokal gekauft. Er konnte dies auch

Auf dem Parteitaggelände in Nürnberg 1934. Mein letzter Versuch,
Hitler zu bitten, mich von seinem Auftrag eines Films
über den Parteitag zu entbinden

Eine der Massenkundgebungen im Luitpoldhain. Durch die Hilfe von Albert Speer konnte ich an den Fahnenmasten einen winzigen Fahrstuhl anbringen lassen – damalige Kosten 600,– Reichsmark. Er ermöglichte Fahraufnahmen, wodurch die Kundgebungen bewegt gefilmt werden konnten.

Künstlerempfang bei Hitler in der Reichskanzlei. Aus dieser Gruppe kannte
ich nur Lilian Harvey und Willy Fritsch. Ich, die dritte von rechts

Das Diplom zur Goldmedaille, die der «Triumph des Willens» 1937
auf der Weltausstellung in Paris erhielt. Sie wurde mir von Edouard
Daladier, dem Ministerpräsidenten der Republik Frankreich, persönlich überreicht.

Vor Beginn der Olympischen Spiele in Berlin 1936. Mit Guzzi Lantschner, zweiter Sieger im Abfahrtslauf bei den Olympischen Winterspielen in Garmisch und einer meiner besten Kameraleute, suchte ich im Stadion geeignete Aufnahmeplätze.

Mit Waldi Traut, dem ich die Produktionsleitung des Olympiafilms anvertraute

Mit Kameramann Walter Frentz in einer der so heiß erkämpften Gruben
während der Wettkämpfe

Der Weltrekord von Lovelock, Neuseeland, im 1500-Meter-Lauf (schwarzes Trikot).
Noch führt Cunningham – USA.

Jesse Owens – USA, der Star und Liebling der Zuschauer bei den
Olympischen Spielen, Gewinner von vier Goldmedaillen

beweisen und erklärte sich nach einigen Verhandlungen bereit, mir meine Negative für 6000 US Dollar zurückzugeben. Aber leider hatte ich das Geld nicht.

Meine Hoffnung, Sokal würde jetzt mit mir die Auslandseinnahmen abrechnen – ich hatte noch keine Mark gesehen –, erwies sich als Irrtum. Statt dessen bot er mir 3000 US Dollar für die Remake-Rechte vom «Blauen Licht». Zu dieser Zeit war das eine hohe Summe. Sie hätte mich aus meiner Notlage befreit, aber dieses Angebot hatte einen großen Haken. Der Vertragsentwurf enthielt eine für mich unannehmbare Bedingung: die Aufführungsrechte meines Films «Blaues Licht» sollten erlöschen zugunsten der Neufassung. Ein Todesurteil für meinen Film. Auch für eine größere Geldsumme hätte ich meinen Lieblingsfilm nicht geopfert.

Sokal war ein reicher Mann gewesen, der noch rechtzeitig vor der Emigration sein Vermögen bei dem Züricher Bankhaus Baer hinterlegen konnte. Er war ein leidenschaftlicher Spieler und verlor noch vor Kriegsausbruch bei den Spielbanken in Frankreich alles, was er besaß, dabei auch den mir zustehenden 50prozentigen Anteil der Auslandseinnahmen meines Films. Er ging dann in die USA, verarmte dort und mußte während der Kriegsjahre seinen Lebensunterhalt durch den Verkauf von Staubsaugern verdienen.

Nur eines hatte er gerettet: Einen Skifilm, den er in Frankreich, noch ehe er sein Geld verlor, produziert hatte. Da er im deutschen Filmgeschäft niemanden mehr kannte, bat er mich, ihm bei dem Verkauf dieses Films behilflich zu sein. Das gelang mir sehr schnell. Eine der damals großen deutschen Filmfirmen war der Union-Film-Verleih, dessen Rechtsanwalt Dr. Kraemer wegen des «Tiefland»-Films mit mir Kontakt aufgenommen hatte. Ich machte beide miteinander bekannt, und schon nach wenigen Tagen war der Vertrag perfekt. Sokal erhielt für diesen sehr mäßigen alten Film 100 000 DM. Ich hatte gehofft, für meine Vermittlung vielleicht eine kleine Provision zu bekommen. Auch diesmal enttäuschte mich Sokal. Ich bekam nicht einmal einen Blumenstrauß. Dafür erhielt ich von anderer Seite überraschende Hilfe. Friedrich A. Mainz, der frühere Direktor der «Tobis»-Film, der den Mut gehabt hatte, schon ein Jahr vor den Olympischen Spielen mit mir einen Vertrag zu schließen, besuchte mich eines Tages in der Hohenzollernstraße. Er schlug die Hände über dem Kopf zusammen und fragte ungläubig: «Hier wohnen Sie?»

Spontan sagte er: «Das dürfen Sie nicht – das ist nicht gut – ich werde Ihnen helfen.» Er zog ein Heft aus der Tasche und schrieb einen Scheck aus, den er mir überreichte. Es waren 10 000 DM.

«Damit werden Sie sich eine Wohnung besorgen können», sagte

Mainz, «Sie werden es schon wieder schaffen – nur nicht den Mut verlieren.»

Starr vor Freude, brachte ich kein Wort heraus. Nur in einem Brief konnte ich ihm danken.

Eine Wohnung in Schwabing

Nachdem ich über ein halbes Jahr in der Hohenzollernstraße gewohnt hatte, konnte ich in eine neue Wohnung einziehen, die ich durch einen Zufall erhalten hatte.

In München traf ich eine Bekannte, Maria Bogner, die begabte Begründerin der inzwischen weltberühmten «Bognermoden». Damals war Willi Bogner, ihr Mann, noch in norwegischer Gefangenschaft, und sie bemühte sich allein, das kleine Sportgeschäft am Leben zu erhalten. Großzügig schenkte sie mir einige Kleidungsstücke und mehrere Meter Stoff – dunkelbraunen geriffelten Samt, aus dem ich mir einen Mantel machen lassen wollte. Damit ging ich zu dem Salon Schulze-Varell, der früher viel für mich gearbeitet hatte. Als ich meinen Mantel abholte, saß mir im Vorzimmer ein elegant gekleideter Herr gegenüber. Er sah mich intensiv an und sagte schließlich: «Sie sind doch Leni Riefenstahl, mein Name ist Ady Vogel, Sie kennen mich nicht, aber ich Sie. Wir hatten einen gemeinsamen Freund, der mir viel von Ihnen erzählt hat, Ernst Udet.» Dann sprach er davon, er baue in München ein Haus, in der Schwabinger Tengstraße. Das elektrisierte mich. Als er mein Interesse an diesem Projekt bemerkte, holte er aus seiner Aktentasche die Pläne heraus. Nachdem ich die Grundrisse und die Lage des Hauses sah, überfiel mich brennend der Wunsch, dort zu wohnen.

Schon am nächsten Tag wurden wir über eine kleine Wohnung, fünf Treppen hoch, handelseinig. Das verdankte ich Herrn Mainz. Mit Hilfe von Freunden und Handwerkern, die mir ihre Rechnungen stundeten, konnte ich innerhalb kurzer Zeit meine kleine Dreizimmer-Wohnung provisorisch möblieren. Nun hatte ich endlich auch für meine Mutter ein eigenes Heim.

Auch im übrigen schien sich mein Schicksal zum Besseren zu wenden. Mein Anwalt aus Innsbruck teilte mir mit, die Franzosen hätten einen Teil meines Privatinventars freigegeben, einige Möbel, Bilder und Teppiche sowie Koffer und Kleidungsstücke, die mir Freunde nach München brachten. Leider konnte ich die Freude, in einer eigenen Wohnung zu leben, nur wenige Monate genießen. Wir hatten kein Geld für die Miete. Um sie aber nicht zu verlieren, blieb mir kein anderer Ausweg, als die Wohnung, bis auf ein Zimmer, zu vermieten. Ich mußte auch die Küche und das Bad abgeben. Von nun an wohnte ich mit meiner Mutter nur in einer kleinen Stube, die zwar eine Waschnische, aber keine Kochgelegenheit und kein Bad besaß. Zur Toilette mußten wir auf den Flur hinausgehen.

Meine Mutter war zu bewundern, mit stets guter Laune meisterte sie jede Situation. Auf einem kleinen Spirituskocher bereitete sie unsere Mahlzeiten, wusch, bügelte und flickte meine Garderobe, während in meinen vermieteten Räumen oftmals Feste gefeiert wurden. Ein Filmregisseur aus Hollywood hatte meine Wohnung gemietet. Bekannte Künstler wie Hildegard Knef und andere gingen dort ein und aus, ohne zu ahnen, daß ich, nur durch eine Wand getrennt, dort wohnte. Um nicht erkannt zu werden, versteckte ich, wenn ich mein Zimmer verließ, meine Haare unter einem Schal und trug eine dunkle Brille.

Durch die Prozesse wurde mein Aufenthaltsort bekannt, und bald konnte ich mich des Ansturms der Journalisten und Fotografen, die nicht immer freundlich waren, kaum noch erwehren.

Ein Brief aus Paris bestürzte mich. Monsieur Denis, der Präsident des französischen Olympischen Komitees, schrieb, er habe von der Internationalen Föderation für Film-Archive die Nachricht erhalten, mein Filmmaterial befinde sich in Paris in den Blockhäusern der amerikanischen und russischen Kommandostellen. Sein Kommentar: «Sollte sich aber das Material in der russischen Zone befinden, so glaube ich nicht an einen Erfolg.»

Begegnung mit Hans Albers

In Deutschland vollzog sich ein Wiederaufbau in unvorstellbarem Tempo. Wie durch ein Wunder verschwanden Trümmer und Staub. Aus Schutt und Asche wuchsen neue Stadtteile. Überlebende des Krieges versuchten in fanatischem Arbeitseifer die Erinnerung an die Vergangenheit zu verdrängen. Viele Deutsche hatten während des Krieges im Glauben an eine Irrlehre in ihrer Opferbereitschaft Unmenschliches geleistet. Als dann die Stunde der Wahrheit kam, blieb nur der nackte Selbsterhaltungstrieb und der Wille zum Überleben.

Der Westen Deutschlands hatte einen Bundespräsidenten und einen Kanzler: Theodor Heuss und Konrad Adenauer. Die «Ostzone» wurde zur DDR. Neue politische Realitäten entstanden.

In dieser Zeit erlebte ich immer wieder menschliche Enttäuschungen. Gute Bekannte von früher, denen ich zufällig begegnete, grüßten mich nicht und wendeten sich ab. Eine peinliche Situation erlebte ich in einem Atelier der «Bavaria» in München-Geiselgasteig. Hier machte Sokal zusammen mit Mainz Aufnahmen eines Remakes unseres Bergfilms «Die weiße Hölle vom Piz Palü». Sokal bat mich, die Probeaufnahmen junger Darstellerinnen mit anzuschauen, da er wissen wollte, welche Schauspielerin ich mir am besten in meiner Rolle vorstellen konnte. Meine Wahl fiel auf die damals noch unbekannte Lieselotte Pulver. Sokal wollte sie mir im Filmstudio persönlich vorstellen.

Im Atelier entdeckte ich eine Eiswand aus Pappmaché und künstlichem Glitzerschnee. Sokal, der mein fassungsloses Gesicht sah, sagte: «Da staunst du, leider können wir bei der Neuverfilmung die Spielszenen nicht in den Eiswänden des ‹Palü› aufnehmen. Unser Hauptdarsteller ist kein Bergsteiger, eher ein Seemann. Wir brauchen einen berühmten Namen, einen Star, auch wenn er weder skilaufen noch klettern kann. Rate mal, wer es sein kann!»

Ich hatte keine Ahnung. Da kam der Hauptdarsteller auf mich zu. Es war Hans Albers. Als er mich erkannte, blieb er wie angewurzelt stehen und rief, auf mich zeigend: «Wenn diese Person nicht sofort das Atelier verläßt, drehe ich keine Szene mehr.»

Er machte kehrt und ging davon. Bestürzt stand ich allein da. Sokal war dem wütenden Schauspieler nachgelaufen. Schon einmal, vor langer Zeit, im Jahre 1926, hatte ich eine höchst peinliche Szene mit Hans Albers erlebt. Sein jetziges Verhalten war mir unbegreiflich, da er den Ruf genoß, ein Lieblingsschauspieler Hitlers gewesen zu sein.

Im Gegensatz zu diesem peinlichen Auftritt trösteten mich Verehrerbriefe, die immer häufiger aus dem Ausland eintrafen. Die meisten kamen aus den USA. Dort wurden Kopien meiner Filme, von den Alliierten als Kriegsbeute mitgenommen, an amerikanischen Universitäten als Lehrfilme gezeigt. Es waren aber nicht nur Briefe, die mir Mut machten, sondern auch positive Berichte amerikanischer Zeitschriften. Die Korrespondenz wurde so umfangreich, daß ich mir eine Karte von den USA an die Wand heftete und mit Fähnchen alle Universitätsstädte markierte, in denen meine Filme gezeigt wurden. Auch aus England und Frankreich kamen Anerkennungen. Aber in Deutschland existierte ich weiterhin nicht.

Es meldeten sich ausländische Verleger, die meine Memoiren bringen wollten. Dazu fühlte ich mich noch nicht imstande. Als ich einmal den Versuch machte, ging alles schief. Über die Kanzlei meines Anwalts hatte ich den Journalisten Curt Riess kennengelernt. Er versprach, die Wahrheit über mich zu berichten, und machte den Vorschlag, eine Serie für die Illustrierte «Quick» zu schreiben. Aber ich war unsicher, fürchtete, mich zu binden und schlug deshalb einen ersten Versuch ohne gegenseitige Verpflichtung vor.

Wir trafen uns im August im Gasthof «Lamm» in Seefeld. Während unserer Spaziergänge bemühte ich mich, die Fragen von Herrn Riess freimütig zu beantworten. Er machte sich Notizen, die er mir am nächsten Tag zu lesen gab. Von Tag zu Tag fiel es mir schwerer zu sprechen, bis ich schließlich kein Wort mehr herausbrachte. Für Curt Riess, der sich viel erhofft hatte, verständlicherweise eine Enttäuschung. Ich gab ihm Gelegenheit, in den Aktenkoffer mit meinen Urkunden und Dokumenten Einblick zu nehmen, von denen ich damals noch keine Kopien hatte. Für mich ein unersetzbares Material. Später las ich zu meiner Freude in seinem erfolgreichsten Buch, «Das gab's nur einmal», wie eingehend er über meine Filme, «Tiefland» eingeschlossen, berichtete, wie er 1958 in einer Zeitschriften-Serie unter dem Titel «Hinter den Kulissen» Gleiches tat, und wie sehr er sich außerdem für die Wiederaufführung der Olympiafilme engagierte. Ein Freund in dieser schweren Zeit.

Unter meiner inzwischen eingegangenen Post war keine einzige erfreuliche Nachricht, nur neue Diffamierungen, unbezahlte Rechnungen und Bettelbriefe. Ein Brief machte mich wütend. Er kam vom Finanzamt aus Villingen und erhielt eine Strafverfügung über 50,– DM oder eine Haftstrafe von fünf Tagen. Der Grund: Ich konnte die Vermögenssteuer, die das Finanzamt für meine immer noch beschlagnahmte und bombenbeschädigte Berliner Villa verlangte, nicht zahlen. Daraufhin wollte das Finanzamt die wenigen Möbel, die ich noch besaß, pfänden. In dieser Situation bat ich meinen Anwalt, sich einzuschalten. Da sich einige Journalisten in der Presse aufregten, daß mir als Besitzerin einer «Luxusvilla» das Armenrecht gewährt wurde, möchte ich aus dem Schreiben meines Anwalts einige Sätze zitieren, um die Wirklichkeit zu beleuchten:

Das Haus von Frau Riefenstahl in Berlin ist in einem unbeschreiblichen Zustand. In dem stark fliegerbeschädigten Gebäude wohnen fünf Parteien, alle Wasserleitungen sind entzwei, die Heizung kaputt und in den Räumen, soweit sie nicht durch Brandbomben vernichtet sind, wohnen Leute, die durch einen unbeschreiblich anmutenden Lebenswandel das Letzte, was in dem Haus vorhanden ist, zugrunde richten. Es wurden allein in dem Anwesen 10 Hunde gezählt, Katzen und Hühner, die in dem ehemaligen Badezimmer untergebracht sind, Sackleinen für Menschen und Tiere und statt der Türen Kohlensäcke. Nach vorsichtigen Schätzungen ist das Haus in einem derartigen

Verfall, daß mindestens 50 000 DM gebraucht würden, um es einiger-
maßen instandzusetzen.
Das war meine «Luxusvilla». Das Finanzamt stundete die Steuer.

Freigegeben und ausgeraubt

Die «Motion Picture Branch» in München-Geiselgasteig gab mir die
Genehmigung, eine Bestandsaufnahme meines Filmlagers bei der Afifa in Berlin zu machen. Es war nicht durch Bomben zerstört – ein unglaublicher Glücksfall. Das bedeutete die Rettung meiner Filme,
ausgenommen «Tiefland». Hier lagerten von allen meinen Filmen
Dup-Negative und Lavendelkopien, dazu fast 400 000 Meter Olympiamaterial von allen Sportkämpfen, die nicht in meinen Film eingeschnitten werden konnten. In 1426 Büchsen war es aufbewahrt und
noch unbeschädigt vorhanden. Dies ergab die Prüfung der Bestände,
die im Juni 1950 unter Kontrolle der amerikanischen Dienststelle von
meiner Mitarbeiterin Frau Peters durchgeführt wurde. Zu diesem
Zeitpunkt fehlte noch keine einzige Filmrolle. Als die amerikanische
Filmdivision nach Jahren das Material freigab, war der Bunker leer.
Kein Meter des riesigen Olympiamaterials war mehr vorhanden,
sämtliche Dup-Negative aller meiner Filme waren verschwunden.
Nur eine alte Kopie vom «Blauen Licht» und einige Büchsen mit
Kürzungen des Restmaterials dieses Films waren noch da. Dieser
Verlust hat mich sehr schwer getroffen. Erst in den achtziger Jahren
entdeckten dann amerikanische Studenten, die Doktorarbeiten über
meine Olympiafilme schrieben, große Mengen dieses Materials in der
«Library of Congress» in Washington und an anderen Plätzen in den
USA.
    Ich hatte alle Hoffnung aufgegeben, von den Amerikanern meine
Filme zurückzuerhalten, und konzentrierte mich wieder auf die Rettung des in Frankreich lagernden Filmmaterials. Zu meiner Überraschung erschien bei mir in München Monsieur Desmarais, von dem
ich, seit er nach Canada ausgewandert war, nichts mehr gehört
hatte. Merkwürdigerweise wurde er von jenem Monsieur Colin-
Reval begleitet, der seinerzeit in Paris mitgewirkt haben sollte, daß
Desmarais und seine Frau Frankreich verlassen mußten, weil sie
mit mir Kontakt aufgenommen hatten und «Tiefland» fertigstellen
wollten.
    Im Augenblick waren sie beide an «Tiefland» interessiert, Colin-
Reval als Vertreter der deutsch-französischen IFU in Remagen, als

deren Direktor er fungierte, und Desmarais als Käufer der Rechte für Canada.

Monsieur Colin-Reval versicherte, nun sei in Paris endgültig alles geregelt, und in kürzester Zeit könnte das Material nach Remagen überführt werden. Beide Herren legten mir Papiere zur Unterschrift vor. So überrascht ich über diese Wendung war und einen Hauch von Hoffnung verspürte, wagte ich dennoch nicht, Papiere von solcher Bedeutung ohne Rechtsbeistand zu unterzeichnen. Außerdem machte mich eine Bedingung mißtrauisch: Ich sollte den Prozeß, den Professor Dalsace beim staatlichen Gerichtshof in Frankreich um die Freigabe meines Eigentums führte, einstellen. Das wäre aber ein großes Risiko. Mein Mißtrauen wurde bald bestätigt. Mainz schrieb aus Paris, Colin-Reval sei durch die französische Regierung aller seiner Funktionen enthoben, und warnte mich, irgendwelche Verträge mit ihm abzuschließen.

Ich war total irritiert und konnte nichts mehr begreifen. Was sich in Paris im Kampf um diesen Film zwischen ganz verschiedenen Interessenten abspielte, war undurchschaubar. Auch Korrespondenzen, die mein Anwalt mit der «Cinémathèque Française» und anderen französischen Organisationen führte, brachten nur Fragen über Fragen mit sich.

Ende Juni 1950 erhielt mein Münchner Anwalt, Dr. Beinhardt, von dem Direktor des «Centre National de la Cinémathèque Française», die höchste zuständige Behörde für diese Angelegenheit, einen folgenschweren Brief, der eine endgültige Entscheidung zu enthalten schien. Der Text:

Paris, 30. Juni 1950

Monsieur,

in Beantwortung Ihres Briefes vom 20. Juni 1950 bedauere ich, Ihnen mitteilen zu müssen, daß es mir unmöglich ist, das Tieflandmaterial zurückzugeben. Es handelt sich zwar unbestritten um deutsches Eigentum, das jedoch auf österreichischem Staatsgebiet während des Krieges verlagert war. Es ist deshalb lediglich die Regierung dieses Landes dafür zuständig, entsprechend dem internationalen Recht über die Verfügung des Films Entschlüsse zu fassen.

gez. Fourré-Cormeray
République Française

Ein Wahnsinn: Nun sollten meine Filme nach Österreich und die jahrelangen Bemühungen bei den französischen Dienststellen umsonst gewesen sein?

Noch verwirrter wurde ich durch einen Brief des in Filmkreisen der ganzen Welt so geschätzten Film-Archivars Henri Langlois, des Begründers der berühmten «Cinémathéque Française». Er schrieb:

Paris, 11. Oktober 1950

Liebe Frau Riefenstahl,
mit großem Bedauern sehe ich mich gezwungen, Ihnen mitzuteilen, daß es trotz unserer Bemühungen nicht gelungen ist, Ihre Filme zu schützen. Tatsächlich haben wir diese Filme im Depot aufbewahrt, um sie in Ihre eigenen Hände zurückzugeben. Trotz unserer Proteste sind diese Filme anstatt Ihnen selbst zurückgegeben zu werden – wie wir hofften – einer österreichischen Handelsgesellschaft der Tyrol-Film anvertraut worden. Ich habe es sogar nicht erreichen können, daß die Kopien dieser Meisterwerke des deutschen Films – die einzigartig sind, dem österreichischen National Archiv anvertraut werden konnten – obwohl es fähig gewesen wäre, den hohen künstlerischen Wert zu schützen und eine gute Aufbewahrung zu sichern.
Ich bin um so untröstlicher, als ich mich der Zurückgabe der Filme nicht entgegengestellt habe in der Meinung, daß Sie es seien, für die sie bestimmt waren. Wollen Sie – liebe gnädige Frau – meiner Ergebenheit versichert sein..

Der Generalsekretär
HENRI LANGLOIS

Es erschien mir wie eine Teufelei. Gegen wen hat Herr Langlois protestiert? Wahrscheinlich gegen die Franzosen, die den Ausgang des Prozesses von Professor Dr. Dalsace fürchteten.

Inzwischen waren fünf Jahre seit Kriegsende vergangen, mein Eigentum immer noch beschlagnahmt und ich arbeitslos, ohne jede finanzielle Unterstützung.

In Rom

Da geschah etwas, was mein Leben veränderte. Der junge französische Schauspieler Paul Müller, der mich vor Jahren in Königsfeld besuchte, hatte sein Versprechen gehalten. Er teilte mir mit, einen italienischen Produzenten gefunden zu haben, der den Wunsch hätte, mit mir zu arbeiten. Tatsächlich erhielt ich bald den Besuch von Signor Alfredo Panone. Ich kannte ihn aus Berlin, wo er vor dem Krieg zur italienischen Botschaft gehörte.

Dieser Italiener, Direktor der Firma «Capital Pictures», Rom, war der erste, der neue Arbeiten von mir erwartete, kein kalter, nüchterner Geschäftsmann, sondern begeisterungsfähig wie so viele seiner Landsleute. Er lud mich nach Rom ein und machte mir den Vorschlag, dort in Ruhe und mit genügend Zeit meine Filmideen niederzuschreiben. Diese Aussicht erschien mir zu unwahrscheinlich, als daß ich an ein solches Glück noch glauben konnte. Aber Paul Müller ermutigte mich.

Noch gab es einige Schwierigkeiten. Ich besaß weder Paß noch Visum und vor allem keine Ausreisegenehmigung, die nur die Amerikaner ausstellen konnten. Und die verweigerten sie. Erst nach wochenlangen Bemühungen meines früheren Mannes gelang es schließlich doch, das «Exit permit» zu erhalten.

In Rom erwarteten mich an der Stazione Termini Signor Panone und Paul Müller. Ich befand mich in einem euphorischen Zustand. Blauer Himmel, warme Luft und die lachenden Menschen ließen mich das Grau, das ich in Deutschland zurückgelassen hatte, vergessen. Man hatte mir ein elegantes Appartement besorgt, und neben den Blumen lag ein Couvert mit einem größeren Betrag in Lire-Scheinen.

Den Abend verbrachten wir in einem Restaurant in Trastevere und sprachen über die Projekte zukünftiger Arbeiten. Ich dachte an eine Verfilmung von Jean Gionos «Le chant du Monde». Ich liebte seine Bücher, aber ich hatte auch eigene Filmthemen.

Signor Panone schlug mir vor, in Fregene, nicht weit von Rom am Meer gelegen, meine Ideen niederzuschreiben. Ein guter Vorschlag, denn in Rom war es sehr heiß.

Es erschien mir alles wie ein Traum. Ich bewohnte in Fregene ein hübsches Zimmer, in das gedämpftes grünschimmerndes Tageslicht einfiel. Tagsüber ging ich an dem menschenleeren Strand spazieren. Niemand außer mir badete im Meer. Aber diese Ruhe war nur von kurzer Dauer. Am Wochenende kam Signor Panone mit Sekretärin und einigen Journalisten. Durch meine Erfahrungen mit der deutschen Presse verängstigt, war ich zu den Presseleuten sehr zurückhaltend. Um so mehr überraschten mich ihre Berichte, die mir Renata Gaede, meine neue Sekretärin, übersetzte. Sie waren mehr als liebenswürdig. Auf den Titelseiten wurde ich mit «Olympia in Roma» und «Ventura in Italia» begrüßt.

Soviel Sympathie und Menschlichkeit gaben mir enormen Auftrieb. Ich begann zu schreiben, und von Tag zu Tag fiel mir mehr ein. Nach einer langen, kreativen Durststrecke war ich voller Ideen. In knapp zwei Wochen schrieb ich drei verschiedene Exposés. Eines hatte den Titel: «Der Tänzer von Florenz» – ein Thema, das ich schon lange mit mir herumtrug, eine Filmdichtung für meinen Freund, den Tänzer Harald Kreutzberg. Jedes Mal war ich hingerissen, wenn ich ihn tanzen sah. Es war das größte Erlebnis, das mir durch Tanz vermittelt wurde.

Als zweites Thema sah ich einen Bergfilm vor mir. Er sollte in vier Ländern aufgenommen werden, in denen alpiner Sport geschätzt und ausgeübt wird. «Ewige Gipfel» nannte ich diesen Stoff. Die Handlung zeigt vier historisch bekannte Erstbesteigungen, die filmisch nachgestaltet werden sollten. Als Höhepunkt die Besteigung des höchsten Gipfels der Erde, des «Mount Everest».

Das dritte Vorhaben, «Die roten Teufel», war mein Lieblingsprojekt. Die Idee stammte aus dem Winter 1930, als ich in dem Fanckfilm «Stürme über dem Montblanc» eine Rolle hatte. Damals in Arosa trat ich eines Tages aus der Hoteltür ins Freie und wurde von einem unvergeßlichen Bild geblendet: In der weiß glitzernden Winterlandschaft stand eine Gruppe von etwa fünfzig Studenten, die Fanck für seine «Fuchsjagd» auf Skiern verpflichtet hatte. Sie trugen alle rote Pullover. Als sie die Hänge hinuntersausten, leuchtete die rote Farbe im Sonnenlicht – ein faszinierender Anblick, das Rot auf dem weißen Schnee. Da hatte ich die Vision eines Skifilms in Farben. Damals, 1930, gab es noch keinen Farbfilm. In meiner Fantasie sah ich neben dem Rot auch das Blau, eine weibliche Farbe – die Skiamazonen – einen Wettlauf zwischen Rot und Blau auf weißem Grund.

Als Signor Panone mich nach zwei Wochen in Fregene besuchte und die Exposés las, war er so begeistert, daß er mir einen Vertrag anbot. Ich war glücklich. Als erstes sollten «Die roten Teufel» realisiert und schon im kommenden Winter mit den Vorbereitungsarbeiten in Cortina D'Ampezzo, in den Dolomiten, begonnen werden. In großer Aufmachung berichtete die Presse über die «Diavoli Rossi». Überraschend schnell gingen die Vorbereitungen voran.

Die «Capital Pictures», die mich als Regisseurin verpflichtete, erhielt von den großen Hotels in Cortina günstige Bedingungen für unser Filmteam. Panone hatte inzwischen die Urheberrechte an Stoff und Titel in Rom eintragen und schützen lassen – es war der 13. Oktober 1950.

Der Fall «Lantin»

Ein Telegramm meiner Mutter rief mich plötzlich nach München zurück. Hier erwartete mich schon mein Rechtsanwalt. Eine neue unerfreuliche Sache mußte geklärt werden: Das Bayerische Landesamt für Wiedergutmachung hatte mein im Januar 1950 freigegebenes Eigentum in Deutschland wieder beschlagnahmt. Dabei ging es lediglich um das bißchen Mobiliar meiner Schwabinger Wohnung und um meine schwer beschädigte Villa in Dahlem. Andere Werte besaß ich in Deutschland nicht.

Für meine Mutter und mich ein unverständlicher harter Schlag. Die Freigabe war ja erst vor kurzem nach jahrelangen Untersuchungen und Verhören unzähliger Personen, die alle für mich aussagten, erfolgt.

Einer meiner langjährigen und, wie ich glaubte, treuesten Mitarbeiter, Rolf Lantin, der zwölf Jahre in meiner Firma als Fotograf tätig war, hatte durch einen Brief an das Oberfinanzpräsidium in Frankfurt a. M. eine neue Beschlagnahme meines Eigentums erreicht. Mein Anwalt erhob sofort Einspruch, und da ich neue Zeugen benennen mußte, wurde ich aus Rom zurückgerufen. Für mich war das alles völlig unverständlich. Ich hatte Herrn Lantin in Kitzbühel, bevor die Franzosen kamen, Film- und Fotokameras und mehrere Kisten voll mit Dunkelkammergeräten, Chemikalien und Fotopapieren geliehen. Er hoffte, sich damit in der amerikanischen Zone eine Existenz aufbauen zu können, was ihm offenbar glänzend gelungen war.

Als es uns in den Hungerjahren in Königsfeld so schlecht erging, hatte ich ihn gebeten, mir das geliehene Material zurückzugeben. Ich schilderte ihm unsere Lage und schrieb, ich benötigte dringend Geld für meine Mutter, um Medikamente kaufen zu können. Er antwortete nicht. Statt dessen erschienen in mehreren illustrierten Zeitschriften Bildberichte über «Tiefland». Ich erfuhr, daß Lantin die Fotos dazu unberechtigt und heimlich aus Kitzbühel mitgenommen und an Redaktionen verkauft hatte. Um meine Urheberrechte zu schützen, mußte ich meinen Anwalt einschalten, der das geliehene Material und die «Tiefland»-Fotos zurückforderte. Um dem nicht nachzukommen, ließ er sich zu einer Denunziation hinreißen. Er fragte heuchlerisch beim Oberfinanzpräsidium in Frankfurt a. M. an, ob er verpflichtet wäre, mir das alles zurückgeben zu müssen, da er nicht wisse, ob in meiner Firma Parteigelder steckten. Ihm seien Bedenken gekommen, und er möchte nicht Gefahr laufen, für diese Gegenstände ersatzpflichtig gemacht zu werden.

Er hatte mit seiner Denunziation kein Glück. Nach dem Verhör wichtiger Zeugen, wie Franz Xaver Schwarz, dem ehemaligen Reichsschatzmeister der Partei und verantwortlich für alle finanziellen Angelegenheiten im «Braunen Haus», oder Dr. Max Winkler, dem obersten Chef der «Filmkreditbank», dem die deutsche Filmwirtschaft unterstand, wurde die Beschlagnahme nun endgültig aufgehoben. Dieses Urteil konnte Herr Lantin nicht ignorieren, er mußte das geliehene Material zurückgeben.

Ich aber war um eine bittere Erfahrung reicher.

Die Entscheidung im «Lantin-Prozeß» hatte ich in München nicht abwarten können. Ich sollte schon im Januar, es war das Jahr 1951, mit den Vorarbeiten für «Die roten Teufel» in Cortina beginnen. Mein Vertrag mit der «Capital Pictures» war inzwischen in Rom bei einem Notar rechtskräftig unterzeichnet worden, aber ich hatte, wegen meiner plötzlichen Abberufung nach München, noch kein Honorar erhalten. Signor Panone versprach mir das Geld nach Cortina zu bringen, wo wir uns im Grand Hotel «Majestic Miramonti» treffen wollten. Ich nahm meine Mutter, von der ich mich nur noch schwer trennen konnte, nach Cortina mit, wo wir von Herrn Manaigo, dem Besitzer des Hotels, herzlich empfangen wurden. Herr Panone war noch nicht angekommen, worüber ich froh war, denn nach den anstrengenden Wochen in München brauchte ich Ruhe.

Es schneite ohne Unterbrechung. Bald lag der Schnee meterhoch. Die Wege mußten freigeschaufelt werden, und nach wenigen Tagen schauten nur noch die Spitzen der Telegrafenstangen aus den Schneemassen heraus. Seit Jahrzehnten hatte es hier nicht soviel Schnee gegeben. Panone schickte ein Telegramm, er würde sich einige Tage verspäten.

Da die italienische Presse in großer Aufmachung berichtete, daß in Cortina «Die roten Teufel» gefilmt würden, befand sich nun der ganze Ort in Aufregung. Wo ich hinkam, wurde ich mit Fragen bestürmt. Von Panone hatte ich kein Lebenszeichen mehr erhalten. Ich wurde unruhig. Was war geschehen? Meine Situation wurde immer peinlicher. Ich hatte mich auf das Geld von Panone verlassen, besaß selbst nichts und konnte mir außerhalb des Hotels weder eine Limonade noch einen Capuccino leisten. Alle Versuche, Panone zu erreichen, blieben erfolglos. Weder im Büro noch privat meldete sich jemand. Auch meine Telegramme blieben ohne Antwort. Unglücklicherweise war mein Freund Paul Müller nicht in Rom, und Renata, die mir in Rom zur Verfügung gestellte Sekretärin, war auch nicht erreichbar. Wieder durchlebte ich schlaflose Nächte. Seit drei Wochen wartete ich nun schon in Cortina – ich mußte endlich Gewißheit haben, und dazu mußte ich nach Rom. Aber wie sollte ich dorthin kommen!

Signor Menaigo hatte meine Unruhe bemerkt. Er war bestürzt, als ich ihm meine Lage schilderte. Daß ich die Hotelrechnung nicht zahlen konnte, schmerzte ihn nicht so sehr, aber der Verlust für Cortina, der nach der großen Werbung entstehen würde, berührte ihn stark. Sofort dachte er über andere Finanzierungsmöglichkeiten nach, denn der Filmstoff hatte ihn beeindruckt. Mit einigen der großen Filmproduzenten, die ihre Weihnachtsferien in seinem Luxushotel verbrachten, wollte er Verbindung aufnehmen. Außerdem schaltete er den einflußreichen Verkehrsdirektor von Cortina, Herrn Gurschner, ein, der sich ganz besonders an dem Filmprojekt interessiert zeigte. Schließlich wurde Otto Menardi hinzugezogen, der als Besitzer des Berghotels «Tre Croci» ebenfalls reiche Italiener kannte. Diese drei Herren bemühten sich intensiv um eine neue Finanzierung meines Films.

Von Tag zu Tag wurde es für mich aufregender, weil es mal aussichtsreich, mal ganz trostlos aussah. Interessenten erschienen in Cortina, konkrete Zusagen wurden gegeben, sogar Vertragsentwürfe kamen zustande – aber dann platzte alles wie Seifenblasen. Ich hatte schon jede Hoffnung aufgegeben, als ich plötzlich eine Überraschung erlebte: Herr Gurschner berichtete, er habe erfreuliche Telefongespräche mit einem der damals größten italienischen Produzenten geführt. Dieser Mann interessiere sich lebhaft für dieses Projekt und wolle sich gern mit mir unterhalten. Er bat mich am nächsten Tag, 12 Uhr mittags, ins «Grand-Hotel» nach Rom, ein anderer Termin war ihm nicht möglich. Ich war ratlos, wie sollte ich das schaffen? Signor Menaigo war mit meiner Abreise und einer Stundung der Hotelrechnung einverstanden. Eugen Siopaes, mein Bergführer, den mir die Skischule in Cortina kostenlos für die Motivsuche zur Verfügung gestellt hatte, erklärte sich sofort bereit, meine Mutter nach München zu bringen. Ein Glück, daß ich Rückfahrkarten hatte. Herr Gurschner, nebenbei auch Leiter der italienischen Busgesellschaft SAS, gab mir ein Freiticket nach Rom.

Früh am Morgen kam ich in Rom an, ohne eine Lira in der Tasche. Auch hatte ich in der Eile der Abreise vergessen, mir Proviant mitzunehmen, und spürte schon den Hunger.

Stunden vor der verabredeten Zeit war ich im «Grand-Hotel» und ging erst einmal in den Waschraum, um mich für dieses Rendezvous zu erfrischen. Die nächtliche Reise hatte mich sehr ermüdet. Als Kennzeichen hatten wir zwei Merkmale vereinbart, meine damals tizianrote Haarfarbe und meinen Regenmantel in auffallendem Grün. Ich hatte ihn mir kurz vor meiner Romreise zugelegt.

In der Hotelhalle nahm ich einige Illustrierte zur Hand. Was hätte ich jetzt um ein gutes Frühstück gegeben! Ein Ober kam, überreichte mir die üppige Speisekarte, ich dankte und bat etwas verlegen um ein Glas Wasser.

Endlich rückte der Uhrzeiger auf zwölf. Erst jetzt wurde es mir bewußt, was alles von dieser Unterredung abhing. Ich zwang mich zur Ruhe, konnte aber nicht verhindern, daß meine Finger zu zittern anfingen.

Stunde um Stunde wartete ich. Die Zeit unserer Verabredung war längst vorüber. Am liebsten hätte ich meinen Kopf auf den Tisch gelegt und losgeheult. Es schien sinnlos, noch länger zu warten. In dem Augenblick, als ich aufstehen wollte, kam ein Mann auf mich zu und fragte in gebrochenem Deutsch: «Signora Riefenstahl?» Beklommen nickte ich. Dann stellte er sich vor, ein kleiner, schmächtiger Mann von sehr heller Gesichtsfarbe, dessen Namen ich nicht mehr weiß. Er sagte: «Wir müssen Sie sehr um Entschuldigung bitten, daß wir Sie solange warten ließen. In unserer Firma hat sich ein Unglück ereignet, das uns alle betroffen hat.» Er zögerte weiterzusprechen, und mir schien, seine Gesichtsfarbe würde noch fahler. Dann fuhr er, an mir vorbeischauend, fort: «Der Geschäftsführer unserer Firma hat sich in der vergangenen Nacht erschossen. Mein Chef hat mich gebeten, Ihnen dies mitzuteilen. Er bedauert sehr, daß er Sie jetzt nicht sprechen kann.»

Der Italiener hatte längst die Hotelhalle wieder verlassen, ich saß aber noch wie versteinert an meinem Platz. Ich weiß nicht, wie lange. Manches, was dann geschah, sehe ich heute noch plastisch vor mir, anderes nur noch schemenhaft. Denke ich an diese Ereignisse in Rom zurück, so kommt es mir vor, als sähe ich einen Film, in dem ab und zu eine Reihe von Sequenzen fehlt. Ich erinnere mich nicht mehr, wie ich das Hotel verlassen habe, aber ich sehe, wie ich ziellos in den Straßen Roms herumlief, an einem Kiosk stehenblieb und mir eine italienische Zeitung kaufen wollte, bis mir bewußt wurde, daß ich nicht eine Lira hatte. Mir waren Schlagzeilen aufgefallen, die in großen Buchstaben den Namen der italienischen Filmfirma nannten, mit der ich verhandeln sollte. Und da las ich «MORTI» – das einzige Wort, das ich verstand. Das mußte der Selbstmord sein, von dem auch ich betroffen war. Ich lief weiter, noch immer ganz benommen, in Richtung Via Barberini. Dort befand sich das Büro von Panone. Plötzlich zuckte ich zusammen. Jemand hatte mich angesprochen, mit meinem vollen Namen. Ich sah in das lachende Gesicht einer fremden Frau und hörte sie sagen: «Wie schön, daß ich Sie hier treffe, wie lange bleiben Sie in Rom?»

Verlegen zuckte ich die Achseln. Ich kannte die Dame nicht und sagte nur: «Ich weiß es nicht.»

«Möchten Sie nicht ein paar Tage mein Gast sein? Wir würden uns so freuen.» Impulsiv nahm sie mich am Arm und sagte: «Auf jeden Fall nehme ich Sie jetzt mit zum Tee, diese Gelegenheit darf ich mir nicht entgehen lassen.»

Widerstandslos ließ ich mich zu ihrem Auto führen.

Während der Fahrt erzählte sie mir, daß sie seit Jahren eine große Bewunderin meiner Filme wäre und daß sie mich noch als Tänzerin kannte. Sie selbst hatte in München Tanz studiert. Deshalb sprach sie ein fast akzentfreies Deutsch. Das Auto kletterte die Via Aurelia Antica, eine steile und kurvenreiche Straße, hinauf, bis wir uns hoch über Rom befanden. Der Wagen hielt vor einem großen Eisentor, hinter dem, fast versteckt, ein altes romantisches Schlößchen lag, von hohen Pinien umgeben.

«Wohnen Sie hier?»

«Ja», sagte sie lächelnd, «es wird Ihnen gefallen.»

Bevor wir den Garten betraten, blieb ich einen Augenblick stehen, um auf das unter uns liegende Rom zu schauen – wie herrlich schön war diese Stadt! Ich hatte sie vom ersten Augenblick an geliebt. Im Hause wurden wir von Gästen begrüßt, und nun erfuhr ich auch den Namen der Gastgeberin. Es war die Baronesse Myrjan Blanc, eine in Rom bekannte Persönlichkeit.

Der Tee wurde im Innenhof des Schlosses serviert. Endlich konnte ich etwas essen. Ich versuchte, meinen Heißhunger zu verbergen. Meine Augen sahen entzückt bunte Vögel und tropische Blumen, an den Säulen und alten Mauern rankten sich grüne Pflanzen. Auf einem Liegestuhl lag lässig, eine Zigarette rauchend, eine junge Frau, deren Alter ich nicht schätzen konnte – auffallend waren ihre durchtrainierten überlangen Beine. Diese aparte Frau war Maja Lex, eine auch in Deutschland bekannte Tänzerin. Dann war da noch eine dritte Dame, die deutsch sprach, Frau Günther, Leiterin einer bekannten Tanzschule in München, Lehrerin von Maja Lex und Myrjan Blanc.

Welch ein Gegensatz! Nach allem, was ich in diesen Jahren erlebt hatte, gab es hier anscheinend eine heile, schöne Welt. Diese Atmosphäre fing mich ein, und dankbar nahm ich die Einladung der Baronesse an, einige Tage ihr Gast zu sein.

Es war alles wie in einem Traum.

Mein Doppelleben

Nun genoß ich schon seit einer Woche die Gastfreundschaft der Baronesse. In dieser Zeit führte ich ein seltsames Doppelleben. Einerseits lebte ich fürstlich, hatte ein schönes Zimmer mit antiken Möbeln, ein großes modernes Bad, mit sizilianischen Fliesen ausgelegt, und wurde mit italienischen Köstlichkeiten verwöhnt. Andererseits konnte die Baronesse nicht ahnen, daß ich arm wie ein Aschenbrödel war. Sie wußte nicht, wie es mir in den Stunden erging, wenn ich mich allein in Rom zurechtfinden mußte. Fast täglich, wenn sie mit ihrem Auto in die Stadt fuhr, wo sie ihre Einkäufe erledigte und ihre Besuche machte, nahm sie mich mit. Wir trafen uns dann meist an der «Spanischen Treppe», wo sie mich nachmittags, manchmal aber auch erst am Abend, abholte. In der Zwischenzeit war ich allein auf mich angewiesen. Das Laufen auf den Pflastersteinen war ermüdend, Geld für einen Bus hatte ich nicht. Ganz schlimm wurde es, wenn die Mittagszeit herankam und ich hinter den Scheiben die Leute sah, wie sie ihre Pasta aßen oder genüßlich Eiscremes und Kuchen verzehrten.

Abends im Schlößchen beim Dinner, meist wurde erst gegen 22 Uhr gegessen, wurde mir das Groteske meiner Situation erst recht bewußt. An der mit Kerzen und Blumen festlich geschmückten Tafel fühlte ich mich nicht wohl. Wie in einer Filmszene kam mir der gepflegte grauhaarige Diener vor, der mit weißen Handschuhen servierte.

In den ersten Tagen war ich von dieser romantischen, luxuriösen Atmosphäre fasziniert, aber nun begann sie, mich von Tag zu Tag mehr zu belasten. Ich wollte heim zu meiner Mutter. Das Problem war, daß ich wohl eine Rückfahrkarte ab Cortina, nicht aber ab Rom hatte. Mir fehlten ungefähr fünfzig Mark, und ich wagte niemanden darum zu bitten.

Mein altes Leiden überfiel mich von neuem und zwang mich, einige Tage im Bett zu bleiben. Myrjan – wir duzten uns inzwischen – sprach von einem Arzt, der mir vielleicht helfen könnte.

Ein ungewöhnlicher Arzt

Nach wenigen Tagen lernte ich diesen Arzt kennen. Myrjan hatte ihn mit anderen Gästen eingeladen. Es wurde ein ganz besonderer Abend. Einmal brachte er mir die Bekanntschaft des Arztes, der eine Persönlichkeit war, und dann erlebte ich Carl Orff, den berühmten Komponisten, der uns auf dem Flügel seine neuesten Kompositionen vortrug. Unter den Gästen befand sich auch Edda Ciano, die Tochter Mussolinis, eine Freundin von Myrjan Blanc. Sie hatte den Arzt mitgebracht, der, wie ich erfuhr, der Hausarzt der königlichen italienischen Familie war.

Sein ursprünglicher Name war Dr. Stückgold, ein gebürtiger Deutscher, der 1928 nach Italien gekommen war und sich seitdem Stuccoli nannte. Hier war er zu Ruhm und Ansehen gelangt. In Berlin hatte er seine Praxis am Wedding gehabt. Seine Klienten waren Dirnen, Zuhälter und Arbeiter. Brillant schilderte er das Milieu dieser Menschen. Er war ein ausgezeichneter Erzähler. Professor Stuccoli erklärte sich bereit, mich zu behandeln. Schon am nächsten Vormittag war ich in seiner Praxis. Es war ein großer Raum mit sehr hohen Wänden wie in einer Bibliothek, von oben bis unten mit Bücherregalen bedeckt. Der Professor, ein Mann von hünenhafter Gestalt, saß vor einem schweren antiken Schreibtisch. Nichts erinnerte an einen Arzt, kein einziger Gegenstand.

Geduldig hörte er sich meine lange Krankheitsgeschichte an und las in den Unterlagen, die ich mitgebracht hatte. Als er bemerkte, daß ich mich vor einer schmerzhaften Untersuchung fürchtete, lächelte er und sagte: «Ich brauche Sie nicht zu untersuchen. Ihr Krankheitsbild ist mir klar. Sie haben eine weit fortgeschrittene chronische Zystitis, die mit den üblichen Behandlungsmethoden nicht mehr geheilt werden kann. Es gibt nur eine Möglichkeit, diese Krankheit zum Stillstand zu bringen und Sie vor den schmerzhaften Koliken zu bewahren. Aber diese Behandlung ist gefährlich, und nur Sie allein können die Entscheidung treffen, ob Sie das Risiko eingehen wollen.» Gespannt fragte ich den Arzt, worin die Gefahren bestünden und was ich tun müßte.

Er sagte: «Ein Teil Ihrer Blase ist seit Jahrzehnten von Colibakterien zerstört. Millionen von Bakterien sitzen in den tiefsten Falten des kranken Organs. Um sie alle für lange Zeit zu vernichten, müßten Sie eine Roßkur über sich ergehen lassen. Zwei Monate lang müßten täglich 2 ccm Streptomycin gespritzt werden. Dieses oder ähnlich wirkende Medikamente gibt es erst seit einigen Jahren, deshalb konnte man Ihnen nicht helfen und Sie auch nicht heilen. Heute würden drei bis maximal sechs Tage genügen, um mit diesem Medikament solche Krankheiten, solange sie noch nicht chronisch sind, zu kurieren. Aber in Ihrem Fall würde eine normale Behandlung nicht mehr helfen.»

«Und was sind das für Risiken, die eine solche Behandlung bedeuten würde?» fragte ich.

Professor Stuccoli: «Sie können Hörschäden erleiden und sogar taub werden.»

Impulsiv sagte ich: «Lieber Professor, seit mehr als zwanzig Jahren überfällt mich diese Krankheit immer wieder, ich nehme das Risiko auf mich, ich habe nur den einen Wunsch, von diesen unerträglichen Schmerzen befreit zu werden.»

Der Arzt öffnete in einer Holztäfelung eine Tür, holte dahinter einige Päckchen Medikamente hervor, übergab sie mir und sagte: »Das sind sechzig Spritzen je zwei ccm Streptomycin. Sie müssen sich jeden Tag eine Spritze geben lassen, möglichst um dieselbe Zeit, und Sie dürfen nicht einen einzigen Tag auslassen, sonst ist der Erfolg in Frage gestellt. Der Spiegel», – damals verstand ich nicht, was er damit meinte, «muß immer gleichbleiben.»

«Lieber Professor», sagte ich zögernd, »ich kann Ihnen weder die Medikamente noch Ihr Honorar bezahlen.»

«Ich schenke sie Ihnen – Sie sind mir nichts schuldig.»

Wenn ich in meinem Leben einem Menschen zu Dank verpflichtet bin, dann diesem Arzt. Seine «Roßkur» habe ich ohne Schaden überstanden, über drei Jahrzehnte hatte ich keine Rückfälle.

Das Horoskop

Mein Abreisetag war nun endgültig festgelegt. Am kommenden Abend ging mein Zug nach München. Renata, die ich glücklicherweise getroffen hatte, lieh mir sofort das fehlende Reisegeld. Von ihr erfuhr ich auch, warum das Projekt mit Panone und der «Capital Pictures» gescheitert war. Einer der finanzstärksten Direktoren dieser Firma, ein Schweizer Bankier, war nach einem längeren Aufenthalt in New York Anfang dieses Jahres nach Rom zurückgekehrt. Als er von dem Vertrag, den Signor Panone mit mir abgeschlossen hatte, erfuhr, soll er getobt haben. Der Bankier erklärte, daß er keinen Film mit der Riefenstahl finanzieren würde. Da Panone auf Vertragserfüllung bestand, soll der Bankier alle Firmenkonten gesperrt haben. Was dann weiter geschah, wußte Renata nicht, nur soviel, daß die Firma zahlungsunfähig wurde und daß Panone ins Ausland geflüchtet war, ohne Angabe einer Adresse.

Mein letzter Tag in Rom. Da mein Zug erst spät abends ging, wollten wir noch einen gemütlichen Abschiedsabend verbringen. Pakken brauchte ich nicht, ich hatte ja nur ein kleines Köfferchen dabei. Myrjan mußte noch einen Besuch in der Stadt machen, zu dem sie mich mitnahm. Während der Fahrt sagte sie: «Du wirst heute einen meiner besten Freunde kennenlernen, einen interessanten Mann, Francesco Waldner, er ist der bekannteste Astrologe in Rom. Er hat außergewöhnliche Fähigkeiten und schon Erstaunliches vorausgesagt. Glaubst du an Astrologie?» fragte sie mich. – «Daß die Gestirne einen großen Einfluß auf die Natur und auch auf Menschen haben, davon bin ich überzeugt, aber», sagte ich, «die Berechnungen, die von den Astrologen aus der Stellung der Sterne bei einer Gerburtsstunde gemacht werden, halte ich für zu vage, zu schwierig. Ich glaube eher, daß es Menschen gibt, die bei der Errechnung von Horoskopen aus Intuition bestimmte Eigenschaften und Schicksale von Menschen erkennen können. Nach einem Horoskop würde ich mein Leben nicht ausrichten, was ich tue, das möchte ich ohne Beeinflussung machen und nicht auf unsichere Fakten bauen.»

Herr Waldner wohnte in einem alten römischen Haus in der Nähe des Tiber. Er umarmte Myrjan und wandte sich dann mir zu.

«Das ist Leni», sagte Myrjan, «Leni Riefenstahl – du kennst sie sicher.»

«Ja – ja», sagte Waldner nachdenklich, «als ich noch in Meran lebte, habe ich einige Ihrer Filme gesehen. ‹Das blaue Licht›», sagte er jetzt lebhaft. «Ich erinnere mich, Sie saßen in einer Grotte und spielten mit den vom Mondlicht durchleuchteten Kristallen.»

Wir setzten uns in eine Sofaecke mit vielen Kissen. Alles in der Wohnung hatte gedämpfte Farben. Eine Katze schmiegte sich um die Beine von Waldner, der uns Tee und Gebäck servierte.

Es fiel mir auf, daß er die Augen halb geschlossen hatte und so etwas verschlafen wirkte. Wahrscheinlich typisch für sein nach innen gerichtetes Wesen. Noch bevor ich meinen Tee trank, fragte er mich: «Wann sind Sie geboren?» ehe ich noch antworten konnte, sagte er: «Bestimmt im August, Sie können nur im August geboren sein.»

Ich lächelte und sagte: «Ja, am 22. August 1902.» Er stand auf, ging in den Raum nach rückwärts hinter einen Vorhang und kam nach kurzer Zeit zurück.

«Sie haben ein sehr ungewöhnliches Horoskop», sagte er, «wie lange bleiben Sie noch in Rom?»

«Nur bis heute abend.»

«Das sollten Sie nicht», sagte er unerwartet temperamentvoll, «Sie müssen unbedingt noch in Rom bleiben.» Myrjan fiel ihm ins Wort: «Es geht leider nicht, Francesco», sagte sie, «Leni wird in München erwartet.»

«Einen Augenblick», sagte Waldner und verschwand wieder hinter dem Vorhang. Dann kam er mit einer kleinen Karteikarte zurück, ließ sich in den Sessel fallen, vertiefte sich in diese Karte, auf der ein Horoskop gezeichnet war, und sagte mit großer Bestimmtheit: «Wenn Sie heute abend abreisen, verlieren Sie eine nie wiederkehrende Chance. Ich habe hier von einem meiner Kunden ein Horoskop. Sein Mond liegt auf Ihrer Sonne, die Sterne stehen so zueinander, daß es eine bessere Partnerschaft nicht geben könnte. Dieser Mann», fuhr Waldner fort, «ist ein reicher italienischer Geschäftsmann mit künstlerischen Ambitionen, man könnte sagen, ein geborener Mäzen. Wenn Sie mit diesem Mann zusammenkommen könnten, würde sich dies für Sie sehr günstig auswirken.»

Myrjan versuchte, ihn zu unterstützen: «Du solltest es dir wirklich überlegen. Fast immer ist etwas dran, wenn Francesco sich so bestimmt äußert. Bleib noch einige Tage, du kannst doch mit deiner Mutter telefonieren.»

Ich blieb. Am nächsten Vormittag rief Herr Waldner Myrjan an, «sein» Italiener erwarte mich um fünf Uhr in seinem Büro in der Via Barberini 3. Er hieß Professore Dott. Ernesto Gramazio und war österreichischer Generalkonsul in Rom.

Pünktlich war ich dort. Man führte mich durch mehrere modern eingerichtete Räume, in denen einige Damen und Herren beschäftigt waren, und bat mich, in dem Büro von Professor Gramazio zu warten. In diesem Zimmer waren die Wände mit Fotos berühmter Künstler und Politiker bedeckt, alle persönlich signiert. Noch machte ich mir keine Hoffnungen und war deshalb auch nicht enttäuscht, daß ich schon über eine Stunde wartete.

Plötzlich hörte ich Stimmen, Gelächter, und Signor Gramazio stand vor mir. Lebhaft begrüßte er mich auf italienisch, dann auf französisch und schließlich auf englisch. Er sah aus wie ein Italiener aus dem Bilderbuch. Eine große stattliche Erscheinung, sehr gepflegt und modisch gekleidet, schwarzes volles Haar, große braune Augen und die Gesichtszüge eines Römers aus einem Hollywood-Film. Wäre ich ein junges Mädchen gewesen, hätte mich seine Erscheinung beeindruckt.

Er entschuldigte sich für seine Verspätung und begann dann zu reden, so viel und so schnell, daß ich kaum folgen konnte. Immer mehr erschien er mir wie ein Schauspieler, der sich gern im Glanz berühmter Persönlichkeiten sonnt. Er zeigte mir Bilder von der Callas, dem italienischen Staatspräsidenten, von Anna Magnani, Rossellini und de Sica. Bei jedem dieser Fotos erzählte er, wann er mit dieser Persönlichkeit zum letzten Mal beisammen war. Mich machte dies reichlich nervös, denn für mich war das alles unwichtig. Mit keinem Wort kam er auf meine Arbeit zu sprechen, und ich ärgerte mich, daß ich seinetwegen in Rom geblieben war. Ich wartete nur noch auf eine Pause in seinem Redeschwall, stand dann auf, um mich zu verabschieden.

Gramazio sah mich überrascht an: «Sie wollen doch noch nicht gehen, ich hatte mir vorgestellt, daß wir heute abend in einem netten Lokal essen und ein Gläschen Wein trinken. Auch möchte ich etwas über Ihre Pläne erfahren, mein Freund Waldner hat mich neugierig gemacht.»

Wir saßen in einem Gartenrestaurant mit bunten Lämpchen und

Gitarrenmusik. Herr Gramazio hatte einen jungen Italiener mitgenommen, der bei ihm beschäftigt war und gut deutsch sprach. Gramazio besaß eine Firma, die in Italien große Bauten ausführte. Das Amt des österreichischen Generalkonsuls hatte er nur aus Prestigegründen übernommen.

Francesco Waldner hatte nicht zuviel gesagt. Tatsächlich erschien mir die Begegnung fast schicksalhaft. Soviel Herr Gramazio in seinem Büro deklamiert hatte, nun war er der beste Zuhörer. Ich mußte ihm die Handlungen meiner neuen Filmprojekte erzählen, der «Ewigen Gipfel» und des Tanzfilms. Ich schilderte ihm auch meine Probleme mit den in Frankreich beschlagnahmten Filmen und die politischen Schwierigkeiten, die ich noch immer in Deutschland hatte.

Es war schon sehr spät, als wir aufbrachen – wir waren die letzten Gäste. Professor Gramazio und Signor Monti brachten mich nach Hause. Während wir die Via Aurelia Antica hinauffuhren, sagte er: «Wir werden zusammenarbeiten und morgen eine Firma gründen.»

«Morgen?» fragte ich ungläubig.

«Morgen», sagte Gramazio lachend, «bis Sie kommen, wird alles vorbereitet sein, ich erwarte Sie um zwölf Uhr.»

Als ich heimkam, schlief schon alles, man hatte die Türen offengelassen. Ich tappte im Dunkeln und suchte lange, bis ich einen Lichtschalter fand. Dann schwankte ich die Treppe hinauf, denn nun spürte ich den Wein. Ich hatte einige Gläser getrunken, vertrage aber nur wenig Alkohol. Da ich leider ein sehr schlechtes Ortsgefühl habe, was mich besonders beim Klettern und später beim Tauchen schon in unangenehme Situationen brachte, hatte ich mir in diesem Schlößchen den Weg zu meinem Zimmer, der über eine kleine Treppe führte, mit weißer Kreide gekennzeichnet. So fand ich in dieser Nacht, ohne jemand wecken zu müssen, mein Bett. Noch beim Einschlafen sah ich die seltsamen Augen von Francesco Waldner.

Die «Iris-Film»

Am nächsten Vormittag war ich wieder in der Via Barberini 3. Herr Gramazio erwartete mich schon im Beisein eines älteren, etwas rundlichen kleinen Mannes, den er mir als seinen Geschäftsführer vorstellte. Über dem Raum lag eine feierliche Stimmung. Nachdem ich mich gesetzt hatte, übergab mir Herr Gramazio ein Couvert. In dem Brief der «Banca Populare di Roma» stand:

«Hiermit teilen wir Ihnen mit, daß wir von Professor Ernst Hugo

Gramazio die Ermächtigung erhalten haben, Ihnen ab 1. Mai des laufenden Jahres die Summe von Lire 2 500 000 (Zweimillionenfünf-hunderttausend) zur Verfügung zu stellen.»

Ich war sprachlos. Dieser Betrag entsprach damals ungefähr dem Wert von 50 000 DM. Gespannt beobachtete man meine Reaktion, aber ich schaute sie nur ratlos an. Dann brach Gramazio lachend das Schweigen und sagte: «Signora Leni, es ist mir eine Freude, Ihnen den Brief meiner Bank zu übergeben als Anfangskapital für die neue Version Ihres Films ‹Das blaue Licht›. Ich bin glücklich, Ihnen meine Mitarbeit zur Verfügung zu stellen.»

Ich war überwältigt.

Im Büro des Notars Olinto de Vita wurde unter der Aktennummer 45381 ein Vertrag für die Gründung einer Firma, der «Iris-Film», von Herrn Gramazio, dem Notar und mir unterzeichnet. Der Vertrag sah vor, daß nach Zahlung des Stammkapitals, das inzwischen von der «Banca d'Italia» eingezahlt war, Herr Gramazio und ich alleinige Gesellschafter dieser Firma mit Sitz in Rom wurden. Zweck der Gesellschaft war die Produktion von Filmen, für die Herr Gramazio zehn Millionen Lire als Anfangskapital zur Verfügung stellte.

Das Tempo, das Gramazio vorlegte, war atemberaubend. Auch sonst inszenierte Gramazio Dinge, von denen ich nicht zu träumen gewagt hätte. Schon einen Tag nach dem Besuch bei dem Notar wurde ich von dem Regisseur de Sica eingeladen. Ich bewunderte seine Filme. Er sprach über meine so begeistert, daß ich fast beschämt war. In den Ateliers der «Cinecitta» zeigte er mir in einem kleinen Vorführraum seinen noch unfertigen Film «Umberto D», der wie schon seine «Fahrraddiebe» und das «Wunder von Mailand» seine geniale Begabung zeigte. Auch meine Filmpläne interessierten ihn. Als er erfuhr, daß ich seit Kriegsende meinen Beruf nicht mehr ausüben konnte, bewegte ihn das so, daß er im Atelier die Belegschaft zusammenrief, mich ihr vorstellte und vor den Beleuchtern und Büh-nenarbeitern eine leidenschaftliche Rede hielt, von der ich leider außer ein paar Worte nichts verstand. Am Ende seiner Rede heftiger Applaus.

Auch Rossellini, den ich am nächsten Tag kennenlernte, war von einer Herzlichkeit, die mich, wenn ich an meine deutschen «Kolle-gen» dachte, tief berührte. Er kannte alle meine Filme, auch er war vom «Blauen Licht» besonders beeindruckt. Überschwenglich sagte er: «Wir Italiener haben Ihnen einiges nachgemacht, denn Sie waren die Erste, die an Originalplätzen die Atelierszenen filmte, sogar einen Gottesdienst haben Sie in einer Kirche aufgenommen.»

Mein Herz schlug höher bei diesen Worten. Ermutigt und beflügelt von neuen Energien verließ ich Rom, um einen deutschen Co-Partner für unsere «Iris-Film»-Produktion zu finden.

Neuer Anfang

Schon einen Tag nach meiner Abreise war ich in Innsbruck, um den von der österreichischen Regierung ernannten Treuhänder, Herrn Würtele, zu treffen. Es ging in der Hauptsache um meinen «Tiefland»-Film, der noch immer nicht an Österreich ausgeliefert wurde. Ich stellte mir vor, daß er durch die «Iris-Film» fertiggestellt werden könnte. Es wäre ein guter Start und eine Chance für die Realisierung der «Roten Teufel».

Der Beamte der Tiroler Landesregierung machte auf mich einen guten Eindruck. Er hatte schon mit dem österreichischen Außenminister, Dr. Karl Gruber, eingehend gesprochen, der seine Unterstützung zusicherte. Der Minister erhoffe sich von der Einschaltung des österreichischen Gesandten in Paris einen Erfolg. Nach einer Antwort sollte Herr Würtele in Paris die Überführung des Filmmaterials persönlich übernehmen.

Am liebsten wäre ich selbst nach Paris gefahren, denn Herr Würtele sprach kein Wort französisch. Aber ein Visum war für mich aussichtslos. Da fiel mir mein neuer Geschäftspartner ein. Gramazio war nicht nur österreichischer Generalkonsul, er sprach auch perfekt französisch. Zwar war er sehr beschäftigt, aber die Freigabe meiner Filme wäre ja auch für die «Iris-Film» außerordentlich wertvoll gewesen. Ich unterbreitete ihm schriftlich meinen Wunsch. Umgehend kam telegrafische Antwort:

«Bin bereit zu fahren, um mich für Ihre Angelegenheit zu schlagen.» Das war mehr, als ich erwartet hatte.

In Thiersee, einem kleinen Ort in der Nähe von Kufstein, sollten sich in einem neu erbauten Filmatelier meine Vorführmaschinen, Schneidetische und ein Teil meiner Apparaturen befinden, allerdings noch immer beschlagnahmt. Ausgerechnet hatten die Franzosen für diese Geräte Schneebergers als Treuhänder eingesetzt. Über Herrn Würtele, meinen neuen Treuhänder in Österreich, wollte ich versuchen, meine Geräte zurückzuerhalten.

Während ich in der Hoffnung lebte, bald wieder arbeiten zu können, kamen aus Innsbruck und Paris nur unerfreuliche Nachrichten. Professor Gramazio war mit Herrn Würtele nach Paris gefahren, aber ihre tagelangen Bemühungen, eine Aufhebung der Beschlagnahme zu erreichen, blieben erfolglos. Wie sie mir berichteten, war es fast unmöglich, sich in dem Dschungel der Intrigen in Paris zurechtzufinden, und jedesmal, wenn sie glaubten, ein Ziel erreicht zu haben, löste sich alles wie in Nebelschwaden auf.

Aus dem Restmaterial des «Blauen Lichts», das die Amerikaner in Berlin im Bunker zurückließen, konnte man vielleicht ein neues Negativ herstellen, und in der Tat erwies es sich als brauchbar. So begann ich Anfang Juli mit meiner Arbeit in Thiersee, wo ich mir im Gasthof «Breitenhof» zwei Zimmer als Schneideräume einrichtete. Hierbei unterstützte mich Dr. Arnold, der Erfinder der berühmten «Arriflex»-Kamera in großzügiger Weise. Bis zu seinem Tod verband mich mit ihm eine echte Freundschaft.

Seit mehr als sechsjähriger Arbeitspause stand ich nun vor einem neuen Anfang. Bald war ich wieder mit dieser Materie vertraut und von der Atmosphäre eingefangen, die von den Filmstreifen ausging. Dr. Guiseppe Becce, der viele Jahre das Orchester des UFA-Palastes am Zoo dirigierte und die eindrucksvolle Musik für «Das blaue Licht» komponiert hatte, kam nach Thiersee, er sollte eine neue Musik schaffen. Wir hatten uns ein Klavier ausgeliehen, so daß Becce, wenn ein Komplex geschnitten war, sogleich nach dem Bild komponieren konnte. Es war eine ideale Zusammenarbeit.

Da erhielt ich aus Paris einen Brief, der wie eine Bombe wirkte. Er war von Monsieur Langlois, der Inhalt war sensationell:

Ich beehre mich, Sie zu unterrichten, daß alle Ihre Filme einschließlich «Tiefland» in der Cinémathéque in Sicherheit sind und zu Ihrer Verfügung stehen…

Seit Jahren hatte ich auf diese Nachricht gewartet, und nun war es soweit. Aber nur zwei Tage danach kam schon der Rückschlag. Mein Treuhänder in Innsbruck teilte mit, auch er habe eine Nachricht aus Paris erhalten, wonach die Franzosen mein Filmmaterial freigegeben hätten, aber es nur an die österreichische Regierung ausliefern würden, unter der Bedingung, daß das Material mir nicht zurückgegeben werden darf. Das war entsetzlich und das Gegenteil dessen, was Monsieur Langlois mir mitgeteilt hatte. Das mußte ich unbedingt verhindern. Käme mein Material nach Österreich, dann würde es dort auf unbestimmte Jahre beschlagnahmt bleiben. Nur Professor Gramazio konnte mir noch helfen. Ich flog nach Rom. Es war ein Überfall, aber er hatte Erfolg. Als ich meinem Geschäftspartner bittend gegenüberstand und ihn anflehte, nach Paris zu fahren, gab er sich lachend geschlagen. «Aber Sie müssen mich begleiten», sagte er.

«Ohne Visum geht das nicht.»

«Kein Problem, als österreichischer Generalkonsul habe ich so gute Beziehungen, daß ich Ihnen das Visum in Rom besorgen kann.» Bereits am Nachmittag waren wir unterwegs nach Paris. Zum Glück war mein Paß auf den Namen Helene Jacob ausgestellt; so konnte ich in Paris unerkannt der Presse entgehen.

Unser erster Weg führte uns zur «Cinémathéque». Herr Langlois befand sich leider in der Schweiz. Seine Mitarbeiterin, Madame Meerson, bestätigte aber, daß das Material aller meiner Filme in Kisten verpackt sich bei ihnen befinden würde und nur noch abgeholt werden müßte. Die Vollmacht, uns das Material auszuhändigen, konnte nur das französische Außenministerium geben, das aber bisher die Übergabe an mich verhindert hatte.

Gramazio lud die maßgebenden Herren des Außenministeriums und Madame Meerson als Vertreterin von Langlois am nächsten Tag zu einem Abendessen ein. Er scheute keine Kosten. Im «Maxim» hatte er eine Festtafel herrichten lassen, und in einer entspannten und privaten Atmosphäre lernte ich wichtige Herren des Außenministeriums und der österreichischen Botschaft kennen. Aber noch war der Erfolg nicht greifbar. Es wurde uns allerdings eine abermalige Prüfung zugesagt. Immerhin hatten wir vorläufig die Auslieferung des Materials nach Österreich verhindern können.

Deutsch-italienische Co-Produktion

In Thiersee beendete ich den Bildschnitt und gründete in München die «Iris-Film», eine Schwesterfirma der römischen Gesellschaft. In deutsch-italienischer Co-Produktion sollten nach Fertigstellung der neuen Fassung vom «Blauen Licht» die Aufnahmen der «Roten Teufel» beginnen. In Italien waren die «Minerva» und die «Lux-Film» an diesem Projekt interessiert, in Deutschland die «National». Sie war bereit, sich mit 750000 Mark zu beteiligen, und ich konnte mir ihr einen Optionsvertrag abschließen. Es sah hoffnungsvoll aus.

Große Hilfe hatte ich an Dr. Schwerin, dem Mann von Grete Weiser, dem früheren Syndicus meiner Firma. Er beriet mich in allen die Filmbranche betreffenden Fragen. Kaum war bekannt geworden, daß ich wieder arbeitete, meldeten sich schon alle möglichen Leute, die Geld von mir haben wollten, auch solche, die vor zwanzig Jahren in irgendeiner Form am «Blauen Licht» mitgearbeitet hatten, unter ihnen auch mein damaliger Freund und Kameramann Hans Schneeberger.

Er nahm an, meine «Unterlagen» wären verlorengegangen, und drohte mir mit dem Anwalt, falls ich nicht sofort 1500 DM zahlen würde für angeblich noch ausstehendes Honorar. Er hatte Pech. In den Akten lag auch die von Schneeberger unterschriebene Originalquittung über den zum zweiten Mal geforderten Betrag. Seitdem habe ich von Hans Schneeberger nie wieder etwas gehört.

Die nächste Überraschung: Auch Sokal erhob Forderungen. Obgleich er noch immer nicht mit mir über seine Einnahmen aus dem Film abgerechnet, das Originalnegativ entführt und verkauft hatte, verlangte er von meiner neuen Version 50 Prozent des Gewinns. Er beauftragte den damals in München erfolgreichsten Anwalt Otto Joseph mit der Vertretung seiner unberechtigten Forderungen. Einen Prozeß gegen Joseph und Sokal zu gewinnen, hielt ich für aussichtslos. Ich erklärte mich deshalb bereit, an Sokal 30 Prozent des Gewinns abzutreten. Aber das genügte Herrn Sokal nicht. Er drohte mit einer Einstweiligen Verfügung gegen die Aufführung des neuen «Blauen Lichts». Das war aber nicht nur mir, sondern auch Dr. Schwerin zuviel. Der sonst immer sehr ruhige und besonnene Mann war so erregt, daß er mit der Faust auf den Tisch schlug und ohne sich zu verabschieden mit mir die Anwaltskanzlei Joseph verließ. Es war verständlich, warum Dr. Schwerin sich so aufgeregt hatte, denn er war so generös gewesen, Sokal 50 Prozent Gewinnbeteiligung anzubieten, unter der Bedingung, die Länder zu nennen, in die er «Das blaue Licht» verkauft und welche Einnahmen er erzielt hatte. Als sich aber Sokal weigerte, Angaben über seine Verkäufe und Einnahmen zu machen, platzte dem gutmütigen Schwerin der Kragen. Von nun an bestand er auf Rechtsanspruch und Schadensersatz. Erst danach gab Sokal seine Drohungen auf, und auch sein Anwalt, Herr Joseph, mußte passen.

Während dieses überflüssigen Rechtsstreits machte ich in München bei «Riva» die Synchronaufnahmen, ließ die neuen Titel anfertigen und bereitete danach in Rom alles für die italienische Version vor. Eine einfache Sache war eine Co-Produktion zu dieser Zeit noch nicht. Drei Wochen wartete ich in Rom schon auf das Eintreffen des Materials. Die Zollgenehmigung wurde in verschiedenen Ministerien bearbeitet.

Wir hatten für die Musikaufnahmen feste Termine mit dem römischen Symphonieorchester vereinbart, ebenso mit der «Fono-Roma», wo unsere italienischen Sprachaufnahmen und Mischungen gemacht werden sollten. Ich wurde immer nervöser. Es war so gekommen, wie ich es befürchtet hatte.

Inzwischen bemühte ich mich, italienische Produzenten für «Die roten Teufel» zu gewinnen. Die Aussichten waren gut, besonders seit Cesare Zavattini, der bekannte Autor fast aller Filmbücher für de Sica, von dem Exposé so begeistert war, daß er sich bereit erklärte, am Drehbuch mitzuarbeiten. Und de Sica gab mir die Zusage, eine der Hauptrollen des Films zu übernehmen.

Endlich traf die Zoll-Lizenz ein. Wir stürzten uns in die Arbeit, aber noch hatten wir uns nicht auf die italienische Mentalität eingestellt. Oft war es zermürbend, Absagen von Terminen – es war zum Wahnsinnigwerden. Aber wenn es dann endlich klappte, war die Zusammenarbeit fabelhaft. Mit großer Sensibilität, künstlerischem Einfühlungsvermögen und technischem Geschick erwiesen sich die italienischen Kollegen außergewöhnlich begabt. Auch bei der Kopieranstalt Catalucci wurde hervorragend gearbeitet. Ich war überrascht, wie meisterhaft der Lichtbestimmer sein Metier für die Herstellung der Musterkopie verstand.

Am 21. November 1951 fand in Rom eine glanzvolle Galavorstellung statt. Professor Gramazio hatte namhafte Künstler und Politiker dazu eingeladen. Bewegt nahm ich Glückwünsche und Blumen entgegen. Es war nach Kriegsende eine Sternstunde in meinem Leben. Aber auch dieser Glanz war nur von kurzer Dauer. So begeistert Publikum und Presse waren, so schwierig war es, den Film in Italien zu verkaufen. Die Bedingungen, die einige Verleiher anboten, waren Signor Gramazio zu unbefriedigend. Er erhoffte sich wenigstens eine Deckung seiner Unkosten. Aber kein Verleih wollte eine Garantie übernehmen. Der Markt war mit neuen Filmen überschwemmt. So setzte ich meine Hoffnungen auf den Film in meinem Heimatland, wo er vor dem Krieg große Erfolge hatte und für meinen Schicksalsweg von so entscheidender Bedeutung gewesen war.

Das Foto eines Erpressers

Zwei Tage vor der Aufführung in München veranstaltete der «National-Film-Verleih» in der «Ewigen Lampe», gegenüber der Ruine des Nationaltheaters, einen Presseempfang. Gunter Groll, Münchens bekanntester Film-Kritiker, hatte sich nachdrücklich für die Wiederaufführung des Films eingesetzt. Er nannte ihn einen «Meilenstein in der deutschen Filmgeschichte». Nun stand ich zwanzig Jahre seit der Uraufführung dieses Films zum ersten Mal in Deutschland wieder im Licht der Öffentlichkeit und versuchte vor den mich mit Fragen bestürmenden Journalisten, meine innere Erregung zu verbergen.

Das Presseecho war überraschend freundlich. Da schlug die «Revue» zum zweiten Mal zu. Mit der Titelzeile «Vor Leni Riefenstahls neuem Start» brachte sie am 19. April 1952 einen Bericht, der an Infamie ihren ersten über die «Tiefland»-Zigeuner noch übertraf. Es war ein Racheakt Helmut Kindlers oder, wie mir mein Freund, der Journalist und Schriftsteller Harry Schulze-Wilde sagte, Frau Kindlers, einer ehemaligen, wenig bekannten Schauspielerin, die schon im ersten «Revue»-Prozeß von dem Richter gerügt wurde. Sie hatte in der Pause sich zu intensiv mit ihrer Zigeunerzeugin Kurz unterhalten, die anschließend vor dem Gericht eine falsche Aussage machte.

Der Bildbericht der «Revue» mit der Überschrift: «Darüber schweigt Leni Riefenstahl» vermittelte den Eindruck, daß ich wenige Tage nach Kriegsausbruch in Polen Zuschauerin eines von deutschen Soldaten verübten Judenmassakers gewesen war. Der Text: «Leni Riefenstahl ist eine der wenigen deutschen Frauen, die von den furchtbaren Verbrechen, unter denen das Ansehen Deutschlands noch heute in der ganzen Welt leidet, nicht nur gewußt, sondern sie mit eigenen Augen angesehen hat.»

Als angeblichen Beweis für diese Anklage brachte die Illustrierte in Großformat eine Nahaufnahme von mir, die einen entsetzten Gesichtsausdruck zeigt. Ein anderes Foto zeigt erschossene Menschen vor einer Häuserwand am Boden liegen. Aus dieser Bildzusammenstellung mußte jeder Leser den Eindruck haben, daß ich einem Massaker zusehe, solche Verbrechen also erlebt habe.

Wie ich schon in meinem Kapitel «Krieg in Polen» über diese schrecklichen Ereignisse in Konskie ausführlich geschrieben habe, sah die Wirklichkeit ganz anders aus. Dieses mich angeblich belastende Foto wurde in dem Augenblick gemacht, als ein deutscher Soldat mit den Worten «Schießt das Weib nieder» auf mich anlegte. Im selben Moment hörte ich aus der Ferne Gewehrschüsse, worauf alle um uns stehenden Soldaten in Richtung der Schießerei davonliefen. Bei mir blieben nur meine Mitarbeiter.

Erst bei Generaloberst von Reichenau, bei dem ich mich über das undisziplinierte Verhalten der Soldaten beschweren wollte, erfuhr ich von dem entsetzlichen Geschehen. Bei einer sinnlosen Schießerei waren mehr als dreißig Polen verletzt oder ums Leben gekommen, auch vier deutsche Soldaten wurden verwundet. Weder ich noch meine Mitarbeiter haben etwas davon gesehen. Dieser Vorfall hat mich so erschüttert, daß ich noch am gleichen Tag meine Tätigkeit als Filmberichterin aufgab und den Kriegsschauplatz verließ. Aber darüber schwieg die «Revue», auch über die Ursache dieses schrecklichen Geschehens, das von den Polen verübte Massaker an deutschen Soldaten. Das Foto, das in ihrem Bericht beweisen sollte, daß ich einer Judenerschießung zugesehen habe, wurde mir bereits ein Jahr zuvor von einem Erpresser, der sich Freitag nannte, zum Kauf angeboten. Nachdem ich dies abgelehnt hatte, landete es bei der «Revue».

Die Folgen des «Revue»-Berichts

Diese erneute Verleumdung hatte eine verheerende Wirkung. Der «National-Film-Verleih» meldete, die meisten Theaterbesitzer hätten ihre Verträge gekündigt. Schlimmer als der Boykott der Wiederaufführung des Films war die Auswirkung auf mein neues Vorhaben. Herr Tischendorf, der Inhaber einer der größten deutschen Filmfirmen, der «Herzog-Film», schrieb mir: «Leider müssen wir Ihnen mitteilen, daß uns die kürzlich erschienene Veröffentlichung in der ‹Revue› Veranlassung gibt, von unserem Angebot für Ihr Filmvorhaben ‹Die roten Teufel› Abstand zu nehmen. Wir bedauern dies sehr.»

Am schlimmsten wirkte sich der «Revue»-Bericht auf Paris aus. Das Sensationsblatt «Samedi-Soir» brachte im März 1952 den «Revue»-Artikel mit den gleichen «Originalfotos». Herr Würtele, der sich in Paris aufhielt, um das nach Professor Gramazios letztem Besuch freigegebene Filmmaterial abzuholen, teilte mir mit: «Die für den 9. Mai 1952 vom französischen Außenministerium offiziell angeordnete Übergabe Ihres Filmmaterials an die österreichische Botschaft wurde in letzter Stunde durch die von ‹Samedi-Soir› teilweise wörtlich übernommenen Enthüllungen der Münchner Wochenzeitung ‹Revue› vereitelt.»

Das war zuviel – ich brach zusammen.

Auch in Rom wurde der Bericht der «Revue» bekannt. Als Professor Gramazio aus Paris erfuhr, das «Tiefland»-Material sei erneut beschlagnahmt, verwandelte sich seine bisherige Hilfsbereitschaft und Begeisterung in das Gegenteil. Er überschüttete mich mit Vorwürfen und verlangte ohne jeden Rechtsanspruch seine bisherigen Ausgaben für «Das blaue Licht», einschließlich seiner Reisen nach Paris, zurück. Da ich total verschuldet war, konnte ich ihm vorläufig nichts zahlen, was zu einem jahrelangen Rechtsstreit führte.

Alle Hoffnungen waren vereitelt – wieder stand ich mit leeren Händen da. Einen neuen Prozeß mit der «Revue» wollte ich vermeiden. Ich fühlte mich zu schwach, um mich gegen einen potentiell so starken Gegner erfolgreich wehren zu können. Ich konnte nur die Berliner Spruchkammer, die mich wegen meines Hauses in Dahlem noch zu entnazifizieren hatte, telegrafisch um einen möglichst baldigen Termin bitten, damit bei der Verhandlung auch die Geschehnisse in Konskie aufgeklärt wurden. Umgehend erhielt ich einen Termin.

Entnazifizierung in Berlin

Dr. Levinsohn, Vorsitzender der Berliner Spruchkammer, bestätigte am 21. April 1952 nach der Beweisaufnahme, daß die Beschuldigungen der «Revue» in vollem Umfange widerlegt werden konnten. In der Begründung heißt es: «Die Spruchkammer sieht daher als einwandfrei erwiesen an, daß durch die vorliegenden Bilder Frau Riefenstahl nicht belastet ist.» Nach achtstündiger Verhandlung verkündete der Vorsitzende die Entscheidung der Spruchkammer Freiburg vom 16. 12. 1949 sei auch für Berlin rechtsgültig. d. h. ich war wieder «Vom Gesetz nicht betroffen».

Die Berliner Spruchkammer hatte sich sehr sorgfältig vorbereitet. So erfuhr ich, daß Dr. Levinsohn und die Beisitzer Herr Schubert und Herr Will sich am Tage vor der Verhandlung den «Triumph des Willens» angesehen und einen mir unbekannten Zeugen aus der Ostzone geladen hatten. Er hieß Max Striese, kam aus Leipzig und hatte als Soldat in Polen die Vorfälle in Konskie miterlebt. Seine Aussagen deckten sich mit den eidesstattlichen Erklärungen meiner Zeugen.

Als ich mich von Dr. Levinsohn verabschiedete, sagte er: «Wenn Sie Rat und Hilfe brauchen, wenden Sie sich an mich. Ich hatte viel in meinem Beruf mit Verleumdungen zu tun, aber noch nie habe ich so viele Fälschungen und Lügenberichte in Händen gehabt, wie in Ihrem Fall. Ich stehe Ihnen auch als Zeuge in einem Prozeß gegen Herrn Kindler in München zur Verfügung.» Er sagte mir auch, daß das jetzt in der «Revue» erschienene Material und weiteres «Belastungsmaterial» der Spruchkammer schon vor eineinhalb Jahren von der «Revue» zugeleitet wurde, Herr Kindler aber mit der Veröffentlichung bis zu meinem neuen Start warten wollte.

Auch der Begleitoffizier des Generaloberst von Reichenau, Heinz Schröter, teilte mir in einem Brief folgendes mit: «Ich bestätige Ihnen, daß ich einen Tag vor Erscheinen der in Frage kommenden ‹Revue›-Nummer Herrn Kindler, der von uns Informationen über Konskie haben wollte, in Gegenwart seines Mitarbeiters die Geschehnisse in Polen so erzählte, wie sie Ihnen und auch mir bekannt sind, und wörtlich erklärte: Es tut mir leid, wenn ich Ihnen nicht mit einer Sensation aufwarten kann, aber Frau Riefenstahl hat mit den ganzen

Vorkommnissen nicht das Geringste zu tun, hoffentlich treten Sie nicht in ein Fettnäpfchen, es war in Wirklichkeit ganz anders...»

Auch diesen Brief besitze ich noch.

Der zweite «Revue»-Prozeß

Ermutigt durch den Erfolg in Berlin, versuchte ich Herrn Kindler zu bewegen, in der «Revue» eine Gegendarstellung zu bringen. Es war mein zweiter Versuch, einen Prozeß mit der Zeitschrift zu vermeiden. Ich hatte seinem Anwalt, Herrn Dr. Staubitzer, die aufklärenden Dokumente zur Verfügung gestellt und um Vermittlung gebeten. Obwohl Herr Kindler sich nun überzeugen konnte, daß er im Unrecht war, lehnte er jede Verständigung ab.

Darauf reichte mein Anwalt Dr. Gritschneder am 8. Mai 1952 beim Amtsgericht München Klage wegen Beleidigung, Verleumdung und übler Nachrede gegen die «Revue» ein. Aber auch nach Einreichung der Klage bemühte sich mein Anwalt intensiv, durch eine Gegendarstellung der «Revue» einen Prozeß noch zu verhindern.

Aber Herr Kindler zog es vor, weiteres «Belastungsmaterial» ausfindig zu machen. Von früheren Mitarbeitern des Blattes und auch von anderen mir unbekannten Leuten erfuhr ich, daß Vertreter der «Revue» bei ihnen versucht hatten, Auskünfte über mich einzuholen. Durch alle möglichen Ausflüchte des Anwalts von Herrn Kindler wurde die gerichtliche Entscheidung immer wieder verzögert, zuerst um Wochen, später um Monate.

Meine Situation wurde immer unerträglicher – nicht nur finanziell. Wir lebten jetzt zu dritt, tagsüber sogar zu viert, in der Tengstraße in einem Zimmer, nicht größer als 16 Quadratmeter. Auf dem Sofa schlief meine Mutter, während Hanni und ich unser Nachtlager auf dem Fußboden ausbreiteten. Tagsüber kam mein früherer Mann, der seine Stellung in Villingen aufgegeben hatte, um mich zu unterstützen. Er erledigte mit mir die geschäftliche Korrespondenz, während meine Mutter in demselben Raum unsere Mahlzeiten kochte.

In diesen trostlosen Tagen gab es einen kleinen Lichtblick. Joe Eggenhofer, ein guter Freund aus Amerika, der uns viele Care-Pakete geschickt hatte, tauchte plötzlich bei uns auf. Er war ein Sonderling, verschlossen und äußerst sensibel. Seine Liebe galt seinen Katzen, von denen er in seiner New Yorker Wohnung über zwanzig besaß. Für sie opferte er sein ganzes Geld, denn einige waren immer krank. Er hatte uns einen Koffer voll von Geschenken mitgebracht und bat mich eindringlich, auszuspannen, irgendwo Urlaub zu machen, in den Bergen oder am Meer, wo ich, von allem abgeschirmt, zur Ruhe kommen sollte. Er gab mir dafür 300 Dollar – damals ein kleines Vermögen.

Noch ehe ich einen Entschluß faßte, wohin ich gehen könnte, entschied dies ein Brief aus Italien. Paul Müller, mein bewährter Freund, bat mich, wenn irgendwie möglich, nach Rom zu kommen. Einige italienische Produzenten wollten mit mir ernsthaft wegen der ‹Roten Teufel› verhandeln. Ich überlegte nicht lange. Schon am nächsten Tag saß ich im Zug nach Rom.

Wieder in Rom

Als ich Ende Juni in Rom eintraf, war es unerträglich heiß – über 40 Grad im Schatten. Mein kleines Zimmer im Hotel «Boston» war ein Brutkasten. Obgleich die Ferien noch nicht angefangen hatten, floh schon jetzt, wer konnte, nach Ostia ans Meer.

Paul Müller kümmerte sich um mich. Er brachte mich zur «Minerva»-Film, eine der damals großen italienischen Firmen. Das Resultat unserer Verhandlung: Die «Minerva» war bereit, die Hälfte der Produktionskosten, einen Betrag von 750000 DM, als Co-Partner zu übernehmen. Bedingung: Die Besetzung der Hauptrollen mußte gemeinsam abgestimmt werden. Man bat mich, nach einigen Tagen wiederzukommen, man wollte zwischenzeitlich einen Kostenvoranschlag ausarbeiten. Alle Herren, die an den Verhandlungen teilgenommen hatten, waren von diesem Filmstoff begeistert. Paul brachte mich mit vielen interessanten Menschen zusammen. So lernte ich Tennessee Williams kennen, den trinkfreudigen, verrückten, aber genialen Dramatiker von «Endstation Sehnsucht» und «Die Katze auf dem heißen Blechdach». Da er im gleichen Haus wie Paul wohnte, in der Nähe der Via Veneto, traf ich ihn öfters, und wir verlebten mit ihm amüsante Stunden.

Auch konnte ich Gina Lollobrigida bei den Außenaufnahmen zu ihrem Film «Liebe, Brot und Fantasia» beobachten. Sie war hervorragend in dieser Rolle. Ihr Partner Vittorio de Sica versicherte mir wieder, er würde mit Freuden die Rolle des «Mr. Harris» in den «Roten Teufeln» übernehmen.

Dann begegnete ich Anna Magnani, einer einzigartigen Schauspielerin, die ich sehr bewunderte. Sie beklagte sich, es gebe keine guten Stoffe für sie, und bat mich, geeignete Rollen zu suchen. Später schrieb ich für sie, gemeinsam mit Hermann Mostar, ein Film-Treatment mit dem Titel «Drei Sterne am Mantel der Madonna», das eine hinreißende Rolle für sie enthielt, die einer spanischen Mutter. Anna Magnani lehnte den Stoff mit folgender Begründung ab: «Für die Rolle der Mutter bin ich noch zu jung, die Rolle muß sexy sein.» Bei ihrem ungewöhnlichen Temperament wunderte mich das nicht.

Zu den alten Bekannten, die ich in Rom traf, gehörte auch G. W. Pabst. Wir hatten uns vor zehn Jahren zum letzten Mal in Berlin-Neubabelsberg gesehen und waren damals in Krach auseinandergegangen. Aber Pabst trug mir nichts mehr nach. Er war wieder der alte gute Freund, wie in den Zeiten vor «Tiefland». Für die «Cines» drehte er einen aufwendigen Millionen-Film. Ich durfte des öfteren ihm bei seiner Regietätigkeit in den Ateliers von «Cinecitta» zuschauen und erlebte, daß er zu seiner früheren Souveränität zurückgefunden hatte. Unvergeßlich die Abende, die ich an den Wochenenden mit ihm, seiner Frau und seinem Sohn in Trastevere verbrachte. Es war die Atmosphäre, die Fellini in «Roma-Roma» so meisterhaft wiedergegeben hatte.

Pabst machte mich mit Jean Marais bekannt, der eine ideale Besetzung für einen der «Roten Teufel» war: Neben seinem Können und seiner Jugend war er auch ein guter Skifahrer.

Als die Hitze in Rom noch unerträglicher wurde, flüchtete ich für einige Tage nach Capri. In diese kleine Insel bin ich verliebt. Wer Capri zum ersten Mal sieht, dann sein Leben lang auf dieser Insel bleiben möchte, den verstehe ich gut. Dort traf ich Henri Nannen. Er war mit seiner Frau aus Positano gekommen, nur für ein paar Stunden. Auf der Piazza tranken wir einen Cappuccino. Ich erzählte ihm, daß ein englischer Verleger meine Memoiren möchte, und fragte ihn um Rat. Er meinte, ich sollte unbedingt mit ihm abschließen, es wäre günstiger, wenn dieses Buch zuerst im Ausland erschiene.

Damals ahnte ich noch nicht, daß Henri Nannen Jahrzehnte später wegen seiner unbedeutenden Mitwirkung an «Olympia» so heftig als «Nazi» attackiert würde. Dabei hatte er doch in dieser kurzen Aufnahme, bei der ich nicht einmal anwesend war, nur einen einzigen kleinen Satz gesprochen. Das war alles, was er mit «Olympia» zu tun hatte. Logischerweise wären demnach sämtliche Reporter, auch die Ausländer, die im Olympiafilm eine Ansage machen, «Nazis» gewesen.

Ein Brief von Jean Cocteau

Ich war wieder in München. Welch ein Gegensatz zu meinem Leben in Italien! Noch immer lebten wir in dem kleinen Zimmer. In dieser Zeit machte mir Luise Ullrich das Angebot, für sie ein Filmmanuskript zu schreiben, und zwar zu Ernst Wiecherts Roman «Die Magd des Jürgen Doskocil». Sie war fasziniert von dem Thema, die Hauptfigur war eine Wunschrolle von ihr.

Luise Ullrich gab mir großzügig einen Vorschuß, aber die Arbeit fiel mir schwer, weil ich wenig Beziehung zu diesem Thema hatte. So schwer es mir auch fiel, ich gab das Geld Frau Ullrich wieder zurück.

Da erhielt ich einen Brief, der wie ein Wunder auf mich wirkte – ein Schreiben von Jean Cocteau. Ich hatte diesen großen Künstler nie kennengelernt, und deshalb war ich allein von der Tatsache dieses Briefes überwältigt. Cocteau schrieb:

26. November 1952   36, rue Montpensier
                                                                    Paris

Meine teure Leni Riefenstahl,
wie könnte ich nicht Ihr Bewunderer sein, da Sie das Genie des Films sind und Sie den Film auf eine Höhe gebracht haben, die er selten erreicht. Es wäre mir eine große Freude, Sie kennenzulernen, weit ab von den schlechten Gewohnheiten, die heute in der Welt des Films eingerissen sind ... Ich grüße Sie von ganzem Herzen und wäre glücklich, einige Zeilen von Ihnen zu erhalten, die Ihre Projekte und Ihre Person betreffen.

Ihr Jean Cocteau

Ich war total verwirrt. Diese Bewunderung! Was für ein Gegensatz zu den Demütigungen, die ich seit Jahren hinnehmen mußte. Dieser Brief gab mir wieder soviel Aufschwung, daß ich trotz zweimaliger Absagen der «Herzog-Film» Herrn Tischendorf schon am nächsten Tag anrief und auch einen Termin für ein Gespräch erhielt. Ich kam auch nicht mit leeren Händen. Einmal brachte ich das Urteil der Berliner Spruchkammer mit, außerdem die Zusagen von Vittorio de Sica und Jean Marais sowie das Interesse der «Minerva» in Rom. Es gelang meiner leidenschaftlichen Überzeugungskraft, alle Bedenken, die Herr Tischendorf gegen dieses zweifellos nicht risikolose Filmprojekt hatte, auszuräumen, und schon nach wenigen Tagen erhielt ich einen Vertrag, der mich verpflichtete, in sechs Wochen ein kurbelfer-

tiges Drehbuch abzuliefern. Ohne den Brief von Cocteau hätte ich
diese Überzeugungskraft nie aufgebracht.

Letzter Kampf um «Tiefland»

Endlich konnte ich mit einer kreativen Arbeit beginnen. Ich beschloß,
mir eine kleine Wohnung in den Bergen zu suchen, und entschied mich
wieder für Kitzbühel. Oberhalb des Ortes fand ich im «Landhaus
Kohl» genau das, was ich suchte: Zwei holzgetäfelte gemütliche
Bauernstuben und eine kleine Küche, herrlich gelegen mit dem Blick
über die ganze Gebirgskette. Unter mir lag das tief verschneite Tal. In
nur zwanzig Minuten Fußweg war man im Ort. Es war Anfang
Dezember, als ich dort mit meiner Arbeit beginnen wollte. Da wurde
mein Friede wieder gestört.

Eines Morgens erschien bei uns Otto Lantschner, einer meiner
früheren Mitarbeiter. Ganz außer Atem kam er an. Der sonst so
ruhige, eher phlegmatisch wirkende Otto versuchte offensichtlich,
seine Erregung durch ein Lächeln zu verbergen. Ohne sich zu setzen,
sagte er: «Leni, entschuldige mein frühes Erscheinen, aber es ist sehr
wichtig. Uli hat mich aus Innsbruck angerufen (er meinte Uli Ritzer)
und mich gebeten, dich sofort zu verständigen, daß du eine einmalige
Gelegenheit hättest, die Vernichtung von ‹Tiefland›, die die Franzosen
nun endgültig beschlossen haben, vielleicht gerade noch zu verhindern. Du müßtest versuchen, den Schnellzug nach Wien, in dem der
österreichische Finanzminister Dr. Kamitz sitzt, noch zu erreichen.»

«Was sagst du», rief ich erregt, «‹Tiefland› soll vernichtet werden –
ein Wahnsinn – das ist unmöglich!»

«Wußtest du das nicht?» Ich schüttelte den Kopf. «Deshalb hat Uli
mich hierhergeschickt. Er rät dir, in den Zug, der in Kitzbühel drei
Minuten Aufenthalt hat, einzusteigen.»

«Und wann kommt der Zug an?» fragte ich entgeistert.

«In fünfzehn Minuten.»

«Das schaffe ich nie», rief ich aufgeregt.

«Du solltest es versuchen. Eine solche Chance bekommst du nie
wieder, den Minister so ruhig sprechen zu können wie in einem
Eisenbahnabteil.»

Ich riß die warmen Sachen aus dem Schrank und zog mich in
hektischer Eile an. Beinahe hätte ich Ausweis und Geld vergessen.
Dann rannte ich mit Otto, die Wege abkürzend, über die steilen, leicht
verschneiten Wiesen hinunter. Von weitem sah ich den Zug schon auf

dem Bahnhof stehen, und ich lief wie um mein Leben. Im letzten Augenblick sprang ich noch auf das Trittbrett des anfahrenden Zuges.

Auf was hatte ich mich da eingelassen? Erst langsam wurde mir meine unmögliche Situation bewußt. Mein Abteil war fast leer, nur ein älterer Mann, in seine Zeitung vertieft, saß mir gegenüber. Bei dem Schaffner, der die Fahrkarten kontrollierte, löste ich eine Karte bis Wien.

Am liebsten wäre ich schon an der nächsten Station wieder ausgestiegen. Ich hatte keine Ahnung, wie ich den Minister in dem Zug finden sollte. Ich wußte doch nicht einmal, wie er aussah. Auch hatte ich noch nie mit ihm korrespondiert. Ich war nur informiert, daß die letzte Entscheidung über die Freigabe deutschen Eigentums in Österreich beim Finanzminister liege.

Was war geschehen, daß plötzlich von Vernichtung meines Filmmaterials gesprochen wurde? Trotz aller Schwierigkeiten und jahrelangen Verzögerungen war von einer so schrecklichen Möglichkeit noch nie die Rede gewesen. Im Gegenteil, Monsieur Langlois von der «Cinémathéque» hatte mir zweimal mitgeteilt, daß mein Filmmaterial abgeholt werden kann. In einem seiner letzten Briefe schrieb er, daß er nun schon seit Monaten verlangte, von den Hunderten von Schachteln mit dem Filmmaterial befreit zu werden, sie füllten ein ganzes Zimmer in seinem Blockhaus. «Alles liegt zum Verladen bereit», schrieb er, «es liegt nur an der österreichischen Gesandtschaft, die Sie drängen müssen, die Filme abzuholen.»

Zweifellos war Monsieur Langlois eine seriöse Persönlichkeit, ich mußte ihm glauben. Aber seine Worte standen im krassen Gegensatz zu dem, was offenbar geschah.

Nach zwei Stunden Fahrt, in denen ich mich langsam entkrampft hatte, begann ich meine Gedanken zu ordnen. Zuerst wollte ich mich in den Abteilen Erster Klasse umschauen. Soweit ich mich erinnern kann, gab es außer den Schlafwagenabteilen nur einen einzigen Waggon. Ich war unschlüssig, und mit Herzklopfen ging ich langsam die Abteile der Ersten Klasse entlang. Die meisten Fenster waren zugezogen. Ich gab mir einen Ruck und öffnete eine Tür: «Verzeihung, ist hier ein Dr. Kamitz?» Kopfschütteln. Im nächsten Abteil fühlte ich mich schon etwas freier, und dann ging es immer leichter – ich kam mir vor wie eine Postbotin, die ohne Hausnummer eine Depesche abgeben soll.

Nach dieser erfolglosen Suche konnte der Minister ja wohl nur in einem Schlafwagen sein, aber da wagte ich mich doch nicht hinein. Am Ende des Waggons stand der Schaffner, mit dem ich ein Gespräch anfing. Es dauerte nicht lange, bis er herausfand, wer ich war. Das erleichterte die Situation. Ich beschloß, wiederzukommen, wenn die Reisenden zum Frühstück in den Speisewagen gingen.

Einige Stunden später war ich wieder im Gang des Schlafwagenabteils, sah, daß einige Türen offenstanden und die Bettwäsche schon weggeräumt war. Da faßte ich mir ein Herz und fragte den Schaffner, ob Herr Minister Dr. Kamitz schon gefrühstückt habe. Überrascht sah er mich an. «Sie wissen?»

Ich nickte und erwiderte flüsternd: «Glauben Sie, der Minister gestattet mir, ein paar Worte mit ihm zu reden?»

«Er kennt Sie doch sicher», sagte der Schaffner, «soll ich ihn fragen?»

«Ach bitte», sagte ich, «es wäre zu nett von Ihnen.» Ich sah, wie er in die erste Tür des Wagens hineinging. Der entscheidende Augenblick war gekommen.

Dr. Kamitz begrüßte mich freundlich und unbefangen.

«Verzeihen Sie, bitte, Herr Minister, meinen Überfall.»

Er winkte ab und sagte lächelnd: «Es ist mir eine Freude, Sie kennenzulernen – vom Film her kenne ich Sie schon lange. Übrigens», fuhr er fort, «mußte ich mich in letzter Zeit einige Male mit Ihren Angelegenheiten beschäftigen. Deshalb wollten Sie mich wohl auch sprechen?» Ich nickte.

«Leider ist Ihr Fall nicht ganz einfach.»

Als er mein beunruhigtes Gesicht sah, besänftigte er mich: «Wir werden uns bemühen zu helfen.»

Dann informierte mich Dr. Kamitz über das Ringen der österreichischen Regierung mit den diversen französischen Dienststellen, auch über die Rechtslage deutschen Eigentums in Österreich. Das Sensationellste: «Tiefland» und mein anderes Filmmaterial befand sich schon seit einer Woche in Wien. Ich war fassungslos. Dann hörte ich den Minister sagen: «Dies wurde erst möglich, nachdem der österreichische Außenminister Dr. Gruber mehrmals in Paris im ‹Quai d'Orsay› interveniert hatte und der österreichische Bundeskanzler, Dr. Figl, sich sogar einschaltete. Erst daraufhin haben sich die Franzosen endlich bereit erklärt, das Filmmaterial, das einen Eisenbahnwaggon füllte, nach Wien zu bringen, allerdings nur unter der Bedingung, daß das Material nicht an Sie ausgehändigt werden dürfe.»

«Ist es wahr, daß es vernichtet werden muß?» fragte ich zutiefst bestürzt.

«Noch ist nichts passiert», beruhigte mich Dr. Kamitz. Nun erfuhr ich, warum die Franzosen diese Bedingung stellten und weshalb sie so große Schwierigkeiten machten. Die wichtigste Ursache: Mein Eigentum hätte auf Grund des Kontrollratabkommens zwischen Frankreich und Österreich von den Franzosen überhaupt nicht in Kitzbühel beschlagnahmt werden dürfen. Es erfolgte auch gegen den Befehl der französischen Besatzungsmacht. Es waren Filmoffiziere, die unmittelbar der Sureté unterstanden, die auch rechtswidrig das Geld von unseren Konten abgehoben hatten und auch meine privaten Sachen nach Paris verschleppten. Um einen Skandal in Frankreich zu verhindern, sollte dies verdunkelt werden. Deshalb wurde ich auch immer wieder meiner Freiheit beraubt und in die Irrenanstalt gebracht, wo ich ohne die Einschaltung von Professor Dalsace vielleicht nie mehr herausgekommen wäre. Zuerst versuchten die französischen Filmoffiziere «Tiefland» selbst auszuwerten. Über ein Jahr haben sie an meinem Material herumgeschnitten. Erst als die internationale Rechtslage sich soweit gefestigt hatte, daß die Verletzung der Urheberrechte für sie doch zu heikel wurde, haben sie davon Abstand genommen. Nun fürchteten sie, daß, wenn das Material an mich zurückgegeben wird, festgestellt werden kann, wie viele meiner Filme sie kaputtgemacht oder verkauft haben. Die österreichische Regierung, als Treuhänder deutschen Eigentums, kann außer Schadensersatzansprüchen beim französischen Militärgericht auch Klage wegen Amtsuntreue und Diebstahl erheben. Das fürchteten die französischen Dienststellen. Um dies zu verhindern, versuchten sie eine Übergabe des Materials unmöglich zu machen. Um dies auf legalem Weg zu erreichen, behaupteten sie dem österreichischen Finanzministerium gegenüber, daß nicht ich der Eigentümer von «Tiefland» sei, sondern die NSDAP. Für Staat- und Parteieigentum können die Franzosen eine Verfallserklärung erlassen und dann rechtmäßig mit dem Material tun, was sie wollen. So war im Augenblick, wie Minister Dr. Kamitz es mir schilderte, die Situation.

«Können Sie das noch verhindern?»

«Ich hoffe es», sagte Dr. Kamitz, «die Rechtsabteilung meines Ministeriums beschäftigt sich intensiv damit. Wenn es Ihnen gelingt, den Beweis zu erbringen, daß ‹Tiefland› nicht von der Partei finanziert wurde, können wir die Filme retten.»

Erleichtert atmete ich auf. «Für den Beweis besitze ich alle Urkunden und Unterlagen», sagte ich. Erst vor kurzem erhielt ich nach einer zehn Monate dauernden Untersuchung des Bayerischen Wiedergutmachungsamts bestätigt, daß in meiner Firma keine Parteigelder vorhanden waren. Ich erzählte dem Minister den Fall von Lantin, der, um geliehenes Material nicht zurückgeben zu müssen, die gleiche Anklage wie die Franzosen gegen mich erhoben hatte. Über einhundert Zeugen waren deshalb noch einmal vernommen worden. Der Minister sagte: «Sie haben aber nicht nur Freunde, sondern auch Feinde. Was sind Ihre Pläne?»

Ich war froh, auf ein anderes Gesprächsthema zu kommen, und erzählte ihm von den «Roten Teufeln». Das schien Dr. Kamitz zu interessieren, denn er äußerte, dies wäre doch auch ein Stoff für die österreichische Filmindustrie.

«Ja», sagte ich, «dies wäre eine gute Werbung für den österreichischen Fremdenverkehr. Der größte Teil der Aufnahmen soll an den bekanntesten Wintersportplätzen Österreichs gemacht werden.»

Das Gespräch endete mit einer Einladung nach Wien, um dort über die beiden Filme zu verhandeln. Was für ein Glück, daß ich dem Rat Otto Lantschners gefolgt war.

«Die roten Teufel»

Jahrelang nannte man die Tiroler Skiläufer die «Roten Teufel». Wo immer sie erschienen, waren sie unschlagbar. Meist belegten Sie nicht nur die ersten Plätze, sondern auch die zweiten und die dritten. Ihr Können war seinerzeit so überlegen, daß auch die besten internationalen Rennläufer von ihnen geschlagen wurden.

Diese roten Teufel waren die Helden des Films. Der Beste von ihnen hieß Michael. Die Grundidee dieses Lustspiels im Schnee ist eine Übertragung der Amazonen-Sage ins Moderne und Komödienhafte. Auch Heinrich von Kleists «Penthesilea» liegt dieser Sage zu Grunde.

Die Skiamazonen sollten in Blau gekleidet werden – die Farben hatten eine dramaturgische Funktion. Als dritte Farbe kam Gelb hinzu, die italienische Mannschaft, als Konkurrenz der «Roten Teufel». Die Farbimpressionen auf weißem Grund fesselten mich – ich stellte mir eine Symphonie in Farben, Rhythmus und Musik vor – einen olympischen Traum im Schnee. Eine Aufgabe, die mich mit Begeisterung erfüllte. Mit den Autoren des Drehbuchs Harald Reinl und Joachim Bartsch arbeitete ich in dem kleinen Berghaus oberhalb Kitzbühels. Ich hatte mich verpflichtet, die Hälfte des Drehbuchs bis Ende Januar 1953 fertigzustellen.

Wir schafften es auch. Pünktlich lieferte ich die Arbeit ab. Herr Tischendorf war so beeindruckt, daß ich den Auftrag erhielt, mit den Vorbereitungsarbeiten zu beginnen. Vor allem mußte versucht werden, die Kosten zu begrenzen, da der Film sonst in Deutschland nicht zu finanzieren war. Als Aufnahmeplätze waren Garmisch, Kitzbühel und Arlberg vorgesehen sowie Cervinia, wo man noch in den Sommermonaten Skiaufnahmen machen konnte.

Das Hauptrisiko bei diesem Film war das Wetter. Darauf hatte ich auch schon im Drehbuch Rücksicht genommen, indem die Massenabfahrten im Schneesturm aufgenommen werden sollten. Ferner beabsichtigte ich, die Atelierbauten im Freien, in Lech am Arlberg, zu erstellen, dann könnte auch bei Schlechtwetterperioden gearbeitet werden.

Die weltbesten Rennläufer aller Skinationen sollten für den Film verpflichtet werden. Der «Amateurparagraph» setzte die Genehmigung durch das internationale Olympische Komitee voraus. Wir erhielten sie unter der Bedingung, daß den Sportlern nur die Spesen bezahlt würden.

In Kitzbühel und Garmisch machten wir bei der Internationalen Sportwoche Probeaufnahmen von geeigneten Skifahrern, unter ihnen die bekannten Abfahrtsläufer Molterer und Spieß, die auch Rollen bekommen sollten. Die männliche Hauptrolle sollte der Norweger Marius Erikson übernehmen, sein Bruder Stein, damals einer der besten Skifahrer der Welt, eine weitere. Bogners hatten sie mir empfohlen, sie waren mit ihnen befreundet. Auch waren Maria und Willi Bogner bereit, den Film durch die Einkleidung der mitwirkenden Läufer und Läuferinnen zu unterstützen. Es entwickelte sich alles erstaunlich günstig. Während der Probeaufnahmen in Garmisch begrüßte mich sogar der Bundeswirtschaftsminister Ludwig Erhard und wünschte mir Glück zu meinem ersten Film nach dem Krieg.

Nicht überall brachte man mir ein solches Wohlwollen entgegen. Ich erinnere mich an eine peinliche Situation in St. Anton, wo ich das von Hannes Schneider geleitete Kandahar-Rennen besuchte, um dort einige Rennläufer für unseren Film zu verpflichten. Mein früherer Mann, der sich in der Zwischenzeit als Produktionsleiter eingearbeitet hatte, begleitete mich. Nach dem Rennen gab es im «Hotel Post» eine Feier, zu der alle eingeladen waren, die bei den bisherigen Kandahar-Rennen Preise erhalten hatten. Auch ich gehörte dazu. Als wir den Saal, in dem die Feier stattfand, betreten wollten, verwehrte uns Hannes Schneider, Leiter der weltberühmten Arlberg Skischule und Partner und Freund in meinen ersten Bergfilmen, den Zutritt. Ohne ein Wort zu erwidern, zog mein Mann mich von der Eingangstür fort.

Vergleich mit der «Revue»

Das Erlebnis in St. Anton hatte meine optimistische Stimmung und Arbeitsfreude zerschlagen. Es fiel mir schwer, die anfangs so gut gelungenen Drehbucharbeiten fortzusetzen. Dazu kam, daß meine Gläubiger mich nicht in Ruhe ließen und mich mit Zahlungsbefehlen bombardierten. Das Honorar für das Drehbuch schmolz wie der Schnee in der Sonne.

Plötzlich stand ein Vollziehungsbeamter des Finanzamts vor der Tür, um die inzwischen auf 19350 DM aufgelaufenen Steuerrückstände für mein Haus in Berlin-Dahlem einzuziehen. Da ich nichts besaß, verlief die Pfändung fruchtlos. Um mich von den Schuldenlasten zu befreien, war ich bereit, mein Dahlemer Haus zu verkaufen. Aber einen Käufer aufzutreiben, war unmöglich. Er hätte den neun darin hausenden mittellosen Parteien neue Unterkünfte besorgen müssen. Daran scheiterte ein Verkauf.

Unter diesen Umständen war ich froh, als mir mein Anwalt mitteilte, nach monatelangen Verhandlungen hätten sich Helmut Kindler und der Chefredakteur seiner «Revue», Dr. Hans Lehmann, zu einer befriedigenden, außergerichtlichen Einigung bereit erklärt. Die «Revue» hatte eine Entscheidung immer wieder verzögert, weil sie für eine dritte Serie sammelte, die den Titel «Die Millionen der Leni Riefenstahl» tragen sollte. Das hätte unweigerlich zu weiteren Prozessen geführt. Das Urteil der Berliner Spruchkammer konnte nicht widerlegt werden.

Herr Kindler verpflichtete sich, in Zukunft keine Angriffe mehr gegen mich zu veröffentlichen. Als Entschädigung erhielt ich 10000 DM, die tatsächlichen Schäden aber gingen in die Millionen, und der moralische Schaden war überhaupt nicht mehr gutzumachen.

In meiner Lage bedeutete es dennoch viel, daß das Kriegsbeil zwischen Helmut Kindler und mir begraben wurde.

Aufregende Tage in Wien

Beunruhigende Nachrichten kamen aus Wien. Meine Freude war, nachdem sich mein Filmmaterial nicht mehr in den Händen der Franzosen befand, nur von kurzer Dauer. Zwischen der Tiroler Landesregierung und den Behörden in Wien war ein Rechtsstreit um den Besitz meiner Filme ausgebrochen. Aus Wien wurde mir mitgeteilt, daß der für Tirol zuständige Treuhänder Herr Würtele abgesetzt und von zwei anderen Herren abgelöst sei. Was sollte ich tun? Dr. Kamitz konnte ich nicht um Rat fragen, da in Österreich Wahlen bevorstanden, die ich abwarten mußte. Ein Freund meines Mannes, der durch seine Stellung bei der Creditanstalt in Wien Einblick in die internen Angelegenheiten des Finanzministeriums hatte, berichtete mir von den zähen Machtkämpfen einzelner Gruppen, die darauf hinausliefen, daß die neuen Treuhänder gemeinsam mit den Franzosen «Tiefland» ohne mich fertigstellen wollten.

Darum also hatten die Franzosen Würtele um jeden Preis ausschalten wollen! Ihm war es gelungen, an das von der französischen Polizei aufgenommene Verzeichnis meines gesamten beschlagnahmten Eigentums zu kommen und dazu an die Bescheinigung, wann, wo und an wen dieses Material 1946 in Paris übergeben wurde. Auf diese Weise konnte exakt ermittelt werden, was verlorengegangen oder gestohlen worden war – für die Franzosen eine fatale Sache. Sie mußten nun Schadensersatzansprüche der österreichischen Treuhänder befürchten. Aber die von den Franzosen in Wien geforderte Abberufung Würteles war nicht so einfach: Hinter ihm stand die Tiroler Landesregierung, die ihrerseits Anspruch auf mein Eigentum erhob, weil es doch in Tirol beschlagnahmt worden war. Wieder einmal geriet ich zwischen die Mühlsteine zweier Machtblöcke.

Die Wahlen waren für die bisherige Regierung der ÖVP erfolgreich ausgegangen, und Dr. Kamitz blieb Finanzminister. Schon zwei Tage nach meiner Ankunft in Wien konnte ich ihn sprechen. Die Unterredung verlief erfolgreich, denn in der Zwischenzeit hatte die Überprüfung der Urkunden und Handelsregisterauszüge ergeben, daß ich die alleinige Inhaberin meiner Firma war. Damit war den Franzosen jede Manipulation mit meinem Film endgültig verwehrt.

Es kam der große Augenblick, in dem ich in die Kopieranstalt gehen durfte und nach acht Jahren mein Filmmaterial wiedersah. Ich war erregt und bewegt, als meine Hände die Filmstreifen berührten. Bald zeigte sich, daß die Treuhänder ohne meine Hilfe mit den unzähligen Filmkartons nicht zurechtkamen. Es ging ja nicht nur um das «Tiefland»-Material, sondern auch um die Originalnegative und Lavendelkopien der Olympiafilme und um die Bergfilme.

Von nun an war ich von früh bis nachts mit dem Sortieren des Materials beschäftigt. Das «Tiefland»-Material befand sich in keinem guten Zustand, es fehlten die Schnittkopien und ein Drittel der ausgesuchten Negative, Teile des vorhandenen Materials waren verstaubt und voller Kratzer. Es würde größte Mühe erfordern, es zu regenerieren. Um weiterarbeiten zu können, war vor allem Kapital erforderlich.

Ich selbst konnte weder die Kleberinnen noch die Schneideraummiete bezahlen.

Täglich hatte ich Termine über Termine und mußte in allen möglichen Ministerien von einer Abteilung zur anderen laufen. Wenn ich glaubte, etwas Greifbares in Händen zu haben, zerrann alles wieder in ein Nichts. Vieles wurde mir versprochen, aber wenig gehalten. Schließlich zeichnete sich doch eine Möglichkeit ab. Meine Wiener Treuhänder schlugen mir vor, eine Firma in Wien zu gründen, um durch einen Pachtvertrag mit dem Finanzministerium den Film fertigzustellen. Aber niemand hatte Geld für eine solche Firmengründung, und dabei ging es nur um 10 000 Schilling.

Da entschloß ich mich, sehr schweren Herzens, mein Haus in Dahlem zu verkaufen. Ich hätte kaum einen ungünstigeren Zeitpunkt wählen können als das Frühjahr 1953, aber um weiterzukommen, benötigte ich dringend Geld. Für diesen herrlichen, von mir kaum bewohnten Besitz, auf einem Grundstück von fast 5000 Quadratmeter und nur zehn Autominuten vom Kurfürstendamm in einer Waldlandschaft gelegen, bekam ich lediglich 30 000 DM, da der Käufer für die neun Mietsparteien neue Wohnungen beschaffen mußte. Schon nach wenigen Jahren hätte ich mehr als eine Million erhalten. Aber ich befand mich in einer Zwangslage.

Mit dem Geld gründete ich am 16. Juni 1953 in Wien die «Junta-Film GmbH». Mein österreichischer Partner war mein früherer Mitarbeiter, Otto Lantschner. Aber dies bedeutete noch lange nicht, daß wir beginnen konnten. Immer neue Genehmigungen waren erforderlich. Ich benötigte einen Anwalt, einen Steuerberater, vor allem aber einen Verleihvertrag, um über die notwendigen Mittel zur Fertigstellung des Films verfügen zu können.

Inzwischen durchsuchten vier Damen im Wiener Kopierwerk die gewaltigen Mengen an Material, um die wichtige Schnittkopie von «Tiefland» zu finden. Auch fehlten vier Negativrollen – dieses fast unersetzbare Material blieb unauffindbar. Mir blieb nichts anderes übrig, als nach Paris zu fahren, um dort eine Suchaktion in die Wege zu leiten. Mein erster Weg führte mich zur «Cinémathéque Française», wo ich durch Madame Meerson unerwartete Hilfe erhielt. Sie veranlaßte, daß mehrere Bunker durchsucht wurden, aber man fand nichts. Ich war verzweifelt. Über das französische Außenministerium kam ich mit Monsieur Louis François Poncet zusammen, der sich bereit erklärte, die Suchaktion in Frankreich fortzusetzen. Ich mußte nach Wien zurück. Hier war zwar inzwischen der Pachtvertrag unterzeichnet worden, aber meine Firma besaß noch keine Konzession. Der Wiener Treuhänder, Herr Lorbeck, mußte die «Plessner-Film» in

Kufstein einschalten. Alles war sehr umständlich, zeitraubend und kostete viel Geld.

Erfreulich dagegen, daß in München durch den bekannten Filmanwalt Dr. Wolf Schwarz ein günstiger Verleihvertrag mit der «Allianz-Film» zustande kam, und daraufhin sich auch ein größerer österreichischer Verleih, die «International-Film», «Tiefland» sicherte.

Nun hoffte ich endlich, mit der Arbeit beginnen zu können. Und wieder stand mir Dr. Arnold bei. In nur einer Woche richtete er mir bei «ARRI» einen perfekten Schneideraum ein. Aber bevor ich mit dem Schneiden beginnen konnte, gab es weitere Aufregungen. Herr Würtele, der sich seiner Abberufung als Treuhänder widersetzte, versuchte den Transport des Materials nach München zu verhindern. Im Namen der Tiroler Landesregierung verlangte er, der Film müsse in Innsbruck geschnitten werden, andernfalls er sich mit den Franzosen zusammentun werde. So entspann sich ein letzter, heißer Kampf zwischen Tirol und Wien, der dann Gott sei Lob und Dank von Wien gewonnen wurde.

Als die erste Filmsendung endlich in München eintraf, war es schon September geworden – und die «Allianz» hatte schon für Ende November die Premiere angekündigt. Wir legten ein irres Arbeitstempo vor. Zu viert saßen wir bei «ARRI» im Schneideraum, oftmals Tag und Nacht – wie in alten Zeiten.

Aus Paris teilte mir François Poncet mit, daß die Suchaktion erfolglos war. Nun mußte ich aus dem vorhandenen Material eine neue Fassung schneiden, eine schwierige Aufgabe. Wichtige Komplexe fehlten, vor allem der in Spanien gefilmte Komplex der «Dürre», was die Handlung des Films verflachte.

Die Musikaufnahmen wurden Anfang November in Wien gemacht. Nach unserem Wunsch sollte Herbert von Karajan die Wiener Symphoniker dirigieren. Grundsätzlich war er auch bereit, aber seinen Honorarwünschen konnten wir nicht gerecht werden. Nun dirigierte Herbert Windt, der Komponist des Films. Seine Arbeit mit den Wiener Symphonikern ließ uns allen Kummer vergessen.

Endlich «Tiefland»-Premiere

Im Februar 1954 erlebte «Tiefland» nach einer beispiellosen, zwanzigjährigen Odyssee in Stuttgart im «E. M.-Theater» seine Uraufführung. Der «Allianz-Verleih» hatte alles aufgeboten, um der Premiere festlichen Glanz zu verleihen.

Als sich der Saal verdunkelt hatte, setzte ich mich unerkannt auf einen Ecksitz, um als Zuschauerin zum ersten Mal meinen Film, losgelöst von allen Problemen seit seiner Entstehung, zu erleben. Während die ersten Aufnahmen vor meinen Augen abliefen, überfielen mich die Erinnerungen an die Leidensgeschichte dieses Films. Hatten sich die Opfer gelohnt? Würde er vor dem Publikum bestehen, und was würden die Kritiker sagen?

Je länger der Film lief, desto größer wurden meine Zweifel. Ich spürte, Thema und Stil waren von der Zeit längst überholt. Aber dann gab es Aufnahmen von großer Ausdruckskraft, schwarz-weiß Effekte von graphischer Qualität. Meine Gefühle schwankten. Die Bildgestaltung erschien mir eindrucksvoll, auch die Musik, die Köpfe der Sarnthaler Bauern und das Spiel von Pedro, einem Naturtalent. Aber wenn ich mich auf der Leinwand sah, empfand ich Beklemmung. Kein Zweifel, ich war eine Fehlbesetzung. Wie habe ich mich nur so irren können? Ich selbst hatte die Rolle nicht spielen wollen und mich daher um Brigitte Horney und Hilde Krahl bemüht, leider vergeblich. Trotzdem hätte ich dieser Rolle mehr Leben geben können, wenn mich nicht Krankheiten und Schicksalsschläge so gebeutelt hätten.

Würden Publikum und Presse das ebenso empfinden? Ich versuchte, meine kritischen Gefühle zu verdrängen. Als es hell wurde, überraschte mich der große Applaus. Wir mußten uns immer wieder auf der Bühne verbeugen. Die Herren der «Allianz-Film» waren zufrieden. Es schien ein Erfolg zu werden. Die Presse war unterschiedlich. Es gab gute und weniger gute Kritiken, die jedoch objektiv waren. Aber meine Gegner schlugen wieder zu. Durch gehässige Angriffe einiger Blätter wurde jede Erfolgsmöglichkeit zerstört, und die alten Lügen, die in der «Revue» erschienen waren, wurden trotz der dagegen ergangenen Gerichtsurteile wieder hervorgeholt. «Tieflandzigeuner aus dem KZ», «Die Todgeweihten von Auschwitz» oder «L. R. erlebt in Polen Judenmassaker deutscher Soldaten» – nichts verlogen genug, um zitiert zu werden. Wie schon beim zweiten «Blauen Licht» kündigten viele Theaterbesitzer ihre Termine, sie weigerten sich, den Film zu zeigen. Obgleich ich mir geschworen hatte, nie wieder einen Prozeß zu führen, konnte ich mich der Aufforderung meines Verleihs nicht widersetzen, diese Zeitungen zur Gegendarstellung zu zwingen oder sie zu verklagen. In allen Fällen erreichten meine Anwälte, daß Gegendarstellungen erschienen, aber wie immer in solchen Fällen, war der Schaden nicht mehr gutzumachen. Selbstverständlich war dadurch auch die Tournee für die Premiere in Österreich gefährdet. Telegrafisch wurde ich nach Wien gerufen. Die Herren des «International-Film-Verleihs», welche die Rechte für Österreich erworben hatten, befanden sich in einem

Zustand größter Erregung. KZ-Verbände drohten den Theaterbesitzern, ihre Kinos in Brand zu setzen. Ich schlug Herrn Zöhrer, dem Inhaber der «International» vor, er oder sein Pressechef sollten die Herren der KZ-Verbände einladen, um ihnen meine Gerichtsakten vorzulegen. Mein Vorschlag wurde als indiskutabel abgelehnt. Nachdem keiner wußte, was zu tun sei, erklärte ich mich bereit, persönlich die KZ-Verbände um eine Unterredung zu bitten.

«Das können Sie nicht riskieren», sagte Herr Zöhrer erschrocken.

«Warum nicht?» fragte ich, «ich sehe keine andere Möglichkeit, oder wissen Sie eine bessere?»

Ich war entschlossen, diese Begegnung herbeizuführen, und ließ mir aus München sofort alle entlastenden Dokumente schicken, dazu auch meine Korrespondenz mit Manfred George.

Es kam zu einer stürmischen Auseinandersetzung mit den KZ-Verbänden in deren Büro. Vom Verleih wollte mich niemand begleiten, also ging ich allein. Beim Betreten des Raums wurde ich mit Schimpfworten empfangen – so laut und heftig, daß ich minutenlang nicht zu Wort kam. Meiner Schätzung nach befanden sich in dem Zimmer ungefähr 14 bis 16 Personen, darunter keine einzige Frau.

Ich hatte meine Arme schützend vor mein Gesicht gehalten und wartete ab, bis es ruhiger wurde, dann ließ man mich sprechen. Es dauerte mindestens eine halbe Stunde, bis ich in der Lage war, einiges aus meinem Leben zu erzählen. Und da spürte ich, wie sie mir zu glauben begannen. Besonders die Briefe von Manfred George schienen sie zu beeindrucken, auch, daß ich meine Bewunderung, die ich für Hitler hatte, nicht leugnete. Es entspann sich eine lebhafte Diskussion, die über Stunden ging. Und mehr und mehr legte sich die feindliche Aggression.

Am kommenden Tag war in den Wiener Zeitungen zu lesen:

«Neue Erklärung des KZ-Verbandes zum Riefenstahl-Film
Wie das Präsidium des KZ-Verbandes nunmehr mitteilt, konnte Frau Riefenstahl bei einer Vorsprache im KZ-Verband dokumentarische Erklärungen und Entscheidungen verschiedener Behörden und Gerichte darüber vorlegen, daß die Anschuldigungen, für ihren Film «Tiefland» Zigeuner aus dem Konzentrationslager verwendet zu haben, den Tatsachen nicht entspricht... Der KZ-Verband steht zwar weiterhin auf dem grundsätzlichen Standpunkt, daß es zweckmäßiger gewesen wäre, den in Rede stehenden Film jetzt nicht vorzuführen, beschloß jedoch, von einer weitergehenden Aktion gegen die Vorführung des Films Abstand zu nehmen.»

Die Herren des Verleihs atmeten auf. Meine Tournee durch Österreich, auf der mich Franz Eichberger, unser Pedro, begleitete, wurde ein rauschender Erfolg – nicht nur in Wien, ebenso in Linz, Graz und besonders in Steyr.

Die Kritiker von der linken bis zur rechten Presse übertrafen meine Erwartungen. Am treffendsten fand ich die Worte, die einer schrieb: «Ein Opernstoff wurde gedichtete Malerei.»

Filmfestival in Cannes

Im Jahr 1954 war Jean Cocteau Präsident der Jury des Filmfestivals in Cannes. Ich hatte ihn in der Zwischenzeit kennengelernt, und ein freundschaftliches Verhältnis hatte sich zwischen uns entwickelt. In München sah er «Tiefland», und trotz der Schwächen, die der Film zweifellos hat, machte er großen Eindruck auf ihn. «Die Bilder strahlen Breughelsche Intensität aus, unerreicht ist die Poesie der Kamera, und der Film hat Stil», sagte er. Und dann: «Ich möchte den Film für Cannes haben.»

Dies waren nicht nur höfliche Worte, er meinte es ernst. Trotz seiner vielen Verpflichtungen bot er an, die Dialoge des Films selbst ins Französische zu übersetzen, damit er mit guten Untertiteln gezeigt werden konnte. An das Bundesinnenministerium in Bonn telegrafierte Cocteau:

«Ich wäre ganz besonders glücklich, wenn der Film ‹Tiefland› von Leni Riefenstahl für Filmfestival Cannes nachträglich gemeldet würde. Garantiere Annahme. Erbitte Drahtentscheidung nach Grandhotel Kitzbühel. Besonders respektvolle Grüße, Jean Cocteau, Präsident der Jury von Cannes.»

Die Antwort des Auswärtigen Amtes, an die das Telegramm weitergeleitet wurde:

«Ich darf Ihnen dazu mitteilen, daß hier sehr ernste Bedenken gegen die Nennung des Films ‹Tiefland› bestehen, der in keiner Weise geeignet erscheint, das Filmschaffen der Bundesrepublik Deutschland im Ausland zu repräsentieren. Ich bedaure deshalb, sehr geehrter Herr Präsident, Ihrem Wunsch nicht entsprechen zu können, und begrüße Sie mit vorzüglicher Hochachtung als Ihr sehr ergebener R. Salat.»

Von der deutschen Regierung hatte ich also nichts zu erwarten. Cocteau bestimmte, daß «Tiefland» in Cannes außer Konkurrenz gezeigt wurde, und, wie mir mein Mann, der die Kopie nach Cannes brachte, berichtete, es wurde ein Erfolg. Die größte Freude aber bereiteten mir die Zeilen von Cocteau, der in einem Brief schrieb:

*Ich habe «Tiefland» bei zwei Vorführungen des Festivals gesehen —
das war meine Belohnung.*

Eine politische Entscheidung

Durch diesen Erfolg ermutigt, hatte ich nur noch einen Gedanken:
«Die roten Teufel».

Die «Herzog-Film» hatte das Drehbuch ins Italienische übersetzen
lassen und mir Geld für die Vorbereitungsarbeiten zur Verfügung
gestellt. Zeitplan und Kalkulation waren ausgearbeitet. Leider waren
die Produktionskosten durch die lange wetterbedingte Zeit der Skiaufnahmen und die große Zahl der Mitwirkenden zu hoch für einen
deutschen Film in damaliger Zeit. Trotz Kürzungen im Drehbuch
beliefen sich die Kosten auf 1 800 000 DM, ein Betrag, der nur durch
eine internationale Co-Produktion aufzubringen war.

In Österreich hatte der «Tiefland»-Erfolg nun großes Interesse für
dieses Projekt hervorgerufen: «Die roten Teufel» waren Österreicher
und die eigentlichen Stars dieses Films. Das Finanzministerium wie
auch die Fremdenwerbung des Handelsministeriums und die «Creditanstalt» zeigten sich gleichermaßen interessiert, und die zwischenzeitlich so ängstlich gewordene «International-Film» bot eine doppelt so
hohe Garantie wie für «Tiefland».

Am Arlberg konnte ich die Quartierfrage zufriedenstellend regeln.
Es ging immerhin um die Unterbringung von mehr als neunzig Personen, und dies in St. Anton und Zürs, mitten in der Skisaison. Ein
ungemein günstiger Preis wurde mir eingeräumt. Dieselbe Zusage gab
mir auch der Verkehrsverein in Garmisch, und der italienische Winter-
sportplatz Cervinia offerierte uns sämtliche Quartiere inclusive Voll-
pension ganz umsonst. Diese Einsparungen senkten die Kosten auf
DM 1 400 000, doch war auch diese Summe noch viel zu hoch. Und eine
deutsche Bürgschaft für mein Projekt konnten weder die «Herzog-
Film» noch Herr Mainz beschaffen.

Die größte Chance war noch immer eine italienische Partnerschaft,
und so versuchte ich noch einmal mein Glück in Rom. Wie immer
verlangte das viel Geduld, und wenn ich glaubte, am Ziel zu sein, löste
sich alles wieder auf wie eine Fata Morgana. Fast wollte ich es schon
aufgeben, als mich die «Rizzoli-Film» sprechen wollte. Ich spürte
einen Hoffnungsstrahl, denn der Presse- und Verlagsmagnat Rizzoli
war zu dieser Zeit auch der ungekrönte Filmkönig von Italien.

Als ich mich in dem Büro seiner Firma meldete, erfuhr ich, daß
Signor Rizzoli sich sehr gern mit mir über dieses Filmprojekt unterhal-

ten möchte, daß er an Ingrid Bergmann für die weibliche Hauptrolle denke, aber seit gestern im Urlaub sei.

«Und wo?» fragte ich ernüchtert.

«In Positano», sagte Signor Freddi liebenswürdig. «Jeder weiß dort, wo Herr Rizzoli wohnt, und», fuhr er fort, «Sie sollten sich diese Reise überlegen, denn Signor Rizzoli war von dem Stoff beeindruckt und schätzt außerdem Ihre früheren Filme sehr.»

Positano, keine 300 Kilometer von Rom entfernt, und schon war ich mit meinem Opel-Rekord, den ich mir nach Abschluß des Vertrags mit der «Allianz» geleistet hatte, unterwegs. Allerdings ahnte ich damals noch nicht, was es bedeutet, eine solche Fahrt in Italien im Hochsommer zu unternehmen. Am 13. August beginnt alljährlich «Ferragosto», die großen Ferien, und genau an diesem Tag setzte ich mich an einem Nachmittag in meinen Wagen Richtung Neapel. Kurz vor Neapel sah ich plötzlich erschrocken im Licht meiner Scheinwerfer eine lange Holzstange, die unbeleuchtet rückwärts auf einem Lastwagen lag. Ich konnte gerade noch das Steuer herumreißen, ohne Rücksicht auf Gegenverkehr, sonst wäre mein Auto von der Holzstange durchbohrt worden. Über dreißig Jahre war ich unfallfrei gefahren. Der Schreck saß mir noch lange in den Gliedern.

In Neapel war es hoffnungslos, Quartier zu finden, nicht einmal eine Kammer war zu haben. So blieb mir nichts übrig, als in der Nacht weiterzufahren. Nach Neapel gab es unzählige steile Kurven, bei denen ich unausgesetzt von entgegenkommenden Scheinwerfern irritiert wurde. Ich konnte fast nur im Schrittempo fahren und hatte nur den einen Wunsch, in ein Bett zu fallen und zu schlafen. In jedem kleinen Ort klopfte ich an Türen an, es war aussichtslos. Seitdem wußte ich, was eine Reise am «Ferragosto» ohne Quartier bedeutet. Aber ein Zurück gab es nicht mehr.

Es war spät in der Nacht, ich konnte vor Müdigkeit nicht weiterfahren und fuhr das Auto dicht an den Straßenrand. Da sah ich im Mondlicht unter mir einen Sandstrand. Ich zögerte keinen Augenblick und rannte, nachdem ich die Bremse angezogen und das Standlicht angemacht hatte, zum Strand hinunter. Übermüdet warf ich mich in den Sand. Es kam jemand auf mich zu, ein älterer Mann, der sich besorgt über mich beugte. Er gab mir zu verstehen, ich sollte ihm folgen. Freundlich öffnete er mir eine Badekabine, und schon überfiel mich der Schlaf. Plötzlich zuckte ich zusammen. Zwei Italiener hatten sich über mich geworfen. Ich schrie wie eine Wahnsinnige – die Burschen ergriffen die Flucht. Der alte Mann war mit einer Taschenlampe wiedergekommen und versuchte, mich in rührender Weise zu beruhigen. Er blieb bei mir, bis es hell wurde.

Die Nacht des folgenden Tages verbrachte ich in meinem Auto, und erst am dritten Tag kam ich in Positano an. Den Wagen mußte ich oben stehenlassen, da die Häuser, terrassenförmig angeordnet, nur über steile Steintreppen erreichbar waren. In dem Haus, in dem ich Rizzoli antreffen sollte, wurde mir mit Bedauern eröffnet, Signor Rizzoli sei nach Ischia gefahren. Ich war so müde und fast schon abgestumpft, daß ich kaum noch Enttäuschung empfand – nur schlafen wollte ich. Die Freunde Rizzolis boten mir ein wunderschönes Zimmer an und luden mich ein zu bleiben, solange ich nur wollte. Nachdem ich wieder munter war und alle Winkel des romantischen Fischerorts besichtigt hatte, zog es mich nach Ischia. Ich wollte auf das Gespräch mit Herrn Rizzoli nicht verzichten. Es war nur eine Schiffsfahrt von zwei Stunden. Aber auch dort war der Filmkönig ausgeflogen. Er würde, sagte man, mehrere Tage mit seiner Yacht unterwegs sein.

Da gab ich es auf und kehrte nach Rom zurück. Hier erwartete mich ein Brief Cocteaus: «Jean Marais freut sich, Ihr ‹Roter Teufel› zu werden, er ist der einzige, den ich mir vorstellen kann. Ihr Film scheint mir von allen augenblicklichen Stoffen der allerwichtigste zu sein.» Für die kapriziöse Rolle der «Kay» empfahl er mir die damals noch sehr junge und erst am Beginn ihrer Weltkarriere stehende Brigitte Bardot. Ferner lag das Angebot einer italienischen Finanzgruppe vor, die bereit war, sich mit einem Drittel der Produktionskosten, damals 75–80 Millionen Lire, zu beteiligen. Und «Titanus» sowie die «Lux-Film» baten mich um neue Verhandlungen. Der Tag hätte 24 Stunden haben müssen.

Da wurde ich telegrafisch nach München zurückgerufen. Meine Mutter war lebensgefährlich erkrankt. Das ließ mich alles andere vergessen. Ein Leben ohne sie konnte ich mir nicht vorstellen. Sie lag in einer Münchner Klinik, und täglich war ich mehrere Stunden bei ihr. Sie war sehr tapfer. Ihre Hauptsorge war, was aus mir werden würde, wenn sie mich nicht mehr betreuen könnte.

Inzwischen war es Oktober geworden, und die Zeit verrann. Die Zusagen die ich hatte, nicht nur die von Stars wie Jean Marais und de Sica, sondern vor allem die großzügigen Unterstützungen der Hoteliers in Deutschland, Österreich und Italien, die der Verkehrsämter in diesen Ländern, reizten die «Herzog-Film» so, daß sie ihre bisherige Verleihgarantie für Deutschland auf 800 000 DM erhöhte – für die damalige Zeit ein schwindelnd hoher Betrag. Zusammen mit der italienischen Beteiligung war die Finanzierung so gut wie gesichert.

Nun mußte die endgültige Entscheidung fallen. In Wien verhandelte ich über eine Refinanzierung der deutschen Verleihgarantie. Das

Finale wurde aufregend. Anfangs lief alles sehr günstig. Die Anträge mußten in den Abteilungen verschiedener Ministerien geprüft werden. Die Österreicher waren von dem Filmthema begeistert, und so bemühte sich jeder, bürokratische Hemmnisse abzubauen. Die wichtigsten Unterredungen hatte ich mit dem Finanzminister, Dr. Kamitz, und dem Generaldirektor Dr. Joham von der Creditanstalt, dem entscheidenden Mann für die Übernahme der Refinanzierung, der sich wie der Finanzminister hundertprozentig für den Film engagierte. Vor der Unterzeichnung der Verträge wurde noch die Zustimmung des österreichischen Bundeskanzlers Raab eingeholt, nachdem der Außenminister, Dr. Leopold Figl, vor einem Jahr, während meines Wiener Aufenthalts, den Film persönlich befürwortet hatte.

Der Startschuß wurde gegeben, die Quartiere in Zürs und Lech bestellt, die Rennfahrer verständigt und die wichtigsten Mitarbeiter verpflichtet.

Weihnachten war gekommen, und wir gönnten uns nach diesen aufregenden Monaten einige Tage Entspannung. Da platzte die Bombe, keine Sprengbombe. Es war nur eine kleine Zeitungsnotiz, die die österreichische Regierung erschreckte und die «Die roten Teufel» sterben ließ. «Der Abend», die kommunistische Wiener Zeitung, veröffentlichte folgendes:

LENI RIEFENSTAHL UND DER STEUERZAHLER. FINANZ- UND HANDELSMINISTERIUM FINANZIEREN KOSTSPIELIGES FILMPROJEKT DER DEUTSCHEN KÜNSTLERIN.

Obwohl nachweisbar unwahr, war es der Todesstoß für den Film.

Eine politische Lawine kam ins Rollen. Für die Oppositionspartei, die SPÖ, war dies ein Motiv, die regierende ÖVP anzugreifen. Linksorientierte Blätter brachten lange, unwahre Berichte, die die Situation immer mehr verschlimmerten. Die Angriffe gegen die Regierung wurden immer heftiger.

«Der Abend» schrieb: «Es wäre dringend wünschenswert, daß die Regierung sich äußert, ob diese aufsehenerregende Finanzierung des Leni Riefenstahl-Films tatsächlich beschlossen wurde. Frau Riefenstahl hatte mit ihrem Filmprojekt weder in Deutschland noch in Italien Unterstützung gefunden. Was sie aufbrachte, war nur eine 65prozentige Deckung der Herstellungskosten. Für die fehlenden 35 Prozent soll nun der Steuerzahler einspringen. Dieser fragt sich, wie es zu erklären ist, daß Frau Riefenstahl nicht nur bei den Spitzen des Hitler-Regimes, sondern auch bei den Spitzen der Bundesrepublik Österreich so glänzend eingeführt ist, daß man ihre Projekte mit einer Großzügigkeit behandelt, an die man in der österreichischen Filmproduktion sonst nicht gewöhnt ist.»

Glatt gelogen. Die Produktionskosten waren zu 100 Prozent gedeckt, was in den von der Creditanstalt schon unterschriebenen Verträgen ablesbar war. Wieder war ich zwischen die Mühlsteine politischer Interessen geraten. Und dann las ich im gleichen Blatt: «Abgewehrt – Leni Riefenstahl bekommt keine Steuergelder.»

Herr Tischendorf, Inhaber der «Herzog-Film», reiste nach Wien in der Absicht, durch persönliches Gespräch mit den Herren der österreichischen Regierung noch eine Wende herbeizuführen. Er konnte die Beweise für die unwahren Behauptungen der Presse vorlegen. Als er zurückkehrte, sagte er: «Liebe Frau Riefenstahl – Sie müssen Ihren Film vergessen, begraben – die Lage ist hoffnungslos, eher würde die Regierung abtreten müssen, als daß wir die Refinanzierung erhalten. Der Widerstand gegen Ihre Person ist so stark, daß Sie – verzeihen Sie mir, wenn ich die Wahrheit sage, Ihren Beruf nie mehr ausüben können, solange Sie leben.»

Meine Freunde

So grausam mich das getroffen hatte, versuchte ich, nachdem ich den Schock und eine schwere Krankheit langsam überwand, noch einmal aus den Scherben etwas zu machen. Vor allen Dingen mußte ich mich um meine kranke Mutter kümmern, die ich aus dem Krankenhaus wieder zu mir nahm.

Was ich durch «Tiefland» verdient hatte, war aufgebraucht. Nicht die Kosten für die Fertigstellung des Films waren die Ursache, sondern die jahrelange, mühselige Wiederbeschaffung des Materials, die Honorare für elf Anwälte in Paris, Innsbruck, Wien und München, die Gehälter von drei Treuhändern und die komplizierten Verhältnisse einer Co-Produktion in damaliger Zeit. Was mir verblieb, hatte ich in «Die roten Teufel» investiert. Aber ich brauchte nicht mehr meine Wohnung zu vermieten, hatte ein Auto, ein wenig Garderobe und, was wertvoller als alles ist, einige Freunde.

Einer von ihnen war Waldi Traut, mein früherer Produktionsleiter, der schon 1931 bei meiner ersten eigenen Produktion «Das blaue Licht» angefangen hatte und nun eine eigene Herstellungsgruppe bei Ilse Kubaschewskis «Gloria-Film» besaß. Ferner Friedrich A. Mainz, der so erfolgreiche Filme wie «Canaris» und «Des Teufels General» hergestellt hatte, Dr. Arnold und mein Anwalt Dr. Hans Weber, der mir als juristischer Berater unschätzbare Dienste erwies. Auch Helge Pawlinin, der deutsche Cocteau, wie ich ihn nannte, der wie dieser auf vielen Gebieten der Kunst sehr begabt war. Er wohnte nur wenige

Minuten von mir entfernt, und so waren wir viel beisammen. Unvergeßlich sind für mich seine Inszenierungen in den «Münchner Kammerspielen», die «Goyeska» und der «Student von Prag» mit Harald Kreutzberg. Seine Inszenierung von Werner Egks «Abraxas»-Ballett im Münchner Prinzregententheater war ein Ereignis.

Ohne einige meiner Mitarbeiter und meine Freunde in den USA, vor allem aber meine Hanni, hätte ich diese Krisenjahre kaum durchstehen können. Und nicht zu vergessen Peter Jacob, mein früherer Mann. Er tat, nachdem er einsah, daß unsere Ehe zerbrach, alles, um meiner Mutter und mir das Leben erträglicher zu machen. Auf seine Hilfe konnte ich immer rechnen, auch, als er eine neue Ehe einging. Einige Jahre nach unserer Trennung heiratete er die Schauspielerin Ellen Schwiers. Wir blieben Freunde.

Filmthemen

Entgegen der Prophezeiung von Herrn Tischendorf, ich würde nie wieder in meinem Beruf arbeiten können, war es mir unmöglich, mich mit etwas anderem zu beschäftigen als mit dem Film. Ein Vortrag des Atomphysikers Professor Dr. Hahn über Atomkraft und Hiroshima hatte mich so nachdenklich gemacht, daß es mich anregte, darüber ein Filmexposé zu schreiben. Ich suchte die Bekanntschaft von Physikern und erhielt über Professor Dr. Aschoff von der Universität Aachen die Adresse von Werner Heisenberg und Hahn, die beide damals in Göttingen lehrten. Mit ihrer Hilfe und anderen internationalen Wissenschaftlern wollte ich einen Film über die furchtbaren Gefahren eines kommenden Atomkrieges machen.

Mein Exposé hatte den Titel «Kobalt 60». Der Film sollte eine Mischung von Dokumentar- und Spielfilm sein. Kein Vortrag, kein Zeitungsbericht, kein Buch, keine Fernsehausstrahlung könnte auch nur annähernd so stark die verheerenden Wirkungen der Atomkraft demonstrieren wie ein Film.

So aktuell dieses Thema auch war, so desinteressiert waren sämtliche Produzenten. Keine einzige Firma war bereit, auch nur die geringsten Mittel in dieses Projekt zu investieren. Deprimiert gab ich meine Bemühungen auf.

Ein Besuch von Jean Cocteau inspirierte mich zu einem anderen Vorhaben, das mir reizvoll erschien. Das Thema: «Friedrich der Große und Voltaire». Kein historischer und schon gar nicht ein heroischer Film, sondern, wie Cocteau sagte, ein Film, der die menschlichen Beziehungen zwischen dem König Friedrich und dem Philosophen

Voltaire zeigen sollte, ihre Haßliebe, symbolisch für das Verhältnis zwischen Frankreich und Deutschland, was aber nur als Hintergrundatmosphäre angedeutet werden sollte. Charakteristisch für diesen Film war der Versuch, in spritzigen und satirischen Dialogen die beiden Antipoden zu erfassen. Cocteau reizte es, die Doppelrolle selbst zu spielen, unter meiner Regie – ein aufregender Gedanke. Für diesen Stoff konnte ich einen hervorragenden Mitarbeiter gewinnen, Hermann Mostar, einen begabten Schriftsteller und einen ausgezeichneten Kenner der Materie. Er hatte in jahrelangem Quellenstudium über Friedrich außer einer Menge historischen Materials auch eine Anzahl unbekannter Anekdoten gesammelt. Seine «Weltgeschichte höchst privat» gehört zu meiner Lieblingslektüre. Aber auch selbst für diesen außergewöhnlichen Stoff, preiswert herzustellen, da ich ihn mir nur in schwarz-weiß vorstellen konnte und Cocteau und ich bereit waren, auf unsere Gagen zu verzichten, konnten wir niemand zur Finanzierung bewegen.

Friedrich A. Mainz, dem ich diesen Filmstoff auch anbot und dem er gefiel, sagte: «Leni – erspare dir weitere Enttäuschungen. Du wirst weder für diesen noch für andere Stoffe einen Geldgeber oder Verleiher finden. Weißt du nicht, daß dein Name in den USA auf einer ‹Schwarzen Liste› steht?»

«Ich weiß es von meinen amerikanischen Freunden, aber dieser Boykott wird doch einmal ein Ende haben», sagte ich resigniert.

«Du bist naiv», war die Antwort von Mainz.

Trotz dieser vernichtenden Prognose ging das Leben weiter. Ich bemühte mich um ein Aufbaudarlehen, um mir im Keller des Nebenhauses zwei Schneideräume einzurichten, in denen ich meine noch immer in Österreich beschlagnahmten Filmgeräte und Schneidetische unterstellen wollte. Von Steuerangelegenheiten, Abrechnungen mit der «Allianz»-Film und den Treuhändern in Österreich, Lastenausgleichs- und Bürgschaftsanträgen rauchte mir der Kopf. Was für ein Glück, daß Hanni, ein Sonnenkind, über den endlosen, langweiligen Arbeiten ihr Lachen nicht verlor.

Entspannung brachten die abendlichen Kinobesuche. Ich war hungrig danach und «verschlang» damals Filme, allerdings nur solche, die mir gefielen. Unsympathische habe ich mir nie bis zum Ende angesehen und setzte mich deshalb meist auf einen Außenplatz, um beim Hinausgehen nicht zu stören. Vor allem die ersten Filme, die ich nach meiner Gefängniszeit sah, gaben mir ungemein viel. So erinnere ich mich, wie stark «Lost Weekend» von Billy Wilder auf mich gewirkt hat, ebenso der französische Film «Verbotene Spiele» von Clément, der spanische «Los Olvidados» von Luis Buñuel, «Lohn der Angst» von

Clouzot, «La Strada» und «Die Nächte der Cabiria» von Fellini, de Sicas neorealistische Werke, «Wir sind alle Mörder» von Cayatte, der japanische Film «Das Höllentor» und Fred Zinnemanns «12 Uhr Mittags».

So könnte ich noch viele Filme aufzählen, die mich gefesselt haben. Heute werden mir nur noch wenige Filme zu einem Erlebnis.

Reise durch Spanien

Mein Freund Günther Rahn lud mich nach Madrid ein. Der Gedanke, Spanien wiederzusehen, elektrisierte mich. Meine Lust am Filmemachen war trotz aller Rückschläge noch so groß, daß ich beschloß, nicht ohne spanische Themen nach Madrid zu reisen.

Ich wandte mich an Wilhelm Lukas Kristl, den Autor des vorzüglichen Spanienbuchs «Kampfstiere und Madonnen». Er wohnte in München, so daß wir fast jeden Abend zusammenkamen und bald ein interessantes Filmexposé entwerfen konnten. Gleichzeitig arbeitete ich mit Margarete Hohoff, einer jungen, erfolgreichen Theaterschriftstellerin, an einem Stoff, der für Anna Magnani vorgesehen war. Ein faszinierendes Thema, in dem sich wie in einer Facette das Antlitz Spaniens spiegelte. Arbeitstitel: «Drei Sterne auf dem Mantel der Madonna».

Auch Hermann Mostar schlug mir zwei gute Stoffe vor, einen, den er selbst geschrieben hatte – eine eindrucksvolle Studie gegen den Stierkampf, er nannte sie: «Der Stierkampf des Monsieur Chatalon», und ein dramatisches Thema: «Tanz mit dem Tod.» Ich wollte aber nicht nur Filmstoffe mitnehmen, sondern auch eine Filmkamera. Dr. Arnold gab mir eine 16-mm-«Arriflex», eine herrliche Kamera. Allerdings konnte ich mir die Bedienung erst wenige Stunden vor unserer Abreise erklären lassen.

Mit Hanni, die ich auf diese Reise mitnahm, fuhr ich über den Arlberg nach Genf. Zwei Tage später erreichten wir über Biarritz Pamplona, gerade zur rechten Zeit, um unsere Kamera auszuprobieren: Am nächsten Tag begann die berühmte «Fiesta de San Fermin», die Hemingway so hinreißend beschrieben hat.

Pamplona war überfüllt. Viele schliefen im Freien. Da wurde ich von einem Spanier erkannt, der 1943, als wir für «Tiefland» die Aufnahmen mit den Stieren machten, für uns arbeitete. Er brachte uns in einem kleinen Hotel in einer der engen Gassen unter und bot sich uns als Führer für die «Fiesta» an.

Schon vor Sonnenaufgang saßen wir mit der Filmkamera auf einer alten Mauer in einer Gasse, durch die jeden Morgen die jungen Stiere in die Arena getrieben wurden. Wie von Sinnen liefen die jungen Männer neben und vor den Stieren her, Mädchen und Frauen schauten aus den Fenstern und schienen sich ebenfalls in einem Taumel wilder Begeisterung zu befinden. Die Burschen versuchten, die Stiere zu berühren, wurden von ihnen überrannt, was sie jedoch nur in einen noch größeren Taumel verfallen ließ. Für uns Nordländer war dies alles fremd und unbegreiflich. Trotzdem wurden auch wir bald von diesem Fieber angesteckt. Das war nicht eine «Show», das waren kultische Handlungen uralter Traditionen. Drei Tage filmten wir in Pamplona, dann trennten wir uns von dieser aufregenden Stadt. Schon längst wurden wir in Madrid erwartet.

Spanien erlebte ich wieder als ein faszinierendes Land, erfüllt von Spannungen und Lebensfreude, und diesmal ohne den Druck einer riskanten Produktion. Für einen Künstler eine fast zu erdrückende Fülle von Impressionen und Erlebnissen. In Madrid wohnten wir in Günther Rahns großzügiger Wohnung in der schönen Calle Alfonso XII. Er hatte schon alle Bekannte und Freunde mobilisiert, vor allem Leute aus der Filmbranche, mit denen er mich zusammenbringen wollte.

Wir verlebten turbulente Tage im Wechsel von Vergnügungen und beruflicher Diskussionen. Die große Müdigkeit, die ich in München fast immer verspürte, verschwand, obgleich der Tag meist erst spät nach Mitternacht in einer der kleinen Bodegas endete. Dort tranken wir, vor einer Theke stehend, einen Schoppen Wein und aßen dazu die kleinen, frisch aus dem Meer geholten Gamberis. Die Schalen der Krebse warf man einfach auf den Fußboden.

In Madrid zog mich der «Prado» an. Fast jede freie Stunde verbrachte ich an diesem unbeschreiblichen Hort der Kunst. Mein Lieblingsbild war die «Infantin Margarita» von Velazquez, aber von vielen anderen Bildern war ich ebenso fasziniert, von den Rubens', den Goyas, den Tizians, Tintorettos und den Bildern des El Greco.

Inzwischen ließ Rahn meine Filmexposés ins Spanische übersetzen. Meine euphorische Stimmung wurde etwas gedämpft, als ich feststellte, wieviel Zeit und Geduld man in Spanien haben muß. An beiden mangelte es mir. Um meine aufkommende Unruhe zu besänftigen, schlug mir mein Freund vor, mich in Mallorca auszuruhen und abzuwarten, bis alles übersetzt und von den Interessenten gelesen worden war. Die Hitze in Madrid wurde unerträglich, und wer nur konnte, fuhr ans Meer. So verließen auch wir die Stadt und gingen nach Mallorca, wo wir im Nordosten der Insel, in Formentor, noch gerade Unterkunft fanden. Der Präsident der spanischen Filmfirma «Cea», Señor Rodino, hatte mir einen Dokumentarfilm über Spanien vorgeschlagen. Ich begann, mich mit diesem Thema zu beschäftigen.

Dreimal war ich schon durch Spanien gereist – von Süden nach Norden, von Westen nach Osten. Ich hatte die Städte und die Dörfer besucht, die Reichen und die Armen, und ein Land extremer Gegensätze kennengelernt. Da fand ich meinen Titel «Sol y Sombra» – Sonne und Schatten.

Nicht nur in den Stierkampfarenen gab es die Plätze «Sol y Sombra», dies war typisch für so vieles in Spanien. Neben der im Süden herrschenden tropischen Fruchtbarkeit, den blühenden Gärten in Granada und Sevilla, den regengrünen Wäldern und saftigen Weiden in Galicia, den üppigen Orangenhainen in Valencia und fruchtbaren Weingärten in Katalonien – die große Dürre. Erbarmungslos brennt die Sonne auf die Hochebene von Kastilien, trostlos erscheinen die gigantischen Tafelberge in der Provinz Soria – kilometerweit Steppen, ohne Halm und Strauch. Die Natur in diesem Land ist maßlos, und die Gegensätze sind gewaltig. So auch bei den Menschen. Welche Unterschiede zwischen den reichen Spaniern, den Kirchenfürsten, den Toreros und den arbeitenden Menschen aller Klassen und Schichten, den Hafenarbeitern und Fischern, den Billetthändlern und Gemüsefrauen, den Kellnern, den Schuhputzern und den Ärmsten der Armen, die dahinvegetieren.

Immer mehr drang ich in mein Thema ein. Nicht nur die sozialen Aspekte waren es, die mich reizten, sondern auch anderes, besonders die einzigartigen Baudenkmäler. Ich sah die Zeichnungen in der Höhle von Altamira, die lange vor unserer Zeitrechnung entstanden sind. Ihre Leuchtkraft und Modernität bewundern wir heute noch. Ich besuchte die Kathedrale von Burgos – Ausdruck des Abendlandes, die märchenhaft schöne Moschee von Cordoba, den heiligen Montserrat, den Escorial in düsterer Strenge und – welcher Gegensatz – die dem Himmel und dem Licht entgegenströmende Heiterkeit der Alhambra, in meinen Augen das schönste aller Bauwerke, das Menschenhände erschaffen haben.

Diese Visionen versuchte ich in Skizzen festzuhalten und ins Filmische zu übertragen. Das Manuskript wurde ein Mosaik verschiedener Themen, durch die der spanische Mensch, die Kunst und Kultur dieses Landes sichtbar werden sollten. In diese Arbeit konnte ich meine Phantasien einströmen lassen. Mein Manuskript enthielt die Kapitel: Die Spatzen Gottes – Spitzen aus Valencia – Goyesca – Wald der wilden Kamele – Der Zauberer von Toledo – Orangen und Salz – Die

Sünderin von Granada – Die kastilianische Königin – Das Fest von San Fermin – Carmen und Don Juan.

Günther Rahn besuchte uns in Formentor und brachte Señor Rodino mit. Sie lasen mein Manuskript und waren begeistert. Über meine Filmprojekte erfuhr ich nichts Neues. «Alle Leute», sagte Günther, «sind noch im Urlaub, und deine Manuskripte müssen erst übersetzt werden. Du brauchst dir keine Sorgen zu machen, es wird diesmal bestimmt gut ausgehen.»

Unsere Kasse erlaubte es nicht, noch länger in Formentor zu bleiben, und da ich meine Mutter nicht so lange allein lassen wollte, beschlossen wir schweren Herzens die Heimfahrt.

Wieder war es Mitte August. Die Quartiersorgen begannen schon in Tossa de Mar, einem Badeort an der Costa Brava. Es war hoffnungslos, auch nur ein Kämmerchen zu bekommen. Schließlich konnten wir in einer Jugendherberge auf einem überfüllten Matratzenlager übernachten. Wir wollten Tossa de Mar nicht verlassen, ohne in der herrlichen Bucht gebadet zu haben. Dadurch verspätete sich unsere Abreise, und wir kamen erst bei Einbruch der Nacht in Figueras an, einer kleinen Stadt vor der französischen Grenze. Vergebens suchten wir auch hier eine Schlafstelle. Obwohl ich nachts nicht gern über die Pyrenäen fahren wollte, blieb uns nichts anderes übrig. Hanni, die mich beim Fahren nicht ablösen konnte, hielt mich durch ihre lustigen Geschichten wach. Wir waren froh, als wir gegen Mitternacht den Paß erreichten, aber auch hier fanden wir nicht einmal ein Notquartier. Um zwei Uhr nachts kamen wir durch die französische Stadt Narbonne. Die Straßen waren menschenleer und nur schwach beleuchtet. Da sah ich vor einer noch offenen Kneipe vier Männer sitzen. Ich hielt an und ging zu der Gruppe. Mit meinem mangelhaften Schulfranzösisch versuchte ich mich verständlich zu machen. Die Männer glotzten mich an und fingen dann an zu grinsen. Mit Gesten versuchte ich auszudrücken, daß wir ein Nachtquartier suchten. In diesem Augenblick sah ich, wie sich mein Wagen in Bewegung setzte und langsam die leicht abfallende Straße hinunterzurollen begann. Mit einem Satz war ich am Auto, riß die Tür auf und sprang in den fahrenden Wagen, in dem schreckensbleich meine Hanni saß. Durch den Schock vergaß sie, die Handbremse fester anzuziehen. Als ich aussteigen wollte, stand einer der Männer neben dem Auto. In der Dunkelheit schätzte ich ihn auf 30 bis 40 Jahre. Zu unserer Überraschung sagte er in gebrochenem Deutsch, er wolle versuchen, was für uns zu finden. Unsere Angst vor dem fremden Mann war in diesem Augenblick größer als unser Schlafbedürfnis. Schon hatte sich der Fremde neben Hanni gesetzt, und trotz gewaltigen Herzklopfens steuerte ich langsam den Wagen in die Richtung, die der Mann angab. Die dunklen Gassen wurden immer enger. Einige Male ließ er an Häusern, in denen noch Licht brannte, anhalten, aber jedesmal kam er unverrichteter Dinge zurück. Wir wagten nicht ihn zu bitten, uns allein zu lassen, obgleich dies unser einziger Wunsch war. Als wir vor einer Haustür anhielten, an der eine rote Lampe ein Bordell vermuten ließ, weigerte ich mich dort über Nacht zu bleiben. Der Mann schien ratlos zu sein, und ich hatte den Eindruck, als tue es ihm leid, uns nicht helfen zu können. Eine Weile überlegte er, dann hatte er anscheinend eine neue Idee. Wir fuhren in immer engere Straßen, und wieder überfiel mich Angst. Endlich ließ er mich anhalten.

«Hier wohnt meine Mutter», sagte er, «ich muß sie fragen, ob sie Sie aufnimmt.»

Dann verschwand er im Dunkeln einer Hauswand. Nun mußten wir uns entscheiden: Wegfahren, um dieser unbehaglichen Situation zu entrinnen, oder das Risiko eingehen, hier zu übernachten und unser Auto ungeschützt in dieser engen Gasse stehenzulassen. Als der Fremde zurückkam und uns aufforderte, ihm zu folgen, zögerten wir zwar, aber nachdem ich den Wagen ganz nahe an die rechte Häuserwand gefahren und abgeschlossen hatte, gingen wir mit ihm ins Haus. Dort sah ich am Ende einer steilen Treppe eine alte Frau im Nachthemd stehen. Sie hielt eine Kerze in der Hand, begrüßte uns freundlich und führte uns in ein Zimmer, in dem ein hohes Bauernbett stand. Dort ließ sie eine Kerze stehen und verschwand. Wir waren endlich allein. Das Zimmer war klein und mit Möbeln vollgestellt. Unser Bett war ein Ungetüm aus schwerem Holz. Um sich hineinzulegen, mußte man fast klettern. Wir waren viel zu aufgeregt, um schlafen zu können. Trotzdem verfielen wir doch noch am frühen Morgen in einen Dämmerschlaf.

Wie groß war unser Erstaunen, als die Mutter am nächsten Morgen unser Zimmer betrat, sauber gekleidet, nett frisiert, und uns mit einem freundlichen Lächeln zum Frühstück einlud. Wir folgten ihr die Treppe hinunter, dann noch eine Treppe tiefer in die freundliche Wohnküche, wo ihr Sohn, ebenfalls mit einem frischen Hemd bekleidet, uns begrüßte. Jetzt, bei hellem Licht, erkannte ich erst sein gutmütiges Gesicht. Er konnte kaum seine Freude, uns geholfen zu haben, verbergen.

Unsere Verblüffung wuchs, als die Mutter uns ein unwahrscheinlich gutes Frühstück vorsetzte, duftenden Bohnenkaffee, französische Backwaren, Butter, Honig und Marmelade. Das konnten keineswegs arme Leute sein, denn in der Wohnküche sah ich viele Kupfergefäße und schöne Keramiken. Während wir uns labten, brachte die Frau ein

Fotoalbum. Nun erst verstanden wir den Grund dieser überraschenden Gastfreundschaft: Ihr Sohn war als französischer Soldat in deutsche Gefangenschaft geraten und hatte das Glück gehabt, auf dem Lande bei einer Bauernfamilie zu arbeiten. Dort fand er eine so gute Aufnahme, daß er immer noch mit diesen Leuten in brieflichem Kontakt stand.

Als wir uns beim Abschied herzlichst bedankten und ich mich erkenntlich zeigen wollte, weigerten sich beide, Geld anzunehmen. Wir schickten ihnen später aus Deutschland ein Geschenk.

Bei Jean Cocteau

In Cannes und Nizza herrschte ein Autoverkehr, daß man nur im Schrittempo fahren konnte. An den schmalen Stränden der Riviera sah man in brütender Augustsonne die Menschen eng wie Heringe nebeneinander liegen. Unser Ziel war Cap Ferrat, nicht weit von Monte Carlo entfernt, wo Cocteau seine Sommerferien in der Villa Santo Sospiz verbrachte. Er hatte mich eingeladen und wollte mir dort seine Arbeiten zeigen, die er für unser Projekt «Friedrich und Voltaire» vorbereitet hatte.

Mit ihm verlebten wir zwei unvergeßliche Tage. Alles um Cocteau war voller Poesie. In den Räumen, die er im unteren Terrain der Villa bewohnte, hatte er alle Wände bemalt, in lebhaften, aber nicht grellen Farben, vorherrschend grün in allen Schattierungen. Die Motive, Darstellungen von Pflanzen, Tieren und Göttergestalten, waren teils abstrakt, teils realistisch. Cocteau hatte sich hier seine eigene Welt geschaffen. Die reale Wirklichkeit ließ er nur ungern an sich herankommen.

«Du und ich», sagte er, «leben in einem falschen Jahrhundert.» Die Skizzen für «Friedrich und Voltaire» waren köstlich. Aber noch faszinierender war, wie er sich in beiden Masken präsentierte, als «Friedrich» und als «Voltaire». Verblüffend, mit welch geringen Mitteln er sich in diese beiden Personen verwandeln konnte. Dieser Film mit ihm hätte eine Kostbarkeit werden können. Als Andenken daran besitze ich nur noch seine Briefe, die er seit diesem Zusammensein bis zu seinem Tode mit «Friedrich-Jean-Voltaire» unterschrieb.

Abgelehnt

Es war diesmal nicht so einfach, mich wieder an das Leben in München zu gewöhnen. Große Sorgen machte mir meine Mutter, sie wurde immer schwächer. Auch erwarteten mich dort fast nur unerfreuliche Dinge, mit denen ich mich nun zu beschäftigen hatte. Dazu kam, daß das Geld immer knapper wurde.

Mit Ungeduld wartete ich auf Nachrichten aus Spanien. Endlich kam der ersehnte Brief von Señor Rodino. Sämtliche Exposés, schrieb er, wurden – ausgenommen die des Dokumentarfilms – abgelehnt. Die Gründe: «Größte Zensurbedenken, ganz besonders in religiöser Hinsicht – zu sehr mit dunkelsten Schattenseiten beladen – nicht für die spanische Mentalität geeignet». Sein Kommentar zu dem Exposé «Tanz mit dem Tod» war noch extremer. «Ein herrliches Thema», schrieb er, «einfach wunderbar. Leider Gottes aber absolut unmöglich für Spanien.« Die Zensur würde den Film nie genehmigen. Was den Dokumentarfilm betrifft, gäbe es keine Zensurprobleme, aber diese Sache schleppte sich sehr in die Länge, und «es wäre notwendig, daß Sie persönlich bei diesen Verhandlungen dabei wären.»

Ich war so bitter enttäuscht, daß ich jede Lust verlor, mich weiter mit spanischen Filmprojekten zu befassen. Was hatte man mir alles versprochen, und mit welcher Hingabe hatte ich an diesen Themen gearbeitet! Nun liegen sie seit jener Zeit unberührt in meinem Archiv.

AFRIKA

«Die grünen Hügel Afrikas»

Eines Nachts las ich Hemingways gerade erschienenes Buch «Die grünen Hügel Afrikas». Ich las bis zum frühen Morgen. Die Faszination, die Afrika auf Hemingway ausgeübt hatte, sprang auf mich über. Diese mir bisher so fremde Welt begann mich zu fesseln, und ich glaubte die Worte zu hören, die Hemingway in der ersten Nacht in Afrika in sein Tagebuch schrieb: «Als ich nachts aufwachte, lag ich lauschend da, bereits voller Sehnsucht, nach Afrika zurückzukehren.»

War diese so hinreißend beschriebene Atmosphäre nur die Vision eines Dichters, konnte man dort in Afrika freier atmen und glücklicher sein? Bald kreisten meine Gedanken immer mehr um das mir unbekannte Land. Ich entschloß mich, diese Welt kennenzulernen, mit oder ohne Filmarbeit, und begann Informationen zu sammeln, sah mir viele Bildbände an und suchte, trotz aller Enttäuschungen, wieder nach einem Filmstoff.

Da las ich in der Süddeutschen Zeitung einen Bericht, der mich elektrisierte. Unter der Überschrift: MISSIONAR DECKT SKLAVENHAN-DEL IN AFRIKA AUF stand, «von furchtbaren Greueltaten afrikanischer Sklavenhändler berichtet ein Memorandum, das der belgische Missionar La Graviére den zuständigen Stellen der Vereinten Nationen übermittelt hat. Dem belgischen Geistlichen gelang es, in monatelanger Detektivarbeit eine umfangreiche, illegale Organisation von Sklavenhändlern aufzudecken. Es werden jährlich noch bis zu 50000 Schwarze verschleppt und als Sklaven an arabische Länder verkauft. Der Preis für einen gesunden, sehr starken Neger beträgt 1000 bis 2000 US Dollar. Sie werden aber auch mit Munition oder Waffen bezahlt. So kostet eine Frau drei Gewehre, ein starker junger Mann eine Kiste Patronen, ein kräftiger Junge eine Pistole oder ein Bajonett. Bewaffnete Banden von Sklavenhändlern dringen während der Nacht in die Negerdörfer und nehmen die verschüchterten Bewohner gefangen. Noch an Ort und Stelle wird die ‹Ware› aussortiert. Kinder, alte und kranke Leute bleiben im Dorf zurück. Die Gefangenen werden mit Ketten aneinandergefesselt und wie eine Herde Vieh von den Menschenräubern fortgetrieben. Wer aus Erschöpfung nicht weiterkann, wird gnadenlos erschossen. Das Zentrum des Sklavenhandels befindet sich im Tibestigebirge, dem unwegsamen Bergland an der Grenze zwischen Französisch-Äquatorial-Afrika und Libyen. Hier treffen die Karawanen der Sklavenhändler mit dem ‹Schwarzen Elfenbein› ein, aus dem Tschadgebiet, aus Mittelmarokko, Uganda und aus dem Sudan. Die Käufer, die ‹Großhändler›, sind fast nur Weiße. Viele von ihnen sollen Deserteure der Fremdenlegion sein. Auf geheimen Pisten wird die Menschenfracht dann in der Nacht zu Fuß oder mit Lastwagen an das Rote Meer gebracht, wo sie von verschwiegenen Meeresbuchten auf arabischen Daus nach Arabien gebracht wird.»

Ein unglaublich erschütternder Bericht. Aber war es denkbar, daß heute noch solche Grausamkeiten geschehen konnten? Um die Wahrheit zu erfahren, schrieb ich an die «Anti-Slavery-Society» in London und bat um Informationen. Das Material, das ich bekam, bestätigte den Bericht des belgischen Missionars und enthielt außerdem weitere wichtige Angaben. So erfuhr ich, daß die Sklaverei auch in Äthiopien betrieben werde, obgleich sie gesetzlich abgeschafft worden war und Sklavenhandel als Kapitalverbrechen galt. Viele der Schwarzen, die den Sklavenhändlern in die Hände fielen, befanden sich auf einer Pilgerfahrt nach Mekka, was ihnen beim Anheuern versprochen wurde. Zu spät erkannten sie ihr grausames Schicksal. Am schlimmsten erging es ihnen während der Fahrt über das Rote Meer. Dort lagen sie im Schiffsbauch der arabischen Daus zusammengepfercht unter Mangrovenhölzern, an Händen und Füßen gefesselt, mit Steinen beschwert, damit sie, wenn sie durch die Schiffsluken ins Meer geworfen wurden, schnell versanken. Dies geschah regelmäßig, wenn die Daus von englischen Polizeibooten verfolgt und gestoppt wurden.

«Noch nie», so hatte mir später ein englischer Polizeioffizier gesagt, «ist es uns gelungen, ein einziges arabisches Boot zu überführen. Sowie wir die Dau betreten, werden die Luken geöffnet – wir kommen immer zu spät.»

Als mir Mr. T. Fox-Pitt, der Commander der «Anti-Slavery-Society», jede Unterstützung zusagte und schrieb: «Unsere Verbindung mit Ihnen würde dem Film den Stempel der Echtheit aufdrücken, wir könnten zusammenarbeiten, um einen Dokumentarfilm von großem Wert herzustellen», war ich bereit, noch einmal – und wie ich mir schwor – zum allerletzten Mal den Versuch zu machen, ein Filmvorhaben zu realisieren.

«Schwarze Fracht»

Das Wichtigste war das Manuskript. Mit meinem Freund Helge Pawlinin, der von diesem Thema ebenfalls fasziniert war, schrieb ich in kurzer Zeit ein recht gutes Treatment mit dem Titel «Schwarze Trommeln».

In München lernte ich Dr. Andreas von Nagy kennen, einen Zoologen aus dem Jagdinstitut Göttingen, der von dem naturwissenschaftlichen Museum in Bonn den Auftrag für eine wissenschaftliche Arbeit in Afrika erhalten hatte. Er war bereit, mir neben seiner Tätigkeit als Berater in Afrika zur Verfügung zu stehen. Durch ihn lernte ich den Schriftsteller und Großwildjäger Hans Otto Meissner kennen, der mir den Andruck seines Jugendbuches «Hassans schwarze Fracht» schickte. Es enthielt so spannende Elemente, daß es auch mit ihm zu einer Zusammenarbeit kam. Daraus entstand dann das Exposé «Die schwarze Fracht».

Nun mußte ich mich wieder auf den leidvollen Weg, Geld für diesen Film aufzutreiben, begeben. Ich sandte an alle mir bekannten Filmfirmen das Manuskript, die Kalkulation und die Unterlagen der «Anti-Slavery-Society».

Unabhängig von einer befriedigenden Entscheidung, stellte ich schon eine Ideaalliste der Expeditionsteilnehmer zusammen. Ich dachte an einen kleinen Stab von nur sechs Personen, um möglichst früh die Visa-Anträge für Kenia, Tanganjika und Uganda einzureichen, deren Bearbeitung damals zwei Monate dauerte. Dieses Risiko mußte ich eingehen. Ohne diese Vorbereitungen hätten wir wegen der klimatischen Verhältnisse das Projekt im kommenden Jahr nicht mehr verwirklichen können.

Es sah alles recht gut aus. Eine große Hilfe war wieder einmal Dr. Arnolds Zusage, uns die gesamte technische Ausrüstung, Kameras, Cinemascope-Optiken und Scheinwerfer ohne sofortige Bezahlung zur Verfügung zu stellen. Auch das Farbfilmmaterial und die Arbeiten im Kopierwerk erhielten wir von anderen Firmen zu den gleichen Bedingungen.

Diese Sachleistungen und der vorläufige Verzicht aller Beteiligten auf eine Gage reichten aber nicht aus. Wie ich befürchtet hatte, hagelte es Absagen. Das Risiko, einen Film in Afrika zu machen, schien den meisten Produzenten zu groß. Ich aber war von diesem Projekt besessen, ich wollte es nicht aufgeben. Trotz dieser noch unklaren Lage ließ ich für den 27. November 1955 auf dem italienischen Dampfer «Diana» für die Überfahrt Neapel – Mombasa drei Plätze reservieren. Mit zwei Leuten wollte ich vorausfahren, um die nötigen Vorbereitungen zu treffen. Vor seiner Abreise nach Ostafrika hatte mich Dr. von Nagy in München besucht. Ich gab ihm einen Wunschzettel mit hundert Fragen mit, und er versprach auch, sie zu beantworten.

Sein erster Brief aus Afrika traf überraschend schnell ein. Er schrieb: «Afrika ist ein Land für Fotografen. Es ist heute nicht mehr so gefährlich, wie es früher war, wenn man vorsichtig und vernünftig arbeitet. Die Hitze und andere Unannehmlichkeiten sind ertragbar. Der Wildbestand ist ohnegleichen in der ganzen Welt, Motive für Filme in Afrika sind grenzenlos.»

Das steigerte nur noch meinen Wunsch. Ich antwortete: «Ich beneide Sie, daß Sie schon in Afrika sind, während ich hier noch mit dicken Köpfen um die Finanzierung ringe. Noch ist keine endgültige Entscheidung gefallen, doch ich hoffe, daß unser Projekt zustande kommt. Aus Zeitmangel werden wir gezwungen sein, die Safari-Ausrüstung in Nairobi zusammenzustellen. Was kostet eine Safari für sechs bis acht Personen inclusive Versicherungen und Jagdlizenzen für die Dauer von vier Monaten?»

Woher nahm ich nur diese Zuversicht? So fest war ich von dem Gelingen des Films überzeugt. Von früh bis abends schrieb ich Briefe, führte eine Verhandlung nach der anderen, bekam Zusagen und Absagen – ein Schwebezustand, der immer aufregender wurde.

Der Tag, an dem das Schiff Neapel verließ, kam näher. Ich war gezwungen, die drei Kabinenplätze auf der «Diana» zu stornieren. Mein Optimismus war zu groß gewesen, wir konnten die Fahrkarten nicht bezahlen. Fast war ich schon daran, aufzugeben. Überraschenderweise meldete sich im letzten Augenblick die «Gloria-Film». Ich schöpfte wieder Mut. Die ersten Verhandlungen mit «Gloria»-Chefin Ilse Kubaschewski verliefen sogar recht hoffnungsreich. Aber bald stellte sich ein ernsthaftes Problem ein: Nicht die Produktionskosten waren es, die wurden bewilligt – aber die Bedingungen waren für mich künstlerisch untragbar. Die «Gloria» verlangte, daß alle Darsteller, auch die Rollen der arabischen Sklavenhändler und die der afrikanischen Neger, mit deutschen Schauspielern besetzt würden. Mir verschlug es den Atem. Zuerst dachte ich, das ist ein Scherz. Es war aber Ernst, und die Herren der «Gloria-Film» bestanden darauf. Nur Frau Kubaschewski schien zu Konzessionen bereit.

In stundenlangen Diskussionen verteidigte ich leidenschaftlich meine Ansichten – ich erinnerte sie an mein «Blaues Licht», in dem ich schon vor mehr als zwanzig Jahren die meisten Rollen von Laien spielen ließ. Und nun sollten weiße Schauspieler schwarz geschminkt werden – ein unerträglicher Gedanke, der jeder Verpflichtung zur Dokumentation, noch dazu im ethnologischen Bereich, Hohn sprach.

Nach tagelangem, zähem Ringen schien sich ein Erfolg anzubahnen. Frau Kubaschewski und Waldi Traut unterstützten meine Argumente. Um die schwierigen Verhandlungen nicht zu belasten, erklärte ich mich bereit, auf die weibliche Hauptrolle des Films zu verzichten, die ich gern selbst gespielt hätte: Eine Wissenschaftlerin, die ihren in Afrika verschollenen Mann sucht und dabei in den Sklavenhandel verstrickt wird. Wir einigten uns auf Winnie Markus oder Ruth Leuwerik, beide damals sehr beliebte Stars.

«Die schwarze Fracht» schien gerettet, besonders als O. E. Hasse, ein hervorragender Schauspieler, zusagte, die männliche Hauptrolle zu übernehmen.

Im allerletzten Augenblick, unmittelbar vor Vertragsschluß, wurde alles wieder zerschlagen. Herr Adam, der entscheidende Direktor des Verleihs, sagte «Nein».

Eine abenteuerliche Reise

Es dauerte Tage, bis sich meine innere Erregung legte und ich imstande war, meine Gedanken zu ordnen. Der Wunsch, Afrika kennenzulernen, war so brennend, daß er alles andere verdrängte. Die Bildvisionen, die in mir lebten und mich beherrschten, ließen mich nicht mehr los. Ich entschloß mich, allein nach Afrika zu reisen. Ich verkaufte einiges, ein Bild von Bollschweiler, ein Pferdekopf, an dem ich sehr hing, eine alte Bauerntruhe und eine Meissner Porzellanuhr, Gegenstände meines beschlagnahmten Mobiliars, das mir die Österreicher inzwischen zurückgegeben hatten.

Brieflich hatte ich mit einer Jagd-Gesellschaft in Nairobi Kontakt aufgenommen, der «Lawrence-Brown-Safari», die für die Hollywood-filme «Schnee am Kilimandscharo» und «König Salomons Diamanten» die gefährlichen Tierszenen arrangiert hatte.

Im April 1956 stand ich bei naßkaltem und unfreundlichem Wetter auf dem Flughafen Riem und nahm Abschied von meiner Mutter und meinen Freunden. Glücklicherweise hatte meine Mutter, diese wunderbare Frau, Verständnis auch für diese abenteuerliche Reise.

Als eine Flugzeugverspätung gemeldet wurde, schrieb ich, was ich noch nie zuvor getan hatte, ein kurzes Testament. War es eine Vorahnung? Es begann zu schneien, und ich war froh, in die Maschine einzusteigen.

Während des langen Flugs lief mein bisheriges Leben wie ein Film an meinen Augen vorüber. Ich war aufgewühlt und konnte keinen Schlaf finden. Die Nacht schien ohne Ende.

Ein älterer Herr, der neben mir saß, fragte mich: «Verzeihen Sie, sind Sie nicht Leni Riefenstahl?»

Erschrocken, daß man mich erkannt hatte, und unangenehm berührt, aus meinen Träumen herausgerissen zu sein, sah ich in ein mir unbekanntes Gesicht. Noch bevor ich geantwortet hatte, sagte der Mann: «Sie sind es bestimmt, ich kenne Sie aus Ihren Filmen.»

Ich wußte nicht, wie ich mich verhalten sollte.

«Ich heiße Hirsch und lebe in Tel Aviv.»

Als ich zusammenzuckte, sagte er: «Nicht alle Juden verurteilen die Deutschen. Ich weiß, daß Sie viel mitgemacht haben, ich will Sie nicht quälen, aber verstehen Sie, wenn ich schon einmal Gelegenheit habe, mit jemandem zu sprechen, der Hitler persönlich kannte, dann möchte ich gern erfahren, wie Hitler wirklich war.»

Um mein Herz legte sich eine Klammer, und ich begann zu schluchzen.

«Bitte, verzeihen Sie», sagte ich, «ich kann nicht darüber sprechen.»

«Dann erzählen Sie mir von Ihren Filmen, und verzeihen Sie mir.»

Bevor Herr Hirsch in Kairo ausstieg, gab er mir seine Visitenkarte. Er verabschiedete sich aufs freundlichste. Mir war bewußt, daß dies eine Ausnahme war, und ich verstand jene, die nicht verzeihen konnten.

Beim Abflug von Kairo waren nur noch wenige Passagiere in der Maschine. Ich verfiel in einen Dämmerschlaf. Als ich die Augen öffnete, sah ich durch die dunklen Fensterscheiben das erste Morgenlicht – ein zauberhafter Farbschleier. Nur in Grönland hatte ich Farben in dieser Intensität gesehen: Gelb und Grün, zartes Blau und leuchtendes Orange bis zum glühenden Rot. Dazu flimmerten die Sterne und darüber hing, wie aus Silber gestanzt, die Sichel des südlichen Mondes. Eine Sinfonie von Licht – klar und transparent, in Farben wie von Paul Klee.

Mein erster Morgen in Afrika. Als die Sonne aufging, landeten wir in Khartum. Ich spürte noch die feuchte Kälte des grauen Aprils in meinem Körper, und beim Verlassen des Flugzeugs hatte ich das Gefühl, in ein Bad von Wärme zu tauchen. Die Sonne stand, vergrößert durch den Dunst und feinen Sandstaub, riesenhaft über dem Flugfeld. Ich war wie betäubt.

Die Welt, in der ich bis dahin gelebt hatte, waren die Berge, das Eis von Grönland, die Seen der Mark Brandenburg, die Weltstadt Berlin gewesen. Hier begann, ich fühlte es sofort, etwas völlig anderes – ein neues Leben.

Im Gegenlicht sah ich schwarze Gestalten in hellen Gewändern auf mich zukommen – sie schienen in dem vibrierenden Licht der Sonne zu schweben, losgelöst von der Erde wie in einer Fata Morgana. Afrika hatte mich umarmt – für immer. Es hatte mich hineingesogen in eine Vision von Fremdheit und Freiheit und wirkte in mir wie eine Droge, deren betäubende Wirkung bis heute nicht nachgelassen hat, obwohl ich mit der Zeit die Schattenseiten und die fast unlösbar erscheinenden Probleme Afrikas kennengelernt habe.

Mittags landete die Maschine in Nairobi. Nun wurde mir erst so recht das Abenteuerliche meiner Reise bewußt. Außer ein paar Hoteladressen, die mir Herr v. Nagy geschickt hatte, und einigen Prospekten besaß ich keinerlei Informationen. Als ich in Nairobi aus der Maschine stieg, war ich betroffen, fast enttäuscht.

Soweit ich schauen konnte, nur dürre Grasflächen und hier auf dem Landeplatz trostlose Baracken, an denen die Fluggäste abgefertigt wurden. Nichts erinnerte an die Traumvision, die mich am Morgen im Sudan so verzaubert hatte. In der steilen Mittagssonne sah alles nüchtern und kahl aus. Als ich mich dem Bretterzaun vor der Flughafenbaracke näherte, sah ich zwei Männer, anscheinend Jäger mit großen Hüten, wie man sie aus Wildwestfilmen kennt, neben ihnen eine Dame, die einen Blumenstrauß in Händen hielt.

Ich kannte sie nicht und war überrascht, wie herzlich sie mich begrüßten und mir ihre Blumen überreichten. Der Jüngere der beiden sagte: «Willkommen in unserem Land, wir freuen uns, daß Sie gekommen sind. Leider konnte Dr. von Nagy uns nicht begleiten, er befindet sich noch auf der Momella Farm in Tanganjika», und, auf seinen Begleiter zeigend, «dies ist Stan Lawrence-Brown.» Wie mir schien, sagte er es mit leichtem Spott: «Afrikas berühmtester Whitehunter – und das ist seine Frau Ronnie. Ich heiße George Six und kenne Sie schon seit zwanzig Jahren.»

«Ich kenne Sie aber nicht», sagte ich betroffen.

Mr. Six lachend: «Bei den Olympischen Spielen in Berlin konnte ich Sie fast täglich im Schwimmstadion beobachten, wenn Sie mit Ihren Kameraleuten die Schwimmer beim Training filmten. Ich war Mannschaftsführer der englischen Schwimmer.»

Einen liebenswürdigeren Empfang hätte ich mir in Nairobi nicht wünschen können.

Von nun ab ging alles in einem atemberaubenden Tempo vor sich. Nach Erledigung der Zollformalitäten wurde ich in das «New Stanley-Hotel» gebracht. Es liegt im Zentrum Nairobis und war noch immer, wie Hemingway es beschrieben hatte, der pulsierende Mittelpunkt des Lebens dieser Stadt. Hier trafen sich vor allem die Whitehunter mit ihren Kunden, hier wurden die Safaris besprochen, und hier erfuhr man, was sich in Kenia ereignete. Üblicherweise mußte man im «New Stanley» wochenlang vorher buchen, aber für Stan Lawrence-Brown war dies kein Problem – er bekam immer ein Zimmer.

Wir aßen auf der Terrasse des Hotels zu Mittag. Das Klima war angenehm wie im Sommer im Engadin, und im Gegensatz zu dem nicht sehr einladenden Flughafenambiente waren die Straßen und Plätze Nairobis mit blühenden Bäumen bepflanzt, ein seltener Anblick in einer Stadt.

«Sie haben einen Filmstoff mitgebracht?» fragte Stan mich etwas neugierig betrachtend. «Können Sie uns darüber etwas erzählen?» Ronnie unterbrach ihn. «Du wolltest doch Frau Leni heute noch den National-Park zeigen – du solltest fahren, sonst wird es zu dunkel.»

«Wollen Sie Löwen sehen?» fragte mich Stan.

So hundemüde ich war, sagte ich erwartungsvoll «Ja.»

Wenig später kam ich aus dem Staunen nicht mehr heraus. Was ich bisher nur aus Filmen und Büchern kannte, erlebte ich nun in unmittelbarer Nähe. Es war unfaßbar. Noch vor 24 Stunden hatte ich frierend auf einem naßkalten Flughafen herumgestanden, nun war ich mitten in Afrikas Steppenlandschaft mit seinen Schirmakazien und pittoresken Bäumen. Wir sahen die ersten Tiere, und schon saßen sie auf dem Dach unseres Wagens, große und kleine Affen. Ich hatte meine beiden Leicas mitgenommen und bald die ersten Filme verschossen. Wir erblickten Giraffen, erst zwei, dann vier und dann ein ganzes Rudel. Zebras, Kudus und Antilopen kamen in die Nähe. Bald danach sichteten wir den ersten Löwen, daneben eine Gruppe von vier weiteren.

Vom National-Park zurückgekehrt, war ich abends Gast der Familie Lawrence-Brown. Ungefähr zwanzig Kilometer von Nairobi entfernt, in Lagata, lag ihr wunderschönes Haus in großer Einsamkeit. Ich hörte, daß schon Leoparden die Hunde getötet hatten, die auf der Veranda schliefen. Gefährlich aber war für Frau Lawrence-Brown, daß sie oft viele Monate allein mit ihren zwei weißblonden Kindern in diesem Mau-Mau-Gebiet war, nur von ihren schwarzen Dienern umgeben. Ihr Mann war manchmal bis zu einem Jahr auf Safari unterwegs. Sie zeigte mir ihren Revolver.

Nach dem Abendessen mußte ich ihnen von meinen Filmplänen erzählen und die Kurzfassung der «Schwarzen Fracht» vorlesen. Wären die Filmproduzenten in Deutschland nur halb so begeistert gewesen wie meine Gastgeber, wäre die Finanzierung kein Problem gewesen. «Der Film muß gemacht werden», sagte Stan, «ein großartiger Stoff.» Er stand auf und ging im Zimmer auf und ab. Dann fuhr er fort: «Wir werden Ihnen helfen – ich muß darüber nachdenken, morgen werden wir uns weiter unterhalten, jetzt bringe ich Sie nach Haus.»

Von Müdigkeit übermannt, schlief ich so fest und tief wie seit langem nicht. Am nächsten Morgen wurde ich durch ein Geräusch geweckt. Ich erschrak fürchterlich, als ich hinter dem Moskitonetz ein rabenschwarzes Gesicht sah. «Mam», hörte ich eine Stimme, «it's five o'clock, the tea», dann war die Gestalt verschwunden. Damals wußte ich noch nicht, daß, einer traditionellen Sitte in den englischen Kolonialländern Afrikas entsprechend, um fünf Uhr ein schwarzer Boy, ohne anzuklopfen, ein Kännchen Tee neben das Bett stellt.

In den nächsten Tagen arbeiteten wir sehr intensiv. Stan konnte nur noch wenige Tage bis zum Beginn seiner neuen Safari in Nairobi bleiben. Das ganze Filmprojekt wurde durchgesprochen, Kalkulationen gemacht und organisatorische Fragen geklärt. Das Wichtigste und Schwierigste war es, die Drehgenehmigung zu erhalten. Sie wurde schneller erteilt, als das je der Fall gewesen war.

Vor Stans Abschied besprach er noch mit George Six, wie er auch Direktor der «Lawrence-Brown-Safaris», die vorgesehene Motivsuche am Tana River. Diese Flußlandschaft im Norden Kenias hielt er für unseren Film besonders geeignet und, was mein Herz höher schlagen ließ, er sagte, ehe er ging: «Miss Leni, Sie sind unser Gast – für vier Wochen, solange ist George Six frei. Er soll Ihnen in Ostafrika alle Plätze zeigen, die Sie zu sehen wünschen. Es tut mit nur leid, daß ich nicht mitfahren kann.»

Das war mehr, als ich je zu träumen wagte – wir umarmten uns wie alte Freunde.

Die Fahrt zum Tana River

Ich saß neben George Six, der den Wagen steuerte, hinter der Frontscheibe seines Safari-Geländewagens. Ein schwarzer Boy hockte rückwärts auf unserem Gepäck. Da geschah es, 400 Kilometer nördlich von Nairobi: Eine kleine Zwergantilope sprang aus dem Gebüsch über die Straße, Six versuchte, das Tier nicht zu überfahren – der Wagen kam in dem tiefen roten Sand ins Schleudern, wir rasten auf zwei große Brückensteine zu, das linke vordere Wagenrad streifte den Stein, der Wagen wurde in die Höhe geworfen, wir stießen mit den Köpfen durch die Fensterscheibe, und das Auto stürzte, sich mehrmals überschlagend, in die Tiefe. Ich verlor sofort das Bewußtsein, an die letzten Sekunden kann ich mich nicht mehr erinnern, weiß nur noch, daß ich die Vorderräder des Wagens über dem Abgrund sah. Später fühlte ich unter schrecklichen Schmerzen, daß man mich aus dem Wagen zu ziehen versuchte, unsere Körper waren eingeklemmt. Zur Hälfte lagen sie unter dem Auto – Köpfe und Oberkörper waren im Freien. Ich hörte eine Stimme: «Benzin fire», dann verlor ich wieder das Bewußtsein. Dem Boy, der unverletzt blieb, war es gelungen, Mr. Six aus dem

Wagen zu ziehen. Obgleich Six selbst schwer verletzt war, zog er gemeinsam mit dem Boy mich auch aus dem Wagen. Inzwischen war der Benzintank leergelaufen. Es bestand Feuergefahr.

Das Wunder unserer Rettung verdankten wir einem ungewöhnlichen Zufall: Nur einmal im Monat fuhr auf dieser in der Regenzeit gesperrten Straße, für die George Six eine Sondergenehmigung erhalten hatte, ein englischer Distriktoffizier von Somalia nach Nairobi. Eine halbe Stunde nach dem Unfall kam er über die Brücke und sah uns unten neben dem umgestürzten Wagen im Treibsand des ausgetrockneten Flußbetts liegen. Er brachte uns nach Garissa. Dort gab es damals nur drei Gebäude einer Polizeistation, aber weder einen Arzt noch irgendwelche Medikamente, bis auf eine einzige Morphiumspritze, die Six für meinen Abtransport aufbewahrte.

Als ich ab und zu aus der Bewußtlosigkeit erwachte, verspürte ich unerträgliche Schmerzen. George Six, im Krieg in London als Hilfssanitäter eingesetzt, nähte mir ohne irgendwelche Desinfektions- und Betäubungsmittel am Kopf die klaffende Wunde, aus der eine große Ader heraushing, mit einer Stopfnadel zu. Ein Martyrium. Six hatte eine Kniescheibe gebrochen. Das Bein hat er sich selbst geschient.

Nach vier Tagen traf ein durch Polizeifunk herbeigerufenes einmotoriges Sportflugzeug ein. Es konnte zwei Personen aufnehmen. Man wickelte mich in ein Laken und trug mich in die Maschine. Kurz zuvor erhielt ich die Morphiumspritze – eine Gnade. Sie wirkte so schnell, daß mein Bewußtsein völlig ausgelöscht wurde. Später erzählte mir Six, der Pilot habe zu ihm gesagt: «Verwenden Sie nicht meine Zeit und Ihr Geld für den Transport der Dame. Wir werden sie ohnehin nicht lebend nach Nairobi bringen.»

Im Hospital in Nairobi

In Nairobi brachte man mich in ein Hospital, wo ich in dem Raum für Sterbende untergebracht wurde. Der leitende Arzt, Professor Dr. Cohn, ein Engländer, und seine Kollegen hatten mich nach der Untersuchung und dem Befund der Röntgenaufnahmen aufgegeben.

Beim Erwachen war es dunkel um mich – ich konnte nichts erkennen. Die erste Empfindung war ein Gefühl des Glücks, den Unfall überlebt zu haben. Ich konnte mich aber nicht bewegen, noch einen Laut von mir geben. Stunden vergingen, bis eine Gestalt den Raum betrat. Durch die geöffnete Tür drang etwas Licht. Eine Krankenschwester beugte sich über einige Betten, dann fiel ihr Blick auf mich.

Als sie sah, daß ich mich bewegte, stieß sie einen Schrei aus und rannte davon. Ich versuchte, mich aufzurichten und zu rufen, aber ich konnte mich keinen Zentimeter erheben. Diese Anstrengung machte mich wieder bewußtlos.

Als ich das zweite Mal die Augen aufmachte, befand ich mich in einem hellen, freundlichen Zimmer. Durch die großen Fenster sah ich einen blauen Himmel und weiße Kumuluswolken. Man hatte mir einen Schauch in den Mund gesteckt und mich so gebettet, daß ich aufrecht saß. Mein Blick fiel auf Mr. Six.

Wenn Gott mein himmlischer Retter war, so ohne Zweifel George Six mein irdischer. Trotz seiner eigenen Verletzungen und Schmerzen war er nicht von meinem Lager gewichen, bis ich endgültig außer Lebensgefahr war. Wie durch ein Wunder war mein Rückgrat unverletzt geblieben, auch das Herz, nur die Lunge war durch mehrere Rippenbrüche im rechten Brustkorb verletzt. Ich ahnte nicht, daß mein Wiedererwachen für die Ärzte eine Sensation war.

Meine Gedanken, die langsam aus der Welt des Vergessens zurückkehrten, kreisten um ein einziges Problem: Wie konnte ich verhindern, daß meine Mutter etwas von dem Unfall erfuhr. Nur mit Mühe konnte ich Mr. Six den Text für ein Telegramm sagen: «Auf Motivsuche leider verunglückt, bin außer Gefahr, liege im European Hospital Nairobi, schreibe bald.»

Nachdem Six gegangen war – er fuhr zu seiner eigenen Ausheilung auf seine Farm in Arusha, wo er von seiner Frau schon sehnsüchtig erwartet wurde –, begann für mich eine Zeit, an die ich mich nur mit Schaudern erinnere. Die englischen Krankenschwestern, denen ich anvertraut wurde, waren anscheinend herzlose Geschöpfe. Sie sahen zwar hübsch aus, aber, wenn man von ihrer Krankentracht absah, eher wie Mannequins, auffällig geschminkt und wie für einen Ballbesuch frisiert. Oft stellten sie mir Essen und Getränke so weit vom Bett entfernt, daß ich sie nicht erreichen konnte. Auch die Glocke war zu weit weg, ich konnte sie nicht fassen. Wenn ich den Schlauch aus dem Mund verlor und nicht läuten konnte, erlitt ich schreckliche Qualen.

Nach ungefähr einer Woche besuchte mich ein deutscher Forstmann, der von meinem Unfall erfahren hatte. Er hieß Luedecke und besaß ein Waffengeschäft in Nairobi. Nachdem er sich meine Klagen angehört hatte, sagte er: «Ich muß Ihnen sagen, daß diese unglaublichen Zustände im Hospital ganz normal sind – hier darf man nicht krank werden.»

Die gebrochenen Rippen verheilten schnell, aber der Arzt erklärte: «Ihre Lunge fällt zusammen – sie ist von den Rippenknochen verletzt worden. Ihr Zustand erlaubt keinen Flug nach Deutschland. Wir müssen Ihre Lunge operieren.»

Nun überkam mich zum ersten Mal Angst. Professor Dr. Cohn und sein Stellvertreter waren auf Urlaub. Immer wieder verweigerte ich meine Zustimmung. Mein Zustand verschlechterte sich. Täglich wurde eine lange dicke Nadel durch meinen Rücken in die Lunge gestoßen, um eine Thrombose zu verhindern. Diese jungen, sehr bemühten Ärzte versuchten vergeblich, mich zu einer Operation zu bewegen. In meinem Leben bin ich immer dem Gefühl, nur selten der Vernunft gefolgt. Und vor dieser Operation sträubte sich mein Gefühl.

Bei Dr. Cohns Rückkehr hatte sich inzwischen, für die Ärzte ein Rätsel, die Lunge ohne Operation von selbst wie ein Ballon wieder aufgeblasen. Von nun an machte meine Genesung erstaunliche Fortschritte. Kaum sechs Wochen nach dem Unfall konnte ich schon aufstehen und die ersten Gehversuche machen.

George Six, noch humpelnd und am Stock gehend, kam in mein Krankenzimmer. Meine Freude war unbeschreiblich. Er besuchte mich nun täglich, brachte Früchte und Schokolade. Schließlich machte er mir den Vorschlag, mich heimlich aus dem Hospital zu bringen. Sobald ich das erste Mal in den Garten gehen durfte, würde er mich mit seinem Wagen nach Arusha entführen, wo seine Frau mich gesund pflegen sollte. Die Flucht aus dem Hospital fiel mir leicht.

Als ich neben Six wieder in einem Geländewagen saß, hatte ich Unfall und Schmerzen vergessen. Noch stärker als während meiner ersten Fahrt sog ich die afrikanische Landschaft in mich ein. Plötzlich packte ich Six am Arm und rief: «Halten, halten!»

Er sah mich verblüfft an. Am Rande der sandigen Straße gingen zwei königliche Gestalten. Ohne unser Fahrzeug eines Blickes zu würdigen, gingen sie mit weiten Schritten vor uns her. Sie waren in ockerfarbene Gewänder gekleidet, die auf einer Seite verknotet waren, auf den Köpfen trugen sie einen seltsamen Schmuck aus hohen schwarzen Straußenfedern, und in den Händen hielten sie Speere und Schilder. Bis zu diesem Augenblick hatte ich noch nie afrikanische Eingeborene in dieser ihrer Ursprünglichkeit gesehen, immer nur solche, die europäisch gekleidet waren. Ich war hingerissen und fotografierte sie – ich wollte sie kennenlernen. Doch Six fuhr weiter.

Ich schrie ihn an: «Wir müssen die beiden mitnehmen!»

Er sagte trocken, abfällig: «Nein, die stinken mir zu sehr. Die nehme ich nicht mit.»

Ich war wütend. Als ich mich nach den beiden Männern umdrehte, sah ich nur aufgewirbelten Staub. Die Gestalten waren im Dunst verschwunden. «Was ist das für ein Stamm?» fragte ich.

«Masai», sagte Six kurz. Ihn interessierten sie nicht. Für mich aber wurde diese flüchtige Begegnung der Anfang eines langen Weges, der mich Jahre später zu meinen Nuba führte.

Damals, 1956, galten die Masai noch als die unzugänglichen Herren der ostafrikanischen Savanne. Sie hatten den Nimbus der hochmütigen Unnahbarkeit. Ich könnte kaum erklären, warum ich von ihnen so fasziniert war. Hemingway hat sie einmal so beschrieben: «Sie waren die größten, bestgewachsenen, prächtigsten Menschen, die ich je in Afrika gesehen hatte.»

In Arusha wurde ich durch Frau Six gesund gepflegt. Ich gab keine Ruhe, George Six zu bitten, mich trotz seiner Abneigung gegen die Masai zu einem ihrer Krale zu führen. Schließlich gab er nach. Ich konnte ihn überzeugen, es wäre für unser Filmvorhaben überlegenswert, sie in die Handlung einzubeziehen.

Die erste Verbindung zu den Masai war nicht sehr ermutigend. Masaifrauen warfen mit Steinen nach mir, und die Kinder liefen weinend davon, während die Männer mich aus einiger Distanz beobachteten. Ich respektierte ihre Scheu und fotografierte nicht. Aber ich kam jeden Tag wieder, setzte mich ins Gras oder auf einen Stein und las in einem Buch. So gewöhnten sie sich langsam an meine Anwesenheit, die Kinder kamen näher, die Frauen warfen keine Steine mehr, und es war für mich fast wie ein Sieg, als sie eines Tages vor mir standen, und die Kinder und die Frauen lachten. Nun war das Eis gebrochen. Ich durfte in ihre dunklen Hütten gehen, mich von ihnen anfassen lassen und aus ihren Kalebassen, die sie mir anboten, Milch trinken. Schließlich erlaubten sie mir auch das Fotografieren. Als ich mich nach wenigen Tagen von ihnen verabschieden mußte, hielten sie mich an den Armen fest und wollten mich nicht mehr fortlassen.

So begann meine große Liebe zu den Naturvölkern Afrikas.

Wieder in Deutschland

Meine Mutter war mir bis Rom entgegengekommen, und glücklich schloß sie mich in ihre Arme. Sie war überrascht über mein Aussehen und sagte: «Du siehst ja so gesund aus.»

«Das bin ich auch, ich könnte Bäume ausreißen», sagte ich im Überschwang meiner Freude. «Afrika hat mir meine Kräfte zurückgegeben – es ist ein phantastisches Land.»

Ich kam nicht mit leeren Händen. Noch in den letzten Tagen erhielt ich von der «Stan Lawrence-Brown Safaris» einen Vertrag für meine

Verhandlungen in Deutschland, der so günstig war, daß ich nicht zweifelte, dieses Mal die restliche Finanzierung für «Die schwarze Fracht» zu erhalten. Stan und George Six waren von diesem Filmprojekt so begeistert, daß sie auf eigenes Risiko bereit waren mitzumachen. Zum Selbstkostenpreis von monatlich nur 2700 englischen Pfund war die Gesellschaft bereit, folgende Sachwerte zur Verfügung zu stellen: Zwei Vierrad-Geländewagen und drei bis vier 5-Tonnen geländegängige Lastwagen, 3 Jäger, inclusive George Six, vollständige Verpflegung aller Personen, auch für das afrikanische Personal, bestehend aus Köchen, Zeltarbeitern, Chauffeuren, Spurhaltern, Gewehrträgern, ferner Gewehre, Munition und Träger zum Tragen der Lagerausrüstung – sowie medizinischer Bedarf, Benzin, die gesamte Lagerausrüstung, einschließlich Betten, Decken, Moskitonetzen, Küchengeschirr, Kühlschränke inclusive einen Spezial-Eisschrank zur Unterbringung des Filmmaterials, inbegriffen nichtalkoholische Getränke wie Coca Cola, Fruchtsäfte und Mineralwasser.

Dieser Vertrag bedeutete eine zinslose Mitfinanzierung des Films von mindestens 200 000 DM, ganz abgesehen davon, daß diese Safari-Gesellschaft fast immer schon auf ein Jahr und noch länger ausgebucht war und es kaum eine zweite gab, die so große Erfahrungen mit Filmaufnahmen besaß. Deshalb hatte ich allen Grund, zuversichtlich zu sein. Auch brachte ich gute Farbfotos mit, die ich in Afrika gemacht hatte.

Aber die Zeit war knapp. Es war schon Juni, und die Vorbereitungsarbeiten waren überfällig. Die Aufnahmen sollten in Ostafrika von Anfang September bis Ende November gemacht werden. Hinzu kam, daß ich meine durch den Autounfall entstandene Kopfwunde noch operieren lassen mußte. Sie war nur provisorisch vernäht worden. So stürzte ich mich in eine wahre Arbeitsflut, die nur mit Hilfe meiner Hanni, die sich inzwischen zu einer perfekten Sekretärin entwickelt hatte, zu bewältigen war. Hanni erledigte nicht nur meine Korrespondenz, sie schrieb auch meine Exposés und Drehbücher, obgleich sie in Maschinenschreiben nie Unterricht genommen hatte. Keine Arbeit war ihr zuviel. Sie ging mit mir durch dick und dünn. Mindestens dreißig Briefe gingen täglich hinaus. Ich verhandelte nicht nur mit deutschen Firmen, auch mit amerikanischen wie «Paramount», «Fox» und anderen. Zuerst waren sie alle an diesem Projekt interessiert – aber immer wieder war es mein Name, der Bedenken aufkommen ließ. Sie zögerten deshalb und sagten schließlich ab. Auch als ich auf Nennung meines Namens verzichtete, half das nichts. Der weltweite Boykott und die Angst, wenn man mich beschäftigte, angegriffen zu werden, waren stärker als alle noch so verlockenden Gewinne.

Waldi Traut kannte wie kaum ein anderer meine Fähigkeiten. Er wußte, was ich zu leisten vermochte und wie besessen ich an einem Film arbeitete. Ihm, der bei Frau Kubaschewski eine eigene Produktion besaß und große Erfolge mit seinem Paul May-Film «08 1 5» und «Der Arzt von Stalingrad» hatte, war klar, daß es hier um ein einzigartiges günstiges Filmprojekt ging. Nachdem auch sein Versuch, die «Gloria-Film» zu überzeugen, gescheitert war, entschloß sich Waldi, das Risiko allein auf sich zu nehmen. Er gründete im Juli 1956 für die Herstellung dieses Films die «Stern-Film GmbH», in der ich als gleichberechtigte Geschäftsführerin seine Partnerin wurde. Während ich in die neue Firma meine Rechte an dem Stoff, meine Arbeit und die genannten Sachleistungen in Höhe von 200 000 DM einbrachte, verpflichtete sich Waldi Traut, die Barfinanzierung des Projekts bis zu einem Betrag von 200 000 DM zu übernehmen.

Meine Kopfwunde verheilte rasch, und nun lief alles blitzschnell. Impfungen, Medikamente, Visaanträge, Versicherungen und die Zusammenstellung der technischen Film- und Fotoausrüstung wurden besorgt, die Optiken ausprobiert und Probeaufnahmen gemacht. In der Tengstraße ging es in diesen Tagen vor dem Aufbruch wie in einem Tollhaus zu.

Schließlich mußte ich für meine Wohnung noch einen Mieter finden – wieder war es ein Amerikaner. Noch auf dem Flugplatz in Riem fielen mir Hunderte unerledigter Dinge ein, Hanni, die mit den anderen folgen sollte, kam mit ihren Notizen kaum mehr mit. Diesmal begleitete mich nur Helge Pawlinin. Es war dann soweit – Abschied, Winken, und schon schwebten wir in der Luft.

Motivsuche in Kenia

Am Flughafen in Nairobi erwartete uns George Six. Er hatte alles so gut vorbereitet, daß wir schon nach zwei Tagen auf Motivsuche gehen konnten. Nur unsere Safarikleidung mußte noch angefertigt werden. In Nairobi macht das fast jeder Schneider innerhalb von 24 Stunden.

Vor meiner Abreise begegnete mir zu meiner allergrößten Überraschung auf der Hoteltreppe Peter Jacob, den ich seit langer Zeit nicht mehr gesehen hatte. Was für ein Zufall, ihn in Nairobi zu treffen! Ich erfuhr, daß er hier einige Wochen als Regieassistent für Paul May, der in Kenya einen Film drehte, beschäftigt war. Unser kurzes Zusammensein verlief, wie schon in letzter Zeit, harmonisch. Seit unserer Scheidung waren mehr als zehn Jahre vergangen, und fast solange hatte es gebraucht, bis ich diese schwersten Jahre meines Lebens überwunden hatte. Ohne das Erlebnis Afrika wäre es mir vielleicht nie gelungen.

Als erstes Ziel für die Motivsuche hatte Six wieder den im Norden Kenias gelegenen Tana River gewählt. Wir fuhren auf derselben Straße, auf der sich vor vier Monaten unser Unfall ereignet hatte. Als wir zu der kleinen Brücke kamen, von der der Wagen in die Tiefe gestürzt war, bekam ich Herzklopfen. Ich bat Six, mich aussteigen zu lassen – es fehlte mir der Mut, noch einmal über diese Brücke zu fahren. Schnell lief ich hinüber, ohne in das Flußbett zu schauen, und beobachtete ängstlich, wie der Geländewagen im Schrittempo über die geländerlose schmale Holzbrücke fuhr. Meine Angst war mehr als berechtigt. Als unser zweites Fahrzeug, ein 5-Tonnen-LKW, über die Brücke schaukelte, schwankte der hoch beladene Wagen so heftig, daß einige der schwarzen Boys, die oben auf den gestapelten Kisten saßen, in das ausgetrocknete Flußbett fielen – Schreie ertönten, und ich sah, wie die anderen Schwarzen sich verzweifelt an den Stricken hielten, die die Gepäckstücke umspannten. Entsetzt sah ich, wie sich der Lastwagen seitlich neigte, das linke Vorderrad war von der Holzplanke abgerutscht und hing in der Luft – ich konnte nicht mehr hinschauen. Aber dem Fahrer gelang das Kunststück, das Umkippen der Lorre zu verhindern.

Vor Einbruch der Dunkelheit wurde das Zeltlager in einer unglaublich schönen Urwaldlandschaft errichtet. George Six behandelte die verunglückten Boys, von denen einer, schwer verletzt, ins Hospital nach Nairobi gebracht werden mußte.

Nur ein begnadeter Schriftsteller oder Dichter könnte die Atmosphäre beschreiben, die wir in dieser Tropennacht und in den folgenden Tagen erlebten. Unvergeßlich der Morgen. Während wir in den ersten Sonnenstrahlen unser Frühstück einnahmen, sahen wir durch die Büsche die Köpfe großer Giraffen, die uns ohne Scheu beobachteten.

Helge, der zum ersten Mal Afrika erlebte, benahm sich wie in einem Rausch. Es fiel mir auf, wie er immer schweigsamer wurde und fast wie ein Traumtänzer mit verzücktem Ausdruck im Lager herumging. Als die Zelte abgebrochen wurden, vermißten wir ihn. Er war verschwunden. Beunruhigt machte sich Six auf die Suche. Ich begleitete ihn. Plötzlich blieb er stehen und deutete in eine Richtung. Fassungslos sah ich, wie Helge inmitten einer Elefantenherde herumspazierte. Es sah so aus, als wollte er die Tiere streicheln. Six war blaß geworden. Jedes Geräusch vermeidend, kehrten wir ins Lager zurück, wo er sich sein Gewehr holte und einen kleinen Beutel mit Mehl. Dann schlich er, begleitet von Mr. Bryon, unserem zweiten Jäger, durch das hohe Gras an die Elefantenherde heran. Durch den Mehlbeutel, den Six ab und zu in die Höhe hielt, konnten sie die günstigste Windrichtung feststellen, in der sie sich bewegen mußten, um nicht durch ihren Körpergeruch von den Elefanten zu frühzeitig bemerkt zu werden. Atemlos verfolgte ich diese aufregende Situation – hatte Helge den Verstand verloren? Er mußte doch wissen, daß Elefanten keine Lämmer sind. Da sah ich, wie die beiden Männer sich aufrichteten und auf die Elefanten zugingen. Die Herde, unter der sich auch junge Tiere befanden, setzte sich langsam in Bewegung und trabte davon. Zurück blieb, ohne Ahnung, in welch einer gefährlichen Lage er sich befunden hatte, Helge.

Mit Recht war Six als verantwortlicher Expeditionsleiter aufgebracht. Er verbot uns, das Lager auch nur einen Augenblick zu verlassen. Kaum ein Tag verging, an dem nicht irgend etwas Ungewöhnliches passierte. Die Motivsuche führte uns immer mehr nach Norden in die Nähe der abessinischen Grenze. Wir waren auf der Suche nach abseits gelegenen Eingeborenen-Siedlungen. Hier lebten die Samburus, die Suks, die Turkaner, Gallas und die Rendilles, aber bisher waren wir nur einzelnen Afrikanern begegnet, die uns scheu und mißtrauisch aus dem Wege gingen. Helge und ich waren von diesen fremdartigen Menschen fasziniert, während Six, wie schon damals bei meiner ersten Begegnung mit den Masai, mit ihnen nichts zu tun haben wollte. Für meine Arbeit war das nicht gut.

Unsere Wagen hatten längst die Pisten verlassen, und wir kamen nur noch schrittweise in dem unwegsamen Gelände voran. Alle paar Stunden mußten unsere beiden Geländefahrzeuge aus dem tiefen Sand ausgegraben werden, oftmals konnten sie nur mit dem Baumseil herausgezogen werden. Bis auch dies eines Tages nicht mehr half. Stundenlang bemühten sich Six und der Fahrer, den schweren Lastwagen mit einer Seilwinde aus dem Sand zu ziehen. Aber immer tiefer bohrten sich die Räder in die Erde. Erschöpft wurden die Versuche in der Dämmerung aufgegeben. Die Situation war ernst, denn in diese Gegend kam kein Mensch, und unsere Wasservorräte waren knapp.

Es gab nur die Möglichkeit, mit dem Jeep nach Nairobi zu fahren, um Hilfe zu holen. Mr. Bryon mußte mit den meisten Schwarzen zurückbleiben, da Six, außer Helge und mir, nur zwei Boys mitnahm. Bei dieser Rückfahrt erlebte ich Gefahren, die immer in Afrika entstehen können, wenn ein Fahrzeug, ohne die Begleitung eines zweiten, durch unwegsames Gelände in menschenleeren Gegenden unterwegs ist. Das Fahren auf den holprigen Sandwegen war eine Tortur. Mein Kopf schlug einige Male so heftig an die Decke, daß ich glaubte, mir die Wirbel gebrochen zu haben. Plötzlich krachte es, der Wagen stand still. Ängstlich beobachtete ich Six, was er feststellen würde.

«Die Vorderachse ist gebrochen», sagte er mißmutig. Ich fragte nach der Ersatzachse und war entsetzt, als Six erklärte, seine Boys hätten sie irgendwo verräumt. Er ließ nach der Achse suchen, sie war aber nicht zu finden.

Dann schickte Six die Boys nach Wasser weg, auch sollten sie feststellen, ob es in dieser verlassenen Gegend Eingeborenen-Hütten gab. Zwei Zelte wurden aufgestellt. Six hatte sein unbekümmertes Lachen verloren. Nur Helge lächelte noch immer verklärt.

Die Nacht war sternenklar und kühl. Ich zog mir einen dicken Wollpullover an und setzte mich auf eine Eisenkiste. Mein Blick schweifte über die vom Mondlicht erhellte Wüstenlandschaft, die in grandioser Einsamkeit vor mir lag. Plötzlich stand, wie aus dem Boden gezaubert, ein dunkelhäutiger Knabe vor mir. Mit einer Geste deutete er in die Ferne – ich sollte ihm folgen. Er war wie ein Nomade gekleidet. Leichtfüßig schritt er mir voran. Nach einiger Zeit sah ich die Silhouette einer Palmengruppe. Man hörte außer unseren Schritten keine Stimmen oder Geräusche. Es war, als wäre die Zeit stehengeblieben. Aus dem Schatten der Palmen kam ein großer Mann auf uns zu. Mit einladender Geste bat er uns, in seinen Kraal zu kommen. Ich betrat nun ein Nomadenlager, das mit dichtgeflochtenen Strohmatten eingezäunt war. Dort lagen und standen Kamele, Esel, Ziegen und weitere Tiere. Der Nomade bot mir eine Schale Kamelmilch an. Sie schmeckte streng.

Der Sternenhimmel, die Palmen, die Kamele, der Beduine, Bilder wie aus der Bibel. Dann entdeckten meine Augen in der Dunkelheit einige aus Matten angefertigte Zelte. Der Hausherr ließ mich in eines hineinschauen. Auf einer breiten, sauber geflochtenen Strohmatte lag eine junge, schöne Frau, mit langem tiefschwarzem Haar. Sie war nicht verschleiert, aber in farbige, bestickte Tücher gehüllt. An den Armen trug sie goldene Ringe. Sie zeigte kaum Befangenheit. Nachdem sie einige Worte mit ihrem Mann gesprochen hatte, führte er uns zu dem zweiten Zelt. Auch hier sah ich eine mit Gold reich geschmückte, etwas ältere, aber immer noch schöne Frau auf dem Strohteppich liegen. Voller Stolz zeigte er mir das dritte Zelt. Hier erblickte ich auf dem Lager eine ganz junge Frau, die ein kleines Kind im Arm hielt. Mein Gastgeber mußte ein sehr reicher Beduine sein. Drei Zelte, drei Frauen. Der Blick in diese fremde Welt war verwirrend. Nachdem ich noch mit Datteln und Feigen bewirtet wurde, verabschiedete ich mich herzlich. Der Knabe brachte mich wieder zu meinem Zelt zurück.

Am Morgen des vierten Tages eröffnete mir Six, er sehe keine Möglichkeit mehr, mit dem Wagen die Motivsuche fortzusetzen, man könnte es nur mit einem kleinen Sportflugzeug versuchen. Über Radio habe er eine Maschine aus Mombasa angefordert. Damit wurde der Kostenvoranschlag schon überschritten.

Die winzig kleine Maschine, von einem englischen Piloten geflogen, die nach einigen Stunden tatsächlich in der Nähe unserer Zelte landete, konnte nur zwei Personen mitnehmen. Wir mußten Helge zurücklassen. Six schlug vor, daß der Pilot den Tana River-Fluß erst westwärts bis zum Quellgebiet abfliegen sollte, möglichst niedrig, um die Motive gut zu erkennen.

Schon nach einer halben Stunde war Six so schwer luftkrank, daß der Pilot sich weigerte, länger als eine Stunde weiterzufliegen. Wir mußten Six zurückbringen. Der Flug hatte mir gezeigt, daß der Tana River für unsere Zwecke ungeeignet war. Nach dem Manuskript brauchten wir einen Fluß in einer Dschungellandschaft, wie es ihn beispielsweise im Kongo, in Indonesien oder in Brasilien gibt, nicht aber in Ostafrika, was ich damals noch nicht wußte. Aber noch hoffte ich, Motive in der östlichen Flußrichtung zu finden, in Nähe des Indischen Ozeans.

Dieser Flug, den der Pilot allein mit mir unternahm, war erfolgreicher, weil ich die Eingeborenenhütten, die am Flußufer liegen mußten, fand und die Insel Lamu kennenlernte, auf der sich der alte Hafen mit den arabischen Daus befand, das wichtigste Motiv für unser Sklaventhema. Ich entdeckte auch überraschend geeignete Wassermotive mit Papyrus, Palmenwäldern und fremdartigen Mangrovenbäumen. Überhaupt schien die Insel für unser Filmthema wie geschaffen. Lamu war hundert Jahre in der Zeit zurück und wurde damals noch kaum von Fremden besucht. Es gab auf der Insel keine Elektrizität, kein Fahrrad, kein Automobil, keine Telegrafen- und Telefonstangen, nur ein kleines primitives Hotel, das sechs bis acht Personen aufnehmen konnte, war vorhanden. In den schmalen hohen Gassen, in die kaum ein Sonnenstrahl fiel, sah ich Araber, Somalis und Gallas.

Nach einigen Tagen saß ich wieder in einer kleinen Sportmaschine, um die weiteren Motive zu finden. Obwohl Six Fliegen überhaupt nicht vertrug, begleitete er mich – Helge bekam das Fliegen noch weniger. Deshalb bat ich ihn, während meiner Abwesenheit geeignete Darsteller für die Besetzung kleinerer Rollen zu suchen. Hierfür war er durch seine Bühnen-Inszenierungen mit Laien prädestiniert.

Der Flug über die Murchison Falls war herrlich. Es war der einzige Platz, an dem wir Aufnahmen mit Krokodilen bekommen konnten. Als wir den Victoria-Nil sehr niedrig überflogen, sahen wir dort Tausende von Nilpferden – mehr Tierleiber als Wasser – ein urweltlicher Anblick.

Unser Hauptziel war der kleine Urwaldfluß Ruts Huru in Belgisch

Kongo, der einzige, der durch einen Dschungel floß. Am Kiwu-Lake gingen wir nieder und konnten durch einen glücklichen Zufall die berühmten Tänze der Watussi sehen. Mir gelangen herrliche Aufnahmen.

Im Hotel, in dem wir übernachteten, hielt sich der König der Watussi mit seinem Stab auf, er war europäisch gekleidet. Was für ein Gegensatz zu dem Bild vor wenigen Stunden, wie wir ihn bei seinen Tänzen erlebt hatten.

Der erste Morgen brachte uns eine unangenehme Überraschung. Um sieben Uhr früh klopfte ein belgischer Polizeibeamter an meine Tür und verlangte meinen Paß, auch den von Six und dem englischen Piloten. Dann machte er uns die unglaubliche Mitteilung, wir dürften das Belgisch-Kongogebiet für einige Wochen nicht verlassen. Wir hätten keine Visa. Die Maschine wurde beschlagnahmt, auch erhielten wir unsere Pässe nicht zurück. Das war für uns alle ein Schock. Six, immer noch krank, hatte telefonisch vom belgischen Konsulat in Kampala die Erlaubnis erhalten, uns zwei Tage ohne Visa in Belgisch-Kongo aufzuhalten, aber die Aufforderung des Hotelinhabers versäumt, sich sofort bei der belgischen Polizei zu melden. Hätte er dies getan, wäre die ganze unangenehme Geschichte überhaupt nicht passiert.

Six konnte sich nicht um eine Rückgabe unserer Pässe bemühen. Er hatte hohes Fieber und befürchtete eine Tropenkrankheit. So kämpfte ich mit Hilfe des Piloten zwei Tage um die Rückgabe unserer Pässe. Unglücklicherweise war Ruanda-Urundi ebenso wie Tanganjika eine frühere deutsche Kolonie, in der man Deutsche mit besonderem Mißtrauen behandelte. Erst, nachdem ich der belgischen Polizei klarmachen konnte, daß sie alle Spesen und Hotelkosten übernehmen müßte, bekamen wir schließlich die Pässe zurück und die Erlaubnis, Ruanda-Urundi zu verlassen. Nach den Flußmotiven haben wir nicht suchen dürfen.

Wieder in Nairobi, wartete ich gespannt, was Helge inzwischen an Kleindarstellern gefunden hatte. Als ich nach seiner Ausbeute fragte, schaute er mich verlegen an und sagte melancholisch: «Ich habe niemand gefunden.»

«Niemand?» fragte ich erschüttert.

«Nein, niemand», wiederholte er und sah mich dabei so treuherzig an, daß ich mir jeden Vorwurf versagte.

Ich hatte mir von Helge tatkräftige Hilfe erwartet. Nun mußte ich also auch seine Arbeit übernehmen. Es war kein schlechter Wille von ihm, er war einfach zu scheu, zu sensibel, um auf fremde Menschen zuzugehen. Auch fehlte es ihm an Aktivität. Dafür zeigte er mir eine

Anzahl phantastischer Skizzen, die er in Arusha von den Masai gemacht hatte. Wenn er von ihnen sprach, nahmen seine Züge wieder einen verzückten Ausdruck an.

Lamu

Mitte September waren wir alle endlich auf der Insel Lamu beisammen. Auch George Six befand sich wieder unter uns. Er hatte seine schwere Krankheit überstanden. Waldi Traut war es gelungen, einen unserer begabtesten Drehbuchautoren, Kurt Heuser, zu gewinnen, der gemeinsam mit Helge Pawlinin das endgültige Drehbuch schreiben sollte.

Six hatte außerhalb des Ortes in einem Palmenhain, direkt an der Meeresbucht, einen idealen Campingplatz gefunden.

Unsere Situation war aber immer noch kritisch. Wir hatten noch keine Darsteller für die mit Afrikanern zu besetzenden Rollen. Außerdem waren noch Requisiten zu besorgen, von denen das Hausboot des Sklavenhändlers «Hassan» das wichtigste war. Six und Lawrence-Brown hatten angenommen, es würde keine Schwierigkeiten bereiten, ein solches Spezialboot aus zwei schmalen 12 Meter langen Kanus, die durch eine Bambuskajüte verbunden waren, in einer Bootswerft der Hafenstadt Mombasa anfertigen zu lassen. Ein großer Irrtum: Die einzige Werft, die bereit war, den Auftrag auszuführen, verlangte eine Lieferzeit von sechs Monaten. Daraufhin übernahm es Six, das Boot mit Hilfe von Afrikanern in Lamu selbst zu bauen.

«Und wie lange brauchst du dazu?» fragte ich ihn.

«Acht Tage», war seine Antwort.

Natürlich eine Utopie. Es gab in Lamu kein abgelagertes Holz zu kaufen, und bis es aus Nairobi eintreffen könnte, vergingen wenigstens zwei Wochen. Wieder hatte Six etwas versprochen, was er nicht halten konnte.

Für die Kajüte von Hassans Hausboot benötigten wir Strohmatten. So unwahrscheinlich es klingt, es war nicht eine einzige in Lamu aufzutreiben. Wir erfuhren den Namen eines Eingeborenendorfes, das solche Matten herstellt, aber ziemlich weit von Lamu entfernt war. Wir mußten, um dorthin zu kommen, von einem englischen Beamten ein Motorboot mieten! Bei dieser Gelegenheit zeigte sich wieder unzweideutig, daß die Whitehunter-Leute völlig außerstande waren, mit Eingeborenen umzugehen. Sie behandelten sie wie minderwertige Kreaturen, und auf solche Weise konnten wir natürlich bei ihnen nichts erreichen. Ich brauchte einen vollen Tag, bis es mir gelang, über den Häuptling die Matten zu bestellen. Der Liefertermin: frühestens in zehn Tagen.

Pawlinin und Heuser arbeiteten unausgesetzt am Drehbuch, während Six, nachdem er Holz und Schrauben hatte, das Boot fast allein baute, eine unvorstellbar schwere Arbeit, denn es gab hier nicht einmal einen elektrischen Bohrer.

Nach acht Tagen war die Arbeit erst zu einem Viertel getan, und wir hatten keine Gewißheit, ob das Boot auch fähig war, 16 Personen zu tragen. Ich benutzte die Zeit, um meine Darsteller zu suchen. Schon in kurzer Zeit fand ich auf dem Marktplatz einige großartige Typen, allerdings nur für die Rollen der Sklavenhändler, nicht für die der Sklaven. Die hier lebenden Afrikaner waren alle ungeeignet, zu schlank und zu zierlich. Ich mußte sie woanders suchen.

Reise mit den schwarzen «Sklaven»

In unserem Film war die Besetzung der Sklavenrollen besonders wichtig. Es mußten große muskulöse Schwarze sein, denn je kräftiger ein Schwarzer war, desto höher war der Preis, den die Sklavenhändler erzielten. Ich hatte mir die Besetzung dieser Rollen sehr einfach vorgestellt. Die Wirklichkeit war anders. Die Eingeborenen von Ostafrika sind meist schlank, ja sogar hager, wie die Masai, Samburu, Turkana etc. Die Sklavenhändler holten sich ihre «Ware» aus dem Kongo, aus dem Sudan und aus Zentralafrika.

Einige der Polizisten, die ich in Mombasa und Nairobi gesehen hatte, entsprachen durch ihre Größe und wuchtigen Körper den Typen, die ich suchte. Ich hatte mit verschiedenen gesprochen und dabei zu meiner Überrraschung erfahren, daß keiner von ihnen in Kenia oder Tanganjika geboren war, sie stammten vielmehr alle aus der gleichen Gegend, einem kleinen Dorf in der Nähe des Victoriasees, nicht weit von der Grenze nach Uganda, die meisten waren vom Stamm der Jalau.

Da ich in Lamu nicht einen einzigen gefunden hatte, der für eine «Sklaven»-Rolle geeignet gewesen wäre, entschloß ich mich, in Begleitung eines arabischen Dolmetschers, dem Sohn des Bürgermeisters von Lamu, zur Grenze Ugandas zu fliegen, um dort nach meinen «Schauspielern» Ausschau zu halten. Diese Reise sollte eines der aufregendsten Abenteuer werden, die ich in Afrika erlebte.

In Malindi machte der englische Pilot eine Zwischenlandung, um zu tanken und einen Lunch einzunehmen. Als ich unseren Dolmetscher Abdullah mitnehmen wollte, wehrte er heftig ab: «Der Araber kann nicht mit uns essen gehen. Wenn er das Hotel betritt, schießt ihn der Hotelbesitzer nieder.»

Entsetzt und ungläubig hörte ich zu. Abdullah berührte mich am Arm und sagte leise: «Miss Leni, wir Araber sind es gewohnt, hier so behandelt zu werden. Gehen Sie mit dem Piloten in das Hotel, hier gibt es ein kleines arabisches Restaurant, wo ich essen kann.» Angewidert sagte ich dem Piloten, er könnte allein in das Hotel gehen. Dann drehte ich ihm den Rücken zu, nahm Abdullah am Arm und ging mit ihm essen.

Der Vorfall hatte mich sehr erregt. Abdullah hatte schon einige Semester in Mombasa studiert und wollte seinen Doktor in Kairo machen. Er erzählte mir von dem Klassenwahn einiger Engländer. Nun verstand ich auch, weshalb Six die Masai damals nicht in seinem Wagen mitnehmen wollte. Aus dieser Begegnung mit dem jungen arabischen Studenten wurde eine Freundschaft, die heute noch besteht.

Bis Kisumu am Victoriasee konnten wir fliegen. Dort informierten wir uns über die Lage der Dörfer, in denen die Jalau leben. Mit Abdullah fuhr ich im Leihauto durch dichtes afrikanisches Buschgelände. Den Piloten hatten wir in Kisumu gelassen. Was ich in den Dörfern erlebte, war ein aufregendes Trauerspiel. Sobald die Schwarzen Abdullah erblickten, bekamen sie Angst. Sie hielten uns beide für Sklavenhändler. Es blieb mir nichts übrig, als ihn bei einem Dorfhäuptling zurückzulassen und allein mein Glück zu versuchen.

Schon im ersten Dorf glaubte ich Erfolg zu haben. Ein kleines Fest war im Gange. Der Fahrer meines Wagens, der Suaheli und etwas Englisch sprach, brachte mich zum Häuptling, einem älteren, gut genährten Mann, der ein buntes Tuch um seinen Körper geschlungen hatte und einen großen Fliegenwedel in den Händen hielt. Er begrüßte uns freundlich und ließ mir eine alte Strohmatte bringen, auf der ich sitzend die vor mir stampfenden schwarzen Männergestalten beobachten konnte. Bei ihrem Tanz nach dem Rhythmus der monotonen Trommelschläge wirbelten sie so viel Staub auf, daß ich ihre Gesichter nur schlecht erkennen konnte.

Diese Eingeborenen entsprachen in idealer Weise den Menschen, die wir brauchten. Es dauerte Stunden, bis ich mit Hilfe meines afrikanischen Fahrers und meiner Mimik dem Häuptling meine Wünsche verständlich machen konnte. Ich sollte am nächsten Tag wiederkommen, da der Häuptling erst ausfindig machen mußte, welche Männer sich auf eine so lange Zeit von ihren Familien trennen würden, ich hatte von drei Monaten gesprochen. Ihn reizte die Höhe des Entgelts, das ich geboten hatte, und die Geschenke, die er sich wünschte – eine Armbanduhr, eine Sonnenbrille sowie Zigaretten, Tee und Zucker.

Voller Erwartung traf ich am nächsten Tag wieder in dem Dorf ein. Zu meiner Überraschung hatten sich viel zu viele Männer auf dem Dorfplatz versammelt. Eigentlich brauchte ich nur acht der Eingeborenen, aber für alle Fälle wollte ich zwölf mitnehmen. Zwischen dem Labor-Officer, den ich aus Kisumu mitgebracht hatte, und dem Häuptling wurde für jeden einzelnen auf einem Stück Papier der Name des Betreffenden notiert sowie der monatliche Lohn und die Dauer der Arbeitszeit. Bedingung: Die Hälfte des ganzen Betrags mußte für jeden sofort bezahlt werden, die zweite bei der Entlassung nach drei Monaten.

Nachdem ich dem Häuptling 1000 Shilling übergeben hatte, wurde vereinbart, daß ich nach Mombasa vorausfliegen und der Labor-Officer die zwölf Schwarzen am nächsten Tag von ihrem Dorf zum Bahnhof nach Kisumu bringen solle, wo Abdullah sie erwarten und mit der Eisenbahn nach Mombasa bringen würde.

Zwei Tage später stand ich um sieben Uhr früh auf dem Bahnsteig in Mombasa, um die Männer in Empfang zu nehmen. Als der Zug einfuhr, steigerte sich meine Erregung. Aus dem Waggon strömten die Menschen an mir vorbei, aber ich konnte Abdullah mit meinen Schwarzen nicht entdecken. Langsam leerte sich der Bahnsteig. Da sah ich ganz am Ende des Zuges einige Gestalten. Ich atmete auf, denn ich hatte meinen Dolmetscher erkannt. Mit langsamen Schritten näherte er sich, gefolgt von drei Gestalten, die ich im Gegenlicht nicht erkennen konnte. Übernächtigt und deprimiert berichtete Abdullah, was geschehen war.

Der englische Offizier war pünktlich mit den zwölf Eingeborenen am Bahnhof in Kisumu erschienen. Als sie Abdullah sahen, liefen vier von ihnen weg. Nur mit Mühe war es gelungen, die anderen acht Jalau-Neger in den Zug zu schieben. Aber schon bei der ersten Station flohen die nächsten drei. Ihre Angst vor dem «Araber» war zu groß. Bei der übernächsten Station liefen dann zwei weitere fort, so daß es einem Wunder gleichkam, daß drei es gewagt hatten, bis Mombasa mitzufahren. Um sie aufzumuntern und ihnen die Angst zu nehmen, fuhr ich mit ihnen auf den Markt, wo sie sich erst einmal satt essen konnten und einige Kleidungsstücke erhielten. Als ich sie in Kisuaheli nach ihrem Namen fragte und mich um sie bemühte, schienen sie ihre Furcht langsam zu verlieren.

Es war ein Glücksfall, daß ich im Taxi, das ich mir in Mombasa gemietet hatte, einen hochintelligenten jungen Schwarzen kennenlernte, der gut englisch sprach. Ich erzählte ihm von meinem Problem. Er wollte mir helfen und ermunterte mich, an das Hafenende zu fahren, wo die Frachter ein- und ausgeladen werden. Tatsächlich konnte ich hier hünenhafte Gestalten sehen, die auf ihren Rücken schwere Lasten trugen. Mein Taxichauffeur redete einige von ihnen an und brachte es tatsächlich fertig, daß vier von ihnen bereit waren, sofort mit uns zu kommen, wenn ich sie von ihrer Arbeit loskaufen würde und jeder sich vor unserer Abreise noch von seiner Familie verabschieden könnte. Da sie alle in Mombasa wohnten, war das kein Problem.

Vor Sonnenuntergang konnten wir abreisen. Mein Fahrer hatte alles organisiert. Sein Chef, ein Wiener, der einen Autoverleih in Mombasa hatte, wollte ihn anfänglich nicht freigeben. Er war für ihn fast unentbehrlich, da er nicht nur überdurchschnittlich intelligent war, sondern auch etwas Englisch sprach – aus den gleichen Gründen wollte auch ich ihn behalten. Außerdem erschien er mir als ideale Besetzung für die Rolle des «Coca». Schließlich gab der Wiener nach, weil «Coca», wie ich ihn von nun an nenne, unbedingt bei uns bleiben wollte.

Auf der Fahrt durch die Stadt sah ich an einer Häuserwand gelehnt einen auffallend großen Schwarzen. Einen Augenblick zögerte ich, dann bat ich «Coca» zu halten. Der Mann war ziemlich zerlumpt gekleidet, aber er war von gleicher Gestalt wie die Hafenarbeiter. Der achte «Sklave» fehlte uns noch, und so bat ich «Coca», den Mann zu fragen, ob er bei guter Bezahlung mit uns kommen würde. Coca schien Erfolg zu haben, zögernd kam er zu unserem Wagen. Als er die anderen Schwarzen sah und Coca ihm einen Geldschein in die Hand drückte, stieg er ein. Es war ihm sichtlich peinlich, daß er so zerlumpt war. Wir versprachen, ihm neue Kleidung zu geben.

Wenn ich heute an diese Fahrt von Mombasa nach Lamu mit meiner «schwarzen Fracht» zurückdenke, kann ich kaum begreifen, wie bedenkenlos ich damals ein solches Wagnis eingehen konnte. Vor dreißig Jahren gab es noch keine Straße, die von Malindi nach Lamu führte, nur einen Pfad durch dichten Urwald und ohne Rasthäuser oder Tankstellen. Auf dieser Strecke, die ungefähr 350 Kilometer lang war, durften wir keine Panne haben.

Zu spät, nachdem wir Malindi schon passiert hatten, wurde mir bewußt, daß ich einen großen Fehler gemacht hatte. Bei der Eile, in der wir uns befanden, hatte ich nicht an Proviant und Wasser gedacht. Das war schlimm, denn wir würden mindestens neun Stunden unterwegs sein. Schon jetzt knurrte mein Magen, wie würde es erst den Schwarzen ergehen? Nachdem wir das Steppengelände passiert hatten, befanden wir uns in einem so dichten Dschungelwald, daß die Äste an den Scheiben kratzten und Coca nur noch Schritt fahren konnte. Er mußte höllisch aufpassen, um den tiefen Löchern und Steinen auszuweichen. Baumstämme lagen über dem Weg, die er mit Hilfe der Schwarzen wegräumte. Unser Wagen, der für diese katastrophale Piste viel zu schwer beladen war, kippte oftmals gefährlich zur Seite. Vorne saßen wir zu dritt: Coca, Abdullah und ich, hinter uns, eng zusammengedrängt, die Schwarzen.

Diese nächtliche Fahrt – ich als einzige weiße Frau allein mit neun mir unbekannten Schwarzen und einem Araber – war wie ein Alptraum. Ab und zu sahen wir das Leuchten von Tieraugen. Elefanten und Nashörner trabten vor uns auf der Piste einher. Einige Male mußten wir stehenbleiben und zurückfahren, damit die Tiere ungestört an uns vorbeiziehen konnten. Plötzlich wurden wir hochgeschleudert, der Fahrer hatte den Wagen ruckartig gestoppt. Vor uns, im Licht der Scheinwerfer, lag eine fast weiß aussehende riesige Pythonschlange, mehrere Meter lang und dick wie ein Baumstamm. Beklommen beobachtete ich, wie die Schlange sich ganz langsam vorwärtsbewegte. Es dauerte eine Ewigkeit, bis sie im Gebüsch verschwunden war.

Inzwischen wurden meine Neger unruhig. Sie bekamen Angst, sie würden entführt, und außerdem waren sie hungrig. Ich spürte so etwas wie eine Rebellion heraufziehen. Sie fuchtelten mit den Armen und schrien laut durcheinander. Die Situation wurde kritisch. Da kam mir ein rettender Gedanke. Durch energische Gesten versuchte ich mir Ruhe zu verschaffen und rief in Kisuaheli: «Singen!»

Coca fing an, dann fiel einer nach dem anderen zögernd ein. Tatsächlich vergaßen sie beim Singen Angst und Hunger. Sie sangen, bis wir um zwei Uhr nachts den Meeresarm erreichten, der uns von der Halbinsel Lamu trennte.

Wir weckten den Bootsmann, der uns zu unserem Camping-Platz bringen sollte. In dem Boot überfiel die Schwarzen noch einmal Todesangst. Einige von ihnen wußten, daß man ihre Brüder und Freunde am Ende einer ungewissen Reise über das Wasser zu den Schiffen brachte, mit denen man sie in fremde Länder verfrachtete. Warum sollten sie uns nicht auch für Sklavenhändler halten? Nur mühsam konnten Coca und ich sie beruhigen.

Endlich, um vier Uhr mogens, erreichten wir unser Lager. Nun konnten meine schwarzen «Schauspieler» gut versorgt werden. Bald schliefen sie alle, in Wolldecken gewickelt, erschöpft, aber zufrieden ein.

Auch ich fiel in tiefen Schlaf.

Unter dem Äquator

Am nächsten Morgen, während des Frühstücks, bemerkte ich, daß meine Leute bedrückt waren, aber keiner sagte mir, warum. Ich hatte angenommen, alle wären sehr froh, daß wir nun endlich die Besetzung für unsere «Sklaven» hatten, aber kaum einer sprach ein Wort.

Als ich in mein Zelt ging, folgte. mir Six. Er teilte mir mit, daß während meiner Abwesenheit am Suez-Kanal ein Krieg ausgebrochen sei; Engländer und Franzosen kämpften gegen Ägypten. Der Kanal war für die Schiffahrt gesperrt. Unser Schiff, auf dem sich unsere filmtechnische Ausrüstung befand, mußte nun den gewaltigen Umweg von einigen tausend Seemeilen über Südafrika machen. Wir würden unsere Arbeitsgeräte erst nach Wochen erhalten.

Als ich dies hörte, wurde mir schwindlig. Das bedeutete das Ende unseres Films. Durch die großen Zeitverluste, die durch die Unfälle der Safariautos entstanden waren, und die wochenlange Bauzeit des Hausbootes hatten wir längst unseren Kostenvoranschlag überschritten. Weitere finanzielle Mittel standen nicht zur Verfügung.

«Verzweifeln Sie nicht, Mrs. Leni», sagte Six, «ich habe mit Stan eine Lösung gefunden. Wir dürfen nicht abbrechen, sonst verlieren wir alles. Was passiert ist, war höhere Gewalt. Unsere Gesellschaft ist bereit, die große Safari um fünf Wochen zu verlängern, ohne sie dadurch finanziell zu belasten. Für die Lawrence-Brown Safaris ist dies ein großes Opfer, aber wenn wir dazu nicht bereit sind, verlieren wir mehr.»

Ich saß immer noch regungslos auf meinem Feldbett. Das Entgegenkommen der Safari-Gesellschaft war zweifellos eine enorme Hilfe, aber der Zeitverlust verursachte andere Komplikationen, für die ich keine Lösung wußte.

«Die Regenzeit», sagte Six, «die bald beginnen wird, zwingt uns, sobald als möglich hier abzubrechen und nach Uganda auszuweichen. Das wird eine weite Reise, über 2000 Kilometer, die unsere Wagenkolonne zurücklegen muß. Erst am Ufer des Lake Edward, wo gutes Wetter sein wird, können wir mit den Aufnahmen beginnen.»

Es schien, als gäbe es noch einmal eine Rettung. Die Risiken waren aber immer noch unübersehbar, da wir die Ankunft unseres Schiffes in Mombasa abwarten mußten. Allerdings konnten wir diese Zeit gut nutzen. Unsere schwarzen Darsteller mußten eingekleidet werden, eine Arbeit, die Helge mit großem Geschick erledigte, während Six sein Boot fertigbaute und alle notwendigen Requisiten besorgte. Auch mußte den Schwarzen das Rudern beigebracht werden, eine schwierige Aufgabe, denn das Wasser fürchteten sie mehr als alles andere. Keiner konnte schwimmen. Ich mußte mit in das Boot steigen, um ihnen etwas von ihrer Angst zu nehmen. Als das Schiff endlich in Mombasa eintraf und wir unsere Fracht erhielten, zogen am Himmel dunkle Regenwolken auf. Nicht auszudenken, wenn die Regenzeit schon jetzt beginnen würde. Nur wenige Stunden Regen verwandeln jede Piste in unpassierbaren Schlamm. In größter Eile bauten wir unser Lager ab.

Bevor wir nach West-Uganda aufbrachen, mußten wir erst noch nach Nairobi zurückfahren. Dort sollte die große Safari zusammengestellt werden. Drei Vierrad-Wagen und vier große 5-Tonnen-LKW waren vorgesehen. Nur wer die afrikanischen Verhältnise jener Zeit kennt, kann verstehen, was einen so großen Aufwand an Fahrzeugen notwendig machte: Man mußte alles dabeihaben, was während vieler Wochen oder sogar Monate benötigt wurde.

Es gab unterwegs weder Hotels, Raststätten noch irgendwelche Läden – auch daran mußte gedacht werden. Außer unseren acht «Sklaven» hatten wir noch sechs weitere schwarze Darsteller, die für größere Rollen vorgesehen waren.

Unser eigentliches Filmteam bestand außer unseren Darstellern zwar nur aus acht Personen, aber Mr. Six, unser Expeditionsleiter, führte 24 Boys mit, und zusammen mit den sieben Fahrern waren wir 52 Personen. Für sie alle mußten Zelte und Feldbetten oder zumindest Matratzen und Decken vorhanden sein, dazu Petroleumlampen, Verpflegung und Medikamente. Auf einem der Lastwagen befanden sich die Fässer mit Sprit und Wasser, auf einem anderen die zwei zwölf Meter langen Kanus unseres Hausboots, außerdem unsere filmtechnische Ausrüstung, ein Fahrwagen, Schienen, Aggregate, Kabel, Lampen, Silberblenden und schließlich noch ein Aluminiumboot mit zwei Außenbordmotoren, das wir für die Aufnahmen auf dem Fluß brauchten.

Ich hatte mir nie vorgestellt, daß dieser Film einen so großen Aufwand verlangen würde: Es war ein Irrtum von mir gewesen, zu glauben, daß man mit so geringen Mitteln, wie sie uns zur Verfügung standen, einen Spielfilm in Afrika machen könnte. Dies war mein Unglück oder meine Schuld, wie man es nennen will, und es begann mich immer mehr zu belasten.

Meine Stimmung wurde noch bedrückter, als ich die in Nairobi lagernde Post las. Waldi Traut richtete den dringenden Appell an mich, möglichst umgehend das bisher gedrehte Material nach München zu senden, um es ausländischen Interessenten und deutschen Verleihern vorführen zu können. Er sähe sonst keine Möglichkeit, uns weitere Geldmittel zu senden, er selbst habe sich schon bis zum letzten verausgabt.

Was sollte ich tun? Abbrechen? Jetzt, wo wir alles beisammen hatten, die Motive, die Darsteller und den neuen Vertrag mit der Safari? Wir mußten versuchen, durchzuhalten. Etwas Geld hatten wir noch, um das Notwendigste in den kommenden zehn Tagen bezahlen zu können. Six hatte versprochen, wir kämen in acht Tagen bis zum «Queen Elizabeth-National Park», wo ich während meiner Flugreise nach Ruanda-Urundi die wichtigsten Motive gefunden hatte.

Unmittelbar vor Aufbruch gab es noch zwei unangenehme Überraschungen. Die erste war ein Brief vom Deutschen Generalkonsulat in Nairobi, in dem ich betroffen las, das belgische Generalkonsulat verweigere mir die Einreise nach Belgisch-Kongo mit der Begründung: «Frau Helene Jacob, geb. Riefenstahl, ist ohne den Besitz eines gültigen Visums nach Ruanda-Urundi eingereist. Bei dieser Gelegenheit hatte sie Grüße des Kabaka (König der Watussi) an einen der Eingeborenen-Häuptlinge in Ruanda-Urundi überbracht.»

Das war eine fast komische Verleumdung, die aber folgenschwer für mich sein sollte. Ich hatte kein Wort mit dem König der Watussi gesprochen und auch keine Grüße an einen Eingeborenen-Häuptling überbracht. Wir waren in Kitensi in einem Hotel am Kiwusee verhaftet worden, wo wir mit Ausnahme des Hoteliers und des belgischen Polizisten mit niemandem gesprochen hatten. Wir durften nicht einmal unsere Zimmer verlassen.

Diese Nachricht traf mich tief. Wer könnte an einer so törichten Verleumdung interessiert sein? Da erinnerte ich mich an den belgischen Polizisten, dem wir unsere Pässe aushändigen mußten. Als er in meinen Paß schaute, hatte er mich überrascht angesehen und in unverfälschtem Berliner Dialekt gefragt: «Sind Sie nicht Leni Riefenstahl?» Es konnte kein Zweifel sein, der belgische Polizist war ein Berliner, und nur der konnte diese «Story» erfunden haben. Diese Verleumdung war mir vor allem gegenüber dem deutschen Generalkonsul, der sich persönlich sehr für die Erlangung meines belgischen Visums eingesetzt hatte, sehr peinlich. Vor allem aber hatte die Verweigerung der Einreise schwerwiegende Folgen für unseren Film. Nur in Ruanda-Urundi, damals noch belgisches Mandatsgebiet, hatte ich den idealen Urwaldfluß gefunden. Wir hatten fast alle Flüsse in Ostafrika abgeflogen, keiner von ihnen war für unseren Film geeignet. Entweder führte ihr Lauf durch sandige Steppenlandschaft, oder die Flüsse ähnelten eher der Isar oder der Spree, aber nicht einem afrikanischen Fluß, wie ihn unser Drehbuch verlangte.

Die zweite schlimme Nachricht: Unser Safariwagen, der auf der belebten Hauptstraße von Nairobi direkt vor dem Hotel «Torres» parkte, war in der Abenddämmerung aufgebrochen worden. Nicht nur alle Tropenkleidungsstücke waren gestohlen, sondern auch Dokumente, Tagebücher und unser belichtetes und unbelichtetes Fotomaterial, ferner fünf Fotokameras, die meinen Mitarbeitern gehörten. Am schlimmsten aber war der Verlust von Helges handgeschriebener Drehbuchfassung, dem einzigen Exemplar, das wir besaßen. Da Kurt Heuser wegen eines Vertrags abreisen mußte, blieb nur die Möglichkeit, diese Arbeit noch einmal von Helge und mir zu wiederholen.

Seit meiner Ankunft in Afrika hatte ich noch keine einzige freie Stunde gehabt. Jeden Morgen standen wir um sechs Uhr auf und arbeiteten meist mit einer kurzen Pause bis Mitternacht. Es war nicht nur die Suche nach den Motiven und Darstellern, es waren auch zu viele schriftliche Arbeiten auszuführen: Dispositionen, Zeitpläne, Kostenvoranschläge, Versicherungs- und Zollangelegenheiten, Gesuche für die Drehgenehmigung der Tieraufnahmen in den Nationalparks und ähnliches mehr. Zu meiner eigentlichen Aufgabe, der künstlerischen Arbeit, war ich in den drei Monaten nicht einen Augenblick gekommen. Ich brannte darauf, endlich mit den Dreharbeiten zu beginnen.

Meine Geduld wurde auf eine harte Probe gestellt. Immer wieder verzögerte sich unsere Abreise. Sämtliche Fahrzeuge mußten vor der großen Reise überholt und diverse Ersatzteile noch besorgt werden.

Dazu kam ein Schreckschuß. Die Safari-Gesellschaft fiel mir unerwartet in den Rücken. George Six, den wir den ganzen Tag nicht gesehen hatten, ließ mir durch einen Boten einen Brief überbringen. Er teilte darin mit, daß nach Rücksprache mit den zwei anderen Direktoren seiner Gesellschaft beschlossen wurde, unsere Safari zu stoppen. Begründung: Sie hätten sich mit ihren Kosten verkalkuliert und widerriefen alle Zusagen. Sie verlangten ihre üblichen Preise, die dreimal so hoch waren, wie vertraglich vereinbart, und die wir unmöglich zahlen konnten. Das war glatte Erpressung. Ich selbst konnte mir diese neue Lage nur so erklären, daß Six zwar besten Willen gehabt hatte, daß sich aber für ihn durch die schweren Verluste, die vor allem durch das Zusammenbrechen der Autos entstanden waren, Differenzen mit den anderen Direktoren ergeben hatten. Unglücklicherweise war Stan, der wichtigste Direktor der Gesellschaft, nicht erreichbar. Er befand sich in Tanganjika auf einer Safari, irgendwo im Busch.

Nach heftigen mehrstündigen Auseinandersetzungen, die ich mit Six und den zwei anderen Direktoren hatte, erhielt ich die Zusage, wir dürften uns noch so lange in den Zelten aufhalten, bis durch Stan eine letzte Entscheidung gefällt worden war.

Unser Lager war am Rande von Nairobi aufgeschlagen. Die Boys meuterten, weil sie bei starkem Regen ohne Zelte schlafen mußten. Nur mühsam konnte ich eine Rebellion verhindern. Auch die Stimmung meiner eigenen Mitarbeiter war katastrophal. Heinz Hölscher, mein Kameramann, erkrankte, die übliche Tropenkrankheit, Fieber und Durchfall. Es sah hoffnungslos aus, wenn nicht ein Wunder geschehen würde.

Ein Wunder geschah nicht, aber es gab noch einmal eine Rettung. Stan hatte sich über Radio gemeldet, und ich konnte ihn sprechen. Er ordnete sofort an: die Safari wird fortgesetzt. Unsere bisherigen Verträge sollten gültig bleiben und fällige Zahlungen bis Ende des Jahres zinslos gestundet werden. In wenigen Wochen nach Beendigung seiner Safari würde er zu uns nach Uganda kommen und dort die Expeditionsleitung selbst übernehmen.

Endlich Aufbruch nach Uganda. Inzwischen war es der 16. November geworden. Als unsere Wagenkolonne Nairobi verließ, ereilte uns ein Mißgeschick. Helge Pawlinin war schwer erkrankt. Er weigerte sich, in Nairobi zu bleiben, und glaubte, es sei nur eine vorübergehende Fieberattacke. Doch während der Fahrt verschlechterte sich sein Zustand so sehr, daß wir alle in größter Sorge um ihn waren. Erbrechen, hohes Fieber, schwerer Durchfall und Schüttelfröste. So schwer es mir auch fiel, auf seine künstlerische Mitarbeit zu verzichten, da ich außer ihm keinen weiteren Assistenten hatte, bat ich ihn inständig, nach Deutschland zu fliegen und sich dort in gute ärztliche Behandlung zu begeben. Während ich auf ihn einredete, sprang er plötzlich auf, warf sich auf den Boden, grub sich mit den Händen in die Erde und schrie: «Nein – nein, ich will hier sterben!»

Erschüttert standen wir neben dem schluchzenden Helge, er schien von einem Tropenkoller erfaßt zu sein. Es blieb uns nichts anderes übrig, als unsere Reise mit ihm fortzusetzen.

Wie ein Wurm bewegte sich unsere Wagenkolonne über die schlechten Straßen. Wir fuhren direkt unter dem Äquator. Nachts war es so kalt, daß wir trotz unserer Decken erbärmlich froren, tagsüber war es schwül und heiß.

Im Queen Elizabeth-Park

Vor Ende November erreichten wir unser Ziel, den «Queen Elizabeth-Park». Ich hatte Glück, den Gouverneur von Uganda hier zu treffen, der zum ersten Mal die Erlaubnis gab, daß unsere ganze Safari mit allen Boys im National-Park ihr Lager aufschlagen durfte. Auch erhielten wir die ungewöhnliche Genehmigung, mit unserem «Hausboot» an den Ufern des National-Parks, wo sich im Wasser Hunderte von Nilpferden tummelten, vorbeirudern zu dürfen.

Endlich einmal Glück, das unsere Arbeit außerordentlich erleichterte. Jetzt warteten wir nur noch auf die Sonne. Aber sie ließ sich nicht blicken. Der Himmel war grau und es blieb kalt. Und doch sollten diese Monate die schönsten und sonnigsten des Jahres sein. Noch nie, sagten die dort lebenden Engländer, hatten sie um diese Zeit hier ein so kaltes und unfreundliches Wetter erlebt. Die Atomversuche, meinten sie, haben das Klima so verändert und auf der ganzen Welt zerstört.

Wir nutzten das schlechte Wetter, um das Hausboot zu reparieren, das durch den Transport gelitten hatte. Die Kanus waren an vielen Stellen undicht geworden, beim ersten Versuch gingen sie im Wasser unter. Während Six die Reparaturarbeiten erledigte, versuchten wir in den wenigen Augenblicken, in denen die Sonne schien, Tieraufnahmen zu machen.

Tiere gab es hier unzählige: Löwen, Elefanten, Büffel, Gazellen und Hyänen, auch Nashörner. Da wir mit dem Landrover außerhalb der Pisten fahren durften, gelangen uns bald gute Aufnahmen, besonders, wenn unser Auto von einem Nashorn angegriffen wurde, was nicht selten geschah.

Löwen und Hyänen kamen nachts bis auf wenige Meter an unsere Zelte. An diese Besuche mußten wir uns erst gewöhnen. Ich schlief mit Hanni in einem Zelt, und wenn einer von uns nachts hinaus mußte, hatten wir Herzklopfen. Nie verließ einer allein das Zelt. An Schlangen, Skorpione und Insekten hatten wir uns inzwischen gewöhnt. Wichtig war es, die Schuhe, einen Lieblingsplatz für Skorpione, vor dem Anziehen immer auszuschütteln.

Helge Pawlinin hatte seine schwere Krankheit überstanden und war dabei, unsere schwarzen Darsteller einzukleiden. Niemand hätte es besser gekonnt. Inzwischen waren die Kanus repariert, und es sollte die erste Probe mit unseren Schwarzen gemacht werden. Eine böse Überraschung. Unsere Filmboys kamen geschlossen unter Führung ihres Sprechers zu uns und erklärten kategorisch, daß sie sich auf keine Aufnahmen in Gewässern mit Nilpferden oder Krokodilen einlassen würden. Jeder Versuch, ihnen klarzumachen, daß sie auf dem Boot außer Gefahr seien, war zwecklos. Zuerst vermuteten wir, es gehe darum, mehr Lohn zu erhalten, aber das war ein Irrtum. Die Schwarzen würden lieber nach Hause gehen als in das Boot, auch wenn sie doppelten Lohn erhielten.

Wieder eine scheinbar unlösbare Situation. Die meisten der im Drehbuch vorgesehenen Szenen spielten sich auf unserem Hausboot

ab, und die Gewässer waren hier alle voller Krokodile und Nilpferde. Wir hatten ein Aluminiumboot mit Außenbordmotor gekauft, um diese Tiere damit bei den Aufnahmen zu verjagen.

Alles Zureden war zwecklos. In meiner Verzweiflung redete ich
lange auf Coca ein und beschwor ihn, alles zu tun, um unseren
Schwarzen die Angst zu nehmen. Nach einem langen Palaver sagte
er, sie würden es versuchen, wenn er und ich aufs Boot mitkämen.

Gespannt und voll Sorge erwarteten wir am nächsten Morgen den
Arbeitsantritt der Boys. Unwillig und nur zögernd kamen sie einzeln
zur Abfahrtsstelle des Hausboots. Als sie sich umkleiden sollten,
weigerten sie sich wieder. Jeden einzelnen versuchte ich gütlich zu
überreden und versprach ihnen, wir würden nicht in der Nähe der
Nilpferde arbeiten. Schließlich zogen sie sich um und gingen widerwillig auf das Hausboot. Bald erkannten sie, daß wir unser Versprechen hielten, und langsam besserte sich die Stimmung. Von nun an
waren wir täglich auf dem Wasser und kümmerten uns nicht um das
immer noch trübe und kalte Wetter, um bei jedem Sonnenstrahl
aufnahmebereit zu sein. Eine harte Geduldsprobe für alle Beteiligten.

Endlich brach die Sonne durch, und wir bekamen die ersten guten
Aufnahmen – das Boot gegen den Palmenwald mit einer Herde von
Elefanten im Hintergrund, die im Wasser badete. Die Freude dau-
erte allerdings nur kurz. Ein heftiges Gewitter, Sturm und schwere
Regengüsse zwangen uns, die Arbeit abzubrechen. Bis auf die Haut
durchnäßt und zitternd vor Kälte, kamen wir in unser Lager zurück.
Als ich mein Zelt erblickte, traute ich meinen Augen nicht. Das
Hinterteil eines jungen Elefanten schaute aus dem Zelteingang her-
aus. Schade, daß ich meine Leica nicht bei mir hatte. Ein unglaub-
lich komischer Anblick, erleichternd, daß es endlich mal was zum
Lachen gab.

Nachdem wir an drei aufeinanderfolgenden Tagen gute Aufnahmen bekommen hatten, gerieten wir in eine unerwartet gefährliche
Situation. An der Stelle, an der wir arbeiteten, schwammen viel
mehr Nilpferde als sonst um unser Boot. Six mußte ständig mit
seinem schnellen Aluminiumboot an die Tiere heranfahren, um sie
zu verscheuchen und einen eventuellen Angriff auf sich abzulenken.
Das Hausboot würde schon bei der geringsten Berührung mit einem
dieser Flußpferde umgeworfen werden, zerbrechen und sinken.
Während wir uns ganz auf die Abwehr der Nilpferde konzentrierten, hatten wir nicht bemerkt, daß unser Boot in eine Strömung
geraten war. Sie trieb uns auf badende Elefanten zu. Es gelang uns
nicht, das Boot aus der Strömung zu rudern. Erschrocken sah ich,

wie ein Elefantenbulle die Ohren breitstellte, den Rüssel hob und auf
unser Boot losging. Da brauste Six im letzten Augenblick mit laut
heulendem Motor auf den Elefanten zu. Er ergriff die Flucht.

Als Konsequenz dieses Abenteuers weigerten sich die Boys wieder,
ihre Arbeit fortzusetzen. Vielleicht kam es am Abend wegen dieser
nervlichen Belastung im Lager zwischen ihnen zu einer Messerstecherei.
Einer der Verfolgten versteckte sich in meinem Zelt unter dem Bett.
Das eiserne Eingreifen von Mr. Six, der zwei der Hauptbeteiligten mit
Handschellen über Nacht im Freien an die Lastwagen fesselte, stellte
die Ruhe wieder her. Als ich nachts die Schreie der Gefesselten hörte,
die Angst hatten, von wilden Tieren gefressen zu werden, weckte ich
Six und verlangte, daß er die Fesseln löst. Nur höchst widerwillig tat er
es. Von diesem Tag an gingen die Schwarzen für mich durchs Feuer.
Ich konnte nun alles von ihnen verlangen. So war es möglich, einige
ungewöhnliche Szenen zu filmen.

Da erhielt ich ein Telegramm, in dem mich Waldi Traut aufforderte,
sofort nach München zu kommen, sämtliche Barmittel seien erschöpft
und eine Fortsetzung der Arbeiten wäre nur möglich, wenn es durch
Vorführen der bisher gemachten Aufnahmen gelingen würde, die
Verleihfirmen zu weiterer Finanzierung zu veranlassen.

Eine furchtbare Nachricht. Jetzt, da wir endlich alle Schwierigkeiten
überwunden hatten, sollten wir aufhören! Das war zuviel. Ich lief aus
dem Lager, so weit ich konnte, bis ich umfiel – ich wollte nur noch
sterben.

Tragisches Ende

Als ich im Flugzeug saß, wußte ich, es war das Ende eines Traums, für
dessen Realisierung ich meine letzten Kräfte gegeben hatte.

Mein Partner Waldi Traut hatte einen Bevollmächtigten zum
«Queen Elizabeth-Park» geschickt, der das Team während meiner
Abwesenheit zusammenhalten sollte. Dr. Bayer, als Vertreter Trauts,
mit mir gemeinsam Geschäftsführer der «Stern-Film», hatte das Geld
für meine Rückreise mitgebracht und noch soviel, daß die Leute bis zu
meiner Rückkehr wenigstens verpflegt werden konnten.

Die Tragik war, daß ich um einige Wochen zu früh abberufen
wurde, denn wir hatten viel zuwenig aufgenommen, um neue Geld-
leute für einen so risikoreichen Film gewinnen zu können.

Die erste Nachricht nach meiner Ankunft in München war grausam. Waldi Traut und seine Lebensgefährtin, Baronin v. Vietinghoff,
lagen lebensgefährlich verletzt in Innsbruck in der chirurgischen Kli-

nik. Sie waren mit ihrem Mercedes am Zirlerberg ins Schleudern geraten und fünfzehn Meter den Hang hinuntergestürzt. Als ich in die Klinik kam, waren beide noch ohne Bewußtsein. Frau v. Vietinghoff war besonders gefährlich verletzt, fast skalpiert, beide Knie zerschmettert. Was sollte ich tun? Was würde mit unseren Leuten in Afrika geschehen? Ohne Geld konnte ich sie nicht zurückrufen. In einem Telegramm verständigte ich Dr. Bayer von Trauts Unfall und bat dringend, die Arbeit nicht abzubrechen und weitere Nachrichten abzuwarten. Täglich telefonierte ich mit den Ärzten. Gleichzeitig ließ ich das belichtete Material entwickeln. Als ich die Aufnahmen sah, wurde mir das Ausmaß der Tragödie erst ganz bewußt. Sie waren faszinierend. Unvorstellbar, daß dieser ungewöhnliche Film sterben sollte. Vielleicht gab es doch noch eine Chance.

Von Tag zu Tag wartete ich auf Nachricht von meinen Mitarbeitern im «Queen Elizabeth-Park». Ich hatte schon mehrere Telegramme geschickt, aber unbegreiflicherweise keine Antwort erhalten. Meine Unruhe wurde unerträglich. Nachts verfolgten mich Wachträume so heftig, daß ich Beruhigungsspritzen bekommen mußte. Endlich – nach drei Wochen erhielt ich die erste Nachricht von meiner Hanni. Was sie schrieb, war niederschmetternd. Nach meiner Abreise sei ein Chaos entstanden, das Lager aufgelöst worden. Die Schwarzen seien, nachdem Dr. Bayer sie wenigstens noch auszahlen konnte, in alle Winde auseinandergegangen. Mr. Six, der die Safari abgebrochen hatte, war nach Arusha gefahren. Die Zurückgebliebenen wohnten, ohne einen Shilling zu haben, in Nairobi im «Torres-Hotel» und warteten ungeduldig auf Geld und Abruf.

Es würde den Rahmen der Memoiren sprengen, wenn ich ausführlicher über die dramatische Abwicklung meiner «Schwarzen Fracht» berichten würde.

Waldi Traut und seine Lebensgefährtin wurden aus der Klinik entlassen, sie hatten, wie ein Wunder, diesen schweren Unfall überlebt. Nachdem Traut die Aufnahmen gesehen hatte, war er begeistert und hoffte trotz allen Unglücks, die «Schwarze Fracht» noch retten zu können. Da er sich noch schonen mußte, bat er mich, die Aufnahmen einigen Firmen zu zeigen. Alle waren von dem Bildmaterial beeindruckt, und um ein Haar hätte die «Bavaria-Film» unser Projekt übernommen. Aber ebenso wie früher schreckte mein Name sie alle vor einer endgültigen Entscheidung ab. Traut, der trotz dieser hoffnungslosen Lage den Film noch nicht aufgeben wollte, brachte große Opfer, um einen endgültigen Abbruch zu verhindern. Er hatte sich für «Die schwarze Fracht» schon so verschuldet, daß er zu diesem Zeitpunkt nicht einmal die Mittel aufbringen konnte, um die in Nairobi ungeduldig wartenden Mitarbeiter, die keinen Shilling in der Tasche hatten, abzuberufen. Die kleinen Geldbeträge, die er ihnen von Zeit zu Zeit schickte, langten bei weitem nicht, um für alle den Rückflug zu bezahlen. Zu den ersten, die in München eintrafen, gehörten Helge und Hanni. Nun erst erfuhr ich, was sich nach meiner Abreise alles ereignet hatte, besonders zwischen George Six und Dr. Bayer, der nicht in der Lage war, die berechtigten Forderungen der Safari-Gesellschaft zu erfüllen. So konnte er nicht verhindern, daß die Direktoren Stan und auch Six Objekte, die uns ARRI und andere Firmen geliehen hatten, als Pfand in ihren Besitz nahmen, solange, bis ihre finanziellen Forderungen erfüllt würden. Das war unsere gesamte Film- und Expeditionsausrüstung, der Fahrwagen mit den Schienen, die Aggregate und Scheinwerfer, das Boot mit den Außenbordmotoren sowie das wertvolle Kodak-Filmmaterial, von dem noch 15 000 Meter unbelichtet waren. Das alles wäre nicht geschehen, wenn man mich nicht abberufen hätte. Waldi Traut hätte dies auch nie getan, aber er und ich, wir beide, waren Opfer einer Intrige geworden.

Meine Abberufung wäre nie erfolgt, wenn ich nicht einen «Judas» in meiner Arbeitsgruppe gehabt hätte. Es war der Aufnahmeleiter, den mir Traut nachgesandt hatte. Er war sehr tüchtig, und ich hatte in den ersten Monaten einen guten Kontakt zu ihm. In seinen Berichten an Traut lobte er meinen Arbeitseinsatz in überschwenglichen Worten, bis sich eines Tages alles radikal änderte. Dies geschah in der kritischen Zeit, als die «Lawrence-Brown-Gesellschaft» in Nairobi unsere Safari stoppte und wir in Geldschwierigkeiten gerieten. Da verlangte er, daß ich ihm von mir unterzeichnete Blankoschecks aushändige, was ich selbstverständlich zurückwies. Dies muß einen Haß entzündet haben. Obgleich ich ihm nichts anmerkte, da er nach wie vor gewissenhaft seine Pflicht erfüllte, war er nur von dem Gedanken erfüllt, sich zu rächen. Das beweisen seine Briefe an Waldi Traut, die ich später zu lesen bekam. Mit unwahren Behauptungen machte er den Versuch, Traut gegen mich aufzuwiegeln. Beinahe wäre es ihm gelungen. In seinen Berichten, in die er immer giftigere Bemerkungen über mich einstreute, ließ er sich hinreißen, ihm mitzuteilen, daß alle Probleme durch mich entstehen, weil ich zuviel von ihnen verlangte. Nur wenn ich als Leiterin und Regisseurin abberufen würde, könnte der Film noch gerettet werden.

Erschrocken schickte darauf Traut Rechtsanwalt Dr. Bayer zu uns und ließ mich nach München kommen. Er war durch die Berichte so verunsichert worden, daß er mich unbedingt sprechen wollte. Ohne den unglückseligen Autounfall hätte die «Schwarze Fracht» noch gerettet werden können.

Traut hätte sich aus dieser schlimmen Situation, wenn er Konkurs angemeldet hätte, befreien können. Die «Stern-Film» war eine GmbH. Das wollte er nicht. Allerdings wäre dann seine Einlage von 200 000 DM, die er bis dahin in den Film investiert hatte, verloren gewesen. Er war von dem Erfolg des Projekts überzeugt und versprach den Gläubigern, alle ihre berechtigten Ansprüche zu erfüllen. Um dies zu ermöglichen, mußte er sich von seinem letzten persönlichen Besitz trennen, einem gut florierenden Café, das sich am Stachus im Haus des «Gloria-Film-Theaters» in München befand. Eine Entscheidung, die ihm ungemein schwerfallen mußte. Diese für ihn so schmerzlichen Transaktionen zogen sich solange hin, daß es sieben Monate dauerte, bis der letzte der Mitarbeiter aus Nairobi abberufen werden konnte.

Meine berufliche Existenz schien nun endgültig vernichtet zu sein. Die Vorurteile gegen mich waren unüberwindlich. Auch mein Körper rebellierte, ich mußte in ein Krankenhaus. Dr. Westrich stellte eine Nervenerkrankung fest. Meine Hauptsorge war meine Mutter, die schon seit Wochen im Schwabinger Krankenhaus lag. Die Aufregungen hatten ihr Herz angegriffen und weitere Krankheiten ausgelöst. Wir waren nicht versichert, da wir die hohen Beiträge nicht hätten zahlen können. Bisher hatten die Ärzte auf ihr Honorar verzichtet, aber wie es dieses Mal mit den Kosten werden sollte, wußte ich nicht.

Seit Kriegsende hatte mich jeder Strahl von Glück verlassen, das Leben war für mich ein unerträglicher Existenzkampf geworden, entstanden aus Intrigen und politischer Diskriminierung. Wenn ich nicht für meine Mutter hätte sorgen müssen, hätte ich dieses unwürdige Leben längst aufgegeben. Diese Wochen im Krankenhaus gehören zu den dunkelsten in meinem Leben. Ohne irgendwelche Hoffnungen dämmerte ich dahin. Ab und zu kam eine Schwester, die mir Medikamente und Spritzen gab, was mir Erleichterung schuf, allerdings, wie ich erst später merkte, die Gefahr einer Gewöhnung mit sich brachte.

In diesen trostlosen Tagen erhielt ich überraschenden Besuch. Es war Curt Riess, der Journalist. Ich weiß nicht mehr, durch wen er von meinem Krankenhausaufenthalt erfahren hatte. Seitdem ich den verunglückten Versuch gemacht hatte, ihn meine Lebenserinnerungen schreiben zu lassen, hatte ich ihn nicht mehr gesehen. Ich versuchte, meine Schwäche zu verbergen. Er sprach mir Mut zu, und als er erfuhr, daß mein Freund Günther Rahn mich nach Madrid zu einem Erholungsurlaub eingeladen hatte, ich aber das Reisegeld nicht besaß, legte er mir auf den Nachttisch zwei Hundertmarkscheine. Erst später kam ich darauf, daß dies vielleicht nicht nur eine milde Gabe, sondern möglicherweise als Honoraranteil gedacht war. Er hatte, ohne mich zu informieren, fast alles, was ich ihm während unserer Spaziergänge in Seefeld erzählte, publizistisch verwertet. In seinem Buch «Das gibt's nur einmal» habe ich es in vielen Passagen wiedergefunden.

Diese 200 Mark waren aber eine Hilfe. Ich konnte mir dafür die Fahrkarte nach Madrid kaufen. Bei meiner Entlassung hatte mir Dr. Westrich ein Päckchen mit zwölf Ampullen überreicht, die ich mir während meines Aufenthalts in Spanien in bestimmten Zeitabständen spritzen lassen sollte. Er sagte: «Sie müssen langsam von den Spritzen, die wir Ihnen hier geben mußten, entwöhnt werden.» Vor meiner Abreise mußte ich noch eine Woche täglich eine Spritze im Krankenhaus bekommen. Es war Spätherbst und meist schon dunkel, wenn ich zur Widenmayerstraße in die Klinik von Dr. Westrich fuhr und die Zeit, bis ich die Spritze bekam, kaum abwarten konnte. Erst nach der Injektion fühlte ich mich besser und nicht mehr so deprimiert.

Als mich eines Abends die Schwester im Wartezimmer sah, sagte sie: «Sie sind aber schon ganz schön süchtig.»

«Ich süchtig?» fragte ich. «Was sind denn das für Spritzen, die ich bekomme?»

Erstaunt sah mich die Schwester an. «Morphium, wußten Sie das nicht?»

«Nein», sagte ich fassungslos, «das ist nicht möglich. Ich vertrage doch kein Morphium, ich habe es nie vertragen.»

Die Schwester: «Das ist nicht das übliche Morphium, es ist eine andere Zusammensetzung, die hat einen anderen Namen.»

«Danke, Schwester. Ich gehe. Ich möchte keine Spritzen mehr.»

Zuhause zertrampelte ich die Ampullen, die ich nach Spanien mitnehmen sollte. So groß war meine Angst, süchtig zu werden. Die Tage ohne die Spritzen waren qualvoll. Erst nach einer Woche hatte ich diese Krise halbwegs überstanden. Wenn ich im Film oder Fernsehen drogensüchtige Menschen sehe, überfällt mich jetzt noch Angst.

Noch einmal: Olympia 1936

Wie vor zwei Jahren wohnte ich in Madrid bei meinem Jugendfreund und Tennislehrer Günther Rahn in seiner schönen geräumigen Wohnung in der Alfonso XII, ganz in der Nähe des Gourmet-Restaurants «Horcher», das früher in Berlin, bis in die Zeit des Krieges hinein, der Treffpunkt der eleganten Welt war. Es erinnerte mich an die glückliche Zeit meiner Jugendjahre, in der Ernst Udet mich öfter in dieses Luxus-Restaurant eingeladen hatte.

In dieser sonnigen Stadt, in der man den Menschen ihre Sorgen nicht ansah, und in der Nähe von Günther, der trotz eigener Probleme immer freundlich, hilfsbereit und voller Humor war, ging es mir langsam besser. Als es in Madrid kühl wurde, erreichte Günther, daß ich zu Freunden von ihm in den Süden Spaniens fahren konnte, nach Torremolinos. Sogar in dieser Jahreszeit, es war Oktober, konnte ich da noch im Meer schwimmen. Die Saison war vorbei, und im Ort und am Strand sah man nur wenige Menschen. Ich genoß die Einsamkeit.

Immer wenn ich im Leben schwere Krisen durchmachte, konnte ich mich in den Bergen oder in südlichen Ländern wieder regenerieren. So auch dieses Mal. Die stundenlangen Spaziergänge am Meer beruhigten und ermüdeten mich, so daß ich wieder schlafen konnte. Der Schlaf, das spüre ich auch heute noch, ist eine ungemein kraftspendende Quelle.

Die aus München nachgesandte Post wollte ich am liebsten gar nicht lesen. Ich fürchtete mich vor neuen Hiobsbotschaften. Als ich sie dann aber doch las, war ich erstaunt und konnte es zuerst kaum glauben, daß ich von drei verschiedenen deutschen Filmklubs aus Berlin, Bremen und Hamburg eingeladen wurde. Wie war das möglich – was war geschehen? Ich sollte Vorträge halten, meine Bergfilme und, was mich mehr überraschte, auch meine Olympiafilme vorführen.

Aber wo die Kopien hernehmen? Mein seit elf Jahren in Frankreich beschlagnahmtes Archiv, in dem sich die gewünschten Filme alle befanden, war erst kurz vor meiner Reise nach Afrika freigegeben und nach München geschickt worden. Dr. Arnold hatte es in seine Kopieranstalt «Arri» bringen lassen, wo es in zwei Schneideräumen untergebracht wurde, die er für mich hatte einrichten lassen. Als ich aus Afrika zurückkam und mir das Material anschauen wollte, mußte ich jedoch erschrocken feststellen, daß es sich nicht mehr in den Schneideräumen befand. Sie waren in der Zwischenzeit abgerissen und in ein Farbkopierwerk umgebaut worden. Meine Filmschachteln und Büchsen hatte man in heillosem Durcheinander in Filmkörbe und Kisten geworfen und meine Tontische sowie Kisten mit Filmmaterial unter freiem Himmel im Hof der Kopieranstalt untergestellt. Dort waren sie in Wind und Regen inzwischen verrottet.

Ein Jahrzehnt hatte ich vergeblich gekämpft, um meine Filme und Schneidetische zu retten. Es waren die einzigen Werte, die ich noch besaß. Für die unbrauchbar gewordenen drei Tontische und weiteren Schneideraumgeräte konnte ich die Firma «Arri» nicht schadensersatzpflichtig machen. Dr. Arnold, einer der Hauptinhaber dieser Firma, hatte mich immer unterstützt, und ich schuldete ihm Dank. Er selber war empört, als er von dieser grob fahrlässigen Verlagerung hörte. Da sein Kopf immer voller Pläne war, hatte er nichts davon bemerkt. Er versprach mir, so gut als möglich Ersatz zu beschaffen.

Die Arbeit an der «Schwarzen Fracht» ließ mich nicht dazu kommen, mich um das Filmmaterial zu kümmern, und meine anschließende Krankheit hatte mich so geschwächt, daß ich nicht die Kraft besaß, mich mit dieser langwierigen und unerfreulichen Arbeit zu beschäftigen. Auch hatte ich vor der Bestandsaufnahme große Angst. In was für einem Zustand würde ich mein Material vorfinden? Welche Kopien waren beschädigt oder vielleicht auch nicht mehr vorhanden?

Nach meiner Rückkehr aus Spanien mußte ich diese Arbeit aber endgültig vornehmen. Groß war meine Enttäuschung, als ich erfuhr, daß bei «Arri» alle Schneideräume vermietet waren. Nicht ein einziger Tontisch war frei. Ich hatte kein Geld, woanders einen Schneideraum zu mieten, und so blieb mir nichts weiter übrig, als im Flur bei «Arri» an einem Handumrolltisch zu arbeiten. Hunderte von Filmrollen waren durchzusehen, um festzustellen, welche Rollen bei «Arri» nicht vom Regen verdorben waren und ob ich von den Olympiafilmen noch vollständige Kopien zusammenstellen konnte. Das Material, das die Franzosen hatten, war noch in einem relativ guten Zustand. Bis auf den «Triumph des Willens», «Stürme über dem Montblanc» und den Zielke-Film «Das Stahltier» haben sie mir mit Ausnahme der wertvollen Klangfilm-Tonapparatur und den Geldern auf den Bankonten fast alles zurückgegeben.

Wochenlang habe ich bis in die Nächte hinein an dem kleinen Umrolltisch gearbeitet, bis sich die Augen entzündeten und ich einige Tage aussetzen mußte.

Alle Hilfskräfte bei «Arri» waren voll beschäftigt, meine Hanni hatte, um sich etwas zu verdienen, eine Arbeit angenommen. Jetzt war meine 77jährige Mutter der einzige Mensch, der mir beim Umrollen des Filmmaterials und dem Beschriften der Rollen helfen konnte. Es waren die armseligsten Bedingungen, unter denen ich jemals gearbeitet habe.

Die Bergfilmkopien waren zum Glück nur wenig verletzt, aber von dem Olympia-Material waren einige Rollen vernichtet. Da es jedoch mehrere Kopien und Dup-Negative gab, konnte ich die Originalversion wieder rekonstruieren.

Aber es gab noch ein anderes Problem. Die Olympiafilme mußten erst einmal «entnazifiziert» werden! Das waren die Aufnahmen, die Hitler als Zuschauer zeigten, deutsche Siegerehrungen und den Olympischen Eid. Diese Szenen fielen der Schere zum Opfer: 86 Meter = drei Minuten Laufzeit. Beim zweiten Teil des Films waren nur wenige Meter herauszuschneiden.

Die in der deutschen Presse immer wieder heruntergebetete Behauptung, mein Olympiafilm sei ein nazistischer Propagandafilm, ist unrichtig. Noch heute ist die Öffentlichkeit wenig über die Bestimmungen des Internationalen Olympischen Komitees informiert. Deshalb möchte ich aus einem Brief des für die Durchführung der Olympischen Spiele 1936 verantwortlichen Generalsekretärs, Herrn Professor Dr. Carl Diem, zitieren, den er im Jahre 1958 an die Freiwillige Selbstkontrolle der Filmwirtschaft in Wiesbaden schrieb:

«Die Internationalen Olympischen Spiele sind eine Einrichtung des Internationalen Olympischen Komitees, das die Veranstaltung an eine dafür geeignete Stadt übergibt, nicht etwa an deren Regierung. Diese hat zu versichern, daß keine Gesetze die ordnungsgemäße Durchführung der Olympischen Spiele verhindern. Die Olympischen Spiele 1936 sind im Jahre 1931 an Deutschland übertragen worden. Nach der Machtübernahme hat die deutsche Regierung dem IOC ausdrücklich zugesagt, daß alle Rassen an Olympischen Spielen unbehindert teilnehmen können. Diese Zusagen wurden gehalten. Ich nenne die Gebrüder Ball im Eishockey und die Fechterin Helene Meyer, welche die Silbermedaille errungen hat. Ich darf hinzufügen, daß diesen nichtarischen Teilnehmern an der Olympischen Mannschaft auch später der Start in Deutschland nicht verwehrt wurde. Auch der nichtarische Präsident des deutschen Organisations-Komitees, Herr Dr. Lewald, hat bis zum Zusammenbruch des Regimes keinerlei Angriffe erhalten. Daß die Olympischen Spiele in Berlin ohne Verletzung der Olympischen Neutralität durchgeführt worden sind, beweist der im *Juni 1939 in London* gefaßte Beschluß des IOC, die Olympischen Winterspiele des Jahres 1940 wieder in Garmisch durchzuführen. Dieser Beschluß wurde ohne deutsches Zutun gefaßt. Er erfolgte in *geheimer schriftlicher Abstimmung und ergab ein einstimmiges Ergebnis, die Olympischen Winterspiele wieder nach Garmisch-Partenkirchen zu vergeben.* Wenn noch drei Jahre nach den Olympischen Spielen in Berlin und nur zwei Monate vor Ausbruch des Zweiten Weltkrieges die heutige, von den Medien verbreitete Ansicht, daß die Spiele in Berlin politisch mißbraucht wurden, zutreffen würde, dann hätte sich doch wenigstens *das eine oder andere Mitglied aus den 52 Nationen der Stimme enthalten oder sogar gegen eine erneute Übertragung der Spiele an Deutschland gestimmt.* Zu den Aufgaben des Organisations-Komitees gehörte auch die Berichterstattung in jeder Form, die dem Propagandaministerium nicht unterstellt worden war. In dieser Zuständigkeit ist Frau Leni Riefenstahl mit dem Dokumentarfilm beauftragt worden. Das *Propagandaministerium hatte mit dieser Entscheidung nichts zu tun* und auch sein späterer Widerspruch blieb unberücksichtigt.
Auf Antrag des jetzigen Präsidenten Brundage, USA, und des französischen Ministers a. D. Pietri, also nicht etwa auf deutsche Anregung, wurde Leni Riefenstahl auf der Sitzung des IOC am 8. Juni 1939 vom Internationalen Olympischen Komitee für die künstlerische Gestaltung der Olympia-Filme die Olympische Goldmedaille verliehen. Dies wäre völlig unmöglich gewesen,

wenn in dem Film nur wenige Meter nationalsozialistische Propaganda enthalten gewesen wären. Die gesamte Auslandspresse hat einmütig 1938/39 trotz des damals noch sehr stark bestehenden Boykotts gegen Deutschland die neutrale und unpolitische Gestaltung des Olympiafilms gerühmt, und in den USA wurde der Film 1956 von einem Gremium bekannter Filmregisseure unter die zehn besten Filme der Weltproduktion eingestuft...

gez. Diem»

Aus diesen Gründen wagte ich, die Einladung der Filmklubs anzunehmen. In allen drei Städten war der Erfolg überwältigend, nicht nur beim Publikum, auch in der Presse. Im Berliner «Titania-Palast», der 1900 Zuschauer faßte und beinahe ausverkauft war, mußte ich mich immer wieder dem begeisterten Publikum zeigen. Mit mir auf der Bühne stand auch Herbert Windt, dessen Musik wesentlich zu den Erfolgen des Olympiafilms beigetragen hat.

Wieder einmal war es anders gekommen, als alle es sich vorgestellt hatten. Ich war vor meinem Auftreten in Berlin gewarnt worden, und ich gestehe, ich wäre nicht nach Berlin gegangen, hätte ich nicht erfahren, daß die Besitzer des «Titania-Palasts» Berlin fluchtartig verlassen hatten. Die Angst der anderen gab mir meine Courage zurück. Ich dachte mir, schlimmer als mit Eiern und Tomaten beworfen zu werden, kann es kaum werden. Man hatte von Demonstrationen und organisierten Krawallen gesprochen. Nichts dergleichen geschah. Ich erfuhr nur spontane Begeisterung. Sogar die Presse war, anders als später 1972, hervorragend. Der Sender «Freies Berlin» äußerte sich so:

«Es war mehr als nur ein gewöhnliches Wiedersehen, als dieser Filmstreifen in seinen zwei abendfüllenden Teilen über die Leinwand lief. Deutlicher noch als einst zeigte sich, wie gut der Versuch gelungen ist, die Idee der Olympischen Spiele in die Form eines Filmkunstwerks zu gießen. Wir haben den Film erneut gesehen und sind erneut von ihm gepackt worden.»

Das war keine Einzelstimme. Ich habe ein Bündel nicht weniger enthusiastischer Berichte. Überall wurde der Wunsch laut, den Film in weiteren Vorführungen zu zeigen.

Das war nicht so ohne weiteres möglich, da diese Vorführungen von Filmklubs veranstaltet waren, gewissermaßen vor geschlossener Gesellschaft. Bei öffentlichen Vorführungen mußte der Film erst durch die deutsche Zensur freigegeben werden.

Anfang Januar 1958 fuhr ich mit den Kopien der zwei Olympiafilme nach Wiesbaden zur «Freiwilligen Selbstkontrolle der Filmwirtschaft». Klopfenden Herzens erfuhr ich, daß nur der II. Teil freigegeben wurde. Die Verweigerung der FSK verstand ich nicht. Mein

Olympiafilm ist ohne Einschränkung völlig unpolitisch. Krimis und Sex passierten im allgemeinen mühelos die Zensur. Ich hatte mich bemüht, einen fairen Sportfilm zu machen, habe nicht einmal erwähnt, daß Deutschland die meisten Medaillen gewann, damals eine sportliche Sensation, und hatte darauf verzichtet, die im Rahmen der Olympischen Spiele vom Dritten Reich veranstalteten Festlichkeiten in meinen Film einzubeziehen, was mir von Minister Dr. Goebbels sehr verübelt wurde.

Verzweifelt versuchte ich die Herren der FSK von meinen Argumenten zu überzeugen, bis sie mir einen Kompromißvorschlag machten. Sie rieten mir, einen Kommentar zu dem Film zu machen, in dem die Tragik der Jugend dieser Zeit zum Ausdruck kommt, die sich der Olympischen Idee verschrieben hatte und wenige Jahre später ihr Leben für einen Krieg hingab, der sie zwang, gegeneinander zu kämpfen.

So überlegenswert der Gedanke auch war, ich konnte ihn mir nicht zu eigen machen. Dann würde ein reines Sportdokument zu einem politischen Film werden, und müßte ein solcher Kommentar dann nicht jedem Olympia-Film folgen? Die Jugend von heute kann morgen schon Opfer eines Atomkriegs sein.

Otto Mayer, der Kanzler des IOC, und Carl Diem kamen mir zur Hilfe. Ihre Briefe und Gutachten erreichten, daß bei einer zweiten Prüfung auch der 1. Teil mit einigen kleinen Schnittänderungen freigegeben wurde, sie betrafen deutsche Siegerehrungen. Allerdings nur mit der Einschränkung: erst ab 18 Jahren – eine unverständliche Entscheidung. In der ganzen Welt lief der Film jugendfrei, selbst im Vatikanstaat.

Die FSK begründete dies damit, daß in dem Prolog des Films bei einer reifenschwingenden Tänzerin der *unbekleidete Oberkörper* zu sehen war. Ein lächerliches Argument. Auf meinen Einspruch teilte mir die FSK «großzügig» mit, eine Freigabe für Jugendliche wäre möglich, wenn dieses Mädchen herausgeschnitten oder ein dunkler Schatten über die Brust gelegt würde. Einfach grotesk. Da ich die Aufnahmen wegen der Musik nicht herausschneiden konnte, mußte ich in einem für mich kostspieligen Trickverfahren einen dunklen Schatten über die Brust legen lassen. Aber auch das genügte der FSK noch nicht. Sie telegrafierte:

«Das von Ihnen eingereichte überdunkelte Bild mit der reifenschwingenden Tänzerin vor dem Ährenfeld kann nicht freigegeben werden – stop – wir bitten um neuen Vorschlag

Selbstkontrolle.»

Die FSK machte sich immer lächerlicher. Was blieb mir übrig, als den Trickmeister der «Bavaria», Herrn Nischwitz, zu bitten, den Schatten so schwarz zu machen, daß man die Brust darunter nicht mehr sehen konnte. Erst nachdem ich die neue Trickblende eingereicht hatte, telegrafierte die Selbstkontrolle: «Eingereichter Schnitt mit Reifenschwingerin geht in Ordnung.» Das war kein Scherz – ich habe mir die «Brustdepeschen» gut aufgehoben.

Noch aufregender wurde der Kampf um die Prädikatisierung. Um einen guten Verleihvertrag zu bekommen, war ein Prädikat wegen der damit verbundenen Steuervorteile lebenswichtig. Niemand zweifelte, daß die Olympiafilme das Prädikat «Besonders wertvoll» erhalten würden. Er wurde ja nicht nur mit der Olympischen Goldmedaille, sondern auch als bester Film der Welt 1938 auf der Biennale in Venedig ausgezeichnet. Die Filmbewertungsstelle teilte mir jedoch mit, der Film könnte leider kein Prädikat erhalten. Selbst Herr Blank, ihr Vorsitzender, war verblüfft. Er hatte mir gesagt, auch politische Filme mit stark kommunistischer Tendenz und Filme, die vor 1940 im Dritten Reich hergestellt wurden, hätten das höchste Prädikat erhalten. In der Begründung kritisierte die FBW vor allem die viel zu häufige Anwendung von Zeitlupenaufnahmen. Da waren beispielsweise die Schweden und weitere Nationen anderer Meinung. Das «Svenska Dagbladet» beurteilte das so:

«Eine Tatsachenreportage, die zu einer Dichtung erhöht ist. Sie zeigt Wege zu einer neuen Filmwelt, die bisher noch kaum entdeckt wurden. Diese Bildsinfonie ist eine lehrreiche Dokumentation filmischen Rhythmus, mit derselben Musikalität komponiert und geschnitten wie der, der eine Orchesterpartitur schafft...»

So gab es Hunderte von internationalen Kritiken, aber die Filmbewertungsstelle nahm das nicht zur Kenntnis. Proteste, wie die des Schweizer IOC Präsidenten Otto Mayer, der im Namen des IOC an die Filmbewertungsstelle die Bitte richtete, diesem Film ein Prädikat zu verleihen, da er die beste Darstellung der Olympischen Spiele ist, die je gezeigt wurde, blieb ohne Echo. Auch der Appell des maßgebenden deutschen Filmkritikers Dr. Gunter Groll und zahlreicher in- und ausländischer Persönlichkeiten um eine Revision blieben erfolglos.

Obgleich ich kaum noch einen Funken Hoffnung hatte, legte ich trotzdem den gesetzlich erlaubten Einspruch ein. Nachdem dieser auch abgelehnt wurde, machte ich einen letzten verzweifelten Versuch. Ich wandte mich an die unmittelbar der FBW übergeordnete höchste zuständige Instanz, den hessischen Minister für Erziehung und Volksbildung, Dr. Arno Henning, und bat ihn um Überprüfung des Urteils. Als auch er mein Gesuch ablehnte, wußte ich nun endgültig, daß ich in Deutschland niemals mehr die Chance bekäme, einen Film zu machen. Aber es gab noch immer Menschen, die mir Mut zusprachen. Einer von ihnen war Carl Müller, Mitglied und späterer Präsident der deutschen «Gilde-Kinos», der sich mit großem Idealismus für den künstlerischen Film einsetzte. Sein Kino «Studio für Filmkunst», in Bremen, brachte beide Teile des Olympiafilms auch ohne Prädikat im April 1958, im Beisein von Dr. Carl Diem, im festlichen Rahmen heraus. Der Erfolg belohnte seinen Mut.

Trotz aller düsteren Prognosen konnte der Film verlängert werden, und die «Bremer Nachrichten» schrieben: «Wir möchten ihn als eine Olympische Dichtung mit Unsterblichkeitswert bezeichnen.»

Ich gab mich nicht dem Irrtum hin, anzunehmen, daß soviel Anerkennungen mir den Weg ebnen könnten. Das Gegenteil traf ein. Kinobesitzer und Verleiher wurden durch anonyme Anrufe gewarnt, meine Filme zu spielen. Einige Zeitungen schrieben so infame Berichte, daß mein Anwalt Gegendarstellungen erzwingen mußte.

Diese nicht aufhörenden Diffamierungen waren so folgenschwer, daß kaum ein Kino es mehr wagte, die Olympiafilme zu spielen, und alle Verleiher, die sich um den Film beworben hatten, ihre Angebote zurückzogen. Nur Rudolf Engelberth, Besitzer mehrerer Kinos in München, hatte den Mut, die Olympiafilme in seinem «Roxy-Film-theater» einzusetzen mit dem Erfolg, daß beide Teile wochenlang prolongiert wurden.

Dieser ständige Wechsel zwischen Erfolg und Angriffen machte mir die Entscheidung über mein künftiges Leben schwer. Solange ich noch soviel Anerkennung für meine Arbeit fand, sah ich immer wieder einen Hoffnungsschimmer für eine Zukunft in meinem Beruf. Es gab auch zwei Lichtblicke. Eine japanische Firma bot 15 000 Dollar für die Lizenzrechte der Olympiafilme. Herr Kawakita, ein Freund der Deutschen und Präsident der «Towa-Co» Ltd. in Tokio, schloß den Vertrag mit mir ab. Er hatte schon vor dem Krieg «Olympia» in Japan herausgebracht und damit alle Rekorde gebrochen. Ein zweiter Lichtblick kam aus Paris.

Einladung nach Paris

Der Marquis de Cuevas, dessen Ballett Weltruhm besaß, wollte «Das blaue Licht» in Paris als Ballett aufführen. Rosella Hightower, eine berühmte Prima-Ballerina, sollte nach der Musik von Vincent d'Indy die Junta tanzen, Erik Bruhn, der erste Tänzer des Balletts von Kopenhagen, ihr Partner sein. Die Uraufführung, zu der ich eingeladen wurde, war für den 20. oder 21. November im «Théatre des Champs Elysées» vorgesehen.

Ich war sprachlos. Zuerst glaubte ich, jemand hätte sich mit mir einen Scherz erlaubt. Dieses Mal schien ich mich aber zu irren. Sofort nach meiner telegrafischen Zusage schrieb mir Monsieur Camble, der Ballettmeister des Marquis, die Proben hätten schon begonnen, und nun wurde ich fast täglich über die Fortschritte informiert. Für die Proben waren nur vier Wochen angesetzt worden. Für die Dekorationen und Kostüme wurde ich um Rat gebeten und in die Mitgestaltung einbezogen. Ich geriet immer mehr in den Bann dieser Ballettidee. «Das blaue Licht» war mein Lieblingsfilm. Ich hatte russisches Ballett studiert und meine Laufbahn als Tänzerin begonnen, und schon lange war ein Tanzfilm mein Traum gewesen, durch die Bilder Edgar Degas' optisch inspiriert.

Besessen arbeitete ich an den Skizzen und Texten. Meine solange stillgelegten kreativen Kräfte überfielen mich förmlich. Vor fast dreißig Jahren hatte ich mir diese Rolle selbst geschrieben. Sie war aus meiner jugendlichen Traumwelt entstanden.

Bei einem Gastspiel des Balletts in München lernte ich Rosella Hightower kennen. Sie war von ihrer Rolle als Junta hingerissen. Als ich den Vertrag aus Paris unterzeichnet in Händen hielt, war ich überglücklich. Eine Woche lang sollte ich bei den letzten Proben und bei der Premiere anwesend sein.

Kurz vor meinem Abflug nach Paris kam ein Telegramm: «Bitte kommen Sie nicht – ich schreibe. Camble.» Gäbe es nicht die Briefe, den Vertrag und das Telegramm, müßte man glauben, dies alles sei nur ein Spuk gewesen. Monsieur Camble und der Marquis waren unauffindbar, wie vom Erdboden verschwunden. Weder mein Anwalt noch ich selbst haben je eine Antwort auf unsere Briefe erhalten. Jahre später erfuhr ich durch Freunde, daß eine einflußreiche Persönlichkeit in Paris die Aufführung des Balletts im letzten Augenblick verhindert hatte.

Neue Schneideräume

Wenn es wahr sein sollte, daß Widerstand stark macht, müßte ich schon über Bärenkräfte verfügen. Mein ganzes Leben bestand nur aus Widerständen. Niemals aufzugeben, war für mich ein Gesetz. Wie hätte ich dieses Leben sonst bestehen können. Die Hoffnung, von den

Japanern Geld zu bekommen, hatte sich nicht erfüllt. Die notwendigen Importlizenzen für ausländische Filme waren in Japan für 1959 schon vergeben. Ich konnte nur auf das nächste Jahr hoffen.

Das Bedrückendste aber war meine Angst um den Gesundheitszustand meiner Mutter, die im letzten Jahr von einem Auto angefahren wurde und seitdem gehbehindert war. Sie hatte ständig Schmerzen, und ihr Allgemeinzustand verschlechterte sich zusehends. Was sollte aus meinem Leben werden, wenn ich sie verlieren würde! Sie war der einzige Mensch, für den ich lebte.

Was konnte ich noch anfangen? Ich überlegte, mich in einer anderen Berufssparte zu versuchen. Hätte ich nicht schon vor meinem sechsten Jahrzehnt gestanden und die Mittel dazu gehabt, hätte ich am liebsten noch ein Studium begonnen. Alle Gebiete der Forschung und Naturwissenschaften interessierten mich. Madame Curie war in meiner Jugend mein weibliches Idealbild gewesen, nun mußte ich realistischer denken. Vielleicht sollte ich ein Foto-Atelier oder einen Kosmetiksalon aufmachen. Aber ich kannte niemand, der mir das notwendige Geld vorgestreckt hätte. Die einzige Chance, an die ich mich klammerte, war die Bewilligung eines Aufbaudarlehens, das ich schon vor drei Jahren für die Einrichtung von zwei Film-Schneideräumen beantragt hatte. Dann könnte ich einen Raum vermieten und den zweiten für meine Archivarbeiten benutzen. Um dieses Darlehen zu erhalten, waren so viele bürokratische Hürden zu nehmen, unzählige Formulare auszufüllen und eine Bank zu finden, die zu einer Bürgschaftserklärung für das Darlehen bereit wäre, daß ich wenig Hoffnung hatte. Aber die Bewilligung kam. Es handelte sich um ein Darlehen von 35 000 DM, zu einem Zinssatz von nur 3 Prozent, zu tilgen innerhalb von zehn Jahren.

Im Nebenhaus meiner Wohnung in der Tengstraße mietete ich zwei leere Kellerräume, die erst ausgebaut werden mußten. Sie hatten weder Fußboden noch Heizung. Auch gab es keine Fenster und keine Entlüftung. Aber der Umstand, daß die Räume nur einen Katzensprung von meiner Wohnung entfernt waren, überwog alle Nachteile. Als sie nach monatelanger Arbeit endlich fertig waren, schöpfte ich wieder Mut. Die Räume waren sehr hübsch geworden. In den Farben weiß und blau glichen sie meinen früheren Schneideräumen in Berlin. Nun konnte ich mich endlich nach so vielen Jahren wieder mit Zelluloidstreifen umgeben, auch wenn es nur darum ging, mein Archivmaterial zu ordnen.

Biennale 1959

Überraschend erhielt ich eine Einladung von der Festspielleitung der «Biennale» in Venedig, auf der eine «Retrospektive» meiner Filme vorgesehen war. So sehr ich über diese unerwartete Ehrung erfreut war, so brachte sie auch Probleme. Von den Olympiafilmen wurde die ungekürzte Version gewünscht. Das war schwierig, denn ich hatte wegen der von der Zensur verlangten «Entnazifizierung» die Negative zerschneiden müssen. Nun blieb mir nichts anderes übrig, als diese Szenen wieder einzusetzen. Hierbei half mir ein früherer Mitarbeiter, ein Schnittmeister, der in Not geraten war und mich angefleht hatte, ihn zu beschäftigen.

Um auf der «Biennale» in Form zu sein, buchte ich bei dem «Club Méditerranée» einen Kurzurlaub auf der Insel Elba. Das erste Mal besuchte ich ein solches Clubdorf und habe es nicht bereut. Unter schattigen Bäumen, direkt am Meer, waren kleine Strohhütten und Zelte aufgebaut. Da ich unter meinem Paßnamen Helene Jacob angemeldet war, blieb ich unerkannt und unbehelligt. Ich genoß die Sonne und das Meer.

Ende August traf ich am Lido ein. Die Festspiele hatten schon begonnen. Als ich mich dem Hotel «Des Bains» näherte, erinnerte ich mich der glanzvollen Tage der Vergangenheit, als meine Anwesenheit den Mittelpunkt der «Biennale» bildete. Nach den hohen Auszeichnungen, die ich hier erhalten hatte, fragte ich mich angstvoll, was würde mich nun erwarten?

Kaum hatte ich mein Zimmer betreten, wurde ich in die Halle gerufen. Einige aufgeregte Mitglieder des Festspiel-Komitees erwarteten mich. Es ging um meine Filmkopien, die unbegreiflicherweise noch nicht eingetroffen waren, ebensowenig meine Koffer. Man hatte angenommen, ich hätte die Kopien dabei. Auch das Paket mit den Fotos und dem Werbematerial, das ich für die Biennale anfertigen ließ, hatte niemand erhalten. Wir waren ratlos. Es begann eine hektische Sucherei beim Zoll am Brenner. Meine Mutter versicherte, mein früherer Mitarbeiter habe schon einen Tag nach meiner Abreise alle Gepäckstücke abgeholt und sie der Spedition Kroll in München übergeben. Die Spedition erklärte, sie hätte dieses Gepäck nie erhalten.

Plötzlich gab es eine böse Aufklärung. Meine Mutter sagte am Telefon unter Tränen, sie hätte bei der Suche nach meinem Mitarbeiter feststellen müssen, daß dieser, statt Kopien und Koffer aufzugeben, mit meinem Auto, ohne Hinterlassung einer Nachricht, spurlos verschwunden war, wobei er noch ihr Postsparbuch, ihr Bargeld und meine Fotokamera mitgenommen hatte. «Ich habe ihm vertraut», schluchzte sie, «da er immer so zuverlässig und hilfsbereit war.»

Ich wollte sofort abreisen, aber die Italiener ließen es nicht zu. Ein hektischer Suchdienst wurde eingerichtet. Die Angst um meine Kopien – die einzigen, die ich damals besaß –, die Trauer, daß die Filme nun auf der «Biennale» nicht gezeigt werden konnten, und der Verlust meiner Garderobe machten mich völlig fertig – ich war nur noch ein Nervenbündel. Außer meinem Reisekostüm hatte ich nichts zum Anziehen, die Koffer mit den Abendkleidern hatte ich nicht nach Elba mitnehmen wollen – dort brauchte ich außer Badeanzügen nur Pullis und Hosen. Da erhielt ich einen überraschenden Anruf. Der Polizei in München war es gelungen, alle Gepäckstücke zu finden – in der Wohnung meines geflüchteten Mitarbeiters. Nach ihm wurde noch gefahndet. Koffer und Filmkopien waren nach Venedig unterwegs, und die Vorstellungen mußten nicht abgesagt werden.

Während eines Fernsehinterviews bemerkte ich, wie mich ein älterer Herr intensiv beobachtete. Das Gesicht kam mir bekannt vor, aber ich wußte nicht, wo ich es unterbringen sollte. Nach Beendigung der Aufnahmen kam der Fremde zögernd auf mich zu, sah mich lächelnd an, hob seine Arme und – zog mich an sich, wobei er flüsterte: «Du – du». Jetzt wußte ich, wer es war: Josef von Sternberg. Er hatte sich so verändert, daß ich ihn nicht erkannt hatte. Er war ein reifer, älterer Herr geworden mit silbergrauem Haar. Zwanzig Jahre waren vergangen, seit ich ihn zum letzten Mal gesehen hatte – im «Palace Hotel» in St. Moritz, zu Silvester 1938.

Für mich war das mehr als ein Wiedersehen mit einem alten Freund. Wie oft nach dem Krieg hatte ich an ihn gedacht, aber nie gewagt, ihm zu schreiben. Nun hatte ich während der «Biennale» einen ständigen Begleiter. Gemeinsam sahen wir uns Filme an. Auch von Sternbergs Filmen gab es eine Retrospektive, aber er wollte nicht, daß ich sie mir anschaue. «Die taugen nichts», sagte er mit leichter Resignation, «laß uns lieber nach Venedig fahren.»

Dort besuchten wir Galerien und Geschäfte, auch den bunten Markt dieser faszinierenden Stadt. Er machte verschiedene Einkäufe und erstand für mich einen herrlichen violetten Wollschal. Mit keinem Wort erwähnte er die Vergangenheit, er sprach nur von der Gegenwart. Auch von seinem Leben nach unserer Trennung sagte er kaum etwas. Nach einer langen, schweren Krise, in der er todkrank war, schien er ein glücklicher Mensch geworden zu sein. Er hatte wieder geheiratet und zeigte mir Fotos von seiner Familie – eine junge hübsche Frau und, soweit es mir noch in Erinnerung ist, zwei Kinder. Ich hatte den Eindruck, daß dies nun seine Welt war. Er sprach fast nur von

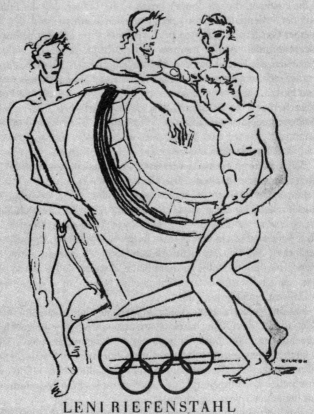

Seite 1 und 2 des Prospekts für die Wiederaufführung

PRIX INTERNATIONAUX
décernés au Film des Jeux Olympiques de 1936

1937 Grand Prix et Médaille d'Or de l'Exposition Universelle à Paris
1938 Premier Prix à la Biennale de Venise
1938 Prix „Polaire" de Suède
1938 Prix d'Honneur de Gouvernement Grec
1948 Diplôme Olympique pour l'obtention de la Médaille d'Or Olympique délivrée par le
      Comité Olympique International de Lausanne
1956 Classé à Hollywood parmi les dix meilleurs films du monde

LA LUMIERE BLEUE
Légende des Dolomites

Mise en scène   Scénario   Premier rôle

Leni Riefenstahl

1932 Médaille d'Argent à la Biennale de Venise
1937 Médaille d'Or à l'Exposition Universelle de Paris

Ce film a survécu à son époque, C'est un véritable poème cinématographique, unique en son genre, qui
nous tient en haleine en nous laissant une impression ineffaçable et qui est encore
actuellement un film de grande classe.

La nouvelle présentation du film
des Jeux Olympiques,
célèbre dans le monde entier et inégalé
jusqu'à ce jour, tourné par
Leni Riefenstahl
a remporté un succès immense.

Production.   Distribution mondiale: Transocean-Film
Leni Riefenstahl-Film   Berlin-W., Kurfürstendamm 52
Munich 13 - Tengstraße 20   Munich 2, Theatinerstraße 24

aller von Leni Riefenstahl gestalteten Filme in Venedig, 1959 seiner Familie. Trotzdem wollte ich etwas über seine Arbeit mit Marlene erfahren. Er sagte, daß es angenehm gewesen sei, mit ihr zu arbeiten, er lobte ihre Disziplin und sprach mit Bewunderung über ihr technisches Wissen, besonders was Beleuchtung und Schminkkunst betraf.

«Sie weiß genau», sagte Sternberg, «wo die Scheinwerfer stehen müssen und wie man sie am vorteilhaftesten beleuchtet.»

Dann zeigte er mir ein goldenes Zigarettenetui, auf dem eingraviert war: «In Dankbarkeit – Marlene». Mehr wollte er über sie nicht sagen.

Diese Begegnung mit Sternberg ließ alles andere auf der «Biennale» so sehr in den Hintergrund treten, daß ich nur bei einer Vorführung meiner Filme anwesend war, in der Sternberg neben mir saß.

«Du bist eine gute Regisseurin», flüsterte er, «aber ich wollte aus dir eine große Schauspielerin machen. C'est la vie.»

Während der Vorführung meiner Filme gab es oft Applaus – sie waren ein großer Erfolg.

Adventure-Film

Nach der Rückkehr fand ich daheim ein Chaos vor. Dringende unerledigte Angelegenheiten, Berge von Post, Telegramme und Telefonanrufe ungeduldiger Journalisten. Auf die Hilfe meiner Hanni mußte ich eine Zeitlang verzichten, sie arbeitete bei «Arri», was zugleich eine gute Lehre für sie war. Ich mußte mich nun mit jungen Mädchen vom Studentenschnelldienst begnügen. Das Schlimmste aber war, daß meine Mutter einen Schlaganfall erlitten hatte. Sie konnte mit den Aufregungen der letzten Wochen nicht mehr fertig werden.

Die Polizei war fündig geworden. Sie hatte mein Auto und die Kamera in Frankfurt/Main sichergestellt – den Wagen in einer Garage, die Kamera in einem Leihhaus. Der Gesuchte saß schon hinter Schloß und Riegel. Er hatte allerlei Hochstapeleien begangen und viele Leute geschädigt. Mit meinem Wagen war er über 10000 Kilometer schwarzgefahren, nun war er voller Beulen und Schrammen. Trotzdem war ich froh, ihn wiederzuhaben.

Meine vordringlichste Arbeit war, zwei brauchbare Olympiakopien der englischen Sprachversion zusammenzustellen, da englische Firmen, unter ihnen auch BBC, die Filme angefordert hatten. Das war eine Chance. In England waren die Olympiafilme noch nicht gezeigt worden, der Kriegsausbruch hatte es verhindert.

Auch bei dieser Arbeit zeigten sich die großen Verluste, die in der Kopieranstalt entstanden waren. Der größte Teil der englischen Originalnegative war vernichtet, nur noch eine unvollständige Kopie war vorhanden, bei der die Tonspur teilweise zerstört war.

Mühseliges wochenlanges Arbeiten und die Hilfe der sehr kollegialen Engländer ermöglichten es, von den im Londoner Filmarchiv lagernden Olympiafilmen den englischen Ton auf Magnetbänder aufzunehmen.

Nach der guten Zusammenarbeit mit den englischen Filmleuten überraschte es mich nicht zu sehr, daß mir eine Firma, die sich «Adventure-Film» nannte, einen ungewöhnlichen Vorschlag machte. Wieder betraf es «Das blaue Licht». Die Firma bot mir für die Rechte einer Neuverfilmung die enorme Summe von 30 000 £ und 25 Prozent Gewinnbeteiligung. Das war nicht ernst zu nehmen, ein «Spinner» mußte das geschrieben haben.

Aber der «Spinner» ließ nicht nach, fast täglich kamen Briefe mit der Bitte, ihm die Rechte zu verkaufen. Ich blieb reserviert, zu oft war ich schon reingefallen. Ich mußte nur an den Ballettfilm in Paris denken, der auch wie eine Seifenblase zerplatzt war. Nun meldete sich der Engländer auch telefonisch. Die Stimme war nicht unsympathisch. «Ich heiße Philip Hudsmith», sagte er in gebrochenem Deutsch. Er bat mich dringend um eine Entscheidung. Ich wurde unsicher. Da schlug er vor, nach München zu kommen, und ich war einverstanden.

Philip Hudsmith blieb drei Tage. Er war ein gutaussehender junger Mann, groß, schlank, mit etwas schlaksigen Bewegungen. Seine blonden Haare waren meist zerzaust. Er wirkte unbekümmert und fröhlich. Wir hatten sofort einen guten Kontakt.

Temperamentvoll erzählte er, «Das blaue Licht» verfolge ihn schon von Kindheit an. Seit Jahren sei es sein Wunsch, diesen Film in neuer Gestalt wieder aufleben zu lassen. Er habe die Basis und die Finanzleute gefunden, um seinen Traum zu realisieren.

Im Schwabinger «Tröpfchen» erzählte er mir, wie in seiner Vorstellung der Film neu gemacht werden müßte. Ähnlich den Franzosen sah er die Handlung als ein getanztes Märchen, dem englischen Film «Die roten Schuhe» verwandt, der seit Jahren ein Welterfolg geworden war. Als Mitarbeiter für das Buch hatte er schon mit W. Somerset Maugham Verbindung aufgenommen, und in der Tat zeigte er mir einen Brief, in dem dieser große Autor sein Interesse an dem Projekt bekundete. Ich staunte über diese künstlerisch so hochfliegenden Pläne – dieser junge Mann mußte ein Phantast sein. Auch die Technik, mit der er arbeiten wollte, überschritt das Maß des Normalen: Der Film sollte in dem neuen 70-mm-Technirama-Verfahren aufgenommen werden.

Meinen Einwand, eine so kostspielige Produktion wäre nur in Hollywood realisierbar, ließ er nicht gelten.

Ich machte keinen Hehl aus meiner Skepsis. Aber Hudsmith versicherte mir, sein Geldgeber verfüge über diese Mittel. Ich konnte es
trotzdem nicht glauben. Außerdem machte ich ihn ganz offen auf die
vielen Fehlschläge meiner Anstrengungen nach dem Krieg und die
Angriffe, denen ich nach wie vor ausgesetzt sei, aufmerksam. Aber der
junge Engländer, den ich von nun an Philip nennen werde, ließ sich
durch keinen Einwand beirren. Ich warnte ihn: «Du wirst einen Sturm
entfesseln, wenn dieser Film gemacht wird.»

«Nicht bei uns in England», sagte er lachend. «Du hast viele
Freunde, und ich bin einer von ihnen.»

Ehe Philip wieder abreiste, war er noch bei meinem Anwalt, der mit
ihm die vertraglichen Bedingungen besprach, vor einer Zusage aber
erst Erkundigungen einziehen wollte. Philip erhielt eine kurzfristige
Option. So wurde ich in ein neues Abenteuer verwickelt.

Schneller als ich geglaubt, hagelte es wieder Angriffe. Eine belgische
Wochenzeitung «Weekend» brachte auf der Titelseite einen Bericht,
der an Dummheit und auch an Boshaftigkeit alles übertraf, was bisher
über mich gedruckt worden war. Wäre dieses Blatt nicht so verbreitet
gewesen – auch in Paris und in London, wo es mit einer Auflage von
vier Millionen die am meisten gelesene Zeitung Englands war –, hätte
ich mich nicht weiter darum gekümmert. Um aber das neue Projekt
nicht wieder zu gefährden, konnte ich diese Verleumdungen nicht
widerspruchslos hinnehmen.

Paul Masure, Advocat in Brüssel, übernahm den Fall. Er war nicht
schwierig. Ein großer Teil war Trenkers «Tagebuch der Eva Braun»
und den «Revue»-Berichten entnommen, die durch Gerichtsurteile
schon als Fälschungen entlarvt waren. Eigene Erfindungen bekunden
die Qualität dieses Blattes, wie z. B.:
«Leni Riefenstahl, Tochter eines Klempners, begann in Berlin ihre
Karriere als ‹Striptease›-Tänzerin in einem anrüchigen Lokal... Bevor
sie Hitler kennenlernte, heiratete sie den ungarischen Drehbuchautor
Bela Balasz, der aus ihr eine glühende Kommunistin machte... Die
Gestapo behauptete in einem Bericht, sie wäre eine polnische Jüdin,
was sonst genügte, um aus dem Nazi-Deutschland ausgestoßen zu
werden, aber Hitler verhinderte, daß sie in die Gaskammer kam...»
Das Ganze mit vielen Fotos reich illustriert. So lachhaft solche Schmie-
rereien sind, so liegt ihre Gefahr eben darin, daß sie von Agenturen
übernommen und in Archiven der ganzen Welt aufbewahrt werden.
Kein Wunder, daß ich mit der Zeit ein «Nazi-Monstrum» wurde.

Es kam zu keinem Prozeß. Die Zeitung brachte auf der Titelseite eine von mir verfaßte Gegendarstellung von gleicher Länge wie der Schmähartikel.

Das britische Film-Institut

Im Januar 1960 fuhr ich mit meinem mir wiedergeschenkten Wagen durch dichtes Schneegestöber nach St. Anton. Ich war nicht allein, sondern hatte Hannelore, die ich als Sekretärin anlernen wollte, mitgenommen. Nur mühsam kletterte mein Opel über den Fernpaß. Wieder einmal war es eine Flucht in die Berge, um Ruhe zu finden. Die nicht endenwollende Pressehetze war unerträglich geworden. Durch Skilaufen hoffte ich mich etwas davon befreien zu können. Das «Britische Film-Institut» hatte mich zu einem Vortrag nach London eingeladen, davor wollte ich mich ein wenig erholen.

Als wir aber bei Dunkelheit in St. Anton eintrafen, wo wir im «Haus Seiler» ein gemütliches Zimmer hatten, empfing mich die Wirtin, ich würde dringend aus London verlangt. Was für Hiobsbotschaften würden da wieder auf mich zukommen? Kaum hatte ich mich ausgezogen, meldete sich von neuem die «Daily Mail». Man wollte von mir wissen, wie ich auf die Absage meines Vortrags beim «Britischen Film-Institut» reagiere. Ich war ahnungslos. Der Journalist las mir am Telefon eine Meldung folgenden Inhalts vor: «Das Britische Film-Institut hat beschlossen, ihre Einladung an die deutsche Filmregisseurin Frau Leni Riefenstahl zurückzuziehen, die im National-Film-Theater einen Vortrag über ihre Arbeit halten sollte. Die Direktoren des BFI hatten nach mehr als zweistündiger Diskussion diese Entscheidung getroffen.»

Auf die Frage des Journalisten, was ich zu tun gedenke, sagte ich, daß ich meine Bedenken sofort geäußert habe. Wo ich nicht gewünscht werde, gehe ich auch nicht hin.

Ich hatte kaum eingehängt, war der «Daily Express» am Apparat, und so ging das bis Mitternacht weiter. Auch die englischen Korrespondenten aus Bonn und Wien riefen an. Das letzte Gespräch kam vom «Daily Herold».

Ich konnte meinem Schicksal nicht entgehen.

Inzwischen hatte ich von Philip Hudsmith erfahren, wie es dazu gekommen war. Ein Mitglied des «Britischen Film-Instituts», Ivar Montagu, Träger des Lenin-Preises, der dort ebenfalls einen Vortrag halten sollte, hatte gegen meinen Vortrag protestiert und seinen zurückgezogen, während der bekannte Schauspieler Peter Sellers, der auch einen Vortrag halten sollte, seinen nicht absagte, sondern sich für mein Kommen einsetzte und Ivar Montagu in der Presse scharf angriff. Dabei ergab sich, daß die Entscheidung des BFI in der Öffentlichkeit heftig kritisiert wurde. Die anerkannte Filmzeitung «Films and Filming» schrieb:

«Das Vertrauen von schöpferischen Filmgestaltern in das Britische Film-Institut wurde in der ganzen Welt durch diese Tat von schwachen Männern erschüttert, Männer die für ihre Überzeugung keinen Mut besitzen.»

Philip Hudsmith bangte nun verständlicherweise um sein Filmprojekt. Er bat mich, die englische Presse aufzuklären, damit der entstandene Schaden so klein als möglich gehalten würde.

Ich brach meinen «Urlaub» in St. Anton sofort ab und sandte aus München die Gerichtsurteile, Entnazifizierungsbescheide und meine persönliche Stellungnahme zu den Anschuldigungen an alle englischen Redaktionen, die Unwahrheiten über mich verbreitet hatten. Eine Arbeit, die mir schon Magenschmerzen verursachte.

Ein unerwarteter Anruf aus London war eine Überraschung. John Grierson, der international anerkannte Dokumentar-Film-Regisseur, war am Telefon. «Leni», sagte er, «ich möchte Ihnen helfen, es ist eine Schweinerei, was man mit Ihnen macht. Geben Sie mir einige Rollen Ihres Olympiafilms, ich werde sie in meinem Fernseh-Programm mit ensprechendem Kommentar vorführen. Sie dürfen sich das nicht gefallen lassen, Sie müssen die Zeitungen verklagen.»

«Das kann ich nicht», sagte ich resigniert, «ich habe dafür nicht das Geld.»

«Sie bekommen es von mir – ich zahle Ihnen die Lizenzgebühren für Ihr Filmmaterial – Sie müssen den besten Anwalt nehmen, den wir in England haben.»

Und John Grierson bewies schon kurze Zeit danach, daß sein Versprechen nicht nur Worte waren. In seiner Sendung «This wonderful world» verteidigte er mich im englischen Fernsehen in einer Weise, wie es vor ihm noch keiner gewagt hatte. Seine Rede, die in der englischen Öffentlichkeit ein starkes Echo hinterließ, möchte ich als ein Zeichen der Dankbarkeit im Wortlaut wiedergeben:

«Es gab einen bemerkenswerten Moment im Krieg. Das war der 27. Januar 1942. Es waren dies dunkle Tage, und Sir Winston Churchill berichtete im Unterhaus. ‹Ich kann nicht sagen›, sagte er, ‹wie die Lage an der Westfront in Cyrenaica ist. Wir haben einen sehr mutigen und geschickten Gegner gegen uns, und ich darf sagen – über die Verwüstung des Krieges hinaus – einen sehr großen Kapitän!› Er bezog sich auf General Rommel, und es war ein Moment von Generosität im Kriege, der klassisch wurde. Ich glaube die meisten von uns haben die Bedeutung verstanden, wenn die Generale beider Seiten sich seit dem Kriege freundschaftlich begegneten. Es scheint, daß dies mit den Künstlern nicht so der Fall ist. Wir haben den Fall der deutschen Filmregisseurin Leni Riefenstahl. Ich bin daran interessiert, denn ich bin ein Filmmann, und Leni Riefenstahl ist eine der größten Filmgestalter der Welt und bestimmt die größte weibliche Filmgestalterin in der Geschichte. Sie wurde eingeladen am ‹National Filmtheater› zu sprechen, und dann wurde ihr gesagt, sie soll nicht kommen. Das ist im jetzigen Zeitpunkt verständlich wegen aller Gerüchte gegen sie. Aber ich möchte mir gerne wünschen, daß die Filmgestalter wie die Generale sein könnten – und erinnere an Sir Winstons große Geste der Generosität. Schließlich – wie die Generale – befanden wir uns alle unter Kommandos. Leni Riefenstahl war Propagandistin für Deutschland. Ja, und ich war Propagandist auf der anderen Seite, und ich bin ziemlich sicher, daß ich mehr Anti-Nazi Propaganda und mehr boshafte Sachen machte, als irgendein anderer Filmmann in England. Warum, ich nahm Leni Riefenstahls eigene Filme und schnitt sie in Streifen, um deutsche Propaganda gegen sich selbst wenden zu lassen. Aber ich habe niemals den Fehler gemacht zu vergessen, wie groß sie war. Ich grüße über die Verwüstung des Krieges hinaus einen sehr großen Kapitän des Films. Es gab in unserer Zeit mehrere Olympische Spiele, aber es gab nur eine wirklich großartig gefilmte Olympiade, und das war natürlich die, die Leni Riefenstahl machte. Es war in Berlin 1936.

Ich sehe in einer angesehenen Sonntags-Zeitung, daß der Film voll von ‹Nahaufnahmen Hitlers und den Nazi-Führern› war. Glauben Sie nicht ein Wort davon. Es ist ein großer Filmbericht eines öffentlichen Ereignisses, und nie war ein anderer Film so großartig im Auffangen der Poesie der athletischen Bewegung. Das Sonderbare und Ironische von 1936 war, daß es im Zentrum der schrecklichen Rassentheorien dieser Zeit stattfand. Es war das Jahr der Neger, das Jahr des fabelhaften Jesse Owens, des amerikanischen Negers, der die Rekorde in so vielen Sportdisziplinen hinwegfegte.

Leni Riefenstahls Film bringt dies alles großartig – und generös. Der Film war der größte Sportbericht, den ich jemals im Kino gesehen habe. Es war Leni Riefenstahls Marathon. Wir sahen viele Marathons, aber diesmal ist auch ein großer Filmkünstler vorzustellen – und Sie sehen etwas von der Last und der Agonie der langen aufreibenden Meilen – und man sieht, was kein Film jemals zuvor oder bis jetzt beschrieb.»

Nach dieser Rede Griersons zeigte das Fernsehen den Marathonlauf und weitere Ausschnitte aus dem Olympiafilm.

Meine englischen Freunde waren über diese sensationelle Sendung sehr froh, besonders Philip, den bei allem Optimismus die Presseangriffe doch besorgt gemacht hatten. Er bat mich, nach London zu kommen.

Nun konnte ich mich bei John Grierson, den ich persönlich noch nicht kannte, bedanken. In einem englischen Club umarmten wir uns wie alte Freunde. Vor allen anwesenden Künstlern zog er mir einen Schuh aus und hauchte einen Kuß auf meine Fußspitze. Es war einfach verrückt – wie sollte ich das alles verkraften. Grierson wollte unbedingt, daß ich prozessierte, er wollte die Kosten übernehmen. «Daily Mail» und andere englische Zeitungen hatten Berichtigungen oder Interviews mit mir gebracht, wodurch glücklicherweise ein Prozeßgrund entfiel. Eine Ausnahme machte der «Daily Mirror», eine der am meisten verbreiteten Zeitungen Englands. Der bekannte Kolumnist «Cassandra» hatte eine böse Reportage über mich geschrieben. Auf ihn hatte es Grierson abgesehen. Er wollte, daß ich ihn und die Zeitung verklage, um, wie er sagte, einen Präzedenzfall zu schaffen.

Mr. Crowe, ein angesehener englischer Anwalt, übernahm den Fall, nachdem er sich an Hand von Unterlagen über die Gewinnchancen informiert hatte. Die Stimmung war damals in England nicht sehr deutschfreundlich, verständlicherweise. Im Jahr zuvor waren in verschiedenen deutschen Städten Grabsteine jüdischer Friedhöfe in scheußlicher Weise mit Hakenkreuzen beschmiert worden. Auch meine englischen Freunde bekamen das zu spüren. Als Gast eines befreundeten Ehepaares wohnte ich in Sussex, außerhalb Londons. Jeden Tag warteten vor dem Haus Journalisten, die mich sprechen wollten. Wenn ich dazu nicht mehr imstande war, wurden die Hauswände mit Hakenkreuzen bemalt. Ich wollte sofort abreisen. Meine Freunde ließen es nicht zu.

Auch die ersten Zusammenkünfte mit meinem englischen Anwalt waren alles andere als angenehm. Ich fühlte mich in die Zeit der Verhöre zurückversetzt. Gründlicher noch als bei den Amerikanern und Franzosen mußte ich Hunderte von Fragen beantworten – Fragen, deren Sinn ich oftmals nicht verstand. In den ersten Stunden ließ ich alles geduldig über mich ergehen – aber langsam verlor ich die Geduld, wurde nervös und irritiert. So kam es zu einem peinlichen Zwischenfall. Als Mr. Walters, ein Mitglied der Anwaltskanzlei, mir absolut nicht glauben wollte, daß ich nichts von den Vernichtungslagern gewußt habe, schoß mir vor Zorn und Verzweiflung das Blut in den Kopf – ich verlor jede Kontrolle über mich und sprang ihn, rasend vor Wut, an die Kehle, wie mir das vor vielen Jahren schon einmal passiert war, als die französische Sureté mich zwingen wollte, ein Schriftstück zu unterschreiben, in dem stand, daß ich über die Vernichtungslager informiert war.

Am nächsten Tag fand ich in der Kanzlei einen völlig veränderten Mr. Walters vor. Freundlich und verständnisvoll verliefen von nun an unsere Gespräche. Erleichtert spürte ich, daß jedes Mißtrauen geschwunden war und mein Prozeß gegen «Daily Mirror» in guten Händen lag. Da eine Entscheidung erst nach Monaten zu erwarten war, verließ ich London und flog nach Bremen. Schon seit Tagen erwartete mich dort Carl Müller, der im «Studio für Filmkunst» es wagte, «Tiefland» noch einmal zu starten. Der Erfolg überraschte uns alle. Der Film konnte vier Wochen prolongiert werden, eine Rekordzeit, die Carl Müller bisher noch mit keinem Film in seinem Gildetheater erreicht hatte.

Hoffnungen und Rückschläge

Für einen Augenblick sah es so aus, als zögen die dunklen Wolken vorüber. Nach dem «Tiefland»-Erfolg meldete sich Herr Kawakita – die Olympiafilme durften jetzt nach Japan eingeführt werden, und in Deutschland gab es da und dort ein paar freundliche Pressekommentare.

Aus England kamen gute Nachrichten. Fast täglich berichtete mir Philip über den Fortschritt seiner Arbeit. Allerdings hatte sich Somerset Maugham nach den Zeitungsangriffen zurückgezogen, aber, wie Philip schrieb, hatte er einen begabten amerikanischen Autor für die Mitarbeit am Drehbuch gewinnen können. «Dieser Amerikaner», schrieb er enthusiastisch, «ist ein brillanter und berühmter Schriftsteller, der viele Drehbücher für die ‹Columbia-Film› in Hollywood schrieb. Er ist auch der Kopf einer großen internationalen Organisation, die über den ganzen Erdball verbreitet ist und über eine Million Mitglieder hat. Er heißt Dr. L. Ron Hubbard, ist Psychologe und Scientologe.» Ich hatte damals keine Ahnung, wer Ron Hubbard ist. Aber bald wußte ich, daß er begabt sein mußte. Der erste Teil seiner Arbeit war überraschend gut. Mr. Hubbard sandte mir folgendes überschwengliches Telegramm:

Mit dieser wunderbaren Story vom «Blauen Licht» können wir einige Oscars gewinnen – vergessen Sie den Prozeß und die Reporter und lassen Sie uns arbeiten – es wird ein großer Film werden, der alle Rekorde bricht ...

Ein Phantast, aber Philip war ebenso überzeugt. Er schrieb mir:

Ich glaube an Dich und ich fürchte mich nicht, für Dich zu kämpfen, auch wenn es viele und mächtige Feinde sind – das «Blaue Licht» wird sie überzeugen ...

Ich blieb skeptisch, obgleich Philip inzwischen von Pier Angeli, welche die «Junta» spielen sollte, und von Lawrence Harvey für die Rolle des

«Vigo» die Zusagen erhalten hatte. Um mich ganz fest an dieses Projekt zu binden, übertrug Philip Hudsmith die Hälfte der Anteile seiner Firma auf meinen Namen. Dadurch wurde ich in England Mitgesellschafter der «Adventure-Film Ltd.».

Dr. Ron Hubbard hatte mir sein Appartement in London zur Verfügung gestellt, wo ich mit ihm und Philip das fertiggestellte neue Manuskript ins Filmische übertragen sollte. Unerwartet wurde er nach Südafrika abberufen, wo er auch eine Firma hatte. Trotzdem durfte ich in seinem Haus, das während seiner Abwesenheit nur von einer Wirtschafterin bewohnt wurde, bleiben. Täglich kam Philip zur Arbeit. Er mußte mich immer wieder vor den Journalisten verstecken und sie auf falsche Fährten locken. Dies deshalb, weil es in England während eines Prozesses dem Kläger nicht gestattet ist, Journalisten Informationen zu geben, damit die Richter nicht beeinflußt würden. Ich mußte alle Besuche heimlich machen. Am liebsten hätte ich den Prozeß beendet, aber davon wollten meine englischen Anwälte nichts wissen. Sie waren sich ihrer Sache zu sicher.

In dieser Zeit kam überraschend das Angebot eines der angesehensten Lichtspiel-Theater Londons, des «Curzon-Cinema». Der Direktor dieses Kinos, Mr. Wingate, war von dem Olympiafilm so begeistert, daß er sich ohne lange Verhandlungen bei meinem englischen Anwalt vertraglich verpflichtete, den Film noch in diesem Jahr – im Herbst 1960 – groß herauszubringen. Endlich ein Erfolg. Ich unterbrach meine Manuskriptarbeit mit Philip und reise wie alljährlich zu den Filmfestspielen nach Berlin. Wie immer waren die «Berliner Filmfestspiele» ein Erlebnis. Ich sah dort nicht nur international bedeutende Filme, ich traf auch Freunde und frühere Kollegen. Vor allem war es wieder Manfred George, der aus New York kam und viel mit mir beisammen war. Er wollte eine Biographie über mich schreiben.

Als einer meiner englischen Freunde mit mir den Filmball besuchen wollte, wurde ihm von der zuständigen Stelle die Eintrittskarte für mich verweigert. Begründung: «Das Erscheinen von Frau Riefenstahl auf dem offiziellen Filmball ist für die deutsche Regierung unerwünscht.» Auch als der Engländer, ein bekannter Kunstsammler, bei dem Pressechef der Bonner Regierung protestierte, erhielt er die Karte nicht. «Ich dachte», sagte mein Bekannter empört, «daß in Deutschland jetzt demokratisch regiert wird.»

«Es wird alles anders», versuchte mich Manfred George zu trösten, «wenn erst meine Biographie über dich herauskommt.» Dazu kam er nicht mehr. Er erkrankte schwer und starb viel zu früh. Mit ihm verlor ich einen meiner letzten und treuesten Freunde.

Nach meiner Rückkehr wurde im Auftrag von BBC in meiner Münchner Wohnung ein «Filmporträt» über mich aufgenommen. Derek Prouse, der Regisseur, war ein Mitarbeiter des «British Film-Institut», der mir in fairer Weise die Möglichkeit gab, mich gegen die Diffamierungen der Presse zu stellen. Die Arbeit mit dem englischen Filmteam war ungemein sympathisch.

Um den schwebenden, sich endlos in die Länge ziehenden Prozeß mit «Daily Mirror» zu beenden, forderte ich die englischen Anwälte zu einem Vergleich mit der Zeitung auf, auch John Grierson war damit einverstanden. Ich war bereit, auf Schadenersatzansprüche zu verzichten, wenn die Zeitung bereit wäre, eine Richtigstellung zu bringen. «Daily Mirror» war einverstanden. Für mich wurde es ein magerer Vergleich. Als Ausländer muß man in England bei einem Schadenersatzprozeß 100 000 DM Kaution beim Gericht hinterlegen. Da dies für mich unmöglich war, mußte mir die Richtigstellung genügen.

Wieder bemühte sich ein Verleger um meine Memoiren, diesmal der «Hutchinson-Verlag» in London. Mr. Cherry Kearton, einer der Direktoren, hatte mich schon einige Male in München besucht und mir sehr günstige Bedingungen angeboten. Aber es war wie verteufelt: Ich wollte, aber ich konnte nicht. Niemand verstand mich. Ich selbst war darüber unglücklich. Ich zweifelte an meiner Fähigkeit, über mich schreiben zu können. Davor hatte ich eine fast unüberwindbare Scheu. Auch hoffte ich, nachdem das von Dr. Hubbard und Philip fertiggestellte Drehbuch zum «Blauen Licht» so hervorragend gelungen war, auf den baldigen Beginn der Aufnahmen. Wir warteten nur noch auf meine Arbeitsgenehmigung in England. Es war die letzte Hürde.

Der Film «Mein Kampf»

Während dieser Zeit sah ich mir in München Leisers Film «Mein Kampf» an. Als ich in den Zuschauerraum kam, hatte der Film schon begonnen. Was ich auf der Leinwand sah, machte mich sprachlos. Ich traute meinen Augen nicht, denn dort lief «Triumph des Willens», mein 1934 in Nürnberg entstandener Parteitagfilm. Nicht, wie ich erst annahm, der ganze Film, sondern lange Ausschnitte daraus, beispielsweise die «Arbeitsdienst»-Sequenz und andere bekannte Szenen, die hier mit den grauenhaften Bildern aus Konzentrationslagern zusammengeschnitten waren. Eine grobe Urheberrechtsverletzung und geistiger Diebstahl. Ich hatte «Triumph des Willens» trotz vieler Anfragen für Vorführungen in Deutschland nicht freigegeben, damit er nicht für neofaschistische Zwecke mißbraucht würde, man konnte ihn sich aber in Museen und Filmarchiven der ganzen Welt ansehen. Auch an amerikanischen Universitäten wurde der Film als historisches Dokument gezeigt.

Zuerst versuchte ich, diese Sache durch persönlichen Kontakt mit Herrn Leiser auf gütlichem Weg zu klären. Herr Leiser war dazu nicht bereit. Als er meinen Brief in schroffer Weise beantwortete, mußte ich wieder einmal meinen Anwalt bemühen.

Dr. Weber, ein Mitarbeiter Dr. Gritschneders, der in den letzten Jahren alle meine juristischen Angelegenheiten bearbeitete, war nicht nur mein Anwalt, sondern auch ein Freund und Berater. Er ließ nicht nur falsche Pressemeldungen richtigstellen, sondern es gelang ihm auch immer wieder, meine Gläubiger zu vertrösten und Zahlungsbefehle zu verhindern.

Juristisch war der Fall für ihn klar. Herr Leiser hatte sich angeblich das Material aus der DDR beschafft. Nach einem Urteil des Landgerichts München durften Aufnahmen, die im Ausland oder in der DDR erworben sind und deren Urheberrechte der Produktionsfirma nicht gehören, ohne Genehmigung des Besitzers nicht vorgeführt werden. Was Herr Leiser getan hatte, war unzumutbar. Für die Zwecke, die er benötigte, gab es genügend Wochenschaumaterial und auch Aufnahmen von mindestens vier Parteitagfilmen, die nicht von mir, sondern vom «Propagandaministerium» hergestellt worden waren.

Produzentin von Leisers Film war die «Minerva-Film», eine schwedische Firma in Stockholm. Dr. Weber informierte die Firma, daß die Urheberrechte vom «Triumph des Willens» mir und nicht, wie scheinbar angenommen, der NSDAP gehörten, und erklärte außerdem, daß ich nicht nur Produzentin, sondern auch Regisseurin und Gestalterin des Films war.

Die «Minerva-Film» weigerte sich, meine Rechte anzuerkennen, so blieb Dr. Weber keine andere Wahl, als gegen die Vorführung des Leiser-Films, der in Deutschland und in Österreich von der «Neuen Filmverleih GmbH.» vertrieben wurde, durch Androhung einer Einstweiligen Verfügung zu erreichen, daß entweder die Aufnahmen meines Films entfernt oder die Rechte hierfür, wie branchenüblich, erworben würden.

Da «Mein Kampf» ein großer Kassenschlager wurde, nicht zuletzt mit Hilfe meiner Aufnahmen, ließ es der N. F. Verleih nicht zu einem Rechtsstreit kommen. Es kam zu einer Einigung. Als Gegenleistung zahlte der N. F. Verleih für Deutschland eine Lizenzgebühr von 30 000 DM, für Österreich 5000 DM. Allein in diesen beiden Ländern spielte der Film weit mehr als eine Million ein. Auf Dr. Webers

Anraten übertrug ich zur Abdeckung meiner Schulden alle anderen Ansprüche, die sich aus Vorführungen dieses Films außerhalb Deutschlands und Österreichs ergaben, meinem Hauptgläubiger, dem Produzenten Friedrich A. Mainz. Ich wollte mich nicht weiter mit juristischen Streitereien belasten.

Allerdings kam es zwischen Dr. Weber und mir zu Meinungsunterschieden über die Verwendung des Geldes. Ich wollte es trotz meiner schwierigen finanziellen Lage karitativen Zwecken zukommen lassen, was ich schon einmal getan hatte. In einem vergleichbaren Fall hatte ich die Erlöse aus meinem Material in dem Film «Bis 5 nach 12» dem «Verband der Heimkehrer» zur Verfügung gestellt. Aber Dr. Weber redete mir das aus. Er erinnerte daran, daß ich seit Jahren keine Krankenhaus- und Arztrechnungen bezahlen konnte, daß ich fast täglich Mahnungen erhielt, daß sogar mein früherer Regisseur Dr. Fanck, dem ich noch 500 DM schuldete, mir mit einem Zahlungsbefehl gedroht hatte. Damals ahnte ich nicht, daß ich mir durch die Wahrnehmung meiner Rechte einen Todfeind geschaffen hatte.

Am 7. 12. 1960 schrieb Leiser an Herrn Mainz, er werde nicht nur meine Ansprüche niemals anerkennen, sondern drohte auch, mit Material, das er gegen mich gesammelt habe, vor die Weltöffentlichkeit zu treten.

Prozeß in Paris

Die Aufregungen nahmen kein Ende. Eines Abends, ich wollte schon schlafen gehen, läutete es. Ein französischer Filmregisseur, dessen Name mir entfallen ist, stand vor meiner Haustür. Er kam aus Paris und wollte mich dringend sprechen. Nachdem er mich bat, ihm diesen «Überfall» zu verzeihen, trug er mir sein Anliegen vor. «Madame Riefenstahl», sagte er, «ich mache eine Serie von historischen Filmen. Dazu brauche ich wichtige, ja unerläßliche Aufnahmen von Ihnen.»

Als er bemerkte, wie jedes Lächeln aus meinem Gesicht verschwand, versuchte er mich zu beschwichtigen.

«Ich weiß», sagte er fast beschwörend, «daß Sie nicht gern darüber sprechen möchten, aber ich dachte mir», fuhr er fast ängstlich werdend fort, «wenn ich Ihnen verspreche, daß es niemand erfahren wird, von wem ich das Material erhalten habe . . .»

«Wovon sprechen Sie», unterbrach ich ihn eisig.

«Von Ihren Filmaufnahmen während des Krieges, die Sie im Auftrag von Eichmann in den KZ-Lagern aufgenommen haben.»

«Raus!» schrie ich, «raus.»

Kopfschüttelnd stand der Franzose auf.

«Kennen Sie denn nicht das Buch ‹Sechs Millionen Tote›, das jetzt in Paris erschienen ist? Über das Leben von Adolf Eichmann?»

Erstarrt sah ich den Mann an.

«Dieses Buch», stotterte der Franzose verwirrt, «enthält ein Kapitel über Sie, in dem ausführlich über Ihre Tätigkeit während des Krieges berichtet wird – Sie sollen diese Aufnahmen vergraben haben und nicht preisgeben wollen, wo sie sich befinden.»

«Mein Gott», sagte ich «das ist ja furchtbar.»

«Wissen Sie nichts davon – kennen Sie das Buch nicht?»

«Nein», flüsterte ich und sank auf meinen Sessel zurück.

Der Franzose schien zu begreifen, daß etwas nicht stimmen konnte. Wieder lebhafter werdend, sagte er: «Das Kapitel in dem Buch heißt: ‹Le secret de Leni Riefenstahl›.»

«Gibt es wirklich so ein Buch», fragte ich, fast hilflos.

«Es ist vor kurzer Zeit in Paris bei ‹Plon›, dem französischen Verlag, erschienen.» Dem Mann wurde die Situation peinlich. Er entschuldigte sich und wollte fortgehen.

«Warten Sie, bleiben Sie noch», rief ich erregt, «ich will versuchen, mit meinem Anwalt zu telefonieren. Sie müssen ihm das gleiche sagen.»

Ich erreichte Dr. Weber. Durch dieses Gespräch erfuhren wir, daß das Buch schon in den nächsten Tagen in Deutschland herauskommen würde.

Dr. Weber konnte das Erscheinen dieses Pamphlets in Deutschland noch rechtzeitig verhindern.

Hundertmal habe ich mir geschworen, ich würde nie wieder einen Prozeß führen, egal, was man über mich schreiben würde. Aber solche Ungeheuerlichkeiten konnte ich nicht über mich verbreiten lassen.

Ich rief London an, um Philip Hudsmith zu informieren. Er beschloß, sofort nach Paris zu fliegen.

«In diesem Fall», sagte er, «kommen wir um einen Prozeß nicht herum.»

Wenige Tage danach war ich auch in Paris. Der französische Advokat Gilbert Mativet, den mir mein Freund Charles Ford empfohlen hatte, übernahm den Fall. Es war nicht schwierig, diese Verleumdungen zu widerlegen. Die französische Sureté, in deren Gewahrsam ich mich über drei Jahre befunden hatte, war über fast jeden Tag informiert, den ich während des Krieges verbracht hatte.

. Ein gewisser «Victor Alexandrov» war der Verfasser dieses Pamphlets. Ich zitiere eine Stelle:

An der Kamera bei «Tiefland», 1940

In «Tiefland» führte ich Regie und spielte die weibliche Hauptrolle – eine spanische Tänzerin. Harald Kreutzberg war mein Tanzlehrer.

Tödlicher Kampf zwischen dem Hirten Pedro und dem Marqueß (Franz Eichberger und Bernhard Minetti). Im unteren Bild probe ich diese Szene mit den Schauspielern.

Ein ungewöhnliches Festessen im August 1938, das mir in Oslo die Norwegische
Regierung zu Ehren der «Olympia»-Film-Premiere gab.

Die Festtafel in der Wiener Hofburg nach der «Olympia»-Premiere
im April 1938

Das dänische Königspaar bei der Festaufführung des «Olympia»-Films in Kopenhagen, August 1938. Neben mir verdeckt meine Mutter, die mich auf dieser Europa-Tournee begleitete

Während der Olympischen Spiele im Sommer 1936

Nach Kriegsende, Herbst 1945. Für wenige Tage konnte ich mit meinem Mann,
Peter Jacob, im Haus Seebichl in Kitzbühel zusammensein. Wir standen
unter Hausarrest der französischen Besatzungsmacht.

Mein Bruder Heinz, mit dem mich Liebe
und Freundschaft verband

«Meine Hanni», die mir in aufopferungsvoller Weise half,
die schweren Nachkriegsjahre durchzustehen

«Als die ersten Befragungen der Filmregisseurin Leni Riefenstahl durch die französischen Behörden erfolgten, wurde der Name Eichmann zitiert, ohne daß Leni Riefenstahl irgendeine präzise Auskunft geben wollte. Leni Riefenstahl hatte einen ihrer dokumentarischen Filme in den Vernichtungslagern gedreht, der in der technischen Zusammenarbeit mit dem Chef des ‹Judenreferates› Sektion A 4 verwirklicht worden ist. Ohne dessen Unterschrift und ohne ausdrückliche Genehmigung dieses hohen Funktionärs war es zu jeder Zeit unmöglich, in Konzentrationslager zu gelangen und dort Filme zu drehen. Befragt von französischen, englischen und amerikanischen Dienststellen, wollte sie nie den Platz verraten, wo die berühmten Dokumentationen, die sie für Hitler und Goebbels drehte, versteckt waren, ein Geheimnis, das Leni Riefenstahl mit ins Grab nehmen wird ...»

Wie konnte nur ein Verlag, der den Ruf hatte, seriös zu sein, solche Ungeheuerlichkeiten über eine lebende Person verbreiten, ohne sich vorher über die Wahrheit der Behauptungen zu informieren? Mein französischer Anwalt war zuversichtlich. Ich konnte leicht beweisen, daß ich während des Krieges ausschließlich an «Tiefland» gearbeitet und Eichmann nie gekannt hatte. Seinen Namen las ich zum ersten Mal in der Presse, als ihm in Israel der Prozeß gemacht wurde. Am 1. Dezember 1960, wenige Tage nach Eingang der Klage, entschied das Pariser Gericht, das Buch über Eichmann dürfe nicht mehr erscheinen, wenn nicht die Stellen entfernt würden, die sich auf mich bezogen.

Die Berichterstattung über den Ausgang des Prozesses war in der französischen Presse objektiv, ausgenommen die kommunistische «Humanité», die einen langen Hetzartikel gegen mich brachte, in dem sie beklagte, daß man mich nicht wie andere Kriegsverbrecher in Nürnberg gehängt habe. Ich beauftragte meinen französischen Anwalt, der «Humanité» eine Berichtigung zustellen zu lassen, auch für den Fall, daß sie nicht gedruckt würde.

Pressekonferenz in London

Von Paris flog ich nach London. Philip, der die Reise und die Pariser Prozeßkosten übernahm, hatte eine Pressekonferenz vorbereitet, auf der zum ersten Mal in England meine Olympiafilme englischen Journalisten vorgeführt werden sollten. Dies war auch als Werbung für «Das blaue Licht» gedacht. Die Dreharbeiten sollten in allernächster Zeit beginnen.

Ich war auf Philips Frau gespannt, von der er trotz unserer freundschaftlichen Beziehung nie ein Wort erwähnt hatte. Seine Heirat, die erst vor kurzer Zeit stattgefunden hatte, war mir etwas rätselhaft. Er hatte nur am Ende eines Briefes, der sich ausschließlich mit unserem Filmvorhaben befaßte, seine neue Adresse mitgeteilt und dabei seine Frau erwähnt. Bald darauf erhielt ich einen Brief von ihr, aus dem ich erfuhr, daß sie Französin war und Agnes hieß. Sie schrieb, Philip werde alle Probleme lösen, und die gleiche Zuneigung, wie er sie für mich empfinde, bringe sie mir auch entgegen.

Nun saß sie neben mir im Auto und strahlte mich an. Sie war attraktiv. Im Hotel half sie mir beim Auspacken, und jedem ihrer Worte entnahm ich, wie sehr sie Philip liebte. Freimütig erzählte sie, wie glücklich sie sei, daß sie mit ihrem Vermögen Philip helfen konnte, «Das blaue Licht» zu produzieren. Ich war sprachlos. Sollte er diese Frau nur geheiratet haben, um seinen Traum vom «Blauen Licht» verwirklichen zu können? Ich traute es ihm zu.

Am Abend vor dem Presseempfang feierten wir den Pariser Erfolg. Aber wieder einmal kam es anders, als wir gehofft hatten. Als Philip mir am kommenden Tag die Journalisten vorstellte, weigerte sich einer, mir die Hand zu geben. Mit einem Ausdruck tiefer Verachtung sagte er: «Ich kann einer Person, deren Hände mit Blut befleckt sind, nicht die Hand reichen.»

Ein anderer rief mir zu: «Warum haben Sie Hitler nicht getötet?»

Das war grausam. Die Pressekonferenz mußte abgebrochen werden.

Nicht nur ich hatte einen Schock erlitten, auch Philip. Diese immer wieder angeheizte Hetze widerte ihn so an, daß er vorschlug, unser schönes Filmprojekt auf unbestimmte Zeit zu verschieben. Auch er konnte diese nie endenden Angriffe nicht länger ertragen und wollte Europa verlassen.

«Weit fort von hier», sagte er «bis ich das alles verdaut habe.» Er verließ London und flog allein nach Tahiti.

Inzwischen war auch die Vorführung der Olympiafilme im «Curzon Cinema» verhindert worden. Mr. Wingate, der den Vertrag in der Anwaltskanzlei «Crowe» unterzeichnet hatte, war nicht erreichbar. Wie Monsieur Camble in Paris, war auch er, ohne eine Nachricht zu hinterlassen, ins Ausland gereist, angeblich an die Riviera. Alle an ihn gerichteten Briefe des englischen Anwalts kamen als unzustellbar wieder zurück.

Rückblick

Ende 1960 zog ich eine Bilanz über die fünfzehn Jahre, die seit Kriegsende vergangen waren. Drei Jahre hatte ich in Lagern und Gefängnissen, vier Monate in einer Irrenanstalt verbracht. Beschlagnahme meiner Vermögenswerte, Entnazifizierung, Prozesse und die Zerstörung meiner beruflichen Existenz schlossen sich an. Alle meine Filmprojekte, «Die roten Teufel», «Die schwarze Fracht» und zum zweiten Mal nun auch «Das blaue Licht», waren vereitelt worden.

Wie sollte dieses Leben weitergehen? Gab es noch irgendeine Hoffnung für mich? In den USA hatte ich Freunde, gute Menschen, die mir mit Care-Paketen und kleinen Geldbeträgen immer wieder geholfen hatten, obgleich sie weder mich noch meine Mutter kannten. Sie waren auch nicht wohlhabend und führten ein bescheidenes Leben in New York, wo der eine als Handwerksmeister, der andere als Dentist seinen Lebensunterhalt verdiente. Zu Weihnachten hatten sie mir tausend Mark geschickt, eine für die damalige Zeit große Summe, damit ich gegen Alexandrov, der inzwischen in Paris gegen das Urteil Berufung eingelegt hatte, weiter prozessieren konnte. In meinem Dankesbrief hatte ich geschrieben, ich betrachte diesen Betrag als Darlehen, nicht als Geschenk. Ich kannte einige sehr reiche Menschen in Deutschland, die über Millionen verfügten und die sich meine Freunde nannten. Aber keiner von ihnen hat mir in meiner Notlage geholfen. Hilfe erhielt ich nur von Menschen, die selbst nicht viel besaßen.

Seit Monten lebte ich wieder in schwersten Abwehrkämpfen, eine Flutwelle schmutziger Verleumdungen überschüttete mich. Mein Leben wurde von Tag zu Tag unerträglicher. Verfolgung und Verehrung, Bewunderung und Haß umgaben mich im Wechsel. Meine Mutter und ich fühlten uns wie ein auf Treibjagd eingezingeltes Wild, das in jedem Fall früher oder später erlegt werden würde. Das wußten wir, und darum war unser Leben von unerträglicher Düsterkeit und Schwermut erfüllt. Oft fragte ich mich, wozu das alles? Warum müssen wir leben, um zu vegetieren – ein so ehrloses, quälendes Leben. Die Kräfte verließen mich mehr und mehr, die Aussichten, meinen Beruf je wieder ausüben zu können, wurden immer unwahrscheinlicher, meine Feinde immer mächtiger und ihre Lügen immer niederträchtiger. Seit Kriegsende lebte ich nicht, ich kroch im dreckigen Schlamm menschlicher Gemeinheiten umher. Nur die Sorge um meine Mutter hielt mich noch aufrecht, und im Gegensatz zu mir wollte sie leben und war so unfaßbar tapfer.

Für einige Zeit war ich wieder in die Berge geflüchtet. Da ich wußte, daß meine Mutter am glücklichsten in meiner Nähe war, nahm ich sie mit. Sie hatte im letzten Jahr fünfzig Pfund abgenommen, und es bestand Verdacht auf Krebs. Gemeinsam bewohnten wir bei einem Skilehrer in St. Anton ein kleines Zimmer, in dem wir uns auf einer Heizplatte etwas kochen konnten. Wir lebten hier billiger als in München, vor allem gesünder. Meine Wohnung hatte ich wieder vermieten können.

Noch ehe ich mich von meinen Sorgen etwas erholen konnte, erhielt ich neue Hiobsbotschaften. Mein Pariser Anwalt teilte mir mit, Alexandrov habe in seinem Berufungsverfahren gewonnen. Es tröstete mich auch nicht, daß dieser «Sieg» Alexandrovs nur auf einen formalen Fehler des Gerichts erfolgte und nicht auf einen neuen Tatbestand. Das Urteil besagte, eine Verurteilung Alexandrovs sei nur durch einen Strafprozeß möglich, nicht aber auf dem Wege einer Zivilklage, wie mein Anwalt den Prozeß geführt und auch gewonnen hatte. Für einen Strafprozeß war aber ein anderes Gericht zuständig. Eine neue Klage mußte erhoben werden.

Neuer Zündstoff für neue gehässige Kommentare. Kein Blatt erwähnte, wie das zweite Urteil zustande gekommen war. Die Leser mußten glauben, die von Alexandrov geschriebenen Ungeheuerlichkeiten seien wahr, und so blieb ich für Sensationsjournalisten ein «Nazi-Ungeheuer».

Vor keiner Dokumentenfälschung schreckte man zurück. Liebesbriefe, die Streicher mir geschrieben haben sollte, gab es in französischen Zeitungen zu lesen. Die «Humanité» und einige Gazetten in der DDR stellten mich auf eine Stufe mit perversen Verbrechern. Es gab überhaupt nichts, was man mir nicht zumutete. In anderen Zeitungen las ich, ich wäre eine «Kultursklavin der Sowjets» geworden und hätte meine Filme für Mengen von Rubeln an die «Mos-Film» in Moskau verkauft.

Ein Silberstreifen am Horizont

Mein Freund Philip, der sich mit soviel Enthusiasmus für mich eingesetzt hatte, war von dem, was er in London und Paris erlebte, so entmutigt und enttäuscht, daß er keine weiteren Versuchte machte, seinen Wunschtraum, «Das blaue Licht» mit mir zu realisieren. Er blieb lange in der Südsee, wo er mit Unterstützung seiner Frau einen Film drehte.

In dieser Zeit großer Hoffnungslosigkeit kam von Dr. Ron Hubbard aus Südafrika ein Brief, der im ersten Augenblick Hoffnungen in mir erweckte. Er lud mich nach Johannisburg ein, um einen Dokumentarfilm über Südafrika zu machen, Geld sei kein Problem. Auch wollte man für moderne Film- und Tonstudios, die dort entstehen sollten, meine Mitarbeit gewinnen. Ich bekam Herzklopfen, so aufregend war der Gedanke, doch noch einmal arbeiten zu dürfen, und dazu in Afrika.

Aber in dieses Glücksgefühl fiel ein Schatten. Zuerst war es nur ein leises Unbehagen, das sich in meine Freude mischte, dann aber wußte ich, was es war. Ich erinnerte mich an «Die schwarze Fracht», bei der ich oft erlebt habe, wie unsere schwarzen Boys von einigen Engländern behandelt wurden. Für mich waren sie gleichwertige Menschen. Ich dachte auch an die stolzen Gestalten der Masai. Wie könnte ich in einem Land leben, in dem zwischen den Farbigen und mir eine Trennmauer bestünde. Ich wußte, daß ich in Südafrika nicht arbeiten kann. Man würde mich schon in den ersten Tagen des Landes verweisen. Seine Gesetze waren damals, als ich diese Einladung erhielt, noch viel extremer, als sie es heute sind. Ich dankte Dr. Hubbard für seinen großzügigen Vorschlag, verschwieg aber nicht, warum ich ihn nicht annehmen könnte.

Michi Kondo, ein junger Japaner, besuchte mich in den Bergen. Mit ihm und seinen beiden Brüdern war ich seit einigen Jahren befreundet. Ich hatte sie in Berlin, anläßlich der Wiederaufführung der Olympiafilme, im «Titania-Palast» kennengelernt. Die jungen Männer hatten nach der Vorstellung auf mich gewartet und begeistert erzählt, sie hätten als Kinder diese Filme in Tokio mindestens zehnmal gesehen. Zum Beweis summten sie mir einige Themen der Filmmusik vor, auch konnten sie mir fast genau die Schnittfolge der sportlichen Komplexe aufzählen. Aus dieser Begegnung entwickelte sich meine Sympathie für Japan.

Die Brüder Kondo hatten in West-Berlin ein gutgehendes Im- und Exportgeschäft, in dem sie vor allem japanische Elektro-Geräte verkauften. Michi und sein Zwillingsbruder Joshi hatten deutsche Frauen geheiratet, der jüngste von ihnen, Yasu, hielt sich damals noch in Tokio auf. Typisch an ihnen schien ihre unglaubliche Begeisterungsfähigkeit. Sie waren überdurchschnittlich intelligent und an allem interessiert, was es in Deutschland gab. Mit Anteilnahme hatten sie mein Schicksal verfolgt und sich bemüht, mir zu helfen. Ihnen verdanke ich auch, daß meine Olympiafilme nach Kriegsende wieder den Weg nach Japan fanden.

Am ersten Tag verriet mir Michi noch nichts von seinem Vorhaben. Er lieh sich Ski aus und machte mit mir einige Abfahrten. Aber ich spürte, daß er mir etwas Wichtiges mitteilen wollte. Erst am nächsten Nachmittag, beim Tee im Hotel Post, sprach er über seine Pläne, die mich völlig überraschten. Er schlug mir vor, gemeinsam mit ihm und seinen Brüdern eine Filmfirma zu gründen.

«Wir dachten an Dokumentarfilme in Afrika», sagte Michi, «und würden uns freuen, hierfür Ihre Mitarbeit zu gewinnen.» Er sah in mein erstauntes Gesicht und fuhr fort: «Wir möchten Sie als gleichberechtigte Partnerin in unsere Gesellschaft aufnehmen, Sie brauchen nur Ihre Erfahrungen und Arbeit als Regisseurin mitbringen. Das Finanzielle übernehmen wir.»

Ich kannte Michi gut genug, um zu wissen daß es kein Scherz war. Trotzdem hielt ich dies alles mehr für ein Wunschdenken und lächelte nachsichtig.

Michi schien über meine Zurückhaltung etwas enttäuscht, er sagte: «Natürlich können wir nicht allein einen Film finanzieren, aber die Hälfte können wir aufbringen, wenn die Gesamtkosten 800 000 DM nicht überschreiten.»

Die Kondo-Brüder waren begeisterte Amateurfotografen und von Afrika fasziniert wie ich. Mit ihrem VW-Bus wollten sie quer durch Afrika reisen. Trotzdem überraschte mich noch immer ihr Vorhaben.

«Habt ihr euch das alles auch genau überlegt?»

«Natürlich», sagte Michi optimistisch, «wir Japaner sind keine schlechten Kaufleute, und mit Ihrem Namen ist der Film in Japan für uns kein Risiko. Das Wichtigste, was wir jetzt brauchen, ist ein guter Stoff. Was würden Sie vorschlagen?»

Spontan sagte ich: «Der Nil.»

Ich hatte selbst schon über afrikanische Filmthemen nachgedacht und mir einen Film über den Nil vorgestellt. Dieser Fluß und seine Geschichte könnte ein interessanter Film werden. Auch Michi gefiel die Idee. «Zuerst», sagte er, «gründen wir die Firma.»

Die «Kondo-Film GmbH»

Obgleich meine «Leni Riefenstahl-Film GmbH» noch nicht gelöscht war, wollten die Japaner ihre Filmvorhaben in einer eigenen Firma herstellen. So wurde in München die «Kondo-Film GmbH» gegründet, eine Sekretärin engagiert, Briefpapier bestellt, das stolz drei Firmenadressen präsentierte, München, Berlin und Tokio, und ich war mit den Vorbereitungsarbeiten betraut. Noch in diesem Jahr wollten die Kondo-Brüder mit der Filmarbeit beginnen.

Während ich mit meinem Manuskript begann, reisten Michi und Joshi durch Afrika, um in den Ländern, durch die der Nil fließt, sich die Drehgenehmigung zu besorgen und die Zoll-, Transport- und Unterkunftsmöglichkeiten zu klären. Yasu, der jüngste Bruder, sollte sich in Japan um einen Verleihvertrag und die Beschaffung des Farbfilmmaterials bemühen.

Das erste, was ich unternahm, war ein Gang zu Hugendubel, einer der größten Buchhandlungen Münchens. Dort bestellte ich alles, was es an Literatur über den Nil gab. Dann besuchte ich Professor Grzimek im Frankfurter Zoo, den ich seit unseren «Tiefland»-Wölfen kannte. Aus seinem großen Erfahrungsschatz konnte er mir wertvolle Ratschläge für unsere Filmarbeiten in Afrika geben. «Das Wichtigste», sagte Dr. Faust, sein Stellvertreter, «ist die Beschaffenheit der Fahrzeuge. Am besten bewährt sich ein Vierrad-Geländewagen. Die Straßen befinden sich oft in katastrophalem Zustand. An unserem Fahrzeug», sagte er, «war am Ende unserer Expedition jede Schraube locker. Die Autos sollten äußerst robust sein. Das Wichtigste aber ist, daß Sie und Ihre Leute die Hitze vertragen und sehr gesund sind, denn es gibt im Südsudan nur wenige kleine Städte, die Hunderte von Kilometern voneinander entfernt liegen. Vergessen Sie auch nicht, genügend Kanister und Wasserfilter mitzunehmen, denn Brunnen gibt es unterwegs kaum. Sie müssen sich notfalls aus Wasserpfützen Trinkwasser filtern.»

In zwei Wochen hatte ich das Manuskript geschrieben. Die Landschaft sollte nicht dominieren, sie war nur ein Teil der Elemente des Films. Hauptdarsteller war der Nil. Die Tiere, Menschen und Religionen, alte und neue Kulturen, die moderne Technik des Assuanstaudammes, Abu Simbel und die Pyramiden, das Tal der Könige, aber auch die Wüste und seine Bewohner, die Nomaden wie die Nilotenstämme, die noch unberührt von unserer Zivilisation in den südlichen Sumpfgebieten des Sudan leben, die Nuer, die Schilluks und die Dinka. Aus solchen Mosaiken sollte der Film gebaut werden.

Der Nil ist einer der bedeutendsten Ströme unserer Erde. Seit Jahrtausenden hat er die Geschichte der Völker beeinflußt wie kaum ein anderer Strom. Er schuf große Kulturen, und doch wurden seine drei geheimnisvollen Quellen erst im vorigen Jahrhundert entdeckt. Allein die Erforschung dieser Quellen ist ein Drama für sich. Der Film sollte die Geschichte eines Stroms werden, der im Herzen Afrikas entspringt und dessen Lauf durch Uganda, Sudan, Abessinien und Ägypten zum Mittelmeer führt – zur Wiege der abendländischen Kultur.

Ziemlich erschöpft, aber erfolgreich kamen Michi und Joshi von ihrer Afrikareise zurück. Sie hatten alles erreicht, was sie wollten, in Kairo sogar die Genehmigung erhalten, den Staudamm in Assuan, den die Russen bauten, zu filmen. Nur im Sudan, dem wichtigsten Land für unsere Aufnahmen, hatten sie nichts erreicht: Der hierfür zuständige Minister befand sich im Urlaub. Auf einer Blitzreise sollte ich noch wichtige Aufnahmeplätze besuchen – die Gebiete in Uganda, wo die Nilquellen entspringen, den Ruwenzori und die Murichson-Falls. Vor allem aber kam es darauf an, in Khartum die Drehgenehmigung für die im südlichen Sudan gelegenen «closed districts» zu erhalten, ohne die der Film nicht gemacht werden konnte.

Ich hatte Glück, noch im letzten Augenblick bei der «Marco-Polo»-Reisegesellschaft einen Platz für einen 17tägigen Flug nach Ägypten, Uganda und den Sudan zu erhalten. Wie eine Lawine hatte mich die Arbeit in den letzten Wochen überrollt. Ich wachte erst auf, als wir in Luxor landeten. Es war so glühend heiß, daß ich nur den einen Wunsch hatte, in kaltes Wasser zu springen. Anders als in Luxor war es in Uganda, wo wir in Entebbe landeten, kalt und regnerisch. Dafür konnten wir uns einen Tag in einem Traumhotel ausruhen – umgeben von einem Park mit Palmen und einer Fülle herrlicher Blumen –, auch war die Sonne bald wieder da.

Der nächste Tag war anstrengend. Zehn Stunden fuhren wir über holprige und verstaubte Straßen zum «Queen Elizabeth-Park», einem der schönsten Tierreservate Ostafrikas. Hier hatte ich vor fünf Jahren Aufnahmen für «Die schwarze Fracht» gemacht, und nun befand ich mich wieder auf dem gleichen Platz, von dem ich damals plötzlich nach München abberufen wurde. Ich wollte nicht mehr daran denken.

Am interessantesten erschien mir die Gegend um den Ruwenzori, den höchsten Berg Ugandas, dessen Gipfel meist von Wolken umhüllt ist. Die vielen Regenfälle lassen alles in tropischer Pracht blühen und wachsen. Hier besuchten wir auch die Pygmäen. In den dichten Wäldern führten sie noch ihr natürliches Leben. Sie kannten aber schon Touristen und bettelten um Geld.

Der wichtigste Auftrag lag noch vor mir, die Drehgenehmigung in Khartum. Hiervor hatte ich Angst, denn im Falle der Verweigerung wäre dies das Todesurteil unseres Films gewesen. Alle Personen, die den Südsudan besucht hatten – damals waren das nur wenige –, berichteten von den großen Schwierigkeiten, Eingeborene zu fotografieren. Einige, die es versuchten, wurden sogar ins Gefängnis gesteckt, oder man nahm ihnen die Kameras weg.

Da unser Flugzeug nur einen Tag in Khartum Station machte, blieb mir wenig Zeit. Es war August, der heißeste Monat in dieser Stadt. In dem alten Gebäude, in dem die Direktion für den Tourismus untergebracht war, wurde ich schon erwartet. Die Uhrzeit war schriftlich vereinbart worden. Hier lernte ich den ersten Sudanesen kennen, und er war mir sofort sympathisch. Er war Direktor der Abteilung Tourismus und hieß Ahmed Abu Bakr. Sein Alter schätzte ich auf fünfzig Jahre, das volle Haar war graumeliert, sein Gesicht strahlte Wärme und Herzlichkeit aus. Wir hatten sofort Kontakt, und da er gut englisch sprach, konnten wir uns ohne Dolmetscher unterhalten. Wie in arabischen Ländern üblich, spricht man nicht sofort über den Zweck des Besuchs. Es wurden Kaffee und Zitronenwasser gebracht. Über unseren Köpfen drehte sich ein riesengroßer Propeller, Klimaanlagen gab es damals in Khartum nur wenige.

Ahmed Abu Bakr erzählte, er habe im Krieg als Oberst mit den Engländern gegen Rommel gekämpft, den er sehr bewunderte. Überhaupt war er ausgesprochen deutschfreundlich, so daß ich bald das Gefühl bekam, einiges bei ihm erreichen zu können. Er zeigte mir dann verschiedene Ölbilder, die er gemalt hatte, darunter auch Porträts von Eingeborenen aus dem Südsudan. Das gab mir den Anstoß, mein Anliegen vorzubringen.

Auf einer großen Landkarte zeigte er mir den Nil. Der Sudan, das größte Land Afrikas, ist zehnmal so groß wie die Bundesrepublik, aber nur dünn besiedelt. Die Grenzen des Sudan haben die Engländer gezogen, die bis Ende 1955 dieses Land als Kolonialgebiet verwaltet haben. Um diese Grenzen hat es und gibt es immer noch Unruhen und Kämpfe. Die in den südlichen Provinzen des Sudan lebenden Eingeborenen sind keine Moslems, sie haben ihre eigenen Naturreligionen oder sind durch Missionare Christen geworden. Aber noch schwerwiegender als diese religiösen Gegensätze zwischen Nord und Süd wirkt sich wohl der Umstand aus, daß noch bis in unser Jahrhundert hinein viele der Südsudanesen von Arabern als Sklaven an südarabische Länder verkauft wurden. Darin sah ich den Hauptgrund für das unüberbrückbare Mißtrauen zwischen Nord und Süd. Bei den immer wieder aufflammenden kriegerischen Auseinandersetzungen war es auch zu gefährlich, ohne Polizeischutz im Südsudan zu reisen. Die Engländer hatten die südlichen Provinzen zu «closed districts» erklärt, in die man nur mit einer Sondergenehmigung der sudanesischen Regierung einreisen durfte. Diese Genehmigung mußte ich versuchen zu bekommen. Nach einigen Stunden intensiver Unterhaltung war es soweit. Unser Nil-Projekt machte auf Sayed Ahmed Abu Bakr einen so starken Eindruck, daß er versprach, mir diese Drehgenehmigung zu geben, wenn auch mit einigen Auflagen: Wir durften nie allein reisen, immer mußte uns ein Polizist oder Soldat begleiten. Auch war es nicht erlaubt, unbekleidete Menschen zu filmen oder zu fotografieren.

Ich war überglücklich, als ich die Papiere, die in englischer und arabischer Sprache ausgestellt waren, in Händen hielt. Beim Abschied von Abu Bakr spürte ich, ich hatte einen Freund gewonnen.

Die Berliner Mauer

Einen Tag nach meiner Ankunft in München, am 13. August 1961, wurde in Berlin die «Mauer» errichtet, die den Ostsektor von den Westsektoren trennt. Der Tag einer menschlichen und geschichtlichen Tragödie. Ich war von den überraschenden Ereignissen in Berlin wie gelähmt. Welche Folgen würde diese Trennung Deutscher von Deutschen für uns alle haben? Was würde sie für mich bedeuten?

Meine japanischen Freunde konnte ich telefonisch nicht erreichen, ich schickte ihnen meinen Reisebericht. Erst nach zwei Wochen besuchte mich Michi. Was er erzählte, war traurig. Die Errichtung der Mauer hatte ihr Geschäft blockiert, sie hatten soviel Geld verloren, daß sie vorläufig alle Filmpläne zurückstellen mußten. Sie wußten nicht einmal, ob sie in Deutschland bleiben oder nach Japan zurückgehen würden. Noch nie hatte ich Michi in einer so depressiven Stimmung erlebt. Wir versuchten, uns gegenseitig zu trösten. In jedem Fall war unser Nil-Film in weite, weite Ferne gerückt – aber meine Sehnsucht nach Afrika war brennender denn je.

Schon seit fünf Wochen lag meine Mutter mit Herzthrombose in der Klinik von Dr. Westrich in der Widenmayerstraße. Ihr Zustand war ernst. Eines Tages, als ich von einem Besuch in der Klinik nach Hause kam, überfiel mich ein Schüttelfrost. Das Thermometer zeigte 41 Grad. Ich glaubte, es müßte kaputt sein, und besorgte mir ein zweites. Auch das zeigte 41 Grad. Alle Krankenhäuser waren belegt, sogar das, in dem meine Mutter lag. Erst nach 24 Stunden wurde ein Bett in der Klinik in der Möhlstraße frei, in der aber nur Frauen lagen, die von ihrem Baby entbunden werden wollten. Es war ein Freitag, kein Arzt mehr anwesend, nur noch Schwestern waren da, die sich um mich bemühten. Am Montag kam endlich ein Arzt. Er untersuchte mich aber nicht. Ich beobachtete, wie er etwas zu den Schwestern sagte. Wenig später kamen zwei Männer, legten mich auf eine Tragbahre und trugen mich in einen Krankenwagen. Ich war zu schwach, um zu fragen, was man mit mir vorhatte. Erst als ich in das Schwabinger

Krankenhaus eingeliefert wurde, erfuhr ich, der Arzt in der Möhl-straße hatte eine Tropenkrankheit vermutet, da ich kurz zuvor in Afrika gewesen war. So kam ich in eine Isolierabteilung. Die vermutete Diagnose erwies sich als ein Irrtum. Röntgenaufnahmen ergaben, daß ich eine handfeste Lungenentzündung hatte. Zwar mußte ich einige Wochen in der Isolierabteilung bleiben und durfte während dieser Zeit auch keinen Besuch empfangen, aber die Ärzte waren verständnisvoll und gaben mir ein Einzelzimmer, obwohl ich ein Patient der dritten Klasse war.

Als ich nach einem Monat entlassen wurde, hatte auch meine Mutter ihre Krise überwunden. Unsere Wohnung war noch vermietet, und so reiste ich mit ihr wie in fast jedem Winter in die Berge. Wir bewohnten gemeinsam ein bescheidenes Zimmer, fühlten uns aber doch sehr viel wohler als in der Großstadt.

Ein letzter Versuch

Allerdings war dieses bißchen Glück nicht von langer Dauer. Weder meine Mutter noch ich bezogen eine Rente, und der einzige Vermö-genswert, den meine Mutter noch besaß, ihr Haus und Grundstück in Zernsdorf, befand sich in der DDR. Auf mehrfache Anfragen bei dem Bürgermeister dieses Ortes, der, wie uns Verwandte aus der DDR mitteilten, das Haus meiner Mutter bewohnt, haben wir nie eine Antwort erhalten. Unsere Kasse reichte auch bei größter Sparsamkeit nur noch für wenige Monate. Was dann kommen würde, stand in den Sternen.

Als erstes versuchte ich zu verkaufen, was wir noch besaßen, nur von meinen zwei Leica-Kameras wollte ich mich nicht trennen. Dabei besaß ich noch große Werte – die Urheberrechte, die Negative und Kopien meiner Filme, die aber wegen des systematisch betriebenen Rufmords kaum jemand mehr zu spielen wagte. Trotzdem wollte ich es noch einmal versuchen. Ich schrieb an die Programmdirektoren fast aller deutscher Fernseh-Gesellschaften und bot ihnen die Filme «Das blaue Licht», «Olympia» Teil I, «Fest der Völker» und «Olympia» Teil II, «Fest der Schönheit» sowie «Tiefland» an. Beigelegt hatte ich eine kleine Broschüre, in der die Auszeichnungen, die diese Filme erhalten hatten, aufgeführt waren sowie in- und ausländische Kritiken, Inhaltsangaben, Zensurkarten etc. Ich erhielt nur Absagen. Die Arbeit meiner Feinde war perfekt. Mein Name war in Deutschland ausgelöscht. Was nützte es mir, daß fast alle ausländischen Filmmuseen Kopien meiner Filme besitzen. Hier wollte niemand mehr etwas von mir wissen. Im Gegensatz dazu erhielt ich eine Einladung der Universität Los Angeles, Vorträge über meine Filmarbeiten zu halten, und man versicherte mir gleichzeitig, ich hätte keine Proteste zu befürchten. Es war nicht die erste Einladung, die ich von einer Universität aus den USA erhielt, hatte aber bisher nie den Mut aufgebracht, ihnen zu folgen, um nicht möglichen Demonstrationen ausgesetzt zu sein. Aber jetzt, da es in Deutschland keine Chance mehr für mich gab, dachte ich ernsthaft an eine Zusage.

Ein Besuch ließ mich diese USA-Reise schnell wieder vergessen. Vielleicht gab es doch noch eine Chance, nach Afrika zu kommen. Sollte dies Realität werden, würde ich nicht nur auf Vorträge in den USA verzichten, sondern auf jede andere Arbeit, selbst wenn sie finanziell noch so verlockend wäre. Afrika hatte etwas in mir ausgelöst, ein Feuer, das mich verzehrte.

Mein Besucher war Herr Luz, Leiter der «Deutschen Nansen-Gesellschaft» in Tübingen. Wir hatten schon miteinander korrespondiert, kannten uns aber persönlich noch nicht. Oskar Luz hatte mit Dr. Sorge, der mit uns in Grönland war, eine schwierige Durchquerung von Spitzbergen gemacht. Er berichtete mir auch von seinen abenteuerlichen Expeditionen durch Guinea und Westafrika. Durch eine kleine Zeitungsnotiz hatte ich erfahren, daß er eine neue Expedition vorbereitete, die durch den Sudan führen sollte. Das hatte mich elektrisiert und veranlaßt, ihm sofort zu schreiben.

Nun saß er mir mit seiner Frau, seiner Tochter und seinem Sohn gegenüber. Es wurde ein langes Beisammensein. Nicht nur ich, auch Herr Luz war vom Afrika-Fieber befallen. Wir besprachen die Möglichkeit einer Zusammenarbeit, in der Tat verbanden uns gemeinsame Interessen.

Die «Deutsche Nansen-Gesellschaft» war eine gemeinnützige anerkannte Institution. Seit Jahren unternahm sie Forschungsreisen mit völkerkundlichen Zielsetzungen. Ihre Ergebnisse waren bisher nur wissenschaftlich ausgewertet worden. Von der neuen Expedition wollten sie einen Dokumentarfilm herstellen. Herr Luz war der Überzeugung, unter meiner Regie und bei meiner Afrika-Begeisterung könnte ein wertvoller Film geschaffen werden.

Für mich stand fest, daß ich die Expedition mitmachen würde, ob mit oder ohne Film. Auch die Strapazen der Reise, die Herr Luz mir beschrieb, konnten mich nicht abschrecken. Er sagte, die Reise sei mit Jagd- und Fotosafaris nicht vergleichbar, an Hotel und Rasthäuser könne wegen der hohen Kosten nicht gedacht werden. Weder Zelte noch Betten würden mitgenommen, nur Matratzen und Schlafsäcke.

Durch Ballett-Training, Bergsteigen und Skilaufen gut trainiert, traute ich mir trotz meiner sechzig Jahre noch allerhand Strapazen zu. Daß ich die einzige Frau unter fünf Männern sein würde, war ich von meinen Bergfilmen gewohnt. Außer Herrn Luz sollte sein Sohn Horst als Kameramann mitkommen, sein Schwiegersohn als Arzt und Expeditionshelfer sowie zwei junge Wissenschaftler, einer von ihnen vom Max-Planck-Institut.

Wir verabschiedeten uns als gute Freunde. Da die Expedition schon in zwei Monaten starten wollte, wurde vereinbart, daß ich eventuell nach Khartum mit dem Flugzeug nachkomme, um mehr Zeit für die Filmvorbereitungen zu haben.

Vorbereitungen für die Expedition

Nach dieser Zusammenkunft fühlte ich mich wie neu geboren. Ich sah wieder eine Aufgabe, ein Ziel. Alle Probleme erschienen mir lösbar, selbst meine körperlichen Beschwerden verschwanden. Mit großem Elan ging ich an die Vorbereitungen. Noch nie waren die Möglichkeiten so ideal, mit so geringen Mitteln einen guten Dokumentarfilm in Afrika zu machen. Allein die Erlaubnis der sudanesischen Regierung, die ich in Khartum von Abu Bakr erhalten hatte, war unbezahlbar. Wäre ich in Deutschland nicht so diffamiert worden, hätte jede Fernseh- oder Filmgesellschaft diesen Film finanziert. Von Ron Hubbard hatte ich seit meiner Absage der südafrikanischen Projekte nichts mehr gehört, Philip Hudsmith befand sich immer noch in der Südsee, und meine japanischen Freunde, die Brüder Kondo, waren seit dem Bau der Berliner Mauer nach Tokio zurückgekehrt. Aber ich war überzeugt, es irgendwie doch zu schaffen.

Dieser Expeditionsfilm konnte nicht nach einem festgelegten Manuskript gedreht werden. Er mußte improvisiert werden – ich wollte ihn «Afrikanisches Tagebuch» nennen. Außer einem Kameramann und Assistenten würde nur ein Geländewagen benötigt werden. Heinz Hölscher, mein Kameramann bei der «Schwarzen Fracht», war von dieser Aufgabe so fasziniert, daß er bereit war, sein Honorar für die neun Monate dauernde Expedition zurückzustellen. Das gleiche Entgegenkommen zeigte auch sein Assistent.

Die Herstellungskosten wurden durch weitere Rückstellungen von Filmmaterial, Kopieranstaltsleistungen und Kameraleihmiete so stark reduziert, daß wir nur 95 000 DM benötigten. Diese für einen

Farbfilm über eine Afrikaexpedition geringe Summe mußte doch, so hoffte ich, mühelos aufzutreiben sein.

Ich erinnerte mich an ein Gespräch mit Abu Bakr in Khartum, in dem er mir den Rat gab, mich mit Alfried Krupp von Bohlen und Halbach in Verbindung zu setzen. Er hätte im vergangenen Jahr mit einer Jagdgesellschaft den Südsudan besucht und wäre von der Expedition begeistert gewesen.

Bisher hatte mir der Mut gefehlt, mich an Herrn von Krupp zu wenden – aber nun wollte ich es versuchen. Zu meiner Überraschung erhielt ich postwendend Antwort. Allerdings hatte ich in meinem Brief nichts von einer Finanzierung erwähnt, sondern nur um Informationen über seine Erfahrungen im südlichen Sudan gebeten. Wir trafen uns in München im «Continental». Im Hotel wurde ich schon erwartet. Der Empfangschef führte mich in einen kleinen Salon, wo Herr von Krupp mich etwas gehemmt, aber freundlich begrüßte. Aus Zeitschriften war er mir bekannt. Er war groß und schlank, eine fast hager wirkende Erscheinung, von der Noblesse und Distanz ausging.

Es wurde eine lange Unterhaltung. Von meiner Begeisterung angesteckt, berichtete er über seine Abenteuer im Südsudan. Im Gegensatz zu seinen Gästen hatte er wenig Interesse an der Jagd. Sein Hobby war filmen und fotografieren. Dieser in der Welt so bekannte Industriemann, der nach der Verurteilung seines schwerkranken Vaters im Nürnberger Kriegsverbrecher-Prozeß an dessen Stelle fünf Jahre im Gefängnis verbracht hatte, wirkte bescheiden und scheu, nicht wie der führende Mann eines riesigen Industriekonzerns.

Kurz nach dieser Zusammenkunft bekam ich von Herrn von Krupp ein Paket mit seinen Film- und Fotoaufnahmen. Er hatte die Filme selbst geschnitten und besprochen und bat um Nachsicht, aber auch um Kritik und Ratschläge.

Ich war überrascht, daß er mir dieses wertvolle Material mit der Post sandte. Die Filme und das Farbmaterial, fast 1000 Dias, waren keine Duplikate, sondern ausschließlich Originale. Zum Teil handelte es sich um sehr gute Aufnahmen, für mich von besonderem Wert. Sie zeigten mir noch unbekannte Eingeborenen-Stämme, für die ich ein besonderes Interesse hatte. Die Filme und Fotos, ob gut oder schlecht, faszinierten mich. Der Gedanke, daß ich das alles in absehbarer Zeit auch erleben würde, machte mich ganz verrückt. Nun wollte Herr von Krupp auch meine Fotos und Dias sehen, die ich während der «Schwarzen Fracht» in Ostafrika gemacht hatte: Tieraufnahmen und Bilder von den Masai. Sie gefielen ihm so gut, daß er mich bat, das Material seinem Freund, dem Prinzen Bernhard von den Niederlanden, zu senden, der ebenfalls daran interessiert war. Nun erst wagte ich, ihn um Unterstützung für den Film zu bitten – jedoch hatte ich kein Glück. Herr von Krupps Sekretär teilte mir mit, die Firma hätte in letzter Zeit zu viele Projekte unterstützt, so daß weitere Mittel für einen solchen Zweck bedauerlicherweise nicht verfügbar seien. Ich habe von Herrn von Krupp nichts mehr gehört. Hätte ich diese Bitte doch nicht ausgesprochen.

Nicht anders erging es mir mit dem deutschen Großindustriellen Harald Quandt, dem ehemaligen Stiefsohn von Goebbels. Ich kannte ihn persönlich nicht, aber aus besonderem Anlaß konnte ich mit ihm in Verbindung kommen. Die Fliegerin Hanna Reitsch hatte mir 1945 während unserer Gefangenschaft einen Brief gezeigt, den Dr. Goebbels und seine Frau ihr übergeben hatten, bevor sie in der Reichskanzlei Selbstmord verübten. Sie hatten sie gebeten, diesen Brief Harald Quandt, der sich damals in Italien als junger Offizier in amerikanischer Gefangenschaft befand, zuzuleiten. Harald Quandt war der Sohn aus Magda Goebbels' erster Ehe.

Wie von Alfried Krupp erhielt ich zuerst eine positive Antwort. Harald Quandt lud mich ein, ihn und seine Gattin in Homburg zu besuchen. Ich flog sofort nach Frankfurt, wo ich von einer großen Limousine abgeholt und nach Homburg gefahren wurde. Dort empfing mich Frau Inge Quandt, eine junge, sehr hübsche Frau von fast zerbrechlich wirkender Zartheit. Einfach, aber elegant gekleidet, war sie eine aparte Erscheinung. Sie entschuldigte ihren Mann, der erst zum Abendessen kommen würde. Da sie Berlinerin war wie ich, ergab sich bald ein guter Kontakt. Bevor sie mir Tee anbot, zeigte sie mir ihr Haus. Imponierend war die ungewöhnliche Größe des Wohnraums, vor allem aber die Aussicht. Durch die nach Süden gelegene große Fensterwand sah man bis zum weit entfernten Horizont kein Haus, kein einziges Gebäude, nur riesengroße Wiesenflächen, die von einem Waldrand umsäumt waren.

Auch der Fußbodenbelag, tiefschwarz und so weich und langhaarig wie das Fell eines großen Bären, ist mir noch in Erinnerung geblieben. Am meisten aber erstaunte mich, daß um den Tisch, an dem der Tee serviert wurde, plötzlich aus dem Fußboden geräuschlos Wände hochkamen und bis zur Decke wuchsen, so daß wir uns in einem kleinen intimen Salon befanden.

«Mein Mann», sagte Frau Quandt lächelnd, «liebt solche technischen Spielereien. Davon gibt es noch mehrere in diesem Haus.»

Nach Sonnenuntergang verdunkelte sie das große Zimmer. Durch einen Knopfdruck legten sich in wenigen Sekunden kostbare schwere Stoffvorhänge vor die riesige, gebogene Fensterfront, während der Raum langsam durch verborgene Lichtquellen in weichen Farben erstrahlte. Für mich war das alles ganz und gar unwirklich, aber ich hatte das Gefühl, die junge Frau, die hier wie in einem Zauberreich lebte, war nicht glücklich. Dieser Eindruck verstärkte sich noch, als ihr Mann etwas verspätet nach Hause kam. Sie ließ mich mit ihm allein, um, wie sie sagte, die Abendmahlzeit vorzubereiten. Nachdem wir einen Drink genommen hatten, zeigte mir Quandt seine technischen «Spielereien», wie seine Frau sie genannt hatte: Elektronische Anlagen, Filmvorführgeräte und weiteren technischen Komfort, an den ich mich nicht mehr so genau erinnern kann. Herr Quandt wirkte abgespannt wie ein überarbeiteter Manager. Über die Vergangenheit oder Politik fiel kein einziges Wort, auch nicht, als ich auf den Brief von Hanna Reitsch zu sprechen kam. Er sagte nur, er habe ihn bekommen.

Beim Abendessen, das im Gegensatz zu den luxuriösen Räumen in einem fast schmucklosen Zimmer, im Souterrain, eingenommen wurde, lernte ich auch die Kinder kennen. Ich glaube, es waren vier oder fünf meist blonde Mädchen. Das Essen war spartanisch einfach, so auch die Konversation. Die Atmosphäre war ziemlich steif, ich war froh, als die Mahlzeit vorüber war. Den Abend verbrachten wir ebenfalls ziemlich schweigsam im oberen Salon bei Musik. Harald Quandt hatte sich für seine Schallplatten eine Superakustik einbauen lassen – der Klang hätte in Bayreuth kaum subtiler sein können. Ich war von so viel Erhabenheit so gehemmt, daß ich nicht den Mut hatte, mein Anliegen vorzutragen.

Einige Tage nach meinem Besuch schickte ich Quandt die Unterlagen der «Deutschen Nansen-Gesellschaft» und bat ihn um Unterstützung des Filmprojekts. Ebenso wie von Alfried Krupp erhielt ich eine Absage mit der gleichen Begründung. Vor wem fürchteten sich diese reichen Konzernchefs eigentlich? Der kleine Betrag, der auch in Form eines Darlehens gegeben werden konnte, wäre für Millionäre dieser Klasse doch nur ein Trinkgeld gewesen. Es konnte nicht am Desinteresse liegen, denn sonst hätte Krupp mich nicht gebeten, meine Dias an Prinz Bernhard zu schicken. Auch sie scheuten sich wohl, irgendwann und irgendwie für einen kurzfristigen Augenblick zusammen mit dem Namen Riefenstahl genannt zu werden. Vielleicht fürchteten sie, das könnte ihre Geschäfte Millionen kosten.

Da bot sich mir überraschend vielleicht doch noch eine Chance. Diesmal besuchte mich eine Millionärin. Mrs. Whitehead kam aus den USA und war die Alleinerbin ihres Mannes. Um die Bedeutung dieses Besuches in meiner damaligen Situation zu verstehen, muß ich auf Vergangenes zurückgreifen.

Ich hatte sie und ihren Mann durch meinen Bruder, mit dem sie beide befreundet waren, 1938 in Berlin kennengelernt. Damals war sie eine junge, schlanke und sehr fröhliche Frau. Ihre Heirat mit dem superreichen Amerikaner hatte Aufsehen erregt: Sie war die Tochter einer Berliner Waschfrau. Als das Ehepaar seinen Deutschlandbesuch beendete, schenkten sie mir ihren bildschönen dressierten Schäferhund, der mich zwar gern hatte, leider aber nicht die Passanten, die an meinem Haus vorbeigingen. Trotz einer hohen Mauer, die er nur mit viel Mühe überspringen konnte, biß er soviele Leute, daß er eingeschläfert werden mußte.

In New York traf ich 1939 das Ehepaar, das in großem Luxus lebte, wieder. Frau Whitehead war es, die wie Maria Jeritza mich vor Ernst Jäger gewarnt hatte. Schon damals war sie keine sehr glückliche Frau mehr. Sie vertraute mir an, ihr Mann betrüge sie ständig, und nach jedem neuen Ehebruch würde sie mit kostbarem Schmuck beschenkt.

Seitdem waren mehr als zwanzig Jahre vergangen, und Mrs. Whitehead war aus meinem Gesichtskreis verschwunden. Um so überraschter war ich, daß sie mich nun wiedersehen wollte. Ich hoffte, von ihr die mir noch fehlenden 95 000 DM als Darlehen zu bekommen.

Sie wohnte in den «Vier Jahreszeiten». Als ich sie dort wiedersah, konnte ich einen Augenblick kein Wort herausbringen. Ich war erschrocken. Eine unförmig dicke Frau, den Kopf mit schütterem Haar bedeckt, stand vor mir. Sie sagte: «Leni, das ist meine Schwester», sie stellte mir eine Frau mittleren Alters vor, dann schaute sie mich fragend an.

«Du erkennst mich nicht mehr?» Sie brach in Tränen aus.

Ich war fassungslos. Das sollte Emmy Whitehead sein?

Dann erfuhr ich die traurige Geschichte dieser Frau. Nach dem Tod ihres Mannes, der ihr ein riesiges Vermögen hinterlassen hatte, lebte sie in Atlanta. Die Firma «Coca Cola» hatte dort ihre Hauptniederlassung. Sie verliebte sich, wie sie sagte, in einen jungen rassigen Südländer, der sie schamlos ausnutzte. Aus Kummer fing sie zu trinken an, wurde Alkoholikerin, und je unglücklicher sie wurde, desto mehr wuchs ihr Hungergefühl. Sie trank und aß sich fast zu Tode.

«Ich bin ein Monster geworden», sagte sie, «aber vielleicht gibt es noch eine Rettung für mich, deshalb bin ich nach Deutschland gekommen. Hier soll es gute Sanatorien geben – wenigstens vierzig bis fünfzig Kilo möchte ich abnehmen.» Wortlos und ziemlich erschüttert saß ich ihr gegenüber.

«Sieh mal», sagte sie und erhob sich, von ihrer Schwester gestützt, schwerfällig von dem Sofa, öffnete die Schranktüren und zeigte mir ihre zahllosen Pelze. «Alles, was es auf der Welt an Pelzen gibt, kannst du hier sehen, Zobel, Nerze, Hermelin – aber was habe ich davon, ich würde sie alle hergeben, wenn ich wieder schlank werden könnte und meine Haare wachsen würden. Ich hasse Perücken und benutze sie nur, wenn ich ausgehe. Zu Hause laufe ich immer so herum», dabei griff sie sich an ihren fast kahlen Kopf.

«Warum bindest du dir kein Tuch um?»

Sie machte eine verächtliche Bewegung und sagte: «Ach, ist doch ganz egal.»

Ich besuchte sie einige Male und meldete sie dann in einem bekannten Sanatorium in Bad Wiessee an. An meinem Leben war sie völlig desinteressiert, und ich schob es noch hinaus, mit ihr über meine Probleme zu sprechen. Als aber meine Abreise nach Afrika näher rückte und ich noch nicht einmal das Geld für die Versorgung meiner Mutter während meiner Abwesenheit hatte, bat ich sie, mir für diese Zeit – ich rechnete, daß die Expedition 10 Monate dauern würde –, den Betrag von 4000 DM zu leihen, eine Summe, die sie, wie mir ihre Schwester verraten hatte, in wenigen Tagen als Trinkgelder ausgab. In den «Vier Jahreszeiten» hatte sie eine ganze Suite gemietet. Sie versprach mir auch das Geld zu geben, aber ich habe es nie bekommen. Ohne mir die kleinste Nachricht zu hinterlassen, war sie abgereist, auch in Bad Wiessee hatte man nichts mehr von ihr gehört.

Es blieb mir nichts übrig, als auf den Dokumentarfilm zu verzichten. Da ich aber diese Expedition unbedingt mitmachen wollte, sah ich einen Ausweg darin, von der Arbeit und den Erlebnissen dieser Expedition nur einen 16-mm-Werkfilm zu machen. Das bedurfte nur geringer finanzieller Mittel. Die «Nansen-Gesellschaft» hatte für ihre Lehrfilme genügend Farbfilmmaterial, und der Sohn von Oskar Luz hatte schon Erfahrungen als Kameramann. Selbst ein solcher Film könnte informativ und spannend sein und, wenn er gut war, ins Fernsehen kommen. Vorher aber mußte ich für die Zeit meiner langen Abwesenheit meine Mutter versorgen. Dreihundert Mark monatlich waren das Minimum.

Da wandte ich mich nach der langen Trennung zum ersten Mal nicht leichten Herzens an meinen geschiedenen Mann Peter Jacob, der nach dem Gesetz verpflichtet gewesen wäre, mich zu unterstützen. Er hätte das sicherlich getan, besaß selbst aber keine größeren Mittel, und unsere Notlage hatte ich ihm nie mitgeteilt. Er war sofort bereit, mit wenigstens 100 DM monatlich meiner Mutter zu helfen. Weitere 100 DM versprach mir Carl Müller, der meine Filme so erfolgreich gespielt hatte, und gerade noch zur rechten Zeit kam ein positiver Bescheid vom Sozialamt, an das ich vor Jahren einen Antrag auf Unterstützung meiner Mutter gerichtet hatte, die als verarmte Witwe ihren einzigen Sohn in Rußland verloren hatte. 100 DM wurden ihr monatlich zugewiesen.

Das größte Geschenk machte mir aber Herbert Tischendorf, der mich schon bei den «Roten Teufeln» so unterstützt hatte. Er gab mir 3000 DM für das Flugticket Khartum – Nairobi und retour. Afrika war gesichert.

Die Expedition sollte noch vor Ende September aufbrechen, ich mit dem Flugzeug nachkommen, um in den Wochen, in denen die Expedition unterwegs war, vielleicht doch noch etwas Kapital für den Film aufzutreiben. Treffpunkt war Khartum.

Nachdem ich alle Impfungen gegen Gelbfieber, Cholera und so weiter hinter mir hatte, wurde ich nach Tübingen zu einer Abschiedsfeier eingeladen. Im Hause der Familie Luz waren alle Expeditionsteilnehmer versammelt. Die Wissenschaftler Dr. Rolf Engel und Frieder Rothe, ein Lehrer sowie der Schwiegersohn von Luz. Ausgenommen von Luz senior waren es alle sehr junge Leute. Ihr offener Gesichtsausdruck gefiel mir, und ich hatte das Gefühl, diese Männer würden im Notfall niemanden im Stich lassen. Wir tranken Brüderschaft und feierten bis zum Morgengrauen. Alle waren wir «afrikaverrückt».

«Die Nuba von Kordofan»

Endlich saß ich im Flugzeug, alles hinter mir lassend. Lasten fielen von mir ab. Ein neuer Lebensabschnitt begann. Es war nicht nur der Wunsch, Afrika wiederzusehen, ein ganz bestimmtes Afrika zog mich magisch an – das dunkle und noch kaum erforschte Afrika, das noch Geheimnisse barg. Besonders eindrucksvoll wurde mir dies durch ein Foto vermittelt, von dem ich mich kaum lösen konnte. Die Aufnahme zeigt einen schwarzen Athleten, der von einem Freund auf den Schultern getragen wird. Vor Jahren hatte ich mir dieses Bild, als ich in Nairobi im Hospital lag, aus einer älteren Nummer des «stern» ausgeschnitten. Ein englischer Fotograf, George Rodger, hatte es aufgenommen. Eine ungewöhnliche Aufnahme. Der Körper des Schwarzen wirkte wie eine Skulptur von Rodin oder Michelangelo. Unter dem Foto stand nur: «Die Nuba von Kordofan», sonst waren keine Hinweise zu finden.

Diese mir unbekannten Nuba nahmen mich so in Besitz, daß sie mich zu Handlungen veranlaßten, die ich sonst nicht getan hätte. Deshalb hatte ich mich auch der «Nansen-Expedition» angeschlossen – ich wollte die Nuba finden. Lange dauerte es, bis ich herausfand, wo Kordofan lag, und noch länger, bis ich auf einer englischen Landkarte die «Nuba Hills» entdeckte. Kordofan war eine Provinz im Sudan, und die Nuba-Berge lagen im Süden. Aber über den Stamm der Nuba war kaum etwas zu erfahren. Von Völkerkundlern hörte ich, Europäer hätten nur selten die Nuba besucht, nicht einmal Missionare. Selbst in Khartum hatte mir niemand Auskunft geben können, nicht einmal Abu Bakr, der durch alle Provinzen des Sudan gereist ist. Als Grund dieser Abgeschlossenheit wurde mir die große Entfernung angegeben, die Schwierigkeit der Unterbringung und der Mangel an Wasser.

Niemand, auch kein Reisebüro, konnte mir sagen, wie man zu den Nuba-Bergen kommen könnte. Ich hätte mein Verlangen, die Nuba zu finden, aufgeben müssen. Alles, was ich erfuhr, war entmutigend. Vielleicht gab es die von mir gesuchten Nuba nicht mehr – vielleicht jagte ich nur einem Phantom nach.

Khartum

Pünktlich landeten wir um fünf Uhr früh. Zu meiner Freude wurde ich von allen Mitgliedern der «Nansen-Gesellschaft» und dem Chef der Deutschen Lufthansa, Herrn Krombach, herzlich begrüßt. Wir mußten, bis alle Formalitäten erledigt waren, noch für einige Zeit in der sudanesischen Hauptstadt bleiben, unser großes Problem war der Zoll. Für Film- und Fotomaterial waren 60 Prozent Zoll und auf Kameras 100 bis 300 Prozent Zoll zu entrichten. Damit hatte ich nicht gerechnet. Ich mußte einen nervenaufreibenden Kampf mit den Zoll-Beamten führen. Jeden Tag saß ich von früh bis mittags im Zollgebäude und kämpfte um meine Fotoausrüstung. Es sah ziemlich hoffnungslos aus, gegen die strengen Gesetze konnten auch die sehr gefälligen Beamten nichts ausrichten. Am vierten Tag verlor ich die Geduld – ich explodierte, weinte und schimpfte solange, bis ich alles ohne einen Pfennig freibekam und wir uns trotzdem freundlich die Hände schüttelten. Diesen Erfolg verdankte ich vor allem meinen Polaroidfotos, die ich unbemerkt von den Beamten gemacht hatte und ihnen schenkte. Das bewirkte Wunder. Für die Kameraausrüstung mußte allerdings eine hohe Kaution geleistet werden, die in sehr entgegenkommender Weise von der «Deutschen Lufthansa» hinterlegt wurde. Überhaupt erwies sich die «Lufthansa» als überaus hilfreich. Ihr Chef vermittelte mir die Kontakte zu den sudanesischen Dienststellen, die für uns die unerläßlichen Visaverlängerungen bearbeiteten.

In dem alten «Grand-Hotel», das direkt am Nil liegt, erhielt ich noch ein Zimmer. Dieses Hotel hatte eine besondere Atmosphäre.

Hier spürte man noch etwas vom Stil der vergangenen englischen Kolonialherrschaft und der Zeit des Mahdi. Als Dependance für seine Gäste benützte das «Grand-Hotel», das immer überbelegt war, einen alten, stillgelegten Nildampfer. Er schwamm auf dem Nil, vom Hoteleingang nur von einer schattigen Baumallee getrennt, der schönsten, die ich je gesehen habe. Die Laubkronen waren so groß und dicht, daß sie wie ein grünes Zeltdach die breite Allee überspannten. Das Sonnenlicht flimmerte durch die Laubblätter und ließ die wie mit Goldstaub gefüllte Luft über die in weiße Gewänder gekleideten schreitenden Gestalten fließen.

Obgleich ich gern im «Grand-Hotel» war, so bangte ich wegen der Rechnung um jeden Tag, den wir länger bleiben mußten. Das Hotel war nicht billig, und meine Reisekasse mehr als bescheiden. Aber ich kam kaum zum Denken, die Eindrücke überstürzten sich. Hier pulsierte ein Leben, das mir fremd geworden war. Täglich erhielt ich Einladungen, vor allem von den hier lebenden Deutschen, aber auch von den ausländischen Botschaften, die in der Nähe des Nils ihre Häuser hatten und in herrlichen Blumengärten ihre Feste feierten. Ein Höhepunkt und wichtig für unsere Expedition war eine Gartenparty, die der deutsche, hier sehr beliebte und sympathische Botschafter, Herr de Haas, für die «Nansen-Expedition» gab. Unter den Gästen befanden sich der deutsche Tennis-Baron, Gottfried von Cramm, der im Sudan mit Baumwolle Geschäfte machte, sowie viele Sudanesen aus Politik und Wirtschaft, vor allem die Gouverneure und Polizeichefs der sudanesischen Provinzen, die nur einmal im Jahr um diese Zeit in Khartum zusammenkamen. Das waren die entscheidenden Männer, von denen allein es abhing, ob wir uns in ihren Provinzen aufhalten dürften und, was noch wesentlich schwieriger war, die Erlaubnis zum Fotografieren und Filmen erhalten würden. So hatte ich die einzigartige Gelegenheit, mit jedem von ihnen zu sprechen und Verbindungen zu knüpfen, ohne die wir später niemals die Unterstützung bekommen hätten, die die Arbeit in den «closed districts» ermöglichte.

Ich erinnere mich bei dieser Party an eine lustige Episode: Die Nansen-Leute wollten sich für diesen Empfang partout nicht rasieren, der Botschafter weigerte sich aber, unrasierte Leute zu empfangen. Dafür gibt es Gründe: Die Sudanesen haben etwas gegen Fremde, die unrasiert auftreten. Sie glauben, von ihnen nicht für voll genommen zu werden, und andererseits beruht ihre Aversion auf dem Vorurteil gegen Missionare, die meistens Bärte trugen. Vor allem aber sahen sie in ihnen Abenteurer, die ohne Geld das Land durchreisen, die Gastfreundschaft der Sudanesen ausnutzen und sich oft genug als Hotel- und Zechpreller herausstellen. Diese Leute sind meist unrasiert und tragen Bart.

Die Nansen-Leute blieben stur, trotz aller meiner Mühen, sie dazu zu bringen, ihre Bärte abzuschneiden. Schließlich waren wir auf das Wohlwollen der Sudanesen angewiesen. Eine Ausnahme machte Frieder, unser junger Lehrer, der sich fast täglich rasierte, und Rolf Engel vom Max-Planck-Institut, der begriff und seinen stattlichen rothaarigen Bart abnahm. Sohn und Schwiegersohn von Luz blieben dem Empfang fern. Das konnte sich der Leiter unserer Expedition, Oskar Luz, nicht leisten, der Empfang wurde für ihn veranstaltet. Ihm blieb leider nichts anderes übrig – der Bart mußte ab.

Bei diesem Empfang setzte die Frau des Botschafters bei ihm durch, daß für mich ein Klappbett mitgenommen werden durfte, was Luz wegen Platzmangels abgelehnt hatte. Ich sollte im Bus schlafen. Da ich es aber vorzog, im Freien zu übernachten, gab es den ersten Ärger. Nun durfte ich mir das Klappbett kaufen. Für 40 Mark erwarb ich es auf dem Markt in Omdurman, für diese Expedition mein wichtigstes Stück.

Bei dem ersten Ärger blieb es nicht. Bald mußte ich feststellen, daß mein so guter Eindruck, den ich in Tübingen von den Nansen-Leuten hatte, nicht ganz zutreffend war. Damals erschienen sie mir so idealistisch, unbeschwert und fröhlich, davon war jetzt wenig mehr geblieben. Allerdings betraf das nur die Luz-Familie. Sie waren meist mürrisch und unfreundlich, wahrscheinlich, weil sich vieles schwieriger als vorgesehen erwies. Sie hatten noch immer nicht die Drehgenehmigung erhalten und konnten nicht nach Plan ihre Reise in den Süden antreten. Dort regnete es in Strömen, und die Straßen dorthin waren unpassierbar. Die Aufgabe, die das Institut in Göttingen gestellt hatte, war eine Serie wissenschaftlicher Kurzfilme von dem Stamm der Nuer, der in den Sumpfgebieten südlich von Malakal lebt.

Wir hatten in Tübingen für den Bedarfsfall einen 16-mm-Werkfilm vereinbart. Die Kamera sollte der junge Luz führen. Deshalb war ein freundschaftliches Verhältnis mit dem Sohn von Luz wichtig, aber leider war er der schwierigste von allen. Schon bei der ersten Aufnahme kam es mit ihm zu einem handfesten Krach. Bei der Fahraufnahme, die wir auf der Brücke vorbereiteten, wo der blaue und weiße Nil zusammenfließen. Der junge Mann weigerte sich plötzlich, ohne zu sagen warum. Er sagte nur, er möchte mit mir nicht arbeiten, nahm die Kamera vom Stativ, packte alles ein und ließ mich stehen.

Das fängt gut an, dachte ich erschrocken, konnte aber im Augenblick nichts tun, da sein Vater nicht bei uns war.

Als ich dies Rolf und Frieder erzählte, berichteten sie mir, schon während der Fahrt von Deutschland nach Khartum sei es oft zu unschönen Szenen zwischen Vater und Sohn gekommen. Sie erwarteten sich nichts Gutes, hatten allerdings gehofft, meine Anwesenheit würde die Stimmung bessern. Als ich Oskar Luz von dem Vorfall berichtete, drückte er sich sehr undurchsichtig aus, indem er versuchte, mir klarzumachen, daß Horst für ihn unersetzlich sei. Von diesem Augenblick an wurde mir klar, was mich erwarten würde. Sollte es Luz nicht gelingen, seinen Sohn noch umzustimmen, wäre ich für ihn nur noch unerwünschter Ballast. Aber noch verhielt sich Oskar Luz diplomatisch. Er wußte den Wert meiner guten Beziehungen zu den Behörden zu schätzen, besonders zu den Gouverneuren der Südprovinzen, in denen die «closed districts» lagen.

Solange wir wegen der Regenfälle nicht abreisen konnten, war ich fast täglich mit Abu Bakr beisammen. Er zeigte mir Bilder und Landkarten des Sudan und führte mich durch Omdurman. Diese alte sudanesische Stadt, die mit ihren unzähligen großen und kleinen Moscheen mit den bizarrsten Minaretten einfach faszinierend ist. Der Markt von Omdurman, der größte Afrikas, erinnerte mich an orientalische Märchen. Aus dem ganzen Land kommen die Eingeborenen, um hier zu kaufen und ihre selbstgefertigten Gegenstände wie Schmuck, Musikinstrumente, Speere oder Schwerter von Beduinen zu verkaufen. In den schmalen schattigen Gassen hocken die einheimischen Handwerker, die aus Schlangen- und Krokodilhäuten Handtaschen und kleine Koffer anfertigen. Aber sie sind ebenso Meister der Gold- und Silberschmiede-Kunst. Bewegt hat mich die Frömmigkeit der Sudanesen, wenn sie niederknien und sich mit einer Gebärde gläubiger Hingabe nach Osten verbeugen, manchmal auch inmitten einer Straße. Auch ihre Gastfreundschaft ist ungewöhnlich. Als ich zum ersten Mal in ein sudanesisches Haus bei Sayed Gadalla, einem sudanesischen Filmproduzenten, zum Essen eingeladen war, lag neben meinem Teller fein verarbeiteter Silberschmuck, Halskette, Armband und Ohrringe. Es wäre unmöglich gewesen, dieses wertvolle Geschenk nicht anzunehmen. Wer im Sudan reist, muß wissen, daß man als Gast niemals in einem sudanesischen Haus etwas bewundern darf, sei es ein Bild, einen Teppich oder gleichviel was, dann wird ihm dieser Gegenstand als Geschenk mitgegeben oder am nächsten Tag gebracht. Würde er das Geschenk nicht annehmen, verletzte er die Ehre des Gastgebers.

Ein unglückliches Ereignis verstärkte die Spannung zwischen den Nansen-Leuten und mir. Auf dem Campingplatz explodierten Rauchbomben, die ich für eventuelle Sandsturmaufnahmen mitnehmen ließ. Die auf dem Dach des Unimog schlafenden Männer wurden durch die

Luft geschleudert, erlitten aber zum Glück nur Quetschungen und Schnittwunden. Es war ein Wunder, daß die Benzinkanister nicht in Brand gerieten. Der Sachschaden war beträchtlich. Kein Wunder, der Expeditionsleiter hielt mich für den Schuldigen.

Inzwischen waren fast drei Wochen vergangen, und noch immer regnete es im Süden des Landes. Das Warten in Khartum wurde unerträglich. Da wagte ich einen Vorschlag. Von Abu Bakr wußte ich, daß es noch eine andere Möglichkeit gab, zu den Nuern zu gelangen. Die von Luz geplante Route, den Nil entlang nach Süden zu fahren, war zweifellos die kürzeste, die andere stellte einen Umweg von fast tausend Kilometern dar. Aber die Vorteile würden die Nachteile überwiegen: Auf diesen westlich gelegenen Routen, die auch nach Süden führen, war die Regenzeit schon vorüber, außerdem führten diese Wege durch die Nuba-Berge, was mein Herz höher schlagen ließ. So könnten wir die dort lebenden Eingeborenen und, falls wir sie fänden, sogar die Nuba solange filmen, bis die Straße, die zu den Nuern führt, befahrbar wäre. Selbst, wenn wir nicht auf die Nuba stoßen sollten, wäre diese Route lohnender, als wochenlang in Khartum tatenlos herumzusitzen.

Die lange Wartezeit hatte so zermürbend auf die Expedition gewirkt, daß ihr Leiter sich für meinen Vorschlag schneller erwärmte, als ich gedacht hatte. Er begann mit den Vorbereitungen der Abreise.

Ich war überglücklich. Ich hoffte zuversichtlich, die geheimnisvollen Nuba zu finden, die ich auf Rodgers Foto gesehen hatte.

Durch Kordofan

Es war soweit. Anfang Dezember 1962 startete unsere Expedition. Wir hatten noch Post erledigt und auf dem Markt Tomaten, Zwiebeln, Melonen und Zitronen eingekauft. Das Wetter war herrlich, der wolkenlose blaue Himmel, die Luft nicht zu heiß und nicht zu kalt – es war «Winterzeit». Wir trugen leichte Sachen. Ein kurzer Rock und eine Sportbluse waren meine Kleidung

Kaum hatten wir die Hauptstadt hinter uns gelassen, befanden wir uns auf einer sandigen Straße, die tiefe Spuren und Löcher aufwies und uns zwang, vorsichtig zu fahren. Nach eineinhalb Stunden wichen wir von der Straße, die nach Kosti führte, ab. Wir mußten noch vor Einbrechen der Dunkelheit einen Biwak-Platz finden. Da wir aus Platzmangel keine Zelte mitführten, machte das Übernachten wenig Umstände.

Einige der Metallkisten wurden ins Freie gestellt, der Benzinkocher für Teewasser angesteckt, in eine Schüssel Tomaten und Zwiebeln geschnitten. Eine halbe Stunde später saßen wir zum ersten Mal vereint auf unseren Kisten und tranken mit großem Genuß unseren Tee. Die Anspruchslosigkeit des Expeditionslebens mochte ich lieber als den Aufenthalt in einem Luxushotel.

Bald überspannte uns der nächtliche Sternenhimmel. Die Männer begaben sich früh zur Ruhe. Jeder von uns hatte einen Schlafsack und eine Wolldecke erhalten. Ich hatte mein Klappbett zwischen beiden Wagen aufgestellt, die Taschenlampe unter das Bett gelegt und kuschelte mich in meinen Sack – meine Gedanken bis zum Einschlafen kreisten um die Nuba.

Am nächsten Morgen machte ich meine ersten Aufnahmen. Bei Kosti, in der Nähe des Nils, sahen wir ungeheure Rinderherden weiden, von Falata-Nomaden geführt. Diese Nomaden sind reich. Nicht nur die mit schwarzen Tüchern gekleideten Frauen, auch die Kinder trugen Gold- und Silberreifen an Armen und Beinen.

Unsere nächstwichtigste Station war El Obeid, die Hauptstadt der Provinz Kordofan, ein großer Umweg, aber ein Aufenthalt in El Obeid war unvermeidlich, dort saßen der Gouverneur und der Polizeichef dieser Provinz, und nur sie konnten uns das Filmen in den «closed districts» genehmigen.

Wir hatten Glück. Der Polizeichef von Kordofan, den ich am meisten gefürchtet hatte, war von meiner Idee, die noch ursprünglich lebenden Nuba zu finden, begeistert. Als ich ihm aber das Rodger-Foto zeigte und fragte, wo ich diese Nuba finden könnte, sagte er: «Ich glaube, Sie kommen zehn Jahre zu spät. Früher konnten Sie diese Nuba überall in den Nuba-Bergen sehen, aber jetzt, wo Straßen gebaut werden, Baumwolle gepflanzt wird und Schulen eingerichtet werden, hat sich das Leben der Nuba verändert. Sie tragen Kleider, arbeiten auf Plantagen und haben mehr und mehr ihr früheres Stammesleben aufgegeben.»

Er konnte nicht ahnen, wie sehr mich seine Worte getroffen haben. Tröstend fügte er hinzu: «Wir kommen meist nur bis Kadugli und Talodi, wo unsere südlichsten Polizeistationen der Provinz Kordofan liegen, aber südlich von Kadugli sind von den Nuba vielleicht noch Splittergruppen zu finden.»

Wir fuhren weiter nach Süden, durch tiefen Sand, den Nuba-Bergen entgegen. Die Wagen hinterließen so lange Staubfahnen, daß die Fahrzeuge in weitem Abstand voneinander fahren mußten. Wenn unser vw-Bus im Sand steckenblieb, mußte er von dem Unimog herausgezogen werden.

Meist übernachteten wir im Schatten alter Affenbrotbäume. Vier Mann schliefen auf dem Dach des Unimog, einer im Bus und ich auf meinem Feldbett im Freien. Da wenig Platz in den zwei Fahrzeugen war, hatte die Expedition auf jeden Komfort verzichtet. Das Wichtigste, was wir mitführten, waren die Wasser-, Benzin- und Ölkanister, Verpflegung, Medikamente, die Film- und wissenschaftliche Ausrüstung, Ersatzteile für die Wagen, Seile, Werkzeug und ähnliches. Für uns sechs Personen gab es nur zwei Waschschüsseln, in denen zeitweise auch das Essen angerichtet wurde. Mein wichtigstes Gepäck war die Kiste mit meiner Foto-Ausrüstung.

Als wir das Dorf Dilling passiert hatten, sahen wir zum ersten Mal die Konturen der Nuba-Berge. Das Landschaftsbild veränderte sich völlig. Grüne Farben in allen Schattierungen lösten die gelb-braunen der Steppe ab. Wir sahen Bäume und Sträucher, von tiefrosa gefärbten Blüten übersät. Sie sind von der Wurzel bis zur Blüte giftig und enthalten Strichnin.

Bis wir Kadugli erreichten, waren wir bereits eine Woche unterwegs. Unser Suchen nach den Nuba, wie sie das Foto zeigte, war erfolglos geblieben. Wir hatten zwar in Dilling und in den Seitentälern einige Nuba-Familien getroffen, aber sie unterschieden sich in ihrer Kleidung, meist Turnhosen und Hemden, kaum von den Schwarzen in den Großstädten. Wir waren sehr enttäuscht. Unsere Hoffnung sank auf den Nullpunkt, aber noch wollten wir die Suche nicht aufgeben.

Die Pfade verschlechterten sich, und das Fahren wurde immer schwieriger. Ich zitterte um meine zwei Leicas und um die Belichtungsmesser. Unser größter Genuß war es, nachdem wir durch- und durchgeschüttelt waren, aus dem Wassersack, der an unserem Fahrzeug hing, mehrere Becher hintereinander zu trinken.

Unsere Wagen zwängten sich durch hohes Gras, und oftmals mußten wir tiefe Gräben und ausgetrocknete Flußbette durchfahren. Steinblöcke und uralte Bäume gaben der Landschaft einen fast mythischen Charakter. Das Tal wurde schmäler, die Berge schienen näher zusammenzurücken, und der Weg wurde immer steiniger. Wir waren in diesem Tal schon Stunden unterwegs – nirgends Wasser, Menschen, auch keine Tiere.

Plötzlich erblickten wir kleine Rundhäuser an den Berghängen, die wie Vogelnester an den Felsen klebten – es konnten nur Nuba-Häuser sein. Auf einem Felsblock saß ein junges Mädchen, das eine Rute schwang. Es war unbekleidet, nur eine rote Perlenschnur schmückte den schwarzen Körper. Erschreckt schaute es uns an und verschwand wie eine Gazelle im Gebüsch.

Unsere Müdigkeit verschwand, es kam Bewegung in unsere Gruppe.

Im Schritttempo fuhren wir langsam weiter. Große Stille umgab uns, die Sonne begann sich zu verfärben, das Tal war wie ausgestorben, Steine und Wurzeln versperrten uns die Weiterfahrt. Wir wollten schon umkehren, da sahen wir in der Ferne eine Gruppe seltsam geschmückter Menschen. Wir ließen die Wagen stehen und folgten ihnen vorsichtig zu Fuß. Die Schwarzen wurden von mehreren schneeweiß eingeaschten Männern angeführt, die, unbekleidet, einen merkwürdigen Kopfputz trugen. Ihnen folgten andere, deren Körper mit weißen Ornamenten bemalt waren. Am Ende des Zuges gingen Mädchen und Frauen, ebenfalls bemalt und mit Perlen geschmückt. Kerzengerade, auf dem Kopf Kalebassen und große Körbe tragend, folgten sie leichtfüßig der Männergruppe. Kein Zweifel, das konnten nur die von uns gesuchten Nuba sein. Sie stiegen steil über Geröll und schräge Felsplatten bergauf, dann waren sie plötzlich verschwunden. Ein Felsblock versperrte uns die Sicht. Als wir um ihn herumgingen, sahen wir ein überwältigendes Schauspiel.

Tausend oder zweitausend Menschen wogten im Licht der untergehenden Sonne auf einem freien, von vielen Bäumen umgebenen Platz. Eigenartig bemalt und seltsam geschmückt, wirkten sie wie Wesen von einem anderen Stern. Hunderte von Speerspitzen tanzten gegen den glutroten Sonnenball. In der Mitte der Menge hatten sich große und kleine Kreise gebildet, in denen sich Ringkampfpaare gegenüberstanden, die sich lockten, kämpften, tanzten und als Sieger auf den Schultern aus dem Ring getragen wurden, wie ich es auf dem Rodgerbild gesehen hatte. Ich war wie betäubt und wußte nicht, was ich zuerst fotografieren sollte. Nicht nur das Optische erzeugte eine erregende Spannung, sondern auch das Akustische. Ein pausenloses Trommeln, darüber das helle Trillern von Frauenstimmen und die Schreie der Menge. Es war wie ein Traum oder ein Spuck. Meine Begleiter hatte ich längst verloren. Ich befand mich mitten unter den Nuba. Hände streckten sich mir entgegen, Gesichter lachten mich an, bald spürte ich, daß ich unter guten Menschen war.

Ich hatte keine Ahnung, wann wir nach Kadugli zurückkamen. Dieses unglaubliche Erlebnis ließ mich jedes Gefühl für Zeit verlieren. Aus meinem Tagebuch ersehe ich, daß dieses Nuba-Ringkampffest am 16. November 1962 stattfand und wir am 22. Dezember unser Lager in der Nähe einer Nuba-Siedlung, sie hieß Tadoro, aufschlugen. Dort fanden wir unter einem Baum mit einer fast 30 Meter ausladenden Laubkrone einen idealen Platz. Ich konnte es kaum glauben, daß ich hier war. In wundersamer Weise hatte sich nach einem Zeitraum von sechs Jahren mein Wunsch erfüllt, «meine» Nuba zu finden.

Bei den Nuba

Als ich am ersten Morgen erwachte, die Sonnenstrahlen schienen schon durch die Baumkrone, mußte ich mich erst besinnen, wo ich mich befand. Ich lag auf meinem Klappbett unter dem großen Baum – ich hatte geträumt, ich war tatsächlich bei den Nuba. Als ich aus dem Schlafsack kroch, merkte ich, daß es sehr windig war.

Wolldecke und Schlafsack flatterten wie ein Segel im Sturm, ich mußte sie festhalten, damit sie nicht davonflogen.

Nicht weit von mir entfernt, standen ein paar niedliche schwarze Nackedeis, die mich neugierig betrachteten. Ein Bub von vielleicht zehn Jahren kam schüchtern auf mich zu. Er hielt in seinen Händen meine Bluse, meinen Rock und meinen Büstenhalter. Mit einer scheuen Geste reichte er mir meine Kleider, die der stürmische Wind verweht hatte. Aus meiner Tasche holte ich Bonbons heraus. Vorsichtig nahm sie der Kleine aus meiner Hand, lief zu den anderen Kindern, die die Bonbons beschnupperten und sie in ihre Mäulchen steckten. Dann liefen sie lachend auseinander. Während ich den Schlafsack und die Decke in einem Seesack verstaute, beobachtete ich, wie Frauen, die große Körbe auf dem Kopf trugen, ziemlich entfernt von mir auf die weit bis zum Horizont reichenden Felder gingen, die durch das aufgehende Sonnenlicht gelb leuchteten und dadurch einen ungemein starken Kontrast zu den schwarzen Gestalten bildeten. Auch Männer sah ich, die mit federnden Schritten in Richtung der Felder gingen. Sie trugen eine Axt über der Schulter und als einziges Kleidungstück einen breiten schwarzen Ledergürtel, der rückwärts eine glänzende Messingschnalle hatte. Die auf die Felder zugehenden Männer und Frauen nahmen kaum Notiz von uns, einige winkten uns zu.

Ich lieh mir von unseren Leuten, die die Wagen ausräumten, eine unserer zwei Waschschüsseln aus. Da wir mit Wasser sehr sparsam umgehen mußten und ich mich hier im Freien keinem Blick entziehen konnte, wurde diese morgendliche Reinigung mehr zu einer Katzenwäsche.

Um die Mittagszeit kamen die Nuba von ihrer Feldarbeit zurück. Einige blieben an unserem Lager stehen. Die Frauen stellten ihre schweren Körbe auf den Boden und ruhten sich, im Schatten sitzend, aus. Die Körbe waren mit roten, gelben und weißen Getreidekolben vollgepackt, ein Getreide, das wir nicht kannten. Die Kinder näherten sich schon langsam unserem Lagerplatz. Der Wind hatte nachgelassen, es wurde ganz windstill.

Während die Männer sich mit ihren Angelegenheiten beschäftigten, versuchte ich, erste Verbindungen zu den Nuba herzustellen. Ich setzte mich zu den Frauen auf einen Stein und lachte sie an. Das Ergebnis war, daß sie darauf so lachten, daß es gar kein Ende mehr nahm. Dann kam eine ältere Frau auf mich zu und streckte mir ihre Hand entgegen, die ich ergriff. Sie ließ ihre Hand langsam aus meiner herausgleiten und schnalzte dabei mit ihrem Mittelfinger, was die Frauen wieder zu lautem Gelächter hinriß. Nun kamen auch die anderen Frauen und streckten mir ihre Hände entgegen. Alle begrüßten mich mit dem gleichen Schnalzen des Mittelfingers, so daß ich annahm, dies sei der hier übliche Nuba-Gruß. Da sie dabei immer «monnatu» sagten, lernte ich gleich ein wichtiges Begrüßungswort kennen. Ich wendete es bei jeder Gelegenheit, wenn ich mit einem Nuba später in ein Gespräch kommen wollte, mit Erfolg an.

Sie spürten die Sympathie, die ich ihnen entgegenbrachte, und wurden zutraulicher. Sie berührten meine Arme, deren helle Hautfarbe sie verwunderte. Auch mein blondes Haar betasteten sie zaghaft, wobei sie «jorri» (hübsch) sagten. Wo ich hinging, begleiteten sie mich.

Leider hatte sich das Verhältnis zwischen den Nansen-Leuten und mir weiter verschlechtert. Sie sprachen kaum noch mit mir und sagten nicht einmal mehr «Guten Morgen» oder «Guten Abend». Während der Fahrt hierher war es zu verschiedenen Unstimmigkeiten gekommen. Über den Werkfilm wurde überhaupt nicht mehr gesprochen.

Oskar Luz beschloß, nachdem er feststellte, daß sich nur drei Kilometer von unserem Lager entfernt ein Brunnen befand, einige Wochen in Tadoro zu bleiben. Niemand war glücklicher darüber als ich. Einen idealeren Platz hätte er für seine wissenschaftlichen Arbeiten auch kaum finden können. Leider verließ uns Frieder, der nette Lehrer, zu dem die Nansens nicht viel freundlicher waren als zu mir. Er zog es vor, seine Studien in einer sudanesischen Schule, die es in Rheika, in der Nähe des Brunnens gab, fortzusetzen. Die unfreundliche Atmosphäre unter den Nansens behagte ihm nicht. Rolf Engel war da weniger anspruchsvoll. Ihm war keine Entbehrung zuviel, kein Essen zu schlecht. Er war der genügsamste Mensch, den ich je kennengelernt habe. Nichts konnte ihn aus der Ruhe bringen. Gut gelaunt und hilfsbereit, bildete er den ruhenden Pol der Expedition. Solange er in meiner Nähe war, fühlte ich mich beschützt.

Mehr und mehr Nuba lernte ich kennen, die Mütter und Väter der Kinder, ihre Brüder und Schwestern. Jeder Tag schenkte mir neue Erlebnisse, und immer stärker wuchs meine Zuneigung zu meinen neuen Freunden. Ich wollte mich nicht mehr von ihnen trennen. Vom ersten Augenblick an war mir klar, daß ich ihr Wesen nur dann wirklich erfassen konnte, wenn ich ihre Sprache erlernte. Von Tag zu Tag verstand ich mehr von ihren Worten. Ich hatte immer ein Notizbuch und Bleistift bei mir. «Joka-i» war das wichtigste Wort, das ich erriet, es bedeutet, «was ist das?» Nun brauchte ich nur auf einen Gegenstand zu zeigen und «Joka-i» zu fragen, dann riefen die Kinder das richtige Wort. Schon nach kurzer Zeit war mein Wortschatz groß genug, um mich zu verständigen. Meine Beziehung zu den Nuba wurde dadurch immer besser. Wo ich auftauchte, sangen die Kinder: «Leni buna Nuba – Nuba buna Leni» (Leni hat die Nuba gern – die Nuba haben Leni gern).

Über unser Leben unter diesen Menschen, wie ich es empfand, schrieb ich nach Hause:

25. 12. 1962

Liebste Mutter,
gestern am Heiligen Abend waren meine Gedanken bei Dir, Du kannst Dir nicht vorstellen, wie einfach wir hier leben, aber Du kannst mir glauben, daß dieses Leben, unbelastet von allen Einrichtungen unserer Zivilisation, etwas Befreiendes hat. Herrlich ist es, daß wir Tag und Nacht in der frischen Luft zubringen, daß wir weder durch Post und Telefon gestört werden und keine Zeit mit unserer Garderobe verlieren. Aber das ist nicht alles. Die Schwarzen hier, unter denen wir leben, sind so lustig, daß ich keinen Augenblick Langeweile verspüre. Gestern abend, das hättest Du sehen sollen, was sich da bei uns abgespielt hat. Wir saßen zum Abendessen auf Kisten, konnten uns aber nicht rühren, weil sich auf jeder Kiste die Nuba so dicht neben uns gesetzt haben. Einige hundert Nuba waren um uns im Kreis versammelt. Der Grund der Anziehung war unser Radio, mit dem wir versuchten, die deutsche Afrikawelle zu empfangen. Für die Nuba war das etwas Fremdes, was ihnen aber sehr zu gefallen schien. Im Hintergrund standen Männer mit Speeren, im Vordergrund waren es mehr die alten Leute. Die Halbwüchsigen und die ganz kleinen Kinder saßen vor uns auf dem Boden. Es war ein seltsames Gefühl, so tief im afrikanischen Busch die Weihnachtslieder zu hören – sorge Dich nicht um mich – ich bin glücklich und gesund

Deine Leni

Ich vergaß zu erwähnen, daß wir seit Kadugli ein Mitglied mehr in unserer Gruppe hatten. Es war ein junger sudanesischer Polizist, der uns begleiten mußte, nicht zum Schutz, was bei den friedliebenden Nuba nicht notwendig war, sondern der verhindern sollte, daß wir

Aufnahmen von unbekleideten Nuba machten. Zum Glück wurde unser sympathischer «Bewacher» von den hübschen Nuba-Mädchen abgelenkt, so daß wir wenig Probleme mit dem Fotografieren hatten, schon deshalb nicht, weil eine ganze Anzahl der Nuba bereits bekleidet waren. Ab und zu kamen auch in die entlegendsten Winkel der Nuba-Berge Lastwagen, in denen sudanesische Beamte kostenlos Kleidungsstücke an die Eingeborenen verteilten, meist kurze rote, blaue und grüne Hosen, aber auch Hemden und Tücher. Da die Nuba keine Seife und sehr wenig Wasser hatten, waren ihre Sachen schnell verschmutzt und in kurzer Zeit zerrissen. Auch besaßen sie kein Geld, sich neue Sachen zu kaufen. Trotz angedrohter Strafen zogen es viele vor, so herumzulaufen, wie sie der liebe Gott geschaffen hat und wie sie es seit Vorzeiten gewohnt waren.

Zweimal am Tag wurde gegessen – bei Sonnenaufgang und bei Sonnenuntergang, sechs Uhr früh und sechs Uhr abends. Beide Male gab es Brei aus gemahlenem Korn, meist ohne jedes Gewürz, nur mit Wasser gekocht, selten mit der raren Milch.

Auch unsere Mahlzeiten waren einfach: In der Früh ein Pott Kaffee oder Tee und einige Scheiben Pumpernickel, die wir in den ersten Tagen noch mit Honig bestreichen konnten. Danach gab es eine kleine Ecke Schmelzkäse, das einzige Fett, da die Nansens nicht einmal Öl zum Kochen mitgenommen hatten. Meist aßen wir erst am Abend Nudeln oder Reis, selten um ein knochiges zähes Huhn bereichert. Konserven hatten die Nansens aus Platzmangel nicht mitgenommen. Als ich Luz einmal fragte, warum er nicht wenigstens Haferflocken dabei hatte, antwortete er: «In russischer Gefangenschaft hatten wir auch nicht mehr zu Essen.»

Trotz dieser kargen, fettlosen Nahrung waren wir alle gesund. Auch ich habe mich, obgleich ich beträchtliches an Gewicht verlor, selten in meinem Leben so wohl gefühlt. So konnte ich trotz der immer mehr zunehmenden Hitze stundenlang mit den Nuba durch die Felsen klettern, um mir auch ihre sehr weit abliegenden Häuser anzusehen. Die Nuba-Häuser sind sehenswert. Bei keinem anderen Stamm in Afrika habe ich ähnliche Bauten angetroffen. Jeder Wohnkomplex umfaßt fünf bis sechs Rundhäuser, die durch Mauern ringförmig miteinander verbunden sind. Der Eingang führt auf einen Innenhof, in dem sich die Feuerstelle befindet. Dort nehmen die Nuba ihre Mahlzeiten ein und gehen ihren Beschäftigungen nach. Die Wände sind mit Malereien von Menschen, Tieren und Gegenständen in braunen, gelben, weißen und blauen Farben geschmückt, und manche schimmern in Silberblau, das wie blauer Marmor wirkt. Auf die lehmverschmierten Steinwände wird graphithaltige Erde aufgetragen und tage-, ja wochenlang mit dem Daumenballen eingerieben, bis ein silberblauer Glanz entsteht.

Eines Abends, die Nansen-Leute, der Polizist und Rolf schliefen schon, war ich noch mit dem Reinigen meiner Fotokameras und Optiken beschäftigt, als aus der Dunkelheit vier junge Nuba-Männer heraustraten, die ich längere Zeit nicht mehr in unserem Lager gesehen hatte. Sie waren mit weißen Ornamenten bemalt und hielten gitarrenartige Instrumente in den Händen.

Während sie neugierig mein Tun beobachteten, spielten sie auf ihren Gitarren. Auf meine Frage, wohin sie gingen, verstand ich nur das Wort «baggara». So wurden Nomaden genannt, die mit großen Kamelherden von Zeit zu Zeit vorbeizogen. Ich dachte, sie wollten sich zu einem ihrer Lager auf den Weg machen. Da ich dort gern fotografiert hätte, bat ich, sie begleiten zu dürfen. Sie waren sofort einverstanden.

Es war eine helle Mondnacht, ich ließ meine Taschenlampe zurück und nahm nur Kamera und Blitzgerät mit. Wir gingen hintereinander einen schmalen Pfad. Hierbei machte ich die Beobachtung, daß die Nuba über ein ungewöhnliches Hörvermögen verfügen. Der Mann an der Spitze war gut fünfzig Meter von dem letzten entfernt, und doch unterhielten sich die beiden, als gingen sie nebeneinander her.

Nach zwei bis drei Stunden Weges blieb die Gruppe stehen. Weit und breit konnte ich nichts von einem Nomadenlager entdecken. Wir standen vor einer Dornenhecke, hinter der nach einigen Rufen ganz verschlafen ein Knabe hervorkam. Er zog einen Baumstamm aus der Hecke, und wir betraten ein Hirtenlager. In der Mitte des Kraals sah ich im Mondlicht einige Rinder liegen, und, auf runden Hölzern schlafend, junge Nuba-Männer. Neben ihnen brannte ein kleines Feuer, das von acht- bis zehnjährigen Knaben bewacht wurde. Stolz deutete Tukami, der älteste der Gruppe, auf die Rinder. «Baggara», sagte er. Nun erst verstand ich, was das bedeutete. Ohne Zweifel waren «baggara» Rinder, nicht, wie ich glaubte, Nomaden.

Damals wußte ich noch nicht, was Rinder für die Nuba wirklich waren – sie sind das Wertvollste, was sie besitzen, die Verbindung zu ihrem Gott. Wie den Hindus, sind ihnen ihre Rinder heilig, und sie halten sich dieselben für ihre kultischen Handlungen. Nur zu Ehren der Toten dürfen sie geopfert, nicht aber zum Lebensunterhalt getötet werden. Viele Familien besitzen nur ein bis zwei Rinder, und wer mehr hat, ist schon wohlhabend, wer sieben bis acht sein eigen nennt, ist ein reicher Mann. Welch ein Gegensatz zu den Masai, die bis zu tausend Rinder besitzen können.

Inzwischen waren die schlafenden Nuba wach geworden. Sie begrüßten uns freudig und setzten sich mit uns um das Lagerfeuer. In dieser nächtlichen Stunde erfuhr ich viel Neues, beispielsweise, daß keine Nuba-Frau einen Hirtenkraal betreten darf. Sie erzählten auch, daß die jungen Ringkämpfer, die in der «noppo», so nennen sie ihre Kraals, leben, während dieser Zeit mit keiner Frau schlafen dürfen, auch nicht, wenn sie verheiratet sind. Die «noppo», auf arabisch «Seribe» genannt, ist für die Nuba eine Schule zur Heranbildung und Erweckung ihrer geistigen und religiösen Kräfte.

In der Nacht fand ich kaum Schlaf, meine Schlafstätte bestand auch aus einigen runden Baumstämmen, und mein Kopf lag auf einem Stein, und doch mußte ich irgendwann eingeschlafen sein. Als ich erwachte, schien schon die Sonne, und die Nuba waren mit ihrer «Morgentoilette» beschäftigt. Die Fotos, die ich nun ungestört machen konnte, haben Jahre später in der Welt Aufsehen erregt. Es waren biblische Bilder, wie aus der Urzeit der Menschheit.

Es war Mittag, als mich Tukami und zwei andere Nuba nach Tadoro zurückbrachten. Keiner der Nansens fragte mich, wo ich gewesen war, mit keinem konnte ich über das Erlebte sprechen – nur meinem Notizbuch vertraute ich die Erlebnisse dieser nie wiederholten Nacht an.

Als wir am nächsten Tag in aller Früh unseren Lagerplatz verließen, um in den Durafeldern Aufnahmen von den Erntearbeiten der Nuba zu machen, war die Temperatur erträglich, schon nach einer Stunde aber war es glühend heiß. Die Nansen-Leute, denen ich durch das mannshohe Duragetreide gefolgt war, hatte ich längst verloren, ich begann ängstlich zu werden, und vor allem plagte mich der Durst. Außer den bambusstarken Stengeln des Durakorns sah ich keinen Strauch oder schattenspendende Bäume. Wie in einem Irrgarten lief ich herum. Dann stieß ich wieder auf die Nansen-Leute, sie hatten keinen Wassersack mitgenommen. Ich wußte, daß einer am Unimog hing, und bat Luz, mir die Richtung zu unseren Wagen zu zeigen. Ich spürte nur ein Verlangen – trinken. So schnell ich konnte, versuchte ich das Auto zu finden, aber ich mußte mich verirrt haben. Die Hitze wurde unerträglich, meine Bluse klebte am Körper, ich taumelte nur noch. Da entdeckte ich zwischen den goldgelben Stengeln des Durakorns Sträucher und legte mich darunter. Dann wurde es dunkel um mich. Als ich zu mir kam, hörte ich lachende Stimmen – Nuba-Frauen schauten mich an. Sie hatten mich auf ihrem Heimweg ins Dorf hier gefunden und mir Wasser über Kopf und Gesicht gegossen. Wenn Nuba auf den Feldern arbeiten, haben sie immer eine Kalebasse mit Wasser bei sich. Sie wußten, wo unser Auto stand, und führten mich dorthin.

Nach einiger Zeit erschienen auch die Nansens. Im Lager gab es nur ein Stück altes Brot und einige Scheiben Ananas, die aus einer Dose unter uns fünf Personen aufgeteilt wurde. Als die anderen zum Brunnen fuhren, um Wasser zu holen, kam es zwischen Luz und mir zu einem erregten Zusammenstoß. Alles, was sich in den letzten Wochen in mir angestaut hatte, brach aus mir heraus, gesteigert durch die große Erschöpfung dieses Tages. Auch Luz verlor die Beherrschung und brüllte mich an. Die Nuba um uns beobachteten gespannt diese heftige Szene. Als Luz mit aggressiver Gebärde auf mich zuging, legte ihm ein Nuba die Hand vor den Mund und hielt ihn zurück, ein anderer faßte mich am Arm. Sie führten mich weg – es war einer der grausamsten Tage der Expedition.

Seit dieser Szene war jede Beziehung zwischen Luz und mir endgültig zerbrochen. Ich wußte, daß sie mich absetzen würden, sobald sich eine Möglichkeit für meinen Rücktransport ergäbe. Um so enger schloß ich mich meinen Nuba-Freunden an. Sie bauten mir eine kleine Strohhütte, in der ich, vor den starken Winden geschützt, die am Abend von den Bergen kamen, schlafen konnte. Sie wurde der Treffpunkt vieler Nuba, die mir kleine Geschenke brachten, vor allem Kalebassen, von den Knaben in den Hirtenlagern angefertigt und mit Ornamenten verziert. Ich erhielt auch Speere, Perlenschmuck und sogar Musikinstrumente, und bald war meine Hütte zu einem kleinen Museum geworden. Den größten Spaß machte es ihnen, mir ihre Sprache beizubringen, und mit Hilfe eines Tonbandes machte ich gute Fortschritte. Ihre Fröhlichkeit, die sich auf mich übertrug, war wie ein Gesundbrunnen.

Eines Morgens weckte mich Rolf: «Mach dich fertig, wir fahren nach Kadugli, wir müssen Post holen und Verschiedenes besorgen.»

«Werden die Nansens mich mitnehmen?»

«Du kommst in meinen Wagen, verschließe alles in deine Kisten – wir lassen unser Gepäck unter dem Baum stehen –, in drei Tagen sind wir spätestens zurück.»

Die Fahrzeuge brauchten für die Strecke von etwa 60 Kilometern drei Stunden. Auf diesen Wegen konnte man oft nur im Schritt fahren. Die tiefen Furchen, die nach jeder Regenzeit entstehen, waren durch die Hitze steinhart geworden. Unsere Fahrzeuge neigten sich manchmal so schräg, daß ich fürchtete, sie kippen um.

Das Rasthaus in Kadugli, ein primitives Häuschen, kam uns wie ein Luxushotel vor: Vor allem war es der Wasserhahn, wir konnten uns endlich von Kopf bis Fuß waschen, ein wochenlang entbehrter Genuß.

Ich liebte Kadugli, dieses kleine Städtchen, das sich in landschaftlich schöner Lage zwischen sanft aufsteigenden Hügeln ausbreitet. Es besitzt ein Postamt, eine Garnison, eine Polizeistation, ein Hospital und einen großen Markt, im Sudan «Suk» genannt. Unter der Masse der Eingeborenen sah ich auch solche anderer Stämme, wie die Dinka und Schilluk. Und auch die immer schwarz gekleideten Falata-Frauen, die mich an ägyptische Königinnen erinnerten, trugen ihre Babys in Tücher eingewickelt auf dem Rücken. Arme und Fußgelenke dieser Frauen waren mit schweren Goldringen geschmückt.

Die Händler, meist Sudanesen, aber auch Ägypter und Griechen, boten alles mögliche zum Kauf an: Töpfe, Gläser, Küchengeschirr, Werkzeuge, Stricke, Eimer, Hölzer und Bambusstangen, auch bunte Stoffe und billige Kleidungsstücke, vor allem die arabischen Galabiyas. Einige Händler hatten sogar Konserven, aber die Sparsamkeit unseres Expeditionsleiters war so extrem, daß er nur wenige Ananasbüchsen kaufte. Einige Zitronen versteckte ich heimlich in einem Beutel.

Als wir nach drei Tagen um die Mittagszeit wieder bei unserem Lager eintrafen, stellten wir fest, daß alle unsere Kisten, Säcke und auch mein Bett verschwunden waren. Kein einziger Gegenstand befand sich mehr unter dem Baum. Wir waren zutiefst erschrocken. Unser erster Gedanke war, vorbeiziehende Nomaden hätten alles gestohlen. Da deutete Luz auf die Berge, von denen eine Kolonne Nuba-Männer die Felsen herunterstieg. Auf ihren Schultern trugen sie unsere Kisten. Ohne Anweisung hatten sie aus freien Stücken unser ganzes Gepäck in ihre Hütten getragen, um sie in Sicherheit zu bringen. Lachend und gestikulierend genossen sie unsere sprachlosen Gesichter und freuten sich über die bescheidene Prise Tabak, die jeder von ihnen zum Dank erhielt. Sie taten das alles damals noch nicht für Geld, das wenige, was sie brauchten, erhielten sie durch Tausch, vor allem die kleinen bunten Glasperlen, auf die sie ganz wild waren, oder der weiße Stoff, mit dem sie ihre Toten beerdigten, und bunte Tücher, die hauptsächlich die «kadumas», so nannten sie ihre Ringkämpfer, trugen. Sie «zahlten» mit Dura-Getreide, Tabak und mit Baumwolle, die aber wegen des Wassermangels nur auf kleinen Flächen angepflanzt wurde.

Die Ehrlichkeit der Nuba war verblüffend. Einmal hatte ich meine goldene Armbanduhr verloren. Ein Knabe, der sie im Gras gefunden hatte, brachte sie mir zurück. Diese Charaktereigenschaft habe ich nur bei den «Masakin-Nuba» gefunden, und bei ihnen auch nur so lange, als Geld noch kein Zahlungsmittel war, und keine Türen ihre Häuser verschlossen. Groß war auch die Gastfreundschaft. Das Wertvollste, was sie ihren Freunden anbieten konnten, war eine

Kalebasse mit Wasser und eine mit den raren Erdnüssen – für die Nuba eine Delikatesse.

Die Jugend führte ein glückliches, freies Leben. Die Kinder spielten den ganzen Tag im Freien unter schattigen Bäumen und wurden von den älteren Geschwistern beaufsichtigt, gewaschen und gefüttert. Junge Mädchen schleppten die kleinen Babys, auf ihren Hüften tragend, herum, während die Knaben das Vieh hüteten. Nur die Kräftigsten kamen schon im Kindesalter in die Hirtenlager, wo sie zu Ringkämpfern erzogen wurden.

Ringkampf bedeutete den Nuba mehr als nur Sport. Er war eine kultische Handlung von zentraler Bedeutung. Schon die kleinen Buben begannen, noch ehe sie richtig laufen konnten, die Tanz- und Ringkampfstellungen der Athleten nachzuahmen. Von frühester Jugend an bereitete sich ein Knabe auf den Ringkampf vor. Untereinander hielten sie Wettkämpfe ab und schmückten sich dazu wie ihre älteren Brüder und Väter.

Ort und Zeit eines Ringkampfs entschied der Priester, der «Kudjur», mit dem Ältestenrat. Danach wurden Boten ausgesandt, um überall die Einladung zu verkünden. Einige dieser Ringkampffeste, die oftmals weit von uns entfernt in entlegenen Tälern stattfanden, konnte ich mit den Nansens erleben. Jedesmal von neuem ein großes Ereignis. Am frühen Morgen setzte sich, ausgenommen Kinder und alte Leute, die ganze Hügelgemeinschaft von Tadoro in Bewegung, geschmückt mit Perlen, Asche, Fellschmuck und Kalebassen, welche die Ringkämpfer meist rückwärts an ihre Gürtel banden. Dem Zuge wurde die Fahne des Dorfes vorangetragen, das Ende beschlossen die Frauen, auf ihren Köpfen die schweren Töpfe mit Wasser und Marissebier balancierend. An einem großen Ringkampffest nahmen etwa viertausend Nuba teil, wobei sie Strecken bis zu fünfzig Kilometern zurücklegten.

Den Beginn der Kämpfe leiteten kultische Handlungen ein. Die Ringkämpfer stampften auf den Boden, stießen dumpfe Laute aus, mit denen sie die Rufe der Stiere imitierten, und bewegten im Tanz die Hände, besser gesagt die Finger, mit einer Geschwindigkeit, wie große Insekten ihre Flügel. Näherten sich die Ringkämpfer tanzend und brüllend dem Kampfplatz, gerieten die Zuschauer in Ekstase. Die Nuba nennen das «kaduma norzo», zu deutsch: die Ringkämpfer «heulen». In diesem Stadium inkarnieren sie sich mit ihren Rindern – ein uraltes Nuba-Ritual.

Je länger die Kämpfe dauerten, um so leidenschaftlicher wurden sie. Manche dauerten nur Sekunden, andere mehrere Minuten. Wenn die Zuschauer zu nahe an die Kämpfenden herankamen und dadurch den Kampf behinderten, drängten Schiedsrichter sie mit Rutenzweigen zurück. In solchen Augenblicken war es so gut wie unmöglich zu fotografieren, erst, wenn die Sieger auf den Schultern aus dem Ring getragen wurden, konnte ich mit etwas Glück einige Bilder bekommen.

Abschied

Viel zu schnell kam der Tag, an dem ich mich von den Nuba trennen mußte. Die Nansen-Gruppe konnte nicht länger als sieben Wochen in Tadoro bleiben, und da ich weder ein Fahrzeug noch eine eigene Expeditionsausrüstung besaß, mußte ich mich notgedrungen von meinen schwarzen Freunden trennen. Der Abschied war schwer. Als die Wagen langsam anfuhren, liefen sie uns nach, ich schüttelte ihnen zum letzten Mal die Hände und rief ihnen zu: «Leni basso, Leni robrära» (Leni kommt in zwei Jahren zurück). Ich glaubte nicht an meine Worte, ich wollte ihnen nur eine letzte Freude bereiten.

Zwei Tage später waren wir in Malakal, wo sich die Gruppe von mir trennte. Endlich war ich allein und glücklich über meine Freiheit. Malakal ist eine kleine Stadt am Nil, einige hundert Kilometer von den Nuba entfernt. Die Bevölkerung besteht aus Sudanesen, vor allem sah ich hier viele Schilluk, Nuer und Dinka. In einem leerstehenden Rasthaus fand ich eine Unterkunft, primitiver als in Kadugli. Mäuse und Ratten liefen herum, und die Tür zur Straße war nicht verschließbar. Von hier wollte ich mit dem Nildampfer, der einmal wöchentlich in Malakal anlegt, nach Juba fahren, der südlichsten Stadt des Sudan, ungefähr 120 Kilometer von der Grenze nach Uganda entfernt. Von dort wollte ich weiter nach Kenya, da mein Rückflugticket nach Deutschland ab Nairobi galt.

Als ich auf dem Markt in Malakal einige Früchte und Zwiebeln einkaufte, kam ein sudanesischer Soldat auf mich zu. Seinen Gesten entnahm ich, daß er mir etwas zeigen wollte. Er führte mich zu einem Haus, in dem ich von einem hohen sudanesischen Offizier, dem Gouverneur der Upper Nile Provinz, Colonel Osman Nasr Osman, begrüßt wurde. Er war über meine Anwesenheit in Malakal bereits informiert und lud mich nun in sein Haus zum Essen ein. Ich mußte ihm viel über meine Erlebnisse bei den Nuba erzählen. Seine tolerante Einstellung gegenüber den Eingeborenen versetzte mich in Erstaunen, besonders weil er Nordsudanese war und damals zwischen Nord- und Südsudanesen schon starke Spannungen herrschten.

Nach den Entbehrungen der letzten Wochen war die Mahlzeit ein unvorstellbarer Genuß. Beim Café machte mir der Gouverneur einen überraschenden Vorschlag. «Wenn Sie Lust haben», sagte er, «können Sie die Schilluks fotografieren, ich fahre in wenigen Tagen nach Kodog und besuche dort den Schilluk-König. Aus diesem Anlaß soll ein großes Fest der Schilluk-Krieger stattfinden. Wollen Sie nicht mitkommen?»

Erfreut nahm ich die Einladung an. In Malakal hatte ich noch einiges zu erledigen. Ich verpackte meine belichteten Filme, die ich von hier per Luftpost absenden konnte, aber ich zitterte bei dem Gedanken, die Aufnahmen könnten verlorengehen. Bei der enormen Hitze wäre es noch riskanter gewesen, sie mitzunehmen. Meiner Mutter schickte ich ein Telegramm, um sie vor allem über meinen Gesundheitszustand zu beruhigen, und in der Tat fühlte ich mich trotz starkem Gewichtsverlust gesund wie seit Jahren nicht.

Während ich über das Problem meiner Weiterreise grübelte, quartierten sich zwei Fremde in dem Rasthaus ein, ein Deutscher und ein Engländer, die mit einem alten VW-Bus auf dem Weg nach Kampala in Uganda waren. Ein glücklicher Zufall. Für entsprechende Kostenbeteiligung war der Deutsche bereit, mich mitzunehmen.

Den beiden Männern war es zu langweilig, die ganze Woche in Malakal herumzuhängen, nur um auf den Nildampfer zu warten. So war es leicht, sie für eine Reise in das Schilluk-Gebiet zu interessieren, zumal Kodog, die Hauptstadt, nur knapp 100 Kilometer nördlich von Malakal entfernt liegt.

Bei den Schilluk

Wir hatten mit dem Fährboot den Nil überquert und waren in noch nicht einmal drei Stunden in Kodog, einen vollen Tag früher, als der Gouverneur erwartet wurde. Wie bisher immer im Sudan, wurden wir auch hier mehr als nur freundlich aufgenommen. Das Rasthaus, das uns Sayed Amin el Tinay, der D. C. Offizier, zur Verfügung stellte, war gut eingerichtet. Alle Fenster waren gegen Moskitos mit Maschendraht gesichert.

In den Nuba-Bergen hatte ich wegen der großen Trockenheit nie ein Moskitonetz gebraucht, hier am Nilufer waren die Moskitos und Stechmücken eine Qual. Selbst in der Nacht fand ich keine Ruhe. Aber schon der nächste Tag, der große Festtag für den Empfang des Gouverneurs, verlief so ereignisreich, daß ich Stiche und Schwellungen nicht mehr beachtete. Schon am frühen Morgen fuhren wir nach Faschola, zur Residenz des Schilluk-Königs Kur. Von überall strömten die Schilluk-Krieger herbei, sie trugen große, aus Krokodilhäuten gefertigte, fast mannshohe Schilder und hatten mehrere Speere in der Hand. Oberkörper und Arme waren mit Silberketten, Elfenbein und bunten Glasperlen geschmückt. In Faschola waren schon einige tausend Schilluk-Krieger versammelt, als König Kur erschien, der von seinen Untertanen wie ein Gott verehrt wurde. Er war in eine helle Toga gekleidet, zu der die rote Baskenmütze einen seltsamen Kontrast bildete. Seine Leibgarde trug im Gegensatz zu den mit Leopardenfellen und Schmuck geschmückten Schilluk rote Shorts und Hemden.

Inzwischen hatte Osman Nasr Osman mit seiner Autokolonne Faschola erreicht, und nachdem er den König begrüßt und mir vorgestellt hatte, ging ein wildes Trommeln los. Die Krieger formierten sich in zwei Gruppen. Zuerst tanzte der gut genährte, mollige König an der Spitze seiner Leibgarde, so rasant und doch geschmeidig, daß ich aus dem Staunen nicht herauskam. Ihm folgten seine Krieger im Tanz. War das Ganze auch nur eine großartige Inszenierung, so steckte doch noch viel Ursprünglichkeit darin. Der Rhythmus der stampfenden Männer, der sich bis zur Ekstase steigernde Ausdruck wilder Begeisterung machten sichtbar, daß die Schilluk – anders als die friedlichen Nuba – ein Kriegervolk waren. Ihre Gesichter glänzten von den Anstrengungen des Tanzes, der eine Schlacht symbolisieren sollte, in der eine Armee die des Königs darstellte, die andere die ihres Halbgottes Nyakang. Angriff und Verteidigung lösten einander ab; aus dichten Staubwolken glänzten silbern blitzende Speerspitzen; wehende Leopardenfelle und phantastische Perücken machten die Szene zu einem Schauspiel, wie es selbst Hollywood kaum gelungen wäre. Die wilden Schreie der Zuschauer feuerten die Krieger zu sich ständig steigernder Leidenschaft an. Ich fotografierte, bis ich keinen Film mehr in der Kamera hatte.

Wir beschlossen, einige Tage zu bleiben. Der D. C. Offizier stellte mir einen Geländewagen mit einem Schilluk als Fahrer zur Verfügung, der sogar einige Worte englisch sprach. Nicht auszudenken, wenn ich solche Möglichkeiten bei den Nuba gehabt hätte. Immer mehr mußte ich an sie denken und immer stärker wurde in mir der Wunsch, sie wiederzusehen.

Meine mir in Europa eingeprägte Vorstellung, die «Wilden» seien gefährlich, erwies sich als falsch. Von der Wildheit, die ich auf den Gesichtern während der Kriegstänze gesehen hatte, war im Alltag nichts mehr zu bemerken. Kein unguter Blick traf mich, alle waren sie freundlich zu mir. Was ich bis jetzt in Afrika erlebt hatte, ließ mich die zivilisierte Welt weitaus gefährlicher erscheinen. Bis auf eine Ausnahme, an der ich selbst schuld war, wurde ich nie von einem Eingeborenen bedroht.

Kurz vor unserer Rückfahrt nach Malakal erlebte ich durch einen glücklichen Zufall ein noch grandioseres Schauspiel, als das zu Ehren des Gouverneurs. Wir befanden uns mit dem Landrover weit von Kodog entfernt, in einer einsamen Steppenlandschaft, als wir gegen den schon rötlich verfärbten Himmel Heerscharen von Schilluk-Kriegern auf uns zukommen sahen. In wenigen Minuten befanden wir uns im Mittelpunkt eines Kampfgetümmels, eingehüllt in Wolken von Staub, aber niemand beachtete uns. Auch diese Männer tanzten und sprangen, als besäßen sie Glieder aus federndem Stahl. Wiederum kämpfte Gruppe gegen Gruppe, Armee gegen Armee – alles war nur die Imitation einer gewaltigen Schlacht.

Diese festliche Zeremonie fand zur Erinnerung an einen verstorbenen großen Häuptling statt, wie ich von meinem Schilluk-Fahrer erfuhr. Das Besondere lag darin, daß sie echt war und nicht für Besucher veranstaltet. Selbst der D. C. Offizier von Kodog wurde nicht eingeweiht.

In Malakal warteten wir auf den Nildampfer. Die Straße nach Juba war wegen der vorangegangenen schweren Regenfälle noch nicht befahrbar. Unter besseren Bedingungen wären wir in einem Tag am Ziel gewesen, während der Nildampfer sieben Tage unterwegs war. Plötzlich hatte ich eine Idee. Ich fragte den Deutschen, ob er nicht lieber mit einem Umweg von einigen hundert Kilometern auf dem Landweg nach Juba fahren wollte. An seinem Gesichtsausdruck merkte ich, daß er meine Frage nicht verstanden hatte. Mein heimlicher Gedanke war, die Nuba wiederzusehen, und jetzt war ich nur einige hundert Kilometer von ihnen entfernt – von Deutschland würden es ein paar tausend sein. Ich machte dem Mann klar, daß ich an die Strecke auf der anderen, der westlichen Nilseite dachte, die über Talodi und durch die Nuba-Berge führt. «Von dort aus könnte man über Wau auf einer Allwetterstraße nach Juba fahren», sagte ich, «und wer weiß, ob wir überhaupt Zeit verlieren, es ist ja nicht einmal sicher, ob Sie auf dem nächsten Nildampfer Platz für Ihren Wagen bekommen. Außerdem», fuhr ich fort, «können Sie viel Geld sparen, denn die Ladegebühren und die zwei Schiffsplätze auf dem Dampfer sind nicht billig.»

Ich machte eine kleine Pause, denn ich bemerkte, wie der Deutsche anfing, sich mit diesem Gedanken zu beschäftigen. «Und», sagte ich eindringlich, «Sie könnten die Nuba und ihre Ringkampffeste kennenlernen, etwas, was Sie noch nie gesehen haben.»

«Ich kenne die Latuka», sagte er, «denn ich habe sieben Jahre in der Provinz Äquatoria in der Nähe von Torit gelebt.»

«Das ist ja großartig», unterbrach ich ihn, «dann sind Sie ja ein alter

Afrikaner und können doch von meinem Vorschlag nur begeistert sein.»

«Und wie waren die Wegverhältnisse von den Nuba-Bergen nach Malakal?» fragte er zögernd.

«Gut», sagte ich, was nicht ganz der Wahrheit entsprach, «man muß nur kurz nach der Überfahrt mit der Fähre aufpassen, daß man nicht in sumpfige Wiesen kommt, dort hatte unser Unimog die einzige Panne, ich weiß natürlich nicht», sagte ich jetzt kleinlaut, «ob Ihr Wagen so intakt ist, daß er eine solche Fahrt aushält, die Nansens hatten zwei neue Fahrzeuge.»

«Mein Wagen geht prima, und», fuhr er selbstsicher fort, «man muß in Afrika fahren können, und das kann ich.»

Der Zufall kam meinen Absichten zu Hilfe: Der Nildampfer hatte in Malakal angelegt, war aber, wie ich prophezeit hatte, so besetzt, daß er weder Menschen noch Fahrzeuge aufnehmen konnte, was bedeutete, daß wir noch eine weitere Woche bis zur Ankunft des nächsten Dampfers warten müßten, vielleicht sogar noch länger. Jetzt erwog der Deutsche meinen Vorschlag ernstlich. Ohne Frage war dieses Unternehmen riskant, und wer eine Ahnung von der Größe und der geringen Besiedlung dieser Gebiete hat, würde meinen Plan für äußerst gewagt halten. Aber die Liebe zu meinen Nuba machte mich blind.

Der Deutsche verlangte für diese Fahrt, in der ein Aufenthalt von einem Monat bei den Nuba eingerechnet war, 1500 Mark, die vorausbezahlt werden sollten. Ich besaß aber nur noch 1800 Mark, der Rest mußte für meine Weiterreise nach Nairobi reichen. Außerdem hatte ich keine Garantie, ob ich überhaupt zu den Nuba-Bergen kommen würde. Osman Nasr Osman warnte mich dringend, mich auf diese Sache einzulassen. «Im April», sagte er, «kann ich Sie auf eine sehr interessante Inspektionsreise zum Buma-Plateau bis zur äthiopischen Grenze mitnehmen, wo Sie eine großartige Gelegenheit hätten, Tiere und Eingeborene in unerschlossenen Gebieten zu fotografieren.» Ich zögerte. Es war erst Februar, und so lange wollte ich nicht untätig in Malakal bleiben. Der Gedanke, die Nuba mit meinem Besuch zu überraschen, war schon eine fixe Idee geworden.

Mein Versuch, den Deutschen zu bewegen, weniger Geld für diese Reise zu verlangen, hatte zur Folge, daß er die Plätze für den nächsten Nildampfer buchte. In diesem Augenblick fühlte ich, daß mein Wunsch, die Nuba noch einmal zu sehen, stärker war als jede Vernunft. Ich war bereit, das Opfer zu bringen. Schon am nächsten Tag wollten wir abreisen.

Zurück nach Tadoro

Wir warteten am Nil auf die letzte Fähre, die uns an das andere Ufer übersetzen sollte. Die Sonne stand schon tief. Auf dem ruhig dahinfließenden Fluß beobachtete ich, wie Schilluk mit Speeren große Fische aus dem Wasser herausholten. Ihre langen, sehr schmalen Boote kippten bedenklich – mit Herzklopfen dachte ich an die vielen Krokodile, die besonders zu dieser Abendstunde hier auf Beute lauerten. Während der Überfahrt versank die Sonne hinter der vor uns liegenden endlosen Steppe am Horizont.

Wir saßen zu dritt vorn im vw-Bus, der bis zur Decke vollbepackt war, ich zwischen dem Deutschen und dem Engländer, von dem ich immer noch nicht mehr wußte, als daß er gern zeichnete. Rechts und links von uns zog die einsame baumlose Savanne vorbei, keine Hütte, kein Mensch war zu sehen.

Der Deutsche fuhr gut, ab und zu konnte er sich nach den Spuren richten, die noch von unserem Unimog sichtbar waren. Er wollte noch bis Tonga kommen, einem kleinen Schilluk-Dorf, etwa 80 Kilometer vom Nil entfernt, bei dem eine amerikanische Mission stationiert war. Wir hofften, dort übernachten zu können. Plötzlich blieb der Wagen stehen. Zuerst glaubte ich, der Motor bockt. Als die beiden ausstiegen und ich den Deutschen fluchen hörte, ahnte ich nichts Gutes. Ein Blick auf die Wagenräder genügte. Wir steckten im Morast mit allen vier Rädern. Keiner sprach ein Wort – die Stille war unheimlich. Wann würde hier jemals ein Fahrzeug vorbeikommen? Ohne Hilfe kamen wir hier nicht heraus, und die gab es nur in Malakal. Ich schätzte unsere Entfernung vom Nil auf 10 bis 15 Kilometer und erklärte mich bereit, zurückzugehen und von Malakal Hilfe zu holen, vorausgesetzt, einer der Männer würde mich begleiten. Sie weigerten sich, sie wollten beim Wagen bleiben. Aber wie wollten sie denn den Wagen ohne fremde Hilfe aus dem Sumpf ziehen, in dem er bis zur Achse versunken war? Hierbleiben und auf ein Wunder hoffen, wäre Wahnsinn. Viele Male versuchte ich, den beiden klarzumachen, daß zwei von uns aus Malakal Hilfe holen müßten – ich war auch bereit, bei dem Wagen zu bleiben und auf ihre Rückkehr am nächsten Tag zu warten. Sie blieben stur. So entschloß ich mich, allein zu gehen. Keiner versuchte, mich zurückzuhalten.

Ich lief so schnell ich konnte, um vor Einbruch der Nacht noch möglichst weit zu kommen. In der Richtung, wo Malakal liegen mußte, war der Himmel rot, vielleicht ein Steppenbrand, jedenfalls eine gute Orientierung. Als es dunkler und dunkler wurde, verlangsamte ich meine Schritte, ich konnte nur noch mühsam sehen. Erst jetzt fiel mir ein, daß ich meine Taschenlampe vergessen hatte – ich war viel zu impulsiv und unüberlegt vom Wagen weggelaufen. Ein Zurück gab es nicht mehr, ich hätte den Wagen in der Nacht nicht gefunden. Langsam gewöhnten sich meine Augen an die Dunkelheit. Plötzlich hörte ich Tierstimmen – ich blieb stehen und lauschte, wie gelähmt vor Angst. Ich erinnerte mich, daß der Deutsche erzählt hatte, hier gebe es viel Wild und Löwen, und da genügend Wasser vorhanden war, holten sich die Löwen Rinder aus den großen Herden der Schilluks. Ich wagte nicht, mich von der Stelle zu bewegen.

Als ich nur noch den leisen Wind hörte, ging ich vorsichtig weiter. Nach etwa einer Stunde Wegs erblickte ich in der Ferne einen schwachen Lichtschimmer. Erst glaubte ich, es wäre das Auge eines Tieres, aber der Lichtschein wurde größer, er näherte sich. Gespannt versuchte ich, in der Dunkelheit etwas zu erkennen, da sah ich die Silhouette eines Menschen, und ein Mann kam auf mich zu. Ein Schilluk stand vor mir und sprach mich verblüffenderweise in gutem Englisch an. Er war ziemlich erschrocken, mich allein hier anzutreffen, ich brachte kein Wort heraus. Er kam gerade von der Nilfähre und hatte ein Dreirad bei sich, mit dem er noch diese Nacht nach Tonga fahren wollte, wo er bei der amerikanischen Mission beschäftigt war. «Sie können unmöglich allein weitergehen», sagte er und bot mir an, mich zum Nil zu fahren. Ich setzte mich vor ihn auf sein Rad, und wir fuhren gemeinsam zurück. Am Nilufer angelangt, bat er mich, hier auf ihn zu warten, bis er einen Schilluk fände, der mich mit einem Boot nach Malakal hinüberbringen würde. Es dauerte lange, bis mein Retter zurückkam. Die Moskitos hatten mich inzwischen total zerstochen. Tatsächlich kam der Fremde mit einem Schilluk zurück, der bereit war, mich mit seinem Boot nach Malakal zu rudern. Als ich mich dankend von meinem Retter verabschiedete, schenkte er mir sein Perlenarmband, und ich mußte ihm versprechen, ihn in der Mission aufzusuchen.

Lautlos glitten wir über den Nil. Der Schilluk lenkte so sicher das Boot, das nur ein ausgehöhlter Baumstamm war, daß ich jede Furcht verlor. Es war eine traumhaft schöne Nacht. In der Luft zirpte und summte es wie leise Musik, der Himmel war von Sternen übersät, sie schienen zum Greifen nah und groß, wie ich es noch nie gesehen hatte. Wie ein riesiges funkelndes Dach überspannte der Himmel die nächtliche Landschaft.

Der Schilluk führte mich in Malakal zu einer Polizeistation und sprach einige Worte mit den Polizisten. Nachdem ich ihm dankend die Hände gedrückt und ihn entlohnt hatte, verschwand er in der Dunkelheit. Die drei Sudanesen betrachteten mich neugierig. Es war keine alltägliche Angelegenheit, daß spät nach Mitternacht eine weiße Frau, nur von einem Schilluk begleitet, hier erschien. Keiner der Sudanesen sprach englisch und ich nicht arabisch, aber ich entdeckte das Telefon und gab zu verstehen, ich wollte den Gouverneur Osman Nasr Osman sprechen. Das verstanden sie auch. Einer der Polizisten ging ans Telefon, und ich entnahm dem Gespräch, man würde mich abholen. Obwohl ich mit dem Schlaf kämpfte, hörte ich ein Auto kommen. Herein kam der Adjutant des Gouverneurs, ein junger Offizier, den ich schon gesehen hatte. Nachdem ich von unserer Havarie erzählt hatte, sagte er: «Kein Problem, morgen holen wir den Wagen aus dem Sumpf.» Dann brachte er mich in ein kleines Hotel, das sich draußen am Flughafen befand.

Am Morgen um sieben Uhr standen drei Militär-Lastwagen vor dem Hotel. Die erste Fähre brachte uns über den Nil. Bald darauf fanden wir unseren Wagen. Der Deutsche und der Engländer saßen unter einem Moskitonetz und frühstückten. Keine Miene verriet Freude oder Überraschung. Die Soldaten hatten in wenigen Minuten den Wagen mit Schleppseilen herausgezogen und auf trockenen Boden gestellt. Am Tage konnte man auch gut erkennen, wo der Straßenrand aufhörte und der Sumpf begann. Nachdem ich mich vielmals bedankt hatte, fuhren die Militärwagen wieder zurück nach Malakal.

Bei Sonnenschein sah jetzt alles freundlicher aus als gestern in der Dämmerung. Trotzdem war kein Lächeln in dem Gesicht des Deutschen zu entdecken. Das Moskitonetz, die zwei Klappstühle und der Proviant wurden verpackt, dann kommandierte der Deutsche: «Einsteigen!» Ich bekam Herzklopfen. Nach welcher Richtung würde er fahren – zurück zum Nil oder zu den Nuba-Bergen?

Ich atmete auf. Er fuhr Richtung Nuba-Berge.

Wiedersehen mit den Nuba

Eine Stunde vor Mitternacht kamen wir in Tadoro an. Der Wagen hielt unter «meinem» Baum. In weniger als zwei Tagen hatte der Deutsche es geschafft – eine anerkennenswerte Leistung – mit diesem alten vw-Bus. Es war totenstill, nur einige Hunde bellten. Meine Begleiter legten sich todmüde schlafen, der Deutsche im Wagen, der Engländer in seinem winzigen Zelt. Ich stellte mein altes Klappbett dort auf, wo es vor zwei Monaten gestanden hatte. Die

Strohhütte, welche die Nuba, nur wenige Meter von dem Baum entfernt, gebaut hatten, war nicht mehr da.

Während ich mit meinem Gepäck beschäftigt war, vernahm ich Stimmen. Gestalten konnte ich noch nicht erkennen. Sollten dies meine Nuba sein? Plötzlich, wie aus dem Boden gewachsen, standen sie vor mir, und nun hörte ich sie rufen: «Leni – Leni, giratzo!» (Leni ist zurückgekommen.)

Sie umringten mich, drückten mir die Hände, weinten und lachten. Erst wenige, dann wurden es mehr und mehr. Die Männer und Frauen umarmten mich, die Kinder zupften an meiner Kleidung, der Jubel war unbeschreiblich. Ich war glücklich, überglücklich. So hatte ich mir das Wiedersehen gewünscht, aber es übertraf meine Vorstellung. Nach wenigen Minuten kamen Natu und Alipo, Tukami, Napi und Dia. Wie ein Lauffeuer hatte sich die Nachricht von meiner Rückkehr verbreitet.

Von meinen Nuba-Freunden geführt, stiegen wir noch in dieser Nacht über einen Felsweg zum Haus von Alipo und setzten uns vor dem Eingang auf den Steinen nieder. Alipos Frau brachte einen großen Topf Marissa. Mir war, als wäre ich in meine Heimat zurückgekehrt. Die Nuba wollten wissen, wie lange ich bleiben würde, wer die beiden Fremden wären und ob ich in «Alemania» gewesen war. Da sie Deutschland schwer aussprechen konnten, habe ich, wenn sie mich nach meiner Heimat fragten, immer «Alemania» gesagt. Wir lachten und redeten, bis ich müde wurde. Dann brachten sie mich wieder zu meinem Lagerplatz.

Am nächsten Morgen waren meine Begleiter seltsam schweigsam. Nachdem der Deutsche mir mein Frühstück gegeben hatte, Tee, Brot und Marmelade, sagte er mit steinerner Miene: «Wir können hier nicht vier Wochen bleiben, wir müssen schon in wenigen Tagen wieder weiter.» Ich war entsetzt.

«Das ist unmöglich», rief ich erregt, «Sie müssen die vereinbarte Zeit hierbleiben, Sie haben doch schon für vier Wochen das Geld bekommen.» Meine Worte machten auf den Deutschen nicht den geringsten Eindruck. Mir fiel die Warnung des Gouverneurs ein, er hatte recht gehabt. Ich hatte weder einen Wagen noch die notwendigen Geldmittel und war den Kerlen ausgeliefert. Die Nuba verstanden, daß die Fremden nicht sehr freundlich zu mir waren, und trugen kurz entschlossen mein Bett und meine Kiste zu den Felsen hinauf und machten eine ihrer Hütten für mich frei.

Während meine Begleiter tagsüber mit ihrem Wagen unterwegs waren, versuchte ich in jeder Stunde, die mir noch verblieb, mein Wissen über die Nuba zu erweitern. Mit einem Tonbandgerät machte ich viele Musik- und Sprachaufnahmen, und abends gab es dann für die Nuba kein größeres Vergnügen, als ihre eigene Musik und Sprache vom Band zu hören.

Gumba, einer der besten Ringkämpfer, aber nicht aus Tadoro, sondern aus Tomeluba, einer Nuba-Siedlung, hoch am Berg gelegen, lud mich ein, um mich mit seinen Eltern und Verwandten bekanntzumachen. Ich nahm meine Leica mit, die alles wie für ein Tagebuch in Bildern festhielt. Dia und Gurri-Gurri, Gumbas Freunde, begleiteten uns. Wir stiegen über die Felsen aufwärts. Überall grüßten und winkten die Nuba. Je höher wir kamen, desto großartiger wurde die Landschaft. Tief unter uns lag Tadoro und das weite Tal. Inmitten der Felsen standen große uralte Bäume, deren Stämme nur mehrere Menschen umfassen konnten. Die Nuba achteten streng darauf, daß ich mich nicht überanstrengte, legten Pausen ein und spielten dabei auf ihren Gitarren. Zwei Stunden dauerte der Aufstieg nach Tomeluba. Die Hütten lagen weit auseinander zwischen Felsen und Gras. Gumba führte mich in sein Haus, wo er mir aus einer Kalebasse, die er sorgfältig reinigte, Wasser zu trinken gab. Viele Malereien und Ornamente schmückten die Wände, und immer wieder war ich über den Schönheitssinn dieser «Primitiven» überrascht. In Gumbas Haus fand sich auch eine interessante Duschecke, die durch plastische Ornamente verschönt war. Die großen Wasser-Kalebassen wurden von zwei in die Wand eingelassenen Antilopenhörnern gehalten.

Er hing seinen Perlenschmuck um und band seinen Ledergürtel um die Hüften, dann verschwand er in einem seiner Häuser. Als er zurückkam, hielt er in seinen Händen einen mit einer Schnur zusammengebundenen Stoffbeutel, öffnete ihn vorsichtig und zeigte mir lächelnd und mit Stolz einige Münzen – sein erspartes Vermögen. Es waren noch nicht zehn Mark. Dann zeigte er mir seine anderen «Schätze»: Eine große Trommel, ein Horninstrument, zwei aus Elefantenhaut angefertigte und bemalte Schilder, Speere und vor allem seine Ringkämpferbekleidung, die aus langen bunten Bändern bestand. Dazu gehörte Fellschmuck, wie ihn die Nuba an Hals, Armen und Beinen tragen, sowie lange Perlenketten, die sie vor den Kämpfen ablegen.

Schließlich überreichte mir Gumba als Geschenk eine Kette, deren Perlenschnüre mir vom Rücken bis an die Fußfesseln herunterhingen. So geschmückt verließ ich Tomeluba.

Ein Totenfest bei den Nuba

Es war spät, als wir nach Tadoro zurückkamen. Der Deutsche und der Engländer hatten ein paar Vögel geschossen und bereiteten sie zu einem guten Mahl, aber es wurde wenig gesprochen. Es fiel mir auf, daß viele Nuba mit ihren Speeren die Felswege hinaufgingen und daß sie fast alle weiß eingeascht waren.

Alipo kam zu uns und sagte traurig: «Napi pengo – Napi ist tot.» Ich fragte erschrocken: «Napi aus der Seribe?» Alipo bejahte. Schmerz erfüllte mich, denn Napi war einer meiner Freunde, den ich wegen seiner so großen Bescheidenheit besonders gern hatte. Er gehörte neben Natu und Tukami zu den besten Ringkämpfern von Tadoro.

«Woran ist Napi gestorben?» fragte ich und erfuhr, daß ihn eine Giftschlange gebissen hatte. Bevor sie beim Kudjur mit ihm ankamen, war Napi schon tot. Er wurde in das Haus seines Onkels gebracht, hoch oben am Berg, und alle Nuba strömten dorthin. Alipo und ich folgten den anderen. Aus der Ferne hörten wir Weinen und Wehklagen. Immer deutlicher waren die Klagelieder zu hören. Auf dem Dach des Hauses war ein großes weißes Tuch gespannt. Vor dem Haus und zwischen den Felsen standen Hunderte von Nuba. Viele von ihnen waren schneeweiß eingeascht. Die Männer, auch die alten, trugen Speere und waren mit Ornamenten bemalt. Auch die Frauen und Mädchen hatten auf ihre Gesichter und Körper weiße Linien und Kreise gezeichnet – ich konnte sie nicht mehr erkennen. Am Rücken hatten sie sich Zweige mit großen grünen Blättern angebunden, was ihnen das Aussehen unwirklicher Wesen verlieh.

Vor dem Eingang des Hauses lag eine getötete Ziege. Alipo nahm meine Hand und führte mich in das Haus, darin Napi aufgebahrt war. Der Raum war voll von Freunden und Verwandten, die laut und heftig weinten, der Tote war mit vielen weißen Tüchern zugedeckt. Drei Frauen, die Großmutter, die Mutter und die Schwester, saßen auf dem Totenbett und sangen schluchzend ihre Klagelieder, auch die jungen Männer, die in die Hütte kamen, weinten hemmungslos. Auch ich konnte meine Tränen nicht mehr zurückhalten. Zwei Frauen schütteten den Inhalt ihrer Körbe über den Toten, getrocknete Bohnen und Durakörner. Ich wagte, einige Aufnahmen zu machen, niemand versuchte, mich daran zu hindern. Dann ging ich hinaus ins Freie. Auf einer großen Felsplatte stand eine Gruppe von vielleicht zwanzig Männern. Sie sahen wie aus Stein gemeißelte Statuen aus. Es waren die Ringkampffreunde Napis aus den benachbarten Hügelgemeinschaften. In ihren Händen hielten sie die blätterlosen Zweige, die Siegerpreise der Ringkämpfer. Noch seltsamer wirkten einzelne Gestalten, welche sie «Wächter der Toten» nannten. Auch sie standen auf hohen Felsplatten und sollten böse, mit den Winden kommende Geister von den Toten fernhalten. Dort verharrten sie unbeweglich, auf ihre Speere gestützt, bis der Tote ins Tal getragen wurde. Auf ihre Körper hatten sie mit Asche die Linien eines Skeletts gemalt. Auch diese «Totenwächter» waren Ringkämpfer, die mit Napi in der Seribe gelebt hatten.

Es war alles so phantastisch und unwirklich, ich glaubte, mich auf einem fernen Planeten zu befinden. Es fiel mir nicht leicht, während dieser feierlichen Handlung Aufnahmen zu machen, obgleich es mir zwingend erschien, dieses Ritual einer vergehenden mythischen Kultur in Bildern festzuhalten.

Auf einem freien Platz hatte sich um eine Rinderherde ein großer Kreis gebildet. Sechsunddreißig Rinder waren als Opfer für den toten Napi ausgewählt, eine unfaßbare Menge, wenn man weiß, wie arm die Nuba sind. Noch ehe das erste Rind durch einen Speerstich ins Herz getötet wurde, verließ ich den Ring.

Gebannt von dem, was ich erlebte, hatte ich kaum bemerkt, daß die Dämmerung hereingebrochen war. In der Dunkelheit sah alles noch phantastischer aus. Gruppen von Frauen, die sich mit großen Tabakblättern geschmückt hatten, erinnerten an lebende Pflanzen, ihre bemalten Gesichter an Masken. Sie tanzten, indem sie sich in Kreisen und Linien fortbewegten, wie ein Geisterballett.

Auf dem kleinen Friedhof in der Nähe der unteren Nuba-Häuser war schon am Morgen ein Grab ausgehoben worden, von außen gesehen nur ein rundes Loch, nicht größer als die kleinen Rundeingänge, die in die Kornhäuser der Nuba führen. Dies sollte einen Schutz für den Toten bedeuten. Einem Fremden würde es kaum gelingen, sich durch ein so kleines Loch zu zwängen. Umrandet war dieser Grabeingang mit weißer Asche, und ähnlich den Grabkammern der Ägypter verbreiterte sich dieses Loch nach unten in Form einer Pyramide, so daß der Tote ausgestreckt dort ruhen konnte und noch genügend Platz für zahlreiche Grabbeigaben vorhanden war.

Napis Onkel war in das Grab gestiegen, nur seine Hände schauten aus der kleinen Öffnung heraus, und vorsichtig zog er den Toten, eingebunden in weiße Tücher, in die Grabkammer. Kalebassen, gefüllt mit Fleisch, Dura, Erdnüssen und sogar mit Milch, wurden dem Onkel für den Toten in die Grabkammer gereicht – aber nicht nur Lebensmittel, auch persönliche Geschenke, seine Axt, Gitarre, Messer, Schmuck und seine Ringkämpferbekleidung.

Als der Onkel wieder aus der Grabkammer herausgekommen war, stäubten die Nuba zum letzten Mal Asche in die Öffnung. Dann wurde das Grabloch mit einem großen runden Stein geschlossen, darüber ein Hügel aus Erde geformt und eine Stange mit einer weißen Fahne in seine Spitze gesteckt. Freunde von Napi zerbrachen ihre Speere und stießen die Hälfte in den Grabhügel, die verbleibenden Schäfte bewahrten sie in ihren Hütten auf. Schließlich legten sie Dornengestrüpp rund um den Hügel – ein symbolischer Schutz für den Toten. Die Verwandten blieben in der Nähe des Grabes. Auf Steinen sitzend, trauerten sie dort die ganze Nacht.

Ich ging langsam zu meiner Hütte hinauf und blickte hinunter zu dem Baum, wo der vw-Bus stand. Die Gardinen im Bus waren zugezogen, kein Licht brannte mehr im Wagen. Die beiden Männer schliefen schon. Von der Totenfeier hatten sie keine Notiz genommen.

Marsch zu den Korongo-Bergen

Am nächsten Tag beschriftete ich meine Filme, die ich gestern belichtet hatte, und machte Notizen in mein Tagebuch. Jemand kam summend in meine Hütte – an der Melodie erkannte ich, daß es Tukami sein mußte. Sein Ausdruck war bekümmert.

«Warum lachst du heute nicht?» fragte ich ihn.

Tukami sagte traurig: «Waribi nibbertaua» – meine Frau ist weggelaufen.

«Warum?» Tukami zuckte die Achseln und sagte verzweifelt: «Basso weela» – kommt nicht wieder.

Da kamen Knaben angerannt und riefen «Norro szanda Togadindi». In diesem Augenblick war Tukamis Problem vergessen. Wir gingen ins Freie. Eine Gruppe Nuba umringte zwei Boten, von denen einer auf einem Horn blies, während der andere mit dem «solodo» – dem Lederpatscher – mehrere Male auf die Erde schlug. Sie kamen aus den Korongo-Bergen, um die Nuba zu einem großen Ringkampffest nach Togadindi einzuladen. Auch ich wurde von dem Fieber der Erwartung, das die Boten hervorgerufen hatten, angesteckt. Alipo sagte mir, morgen ganz früh, wenn die Hähne krähen, würden die Nuba «dette dette» – weit, sehr weit gehen. Mit seinen Armen machte er eine ausholende Bewegung: «Szanda jogo» – ein großes Fest. Ich wollte den Deutschen und den Engländer verständigen, aber der Wagen war weg, wahrscheinlich holten sie Wasser.

Es war noch Nacht, als Alipo mich weckte. Die Nuba hatten sich bereits versammelt. Ich lief noch einmal in die Hütte zurück, um meine Taschenlampe zu holen, und zögerte einen Augenblick, ob ich den

Deutschen nicht doch verständigen sollte – aber wecken wollte ich ihn nicht.

Es ging sich wunderbar am frühen Morgen, die Temperatur war angenehm, die Nuba lustig wie immer, und ich fühlte mich wohl in meiner leichten Bekleidung. Die Tasche mit den Optiken trug Alipo, die Leica gab ich nie aus der Hand. Langsam wurde es Tag. Der Himmel, an dem noch die Sichel des Mondes zu sehen war, erhellte sich. Als die Sonne über den Hügeln erschien, blitzten die vor uns liegenden gelben Felder wie Gold. Nun erreichten die Sonnenstrahlen auch uns, und augenblicklich wurde es heiß. Früher als sonst fing ich unter der glühenden Sonne zu leiden an. Das Wasser lief mir am Körper entlang wie bei einem Saunagang. Die Hitze war kaum noch zu ertragen. Selbst den Nuba war sie zuviel. Sie klagten: «Singi zepa» – die Sonne ist sehr heiß. Ich versuchte, meine aufkommende Schwäche zu verbergen. Endlich fanden wir einen schattigen Rastplatz, nachdem wir über fünf Stunden ohne Pause gegangen waren. Die Frauen stellten ihre großen Körbe ab, in denen sie die Kleidung und den Schmuck der Ringkämpfer mit sich führten. Dann holten sie die Töpfe mit Dura-Brei heraus, und wir aßen, tranken und ruhten uns über eine Stunde aus.

Längst hatten wir die Felder hinter uns gelassen, nur Sträucher und vereinzelte Bäume waren anzutreffen. Ich fragte Alipo, wie weit es noch sei, er deutete in die Ferne: «Dette dette» – sehr, sehr weit. Wie schon sooft hatte ich mich unüberlegt in ein Abenteuer eingelassen, und nun gab es kein Zurück. Ich mußte versuchen, durchzuhalten. So marschierte ich weiter, Kilometer um Kilometer, immer öfter schaute ich auf die Uhr. Der Marsch nahm kein Ende.

Die Sonne hatte schon längst den Zenit überschritten, als es vor meinen Augen zu flimmern begann und ich im gleichen Augenblick eine Schwäche verspürte. Schatten bewegten sich um mich, ich fühlte, wie mein Kopf und Körper mit Wasser besprizt wurde, und versank in Bewußtlosigkeit. Als ich zu mir kam, schaukelte ich wie auf einem Kamelrücken. Ich wußte nicht Traum oder Wirklichkeit zu unterscheiden, bis ich inne wurde, daß ich in einem Korb lag, den eine Nuba-Frau auf ihrem Kopf trug.

Endlich machten wir Halt. Die Frauen hoben mich herunter und legten mich flach auf die Erde. Die Sonne war untergegangen, und schnell nahm die große Hitze ab. Bald fühlte ich mich besser. Wir befanden uns auf einem Platz inmitten eines fremden Dorfes. Das große Fest sollte morgen stattfinden, womit ich nicht gerechnet hatte. Noch nie waren die Nuba, solange ich bei ihnen war, so weit zu einem Ringkampffest gegangen. Ich hatte weder Seife noch Zahnbürste dabei

– aber mehr Sorge bereitete es mir, daß der Deutsche nicht wußte, wo ich mich aufhielt.

Unterdessen war es dunkel geworden. Alipo war fortgegangen, um für unsere Nuba – es waren wohl mehr als sechzig – Unterkunft für die Nacht zu finden. Neugierig wurden wir von den fremden Nuba betrachtet, hauptsächlich wurde ich bestaunt. Es war sehr unwahrscheinlich, daß sie schon eine weiße Frau gesehen hatten. Kinder, die mich erblickten, liefen weinend davon. Die Nuba-Männer hier waren fast um einen Kopf größer als «meine» Nuba, sie wirkten wie schwarze Riesen. Als einzigen Schmuck trugen sie weiße Federn am Kopf und um die Hüften einen aus Ästen gebogenen Gürtel.

Inzwischen war Alipo zurückgekehrt. Er hatte für uns alle Schlafstellen gefunden. Wir verließen den Platz und betraten nach einiger Zeit ein Haus, das – soweit ich es in der Dunkelheit erkennen konnte – denen von Tadoro ähnlich war. Die Korongo-Familie zog sich in die Nebenhäuser zurück, nur eine Frau blieb bei uns. Sie machte Feuer und setzte einen großen Topf mit Durabrei für uns auf. Meine Nuba konnten nicht mit ihr reden – die Sprache der Korongo-Nuba ähnelt in keinem Wort der der Masakin. Zu müde, um noch etwas zu mir nehmen zu können, legte ich mich auf den Steinboden und schlief vor Erschöpfung sofort ein.

Das große Fest in Togadindi

Beim Erwachen fühlte ich mich wie zerschlagen. Von oben bis unten war ich mit Staub bedeckt. In der Mitte der Hütte hatten unsere Ringkämpfer schon mit ihrer «Morgentoilette» begonnen – sie waren beim Einaschen. Ein ganz und gar unwirklicher Anblick. Sie standen in einem Bündel Sonnenstrahlen, die durch das Dach der Hütte fielen, darin wirbelte und flimmerte die Asche. Wie von Scheinwerfern beleuchtet, bewegten sich die weißen Gestalten gegen den dunklen Hintergrund – für einen Bildhauer begeisternde Motive.

Als ich aus der Hütte trat, war ich von dem gleißenden Sonnenlicht geblendet. Nur langsam konnten meine Augen diese Helligkeit ertragen. Was ich dann sah, war überwältigend. Ich hatte schon Tausende von Nuba bei ihren Festen erlebt, aber dieser Anblick übertraf alles. Es war ein Heerlager phantastisch geschmückter Menschen – eine Woge unübersehbarer Fahnen und Speere.

Ich stürzte in die Hütte, um die Kamera zu holen, und wußte nicht, was ich zuerst aufnehmen sollte: die Massen, die Gesichter oder die verwirrend vielen Ornamente auf Körpern und Kalebassen.

Die Sonne brannte wieder erbarmungslos von dem blauen Himmel, ich bekam unerträglichen Durst. Vergeblich suchte ich das Haus, in dem ich übernachtet hatte, um dort Wasser zu finden. Ich fand es nicht, ich konnte auch niemanden danach fragen, ich kannte kein einziges Wort in Korongo-Nuba.

Entmutigt setzte ich mich auf einen Stein. Eine Frau, die mich beobachtet haben mußte, deutete auf ein Haus. Erleichtert ging ich hinein und hatte nur den einen Wunsch – zu trinken. Alipo suchte in allen Ecken der Hütte, aber die Töpfe waren leer. Ich wischte mir das salzige Wasser aus den Augen – der Durst war qualvoll. Alipo kam nach wenigen Minuten mit einer Kalebasse zurück. Gierig trank ich sie aus.

Inzwischen hatte der Einmarsch aller Mannschaften begonnen. Ich rannte, so schnell ich nur konnte, und versuchte, unsere Nuba von Tadoro unter den marschierenden Gruppen zu entdecken. Alipo sah sie sofort. Wir drängten uns durch die immer zahlreicher zusammen- strömenden Menschen. An der Spitze ging Natu, die Fahne tragend. Die von seinem Helm herabhängenden Perlenschnüre verdeckten wie ein Vorhang sein Gesicht. Hinter ihm tanzten Tukami und die anderen Ringkämpfer von Tadoro. Die Menge von heute morgen hatte sich verdoppelt. Ich konnte ihre Zahl nicht mehr schätzen. Kreise fingen sich an zu bilden – ein Zeichen, daß die Kämpfe bald beginnen würden. Wie Matadore zogen die Kämpfer in die anfangs noch sehr großen Ringe. Unausgesetzt dröhnten die Trommeln. Eine ungeheure Erregung lag in der Luft, und wie auf ein unsichtbares Zeichen begannen die Kämpfe. In dem Kreis, in den mich die Nuba durch- schlüpfen ließen, kämpften etwa zwanzig Paare. Mir war, als befände ich mich in einer antiken Arena. Dieses Ringkampffest stellte in seinem Ausmaß alle bisherigen in den Schatten.

Unsanfte Stöße rissen mich fast um, ein kämpfendes Paar hatte den Ring bei uns durchbrochen – die Kämpfer wären beinahe über mich gestürzt. Der Kampf wogte hin und her, die Nuba um mich schrien wie verrückt, und jetzt war es einem gelungen, seine Arme um die Taille des anderen zu schlingen, er drehte ihn wie eine Puppe herum, und dann – ein Aufschrei – er hob den anderen Riesen hoch über seinen Kopf in die Luft und legte ihn dann ziemlich sanft auf den Rücken. Ohrenbetäubender Lärm, Trommeln und Pfeifen setzten ein. Ich löste mich aus der Menge, lief vor den Nuba her, um den Sieger, der mit großem Jubel herausgetragen wurde, im Bild festzuhalten.

Alipo hatte mich gesucht. Aufgeregt nahm er mich an der Hand und bahnte mir den Weg durch die Menge. Gogo, der stärkste Ringkämpfer der Korongo, hatte Natu, seinen Pflegesohn und besten Ringkämpfer der Masakin-Nuba, zum Kampf gefordert, und Natu hatte ihn angenommen – für die Nuba aus Tadoro der aufregendste Augenblick. Wir erreichten den Ring – Natu und Gogo standen sich schon wie zwei Kampfhähne gegenüber. Natu, tief gebückt, die breiten Schultern nach vorn gebogen, und Gogo, ebenfalls gebückt, versuchte in tänzerischer Art Natus Kopf zu berühren. Gogo, über zwei Meter groß, war eine auffallende Erscheinung, schlank und fabelhaft trainiert. Er erschien mir wie David von Michelangelo. Bis jetzt hatte Natu jeden Versuch Gogos, ihn zu packen, geschickt abgewehrt.

Im Ring herrschte unerträgliche Spannung. Plötzlich hatte Natu seinen Arm wie einen Pfeil nach vorn geschleudert und umschlang mit beiden Armen Gogos Hals, dieser, ebenfalls schnell reagierend, umklammerte den Hals von Natu. Beide wirbelten ineinander verschlungen durch den Ring. Die Korongo feuerten ihren Gogo an, die Masakin ihren Natu. Ich war ganz Partei und rief mit meinen Nuba: «Natu, Natu.»

Ein Kampf gleichstarker Gegner, der nie in Roheit ausartete und lange dauerte. Nun drückte Natu Gogo an die Zuschauer heran, schob ihn mit der Kraft eines Stiers Zentimeter um Zentimeter durch den Ring der Zuschauer. Ich konnte die Kämpfenden nicht mehr sehen. Plötzlich hörte ich die Menge aufschreien – und schon sah ich, wie sie Natu auf die Schultern hoben, ihm einen Speer in die Hand gaben und ihn aus dem Ring trugen. Alipos Augen waren feucht geworden. Stolz auf diesen Sieg erfüllte ihn und alle Masakin-Nuba.

Als ich zu ihm gehen wollte, um ihn zu beglückwünschen, sah ich hinter der Menge den Deutschen und den Engländer auftauchen, die wie zwei Polizisten nach mir Ausschau hielten. Im Höhepunkt der herrlichsten Kämpfe, die ich je gesehen hatte, kamen die beiden Männer auf mich zu, und an ihren Mienen war zu erkennen, daß sie nicht mit sich reden ließen. Sie forderten mich auf, sofort in ihren Wagen zu steigen. Das war zuviel für mich. Ich konnte doch nicht in diesem Augenblick das Fest verlassen. Ich bat, noch wenige Stunden bleiben zu können, ich flehte sie an, ich weinte – aber ohne jede Gefühlsbewegung verlangten sie, ihnen auf der Stelle zu folgen. Da bäumte es sich in mir auf, ich weigerte mich. Der Deutsche sagte: «Gut, dann bleiben Sie eben. Wir fahren. Wir verlassen morgen die Nuba-Berge.»

«Nein», schrie ich sie an, «das kann ich nicht. Ich habe Sie bezahlt für vier Wochen, mit viel Geld, mit meinem letzten Geld. Erst vor acht Tagen haben wir Malakal verlassen – Sie können nicht abreisen.»

«Wir können es», sagte der Deutsche zynisch, sie verließen den Ringkampfplatz. Die um uns stehenden Nuba hatten alles beobachtet und holten Alipo herbei. Ich mußte eine Entscheidung treffen – aber ich hatte keine Wahl, ich mußte mich diesen Kerlen beugen. Ohne Wagen, ohne Proviant, ohne Geld konnte ich nicht bleiben. Ich sagte Alipo, daß ich fort müßte und mich noch schnell von Natu und den anderen Freunden verabschieden möchte. Als er verstand, daß es ernst war, ließ er die anderen Nuba suchen – er blieb bei mir, als wollte er mich vor etwas Bösem schützen. Ich fühlte mich elend – unbeschreiblich elend. Da waren auch schon meine Nuba da, sie hatten meine Hände ergriffen und wollten mich vom Wagen wegziehen. In einem furchtbaren Gedränge hielten Natu, Tukami, Gumba und Alipo – sie alle – mich an Armen und Händen fest. Der Deutsche bestieg den Wagen und ließ den Motor an. Ich heulte vor Wut und Verzweiflung – und stieg ein. Ich schaute nicht zurück – ich winkte nicht, ich konnte den Anblick meiner traurigen Nuba nicht ertragen.

Bei Nacht kamen wir in Tadoro an. Das Dorf lag in tiefem Schlaf – nur einige Hunde bellten. Unruhig wälzte ich mich auf meinem Lager. Die Sterne verblaßten – der Tag dämmerte herauf. Bald waren die Kinder in meiner Hütte, auch einige Frauen fanden sich ein. Sie halfen mir, meine Sachen zu packen, und trugen sie zum Wagen. Ohne einen Grund zu nennen, erklärte mir der Deutsche, sie führen erst morgen. Welch eine Gemeinheit – ich hätte das Fest nicht verlassen müssen und auch das heutige Ringkampffest miterleben können. Immer mehr Nuba versammelten sich um mich. Die Hütte war viel zu klein, um sie alle hineinzulassen, so setzten wir uns unter den großen Baum, Kinder und alte Leute. Sie brachten mir kleine Abschiedsgeschenke. Die größeren Kinder schenkten mir kleine Figuren, die sie aus Lehm geformt und gebrannt hatten.

Zum ersten Mal tauchte in mir der Gedanke auf, ein eigenes Haus hier zu haben. Es begann, mich zu faszinieren. Ich fing an Skizzen zu machen. Während ich träumte und zeichnete, kam Gabicke, ein Original von einem Nuba. An Gutmütigkeit und Hilfsbereitschaft übertraf er alle. Ich erzählte ihm von meinem Plan. Sofort fiel ihm ein günstiger Platz ein. Er führte mich zu einer zwischen zwei Gräben liegenden Stelle. Ein tatsächlich idealer Standort. Während der Regenzeit fließen hier durch die Gräben große Wassermengen, die man durch entsprechende Anlagen auffangen könnte. Inzwischen war die Sonne untergegangen, und die Nuba hatten sich in ihre Häuser zurückgezogen. Als ich allein war, überfiel mich große Einsamkeit. Ich legte mich auf mein Lager und schlief ein.

Beim Erwachen war es noch dunkel. Ich ging aus der Hütte, Fledermäuse flogen herum, sonst blieb es ganz still. Eine unerklärliche Unruhe trieb mich von der Hütte fort. Es war stockdunkel. Vorsichtig, damit ich nicht fiele, tastete ich mich in Richtung meines früheren Lagerplatzes. Der Gedanke, Tadoro ohne Abschied von meinen Freunden zu verlassen, quälte mich. Da hörte ich hinter mir eine Stimme, und als ich mich umdrehte, stand, dicht vor mir, wie ein großer dunkler Schatten, ein Nuba. Er sagte: «Nuba basso» – Nuba kommen zurück. Ich konnte es nicht glauben und wollte ihn fragen – aber er war verschwunden. Ich ging unruhig hin und her, ich war aufgewühlt, meine Erregung ungeheuer. Ich lauschte, aber es war totenstill. War es eine Halluzination? Ich glaubte in der Ferne leises Trommeln zu hören, aber dann verstummte es. Ich wagte kaum zu atmen. Wieder das ferne Trommeln – es wurde deutlicher, schien sich zu nähern, und nach wenigen, unheimlich erregenden Minuten war ich sicher – meine Nuba kamen zurück.

Ein Glücksgefühl durchströmte mich. Ich warf mich in meiner Hütte aufs Bett. Unfaßbar, daß sie kamen, daß sie ihre Kämpfe abgebrochen hatten. Das Trommeln hatte aufgehört. Ich hörte Lachen, Stimmen, und dann standen die ersten in meiner Hütte, Suala und Gogo Gorände, dann Natu, Tukami und Alipo. Aufgeregt erzählten sie, alle Nuba kämen zurück, um Abschied von mir zu nehmen. Nach meinem plötzlichen Aufbruch aus Togadindi habe ein langes Palaver stattgefunden. Natu und Alipo wollten sofort Togadindi verlassen, aber die Korongo-Nuba ließen es nicht zu. Sie hatten ein Festmahl für Natu vorbereitet und ein Schaf geschlachtet. Dies konnten die Nuba nicht ausschlagen, sie hätten die Korongo zu sehr beleidigt. So beschlossen die Masakin, auf die Feste der folgenden Tage zu verzichten. Lange saßen wir vor meiner Hütte zusammen. Sie spielten auf ihren Gitarren, und einige wollten mich nach Deutschland begleiten. Ein unvergeßlicher Abend.

Am nächsten Morgen war der Abschied endgültig gekommen. Die Nuba waren nicht auf die Felder gegangen, sie hatten sich zu Hunderten um den Wagen versammelt und hielten mich fest, als wollten sie mich nicht mehr loslassen. Der Deutsche hupte, und ich mußte mich losreißen. Die Nuba liefen neben dem Wagen her und riefen: «Leni basso, Leni basso.» Aus dem Fenster hängend, ergriff ich ein paar Hände und tränenüberströmt rief ich zurück: «Leni basso robrära.»

Diesmal, das wußte ich, war es kein tröstendes Versprechen. Ich wußte, ich würde zurückkommen.

Das Ziel war Wau, die Hauptstadt der südwestlichen Provinz Bahr el Ghazahl. Es war die unangenehmste Strecke der ganzen Reise. Würden wir sie schaffen, hätten wir die größten Risiken hinter uns. Von Wau waren es noch 900 Kilometer nach Juba, der südlichsten Stadt des Sudan. Das Gelände erwies sich als äußerst schwierig. Die Flüsse waren noch nicht ausgetrocknet, und es gab keine Übergänge.

Die Stimmung war katastrophal. Der Deutsche fluchte, reparierte die ständigen Pannen und versuchte auf allen möglichen Umwegen die Flußbarrieren zu überwinden. Umsonst. Lebensmittel und Wasser wurden immer knapper, vor allem das Benzin. Wir mußten die Fahrt nach Süden aufgeben. Es bestand nur noch eine Chance nach Wau zu gelangen, eine Station der einzigen Eisenbahnlinie des Sudan zu erreichen, die aber weit entfernt in nordwestlicher Richtung von Wau lag, und zu der von uns aus keine Pisten hinführten. Es gab aber keine Wahl, es mußte versucht werden. Das Aufregendste war die Benzinfrage – wie weit würden wir kommen?

Wir hatten Glück. Nach 14stündigen Irrfahrten erreichten wir mit dem vorletzten Tropfen Benzin die kleine Bahnstation Barbanussa, und – was für ein Zufall – Minuten später rollte auch schon der Zug ein, der nur einmal in der Woche hier vorbeikommt. Da weigerte sich plötzlich der Deutsche, mich nach Juba mitzunehmen, nur wenn ich ihm 300 Mark gäbe – mein letztes Geld. Was blieb mir übrig. Ich mußte mich dieser Erpressung fügen.

Die Fahrt nach Wau kam mir endlos vor, der Zug hielt dauernd, was die Eingeborenen dazu benutzten, außerhalb des Zuges, auf der Erde hockend, ihre Mahlzeiten zu kochen. Die Eisenbahn war so überfüllt, daß Hunderte von Mitfahrenden auf den Dächern der Waggons und auf den Trittbrettern saßen, danach richtete sich das Tempo der Bahn. Noch vor Wau verließen wir in Awiel den Zug, es gab dort Benzin.

Während der Fahrt nach Wau erlebte ich etwas Eindrucksvolles. Als wir in einem Laubwald, den ersten, den ich im Sudan sah, eine Rast machten, schaute ich mich im Wald etwas um, suchte nach Pilzen und Beeren. Plötzlich, nicht weit von mir, sah ich vier bis fünf riesengroße Vögel herumspazieren. Noch nie hatte ich so große Vögel gesehen, weder im Film noch in einem Zoo. Ich wagte kaum zu atmen. Als mich die Vögel bemerkten, wurden sie unruhig und eilten in schnellen Laufschritten wie Strauße davon.

In Wau erwartete mich eine Überraschung. Nachdem wir uns dort bei der Polizei gemeldet hatten, wurde ich zu dem zuständigen Militärgouverneur gebeten. Er kannte mich von Khartum und lud mich ein, für einige Tage sein Gast zu sein. Sofort war ich einverstanden, froh, meine unfreundlichen Begleiter nicht mehr um mich zu haben. Irgendwie, dachte ich, werde ich schon weiterkommen.

Man quartierte mich im Rasthaus von Wau ein – ein hübsch eingerichtetes Haus, inmitten grüner Bäume und an einem Flußufer stehend. Die Gastfreundschaft der Sudanesen, nicht nur die des Gouverneurs, war überwältigend.

Alles, was in Wau interessant war, bekam ich zu sehen: Bazare, Moscheen und eine christliche Kirche, deren Größe mich überraschte. Die Messe war gut besucht, und in einem längeren Gespräch mit dem Priester erfuhr ich, daß auf ihn und seine christliche Gemeinde kein Druck ausgeübt wurde, wie ich es in Zeitungen gelesen hatte. Auch durfte ich während des Gottesdienstes fotografieren.

Osman Nasr Osman hatte von meiner Anwesenheit in Wau erfahren, telefonisch wiederholte er die Einladung, ihn bei seiner Inspektionsreise durch die Upper Nile Province zu begleiten. So peinlich es mir auch war, mußte ich meinem Gastgeber eingestehen, daß ich keinen Groschen mehr besaß. Am nächsten Morgen erhielt ich einen Briefumschlag mit einem Flugticket nach Malakal und einige sudanesische Geldscheine.

Durch die Upper Nile Province

Am 1. April 1963 frühmorgens verließ die Wagenkolonne von Osman Nasr Osman Malakal. An der Spitze fuhr in einem Landrover der Militärgouverneur mit dem Polizeichef und anderen Offizieren. Ich zählte vierzehn schwere Lastwagen. Außer den Offizieren begleiteten uns noch vierzig sudanesische Soldaten – und ich die einzige Frau in dieser Männer-Gesellschaft. Ich saß neben dem Fahrer einer Lorre. Vierzehn Tage waren für diese Fahrt vorgesehen.

Es wurde eine außergewöhnliche Reise, und ich erhielt Gelegenheit, einmalige Aufnahmen zu machen. Die Route führte in die schönsten unerforschtesten Gegenden des Sudan. Wegen der monatelangen schweren Regenfälle kann diese Strecke nur selten befahren werden, alle paar Jahre einmal, und dann auch nur während der kurzen Zeitspanne von drei bis vier Wochen.

Die Reise war aber nicht nur interessant, sie war auch extrem strapaziös. Zwölf Stunden wurde täglich fast pausenlos gefahren. Mit meinem arabischen Fahrer konnte ich kein Wort sprechen. Der Staub und die Schüttelei der Lorre war unerträglich. Aber was ich zu sehen bekam, ließ mich alles ertragen. Es waren vor allem die Tiere, die immer zahlreicher wurden, je weiter wir kamen. Gazellen, Zebras, Impalas, die so wenig scheu waren, daß sie in Riesensätzen unsere Fahrzeuge übersprangen. Auch trafen wir auf eine Unmenge Giraffen, Gnus und Elefantenherden von mehreren hundert Tieren. Ich kannte die Tierreservate Ostafrikas, aber was ich hier sah, war unvergleichbar, es war einfach phantastisch. An manchen Stellen war die Menge der Gazellen unübersehbar, Hunderttausende können es gewesen sein.

Am fünften Tag erreichten wir Akobo. Dort lebt der Stamm der Anuak. Nie habe ich in Afrika so schöne schwarze Menschen gesehen, besonders unter den Mädchen, deren feine Gesichtszüge arabischen Einfluß zeigten. Ihre in Zöpfen geflochtenen Haare waren mit rotem Lehm verziert und eingeölt, so daß es aussah, als trügen sie Perücken. Leider blieben wir nur zwei Stunden, so daß ich wenig zum Fotografieren kam. Ich wünschte mir, hier einmal filmen zu können.

Nach langer Fahrt näherten wir uns dem Buma-Plateau, an der Grenze zu Äthiopien. Ich glaubte, in der Schweiz zu sein. Mit seinen saftigen grünen Hügeln und einem angenehmen Klima ist es, 3000 Meter hoch gelegen, die schönste Gegend im Sudan. Aber risikolos nur mit dem Flugzeug erreichbar. Hier blieben wir einige Tage. In diesem fast undurchdringlichem grünen Buschwerk lebten noch unbekannte Stämme, Fremde konnten kaum in diese Gegend kommen. Oftmals hatte ich das Gefühl, wir würden beobachtet, aber nur selten bekam ich die Eingeborenen zu Gesicht. Einmal sah ich für einen kurzen Augenblick zwei schwarze Gestalten, die als einzigen Schmuck tellergroße Metallscheiben an den Ohren trugen, ein anderes Mal eine Gruppe, die nur mit weißen Reiherfedern geschmückt war, die wie Kronen auf ihren Köpfen aussahen. Leider unmöglich, sie zu fotografieren – sie waren zu scheu.

Auf der Rückreise blieben wir einen Tag in Pibor Post, dem Sitz des Stammes der Murle. Die Männer sind als Löwenjäger berühmt, die Mädchen und Frauen, die einen aus blauen Perlen bestehenden Kopfschmuck trugen, rauchten ebenso wie die Männer große Wasserpfeifen und waren ganz und gar nicht scheu, sie waren lustig und zu Späßen aufgelegt. Ich konnte sie fotografieren, soviel ich wollte.

In Bor verabschiedete ich mich von dem Gouverneur, er mußte zurück nach Malakal. Er gab mir den Rat, nicht mit dem Nildampfer nach Juba zu fahren, sondern auf einen Wagenkonvoi zu warten. In dem Rasthaus des Ortes erlitt ich zum ersten Mal in Afrika einen fiebrigen Anfall. Der Arzt, nach dem ich geschickt hatte, kam nicht, begnügte sich, mir durch einen Boy Tabletten bringen zu lassen. Ich war skeptisch, nahm ein Aspirin, und am nächsten Tag war das Fieber vorbei.

Im Rasthaus hatte ich Gelegenheit, mit einem ehemaligen Häftling, einem Dinka, der als Boy mein Zimmer aufräumte, zu sprechen. Vorsichtig erzählte er, daß er zu Unrecht bestraft worden war. Er sollte sogenannte Steuergelder von den Häuptlingen der Dinka kassieren. Jedes Rind wird einmal im Jahr mit einer kleinen Geldsumme belegt. Aber die Häuptlinge hätten ihm das Geld nicht gegeben, und die sudanesischen Beamten beschuldigten ihn, es unterschlagen zu haben.

«Wenn Sie unschuldig sind», sagte ich, «warum laufen Sie dann nicht weg?»

Darauf sagte er: «Niemand könnte sich für längere Zeit im Busch verstecken.»

«Wieso? Es gibt doch riesige Flächen, wo keine Menschen wohnen.»

Der Dinka: «Es können hundert und mehr Kilometer unbewohnt sein, und trotzdem käme ein Mensch, der sich dort versteckt, mit irgendwelchen Schwarzen in Berührung. Um im Busch zu überleben, muß man Kontakte zu Menschen aufnehmen, und wenn nur zwei oder drei von seiner Existenz etwas wissen, erfahren es in ein paar Wochen alle. Die Trommeln übertragen auf weite Strecken jede Nachricht. Und es findet sich immer wieder ein Verräter, der für Geld solche Nachrichten weitergibt. Bis jetzt ist jeder, der es versucht hat, im Busch allein zu leben, gescheitert.»

Am nächsten Tag kamen die vom Gouverneur angekündigten Lastwagen. Mich wunderte, daß die blitzneuen Fahrzeuge außer dem Fahrer keine weitere Personen mitführten. Erst später, als ich von der Revolution hörte, die schon wenige Monate nach meinem Besuch im südlichen Sudan ausbrach, dämmerte mir, daß die Wagen, die nach Juba fuhren, Militärfahrzeuge gewesen sein müssen. Wahrscheinlich war die Reise des Gouverneurs zur äthiopischen Grenze eine militärische Erkundungsfahrt gewesen, an der ich ahnungslos teilnehmen durfte.

Mit einem dieser Fahrzeuge verließ ich Bor. Mit etwas Glück wollten wir noch die letzte Fähre, die am Nachmittag um fünf Uhr nach Juba fuhr, erreichen. Die Straße war noch nicht trocken, und viele Male hatten wir tiefe Wasserpfützen zu durchfahren. Da sah ich plötzlich aus dem Gebüsch drei Dinka-Krieger herauskommen, überschlanke, hohe Gestalten mit Speeren und den traditionellen breiten Perlengürteln. In dieser Aufmachung waren sie nur noch selten zu sehen. Ich bat den Fahrer zu halten, was er nur unwillig tat. Damals wußte ich noch nichts von den Spannungen zwischen den Süd- und

Nordsudanesen, die zu den immer wieder aufflackernden Aufständen im südlichen Sudan führen. Ich dachte nur an die nie wiederkehrende Gelegenheit, diese seltene Gruppe aufzunehmen, und sprang mit meiner Leica aus dem Wagen. Zögernd ging ich auf die drei Dinkas zu und blieb wenige Meter vor ihnen stehen – die Dinka ebenso. Als ich auf meine Kamera deutete, verstanden sie sofort. Der Größte kam auf mich zu und zeigte mir seine offene Hand. Sie wollten Geld. Hier kommen viele Touristen auf dem Nilboot vorbei. Ich nickte ihnen zu, aber irgendwie war mir die Sache nicht ganz geheuer. Ich machte nur wenige Aufnahmen und ging zum Wagen, um das Geld zu holen. Als ich meine Tasche öffnete, fiel mir siedendheiß ein, daß ich kein Geld mehr hatte, nur einen Scheck, den ich in Juba einlösen wollte. Unwillig beobachteten mich die Dinka. Plötzlich riß mir einer die Tasche aus der Hand. Ich versuchte, alles einzusammeln, was herausgefallen war. Da standen nicht mehr drei Dinka neben mir, sondern fünf oder sechs, und immer mehr kamen aus dem Gebüsch. Die Dinka fühlten sich mit Recht betrogen. Sie gestikulierten heftig und nahmen mit ihren Speeren eine drohende Haltung an. In diesem gefährlichen Augenblick fiel mein Blick auf eine Tabakdose aus Messing, die ich in Malakal gekauft hatte. Auf ihrem Deckel war ein Spiegel. Ich hielt die Dose hoch zur Sonne, daß sie wie Gold glänzte, und warf sie in hohem Bogen über die Köpfe der Dinka in das Gras. Während sie nach der Dose rannten, startete mein Fahrer. Ein Wunder, daß der Wagen aus dem Schlamm herauskam, und unser Glück, denn die Dinka liefen mit ihren Speeren und lautem Geheul noch lange dem Fahrzeug nach. Der Fahrer und ich hatten Todesangst, denn würde der Wagen steckenbleiben, erlebten wir die Rache der Dinka. Nur dieses einzige Mal auf meiner Expedition bin ich von Eingeborenen bedroht worden. Es war mein eigenes Verschulden.

Viel zu früh brach die Dämmerung herein, die Fähre hatten wir verpaßt. Erst nachts erreichten wir den Nil. Im Sudan gibt es kaum eine Gegend, die von Moskitos so heimgesucht wird, wie der südliche Nil. Es wurde eine qualvolle Nacht.

Juba

Mit der ersten Morgenfähre überquerten wir den Nil, wo mich der Fahrer zum Rasthaus von Juba brachte. Es war mehr als primitiv, mit Wanzen in der Matratze. Ich hatte nur einen Wunsch, so schnell als möglich von hier fortzukommen. Aber wie? Ich war ohne Fahrzeug und fast ohne Geld. Mein Rückflugticket ging von Nairobi, und bis dorthin waren es noch einige hundert Kilometer. Zwischen Juba und Nairobi gab es damals weder eine Bahn- noch Busverbindung. Über die Chance, mich vielleicht von Lastwagen mitnehmen zu lassen, mußte ich mich aber erst informieren. Bevor ich in die Stadt ging, überlegte ich, was ich noch anziehen konnte. Die meisten Kleider waren zerrissen und von Ameisen durchlöchert. Ich konnte sie nur noch wegwerfen. Zum Glück besaß ich noch einen Rock und eine saubere Bluse.

Mein erster Weg führte zum Postamt. Als ich meine Briefe in Empfang nahm, zögerte ich, sie zu öffnen. Immerhin war ein halbes Jahr vergangen, seit ich München verlassen hatte. Erleichtert atmete ich auf, meine Muter war gesund – das einzig Wichtige. Sie hatte auch Post von mir erhalten. Weniger gut war, daß ich keine Nachricht von Ulli vorfand, dem Sekretär meines Freundes Harry Schulze-Wilde, den dieser mir in München für die Vorbereitungen der Sudan-Reise «geliehen» hatte. Das war beunruhigend, denn er sollte mir telegrafisch den Empfang meiner belichteten Filme bestätigen, die ich in Malakal aufgegeben hatte. Er hatte fest versprochen, über jeden Film, die alle numeriert waren, genau zu berichten, über Unschärfen und Fehlbelichtungen. Sollten durch das Rütteln der Fahrzeuge Kameras oder Linsen defekt und ein Teil der Aufnahmen unbrauchbar geworden sein? Ein schrecklicher Gedanke. Bei meiner Rückkehr ins Rasthaus erlebte ich eine nicht angenehme Überraschung. Ich traf auf Oskar Luz und die Nansen-Leute, die ich schon längst in Kenya vermutet hatte. Wir begrüßten uns kühl, und sie vermieden alles, um auch nur ein Wort mit mir zu sprechen.

Aber ich hatte auch Glück. Eine deutsche Krankenschwester, die Oberin des Hospitals in Juba, holte mich aus dem abscheulichen Rasthaus und quartierte mich in ihr Haus ein. Zum ersten Mal, seitdem ich Khartum verlassen hatte, schlief ich in einem richtigen Bett, konnte ein WC benutzen und mich auf einen Stuhl mit Rückenlehne setzen. Besonders genoß ich, daß sich das Haus in einem großen Garten voll blühender Sträucher befand.

Rolf Engel, der noch unter den Nansens war, erwies sich wieder einmal als rettender Engel. Er machte mir den überraschenden Vorschlag, mich mit seinem VW-Bus nach Nimule, der Grenzstation zwischen dem Sudan und Uganda, mitzunehmen. Am nächsten Morgen saß ich tatsächlich neben Rolf im VW-Bus. Er erzählte mir von den Schwierigkeiten, die die Nansens mit ihrem Filmvorhaben bei den Nuern gehabt hatten, wobei ihnen die Millionen Moskitos, die in diesen Sumpfgebieten existieren, das Arbeiten unerträglich machten.

Auf der Straße nach Nimule erreichten wir noch vor Dämmerung die Zollgrenze. Als die Nansens mich mit Rolf Engel erblickten, waren sie außer sich. Rolf bat Luz, mich bis Kampala mitzunehmen, konnte aber nur erreichen, daß ich nicht schon hier rausgeschmissen wurde, von hier wäre ich nie weitergekommen. Als wir Gulu in Uganda erreichten, fuhren sie mich nicht einmal bis zu einem Hotel, sondern stellten meine Gepäckstücke auf die Straße und ließen mich dort stehen.

Ich setzte mich am Straßenrand auf eine meiner Kisten und überlegte, wie es mit mir weitergehen würde. Bleiben konnte ich hier nicht, andrerseits waren Kisten und Seesack zu schwer, ich konnte sie nicht wegtragen und ebensowenig allein stehenlassen. Es war schon dunkel. Im Licht meiner Taschenlampe sah ich Passanten vorbeigehen. Ich winkte einen jungen Buschen herbei, zeigte auf mein Gepäck und fragte: «Hotel, wo?»

Er schien zu verstehen, lief davon und kam nach wenigen Minuten mit zwei Männern, die gemeinsam mit ihm meine Sachen in das nur wenige Schritte von der Straße entfernt liegende Hotel trugen. Es war eine von den Engländern erbaute Lodge.

Bis Nairobi gab es nur noch einmal ein Problem, die Weiterfahrt von hier nach Kampala, eine weite Strecke, die man, hat man keinen eigenen Wagen, nur mit einem Bus, der von Eingeborenen benutzt wird, zurücklegen kann.

Als ich mich bei Sonnenaufgang zur Omnibus-Haltestelle begab, wartete dort schon eine Menge Menschen, alles Eingeborene, vor allem Frauen und Kinder, die Säcke, Pappkartons und große Körbe mit sich schleppten – mit Bananen, Mangofrüchten und Hühnern darin. Ich zweifelte, ob ich mit meinen Kisten und dem Seesack mitgenommen werden konnte. Der Bus hatte noch nicht gestoppt, da stürzte sich alles auf ihn. Ich blieb mit meinem Gepäck allein stehen. Da kam der Busfahrer, ein kräftiger Schwarzer, packte mein Zeug und verstaute es auf dem schon vollbeladenen Dach seines Wagens. Dann schob er mich mit sanftem Druck in das Innere, wo mich zwei vollbusige Afrikanerinnen in ihre Mitte nahmen. Ich war unter ihnen die einzige Weiße, was ihnen immer wieder Anlaß zum Kichern gab.

In Nairobi

Nairobi ist die Stadt, in der ich immer leben könnte – ein Wunschtraum. Das Klima ist das ganze Jahr über angenehm, nie zu heiß, nie zu kalt. Dazu kommen die immer blühenden Gärten und die Möglichkeit, den Indischen Ozean mit seinen weißen Sandstränden in wenigen Stunden zu erreichen. Und bis an den Stadtrand von Nairobi kann man die afrikanische Tierwelt beobachten.

Seit der «Schwarzen Fracht» hatte ich hier viele Freunde, unter ihnen eine Landsmännin, Anne Elwenspoek, die seit Jahren in Nairobi lebte. Sie hatte eine hübsche Wohnung und verwöhnte mich mit ihren Kochkünsten. Die Versuchung, länger hierzubleiben und meine Heimreise zu verschieben, war groß. Ich wollte noch Aufnahmen von den Masai machen, und nun war ich in ihrer Nähe und wußte nicht, ob ich jemals wieder hierherkommen könnte. Bestärkt wurde dieses Verlangen durch eine Begegnung mit dem Prinzen Ernst von Isenburg, einem älteren Herrn, der seit mehr als dreißig Jahren in Ostafrika lebte, seine Farm am Kilimandscharo verloren hatte und nun als Reiseleiter für die deutsche «Marco Polo»-Gesellschaft arbeitete. Er besaß einen alten vw-Bus und, was für mich das Wertvollste war, er beherrschte die Sprache der Masai und auch die anderer afrikanischer Stämme. Isenburg war bereit, mich mit einigen Masai-Häuptlingen zusammenzubringen und mir dadurch das Fotografieren bei ihnen zu ermöglichen. Er machte mir ein einmaliges Angebot. Für seine Tätigkeit als Reiseführer, Fahrer und Koch und die Benutzung des Wagens verlangte er nur 50 Mark pro Tag, exclusiv der Kosten für Benzin und Lebensmittel. Der Grund dieser bescheidenen Forderung war unsere gemeinsame Sympathie für die Masai. Er erzählte, auf seiner früheren Farm in Tanganjika konnten die Masai mit ihren Herden weiden – daher die Freundschaft.

Und doch konnte ich auf diesen Vorschlag nicht eingehen. Ich hatte kein Geld. Es war zum Heulen. Da entschloß ich mich, von einem meiner vermögenden Bekannten ein Darlehen zu erbitten. Telegrafisch bat ich Ady Vogel, den Besitzer von Schloß Fuschl, den «Salzbaron», mir 3000 Mark zu überweisen.

Tatsächlich wurde mir schon in wenigen Tagen diese Summe ausbezahlt. Glücklich umarmte ich meinen «Prinzen». Jetzt konnten wir die Masai besuchen.

Die Masai

Noch vor Ende Mai 1963 verließen wir Nairobi. Der Himmel war bedeckt, und es war ziemlich kühl. Vorher hatten wir uns in der Markthalle für einige Wochen mit Lebensmitteln eingedeckt, das Angebot von Früchten und Gemüse war enorm. Bis in die letzten Ecken war der Wagen vollgestopft.

Ich hatte einen lebhaften Reisebegleiter, der auch ein hervorragender Fahrer war, nur bedauerlicherweise als Koch ein Versager. Als er sich an die Zubereitung der Abendmahlzeit machte, sah ich, daß er noch nicht einmal eine Kartoffel schälen konnte. Ich war noch ungeschickter als er, und so entschlossen wir uns zu einem Obstsalat.

Wir hatten Pech mit dem Wetter. Es wurde immer unfreundlicher und kälter. Regenschauer machten die Wege unbefahrbar und zwangen uns zu Ruhepausen. Dennoch wurde mir die Zeit nicht lang, Isenburg war mit seinen Erzählungen über die Masai unerschöpflich. Er informierte mich auch über ihr kriegerisches Wesen. Nach historischen Quellen sollen sie schon vor viertausend Jahren als Elitetruppe unter den Ägyptern gekämpft haben und für ihre Unerschrockenheit und ihren ungewöhnlichen Mut berühmt geworden sein. Damals wurden sie «Mosai» genannt. Über die Jahrtausende waren sie unbesiegbar, bis sie vor den modernen Waffen, die die Engländer Anfang dieses Jahrhunderts gegen sie einsetzten, kapitulieren mußten. Aber ihren Hochmut und Stolz haben sie behalten. Nach ihrer Niederlage weigerten sie sich, mit den englischen Militärführern zu verhandeln, sie hatten erfahren, die höchste Autorität der Engländer sei die Königin Victoria. Tatsächlich wurde eine Abordnung der wichtigsten Masaihäuptlinge in London von der englischen Königin empfangen und ein Friedensvertrag dort unterzeichnet.

Höchst bemerkenswert ist, daß sie als einziger afrikanischer Stamm keine Musikinstrumente benutzen, nicht einmal eine Trommel. Der Grund ist ihre harte soldatische Erziehung, die keine Gefühle erlaubt. Von Jugend an müssen sie härteste Mutproben bestehen, dürfen keinen Schmerz zeigen und keinen Schritt zurückweichen, wenn sie von einem Löwen oder anderen gefährlichen Tieren angegriffen werden. So gesehen, verhalten sie sich völlig entgegengesetzt den Nuba. Diese extremen Gegensätze werden auch an der Rolle sichtbar, die Mädchen und Frauen bei diesen beiden Stämmen spielen. Die Nuba achten die Frau sehr hoch, sie darf sogar die Wahl des Partners allein bestimmen – die Frauen der Masai haben einen geringeren Wert als ein Lieblingsrind. Sie sind Sklavinnen der Männer.

Denke ich an die Totenfeste der Nuba, so sind die Masai auch darin andere Menschen. Stirbt hier Vater, Mutter oder irgendein Verwandter, so wird er an einen schattigen Platz gebracht und bleibt bis zur Todesstunde sich allein überlassen, lediglich einige Kalebassen mit Wasser und etwas Nahrung stellt man ihnen hin. Die Toten werden von den Geiern gefressen, die Überreste nicht einmal verscharrt. Diese für uns kaum faßbare Gefühlskälte gilt bei den Masai als Bestandteil ihrer Religion.

Endlich schien die Sonne, und die Pisten trockneten schnell. Unser erster Besuch galt einem Masai-Kraal im Süden Kenias, in Loito-kitok, nahe der Grenze nach Tanganjika, er war unser erstes Ziel. Bevor ich den Kraal betreten durfte, ging ein langes Palaver zwischen den Ältesten des Kraals und dem Prinzen von Isenburg voraus, in dessen Verlauf der Prinz dem Häuptling seinen ganzen Stammbaum aufzählte, auf Grund dessen er mit jedem europäischen Herrscherhaus verwandt war, bis hinauf zum englischen Königshaus und dem vor fast 50 Jahren verstorbenen Kaiser Franz Joseph von Österreich und König von Ungarn. Darüber offenbar respektvoll erstaunt, erlaubte man uns, den Kraal zu betreten. Es lohnte sich. Ich gestehe, ich hatte so interessante Masai noch nie gesehen, und nach einiger Zeit durfte ich sie auch fotografieren. Ihre ursprüngliche Zurückhaltung verschwand, aber so zutraulich wie die Nuba wurden sie nicht.

Manchmal brachten sie mich in ihrer Unberechenbarkeit zur Verzweiflung, sie hielten ihre Zusage nicht ein und ließen mich oft stundenlang warten, dann aber konnten sie wieder entwaffnend nett sein. Sie zeigten uns, wie sie ihre Schilder anfertigten, was die Muster darauf bedeuten und führten uns sogar Scheinkämpfe vor. Auffallend die feinen, fast weiblichen Gesichtszüge von fremdartiger Schönheit, die viele der jungen Masai, die Morani genannt wurden, aufwiesen. Betont wurde dies feminine Aussehen, in krassem Gegensatz zu ihren männlichen Eigenschaften, noch durch ihre langen rotgefärbten Haare, die kunstvoll in kleinen Zöpfen geflochten und deren Enden in Ziegenleder eingewickelt waren. Neun Jahre dauerte die Ausbildungszeit eines Moran. Jeder besaß Speer und Schild. Speere durften sie damals noch tragen, aber die Schilder hatte ihnen die englische Verwaltung schon verboten. Schilder konnten Kampf oder Streit bedeuten, während der Speer eine lebensnotwendige Waffe gegen die wilden Tiere war.

Die britischen Kolonialbeamten waren schon längst von der Praxis abgekommen, die Masai nach Viehdiebstählen in ein Gefängnis zu stecken. Ihr Freiheitsdrang war so groß, daß sie die Nahrung verweigerten und starben. Deshalb hatten die Engländer eine andere Strafe gewählt. Der Masai mußte sein Lieblingsrind abliefern. Die Härte dieser Strafe ist nur zu verstehen, wenn man weiß, was das für einen Masai bedeutet. Sie haben eine geradezu magische Beziehung zu ihren Rindern, wie es auch bei den Hindus in Indien noch jetzt der Fall ist. Das Lieblingsrind ist für einen Masai das Höchste, was er besitzt. Ein junger Masai-Krieger, zu dieser Strafe verurteilt, war so verzweifelt, daß er während einer öffentlichen Veranstaltung, in der sein Rind ein neues Brandzeichen erhielt, zum Speer griff und den englischen Beamten tötete. Er wußte, daß er diese Tat mit dem Leben bezahlen mußte.

Ich war allein unterwegs, hatte mich verfahren und kurvte ziemlich ratlos in der Gegend herum. Da sah ich am Horizont zwei Masai mit Speeren und Schildern auftauchen. Ich fuhr auf sie zu und fragte nach dem Weg, törichterweise in Englisch, worauf der eine zu meiner Überraschung in einwandfreiem Englisch antwortete.

Verblüfft fragte ich: «Wie kommt es, daß Sie so gut englisch sprechen?»

«Ich habe es in der Schule gelernt.»

«Auf welcher Schule?»

«In Nairobi, dann in London.»

«Was haben Sie in London gemacht?»

«Meinen Doktor. Ich bin Lehrer.»

Ich war sprachlos. Der Masai sah aus wie aus einem Bilderbuch der Ethnologie.

«Warum sind Sie denn hier in diesem Aufzug?»

Da sagte er lächelnd: «I like to be a Masai» – ich möchte ein Masai sein.

Nicht alle Masai haben die Fähigkeit, das Alte zu bewahren und das Neue in ihr Leben zu integrieren. Zum Abschluß meiner drei Monate dauernden Fotosafari durch die Masai-Gebiete Kenias und Tanganjikas erlebte ich ein seltenes Fest mit, eine Zeremonie, die nur alle fünf bis sechs Jahre einmal zelebriert wird. Bei diesem werden Jünglinge, die zu «Moranis» geweiht werden, beschnitten und den älteren, deren Zeit als «Morani» beendet war, die Zöpfe abgeschnitten. Es ist ein Liebesfest. Drei Tage tanzten junge Mädchen und Moranis, nicht nach Musik, sondern nach rhythmischen Gesängen. Viel Honigbier wurde getrunken, und das Fest artete in Sexorgien aus. Noch bevor es beendet war, verließen wir es. Was ich gesehen und aufgenommen hatte, war ungewöhnlich. Meine Filme waren bis aufs letzte Bild belichtet. Benommen von allem, was wir erlebt hatten, kehrten wir nach Nairobi zurück. Dort verließ ich den Prinzen, den sympathischsten aller meiner Reisebegleiter.

Vor dem Abflug verbrachte ich einige Tage in Malindi am Indischen Ozean. Der weite, herrliche Strand war menschenleer und ich im «Lawfords-Hotel» der einzige Gast. Die wunderbare Bucht mit den großen Wellen, die es, unabhängig vom Wind, immer dort gab und damals noch in smaragdgrünen Farben, gehörte mir allein. Glücklich über meine Erlebnisse in Afrika warf ich mich in diese Wellen. Vergessen waren die schweren Jahre – ich fühlte mich wie neugeboren.

Auf meiner kleinen Schreibmaschine schrieb ich meine Erlebnisse nieder – es wurde mein ausführlichstes Tagebuch. Auch schrieb ich Berichte über Material, Belichtung und Motive meiner sämtlichen Aufnahmen – 210 Filme hatte ich belichtet, meine erste Arbeit als Fotografin.

Wieder in Deutschland

Am 8. August 1963 stand ich in München vor meiner Tür in der Tengstraße. Ich hatte Herzklopfen. Vor zehn Monaten hatte ich hier Abschied genommen. Meine Mutter öffnete die Tür. Als sie mich erkannte, schrie sie auf. Es war kein Schrei der Freude, sondern ein Schrei des Entsetzens.

«Mein Kind, mein Kind, wie siehst du aus?» Ihr liefen die Tränen herunter.

«Ich bin doch ganz gesund, liebste Mutti, ich war nie krank.»

«Arme Leni, ich kenn dich nicht wieder.»

«Meine Haare sind abgebrochen», sagte ich, «sie sind hell geworden, ausgedörrt von der Sonne, aber das ist doch nicht so schlimm, die wachsen wieder nach.»

Meine Mutter verzweifelt: «Um Gottes willen, wie bist du abgemagert, du hast ja keine Arme und keine Beine – wie schaust du aus, so elend.»

Ich hatte das nicht empfunden. An der Reaktion meiner Mutter und bei näherem Betrachten im Spiegel mußte ich allerdings feststellen, daß die Expedition mich sehr strapaziert hatte. Es zeigte sich dann, daß es gar nicht so einfach war, mich wieder anzufüttern. Ich konnte essen, was ich wollte, ich nahm nicht zu. Der Körper hatte sich an die fettlose, karge Ernährung so gewöhnt, daß er kein Eiweiß mehr aufnahm. Erst durch monatelanges Spritzen stellte sich allmählich mein früheres Gewicht wieder ein.

Aber der Schreck, den ich meiner Mutter eingejagt hatte, war nicht das Schlimmste, was mich erwartete. Wenn ich an den Augenblick denke, als ich erfuhr, was mit meinen Fotosendungen passiert war, läuft es mir noch heute kalt über den Rücken.

Das war die Sache mit Ulli. Der junge Mann hatte einen guten Eindruck auf mich gemacht, war ruhig, höflich und an allem, was mit Fotografieren zusammenhing, besonders interessiert. Er sollte mich immer auf schnellstem Wege über die technische Qualität meiner Aufnahmen informieren. Auf seinen Bericht über das erste Paket mit belichteten Filmen hatte ich vergebens gewartet. Die Telegramme, die ich ihm aus Juba und Nairobi sandte, blieben unbeantwortet. Erst kurz vor meiner Rückreise erhielt ich einen Brief, unklar und verworren. Immerhin wußte ich, daß die Filme angekommen waren. Daher war nach der Begrüßung zu Hause die erste Frage an meine Mutter: «Wo sind meine Filme?»

Meine Mutter machte ein bekümmertes Gesicht: «Ich fürchte, du wirst mit Ulli Ärger bekommen.»

«Wieso?» fragte ich erschrocken.

«Er war so sonderbar und hat mir auf meine Fragen immer ausweichende Antworten gegeben.»

«Hat er dir die Filme nicht übergeben?» fragte ich stockend.

«Nur einen Teil», sagte meine Mutter, «die erste Sendung, aber nicht die zweite und auch nicht die dritte.»

Mir wurde schwindlig.

Meine Mutter zögernd: «Ich erfuhr, daß er nach deiner Abreise eine Stellung als Fotograf angenommen hat, und deshalb konnte ich ihn nie erreichen.»

Mein Gott, dachte ich, vielleicht hat er meine Aufnahmen an eine Fotoagentur verkauft. Ich mußte Gewißheit haben. Da meldete er sich überraschend. Erleichtert atmete ich auf. Was er mir mitteilte, war niederschmetternd. Die Filme, die er mir übergab, waren Blankfilme, aus glasklarem Zelluloid. Lakonisch sagte er: «Das kann nur durch die afrikanische Zensur oder beim Zoll geschehen sein – ich habe Ihnen davon nichts mitteilen wollen, um Sie nicht zu erschrecken.»

Der Schmerz, den ich damals empfand, war unbeschreiblich. Ich war wie gelähmt. Es war unfaßbar. Mehr als 200 Filme hatte ich aufgenommen, und nur die erste Sendung, die meine Mutter erhalten hatte, war gerettet – nur 90 Filme. Ich konnte nicht mehr essen, nicht mehr schlafen. Wie konnte das geschehen?

Plötzlich fiel mir etwas ein, was mich stutzig machte. Ulli hatte mir Aufnahmen beschrieben, die es gar nicht gab. Vergebens versuchte ich ihn zu erreichen, aber er war nicht mehr aufzufinden. Er hatte München ohne Angabe einer Adresse verlassen. Ich übergab die vernichteten Filme der Kriminalpolizei.

Die Filme wurden in Wiesbaden in der Spezialabteilung der Kriminalpolizei untersucht, und der Fall war rasch geklärt: Ulli hatte die erste Sendung entwickeln lassen und die Filme meiner Mutter übergeben. Die zweite und dritte Sendung, in der sich die Aufnahmen aus dem Südsudan, die Reise durch die «Upper Nile Province» und die bei den Masai befanden, hatte Ulli, bevor er sie entwickeln ließ, aus den Kapseln gezogen. Durch den Lichteinfall wurden sie zerstört. Danach soll er die Filme erst einen Tag vor meiner Rückkehr Agfa, Perutz und

Kodak zum Entwickeln gegeben haben. Zur Überraschung der Leute in den Labors kamen sie als Blankfilm heraus. Nach dieser Feststellung untersuchte die Polizei seine Wohnung und fand in einer Schublade vier vergessene, noch nicht entwickelte Filme. Nach der Entwicklung waren sie einwandfrei und erbrachten den Beweis, was geschehen war. Es sind die einzigen Aufnahmen, die ich von den Dinka, Anuak und Murle besitze. Nun erinnerte ich mich an einen Vorfall, der mich hätte vorsichtiger werden lassen. Kurz vor meinem Abflug rief mich die Polizei an und fragte: «Ist bei Ihnen ein Ulli E. angestellt?»

«Nur aushilfsweise.»

«Haben Sie ihm Farbfilme von Kodak geschenkt?»

«Ja», sagte ich, über diese Frage verwundert.

«Ach so», sagte der Kriminalbeamte, «dann ist der Fall klar.» Er wollte das Gespräch schon beenden, dann fragte er noch: «Wie viele Filme haben Sie ihm denn geschenkt?»

«Zehn.»

Der Beamte wiederholte: «Zehn? Aber Ihr Mitarbeiter hat heute morgen in Solln in einem Fotogeschäft dreißig Kodakfilme verkauft.»

Dieses Gespräch fand buchstäblich wenige Minuten vor dem Aufbruch zum Flughafen statt, und ich konnte in dieser Sache nichts mehr unternehmen. Schließlich nahm ich es auch nicht so tragisch. Die Versuchung, entschuldigte ich den jungen Mann, war zu groß für ihn. Ich hätte ihm nicht mehr vertrauen dürfen, das war mein Fehler.

Ich begann, mir mein Material anzusehen. Gottlob waren die Nuba-Aufnahmen gerettet. Nacht für Nacht sah ich sie mir an und begann sie zu sortieren. Dabei überfiel mich eine fast schmerzhafte Sehnsucht, meine Nuba wiederzusehen. Alles andere erschien mir unwichtig. Aber wie sollte ich das, mittellos wie ich war, verwirklichen? Freunde, von den Aufnahmen beeindruckt, gaben mir den Rat, Vorträge zu halten.

Bald folgte ein weiterer Schock. Frau Sandner, eine gute Bekannte, die während meiner Abwesenheit freundlicherweise meine geschäftlichen Angelegenheiten besorgte, teilte mir mit, der Westdeutsche Rundfunk habe die Bezahlung der von ihm gekauften Ausschnitte aus meinen Olympiafilmen gestoppt, mit der Begründung, daß das Bundesarchiv Koblenz dem WDR mitgeteilt habe, die Urheberrechte an den Olympiafilmen gehörten nicht mir, sondern ausschließlich dem «Deutschen Reich», und die Filmrechte des ehemaligen «Deutschen Reiches» würden von der «Transit-Film GmbH» verwaltet.

Das war völlig absurd, aber im Augenblick für mich eine Katastrophe. Die 7000 DM, die der WDR zu zahlen hatte, brauchte ich dringend. Was waren das für Leute, die mir nach fast 30 Jahren die Urheberrechte an meinen Olympiafilmen absprechen wollten! Ich mußte den Fall meinem Anwalt übergeben, und glücklicherweise konnte diese unheilvolle Bedrohung abgewendet und aufgeklärt werden. Meine beiden Prokuristen, Waldi Traut und Walter Großkopf, der Steuerberater meiner Firma, Herr Dorlöchter, und Syndikus Dr. Schwerin waren noch am Leben. Sie hatten die Verträge mit dem «Promi» ausgearbeitet. Es konnte geklärt werden, daß die Unterlagen, auf die sich das Bundesarchiv und die «Transit-Film» beriefen, unvollständig waren. Mein Anwalt konnte beweisen, daß die seinerzeitigen Vereinbarungen nur aus steuerlichen Gründen in dieser Form verfaßt worden sind. Auch Dr. Max Winkler, der ehemalige Treuhänder des «Deutschen Reiches» für das gesamte Filmschaffen, und weitere Persönlichkeiten des ehemaligen «Promi» konnten das bestätigen.

Trotzdem zogen sich Dr. Webers Verhandlungen über Monate hin. Meine Situation wurde immer kritischer. Die einzigen Einnahmen, die ich von verschiedenen deutschen Fernsehgesellschaften zu erwarten hatte, waren gesperrt. Meine finanzielle Lage wurde unerträglich. Um diesen Zustand zu beenden und einen Rechtsstreit zu vermeiden, riet mir Dr. Weber, einen Kompromiß zu schließen. Ich mußte auf einen Vertragsvorschlag eingehen, der besagt, daß ich zu Lebzeiten 30 Prozent der Einnahmen aus den Olympiafilmen an die «Transit» abführen muß und daß die Auswertung der Olympiafilme nach meinem Tod in vollem Umfang an diese Firma übergeht.

Jahrelang hatte ich nach Kriegsende, ohne jede Unterstützung deutscher Stellen, um die Rückgabe der beschlagnahmten Originalnegative der Olympiafilme in Paris gekämpft, sie dann in monatelanger mühevoller Arbeit wieder instandgesetzt und außerdem viele tausend Mark für die Rettung dieses wertvollen Materials ausgegeben. Und nun dieser Kompromiß, auf den ich mich einlassen mußte, nach dem Motto: Vogel, friß oder stirb.

Ich wollte weiterleben, weiter arbeiten. Meine Freunde waren von den Nuba-Aufnahmen begeistert. So fragte ich beim «stern», bei der «Bunten», der «Quick» an, aber von allen Redaktionen erhielt ich damals nur Absagen, sogar von Henri Nannen. Nur das weniger verbreitete, aber sehr gehaltvolle «Kristall» des Axel Springer-Verlags in Hamburg war interessiert. Die Redakteure waren von den Aufnahmen so hingerissen, daß ich einen Vorschuß des Verlags erhielt. Er kaufte die Rechte für zwei Titelseiten und für eine Dreierserie für das dritte und vierte Quartal 1964. Erst Jahre später brachten «stern», «Bunte» und «Quick» meine Nuba-Fotos.

Überraschend war eine Einladung nach Nürnberg. Der «Olympia-Verlag» und die «Nürnberger Nachrichten», die dem ausgesprochen antifaschistischen Dr. Drexel gehörten, veranstalteten gemeinsam eine Wiederaufführung des «Blauen Lichts» in einem der modernsten Säle Deutschlands, der «Meistersingerhalle». Sie faßt zweitausend Zuschauer und war bis auf den letzten Platz ausverkauft.

Mein erster Diavortrag mit der Nuba-Serie fand in einer kleinen Kirche in Tutzing statt. Helge Pawlinin, dort ansässig, hatte ihn organisiert. Ich war etwas unruhig. Was würde der Geistliche bei dem Anblick der unbekleideten schwarzen Menschen empfinden? Es erging ihm wie den anderen Zuschauern – und ich wurde mit Fragen bestürmt. Nach dieser «Generalprobe» hielt ich in mehreren Städten Vorträge, überall mit dem gleichen Erfolg, überraschenderweise auch in der Presse. Das bestärkte mich in meinem Wunsch, die Nuba wiederzusehen. Um etwas Geld zu bekommen und wieder zu den Nuba reisen zu können, nahm ich das Angebot des «Olympia-Verlags» an, als Fotoreporterin während der kommenden Winter-Olympiade in Innsbruck zu arbeiten. Trotz der Schwierigkeiten, die ich bei diesen Aufnahmen hatte – das Österreichische Olympische Komitee hatte sich geweigert, dem Verlag für mich eine Pressekarte zu geben – so daß ich nur aus den Zuschauerreihen fotografieren konnte –, gelang mir eine Anzahl guter Bilder. Jede Mark, die ich verdiente, sparte ich für eine neue Sudan-Expedition. Ich wünschte, einen Film über die Nuba zu machen.

Eine neue Expedition

Dr. Arnold war es vor allem, der mir Mut machte. Er erklärte sich sofort bereit, mir wieder die gesamte Ausrüstung ohne vorherige Bezahlung zur Verfügung zu stellen, auch das Sporthaus Schuster war zu Sachleistungen für die Expedition bereit. Das Wichtigste aber waren die Fahrzeuge. Bei meiner letzten Sudanreise hatte ich erlebt, was es heißt, keinen Wagen zu haben. Am geeignetsten wäre ein Unimog, Landrover oder Toyota gewesen, Autos mit Vierradantrieb, aber für mich unerschwinglich. Deshalb dachte ich an zwei für Sandstrecken besonders hergerichtete vw-Busse und wandte mich an Professor Nordhoff, obgleich ich von ihm für «Die schwarze Fracht» eine Absage erhalten hatte. Dieses Mal hatte ich mehr Glück. Das vw-Werk Wolfsburg erklärte sich bereit, auf meine Wünsche einzugehen, zwei neue vw-Busse mit Differentialsperren zu versehen, einen der Wagen als Wohnwagen einzurichten und für das Filmmaterial in den zweiten Bus Kühltruhen einzubauen, die gleichzeitig als Sitzbänke benutzt werden konnten. Ein Fahrzeug wurde mir geliehen, das zweite zum

Selbstkostenpreis überlassen. Meine japanischen Freunde gaben mir den Betrag. Sie hatten einige meiner Fotos nach Japan verkauft. Aber all das reichte bei weitem noch nicht für die übrigen Ausgaben wie etwa die Überführung der Fahrzeuge nach dem Sudan, die hohen Versicherungskosten, die Reisespesen und was so dazugehört.

Inmitten dieser Vorbereitungen wurde ich von Carl Müller nach Bremen eingeladen, in sein «studio für Filmkunst». Er wollte seine jährlichen Filmkunsttage mit einer «Leni-Riefenstahl-Woche» eröffnen. Angesichts des Bildes, das der Öffentlichkeit von mir als Hitleranbeterin und «Reichsgletscherspalte» jahraus, jahrein noch immer vorgesetzt wurde, ein mutiges Unternehmen. Mit den Einnahmen wollte Carl Müller meine Expedition unterstützen. Auf dem Spielplan standen, ausgenommen «Triumph des Willens», alle Filme, in denen ich spielte oder die ich inszeniert hatte.

Der Erfolg war so groß wie in Nürnberg. Ausverkaufte Vorstellungen, gute Presse. Endlich, neunzehn Jahre nach Kriegsende, erlebte ich in meinem Beruf wieder ein paar glückliche Tage. Aber es war wohl mein Schicksal, daß nach jeder Hoffnung Rückschläge folgten. Der NDR brachte eine üble Sendung. Die Redaktion hatte vor dem Lichtspieltheater in Bremen Interviews mit dem Publikum machen lassen, das meine Filme sehen wollte, und es nach seiner Meinung über mich befragt, ob die Leute es richtig fänden, daß wieder Filme der «Riefenstahl» gezeigt werden. Zwischen den Antworten und Reaktionen, die meistens günstig für mich ausfielen, brachte der NDR kommentarlos Aufnahmen aus Konzentrationslagern in seiner Sendung. Auch «Die Zeit» verzichtete nicht auf einen bösartigen, unwahren Bericht in großer Aufmachung. Das war Rufmord. Der Verfasser dieses Schmähartikels mußte sich seiner Verleumdungen bewußt sein. Er hatte vorher bei meinem Anwalt die Gerichtsunterlagen eingesehen. Aber es ging ja nicht um die Wahrheit, sondern nur darum, mich zu diffamieren und zu verhindern, daß ich beruflich wieder tätig sein konnte. Für dieses erhabene Ziel war gewissen Leuten jedes Mittel recht. Es war für sie so einfach, denn sie hatten Geld, Einfluß und Macht.

Besonders leid tat mir Carl Müller. Erfreut über den Erfolg des Programms, hatte er mir vor Ausstrahlung des NDR-Pamphlets geschrieben:

Ich bin noch nie von Kinogästen so häufig angesprochen worden wie bei diesen Filmen. Immer wieder drückten mir die Zuschauer dankbar die Hand ...

Über diese gezielte Hetze empört, schrieb er an seinen Anwalt:

Das Hamburger Fernsehen hat mich arglistig getäuscht. Bei einem
Interview, das sie mit mir machten, ließen sie mich in dem Glauben,
daß es sich um eine positive Sendung handeln würde. Der Tenor der
Angriffe von NDR *und «Der Zeit» ist so, daß Millionen Hörer und*
Leser glauben müssen, daß Leni Riefenstahl eine Naziverbrecherin
war und ich jetzt ihr Steigbügelhalter.

Wie er wurde jeder attackiert, der mir helfen wollte.

In dieser Zeit näherte sich das Leben meiner Mutter seinem Ende.
Mit großer Willenskraft kämpfte sie gegen die Krankheit an und
wehrte sich verzweifelt gegen das Sterben. Und ich konnte ihr nicht
helfen.

Merkwürdige Begegnung

Die Vorbereitungen für meine Expedition waren ins Stocken geraten.
Seit Monaten wartete ich ungeduldig auf mein sudanesisches Visum –
bei meiner letzten Reise hatte ich es sofort erhalten. Auch war die
Genehmigung für die Einreise der zwei VW-Busse nach dem Sudan
noch immer nicht eingetroffen.

Ich war abgekämpft und verlor meine Zeit mit zermürbendem
Warten, deshalb nahm ich eine Einladung von Konsul Ady Vogel und
seiner Frau Winnie Markus dankbar an. In der «Cala Tarida» auf
Ibiza war ich fast ganz allein. Vogels waren nicht da, nur ihr Töchter-
chen Diana mit dem Mädchen und ein befreundetes Ehepaar. Die
Ruhe hier war Balsam für meine Nerven. Am Strand traf man nur noch
auf wenige Menschen.

Eines Tages fiel mein Blick auf eine apart gekleidete Frau, die mit
ihren zwei Kindern und dem Kindermädchen badete. Sie war Amerikanerin. Wenig später lernte ich sie kennen. Sie stellte mir die überraschende Frage, ob ich zufällig die Filmregisseurin Leni Riefenstahl
kenne. Verblüfft schaute ich sie an. Da ich mich nicht zu erkennen
geben wollte, bemerkte ich beiläufig, daß ich sie persönlich nicht
kenne, mir aber ihre Filme bekannt seien. Sie brach in Begeisterung aus
und sagte: «Mein Mann ist Filmregisseur und Wissenschaftler. Er
arbeitet in Harvard und leitet dort die Filmabteilung. Bevor wir
hierherkamen, haben wir Dokumentarfilme von Frau Riefenstahl
gesehen. Sie begeisterten uns so, daß wir sie uns mehrmals angesehen
haben. Mein Mann möchte Frau Riefenstahl so gern kennenlernen,
weil er in einer ähnlichen Art arbeitet. Er versucht, sie zur Zeit in
München zu treffen.» Ich war belustigt, schwieg aber noch. Als sie

aber anfing, mir einzelne Szenen aus meinen Filmen zu beschreiben, konnte ich es nicht unterlassen, zu sagen: «Look, I am Leni.» Sie wollte das zuerst nicht glauben und schien sogar verärgert zu sein. Als ich dann lachend sagte: «I am really Leni – you didn't know?» umarmte sie mich.

Zwei Tage später machte sie mich mit ihrem Mann bekannt. Er hatte tatsächlich an meiner Wohnungstür in München vergebens geläutet. Robert Gardner, ein Mann von Mitte Dreißig, bat mich gleich, wie es die offene Art der Amerikaner ist, ihn Bob zu nennen. Er erzählte mir von seiner Arbeit. Er hatte einen Film über die Buschmänner in Südwest-Afrika gemacht und in den letzten zwei Jahren einen in Neu-Guinea, beide waren mit Preisen ausgezeichnet worden. Nun wollte er, und darüber war ich sprachlos, im südlichen Sudan drehen und interessierte sich verständlicherweise sehr für meine Erlebnisse dort. Im übrigen konnte er nicht begreifen, daß ich für meine Projekte in Deutschland keine finanzielle Unterstützung bekommen konnte.

«Kommen Sie nach Amerika», sagte er, «da ist alles viel einfacher. Sie müssen einen Film über die Nuba machen, und wenn es nur ein 16-mm-Film sein sollte.»

Ich lächelte resigniert.

«Kommen Sie zu uns nach Boston», sagte er eindringlich, «wir haben da ein schönes Haus, wo Sie wohnen können, solange Sie wollen. Wir werden Sie unterstützen.»

Mir schwirrte der Kopf. Diese Chance mußte ich ergreifen, aber wie das noch schaffen? In wenigen Wochen sollten die Fahrzeuge im Hafen von Genua sein, und vorsichtshalber hatte ich schon Plätze für Busse und Fahrer auf der «Sternfels» reservieren lassen. Noch fehlten mir die Geldmittel, die Visa und die Einreisegenehmigung für die Wagen, nur die Fahrer hatte ich verpflichten können, zwei junge Männer. Sie waren bereit, ohne Honorar und Diäten mitzumachen.

Ich mußte einen Weg finden, Gardners Einladung anzunehmen. Bevor ich die Insel verließ, versprach ich, sie in Boston zu besuchen.

Aufregende Tage in den USA

Die Tage vor meinem Abflug nach Amerika verliefen turbulent. Bei jedem Anruf in der sudanesischen Botschaft in Bad Godesberg lautete die Antwort: «Es ist noch kein Visum da. Auch auf unsere Telegramme haben wir aus Khartum keine Antwort erhalten.» Merkwürdig, die beiden jungen Leute, die mit mir fahren sollten, ein Zoologe und ein

Elektriker, hatten ihre Visa innerhalb von acht Tagen erhalten. Man sagte mir auf der Botschaft, bei Künstlern dauere es länger.

Im Flugzeug ging mir alles durch den Kopf, in was für ein Abenteuer hatte ich mich wieder einmal eingelassen. Meine Freunde in New York, Albert und Joe, der die Katzen so liebte, hatten mir das Ticket geschenkt. Auch hatte ich eine Einladung vom «National Geographic Magazine» erhalten, sie wollten meine Nuba-Aufnahmen sehen.

Schließlich hatte ich auch eine Einladung von James Card nach Rochester in das «George Eastman House» von Kodak, das Kopien meiner Filme für sein Museum erworben hatte.

Zuerst wollte ich Gardners besuchen. Würden sie noch die gleichen wie in Ibiza sein? In Boston wurde ich von Lee Gardner abgeholt – sie war bezaubernd. Wir fuhren nach Brookline, in der Nähe von Cambridge, dort lag in einem großen Park ihr Haus. Ich erhielt ein wunderschönes Apartment mit einem Blick auf alte Bäume, in ihrer herbstlichen Farbenpracht faszinierend.

Schon am nächsten Tag konnte ich in der «Havard University» meine Nuba-Dias einem Kreis von Wissenschaftlern und Professoren vorführen. Das Echo war überwältigend. Ich hätte Monate bleiben können, um alle Einladungen anzunehmen. Aber ich mußte nach Rochester. Während Gardner sich um die Finanzierung des Nuba-Films bemühte, wurde ich dort ebenso herzlich aufgenommen wie in Harvard. James Card, amerikanischer Film-Historiker, war der Initiator – ein leidenschaftlicher Bewunderer meiner Filme. Ihm habe ich viel zu verdanken. Als ich in dem Kodak-Haus mich den dort versammelten Direktoren gegenübersah, die meine Nuba-Dias sehen wollten, bekam ich es mit der Angst zu tun. Fast alle Zuschauer waren Spezialisten der Fotografie, und ich fühlte mich noch keineswegs als Könnerin. Auch war ich besorgt, weil der größere Teil meiner Fotos auf Agfa-Material aufgenommen war, was man in den offenen Schlitten sehen konnte. Ich hatte ein komisches Gefühl im Magen. Dann kam die Vorführung, und es ging mir wie in Harvard. Die Zuschauer, die vorher sehr zurückhaltend waren und gemäßigtes Interesse gezeigt hatten, waren wie umgewandelt und schüttelten mir begeistert die Hände.

Im Geburtshaus von Kodak, ein großartiges Museum, wurde vereinbart, daß dort zu einem späteren Zeitpunkt alle meine Filme gezeigt werden. Auch Gardners Bemühungen waren erfolgreich. Mit dem amerikanischen Filmproduzenten Milton Fruchtman, Präsident der «Odyssey-Productions», hatte er in New York einen Vorvertrag abgeschlossen. Er sah vor, daß «Odyssey» die Weltrechte des geplanten Nuba-Films erhält, für die Aufnahmen im Sudan 60 000 DM zur

Verfügung stellt und nach Beendigung der Außenaufnahmen die gesamten Kosten für die Fertigstellung des Films übernimmt. Der Gewinn sollte zur Hälfte geteilt werden. Ein seltener Glücksfall.

In Washington war das «National Geographic Magazine» ebenfalls an meinen Aufnahmen interessiert, und auch hier war der Erfolg überraschend. Die verwöhnten Mitglieder der Redaktion zeigten sich von meinen Aufnahmen so begeistert, daß sie für die Herren der «National Geographic Society» eine zweite Vorführung arrangierten. Mr. Barry Bishop, unter dessen Mitwirkung viele wertvolle Filme dieses weltberühmten Instituts entstanden sind, war von den Nuba-Bildern fasziniert. Er erwog, den geplanten Film im Auftrag seines Instituts produzieren zu lassen. Das wäre die weitaus idealste Lösung gewesen. Aber die viel zu knappe Zeit schien ein fast unlösbares Problem. Ohne die Mitarbeit eines namhaften Wissenschaftlers kann die «Society» kein Filmvorhaben finanzieren.

Inzwischen hatte sich das «Magazine» entschlossen, die Nuba-Bilder anzukaufen. Diese Nachricht konnte ich vor Glück kaum fassen. Nachmittags um fünf Uhr sollte der Vertrag im Verlag unterschrieben werden, und ich sollte die Mitglieder der Redaktion und Persönlichkeiten der «Society» kennenlernen. Noch ehe ich mein Hotel verließ, kam aus München ein Telegramm. Ohne Angaben von Gründen wurde mir mitgeteilt, das Visum für den Sudan sei mir verweigert worden. Das Blut stieg mir in den Kopf – ich mußte mich am Treppengeländer festhalten. Ohne Visum waren Expedition und Nuba-Film gescheitert. Fieberhaft arbeitete es in meinem Kopf, um noch eine Rettung zu finden. Da fiel mir ein, vielleicht könnte ich von der sudanesischen Botschaft in den USA das Visum bekommen. Ich mußte es unter allen Umständen versuchen. Am Abend ging mein Flugzeug nach New York und am kommenden Tag nach München.

Es war zehn Minuten vor fünf. Was sollte ich tun? Um fünf Uhr schloß die Botschaft, und um fünf Uhr wurde ich von den Herren des «Magazins» und der «Society» erwartet. Ich stürmte auf mein Zimmer, holte aus meinem Koffer die sudanesischen Unterlagen heraus und raste mit einem Taxi zum «Magazine», wo ich einige Minuten zu spät eintraf. Völlig verstört versuchte ich den versammelten Herren zu erklären, was passiert war, und daß ich sofort zur Botschaft fahren müßte, um dort mein Visum zu holen. Eisiges Schweigen. Ich spürte, die Herren waren gekränkt. Einige steckten die Köpfe zusammen, sie diskutierten – ich konnte die Spannung kaum noch ertragen –, aber dann wurde mir gesagt, man könne darauf leider nicht warten. Da wußte ich, daß ich meine nie wiederkehrende Chance verloren hatte. Ich war verzweifelt, aber was sollte ich tun? Man stellte mir höflicherweise ein Auto zur Verfügung, und wenig später stand ich vor dem sudanesischen Boschaftsgebäude.

Es war schon fünf vorbei, die Botschaft geschlossen. Wie furchtbar. Bei der «Society» konnte ich den Vertrag nicht unterschreiben – und hierher kam ich zu spät. Das Gebäude stand in einem Garten. Ich lief um das Haus herum und schaute durch die Fenster – kein Mensch zu sehen. In einem Anfall größter Verzweiflung schlug ich wie wild gegen die Tür. Plötzlich erkannte ich hinter den Glasscheiben einen Schatten. Die Tür wurde einen Spalt geöffnet.

Ich rief: «I want to speak the Ambassador.»

Der Mann, der ein dunkles Gesicht hatte, sagte, die Botschaft sei geschlossen, ich solle morgen wiederkommen.

«Unmöglich», sagte ich, «ich kann nicht, ich muß den Botschafter sprechen.» Der Mann, ein Araber, wollte die Tür schließen. Ich stellte meinen Fuß dazwischen.

Entgeistert schaute er mich an und sagte: «I am the Ambassador.»

Ein Hoffnungsschimmer. Bittend und verzweifelt schaute ich ihn an und sagte: «Lassen sie mich herein – please give me five minutes.»

Er ließ mich tatsächlich eintreten und führte mich in ein Zimmer. Wir waren allein.

«Was ist Ihr Wunsch?» fragte er. Ich erzählte ihm von dem Telegramm und den schweren Folgen, die es haben würde, wenn ich kein Visum bekäme. Auch daß ich heute noch nach New York und morgen nach Deutschland fliegen müsse.

Höflich, aber bestimmt sagte er: «My Lady, was denken Sie, es handelt sich um ein Visum, das dauert mindestens fünf Tage, und das ist noch sehr schnell.»

Weinend bat ich: «Bitte, machen Sie doch eine Ausnahme.»

Zum Glück hatte ich meine sudanesische Film- und Fotogenehmigung vom letzten Jahr mitgenommen, auch die Empfehlungsschreiben des Polizeichefs von Kordofan, dazu Briefe und Fotos von Mitgliedern der sudanesischen Regierung.

Diese Unterlagen haben das Unwahrscheinliche möglich gemacht. In einer halben Stunde hatte ich mein Visum. Der Preis war hoch. Die Chance, meine Fotos im «National Geographic Magazine» zu sehen, hatte ich verspielt, wahrscheinlich auch die Zusammenarbeit mit der «National Geographic Society». Mein Fortlaufen, das ich wegen der Eile und meinem ungenügenden Englisch nicht überzeugend hatte erklären können, war ihnen unverständlich. Sie haben es mir nicht verziehen.

Vor dem Start

Als ich im Flugzeug saß, überfiel mich eine ungeheure Ermattung. Was wäre wohl geschehen, wenn ich nicht im allerletzten Augenblick das Visum erhalten hätte? Nur mein leidenschaftlicher Wunsch, die Nuba wiederzusehen, hatte das Unmögliche möglich gemacht. Der Preis war allerdings unerhört hoch. Wie nahe war ich dem Ziel gewesen, einen großen Film machen zu können, nicht nur eine Fotoexpedition.

Würde Robert Gardner den Vertrag mit den «Odyssey-Productions» abschließen können und das Geld noch rechtzeitig überweisen? Das alles schwirrte mir durch den Kopf.

Das Schwerste, was mir bevorstand, war die Trennung von meiner Mutter. Sie hatte schon das 84. Jahr überschritten, und ihr gesundheitlicher Zustand hatte sich verschlechtert. Durfte ich sie allein zurücklassen? Sie wollte es. In ihrer grenzenlosen Selbstlosigkeit hatte sie nur den einen Wunsch, mich glücklich zu sehen.

In München blieben mir nur noch zwölf Tage Zeit. Die vw-Busse sollten noch vor Ende Oktober nach Genua starten. Zuvor mußten noch Einbauten gemacht, Zusatzgeräte besorgt werden – im Busch bekam man keine Schraube. Dazu kamen die Impfungen, die Kranken- und Unfallversicherungen, die Zollisten in doppelter Sprache und schließlich allerlei Nahrungsmittel. Einer der Fahrer, Walter, der Elektriker, mußte als Kameraassistent geschult werden und bei der vw-Niederlassung ein Praktikum hinter sich bringen, um bei möglichen Pannen diese Fahrzeuge mit Differentialsperre reparieren zu können. Jede freie Stunde verbrachte ich bei «Arri», wo Dr. Arnold mit mir die Filmausrüstung zusammenstellte – Optiken, Filter, Stative und Blenden.

Das Geld aus New York war noch nicht avisiert. Was blieb mir übrig, als auf Pump zu kaufen. Kurz vor Abfahrt der Fahrzeuge hielt ich das erlösende Telegramm in Händen: «Vertrag abgeschlossen, 10000 Dollar unterwegs, Brief folgt. Gardner.»

Die Freude dauerte nur Stunden. Ein anderes Telegramm bestürzte mich ungemein. Es brachte die Absage meines Kameramanns Hölscher, der in Afrika bei der «Schwarzen Fracht» dabeigewesen war. Er hatte sich in Indonesien die Gelbsucht geholt. Hölscher war der wichtigste Mann für den Film, und in der kurzen Zeit, die wir noch hatten, war es aussichtslos, Ersatz zu finden. Ich müßte einen Kameramann nachkommen lassen.

In dieser schweren Zeit lernte ich einen jungen Mann kennen, dem ich viel zu verdanken habe. Mit ihm verbindet mich seitdem eine

Freundschaft. Uli Sommerlath, ein junger Medizinstudent, stellte sich in jeder freien Stunde für die Expedition zur Verfügung, nahm uns alle nur erdenklichen Arbeiten ab und erwies sich mir und meinen Mitarbeitern bald als unentbehrlich.

Die jungen Leute, Walter und Dieter, mußten ohne mich fahren. Ich hatte noch zuviel zu erledigen, vor allem einen Kameramann zu suchen. Ich mußte fliegen. In Khartum wollten wir uns treffen.

Am 25. Oktober 1964 war es soweit. Aus meinem Fenster im 5. Stock der Tengstraße schaute ich immer wieder auf den Hof hinunter, wo die letzten Kisten in die Busse eingeladen wurden. Wir gingen hinunter, der Abschied kam. Ich umarmte die jungen Leute – bei strömendem Regen verließen die beiden Fahrzeuge den Hof. Wir liefen ihnen nach, bis wir die Busse nicht mehr sehen konnten.

Todmüde kamen Uli und ich in meine Wohnung zurück, wo wir uns bei einem Glas Wein etwas entspannen wollten. Wir waren glücklich, es geschafft zu haben. Da kam im Radio eine Meldung über den Sudan. Was wir erfuhren, war furchtbar: Eine Revolution sollte im Sudan ausgebrochen, die gesamte Regierung abgesetzt und ihre Mitglieder verhaftet worden sein – nicht auszudenken – das waren meine Bekannten und Freunde, mit deren Hilfe ich gerechnet hatte. Auch Uli war wie gelähmt.

Unter diesen Umständen erschien mir das Unternehmen aussichtslos. Ich kannte die Verhältnisse im Sudan. Schon bei normalen Verhältnissen zu den «closed districts» war eine Reise äußerst schwierig. Sofort abbrechen, die Wagen stoppen, war mein erster Gedanke. Was würde geschehen, wenn sie in Port Sudan nicht landen könnten! Vielleicht würden die Wagen in Brand gesteckt, die Fahrer verhaftet – das Risiko war zu groß, andererseits konnten wir auch nicht abwarten, bis die Unruhen aufhörten. Die Schiffspassagen waren für Monate ausgebucht.

Uli versuchte sofort, die Botschaft zu erreichen. Niemand meldete sich. Ich rief sudanesische Bekannte und Freunde in Deutschland an, niemand konnte mir etwas sagen. Wir riefen den Flughafen an und erfuhren, der Flugverkehr nach Khartum war eingestellt, auch gab es keine telefonischen Verbindungen mehr. Uli versuchte, über Presseagenturen Greifbares zu erfahren, aber die wußten nicht mehr als wir. Bald stand fest, es gab keine Informationen, niemand wußte Bescheid über das Ausmaß der Unruhen und über die Möglichkeiten, nach dem Sudan zu kommen.

Wahrscheinlich waren unsere Wagen jenseits des Brenners. Sollte ich sie stoppen oder fahren lassen? Wir riefen in Genua den Kapitän unseres Schiffes an. Könnte er unsere Leute, falls eine Landung unmöglich sein sollte, wieder mit zurückbringen? Er verneinte dies, es war alles schon ausgebucht. Würde die Revolution bei der Ankunft in Port Sudan nicht niedergeschlagen sein, könnten die Busse nicht ausgeladen werden, die Gefahr der Beschlagnahme und der Verlust der Wagen und des Materials seien zu groß. In einem solchen Fall, schlug der Kapitän vor, würde er die Fahrzeuge und die beiden Leute bis zum nächsten Hafen nach Massawa in Äthiopien mitnehmen können, aber weiter ginge es nicht.

In Genua hatten Walter und Dieter von der Revolution erfahren, beide waren bereit, das Risiko auf sich zu nehmen. Ich schwankte – viele Stunden.

So wurde ewig hin- und hertelefoniert. Als der unaufschiebbar letzte Augenblick gekommen war und meine beiden Begleiter ungeduldig und nervös eine Entscheidung forderten, atmete ich tief und sagte mit leiser Stimme: «Fahrt los. Ich wünsche euch Glück, hoffentlich sehen wir uns in Khartum wieder.»

Revolution im Sudan

Die Unruhen im Sudan dauerten fast drei Wochen. Meine Leute waren noch auf See. Erst Mitte November konnte ich mit einer aus London kommenden Maschine nach Khartum fliegen. Es war ein beklemmendes Gefühl, zusammen mit nur sechs anderen Passagieren in dieser riesigen leeren Maschine zu sitzen. Am frühen Morgen landeten wir in Khartum. Nur wenige Leute kamen an die Sperre. Ich zeigte mein Visum und stand gleich danach außerhalb des Flughafens. Ein gespenstisches Bild. Überall lagen umgestürzte, noch brennende Autos – die ganze Straße hinunter. Ein Wunder, daß überhaupt noch Taxis da waren. Da es in Khartum keine Straßenbezeichnungen oder Hausnummern gibt, muß man den Weg schon selber kennen.

Nach allerlei Irrfahrten durch leere Straßen und über zahlreiche Brandstellen hinweg fanden wir schließlich das Haus, in dem mich meine deutschen Freunde erwarteten. Nun erfuhr ich aus erster Hand, was geschehen war. Die Gouverneure aller Provinzen befanden sich in Gefängnissen – nicht in Khartum, sondern fast tausend Kilometer entfernt, in westlicher Richtung in der Nähe von Dafur.

Es soll ganz harmlos angefangen haben. Einige Studenten der Universität Khartum hatten demonstriert, sie wollten durchsetzen, daß die im Süden lebenden Sudanesen genauso wie die Nordsudanesen hier studieren durften. Außerdem richteten sich die Demonstrationen gegen angebliche Korruptionen, die den Bau des Assuan-Staudamms betrafen. Ein Abkommen zwischen dem Sudan und dem Ägypten Nassers besagte, daß ein Teil des Sudans bei Wadi Halfa unter Wasser gelegt werden mußte, was eine völlige Überflutung mehrerer Ortschaften und Städte bedeutete. Später sollten sie an anderen Orten wieder aufgebaut werden. Gerüchte wollten wissen, daß ein Teil der Gelder, die Ägypten dafür an den Sudan zahlte, von Regierungsmitgliedern für persönliche Zwecke unterschlagen wurde. Gerüchte oder Tatsachen – wer konnte das noch prüfen? Jedenfalls war aus einer anfänglich kleinen Demonstration in wenigen Tagen ein großer Brand entstanden. Er kostete Hunderte von Toten.

General Abul wurde zum neuen Regierungschef ernannt, und es sah so aus, als würde er die Lage in die Hand bekommen. Immer wieder flackerten Straßenkämpfe auf, die sich in der Nähe des Hauses meiner deutschen Freunde, der Familie Weistroffer, abspielten.

Ich dachte an Abu Bakr, meinen besten sudanesischen Freund, dem ich vor allem den Zugang zu den Nuba zu danken hatte. Im Afrikakrieg hatte er als Oberst in der Armee gedient und an den Kämpfen gegen Rommel teilgenommen, den er sehr schätzte. Mit einem Taxi machte ich mich auf die Suche und fuhr in sein Ministerium. Es war leer. Die Türen standen offen. Ich ging von Zimmer zu Zimmer – kein Mensch war zu sehen. Ich ging den Flur entlang, bis zum Ende. Da sah ich eine geschlossene Tür. Als ich sie öffnete, traute ich meinen Augen nicht. Hinter einem Schreibtisch saß Ahmed Abu Bakr.

Er war also kein Gefangener, er war frei, er war da. Wir umarmten uns und hatten Tränen in den Augen.

«Ahmed», sagte ich nach einigen Augenblicken, «ich glaubte, ich müßte Sie im Gefängnis besuchen, und nun finde ich Sie hier. Welch ein Glück!»

Abu Bakr, ein Sudanese, der eine für uns Europäer unglaubliche Ruhe ausstrahlte, war auch in den schwierigsten Situationen gefaßt und hörte sich in aller Ruhe die Erlebnisse meiner letzten abenteuerlichen Wochen an. Dann sagte er lächelnd: «Leni, you are a very brave girl.»

Auf meine Frage, ob ich eine Chance hätte, noch einmal zu meinen Nuba zu fahren, sagte er, ich müsse Geduld haben und abwarten, wie sich alles entwickelt. Beglückt und hoffnungsvoll fuhr ich in das Haus meiner Freunde zurück. Zum ersten Mal fand ich Zeit, mich zu entspannen. Das herrliche Klima tat mir gut, um diese Zeit war es nicht heiß. Der strahlend blaue Himmel, der schöne Garten, die großzügige Gastfreundschaft, all das genoß ich in vollen Zügen.

Die Idylle täuschte. Die Revolution war noch nicht beendet. Immer wieder gab es Straßenkämpfe und Tote. Im deutschen Club herrschte Unruhe, niemand wußte, was die Zukunft bringen würde. Die meisten Deutschen lebten schon seit vielen Jahren hier, arbeiteten in der Industrie, bauten Wasseranlagen oder waren bei den Wetterstationen am Flughafen beschäftigt. Ihren Familien ging es gut, und keine wollte gern Khartum verlassen. Sie hatten schöne Häuser und Gärten, die Arbeit begann früh um halb acht und war wegen zunehmender Hitze meist um zwei Uhr vorüber. Nach dem allgemein üblichen Nachmittagsschlaf besuchte man Freunde und genoß die sogenannte «Teestunde», an die jeder, der sie kennengelernt hat, gern zurückdenkt. Beim Dinner, unter klarem Sternenhimmel, wurden die Gärten mit farbigen Lampen erleuchtet, Bäume und Blumen angestrahlt. Ein Gefühl, als wäre die Welt noch ganz in Ordnung. Diese wunderbare Atmosphäre war es, die nicht nur Deutsche, sondern auch Fremde bewegte, immer wieder nach Afrika zurückzukehren.

Endlich kam ein Lebenszeichen aus Port Sudan: Das Schiff war eingetroffen, meine Leute meldeten sich am Telefon. Die Strecke Port Sudan – Khartum beläuft sich auf etwa 900 Kilometer, sie ist schwierig und nur im Konvoi zu befahren. Um die Wagen zu schonen, wurden sie mit der Bahn verladen.

Am Nikolausabend begrüßte ich Walter und Dieter auf dem Bahnhof. Die Fahrzeuge waren unversehrt, und Weistroffers ließen die jungen Leute gern bei sich wohnen. Die Autos wurden in ihrem Garten untergebracht.

Die Kämpfe flackerten immer wieder auf. Niemand durfte nach dem Süden. Dort sollten die Unruhen noch heftiger sein. Die Schiffahrt von Malakal nach Juba war auf Monate stillgelegt. Trotz dieser angespannten Lage hatte mir Abu Bakr die Film- und Fotogenehmigung für die Nuba-Berge besorgt sowie die Fahrgenehmigung für unsere VWs und die Verlängerung unserer Visa. Nun warteten wir ungeduldig auf ein Ende des Aufstandes. Aber dann brach nach scheinbarer Ruhe noch einmal ein Sturm los, der schlagartig die Situation veränderte. Diese Kämpfe demolierten den Flugplatz so schwer, daß er geschlossen werden mußte. Unter den Toten und Verletzten waren zum ersten Mal auch Europäer. Die Hospitäler waren überfüllt. Unter den Ausländern herrschte Aufbruchstimmung, auch meine Gastgeber rechneten mit baldiger Abreise.

In dieser apokalyptischen Atmosphäre kam es zu einer ersten ernsthaften Verstimmung mit meinen beiden Begleitern. Trotz der Warnung unseres Gastgebers und meines ausdrücklichen Verbots fuhren sie mit beiden Bussen in die Stadt, in der noch immer gekämpft wurde, um Post zu holen. Als sie nach Stunden noch immer nicht zurückkamen und es schon dunkel geworden war, befürchteten wir das Schlimmste. Als sie schließlich sehr spät wieder da waren und ich sie zur Rede stellte, erklärten sie im arroganten Ton, ich hätte ihnen überhaupt nichts zu sagen, sie wüßten allein, was sie zu tun hätten. Eine wenig angenehme Überraschung. Ich hätte sie sofort entlassen sollen. Als ich das andeutete, sagten sie: «Wir gehen lieber heute nach Hause als morgen.» Waren das die gleichen netten jungen Leute, die mir in München so geholfen hatten, die so begeistert waren, mitzukommen? Was hatte sie nur so verändert? Auch Weistroffers rieten mir zu, mich von den beiden zu trennen. Aber wie sollte ich hier so schnell einen Ersatz bekommen, und mein Wunsch, möglichst bald zu den Nuba zu kommen, machte mich blind und unvorsichtig. Ich hoffte, dieser Zwischenfall sei nur eine einmalige Entgleisung gewesen.

Die erzwungenen Ruhetage in Khartum hatten auch ihr Gutes. Uli konnte mir alles mögliche nachschicken, was bis zu unserer Abreise noch nicht eingetroffen war, wie z. B. spezielle Wratten- und Grauverlauffilter, Kreiselstativkopf, leere 120-Meter-Büchsen, Entwicklungsdosen, Umroller und vor allem noch wichtige Medikamente. Obwohl er mitten im Examen war und ich ihn zweifellos überforderte, wollte er uns alle Wünsche erfüllen. So hatte ich ihn gebeten, meine Wohnung zu vermieten, sich um meine Mutter zu kümmern, mit meinem Anwalt, Dr. Weber, laufende Prozeßangelegenheiten zu besprechen und mich über alle wichtigen Korrespondenzen zu informieren. Er war auch bevollmächtigt, über die Dollar zu verfügen, die aus USA eingetroffen waren, um die vielen offenen Rechnungen zu begleichen.

Mitte Dezember kam das Land zur Ruhe. Keine Schüsse oder Einschläge mehr, das Telefon ging wieder, und Dieter und Walter zeigten friedlichere Mienen. Wir beschlossen, die Reise zu wagen. Glücklicherweise kam gerade noch rechtzeitig aus Rochester das Filmmaterial, das ich bei Robert Gardner bestellt hatte. Nun fehlte uns nur noch der Kameramann, aber Abu Bakr wußte einen Ausweg. Er machte mich mit einem sudanesischen bekannt. So schien nach den vielen scheinbar unüberwindlichen Hindernissen sich doch noch mein Wunsch zu erfüllen, einen Film über die Nuba zu machen.

Zurück nach Tadoro

Es war eine Woche vor Weihnachten, genau der gleiche Tag, an dem ich vor zwei Jahren zum ersten Mal hier übernachtet hatte. Wieder lag ich unter dem großen schattigen Baum, aber diesmal mit zwei eigenen

Fahrzeugen und einer guten Ausrüstung versehen. Erst langsam konnte ich es fassen, wieder hier zu sein. Die Begrüßung der Nuba war, wenn überhaupt möglich, noch überschwenglicher als beim letzten Mal. Es schien alles zu sein wie damals. Wieder standen die Kinder in der Früh um mein Bett, sie kamen mir noch fröhlicher vor. Die Knaben liefen in die Seribe, um den Ringkämpfern meine Rückkehr mitzuteilen. Schon nach wenigen Stunden kamen die ersten: Natu, Tukami, Gumba – sie strahlten, als sie mich wiedersahen. Sie brachten Geschenke mit, Schalen mit Sesam und Erdnüssen. Wir setzten uns auf die großen Steine unter dem Baum, und ich mußte ihnen erzählen, was ich inzwischen erlebt hatte. Dann spielten sie meine Lieblingsmelodien. Wieder staunte ich über ihre Unbekümmertheit. Hier herrschte noch tiefer Friede. Von den Unruhen im Sudan war nichts zu den Nuba gedrungen. Hier gab es noch keine Unzufriedenheit, keinen Diebstahl und keinen Mord. Die Nuba erschienen mir als die glücklichsten Menschen, die der Herrgott geschaffen hat – ihre Lieblingsbeschäftigung war zweifellos – «Lachen».

Auch ich hatte Geschenke mit dabei, vor allem Tabak, Perlen, auch Zucker, Tee und sogar grüne Kaffeebohnen, die sie rösteten und zerstampften. Sie bekamen sie manchmal im Tausch von den Arabern. Ein Schluck starker Kaffee mit sehr viel Zucker war für sie der höchste Genuß. In kurzer Zeit hatten sie uns zwei Strohhütten gebaut, eine für mich, die andere für unsere Kisten. Die beiden jungen Leute wollten, solange es noch nicht zu heiß war, lieber im Zelt schlafen. In meiner kleinen Strohhütte hatte ich die neuen Nuba-Fotos aufgehängt und über meinem Bett auch ein kleines Bild meiner Mutter. Neugierig fragten sie mich, ob das meine Mutter wäre. Als ich das bestätigte, betrachteten sie es lange, wobei sie sahen, daß meine Augen feucht wurden. Betroffen fragten sie: «Angeniba bige?» – Ist deine Mutter krank? Ich nickte und bemerkte, daß sie im Gegensatz zu meinen Begleitern, die meine Mutter kannten und wußten, was sie mir bedeutete, Mitgefühl mit mir empfanden. Sie drückten mir die Hände und verließen die Hütte.

Von Tag zu Tag wurde es nun heißer. Das Thermometer zeigte schon wieder 40 Grad im Schatten. Die Nuba gruben ein tiefes Erdloch, in dem wir das Filmmaterial bei einer Temperatur von 27 Grad aufbewahren konnten. Wir deckten das Licht mit doppelten Schichten Durastengeln und Laub in der Grube ab.

Besorgt beobachtete ich, mit welcher Unlust meine beiden Begleiter arbeiteten. Auch schienen ihnen die Nuba gleichgültig zu sein. Ich bat sie, in Kadugli nach Post zu schauen. Schon am Abend kamen sie zurück und übergaben mir einen Brief. Es war Ulis Handschrift.

Bestürzt las ich, daß meine Mutter wegen eines Arterienverschlusses in der Kniekehle in die Universitätsklinik gebracht werden mußte.

«Versuchen Sie, ruhig zu bleiben», schrieb Uli, «falls das Schlimmste eintreten sollte, bitte ich Sie, mir entsprechende Vollmachten zu schicken.»

Nun gab es für mich kein Halten mehr. Meine Angst konnte ich nicht mehr bezwingen, und ich beschloß, die Arbeit hier sofort zu unterbrechen. In der Nacht stellte ich einen Arbeitsplan für meine Leute auf und packte meine Sachen. Ich hatte keine Vorstellung, wie lange ich wegbleiben würde – ich wußte nur, daß ich bei meiner Mutter bleiben würde, solange sie sich in Gefahr befand.

Im Morgengrauen verließ ich Tadoro. Meine Begleiter brachten mich nach Kadugli. Es war der 18. Januar 1965, ein Tag, den ich nie vergessen werde. Als wir vor dem Postamt hielten, wurde mir ein Telegramm ausgehändigt. Ich las: «Mutter heute nacht verstorben, abwarte Brief. Uli.»

Ich brach zusammen. Ein Leben ohne meine Mutter konnte ich mir nicht vorstellen. Vier Tage hatte das Telegramm auf dem Postamt gelegen. Sie starb schon am 14. Januar. Wie furchtbar, daß ich in ihren letzten Stunden nicht bei ihr sein konnte. Ich mußte sie noch einmal sehen, auch, wenn sie nicht mehr am Leben war.

Erst nach vier Tagen traf ich in München ein. Uli holte mich am Flughafen ab. Zwei Tage zu spät – meine Mutter war schon beerdigt. Freunde hatten alles getan, sie bis zum letzten Atemzug mit Liebe zu umgeben. Dieses Erlebnis hatte eine tiefgreifende Wirkung auf mein ganzes weiteres Leben. Die einzige Möglichkeit, dem Schmerz zu entrinnen, sah ich darin, so schnell als möglich nach den Nuba-Bergen zurückzukehren, meine Pflicht zu erfüllen und den Film zu retten, wenn möglich, einen Kameramann mitzunehmen, da der sudanesische nur kurze Zeit hätte arbeiten können. Zufällig war Gerhard Fromm, ein junger Kamera-Assistent, frei, den mir Heinz Hölscher empfohlen hatte. Mit Hilfe Abu Bakrs konnte er ohne Visa in Khartum einreisen.

Schon nach einer Woche stand ich mit ihm auf dem Bahnsteig der kleinen Eisenbahnstation Semeih. Es war schwierig, hierherzukommen. In Khartum konnten wir kein Fahrzeug finden, das uns bis in die Nuba-Berge gebracht hätte, also nahmen wir den Bummelzug. Erst nach 30 Stunden, der Zug blieb unterwegs oft stehen, standen wir ermüdet auf dem kleinen Bahnsteig, und weit und breit war kein Mensch zu sehen. Vor uns nur Schienen und Sand. Ich hatte meine Leute von unserer Ankunft telegrafisch verständigt, aber vergebens schaute ich nach ihnen aus. Vielleicht waren sie auf der sandigen Piste irgendwo steckengeblieben.

Eine brenzlige Situation. Von Semeih bis zu unserem Lager sind es einige hundert Kilometer. Eine Verbindung mit Bahn oder Bus dorthin existiert nicht. Ab und zu fährt einmal ein Lastwagen bis Kadugli. Außer der Bahnstation gibt es nur zwei oder drei Häuser für die Eisenbahnbeamten und ein kleines Rasthaus, sonst nichts. Uns blieb nichts übrig, als in das kleine Rasthaus zu gehen und zu warten, bis zufällig ein Lastwagen vorbeikommen würde.

Wieder half uns ein glücklicher Zufall. In dem Rasthaus wohnte ein skurriler Engländer, der irgend etwas mit der Landwirtschaft zu tun hatte. Der gab uns den Rat, in einer Baumwoll-Lagerhalle nachzusehen, ob dort möglicherweise eine Lorre stehen könnte. Und tatsächlich befand sich da gerade ein Lastwagen, der Ersatzteile für einen auf der Straße liegengebliebenen Wagen holen sollte. Wir waren froh, daß uns der Fahrer mitnahm und gegen eine gute Bezahlung auch bereit war, Gerhard Fromm und mich nach Tadoro zu bringen.

Spät am Abend kamen wir in unserem Lager an. Die beiden Männer schliefen schon. Als wir sie weckten, waren sie über meine schnelle Rückkehr wenig erfreut. Nur mürrisch gaben sie mir Matratzen und Decken für Fromm und den Fahrer, der bei uns übernachtete. Kein einziges Mal waren sie zum Postamt nach Kadugli gefahren, um nachzufragen, wann ich zurückkomme, also hatten sie auch mein Telegramm nicht erhalten. Ich wußte es nun genau, wie wenig ich von diesen zwei Leuten zu erwarten hatte.

Die Nuba waren überrascht, mich am nächsten Morgen wiederzusehen. Ihre erste Frage galt dem Befinden meiner Mutter. Als ich ihnen sagte: «Ageniba pengo» – meine Mutter ist gestorben, nahmen sie mich in ihre Arme und weinten mit mir, auch Nuba-Frauen, die ich vorher nie gesehen hatte. Es berührte mich tief, wie diese Menschen an einem ihnen ganz unbekannten Schicksal Anteil nahmen. Es half mir, den Schmerz zu ertragen.

Der Nuba-Film

Es war schon Anfang Februar, und wir hatten für unsere Filmarbeit nur sechs Wochen Zeit. Meine jungen Männer wollten spätestens Mitte März wieder zu Hause sein. Es galt also jede Stunde auszunutzen. Die von Tag zu Tag größer werdende Hitze erschwerte das Arbeiten sehr.

Unsere Aufnahmeplätze waren oft weit vom Lager entfernt, und wir mußten, wenn wir sie nicht. mit dem Wagen erreichen konnten, kilometerweit zu Fuß gehen. Plätze, an denen die nur noch selten vollzogenen kultischen Handlungen stattfanden, waren schwer zugänglich. Wir gingen über die Berge in andere Täler hinein, um immer neue Motive für die Kamera zu finden. Dabei mußten wir glatte Felswände überqueren, wobei ein Ausrutschen die Kameras gefährden konnte. Hier zeigten sich die Nuba von ihrer besten Seite. Sowie eine gefährliche Stelle kam, waren sie unter uns und halfen uns mit ihren Händen, die Balance zu halten. Nicht immer waren diese strapaziösen Ausflüge erfolgreich. Einige Male vergaß ich die Anstrengungen, die Bilder, die wir bekamen, waren es wert. Dabei denke ich besonders an eine Zeremonie, von der die Nuba mir schon erzählt hatten, die ich aber noch nie gesehen hatte: Die «Einweihung» eines Jünglings.

Ein entferntes Trommeln hatte uns in die Nähe einer Hütte gelockt. Als wir eintraten, sahen wir eine schneeweiße Gestalt, durch einen Sonnenstrahl erhellt. Sie hatte den Anschein einer Statue, nicht den eines Menschen aus Fleisch und Blut. Im Raum herrschte eine mystische Stimmung. Die Nuba hatten unser Eintreten kaum bemerkt, sie standen ganz im Bann des Rituals. Für mich war diese Zeremonie das Eindrucksvollste, was ich bei den Nuba je erlebte. Wie stark die Menschen im Zauber dieser kultischen Handlung standen, war daran zu erkennen, daß ich den Jüngling aus der Nähe fotografieren konnte. Auch Gerhard Fromm stellte behutsam sein Stativ auf und konnte diese Szene filmen. Sternstunden wie diese gab es für die Kamera nicht oft.

Wir mußten uns beeilen, um von den Erntearbeiten die noch fehlenden Aufnahmen zu bekommen. Seit Jahren hatte es keine so gute Ernte gegeben, und die Nuba waren über diesen Reichtum glücklich. Unverständlich, warum sie diesen Überschuß an Korn nicht als Vorräte anlegten. Anders als viele Naturvölker verbrauchten sie, was sie ernteten, auch wenn sie es im Überfluß hatten – verwendeten es dann für ihre Stammesfeste, obgleich sie aus Erfahrung wußten, daß schlechte Ernten ihnen Hunger und einigen sogar den Tod brachten. Es wäre ein Leichtes gewesen, in den steilen Felsen Vorratshäuser, vor Regen geschützt, anzulegen. Wenn ich sie nach den Gründen fragte, lachten sie nur und sagten, sie hätten es immer so gemacht.

Ein anderes Problem war das für sie so lebenswichtige Wasser. Sobald die Trockenheit im März beginnt, wird das Wasser knapp. Dann versiegt der einzige Brunnen und die wenigen Wasserstellen, die sie haben. Stundenlang müssen die Nuba dann laufen, um aus Wasserpfützen kleine Mengen herbeizuholen. Auch die Tiere sind am Verdursten und magern zum Skelett ab. Regnet es dann ab Ende Mai oder Anfang Juni bis Oktober in Strömen, kommt soviel Wasser vom Himmel, daß sie keine Not litten, wenn es ihnen gelänge, dieses Wasser in selbstgebauten Behältern aufzufangen, wie es in den meisten Mittelmeerländern geschieht. Dazu bräuchten sie Hilfsmittel, wie Zement oder bestimmte Folien, die sie aber nicht besitzen. Jahrelang habe ich mich bemüht, den Nuba dabei zu helfen. Mit Brunnenbauern, Wasserbauingenieuren und sogar Wünschelrutengängern habe ich mich beraten und mir von Spezialisten Vorschläge machen lassen. Vergebens hoffte ich, das Geld zusammenzubringen, um den Nuba Wasser in den Trockenzeiten zu beschaffen.

So gesund die Nuba auch aussehen mochten, täuschte der Anblick. Viele waren krank, deshalb hatte ich reichlich Medikamente und Verbandzeug mitgebracht. Am häufigsten litten sie an Lungenentzündung, an Bronchitis, die mit Antibiotika zu heilen waren, und äußeren Geschwüren, die sie sich durch Verletzungen zuzogen, da sie barfuß über Steine und durch Dornengestrüpp liefen. Ihre Fußsohlen waren so dick, daß sie mich an Elefantenfüße erinnerten. Als ich mir einmal einen mächtigen Dorn in die Fußsohle gespießt hatte und mir nur mit Mühe den Schuh vom Fuß ziehen konnte, blieb ein schmerzhafter Splitter in der Sohle. Einer meiner Nuba-Freunde holte eine eiserne Pinzette aus dem am Arm befindlichen Messer heraus und entfernte den Dorn mit großem Geschick. Wie ich erst jetzt bemerkte, besaß jeder Nuba ein solches Instrument.

Leider hatte sich die Stimmung im Lager in den letzten Tagen sehr verschlechtert. Meine Begleiter folgten nur noch widerwillig meinen Anweisungen. Gerhard Fromm versuchte zu vermitteln, meist erfolglos. Glücklicherweise war er immer guter Laune, keine Arbeit war ihm zuviel.

Wir hatten vereinbart, bei Sonnenaufgang aufzustehen. Oft verschliefen sie das, und mir war es peinlich, die jungen Leute zu wecken. Sie waren dann beschämt, wurden gerade deshalb unverschämt und drohten mit sofortiger Abreise. Ich war ihnen ausgeliefert. Eines Morgens ereignete sich ein besonders krasser Fall. Ich hatte mir in meiner Hütte eine Tasse Kaffee gemacht. Die beiden schliefen noch. Plötzlich stand Walter, der Elektriker, vor mir und schrie wütend: «Ich verbiete Ihnen, daß Sie sich eine Tasse und einen Löffel holen, auch nicht Zucker und Kaffee. Sie haben sich keine Extrawurst zu gestatten, wir trinken auch nicht den Kaffee im Zelt.»

Ich schrieb dies wörtlich in mein Tagebuch. Dabei war Walter von Natur aus gutmütig, und manchmal schien ihm sein Verhalten leid zu tun. Ich vermutete, daß er wie Dieter einen Hitzekoller hatte. Einmal geriet dieser in solche Wut, daß er mit Fäusten auf mich losging. Ich hatte ihm Vorwürfe gemacht, weil er einen Nuba-Hund erschossen hatte – nachts waren wir alle über dem Schuß und dem Heulen der

Hunde erschrocken aufgewacht. Die Nuba liefen zusammen und waren sehr erregt, als sie den Hund erschossen auffanden. Hätte ich sie nicht beruhigt, wäre die Sache böse ausgegangen. Dieter verteidigte sich mit dem Argument, der Hund hätte einige seiner präparierten Fledermäuse gefressen. Das war schon möglich. Aber er war schießwütig, zweifellos. Bei unseren Fahrten führte er immer sein Gewehr mit und klappte die vordere Windschutzscheibe herunter, um die Waffe schußbereit zu halten. Da ich ihn nicht reizen wollte, gab ich bald meine Proteste auf. Als Fahrer des zweiten Wagens war er unentbehrlich.

Meine Nerven waren aufs äußerste strapaziert, kein Wunder, täglich mußte ich befürchten, diese Belastungen nicht mehr durchzustehen. Aber, um den Film zu retten, ließ ich alles über mich ergehen, auch die immer exzessiver verlaufenden Wutanfälle des Elektrikers, der sich einmal in eine solche Raserei steigerte, daß er die Axt erhob und damit mehrere Male auf eine vor seinem Zelt stehende Sperrholzplatte einschlug. Ich habe es als Dokument im Foto festgehalten. Am nächsten Morgen war er sanft wie ein Lamm, brachte mir eine Flasche mit Obstsaft, den seine Frau eingekocht und ihm mitgegeben hatte. Er war nicht wiederzuerkennen.

Noch fehlten wichtige Aufnahmen von den Ringkampffesten, vor allem vom Endkampf. Es war mehr als schwierig, mit der Kamera nahe genug an die Kämpfenden heranzukommen. Sie wurden von den sie umgebenden Nuba vollständig verdeckt. Um das ganze Geschehen eines solchen Festes total einzufangen, hätte es mehrerer Kameramänner bedurft: Für die Gesichter der Zuschauer, die der Kämpfer, die der Sieger, der trillernden Frauen und tanzenden Mädchen und vor allem für die Kämpfe selbst.

Bei einem solchen Fest hatte ich Pech. Ich wollte zwei Ringkämpfer fotografieren und bin zu nahe an sie herangegangen. Während ich durch den Sucher schaute, stürzten beide über mich, und ich lag mit meiner Leica unter ihnen, einen stechenden Schmerz im Brustkorb. Die Nuba waren nicht böse, sie lachten, hoben mich auf, nahmen mich auf die Schultern und trugen mich aus dem Ring. Dann kämpften sie weiter.

Als die Schmerzen immer mehr zunahmen und ich kaum mehr schlafen konnte, blieb mir nichts anderes übrig, als mich am nächsten Tag in das kleine Krankenhaus von Kadugli zu begeben. Ich hatte zwei Rippen gebrochen. Mit einem Pflasterverband kehrte ich nach Tadoro zurück.

Um unser Programm zu schaffen, begann für uns ein Wettlauf mit der Zeit. Wir hatten schon vieles gefilmt, aber noch fehlten Aufnahmen vom Totenfest und der Seribe. Durch unseren Freund Natu durften wir in seiner Seribe filmen. Er teilte dieses Hirtenlager mit Tukami, der ebenfalls kaum einen Gegner zu fürchten hatte, und mit Gua und Naju, zwei Jünglingen von vielleicht siebzehn Jahren. Hier war noch eine biblische Atmosphäre, und wir bekamen Aufnahmen, von denen ich kaum zu träumen gewagt hätte. Selbst meine zornigen jungen Männer zeigten sich beeindruckt.

Ohne eine Schmerzempfindung zu zeigen, ließen sich die Nuba vor der Kamera tätowieren und bemalten ihre Körper mit weißer Asche. Wir sparten nicht an Filmmaterial. Es war voraussehbar, daß es diese uralten Sitten bald nicht mehr geben würde.

Während unserer Arbeit erschien plötzlich ein Knabe mit einer Nachricht, die die Nuba sehr zu beunruhigen schien. Sie redeten aufgeregt und brachen die Arbeit ab. Überraschend beschlossen sie, nach Tadoro zurückzugehen. Was ich erfuhr, war beunruhigend. Nuba aus den südlich gelegenen Tälern hatten berichtet, daß in Tosari, nur wenige Kilometer von Tadoro entfernt, Häuser brennen würden und die dort lebenden Nuba schon ihre Hütten verlassen hätten. Feinde sollten hereingebrochen sein und die Hütten in Brand gesteckt haben.

Diese Nachricht versetzte mich in Schrecken. Ich dachte an die Kämpfe in Khartum und wußte, daß es südlich von uns zu schweren Unruhen gekommen war. Daß sie bis zu uns vordringen könnten, hätte ich nie geglaubt.

In großer Eile ging es zurück. Unser Lager stand noch, aber mir fiel auf, daß nur noch alte Leute zu sehen waren, keine Frauen und auch keine Kinder. Unsere Nuba aus der Seribe waren blitzartig verschwunden. Wir hofften, sie bald wiederzusehen. Aber der Abend kam, es wurde Nacht, und niemand kehrte zurück. Es überfiel mich eine große Unruhe.

In der Nähe unseres Lagers standen einige ältere Leute, bewaffnet mit Schildern und Speeren, was ich noch nie gesehen hatte. Ich fragte sie, was das zu bedeuten hätte. Sie erzählten uns, was schon der Bote in der Seribe berichtet hatte. Natu, Tukami und meine anderen Nuba-Freunde seien mit ihren Familien und Rindern in die Berge geflüchtet.

In einer so gefährlichen Lage wollten meine Mitarbeiter verständlicherweise das Lager nicht verlassen. Da ich immer noch nicht glauben konnte, daß die Häuser in Tosari tatsächlich brannten, beschloß ich, mich davon zu überzeugen und mit unserem VW-Bus dorthin zu fahren. Die mit Speeren bewaffneten Nuba-Männer nahm ich mit. Auf dem Weg nach Tosari sahen wir am Wegrand auch ab und zu Nuba-Gruppen mit Speeren, die alle mitgenommen werden wollten. Als wir in Tosari ankamen, brannte dort kein einziges Haus, auch sahen wir keine Feuerstellen, aber auch hier herrschte Totenstille. Erleichtert stellte ich fest, daß die Gerüchte nicht stimmten. Wir gingen von Hütte zu Hütte, sie waren leer, alle Bewohner waren geflohen. Wie in Tadoro waren nur einige ältere Nuba-Männer zurückgeblieben. Ich versuchte, sie zu beruhigen und sagte: «kullo kirre» – alles Lügen, «kullo dette, dette» – alles sehr, sehr weit entfernt. Wir setzten uns zusammen, machten ein Lagerfeuer, und die alten Nuba-Männer erzählten mir, was sie früher, als die Engländer noch hier waren, erlebt hatten. Sie glaubten, es wären wieder die Engländer, die sie bedrohten. Langsam konnte ich ihnen die Angst nehmen.

In Tadoro hatte sich inzwischen ein arabischer Händler mit seiner Familie eingefunden, der auf Grund der Gerüchte von Todesangst befallen schien. Obgleich die Nuba sehr friedlich waren, hätte diese Situation doch zu Ausschreitungen gegen Araber führen können. Es lebten in den Nuba-Bergen nur vereinzelt arabische Händler, die Perlen und bunte Tücher gegen Korn, Tabak oder Baumwolle mit den Nuba tauschten. Ich brachte den Araber und seine Familie mit dem Bus nach Rheika, wo sie in der Schule ziemlich sicher waren. Meine gutgemeinte Hilfe wurde aber schlecht belohnt. Der arabische Händler zeigte mich, wie ich später erfuhr, bei der Polizei in Kadugli als angebliche «Spionin» an, die mit dem «Feind», gemeint waren die in der Nähe lebenden Schilluk und Dinka, zusammenarbeite. Diese absurden, gefährlichen Behauptungen landeten in den Akten der geheimen Staatspolizei in Khartum, und in der Folge wurde mir bei einer später geplanten Expedition das Einreise-Visum nach dem Sudan verweigert. Als Beweis für seine Beschuldigungen hatte der Araber angegeben, wir hätten uns durch «Lichtsignale» mit den Feinden der Sudanesen in Verbindung gesetzt. Damit meinte er die Blitzlichtaufnahmen, die während meiner Abwesenheit Dieter und Walter von den mit Speeren bewaffneten Nuba gemacht hatten. Ferner behauptete er, ich hetzte die Nuba gegen die Araber auf. Als Begründung hierfür gab er an, ich spreche ihre Nuba-Sprache und lebe monatelang unter ihnen.

Die Gerüchte von den Unruhen, die sich so blitzschnell verbreitet hatten, waren nicht unbegründet. Nur wenige Kilometer südlich von Tosari hatten Kämpfe zwischen Angehörigen der Schilluk und sudanesischen Soldaten stattgefunden, in die auch Nuba verwickelt waren. Die daraus entstandene Panik hatte sich auf die benachbarten Nuba-Siedlungen übertragen.

Auch am nächsten Tag blieben unsere Nuba noch verschwunden. Erst nach fünf Tagen kamen die ersten zurück. Wir hatten nur noch wenige Tage für die Aufnahmen in der Seribe zur Verfügung. Ich konnte sie aber nicht nutzen. Alle Ringkämpfer von Tadoro – zehn junge Männer, unter ihnen auch Natu und Tukami – sollten nach Kadugli ins Gefängnis kommen.

Zum Glück hatte es nichts mit den Unruhen zu tun. Es handelte sich um ein Vergehen, dessen sich die Nuba manchmal schuldig machten, aber noch nie waren es so viele. Ich hatte oft beobachtet, wie ehrlich sie waren. Bis auf zwei Ausnahmen kam Diebstahl bei ihnen kaum vor. In ihren Augen waren es nur «Kavaliersdelikte», die sie trotz hoher Strafen immer wieder ausübten. Einmal ging es um eheliche Untreue, sei es vom Mann oder der Frau verübt, bei den Nuba ein schweres, aber oft vorkommendes Vergehen, das andere Mal um das Stehlen von Ziegen, das meist nur von jungen, in der Seribe lebenden Ringkämpfern ausgeübt wurde, um Freunde zu einer Mahlzeit einzuladen. Bei uns war nun folgendes geschehen: Zwei junge Nuba hatten zwei Ziegen gestohlen und die besten Ringkämpfer zu einem Festmahl eingeladen. Das hatte es noch nie gegeben. Meist waren nur zwei, höchstens drei Nuba an einer solchen Mahlzeit beteiligt. Bei dieser so großen Anzahl von «Gästen» konnte das Festessen nicht geheim bleiben. Es wurde dem «Mak», Häuptling der Masakin, gemeldet. Diese uns so harmlos erscheinende Angelegenheit gilt bei den Nuba als schweres Vergehen. Nach ihrem Gesetz wird jedoch nicht nur der Ziegendieb zu mindestens drei Monaten Gefängnis verurteilt, sondern die gleiche Strafe trifft jeden, der nur einen Bissen der Ziege ißt. Und diesmal traf es die gesamte Elite der Ringkämpfer von Tadoro, auch Natu, Tukami und Dia. Wir konnten unsere Aufnahmen in der Seribe nicht mehr beenden.

Die Gerichtsverhandlung fand jeden Freitag in Rheika, dem Wohnsitz des «Mak», statt. Zusammen mit mehreren Chiefs der anderen Dörfer wurde das Urteil gefällt. Die Verhandlung, die unter großen, schattigen Bäumen stattfand, dauerte mehrere Stunden. Es überraschte mich, daß alle Beteiligten erschienen waren, ohne jede Bewachung und völlig frei. Keiner hatte sich vor der Untersuchung gedrückt. Auch die Verwandten waren gekommen und saßen in einem Kreis um die «Täter», die einzeln aufgerufen wurden.

Die Verhandlung verlief ganz ruhig und hatte eher den Charakter einer Unterhaltung als eines Verhörs. Nur als Tukami sich verteidigte, erhob sich großes Gelächter. Er sei zu diesem Festmahl zu spät gekommen und hätte nur noch ein Stückchen vom Darm erwischt, da alle guten Stücke schon verzehrt waren. Auch habe er nicht gewußt, daß die Ziege gestohlen war. Er machte dabei ein so trauriges Gesicht, daß man Mitleid mit ihm haben mußte. Ich war überzeugt, er würde nicht bestraft werden, aber ich hatte mich geirrt. Als nach drei Stunden das Urteil verkündet wurde, erhielt jeder der zehn Nuba die gleiche Strafe, auch Tukami: Drei Monate Gefängnis in Kadugli. Außerdem hatten sie oder ihre Familien den Geschädigten die Ziegen zu ersetzen.

Die Gefängnisstrafe erschien mir unbegreiflich hoch, aber ohne Murren wurde sie angenommen. Die Gesetze und die Höhe der Strafe wurden allein von den Nuba bestimmt, nur der Strafvollzug, das Gefängnis, war Sache der sudanesischen Regierung.

Den Delinquenten war nicht erlaubt, in ihre Hütten zu gehen, sie mußten sofort in Begleitung eines dem «Mak» unterstellten Hilfspolizisten nach Kadugli abmarschieren. Ein trauriger Abschied. Unfaßbar, daß ich sie nicht mehr wiedersehen würde.

Es gab dann noch eine Überraschung. Beim Abzählen der Zehn fehlte einer von ihnen – Tukami. Wahrscheinlich war ihm die Strafe für ein bißchen Darm zu hart erschienen. Er war verschwunden und nicht mehr aufzufinden. Tukami war fort, über alle Berge auf und davon. Zurückkommen würde er kaum, da er dann eine dreimal so hohe Strafe verbüßen müßte.

Als ich bedrückt nach Tadoro zurückkehrte, sah ich, daß Walter und Dieter schon mit dem Abreißen des Lagers begonnen hatten, obgleich ich so gern noch einige Aufnahmen gemacht hätte. So war das Ende der Expedition gekommen, der Aufbruch überstürzt, weil meine Leute schnell fort wollten, ich aber nicht. Der Abschied war traurig, der schmerzlichste, den ich bisher bei den Nuba erlebt hatte.

Vor meiner Abreise besuchte ich noch die Angehörigen der Nuba, die im Gefängnis waren, ihre Eltern und Geschwister. Ich teilte meine Vorräte auf, machte ihnen kleine Geschenke und war erfreut zu sehen, daß keiner von ihnen sich wirklich Sorgen machte. Sie wußten, ihre Männer kommen wieder. Dann werden sie wie Helden empfangen und ein großes Fest wird gefeiert.

Und doch konnte ich meine inhaftierten Freunde noch einmal sehen. Als wir mit unseren Autos durch Kadugli kamen, sah ich von ferne Häftlinge bei der Straßenarbeit. Wie wir näher kamen, erkannte ich sie. Sie winkten und riefen meinen Namen. Ich ließ sofort anhalten. Eine unerwartete Freude. Alle kamen herbei und drückten mir die Hände. Ich hatte nur den einen Wunsch, ihnen zu helfen. Aber meine Begleiter wurden ungeduldig. Ich mußte mich trennen.

Noch lange winkte ich, bis sie meinen Blicken im Staub entschwanden.

Schwierigkeiten ohne Ende

Erst Wochen nach Verlassen der Nuba-Berge traf ich in München ein, die Wagen waren aber noch unterwegs. Das Verladen der Fahrzeuge auf Schienen und Schiff hatte sich als fast undurchführbar erwiesen. Deshalb hatte ich für die Hinfahrt schon Monate vorher die Plätze auf der «Sternenfels» buchen müssen.

Von Semeih nach Khartum, einer Strecke von fast tausend Kilometern, mußten die Autos verladen werden, Wagen ohne Vierradantrieb konnten die langen Sandstrecken nicht durchqueren. Während es Gerhard Fromm und mir gerade noch gelang, in den Zug einzusteigen, mußten Walter und Dieter in Semeih zurückbleiben. Es gab für die Fahrzeuge keinen Waggon. Erst nach drei Wochen konnten sie in Semeih verladen werden. Als sie endlich in Khartum eintrafen, hatte ich inzwischen die Zuweisung eines Waggons nach Port Sudan erhalten. Aber auch diesmal ging es nicht ohne Zwischenfälle ab. Eines Morgens wurde ich im Hause meiner Freunde Weistroffer aus dem Schlaf gerissen. Vor mir stand Walter und sagte aufgeregt: «Der Wagen ist in der Nacht aufgebrochen worden, und soweit wir es bisher übersehen, wurde eine Menge gestohlen.»

«Auch das Filmmaterial?» fragte ich erschrocken.

Er schüttelte den Kopf. «Kommen Sie mit, wir müssen zur Bahnpolizei.» Bei der sudanesischen Bahn wurde mir klargemacht, daß die Bahn für diesen Diebstahl nicht aufkäme. Meine Begleiter hätten ihn zu verantworten. Entgegen der Vorschrift hatten sie den Waggon am Abend zehn Stunden unbewacht gelassen und einen Nachtbummel durch Khartum unternommen. Eine unglaubliche Leichtfertigkeit. Das Film- und Fotomaterial war anscheinend noch vorhanden, gottlob auch die Arri-Kameras, nicht aber unsere diversen Fotoapparate, darunter auch meine Leica mit Optiken, Belichtungsmessern, Radio, Feldstecher und persönliches Eigentum. Meine Erregung legte sich etwas, aber mit den Nerven war ich so ziemlich am Ende.

Am nächsten Tag flog ich nach München. Zwölf Kilo hatte ich abgenommen, mehr noch als vor zwei Jahren. Man hätte mich als Vogelscheuche ins Feld stellen können. Auch sonst war ich seelisch auf einem Tiefpunkt angekommen. Ich konnte es nicht überwinden, beim Sterben meiner Mutter nicht bei ihr gewesen zu sein. Es quälte mich, sie in meiner Wohnung nicht mehr um mich zu haben, ich war nun ganz allein. Auch Hanni war nicht mehr bei mir, sie hatte inzwischen geheiratet und lebte glücklich in Wien. Ihr Mann, Dr. Lanske, war ein angesehener Fernsehfilmregisseur in Österreich. Es ging ihr blendend.

Wenn ich in meinen Aufzeichnungen blättere und lese, was ich in diesen beiden Jahren erlebt habe, sträubt sich alles in mir, diese Erinnerungen wieder aufleben zu lassen.

Meine ganze Hoffnung war der Nuba-Film. Wir hatten mit zwei Materialsorten von Kodak gearbeitet: Für normales Tageslicht mit Ektachrome Commercial, für Motive mit wenig Licht das hochempfindliche Ektachrome ER-Material, dessen Entwicklung damals im Gegensatz zu den USA in Deutschland in den meisten Kopieranstalten noch nicht eingeführt war. Ich hätte es gern bei «Arri» entwickeln und kopieren lassen, aber dort war man für diese Technik noch nicht eingerichtet. So wandte ich mich an Geyer.

Das Schneidehaus, das Geyer senior 1934 in Berlin-Neukölln für mich gebaut hatte, wurde selbst von Filmleuten aus Hollywood bewundert. Aber Herr Geyer lebte nicht mehr, und die Leute, mit denen ich früher so erfolgreich zusammengearbeitet hatte, waren ebenfalls verstorben oder in der Firma nicht mehr beschäftigt. Ich wandte mich an Geyers Schwiegersohn, Herrn Weissenberger. Er kam mir freundlich entgegen und erklärte sich einverstanden, daß die Kosten für Entwicklung, Kopieren und das teure Farb-Umkehrmaterial erst aus den Einspielergebnissen bezahlt würden.

Das war eine große Hilfe, da ich leider den Vertrag mit der amerikanischen Firma in der mir vorgelegten Form nicht akzeptieren konnte, und so dringend ich die letzte Überweisung gebraucht hätte, ließ ich sie stoppen. Dieser Vertrag würde mich der Urheberrechte berauben, und so blieb mir nur die Hoffnung, mit den Amerikanern einen Kompromiß zu finden oder notfalls eine Kündigung des Vertrages zu erreichen. Das alles hing nur von der Qualität der Aufnahmen und der Entwicklung des Materials ab. Ich übergab Geyer eine Proberolle des hochempfindlichen ER-Materials. Von dem Resultat hing es ab, ob das Material dort entwickelt werden könnte, oder ob ich den Auftrag nach Amerika vergeben müßte.

Es dauerte ewig, bis die Proberolle aus Hamburg eintraf. Mit Herzklopfen saß ich bei «Arri» in dem kleinen Vorführraum. Fromm und Dr. Arnold neben mir. Wir sahen eine in der Dämmerung gefilmte Ringkampfszene. Ich atmete auf. Die Aufnahmen waren technisch einwandfrei und auch gut in der Farbwiedergabe. Damit war eines der schwierigen Probleme, die einwandfreie Entwicklung von ER-Material in Deutschland, gelöst. Ich unterschrieb den Vertrag mit Geyer und veranlaßte, daß das Filmmaterial sofort nach Hamburg abging.

Ungeduldig wartete ich auf ein Lebenszeichen von Walter und Dieter. Seit zwei Monaten war ich schon in München und seitdem ohne eine Nachricht. Es war unglaublich, daß sie nichts von sich hören ließen. Auch Walters Vater hatte seit ihrer Abreise von Khartum nichts mehr gehört. Stutzig wurde ich, als er von den schönen Filmen erzählte, die sein Sohn ihm aus den Nuba-Bergen geschickt hatte. Sechzehn Dia-Farbfilme hatte er von ihm aus dem Sudan erhalten. Jetzt begriff ich, warum sich die beiden ständig geweigert hatten, eine Inventur durchzuführen, denn schon vor dem Diebstahl in Khartum vermißte ich mehrere unbelichtete Farbfilme. Sie hatten mich beide bestohlen. Wie mir später der eine gestand, hatten sie sich die Filme in Tadoro untereinander aufgeteilt.

Endlich trafen die Wagen in München ein. Der Zustand der Expeditionsgüter war unbeschreiblich. Verwahrloster hätten sie selbst bei jahrelangem Aufenthalt im Urwald nicht aussehen können. Die beiden hatten sich erst gemeldet, als sie auf der Straße liegengeblieben waren. Sie hatten in der Nähe von Bozen den einen vw-Bus kaputtgefahren, da das Getriebe ohne einen Tropfen Öl war. Sie hatten nirgends eine Inspektion der Wagen vornehmen lassen. Die Differentialsperren, mit denen die vw-Busse versehen waren, konnte keine Werkstatt reparieren. Da blieb den beiden Burschen nichts weiter übrig, sie mußten sich melden. Ich wandte mich um Hilfe an das Volkswagenwerk, das sofort Spezialisten aus Wolfsburg schickte, und in kurzer Zeit war der Schaden behoben – eine bewundernswerte Leistung des Kundendienstes der vw-Werke.

Überraschend erhielt ich Besuch von Robert Gardner. Er brachte eine gute Nachricht. Mr. Fruchtman von der «Odyssey-Productions» erklärte sich bereit, die fraglichen Paragraphen des Vertrages zu ändern, so daß ich mit einer weiteren Finanzierung bis zur Fertigstellung des Films rechnen konnte. Mir fiel eine große Last vom Herzen. Allerdings war eine Bedingung daran geknüpft, bis Mitte August müßte die Rohfassung des Films abgeliefert werden.

Mit Spannung wartete ich auf die erste Sendung der Muster aus Hamburg. Sie traf sehr verspätet ein und enthielt nur ein Zehntel der Aufnahmen. Das Material enttäuschte mich sehr, denn die Farben entsprachen nicht denen der Proberollen, sie hatten Farbstiche. Die Kopieranstalt beruhigte mich und versprach, die nächsten Sendungen würden wieder die Qualität der Proberollen haben. Aber bei den folgenden Sendungen waren die Farben noch schlechter, einige waren rot, andere violett oder türkis. Diese Muster waren unbrauchbar. Ich wurde nervös, denn meine amerikanischen Partner, die mich schon drängten, mußte ich immer wieder vertrösten. Ich verstand nicht, warum Geyer das Material in so großen Abständen lieferte, noch dazu in so schlechter Qualität. Irgend etwas stimmte da nicht.

Inzwischen war es Mitte Juli geworden. Von Tag zu Tag wurde die

Situation kritischer. Die Einhaltung des Termins war lebenswichtig. Davon hing nicht nur die Finanzierung des Nuba-Films ab. Die «Odyssey-Productions» wollten mir, wenn der Film Erfolg haben würde, in den USA die Regie für drei Dokumentarfilme in Cinemascope übergeben. Eine nie wiederkehrende Chance.

Nachdem ich trotz täglichen Telefonaten noch keine Kopie von dem ER-Material erhalten hatte, fuhr ich nach Hamburg. Was ich dort bei Geyer erlebte, war eine einzige Katastrophe. Als der Meister der 16-mm-Farbfilmabteilung mir die Kopien des ER-Materials vorführte, schaute ich entgeistert auf die Leinwand. Was dort ablief, war kein Farbfilm – es war ein grüner Film, so grün wie Tannen im Schwarzwald. Das war ein Schock. Nun verstand ich, warum man mir diese Kopien nicht geschickt hatte. Wahrscheinlich war das hochempfindliche ER-Material falsch entwickelt worden. Ein Unglück von unvorstellbarem Ausmaß. Diese Aufnahmen waren nicht wiederholbar. Der Abteilungsleiter, dessen Namen ich nicht nennen möchte, sah mein verzweifeltes Gesicht und versuchte mich zu trösten. «Sie brauchen keine Angst zu haben, die grüne Farbe ist bei ER-Material ganz normal, das können wir später durch Filter ausgleichen.»

«Aber», sagte ich, «die Proberolle war doch nicht grün, und es war doch auch ER-Material.»

«Die war schon gefiltert. Wir bekommen die Aufnahmen schon noch hin.»

«Warum haben Sie es denn nicht gleich getan?» fragte ich erregt, «und warum habe ich zwei Monate auf die Hälfte der Muster warten müssen?»

«Sie müssen entschuldigen. Wir sind durch Aufträge von Fernsehanstalten zu überlastet. Aber Sie werden Ihre Muster bald bekommen, das verspreche ich Ihnen.»

Ich hatte noch keine Erfahrung mit ER-Material, und so verließ ich mich auf seine Worte. Aber meine Zweifel waren stärker.

Ich beschloß, Hamburg nicht zu verlassen, bis ich gute Kopien bekam, und übersiedelte in ein kleines Gasthaus in Rahlstedt, in der Nähe der Kopieranstalt. Ich fand keinen Schlaf – die grünen Aufnahmen spukten in meinem Kopf –, ich konnte mir überhaupt nicht vorstellen, daß dieses Grün normal sein sollte und daß man es wegfiltern könnte. Das mußten Ausreden sein, wahrscheinlich war bei den Arbeiten etwas passiert. Am nächsten Morgen ging ich wieder zu Geyer und fragte den Abteilungsleiter: «Hätten Sie etwas dagegen, wenn ich in Ihrer Gegenwart mit einem Fachmann bei Kodak telefoniere?»

«Überhaupt nicht», erwiderte er gelassen. In wenigen Minuten hatte ich Dr. Würstlin, einen Farbspezialisten von Kodak, in Stuttgart erreicht. Ich informierte ihn, daß ich von Geyer aus spreche und daß der Leiter der Farbfilmabteilung das Gespräch anhöre, es lief ungefähr folgendermaßen ab: «Sagen Sie, Dr. Würstlin, wir haben auf unserer Expedition mit Ihrem Material gearbeitet, außer dem normalen auch mit dem hochempfindlichen ER-Material. Wie müssen bei diesem Material die Originale und Muster aussehen? Muß der Himmel blau ausschauen, ein Neger braun sein, die Hautfarbe normal kommen oder sind die Farben bei diesem Material anders?»

«Natürlich müssen die Farben genauso aussehen wie in der Natur, nur, wie Sie ja wohl wissen, bei einem Original etwas weicher.»

«Der Himmel muß also blau sein und ein Neger braun oder braun-schwarz?»

«Natürlich, was für eine Frage.»

«Und», fragte ich mit Herzklopfen, «was hat es zu bedeuten, wenn die Aufnahmen grün sind, so grün wie ein Tannenwald oder hellgrün wie Salatblätter?»

Eine Pause, dann sagte Dr. Würstlin: »Ja, dann ist das Material kaputt.»

Ich kann heute nicht mehr die Worte finden, um zu beschreiben, wie mir bei dieser unzweideutigen Antwort zumute war. Ich konnte die Tragweite der Katastrophe noch gar nicht erfassen.

Ich fragte dann: «Und was können die Ursachen sein?»

«Es gibt drei. Die eine ist, daß das Original-Material nicht in Ordnung war, das ist aber bei Kodak ausgeschlossen. Sie haben das Material direkt mit dem Flugzeug aus Rochester erhalten, es war ein besonders ausgewähltes Material. Der zweite Grund ist, daß es zu sehr der Hitze ausgesetzt worden ist» – was durchaus möglich war. Als dritten Grund nannte er mir, daß das ER-Material, das in einem Spezialentwickler entwickelt werden muß, aus irgendeinem Grund, sei es aus Versehen oder aus Fahrlässigkeit, mit dem normalen Entwickler entwickelt wurde.

«Aber», sagte ich verzweifelt, «wir haben doch von beiden Mate-rialsorten vor Auftragserteilung Proberollen entwickeln lassen, und die waren einwandfrei, auch die des ER-Materials.»

«Geyer soll uns das grüne ER-Material zusenden, wir werden es untersuchen.» Damit war das Gespräch beendet.

Das Material war kaputt. Es war grün. Die Aufnahmen – unwieder-holbar – die Totenfeste, die Einweihung eines Jünglings und andere kultische Rituale. Ich dachte an die Amerikaner, an den Vertrag und an die Darlehen, die mir Freunde gegeben hatten – und an die unendlichen Mühen, die nun wahrscheinlich alle vergebens waren. Eine Welt brach in mir zusammen.

Nach diesem Telefongespräch hatte der Abteilungsleiter seine Ruhe verloren. So entsetzlich die Situation für mich auch war, in diesem Augenblick tat er mir leid. Für ihn als Fachmann war die Blamage einfach zu groß. Möglicherweise traf ihn selbst keine Schuld, vielleicht wollte er einen seiner Kollegen decken. Immer wieder versicherte er mir, er könnte durch eine spezielle Filterung eine brauchbare Farbkopie herstellen.

Fünf Tage blieb ich in Hamburg, fast täglich war ich von früh bis abends in der Kopieranstalt. Ich ließ mir die Originale des ER-Materials zeigen. Bisher hatte ich nur die Kopien gesehen, aber die Originale waren, wie ich befürchtet hatte, auch grün. Noch war ich mir nicht im klaren, ob das Material durch Hitzeeinwirkung oder durch falsche Entwicklung verdorben war. Gegen die Hitze sprach nicht nur die Proberolle, sondern auch unser Fotomaterial, das wir ebenso wie das Filmmaterial unter der Erde gelagert hatten. Keine einzige Rolle wies einen Farbstich auf, auch nicht die hochempfindlichen Ektachrome-Filme.

Aber jetzt ging es nicht um die Schuldfrage, sondern darum, zu retten, was noch zu retten war. Da entdeckte ich eine weitere schlimme Panne, die sich das Kopierwerk geleistet hatte. Ein großer Teil der Muster war ohne Fußnummern kopiert worden. Passiert das einer Kopieranstalt, ist sie zu einer neuen Kopie mit Fußnummern verpflichtet. Da dies aber bei Farbfilmmaterial sehr teuer ist, weigerte sich Geyer, das zu tun, was später zu schwerwiegenden Komplikationen führte. Meine jahrzehntelange freundschaftliche Zusammenarbeit hielt mich ab, es zu einem Rechtsstreit kommen zu lassen. Bald war jeder Zweifel ausgeschlossen, daß der Schaden nicht regulierbar war. Es dauerte Wochen, bis ich die versprochenen grünen Aufnahmen neu kopiert erhielt. Die Filterung hatte lediglich das Grün in Violett verwandelt, was noch unnatürlicher aussah. Ich konnte meinem amerikanischen Partner keinen Film abliefern. Die Folgen waren noch unübersehbar. Ich hatte nun endgültig die letzte Chance, mir wieder eine Existenz aufzubauen, verloren. Die Amerikaner verlangten mit Recht auf Grund ihrer Teilfinanzierung die gesamten Aufnahmen und sogar die Urheberrechte. Ich aber wollte mich um keinen Preis von meinem Nuba-Material trennen, auch wenn es unvollständig und zu großen Teilen unbrauchbar war. Es kam mit der «Odyssey Film» zu einem harten Ringen. Sie hatte in den USA schon Werbung für den Film gemacht. Nur durch die Hilfe von Freunden, die mir das Geld liehen, um den Amerikanern das investierte Kapital zurückzahlen zu können, gelang es, den Vertrag zu lösen. Das Ziel war greifbar nahe gewesen. Und wie schon sooft seit dem Ende des Krieges hatte es sich in eine Fata Morgana aufgelöst.

Probleme mit Nitromaterial

Aber irgendwie lief das Leben weiter, fast automatisch.

Überraschend erwarb das Zweite Deutsche Fernsehen im Sommer 1965 die Rechte des Olympiafilms für die Dauer von acht Jahren. Aber der Film wurde nie ausgestrahlt im Gegensatz zu England und den USA, wo die Olympiafilme immer wieder im Fernsehen gezeigt werden. So erfreut ich über diesen Vertrag war, es kam ein neues Problem auf mich zu. Ich war verpflichtet, dem Fernsehen ein kombiniertes neues Dup-Negativ und eine erstklassige Sendekopie zu liefern. Da meine Original-Negative noch aus Nitromaterial bestanden, war dies äußerst schwierig.

Seit einiger Zeit war es laut Gesetz nur noch in sehr beschränktem Maße erlaubt, mit Nitromaterial zu arbeiten. Es ist zu feuergefährlich und hatte schon schwere Brandschäden verursacht. Deshalb wurde ein neues Material entwickelt, das nicht so leicht entzündbare «non-flame»-Material, und nur das durfte noch verwendet werden. Eine Nichteinhaltung wurde schwer bestraft. In seltenen Ausnahmefällen und unter Einhaltung besonderer Sicherheitsvorschriften war es erlaubt, von den alten Originalnegativen Kopien oder Dup-Negative herzustellen. Es kostete das Doppelte.

Dieses Gesetz hatte katastrophale Folgen für Filmproduzenten und Verleiher. Hunderte von Filmen wurden damals vernichtet, da viele Firmen nicht über das Kapital verfügten, neue Dup-Negative anfertigen zu lassen, und die Lagerung des Nitromaterials nur an wenigen Plätzen erlaubt war.

Für mich war die Situation besonders hart. Zehn Jahre hatte ich gekämpft, um wenigstens einen Teil meines Archivs zu retten. Es umfaßte einige hundert Büchsen, und nun sollte ich alles auf den Müllhaufen werfen. In meinen Schneideräumen konnte ich das Nitromaterial nicht mehr lagern, nur einen Teil davon brachte «Arri» in einem Spezialgebäude unter. Was blieb mir übrig, als schweren Herzens viele Säcke wertvollen Filmmaterials vernichten zu lassen.

Die Original-Negative der Olympiafilme wollte ich um jeden Preis retten. Dr. Arnold war bereit, mir die Bezahlung für die Entwicklung der Dup-Negative auf «non-flame»-Material zu stunden, das Material aber mußte ich selber kaufen. Es existierten von beiden Olympiafilmen vier Negative – zwei Bild- und zwei Ton-Negative. Die sechstausend Mark, die ich dazu benötigte, konnte ich wegen meiner Verschuldung nicht aufbringen. Avery Brundage, Präsident des IOC, riet mir, mich an das Deutsche Olympische Komitee oder an Dr. Georg von Opel, den Präsidenten der «Deutschen Olympischen Gesellschaft», zu wenden.

Obgleich es sich nur um ein Darlehen handelte, das von den ersten Einnahmen des Films zurückgezahlt werden würde, und Angebote von BBC und anderen Gesellschaften vorlagen, erhielt ich von allen deutschen Stellen Absagen. Herr von Opel bedauerte, er habe gehofft, schrieb er, im Bundesinnenministerium bestünde Interesse an dem Olympiafilm, aber auch von dort habe er eine ablehnende Antwort erhalten. Herr Hirsch von der «Deutschen Olympischen Gesellschaft» schrieb mir das gleiche.

Das konnte ich nicht verstehen. Für viele Durchschnittsfilme standen Mittel bereit, aber nicht für einen deutschen Film, der als einziger in der Geschichte des Sports eine Olympische Goldmedaille erhalten hatte und noch nach Kriegsende in Hollywood unter die zehn besten Filme der Welt gezählt wurde.

Hilfe kam auch diesmal aus dem Ausland. Das George Eastman-House in Rochester, das ich um Rettung der Originale gebeten hatte, erklärte sich aufs großzügigste sofort bereit, unentgeltlich erstklassige Dup-Negative herzustellen sowie die Nitro-Originalnegative kostenlos aufzubewahren. Es übernahm sogar für den Versand des Materials die Transportkosten in die USA. So wurden nicht nur die Originale der Olympiafilme gerettet, sondern auch erstklassige Dup-Negative auf «non-flame»-Material für mich angefertigt. Die einzige Gegenleistung bestand darin, daß sich das George Eastman-House für sein Museum eine Kopie der Olympiafilme ziehen konnte. Die Original-Negative bleiben mein Eigentum. Ich kann sie jederzeit aus Rochester zurückholen.

Dieser Glücksstrahl richtete mich wieder etwas auf. Aber ein neuer Vorfall bewies, wie mir das Leben in meinem Heimatland immer unerträglicher gemacht wurde. Ein junger Mann, der im Münchenkolleg sein Abitur nachmachte und Schreibarbeiten für mich ausgeführt hatte, erzählte mir empört, auf dem Gelände des Bayerischen Fernsehens sei er mit Luis Trenker und einigen Leuten der Fernseh-Gesellschaft zusammengekommen. Er habe Trenker gefragt, ob es nicht schade sei, daß seine ehemalige Partnerin, Frau Riefenstahl, seit Kriegsende keine Filme mehr machen konnte. Trenker nickte zustimmend und sagte dann: «Ja, es ist jammerschade – eine so große Begabung. Aber die Frau ist selber schuld. Sie hat durch ihre Beziehungen einen guten Bekannten von mir, den Herrn Moser, der als Wünschelrutengänger in ihrem Tieflandfilm gearbeitet hatte, in ein KZ-Lager bringen lassen, wo er dann auch gestorben ist.» Als der junge Mann ihn bestürzt fragte, warum Frau Riefenstahl dies getan haben solle, antwortete Trenker: «Weil er ihr für die Zeit nach Kriegsende eine düstere Zukunft prophezeite. Das soll sie so erbost haben, daß sie ihn denunziert hat und in ein KZ-Lager bringen ließ.»

Dieser ungeheuerlichen Lüge habe ich es zu verdanken, daß mein Name in den deutschen Medien von neuem so diffamiert wurde. Erst Jahre später erfuhr ich durch einen Zufall die Wahrheit. Während einer Reise in die Dolomiten, in der ich meinem späteren Mitarbeiter Horst einige Aufnahmeplätze des «Tiefland»-Films zeigte, suchten wir in Nähe der Vajolett-Türme eine Berghütte auf. Als uns das Essen gebracht wurde, schaute mich die Serviererin, eine kräftige Bäuerin, forschend an und sagte: «Sind Sie nicht die Leni Riefenstahl?»

Als ich dies lächelnd bestätigte, setzte sie sich zu uns und sagte: «Ich bin die Tochter vom Bergführer Piaz. Mein Vater hat Sie doch einmal mit dem Steger Hans aus der Rosengarten-Ostwand herausgeholt, und ich hab doch manchmal beim Tieflandfilm zugeschaut.»

Da fiel mir unser Wünschelrutengänger Moser ein. «Kannten Sie den Herrn Moser?» fragte ich.

«Freilich», sagte sie, «er hat uns oft besucht und hat immer mit großer Begeisterung von Ihnen erzählt.»

«Und was ist aus ihm geworden?»

«Gestorben ist er, vor ein oder zwei Jahren. An einer Pilzvergiftung.»

«Wo lebte Herr Moser im Krieg und die Jahre danach?»

«In Südtirol», sagte sie, «mit einer reichen Engländerin zusammen. Die haben oft bei uns gesessen.»

«Haben Sie mal gehört, daß Herr Moser in einem KZ war?»

Die Piaztochter schaute mich verblüfft an. «Was für ein Schmarrn, wer redet denn so was?»

«Trenker», sagte ich, «Luis Trenker behauptet das.»

«So ein Depp! Der Moser war nicht einen einzigen Tag eingesperrt, während der ganzen Kriegszeit ist er mit der Engländerin hier herumgekraxelt.»

Die Zeugen dieses Gesprächs leben noch, aber juristisch war es zu spät für einen Strafantrag gegen Trenker. Nicht immer hat man das Glück, im richtigen Augenblick die Wahrheit nachweisen zu können.

Meine schwarzen Freunde

In Deutschland arbeiten war hoffnungslos, und ins Ausland gehen – dafür war ich nicht mehr jung genug. Meine Gedanken und Wünsche kreisten ausschließlich um meine Nuba. Sie hatten mir durch ihre Zuneigung viele glückliche Stunden geschenkt. Mein Wunsch, wenn möglich für immer unter ihnen zu leben, wurde immer stärker. Aber das waren Illusionen, Wunschträume – die Wirklichkeit sah anders aus. Wir hatten großes Glück gehabt, daß wir trotz der Unruhen im Sudan so ungestört dort arbeiten konnten. Das ging mir durch den Kopf, als durch Presse und Rundfunk bekannt wurde, daß Bernhard Grzimek, der große Tierforscher und Zoologe, im südlichen Sudan verhaftet und ins Gefängnis von Khartum eingeliefert worden war. Man hatte ihn der Spionage verdächtigt, weil sein Flugzeug, aus Kenia kommend, im Sudan notlanden mußte. Auch dieser Vorfall zeigte, wie riskant es war, sich im tiefsten Innern des Sudan aufzuhalten und dort zu filmen. Trotzdem zog es mich unwiderstehlich in diese Welt.

Freunde versuchten, mir dies auszureden. Als sie merkten, daß ich es ernst meinte, appellierten sie an meine Vernunft. Ich hatte aber keine Lust, vernünftig zu sein oder darüber nachzudenken, ob ich bei meinen schwarzen Freunden eventuell krank werden könnte. Ausgeschlossen war das selbstverständlich nicht, ich hatte es auch einkalkuliert. Und sollte es gefährlich werden, würde mir das Sterben bei meinen Nuba leichter fallen als hier in der Großstadt, in der ich sehr einsam lebte. Ich liebte diese Menschen, und es war schön, sie zu beobachten. Ihre Fröhlichkeit, die trotz großer Armut so ausgeprägt war, wirkte ansteckend. Wie gut verstand ich Albert Schweitzer, den Theologen und Orgelspieler, der Tropenarzt geworden war.

Über Juma Abdallah, einem Masakin-Nuba, einem der ganz wenigen, die es geschafft hatten, die englische Sprache zu erlernen, und der als Lehrer in der Schule von Rheika sudanesische Kinder unterrichtete, war ich in ständiger Verbindung mit meinen Nuba-Freunden. Ich hatte ihm Briefumschläge mit meiner Adresse gegeben und Briefmarken, so daß ich mindestens zweimal im Monat Post von ihm bekam, durch die ich über alles, was bei den Nuba geschah, informiert wurde. Über Kranke und Todesfälle, auch, daß einige neugeborene Mädchen den Namen «Leni» erhalten hatten.

Zu Weihnachten schickte ich über Familie Weistroffer an Juma ein Paket mit Geschenken für die Nuba, Tee, Zucker und Süßigkeiten und für jeden ein buntes Tuch. Damit Juma auch die Betreffenden finden konnte, hatte ich auf jedes Päckchen ein Foto geklebt und, wie ich später erfuhr, hat auch jeder sein Geschenk erhalten.

Von meinem Freund Helge erhielt ich zu Weihnachten ein Modell meines geplanten Nuba-Hauses, das er gebastelt hatte, und ein befreundeter Architekt entwarf für mich den Grundriß der geplanten Nuba-Burg. Sie sollte aus sechs hohen Rundhäusern bestehen, mit einem Innenhof in der Mitte. Meine Träume nahmen Gestalt an. Der Innenhof sollte einen Brunnen haben, um den ich Blumen und blühende Sträucher pflanzen wollte. Das war keine Utopie, ich hoffte tatsächlich, mit Hilfe eines Brunnenbauers oder eines Wünschelrutengängers Grundwasser zu finden.

Erfolge und Rückschläge

Nach drei Monaten Aufenthalt in den Bergen kehrte ich mit etwas mehr Zuversicht nach München zurück. Für einige Tage bekam ich Besuch von Alice Brown, die in Nairobi ein Foto-Atelier hatte und gleichzeitig eine perfekte Hausfrau war. Denn so leicht mir der Umgang mit Film- und Fotokameras fiel, so wenig geschickt war ich bei jeder Hausarbeit. Meine Mutter hatte mich zu sehr verwöhnt. Versuche, mir Mahlzeiten zuzubereiten, mißlangen. Ich hatte mir dabei schon die Finger verbrannt, Milch über den Fuß gegossen und sogar Teller zerbrochen. So behalf ich mich meist, wie ich es von Expeditionen gewohnt war.

Die Arbeit hatte sich während meiner Abwesenheit zu Bergen getürmt, ich wußte nicht, wo ich anfangen sollte. Glücklicherweise fand ich eine gute Nachricht vor, vor allem aus den USA. «Time & Life Books» hatte in ihrem Band «African Kingdom» einen großen Bildbericht mit meinen Nuba-Bildern gebracht und die Bilder gut honoriert. Außerdem stand in einem amerikanischen Magazin ein ungewöhnlicher Bericht des Titels «Shame and Glory in the Movies» — Ruhm und Schande im Film, von Arnold Berson und Joseph Keller. Da stand zu lesen: «Sie sind ein Regisseur mit Talent, Sie arbeiten für Hitler? Sie sind ein Nazi. Sie arbeiten für Stalin? Sie sind ein Genie.»

Meine Filme wurden mit dem Werk Sergej Eisensteins verglichen und «Triumph des Willens» und «Panzerkreuzer Potemkin» analysiert. Über «Olympia» schrieben Berson und Keller: «Der Film ist nicht nur ein Meisterwerk, sondern ein Testament für die deutsche Filmkunst.»

Ähnlich enthusiastisch schrieb der Leiter des George Eastman

House, James Card. Was er mir mitteilte, war sensationell und ließ mein Herz höher schlagen. Für die Veranstaltung «The Film in Germany 1908–1958», die einige Monate in Rochester stattfinden sollte, hatte das Gremium des Hauses beschlossen, alle meine Filme, in denen ich als Schauspielerin mitwirkte oder die ich als Regisseurin gestaltet hatte, zu zeigen.

In Deutschland verschwieg man seit Jahrzehnten die Anerkennung meiner Arbeiten in der Welt. Mit einem Gefühl der Genugtuung zitiere ich aus dem Programm des George Eastman House «Fünfzig Jahre des deutschen Films», 1965/66 im Film-Departement des Museum of Modern Art, New York.

«Leni Riefenstahls außergewöhnliches Filmepos der Olympischen Spiele von 1936 ist ohne Zweifel die beste Filmproduktion, die in all den Jahren zwischen 1933 und 1945 in Deutschland entstanden ist. In der Tat ist es nach Meinung einiger Filmspezialisten einer der hervorragendsten Filme, der zu irgendeiner Zeit in irgendeinem Land produziert wurde.

‹Olympia› ist weder ein ‹dokumentarischer Bericht› der Ereignisse während der Berliner Olympischen Spiele von 1936 noch ein Mittel der Propaganda oder des Versuchs der Überredung, wie ungerechterweise behauptet wurde. Der Vergleich des ungekürzten deutschen Originals mit der englischsprachigen Fassung, die speziell für die Vereinigten Staaten und Großbritannien erstellt wurde, zeigt, daß die Erfolge der Athleten des Gastlandes keineswegs in der Absicht, die anderer herabzusetzen, herausgestellt wurden. Auch wurde nicht der geringste Versuch unternommen, die von Jesse Owens in so bemerkenswerter Weise angeführten Leistungen der schwarzen Athleten zu schmälern.

‹Olympia› sollte nicht als Dokumentarfilm, sondern als rein schöpferischer Film verstanden werden, dem zufällig Tagesereignisse als Teil des Rohmaterials zugrunde liegen. Unter der so eindrucksvollen Mitarbeit des Komponisten Herbert Windt hat Leni Riefenstahl einen einzigartigen Film geschaffen. Für alle Zeiten ist er über die häßlichen Angriffe und Unwahrheiten erhaben, mit denen man versucht hat, seine grandiose Gestaltung herabzusetzen.

Die Alliierte Militärregierung verbot die Aufführung des Films in Deutschland.»

Schon in den Tagen der Olympischen Spiele hatte ich von den Amerikanern nur Fairness erfahren. In amerikanischen Universitäten und Schulen werden meine Filme als Lehrfilme gezeigt. Interessant, was die «New York Times» unter der Überschrift «Riefenstahls Film war zu gut» berichtete: «Der linke spanische Filmregisseur Luis Buñuel sollte Leni Riefenstahls Dokumentarfilm über den Nazi-Parteitag in Nürnberg bearbeiten. Die Idee war, ihn als Anti-Nazi-Propaganda zu verwenden. Das Ergebnis führte Buñuel René Clair und Charlie Chaplin in New York vor. Chaplin bog sich vor Lachen. Aber

Clair hatte Bedenken: Riefenstahls Bilder waren so verdammt gut und eindrucksvoll, egal wie sehr man sie zurechtstutzte, daß man genau den umgekehrten Effekt von dem erzielt hätte, was beabsichtigt war. Es wäre ein richtiger Bumerang gewesen. Das Publikum wäre überwältigt worden... Die Angelegenheit wurde dem Weißen Haus vorgetragen. Präsident Roosevelt sah sich den Film an und stimmte Clair zu. So wurde der Film stillschweigend ins Archiv verbannt.»

Aber nicht nur in den USA und in England übten die Filme noch immer ihre Anziehungskraft aus, auch das Schwedische Fernsehen brachte «Olympia», und außerdem erschien in dem schwedischen Magazin «Popular Fotografi» auf der Titelseite ein großaufgemachtes faires Interview. Aber in Deutschland sind meine Filme nur noch selten zu sehen. Solche Erfolge ermöglichten es, mir meine frühere Mitarbeiterin, Erna Peters, aus Berlin nach München kommen zu lassen, denn neue Chancen zeichneten sich ab, auch durch die Nuba-Fotos, die immer mehr Aufsehen erregten. Besonders in Japan war das Interesse daran enorm. Michi und Yasu, meine japanischen Freunde, brachten aus Tokio ein phantastisches Angebot mit. Aber es war fraglich, ob ich es wegen der Vorfälle bei Geyer annehmen konnte. Ein neuer Sender in Japan, speziell für das Farbsehen gebaut und einer der größten der Welt, wollte für das Eröffnungsprogramm mein Nuba-Material erwerben. Nicht den fertigen Film, den es nicht gab, sondern nur eine Rohfassung der wichtigsten Teile von dem nicht verdorbenen Material, die in Fortsetzungen gezeigt werden sollten. Damit war eine Einladung nach Tokio verbunden. Für das gebotene Honorar konnte ich eine neue Expedition unternehmen und vielleicht die «grünen» Szenen noch einmal filmen.

Das Problem bestand darin, daß ich keine Vorführkopie besaß. Meine Arbeitskopie war durch die schlechten Schneidetische – damals hatte ich noch keinen Steenbeck-Tisch – so schwer gerädert und beschädigt, daß sie durch keinen Projektor mehr lief. Da aber Geyer unglücklicherweise den größten Teil der Muster ohne Fußnummern kopiert hatte, würde es eine Unmenge Zeit kosten, die Originale für eine neue Kopie herauszusuchen. Und die Zeit war knapp. Schon in wenigen Wochen sollte der Sender eröffnet werden. Der japanische Präsident des Senders wollte sich mit mir auf der «photokina» in Köln treffen, und dort sollte ich ihm die Muster vorführen.

Auf jeden Fall wollte ich den Versuch wagen. «Peterle», wie ich Erna Peters noch heute nenne, hatte für einige Monate Urlaub genommen, sie betreute und versorgte mich wie eine Mutter. Im Schneideraum sortierte sie das Material, beschriftete die Büchsen, klebte die Kürzungen zusammen. Sie war das pflichtbewußteste und fleißigste Menschenkind, das mir in diesem Beruf begegnet ist. An diese Zeit, die wir beide damals im Schneideraum verbrachten, denkt sie noch heute mit Schrecken. Es war der verzweifelte Versuch, durch unzählige Schnittversuche aus dem verkorksten Material noch eine verwendbare Filmrolle herzustellen. Täglich arbeiteten wir bis zu achtzehn Stunden im Keller. Der Schneideraum hatte keine Fenster, so daß wir nicht bemerkten, ob es Tag oder Nacht war. Wir vergaßen Essen und Trinken, und aus meinem Kalender ersehe ich, daß es oft fünf Uhr früh war, bis wir aus dem Keller kamen. Ich wollte mir die einzigartige Chance des japanischen Angebots nicht entgehen lassen. In der Tat konnte ich noch rechtzeitig eine große Rolle von den Ringkampffesten und der Seribe zusammenstellen. Nun hing alles nur von Geyer ab, ob sie in der Lage waren, eine brauchbare Vorführkopie herzustellen.

Inzwischen rückte die «photokina» immer näher, aber trotz ständiger Anfragen und Bitten hatte ich von Geyer noch immer keine Kopie erhalten. Es war zum Wahnsinnigwerden. Verzweifelt mußte ich ohne die Kopie nach Köln fliegen. Die letzte Nachricht von Geyer besagte, daß sie es wegen technischer Schwierigkeiten noch nicht geschafft hatten, aber versuchen wollten, die Rolle direkt nach Köln an den Kodak-Stand zu schicken.

Täglich wartete ich in Köln am Messestand bei Kodak – die Kopie kam nicht. Der Japaner konnte nicht bis zum Schluß der Ausstellung bleiben, schwer enttäuscht reiste er ab. Für mich waren diese Tage ein einziges Martyrium. Erst im allerletzten Augenblick, wenige Stunden vor Schluß der Ausstellung und viel zu spät, traf die Kopie ein. Was ich dann erlebte, war grausam. Der Vorführer von Kodak weigerte sich, die Rolle vorzuführen, sie würde, so sagte er, zerreißen. Der Grund: Geyer hatte in die neue Kopie verschiedene Teile meiner Arbeitskopie eingesetzt, deren Perforation teilweise zerstört war und die deshalb nicht durch den Projektor laufen konnte. Wahrscheinlich hatten sie die Originale nicht gefunden, ein unerträglicher Gedanke. Niemand konnte die Kopie sehen. Der Schaden war unermeßlich. Denn nicht nur die Japaner, auch BBC und das französische Fernsehen waren an dem Nuba-Material interessiert, im Anschluß an die «photokina» sollte ich die Musterrolle in London und Paris vorführen.

Damit war endgültig die Hoffnung, den Nuba-Film durch eine neue Expedition noch zu retten, begraben.

Trotz des Mißgeschicks in Köln flog ich im Anschluß an die «photo-kina» nach London, ohne Filmrolle – nur mit den Nuba-Fotos. Ich wollte versuchen, sie an eine Zeitschrift zu verkaufen, und meldete mich bei der Redaktion des «Sunday Times Magazine». Mit etwas bangem Gefühl betrat ich die Redaktionsräume. Ich kannte dort niemand und wußte nach allem, was ich mit der englischen Presse erlebt hatte, auch nicht, wie mein Besuch aufgenommen würde. Ich vertraute allein der Aussagekraft meiner Bilder. Und ich habe mich nicht geirrt. Godfrey Smith, damals der Chefredakteur, erwartete mich schon. Nach einer formlosen, aber herzlichen Begrüßung kamen mehrere seiner Mitarbeiter, unter ihnen auch Michael Rand, der spätere Art-Direktor, in das kleine Büro. Ein Projektor war aufgebaut, und ziemlich aufgeregt führte ich dem dichtgedrängten Kreis meine Dias vor. Schon nach wenigen Minuten spürte ich, daß sie gefielen. Als ich das «Thomson-House», in dem sich das «Sunday Times Maga-zine» befand, verließ, lief ich beglückt durch die Straßen Londons. Godfrey Smith hatte nicht nur eine Nuba-Serie für mehrere Farbseiten erworben, sondern, ohne daß ich ihn darum bat, mir auch einen Vorschuß gegeben.

Dieser Erfolg in London schien sich fortzusetzen. Am nächsten Tag wurde ich von Mr. Harris, dem Direktor der Hutchinson-Publishing-Group, zum Lunch eingeladen. Es ging wieder einmal um meine Memoiren. Noch immer konnte ich mich nicht zu einer Zusage durchringen – meine Angst vor dieser Aufgabe war unüberwind-lich –, ich konnte Mr. Harris nur vertrösten. Aber die Sympathie, die er mir entgegenbrachte, empfand ich wie ein Geschenk. Von den Nuba-Dias war er fasziniert, er war der erste, der vorschlug, einen Bildband zu machen. Er ermutigte mich, einen geeigneten deut-schen Verleger als Co-Partner zu suchen. «Allein», sagte er, «können wir das leider nicht machen, da wir auf Bildbände nicht spezialisiert sind.» Ich verbarg ihm meine Skepsis, in Deutschland einen Verleger zu finden.

Auch beim BBC, wo ich Mr. Howden besuchte, dem ich ja nun die Filmaufnahmen nicht vorführen konnte, war die Atmosphäre ange-nehm. Kaum saß ich in seinem Büro, kamen immer mehr Mitarbeiter, die neugierig waren, mich kennenzulernen. Durch den Mangel an Stühlen saßen wir fast alle bald auf dem Fußboden – es ging zu wie in einer Kommune. Als das Büro schloß, entführte man mich in eine Wohnung, in die mich so viele begleiteten, daß wir auch dort bis in die letzte Ecke auf dem Teppich saßen und bis spät nach Mitternacht zusammenblieben. Hier lernte ich einige der begabtesten Jungfilmer Englands kennen, unter ihnen den Gastgeber Kevin Brownlow, mit dem mich bis heute eine Freundschaft verbindet.

Auch in Paris blieb mir der Erfolg treu. Charles Ford, mein französischer Freund, der später eine Biographie über mich schrieb, begleitete mich zu «Paris Match». Wie in London war das Büro des Chefredakteurs Roger Thérond bald zu eng. Die Nuba eroberten auch hier die Herzen der französischen Presseleute, und mit mehreren Angeboten kehrte ich nach München zurück.

War es Freude oder waren es die schlechten Nachrichten, die mich daheim erwarteten – ich weiß das heute nicht mehr. Aus meinem Tagebuch ersehe ich nur, daß ich am Tage meiner Rückkehr einen so schweren Kreislaufkollaps erlitt, daß mein Arzt, Dr. Zeltwanger, viele Stunden Nachts bei mir verbrachte. Zum ersten Mal, das ergaben die Untersuchungen, waren fast alle Organe in Mitleidenschaft gezogen, sogar mein sonst so gesundes, durch Tanz und Sport trainiertes Herz. Jede berufliche Tätigkeit wurde mir für längere Zeit untersagt.

Wahrscheinlich hatte ein Brief von Geyer, den ich in München vorfand, diesen Zusammenbruch herbeigeführt. Er enthielt die Wahnsinnsnachricht, daß die einzige richtig entwickelte und unersetzbare ER-Proberolle, das Hauptbeweisstück für einen eventuellen Rechtsstreit, und anderes Originalfilmmaterial endgültig nicht mehr auffindbar seien. Nun wußte ich, warum Geyer in die nach Köln gesandte Kopie Teile meiner zerräderten Arbeitskopie eingesetzt hatte, weil sie die Originale dieser Aufnahmen nicht mehr finden konnten. Für mich mehr als ein Schock – eine Tragödie.

Aber wie sooft in meinem Leben, wo sich Höhen und Tiefen abwechselten, gab es immer wieder einen Lichtblick, der mich hoffen ließ, so war es auch diesmal. Als Rudi und Ursula Weistroffer in Khartum von meiner Erkrankung erfuhren, luden sie mich sofort zu sich ein. Sie wußten, wie wohl ich mich bei ihnen fühlte und wie gesund ich immer in Afrika wurde.

Ehe ich aufbrach, bekam ich noch überraschend einen Besuch von Albert Speer und seiner Frau Margarete. Speer war erst vor einigen Wochen nach zwanzigjähriger Haft aus Spandau entlassen worden. Er war der einzige, mit dem mich aus der Zeit des Dritten Reiches je eine Freundschaft verband. Deshalb berührte es mich, als ich nur wenige Tage nach seiner Entlassung aus dem Spandauer Gefängnis diesen Brief erhielt:

8. 10. 1966

Liebe Leni Riefenstahl,
unsere langjährige Freundschaft, die in Gedanken auch nicht durch die
Gefangenschaft unterbrochen wurde, erfordert, wie ich fühle, nun
einen betonenden Schritt. Ich dachte mir aus, daß wir doch nun «Du»
zueinander sagen könnten? Mitte November bin ich mit meiner Frau
in München. Da rufe ich an. Ich freue mich sehr auf ein Wiedersehen
und grüße Dich herzlichst –

Dein Albert Speer

Obwohl ich mich auf das Wiedersehen freute, bedrückte es mich
zugleich. Ich fürchtete, einem gebrochenen, vergrämten alten Mann zu
begegnen. Wie überrascht aber war ich, als er in der Tengstraße vor
mir stand. Ungebrochen und mit dem gleichen durchdringenden
Blick war er der Mann geblieben, den ich von früher kannte – nur
älter geworden. Wie war das nur möglich? Ich konnte das kaum begreifen. Er schien mir etwas gehemmt, und deshalb vermied ich, ihn
über Spandau zu befragen. Aber er fing selbst davon an und sprach
von dieser Gefängniszeit, als wäre sie nur ein langer Urlaub in
seinem Leben gewesen, den er nicht missen möchte. Ich war sprachlos. Etwas beschämt erinnerte ich mich an meine Verzweiflung, wie
ich mich im Salzburger Gefängnis an der Zellentür blutig geschlagen hatte. Speer mußte über ungewöhnlich starke innere Kräfte verfügen.
    Als wir uns verabschiedeten und versprachen, uns öfter zu sehen,
verloren meine eigenen Probleme an Bedeutung.

Weihnachten bei den Nuba

Anfang Dezember, es war das Jahr 1966, flog ich wieder in den
Sudan. Dieses Mal nur für 28 Tage. Mein verbilligtes Flugticket hatte
nicht länger Gültigkeit. Ich hatte nur leichtes Reisegepäck mitgenommen, denn ein Wiedersehen mit den Nuba war wegen des kurzen Aufenthalts nicht möglich. Der erste Brief, den ich nach meiner
Ankunft an ein junges Mädchen schrieb, das während meiner Abwesenheit das Wichtigste zu Hause erledigen sollte, zeigt besser, als
ich es heute beschreiben könnte, in welcher Verfassung ich mich befand:

Khartum, 4. 12. 66

Meine liebe Traudl,
mein erster Brief aus Khartum. Pünktlich kam ich um Mitternacht hier
an. Meine Übermüdung war so groß, daß ich im Flugzeug nicht
einschlafen konnte. Ich wurde von Herrn und Frau Weistroffer und
anderen deutschen Bekannten abgeholt. Im Haus haben wir noch eine
Stunde im Garten gesessen, dann sind meine Freunde schlafen gegangen, sie müssen jeden Morgen um 6 Uhr aufstehen. Das neue Haus, das
ich noch nicht kannte, ist noch schöner als das frühere. Sehr große
Bäume und ein herrlicher Garten, der von einer drei Meter hohen
grünen Pflanzenhecke umsäumt ist. Viele Blumen und blühende Büsche. Ich habe mich allein in den Garten gesetzt, entspannt Himmel
und Sterne betrachtet und bin dann nachts um vier Uhr zu Bett
gegangen. Dann verfiel ich in tiefen Schlaf und wachte erst nach elf
Stunden am Nachmittag auf. Familie Weistroffer sah ich nicht, da sie
nachmittags ruhen. Koch und Diener waren nicht da, so daß ich ganz
allein im Haus und Garten herumspazierte. Ich fühlte mich frei und
beinahe wieder glücklich. Meine Gedanken schweifen natürlich schon
zu den Nuba. Schicke mir bitte einige leere Blechdosen, wo ich Tee,
Zucker und Trockenmilch aufbewahren kann, und mehrere Plastikbe-
cher. So etwas gibt es hier nicht – ich bräuchte dies, falls ich doch nach
den Nuba-Bergen fahren sollte.

Herzlichst Deine L. R.

Sayed Ahmed Abu Bakr, immer noch Chef im Ministerium für Touri-
stik, hatte mir die Nuba-Reise im Prinzip schon genehmigt, aber ich
konnte mir kein Fahrzeug beschaffen. Ein Trost war seine Einladung
zu einer ungewöhnlichen Safari, an der 500 Gäste, meist Diplomaten
aus vielen Ländern und Mitglieder der sudanesischen Regierung,
teilnahmen. Tausend Kilometer südöstlich von Khartum sollte der
Roseiresdamm am Blauen Nil eingeweiht werden, an dem mit deutscher Hilfe sechs Jahre gearbeitet worden war, anschließend der
«Dinder Park», der größte Tier-Nationalpark im Sudan, besichtigt
werden.

Die Eisenbahnfahrt zum Roseiresdamm dauerte 31 Stunden, zwei
Nächte und einen Tag. Ich hatte ein Schlafwagenabteil und konnte
mich während dieser langen Fahrt gut ausruhen. In Begleitung von
Abu Bakr befand sich ein junger Engländer, der in Khartum, ich glaube
bei «Philips», arbeitete, aber auch Journalist war. Er kannte meine
Filme und interessierte sich für alles, was ich tat. Stundenlang ließ er
sich aus meinem Leben erzählen.

Bei der Ankunft in Roseires schien eine strahlende Sonne. In der glühenden Hitze spürte ich noch sehr den Grad meiner Erschöpfung, und es fiel mir schwer, durch den heißen Sand zu gehen. Bis zum Damm, ein imponierendes Bauwerk, gingen wir eine knappe halbe Stunde. Ich hatte meine neue Leica mitgenommen, und beim Fotografieren vieler interessanter Motive vergaß ich meine Müdigkeit. Dann bemerkte ich, wie mir das Wasser von der Stirn lief, wie die Haut salzig wurde und wie mich dieser kurze Weg anstrengte, nur mühsam konnte ich mich noch aufrechthalten.

Die Eröffnungszeremonie mit ihren Ansprachen und das in einem großen, mit Ornamenten versehenen Zelt gereichte Festmahl, dem Tänze der Eingeborenen-Stämme folgen sollten, strengten mich zu sehr an. Ich bat den jungen Engländer, mich zum Zug zurückzubringen. Der Zug hatte inzwischen rangiert, einige Waggons abgekoppelt, auch den Schlafwagen. Ich stieg in den ersten Wagen, der vor mir stand, legte mich dort auf den Boden, und niemand hätte mich mehr von hier weggebracht. Als der Engländer mich fand, sagte er erschrocken: «Kommen Sie, Frau Riefenstahl, das ist der Wagen des Präsidenten. Hier können Sie nicht bleiben.»

Ich konnte die Augen nicht mehr offenhalten und schlief ein. Als ich nach mehreren Stunden erwachte, war es längst Abend und der junge Engländer noch immer bei mir. Es war kühler geworden, und durch den Schlaf erquickt, konnte ich den Zug verlassen. Der junge Mann brachte mich zu Abu Bakr, der an den Ufern des «Blauen Nil» in einem großen offenen Zelt befreundete Ehrengäste bewirtete. An seiner Seite verlebte ich einen unvergeßlichen Abend. Nach einem reichhaltigen Essen, auf Strohteppichen von Schwarzen serviert, die mit ihren farbigen Gewändern und den breiten Schärpen malerisch aussahen, genossen wir diese Stunden. Das Eindrucksvollste für mich, wie immer in Afrika, war der von Milliarden von Sternen übersäte tiefblaue Himmel, der uns wie ein riesiges Dach überspannte.

Die Reise nach dem «Dinder Park» war abgesagt worden. Die vom Regen verschlammten Pisten waren noch nicht befahrbar. Deshalb traten wir früher als vorgesehen die Rückfahrt an, in deren Verlauf ich in den Salonwagen des Präsidenten des Sudan, damals Sayed Ismail Azhari, zum Tee eingeladen wurde. Er, ein älterer gutaussehender Mann, der mich unwillkürlich an Hindenburg erinnerte, erkundigte sich nach meinen Erlebnissen bei den Nuba. Als er hörte, daß ich die Nuba wieder besuchen möchte, erhob er überraschenderweise keinerlei Einwände, ermunterte mich sogar und versprach mir jede nur erdenkliche Hilfe.

Nun gab es für mich kein Halten mehr. Noch am Tage meiner Rückkehr stürzte ich mich in die Vorbereitungen. Herr Bishara, der wohlhabende Besitzer einer Speditionsfirma in Khartum, stellte mir einen LKW zur Verfügung, zwar nicht ab Khartum, sondern erst ab El Obeid bis zu den Nuba-Bergen, und verlangte dafür nur die Ausgaben für den Sprit. Meine deutschen und sudanesischen Freunde rüsteten mich mit allem Notwendigen für diese kurze Einmann-Expedition aus. Abu Bakr lieh mir sogar ein Tonbandgerät. So kamen einige Kisten zusammen. Um nach El Obeid zu kommen, mußte ich mit dem Zug fahren, der mindestens 26 Stunden unterwegs war. Die Transportkosten für den Flug nach El Obeid konnte ich mir nicht leisten. So schmolzen die Tage, die ich mit meinen Nuba-Freunden verbringen konnte, zusammen. Meinen Rückflug nach München durfte ich unter keinen Umständen versäumen. Auch mußte ich meinen Freunden versprechen, die Silvesterfeier im Deutschen Klub mit ihnen zu verbringen.

Eine Woche vor Weihnachten stieg ich spät abends in El Obeid aus dem Zug und stand mit meinen schweren Kisten allein auf dem Bahnsteig. Ich wußte nicht, wohin. Mit pantomimischen Gesten fragte ich mich durch und fand schließlich ein kleines Hotel. Die Kisten hatte ich auf dem Bahnsteig stehengelassen, und glücklicherweise wurden sie nicht gestohlen.

Mittags hatte mich der Fahrer des Herrn Bishara gefunden. Als ich den LKW, eine Riesenlorre von fünf Tonnen, sah, machte ich große Augen. Ich war der einzige Gast, und außer dem Fahrer, einem jungen Araber, waren nur noch zwei schwarze Gehilfen auf dem Wagen. Verständigen konnte ich mich mit ihnen nicht, und so konnte ich auch nicht erfahren, ob sie den Weg nach den Nuba-Bergen kannten und wie lange wir fahren würden.

Ich saß neben dem Fahrer, die beiden Gehilfen rückwärts im Wagen. Die versandeten Pisten machten die Orientierung schwierig. Nach drei oder vier Stunden bemerkte ich, daß meine Handtasche, die den Reisepaß, Geld und die unentbehrliche Aufenthaltsgenehmigung enthielt, verschwunden war. Sie mußte aus dem Wagen gefallen sein. Ich bekam einen Todesschreck. Der Wagen hielt sofort, und der Fahrer, der meine aufgeregten Gesten verstand, kehrte um und fuhr zurück. Und diesmal hatte ich ganz großes Glück. Nach etwa einer Stunde entdeckte einer der Gehilfen die Tasche. Unser Wagen hatte sie schon überfahren, sie war total zerdrückt, aber außer den zersplitterten Brillen wurde alles gerettet.

Kein einziges Fahrzeug begegnete uns. Ab und zu gab es kleinere Pannen, die aber immer behoben werden konnten. Wir hätten schon längst in Dilling eintreffen müssen, dem kleinen idyllischen Ort, der etwa in der Mitte zwischen El Obeid und Kadugli liegt. Mehr als neun

Stunden waren wir schon unterwegs, die normale Fahrzeit beträgt drei bis vier Stunden, wir mußten uns verfahren haben. Der Fahrer wurde nervös, ich beunruhigt, denn ich hatte das Gefühl, daß wir ständig im Kreis herumgefahren waren. Die Steppe um uns sah immer gleich aus, und ich hatte keinen Kompaß mitgenommen. Erst in der Dunkelheit erreichten wir Dilling. Todmüde und hungrig übernachteten wir im Freien, die Männer schliefen im Wagen und ich daneben auf meinem Klappbett.

Am nächsten Tag hoffte ich, nach Tadoro zu kommen. Wir schafften aber nur Kadugli, und das erst am späten Nachmittag, so daß wir auf dem Markt gerade noch etwas einkaufen konnten. Der District Offizier, dem ich die Aufenthaltsgenehmigung übergeben sollte, kannte mich schon und wünschte uns gute Fahrt. Wir waren gerade im Begriff, in den Wagen zu steigen, als sich uns ein Polizist näherte und dem Fahrer etwas zurief. Ich hatte keine Ahnung, was er von uns wollte. Mohamed versuchte mir zu erklären, daß wir dem Polizisten folgen müßten. Ich verstand nicht, warum, und blieb am Wagen stehen, aber mein Fahrer machte eindeutige Gesten, ich müßte mitgehen. Schließlich, nichts Gutes ahnend, folgte ich ihm. Wir gingen zu einem Haus, vor dem ein höherer Polizeichef auf uns wartete. Ich begrüßte ihn mit einem unguten Gefühl. Er sagte etwas auf arabisch, was ich natürlich nicht verstand. Dann redete er aufgeregt auf Mohamed ein, der es mir aber nicht übersetzen konnte. Ich bekam Herzklopfen. Erfolglos versuchte mein Fahrer, mir pantomimisch verständlich zu machen, daß wir umkehren müßten und nicht weiterfahren dürften. Ich schüttelte nur unwillig den Kopf und versuchte dann ebenfalls mit Gesten dem Polizeichef klarzumachen, daß ich die Genehmigung des Gouverneurs von El Obeid hatte.

Es half nichts, da er mich auch nicht verstand. Ich wurde immer aufgeregter, er immer böser. Da bekam ich Angst, denn ich ahnte den Ernst unserer Lage. In dieser abgelegenen Gegend entscheidet nur der Polizeichef und nicht der District-Offizier. Der Polizeichef war nicht zu bewegen, ein paar hundert Meter mit mir zum District-Offizier zu gehen. In meiner Hilflosigkeit setzte ich mich auf die Straße direkt in den Sand. Ich war verzweifelt. Sollte ich umsonst hierhergekommen sein, so nahe vor dem Ziel aufgeben müssen? Am ganzen Körper fühlte ich Schmerzen und begann mich wie in Krämpfen zu krümmen. Ob es echt war oder nur gespielt, wüßte ich heute nicht mehr, ich weiß nur, freiwillig wäre ich nie weggegangen, man hätte mich forttragen müssen. Mohamed versuchte, mich zu beruhigen, aber ich ließ mich nicht anfassen.

Da fiel mir plötzlich etwas ein – das kleine Tonband, das ich mitgenommen hatte. Es könnte meine Rettung sein. Ich sprang auf und rannte zu unserem Wagen. Der Polizeichef mußte geglaubt haben, ich sei verrückt geworden. Hastig durchkramte ich mein Gepäck, bis ich das Band und das Gerät fand. Als ich den Recorder einschaltete, hörte man eine arabische Stimme. An Mohameds Gesicht sah ich, wie es ihm die Sprache verschlug. Selbstbewußt ging ich zurück, wo der Polizeichef noch immer auf der Straße stand. Gegen seinen Protest stellte ich das Gerät vor ihm auf und beobachtete sein Gesicht. Was er nun hörte, mußte für ihn umwerfend sein: Die Anweisung des höchsten Polizeichefs von Kordofan an alle ihm untergebenen Dienststellen, mir in jeder Situation zu helfen und mich ungehindert fotografieren und filmen zu lassen. Auch wurde gesagt, ich sei eine Freundin des Sudan.

Tatsächlich hatte das Tonband schon einige Male Wunder bewirkt, und es verfehlte auch dieses Mal nicht seine Wirkung. Der Polizeichef schüttelte mir die Hände, umarmte mich und lud mich in sein Haus zum Abendessen ein. Da ich unbedingt noch vor Mitternacht bei meinen Nuba eintreffen wollte, lehnte ich höflich ab und war glücklich, nun von hier fortzukommen.

Erleichtert, wieder eine Gefahr überstanden zu haben, fuhren wir weiter. Von hier aus kannte ich jeden Weg und jeden Baum. Bis Rheika waren es nur 52 Kilometer, von dort bis zu meinem Platz unter dem großen Baum nur noch drei. In El Hambra, einer kleinen Siedlung zwischen Kadugli und Rheika, legten wir eine Pause ein, um die hier lebenden Sudanesen zu begrüßen, wir hätten sie sonst gekränkt. Als man mich erkannte, herrschte im Dorf große Aufregung. Alle wollten mich begrüßen. In der kleinen Schule, in die mich ihr fließend englisch sprechender Leiter einlud, saßen drei oder vier junge Lehrer auf Matten am Boden. Wir bekamen kleine Hocker und Tee wurde gereicht. Unmöglich konnten wir die gastfreundliche Einladung des Schulleiters, bei ihm zu übernachten, ablehnen, obgleich ich dadurch wieder eine Nacht verlor. Nach einer kurzen Plauderei machte er uns mit seiner Frau bekannt und stellte mir sein Schlafzimmer zur Verfügung. Auch bestand er darauf, daß ich trotz der großen Couch, die in dem Zimmer stand, im Ehebett schlafe. Er brachte eine große Zinnwanne mit Wasser herbei und ließ es sich nicht nehmen, mir die Füße zu waschen, so peinlich mir das auch war. Als Gast von Sudanesen ist es schwierig, etwas abzulehnen, es wäre eine schwere Kränkung.

Es war schon der 21. Dezember geworden, als wir endlich am Vormittag Tadoro erreichten und ich in kürzester Zeit von meinen Nuba stürmisch umringt war. Ihre Freude und Begeisterung nahm

Formen an, wie ich sie noch nicht erlebt hatte. Man nahm mich auf die Schultern, und alle um mich herum fingen zu tanzen und zu singen an. Mein Fahrer und seine Araber schauten sprachlos zu.

Fast alle meine alten Freunde waren da. Nun wurde erst einmal beraten, wo ich untergebracht werden sollte, denn sie wußten nun, daß ich nur wenige Tage bleiben könnte. Da war keine Zeit, eine Hütte zu bauen, aber im Freien wollten sie mich wegen der abendlichen Stürme nicht schlafen lassen. Schon nach wenigen Minuten wurde das Nuba-Haus von Natu, der sich zur Zeit in seiner Seribe befand, für mich freigemacht, und die Männer, Frauen und Kinder, die in dem Haus wohnten, bei Freunden untergebracht. Nur Nua, eine ältere Frau, und zwei Knaben sollten bleiben, damit ich nicht ganz allein war. Meine weiteren Mitbewohner waren Ziegen, kleine Schweine und Hühner. Inzwischen hatten Frauen und Männer die Kisten, auf den Köpfen tragend, zu dem Haus hinaufgebracht. Mohamed wollte lieber mit seinen beiden Gehilfen in der Schule von Rheika bleiben.

Von nun an war mein Haus überfüllt, von weither kamen die Nuba, um mich zu begrüßen. Es war so, als wäre hier die Zeit stehengeblieben, als wäre ich erst vor wenigen Tagen abgereist. Nichts hatte sich verändert. Schon am nächsten Tag machte ich mich zu einem Besuch in die Korongo-Berge auf, ein ungeheurer Spaß für meine Nuba, denn wer immer Platz auf unserem großen LKW fand, fuhr mit. Es war eine Strecke von ungefähr 35 Kilometern, die sie sonst zu Fuß laufen mußten. Auch von den Korongo-Nuba wurde ich überschwenglich begrüßt. Sie erhielten ihre kleinen Geschenke, und sie beschenkten auch mich. Ich bekam Hühner, Erdnüsse und Kalebassen.

Nach meinem Kalender war es Heiligabend, und schon das dritte Mal verbrachte ich die Weihnachtsfeiertage bei den Nuba. Aus Khartum hatte ich Kerzen und einen künstlichen grünen Tannenzweig mitgenommen, dazu viel Lametta, denn alles, was glitzert, gefällt den Nuba. Ich hatte mir eine kleine Weihnachtsfeier ausgedacht, eine Überraschung, denn die Nuba wissen ja nicht, was das ist: Weihnachten. Als ich dann in der Dämmerung in meiner Hütte die Kerzen entzündete, stellte sich heraus, daß die Nuba noch nie eine Kerze gesehen hatten. Lautlos wurde alles beobachtet. Dann fragten sie, was das bedeutet. Ich versuchte, ihnen eine kleine Geschichte zu erzählen, band mir ein Bettlaken um, drapierte mich ein bißchen als Engel und hatte einen Mordsspaß, mich mit meinen wenigen Sprachbrocken mit den Kindern zu unterhalten. Ich versuchte ihnen klarzumachen, daß an diesem Tage in «Alemania» die Kerzen brennen und alle Kinder geprüft werden, ob sie brav oder nicht brav waren. Ganz ernst hörten sie zu. Es war einfach wonnig, wie sie mich mit ihren großen Augen ansahen.

Dann stellten Alipo und Natu die Kinder in zwei Reihen vor der Hütte auf, immer mehr kamen herbei, und bald waren fünfzig oder sechzig beisammen. Ich hatte einen Sack voll Bonbons mitgebracht und legte nun in jedes Händchen einige hinein. Die Kinder waren selig über eine solche Kleinigkeit. Dieses Lachen, diese Freude, es war wie Vogelgezwitscher, das ging auch auf die älteren Nuba über. Dann nahm ich meine anderen Vorräte heraus, Brot- und Wurstkonserven, beschmierte Brote, und verteilte sie an die Erwachsenen. Dabei beobachtete ich, wie fast jeder, der eine Brotscheibe erhielt, einige Stückchen davon abbrach und diese an Kinder und ältere Leute, die im Hintergrund standen, weitergab.

Inzwischen hatten Frauen das Marissebier gebracht, und die Stimmung wurde immer fröhlicher. Auf dem Höhepunkt äußerten einige Nuba-Männer den Wunsch, ob ich sie nicht nach «Alemania» mitnehmen könnte. Als ich ihnen sagte, daß es hier viel, viel schöner sei, wollten sie mir nicht glauben. Das brachte mich auf eine lustige Idee. Ich gab einem Nuba meine Handtasche und sagte, er solle langsam durch den schmalen Gang der Hütte gehen, ohne sich aber umzuschauen. Alle schauten gespannt zu. Dann spielte ich den Räuber, schlich ihm leise etwas gebückt nach, sprang ihn an, entwendete ihm die Tasche und lief davon. Die Nuba schrien vor Lachen, bis vielen die Tränen runterliefen.

Meine Tage waren gezählt. Einen Tag hatte ich schon zugegeben, und schon in zwei Tagen erwarteten mich meine Freunde in Khartum. Diesmal fiel mir der Abschied etwas leichter. Wir hatten die große Lorre, und viele wollten mich bis Kadugli begleiten. Es war ein Opfer für sie, da sie noch in dieser Nacht mehr als 50 Kilometer zurücklaufen mußten, um am nächsten Tag in Tadoro ihr größtes Ringkampffest zu feiern, das nur einmal im Jahr veranstaltet wird.

Es war bereits dunkel, als wir Tadoro verließen. Die Stimmung der Nuba war bedrückt. Etwa 15 Kilometer vor Kadugli blieb der Wagen stehen, die Lichtmaschine war defekt. Da der Fahrer den Schaden nicht reparieren konnte, blieb nichts anderes übrig, als auf ein Fahrzeug zu warten, das uns nach Kadugli mitnähme, wo wir hofften, Ersatzteile zu bekommen. Erst jetzt wurde mir meine kritische Lage bewußt. Ich hatte alles zu sehr auf die leichte Schulter genommen. Auf keinen Fall durfte ich das Flugzeug verpassen. Wir stiegen aus und setzten uns an den Straßenrand. Aber meine Nuba-Freunde konnten nicht auf unbestimmte Zeit hier warten, sie mußten nach Tadoro zurücklaufen, um das große Fest vorzubereiten, doch sie wollten, daß ich mitkäme. Unmöglich, ich hätte über 40 Kilometer laufen müssen.

Plötzlich sahen wir in der Dunkelheit Licht. Ein Lastwagen kam näher, vollbeladen mit Säcken und Menschen – leider aus der falschen Richtung. Wir hielten die Lorre an. Vielleicht, so hoffte ich, könnte der Wagen wenigstens meine Nuba nach Tadoro zurückbringen. Der Fahrer schüttelte den Kopf, seine Route lag weiter westlich. Da gab ich ihm bis auf eine kleine Reserve alles, was ich noch an Geld bei mir hatte. Das half. Aber nun machten die Nuba Schwierigkeiten, sie weigerten sich, ohne mich zurückzufahren. «Du mußt mitkommen», baten sie, «wir machen das Fest für dich – du bist unser Ehrengast – du kannst nicht wegbleiben.»

So irre es war, ich ließ mich überreden. Mit Hilfe meiner Nuba als Dolmetscher – einige sprachen etwas arabisch – ließ ich meinem Fahrer sagen, er möchte mich, sobald sein Wagen repariert war, von Tadoro abholen.

Am frühen Morgen waren wir wieder in Tadoro. Als ich aus tiefem Schlaf erwachte, waren die Nuba schon mit den Vorbereitungen für das Fest beschäftigt. In so unmittelbarer Nähe hatte ich das noch nie erlebt. Die drei besten Ringkämpfer wurden in dem Haus, in dem ich mich befand, geschmückt. Natu, Tukami und Gua. Tukami, der damals seiner Gefängnisstrafe durch die Flucht entgangen war, war nach zweijähriger Abwesenheit wieder mit Freuden aufgenommen worden.

Die Ringkämpfer waren schon eingeascht und wurden unter Trommelwirbel eingekleidet. Ihre Frauen und Mütter banden auch mir an Arm- und Fußgelenken Bänder aus Ziegenfellen um und behängten mich mit Perlenketten. Niemand fand das sonderbar, und ich selbst hatte mich auch schon daran gewöhnt. Dann gingen die Ringkämpfer mit ihren Begleitern, mich in die Mitte nehmend, als Spitze voran zu dem Platz, der für den Ringkampf bestimmt war. Dort führten Natu und Tukami in der Mitte des Platzes einen Tanz auf, der mich an Paradiesvögel erinnerte. Sie stießen dabei Laute aus, die wie Lockrufe klangen, und bewegten ihre Hände wie indische Tempeltänzerinnen. Während des Tanzes, den ich von allen Seiten fotografierte, kamen aus allen Richtungen Nuba, die im Schatten der Bäume gewartet hatten, mit Trillerpfeifen und Fahnen angelaufen, und in weniger als zehn Minuten waren wir von Hunderten, später von Tausenden umringt. Ein unbeschreibliches Schauspiel. Ich versuchte, mit der Kamera festzuhalten, was ich nur konnte, vergaß die Zeit und darüber auch, daß ich schon längst auf dem Wege nach Khartum sein müßte.

Mitten im Gewühl erschien zu meinem Schrecken die Lorre, die mich abholen sollte. Eigentlich hätte ich sofort einsteigen müssen, aber – wie soll ich das erklären – ich wollte dieses faszinierende Fest zu Ende erleben. In meinem Optimismus hoffte ich, daß wir den Zug noch erreichen würden.

Glücklicherweise wurden auch mein Fahrer und seine Begleiter von dem Fest mit seinen hübschen Mädchen so mitgerissen, daß sie mehr als einverstanden waren, die Abreise auf nächsten Morgen zu verschieben.

Beim Hahnenschrei stehen die Nuba auf, an diesem Morgen wurde es allerdings etwas später. Als ich erwachte, war ich durch die bevorstehende Trennung bedrückt. Meine Gedanken waren so mit den Nuba beschäftigt, daß ich kaum an meine Freunde in Khartum dachte. Es war die Atmosphäre hier, von der ich mich immer so schwer lösen konnte. Zum dritten Mal fand ich bestätigt, daß ich trotz vieler Entbehrungen unter diesen Menschen glücklich war.

Als es hell wurde, kamen die ersten Nuba. Sie wollten mich überreden, sie nicht zu verlassen. Es wurden immer mehr. Während ich meine Sachen zusammenpackte, kam die Lorre. Beim Anblick meiner Kisten wurde mir angst und bange, Mohamed konnte mich zwar in Semeih absetzen, aber unmöglich auf die Ankunft des Zuges warten, er mußte dringend nach El Obeid zurück. Der Zug, der nur wenige Minuten in Semeih hält, ist total überfüllt, und außer dem Bahnhofsvorsteher gibt es niemand, der die schweren Kisten in die Waggons stellen könnte. Während mir diese Gedanken durch den Kopf schossen, fragte mich einer der Nuba, ob ich ihn bis nach Khartum mitnehmen würde. Es war Dia aus Taballa, ein junger Ringkämpfer.

«Was willst du in Khartum?» fragte ich.

«Buna gigi Leni nomandia», er möchte sehen, wie ich in den großen Vogel einsteige und zum Himmel fliege. Ich lachte ihn aus und nahm das nicht ernst. Es wäre auch keine Zeit gewesen, ihn einzukleiden, denn er hatte nur ein Hüfttuch um.

Ich sagte: «Nein, Dia, ich kann dich nicht mitnehmen, das geht nicht.»

Er bat so inständig, daß mir der Gedanke kam, es könnte eigentlich ganz gut für mich sein, wenn ich nicht allein reisen müßte und er mir beim Verladen der Kisten helfen könnte. Während ich noch überlegte, meldeten sich mehrere Nuba, die mitreisen wollten. Dia allein durfte ich keinesfalls mitnehmen, große Eifersucht würde ausbrechen und Dia sie zu spüren bekommen. Zwei Nuba konnte ich mitnehmen, der zweite konnte nur Natu sein. Er war auch sofort bereit. Der arabische Fahrer drängte, gab Natu aber noch soviel Zeit, sich rasch von seiner Frau zu verabschieden. Dann ging alles blitzschnell. Wir konnten nicht einmal mehr Kleidungsstücke für Dia und Natu besorgen. Unter Händeschütteln und großem Abschiednehmen kamen wir wieder etwas zu spät von Tadoro los.

Noch konnte ich mir nicht vorstellen, wie ich mit den so spärlich bekleideten Nuba reisen sollte. Auch Natu trug nur ein Hüfttuch. Wir konnten uns nicht einmal in Kadugli blicken lassen. Deshalb wollte ich sie auf keinen Fall nach Khartum, sondern nur bis Semeih mitnehmen.

Wir konnten nur sehr langsam fahren. Der Wagen war nicht ganz in Ordnung, und ich zitterte während der ganzen Fahrt, wir könnten den Zug verpassen. Üblicherweise mußte man einen Tag vorher dort sein, um von der Station aus Plätze reservieren zu lassen, um die Sicherheit zu haben, auch mitzukommen.

Es war sehr kalt, und wir froren auf der Lorre, so unwahrscheinlich das klingen mag. Immer wieder gab es Pannen, mal waren es die Reifen oder mit dem Motor stimmte etwas nicht. Meine Angst, den Zug zu verfehlen, wuchs. Kurz vor Semeih blieb der Wagen stehen. Wieder war die Lichtmaschine defekt. Es war dunkel, und es dauerte einige Stunden, bis Mohamed den Wagen repariert hatte. Ich schwor mir, nie wieder so unüberlegt und emotional zu handeln.

Um zwei Uhr nachts waren wir schließlich in Semeih, hungrig, müde und frierend. Den Zug hatten wir noch geschafft, er würde morgen in aller Früh eintreffen. Wir versuchten, auf dem Wagen zu schlafen. Am meisten froren meine beiden Nuba. Ich kramte in meinen Sachen und gab Dia eine Trainingshose, die zwar viel zu kurz war, aber bei den schmalen Hüften der Nuba reichte sie gerade noch. Natu bekam die Jacke, die viel zu eng war, ihn aber doch etwas vor der Kälte schützte. Dann hatte ich zum Zudecken noch Kleider und Schals, in die sie sich einpackten. Sie sahen aus wie Karnevalsfiguren.

Noch vor Sonnenaufgang weckte uns Mohamed. Wir mußten aus dem Wagen heraus, denn er hatte pünktlich in El Obeid zu sein. Natu und Dia schleppten die Kisten auf den Bahnsteig, und noch ehe ich ihnen erklären konnte, daß ich sie in diesem Aufzug nicht nach Khartum mitnehmen könnte, rollte der Zug ein. Er war, wie ich befürchtete, total überfüllt. Fassungslos starrten die Nuba die Eisenbahn an. Sie hatten noch nie in ihrem Leben einen Zug gesehen, für sie war es ein großes Haus auf Rädern, und andauernd stellten sie Fragen, während ich mich in den Zug hineinzudrängen versuchte. Es war ein Kunststück, die Kisten unterzubringen. Natu und Dia nahmen jeder eine und rannten mir nach, bis ich einen Waggon fand, in den man sie noch hineinschieben konnte. Während wir dabei waren, die Gepäckstücke übereinanderzustellen, setzte sich der Zug schon in Bewegung. Meine Nuba konnten nicht mehr herausspringen, und sie wollten es auch nicht. Dicht gedrängt standen wir in einem Gang und wurden von den Arabern angegafft. Ich als einzige weiße Frau und mit mir diese zwei verdächtig aussehenden, nur mit einem Hüfttuch bekleideten großen Nuba. Der Zug war viel zu schnell abgefahren. Nun blieb mir keine Wahl, ich mußte sie nach Khartum mitnehmen. Trotzdem fielen Zentnerlasten von mir ab – ich hatte den Zug noch erreicht.

Diese Eisenbahnfahrt sollte 24 Stunden dauern, vielleicht sogar länger. Natürlich hatten die Nuba keine Ahnung von Toiletten oder ähnlichem, sie kannten keinen Wasserhahn. Wir zwängten uns durch den Gang und warteten vor einer Toilette, bis sie frei wurde. Ich zeigte ihnen, wie man einen Hahn aufdreht und wieder zumacht, daß man sich die Hände waschen und auch trinken kann, und was man sonst noch in so einem kleinen Raum macht. Ich habe es nur pantomimisch angedeutet – sie verstanden und haben sich totgelacht.

Dann ließ ich sie allein und versuchte, mich zu den Wagen der Ersten und Zweiten Klasse durchzuschlängeln, um etwas Eßbares aufzutreiben. Es gelang mir auch, Araber sind ja von Natur sehr hilfreich. Sie hatten in den Abteilen ihre Eßpakete ausgebreitet, und als sie meine begehrlichen Blicke sahen, gaben sie mir sofort etwas ab, Brot und Hammelkoteletts. Natürlich dachten sie, es sei für mich, aber ich verschwand schnell, um es meinen hungrigen Nuba zu bringen. Später ging ich in ein anderes Abteil, machte wieder hungrige Augen und habe auch wieder etwas bekommen, mit der Aufforderung zu bleiben. Ich verdrückte mich und brachte Dia und Natu die zweite Portion, die wir unter uns teilten. Sitzplätze hatten wir noch nicht, aber wir konnten auf den Kisten sitzen. Wie gut, daß ich keinen Spiegel zur Hand hatte. Ich muß furchtbar ausgesehen haben, was mir später meine Freunde in Khartum gern bestätigten, die Haare voller Sand und ganz und gar verstaubt und abgespannt. Trotzdem fühlte ich mich ganz wohl, weil ich mein Flugzeug noch erreichen würde. Ein Araber bot mir seinen Sitzplatz an, und so konnte ich einige Stunden schlafen.

Auf halber Strecke vermißte ich plötzlich meine zwei Leica-Kameras. Auf der ersten Station nach dieser Entdeckung, es war Kosti, verständigte ich die Polizei. Sie sprach jedoch nur arabisch, und so nahmen die mitfahrenden Sudanesen an, ich beschuldigte sie des Diebstahls. Also verdächtigten die Araber meine Nuba, die in einem anderen Wagen, eingepfercht wie in einem Tiertransport, im Gang standen. Bei jeder Station, an der der Zug hielt, befürchtete ich, die Polizei würde Natu und Dia verhaften. Wie ein Löwe kämpfte ich, daß meine Freunde nicht aus dem Zug geholt wurden. Vor Müdigkeit fielen mir immer wieder die Augen zu, und schließlich konnte ich kaum noch die Gesichter um mich herum erkennen.

Um sechs Uhr morgens trafen wir in Khartum ein, erschöpft und dreckig. Meine treuen Freunde, das Ehepaar Plaetschke, stand am Bahnhof, auch ein Wagen, den Abu Bakr mit einem Fahrer geschickt hatte. Jeden Morgen seit dem 29. Dezember waren die Plaetschkes so früh aufgestanden, um mich vom Zug abzuholen. Sie waren in größter Sorge gewesen. Ein Glück, daß sie da waren, denn schon näherten sich uns Polizisten und forderten mich und die Nuba auf, mit ihnen zu kommen. Es ging um den Diebstahl. Meine Freunde konnten die Polizisten aufklären, und der ganze Spuk war vorüber.

Es tat mir in der Seele weh, was für ein trauriges Bild meine schwarzen Freunde abgaben. Wenn ich daran dachte, wie stolz und selbstbewußt sie in der Seribe oder bei ihren Ringkämpfen aussahen und wie verschüchtert und gedemütigt sie jetzt dastanden, da bedauerte ich es zutiefst, sie mitgenommen zu haben. Glücklicherweise änderte sich das bald. Wir fuhren in das Haus von Weistroffers, wo sie sich unter einer Gartendusche erst einmal gründlich waschen konnten. Immer wieder hielten sie die Hände darunter. Für sie war das viele Wasser ein noch größeres Wunder als die Eisenbahn. Wenn man an das schmutzige Wasser denkt, das sie oftmals aus den Löchern trinken müssen, dann ist verständlich, daß dieses reine, klare Wasser für sie eine Kostbarkeit war. Da alle nett zu ihnen waren, verloren sie bald ihre Scheu. Ich war gespannt, was sie außer dem Wasser am meisten beeindruckte. Es war nicht der schön gepflegte Rasen oder die Blumen, es war etwas anderes. Voller Entzücken betrachteten sie in der Halle des Hauses die Jagdtrophäen des Hausherrn, die großen Büffelhörner und die gewaltigen Elefantenzähne. Das faszinierte die Nuba, das Jagdfieber brach bei ihnen durch. In ihren heimatlichen Bergen gab es wegen des Wassermangels kaum noch Wild.

Nun bekamen wir gut zu essen, Brot, Früchte, Butter und Honig, die Nuba einige Liter Milch, auch ein Wunder für sie, denn schon eine kleine Schale Milch ist in Tadoro fast ein Luxus. Dann gab es Tee, und, was sie so gern mögen, viel, viel Zucker.

Sofort nach dem Frühstück fuhr ich mit ihnen auf den Markt, um sie einzukleiden. Das Praktischste für sie waren die Galabias, das meist getragene Kleidungsstück im Sudan, jenes lange Gewand, das vor Staub und Sonne schützt und außerdem eine kleidsame Tracht ist. Natu wählte eine türkisfarbene Galabia, also wollte Dia unbedingt die gleiche haben, aber in dieser Farbe gab es keine mehr. Der Händler bemühte sich, eine gleiche zu finden, und brachte schließlich eine hellgrüne herbei. Da wurde Dia bockig. Er wollte die nicht und fing wie ein kleines Kind fast an zu weinen, und erst, als ich ihm sagte, nun bekäme er gar keine, zog er schmollend die hellgrüne über.

Bald war dieser Schmerz vergessen, und sie kamen aus dem Staunen nicht heraus. Die vielen Schuhe, Tücher und die Unmenge von anderen Sachen waren für sie reine Wunder. Ich kaufte noch einige Wolldecken für die alten Frauen, die nachts frieren, und noch andere praktische Sachen, die ich gerade sah. Mir verblieb nur noch wenig Zeit. Ich hatte mich noch polizeilich abzumelden.

Beim Verpacken der Kisten kamen meine beiden mit Tüchern umwickelten Leicas zum Vorschein. Ich mußte sie im letzten Augenblick der überstürzten Abreise in eine Kiste gelegt haben. So beschämend das für mich war, meldete ich es dennoch der Polizei.

Am Abend besuchte uns Abu Bakr. Mit Freude sah ich, wie er Dia und Natu begrüßte, so herzlich wie ein Vater. Er umarmte sie, und die beiden strahlten. So konnte ich sie ihm guten Gewissens nach meinem Abflug anvertrauen.

Das Flugzeug startete wenige Minuten nach Mitternacht. Natu und Dia bestanden darauf, mich in den Himmel fliegen zu sehen. Sie hatten nicht die Absicht, in Khartum zu bleiben, und wollten schon am nächsten Tag zurückkreisen. Allein war ihnen die große Stadt zu unheimlich, und vor allem wollten sie möglichst bald wieder bei ihren Familien sein.

Wenn in Khartum ein Ausländer wegflog, kamen viele Bekannte zum Flughafen. Die Reisenden warten unten, die Freunde oben auf der Terrasse. Dort standen nun auch meine beiden Nuba. In ihren grünen Galabais sahen sie wie zwei Weihnachtsengel aus. Es war für die Anwesenden ein Spaß, wie ich mich mit ihnen in ihrer Sprache unterhielt, die niemand außer uns dreien verstehen konnte. Die Nuba wollten noch alles mögliche wissen, auch über das Flugzeug, das sie «nomandia» nannten und das ihnen wie ein Riesenvogel erschien, vor allem aber, wann ich wiederkomme. Da fiel mir etwas Nettes ein, inspiriert durch den großen Mond, der über uns stand. Ich hatte Khalil, einem Lehrer in der Schule von Rheika, ein Tonbandgerät geschenkt, mit dem er für mich Sprache und Musik der Nuba aufnehmen sollte. Nun versuchte ich Natu und Dia zu erklären, daß ich Khalil Tonbänder schicke, auf denen ich ihnen erzähle, was ich in «Alemania» tue und wie es mir geht. Sie sollen, immer wenn Vollmond ist, Khalil besuchen und sich meine Bänder vorspielen und ihre Antworten aufnehmen lassen. Ganz einfach war es nicht, ihnen dies zu erklären, aber sie verstanden mich und strahlten.

Diese ungewöhnliche «Postverbindung» war nicht schwierig zu bewerkstelligen. Sie funktionierte lange Zeit, da es in Kadugli ein kleines Postamt gibt und Khalil zweimal im Monat dort zu tun hatte. So konnte ich über diese unermeßlich weite Entfernung mit meinen Nuba-Freunden ständig in Verbindung bleiben.

Obgleich diese Afrika-Expeditionen mich weder gesünder noch jünger oder schöner machten, sondern im Gegenteil das Letzte von mir forderten, ist der Wunsch geblieben, nach Afrika zurückzukehren und, wenn irgend möglich, für immer dort zu bleiben.

Ein schwieriges Jahr

Ich war wieder in München. Der Himmel war grau, das Wetter kühl und neblig. Die Post hatte das inzwischen erschienene «Sunday Times Magazine» mit einem eindrucksvollen Bildbericht von den Nuba und einem vorzüglichen Text gebracht. Auch fragte die Redaktion an, ob ich für sie im kommenden Jahr die Olympischen Spiele in Mexiko fotografieren könnte.

Um meine Gesundheit sah es nicht gut aus. Ich schlief schlecht, war immer müde und verfiel in Depressionen. Ich litt sehr unter der Einsamkeit, die ich selbst suchte. Deshalb zog es mich immer mehr nach dem Sudan, dort sah ich mein ausschließliches Ziel. Ich war überzeugt, daß ich meinen Frieden nur noch bei den Nuba finden würde. Um dies erreichen zu können, mußte ich mir erst ein Existenzminimum schaffen. Meine Schulden belasteten mich immer mehr. Ich hatte nie Beiträge für eine Rente geleistet, also würde ich im Alter der Sozialhilfe zur Last fallen – ein unerträglicher Gedanke. Da kam mir zum ersten Mal die Idee, gegen eine monatliche Rente die Urheberrechte meiner sämtlichen Filme sowie das reichhaltige Fotoarchiv und das noch verwendbare Nuba-Filmmaterial wegzugeben, dazu die Negative meiner Filme und die vielen Theaterkopien, die ich noch besaß. Beinahe wäre ich zu einem so folgenreichen Vertrag gekommen, aber kurz vor der Unterzeichnung zog derjenige, der an dem Projekt ernsthaft interessiert war, seine Unterschrift zurück. Für eine monatliche Rente von nur 1000 DM war ich damals bereit, alles, was ich besaß, abzugeben. Ich wußte keinen Ausweg mehr aus meiner Lage. Die Einnahmen aus dem Verkauf der Nuba-Fotos und Filmlizenzen kamen zu unregelmäßig und sicherten mir kein noch so anspruchsloses Existenzminimum. Dazu die Unsicherheit des noch immer schwebenden Prozesses, den Herr Mainz gegen Leisers «Minerva-Film» in der Angelegenheit meiner Urheberrechte am «Triumph des Willens» führte. Ich befand mich in einer verzweifelten Verfassung.

In diesem Zustand hielt ich es in München nicht aus. Ich packte mein halbes Büro in meinen alten Opel, nahm Traudl, das junge Mädchen, das mich während meiner Abwesenheit vertreten hatte, als Schreibkraft mit und fuhr in die Berge. Wir nahmen uns ein bescheidenes Zimmer. Für die Zeit meiner Abwesenheit hatte ich meine Wohnung vermieten können.

Aber dieses Mal, ich war wieder in St. Anton, stellte sich eine Erholung, wie ich sie sonst hier immer fand, nicht ein. Vielleicht war das Arbeitspensum, das ich mir zumutete, zu groß. Ich hätte dringend eine gute Sekretärin gebraucht.

Und in der Tat sollte sich dieser Wunsch bald und auf ungewöhnliche Weise erfüllen. Als Inge Brandler im April 1967 zum ersten Mal zu mir kam, ahnte ich nicht, welche Bedeutung dies für mein weiteres Leben haben würde. Ein junger Mann, Herr Grußendorf, der einige Male Schreibarbeiten für mich ausführte, hatte sie mir empfohlen. «Sie bewundert Sie», sagte er, «ich kenne sie vom Münchenkolleg, wo sie als Sekretärin arbeitet.»

«Dann hat sie doch keine Zeit für mich.»

«Doch», sagte er, «ich habe schon mit ihr gesprochen, sie würde gern außerhalb ihrer Dienstzeit für Sie schreiben oder auch andere Büroarbeiten erledigen, aber Geld würde sie auf keinen Fall dafür nehmen.»

Als ich sie nach meiner Rückkehr aus den Bergen vor mir stehen sah, klein und zierlich, hätte ich es für ausgeschlossen gehalten, daß ein so kleines Menschenkind ein solches Bündel von Vitalität und Willenskraft sein kann. Schon am nächsten Tag begann sie mit ihrer Arbeit, die uns als Freunde bis zum heutigen Tag verbindet. Nie wurde ihr etwas zuviel. Sie kam am Abend und blieb oft bis Mitternacht. Immer guter Laune, nie Müdigkeit zeigend, übernahm sie in kurzer Zeit mehr und mehr Pflichten. Jede freie Stunde, jeden Sonnabend und Sonntag und auch die Feiertage schenkte sie mir. Bald wurde sie mir so unentbehrlich, daß ich ohne sie die schweren Krisen, in die ich immer von neuem geriet, kaum hätte überstehen können.

Aus London kam eine Einladung, ich sollte einigen Interessenten die von Geyer neu kopierte Ringkampfrolle vorführen. Fünf Monate hatte die Kopieranstalt Zeit gehabt, die Kopie auszubessern, die auf der «photokina» mein Schicksal zum Guten hätte lenken können. Nach den bisherigen Erfahrungen hatte ich keinen Mut gehabt, mir die Kopie anzusehen. Ich habe das immer wieder hinausgeschoben, aber nun mußte ich sie mir anschauen. Wieder wurde es eine Enttäuschung. Längst hatte ich mich darauf eingestellt, mich mit einer mittelmäßigen Kopie zufriedengeben zu müssen, aber was nun über die Leinwand lief, war mir ein Rätsel. Die Farben waren, mit Ausnahme der «grünen», nun braun gefärbten Aufnahmen, zwar gut ausgeglichen – ein Beweis, daß sie von Anfang an farbrichtig hätten kopiert werden können, aber es war nicht mehr mein Schnitt. Aufnahmen, die ich ausgeschieden hatte, waren in der Kopie, andere, eingeschnittene, fehlten. Auch waren die Einstellungen zu lang oder zu kurz, nichts stimmte mehr. Ein unerträgliches Produkt. Und schließlich war als Höhepunkt der Schrecklichkeiten auch noch die Hälfte aller Aufnahmen seitenverkehrt kopiert. Was ich sah, war eine Verstümmelung meines Films, ein irreparabler Schaden – die Beerdigung.

Ich sagte die Londoner Reise ab. Andere Aufregungen ließen mich nicht zur Besinnung kommen. Ich bangte um die Originale der Nuba-Dias. Damals besaß ich noch nicht die Mittel, mir Duplikate anfertigen zu lassen. Es war immer ein Risiko, Originaldias wegzugeben, besonders ins Ausland. Nun hatte ich mir leichtsinnigerweise bei meinem letzten Besuch in den Nuba-Bergen über 200 meiner Dias nach Khartum schicken lassen. Durch einen «Gucker» sollten die Nuba sie betrachten. Es wäre ein Riesenspaß für sie. Aber die Metallkiste mit den Dias kam in Khartum erst an, nachdem ich schon abgereist war und mich auf dem Weg nach Tadoro befand. Sie wurde mir nachgeschickt, aber erreichte mich nicht. Meine Freunde hatten sie einer Lorre mitgegeben. Von den sudanesischen Behörden wurde eine große Suchaktion eingeleitet, aber die Kiste war nicht mehr auffindbar. Meine besten Aufnahmen waren darunter – welch ein Wahnsinn –, ich war zutiefst verzweifelt.

Ein Unglück kommt selten allein. Auch meine fünf besten und einzigen Filmkopien, die das Österreichische Filmmuseum in Wien für eine «Leni Riefenstahl Filmwoche» aus München angefordert hatte, waren verschwunden. Beim Rücktransport mußten sie irgendwo bei einer Zollstelle liegengeblieben sein. Seit Wochen wurde fieberhaft in Österreich nach ihnen gesucht. Schließlich wurde alles gefunden, auch die Kiste mit den unersetzbaren Nuba-Originalen kam zum Vorschein – allerdings erst nach Monaten.

Während ich um den Verbleib dieser kostbaren Materialien zitterte, kam ein Anruf aus New York. Man fragte, ob ich bereit wäre, die US-Rechte der Olympiafilme an «National Education Television», NET genannt, zu verkaufen. Die Filme sollten in Originalfassung anläßlich der Olympiade in Mexiko ausgestrahlt werden. Schon kurz nach dem Gespräch besuchte mich Basil Thornton in München, der Direktor von NET, mit einem Vertragsentwurf im Aktenkoffer. Das Schönste an diesem Angebot war, daß NET über den berühmten «Channel 13» sendet, der im Gegensatz zu den kommerziellen Sendern die Filme nicht durch Werbung unterbricht. Die Programme von NET werden ausschließlich durch Stiftungen und Gelder seiner Fans finanziert. Die Lizenzgebühren sind entsprechend gering, die künstlerische Wirkung aber um so tiefer. Über den «Channel 13» zu kommen, ist eine Anerkennung, und für mich war das ein unerwartetes Glück. Die Vorstellung, daß meine Olympiafilme nach mehr als 30 Jahren über 115 amerikanische Sender ausgestrahlt werden, war die beste Medizin. Das Angebot war in der Tat großzügig. NET erwarb für fünf Jahre die TV-Rechte der englischen Version und ließ auf ihre Kosten neue Dup-Negative und Lavendelkopien auf «non-flame»-Material anfertigen, die nach Ablauf der Lizenzzeit in meinen Besitz übergehen sollten. Oft werde ich von Leuten, die nicht aus der Filmbranche sind, gefragt, was eine «Lavendelkopie» ist: Wenn ein Film fertig geschnitten ist, wird vor Herstellung der Massenkopien eine Kopie auf besonderem, sehr weichem Material hergestellt, das einen violetten Schimmer hat, deshalb der Name «Lavendelkopie». Sie ist das wertvollste Ausgangsmaterial für die Herstellung von Dup-Negativen, weil sie als erstgezogene Kopie noch keine Schrammen aufweist und die Dup-Negative durch die Besonderheit des weichen Materials nicht so hart werden wie solche, die von normalen Kopien hergestellt werden.

Allerdings war die Wiederherstellung der englischen Version außerordentlich kompliziert und langwierig, weil Negative und Lavendelkopien von beiden Olympiafilmen aller fremdsprachigen Versionen mir entweder nicht zurückgegeben oder aus dem Berliner Bunker gestohlen worden waren. Als Ausgangsmaterial für die von den Amerikanern gewünschten neuen Dup-Negative besaß ich nur alte, teilweise beschädigte Nitrokopien. Über drei Monate versuchte ich im Münchner Schneideraum mit einer Assistentin daraus neue Dup-Negative herzustellen. Das Endresultat war erstklassig.

Auch während dieser Arbeitsperiode blieb ich mit meinen Nuba in Kontakt. Khalil hatte mir schon einige Tonbänder geschickt. Auf dem letzten Band hatte Natu berichtet, er hätte für das Geld, das ich ihm in Khartum für die Rückreise gab, Schaufel und Eimer auf dem Markt in Kadugli gekauft, sie hätten schon ein zehn Meter tiefes, breites Loch gegraben, aber noch kein Grundwasser gefunden, sie würden weitergraben.

Robert Gardner, der sich kurzfristig in Khartum aufhielt und auf dem Wege nach dem Südsudan war, um über die Dinka und Nuer einen Film zu machen, ließ ich über die US-Botschaft bitten, er möge Geld an Khalil für den Brunnenbau schicken, damit die Nuba weiteres Arbeitsgerät kaufen können. Ohne Schaufeln kämen sie nur langsam voran. Sie gruben nur mit getrockneten Kürbisschalen nach Wasser. Der Gedanke, die Nuba könnten tatsächlich auf Wasser stoßen, war aufregend. Tag für Tag wartete ich auf neue Nachrichten aus dem Sudan. Es war meine unumstößliche Absicht, nach Beendigung der Regenzeit im Oktober nach Khartum zu fliegen, um dann für längere Zeit bei den Nuba zu bleiben.

Schwarze Wolken ballten sich am Horizont. In Nahost war ein Krieg zwischen Israel, Ägypten und Jordanien entbrannt. In sechs Tagen errangen die Israelis einen Sieg, der die Welt bewegte. Für meine Reise war er folgenschwer. Durch Briefe aus dem Sudan erfuhr ich, wie dieser Krieg die Lage der Deutschen in Khartum negativ verändert hatte, und wie auch ich davon betroffen wurde. Schlagartig war im Sudan eine Wende eingetreten. Die Sympathie für die Deutschen wandelte sich in das Gegenteil. Ruth Plaetschke und ihr Mann, denen Khartum eine zweite Heimat geworden war, schrieben mir:

Wir waren so gern hier, aber es hat sich alles so sehr verändert, wir fühlen uns nicht mehr wohl. Wenn wir früher auf dem Markt erschienen, gab es überall eine freudige Begrüßung mit unseren Händlern, jetzt zeigen sie alle finstere Gesichter. Das betrifft aber nicht nur die Deutschen, auch die Engländer und Amerikaner sind nicht mehr erwünscht. Viele von ihnen verlassen den Sudan. Man glaubt, daß dies durch den immer stärker werdenden russischen Einfluß verursacht wird.

Auch Dein Name hat hier große Wellen geschlagen. Ein arabischer Händler, der in den Nuba-Bergen lebt, machte eine offizielle Beschwerde im Parlament, weil Du nackte Menschen fotografiert hast, für einen Mohammedaner ein Verbrechen. Abu Bakr, der die Zensur für Deine Aufnahmen ausübte, wurde zur Stellungnahme aufgefordert. Er hat Dich verteidigt und die Verantwortung übernommen. Er sagte, daß Deine Aufnahmen ethnologisch wertvoll wären und die Nuba in keiner Weise diffamieren. Das Ansehen, was Abu Bakr hier hat, fällt schwer ins Gewicht, aber er muß vorsichtig sein, um seine Stellung nicht zu verlieren. Ich muß Dich also sehr enttäuschen. Rechne nicht damit, so schwer es Dich auch trifft, daß Deine Wünsche, Dich zu den Nuba zurückzuziehen, in naher Zukunft realisierbar sind ...

Ich konnte nicht weiterlesen, es traf mich wie ein Blitz. Meine Nuba nie mehr wiedersehen? Meine Träume und Wünsche sollten so plötzlich zerstört werden? Nein – ich würde nicht aufgeben – niemals. Manchmal kann scheinbar Unmögliches doch noch möglich werden – vieles kann sich ändern. Eins stand für mich fest: Mit oder ohne Erlaubnis, ob man mich einsperren oder sonst was mit mir machen wird – ich werde die Nuba wiedersehen, und wenn es nur für ein paar Tage wäre. Sollte ich tatsächlich nie mehr ein Visum bekommen, dann würde ich mich sogar entschließen, einen Sudanesen zu heiraten, nur um die sudanesische Staatsangehörigkeit zu erhalten.

Meine Geduld wurde auf eine lange Probe gestellt. Alle Briefe an Abu Bakr blieben unbeantwortet. Von meinen Freunden erhielt ich auf meine Fragen, warum Abu Bakr schweigt, nur ausweichende Antworten. Nur Ruth Plaetschke hatte den Mut, mir die Wahrheit zu sagen. Sie schrieb:

Abu Bakr ist Dir weiterhin freundschaftlich gesonnen. Aus diesem Grunde will er Dir nichts Unangenehmes sagen, da es zur Zeit hoffnungslos ist, für dich ein Visum und Unterstützung Deiner Pläne zu bekommen. Es ist völlig aussichtslos, ohne Visum hereinzukommen. Der Flughafen ist gesperrt, so daß nicht einmal Besucher oder Abholer das Gebäude betreten dürfen, überall stehen verständnislose Wachen mit Maschinenpistolen. Mit Verhaften ist man schnell bei der Hand . . .

Nun wußte ich, ich konnte nicht mehr damit rechnen, noch in diesem Jahr in den Sudan zu reisen. Das wirkte sich auf mein Gemüt und meine Gesundheit aus. Alle Krankheiten meldeten sich wieder. Gegenüber früher konnte ich immer weniger mit ihnen fertig werden. In dieser schweren Zeit nahm ich dankbar eine Einladung von Winnie Markus und ihrem Mann Ady Vogel an, mich auf ihrer Hazienda in Ibiza, wo ich vor Jahren Gardner kennengelernt hatte, zu erholen. Dort genoß ich die Ruhe. Zum Strand, im Herbst fast menschenleer, führte eine Steintreppe hinunter. Ich liebe das Meer fast ebenso wie die Berge, ich liebte es schon, als ich noch nicht ahnte, jemals die Unterwasserwelt kennenzulernen. Täglich schwamm ich zu den nicht weit entlegenen Felsen. Noch wußte ich nicht, welche Naturwunder sich unter dem Meeresspiegel verbergen.

Eines Tages meldeten sich Besucher, ein Ehepaar aus Hamburg und ein Verleger, der mir als Dr. Bechtle vorgestellt wurde. Während uns auf einer schattigen Veranda kühle Getränke serviert wurden, fragte man nach meinen zukünftigen Plänen. Ich erzählte von den Nuba, von meiner Sehnsucht nach Afrika, daß ich mir eigentlich nichts weiter wünsche als einen Wagen zu besitzen, um durch Afrika zu reisen, dort zu fotografieren und zu filmen. «Ist dies alles, was Sie sich wünschen?» fragte mich lächelnd der ältere Herr aus Hamburg.

«Eigentlich», sagte ich, «wäre dies noch der einzige Wunsch in meinem Leben.»

Der Hamburger sah mich groß an und sagte: «Wenn dies Ihr einziger Wunsch ist, den, glaube ich, kann ich erfüllen.»

Erst glaubte ich, er mache Scherz. Ich sagte zögernd: «Aber ein normaler Wagen würde nicht genügen, es müßte schon ein Geländewagen sein, in dem man auch schlafen kann.»

«Na und», meinte der Herr, «das ist doch möglich.»

Noch immer hielt ich ihn für einen Spaßvogel. «Wenn das wirklich möglich wäre», sagte ich, «und wenn auch die übrigen Voraussetzungen für eine solche Reise zu schaffen wären, dann könnte ich Ihnen das Geld für den Wagen später zurückzahlen.» So ging das Gespräch weiter, und ich erfuhr, daß die beiden meine Filme bewundert hatten, und, was dies alles glaubhafter erscheinen ließ, Paul Hartwig besaß die Mercedes-Vertretung in Hamburg. Als er mir sagte, in seinem Lager stünden mehrere Unimog-Wagen, begann ich ihm langsam zu glauben.

Tatsächlich erhielt ich schon wenige Tage später einen Brief, in dem schwarz auf weiß stand, ich könnte unentgeltlich einen Unimog bekommen. Das elektrisierte mich. Es war fast wie im Märchen. Ich sah mich schon im Unimog durch Afrika kreuzen, kombinierte neue Chancen und fühlte mich dem Leben wiedergegeben. Die Einreiseerlaubnis nach dem Sudan würde ich mir erkämpfen – vielleicht wäre sogar noch mein Film zu retten. Dabei war ich realistisch genug, um zu erkennen, daß es mit dem Wagen allein nicht getan wäre, daß eine Filmexpedition, auch wenn sie noch so klein konzipiert würde, eine Menge Geld kostete. Und könnte ich einen solchen Wagen allein fahren?

Dennoch ließ mich die Aussicht, die sich mir eröffnet hatte, nicht mehr los. Ich fuhr nach Gaggenau und schaute mir bei Mercedes die verschiedenen Fahrzeug-Typen an. Ich war von der Leistungsfähigkeit dieser Wagen begeistert. Aber ich mußte einsehen, allein mit einem dieser prächtigen Fahrzeuge in den Sudan zu fahren, das war nicht zu machen. Vielleicht könnte ich es mit einem Landrover schaffen? Auch damit war Herr Hartwig einverstanden.

Die Lage in Khartum entspannte sich. Sofort beschloß ich, ein sudanesisches Visum zu beantragen, und begann noch einmal mit den Vorbereitungen für eine neue Expedition. Ich bat alle Freunde, mich dabei zu unterstützen, und mit Hilfe meiner unermüdlichen Inge gingen viele Briefe in alle Welt. Um zu einem Lichtaggregat zu kommen, nahm ich sogar das Angebot eines Deutsch-Spaniers an, einen Super-8-mm-Film von einer Fasanenjagd in Spanien aufzunehmen, die er für seine Freunde veranstaltete. Obgleich ich keine Vorliebe für Jäger habe und es nicht ausstehen kann, wenn sie sich mit ihrer Jagdbeute eitel posierend vor der Kamera aufbauen, mußte ich meine

Abneigung überwinden. Ich hätte mir kein teures Lichtaggregat leisten können. Für Nachtaufnahmen, die ich so gern in den Nuba-Hütten machen wollte, war es aber unentbehrlich. Herr von Lipperheide, so hieß der Jagdherr, zahlte meine sämtlichen Auslagen und war von dem kleinen Film begeistert. Das Aggregat, das er mir schickte, funktionierte aber leider nicht.

Jede Gelegenheit, mir etwas zu verdienen, nahm ich wahr. Nach einem erfolgreichen Dia-Vortrag im Bayerischen Automobilklub meldeten sich weitere Veranstalter. Ferner konnte ich meine Kasse durch einen Film aufbessern, den RAI, das italienische Fernsehen, mit mir aufnahm.

Der Landrover mußte, da ich verschiedene Sonderwünsche hatte, in England bestellt werden. Er sollte Unterschutzplatten erhalten, verstärkte Federn und verstärkte Stoßdämpfer, eine elektrische Benzinpumpe und noch neben vielen anderen Extras mit einem Tropendach ausgerüstet sein. Währenddessen häuften sich in meiner Wohnung immer mehr Ausrüstungsmaterial, Lebensmittel, Medikamente, große und kleine Wasserkanister und die vorzüglichen Katadynfilter, mit denen sich auch schmutziges Wasser in Trinkwasser verwandeln läßt. Sie waren für Expeditionen in so wasserarmen Gegenden fast unentbehrlich. Im übrigen trug ich auch Geschenke für meine Nuba zusammen. Vor allem die so begehrten kleinen bunten Perlen, die mir wieder aus Schwäbisch Gmünd gespendet wurden.

Aber noch hatte ich mein Visum nicht erhalten und auch noch keine Genehmigung, das Fahrzeug in den Sudan zu bringen. Diese Ungewißheit schwebte wie ein Damokles-Schwert über meinem Kopf, denn es war mir ja bekannt, daß ich in Khartum auf der schwarzen Liste stand. Auch hatte ich immer noch keine Antwort auf meine vielen Briefe von Abu Bakr erhalten.

Trotz dieses Risikos durfte ich meine Vorbereitungen nicht unterbrechen. Monate im voraus mußte ich einen Schiffsplatz für die Überfahrt nach Alexandria buchen. Mit etwas Glück ergatterte ich noch einen Platz auf dem kleinen griechischen Frachter «Cynthia». Am 19. November – es war das Jahr 1968 – müßte der Wagen in Genua verladen werden, an diesen Termin war ich gebunden. Der Suezkanal war noch gesperrt, deshalb war die Überfahrt über das Mittelmeer die beste und auch billigste Lösung. Die Autofahrt von Alexandria über Kairo bis nach Assuan war unproblematisch, aber wie es dann nach Wadi Halfa, der sudanesischen Grenze, weitergehen sollte, konnte mir weder das ägyptische Konsulat noch irgendein Reisebüro sagen. Von Assuan in den Sudan führten zwei Routen, eine am Roten Meer entlang, die andere durch die Wüste. Beide konnte man aber nicht einschlagen, da trotz Beendigung des Nahost-Kriegs die Straßen an verschiedenen Stellen gesperrt waren. So blieb die einzige Chance, die Strecke in zwei Tagen auf einem Nildampfer von Assuan nach Wadi Halfa zurückzulegen. Aber ein Problem war, die Abfahrtszeit des Dampfers von Assuan zu erfahren und ob er auch imstande wäre, den Landrover mitzunehmen.

Wie ich Horst fand

Beängstigend schnell verging die Zeit, und ich hatte noch keinen Begleiter gefunden. Allein, wie ursprünglich geplant, konnte ich diese Expedition nicht unternehmen. Nur wollte ich dieses Mal nach den gemachten Erfahrungen kein Team mitnehmen. Es ist schwierig, mit anderen Menschen, auch wenn sie sonst so nett sind, im Busch auszukommen. Nicht jeder verträgt die Hitze und die Strapazen. Der Begleiter, den ich suchte, müßte charakterlich stabil und gesund sein, außerdem Freude an der Arbeit haben. Ferner sollte er nicht nur ein guter Fahrer sein, er sollte auch Autos reparieren können. Und da ich mir einen Kameramann zusätzlich nicht leisten konnte, wäre es notwendig, daß er auch etwas von Filmtechnik versteht. Ein solcher Begleiter wäre ein Idealfall. Es war mir selbstverständlich klar, daß dies ein Wunschbild war. Da kam mir ein Zufall zur Hilfe.

Jedesmal, wenn ich in die Kopieranstalt Arnold & Richter kam, fragte ich dort einen Angestellten, ob er nicht einen Kameraassistenten wüßte, der auch mit Geländefahrzeugen umgehen kann. Der lachte nur und sagte: «Was Sie suchen, das gibt es nicht.» Ich mußte ihm leider recht geben, denn ich hatte schon seit Monaten ergebnislos bei meinen Bekannten herumgefragt. Da kam ein Mann, der dort in der Spedition arbeitete, auf mich zu und sagte: «Ich habe zufällig gehört, worüber Sie gesprochen haben – ich glaube, ich kenne einen, der für Sie in Frage käme.»

«So», sagte ich ungläubig, «wer ist es denn – kann ich ihn sehen?»

«Ich kann ihn ja mal fragen, er kommt öfter hierher, wenn er Filme zum Entwickeln bringt.»

«Was ist er von Beruf?»

«Er arbeitet als Kamera-Assistent, ist aber auch Mechaniker, ich glaube sogar Automechaniker.» Ich wurde hellhörig.

«Können Sie mir Ihren Bekannten vorstellen?»

«Ich kann ihn über meine Mutter erreichen, dort wohnt er als Untermieter.» Während er mir auf einen Zettel Namen und Telefonnummer aufschrieb, sagte er noch: «Für Ihre Expedition wäre er genau der Richtige.»

Als ich nach einigen Tagen dort anrief, meldete sich Frau Horn. Sie war schon von ihrem Sohn über mein Anliegen informiert worden. Zu meiner Enttäuschung sagte sie mir, ihr Untermieter sei gestern nach Italien in Urlaub gefahren und käme erst in drei Wochen zurück. «Aber», fuhr Frau Horn fort, «ich soll Ihnen von Herrn Kettner ausrichten, er wird sich, wenn er wieder in München ist, bei Ihnen melden. Mein Sohn Reinhold hat ihm noch einen Tag vor seiner Abreise kurz von Ihrem Vorhaben erzählt. Er hat das Ganze zuerst für einen Scherz gehalten, aber wenn es sich um eine richtige Afrika-Expedition handelt, dann wäre er schon interessiert.»

«Und was ist Herr Kettner für ein Mensch?» fragte ich. Frau Horn fing an zu schwärmen.

«Ein feiner Mensch», sagte sie, «wirklich ein feiner Mensch und so ruhig und bescheiden. Noch nie hab ich so einen Mieter gehabt. Sein Zimmer ist immer aufgeräumt, er raucht nicht und trinkt nicht, und immer ist er hilfsbereit, ich kann nur das Allerbeste über ihn sagen.»

Das klang alles fast zu gut, aber doch sehr fraglich, ob daraus auch etwas würde. Ich mußte einen Ausweg suchen. Wenigstens für die Fahrt bis Khartum brauchte ich einen Begleiter, der dann zurückfliegen könnte. Dort würde ich schon einen guten afrikanischen Fahrer finden. Für die Filmaufnahmen müßte ich notfalls einen Sudanesen als Kameramann engagieren. Eine Notlösung, aber besser, als die ganze Expedition scheitern zu lassen.

Die Arbeit lief auf vollen Touren. Da bekam ich eine neue «Dusche»: Einen Brief meiner Freundin Ursula Weistroffer aus Khartum. Ich hatte ihn schon lange erwartet. Mit Bestürzung las ich:

Die politische Lage ist immer noch ungewiß, und ob Abu Bakr Dir eine Aufenthaltsgenehmigung für die Nuba-Berge besorgen kann, weiß ich nicht. Seine arabische Höflichkeit, offen zu sagen, ob Du noch auf der schwarzen Liste stehst, erschwert es, die Wahrheit zu erfahren. Verehrer hast Du bestimmt viele im Sudan, aber ich glaube nicht, daß einer darunter ist, der sich mit der Sicherheitspolizei anlegen würde, um für Dich einen längeren Aufenthalt zu erwirken. Gewiß, die Nuba sind im Gegensatz zu den Dinka und Schilluk den Arabern nicht feindlich gesonnen. Aber sie sind in den Augen der Araber doch «primitive» Menschen, und wenn jetzt ein Weißer kommt und mit ihnen sympathisiert, dann können zumindest die einfachen Araber sich nicht vorstellen, daß man diese Menschen liebt, man wittert irgendeinen Zweck dahinter. Es tut mir leid, daß meine Zeilen so ganz

Deinen Hoffnungen entgegensprechen – ich wünsche Dir die Kraft,
die Du brauchst, um Deine Entscheidungen zu treffen.

Zum ersten Mal dachte ich daran, zu resignieren und alles hinzuschmeißen. Aber ich brachte es doch nicht über mich. Schon ein kleiner Anlaß reichte hin, mich etwas zu ermuntern. Es war schon spät, ich diktierte noch Briefe, als das Telefon läutete. Am Apparat meldete sich Horst Kettner. Ich hatte ihn inzwischen ganz vergessen. Eine halbe Stunde später war er schon in der Tengstraße. Ich begrüßte einen etwas scheuen jungen Mann, sehr groß, schlank und gutaussehend. Sein Gesicht flößte mir vom ersten Augenblick an Vertrauen ein. Behutsam versuchte ich, einiges von ihm zu erfahren. Er sprach gebrochen deutsch. Als Kind deutscher Eltern war er in der Tschechoslowakei aufgewachsen und arbeitete erst seit zwei Jahren in Deutschland. Mein Name sagte ihm nichts, ich war ihm unbekannt.

Der Grund, daß er sich bei mir meldete, war sein Interesse an Afrika. Als ich ihm dann sagen mußte, daß ich ihm kein Gehalt zahlen, sondern nur die Reisespesen und die notwendigen Versicherungen übernehmen könnte, machte das keinen Eindruck auf ihn. Er war sofort mit meinem Vorschlag einverstanden.

Schon nach drei Tagen machte er sich an die Arbeit. Es gab eine Menge zu tun: Die Kameraausrüstung vervollständigen, Probeaufnahmen von Optiken und Filtern machen, Film- und Fotomaterial besorgen, vor allem aber alle Dinge, die das Fahrzeug betrafen, Werkzeug und die notwendigen Ersatzteile beschaffen.

Inzwischen war es Ende September geworden und, wie schon beim letzten Mal, noch kein Visum und keine Genehmigung für die Einreise des Wagens eingetroffen. Trotzdem ließen wir uns impfen. Außerdem war es höchste Zeit, den Landrover aus London zu holen. Horst war dazu sofort bereit. Ich mußte ihm, was immerhin ein Risiko war, den vollen Betrag für den Landrover mitgeben. Auch sprach er kein einziges englisches Wort. Die Englandreise verlief nicht ganz glatt. Es gab mit dem Wagen Schwierigkeiten: Wegen eines Streiks konnte Horst ihn noch nicht übernehmen. Mit Unterstützung meiner englischen Freunde und seiner Mitarbeit konnte die Fertigstellung beschleunigt werden, so daß Horst den Wagen in Solihul im Rever-Werk abholen konnte. Wegen der knappen Zeit, die wir bis zur Einschiffung in Genua hatten, war er Nonstop von London bis München durchgefahren. Mein neuer Mitarbeiter hatte sich großartig bewährt.

Nun überstürzten sich die Ereignisse. Während Horst Wassertanks und einen stabilen Gepäckträger, auf dem zwei Personen schlafen konnten, anfertigen ließ, fuhr ich noch nach Wetzlar, um bei Leitz meine Fotoausrüstung überprüfen und vervollständigen zu lassen. Am nächsten Tag war ich im «Frobenius-Institut» in Frankfurt, wo ich meine Nuba-Dias zeigte und mit Professor Haberland über meine Expedition diskutierte. Tags darauf stand ich in München für «BBC» vor der Kamera, die einen 50-Minuten-Film über mich herstellte. Dieses Mal war Norman Swallow der Regisseur, ein ungewöhnlich sympathischer Engländer, in dem ich einen Freund gewonnen habe.

Gleichzeitig wurde noch ein weiterer Film mit mir gedreht, ebenfalls eine englische Produktion. Hier war es ein Amerikaner, Chadwig Hall, ein sensibler Künstler, der diese Produktion gemeinsam mit seiner Frau, der bekannten deutschen Fotografin Christa Peters, machte.

Da geschah ein Wunder, in buchstäblich letzter Minute trafen die Visa ein. Ich konnte es nicht fassen – es war unglaublich –, ich war vor Glück fast verrückt. Eine Genehmigung für den Landrover hatte ich allerdings noch nicht. Aber in jedem Fall konnte ich in den Sudan einreisen. Das gab mir einen gewaltigen Auftrieb.

Von früh bis spät war Horst auf den Beinen. Als er die Kisten ausmaß, stellte er fest, daß der Wagen unmöglich unser ganzes Gepäck aufnehmen konnte, also mußte noch schnell ein Anhänger besorgt werden. Inge und Heinz Hiestand, meine österreichischen Freunde aus Wels, die ich vor Jahren im Südsudan kennengelernt hatte, überließen mir hilfsbereit ihren geländegängigen Anhänger.

Unsere Vorbereitungen gingen fieberhaft voran. Zoll-Listen, Versicherungen und die unerläßlichen Medikamente, von meinem Arzt Dr. Zeltwanger zusammengestellt, waren nur ein kleiner Teil der wichtigsten Vorbereitungen. Nichts durfte vergessen werden, da es viele Dinge im Sudan nicht gibt. Auch hatte ich noch einen Wünschelrutengänger aus dem Allgäu eingeladen, der mir beibringen sollte, Grundwasser zu finden. Die Wünschelruten waren aus Kupfer, und tatsächlich schlugen sie auch da, wo sich Wasserleitungen befanden, in meinen Händen aus.

Dann ging es ans Packen. Horst erklärte, wir müßten mindestens vierzig Prozent des «Nötigsten» zurücklassen. Aber was? Die Brotkonserven waren ebenso wichtig wie die Haferflocken, die Gasflaschen für die Kocher genauso unentbehrlich wie das Lichtaggregat für die Filmaufnahmen – ich wollte nichts zurücklassen. Ausgerechnet an diesem Tag fiel in der Tengstraße der Lift aus, und wir wohnten im fünften Stock. Obwohl uns Uli Sommerlath half, die etwa anderthalb Tonnen schweren Kisten und Säcke fünf Treppen hinunterzuschleppen, war das nicht zu schaffen. Es war jetzt schon Mitternacht, ich fuhr zum Hauptbahnhof, um den einzigen Gepäckträger, der zu dieser Stunde dort vielleicht noch Dienst hatte, aufzutreiben.

Mittags hätten wir aufbrechen müssen, und Mitternacht war längst vorüber. Inzwischen lud Horst im Hof die Kisten in Landrover und Anhänger, während ich noch alles zusammensuchte, was mitkommen sollte. Seit 24 Stunden hatten wir nicht geschlafen, und die Uhr zeigte schon vier Uhr morgens. Zu allem Unglück begann es auch noch zu schneien. Als ich in den Hof hinunterkam, sah ich bestürzt, daß Kisten ausgeladen waren, die ich für völlig unentbehrlich hielt. Horst konnte sie einfach nicht mehr unterbringen. Darunter Geschenke für meine Nuba, Perlen, Spiegel, Ketten, Tücher, auf die ich nicht verzichten wollte. Ich protestierte: «Diese Sachen müssen mitgenommen werden.»

Horst: «Dann geht der Wagen kaputt.»

So entstand im Schneetreiben, wir beide völlig erschöpft, eine erregte Auseinandersetzung. Ich warf einen Teil der Lebensmittel raus, und Horst verteilte die Beutel mit den Nubageschenken in alle Winkel des Wagens.

Um sieben Uhr früh hatten wir es geschafft. Übermüdet, so daß wir kaum noch die Augen offenhalten konnten, fuhren wir im Morgengrauen mit dem schwer beladenen Landrover los. Zurück blieb Uli, der ebenfalls am Ende seiner Kräfte war. Es war Glatteis. Der überladene Anhänger machte den Wagen schwer lenkbar. Horst mußte höllisch aufpassen. Er bat mich, damit er nicht einschlief, immer mit ihm zu sprechen. Eine Pause zum Schlafen konnten wir nicht einlegen – wir hätten mit Sicherheit das Schiff in Genua verpaßt. Am Irschenberg zwischen München und Rosenheim krochen die Lastwagen nur im Schrittempo bergan. Es wurde ein nervenaufreibender Wettlauf mit der Zeit. Die österreichischen Zöllner kosteten uns über drei Stunden. Bei der Fahrt auf der eisbedeckten Straße hinauf zum Brenner wurde infolge der starken Steigung der Wagen immer langsamer, wir konnten nur noch im ersten Gang fahren. Horst machte ein bedenkliches Gesicht. Er sah im Rückspiegel Dampf. Wir bekamen einen gewaltigen Schreck. Gottlob waren es nicht blockierte Bremsen, sondern nur die Hinterreifen, die sich durch die enorme Belastung, trotz Kälte und Eis, heißgelaufen hatten.

Horst war viel mit Lastwagen gefahren, aber noch nie in seinem Leben so müde gewesen wie bei dieser Fahrt. Schon die Vorbereitungsarbeiten hatten ihn gut zehn Kilo gekostet.

«Ich bräuchte Streichhölzer, um meine Augen offenzuhalten», sagte er. Dann schüttelte ich ihn, bis er wieder munter wurde. Nur nicht einschlafen, war unser einziger Gedanke.

Die Zollgrenze am Brenner, ein neuer Grund zur Besorgnis. Aber wohl wegen des heftigen Schneetreibens zeigten sich die Italiener besonders kulant und ließen uns durchfahren. Unsere Hoffnung, in Richtung Bozen etwas von der verlorenen Zeit einholen zu können, wurde enttäuscht. Dichter dicker Nebel, minimale Sicht und ein LKW nach dem anderen machten ein Überholen unmöglich. Erst vor Mitternacht waren wir endlich in Bozen. Am nächsten Tag um die Mittagszeit mußte der Wagen in Genua verladen werden. Hatten wir überhaupt noch eine Chance?

In Bozen nur zwei Espresso, dann ging es weiter. Aber schließlich waren wir am Rande der Erschöpfung. Von Ortschaft zu Ortschaft überlegten wir, was wir tun sollten – wir konnten nicht mehr. Kurz vor dem Gardasee fanden wir für anderthalb Stunden Schlaf ein kleines Hotel.

Nachts um halb vier ging es weiter – es wurde hell. Die Straße war eisfrei, zum ersten Mal konnten wir ein gutes Tempo vorlegen, wir hofften doch noch unser Ziel zu erreichen. Es war ein Fahren nach der Uhr. Da platzte siebzig Kilometer vor Genua ein Reifen des Anhängers. Als Horst das Werkzeug herausholte, kullerten die Konservenbüchsen, die wir in aller Eile im letzten Moment noch in den Anhänger verteilt hatten, über die Autobahn. Während Horst fieberhaft den Reifen wechselte, sammelte ich die Dosen auf. Die Minuten des Reifenwechsels waren nicht mehr aufzuholen. Wir konnten nur noch auf Glück hoffen.

Als wir in Genua ankamen, ahnte ich schon das nächste Hindernis. Wie sollten wir in diesem riesengroßen Hafen zum richtigen Kai durchfinden? Wir wurden von einer Hafengegend in die andere geschickt. Ich fragte Hafenarbeiter, Polizisten – niemand konnte uns Auskunft geben. Der Verladetermin war bereits um eine Stunde überschritten. In meiner Verzweiflung packte ich einen Italiener am Arm und versuchte, ihm mit Gesten klarzumachen, er sollte mit uns kommen. Der schaute mich an, als wäre ich nicht ganz richtig im Kopf. Ich zeigte auf meine Uhr und auf den Hafen – er schüttelte nur den Kopf und ging fort. Ich lief ihm nach. Vor einem Haus hielt er an und machte Zeichen, daß er wiederkommen würde. Ich wartete und wartete – es erschien mir wie eine Ewigkeit. Als er zurückkam, erkannte ich ihn zuerst nicht – er war in Uniform, ein Polizist, ein liebenswürdiger Mann, der nun bereit war, uns zu unserem Schiff zu bringen. Es war irre. Wir mußten noch durch einen Teil der Stadt fahren, und die Zeit lief – der Uhrzeiger rannte – schließlich erblickten wir das Schiff, unsere «Cynthia» – sie lag noch im Hafen. Ich stieß einen Seufzer der Erleichterung aus – nach dieser Wahnsinnsfahrt.

Der Kapitän erklärte sich bereit, uns noch mitzunehmen. Zoll- und Verladeformalitäten waren schnell erledigt, dann war es soweit. Wir hatten es geschafft – fast. Als die Männer, die Landrover und Anhänger verladen sollten, sahen, wie sie überladen waren, schüttelten sie den Kopf und winkten ab. Ich verstand erst nicht, was sie meinten, dann sagte der Kapitän, das Fahrzeug sei zu schwer, und sie hätten nicht so starke Seile, um es auf Deck zu hieven. Wie erstarrt standen wir da. Das Schiff vor uns – und im letzten Augenblick sollte alles scheitern? Ich brach in Tränen aus, in lautes Weinen. Da erbarmte sich der Kapitän. Er ließ den Anhänger abkoppeln und einige Kisten vom Landrover herunternehmen. Dann ging es los. Wohl zwanzig Mann waren damit beschäftigt, das Fahrzeug mit Hilfe eines Ladenetzes vorsichtig hochzuziehen. Eine große Menschenmenge, die das Manöver beobachtete, umringte uns. Werden die alten Seile halten – wird der Landrover herunterstürzen? Trotz meiner Erregung griff ich nach unserer Super-8 und filmte die Szene. Durch die Linse sah ich den im Netz schräg hängenden Wagen langsam durch die Luft schaukeln.

«Lieber Gott», betete ich, «laß den Wagen nicht abstürzen.» Es ging gut – ohne Schaden setzte der Kran den Landrover auf das Schiffsdeck. Todmüde wankten wir in unsere Kajüten.

Die Sudan-Expedition 1968/69

Das Meer war stürmisch und kalt die Luft. Wir hatten fünf Tage Zeit, uns auszuschlafen. Horst habe ich auf dem Schiff kaum gesehen, er war seekrank und hatte die Kabine fast nie verlassen. Bei strahlendem Sonnenwetter näherten wir uns Ägypten. Ich war voller Unruhe und konnte es wegen der fehlenden Genehmigung für den Wagen nicht genießen.

Bevor wir in Alexandria das Schiff verlassen konnten, stürzten sich ägyptische Händler mit ohrenbetäubendem Geschrei auf uns und boten ihre Waren an, silberne Armreifen, Ketten und Lederwaren. Vor allem wollten sie uns mehrere mindestens eineinhalb Meter große ausgestopfte Kamele verkaufen, auf denen man richtig sitzen konnte. Während Horst vergeblich versuchte, den Händlern klarzumachen, daß wir für die Kamele keinen Platz hatten, sahen wir zu unserem Entsetzen, daß einige von ihnen auf den völlig überladenen Wagen kletterten und dort drei große Kamele befestigen wollten. Es machte große Mühe, uns von den Kamelen zu befreien.

Ehe wir nach Kairo fahren konnten, mußten erst noch die Zollformalitäten erledigt werden. Nach einigen Stunden war es geschafft. Da es inzwischen dunkel geworden war, übernachteten wir vor Kairo in einem Hotel, bedauerlicherweise waren wir in ein Luxushotel geraten. Am nächsten Morgen bot sich uns ein herrliches Bild, wir befanden uns in unmittelbarer Nähe einer Pyramide. Was für ein Erlebnis nach diesen nervenaufreibenden Monaten!

Das erste in Kairo war, zum Hauptpostamt zu gehen. Dort lag weder ein Brief noch ein Telegramm. Das nächste, in Erfahrung zu bringen, wie wir mit unserem Landrover nach Wadi Halfa kommen konnten. Zweimal ging wöchentlich von Assuan ein kleiner Nildampfer dorthin, aber ohne die sudanesische Einreisegenehmigung durfte der Dampfer unglücklicherweise keine Fahrzeuge verladen.

Das war der Augenblick, den ich so befürchtet hatte. Mit allen meinen Überredungskünsten versuchte ich, die Dampfertickets zu kaufen, es war ergebnislos. Wir konnten nicht weiterfahren und mußten vorläufig in Kairo bleiben. Schließlich fand ich doch noch ein Büro, das gegen entsprechenden Aufpreis bereit war, die Tickets auch ohne sudanesische Einreiseerlaubnis zu verkaufen.

Bevor wir nach Assuan fuhren, erinnerte ich mich an den Rat, den mir der frühere deutsche Botschafter im Sudan, Herr de Haas, gegeben hatte. Ich telegrafierte nach Khartum an den «Speaker of Parlament»: «Eintreffe Wadi Halfa mit Boot 7. Dezember 1968 – Leni Riefenstahl.»

Ich hatte keine Ahnung, wer dieses Telegramm erhalten und ob es Erfolg haben würde. Es war ein Versuch, ich setzte alles auf eine Karte.

Wir verließen Kairo, bis Assuan war es eine Strecke von etwa tausend Kilometern. Die Straßen waren gut, wir kamen schnell voran. Da der Dampfer erst in vier Tagen von Assuan abging, blieben wir einige Tage in Luxor, ich konnte mir einen großen Wunsch erfüllen und das «Tal der Könige» besuchen. Das Erlebnis war ungeheuer. Von den Fresken in den Grabkammern konnte ich mich nur schwer losreißen.

Als wir im Hafen von Assuan unseren kleinen Dampfer sahen, wurde mir angst und bange. Das war kein Touristenschiff, es war ein Apfelsinendampfer, auf dem sich nur Araber und Schwarze als Passagiere eingeschifft hatten. Wo sollte da unser Wagen mit dem Anhänger Platz haben?

Tatsächlich erwies sich die Verladung unseres Wagens als äußerst schwierig. Der Landrover war zu hoch, so daß der schwerbeladene Gepäckträger abmontiert werden mußte, zwölf starke Hafenarbeiter wurden dazu gebraucht. Aber Anhänger und Gepäckträger fanden keinen Platz mehr auf dem Schiff, es mußte ein Extra-Boot in Schlepptau genommen werden. Horst und ich saßen zwischen den Apfelsinenkisten am Deck. Zum ersten Mal verpflegten wir uns von unseren

Vorräten, filterten Trinkwasser und aßen kiloweise die herrlich schmeckenden Orangen. Es war keine Nilfahrt, wie ich sie mir vorgestellt hatte, eher wie eine Fahrt auf einem großen See, da durch den Staudamm das Wasser weit über die Ufer getreten war.

Am dritten Tag näherten wir uns Wadi Halfa, da überfiel mich Unruhe und Angst. Ich war nur von einem Gedanken beherrscht, kommen wir in den Sudan hinein oder nicht? Der Dampfer verlangsamte die Fahrt und näherte sich dem Ufer. Vor uns sahen wir nur Sand und baumlose Wüste. Wo früher einmal Wadi Halfa stand, gab es nur noch Wasser. Die ganze Stadt war von dem Damm überflutet worden. Nur die Spitze eines Kirchturms ragte noch heraus. Kein Mensch war an dem sandigen Ufer zu entdecken. Vor uns lag die sudanesische Grenze, an der sich das Schicksal unserer Expedition entscheiden würde. Meine Erregung stieg auf den Höhepunkt. Ich wagte mir nicht vorzustellen, was geschähe, wenn wir nicht reinkämen. Gebannt schaute ich auf das vor uns liegende Ufer. Die Leute an Deck machten sich fertig, das Schiff zu verlassen, räumten die Apfelsinen- und Tomatenkisten zusammen, und dann wurde der Dampfer, da es nur Sand und keinen Hafen gab, mit Stricken an Land gezogen und an einem dort liegenden alten Dampfer befestigt. Ich stand wie versteinert in einer Ecke und wagte kaum mehr einen Blick zum Land. In der Ferne, fast am Horizont, sah ich drei Autos, die große Sandfahnen hinter sich ließen. Das könnte die Polizei sein, dachte ich, und das Ende unserer Expedition. Mit Herzklopfen sah ich, wie einige sudanesische Beamte auf das Schiff kamen. Einer ging direkt auf mich zu – ich hielt den Atem an und schaute zu Boden. Dann hörte ich eine Stimme: «Are you Miss Riefenstahl?» Ich brachte keinen Ton heraus. Dann kam ein anderer Beamter in Uniform. In einem herzlichen Ton sagte er die unfaßbaren Worte: «You are welcome in our country.»

Sollte das Hohn sein? Ich willkommen, die ich monatelang kein Visum erhielt, keine Genehmigung für den Wagen bekam – da konnte etwas nicht stimmen. Ich fürchtete, es würde wieder eine böse Überraschung geben. Ungläubig hörte ich, wie der Offizier mir eröffnete, sie seien aus Khartum von meiner Ankunft verständigt und gebeten worden, mir alle nur möglichen Annehmlichkeiten zu gewähren. Die erste bestand darin, daß ein Waggon und zwei Schlafwagenplätze für uns reserviert waren und wir noch am selben Abend nach Khartum reisen könnten. Horst und ich kamen aus dem Staunen nicht mehr heraus.

Keiner fragte nach dem Wagen-Permit. Beamte vom Zoll füllten unsere Formulare aus und, ohne einen Blick auf die Unmenge von Gepäck zu werfen, stempelten unsere Pässe. Monatelang hatte ich nur

Hiobsbotschaften aus Khartum erhalten – wie war das alles zu erklären? Wir waren Gäste des District-Offiziers, einem Mann von bestrickendem Charme. Das Essen fand in einer offenen Rakoba statt, ein auf leichten Stämmen errichtetes strohgedecktes Dach, in allen arabischen Ländern ein herrlicher Schutz gegen Sonne. Die Speisen waren mit geflochtenen Strohdeckeln zugedeckt. Bevor die Sudanesen mit der Mahlzeit begannen, verneigten sie sich nach Osten, dann wurde nach arabischer Tradition, das heißt, ohne Messer und Gabel, mit bloßen Händen gegessen.

Nach Eintritt der Dämmerung wurden wir an den Zug gebracht. Die Fahrzeit beträgt 36 Stunden, einen Tag und zwei Nächte. Es mußte schon bekannt geworden sein, daß wir in diesem Zug waren. Am nächsten Tag kam der Bahnhofsvorsteher einer kleinen Station zu uns und fragte, ob wir für eine schwer an Malaria erkrankte Frau Medikamente hätten. Wir hatten genügend Resochin dabei. Dann kam die zweite Nacht. Es war schon ziemlich spät, der Zug hielt. Da hörte ich auf dem Gang eine Männerstimme meinen Namen rufen: «Leni, Leni.»

Ich bekam Angst – nun würde wohl alles widerrufen werden. Dann klopfte es an meiner Tür. Ich öffnete, draußen stand ein Offizier. Es war dunkel, sein Gesicht konnte ich nicht erkennen, er näherte sich mir – ich war wie versteinert, dann begrüßte er mich – mit einer Umarmung. Es war General O. H. Osman, der mir vor Jahren, als ich das erste Mal in die Nuba-Berge fuhr, Briefe an die Gouverneure der verschiedenen sudanesischen Provinzen mit der Bitte um Unterstützung für mich mitgab. Schon damals war er mir durch sein Temperament und seine Gastfreundschaft aufgefallen. «Wie schön», sagte er, «daß Sie wieder im Sudan sind. Von Khartum wurde ich verständigt, daß Sie hier durchfahren. Ich möchte Sie gern zu einem Dinner einladen, bitte kommen Sie doch in mein Haus.» Erstaunt sah ich ihn an.

«Wir können doch den Zug nicht verlassen.»

«Keine Sorge», sagte er, «der Zug wird ohne Sie nicht weiterfahren.» Verwirrt stieg ich aus. Als wir das Haus des Generals betraten, zeigte uns ein Diener zwei elegante Badezimmer – eine tolle Sache. Seit der Dampferfahrt hatten wir nicht einmal mehr duschen können.

Bei dem Dinner, an dem auch der Chef der Polizei und andere Offiziere teilnahmen, erfuhr ich, daß uns in Khartum allerlei erwarten würde. Der General fragte, ob ich auch Abendkleider dabei hätte. Ich fiel aus allen Wolken. Auf Parties war ich nicht vorbereitet.

«Machen Sie sich nur recht schön, man erwartet Sie in Khartum. Sie werden dort wie eine Königin empfangen werden.» Langsam wurde es mir unheimlich.

Tatsächlich stand der Zug immer noch auf dem Bahnsteig, das war nur möglich, weil General O.H. Osman der höchste Offizier von Atbara war. Beim Abschied lud er uns für eine Woche auf der Rückreise zu sich ein. Benommen setzten wir unsere Reise fort. Was hatte das alles nur zu bedeuten?

In Khartum wurden wir schon von Weistroffers als deren Gäste erwartet. Über die Ehrungen, die mir zuteil werden sollten, waren sie schon informiert, wußten aber auch nichts Näheres.

Der erste Gala-Empfang fand in einem palastartigen Gebäude in Omdurman statt, für mich eine Tortur, weil ich mir eine starke Erkältung zugezogen hatte und nur mühsam mit meiner heiseren Stimme die vielen Fragen beantworten konnte.

Als sich der Gastgeber zu mir setzte und ich ihn fragte, was dieser festliche Empfang zu bedeuten habe, nachdem ich in Deutschland monatelang auf ein Visum warten mußte, lehnte er sich lächelnd in den Stuhl zurück und sagte: «Das ist eine seltsame Geschichte, die ich Ihnen erzählen muß, vielleicht bin ich daran nicht ganz unschuldig.» Gespannt schaute ich den Sudanesen an, der eine elegante schwarzseidene, mit einer Silberborte besetzte Galabiya trug. Er mußte ein Minister oder der Gouverneur sein. «Als ich», sagte er, «in New York im Fernsehen zufällig Ihren Olympiafilm sah, war ich begeistert. Dann las ich in ‹Newsweek› in einem Bericht, daß Sie eine Freundin des Sudans sind und eine Expedition vorbereiten. Anschließend war ich in London, und wieder ganz zufällig sah ich Ihren Olympiafilm zum zweiten Mal, er kam über BBC. Und nun kommt die Hauptsache» fuhr mein Gesprächspartner fort, «das BBC-Programm zeigte dannach einen weiteren Film, der vor Ihrer Expedition in Ihrer Wohnung aufgenommen wurde. Sie erzählen darin von Ihren Plänen, Ihrem Film über die Nuba und Ihrer Liebe zu Afrika – das hat mich sehr fasziniert.»

Ich war so erschüttert, daß ich meine Hände vors Gesicht hielt, um meine Tränen zu verbergen. Nach einer Pause setzte der Sudanese hinzu: «Als ich dann in Bad Godesberg erfuhr, wie sehr Sie sich um die Visa bemüht haben und um das Permit für den Wagen, habe ich veranlaßt, daß Sie alles unverzüglich erhalten. Leider kam das Permit zu spät, Sie waren schon abgereist.»

In diesem Augenblick wußte ich, daß mein Gegenüber der Parlamentspräsident war, dem ich aus Kairo das Telegramm auf Verdacht geschickt hatte. Meine Umgebung vergessend, umarmte ich ihn.

Meine Freude und meine Dankbarkeit waren grenzenlos. Er gab mir dann seine Karte: «Dr. Mubarak Shaddad, Speaker of Parliament.»

Nun wagte ich auch nach den Gründen der monatelangen Verweigerung des Visums zu fragen. Da erfuhr ich, daß während meiner Filmexpedition in die Nuba-Berge 1964/65 ein sudanesischer Händler der Polizeistelle in Khartum gemeldet hatte, wir hätten durch Blitzlichtaufnahmen an Feinde der Sudanesen Lichtsignale gegeben. Jetzt erinnerte ich mich plötzlich wieder an den arabischen Händler, dem ich damals so geholfen hatte. Ihm hatte ich als «Feindin» des Sudans zu verdanken, daß ich in die Polizeiakte kam und meine Visa-Anträge mehrmals zurückgewiesen wurden. Hätte Dr. Shaddad nicht meine Filme gesehen, hätte ich jahrelang kein sudanesisches Visum mehr erhalten.

Vorsichtig richtete ich nun an Dr. Shaddad Fragen zu den Eingeborenen im südlichen Sudan und war erfreut zu hören, daß er selbst an den ethnologischen Studien über diese Naturvölker interessiert war, seit er mehrere Jahre im Süden in der Provinz Equatoria verbracht hatte. Ich fragte ihn, ob zur Zeit eine Fahrt in den Süden möglich sei.

«Warum nicht? Möchten Sie gern den Süden sehen?» fragte er unbefangen. Überrascht sagte ich: «Ja – natürlich, aber es soll dort noch Unruhen geben?»

«Die Unruhen sind schon seit längerem so gut wie erstickt, es ist keine Gefahr mehr. Sie können sich mit eigenen Augen überzeugen, daß die über die Sudanesen verbreiteten Geschichten Lügen sind.»

«Glauben Sie, ich könnte die Dinka in Wau und die Latuka in Torit besuchen?»

«Sie können fahren, wohin Sie wollen, auch in Gebiete, die jahrelang wegen der Kampfhandlungen gesperrt waren.»

«Und würde man mir auch Fotografieren und Filmen erlauben?»

«Natürlich. Wir werden Ihnen geeignete Fahrzeuge zur Verfügung stellen, und Sie brauchen nur zu sagen, wohin Sie reisen möchten.» Meine Erregung unterdrückend, fragte ich: «Kann ich auch wieder in die Nuba-Berge fahren?»

«Warum denn nicht?»

Ich sprang vor Freude auf und sagte: «You are wonderful.»

Kurz vor Weihnachten war es soweit. Wir verließen Khartum. Ursula Weistroffer, die meine Nuba kennenlernen wollte, begleitete uns, allerdings nur für zwei Wochen. Wie immer meldeten wir uns zuerst in El Obeid bei dem dortigen Gouverneur. Er allein hatte zu entscheiden, ob in den Nuba-Bergen Aufnahmen gemacht werden durften.

Bangen Herzens stand ich vor Sayed Mohamed Abbas Faghir, dem Gouverneur von Kordofan. Staunend hörte ich ihn sagen: «Miss Leni, ich weiß, wieviel Ihnen an Ihren Nuba-Freunden liegt. Ich möchte, daß Sie dieses Mal in den Nuba-Bergen die schönste Zeit Ihres Lebens verbringen.» Und in der Tat, das waren nicht nur Worte, er ließ mir jede nur erdenkliche Hilfe zukommen.

Ich machte auf dem Markt von El Obeid noch Einkäufe, wobei ich schon an die Einrichtung meines Nuba-Hauses dachte, und erwarb zu Horsts Schrecken einen großen alten Holztisch, einen Schrank und einige Hocker, dazu Strohteppiche, Holzbretter, Bambusstangen und für die Nuba einen ganzen Sack voll Zucker. Um all das befördern zu können, mußten wir noch einen kleinen Lastwagen mieten.

Schon dreimal hatte ich die Weihnachtsfeiertage bei den Nuba verlebt, und deshalb wollte ich auch diesmal noch vor Heiligabend in Tadoro sein. Kadugli hatten wir schon hinter uns gelassen. Wir waren noch ungefähr fünfzig Kilometer von meinem Lagerplatz entfernt, da kamen bereits die ersten Nuba aus den Feldern zu unseren Wagen gelaufen. Ich kannte keinen von ihnen, aber als sie mich sahen, riefen sie, neben dem Wagen herlaufend, in einem fort: «Leni, Leni.»

Da stand er, mein Baum mit der riesigen Krone, das vierte Mal, daß ich ihn wiedersah. Und wie früher waren wir bald von den Nuba umringt und wurden stürmisch begrüßt mit Händeschütteln, Umarmungen, Lachen und immer wieder Lachen, als kehrte ein lang entbehrtes Familienmitglied zurück und würde nun von allen in die Arme geschlossen.

Als erstes erfuhr ich, Natu hatte schon ein Haus für mich gebaut, das er mir stolz zeigte. Ursula Weistroffer und Horst waren sprachlos.

Die Nuba trugen unsere Gepäckstücke zum Haus hinauf. Nicht alles konnte untergebracht werden, und so beschlossen sie, eigens dafür Strohhütten zu bauen. Sie machten wohlüberlegte Vorschläge und hatten sich schon die Besorgung des Materials ausgedacht. Das ganze Dorf beteiligte sich an diesem Rakoba-Bau, für das Holzstämme, Durastengel, Stroh und Baumrinden benötigt wurden.

Beinahe hätten wir über der angestrengten Arbeit das Weihnachtsfest vergessen. Es ging schon auf Mitternacht, als wir unseren künstlichen Weihnachtsbaum auseinanderfalteten, ihn behängten und einige Kerzen ansteckten. Dann luden wir unsere Nuba-Freunde ein. Die Kinder beschenkten wir mit ihren geliebten Bonbons, die älteren Leute mit Tabak, für die Mädchen und Frauen gab es Perlen, und die jungen Männer waren hingerissen von den schönen Tüchern, die ich in genügend großer Anzahl mitgebracht hatte. Der Höhepunkt unseres Weihnachtsfestes aber war eine Überraschung von Horst, die Einweihung einer Dusche. Noch im allerletzten Augenblick hatte er alles besorgt, woraus man eine Dusche basteln kann: Ein Schlauch mit Duschkopf, in einem Plastikkanister befestigt, der mit einem Seil, das über eine Rolle lief, an einem Baum hochgezogen wurde. Noch in der Weihnachtsnacht probierten wir die Dusche im Schein einer Taschenlampe aus. Es war ein unbeschreibliches Gefühl, sich von dem Staub befreien zu können. Den größten Spaß erlebten wir mit den Kindern. Zuerst waren sie ängstlich, aber sobald es einige der kleinen Knirpse riskiert hatten, wollten sie alle geduscht werden und schrien dabei vor Vergnügen.

Dann wurden die Wünschelruten ausprobiert. Wir gaben es bald wieder auf, da die Ruten zu oft ausschlugen und es unmöglich gewesen wäre, an so vielen Stellen zu graben. Die Nuba hatten das Graben eingestellt, nachdem sich Alipo in dem zehn Meter tiefen Loch einen Beinbruch zugezogen hatte, der zum Glück wieder geheilt war. Ich sah nur eine Lösung, der Wasserknappheit abzuhelfen: den Bau eines richtigen Brunnens.

Horst hatte sich unwahrscheinlich bewährt. Fleißig, ruhig und einfühlend, war er ein idealer Kamerad. Keine Arbeit war ihm zuviel, keine zu anstrengend, und mit jedem technischen Problem wurde er fertig.

Bald mußte uns Ursula verlassen – die Nuba hatten auch sie in ihr Herz geschlossen. Horst fuhr sie nach Kadugli. Von dort brachte der District Offizier sie nach El Obeid. Kurz nach der Rückkehr von Horst hörte ich aus der Nähe unseres Lagerplatzes Rufe. Ich sah alle Nuba aufgeregt in eine Richtung laufen, ich rannte ihnen nach und beobachtete, wie sie in ein tiefes Loch schauten, das ich vorher noch nie gesehen hatte. Es war, seit sich Alipo ein Bein gebrochen hatte, mit Ästen und Erde zugedeckt. Vor wenigen Minuten war ein Knabe von vielleicht zwölf Jahren hineingestürzt. Die Nuba riefen hinunter – keine Antwort. Sie waren hilflos, keiner von ihnen konnte in dieses über zehn Meter tiefe Loch hinuntersteigen, da die senkrechten Wände vom Regen glattgewaschen waren. Der Vater des Jungen war verzweifelt. Mein erster Gedanke war ein Seil. Ich holte es so schnell ich konnte und verständigte Horst. Wir ließen das Seil hinunter in der Hoffnung, der Junge könnte es ergreifen und sich hochziehen lassen. Nichts rührte sich. Mir fiel mein Klettern ein. Ich legte mir das Seil an und ließ mich, während die Nuba mich entsetzt anstarrten, von Horst abseilen, bis ich zu dem Jungen kam. Er atmete noch und winselte leise vor sich hin. Ich band den Knaben an das andere Seilende fest und ließ ihn vorsichtig hochziehen. Als ich aus dem Loch kletterte, sah ich, wie der Vater dem Kind, das doch keine Schuld hatte, heftige Schläge versetzte. Das empörte mich so sehr, daß ich mich im Augenblick vergaß und dem großen Nuba-Mann rechts und links um die Ohren schlug, worauf der mich sprachlos ansah, nichts unternahm und alle Nuba beifällig nickten. Der Junge hatte eine ziemlich schwere Rückenverletzung erlitten, Horst behandelte sie, und er wurde wieder gesund. Das Brunnenloch ließ ich zuschütten.

Vor dem Beginn unserer Filmarbeit wollten wir den Nuba unsere Dias vorführen, dazu hatte ich auch 8-mm-Filme von Charlie Chaplin, Harold Lloyd und Buster Keaton mitgebracht. Aus Leinentüchern hatten wir uns eine große Leinwand genäht, und mit Hilfe des Stromaggregats konnten wir ausreichend gutes Licht erzeugen. Die Vorführungen wurden eine Sensation. Menschen, die fast noch wie in der Steinzeit lebten, die noch nicht einmal ein Rad benutzten, sahen sich plötzlich auf der Leinwand. Die Nuba haben vor Lachen geschrien und geweint. Vor allem bei den Nahaufnahmen gerieten sie außer sich. Wie sollten sie auch begreifen, wieso sie auf dem Bildschirm so riesengroße Köpfe hatten. Schon vom frühen Morgen an saßen sie auf diesem Platz. Jeder Stein war besetzt, und abends hockte die Jugend sogar in den Bäumen.

Genauso begierig waren sie auf die Tonaufnahmen, besonders auf solche, die wir unbemerkt aufgenommen hatten. Ihre Gespräche, ihre Gesänge, ihr Geschrei bei dem großen Ringkampffest und ihre Klagelieder bei den Totenfeiern, das wollten sie immer wieder hören. Hunderte strömten herbei. Um eine Panik zu verhindern, mußten wir die Vorführungen einstellen.

Eine wichtige Aufgabe war es, den Kranken zu helfen. Wir richteten einen geregelten Krankendienst ein. Am günstigsten war die Zeit nach Sonnenuntergang. Da die Nuba noch nicht an irgendwelche Medikamente gewöhnt waren, erzielten wir unglaubliche Heilungen. Kranke, denen nicht mehr zu helfen war, brachte Horst nach Kadugli ins Krankenhaus. Das führte oft zu dramatischen Szenen, da die Angehörigen sich nicht von den Kranken trennen wollten. Dies war auch der Grund, weshalb Dr. Schweitzer sein Krankenhaus in Lambarene, oft im Widerspruch zu seinen ärztlichen Kollegen, so eingerichtet hatte, daß die Angehörigen bei ihren Kranken bleiben konnten. Wie richtig er gehandelt hatte, konnten unsere Erfahrungen nur bestätigen.

Als wir das erste Ringkampffest erlebten, fiel mir zum ersten Mal auf, daß fast alle Kämpfer bunte Hosen in allen Farben trugen, und daß viele von ihnen anstelle der hübschen Kalebassen, die sie früher als Schmuck rückwärts an ihre Gürtel gebunden hatten, Plastikflaschen, sogar leere Konservenbüchsen angehängt hatten. Auch trugen manche Sonnenbrillen. Ich war entsetzt, Horst enttäuscht. Was er auf meinen Fotos gesehen hatte, war nicht mehr vorhanden. Wir verzichteten darauf, das Fest zu filmen – es wäre um jeden Meter schade gewesen.

Wie konnte das geschehen? Vor zwei Jahren hatte ich faszinierende Aufnahmen dieser Kämpfe gemacht. In der Freude des Wiedersehens waren mir in den ersten Tagen diese äußerlichen Veränderungen nicht aufgefallen. Noch extremer trat der Wechsel der uralten Bräuche bei einer Totenfeier in Erscheinung. Was damals so ergreifend war, wirkte jetzt eher peinlich. Die früher weiß eingeaschten, ganz unwirklich aussehenden Gestalten trugen jetzt zerlumpte, schmutzige Kleidungsstücke. Ein Anblick zum Erbarmen. Und diese äußere, unglaubliche Veränderung war auch im Alltag nicht spurlos an den Nuba vorübergegangen. Als ich mit Horst einige meiner Freunde besuchte, war ich verblüfft, bei verschiedenen Häusern die Eingänge verschlossen zu finden. Auf meine Frage, warum sie das denn machten, sagten sie: «Nuba arami» – Nuba stehlen. Ich wollte es zuerst nicht glauben. Nie hatte ich mein Gepäck abschließen müssen, was ich verlor, wurde mir jedesmal zurückgebracht. Was war der Grund einer so tiefgreifenden Veränderung? Auf Touristen konnte das nicht zurückgehen. Mit Ausnahme einer englischen Stewardeß, der es einmal gelungen war, mit ihrem Vater bis zu mir vorzudringen, waren noch keine hierhergekommen.

Die Ursachen waren woanders zu suchen. Zweifellos hatte es damit angefangen, daß die Zivilisation in der ganzen Welt immer weiter vordrang, wie auch bei den Indianern und den Ureinwohnern Australiens. Straßen wurden gebaut, Schulen eingerichtet, und Geld kam unter die Menschen, der Anfang allen Übels. Durch Geld entstand Habgier und Neid. Das war die eine Ursache dieser gravierenden Veränderung. Eine nicht weniger verhängnisvolle war, daß sie nicht mehr nackt herumlaufen durften, sie wurden gezwungen, Kleider zu tragen. Die sudanesische Regierung hatte dies schon seit Jahren angeordnet. Als Moslems waren ihnen die «Nackten» ein Greuel. Schon vor sechs Jahren, als ich die Nuba zum ersten Mal besuchte, haben Soldaten, die mit Militärwagen durch die Nuba-Berge fuhren, bunte Turnhosen an die Eingeborenen verteilt. Das hat langsam diesen

Wandel bewirkt. Mit dem Kleiderzwang nahm man ihnen ihre Unschuld, und sie wurden in ihren sittlichen Gefühlen verunsichert. Auch in äußerer Beziehung hatte dies schwerwiegende Folgen. War ihre Kleidung zerschlissen, mußten sie neue kaufen. Sie brauchten Seife, und um zu dem nötigen Geld zu kommen, verließen viele Nuba ihre hübschen Häuser und gingen in die Städte. Wenn sie zurückkamen, war das kindliche Lachen aus ihren Gesichtern verschwunden.

Ich hatte das in Ostafrika erlebt. Dort war ich den Masai und Angehörigen anderer Stämme begegnet, zerlumpt und ohne Sonne in den Augen. Sie hatten ihre natürliche, so bezwingende Würde verloren. Sie gehörten nicht mehr zu ihrem Stamm, und in den Städten vermehrten sie die Slum-Bevölkerung. Zu viel Ungutes hatten sie dort gesehen. Was wußten sie schon vorher von den Verbrechen und sadistischen Sex-Orgien, die sie in den Kinos sehen konnten. Wo die Schattenseiten der Zivilisation sich ausbreiten, verschwindet menschliches Glück. Nun erlebte ich das in so trauriger Weise bei meinen Nuba.

Ich hatte diese Tragödie schon seit langem befürchtet, aber da die Nuba in so tiefer Abgeschiedenheit leben, hatte ich nicht so bald mit ihr gerechnet. Nun sah ich auch hier den Anfang dieser unheilvollen Entwicklung. Von Tag zu Tag konnte ich mehr Veränderungen feststellen. Nuba kamen zu mir und klagten, daß man ihnen etwas gestohlen hätte, ein Arbeitsgerät oder einen Topf mit Bienenhonig, der für sie rar und kostbar war. Eines Tages erzählte mir Alipo aufgeregt, das Haus seines Bruders in der Nähe der Schule von Rheika sei ausgeplündert und dann in Brand gesteckt worden. Noch vor zwei Jahren wäre das undenkbar gewesen. Es blieb nichts anderes übrig, als unsere Ausrüstung und Vorräte abzuschließen. Horst zimmerte für unsere Hütte eine primitive Tür, die mit einem Hängeschloß versehen wurde. Verließen wir sie, übernahmen ältere Nuba-Männer freiwillig die Wache.

Das alles wirkte sich auch auf unser Arbeitsprogramm aus. Es war aussichtslos, auch nur eine der verlorenen oder verdorbenen Filmaufnahmen zu wiederholen. Selbst in der Seribe konnten wir keine Nachaufnahmen machen, da die Nuba, gleichgültig ob es junge Männer oder Knaben waren, sich von ihren zerlumpten Kleiderfetzen nicht trennen wollten. Als Horst einen Jungen aufforderte, seine zerrissene Hose auszuziehen und sich, wie es früher war, einzuaschen, lächelte er verschämt und weigerte sich. Wir gaben es auf.

Tatsächlich gab es in Tadoro nur noch einen einzigen älteren Mann, der unbekleidet ging, Gabicke. Er war ein Original. Einmal kam er mit einem Wunsch zu uns. Aus einem alten Stück Stoff entnahm er umständlich zerrissene Geldscheine, die schon von Mäusen angeknabbert waren und die, wie er sagte, ihm niemand mehr abnehmen wollte. Als er sie vorsichtig auf meiner Matratze ausbreitete, stellte ich überrascht fest, es waren zwanzig sudanesische Pfund, für einen Nuba ein Vermögen. Gabicke hatte sich dieses Geld in jahrelanger schwerer Arbeit zusammengespart, indem er mehr Duragetreide als andere Nuba anbaute und den Überschuß an arabische Händler verkaufte. Seine Bitte, ihm dieses Geld gegen neue Scheine einzutauschen, konnte ich leicht erfüllen. Strahlend verließ er unsere Hütte, und als wir ihn am nächsten Morgen zur Feldarbeit gehen sahen, trug er vorn an seinem Ledergürtel einen Beutel mit seinem Geldschatz darin, damit er ihm, wie er uns erzählte, nicht gestohlen werden konnte.

Sonderbar, daß sich auch das Wetter so verändert hatte. Jedesmal, wenn ich in den Nuba-Bergen war, erlebte ich immer einen blauen Himmel, diesmal war das ganz anders. Auch wechselten Hitze und Kälte ständig. Manchmal froren wir so sehr, daß wir uns im Landrover die Heizung anstellten, und kurz darauf wurde die Hitze so unerträglich, daß wir uns in nasse Tücher wickeln mußten. Noch merkwürdiger empfand ich es, daß die klare Sicht, die ich von den Nuba-Bergen kannte, nicht mehr vorhanden war. Die Luft war dunstig, und die herrlichen Sonnenuntergänge, die Horst auf meinen Aufnahmen so bewundert hatte, erlebten wir nicht mehr. Auch die Nuba versicherten, sie hätten ein solches Wetter noch nie erlebt.

Dies erschwerte unsere Arbeit, dennoch scheuten wir keine Mühe, um Aufnahmen zu bekommen, in denen noch etwas von der Ursprünglichkeit der Nuba zu spüren war. Auf der Suche nach entferntesten Plätzen war uns kein Weg zu weit. Auch dort, wo man Verfallserscheinungen niemals vermutet hätte, erlebten wir Enttäuschungen.

Das Wetter verschlechterte sich zusehends. Eines Morgens war die Luft mit rotem Staub erfüllt, man konnte nur wenige Meter weit sehen. Eine Naturerscheinung, die es hier noch nie gegeben haben soll. Obgleich es noch nicht Mitte März war, sonst für unsere Arbeit eine ideale Zeit, könnte ein zu früh einsetzender Regen gefährlich werden.

Nun erlebten wir aufregende Wochen, in denen wir versuchten, noch einige der fehlenden Aufnahmen zu bekommen. Meist kamen wir enttäuscht zurück. Deshalb beschloß ich, nur noch im Inneren der Hütten zu filmen, in denen, mit Ausnahme einiger Blechtöpfe, noch alles wie früher aussah.

Unser erster Versuch verlief dramatisch. Zuerst ging alles gut. Horst hatte das Aggregat in einiger Entfernung von der Hütte aufgestellt, um die Tonaufnahmen nicht durch dieses Geräusch zu beeinträchtigen. Dann besprach ich mit den Nuba, was sie tun sollten. Wir konnten aber noch nicht beginnen, zu viele Zuschauer drängten sich in der Hütte. Es war unerträglich heiß, die Hände waren feucht geworden, die Lampen wurden umgeworfen, und böse durfte ich nicht werden, ich mußte sie auf freundliche Weise auffordern, die Hütte wieder zu verlassen. Endlich hofften wir, beginnen zu können. Aber die Nuba draußen machten einen solchen Lärm, daß an Tonaufnahmen nicht zu denken war. Also beschlossen wir, die Szenen stumm zu drehen und den Ton später aufzunehmen. Inzwischen war viel Zeit vergangen, das Tageslicht war fast verschwunden, bis Horst, in eine Ecke geklemmt, mit der Arbeit beginnen konnte. Meine Fragen beantworteten die Nuba spontan und unbefangen. Man sah, es machte ihnen Spaß. Aber bald wurden wir wieder gestört. Ein Nuba stürzte herein, offenbar mit einer aufregenden Nachricht, denn im Augenblick war die Hütte leer, die Nuba liefen mit Speeren in der Hand die Felsen hinauf, und von den Frauen erfuhren wir, eine Biszäre hätte eine Ziege fortgeschleppt. Wir hatten noch nie etwas von diesem luchsähnlichen Raubtier gehört. Nun waren sie alle hinter diesem Tier her. Die Biszäre war ihnen entwischt. Enttäuscht kamen sie zurück und wollten nun die Aufnahmen fortsetzen, aber die Hütte war inzwischen voller Qualm und Rauch. In der Mitte saß die Frau unseres Gastgebers mit einem großen Topf vor sich, sie hatte angefangen, Essen zu kochen, und war davon durch nichts abzubringen und rührte weiter ihren Brei. Die Frau blieb stur. Ich mußte mir was einfallen lassen und zeigte ihr einen kleinen Spiegel. Als sie verstand, sie dürfte ihn behalten, bewirkte es Wunder. Sie strahlte und ließ es zu, daß die Männer das Feuer ausmachten. Inzwischen war es dunkel und für unser Vorhaben schon zu spät geworden. Am Himmel hatten sich schwere, düstere Wolken gebildet, wie ich sie hier noch nie erlebt hatte. Besorgt blickten die Nuba in die Höhe. Unruhig geworden, fragte ich sie, ob jetzt schon der Regen fallen könnte. «Gnama-birne basso», sagten sie – Regen kann kommen.

Ich wußte, wir würden Gefangene des Regens werden, wenn er zu früh käme. Auch mit dem besten Geländefahrzeug kämen wir von hier nicht fort. Das war auch der Grund, daß noch niemals ein Fremder die Regenzeit hier verlebt hatte. In wenigen Stunden verwandelt sich der Boden in tiefen Morast. Mit Schrecken dachten wir an unser Filmmaterial, das in einer Grube gelagert war. Eine Stunde Regen genügte, und alles wäre zerstört. Auch für die Nuba würde ein zu früh einsetzender Regen zu einer Katastrophe führen. Der größte Teil der noch nicht eingebrachten Ernte wäre vernichtet und eine Hungersnot die Folge.

Von nun an arbeitete das ganze Dorf, Kinder, alte Leute und auch

Kranke, daran, die Ernte einzubringen. Wir halfen, indem wir das Durakorn zu den Sammelplätzen fuhren. Gemeinsam mit ihnen überlegten wir, wie im Fall eines plötzlich einsetzenden Regens unsere Sachen gerettet werden könnten. Dabei zeigte Alipo ein erstaunlich organisatorisches Talent.

Was wir gefürchtet, aber doch für unmöglich gehalten hatten, trat ein. Wir saßen in der Rakoba und spürten die ersten Tropfen durch das Strohdach fallen. Schon setzte ein Prasseln ein – der Regen war da. Sofort holten wir das Filmmaterial aus der Grube, brachten es in den Wagen, und die Nuba schleppten Kiste für Kiste aus unserer Rakoba in ihre vor Regen sicheren Hütten. Alle halfen, und bald war unsere Ausrüstung in Sicherheit.

Unsere Rakoba war aufgeweicht und halb zerstört. Um fast drei Monate war der Regen zu früh gekommen, selbst die ältesten Nuba konnten sich nicht erinnern, Mitte März schon einmal Regen erlebt zu haben. Trotz dieser gefährlichen Situation bewahrten sie eine erstaunliche Gelassenheit. Sie übertrug sich auch auf uns.

Als der Regen nach einigen Stunden nachließ, war der Boden aufgeweicht, an ein Fortkommen nicht mehr zu denken. Ich zitterte bei dem Gedanken, auf Monate von der Außenwelt abgeschnitten zu sein. Unser Proviant langte nur noch für wenige Wochen, die Medikamente gingen zur Neige. Was sollte geschehen, wenn einer von uns erkranken würde? Kein noch so starker Wagen könnte uns von Tadoro fortbringen. Ein Aufenthalt während der Regenzeit müßte sehr gründlich vorbereitet werden. Eine Spezialkleidung wäre notwendig, die nicht nur Schutz vor den Unmengen von Moskitoschwärmen gibt, sondern auch gegen die vielen Schlangen, die es während der Regenzeit geben soll. Gegen sie haben die Nuba kein Schutzmittel. Die Messerschnitte, mit denen die Medizinmänner in leichten Fällen helfen können, führen meist zu starken Blutungen. Überhaupt bringt die Regenzeit viele Schrecken mit sich. Große Teile der Felder stehen unter Wasser, und um dorthin zu gelangen, müssen die Nuba bis über die Hüfte durch Wasser und Morast waten. Über Stellen, an denen das Wasser zu tief ist, spannen sie Seile, die sie selber flechten. Schwimmen können sie nicht und fürchten sich darum auch vor dem Wasser. Viele ertrinken, besonders ältere Leute. Andererseits hat die Regenzeit auch ihr Gutes: Es gibt Fische, sie zeichneten sie mir in den Sand, anscheinend eine ganz besondere Art, die im Schlamm des Grundwassers die Trockenzeit überlebt. In unserer Rakoba haben wir beobachtet, daß unter dem ständig tropfenden Wassersack plötzlich kleine Frösche im Sand herumsprangen. In der Regenzeit wächst alles viel schneller. Dann pflanzen die Nuba um ihre Hütten Erdnüsse, Bohnen und etwas Mais an und speichern so während dieser Zeit reichlich Vitamine an. Vielleicht erklärt das, wieso sie in der Trockenzeit mit einer so vitaminarmen Nahrung auskommen.

Es hatte nicht mehr geregnet, aber noch immer war es ungewiß, ob wir fortkämen. Der Boden war noch viel zu naß. Wir hatten den Wagen voll beladen, um sofort startbereit zu sein. Aber die Hitze war bereits wieder enorm. Sofort bestand die Gefahr, daß das Material und die Lebensmittel verderben. Deshalb mußten wir die Kisten jeden Morgen wieder abladen und sie in die einige hundert Meter entfernten Nuba-Häuser bringen, eine schwere und mühevolle Arbeit.

Selbst die Nuba, die sich nie von uns trennen wollten, rieten uns zu, abzufahren. Schweren Herzens bereiteten wir uns darauf vor, wollten aber noch am Abend vorher ein kleines Fest veranstalten. Alipo sollte zwei Ziegen und möglichst viele Hühner besorgen.

Das Abschiedsfest, das die Nuba wie auch uns traurig stimmte, weil keiner von uns wußte, ob wir wiederkommen könnten, verlief dennoch heiter und fröhlich. So zahlreich kamen unsere Gäste, daß es bald keine Ecke in und vor unserer notdürftig wieder hergestellten Rakoba gab. Nicht nur wir waren die Gebenden, die Nuba schenkten uns Schalen mit Erdnüssen und Marisse, die sie freigiebig verteilten. Die Mütter brachten auch ihre kleinsten Kinder mit. An den Tonbändern mit ihren Liedern und den Erinnerungen an die Ringkampffeste konnten sie sich nicht satt hören.

Es war schon spät, als uns die letzten verließen. Horst und ich fanden kaum Zeit zum Schlafen. Wir verbrachten die Nacht mit Packen und überlegten im einzelnen, wie wir unsere Hinterlassenschaft am gerechtesten unter unsere Nuba-Freunde verteilten. Eifersucht sollte bei keinem aufkommen. Jede Kleinigkeit war für sie von Wert, jeder Nagel, jedes Stück Holz, jede leere Konservenbüchse, all das war heiß begehrt, obgleich sie nicht darum bettelten. Wir wollten aber auch Werkzeug, Säge und andere Geräte, auch Taschenlampen und Batterien verteilen, dazu Zucker und Tee, Petroleumlampen und Wasserkanister. Nicht weniger begehrt waren Medikamente, Verbandszeug, Salben, Wundpuder, Leukoplast und nicht zuletzt Hustenbonbons. Am wertvollsten für sie waren unsere von ihnen gebauten Rakobas. Hier war nicht viel zu überlegen. Wir hatten vier Hüttenkomplexe, und vier Familien hatten sie mit besonderem Einsatz erbaut, jede sollte eines dieser Strohhäuser bekommen.

Als erster erschien noch vor Sonnenaufgang Alipo, ihm folgten Natu, Tukami und Notti. Es war noch nicht richtig Tag, als sich immer mehr Nuba um unsere Rakoba und unseren Wagen versammelten. Sie kamen aus den benachbarten Bergen, aus Tossari, Taballa, Tomeluba.

Im Gegensatz zum Abend vorher waren sie jetzt ruhig, ihre Gesichter wirkten bedrückt. Natu und Alipo übernahmen es, unsere Habe zu verteilen, und wie wir schon vermutet hatten, kam es zu keinem Streit. Wir konnten uns kaum noch einen Weg zu unserem Wagen bahnen.

Vorsichtig fuhr Horst den Landrover an, denn vor und neben ihm drängten sich Hunderte von Nuba, die dem Wagen hinterherliefen. Ein jeder wollte uns noch einmal die Hand geben. Horst konnte nur eine Hand aus dem Fenster reichen, während die Nuba mich beinahe aus dem Wagen zogen. Lange, lange liefen sie neben dem Auto her, und Horst brachte es nicht über sich, Gas zu geben und davonzufahren.

Je weiter wir uns von Tadoro entfernten, um so dunkler wurde der Himmel. Jeden Augenblick konnten neue Regengüsse unsere Weiterfahrt unmöglich machen. Aber meine Gedanken, die sich mit den Nuba beschäftigten, lenkten mich ab. Trotz der großen Veränderung, die mit ihnen vorgegangen war, war meine Zuneigung zu ihnen geblieben. Würde ich sie noch einmal wiedersehen und vielleicht auch die Regenzeit mit ihnen verbringen können, was ich mir sooft gewünscht hatte? Wir hatten die Nuba-Berge noch nicht verlassen, als mich bereits die Sehnsucht überkam, dorthin zurückzukehren.

Erschöpft erreichten wir nach anstrengender Fahrt Semeih, wo uns eine böse Überraschung erwartete. Unser Zug nach Khartum fiel aus. Wir saßen in einer Falle, denn unser noch immer schwer überladenes Fahrzeug und der Anhänger konnten die weite, schwierige Strecke nach Khartum nicht schaffen. Es blieb uns nur die Möglichkeit, das nordwestlich gelegene El Obeid zu erreichen. Aber auch diese Strecke war nicht ungefährlich. Sie führte durch wüstenähnliches Gelände, dessen Pisten von Sandstürmen verweht waren. Diese Fahrt werde ich nie vergessen. Sie war mörderisch. Der Wagen mußte sich unablässig durch tiefen Sand wühlen, es gab weder eine Straße noch eine Markierung – wir konnten uns nur nach der Sonne richten. Es war glühend heiß, kein Mensch, kein Tier zu sehen, kein Fahrzeug begegnete uns, niemand, den wir hätten fragen können. Das Aufregende war, daß der Wagen nie stehenbleiben durfte, wir wären aus dem tiefen Wüstensand nicht mehr herausgekommen. Der Anhänger schlenkerte im Sand wie ein Rodelschlitten. Tiefe Spuren erschwerten das Fahren. Die Sonne blendete unsere Augen, da wir immer gegen sie fahren mußten. Ich wagte nicht zu sprechen, um Horst aus seiner Konzentration nicht abzulenken.

In unserer Begleitung fuhr ein Äffchen mit, ein Geschenk der Nuba, das wir nicht in Tadoro lassen wollten: Es wäre mit Sicherheit getötet und aufgegessen worden. Sie essen alles, was kriecht und fliegt. Nun saß es brav bei uns, mal auf meinem Schoß, mal auf Horsts Schultern oder auch am Steuerrad. Wir gaben dem kleinen Affen den Namen Resi.

Endlich – nach Sonnenuntergang – tauchten in der Dämmerung Lichter am Horizont auf. Es war Nacht, als wir in El Obeid ankamen.

Im südlichen Sudan

Ich hatte Glück gehabt und von El Obeid nach Khartum ein Flugticket erhalten, wo ich nun schon seit Tagen auf Horst wartete. Als der Zug endlich in Khartum eintraf, kam er als letzter vom Ende des Bahnsteigs. Völlig verdreckt, abgemagert und bei ihm ein verstörter Affe – beide mit entzündeten Augen. Während der dreißig Stunden, die sie unterwegs waren, hatte Horst mit dem Affen auf dem offenen Waggon unter dem Landrover gelegen, weil er den Wagen mit dem wertvollen Material und den Kameras nicht einen Augenblick allein lassen wollte. Die Fahrt war für beide eine Höllenqual gewesen. Der Boden des offenen Waggons, mit Eisen beschlagen, war so glühend heiß, daß man sich schon bei einer Berührung verbrennen würde. Nur der Platz unter dem Landrover bot Schatten, wo sich Horst mit seinem verängstigten Äffchen vor der brütenden Hitze schützen konnte.

Das Haus, in dem wir uns von den Strapazen dieser Reise erholen konnten, war von einem großen Garten mit vielen Bäumen umgeben. Resi konnte sich darin austoben, sie war gewohnt, ohne Strick frei herumzulaufen. Nachts schlief sie in irgendeiner Baumkrone, aber von Sonnenaufgang bis zum Eintritt der Dämmerung blieb das Äffchen immer in unserer Nähe.

Eigentlich wollten wir so bald als möglich nach Deutschland zurück, aber Dr. Mubarak Shaddad hatte schon längst eine Reise in den Südsudan vorbereitet. Eine so großzügige Einladung der sudanesischen Regierung konnte ich nicht ausschlagen. Ich hatte die Absicht, den Landrover in Khartum zu verkaufen und davon den Rückflug nach München zu bezahlen. Ein solcher Wagen hat im Sudan einen hohen Preis. Wir übergaben den Landrover einem Mitarbeiter von Herrn Weistroffer, der sich während unserer Abwesenheit bemühen wollte, ihn zu verkaufen.

Kurz vor der Abreise gab es noch eine große Aufregung: Resi war weg. Sie mußte, als Horst in die Stadt fuhr, dem Auto nachgelaufen sein und sich verirrt haben. Seit der höllischen Eisenbahnfahrt, während der sie sich die ganze Zeit ängstlich an Horst geschmiegt hatte, wich sie nicht mehr von seiner Seite, während sie vor dieser Reise immer nur bei mir gewesen war und jeden anfauchte, der mir zu nahe kam. Eine große Suchaktion wurde gestartet. Sie hielt uns einige Tage in Atem. In Hunderten von Häusern fragten wir nach – ohne Erfolg. Im Fernsehen und in Annoncen setzte ich hohe Belohnungen aus, aber niemand meldete sich. Auch die Polizei bemühte sich, aber die Suche war vergeblich – unsere «Resi», die wir so liebgewonnen hatten, blieb verschwunden. Tröstend war allerdings der Gedanke, daß das Äffchen es hier viel besser haben würde als im kalten München, wo ich es wohl im Zoo Hellabrunn hätte abgeben müssen.

Unser erstes Ziel war Malakal, die kleine Hauptstadt der «Upper Nile Province». Der Gouverneur, der uns erwartete, hatte bereits ein reichhaltiges Programm ausarbeiten lassen. Ich war gespannt, welche Spuren der Unruhen, die auch Malakal in Aufruhr versetzt haben sollten, ich dort vorfinden würde. Wir besuchten Schulen und Krankenhäuser, sprachen mit Ärzten und auch mit katholischen Priestern. Von ihnen erhoffte ich Näheres über die blutigen Kämpfe zu erfahren, aber sie alle wichen meinen Fragen aus. Lange sprach ich mit Vater Piu und zwei Geistlichen aus Tansania, die wieder ungehindert predigen konnten. Auch in der «United Church» sprach keiner der Priester über die Opfer der Revolution. Eine Besonderheit der «United Church» waren die Sonntagsgottesdienste, in denen jede halbe Stunde ein anderer in einer der sechs verschiedenen Sprachen predigte. Jeder Stamm der «Upper Nile Province» hatte seinen eigenen Priester, die Dinka, Schilluk, Nuer, Anuak und andere. Auch in den Dinka- und Schilluk-Dörfern waren nirgends Spuren von Kämpfen oder abgebrannte Hütten zu entdecken. Wahrscheinlich waren diese inzwischen entfernt worden. Hierbei begegnete ich wieder dem Schilluk-König, der mit uns einen gemeinsamen Ausflug unternahm. Seine Autorität war unangetastet, jeder Schilluk warf sich ehrfurchtsvoll vor ihm zu Boden.

Wau, die Hauptstadt der südlichen Provinz «Bahr el Ghazal», war unser nächstes Ziel. Ein fruchtbares Gebiet, das hauptsächlich von dem größten Stamm im Sudan, den Dinka, bewohnt wird. Wie die Schilluk sind die Dinka ein kriegerischer Stamm, und einige von ihnen hatten gegen die Nordsudanesen gekämpft. Auch hier trafen wir auf keine Spuren von Kämpfen. Wau, überragt von einer großen Kathedrale, ist im Gegensatz zu Malakal eine sehr saubere Stadt. In den Straßen fallen die gut, fast europäisch gekleideten Menschen ins Auge, und ein Wohlstand wird spürbar, der nur auf erfolgreiche Industrie zurückzuführen sein dürfte. So zeigte man uns eine neue Konservenfabrik, vor kurzem erbaut und mit russischen Maschinen eingerichtet.

Hier wurden die überreichlich wachsenden Mangofrüchte zu Säften und Marmeladen verarbeitet und mit ihnen der ganze Sudan beliefert. Zu den wohlhabenden Kaufleuten zählten auffallend viele Griechen.

Erstaunlicherweise durften wir in der «Catholic Church» filmen und fotografieren. Obgleich tausend Menschen in der Kirche Platz hatten, fanden ab sechs Uhr früh vier Gottesdienste statt, die immer überfüllt waren. Es war die größte Kirche, die ich im Sudan gesehen habe. Hier hatten wir ein seltsames Erlebnis. Als Horst in der Nähe des Altars filmte, wie der Priester den Gläubigen die Hostie gab, sahen die Schwarzen Horst verzückt an. Sie glaubten, Christus in ihm zu sehen. Er hatte während der Expedition zwanzig Kilo abgenommen, seine Arme und Beine waren dünn, sein Gesicht eingefallen, und mit einem Bart ähnelte er tatsächlich dem Christusbild in der Kirche. Horst war froh, als er wieder aus der Kirche herauskam.

Bemerkenswert erschien mir in Wau kennenzulernen, wie man Eingeborenen eine Wahl nahebrachte. Für die zur Wahl stehenden Vertreter der verschiedenen Stämme wurden Stimmzettel ausgegeben, die mit einer symbolischen Zeichnung versehen waren. Da gab es ein Krokodil, ein Rind, eine Antilope oder auch einen Baum. Die Eingeborenen wußten, für welchen ihrer Häuptlinge das Symbol galt. Sie wählten mit einem Daumendruck. Vor dem Tisch mit den Stimmzetteln standen die Wähler in Schlangen an.

Wir durften auch das Gefängnis besuchen. Es beherbergte über 400 Menschen, unter ihnen auch Mörder und Mörderinnen, die zu lebenslänglicher Freiheitsstrafe verurteilt waren. Ihre Taten sollen sie ausschließlich aus Eifersucht begangen haben, einige sollten begnadigt werden. Todesstrafe kannte der Sudan nicht. Die meisten der Gefangenen waren mit Handarbeiten beschäftigt: Die Frauen stellten Sachen aus Stroh her, die Männer machten Schnitzereien aus Elfenbein und Tierhörnern. Mit Hilfe eines Dolmetschers durften wir uns mit ihnen unterhalten. Anscheinend ertrugen sie ihr Schicksal mit Gelassenheit.

Nach sieben Tagen, in denen wir verschiedene Dinka-Dörfer besuchten, verließen wir Wau. Mich machte die oft unerträgliche Hitze zum ersten Mal etwas afrikamüde. Wir sehnten uns nach unserer Heimat, nach Wäldern und grünen Wiesen, nach Kühle – aber auch nach unserer Küche.

Noch war unsere Reise nicht zu Ende. Equatoria, die südlichste der Sudan-Provinzen, stand noch auf dem Programm. Dort sollte es zu den schwersten Unruhen und Kämpfen gekommen sein. Gegen Wau war Juba eine tote Stadt, und hier spürte man auch die Gegenwart der vergangenen Unruhen. Wir durften hier nie, wie bisher, allein fahren, immer wurden wir von zwei Polizisten begleitet. Nach Torit, der letzten Station unserer Reise, erhielten wir einen besonders starken Begleitschutz, wir mußten sogar unsere Reise in einem gepanzerten Armeetransporter fortsetzen. Mehrere Amphibien-Panzer und Armee-Lastwagen, die mit bewaffneten Soldaten besetzt waren, begleiteten uns. Ich muß gestehen, mir wurde unbehaglich zumute, besonders dann, als ich nach einigen Stunden in einen kleinen Panzer umsteigen mußte. Wir fuhren durch eine hügelige Berglandschaft, wie ein Dschungel dicht mit tropischen Pflanzen bewachsen. Ich konnte mir gut vorstellen, was es hieß, gegen einen in diesem dichten Gebüsch verborgenen Gegner kämpfen zu müssen. Ohne Zwischenfälle kamen wir nach Torit, dem Sitz des Hauptquartiers der Armee. Ein ungewöhnliches Entgegenkommen, daß wir diesen Platz besuchen durften. Er war das Zentrum der Kämpfe gewesen.

Wir waren Gäste des noch ziemlich jungen Armeechefs, der mit großer Offenheit meine Fragen zu den Unruhen in diesem Gebiet beantwortete. Wir diskutierten bis in die Nacht hinein. Zum ersten Mal erhielt ich einen Einblick in die fast unlösbaren politischen, ethnologischen und religiösen Probleme zwischen Nord- und Südsudanesen. Man muß mit beiden Seiten gesprochen haben, um sich ein zutreffendes Bild machen zu können.

Wir wurden mit einem Tanz der Latuka überrascht, der im Gegensatz zu den offiziellen Tänzen in den Dinka-Dörfern noch sehr ursprünglich war. Die Latuka hatten große Trommeln, deren Felle sie ständig mit brennenden Strohbüscheln erwärmten. Ihre Gesichter hatten sie mit roter Asche bemalt, in ihren Händen hielten sie Stöcke, an deren Spitze schwarze lange Tierhaare wehten. In wilden Sprüngen und Schreien steigerten sie sich in eine immer stärker werdende Ekstase. Mit ihrem Tanz um eine Art Scheiterhaufen, den sie aus Holzstücken gebaut hatten, erweckten sie die Vorstellung entfesselter Dämonen, die nicht nur für uns als Zuschauer tanzten, sondern sich in ihren ritualen Tänzen auslebten.

Gerade als der Tanz zu Ende war, erlebten wir eine dramatische Sensation. Das Radio meldete aus Khartum einen Regierungsumsturz. Die bisherige Regierung und ihre Freunde waren verhaftet, Anführer des Putsches war ein Offizier – Gaafar Nimeiri. Betroffen schauten wir uns an. Der Schreck saß mir in allen Gliedern. Vermutlich waren die Gouverneure und Polizeichefs, die uns so unterstützt hatten und deren Gäste wir waren, schon gefangengesetzt. Das war nun die zweite Revolution, die ich im Sudan erlebte. Es überraschte mich, wie gefaßt die Offiziere, in deren Kreis wir uns befanden, diese Meldung aufnahmen.

Der Kommandant in Torit veranlaßte, daß wir unverzüglich nach

Juba zurückgebracht wurden. Dort erlitt ich meinen ersten Malariaanfall, hatte hohes Fieber und bekam starke Gliederschmerzen. Nachdem ich genügend Resochin eingenommen hatte, war ich erstaunlich schnell wieder auf den Beinen, und zwei Tage später flogen wir nach Khartum. Es war beruhigend, unsere Freunde am Flughafen zu sehen. Sie durchschauten die Lage noch nicht. Aufregend war, was sie berichteten. Der Rundfunk, Brücken und öffentliche Gebäude waren besetzt, Panzer standen überall, und in den Straßen wimmelte es von Militär. Die schlimmste Nachricht erfuhr ich erst am Abend. Ein Mitarbeiter Weistroffers, bei dem wir wieder wohnten und der unseren Landrover übernommen hatte, teilte uns mit, der Wagen sei gestohlen. Er hatte ihn leichtsinnigerweise einem angeblichen Käufer für eine Probefahrt überlassen, und seitdem war das Auto verschwunden. Vermutlich, meinte unser Wohnherr, wird es sich schon jenseits der Grenzen in Äthiopien befinden.

Das war zuviel für mich. Ein Arzt gab mir Beruhigungsspritzen. In dieser turbulenten Situation bestand keine Hoffnung, den Wagen wiederzubekommen. Ohne ihn hatten wir kein Geld für die Rückreise. Ich war verzweifelt.

Nach einigen Tagen geschah etwas Unglaubliches. Ich sah, von den Spritzen noch betäubt, in der offenen Tür meines Zimmers zwei Gestalten stehen, Horst und neben ihm eine Frau, es schien Nora, Weistroffers Sekretärin zu sein.

«Der Wagen ist da, wir haben ihn gefunden», hörte ich sie rufen. Da ich das für einen schlechten Scherz hielt und mich außerdem in einem überreizten Zustand befand, bekam ich einen Tobsuchtsanfall. Ich schlug um mich, biß Nora, die mich beruhigen wollte, in die Hände und zerkratzte mir mein Gesicht, worauf ich weitere Spritzen bekam.

Später erzählte man mir, was tatsächlich geschehen war. Nora, eine resolute junge Frau, hatte etwas Tollkühnes gemacht: In der Stadt entdeckte sie in der Hauptstraße und mitten im Gewühl zahlloser Autos unseren Landrover, an dem rückwärts noch unser Schild «Sudan Expedition» befestigt war. Sie verfolgte den Wagen, überholte ihn und stellte sich quer davor. Den erschrockenen Dieb, in dem sie einen Regisseur des sudanesischen Fernsehens erkannte, zwang sie auszusteigen und ihr die Schlüssel zu geben, fuhr ihren Wagen beiseite, stieg in den Landrover und brauste davon. Aber sie tat noch mehr für uns. Es gelang ihr, trotz der Verzollungsprobleme den Wagen gut zu verkaufen. So wurde sie unser rettender Engel.

Heimreise

Wir saßen im Flugzeug, erschöpft, aber glücklich. Diese abenteuerliche Expedition war überstanden, und ungeachtet des Putsches war es uns gelungen, unser gesamtes Gepäck durch den Zoll zu bekommen.

Wir waren ziemlich erholungsbedürftig und beschlossen, auf einer griechischen Insel Urlaub zu machen, wir wählten Rhodos. Als wir dort eintrafen, froren wir. Wahrscheinlich hatten wir zu lange in einem heißen Klima gelebt. In Khartum waren es bei unserer Abreise 42 Grad im Schatten. Wir reisten nach Capri, meiner Lieblingsinsel, um die noch verbleibenden Urlaubstage dort zu verbringen. Auch hier war es kühl, nur wenige Leute badeten, aber man kann auf dieser Insel herrliche Spaziergänge machen, auf denen ich immer wieder Neues entdeckte.

Ausgerechnet auf dieser Insel stieß mir, einen Tag vor unserer Abreise, ein Unglück zu. Beim Packen stolperte ich über die Kabelschnur einer Stehlampe und stürzte auf dem glatten Marmorboden so unglücklich, daß ich mir einen komplizierten Schulterbruch zuzog. Eingegipst flog ich am nächsten Tag mit Horst nach München. Man stellte fest, es würde Monate dauern, bis ich meinen Arm wieder gebrauchen könnte. Unglücklicherweise war es der rechte.

Ein Fehlurteil

In der Post lag ein Brief von Friedrich A. Mainz, der mich zutiefst bestürzte. Er enthielt die unfaßbare Mitteilung, daß er seinen jahrelang geführten Prozeß gegen Erwin Leiser und die schwedische «Minerva» wegen der Rechte meines Films «Triumph des Willens» in letzter Instanz verloren hatte.

Es war absurd und geradezu ein Hohn, daß man mir plötzlich die Rechte an meinem Film absprechen wollte. Jahrzehntelang wurde ich als Regisseurin und Herstellerin dieses Dokumentarfilms verteufelt und verfolgt, es hatte nie einen Zweifel gegeben, daß ich die Produzentin war. Das galt solange, bis Erwin Leiser in Erscheinung trat, der für seinen Film «Mein Kampf» fast 600 Meter meines Films verwendete, dessen Rechte er weder von mir noch von der «Transit», der Rechtsnachfolgerin der von der NSDAP und dem Deutschen Reich hergestellten Filme, erworben hatte.

Die Urteilsgründe stützten sich auf folgende Argumente: «In zahlreichen Druckschriften befinden sich Hinweise, in denen die NSDAP als Herstellerin bezeichnet wird.» Diese unrichtigen Angaben waren durch den Pressechef der UFA, Herrn Opitz, längst aufgeklärt. Seine eidesstattliche Erklärung besagt, daß die UFA diese Hinweise ausschließlich aus Gründen der Werbung gegeben hatte, weil sie sich davon Vorteile für die Auswertung des Films erwartete. Im Jahr 1934, in dem dieser Film entstand, war das Verhältnis UFA und Partei noch ungeklärt. So sah die UFA in diesem Film eine gute Gelegenheit, durch intensive Werbung für und mit der NSDAP zu besseren Beziehungen zur Partei zu gelangen. Ein weiteres Argument, das im Urteil eine Rolle spielte, war bedeutungslos, geradezu naiv und wurde von vielen Zeugen widerlegt. Es ging um eine handschriftliche Eintragung in einem Protokoll, das die UFA beim Abschluß des Verleih-Vertrags angefertigt hatte. Von einem der UFA-Herren wurde ich darin als «Sonderbevollmächtigte der Reichsleitung der NSDAP» bezeichnet. Dies mag seine persönliche Ansicht gewesen sein, entsprach aber nicht der Wirklichkeit. Ich hatte lediglich erklärt, ich sollte auf Wunsch Hitlers einen Film über den Parteitag machen. Über die internen Zerwürfnisse der Partei, die dazu führten, daß dieser Film auf Wunsch Hitlers nicht von der Partei gemacht wurde, konnte ich die UFA naturgemäß nicht aufklären. So entstanden solche Mißverständnisse.

Eine bittere Ironie, wenn gerichtlich bestätigt wird, daß ausgerechnet die Parteifilmstelle, in der meine größten Feinde saßen, die Produzentin meines Films gewesen sein sollte. Wäre dieser Film eine Produktion der Partei gewesen, hätte sie es nicht nötig gehabt, ihn von der UFA finanzieren zu lassen. Sie hatte genügend eigene Mittel. Auch wurden keine Verträge mit der NSDAP geschlossen, wonach ich mit der Herstellung beauftragt wurde. Eidesstattliche Erklärungen von damals zuständigen Personen der NSDAP stellen unbezweifelbar fest, daß meine Firma eine Privatfirma war, die wir für die Produktion des Parteitagfilms «Reichsparteitagfilm» nannten. Sogar der Schatzmeister der NSDAP hatte dies eidesstattlich bestätigt.

Das Gericht hat anders entschieden, aber damit ändert sich nichts an den Tatsachen. Gerichte haben sich schon in schwerwiegenderen Fällen geirrt, in diesem Fall konnte es sich nur um ein gerichtliches Fehlurteil handeln.

Ich bat Dr. Weber, der den Prozeß für Herrn Mainz aus Termingründen nicht hatte übernehmen können, um Rat. Sein Kommentar zur Urteilsbegründung: «Das ist ein rein politisches Urteil.» Auf meine Frage: «Kann ich dagegen etwas unternehmen?» antwortete er: «Das können Sie. Dieses Urteil ist unrichtig. Es entspricht nicht der wirklichen Sach- und Rechtslage. Es erging in einem Rechtsstreit Mainz/

Mit Gina Lollobrigida 1953 in Italien während der Aufnahmen
ihres Films «Liebe, Brot und Fantasia»

Im Gespräch mit Andy Warhol in seiner Factory, New York, 1974.
Sein scheues Wesen überraschte mich.

Bei Vittorio de Sica in Rom, 1953. Er war bereit, eine Hauptrolle in meinem Filmprojekt «Die roten Teufel» zu spielen.

Im Film-Casino, München, begrüßt mich Jean Marais. An meiner Seite Frau Lonny van Laak, 1954

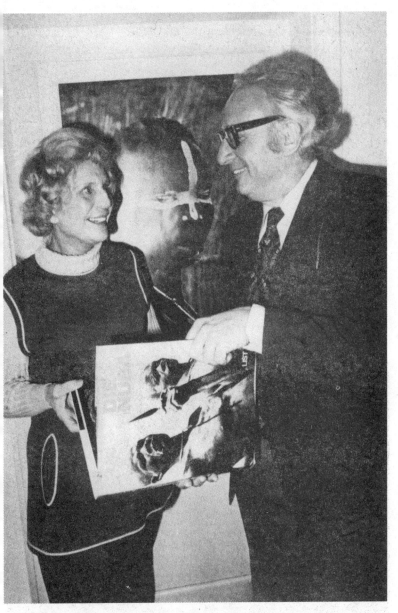

Robert Schäfer, meinem Verleger im List-Verlag, habe ich das Erscheinen meiner vier Bildbände zu danken.

Mit der «Arriflex» filmte ich 1974 meine Nuba-Freunde in Tadoro,
die Masakin-Nuba. Im Süden der sudanesischen Provinz
Kordofan leben sie in den Nuba-Bergen.

Bei den Südost-Nuba, 1975. Die Bilder von ihren phantastischen Masken und ihren ritualen Tänzen werden in der ganzen Welt bewundert.

Am Indischen Ozean 1974. Das Tauchen erlernte ich erst im 72. Lebensjahr – es wurde meine Leidenschaft.

Mein Mitarbeiter Horst bei Filmaufnahmen auf den Malediven. Bei Bandos filmten wir 1983 Herwarth Voigtmann mit seiner sensationellen Hai-Show.

1986 fand ich beim Tauchen im Roten Meer die schönsten Riffe. Im Scheinwerferlicht bewunderte ich die Farbenpracht der Korallen.

«Minerva» und schafft deshalb nur Recht inter partes, also nur für die Prozeßparteien. In einem neuen Rechtsstreit ist das Gericht keineswegs an die Feststellungen dieses abgeschlossenen Prozesses gebunden. Sie müssen allerdings neues entscheidendes Beweismaterial vorlegen.»

Ich erinnerte mich, daß ich Dr. Boele, dem Anwalt von Herrn Mainz, nachdem dieser den Prozeß in zweiter Instanz verloren hatte, vorgeschlagen habe, Albert Speer als weiteren Zeugen zu benennen. Speer war dabei, als Hitler mir auf dem Parteitaggelände in Nürnberg den Auftrag gab und dabei ausdrücklich erklärte, daß die Partei auf seine Anweisung von diesem Film ausgeschlossen wird und nichts mit seiner Herstellung zu tun hat. Dr. Boele war von dem positiven Ausgang des Prozesses so überzeugt gewesen, daß er eine Zeugenaussage Speers entbehrlich fand.

Ich wußte noch einen wichtigeren Zeugen als Speer, allerdings zweifelte ich, ob er bereit sein würde, in dieser Sache auszusagen: Arnold Raether, ehemaliger Regierungsrat und Leiter der Filmabteilung der NSDAP. Alle Filme, die die Partei herstellte, wurden von ihm kontrolliert. Erst vor einiger Zeit hatte ich erfahren, daß er noch am Leben war, aber ich hatte kaum den Mut, ihn als Zeugen zu benennen. Er war während des Dritten Reiches mein Hauptfeind. Unter seiner Leitung wurde für die Partei der erste Reichsparteitagfilm, «Sieg des Glaubens», gemacht, wobei er Hitlers Auftrag, ich sollte die Regie übernehmen, boykottierte. Sein Widerstand gegen mich war so heftig, daß er kurzfristig sogar ins Gefängnis kam. Das war der Grund, warum Hitler für die Herstellung des zweiten Parteitagfilms die NSDAP, die mir unüberwindbare Schwierigkeiten gemacht hätte, ausschloß. Wenn dies auch schon über dreißig Jahre zurücklag, hatte ich es doch nicht gewagt, Raether als Zeugen zu benennen. Aber nun, nachdem mir dieses Fehlurteil zugesprochen war, wollte ich es wagen.

Dr. Weber ermunterte mich: «Sie müssen es versuchen», sagte er, «denn viele der eidesstattlichen Erklärungen, die Herr Mainz erhielt, hat das Gericht überhaupt nicht zur Kenntnis genommen, weil sie nicht notariell beglaubigt waren.»

Ich war entsetzt. Niemand hatte mir das gesagt. Es wäre ein Kinderspiel gewesen, diese wichtigen Zeugenaussagen notariell beglaubigen zu lassen. Aber nun war es zu spät. Einige der Zeugen waren inzwischen verstorben.

«Aber», sagte ich zu Dr. Weber, «die eidesstattliche Erklärung des Herrn Großkopf, des wichtigsten Zeugen neben Herrn Raether, ist doch notariell beglaubigt! Er ist ein Kronzeuge, denn er hat alle geschäftlichen Angelegenheiten der Produktion des Reichsparteitag-films bearbeitet. Er hat bestätigt, daß er nie mit der Partei, sondern immer nur mit der UFA abgerechnet hat. Die internen Abrechnungen zwischen der UFA und der Partei, welche die Gegenseite als Beweismaterial vorlegte, haben nichts mit der Herstellung des Parteitagfilms zu tun, sie betreffen nur die Auswertung der Schmalfilmrechte, die der Partei von der UFA übertragen worden waren.»

«Das Gericht hat sich davon nicht überzeugen lassen», sagte Dr. Weber. «Versuchen Sie unbedingt, Herrn Raether zu veranlassen, daß er als Zeuge aussagt.»

Schweren Herzens und mit wenig Hoffnung versuchte ich es. Aber dieses Mal erlebte ich eine unerwartete Überraschung. Herr Raether antwortete am 28. 12. 66:

Wir sind wohl alle belehrt worden, daß Spannungen in den skizzierten Zeiten mit der Zeit und ihren Männern zu tun hatten und keineswegs zu Ressentiments führen dürfen. Selbstverständlich bin ich bereit, in dieser Angelegenheit auszusagen.

Das war phantastisch. Ich sah einen Hoffnungsschimmer. Trotz seines Alters, er war schon 74, kam Herr Raether nach München und machte sich die Mühe, am 29. Oktober 1970, vor einem Notar eine eidesstattliche Erklärung abzugeben. Wegen der außerordentlichen Bedeutung für mich und für die Wahrheit zitiere ich die wichtigsten Paragraphen:

«Zur Sache: Ich war Leiter der Reichspropagandaleitung, Hauptamt Film. In dieser Eigenschaft unterstanden mir alle filmischen Belange der NSDAP sowohl im Hinblick auf die Herstellung, als auch auf dessen filmischen Propagandaeinsatz. Auf Grund dieser meiner Stellung kann ich folgendes mit Bestimmtheit erklären: Parteifilme, das heißt Filme, bei welchen die NSDAP rechtlich und wirtschaftlich Produzentin und daher Eigentümerin gewesen ist, konnten ohne mein Wissen und ohne meine Bewilligung nicht hergestellt werden. Ich selbst holte jeweils vorher das Einverständnis des Reichspropagandaleiters Dr. Goebbels ein. Ich kann daher aus diesem Grunde mit absoluter Sicherheit sagen, daß der Film ‹Triumph des Willens› nicht von der NSDAP hergestellt wurde und von ihr auch nicht in Auftrag gegeben worden ist.

Anders verhielt es sich mit dem Film vom Reichsparteitag 1933 ‹Sieg des Glaubens›, den Frau Riefenstahl ebenfalls gestaltet hatte. Hier war die Partei Herstellerin. Da Frau Riefenstahl bei diesen Aufnahmen 1933 von Seiten der Partei erhebliche Schwierigkeiten gemacht worden waren, bestimmte Hitler, daß die Partei mit dem für 1934 vorgesehenen Film ‹Triumph des Willens› nichts zu tun haben sollte. Dies bezog sich sowohl auf die Herstellung wie auch auf die Finanzierung. Ich weiß noch, daß mir vom damaligen Staatssekretär im Propagandaministerium, Herrn Funk, untersagt wurde, mich um die Organisation und die Gestaltung des Films zu kümmern. Der Film ‹Triumph des

Willens› war also eine Angelegenheit von Frau Riefenstahl, die auch die Finanzierung zu übernehmen und die Herstellung in eigener Verantwortung durchzuführen hatte. Ich weiß auch, daß sich die UFA seinerzeit gern der NSDAP als Aushängeschild bediente, und nur so ist es zu verstehen, daß die UFA in ihrer Propaganda für den Film ‹Triumph des Willens› die Verbindung des Films mit der NSDAP stark herausstellte...

Arnold Raether.»

Dieses Dokument kann durch kein Gericht widerlegt werden. Ich verzichtete auf einen Prozeß gegen Herrn Leiser. Mir genügt es, ein so wichtiges Pfand für mein Recht in Händen zu haben.

Das Nuba-Buch entsteht

Nach acht Monaten Abwesenheit gab es viel zu erledigen. Auch erwies sich der Schulterbruch komplizierter als angenommen. Trotz Bestrahlung und Heilgymnastik konnte ich den Arm noch nicht bewegen.

Der deutsche Verleger Dr. Bechtle, den ich vor einem Jahr in Ibiza kennengelernt hatte, war an einem Bildband über die Nuba interessiert. Seine Vorschläge erschienen mir annehmbar, und nachdem ich einen guten Vorschuß erhielt, unterschrieb ich den Vertrag. Er verpflichtete sich, das Buch bis spätestens in zwei Jahren herauszubringen. Ich hatte nur die Bilder zur Verfügung zu stellen, die Texte sollte ein Ghostwriter nach Bandgesprächen schreiben, die ich mit Christian Röthlingshöfer, einem jungen Schriftsteller, führen sollte, den Bechtle dafür verpflichtet hatte.

Das Arbeiten mit Röthlingshöfer war angenehm. Fast täglich kam ich mit ihm zusammen. Damals war mir noch alles sehr lebendig in Erinnerung, stundenlang konnte ich erzählen. Mein Verleger war von den Berichten so begeistert, daß er immer mehr wissen wollte und mich bat, so ausführlich wie möglich zu erzählen. Er versprach sich einen so großen Erfolg, daß er vorhatte, zwei Bücher zu publizieren. Zuerst nur ein Textbuch mit Werkfotos und ein Jahr später einen anspruchsvollen Bildband, der allerdings, wie er sagte, wegen der hohen Herstellungskosten nur mit internationaler Beteiligung realisiert werden könnte.

Die von einigen Ghostwritern geschriebenen Versuchskapitel gefielen Bechtle nicht. Er bat mich, ein Kapitel zu versuchen. Es gefiel ihm so gut, daß er mich überreden konnte, den ganzen Text selbst zu schreiben.

Ich beschloß, diese Arbeit außerhalb der Stadt zu machen. Ady Vogel und Winnie Markus stellten mir eine Jagdhütte zur Verfügung, sie befand sich in der Nähe von Fuschl. In dieser so naturverbundenen Atmosphäre und völligen Abgeschiedenheit fiel mir das Schreiben nicht schwer. Als ich nach sieben Wochen die Hütte verließ, war nicht nur meine Arbeit beendet, ich konnte auch meinen Arm wieder schmerzfrei bewegen. 247 Seiten hatte ich geschrieben und war gespannt, was Dr. Bechtle dazu sagen würde.

Ich erlebte eine Enttäuschung. Noch bevor Bechtle mein Manuskript gelesen hatte, teilte er mir mit, er hätte sich alles anders überlegt. Plötzlich wollte er nur noch den Bildband, für den er bloß 100 Textseiten benötigte. Auch sollte das geänderte Manuskript keine persönlichen Erlebnisse mehr enthalten, nur sachliche Informationen über die Nuba.

Ich fiel, wie man so sagt, aus allen Wolken. Das war eine unglaubliche Zumutung. Es war Bechtles ausdrücklicher Wunsch gewesen, soviel als möglich über meine persönlichen Expeditions-Erlebnisse zu schreiben. Vier Monate hatte ich für den Verlag umsonst gearbeitet.

Dieser extreme Sinneswechsel meines Verlegers mußte eine Ursache haben, die ich auch bald erfuhr. Stefan Lorant, der bekannte Schriftsteller, einer meiner Freunde in Amerika, hatte mir für den Bildband den New Yorker Verlag «Abrahams» als Co-Partner empfohlen. Als Dr. Bechtle sich an diesen Verlag wandte, erhielt er eine brüske Absage. Das hat auf ihn wie eine kalte Dusche gewirkt. Er wurde verunsichert, allein konnte er den Bildband nicht finanzieren. Nach einiger Zeit teilte er mir mit, der Bildband könnte vorläufig nicht erscheinen.

Wieder ein Rückschlag. Aber ich wollte mich nicht entmutigen lassen. Internationale Bildmagazine hatten mich um Tieraufnahmen gebeten. Ich beschloß, mit Horst in Ostafrika zu fotografieren.

Foto-Safari in Ostafrika

Wie einfach ist es heute, nach Nairobi oder Mombasa zu fliegen! Vor 16 Jahren war dies, wenn man einen Charterflug gebucht hatte, noch nicht so bequem. Um den Beginn dieser Reise authentisch zu schildern, zitiere ich den ersten Brief, den ich nach meiner Ankunft in Malindi, am Indischen Ozean, an meine Inge schrieb:

Malindi, 11. Nov. 1970

Liebe Inge,
dies ist der erste Gruß, den wir Dir senden, und wahrscheinlich auch
der letzte, da ich möglichst alles Schreiben vermeiden möchte. Grund
ist, daß mir dieses Mal Afrika nicht so zu bekommen scheint. Ich war
mit den Nerven so ziemlich am Ende, so daß Sonne und Meer eher
schaden als nutzen. Unsere Reise hierher war eine einzige Strapaze. Du
weißt ja, daß wir bis zur letzten Stunde durcharbeiten mußten und
hofften, uns im Flugzeug ausruhen zu können. Aber es gab stunden-
lange Verspätungen, und der Flug war eine Qual. Die Sitze waren so
eng, daß der Körper wie in einer Zange eingezwängt war. Horst mußte
seine langen Beine verkrampft unter meinen Sitz zwängen. Erst nach
Mitternacht erreichten wir Mombasa, wo wir übermüdet ewig lange
stehen mußten, bis die Paßkontrolle und das Durchschleusen des
Gepäcks erledigt war. Aber auch dann gab es noch nicht die so sehr
ersehnte Ruhe. Die Abreise mit dem Bus nach Malindi verzögerte sich
um Stunden. Erst in der Früh um fünf konnten wir endlich unsere
Glieder auf einem Bett ausstrecken – es war schon Tag, so daß wir das
Meer sehen konnten.
Das Hotel ist schön – auch der Strand, das Meer –, alles besser, als ich
erhofft hatte. Trotzdem kann ich es noch nicht genießen. Vielleicht
geht es vorüber... *Leni*

Es ging vorüber. Oft hatte ich schon geglaubt, meine Kräfte seien am
Ende, aber irgendwie ging es doch immer wieder weiter.

Nachdem wir einige Male im Meer geschwommen waren, fühlte ich
mich von Tag zu Tag besser, so daß wir mit unserer Foto-Safari
beginnen konnten. Wir mieteten einen vw-Käfer, mit dem wir mehrere
Nationalparks besuchen wollten. Bald hatte mich das Fotofieber
wieder erfaßt. Motive gab es in Überfülle, aber immer wieder waren es
die Gesichter der Eingeborenen, die mich fesselten. Und wieder erwachte in mir der Wunsch, in Afrika zu leben.

Nachdem uns in dem am Kilimandscharo liegenden Amboselli-Park
gute Tieraufnahmen und auch solche von den Masai gelungen waren,
war der Manyara-Lake und der berühmte Ngorongoro-Krater unser
nächstes Ziel. Wir hatten Wetterglück, ein angenehmes Klima, keinen
Regen, und auf den leicht zu befahrenden Straßen begegneten uns nur
wenige Wagen.

In Tansania besuchten wir in Usa-River den Jäger und Tierhüter Dr.
von Nagy, einen alten Bekannten. Er hatte am Fuße des Meru einen
märchenhaften Besitz, einen der schönsten Plätze, die ich in der Welt
kennenlernte.

Bald mußten wir von diesem paradiesischen Platz Abschied nehmen, da wir in wenigen Tagen von Malindi zurückfliegen sollten. Dort hatte ich einen Tag vor der Heimreise ein umwerfendes Erlebnis. Zufällig las ich auf einer schwarzen Tafel ein mit Kreide geschriebenes Wort «goggling» und erfuhr, daß «goggling» so viel wie Schnorcheln ist. Obgleich ich als Kind eine Wasserratte war – schon im fünften Lebensjahr hatten mir meine Eltern das Schwimmen beigebracht –, hatte ich später zu Wassersport wenig Gelegenheit, da ich meine Freizeit nur noch in den Bergen verbrachte. Klettern und Skilaufen waren meine Hobbies. Damals ahnte ich nicht, daß mein zufälliger Blick auf «goggling» aus mir einmal eine Taucherin machen würde.

Wir schlossen uns einer Gruppe von Schnorchlern an. Noch nie hatte ich eine Taucherbrille oder Flossen besessen – es war das erste Mal, daß ich sie probieren wollte. Hätte ich diesen Versuch in der Ost- oder Nordsee gemacht, wäre ich vielleicht nicht von der gleichen Begeisterung erfaßt worden wie hier im Indischen Ozean. Die geheimnisvolle Unterwasserwelt verzauberte mich. Horst erging es ähnlich. Wir waren entzückt von den vielen bunten Fischen, die unbekümmert um uns kreisten. Ich konnte mich nicht satt sehen. Die unvorstellbar differenzierten Farben und phantastischen Ornamente waren verwirrend. Ebenso die Farbenpracht der Korallen. Ich konnte nur viel zu kurz unter Wasser bleiben, da ich die Luft nicht lange genug anhalten konnte. Die ganze Gruppe befand sich schon im Boot, nur Horst und ich waren noch im Wasser. Was ich hier zum ersten Mal sah, war so faszinierend, daß ich unglücklich war, es erst an meinem letzten Urlaubstag erlebt zu haben. Bisher hatte ich diese Welt nur in Filmen von Hans Hass und Cousteau sehen können, aber es selbst zu erleben, war viel aufregender. Ich beschloß, so bald ich konnte, die Unterwasserwelt kennenzulernen.

Die Nuba im «stern»

Kurz vor Weihnachten besuchte mich Rolf Gillhausen, Art-Director des «stern». Er war für seine hervorragenden Layouts berühmt. Ich war gespannt, ob ihm die Nuba-Bilder gefallen würden. Aus den Fotos hatte ich eine Auswahl vorbereitet, doch Gillhausen wollte alle sehen. Stundenlang betrachteten wir die Bilder, und ich merkte bald, daß sie ihm gefielen. Mit großer Sicherheit fand er sehr schnell die besten heraus.

Er hatte ungefähr hundert Dias ausgewählt, unter denen sich eines befand, das ich ihm nicht geben wollte. Es zeigte zwei unbekleidete

Nuba-Jünglinge beim Gitarrenspiel im Innenhof eines Hauses. Gillhausen war von dem Foto fasziniert, ich aber mußte Rücksicht nehmen auf die religiösen Gefühle meiner sudanesischen Freunde, die ich nicht verletzen wollte. Ich bat ihn, auf diese Aufnahme zu verzichten, aber gerade das reizte seinen Widerstand. Je mehr ich mich wehrte, desto unnachgiebiger wurde er, bis er schließlich die Veröffentlichung des ganzen Berichts von der Freigabe dieses einen Bildes abhängig machte. Nun wollte ich nicht wegen einer einzigen Aufnahme die Verbindung zu so einer bedeutenden Illustrierten verlieren und gab schließlich nach. Bei Gillhausens Abschied hatte ich noch keine feste Zusage.

«Vielleicht», sagte er, «können wir in zwei bis drei Monaten eine Serie bringen, Sie werden von uns hören.»

Ich war enttäuscht. Ich hatte mir mehr erwartet. Um so größer war die Überraschung, als mich wenige Tage danach Henri Nannen, der Chefredakteur des «stern», anrief.

«Leni», sagte er, «bitte, nehmen Sie sofort das nächste Flugzeug und kommen Sie nach Hamburg.» Ich dachte, er macht einen Scherz, doch ehe ich eine Frage stellen konnte, sagte er euphorisch: «Ihre Aufnahmen sind hinreißend, die ganze stern-Redaktion ist von den wundervollen Fotos begeistert – wir wollen eine große Serie noch vor Weihnachten herausbringen, eventuell sogar mit der Titelseite – wir brauchen Ihre Informationen – dringend – einer meiner Redakteure wird Sie noch heute abend in Hamburg in Ihrem Hotel erwarten – unsere Münchner Redaktion wird alles für Sie organisieren.»

Ich war sprachlos. Mir kam das Ganze nicht geheuer vor. An Enttäuschungen und Rückschläge gewöhnt, wagte ich auch nicht, mich zu freuen.

Am Abend traf ich in Hamburg ein. Herr Braumann, ein Mitarbeiter der Redaktion, erwartete mich im «Hotel Berlin». Jetzt verstand ich, warum alles so übereilt geschah. Nannen hatte, nachdem er meine Fotos sah, beschlossen, in die schon halb fertiggedruckte Vorweihnachtsausgabe eine Nuba-Serie mit fünfzehn Farbseiten einzubauen und die schon ausgewählte Titelseite auszutauschen. Um dies zu ermöglichen, mußten die Texte spätestens am nächsten Tag gedruckt werden, da die Ausgabe schon in einer Woche herauskommen sollte.

Als ich das hörte, wurde mir unbehaglich zumute. Wie sollten in wenigen Stunden die Texte geschrieben werden! Es ging ja dabei nicht nur um Bildtexte, man wollte auch einen ausführlichen Bericht meiner Erlebnisse bei den Nuba haben. Herr Braumann machte mir Mut: «Sie werden mir heute abend erzählen, was Ihnen besonders lebhaft in Erinnerung geblieben ist, und ich bringe Ihnen morgen vormittag den

Text. Sie können ihn noch korrigieren, bevor wir ihn bei der Redaktion abgeben.» Bis nach Mitternacht saßen wir beisammen. Ich weiß nicht mehr, ob er sich Aufzeichnungen machte oder ob ich in ein Tonband sprach. Ich erinnere mich, daß wir einen guten Kontakt hatten. Er war schon einige Male in Afrika gewesen.

Was ich am nächsten Vormittag erlebte, machte mich unglücklich. Nach dem Frühstück war ich noch ganz «happy» gewesen, weil die stern-Redaktion mir nicht nur einen wunderschönen Blumenstrauß, sondern auch einen Scheck von 25 000 DM schickte. Ich jubelte. Endlich, dachte ich, habe ich auch einmal Glück. Als ich aber dann den Text las, den mir Herr Braumann überbrachte, bekam ich Angst. Er widerstrebte mir so stark, daß ich dazu nie meine Zustimmung geben konnte. Er war nicht schlecht, im Gegenteil, er war journalistisch glänzend geschrieben, aber was da stand, war zu sensationell und meinen Empfindungen diametral entgegengesetzt.

Es war keine Zeit mehr, den Text noch umzuschreiben, somit stand für mich fest, den Scheck, so schwer es mir auch fiel, zurückzugeben und die Serie stoppen zu lassen.

In größter Erregung versuchte ich an Henri Nannen heranzukommen – er saß in einer Konferenz. Da übergab ich seiner Sekretärin mit ein paar Zeilen den Scheck. Noch bevor ich das Haus verließ, kam mir Nannen nachgelaufen: «Was ist los», sagte er halb lachend, halb ärgerlich, «sind Sie von Sinnen? Sie können doch nicht die ganze Redaktion durcheinanderbringen. Die Fotos sind doch schon gedruckt.» Ich kam mir wie ein gejagter Hase vor, die Nerven versagten. Ich fing an zu schluchzen. Nannen, den ich seit fünfzehn Jahren nicht mehr gesehen hatte, versuchte mich zu besänftigen. «Die Texte, die Sie stören, können Sie doch ändern, das ist doch kein Grund, daß die Serie nicht erscheint.» Er brachte mich in das Büro seiner Sekretärin, wo ich ihr die Korrekturen direkt in die Maschine diktieren sollte.

«Hauptsache», sagte Nannen im Weggehen, «daß Sie in zwei Stunden fertig sind – das ist der späteste Termin für den Druck.» Dann drückte er mir den Scheck in die Hand und verabschiedete sich.

Dieser in einer Zeitschriften-Redaktion nicht gerade alltägliche Vorgang spielte sich am 3. Dezember 1969 ab. Schon in der nächsten Woche hielt ich das «stern»-Heft in Händen. Ich konnte mich von der Titelseite nicht losreißen, sie war wunderbar. Die von Gillhausen gestaltete Bildreportage war so ungewöhnlich, daß es nicht übertrieben ist zu sagen, der «stern» hat den Nuba ein Denkmal gesetzt.

Ein Irrtum in Speers «Erinnerungen»

In dieser Zeit erhielt ich von Albert Speer sein erstes Buch, «Erinnerungen», dessen Manuskript im Spandauer Gefängnis entstanden war. Zwanzig Jahre hatte er dort verbracht. Er war der einzige Angeklagte in Nürnberg gewesen, der sich «schuldig» bekannte, was Historiker, Freunde und Feinde zu unzähligen Kommentaren veranlaßt hatte. Bücher wurden über ihn geschrieben, Filme gemacht, die Urteile über ihn waren extrem. Viele seiner Freunde verstanden ihn nicht, ihr Urteil war hart. Sie glaubten, seine innere Wandlung sei aus Berechnung erfolgt, er sei ein «Verräter». Andere wiederum, besonders einige der Verfolgten, bemühten sich, ihm zu verzeihen. Ich glaube, daß Speer diese Verzeihung suchte, daß er direkt süchtig nach ihr war. Er litt, und das glaube ich, Höllenqualen, und er ging nicht den leichteren Weg, den der Verdrängung. Er suchte die Konfrontation.

Solange Hitler noch lebte, war er ihm total verfallen. Wie hätte er sonst, nachdem Hitler ihn zum Tode verurteilt hatte, kurz vor Kriegsende noch einmal zu ihm zurückkehren können, um sich vor seinem möglicherweise eigenen Tod von ihm zu verabschieden und dabei noch die Kraft zu haben, Hitlers Befehl der «Verbrannten Erde» zu verweigern. Wo gab es im «Dritten Reich» einen zweiten Mann, der einen solchen Mut bewiesen hat? Speer hatte mir sein Buch mit einem kurzen Brief geschickt.

im September 1969

Liebe Leni,

hier das lang erwartete Buch, das ich Dir nur zögernd übersende, da ich befürchte, daß es Deine Meinung von mir etwas verschieben wird. Ich hoffe, nicht zu sehr nach der ungünstigen Seite. Ich nehme an, daß Du verstehen wirst, wie sehr es mich drängte, den nachfolgenden Generationen einen Standpunkt zu übermitteln, der ihnen helfen kann, ähnlichen Schwierigkeiten zu entgehen. Obwohl ich meine Zweifel an der Belehrsamkeit der Menschen habe. Aber man sollte – jeder an seinem Platz – dazu beitragen...

Dein Albert

Diese Zeilen beeindruckten mich sehr, und ich war auf die Lektüre außerordentlich gespannt. Was würde sein Buch enthalten? Eine Antwort auf unsere Tragödie? Als ich zu lesen begann, konnte ich nicht mehr aufhören. Es erschütterte mich. Ich gehöre zu denen, die an Speers innere Wandlung glauben. Allerdings hätte ich mir gewünscht, daß er mehr darüber geschrieben hätte, was ihn an Hitler so faszinierte, denn diese Frage wird auch mir immer wieder gestellt. Speer war fast täglich mit Hitler beisammen, ich habe ihn nur in wenigen Ausnahmesituationen erlebt. Diese Frage hat Speer meines Erachtens nicht genügend beantwortet.

Als mich Speer anrief und nach eventuellen Korrekturen fragte, gab ich ihm einige Irrtümer an. Am gravierendsten war, was er über Rudolf Heß geschrieben hatte. Ich war ziemlich verwundert. Von dem, was dazu auf Seite 75 seiner «Erinnerungen» steht, stimmt nicht eine Zeile:

«Ich erinnere mich übrigens, daß die Filmaufnahmen von einer der feierlichen Tagungen des Parteikongresses 1935 verdorben waren. Hitler ordnete auf Leni Riefenstahls Vorschlag hin an, daß die Szenen im Atelier zu wiederholen seien. In einer der großen Filmhallen in Berlin-Johannistal wurde von mir als Kulisse ein Ausschnitt des Kongreßsaales sowie das Podium und das Rednerpult aufgebaut, Scheinwerfer darauf gerichtet, der Filmstab lief geschäftig herum – und im Hintergrund sah man Streicher, Rosenberg und Frank mit ihren Manuskripten auf und ab gehen, eifrig ihre Rollen memorierend. Heß kam an und wurde als erster zur Aufnahme gebeten. Genau wie vor den 30000 Zuhörern des Parteikongresses erhob er feierlich die Hand. Mit dem ihm eigenen Pathos aufrichtiger Erregung begann er sich genau dorthin zu wenden, wo Hitler nun eben nicht saß und rief in strammer Haltung ‹Mein Führer, ich begrüße Sie im Namen des Parteikongresses. Der Kongreß nimmt seinen Fortgang. Es spricht der Führer!› Er wirkte dabei so überzeugend im Ausdruck, daß ich von diesem Zeitpunkt an nicht mehr ganz von der Echtheit seiner Gefühle überzeugt war. Auch die drei anderen spielten ihren Part wirklichkeitstreu in die Leere der Filmhalle und erwiesen sich als begabte Darsteller. Ich war reichlich irritiert. Frau Riefenstahl dagegen fand die gestellten Aufnahmen besser als die der originalen Darbietung...

Aber immerhin war ich bis dahin von der Echtheit der Gefühle überzeugt, mit denen die Redner die Begeisterung der Massen hervorriefen. Um so überraschender wirkte an diesem Tag im Johannistaler Filmtheater auf mich, daß diese ganze Bezauberungskunst auch ohne Publikum ‹echt› dargestellt werden konnte.»

Dies war eine Vision Speers, die mit der Wirklichkeit nichts zu tun hat. Sicherlich hat er dies nicht aus böser Absicht geschrieben, in den zwanzig Jahren seiner Haft hat er naturgemäß einiges durcheinandergebracht. Als ich ihn aufklärte und ihm beweisen konnte, wie die Vorgänge tatsächlich verlaufen waren, tat es ihm leid, und er versprach, diese Irrtümer bei Neuauflagen zu korrigieren.

Wie aber können solche Irrtümer entstehen, die sogar einem Wahrheitsfanatiker, wie Speer es ist, unterlaufen sind? Die Szene, die er beschreibt, hat sich so abgespielt: Es ist richtig, daß Speer in einer Filmhalle das Rednerpult des Kongreßsaales aufbaute, in der eine Nachaufnahme von Julius Streicher, nicht aber von Rudolf Heß

gefilmt wurde. Bei Streichers Rede in Nürnberg war dem Kameramann der Film ausgegangen, und da Streicher als Gauleiter von
Franken einmal erscheinen sollte, mußte ein Satz in einer Länge von
wenigen Sekunden nachträglich aufgenommen werden. Bei dieser
kurzen Szene war außer Speer, dem Gauleiter und dem technischen
Stab niemand weiter anwesend, weder Heß, Frank, Rosenberg und
auch ich nicht, von Rudolf Heß wurde nie nachträglich eine Aufnahme
gemacht. Ich kenne den Grund von Speers Irrtum: Einen Tag vor der
Eröffnung des Parteitags verlangte Heß in der Kongreßhalle eine
Lichtprobe am Rednerpult. Er stellte sich auf das Pult, um zusammen
mit dem Kameramann Sepp Allgeier zu überprüfen, ob das Scheinwerferlicht für Hitler, der am nächsten Tag von hier aus eine lange Rede
halten würde, erträglich wäre. Damals entwickelten die Scheinwerfer
noch eine große Hitze. Bei dieser Lichtprobe, bei der auch Speer und
ich dabei waren, hat Heß keine Rede gehalten. Die Fotos, die hier von
uns gemacht wurden, haben Speer vom wahren Sachverhalt überzeugt. Es stimmt auch nicht, Hitler habe auf meinen Vorschlag angeordnet, ungenügende Filmszenen im Atelier zu wiederholen. Ich kann
nur hoffen, daß Speer nicht Irrtümer von größerer Bedeutung unterlaufen sind.

Mit Speer in den Dolomiten

Eine Einladung nach Südtirol nahm ich gern an. Vor der Abreise nach
Wolkenstein bat mich Will Tremper für seine neue Zeitschrift «Jasmin» um einige Fotos von Albert Speer, der dort, was ich nicht wußte,
seinen Urlaub verbringen wollte. Kein Problem. Ich freute mich,
Albert Speer in Wolkenstein zu treffen.

Bei unserer Begrüßung war ich über seine gute Verfassung überrascht. Von seiner langen Gefängniszeit war ihm nichts mehr anzumerken. Täglich machte er stundenlange Spaziergänge, während Margarete, seine sportliche Frau, lieber über Steilhänge abfuhr. Als Speer
von meiner Arbeit an einem Fotoband meiner afrikanischen Reisen
erfuhr, bot er mir seine Hilfe an. Zuerst las er das Manuskript, das ihm
im Grunde sehr gefiel, er hielt es nur zu lang für ein solches Buch. Fast
täglich arbeiteten wir gemeinsam an einem kürzeren Text. Oft machten wir in der verschneiten Waldlandschaft Spaziergänge, auf denen
ich ihm Fragen zur Vergangenheit stellte, was ich früher nie gewagt
hätte. Ich staunte über seine Ruhe und Gelöstheit, mit der er über den
Dingen zu stehen schien. Wie immer man zu Speer stehen mag, ich
zweifelte nicht, daß er eine ungewöhnlich starke Persönlichkeit war.

Die Nuba schlugen auch ihn in Bann. Er machte mir Skizzen für den Buchtitel. Seine Vorschläge lauteten: «Meine größte Liebe» oder «Wie von einem anderen Stern». Als Motto schlug er mir einen Satz aus dem Tagebuch von Christoph Kolumbus, vom 25. Dezember 1492, vor:

«Sie gehen umher, wie Gott sie geschaffen hat, Männer sowohl als Frauen und bemalen ihre schön geformten Körper. Obwohl sie (die Indianer) keine Christen sind, darf man von ihnen sagen, daß sie ihre Nächsten wirklich lieben.»

«Es ist ein wunderbarer Stoff», sagte Speer, «es macht mir großen Spaß, mich damit zu beschäftigen.»

Speer wohnte im «Malleier», ich im Sporthotel «Gran Baita». Dort machte ich von ihm das bekannte Foto mit dem roten Wollschal, und «Die Zeit» erwarb es als Titelbild für eine Serie über Speer. Mit diesem Foto hatte es eine besondere Bewandtnis: Ich hatte mir 1932, ein Jahr, bevor Hitler an die Macht kam, ein kleines Schwarzweißfoto von Speer aus einer Zeitung ausgeschnitten. Sein Gesicht war mir aufgefallen, und ich sammelte für mein Filmarchiv alles, was mich ansprach. Als ich Speer später kennenlernte und ihm diesen Ausschnitt zeigte, schenkte er mir in einem schweren Silberrahmen eine Vergrößerung dieses Fotos, das sich durch seinen Ausdruck und eine rembrandtartige Beleuchtung von anderen Porträts dieses Stils unterschied. Dieses Foto fiel mir ein, als ich nun die von «Jasmin» gewünschten Nahaufnahmen machte. Ich versuchte, das Gesicht in ähnlichem Licht zu fotografieren. Das Resultat war verblüffend. Obgleich seit dem ersten Foto 39 Jahre vergangen waren, sind sich die beiden Aufnahmen unglaublich ähnlich. Der junge und der alte Speer haben den gleichen Ausdruck.

Nach fünf Wochen gemeinsamer Arbeit hatten wir die 247 Manuskriptseiten auf 88 Seiten reduziert. Speer hatte eine architektonische Meisterleistung vollbracht und ich von ihm viel gelernt.

Vor meiner Abreise nach München hatte ich ein besonderes Erlebnis: Zum ersten Mal flog ich mit einem Hubschrauber und außerdem auf den Gipfel des höchsten Berges der Dolomiten, der Marmolata. Das hatte ich dem Industriellen Ernst Sachs zu verdanken, der seinen Winterurlaub in Wolkenstein verbrachte und auch im «Gran Baita» wohnte. Es war ein unbeschreibliches Vergnügen, als wir vom Gipfel der Marmolata in unzähligen Schwüngen über herrlichem Schnee ins Tal hinunterbrausten, wo der Hubschrauber auf uns wartete – einfach toll.

Ein nicht weniger eindrucksvolles Erlebnis war der Flug über die tief verschneiten Dolomiten nach Meran, wo Sachs den Südtiroler Sebastian Andersag besuchte, den Architekten der schönsten Hotels in den

Dolomiten. Die Sonne war schon im Untergehen, als der Hubschrauber sich wieder in die Höhe hob. In weichen graublauen Pastelltönen sah ich während des Rückflugs unter uns das Tal. Nur die Spitzen der Dolomiten waren noch glutrot vom letzten Sonnenlicht. Als wir uns Wolkenstein näherten, brannten schon die Lichter in den Häusern, und am Himmel wurden Mondsichel und Sterne sichtbar.

Sorge um meine Buchrechte

Nachdem ich mein Manuskript beim Bechtle-Verlag abgeliefert hatte, wartete ich ungeduldig auf eine Entscheidung. Noch länger wollte ich mich nicht hinhalten lassen, aber der Verlag hüllte sich in Schweigen. Nach einem Monat vergeblichen Wartens wollte ich meine Rechte zurückhaben. Es kam zu sehr unerfreulichen Verhandlungen, in denen meine berechtigten Ansprüche vom Verlag nicht nur ignoriert, sondern mir unzumutbare Forderungen gestellt wurden. Da ich um jeden Preis einen Prozeß, der sich über Jahre hinziehen könnte, vermeiden wollte, ging ich auf die Bedingungen des Verlags ein, das Garantiehonorar, das ich bei Vertragsschluß erhalten hatte, zurückzuzahlen. Allerdings hatte ich das Geld nicht und wußte auch nicht, woher ich es nehmen sollte.

Mir schwirrte der Kopf. Zur gleichen Zeit lief der unglückselige Prozeß meiner Gläubiger gegen Geyer, der mich zwang, für Dr. Deuchler, unseren Hamburger Anwalt, lange Schriftsätze auszuarbeiten.

Mein Verleger dankte mir meine Großzügigkeit nicht. Meine Zusage der Rückerstattung des Vorschusses erschwerte er durch eine plötzlich erhobene vierwöchige Fristsetzung und drohte mir im Fall der Nichteinhaltung derselben mit Schadensersatzansprüchen. Um mein Bildmaterial zu retten, mußte ich versuchen, die Summe aufzutreiben. Da schien es einen Lichtblick zu geben. Als mich John Toland, ein amerikanischer Historiker, besuchte und die Nuba-Bilder sah, war er von ihnen hingerissen und konnte nicht verstehen, daß der deutsche Verlag keinen Co-Partner in den USA finden sollte. Er glaubte, seinen Verleger Doubleday für den Bildband interessieren zu können. Als er mich bat, ihm meine Nuba-Bilder mitzugeben, überließ ich ihm trotz meiner Skepsis einen Teil der besten Aufnahmen.

Alles schien auch gut zu verlaufen. Aus Paris kam die europäische Repräsentantin des großen New Yorker Verlags zu mir, sah sich die Fotos an und war ebenfalls von ihnen beeindruckt. Nach zwei Wochen schien der Vertragsabschluß gesichert. Doubleday hatte mir schon den geplanten Verkaufspreis und die Höhe der Auflage mitgeteilt. 10 000 Exemplare waren fürs erste vorgesehen. Dann aber kam – wie sollte es anders sein – die Absage. Mit Bedauern teilte man mir mit, jüdische Schriftsteller hätten beim Verlag gegen diesen Bildband protestiert.

Das Ultimatum, das der deutsche Verlag gestellt hatte, war abgelaufen. Nach zähen Verhandlungen gelang es Dr. Weber, eine Fristverlängerung zu erreichen, die der Verlag unter abenteuerlichen Bedingungen einzuräumen geneigt war.

Die Nuba-Bilder im «stern» und «Sunday Times Magazine» waren nicht nur in Deutschland und den USA beachtet worden. Es meldeten sich neue Interessenten aus Frankreich und England. Während eines Aufenthalts in London erklärten sich gleich zwei Verleger sofort zu einem Vertrag bereit mit einem Vorschuß, der es mir erlaubte, den deutschen Verleger auszuzahlen. Zu spät erfuhr ich von meinem Anwalt, daß ich diesen Betrag nie hätte zurückzahlen müssen.

Die englischen Verleger waren Peter Owens und Tom Stacey. So sympathisch mir eine Zusammenarbeit mit Peter Owens, einem jungen Verleger mit hohen Ansprüchen an sein Programm, erschien, entschied ich mich für Tom Stacey, der Afrika gut kannte. Er hatte eine aus zwanzig Bänden bestehende Reihe der Naturvölker aus allen Erdteilen herausgebracht und war selbst längere Zeit als Journalist in Afrika tätig gewesen.

Eine Odyssee des Nuba-Buchs begann.

Tom Stacey

In das japanische Restaurant «Tokyo», nur wenige Minuten vom Piccadilly entfernt, hatten meine Freunde, die Zwillingsbrüder Michi und Yoshi Kondo, die Inhaber des Restaurants und meine Partner zu Zeiten der «Kondo-Film», Tom Stacey und mich eingeladen, um den Vertragsabschluß zu feiern.

Tom Stacey wirkte sehr sympathisch. Er war groß und schlank und im besten Alter, sein Temperament war äußerst lebhaft, und er besaß auch Charme. In Afrika hatte er sich vor allem als Anthropologe betätigt, daher sein großes Interesse an den Nuba. Einen besser geeigneten Verleger hätte ich mir nicht wünschen können. Seine zwanzigbändige Enzyklopädie, mit Hunderten von Farbaufnahmen, ist ein anspruchsvolles Werk. Ich hatte jeden Grund, an diesem Abend fröhlich zu sein. Neben dem Vertrag mit Stacey konnte ich an diesem

Tag einen weiteren wichtigen unterzeichnen: BBC erwarb die englischen TV-Rechte meiner beiden Olympiafilme. Sie sollten in der Originalfassung in voller Länge anläßlich der Olympischen Spiele 1972 in München ausgestrahlt werden. Das war für mich nicht nur geschäftlich ein großer Erfolg. In Deutschland waren die Olympiafilme im Fernsehen trotz des aktuellen Anlasses der Spiele in München niemals gezeigt worden. Kein einziger deutscher Sender hatte Interesse bekundet.

Vor meinem Rückflug erhielt ich in London ein drittes Angebot. Das «Sunday Times Magazine» wollte mich für die Olympischen Spiele in München als Fotografin verpflichten. Ein ehrenvolles Angebot, aber eine schwierige Entscheidung. Würde ich mit Siebzig noch eine so anstrengende Arbeit leisten können? Ich bat um Bedenkzeit. Als ich mich schließlich zu einer Zusage durchrang, geschah das aus einem besonderen oder auch ganz einfachen Grund: Zu den Olympischen Spielen, die ich unbedingt miterleben wollte, hatte ich keine Eintrittskarten mehr erhalten, da ich, als sie verkauft wurden, in Afrika war. Nur noch Stehplätze waren zu haben und Karten auf dem Schwarzen Markt. Von den zuständigen deutschen Sportorganisationen, an die ich mich gewandt hatte, bekam ich nur Absagen. Auch mein Brief an Willi Daume, den Präsidenten des Deutschen Olympischen Organisations-Komitees, führte zu nichts. Er verfüge leider nicht über Eintritts-Kontingente, wolle sich aber um Karten für einige spezielle Wettkämpfe bemühen. Zur Stunde war ich noch kartenlos und entschloß mich deshalb für das Angebot der «Sunday Times», das mir den Zutritt zum Stadion eröffnete. Es war mir klar, daß dies ein ziemlich aufregendes Abenteuer werden würde.

Doktor Berry

Bevor ich mich in den Trubel stürzte, der mich in diesem Jahr der Olympischen Spiele erwartete, machte ich noch einen kurzen Skiurlaub im Engadin. Dabei wollte ich das Versprechen einlösen, das ich Dr. Berry, dem berühmten Arzt in St. Moritz, gegeben hatte: Ich sollte ihm und seinen Gästen die Nuba-Dias zeigen.

Als ich ihn vor Jahren das erste Mal in seiner Praxis aufgesucht hatte, erlebte ich eine Überraschung. Vor mir stand ein großer älterer Herr, schaute mich intensiv an und schloß mich dann in seine Arme. «Leni», sagte er, «Leni Riefenstahl – auf diesen Augenblick habe ich fünfzig Jahre gewartet. Es war Mitte der zwanziger Jahre, als ich Sie hier im Engadin zum ersten Mal sah und mich Hals über Kopf in Sie verliebte. Ich glaube, es war Ihr erster Film ‹Der heilige Berg›. Sie trugen einen weißen Pelz. Ich war damals Gymnasiast und einer Ihrer glühendsten Verehrer. Täglich warteten wir Jungen vor dem Palace-Hotel, um einen Blick von Ihnen zu erhaschen. Sie anzusprechen, wagten wir damals nicht.»

Seit dieser Begegnung hat er mich jahrelang ärztlich betreut. Er war ein wunderbarer Arzt, der sich nicht damit begnügte, Rezepte auszuschreiben, sondern seine kostbare Zeit nahm, um seine Patienten gründlich zu untersuchen. Er gab sich nicht mit der Diagnose zufrieden, sondern bemühte sich, der Ursache einer Krankheit auf den Grund zu gehen. Seine Patienten mußten dann oft stundenlang warten, da er sich mit jedem Kranken, ob reich oder unbemittelt, lange unterhielt, um sich in dessen Psyche zu versetzen.

Trotz seines berühmten Namens – Aga Khan und andere «Prominente» waren in St. Moritz seine Patienten – machte er täglich bis spät in die Nacht hinein Hausbesuche, auch bei armen Leuten, die er kostenlos behandelte. Er war nicht nur ein begnadeter Arzt und ein großer Mensch, sein besonderes Interesse galt der Kunst. Malen war sein Hobby, Stilleben, Landschaften und Porträts seine Motive.

Als ich mit meinem inzwischen uralten Opel den steilen Weg zu seinem Haus, Ende der Skiabfahrt von der Corviglia, hinauffuhr, war ich durch die vielen Leute, die ins Haus hineingingen, irritiert und wurde noch bestürzter, als ich mit meinem Projektor und dem Bildkoffer in die Garderobe kam. Die Damen in Abendkleidern, die Herren im Smoking. Die bildhübsche Frau Berry stellte mich ihnen vor. Ich war völlig verwirrt und kam mir in Skihose und Sportbluse wie Aschenbrödel vor.

Zu den Gästen zählte auch Hildegard Knef mit ihrem damaligen Mann David Cameron. In ihrem schwarzen langen Kleid sah sie bezaubernd aus. Ich hatte sie noch nicht kennengelernt. Außer ihr fiel mir noch eine andere Frau auf, die kostbaren Schmuck trug und mit «Mannie» angesprochen wurde, es war die Fürstin zu Sayn-Wittgenstein.

Während des Essens an der festlich mit Blumen und Kerzen geschmückten Tafel hielt der Hausherr eine kleine Ansprache, in der er von seiner Jugendschwärmerei erzählte und mit einem Toast auf mich schloß. Ich fühlte mich in dieser ungewohnten Atmosphäre ziemlich deplaziert und hoffte, der Vortrag würde entfallen. Ich konnte mir schwer vorstellen, daß Leute dieser Gesellschaftsklasse sich für die Nuba interessieren könnten. Als die Uhr schon Mitternacht zeigte, wollte ich heimlich verschwinden, hatte aber nicht mit dem Hausherrn gerechnet. Nach einem Mokka führte er seine Gäste in den Salon, der für die Projektion meiner Aufnahmen hergerichtet worden war.

Was ich mir nicht hatte vorstellen können, trat ein. Sehr schnell wurde es ruhiger und dann ganz still. Bald wußte ich, daß auch diese verwöhnte Gesellschaft sich der Wirkung der Bilder nicht entziehen konnte – auch sie wurde von ihnen in ihren Bann geschlagen. Beim Abschied flüsterte mir die Knef zu: «Wunderbar – kann es so etwas überhaupt noch geben?»

Am nächsten Tag war mein Zimmer ein Meer von Blumen.

Turbulente Wochen

Ich war noch nicht einen Tag in München, da erschien Tom Staceys Art Director Alex Low, um mit mir die Bilder für unser Buch auszuwählen. Diese Arbeit machte schon deshalb Freude, weil dieser Engländer ein hervorragender Fotograf war. So herrschte auch bei der Auswahl der Fotos vollste Übereinstimmung.

Andere Arbeiten kamen auf mich zu. Fast zu gleicher Zeit mußte ich Bild- und Textmaterial für zwei Film-Magazine heraussuchen, die ausführlich über meine Tätigkeit berichten wollten, in den USA der Filmhistoriker Gordon Hitchens, in Deutschland der in München lebende Drehbuchautor Hermann Weigel. Bevor ich im letzten Jahr nach Afrika flog, hatte mich Hitchens viele Stunden interviewt. Das war nicht ganz einfach gewesen. Ich mußte zäh mit ihm ringen, um ihn von der Wahrheit meiner Aussagen überzeugen zu können. Er war, wie viele, voller Vorurteile, bemühte sich aber um Objektivität. Bei dem Ansehen, welches das Magazin «Film Culture» in den USA genießt, habe ich nicht nur seine Fragen ausführlich beantwortet, sondern ihm auch Einblick in wichtige Dokumente gegeben. Als wir uns verabschiedeten, sagte er: «Sie könnten auch wieder in Amerika arbeiten, wenn», er machte eine Pause, «wenn Sie den Mut hätten, Ihre Schuld während der Nazizeit zuzugeben.»

Bestürzt über diese Worte, fielen mir die zahllosen Verhöre während meiner Gefangenschaft ein, in denen mir für meine Zukunft alles versprochen worden war, wenn ich mich zu falschen Geständnissen hätte entschließen können. Gordon Hitchens mußte gespürt haben, wie deplaziert seine Bemerkung war, denn sein Bericht war fair und informativ, ein über 100 Seiten gehender Artikel mit vielen Fotos und einer vollständigen Filmografie. Ähnlich war auch die Arbeit des jungen Deutschen. Sie erschien in einem mir gewidmeten Sonderheft

der von Hermann Lindner herausgegebenen Zeitschrift «Filmkritik».
Darin wurde sachlich über meine Filmtätigkeit referiert.

Was kommen mußte, kam. Diese neue Chance und die häufiger
erscheinenden Presseberichte zu meinen Gunsten riefen meine Gegner
wieder auf den Plan. Manchmal kam ich mir wie eine ohne Netz
arbeitende Drahtseilartistin vor. So erging es mir mit der Einladung in
den «UFA-Palast am Zoo», wo mein Olympiafilm gezeigt werden
sollte. Ich ahnte nicht, daß das zu wilden Protesten führen würde, denn
schon vor beinahe 15 Jahren war er mit großem Erfolg und uneinge-
schränktem Lob der Berliner Presse im «Titania-Palast» gelaufen. Was
ich dieses Mal in Berlin erleben sollte, war nicht voraussehbar. Damit
hatte auch Wenzel Lüdecke, Chef der «Berliner Synchron-Film», nicht
gerechnet, der mit einem Verleiher aus Anlaß der Olympischen Spiele
in München den Film in Berlin herausbringen wollte.

Obgleich das Kino fast ausverkauft war, kam es gar nicht zu einer
Vorführung. Eine einflußreiche Gruppe in Berlin hatte massiv gegen
die Vorführung des Films protestiert. Durch Presse, Fernsehen, Rund-
funk und in Telegrammen an den Regierenden Bürgermeister Klaus
Schütz forderten sie ein Verbot der Aufführung. Die Begründung: Der
Film sei ein nationalsozialistisches Machwerk, seine Vorführung eine
Beleidigung für die Verfolgten des Nazi-Regimes. Auch der Senator für
Wissenschaft und Kunst wurde unter Druck gesetzt. Er sah zwar keine
Möglichkeit, die Aufführung zu verbieten, da der Film 1958 von der
Freiwilligen Selbstkontrolle auch für Jugendliche freigegeben und
seitdem in verschiedenen Städten ohne Störungen gezeigt worden war,
aber in Berlin konnte die Vorführung nicht mehr stattfinden. Der
Leiter des UFA-Palasts war durch anonyme Anrufe gezwungen worden, den Film abzusetzen, andernfalls das Theater in Brand gesteckt
werden würde. Ähnliche anonyme Drohungen erhielt auch ich. Wenn
ich auch Morddrohungen nicht unbedingt ernst nahm, so verließ ich
doch bestürzt und bitter enttäuscht Berlin, die Stadt der Olympischen
Spiele. Es traf mich tief, daß ich dies in meiner Heimatstadt erleben
mußte. Dagegen wurde die Sendung der BBC ein sensationeller Erfolg.
Stephan Hearst, einer ihrer leitenden Männer, schloß seinen begeisterten Brief mit dem Satz: «Der Olympiafilm wird ein Meilenstein in der
Geschichte des Films bleiben.» Norman Swallow, Executive-Producer
der BBC, schrieb: «Was ist die Schuld von Leni Riefenstahl? Daß Hitler
sie bewundert hat.»

Der Trubel, in den ich vor Beginn der Spiele in München geriet, ließ
mich kaum noch zur Besinnung kommen. Genaugenommen hätte ich
mich nur noch mit den neuen Kameras beschäftigen müssen, um
meiner Aufgabe gerecht zu werden. Leitz hatte mir seine neuesten

Leicaflex-Kameras zur Verfügung gestellt, aber jeder Tag brachte andere Verpflichtungen. Am bemerkenswertesten hielt ich das Angebot eines 60-Minuten-Films über mich, den das Britische Fernsehen beabsichtigte, mit Norman Swallow als Produzent und Colin Nears als Regisseur. Die Arbeit mit ihnen war eine Freude. Wir durchstöberten mein Archiv und saßen stundenlang im Schneideraum, um Szenen aus alten Filmen auszuwählen. Ausruhen konnte ich mich nach dieser Arbeit nicht. Inzwischen wartete Professor von Hanwehr, der mit seinen Studenten aus Los Angeles gekommen war. Sie wollten mit mir reden und meine Filme sehen. Diese jungen Leute waren so sympathisch und so begeisterungsfähig, daß ich gern mit ihnen beisammen war. Daneben sollte ich mich für Rolf Hädrich freimachen, der für seine Verfilmung von Thomas Wolfes Roman «Es führt kein Weg zurück» Aufnahmen aus meinen Olympiafilmen auswählen und mich außerdem für die Mitwirkung an seinem Film gewinnen wollte. So sehr ich Hädrich als Regisseur schätze und so sympathisch er mir als Mensch ist, zögerte ich doch sehr, zu Aufnahmen nach Berlin zu gehen. Ich wollte mich nicht noch einmal Diffamierungen und Drohungen, wie ich sie vor ein paar Wochen erlebt hatte, aussetzen. Auch Will Tremper, der mich mit Hädrich zusammengebracht hatte, versuchte, mich umzustimmen. Als ich erfuhr, Joachim Fest und Albert Speer wirkten ebenfalls mit, sagte ich schließlich zu.

Der Film, den Hädrich für den NDR machte, spielt während der Olympiade 1936 in Berlin. Es ist die Geschichte eines jungen Amerikaners, des Schriftstellers Thomas Wolfe, der, von Deutschland begeistert, während der Olympischen Spiele in Berlin in eine Liebesbeziehung zu einer Deutschen gerät, ohne etwas von den menschlichen Tragödien zu ahnen, die sich im Dunkeln vollziehen. Als er dann auf seiner Rückreise mit eigenen Augen erlebt, wie ein jüdischer Geschäftsmann im Zug verhaftet wird, stürzt für ihn eine Welt ein. Hädrich wollte in seinem Film einige Zeitgenossen zu Wort kommen lassen, so außer Speer auch H. M. Ledig-Rowohlt, den Verleger und Freund Thomas Wolfes. Die Aufnahmen in Berlin verliefen ohne Störung.

In London wollte mich dringend mein englischer Verleger sprechen. Am Tag meiner Ankunft konnte ich zufällig den BBC-Film sehen, der in München mit mir gemacht wurde. Ich hatte eine Scheu davor gehabt, denn so sympathisch mir die Engländer bei den Aufnahmen waren, so fürchtete ich doch, ihr Film könnte mich enttäuschen. Es war anders. Colin Nears und Norman Swallow hatten einen Film gemacht, in der Gestaltung originell und ohne die üblichen Unwahrheiten. Meine Freunde und ich waren an diesem Abend sehr glücklich.

Am nächsten Tag war ich im Verlag, wo Alex Low schon alles für die Layout-Arbeiten vorbereitet hatte. Die Atmosphäre bei Tom Stacey war sehr angenehm. Hier konnte ich zum ersten Mal sehen, wie man ein Layout für einen Bildband macht, eine faszinierende Arbeit. Am Layout konnte man erkennen, daß da ein besonderes Buch im Entstehen war, was nicht ausschloß, daß Stacey mit der Veröffentlichung noch Probleme hatte, vor allem finanzieller Natur. Die Co-Partner waren noch nicht gefunden, dennoch war er optimistisch und hoffte auf ein Erscheinen schon in vier Monaten. Für mich war dieser frühe Termin aber eine Belastung, da in wenigen Wochen in München die Olympischen Spiele begannen und ich noch keine freie Stunde gehabt hatte, mich auf meinen Auftrag vorzubereiten. Nun sollte ich in drei Wochen zu mehr als hundert Fotos Texte machen und auf Staceys Wunsch auch noch einen neuen Text mehr wissenschaftlichen Charakters schreiben. Ich war ziemlich verzweifelt. Lehnte ich ab, bestünde die Gefahr, daß jemand, der die Nuba nicht kennt, den Text schreibt. Was dabei herauskommen könnte, hatte ich schon einmal erlebt. Stacey hatte es mit einem Studenten der Anthropologie versucht, der den Sudan sogar kannte. Niemand wäre glücklicher gewesen als ich, wäre dieser Text verwendbar gewesen, aber leider war er nicht einmal zu korrigieren. So blieb mir keine Wahl – jedenfalls durfte an mir das Erscheinen nicht scheitern.

Die Olympischen Spiele in München

Nach drei Wochen konnte ich an Tom Stacey pünktlich die neuen Texte abschicken. Tag und Nacht hatte ich geschrieben und fühlte mich urlaubsreif. Die Olympiade stand vor der Tür, und so war an so was nicht zu denken. Aber Staceys enthusiastisches Telegramm machte mich glücklich. Zum dritten Mal hatte ich die Texte geschrieben.

Nun durfte ich keinen einzigen Tag mehr verlieren, mich mit den neuen Leicaflex-Kameras zu beschäftigen. Vor allem mußte ich mir den Presseausweis besorgen. Michael Rand hatte mir schon in London erzählt, wie schwierig es für das «Sunday Times Magazine» gewesen war, einen Ausweis für einen Fotografen zu erhalten – es wurde ihnen nur ein einziger für ihren Korrespondenten bewilligt. So sah sich die Redaktion gezwungen, den für mich bestimmten Ausweis von ihrer Konkurrenz «The Guardian» zu erbitten.

Als ich mir im Olympischen Organisationskomitee meinen Presseausweis abholen wollte, erhielt ich einen ablehnenden Bescheid. Mir schwante Schlimmes, und ich ließ mich mit dem Leiter des Presse-Zentrums verbinden, aber auch er wußte nichts anderes, als daß ein Ausweis für mich nicht vorliege. Erst da erinnerte ich mich, daß der Ausweis nicht für Leni Riefenstahl, sondern für Helene Jacob beantragt worden war, um möglichst eine Ablehnung durch deutsche Stellen zu vermeiden. Der Name Jacob war kein Pseudonym, wie einige Journalisten annahmen, es war mein Paßname. Ich habe ihn nach meiner Scheidung beibehalten.

Tatsächlich fand sich der Ausweis unter dem Namen Jacob. Die Überraschung war enorm. Scheinheilig wurde ich gefragt, warum ich mich nicht an die deutschen Sportstellen gewandt hätte. Über soviel Heuchelei empört, konterte ich, daß meine Bemühungen mehrere Male abgewiesen worden seien, nicht einmal eine Eintrittskarte hätte ich erhalten. «Und darum», sagte ich, «habe ich das Angebot der ‹Sunday Times› angenommen, ich wollte die Spiele erleben.»

Es sprach sich gleich herum, daß ich für eine englische Zeitung arbeitete. Vor dem Ansturm der Presse konnte ich mich kaum noch retten. Aus New York und Paris rief man mich an, aus Stockholm und Rom, und nun meldete sich plötzlich auch die deutsche Presse. Ich flüchtete aus meiner Wohnung und zog ins «Sheraton». Dieses Interesse wurde noch dadurch verstärkt, daß ich wenige Tage vor Eröffnung der Spiele 70. Geburtstag hatte. An diesem Tag sah ich im Kreise von Freunden Hädrichs Film «Erinnerungen an einen Sommer in Berlin», in dem auch ein Interview zwischen Joachim Fest und mir enthalten ist. Wir saßen gebannt vor dem Bildschirm und vergaßen über diesem starken Film den ganzen Trubel.

Vergebens hatte ich mich beim Deutschen Olympischen Komitee um einen Ausweis für Horst bemüht. Ich brauchte dringend Hilfe bei meinen Arbeiten. Monique Berlioux, Mitarbeiterin von Avery Brundage, verschaffte ihn mir. Kurz vor Beginn der Spiele erhielt ich wieder telefonisch anonyme Drohungen, die mich erst beunruhigten, als mich die Kripo verständigte, es lägen Morddrohungen gegen mich vor. Die Turbulenz dieser Tage und mein Arbeitspensum ließen mir glücklicherweise keine Zeit, mir darüber Gedanken zu machen.

Es war soweit. Am 26. August 1972 begannen die Olympischen Spiele. Die Eröffnungsfeier verlief außergewöhnlich eindrucksvoll. Der Einmarsch der Nationen und die anschließenden Tänze waren ein Farbenrausch und das moderne Münchner Stadion ein bizarrer Rahmen. Was für einen Film hätte man von diesem Schauspiel machen können! Zur Zeit meines Olympiafilms vor 36 Jahren gab es noch kein gutes Farbfilmmaterial, ich konnte nur in schwarz-weiß drehen. Auch die technischen Möglichkeiten der 70er Jahre waren nicht gegeben.

Wir hatten kein lichtempfindliches Material, keine Zoomlinsen, keine Magnetbänder – für unsere Arbeit war das damals alles Neuland.

Dieses Mal produzierte ein Amerikaner gemeinsam mit der «Bavaria» den Olympiafilm, David Wolper, einer der erfolgreichsten Dokumentarfilm-Produzenten der Welt. Er hatte die Idee, den Film von zehn Regisseuren aus verschiedenen Nationen gestalten zu lassen. Jeder sollte seiner Begabung gemäß nur einen Komplex erhalten, wobei Mr. Wolper mir die Eröffnungs- und Schlußfeier zugedacht hatte. «Leider», sagte er bedauernd, «wurde mir von Bonn nahegelegt, auf Ihre Mitarbeit zu verzichten.»

Dieses Verhalten deutscher offizieller Stellen war ja nichts Neues, und in besonders krasser Form trat es während dieser Spiele zutage. Obwohl ich als Inhaberin des Olympischen Diploms nach den Regeln des IOC bis an mein Lebensende bei allen Olympischen Spielen einen Platz auf der Ehrentribüne beanspruchen kann, was ich damals noch nicht wußte, wurde ich von keiner deutschen Stelle zu ihren festlichen Veranstaltungen am Rande der Spiele eingeladen. Um so mehr freute ich mich über eine Einladung der Amerikanischen Botschaft in das Münchner «Amerikahaus». Zum ersten Mal seit 1936 traf ich dort Jesse Owens. Ein ergreifendes Wiedersehen. Owens umarmte und küßte mich. Wir hatten beide feuchte Augen. Einige Gäste fingen zu klatschen an, dann setzte immer stärker werdender Beifall ein, der sich bis zu stürmischem Applaus steigerte. Verwirrt und fast beschämt verließ ich die Veranstaltung.

Von nun an hätte ich mich keinen Augenblick mehr freimachen können. Von sieben Uhr früh ging es täglich bis nach Mitternacht. Die Arbeit war schwierig. Nur wenigen Fotografen war erlaubt, den Innenraum des Stadions zu betreten, aber nur von dort konnte man wirklich exzellente Sport-Aufnahmen machen. Ich mußte mit anderen Fotografen im Graben stehen, der rings um das Stadioninnere lief.

Noch schwieriger waren die Aufnahmen von Disziplinen, die in den Hallen stattfanden, wie Turnen, Basketball, Radfahren, Schwimmen, Fechten etc. Dafür bedurfte es wegen Platzmangels eines Sonderausweises. Meist erhielt ich ihn nicht.

Abends fuhr ich zum Presse-Zentrum, wo die Filme entwickelt werden konnten, und Horst brachte sie sofort zum Flughafen, damit sie am nächsten Vormittag in London wären. Ich wußte nicht, ob die Fotos den Erwartungen der Redaktion entsprachen, und war erleichtert, als Michael Rand mich anrief und mir versicherte, die Aufnahmen gefielen. Was ich außerdem erfuhr, bedrückte mich: Die «Sunday Times» war, weil sie mich als Fotografin engagiert hatte, Angriffen ausgesetzt. In einem Brief an die «Sunday Times», den die Zeitung veröffentlichte, hatte die Britische Sektion des Jüdischen Weltkongresses heftigst gegen meine Arbeit protestiert. Die angegebenen Gründe waren identisch mit denen der Jüdischen Gemeinde in Berlin. Während mich aber in Berlin niemand verteidigte, nahm mich die «Sunday Times» in Schutz. In der in «Sunday Times» ebenfalls veröffentlichten Erwiderung hieß es:

«Wir beauftragten Leni Riefenstahl die Olympischen Spiele 1972 für uns aufzunehmen, da sie, wie ihre eben eingetroffenen Bilder es beweisen, auf diesem Gebiet die beste Fotografin in der Welt ist.
Leni Riefenstahl ist zweimal von deutschen Gerichten überprüft und von Schuld freigesprochen worden. Ihre frühere Verbindung mit der Nazi-Partei ist kein Grund für einen ständigen Boykott ihrer Arbeit, dann könnten die Fernseh- und Filmgesellschaften niemals mehr ihre klassischen Filme von der Olympiade 1936 sehen. Tatsächlich werden sie aber immer wieder gezeigt.
Keine offizielle Beschwerde erfolgte, als wir vor fünf Jahren in der ‹Sunday Times› ihre brillanten Aufnahmen der ‹Nuba› brachten. Wir sympathisieren mit ihren Gefühlen, glauben aber nicht, daß sie eine logische Basis haben.
Der Herausgeber.»

Diese Anerkennung war eine Herausforderung an mich. Ich durfte die Redaktion nicht enttäuschen, aber gute Bilder zu erreichen, war ungeheuer schwierig. Der Kampf der Fotografen um Ausweise und gute Plätze war mörderisch. Oftmals hockte ich stundenlang in einer der Sporthallen auf dem Fußboden, um ein paar besondere Aufnahmen zu bekommen.

Da ereignete sich ein grauenhaftes, unfaßbares Verbrechen. Sechs Tage vor Beendigung der Spiele ermordeten arabische Terroristen im Olympischen Dorf zwei israelische Sportler und hielten neun als Geiseln fest. Die Spiele wurden unterbrochen. Wir waren alle vor Entsetzen gelähmt.

Es folgten Stunden unerträglicher Spannung. Die Terroristen drohten, die Geiseln zu erschießen, wenn ihre Forderung, 200 Häftlinge aus israelischen Gefängnissen zu entlassen, nicht erfüllt werde. Das Ultimatum lief um 12 Uhr ab, es wurde jedoch im Lauf des Tages immer wieder verlängert. Scharfschützen hatten das Haus, in dem sich die Mörder mit ihren Geiseln befanden, umstellt, während Unterhändler mit den Terroristen verhandelten. Ab und zu erschien einer der Geiselnehmer maskiert auf dem Balkon. Die Fotos der Banditen gingen um die Welt.

Stundenlang warteten wir voller Unruhe im Presse-Zentrum auf Nachrichten, bis die Meldung kam, die Terroristen seien mit ihren Geiseln in Hubschraubern zum Flughafen Fürstenfeldbruck gebracht worden. Nach weiteren ungewissen Stunden gab es eine Sensation. Es war spät in der Nacht, als ein Pressesprecher verkündete, die Terroristen konnten überwältigt und alle Geiseln befreit werden. In der vollbesetzten Pressehalle brach Jubel aus. Erleichtert, daß es unter den Geiseln keine weiteren Opfer gegeben hatte, fuhr ich in mein Hotel. Aber wie furchtbar war es, als am nächsten Morgen bekannt wurde, daß es sich um eine Falschmeldung gehandelt hatte. Die Wahrheit war entsetzlich. Bei der dramatischen nächtlichen Befreiungsaktion waren auf dem verdunkelten Flugplatz bei einer Schießerei alle Geiseln ums Leben gekommen.

Trotz dieser Tragödie gingen die Spiele weiter. Im Einvernehmen mit israelischen Stellen faßte das IOC diesen Beschluß. Nach eintägiger Unterbrechung der Spiele fand eine Trauerfeier für die ermordeten Sportler statt. In einer Ansprache begründete Avery Brundage die Entscheidung mit den Worten, man dürfe nicht zulassen, daß eine Handvoll Terroristen den Kern der internationalen Zusammenarbeit zerstöre, der durch die Olympischen Spiele verkörpert sei. Mit leidenschaftlicher Stimme rief er dem Publikum zu: «The Games must go on.»

Nach dieser Tragödie war ich nur noch mit halbem Herzen dabei. Die Beendigung meiner Arbeit war für mich nur mehr eine Art Pflichterfüllung.

Mit einer stimmungsvollen und eindrucksvollen Schlußfeier gingen die Spiele zu Ende. Willi Daume, der Präsident des Deutschen Olympischen Komitees, verurteilte in einer ergreifenden Rede noch einmal das furchtbare Verbrechen, das diese Spiele so überschattet hatte, und beschwor inbrünstig den Glauben an die Olympische Idee.

Mit Spannung erwartete ich meine Bildreportage im «Sunday Times Magazine». Drei Wochen nach Beendigung der Spiele hielt ich die Zeitschrift in Händen. Auf der Titelseite waren zwei Aufnahmen von Hochspringern, die verblüffend ähnlich waren: eine hatte ich 1936 in Berlin gemacht, die andere 36 Jahre später in München. Darüber der Titel: «Leni Riefenstahl's Second Olympics.»

Neben der «Sunday Times» ließen sich zunehmend weniger internationale Zeitschriften und Fernseh-Gesellschaften durch Boykott-Drohungen gegen mich einschüchtern. Die amerikanische Fernsehgesellschaft CBS brachte im Anschluß an die Olympischen Spiele ein Filmporträt von mir. Stephan Chodorov und John Musilli von «Camera Three» waren die Regisseure. In den vier Tagen, in denen wir die Aufnahmen machten, sah meine Wohnung wie ein Filmatelier aus. Die beiden Amerikaner waren mit einem solchen Eifer bei der Arbeit, daß ich davon angesteckt wurde, als sei es mein eigener Film. Sie hatten eine Engelsgeduld und scheuten keine Mühe. Sie fuhren mit mir sogar auf die Zugspitze, weil sie diesen Platz für ein Interview über meine Bergfilme am geeignetsten hielten. Der Film wurde in Amerika in zwei Teilen ausgestrahlt und war so erfolgreich, daß die Sendungen mehrere Male wiederholt wurden.

Anschließend wartete Andrew Mannheim auf mich, ein in London lebender Journalist, der für das amerikanische Magazin «Modern Photography» ein langes Interview mit mir führen sollte. Wir diskutierten drei Tage lang. Von allen Interviews dürfte dieses, so kommt es mir wenigstens vor, das interessanteste sein, weil dieser Journalist mit seinen Fragen auch die gesamte Filmtechnik einbezog. Dieser sehr ausführliche Bericht ist fast fehlerfrei, da der Verfasser mich bat, seinen Text vor Drucklegung zu lesen, um eventuelle Fehler zu eliminieren, eine Seltenheit unter Journalisten.

Nun war ich aber urlaubsreif. Ich sagte alles ab – ich wollte nur fort von hier. Hartwigs, das nette Ehepaar aus Hamburg, das mir einen Landrover geschenkt hatte, luden Horst und mich für eine gemeinsame Reise durch Ostafrika ein. Es sollte ein Badeurlaub und eine Fotosafari werden, die ich gewissermaßen als Reiseleiterin organisieren sollte. Dankbar nahmen wir die Einladung an und kamen nach einer ereignisreichen, harmonisch verlaufenen Safari alle gesund wieder zurück.

Der Geyer-Prozeß

Das neue Jahr brachte neue Rückschläge. Den seit Jahren schwebenden Schadensersatz-Prozeß, den meine Gläubiger gegen Geyer führten, hatten sie auch in zweiter Instanz verloren, weil das Oberlandesgericht Hamburg ihre Berufung wegen Ablauf der Verjährungsfrist zurückgewiesen hat. Ein unbegreifliches Urteil. Das Gutachten, das sich meine Gläubiger vor Einreichung der Klage von einem Spezialisten ausarbeiten ließen, hatte ausdrücklich die Gefahr einer Verjährungsfrist verneint. Die Summe der Fehlleistungen von Geyer war so gravierend, daß die von dieser Firma verschuldete grobe Fahrlässigkeit nicht durch die «Allgemeinen Lieferbedingungen» gedeckt und deshalb auch nicht verjährt sein konnte. Tragisch war, daß dieses Urteil durch ein Gutachten von Kodak, das auf einem Irrtum beruhte, zustande kam.

Die Stimmungsmache, die während des Prozesses von dem Geyer-Anwalt geschickt betrieben wurde, war nicht spurlos an dem Richter vorbeigegangen. Er brachte nicht nur politische Aspekte hinein, die mit dem Fall nichts zu tun hatten, sondern qualifizierte außerdem in zynischer und diskriminierender Weise meine Person und meine Arbeit ab. Den enormen Schaden, den ich durch Geyer erlitten hatte, setzte er mit abfälligen Worten herab, wie etwa, «es handle sich doch nur um einen Film über nackte Nuba».

Ich bat meine Gläubiger, von einer Revision abzusehen. Die hohen Prozeßkosten, für die ich zur Hälfte aufkommen mußte, und die zeitraubende, mühselige Bearbeitung der endlosen Schriftsätze wollte ich mir nicht länger zumuten. Auch wäre bei einer verlängerten Prozeßdauer die verschwundene Rolle, die für ein neues Verfahren wieder als Beweismaterial dienen mußte, bei Geyer nicht mehr zum Vorschein gekommen. Entscheidend aber war, mein Nuba-Film-Material wäre während der Prozeßdauer auf Jahre blockiert gewesen.

Wie der Nuba-Bildband entstand

Es war Tom Stacey inzwischen gelungen, internationale Co-Partner für den Bildband zu finden, in Amerika Harper & Row, in Frankreich Denoël, in Deutschland den List-Verlag, eine ideale Kombination.

Trotzdem gab es Probleme. So hatte Stacey dem deutschen Verleger nicht meine, sondern die ins Englische übersetzten Texte übergeben, welche der deutsche Verleger nun erst wieder ins Deutsche zurückübersetzen lassen mußte. Eine völlig absurde Prozedur. Dem List-Verlag war mein Wohnort nicht bekannt, und als man im Verlag zufällig erfuhr, daß ich nur eine Viertelstunde von ihnen entfernt wohne, waren die Überraschung und der Ärger groß.

Beim Lesen des dem Verlag vorliegenden Manuskripts stellte ich betroffen fest, daß dies überhaupt nicht mein Text war. Er enthielt so zahlreiche sinnentstellende Fehler, daß ich ihn auch von den amerikanischen und französischen Partnern zurückverlangen mußte.

Die Co-Partner hatten sich, was die Herstellung betraf, auf die renommierte Druckerei Mondadori in Verona geeinigt, eine der besten und größten internationalen Druckereien. Keiner, der diesen Bildband betrachtet, wird sich die Mühen vorstellen können, die die Herstellung dieses Buches erforderte. Der Mitarbeit vom List-Verlag und Gerda Hiller, der Repräsentantin von Mondadori in Deutschland, verdanke ich für das Erscheinen und die Qualität dieses Bildbandes sehr viel. Besonders Gerda Hiller zeigte von Anfang an Verständnis für meine Ansprüche und unterstützte sie in Verona. Sie schlug auch vor, ich sollte zur Druckerei fahren, um durch den persönlichen Kontakt mit deren Spezialisten die bestmögliche Farbqualität beim Druck zu erzielen. Die erste Auflage betrug 25 000 Exemplare, davon 10 000 für den amerikanischen «Club of the month».

Die drei Tage, die ich in dem gigantischen Unternehmen von Mondadori mit seinen mehr als 6000 Angestellten verbrachte, erschlossen mir Neuland. Am meisten überraschte mich, daß in einem so großen Betrieb, ausgestattet mit modernsten Maschinen, noch «Handarbeit» geleistet wurde. Erstaunlich empfand ich auch die Begeisterung und Hingabe aller, die für dieses Buch dort tätig waren. Ich habe das später nur noch bei den Japanern in Tokio erlebt.

So vorbildlich die technischen Arbeiten verliefen, so gab es großen Ärger mit Stacey. Er teilte plötzlich mit, daß er die notwendigen Textkorrekturen nicht mehr berücksichtigen könne und bei seinem Text bleiben müsse. Doch damit nicht genug. Dem französischen Partner Denoël war ein großes Mißgeschick passiert: Er hatte auf den Schutzumschlag einen falschen Titel gesetzt: «Les Nubiens», zu deutsch «Die Nubier». Die haben aber nichts mit den Nuba zu tun, weder historisch noch ethnologisch. Die «Nubier» entstammen dem früheren Königreich «Nubien», das sich im Altertum im nördlichen Sudan befand. Da das falsch übersetzte Wort nicht nur als Titel auf dem Buchumschlag stand, sondern auch unzählige Male im Text, mußten alle 7000 schon gedruckten Bildbände der französischen Ausgabe vernichtet werden. Ein unverzeihlicher Fehler des Übersetzers. Der Verlag hatte es leider unterlassen, mir die Druckmuster zu senden.

Das Schlimmste aber war, daß Mondadori die Arbeiten einstellen mußte, weil Stacey nicht mehr zahlen konnte und sich schon in Liquidation befand. Ein Mitarbeiter von ihm teilte mir mit, daß sich seine Firma in einer schweren finanziellen Krise befinden würde. Stacey soll sich beruflich stark übernommen haben. Von den 100 Büchern, die in seinem Verlag in den letzten zwei Jahren erschienen waren, haben viele Verluste gebracht. Die zwanzig Bände umfassende Reihe «People of the World» hatte seine Möglichkeiten überfordert.

Eine vernichtende Nachricht, auch für den List-Verlag, der den Band schon angekündigt und auf der Frankfurter Buchmesse herausbringen wollte. Die Anzahlungen, die Stacey von den Co-Partnern erhalten hatte, waren verloren. Er hatte sie zur Abdeckung seiner Schulden verwendet. Sie waren so hoch, daß sie selbst durch die enorme Summe von 300 000 Englischen Pfund, die Mondadori ihm für die Abtretung seiner Verlagsrechte an den zwanzig Bänden der Enzyklopädie zahlte, nicht getilgt werden konnte. Die Folge davon: Die Amerikaner und Franzosen stellten den Bildband vorläufig um ein

Jahr zurück. Ich war verzweifelt. Nun schien auch dieses Unternehmen gescheitert. Im letzten Augenblick gab es eine Wendung. Der deutsche Verleger wagte es, das Risiko allein zu übernehmen. Es war dem Mut von Robert Schäfer, dem damaligen Leiter des List-Verlags, und seinem Glauben an den Erfolg dieses Werks zu verdanken, daß es trotz der vielen Pannen doch noch fertiggestellt und sogar noch rechtzeitig vor Weihnachten erscheinen konnte. Der sensationelle Erfolg des Buchs, nicht allein in Deutschland, hat Robert Schäfer recht gegeben.

Meine Tauchprüfung

Die Aufregungen dieses Jahres waren nicht spurlos an mir vorübergegangen. Sobald ich mich von meinen Verpflichtungen freimachen konnte, flog ich mit Horst wieder nach Kenia. Mein Ziel war der Indische Ozean. Die geheimnisvolle Unterwasserwelt, die ich zum ersten Mal vor zwei Jahren erlebt hatte, beschäftigte mich seitdem unausgesetzt. Sie lockte wie eine «Fata Morgana».

Wir wohnten im «Turtle Bay Hotel» nördlich von Mombasa, wo es eine deutsche Tauchschule gibt. Hier konnte ich täglich die Übungen, die die jungen Leute im Swimming-pool machten, beobachten. Sie waren nicht viel älter als zwanzig Jahre. Ich zerbrach mir den Kopf, wie ich zu einer Flasche kommen könnte. Das war nicht einfach. Welcher Tauchlehrer würde das Risiko übernehmen, eine «Schülerin» von 71 Jahren in seinem Kurs aufzunehmen? Aber mein Verlangen, mit einer Flasche zu tauchen, war so groß, daß ich mich zu einem Trick entschloß. Ich mogelte bei der Angabe des Geburtsjahres und meldete mich unter Helene Jacob an. Anstatt 1902 schrieb ich in das Antragsformular 1922. Trotz dieser Verjüngung schaute mich der Tauchlehrer skeptisch an. Sicher dachte er, die schafft es nie.

Es war eine Tauchschule des «Poseidon-Nemrod Clubs» aus Hamburg. Wir waren zehn Teilnehmer. Auch Horst hatte sich angemeldet. Ich beobachtete, daß es selbst den jungen Leuten schwerfiel, manche Übungen, besonders das Ab- und Anlegen der Taucherausrüstung in vier Meter Tiefe, auszuführen. Die Prüfung im 300-Meter-Streckenschwimmen mit kompletter Tauchausrüstung fiel mir am schwersten. Die letzte Prüfung war nicht im Swimming-pool, sondern draußen im Meer in zehn Meter Tiefe abzulegen.

Unglücklicherweise war an diesem Tag das Meer sehr bewegt und dunkel, im Gegensatz zu dem glasklaren, ruhigen Wasser im Swimming-pool. Mit einem kleinen, heftig schaukelnden Boot fuhr der

Tauchlehrer mit uns hinaus. Horst, der seine Prüfung schon vor zwei Tagen erfolgreich gemacht hatte, war mitgekommen. Beklommen schaute ich in die dunkle Tiefe, in die ich hineinspringen sollte.

Mein Tauchlehrer sagte: «Sie finden mich unten am Anker.» Dann sprang er, ohne mir weitere Anweisungen zu geben, ins Wasser. Meine Angst unterdrückend, sprang ich ihm nach. Da merkte ich, daß ich meinen Bleigürtel verlor. Ich mußte wieder an die Oberfläche steigen. Horst sprang sofort ins Meer, das hier nur zehn Meter tief war, und holte den Gürtel herauf. Wegen der Dunkelheit konnte ich meinen Tauchlehrer nicht sehen, erkannte aber das Ankerseil, an dem ich langsam hinuntertauchte. Ich spürte eine starke Störmung und war erleichtert, als ich am Meeresgrund die Umrisse des auf mich wartenden Lehrers erkannte. Die Sicht betrug maximal zwei Meter. Der Lehrer ergriff meine Hand, und wir schwammen dicht über dem Sand zu einem Korallenriff, wo die Strömung schwächer war und wir uns an den Korallen festhalten konnten. Hier mußte ich alle im Swimmingpool erlernten Übungen wie Ablegen und Wiederanlegen von Bleigürtel, Flasche, Flossen und Maske wiederholen! Darauf folgte die Wechselatmung und als Abschluß der Notaufstieg, eine der wichtigsten Übungen, die man beherrschen muß, um in gefährlichen Situationen schwere Unfälle zu vermeiden. Ich war erleichtert und froh, als ich wieder ins Boot kletterte. Ich hatte es geschafft.

Am Abend, anläßlich der Verteilung des ersehnten «Certificates», wurde mein wahres Alter bekannt. Nach größtem Erstaunen gab es ein riesiges Hallo, und es wurde ausgiebig gefeiert. Von nun an nahm ich auch an Tauchgängen teil, die am Außenriff in größere Tiefen führten. Welche Erlebnisse! Ein herrliches Gefühl, sich wie ein Fisch bewegen zu können. Völlig verwirrt von der Schönheit der Farben und Formen und dem Leben im Umkreis der Korallen, vergaß ich alles, was mich bedrückte. Das Gefühl der Schwerelosigkeit ist vielleicht der entscheidende Grund, weshalb Taucher, die einmal damit begonnen haben, selten wieder darauf verzichten können. Auch mich packte diese Leidenschaft von Tag zu Tag mehr, und täglich erlebte ich Neues. Zuerst faszinierten mich die Fische in ihrer Vielfalt und Farbenprächtigkeit, dann waren es die Korallen und die winzigen Meeresbewohner, eine Märchenwelt, die ich zu gern in Bildern festgehalten hätte.

Aber erst mußte ich im Tauchen ganz sicher werden.

Nach diesen Taucherlebnissen flogen wir nach Nairobi, wo ich mir außerhalb der Stadt Grundstücke ansehen wollte. Sie waren damals noch recht preiswert, aber alles, was mir zusagte, war unverkäuflich. Mein Traum war ein Garten, der das ganze Jahr blühte, und der für meine Tiere ein Paradies sein sollte.

Im Vorgarten des «Stanley-Hotels» erwarteten wir am Abend Herrn Luedecke, einen Deutschen, der schon seit vielen Jahren in Nairobi lebte und ein gutgehendes Waffengeschäft führte. Die bekanntesten Whitehunter zählten zu seinen Kunden. Ich kannte ihn seit meinem Autounfall in Kenia. Heute wollte ich mir einige Ratschläge von ihm holen. Kaum einer kannte sich hier so gut aus wie er.

Als wir ihn über unsere Pläne informiert hatten, machte er ein nachdenkliches Gesicht. «Sie wollen hier wohnen», sagte er, «das müssen Sie sich aber sehr gut überlegen.»

Überrascht schaute ich ihn an. «Sie waren doch von Kenia immer so begeistert», sagte ich.

«Das Afrika, das Sie suchen», sagte er verbittert, «das gibt es nicht mehr».

«Aber», warf ich ein, «in Gegenden die vom Tourismus noch unberührt sind, und dorthin wollen wir ja, können wir doch das frühere Afrika noch finden.»

Luedecke: «Sie können nicht mehr ungefährdet durch Kenia fahren, überall gibt es Banditen, die die Leute im Busch überfallen, ausrauben und sogar töten. Schauen Sie doch», sagte er, «vor allen Hotels und den meisten Geschäften stehen jetzt bewaffnete Polizisten, und trotzdem nehmen Überfälle und Mord überhand.»

Ich war betroffen. Ich hatte schon davon gehört, aber nicht gewußt, daß es so schlimm war. Die Veränderungen in Afrika hatte ich bei meinem letzten Aufenthalt bei den Nuba erlebt, aber gemordet wurde dort nicht. Die Situation war hier eine ganz andere.

Noch vor wenigen Jahren war ich mutterseelenallein durch Afrika getrampt, hatte im Freien geschlafen und war bis auf ein einziges Abenteuer mit Dinka-Kriegern, das ich aber selbst verschuldet hatte, nie in Gefahr gewesen. Sollte dies alles unwiederbringlich vergangen sein?

«Im Sudan», meinte Luedecke, «mag es noch anders sein, aber hier ist es aus und vorbei. Ich für meinen Teil werde meinen Laden schließen und von Nairobi weggehen. Hier macht mir das Leben keinen Spaß mehr.»

«Da rauben Sie mir meinen schönsten Traum», sagte ich tief enttäuscht.

«Das tut mir weiß Gott leid, aber es ist doch besser, Sie erfahren die Wahrheit.»

Wir hatten die Absicht, nach fünf Jahren meine Nuba-Freunde wieder zu besuchen, und davon konnte mich niemand abhalten. Ich wollte meinen Nuba den Bildband zeigen und war gespannt, wie sie darauf reagieren würden. Wir beabsichtigten, über Khartum zu den Nuba-Bergen zu fahren. Unser Problem war, dort ein Fahrzeug zu bekommen. Geländewagen sind im Sudan für ihre Besitzer fast unentbehrlich. Die Zölle sind zu hoch. Nur wenige Sudanesen können sich ein solches Fahrzeug leisten.

Unsere Geduld, in Khartum ein Geländeauto zu mieten, wurde auf eine harte Probe gestellt. Als wir nach drei Wochen noch immer kein Fahrzeug bekommen konnten, beschlossen wir, uns von einem schwer beladenen Lastwagen, der in die Nuba-Berge fuhr, mitnehmen zu lassen – eine große Strapaze. Als wir die Nuba-Berge erreichten, waren wir fast ohne Pause 36 Stunden unterwegs und von den Wellblechpisten so gerädert, daß alle Glieder schmerzten. Der LKW fuhr nur bis Kadugli, sechzig Kilometer von unseren Nuba entfernt.

Wir hatten Glück. Bei einem arabischen Kaufmann konnten wir einen mittelgroßen, ziemlich klapprigen Fordwagen mieten, mit Mohamed, einem jungen sudanesischen Fahrer.

Als ich die ersten Nuba-Häuser in den Felswänden erblickte, bekam ich Herzklopfen. Wie würden sie uns nach fünfjähriger Abwesenheit empfangen – würden sie noch alle da sein? Natu, Alipo, Tukami und Gumba? Da hörte ich auch schon Kinderstimmen: «Leni basso, Leni basso» – Leni kommt zurück.

Im Vorbeifahren sah ich kleine Mädchen, die uns, im gelben Stroh stehend, zuwinkten. Dann sah ich meinen großen Baum, unter dem ich immer mein Lager aufgeschlagen hatte. Kaum stand der Wagen, kamen sie angelaufen. Mit ihren scharfen Augen hatten sie uns von den Felsen aus entdeckt. Hände streckten sich uns entgegen, und immer wieder hörte ich sie rufen: «Leni basso, Leni basso.»

Ich hatte ja schon bei meinem letzten Besuch gesehen, wie sehr sie sich und ihre Welt verändert hatten, aber der Anblick, der sich uns dieses Mal bot, war viel schlimmer. Waren das «meine» Nuba? Kaum konnte ich Spuren entdecken, wie sie einmal ausgesehen haben. Ich versuchte meine Enttäuschung zu verbergen – sie sollten nicht merken, wie sehr mich ihr Anblick schmerzte. Auch Horst war fassungslos.

Schon nach kurzer Zeit hatten wir nur einen einzigen Wunsch, sobald als möglich wieder abzureisen. Das Schlimmste war, daß wir durch die Nuba, die nach wie vor lieb und zutraulich waren, so stark in Anspruch genommen wurden, daß wir nicht eine Minute mehr zur Ruhe kamen. Wie ein Bienenschwarm waren sie um uns, und bei aller Liebe war das zu anstrengend. Früher äußerten sie nie Wünsche – das hatte sich radikal geändert. Allerdings betraf das nicht unsere alten Freunde, die waren trotz ihrer zerlumpten Kleidungsstücke dieselben geblieben, aber die anderen, die zu Hunderten aus den Nachbarsiedlungen herbeiströmten, um uns zu begrüßen, hatten tausend Wünsche, die wir unmöglich alle je hätten erfüllen können: Medikamente, Wundbehandlungen, Tabak, Perlen, Hemden, Hosen, Batterien, Sonnenbrillen usw. Selbst nachts kamen wir nicht zur Ruhe. Außerdem machte uns eine kaum zu ertragende Hitze schwer zu schaffen. Um Mitternacht waren es noch über 40 Grad, und wo die Sonne hinkam, war es so heiß, daß man kaum etwas berühren konnte. Hinzu kamen so starke Sturmwinde, daß durch die Staubwolken kaum etwas zu sehen war, selbst die Sonne war dann verdunkelt.

Unsere alten Freunde, glücklich über das Wiedersehen, hatten uns in eine noch nicht fertig gebaute Nuba-Burg einquartiert. Es fehlten nur noch die Dächer, die, um uns vor Sonne und Staub zu schützen, in aller Eile notdürftig mit Durastengeln bedeckt wurden. Als erstes zimmerte Horst eine Tür, da wir uns vor dem Ansturm der Nuba nicht mehr wehren konnten. Es war unvorstellbar, wie sie aussahen. Kein Vergleich zum letzten Mal. Ohne Ausnahme trugen sie dreckige zerlumpte Kleiderfetzen. Selbst die kleinsten Kinder hatten einen schmutzigen Fetzen um, ärger als die Bettler in europäischen Slums – ein Bild des Jammers.

Wir waren gespannt, wie sie auf die Aufnahmen in dem Nuba-Buch reagieren werden. Horst wollte das filmen. Wir ließen nur wenige Nuba in die Hütte kommen, und ich zeigte ihnen die Bilder, die ich einmal von ihnen gemacht hatte. Ihre Reaktion war verblüffend. Sie lachten zwar, schämten sich aber ihrer Nacktheit.

Um ihnen Freude zu machen, besuchten wir gemeinsam mit ihnen einige ihrer Ringkampffeste, die nur noch komisch wirkten – ein Paradies war zerstört.

Ein seltsamer Traum

Kurz vor unserer Abreise – wir waren trotz unseres Unbehagens über einen Monat geblieben – sah ich in einem Traum zwei schwarze Gestalten mit Ringmessern an ihren Handgelenken einen Kampf ausführen. Als ich erwachte, erinnerte ich mich, daß ich schon bei meinen früheren Expeditionen die Nuba, die diese Kämpfe ausübten, aufsuchen wollte. Als ich vor fünf Jahren die Araber danach befragte, antworteten sie, diese Kämpfe gehörten längst der Vergangenheit an. Aber meine Traumbilder erweckten in mir Zweifel. Vielleicht existierten diese Nuba doch noch. Und wenn es diese ungewöhnlichen Kämpfe nicht mehr geben sollte, könnte ich vielleicht etwas über Leben und frühere Sitten dieses Stammes erfahren. Ein unwiderstehlicher Wunsch erfaßte mich, ihn aufzusuchen.

Das Problem war diesmal die Zeit. Wir hatten schon den Flug von Khartum nach Port Sudan gebucht. Dort wollten wir vor unserer Rückkehr nach München im Roten Meer tauchen. Also blieben für eine Fahrt zu diesem Stamm nur ganz wenige Tage.

Als ich Horst dies alles erzählte, hielt er mich für wahnsinnig, aber je mehr er mir diese unsinnige Idee ausreden wollte, um so beharrlicher widersprach ich ihm. Ich vertraute auf eine letzte Chance, in diesem Winkel der Welt doch noch etwas Besonderes zu entdecken. Jetzt war ich nur wenige hundert Kilometer von diesen Eingeborenen entfernt, später würden es Tausende sein, fraglich war es, ob ich überhaupt noch einmal auf eine Afrika-Expedition gehen würde.

Wir besprachen diese Fahrt ins Ungewisse mit Mohamed. Er war nicht abgeneigt, sagte aber mit Blick auf unseren knappen Benzinvorrat, es wäre aussichtslos, in dieser Gegend Sprit zu bekommen. Auch hatten wir keinerlei Anhaltspunkte für die Reiseroute. Ich wußte nur, die «Südost-Nuba», so wurde dieser Stamm von Wissenschaftlern genannt, lebten an die 200 Kilometer östlich der Nuba-Berge. Jetzt erinnerte ich mich auch, den Namen Kau in Verbindung mit diesem Stamm gehört zu haben, konnte ihn aber auf keiner unserer Karten finden. Das einzige, was ich einmal auf irgendeinem Foto gesehen zu haben glaubte, war, daß Kau von felsigen Bergen umgeben war. Ich wollte den Versuch wagen.

Wir rationierten unser Benzin bis auf eine Gallone genau und ließen einen Teil für die Rückfahrt von Tadoro nach Kadugli in unserem Lager zurück. Nach Mohameds Berechnungen durften wir uns in keinem Fall mehr als 250 Kilometer von Tadoro entfernen. Um im Notfall Hilfe herbeizuholen, beschlossen wir, Natu und Alipo, zwei gute Läufer, mitzunehmen. Keine Frage, das Risiko war groß, die Aussicht auf Erfolg gering. Und trotzdem – ich handelte wie unter einem Zwang.

Die Fahrt nach Kau

Bei glühender Hitze fuhren wir los. Ich saß neben Mohamed, Horst und die beiden Nuba rückwärts bei unserem Gepäck. Wir fuhren nach dem Kompaß strikt Richtung Osten. Um die Hitze zu ertragen, hatte ich mir nasse Tücher um Kopf und Oberkörper gewickelt. Wenn wir über harte Bodenwellen und Schlaglöcher fuhren, krachte der alte Wagen in allen Fugen, bei jedem Stoß zitterte ich, er würde auseinanderbrechen. Bei Sonnenuntergang erreichten wir Talodi, den einzigen Ort, der uns noch bekannt war. Hier hofften wir, Informationen für die Weiterfahrt nach Kau zu erhalten. Niemand konnte uns Auskunft geben. Wir sollten nach Kologi fahren und dort wieder fragen.

Am nächsten Morgen waren wir schon bei Sonnenaufgang unterwegs und erreichten nach einigen Stunden Kologi. Dort gab es einen kleinen Markt, auf dem wir Tomaten und Zwiebeln kauften, aber auch hier wußte niemand Bescheid. Auf gut Glück fuhren wir weiter bis Gedir, dem letzten im Osten gelegenen Ort, der auf unseren Karten eingezeichnet war. Dann kam Niemandsland bis zum Weißen Nil, ohne irgendwelche Angaben von Ortsnamen oder Pisten. Irgendwo in diesem Niemandsland mußten die Südost-Nuba leben.

Auf der Fahrt durch wegloses Steppengelände begegneten wir keinem Menschen. Ein paarmal kamen wir an einzelnen Hütten vorbei. Sie waren verlassen. Unsere Hoffnung, auf die Nuba zu stoßen, schwand, je weiter wir nach Osten kamen. Einmal versperrte uns ein breites, ausgetrocknetes Bachbett die Weiterfahrt, und als wir endlich die Stelle fanden, an der wir durchkamen, gab es gleich danach eine Reifenpanne. Ich begann mir Vorwürfe zu machen. Meine Glieder schmerzten, und wir waren alle total erschöpft. Sollten wir nicht lieber umkehren? Wir beschlossen, soweit zu fahren, als unser Benzinvorrat es erlaubte. Am Horizont keine Berge, kein Fels, nur eine gelbe Ebene vor uns.

Dann wechselte plötzlich der Charakter der Landschaft. Wir sahen immer mehr Sträucher und riesige uralte Bäume. Da glaubte ich, ganz in der Ferne zwischen den Baumkronen die nur schwach wahrzunehmende Silhouette einer Bergkette zu sehen, und als ich Horst und Mohamed aufgeregt die Richtung zeigte, war sie wieder verschwunden. Eine Fata Morgana – oder nur mein starker Wunsch, der mir das vorgegaukelt hatte? Aber dann sahen auch die anderen die Bergkette am Horizont. Wir konnten es kaum noch glauben, die Berge kamen näher und näher, und dann waren sie tatsächlich zum Greifen nah.

Wie groß war unsere Enttäuschung, als wir dort ein einzeln stehendes großes Steinhaus sahen, mit ein- bis zweihundert Kindern davor, mit weißen Galabias bekleidet, die uns beobachteten. «Eine Schule!» sagte Horst mit einem Ausdruck bitterer Ironie, «ich habe es dir gleich gesagt, es ist ein Blödsinn, diese Fahrt zu machen.»

Auch ich war zutiefst enttäuscht. Wir standen unter einem schattigen Baum und hatten nur den einen Wunsch, unseren Durst zu stillen und unsere Glieder auszustrecken. Da näherte sich uns ein Hüne von einem Mann, bekleidet mit einem sauberen arabischen Gewand und dem kleinen Käppchen auf dem Kopf. Er begrüßte uns sehr freundlich auf arabisch. Mohamed, glücklich, mit jemandem sprechen zu können, redete lebhaft auf ihn ein. Nun wußten wir, wir hatten tatsächlich unser Ziel erreicht, wir befanden uns in Kau, und der fast zwei Meter große Hüne war der Mak (Häuptling) der hier lebenden Nuba.

Nachdem der Mak sich von uns verabschiedet hatte, beschlossen wir, da zu sehr erschöpft, eine Nacht zu bleiben, um am nächsten Morgen zurückzufahren. Wir hatten Hunger, und so wurde erst einmal ein Tee gekocht, bald darauf reichte Mohamed jedem eine Schüssel mit Makkaroni und Tomatensauce. Gestärkt und erfrischt betrachtete ich nun die Landschaft. Es war merkwürdig und ungewöhnlich, daß, nachdem der Mak gegangen war und die Schulkinder verschwunden waren, sich niemand uns näherte. Wir waren ganz allein. Noch niemals hatte ich so etwas in Afrika erlebt. Auch in den entlegensten Gegenden, in denen ich Halt machte, waren nach kurzer Zeit Eingeborene erschienen, die mich neugierig betrachteten.

Fern in den Felsen sah ich viele kleine Hütten. Das machte mich neugierig, und Horst war bereit, mich dorthin zu begleiten. Ich holte meine Leicas aus der Kiste. Natu, Alipo und Mohamed hatten sich im Baumschatten schlafengelegt. Es war Nachmittag, die Sonne stand schon schräg. Eine fast geisterhafte Ruhe umgab uns. Die Landschaft war schön, der Boden mit kleinen Stechpalmen bedeckt, deren kräftiges Grün sich malerisch gegen die gelben Farben des Strohs abhob.

Bald standen wir vor den Hütten, die bis in die höchsten Felsplatten hinauf gebaut waren. Das Dorf schien ausgestorben. Wir kletterten über einige Felsblöcke hinauf und trafen auf zwei kleine, erschreckt davonlaufende Kinder. Wo Kinder sind, müssen auch die Erwachsenen sein, sagte ich mir, also kletterten wir weiter hinauf. Plötzlich sah ich etwas ganz Ungewöhnliches: Zwischen den Häusern, über die Steine hüpfend, liefen zwei junge, bildschöne Mädchen – unbekleidet, aber von Kopf bis Fuß eingeölt und mit leuchtend roter Farbe bemalt. Im gleichen Augenblick, als sie mich sahen, waren sie auch schon wie vom Erdboden verschluckt. Ich geriet in ungeheure Erregung. Das hatte ich noch nie gesehen. Hitze, Müdigkeit, Erschöpfung spürte ich plötzlich nicht mehr. Ich hatte nur den einen Wunsch, sie aufzunehmen. Aber wieder war es geisterhaft still. Ich rief nach Horst, der weiter oben in den Felsen herumstieg. Er hatte die Mädchen nicht gesehen. Da deutete er mit der Hand nach oben. Über einer Felsbank schauten die Köpfe eines Mädchens und zweier Kinder hervor. Auch sie waren bemalt. Ihre Blicke waren scheu und mißtrauisch. Mir gelangen einige Aufnahmen, dann waren auch sie blitzschnell hinter den Felsen verschwunden.

Ich war sehr glücklich, denn nun wußte ich, meine Reise war nicht vergebens. Da die Sonne sich neigte, wollten wir unsere Suche am nächsten Tag fortsetzen.

An unserem Lagerplatz hatte sich der Mak wiedereingefunden. Mohamed hatte ihm Tee gekocht und unterhielt sich mit ihm. Natu und Alipo, die etwas arabisch konnten, bewährten sich jetzt als Dolmetscher. So erfuhr ich, daß es außer Kau noch zwei weitere Dörfer in der Nähe gab, Nyaro und Fungor. Der Mak war bereit, uns am nächsten Tag dorthin zu führen.

«Bist du Araber oder Nuba?» fragte ich.

«Ein Nuba», sagte er mit feinem, aber stolzem Lächeln. Da hörten wir aus der Nähe leises, dann aber stärker werdendes Trommeln. Der Mak erhob sich und sagte, in die Richtung dieser Töne weisend: «Nyertun» – ein Mädchentanz.

Sofort griff ich nach meinen Kameras, und Horst holte seine Arriflex heraus. Vorsichtig schlich ich mich in die Nähe des Tanzplatzes, wo sich mir ein ungewöhnlicher und hinreißender Anblick bot. In den letzten Strahlen der untergehenden Sonne bewegten sich nach dem Rhythmus der Trommelschläge diese überschlanken Geschöpfe in tänzerischer Anmut. Auch sie waren völlig nackt, eingeölt und in verschiedenen Farbtönen geschminkt. Die Farbskala ging vom tiefen Rot über Ocker bis zu Gelb. In den Händen hielten sie biegsame Ruten oder aus Leder geflochtene Peitschen. Ihre Bewegungen waren aufreizend und wurden immer wilder, obgleich mit Ausnahme der beiden Trommler kein Mann in ihrer Nähe zu sehen war. Die Tanzenden hatten mich nicht bemerkt, da ich mich hinter einem Baumstamm versteckt hatte und mit langen Telelinsen fotografierte. Durch die von den Mädchen aufgewirbelten Staubwolken entdeckte ich Horst. Auch er versuchte, möglichst unbemerkt diese unwiederholbaren Bildimpressionen im Film festzuhalten. Leider konnten wir nur wenige

Minuten filmen und fotografieren, denn schon wurde es dunkel. Für mich war dies das größte optische Erlebnis, das ich auf allen meinen Afrika-Expeditionen hatte.

Zum Lagerplatz zurückgekehrt, erwartete uns eine neue, unglaublich klingende Nachricht: Der Omda, so wurde der Mak hier bei den Südost-Nuba genannt, teilte uns mit, morgen, um die Mittagsstunde, werde in Fungor ein «Zuar» stattfinden. Das waren die Kämpfe, von denen ich schon vor Jahren erfahren hatte, die mir im Traum erschienen waren und um deretwillen ich diese abenteuerliche Reise unternommen hatte. Es gab sie also doch noch, diese Rituale. Was für ein Zufall hatte mich hierhergeführt – oder war es so etwas wie ein sechster Sinn?

Am nächsten Mittag fuhren wir mit dem Omda nach Fungor. Zuerst sah ich außer vielen Bäumen nur eine gewaltige Felswand, doch dann entdeckte ich im Schatten eines Baumes eine Gruppe junger Männer. Ohne Zweifel waren dies die Kämpfer, denn einige banden sich schwere Messingringe um das Handgelenk. Sie waren, ebenso wie die Mädchen, unbekleidet und ebenfalls bemalt, nicht nur am Körper, auch in den Gesichtern. Ein jeder sah anders aus – Farben, Schmuck und Ornamente waren völlig verschieden. Am ehesten gemeinsam waren ihnen die Frisuren. An den Schläfen waren die Haare keilförmig ausrasiert, die Kopfmitte war durch weiße Federn oder ins Haar gesteckte Erdnüsse betont. Diese Gruppe unter dem Baum waren die Kämpfer aus Nyaro. Nun stürmten die aus Fungor herein. Mit federgeschmückten Köpfen liefen sie zuerst hintereinander, dann in alle Himmelsrichtungen auseinanderströmend, blieben stehen, bogen ihre Oberkörper zurück und stießen durchdringende Schreie wie Raubvögel aus. Nun sprangen auch die Nyaro-Kämpfer auf, liefen ihren Widersachern entgegen und stießen ebenfalls bis ins Mark dringende Schreie aus. Sie bewegten sich elegant wie Raubkatzen. Kein weibliches Wesen war zu erblicken. Wie ich später erfuhr, galt dies als Regel für diese ritualen Kämpfe.

Zu Anfang wurden nur Scheinkämpfe ausgetragen, dann erst begann der eigentliche Kampf. Es ging so schnell vor sich, daß ich den Vorgängen kaum folgen konnte. Zuerst schlugen sich die beiden Kämpfer mit Stöcken, ähnlich Degenfechtern bei uns, allerdings werden diese Schläge mit einer so unheimlichen Wucht ausgeführt, daß sie einen Schädel, eine Hand oder ein Bein zertrümmern könnten, wenn dieser Schlag nicht mit schnellster Reaktion und größter Geschicklichkeit abgefangen wurde. Dieser Kampf mit den Stöcken dauerte nur Sekunden – dann flogen die Stöcke in die Luft, und die beiden Gegner waren ineinander verkrallt. Jeder versuchte, durch seine Kampftech-

nik zu verhindern, von dem gefährlichen Schlag des scharfen Messing-
rings getroffen zu werden.

Angefeuert von den Umstehenden, versuchte jeder der beiden,
seinen Gegner kampfunfähig zu machen. Die Schiedsrichter bemühten
sich, die Kämpfenden zu trennen, die, obgleich blutüberströmt, den
Gegner nie losließen und solange weiterkämpften, bis einer von ihnen
mit den Schultern den Boden berührte, oder bis es keinem gelang, den
anderen zu Boden zu werfen, das von den Schiedsrichtern als unent-
schieden gewertet wurde.

Vorsichtig wagte ich es, mich dem Kampfplatz zu nähern, und
konnte meine ersten Aufnahmen machen. Ich hatte meine beiden
Leicaflex-Kameras umgehängt und sie mit Motoren und Teleoptiken
versehen. Nachdem ich einige Totalaufnahmen bekommen hatte, ging
ich an die Kämpfenden heran, bis mitten ins Getümmel hinein. Hier
wurde ich schnell verjagt. Nun versuchte ich es von der anderen Seite.
Ich wußte, daß dies unwiederholbare Bilddokumente waren, und
kämpfte darum um jede Aufnahme. Horst hatte mit seiner Filmkamera weniger Glück – er wurde unablässig von den Schiedsrichtern
gehindert. Trotzdem gelangen auch ihm seltene Szenen.

Nach Schluß der Kämpfe ging ich erschöpft, verschwitzt, völlig
verstaubt, aber sehr glücklich zu unserem Wagen. Der Omda wollte
uns vor der Rückfahrt noch etwas zeigen. Er deutete auf einen Baum,
unter dem ein alter Mann saß, eine Trommel in den Händen. Mir
wurde klar, daß sich hier noch etwas ereignen würde. Tatsächlich sah
ich Mädchen kommen, gefärbt und eingeölt, wie gestern in Kau. Als
der Trommler begann, kamen immer mehr Mädchen herbei, bogen
sich in den Hüften, sie hielten Ruten und Peitschen in den Händen.

Nun erschienen junge Männer, die gleichen, die ich vorher auf dem
Kampfplatz gesehen hatte. Allerdings waren sie kaum wiederzuerkennen. Mit Federn und Perlen geschmückt, frisch eingeölt und mit
originellen Mustern bemalt, schritten sie langsam an den tanzenden
Mädchen vorbei, dieselben mit keinem Blick streifend. Sie setzten sich
in der Nähe der Tanzenden auf Steine. Auffallend ihr ernster Gesichtsausdruck – keiner lächelte. Die Stöcke mit beiden Händen umfassend,
hielten sie die Köpfe gesenkt und blickten zu Boden. Ihre einzige
Bewegung war das Zittern ihrer Beine, an die kleine Glöckchen
gebunden waren. Ab und zu stand einer dieser jungen Männer auf und
ging mit tänzerischen Schritten umher, die, anders als die wilden
Tanzbewegungen der Mädchen, wie in Zeitlupe wirkten. Dieser unglaubliche Gegensatz war faszinierend. Besonders erregend gestaltete
sich diese Tanzpantomime noch dadurch, daß die Männer vor dem
Trommler stehenblieben, ihre Körper nach rückwärts beugten, ihre

Hand an den Mund legten und dann, wie schon vor den Kämpfen, diese raubvogelähnlichen Schreie ausstießen. Es sah so aus, als zögen sie sich diese Schreie mit der Hand- und Armbewegung aus dem Körper heraus. In dem aufgewirbelten Staub und dem fahlgrünen Licht der Dämmerung erschien es mir wie ein unwirkliches Schauspiel.

Plötzlich ein erregender Trommelwirbel, und ich sah, wie drei Mädchen ihr Bein hoben und es über die Köpfe der von ihnen auserwählten Männer schwangen, es für einen Augenblick auf deren Schulter legten und während dieser sehr intimen Zeremonie ihre Blicke auf den Boden richteten. Dann tanzten die Mädchen zu ihrer Gruppe zurück. Obgleich ich damals nicht die geringste Ahnung von der Bedeutung dieser kultischen Handlung hatte, wußte ich, daß dies nur ein ungewöhnliches Liebesritual der Mädchen sein konnte. Tatsächlich erfuhr ich später, daß bei den Südost-Nuba den Mädchen vorbehalten ist, auf diese Weise sich ihren Partner fürs Leben zu wählen.

Am nächsten Morgen mußten wir Kau verlassen, es war unabänderlich. Der Omda wollte uns am letzten Tag noch das dritte Dorf, Nyaro, zeigen, vielleicht das schönste der drei Dörfer, größer als Fungor, aber kleiner als Kau. In diesen drei Dörfern lebten nicht mehr als ungefähr dreitausend Südost-Nuba.

Als ich mich in Nyaro umsah, entdeckte ich im Schatten einer Hütte einen Jüngling sitzen. Eine solche Erscheinung hatte ich noch niemals gesehen. Sein Körper war phantastisch bemalt, wie ein Leopard, und sein Gesicht erinnerte mich an Picasso. Zu meiner Überraschung ließ er sich widerspruchslos fotografieren. Bald entdeckte ich, daß er nicht als einziger so ungewöhnlich bemalt war, von überall kamen junge Männer auf mich zu, mit Gesichtern wie stilisierte Masken. Das waren keine primitiven Malereien. Die Harmonie zwischen Farben und Formen verriet ein hohes Maß künstlerischer Begabung.

Nicht alle ließen sich fotografieren. Ich spürte, daß es Zeit und Geduld erforderte, mit diesen Menschen in Verbindung zu kommen oder gar Freundschaft mit ihnen zu schließen. Was ich in diesen zwei Tagen gesehen hatte, war so überwältigend, daß ich beschloß, alle meine anderen Aufgaben zurückzustellen, um sobald als nur möglich wiederzukommen.

So nahm ich Abschied von einer fast irrealen Welt, die mich mit Sehnsüchten und neuen Träumen erfüllte.

Das Rote Meer

Wir hatten das Flugzeug in Khartum noch erreicht und saßen nun im «Red Sea Hotel», im Hafen von Port Sudan. Die Rückreise von Kau nach Tadoro war wie eine Fahrt durch die Hölle gewesen, in Worten nicht zu schildern. Die Bilddokumente, die ich davon besitze, geben stärker, als Worte es könnten, eine Vorstellung unseres damaligen Zustandes wieder. Wir fuhren um die Zeit und erreichten die Nuba-Berge mit dem letzten Tropfen Benzin. Dazu war der Wagen beschädigt, und Horst, der sich vor Erschöpfung kaum noch auf den Beinen halten konnte, mußte ihn notdürftig reparieren. Fast sah es so aus, als blieben wir in Tadoro hängen, doch im letzten Augenblick gelang es Mohamed im Tausch gegen unser Tonbandgerät von einem arabischen Händler Benzin zu bekommen. Es reichte bis Semeih, und das war unsere Rettung.

Bei unserer Ankunft in Khartum nach 53 Stunden ununterbrochener Fahrt waren wir buchstäblich am Ende unserer Kräfte und Horst zum ersten Mal ernstlich erkrankt. Mit eingefallenen Wangen und trüben Augen schlich er herum wie ein Greis. Zwei Tage behielt er keine Medizin bei sich, keine Mahlzeit, und konnte kaum noch die Glieder bewegen. Ich wollte den Flug stornieren, aber Horst überstand das Schlimmste. Er schaffte es sogar, unser gesamtes Expeditionsgepäck von über zwanzig Kisten durch den Zoll zu schleusen und als Frachtgut nach München aufzugeben. Danach erreichten wir noch in letzter Minute die Maschine nach Port Sudan.

Wir hatten nur ein Bedürfnis: zu schlafen. Nachdem wir die größte Erschöpfung überwunden hatten, erkundigten wir uns nach den Tauchmöglichkeiten. Ich kannte keinen Menschen in Port Sudan. Inge hatte mir geschrieben, eine Gruppe von Tauchern aus München mit Bertl Rung als Leiter würde Tauchfahrten von hier aus unternehmen. Ihnen wollten wir uns anschließen.

Was für ein Gefühl, als wir auf dem alten Schiff saßen, das uns zum Wrack der «Umbria» bringen sollte – unserem ersten Tauchgang im Roten Meer. Wir waren ungefähr zehn bis zwölf Personen, die meisten von ihnen erfahrene Taucher. Ich fühlte mich noch etwas unsicher, denn anders als im Indischen Ozean, wo die Wassertemperatur fast 30 Grad betrug, wo wir im Badeanzug tauchten und deshalb wenig Blei benötigten, war das Rote Meer kälter. Die Taucher trugen Neoprenanzüge.

Gespannt hörte ich, was die Männer alles an Taucherlatein zum besten gaben, und es wurde mir ungemütlich, daß fast nur über Haie gesprochen wurde. Die Männer wiesen den Kapitän an, Riffe aufzusuchen, an denen sich Haie befinden müßten. Einen Hai hatte ich im Indischen Ozean noch nicht erlebt, dort hatte ich große Muränen, Barakudas, gewaltige Barsche und einen riesigen Manta gesehen – alles nicht gefährliche Fische. Vor einer Begegnung mit einem Hai fürchtete ich mich. Besonders nachdem der Kapitän uns von einem grausigen Vorfall berichtete, der sich erst vor wenigen Jahren hier im Hafen von Port Sudan ereignet haben sollte. Die Pointe dieser abenteuerlichen Hai-Geschichte war, daß der Verunglückte, ein Schnorchler, nicht von einem Hai, sondern von einem riesengroßen Judenfisch verschlungen wurde.

In die einzige gefährliche Situation dieser Tauchreise brachten mich aber nicht Haie, sondern meine Unerfahrenheit. Ich machte einen großen Fehler, indem ich mir eine viel zu große Menge Blei umhängte. Nachdem wir an der «Umbria» geankert hatten, ließen wir erst alle anderen ins Wasser hinein und sprangen als letzte nach. Als ich die Augen wieder aufmachte, war es sehr dunkel. Ich konnte nur noch Horsts Flossen sehen, wie sie vor mir in der Tiefe verschwanden. Dann merkte ich, daß ich viel zu schnell sank. Als mein Tiefenmesser 20 Meter anzeigte, zog es mich immer stärker hinunter. Ich trug viel zuviel Blei am Körper. Um ein weiteres Absinken zu stoppen, ohne dabei den Bleigürtel abwerfen zu müssen, mußte ich mit äußerster Kraftanstrengung mit den Flossen schlagen, bis ich wieder nach oben kam.

Einige Stunden später wurde wieder an der «Umbria» getaucht, und dieses Mal nahm ich weniger als die Hälfte der vorherigen Bleimenge mit. Es ging wunderbar. Herrlich war es, am Wrack zu schwimmen und die bunten Korallenfische zu beobachten, die sich dieses versunkene Schiff als Behausung ausgewählt hatten.

Von nun an fühlte ich mich von Tauchgang zu Tauchgang sicherer. Jeden Tag wurde an einem anderen Riff getaucht – am schönsten die Riffe von Sanganeb und Shab Roumi. Die Vielfalt der Korallen des Roten Meers ist einzigartig. Ich hatte mir eine kleine Konica-Kamera besorgt und machte mit ihr die ersten Unterwasserfotos. Mein leidenschaftlicher Wunsch wurde es, diese blühenden Träume unter Wasser im Film und Foto festzuhalten. Im Geiste plante ich schon meine nächste Tauchreise. Haie hatte ich nur in der Ferne vorbeigleiten gesehen.

In Khartum erwartete mich eine große Überraschung. Ahmed Abu Bakr, inzwischen ein enger Mitarbeiter von Präsident Nimeiri, überbrachte uns eine Einladung des Präsidenten, verbunden mit der Bitte, einige Aufnahmen von ihm zu machen. Nimeiri empfing uns in seinem Privathaus, und sein bescheidenes, sehr herzliches Wesen beeindruckte mich. Auch fiel uns auf, wie spartanisch einfach er lebte. In einem längeren Gespräch über die Schönheiten der Unterwasserwelt im Roten Meer bat ich ihn eindringlich, das Harpunieren dort zu verbieten. Wie ich später erfuhr, erließ er ein solches Verbot. Bei den Aufnahmen zeigte sich Nimeiri ganz unbefangen. Von Abu Bakr hatte ich erfahren, er sei sehr religiös – so wollte ich ihn während eines Gebets aufnehmen. Zu meiner Überraschung war er damit einverstanden. In seinem Schlafzimmer, der schmucklosen Stube eines Soldaten vergleichbar, nahm ich ihn auf. Danach ging er mit uns in den gepflegten Gärten spazieren, die bis zum Regierungspalast führten. Im Palast zeigte er uns die Treppe, auf welcher der britische Oberst Gordon Pascha 1885 von den Anhängern des Mahdi getötet worden war. Als der Präsident uns dann im Palast in sein Arbeitszimmer führte, widerfuhr mir unvorstellbar Unerwartetes: Feierlich verkündete Abu Bakr, Präsident Gaafar Mohamed Nimeiri habe mir in Anerkennung meiner Verdienste um den Sudan die sudanesische Staatsangehörigkeit verliehen und setzte hinzu, ich sei der erste Ausländer, dem diese Aufzeichnung zuteil werde. Dann übergab mir der Präsident einen sudanesischen Paß. Bewegt dankte ich Nimeiri.

Ein Welterfolg

Nach vier Monaten Abwesenheit trafen wir wieder in München ein. Es war zweifellos die bisher strapaziöseste Expedition gewesen. Zum Glück hatten wir uns weder Amöben noch sonstige Tropenkrankheiten geholt, fast ein Wunder, wenn ich daran denke, daß wir oftmals mit den Nuba, um sie nicht zu kränken, ungefiltertes Wasser und ihre «Marisse» getrunken hatten, obendrein aus gemeinsamen Gefäßen.

Mit größter Spannung warteten wir auf das Ergebnis unserer Aufnahmen in Kau. Sie enttäuschen uns nicht, sie waren aufregend interessant. Leider war das Material für einen neuen Bildband oder einen Film zuwenig. Der Eindruck der Fotos war so stark, daß Robert Schäfer einen zweiten Bildband haben wollte. Die Leute vom «stern» waren ebenfalls hingerissen. Als Rolf Gillhausen die Bilder zum ersten Mal sah, rief er impulsiv: «Leni, da bleibt Ihnen nichts anderes übrig, Sie müssen noch einmal hin – das ist einfach phantastisch.» Auch Ernst Haas, der weltbekannte Fotograf, der dieser Vorführung beiwohnte, ermunterte mich, alles zu versuchen, um zu weiteren Aufnahmen zu kommen. List und «stern» waren sofort bereit, eine neue Expedition zu unterstützen. Trotzdem war ich unsicher, ob ich die Risiken eines solchen Unternehmens noch einmal auf mich nehmen wollte. Außerdem hatte ich keine Garantie, noch einmal die Genehmigung zur Einreise zu erhalten. Andererseits sprach vieles dafür. Vor allem erhoffte ich mir Erleichterungen durch meinen sudanesischen Paß.

Schließlich, und das war vielleicht das Ausschlaggebende, hatten Harper & Row in New York bei Mondadori 17000 Buchexemplare der «Nuba» bestellt und würden sich sicherlich wieder beteiligen. So war eine neue Expediton finanziell gesichert. Aber unabhängig davon, wie ich mich entscheiden würde, wollte ich mich erst einmal gründlich erholen, und natürlich dachte ich dabei sofort wieder ans Tauchen.

Der Augenoptiker Wilhelm Söhnges, bei dem ich die Kontaktlinsen, die ich beim Tauchen trage, anfertigen ließ, machte mich auf ein sehr entferntes Tauchgebiet in Honduras aufmerksam. Er war deutscher Konsul von Honduras und schwärmte von einem Tauchparadies auf der Insel Roatan.

Zuerst mußte ich mich um verschiedene liegengebliebene Angelegenheiten kümmern. So mußte ich mir einen neuen Wagen zulegen. Meinen geliebten alten «Rekord», der 20 Jahre seine Pflicht getan hatte, wie ein treues Pferd, hätte ich durch keinen TÜV mehr gebracht. Ich entschied mich für einen Audi 100 GL wegen seines großen Kofferraumes, in der Farbe ähnlich meinem treuen Opel, blau, meiner Lieblingsfarbe.

Während meiner Abwesenheit hatte Dr. Wolf Schwarz, ein bekannter Filmanwalt und Produzent, für mich Verträge für zwei verschiedene Projekte ausgearbeitet. Ein großer Pariser Verlag wollte einen Film über mein Leben herstellen. Eine Spieldauer von drei Stunden war vorgesehen. Das zweite Vorhaben war eine Biographie, die ein bekannter französischer Schriftsteller über mich verfassen sollte. Dafür hätte ich ein sehr hohes Honorar erhalten. Dem Abschluß waren monatelange Verhandlungen vorausgegangen. Sie wurden durch meine Expedition unterbrochen, und so zerschlugen sich am Ende beide Projekte. Glücklicherweise litt unsere Freundschaft nicht darunter.

Mick und Bianca

Ein Anruf aus London – Michael Rand am Apparat. Er machte mir ein verblüffendes Angebot: «Kommen Sie nach London und fotografieren Sie für die ‹Sunday Times› Mick Jagger und seine Frau Bianca.»

«Wer ist Mick Jagger?» fragte ich.

«Sie kennen Mick Jagger nicht, den weltberühmten Rockstar?»

Zögernd und unsicher geworden, sagte ich: «Nein.»

«Das ist doch unmöglich, Sie müssen doch die ‹Rolling Stones› kennen?»

«Davon habe ich schon gehört, aber ich glaube, daß ich für solche Aufnahmen ungeeignet bin.»

Michael Rand ließ nicht locker. Er schilderte mir mit großem Eifer alle Vorteile, die es für mich bedeuten würde, wenn ich die Aufnahmen machte. Als er mir dann sagte, daß es auch ein Wunsch von Mick Jagger sei, willigte ich ein.

Schon am Tag meiner Ankunft lernte ich den Chef der «Rolling Stones» kennen. «Sunday Times» hatte in «Browns Hotel» eine Zusammenkunft arrangiert. Ich muß gestehen, ich war außerordentlich überrascht. Ich hatte mir einen ganz anderen Typ vorgestellt, einen verschlafenen Hippie mit strubbligem Haar, versnobt und arrogant. Aber davon war keine Rede, er war intelligent und, wie mir schien, auch sensibel. Schon nach kurzer Zeit waren wir in ein Gespräch vertieft, das immer intensiver wurde. Wir sprachen über alles Mögliche, über Malerei, Theater und über Filme. Dabei erzählte er, er sei ein großer Fan von mir und kenne meine Filme. Einige, sagte er, habe er bis zu fünfzehnmal gesehen.

Am nächsten Nachmittag machten wir die Aufnahmen. Auf dem bepflanzten Dach eines Londoner Warenhauses hatte ich die Motive gefunden. Inzwischen hatte man mir auch mitgeteilt, um was für Aufnahmen es sich handelte und warum ausgerechnet ich sie machen sollte: Mick und Bianca, in deren Ehe es kriselte, hatten sich geweigert, miteinander vor der Kamera zu posieren. Als ihr Manager darauf drang, stellten beide die Bedingung, wenn schon unbedingt Fotos, dann nur von Leni Riefenstahl. Ich war gespannt, wie ich mit den beiden Stars fertig werden würde, besonders mit Bianca, von der es hieß, sie sei sehr exzentrisch.

Mick erschien als erster auf dem Dachgarten, und es war ganz problemlos, ihn zu fotografieren. Er war gelöst, heiter und aufgeschlossen. Sein Wesen war ungemein sympathisch. Bianca kam reichlich verspätet, begleitet von ihrem Coiffeur, ihrer Garderobiere mit einer kolossalen Menge Koffer und Hutschachteln. Sie wirkte stolz und unnahbar. Ich ahnte, daß es nicht einfach sein würde, das Foto eines sich verliebt anschauenden Ehepaars zu bekommen. Über Biancas Garderobe konnte ich nur staunen. Kostbare Kleider mit allen Accessoires hatte sie auf das Dach mitgebracht. Nachdem sie frisiert und geschminkt war, legte sie als erstes ein weißes Spitzenkleid an — und sah bezaubernd aus, wie eine Königin. Bianca mußte gespürt haben, daß sie mir gefiel, denn bald schmolz ihre Unnahbarkeit, und es machte keine Mühe, die Aufnahme, die sich das «Sunday Times Magazine» wünschte, zu bekommen.

Beim Abschied waren wir Freunde geworden.

Film-Festival in Telluride

Bill Pence, James Card vom Eastman House in Rochester und Tom Luddy vom Pacific Film Archive in Berkeley, Kalifornien, hatten mich als Ehrengast zu dem ersten in Telluride stattfindenden Festival eingeladen. Es sollte mit dem «Blauen Licht» eröffnet werden, meine anderen Filme sollten folgen. Das Festival war von den Veranstaltern als Alternative zu Cannes, Venedig und Berlin gedacht. Sicherlich eine ausgefallene Idee. Telluride, eine alte Goldgräberstadt in Colordo, in einer Höhe von 2800 Metern liegend und von hohen Bergen umgeben, zählte zu dieser Zeit nur tausend Einwohner.

Das Zentrum des Festivals war das alte «Sheridan Opera House», das schon 1914 erbaut und von Bill Pence, der es gekauft hatte, mit sehr viel Geld restauriert worden ist. Der Innenraum des Theaters, ein kleines Juwel, bot ungefähr 250 Personen Platz und hatte, wenn es beleuchtet war, dank der in violett-goldenen Farben gehaltenen Ausstattung eine warme Atmosphäre. Hier sollten drei Filmkünstler für ihre Verdienste geehrt werden: Gloria Swanson aus den USA, die Königin der Stummfilmzeit, Francis Ford Coppola, der gerade mit seinem Film «Der Pate» und Marlo Brando in der Hauptrolle einen weltweiten Erfolg errungen hatte, und überraschenderweise auch eine deutsche Filmkünstlerin. Die Wahl war auf mich gefallen. Ich zweifelte nicht, daß dies Proteste und Kontroversen hervorrufen würde. Sollte ich fernbleiben oder mich stellen? Für mich eine wichtige Entscheidung, der ich nicht ausweichen wollte. Diese Veranstaltung konnte der Prüfstein sein, ob es für mich nur noch ein endgültiges «Aus» gab oder vielleicht doch noch eine Chance, in meinem Beruf wieder tätig zu sein.

Der Jumbo, der mich nach New York brachte, kreiste eine halbe Stunde über der Stadt. Als wir endlich ausstiegen, goß es in Strömen. Die Maschine nach Denver startete von einem anderen Flughafen. Ich kannte mich in den endlosen Gängen des Kennedy-Airports nicht aus, zitterte, den Transfer zu verpassen, und rannte mir mit meinem schweren Handgepäck die Lungen aus dem Leib. Als ich erschöpft, aber gerade noch rechtzeitig zum Abflugschalter kam, war der Start wegen schwerer Gewitter um einige Stunden verschoben worden. Nach 24 Stunden kam ich ziemlich ramponiert in Denver an und stellte mit Schrecken fest, daß meine Koffer mit der Garderobe für die Festvorstellung beim Umladen in New York von den Regenfällen total aufgeweicht waren. Die Abendkleider waren verfärbt und unmöglich mehr zu tragen. Stella Pence, Bills junge Frau, tröstete mich, versprach mir Hilfe und nahm sich liebevoll meiner an. Von nun an wurde ich unwahrscheinlich verwöhnt.

In der «Manitou Lodge», wo man mich unterbrachte, wurde ich von Gloria Swanson, die meine Zimmernachbarin war, mit einer Umarmung begrüßt. Trotz ihres Alters sah sie blendend aus und verfügte noch über ein unglaubliches Temperament. Mit ihren grünen Katzenaugen sah sie mich prüfend an. Paul Kohner, einer der bekanntesten Filmagenten Hollywoods, den ich von unserem Grönlandfilm «SOS Eisberg» als Produktionsleiter in Erinnerung hatte – 42 Jahre lag das zurück –, hatte sie gebeten, dieses Festival wegen meiner Anwesenheit nicht zu besuchen. Auch Francis Ford Coppola und den anderen Künstlern hatte Paul Kohner von einem Besuch des Festivals abgeraten.

Aber so unglaublich es klingen mag, kein einziger Künstler hatte sich einschüchtern lassen, sie kamen alle, und noch viel mehr, als die Festspielleitung erwartet hatte.

In Telluride ging es wie in einem Bienenhaus zu. Der kleine Ort befand sich wie in einem Fieber. Es gab dort vorzügliche Restaurants, mit vielsterniger internationaler Küche. Dennoch fühlte ich mich nicht so recht wohl. Ich hatte erfahren, daß der amerikanische Jüdische Kongreß an die Veranstalter des Film-Festivals einen scharfen Protest geschickt hatte, in dem die Einladung an mich verurteilt und gleichzeitig Francis Coppola und Gloria Swanson aufgefordert wurden, ihre Teilnahme abzusagen. Es türmten sich gefährliche Wolken über diesem kleinen, romantisch gelegenen Ort auf. Ich war sofort bereit abzureisen, aber die Veranstalter ließen es nicht zu, selbst der jüdische Bürgermeister, Jerry Rosenfeld, bat mich zu bleiben. Er versicherte mir, alle Sicherheitsvorkehrungen seien getroffen, um Gewalttätigkeiten zu verhindern. Was sollte ich tun? Ich fühlte mich todunglücklich, war nervös und voller Unruhe.

Als «Das blaue Licht» im «Sheridan Opera House» über die Leinwand lief, war gerade Vollmond. Welch ein Zufall, denn in diesem Film sieht das Dörfchen «Santa Maria» ganz ähnlich aus wie Telluride, auch im «Blauen Licht» werden die Dächer wie an diesem Abend in Telluride vom Mondlicht erhellt. Um das Theater drängte sich eine Menschenmenge. Man führte mich durch einen Eingang an der Rückseite des Gebäudes hinein, und ich erfuhr, daß jeder Besucher durch Polizisten auf Waffen untersucht worden sei, etwas, was ich noch nie erlebt hatte. Man rechnete mit Demonstrationen. Nichts geschah. Zitternd saß ich in der Loge. Solange der Film lief, war es mucksmäuschenstill. Als er beendet war und das Theater sich wieder erhellte, brach ungeheurer, nicht endenwollender Applaus aus. James Card, der Festival-Direktor, überreichte mir eine Silbermedaille. Al Miller, ein Sprecher des Komitees, sagte, der Film sei ein ewig dauerndes Testament einer vergangenen großen Filmkunst, und ein anderes Mitglied fügte begeistert hinzu, es gebe keine Droge, die stärker wirken könne als dieses Werk. Ein noch größerer Beifall wurde am nächsten Tag dem «Olympiafilm» zuteil. Da gab es stehende Ovationen.

Als Gloria Swanson am nächsten Tag von einem Reporter gefragt wurde, was sie von den Kontroversen halte, die meinetwegen die Gemüter bewegten, antwortete sie brüsk: «Warum – läßt sie eine Naziflagge wehen? Ich dachte, Hitler ist tot.»

Auch Francis Ford Coppola zeigte mir seine Sympathien. Er lud mich zu einem Dinner und nach San Francisco ein, wo er mit dem Schneiden seines Films «Godfather II» beschäftigt war. Ihn interessierte meine Schnitt-Technik. Die Stunden mit diesem genialen Regisseur, der damals wie ein großer Teddybär aussah, waren für mich ein Erlebnis, denn wir sind beide filmbesessen.

Da waren noch andere Künstler, die mich anzogen, so Dusan Makavejev, dessen ungewöhnlicher Sexfilm «Sweet Movie» seine Uraufführung in Telluride erlebte. Obgleich kaum größere Gegensätze als die zwischen diesem hochbegabten jugoslawischen Regisseur und mir denkbar sind, schlug er mir eine Zusammenarbeit vor.

Das Festival wurde ein großer Erfolg, die Mühen der Veranstalter hatten sich gelohnt. Obgleich ich jeden Grund hatte, zufrieden, ja sogar glücklich zu sein, war ich es nur mit halbem Herzen. Die immer wieder laut werdenden Anschuldigungen belasteten mich sehr. Obgleich nur acht junge Leute als Demonstranten erschienen waren, auf deren Spruchtafel zu lesen war, daß ich durch meinen Film «Triumph des Willens» von 1934 an den Millionen Toten in den deutschen Konzentrationslagern mitschuldig sei, trafen mich diese Vorwürfe immer wieder von neuem. Nach all den Ungeheuerlichkeiten, die über mich seit Jahrzehnten verbreitet werden, kann ich die Demonstrationen und Proteste junger Menschen verstehen. Im Gegensatz zu meinem Heimatland finde ich draußen Freunde und auch Unbekannte, die mir dann zur Seite stehen. So tief mich der Erfolg in Telluride auch bewegt hat, so war mir dort endgültig klargeworden, daß ich die Schatten der Vergangenheit nie mehr los werde – aber ich habe die Kraft gefunden, mich mit diesem Schicksal ohne Bitterkeit abzufinden.

Nach Telluride sollte ich in Chicago an dem Festival «Films by Women» teilnehmen, zu dem ich ebenfalls als Ehrengast von den Präsidentinnen Laurel M. Ross und Camille Cook eingeladen war. Auch bei diesem von Frauen veranstalteten Festival sollte «Das blaue Licht» gezeigt werden. Da ich befürchtete, es würde in Chicago zu den gleichen Kontroversen wie in Telluride kommen, sagte ich meine Teilnahme, so schwer es mir auch fiel, ab.

Hurrikan «Fifi»

Von New York flog ich mit Horst über Miami nach Honduras. Nach den turbulenten Tagen in Telluride freute ich mich unheimlich auf das Tauchen in Roatan. Erst nach mehreren Zwischenlandungen kamen wir auf der Insel an, waren aber auch da noch nicht am Ziel. Das «Spyglass Hill-Hotel» lag auf der entgegengesetzten Seite der Insel. Auf schlechten, kurvenreichen Straßen, durch hügeliges Gelände, erreichten wir schließlich abgekämpft unser Ziel. Die umständliche Reise hierher hatte sich gelohnt. Das kleine Hotel, nicht weit vom Meer, lag umgeben von einem Palmenwald auf einem Hügel, von den Besitzern Mr. Belveal und seiner Frau, die sich «Happy» nannte, wurden wir wie Freunde empfangen. Gespannt warteten wir auf unsere ersten Taucherlebnisse. Obgleich wir die einzigen Gäste waren, gab es einen Tauchlehrer und die ganz reizende Tauchlehrerin Janet, die schon einen Tag nach unserer Ankunft mit uns aufs Meer hinausfuhr. Das Wasser war kristallklar, und schon nach dem Abtauchen sah ich zum ersten Mal, unmittelbar vor uns, auf dem Sand unbeweglich einen großen Hai liegen, einen Engelhai – wie schon sein zärtlicher Name sagt, ein ungefährlicher Meeresbewohner. Er sah wunderschön aus und schwamm, als ich mich ihm näherte, langsam davon. Dann leitete uns Janet durch einen langen, stockdunklen Tunnel, durch den ich mich allein nicht gewagt hätte, bis Licht die Dunkelheit durchbrach. Ein überraschendes Schauspiel bot sich uns, Tausende silbriger Fische schwammen in dem von Lichtstrahlen durchleuchteten Wasser. Wir befanden uns in einer großen Grotte, die sich wie ein Dom über uns wölbte – rings um uns dunkle Korallenwände und über uns eine aus Blau, Grün und Silber schimmernde Decke. Ein überwältigender Anblick.

Als Janet uns am nächsten Tag ein anderes Wunder unter Wasser zeigen wollte, konnten wir nicht hinausfahren. Das Meer war zu bewegt, der Wind war so stark, daß er uns fast umriß. Dee, unser

Hausherr, wußte aus dem Radio, ein Hurrikan war angesagt. Ich dachte mir dabei nichts Schlimmes, denn noch nie hatte ich einen Hurrikan miterlebt. Durch die Scheiben sah ich, wie sich die Palmen bogen und Blätter durch die Luft wirbelten. Ich lief hinaus, um meine Leica für Bilder in dem aufkommenden Sturm zu holen, kam aber kaum noch bis zu unserem Bungalow. Nur mit Mühe konnte ich das Hauptgebäude erreichen. An Fotografieren war nicht mehr zu denken. Als ich meine Hand aus der Tür hielt, glaubte ich, sie würde abgerissen. Immer wilder wurde der Sturm, immer stärker das Getöse und Krachen. Dee und seine Frau machten ernste Gesichter.

Da zersplitterten die ersten Fensterscheiben.

«Nach den Radiomeldungen», sagte Dee, «kommt das Auge von ‹Fifi› – so wurde dieser Hurrikan genannt – direkt auf Roatan zu, in kurzer Zeit wird es über uns sein. Er soll eine Stundengeschwindigkeit von über zweihundert Kilometern haben, keiner darf das Haus mehr verlassen.» Nun bekam ich es mit der Angst zu tun. Ich sah, wie der Sturm das Meer peitschte, die Wellen immer höher gingen und Äste durch die Luft flogen. Das Toben des Sturms nahm von Sekunde zu Sekunde zu, die Tür wurde aus den Angeln gerissen, wir flüchteten in die Ecken des Raums. Balken krachten von der Decke herunter, und jeden Augenblick fürchtete ich, das einstöckige Haus werde über uns zusammenstürzen. Da fing es zu prasseln an, und bald stürzten Regengüsse vom Himmel. Mit allen nur möglichen Gefäßen versuchten wir, das Wasser wegzuschöpfen. Unwillkürlich mußte ich an die Schneestürme denken, die ich bei der «Weißen Hölle vom Piz Palü» auf der Diavolézza erlebt hatte, aber das hier war ungleich schlimmer.

Zwölf Stunden dauerte es, bis das Toben vorüber war und wir uns ins Freie wagten. Der Wirbelsturm hatte verheerend gewütet. Riesige alte Bäume waren entwurzelt oder ihre Stämme wie Streichhölzer geknickt. Das von den Dächern gerissene Wellblech hatte sich wie Papiermanschetten um die Stämme gewickelt. An dem Gebäude, in dem wir den Hurrikan überstanden, hatte der Sturm das Dach abgerissen und den Oberstock total zerstört. Das Bootshaus von Dee schwamm auf dem Meer, und eine große Yacht, die draußen geankert hatte, lag schwer beschädigt auf einem Hügel. Es war wie nach einem Bombenangriff.

Es war ein Wunder, daß wir diesen Hurrikan überlebt haben. Wie wir erfuhren, war er der schlimmste, den es im letzten Jahrhundert hier gegeben hat. Dieser war im September 1974. Die Behörden schätzten, daß acht- bis zehntausend Menschen dabei umkamen, hunderttausend wurden obdachlos und eine halbe Million erlitt Sachverluste aller Art. Eisenbahnlinien und Brücken waren zerstört. 60 Stunden ging ununterbrochen schwerer tropischer Regen hernieder. Ausgetrocknete Flußbette waren zu reißenden Flüssen geworden. Ein Gemisch von Geröll, Baumstümpfen, Erde und Wasser verwüstete die Stadt Coloma, kilometerweit wurde das ganze Land überschwemmt. Flüchtende Menschen wurden durch gewaltige Erdrutsche zermalmt oder ertranken in den tobenden Wassern. Die Regierung von Honduras rief den nationalen Notstand aus.

Wie viele Menschen auf Roatan ums Leben kamen, weiß ich nicht. Die am schwersten betroffenen Gebiete lagen an der Nordküste Honduras. An ein Fortkommen von der Insel war nicht zu denken. Sämtliche Strom- und Telefonleitungen waren abgerissen, Dee hatte ein Notaggregat aufgestellt, so daß man kochen konnte, und einige wenige Lampen brannten. In den ersten Tagen wurden Leichen ans Land geschwemmt. Es war schauerlich, wie in einem Krieg.

Dee und Happy waren rührend. Mit Hilfe von Janet, dem Tauchlehrer und anderen arbeiteten sie Tag und Nacht, um die größten Schäden zu reparieren und das Leben wieder zu normalisieren. Nachdem sich das Meer wieder beruhigt hatte, ging Dee nach Tagen sogar noch mit Horst und mir tauchen, aber ich konnte es nicht mehr genießen, zu tief saß noch der Schock. Wir warteten nur auf die erste Gelegenheit, von hier wieder fortzukommen, aber erst drei Wochen später konnten wir mit einer kleinen Maschine zum Festland fliegen. Als wir in «San Pedro de Sula» landeten und durch die halb zerstörte Stadt fuhren, war die Luft noch verpestet vom Geruch der Leichen. Während der Fahrt zum Hotel schloß ich die Augen. Überall sah man Kinder und arme Menschen in den noch von Schlamm bedeckten Straßen herumirren.

New York

Als ich in New York im «Westbury Hotel» aufwachte, glaubte ich, dies alles sei nur ein böser Traum gewesen. Auch unsere Angehörigen und Freunde daheim hatten sich große Sorgen gemacht.

Während ich mit Horst die Fifth Avenue hinaufging, blieben wir vor einer großen Buchhandlung stehen. Im Fenster lag die amerikanische Ausgabe meines Nuba-Buches «The Last of the Nuba». Aber nicht darüber war ich so überrascht, denn ich wußte, daß der Bildband demnächst in Amerika herauskommen würde, sondern daß das Schaufenster ausschließlich und über und über nur mit den Nuba-Büchern dekoriert war. So etwas hatte ich noch nie gesehen. Es war die große Buchhandlung Rizzoli, schräg gegenüber Tiffany. Harper & Row bestätigte mir, daß der Bildband einen sensationellen Erfolg habe, auch bei der Presse. Als ich am späten Nachmittag noch einmal zu Rizzoli ging, sagte man mir, in wenigen Stunden seien alle Bücher, auch die aus dem Schaufenster, verkauft worden. Wir feierten diesen Erfolg zu Rizzolis Ehren bei dem Italiener «Nanni», einem der vielen guten Restaurants, die es hier in Fülle gibt.

Schnell wurde bekannt, daß ich in New York war, und von diesem Augenblick an hatte ich keine ruhige Stunde mehr. Nicht nur Journalisten und Fotografen stürzten sich auf mich, auch Künstler und Freunde erschienen, darunter auch Bianca Jagger, die im «Plaza» wohnte und mich zum Tee einlud. Eine große Freude. Was ich schon beim ersten Mal vermutet hatte, fand ich bestätigt. Bianca war keine Modepuppe, für die sie von vielen Leuten gehalten wird, eher das Gegenteil. Sie hatte viel über Film gelesen, war besonders an Regiearbeit interessiert und über meine Arbeit überraschenderweise genau informiert. Auch mit Mick war ich zusammen, der extra von Long Island herüberkam. Der Abend mit ihm ist mir in allen Einzelheiten unvergeßlich geblieben. Mick hatte die schöne Faye Dunaway und den Rockmusiker Peter Wolf, beide gerade erst verheiratet, sowie Anni Ivil, eine junge Frau, mit der er geschäftlich zusammenarbeitete, Horst und mich zu einem Abendessen eingeladen. Anni hatte mir gesagt, Horst müßte eine Krawatte tragen, ich ein Abendkleid, was bei «La Côte Basque», einem französischen Luxusrestaurant, unerläßlich war. Für uns etwas problematisch, da Horst Krawatten haßt und meine Abendgarderobe ziemlich bescheiden war.

Als wir abgeholt wurden, konnte ich Faye Dunaway und Anni Ivil bewundern, sie waren phantastisch angezogen. Beim Betreten des Restaurants musterte uns eine ältere französische Empfangsdame streng von Kopf bis Fuß. Sie ließ uns passieren, verwehrte aber Faye Dunaway und Anni Ivil den Eintritt mit der grotesken Begründung, Damen in Hosen seien hier nicht zugelassen. Zuerst dachten wir, dies wäre nur ein Scherz, denn Fayes und Annis Kleider hatten knöchellange, weitschwingende Chiffonröcke. Aber die Türhüterin verwies mit energischer Geste auf den Ausgang. Das war zuviel für Mick. Wütend beschimpfte er sie, trat an den Tisch, der für uns reserviert war, nahm ein Weinglas und schmiß es auf den Boden. Ich versuchte, ihn zu besänftigen. Inzwischen war der Geschäftsführer erschienen, hatte die überstrenge Empfangsdame weggeschickt und beschwörend versucht, sich bei Mick zu entschuldigen. Der schwankte eine Weile und entschloß sich mit verfinstertem Gesicht zu bleiben. Faye und Anni, deren Kleiderröcke, wenn man sie auseinanderfaltete, tatsächlich als Hosenkleider gelten konnten, was dem scharfäugigen Cerberus nicht entgangen war, verschwanden tatsächlich, um sich umzuziehen. Natürlich war der Abend verdorben, und trotz Kaviar, Hummer und Champagner kam keine Stimmung mehr auf.

Am kommenden Tag kam ich mit mehreren amerikanischen Filmleuten und Künstlern zusammen. Wir hatten herrliches Herbstwetter. Fast konnte man in Sommerkleidung gehen. Diese Stadt ist toll und zieht einen an wie ein Moloch. Turbulent und faszinierend, was ich in den wenigen Tagen in New York erlebte. Die unvorstellbaren Gegensätze von Armut und gigantischem Reichtum, von atemberaubender Architektur und der Trostlosigkeit der Bronx, die unzähligen Luxus-Restaurants und Schaufenster voll von Kostbarkeiten jeder Art, das alles erzeugte eine erregende Spannung.

Fast jede Stunde hatte ich eine neue Verabredung, die mir wichtig erschien. Vor allem waren es die Unterredungen mit Richard Meran Barsam, Professor an der «New York University», der über meine Filme ein Buch schrieb, oder die Bekanntschaft mit Sidney Geffen, Besitzer eines der großen Lichtspielhäuser, das Carnegie Hall Cinema, der mich in ein tschechisches Lokal führte zum besten Entenbraten, den ich je gegessen habe. Nicht weniger interessant war das Zusammentreffen mit Peter Beard, dem bekannten Afrika-Schriftsteller und Fotografen, ein Freund von Mick und Bianca, der uns auf seine Farm nach Nairobi einlud. Dann wollte mich mein Verleger sehen und von «Camera Three» Stephan Chodorov und John Musilli, die den Fernsehfilm über mich gemacht hatten. Dann die Stunden mit Jonas Mekas, dem «Papst» des künstlerischen Films, der in seinem Kunstfilmtheater Filme in technisch maximaler Qualität zeigt und auch meine Filme vorführen wollte. All das war ungeheuer aufregend und verheißungsvoll, aber wir hatten schon Oktober, und im November wollte ich schon bei den Nuba von Kau sein.

Ich hatte großes Glück, ausgerechnet hier in New York den sudanesischen Außenminister Dr. Mansour Khalid zu treffen. Wir trafen uns in der «Factory» von Andy Warhol, mit dem ich verabredet war. Der Minister versprach mir für meine wahrscheinlich letzte Expedition jede nur erdenkliche Hilfe, vor allem für die Beschaffung der Fahrzeuge.

Die Atmosphäre in Andy Warhols «Factory» war im Gegensatz zu seinen Filmen und Bildern sehr nüchtern. Es waren leere Fabrikräume mit ein paar Stühlen und Tischen darin, an viel mehr kann ich mich nicht erinnern. Ich mußte lange warten, bis Andy erschien. Er wirkte fast zierlich. Seine Hautfarbe war bleich, was durch die weißen Haare und den dunklen Anzug, den er trug, verstärkt wurde. An der Leine führte er einen kleinen Hund. Unser Gespräch, das er mit einem

Tonbandgerät aufnahm, war sehr sachlich. Andy sprach langsam, fast monoton. In seinem Gesicht waren keine Emotionen zu sehen. Er wirkte etwas scheu. Wahrscheinlich war dies Schutz gegen Fremde, da er schon für zu viele eine Kultfigur geworden war. Über Paul Morrissey, Regisseur seiner Filme und ein Fan von mir, der oftmals lange Gespräche aus New York mit mir führte, hatte ich noch über eine längere Zeit Kontakt mit ihm.

Ein Telefongespräch

In München ging es drunter und drüber. In wenigen Wochen mußte alles für die Expedition vorbereitet sein, und deren Vorbereitung war noch schwieriger als die unserer bisherigen. Von den Nuba-Bergen aus war Kadugli in zwei bis drei Autostunden erreichbar, und dort gab es manches zu kaufen. In der Umgebung von Kau gab es nichts, nicht einmal Märkte für Eingeborene. Wir mußten alles, was wir benötigten, mitnehmen.

Während dieser Arbeiten riefen uns plötzlich einige uns unbekannte Leute an. Sie wollten sich über die Südost-Nuba erkundigen, darunter ein Reiseunternehmer, der die Absicht äußerte, demnächst nach Kau zu fahren. Wir waren bestürzt. Horst, der mit dem Mann gesprochen hatte, versuchte sofort, ihm dieses Vorhaben auszureden. Er sagte, daß nach seinen Informationen dieser Stamm längst seine Bräuche und Sitten abgelegt habe, es solle dort sogar schon eine Schule geben. Als Horst den Anrufer fragte, wie er auf diese Eingeborenen gekommen sei, erzählte der ihm, er habe vor kurzem über diesen Stamm in der «Neuen Zürcher Zeitung» einen interessanten Bildbericht gesehen, in dem der Verfasser auch über die großen Veränderungen und den baldigen Untergang der Südost-Nuba berichte, aber auf vielen Fotos sei ersichtlich, daß die Eingeborenen noch nackt sind, sicherlich noch ein lohnendes Reiseziel. Das klang nicht gut.

Schließlich hatte ich Horst beruhigt, der sich in Kau schon von Touristen umringt sah. Ich ließ mir den Artikel aus der Schweiz kommen, er war mit «Künstler und Kämpfer» betitelt und stammte von einem Oswald Iten. Ich wollte mich mit dem Autor gerne über die Südost-Nuba unterhalten und erhielt von der Redaktion dessen Adresse und Telefonnummer.

Herrn Iten konnte ich nicht erreichen, aber seine Wirtin, der ich meinen Paßnamen genannt hatte. Bevor ich ihr noch den Grund meines Anrufes erklären konnte, fing sie sogleich von ihrem Mieter zu schwärmen an. Er hätte herrliche Aufnahmen aus dem Sudan mitgebracht, die er aber kaum verkaufen könne, weil «die Riefenstahl» ihm das Geschäft verderbe. Er könnte auch, sagte sie, für seine Fotos keinen Verleger finden, weil sie alle wegen des Nuba-Buches «der Riefenstahl» daran nicht mehr interessiert wären.

«Ist Herr Iten Fotograf oder Wissenschaftler?» fragte ich.

«Er studiert, er ist doch noch sehr jung», sagte seine Wirtin und erzählte mir, worüber ich nur staunen konnte. Ihr Mieter hätte, als er in diesem Jahr von seiner Sudanreise zurückkam, ihr erzählt, daß «die Riefenstahl» kurz vor ihm bei den Südost-Nuba gewesen wäre und dort mit einem großen Team und einer enormen Ausrüstung gearbeitet hätte.

Was für törichte Lügen! Anspruchsloser wie Horst und ich die Tage in Kau verbracht hatten, ging es nicht mehr. Damals ahnte ich allerdings noch nicht, daß dieser Student später in Zeitungen und sogar in einem Taschenbuch die unglaublichsten Geschichten über mich verbreitete und mich überall zu diffamieren versuchte.

Zurück in den Sudan

Es war Anfang Dezember 1974, als ich, wie vor jeder Expedition, erschöpft und wie ausgelaugt nach Khartum flog. Horst sollte in einer Woche mit dem gesamten Expeditionsgepäck nachkommen. Dieses Mal wollte ich die private Gastfreundschaft meiner Freunde nicht in Anspruch nehmen und hatte mir im «Sudan-Hotel» ein Zimmer reservieren lassen. Kaum in Khartum angekommen, wurde ich krank. Ich bekam heftige Magenschmerzen und eine Hautallergie, Körper und Gesicht waren mit roten Flecken bedeckt. Eine deutsche Ärztin half mir mit starken Calciuminjektionen. Als Horst ankam, durfte ich schon wieder aufstehen und zum Flughafen fahren.

Am nächsten Morgen kam eine Hiobsbotschaft, unsere Luftfracht war nicht mitgekommen. Unser Freund Norbert Koebke, Leiter der Deutschen Lufthansa in Khartum, bemühte sich angestrengt, unser Gepäck aufzufinden. Trotz aller Telexe nach München, Frankfurt und Kairo – kein Erfolg. Auch mit der nächsten Maschine kam das Gepäck nicht. Wir mußten wohl oder übel in dem einfachen, aber teuren Hotel bleiben und warten. Einen Tag vor Heiligabend trafen die Gepäckstücke ein. Wir atmeten auf, kamen aber an unser Gepäck nicht heran. Alle Behörden und Büros, einschließlich der Zollabfertigung, waren geschlossen, und zwar für die ganze Woche. In die Zeit vom 23. Dezember bis Jahresende fallen die hohen Feiertage der Mohammedaner und der Christen, anschließend beginnen im Sudan mit Jahresanfang die Unabhängigkeitsfeiern. Eine katastrophale Situation. Wir waren in Khartum gefangen.

In dieser verzweifelten Situation wurde Norbert Koebke unser rettender Engel. Wie er es geschafft hatte, weiß ich nicht mehr, aber er bekam während der Weihnachtstage unser Gepäck aus dem Zoll heraus. Ein neuer Schrecken. Unser Seesack mit unentbehrlichen Geräten wie Lichtkabel, Kamerafolien, Filmstativ und anderen wichtigen Teilen war nicht dabei und, wie es sich herausstellen sollte, auch nicht mehr zu finden. Wir mußten uns das alles aus Deutschland besorgen lassen und verloren so eine weitere Woche. Spätestens Anfang Dezember wollte ich in Kau sein, und nun war es Weihnachten. Um die Katastrophe zu vervollständigen, gelang es uns trotz meiner guten Beziehungen zu den sudanesischen Behörden und trotz hilfsbereiter Freunde nicht, in Khartum einen LKW zu mieten. Präsident Nimeiri und einige seiner Minister verbrachten die Tage in Mekka, auch Abu Bakr war nicht in Khartum. Welche Mühen hatten die Vorbereitungen der Expedition gekostet, und nun saßen wir hier schon seit drei Wochen.

Ein Glück, daß der sudanesische Außenminister, der mir in New York jede Hilfe versprochen hatte, sich in Khartum aufhielt. Immerhin gelang es ihm, uns wenigstens ab El Obeid Fahrzeuge zu verschaffen und mir ein Flugticket dorthin, für Horst eine Eisenbahnfahrkarte.

Während ich mich in El Obeid um die Fahrzeuge bemühte, blieb Horst noch in Khartum, bis die aus München kommenden Ersatzstücke einträfen. Mit seinen 35 Kisten sollte er per Bahn nach El Obeid nachkommen.

Seit Tagen wartete ich ungeduldig auf ihn. Er hätte längst eintreffen müssen. Der Zug kam und kam nicht. Ich war schon am frühen Morgen am Bahnhof, der Zug war angesagt, aber er kam nicht, er sollte dann am Abend kommen und schließlich um Mitternacht. Niemand konnte mir Auskunft geben, warum der Zug nicht eintraf. Tief beunruhigt ging ich ins Rasthaus.

Morgens um sechs Uhr fand ich mich wieder auf dem Bahnsteig ein. Stundenlang stand ich da, voller Angst und Ungewißheit. Es wurde Nachmittag und noch kein Zug zu sehen. Über 50 Stunden war er schon unterwegs. Aber endlich rollte er ein. Zitternd hielt ich Ausschau nach Horst – er war da und, gottlob, mit ihm die unzähligen Kisten. Das Anstrengendste dieser Fahrt für ihn war, daß er die ganze Zeit kaum hatte schlafen können, um nicht bestohlen zu werden. Sooft der Zug hielt, und er hielt andauernd, lief er zum Gepäckwagen und zählte die Kisten.

Noch vor Sonnenaufgang verließen wir El Obeid. General Abdullahi Mohamed Osman hatte mir zwei Fahrzeuge mit Soldaten als Fahrer zugeteilt, einen uralten Landrover und einen Lastwagen für das Gepäck. Benzin war sogar bei der Armee äußerst knapp, wir erhielten nur zwei Fässer, die aber höchstens für die Hinfahrt und nur für drei bis vier Wochen Aufenthalt reichten. Beim Zustand der Bereifung mußten wir wohl mit reichlich Reifenpannen rechnen.

In Kadugli, wo uns der neue Gouverneur herzlich willkommen hieß, war es auch unmöglich, Benzin aufzutreiben. Immerhin hatten wir die Chance, nach Kau zu kommen, und besaßen die Sympathie des Gouverneuers.

Schon nach Kadugli wurde die Fahrt mühselig. Von der vergangenen Regenzeit her waren die Pisten noch schwer befahrbar und langwierige Umwege, die Benzin fraßen, unvermeidbar. Große Steine und Baumstämme versperrten immer wieder den Weg. Oft mußten sich die Wagen durch enges Buschwerk zwängen, dann krachten um uns die Äste. So wurde die Fahrt für uns alle zu einer Nervenprobe. Aber dann lichtete sich das Gestrüpp, und wir sahen vor uns die Berge von Kau. Es war Anfang Januar, als wir dort erschöpft ankamen. Wie bei unserem ersten Besuch schlugen wir unser Lager unter dem gleichen großen Baum auf, dessen Krone einen idealen Schattenplatz abgab. Noch waren keine Nuba zu sehen.

Am Abend kam der Omda zur Begrüßung. Er schien erfreut und bot uns wieder seine Hilfe an. Das Vordringlichste war ein hoher Strohzaun um unser Lager, und schon am nächsten Morgen kamen vier Männer. Unser «Haus» war schon am selben Abend so gut wie fertig, und es kam mir schöner vor als jede Luxus-Suite. Die Hitze war Anfang Januar noch gut zu ertragen.

Um uns herum herrschte himmlische Stille, denn die Nuba ließen sich noch immer nicht sehen. Das war gut so, denn zunächst hatten wir unsere Kisten auszupacken und das Lager einzurichten. Dann besuchten wir mit unseren Geschenken den Omda, der nur wenige Minuten von unserem Platz entfernt wohnte. Es waren einfache Sachen, aber hübsch verpackt, und für die in dieser Abgeschlossenheit lebenden Menschen fast Kostbarkeiten. Wir wurden mit Tee bewirtet und lernten die ganze Familie kennen mit allen Frauen und Kindern. Dann kamen die Überraschungen zum Vorschein. Der Omda erhielt eine große Taschenlampe mit vielen Ersatzbatterien, die Frauen bekamen Perlen und die Kinder Bonbons. Danach übergab ich dem Omda einige Schriftstücke. Die wichtigsten waren aus dem Büro von Nimeiri und dem höchsten Polizeichef im Sudan. Die Sudanesen wurden darin aufgefordert, mir jede nur erdenkliche Hilfe zu gewähren. Außerdem besaß ich ein Schriftstück vom Ministerium für Kultur und Information, in dem bestätigt wurde, daß ich eine «Freundin des Landes» sei und die Aufnahmen hier unter seiner Schirmherrschaft erfolgen. Meinen sudanesischen Paß hatte ich sowieso dabei. Der Omda war von den Unterschriften und Stempeln tief beeindruckt.

Bevor wir uns verabschiedeten, zeigte er uns stolz eine goldglänzende Armbanduhr, eine Schweizer Uhr, die er vor einem Jahr noch nicht getragen hatte. Er fragte Horst, der, sprachtalentiert, etwas arabisch konnte, ob er ihm nicht das lockergewordene Armband reparieren könnte. Auf unsere erstaunten Blicke erfuhren wir, er hätte sie von einem, wie er sich ausdrückte, «swisserer» erhalten, der im vorigen Jahr nur kurze Zeit, nachdem wir Kau verlassen hatten, in dieser Gegend fotografiert hatte. Als der Omda sagte, er sei aus Malakal gekommen, fiel mir der Bericht der «Neuen Zürcher» ein, dessen Verfasser über die Südost-Nuba und den gewaltigen Wandel, den er an ihnen während seiner Aufenthalte zwischen 1972 und 1974 festgestellt habe, geschrieben hatte. Da hatte gestanden: «Die Zeit dürfte nicht mehr fern sein, in der sich die südöstlichen Nuba gleich dem Beispiel ihrer Brüder in Talodi und Rheika allen Plunder umhängen: Plastikdecken, Metalleimer, Autoreifen. Die größte Gefahr für ihre Tradition bildet der Islam. Herausgerissen aus ihrem tradionellen Hintergrund, gewöhnt an Geld, verelenden viele in den Armenvierteln der größeren Ortschaften und Städte.»

Das gleiche hatte ich bei «meinen» Nuba erlebt. Sollte dies auch schon auf die Südost-Nuba übergegriffen haben? Zehn Monate waren erst vergangen, seitdem ich sie noch bei den traditionellen Messerkämpfen in ihrer Ursprünglichkeit fotografieren konnte. Sollten dies die letzten Aufnahmen gewesen sein, und war es nun schon zu spät, sie noch ohne diesen Plunder fotografieren zu können? Dann hätte ich mir diese Expedition ersparen können. Noch wußte ich es nicht. Wir hatten bisher nur alte Leute und Kinder gesehen.

Bald sollte ich Gewißheit haben. Der Omda fuhr mit uns nach Fungor, zu dem Platz, an dem ich vor einem Jahr die Kämpfe aufgenommen hatte. Was wir jetzt zu sehen bekamen, war eine bittere Enttäuschung. Die meisten Männer waren als Zuschauer oder Begleitpersonen gekommen. Kämpfer gab es nur wenige. Sie trugen Shorts oder waren arabisch gekleidet. Die Kämpfe selbst boten einen chaotischen Anblick, Streitigkeiten gingen voran, wer gegen wen antreten durfte, und schließlich kam es nur zu einem einzigen Kampf. Dieses Paar war von Zuschauern so sehr umringt, daß wir es weder filmen noch fotografieren konnten. Die zwei Tage unseres vorjährigen Besuchs waren Sternstunden gewesen, die sich wohl nie mehr wiederholen würden.

Wir mußten Abschied von Suliman, dem Fahrer unseres Lastwagens, nehmen, der verabredungsgemäß den LKW nach El Obeid zurückbringen sollte. Es war die letzte Gelegenheit, Briefe mitzugeben, denn von nun an waren wir von der Außenwelt so gut wie abgeschnitten. Von Abu Gubeiha, der nächsten Ortschaft, waren wir zwar nur 130 bis 150 Kilometer entfernt, aber für unseren museumsreifen Landrover war diese Strecke ohne Begleitfahrzeug und ohne eine Benzinreserve nicht zumutbar. In einem Brief schilderte ich dem General unsere ernste Lage und bat ihn, uns so bald als möglich den Lastwagen mit Ersatzteilen, Benzin und Öl zurückzuschicken. Suliman bekam neben dem Brief auch einen größeren Geldbetrag mit, um diese Dinge notfalls auf dem Schwarzen Markt zu kaufen. Mohamed, der Fahrer unseres Landrovers, ein noch sehr junger Soldat, war überzeugt, daß Suliman spätestens in einer Woche mit den gewünschten Dingen wieder da sein würde. Der General hatte ihm einen Kameraden mitgeschickt, damit es ihm nicht zu einsam bei uns würde. Soweit lief alles gut. Aber die erste große Enttäuschung kam bald. Als wir Kau besuchten, war das Dorf wie ausgestorben. Sooft wir auch um die Häuser herumgingen, in den Felsen herumkletterten, wir trafen hauptsächlich auf kläffende Hunde und einige wenige ältere Leute. Auch winkten sie ab, wenn sie unsere Kameras sahen. Kein einziges junges Mädchen, kein einziger der so phantastisch bemalten Männer war zu entdecken. Erst als ich den arabischen Lehrer an der Schule, Ibrahim, kennenlernte, mit dem ich englisch sprechen konnte, wußte ich, daß alle arbeitsfähigen Nuba noch auf den weit entfernt liegenden Feldern Erntearbeiten verrichteten und wochenlang nicht in ihre Dörfer zurückkämen. Darum hatten wir niemand in Kau gesehen.

Das Thermometer stieg von Tag zu Tag. Bald hatten wir im Schatten 35 Grad und mehr. Bisher hatte ich während meiner Afrika-Expeditionen nie unangenehme Erlebnisse mit Schlangen gehabt. Wir hatten Schlangenserum dabei und sogar einen kleinen Petroleum-Kühlschrank, um dieses Serum und andere Medikamte frischhalten zu können, aber gegen die sehr giftigen Baumschlangen gibt es kein Serum, und gerade eine solche hatte sich in den Sack verkrochen, in den ich jeden Morgen meine Bettlaken legte. Horst hörte meinen Schrei, als ich in den Sack griff und eine ungefähr zwei Meter lange grüne Schlange an meinem Arm entlang ins Freie glitt. Geistesgegenwärtig erschlug er sie mit einem Stock. Danach spannten wir über die

Betten zwei große Laken, damit Schlangen und anderes Getier von der Baumkrone nicht auf uns fallen konnte.

Am nächsten Tag geriet ich in eine andere gefährliche Lage. Ich hatte mir das verstaubte Haar gewaschen, als ein riesiger Bienenschwarm, möglicherweise durch den Duft des Shampoos angelockt, heransummte. Horst schrie: «Schnell unter die Decken.» Wir hatten auf die Feldbetten gegen Staub Plastikdecken gelegt und lagen nun schwitzend darunter. Tausende von Bienen um uns herum. Ich bekam kaum noch Luft, Schweiß floß aus allen Poren. Durch das durchsichtige Material sah ich die Bienen zu Hunderten darauf herumkriechen. Horst schrie: «Laß die Decken zu, die Bienen stechen dich tot!»

Das Surren der Bienen schwoll immer stärker an, fast pausenlos schrie Horst: «Tute, Tute, Mohamed, Arabi», aber niemand hörte ihn. So lagen wir schweißgebadet eine gute halbe Stunde, bis wir endlich Stimmen und Geräusche hörten. Ich erkannte Tute, einen Verwandten des Omda, wagte aber noch nicht, die Decke zu öffnen. Da hörte ich Feuer knistern. Die Nuba räucherten die Bienen aus. Erst seitdem weiß ich, daß Bienen in den Rauch fliegen und dabei sterben. Mit Schrecken fielen mir die nahebei stehenden Bezinkanister, die Gaspatronen und der ausgetrocknete Strohzaun ein! In Sekunden stünde unser Lager in einem Flammenmeer. Als wir uns aus den Decken wickelten und ins Freie taumelten, hing an einem Baumast ein Bienenschwarm, einen Meter lang, unter den Tute und zwei andere Nuba brennende Strohfackeln hielten. Der Boden war mit toten Bienen übersät, zahllose flogen noch wie irre herum. Wir alle bekamen schmerzhafte Stiche ab und waren erst von den Bienen befreit, als die Sonne unterging.

Die Unglücksserie schien nicht abzureißen. An einem Morgen während des Frühstücks geschah das Unglück. Plötzlich ein Knall, Flammen an unserem Baum, und schon brannten meine Kleider, die dort auf einer Leine hingen. Mit Decken und Sand konnte Horst das Feuer ersticken. Unser Gaskocher, längst abgestellt, war explodiert. Keine Stunde später lief ich innerhalb unseres Lagers mit dem Kopf gegen einen tiefhängenden Baumast und trug eine Gehirnerschütterung davon. Während Horst, der sich beim Löschen des Feuers die Hand verbrannt hatte, mir Kompressen um den Kopf legte und Kamillenumschläge auf die anschwellenden Augenlider, hörten wir das Herankommen großer Wagen. Sie hielten unmittelbar vor unserem Zaun. Horst schaute durch das Stroh und sagte: «Wir bekommen Besuch. Draußen stehen zwei Unimog-Fahrer, scheinen Touristen zu sein.»

Wie kamen um alles in der Welt Touristen hierher? Horst ging hinaus, um mit den Fremden zu reden. Später erzählte er mir, es seien nette Leute, die durch die Indiskretion eines Beamten erfahren hätten, wo wir arbeiten. Sie wollten mich besuchen.

Einige hatten auch den Bericht der «Neuen Zürcher» gelesen und das Büchlein des amerikanischen Wissenschaftlers James Faris, der vor Jahren ein bemerkenswertes, mit Farbfotos illustriertes Buch über die Südost-Nuba herausgegeben hatte. Nun waren sie enttäuscht, daß sie die bemalten Nuba nicht zu sehen bekamen. Am nächsten Tag fuhren die Unimog-Fahrzeuge wieder ab.

Wir waren sehr unglücklich über diesen Besuch, nicht nur weil er uns in der Arbeit gestört hatte. Jetzt erschienen auf einmal allerlei Kinder und auch Erwachsene mit großen Geldscheinen, die wir wechseln sollten, und wir erfuhren, was die Touristen angerichtet hatten. Tute berichtete, die Fremden hätten mit Geld versucht, die scheuen Nuba vor ihre Fotoapparate zu locken. Für uns eine Katastrophe. Mit Geld bekommt man nur gestellte Fotos, und wenn man einmal damit bei Eingeborenen anfängt, ist es für einen Fotografen für immer aus. So war das mit den Masai und anderen afrikanischen Stämmen.

Da zur Zeit in Kau kaum etwas zu fotografieren war, besuchten wir Nyaro. Hier sah ich wieder die hübschen eingeölten Mädchen, aber sie liefen, wenn sie uns sahen, wie scheue Gazellen davon. Überraschenderweise waren hier die Nuba nicht so zahlreich auf den Feldern und glücklicherweise auch noch nicht durch häßliche Bekleidung entstellt. Ich atmete auf, es gab noch Hoffnung für unsere Aufnahmen.

Als ich in Nyaro den ersten Versuch zu fotografieren machte, kam ein älterer Mann auf mich zu. Wenn ich auch seine Sprache nicht verstand, begriff ich, daß er Geld wollte, denn «krusch» bedeutet arabisch «Geld», und ohne zu zahlen dürften wir hier nicht aufnehmen. Bei «meinen» Nuba hatte ich das nie erlebt. Wir wollten aber kein Geld geben, verabschiedeten uns freundlich und sagten nur «bukra», was «morgen» heißt.

Das hatten die Touristen angerichtet, für uns eine schwierige Lage. Als ich den Vorfall mit dem Omda besprach, lächelte er nur und erzählte, die Touristen mit dem Unimog wären keineswegs die ersten gewesen, schon vorher waren welche hier, die für Fotos den Nuba Geld gegeben haben. Auch James Faris, sagte er, hat ihnen für seine Tonbandaufnahmen Geld gegeben.

Der Omda kam auf einen guten Ausweg: Er fuhr mit uns nach Nyaro, und bald saßen wir mit einigen der «Ältesten» und Unterhäuptlingen in einer Nuba-Hütte beisammen. Bevor er auf unser Anliegen zu sprechen kam, wurde Marissebier herumgereicht. Dann zeigte er die Schriftstücke, die ich ihm übergeben hatte, dem Häuptling. Ich konnte nicht erkennen, ob er imstande war, die arabische Schrift zu lesen, aber ich sah, daß er beeindruckt war. Bedächtig wurden die Briefe herumgereicht, und die Mienen der anwesenden Männer hellten sich auf. Die Nuba waren einverstanden, daß wir, ohne zu zahlen, filmen und fotografieren durften, nur bei Tänzen sollten wir den Trommlern Öl schenken. Eine ideale Lösung.

Trotz dieser Vereinbarung war das Arbeiten unglaublich schwer. Oft saß ich stundenlang in der großen Hitze, hinter Felsen versteckt, um einige Schnappschüsse zu erhalten. Am leichtesten war es noch mit den jungen Männern, wenn sie sich bemalten. Die wenigsten winkten ab, die meisten waren so in ihre Arbeit vertieft, daß sie mich gar nicht beachteten. So gelangen mir die ersten guten Aufnahmen. Aber die Mädchen waren unglaublich scheu. Schon öfter hatte ich oben zwischen den Felsen, vor einer Hütte, ein besonders schönes Mädchen gesehen – noch nie war es mir gelungen, es zu fotografieren. Ich hatte mir Perlen mitgenommen, es war ein Versuch. Als ich sie dem Mädchen zeigte, schaute es mich fragend an. Ich deutete auf meine Kamera, es verstand und stellte sich vor die Tür, steif wie eine Puppe, wie ich es nicht anders erwartet hatte. Es war wunderschön – die Gestalt einer Amazone, im Ausdruck trotzig und wild. Es lohnte die Mühe. Nachdem ich einige Aufnahmen gemacht hatte, erhielt es den Beutel. Es setzte sich auf den felsigen Boden, ließ die Perlen vorsichtig, daß keine zu Boden fiel, durch die Hände gleiten und war andächtig in ihren Anblick versunken. Ihre kleineren Geschwister kamen hinzu, und plötzlich hockten viele kleine Mädchen um mich herum. Alle streckten sie ihre Hände aus – alle wollten sie Perlen haben. Ich mußte lachen, und alle lachten mit. Als ich aufstand, griffen sie nach mir und suchten in meinen Taschen nach Perlen. Da sie stark eingeölt und gefärbt waren, sah ich in Kürze völlig verschmiert aus. Ich versuchte, meine Optik vor dem Öl zu schützen, denn sie griffen auch nach meiner Kamera. Wie ein Bienenschwarm hingen die Kinder an meinen Armen, zupften an meinem Rock und an meinen Haaren. Ich mußte mich mit Gewalt losreißen.

Viel schwieriger als ich hatte es Horst mit seiner Filmkamera. Er konnte noch keinen Meter drehen. Wenn er mit seiner Kamera erschien, machten sich vor allem die Kinder einen großen Spaß, die anderen zu warnen, die sich dann in den Häusern oder hinter den Felsen versteckten. Ihm blieb nichts anderes übrig, als ein paar Ziegen und Schweine zu filmen.

Oft war die Rede gewesen, es gebe hier riesengroße Leoparden, vielleicht die größten der Welt. Tatsächlich hatten in Kau schon einige Male Leoparden große Rinder getötet. Das geschah immer nachts.

Stundenlanges Bellen der Hunde raubte uns dann den Schlaf. Junis und Habasch, zwei Brüder, baten Horst, sie mit dem Landrover in die Berge zu fahren, sie hätten einen großen «kanger» getötet. Der Landrover kam bald zurück, darin ein erschossener Leopard, der mir so groß wie ein Tiger erschien. Junis und Habasch hatten ihn mit einer Eisenfalle gefangen und mit einem Schuß aus ihrem uralten Gewehr getötet.

Ich wollte immer mehr über die Sitten und die Gesellschaftsordnung dieser Nuba erfahren. Durch Tute lernte ich den dafür wichtigsten Nuba-Mann kennen, der auch Faris bei seinen Forschungsarbeiten sehr geholfen hatte: Jabor El Mahdi Tora, ebenfalls ein Verwandter des Omda. Jabor war ein ruhiger, intelligenter Mann, bescheiden und von erstaunlichem Taktgefühl. Bereitwillig beantwortete er mit Hilfe des Lehrers Ibrahim täglich einige Stunden meine Fragen. Was ich von Jabor erfuhr, habe ich in meinem Bildband «Die Nuba von Kau» zu berichten versucht. Ich will mich hier nur darauf beschränken, verständlich zu machen, warum wir diese Strapazen und Gefahren auf uns genommen haben, um vielleicht noch in letzter Stunde Bilder von diesen faszinierenden, einmaligen Südost-Nuba als Dokumente für die Nachwelt zu erhalten.

Jabor berichtete, außer Faris hätten Fremde sich hier niemals längere Zeit aufgehalten – auch nicht Missionare. Nur dank der Isoliertheit von der Umwelt konnten die Nuba an der uralten Tradition ihrer kunstvollen Körperbemalung festhalten, die merkwürdigerweise unter den über einhundert verschiedenen Nuba-Stämmen nur dieser hier kennt. Kein anderer weist auch nur ähnliche Frisuren, Ornamente und Tätowierungen auf. Interessant war, was Jabor mir über den Körperkult erzählte: Wer nackt gehen durfte und wer nicht. Nur wer jung, gesund und nach ihren Begriffen einen schönen Körper hat, darf nackt gehen. So schmücken sich die Männer, wenn sie an den Messerkämpfen nicht mehr teilnehmen – dies geschieht im Alter von 28 bis 30 Jahren – nicht mehr, verzichten auf eine Bemalung ihres Körpers und gehen auch nicht mehr unbekleidet. Wozu sich schmücken, wenn die Schönheit nachläßt, sagen sie. Selbst wenn sie auch nur eine kleine Krankheit haben, vielleicht einen Schnupfen, bekleiden sie sich. So auch die Mädchen. Entdecken sie, daß sie schwanger sind, tragen sie ein Lendentuch und werden nie wieder unbekleidet gehen. James Faris schreibt: «Es gibt keine Gesetze, die es den Älteren verbieten, nackt zu gehen oder sich zu schmücken. Wer es aber trotzdem versucht, läuft Gefahr, ausgelacht zu werden. Ihr Ideal ist der gesunde und schöne Körper.» Ein Mädchen, das sich nicht eingeölt hat, fühlt sich nackt und kann darum am Dorfleben nicht teilnehmen, nicht einmal am

Dorftanz, der fast jeden Abend in der Dämmerung stattfindet. Ebenso ist das mit dem Gürtel, den sie tragen. Man wird niemals ein Mädchen oder einen Mann ohne einen Gürtel sehen, auch wenn er nur aus einer Schnur und einem Palmenblatt besteht. Ohne Gürtel fühlen sich die Nuba «nackt» und schämen sich.

Das Wissen der Nuba über den menschlichen Körper ist so differenziert, daß sie für jeden Muskel, für jede Körperhaltung einen anderen Namen haben. Die Vielzahl ihrer Worte dafür übertrifft bei weitem unseren Wortschatz. Für jede Schulter- und Bauchhaltung haben sie andere Namen. Ob beim Hocken die Fersen auf dem Boden haften oder der Körper nur auf den Zehen ruht, ob der Bauch eingezogen ist oder nach vorn gewölbt, ob die Schultern hängen, breit oder schmal sind, das alles bewerten sie. Es ist völlig ausgeschlossen, einen Nuba oder eine Nuba-Frau mit einem Fettansatz zu sehen. Sie finden das häßlich. Es ist ein Kult, den Mädchen wie Männer mit ihrem Körper treiben.

Ihre Lieblingsbeschäftigung ist der Ringkampf, der ihnen als Vorschulung für die sehr viel härteren und gefährlicheren Messerkämpfe gilt. Die Kämpfe sind fair, aber hart und werden von Dorf zu Dorf ausgetragen – niemals untereinander. Es gibt auch große Kampffeste, zu dem alle drei Dörfer, mehr gibt es bei den Südost-Nuba nicht, ihre besten Kämpfer entsenden – eine uralte Sitte dieses Stammes. Diese Kampffeste stehen in engem Zusammenhang mir ihrem Liebesleben. Je besser ein Kämpfer ist, um so größer seine Chancen. Die Sieger genießen ein so hohes Ansehen, daß sogar verheiratete Frauen mit ihnen schlafen dürfen, wenn sie von diesem Mann ein Kind haben möchten. Der Ehemann wird es annehmen und wie sein eigenes aufziehen. Im übrigen verläuft auch hier die Ehe nach strengen Regeln. Wenn ein Mann ein Mädchen heiraten will, muß er für die Familie des Mädchens acht Jahre bis zur Heirat auf deren Feldern mitarbeiten. Trotz der strengen Regeln war die freie Liebe weit verbreitet, aber nur heimlich, wie bei den Masakin-Nuba.

Ungewöhnlich bei diesem Stamm ist auch, daß nicht der Mann das Mädchen zur Frau wählt, sondern das Mädchen den Mann. Dies geschieht jährlich bei den kultischen Liebestänzen, die meist wenige Stunden nach den großen Kampffesten stattfinden. Ich erinnerte mich an den Tanz, den ich vor einem Jahr in Fungor gesehen hatte, nach dem die Mädchen ihre Beine auf die Schultern der Männer gelegt hatten.

«Werde ich einen solchen Tanz hier zu sehen bekommen?» fragte ich Jabor.

«Wenn die Leute von den Feldern zurück nach Kau kommen, schon.»

«Wann wird das sein?»

Jabor zuckte die Achseln und sagte: «Bald.»

Aber sie kamen und kamen nicht. Auch der sooft angekündigte Kampf zwischen Nyaro und Fungor fand nicht statt. Um uns diesen Kampf nicht entgehen zu lassen, fuhren wir von nun an jeden Tag nach Nyaro. Dort hieß es, es wären noch zu viele Kämpfer aus Fungor bei der Feldarbeit.

Täglich kletterte das Thermometer höher und hatte schon 38 Grad im Schatten erreicht. Das stundenlange erfolglose Warten hinter den heißen Felsen zermürbte uns allmählich. Wir verloren jeden Appetit und spürten nur Verlangen nach Wasser. Für die Zubereitungen der Mahlzeiten waren wir zu abgespannt. Das Schlimmste aber war, seit drei Wochen warteten wir vergebens auf Suliman mit seinem Lastwagen. Ohne den Wagen und den Ersatzteilen sowie Benzin konnten wir nicht zurückfahren. Als ich Fieber bekam und das Wetter sich plötzlich veränderte, die Sonne verschwand und der Himmel sich bewölkte, wurde mir schlagartig die Gefahr der Isolierung bewußt. Als ein mit Baumwolle und Getreide vollbeladener LKW vom südlichen Malakal kommend durch Kau fuhr, stoppten wir den Wagen. Mit Geld erreichten wir, daß unser Soldat Arabi mitgenommen wurde, der glücklich war, nach El Obeid zurückzukehren und seine Frau wiederzusehen. Ebenso wie Suliman erhielt auch er einen SOS-Brief an den General mit und einen hohen Geldbetrag. Ich beschwor Arabi, alles zu tun, um sofort mit Wagen, Benzin und Ersatzteilen zurückzukommen. Er kannte die Gefahr, in der wir uns befanden. Wir hatten für unseren Landrover kein Ersatzrad mehr, auch der Benzinvorrat neigte sich dem Ende zu. Nach der Abreise von Arabi wurde das Wetter immer schlechter. Starke Sandstürme und in dieser Jahreszeit sonst nicht vorkommende dunkle Regenwolken beunruhigten uns.

In diesen Tagen konnte man nichts anderes tun als warten. Da teilte uns Jabor mit, daß der immer wieder verschobene Kampf Nyaro – Fungor bestimmt stattfinden würde. Die Stürme hatten nachgelassen, der Himmel war wieder blau, die Hitze aber war unerträglich. Voll angespannter Erwartung fuhren wir nach Nyaro. Von einem kommenden Kampf war noch nichts zu bemerken.

Plötzlich hörte ich von den Felsen die mir schon vom Vorjahr bekannten durchdringenden Schreie der Kämpfer. Dann sah ich bemalte Männer hin- und herlaufen – eine ungeheure Aufregung schien sich der Dorfbewohner bemächtigt zu haben. Es gelangen mir zum ersten Mal wirklich gute und unbeobachtete Aufnahmen. Die Männer kümmerten sich kaum um uns, zu sehr waren sie auf die kommenden Kämpfe konzentriert. Auch Horst konnte ungehindert filmen. Immer mehr Männer kamen zusammen und liefen mit ihren geschmeidigen katzenhaften Bewegungen gemeinsam zum Dorf hinaus. Wir folgten ihnen mit dem Wagen. Nicht weit entfernt lag der Kampfplatz, an vielen Stellen von riesigen Bäumen umgeben, in deren Schatten die Kämpfer von Fungor saßen. Da waren sie also, auf die wir so lange gewartet hatten. Über zwanzig junge Männer. Aus der Entfernung sahen sie fast gleich aus. Als ich näher an sie herankam, bemerkte ich, daß jeder sein Messer um das rechte, mit vielen Amuletten geschmückte Handgelenk gebunden hatte. Sie hielten ihre Stöcke umklammert und blickten unverwandt in die Richtung, aus der jetzt die Nyaro-Nuba mit großem Kampfgeschrei in das Feld liefen.

Bald begann der erste Kampf. Er war schwieriger aufzunehmen als im letzten Jahr, denn zu viele Zuschauer liefen uns ständig vor die Kamera oder verdeckten die Kämpfenden. Horst, der sich näher an ein Kampfpaar heranpirschte, wurde von den Schiedsrichtern weggescheucht, mir erging es nicht anders. Es war ein ständiges Rennen, Jagen und Verjagtwerden.

Da sah ich zwei Kämpfer stark bluten und trotzdem weiterkämpfen. Den beiden Schiedsrichtern gelang es nicht, die immer wilder Kämpfenden zu trennen, bis schließlich andere zu Hilfe kamen, um einen schlimmen Ausgang zu verhindern. Unfaßbar schien es mir, was diese Männer offenbar an Schmerzen aushalten konnten. So schwer auch die Verletzungen sein mußten, keiner zeigte seinen Schmerz. Sie alle waren wie in einem Rausch, und die wichtigste Aufgabe der Schiedsrichter war es, wenn der Kampf seinen gefährlichen Höhepunkt erreicht hatte, einen ungewollten Totschlag zu verhindern.

Die Sonne war schon im Sinken, als die Kämpfe zu Ende gingen. Verdreckt, verschwitzt und am Rand unserer Kräfte setzten wir uns in den Wagen. Da fiel unser Blick auf eine Gruppe, die sich um einen Kämpfer mit arg zerschlagenem Schädel bemühte. An seinem Bein hatte man ihm ein kleines Ziegenhorn angesetzt, um das Blut dort abzuzapfen und damit das Bluten am Kopf zu verringen. In die tiefen Kopfwunden hatten sie Sand gestreut – für unsere medizinischen Kenntnisse eine unmögliche Art von Wundbehandlung. Horst holte rasch aus dem Wagen den Verbandskasten und einen Kanister Wasser, die Nuba ließen ihn widerstandslos gewähren. Er reinigte die Wunden, besprühte sie mit Wundpuder und heftete die größte, weit auseinanderklaffende Wunde geschickt mit ein paar Klammern zusammen. Dann legte er dem jungen Mann, der, noch ganz benommen, alles wortlos über sich ergehen ließ, einen Kopfverband an und verabreichte ihm ein paar Schmerztabletten. Auch einen weiteren

Verletzten versorgte Horst im Schein meiner Taschenlampe. Es war spät, als wir unser Lager in Kau erreichten.

Um sechs Uhr am nächsten Morgen war Besuch aus Nyaro da. An dem Kopfverband erkannten wir unseren «Patienten». Die Schmerztabletten schienen Wunder bewirkt zu haben – er wollte mehr davon und bat auch um einen neuen Verband, den er aber nicht bekam. Ein Verbandwechsel war erst in drei Tagen notwendig.

Das war der Anfang engerer Beziehungen zu den Nuba, aber auch gleichzeitig der Beginn einer uns völlig aufreibenden Belastung. Von nun an kamen Tag und Nacht Männer, Frauen und Kinder mit den verschiedensten Krankheiten zu uns, und ebenso auch mit den kleinsten Wehwehchen. Der Zustrom der Kranken nahm ein solches Ausmaß an, daß wir zu unserer Arbeit nicht mehr kamen. Viele von ihnen waren gar nicht krank, sie wollten nur die Tabletten schlucken und erhofften sich Wunder davon. Wir gaben ihnen Vitamin-Tabletten. Mütter brachten ihre Kleinen, wenn sie auch nur eine harmlose Kratzwunde hatten, andere waren allerdings ernsthaft erkrankt. Viele hatten Verbrennungen, denn sie laufen oft in Feuerstellen hinein. Die Wirkung der Medikamente bei diesen Menschen war sehr stark. Unser Ansehen wuchs, und wir gewannen bei vielen Familien gute Freunde. Jetzt konnten wir in den Dörfern Aufnahmen machen, die vor unserer Versorgung der Kranken nicht möglich gewesen wären. Aber gerade das erschwerte wiederum unsere Arbeit, wenn wir fast mit Gewalt zu irgendeinem Kranken gebracht wurden. Die Nuba kamen dabei auf die ausgefallensten Ideen. Eines Tages wollten sie unbedingt für einen Blinden meine Brille haben, in der Überzeugung, daß er dadurch wieder sehen könnte. Ich versuchte ihnen klarzumachen, daß eine Sonnenbrille keine Medizinbrille sei. Erst als der Blinde mit meiner Brille nicht sehen konnte, war niemand mehr an ihr interessiert.

Vor allem anderen faszinierten mich die jungen Männer mit ihren bemalten Gesichtern. Über welch unglaubliche Phantasie und künstlerische Begabung verfügten diese Eingeborenen. Der Sinn ihrer Bemalungen war die Steigerung ihres Aussehens, und jeder wollte dabei den anderen übertreffen. Mit der Zeit kannte ich schon viele von ihnen mit Namen. Sie hatten bemerkt, wie beeindruckt ich von ihren Bemalungen war, und nun versuchten sie, mich mit täglich neuen Masken in Erstaunen und Begeisterung zu versetzen. Einige von ihnen waren besonders begabt. Ihre figürlichen Zeichnungen, oftmals auch ganz abstrakt, die weniger kultische Bedeutung besaßen, sondern mehr der Ästhetik dienten, rührten an die Ursprünge der Kunst. Ob sie sich symmetrisch oder asymmetrisch mit Ornamenten, Linien oder stilisierten Figuren bemalten, immer war der Eindruck harmonisch. Wie sie Zeichen und Farben benutzten, bewies ihre hohe künstlerische Vorstellungskraft. Sie sahen wie lebende Bilder von Picasso aus. Niemand weiß, woher die Nuba diese unglaubliche Begabung haben, niemand hat es bisher erforscht, und es wird wohl ein Geheimnis bleiben.

Einige Nuba besaßen noch Spiegel aus der Zeit, als die Engländer den Sudan verwaltet hatten. Aber auch von arabischen Händlern bekamen sie welche. Ich selbst hatte eine Anzahl Spiegel mitgebracht, ihnen aber noch keine gegeben, ahnend, was dann geschehen würde. Leider war ich töricht genug und schenkte einige meinen Freunden, was ich bitter bereuen mußte. Von nun an ließen sie mir, sobald sie mich sahen, keine Ruhe mehr, besonders die Knaben und Halbwüchsigen forderten unaufhörlich von mir die «mandaras», wie sie auf arabisch heißen. Als ich keine mehr hatte – und so viele, wie sie nun haben wollten, hätte ich gar nie mitbringen können –, griffen sie in meine Taschen, wurden aufdringlich und auch böse. Der Wunsch nach den Spiegeln breitete sich in Nyaro, Kau und Fungor wie eine Epidemie aus – wo ich erschien, riefen sie: «Leni mandara.» Etwas Ähnliches hatten wir schon vorher erlebt, als wir von einigen Mädchen und jungen Männern Polaroid-Aufnahmen gemacht hatten. Jeder wollte nun eine haben. Daß unsere Fotokameras keine Papierbilder ausspukken konnten, begriffen sie nicht und meinten daher, dies wäre böser Wille, was zur Folge hatte, daß sie sich nicht mehr fotografieren lassen wollten.

Wochen waren vergangen, aber Arabi kam, ebenso wie vorher schon Suliman, mit dem Lastwagen nicht zurück. Wir hatten kein Fahrzeug für den Rücktransport unseres Gepäcks und auch kein Benzin mehr. Das Wasser mußten wir jetzt mit einem Esel holen. Die Hitze, die inzwischen unerträglich wurde – bei 40 Grad im Schatten und mehr, in den Nächten kaum weniger –, erlaubte es uns nicht einmal mehr, weite Strecken zu gehen.

Einige schwere Wochen folgten. Das Warten auf den LKW und der Treibstoffmangel, der es uns unmöglich machte, nach Nyaro und Fungor zu fahren, belasteten unsere Nerven. Wir erkrankten an Grippe, hatten abwechselnd hohes Fieber und waren am Rande völliger Erschöpfung. Meine Lippen waren so ausgetrocknet, daß sie sich wie trockene Blätter nach innen rollten. Beim Liegen mußte ich mich in nasse Tücher wickeln. Ein einziger Wunsch beherrschte uns mehr und mehr. Von hier fortzukommen und wieder daheim zu sein. Wir träumten von grünen Wäldern, von Meeresbrisen und lechzten nach Bier. Aber wir hatten noch lange nicht die Aufnahmen, die wir heimbringen wollten und deretwegen sich diese Entbehrungen und Strapazen wirklich gelohnt hätten.

Da kam Tute und teilte uns mit, die Nuba von Kau seien von den Feldern zurückgekommen. Das war das Zauberwort, das uns unseren Zustand vergessen ließ. Wir beschlossen, etwas Besonderes zu tun, um dadurch vielleicht ihre Gunst zu gewinnen. Ich hatte von meinen Aufnahmen, die ich vor einem Jahr hier gemacht hatte, Duplikate mitgebracht und wollte sie ihnen vorführen. Projektor, Leinwand und Lichtaggregat hatten wir dabei.

Wie ein Lauffeuer mußte es sich verbreitet haben, daß die Fremden etwas Außergewöhnliches vorhatten. Bald hatten sich in der Nähe viele Menschen versammelt. Die Reaktion der Nuba auf die Bilder war unbeschreiblich. Ganz verrückt wurden sie, als ich die aus Fungor stammenden Messerkampfaufnahmen zeigte. Namen schwirrten durch die Luft, die Nuba schienen jeden, auch wenn er nur als Silhouette sichtbar war, zu erkennen. Die Vorführung war ein großes Ereignis und ein großer Erfolg. Nun durften wir doch noch auf neue Aufnahmen hoffen. Wir hatten uns nicht geirrt. Schon am nächsten Tag erschienen viele Nuba an unserem Lagerplatz, vor allem junge Männer von Kau, prächtig geschmückt und bemalt. Die Tage wurden turbulent. Filmen, fotografieren, die Kranken versorgen, auf zahlreiche Besucher eingehen und sie, wenn wir ihre Wünsche nicht erfüllen konnten, freundlich vertrösten. So ging das von früh bis spät. Ab und zu kamen sogar die jungen Mädchen von Kau, einige mit ihren Müttern. Abgesehen von ihrer Neugierde war es vor allem ihr Verlangen nach Perlen, das sie zu uns führte. Einige dieser schönen Mädchen schenkten mir dafür ihre im Haar befestigten Metallspangen oder ihre Armreifen.

Während dieser Zeit hatte ich ein unvergeßliches Erlebnis. Horst schlief schon – er hatte einen besonders schweren Tag gehabt. Ich beobachtete den Mond, wie er über den Bergen von Kau aufging. Schon in meiner Jugendzeit hatte der Mond immer große Anziehungskraft auf mich ausgeübt. Einen so großen und so hellen Mond hatte ich jedoch noch nie gesehen. Ich fand keine Ruhe zum Schlafen und ging nur mit einem Stock und einer Taschenlampe aus unserer Umzäunung hinaus. Da glaubte ich, in weiter Ferne Trommeln zu hören. Nur die Hunde bellten, sonst war es ganz still. Der Mondschein war so hell, daß ich ohne Taschenlampe gut sehen konnte. Ich ging in die Richtung, aus der das immer stärker vernehmbare Trommeln kam. Nach ungefähr zwanzig Minuten Weg erkannte ich am Rand des Dorfes die Umrisse einer großen Anzahl von Menschen. Junge Mädchen und Männer, die im Mondlicht tanzten. Ein Anblick von fast unwirklicher

Schönheit. Eine sakrale Stimmung lag über den Tanzenden und auf ihren Zuschauern. Ich setzte mich auf einen Stein neben eine Mädchengruppe. Sie erkannte und begrüßte mich. Es tanzten immer nur vier oder fünf Mädchen, die von anderen abgelöst wurden. Fast alle waren von vollendeter Gestalt, auffallend ihre überlangen, schlanken, durchtrainierten Beine. Die Männer, von denen immer nur ein einzelner in der Mitte des kleinen Platzes tanzte, in langsamen, fast zeitlupenhaften Drehungen, waren nicht bemalt, aber stark eingeölt, ihre Körper wirkten wie lebend gewordene Marmorskulpturen. Welch ein Gegensatz zu den rot, gelb und ockerfarbig geschminkten Mädchen, die wie mit Lack überzogen aussahen. Keine Inszenierung auf einer Bühne hätte eine solche Stimmung erzeugen können. Zu den Trommeln sangen ältere Frauen Lieder in der Art von Chorgesängen. Was ich hier miterlebte, war wie die mystische Vision aus einer uralten Sage. Ich hatte keine Kamera dabei – und hätte ich eine mitgehabt, ich hätte nicht fotografiert. Unbemerkt begab ich mich nach einiger Zeit zu unserem Lagerplatz zurück.

Am nächsten Morgen kam es zu einem ernsten Gespräch mit Mohamed, das uns vor eine schwere Entscheidung stellte. Er hatte die Hoffnung auf einen Wagen aufgegeben, nachdem er in seinem Radio, mit dem er Khartum empfangen konnte, gehört hatte, daß es dort zu politischen Veränderungen gekommen war, die für uns ernste Folgen haben könnten. Der Außen- und der Innenminister, deren Unterstützung uns erst den Aufenthalt in Kordofan ermöglicht hatte, schienen andere Posten erhalten zu haben. Einige Generale waren entlassen worden. So konnte es sein, daß der General, an den ich meine SOS-Briefe geschickt hatte, gar nicht mehr in El Obeid war und darum der LKW nicht zurückgekommen war. Eine schreckliche Lage! Die Regenzeit konnte sich jederzeit einstellen, wie wir das schon erlebt hatten. Hier konnten wir nicht bleiben, aber wir kamen auch nicht fort. Mohamed hatte gerade noch soviel Benzin für den Landrover, daß er mit etwas Glück die kleine Ortschaft Abu Gubeiha, etwa 130 bis 140 Kilometer nördlich von uns, erreichen konnte. Dort hoffte er Benzin für die Fahrt nach El Obeid zu bekommen. Mohamed allein fahren zu lassen, hatte wenig Sinn, ich mußte mitfahren, um in Abu Gubeiha Hilfe zu erhalten. In jedem Fall mußte Horst in Kau bleiben. Niemals hätten wir es riskieren können, unser Lager mit den Kameras und dem wertvollen Filmmaterial allein zu lassen.

Ich nahm Proviant für einige Tage und einen großen Kanister gefilterten Wassers mit, dazu eine Taschenlampe, Medikamente, meinen sudanesischen Paß und vielleicht das Wichtigste – die schriftlichen Genehmigungen der sudanesischen Regierungsstellen. In zwei Tagen wollte ich zurück sein. Für den Fall von Autopannen nahm ich auch diesmal zwei Nuba-Männer mit. Schon nach drei Stunden Fahrt krachte der Wagen, obgleich Mohamed sehr vorsichtig fuhr. Die Feder war gebrochen. Vergeblich suchte ich in der Steppenlandschaft einen schattigen Platz. Die Sonne brannte gnadenlos.

Nach knapp zwei Stunden konnten wir langsam weiterfahren. Kurz vor Dunkelheit trafen wir, aufatmend, in Abu Gubeiha, einer kleinen Stadt mit einigen tausend Arabern, ein, wo es Polizei, einen Distrikt-Offizier, ein Postamt, einen Markt und ein Hospital gab. Mit Bestimmtheit hoffte ich, hier Benzin, Petroleum und Ersatzschläuche zu bekommen und vor allen Dingen telefonisch oder telegrafisch beim Gouverneur in El Obeid einen Wagen anfordern zu können. Ich bekam ein Bett im Resthouse, in dem auch die Beamten wohnten. Wenn einer der Männer sich waschen wollte, mußte er durch das Zimmer gehen, in dem ich schlief. Alle Araber waren ungemein freundlich und versprachen gestenreich, mich nicht im Stich zu lassen.

Die Versprechen zerplatzten wie Seifenblasen. Mohamed war zu einer Garage gefahren, die beiden Nuba aus Kau waren irgendwo untergetaucht. Schon nach kurzer Zeit hagelte es «Hiobsbotschaften». Niemand hatte Benzin und Öl, ganz zu schweigen von Ersatzschläuchen und anderen notwendigen Ersatzteilen. Die Telefonleitung war kaputt, der Funkverkehr gestört, und selbst Telegramme konnten zur Zeit nicht aufgegeben werden.

Einer der Beamten begleitete mich zu sämtlichen in dieser Stadt lebenden wohlhabenden Kaufleuten, um für alles Geld, das ich hatte, einen Lastwagen zu mieten – die einzig denkbare Möglichkeit, um von Kau wegzukommen. Der Versuch scheiterte. Die wenigen Kaufleute, die eigene Wagen hatten, brauchten sie selbst. Das einzige, was ich nach stundenlangen Bemühungen erreichte, war, daß mir ein arabischer Händler 80 Liter Benzin verkaufte, soviel, wie Mohamed für eine Fahrt nach Er Rahad benötigte, dem einzigen größeren Ort auf seinem Weg nach El Obeid. Dort bestand noch am ehesten eine Chance, an Benzin zu kommen, da Er Rahad eine wichtige Eisenbahnstation ist. Aber es liegt von Abu Gubeiha weit entfernt, etwa 250 bis 300 Kilometer in nördlicher Richtung. Die Pisten dorthin sollten extrem schlecht sein. Fraglich war, ob unser Landrover Er Rahad überhaupt erreichte.

Ich bezweifelte das und noch viel mehr, ob Mohamed je wieder zurückkommen würde. Trotzdem ließ ich ihn fahren und gab ihm Briefe, Telegramme und genügend Geld mit. Die beiden Nuba hatten sich inzwischen wieder eingefunden: Cola sollte Mohamed begleiten, Jabor bei mir bleiben. Noch in der Nacht verabschiedeten sich Mohamed und Cola von mir. Ich spürte, daß der junge Soldat sich seiner Verantwortung bewußt war. Er drückte mir fest die Hand, schlug sich mit der Linken mehrmals an die Brust und sagte, als ahnte er meine Zweifel: «Mohamed, much Arabi, Mohamed beji tani» – Mohamed ist nicht wie Arabi, Mohamed kommt wieder. Wie gern hätte ich ihm geglaubt, aber was ich bisher erlebt hatte, ließ mir wenig Hoffnung.

Ein Tag nach dem anderen verging. Keine Nachricht von Mohamed. Ich war zutiefst verzweifelt und wollte zu Horst zurück nach Kau. Ohne Wagen war dies ganz unmöglich.

Ein Zufall kam mir zu Hilfe. Eines Abends sagte einer der Araber, in wenigen Minuten käme ein Lastwagen vorbei, der mich nach Kau mitnehmen könnte. Die Lorre sollte Waren nach Malakal bringen. Er war voll beladen. Ich konnte mich gerade noch zwischen zwei Arabern auf die Bank des Fahrers klemmen. Jabor mußte auf dem Dach des Wagens sitzen, wo noch viele Araber auf Kisten und Säcken hockten. So unbequem mein Sitz auch war, zu viert im engen Fahrerhaus – ich dankte Gott, in einigen Stunden wieder in Kau zu sein. Schon nach Mitternacht sollten wir dort eintreffen. Nach ungefähr zwei Stunden Fahrt hielt der Wagen irgendwo in stockdunkler Nacht. Der Fahrer, ein Riese von Mann, stieg aus, die anderen Araber sprangen vom Wagen herab. Ich blieb allein im Wagen. Nach einer mir endlos erscheinenden Frist kam der Fahrer zurück und deutete an, ich sollte aussteigen. Ich folgte ihm und sah einige Männer ein arabisches Bett in eine Strohhütte tragen. Man machte mir Zeichen, daß ich dort bleiben sollte. Was konnte ich tun? Ich war den Männern ausgeliefert. Mit der Taschenlampe leuchtete ich die Hütte ab, deren Boden mit Tierkot bedeckt war. Vor den Eingang, die Hütte hatte keine Tür, hatten die Araber ein Stück Wellblech gestellt. Ich fand keinen Schlaf. Als der Morgen nahte und das erste Licht durch die Spalten fiel, hörte ich außer dem Krähen der Hähne Kinderstimmen. Bald wurde das Wellblech weggeschoben, und eine Kinderschar stand staunend vor dem Eingang. Dann kam ein alter Mann mit einem Glas Tee, das ich dankbar annahm.

Der Wagen war nicht mehr zu sehen. Inzwischen war auch Jabor erschienen. Er erzählte, die Lorre sei auf die Felder hinausgefahren, und niemand wußte, wie lange sie wegbliebe. Ich war schon ganz apathisch. Endlos erschienen die Stunden. Endlich, es war schon Nachmittag, kam der Wagen zurück. Wieder saßen wir zu viert in der engen Kabine. Meine Knie, zwischen denen sich der Schalthebel befand, waren wie zerschlagen. Eine Erlösung, als wir kurz vor Mitternacht bei unserem Lager hielten.

Wir richteten uns jetzt auf Notstand ein, da wir kaum noch damit rechnen konnten, daß Mohamed zurückkäme. Aber dieses Mal hatten wir uns getäuscht. Schon nach zwei Tagen hörten wir abends das Geräusch eines Wagens. Aufgeregt liefen wir hinaus und – da stand unser Landrover. Mohamed sprang aus dem Wagen, und Arabi und Cola folgten ihm. Überglücklich umarmten wir unseren Retter. Auch Arabi, der etwas verlegen war, schüttelten wir die Hände. Stolz zeigte uns Mohamed zwei Fässer Benzin, die er mitgebracht hatte.

Am nächsten Tag erfuhren wir mit Hilfe Ibrahims, des Lehrers, die Geschichte von Mohameds abenteuerlicher Reise. Bei seiner nächtlichen Fahrt von Abu Gubeiha nach Er Rahad hatte er zweimal schwere Pannen, und doch war es ihm jedesmal gelungen, den Wagen fahrbar zu machen, aber in Er Rahad war es endgültig aus. Auch gab es hier kein Benzin. Mohamed ließ den Wagen mit Cola in Er Rahad zurück und fuhr mit der Bahn nach El Obeid, wo er erfuhr, daß der General noch in Khartum war, aber der ihn vertretende Offizier wußte von nichts, konnte ihm deshalb auch nicht weiterhelfen. Suliman und Arabi, die beiden Fahrer, hatten es vorgezogen, bei ihren Familien in El Obeid zu bleiben, anstatt nach Kau zurückzukehren. Mohamed, mindestens zehn Jahre jünger als sie und von anderer Mentalität, hatte die beiden ausfindig gemacht. Obwohl er jung verheiratet war und seine Frau ihn schon seit langem sehnlichst erwartet hatte, widerstand er der Versuchung, in El Obeid zu bleiben. Nachdem alle seine Bemühungen bei der Armee gescheitert waren, schaffte er es, beim Vertreter des Gouverneurs vorgelassen zu werden. Ihm schilderte er unsere Situation. Und Sayed Mahgoub Hassaballa half sofort. Er veranlaßte, daß Mohamed die wichtigsten Ersatzteile, das notwendige Benzin und Öl bekam und versprach, in wenigen Tagen würde ein Lastwagen nach Kau kommen, um uns abzuholen. Mohamed nahm Arabi mit und kehrte, so schnell er konnte, nach Kau zurück. Selten in meinem Leben war ich einem Menschen so dankbar wie ihm. Er hatte mehr getan, als nur seine Pflicht erfüllt.

Nun waren wir alle erleichtert und versuchten, in den wenigen uns noch verbleibenden Tagen soviel wie möglich zu filmen und zu fotografieren. Der größte Feind, mit dem wir leben mußten, war die immer mörderischer werdende Hitze. Es war April, in dieser Gegend der heißeste Monat des Jahres.

Ich wollte so gern noch die Tätowierung eines Mädchens oder einer Frau filmen. Wir hatten Glück, wir bekamen beides. Macka, eine «Patientin» von Horst, war Spezialistin für diese Schmucktätowierungen. Ihr verdanken wir, daß wir die Einwilligung von einem Mädchen und einer verheirateten Frau erhielten, sie während dieser sehr schmerzhaften «Schönheitsoperation» aufzunehmen. Auch für uns wurde diese Arbeit zu einer Qual. Es war nicht leicht, mit anzusehen, wie Macka mit einem Dorn die Haut herauszog und mit einem Messer hineinschnitt. Erst erlebten wir die Tätowierung des Mädchens mit, einige Tage später die der Frau. Beide Male geschah dies oben in den von der Sonne glühenden Felsen. Besonders schmerzhaft verlief die Tätowierung der Frau. Da ihr ganzer Körper tätowiert wurde, verlor sie, durch Tausende kleiner Schnitte, sehr viel Blut. Zwei Tage dauerte die Prozedur, und selbst bei den empfindlichsten Stellen versuchte die Frau, ihren Schmerz nicht zu zeigen. Nur ein Zucken in ihrem Gesicht verriet ab und zu, wie sehr sie sich beherrschte. Diese Tätowierung, die jede Frau über sich ergehen läßt, nachdem sie nach der Entwöhnung ihres ersten Kindes drei Jahre enthaltsam gelebt hat, ist eine der wichtigsten kultischen Handlungen der Südost-Nuba. Hat sie diese Tätowierung überstanden, bleibt die Belohnung nicht aus. Durch den neuen Schmuck ihrer Narben übt sie eine besondere Attraktion auf die Nuba-Männer aus und wird in ihrem Dorf wieder eine begehrte Frau.

Wir wollten einen Ruhetag einlegen, aber wie unter einem Zwang entschloß ich mich, am Nachmittag nach Nyaro zu fahren. Ein seltener Glücksfall. Wir kamen mitten in ein Tanzfest hinein, wie wir es noch nie erlebt hatten. Und niemand hatte es uns verraten.

Die Nuba befanden sich schon in einer solchen Ekstase, daß wir, solange wir uns nicht unmittelbar unter die Tanzenden mischten, ungestört arbeiten konnten. Es schien, als beteiligten sich alle jungen Mädchen von Nyaro an diesem Fest. Die Kämpfer dagegen, die «Kadundors», saßen bemalt und geschmückt neben den Trommlern im Innenraum der offenen Rakoba. Mit gesenkten Köpfen ihre Stöcke umfassend und durch Zittern ihrer Beine mit den Glöckchen klingelnd, warteten sie auf die Liebeserklärungen der Mädchen. Die älteren Frauen begleiteten mit ihren Gesängen die wilden Rhythmen der Tanzenden. Andere Frauen, die mit ihren Töchtern tanzten, besangen deren Unschuld. Plötzlich legten sie die Mädchen mit dem Rücken auf den Boden, hoben ihnen die Beine hoch, spreizten sie, und laut trillernd priesen die Mütter die Jungfräulichkeit ihrer Töchter. An diesem Tanz dürfen sich außer Kindern und Müttern nur Jungfrauen beteiligen.

Kein Zweifel, dies war der «Nyertun», das große «Liebesfest», von dem uns Tute und Jabor erzählt hatten. Es wird nur einmal im Jahr gefeiert. Inzwischen hatten die ersten Mädchen es gewagt, immer näher an die Männer heranzutanzen. Die Erregung steigerte sich. Wie ein wilder Hexentanz wirkte der Anblick der Tanzenden. Und nun tanzte ein Mädchen fast körpernah vor einem der Männer, schwang blitzschnell das Bein über seinen Kopf und legte es für einen kurzen

Augenblick auf seine Schulter. Dabei wippte es einige Male mit dem Körper, während der Erkorene zu Boden schaute. Dann verließ das Mädchen tanzend die Rakoba. Bei dem Versuch, diese ungewöhnliche «Liebeserklärung» festzuhalten, wurde ich von den Müttern umringt, die mich daran hindern wollten. Sie machten das sehr geschickt, in dem sie einen Kreis bildeten und um mich herum tanzten. Inzwischen hatten zwei andere Mädchen die Beine auf die Schultern der Männer gelegt. Ich hätte schreien können, daß ich dieses Ritual nicht aufnehmen konnte. Ich riß mich von den Weibern los und rannte auf die andere Seite der Rakoba, wo ein Mädchen vor ihrem Auserwählten tanzte. Zitternd stellte ich Belichtung und Entfernung ein und ließ den Motor surren, und schon waren die Weiber wieder bei mir. Diesmal machte ich gute Miene zum bösen Spiel, versuchte, ihre Schritte nachzuahmen, und tanzte einige Minuten mit ihnen. Keuchend von Hitze und Anstrengung setzte ich mich auf den Boden, um die Filme zu wechseln. Durch meinen Tanz mit den Weibern hatte ich deren Gunst gewonnen, sie drückten mir die Hände, gaben mir eine Peitsche und forderten mich auf, weiterzutanzen. Während ich, die Peitsche schwingend, mit ihnen tanzte, riß ich mich los, um im allerletzten Licht noch einige Aufnahmen zu erwischen.

Ich hatte Glück. Es gelang mir eine phantastische Aufnahme, auf der zwei Mädchen gleichzeitig denselben Kämpfer auserwählt hatten. Eine hatte das Bein auf seine rechte, die andere ihr Bein auf die linke Schulter gelegt. Tute erzählte mir später, in solchen Fällen läge die Entscheidung bei dem Mann, was dann unter den Mädchen zu heftigen Eifersuchtsszenen führen könne. Das Rendezvous findet erst in der Nacht statt, meist im Haus der Eltern des Mädchens. Aus dieser Zusammenkunft kann eine Ehe entstehen, aber es ist kein Gebot. Mädchen, die uneheliche Kinder haben, sind ebenso geachtet wie alle anderen Frauen. Horst war es gelungen, diese seltenen Riten zu filmen. An diesem Abend blieben wir lange in Nyaro, tranken mit den Nuba Marissebier und schlossen neue Freundschaften.

Am nächsten Morgen kam Suliman mit den LKW. So froh wir waren, die Heimreise antreten zu können, so schwer fiel es uns, gerade jetzt die Arbeit abzubrechen. Mehr als drei Monate hatten wir gebraucht, um Freundschaft mit einigen zu schließen. Aber wir mußten fort, einen längeren Aufenthalt hätten wir kaum überstanden.

Um ihnen zum Abschied noch eine Freude zu machen, holte ich alle Perlen, die ich hatte, heraus, ein Schatz für die Nuba, denn schon seit langem durften ihnen die arabischen Händler auf Anordnung der Regierung keine Glasperlen mehr verkaufen. Es war nicht erwünscht, daß sich die Eingeborenen noch traditionell schmückten. Bei meiner ersten Expedition gab es auf den Märkten noch jede Menge der kleinen bunten Perlen, jetzt sah ich sie nirgends mehr. Mit Jabors und Tutes Hilfe begann ich mit der Verteilung. Am Anfang ging es noch ganz manierlich zu, aber schon nach kurzer Zeit entstand ein solches Gedränge, Grabschen und Greifen, daß ich die Flucht ergriff und den Kampf um die Perlen den Nuba allein überließ.

Horst begann noch in der Nacht mit dem Packen. Nach Mitternacht wurde ihm noch ein Schwerverletzter gebracht, den er behandeln mußte. Ich konnte mich nicht mehr rühren und lag erschöpft auf meinem Bett. Erst gegen Morgen schlief ich ein.

Als ich erwachte, war das halbe Lager schon ausgeräumt. Noch benommen vom Schlaf sah ich, wie Kiste für Kiste hinausgetragen und auf dem Wagen verstaut wurde. Immer mehr Nuba versammelten sich um uns. Als wollten sie mir zum Abschied noch eine Freude machen, hatten sich die Knaben und jungen Männer so phantastisch bemalt wie noch nie. Obgleich ich die Kamera umgehängt hatte, war ich zu keiner einzigen Aufnahme mehr imstande. Unsere Arbeit in Kau war zu Ende. Der Omda kam, um sich von uns zu verabschieden. Viele drückten uns die Hände, und wir spürten, daß wir auch hier Freunde zurückließen. Ein letztes Winken – dann lagen Kau und Nyaro bald hinter uns.

Würden unsere Aufnahmen etwas von der unerhörten, entschwindenden Faszination, die von diesem ungewöhnlichen Stamm ausging, enthalten? Das war die aufregende Frage, die mich während unserer langen Heimreise beschäftigte. Haben sich diese oft unvorstellbaren Strapazen gelohnt? Noch wußten wir es nicht. Von den fünf Reisen, die ich im Sudan unternommen hatte, war diese die anstrengendste. Ein Wunder, daß wir diese Expedition überstanden haben.

Siegeszug der Bilder von Kau

Der körperliche Zusammenbruch kam erst in München. Ich mußte mich in die Behandlung von Dr. Zeltwanger begeben. Eigentlich wollte ich nach Lenggries zu Dr. Block, um durch eine Frischzellenkur wieder zu Kräften zu kommen. Schon zweimal war sie mir glänzend bekommen, aber dieses Mal war der Körper zu geschwächt, alle Organe waren betroffen.

Inzwischen erledigten Horst und Inge die Fülle der seit Monaten liegengebliebenen Arbeiten. Vor allem aber ließ Horst das Film- und Fotomaterial entwickeln. Von diesem Ergebnis hing so viel für uns ab. Als ich es in Händen hatte, wagte ich zuerst nicht, es anzusehen. Zu groß war meine Angst, es könnte mich enttäuschen. Aber diesmal meinte es das Schicksal gut mit mir. Immer wieder sah ich mir die Aufnahmen und das Filmmaterial an – es war wunderbar. Die Freude darüber ließ mich meine Beschwerden fast vergessen. Mein Lebensmut erwachte.

Zuerst zeigte ich die Dias meinen Freunden – sie staunten vor Begeisterung. Dann verständigte ich den «stern». Von den über zweitausend Fotos war mehr als die Hälfte gut, viele waren sogar sehr gut. Als Rolf Gillhausen die Aufnahmen sah, war er außerordentlich beeindruckt. «Noch nie», sagte er, «habe ich solche Fotos gesehen.» Schon wenige Tage danach erwarb der «stern» die Erstrechte für die Veröffentlichung in Deutschland, sofort darauf Michael Rand für das «Sunday Times Magazine». Von nun an begann ein unaufhaltsamer Siegeszug der Kau-Bilder durch die ganze Welt, nicht nur in Europa, ebenso in Amerika, Australien, Japan und sogar in Afrika. Das betraf nicht nur Veröffentlichungen in den Zeitschriften, neue Buch-Verleger meldeten sich. So wurde ich von Sir William Collins und seinem Verlag zur Vorführung meiner Dias nach London eingeladen. Mein erster Nuba-Bildband war außerhalb Deutschlands nur in den USA erschienen. In London entschloß sich Collins sofort zu beiden Bildbänden. Die Weltrechte für die «Nuba von Kau» hatte List erworben. Nun folgten auch Frankreich, Spanien, Italien und Japan. Ich erinnere mich, daß nur einige Jahre vorher ein namhafter Münchener Verlag, bekannt für die Produktion hervorragender Bildbände, dem die Aufnahmen sehr gut gefallen hatten, bedauernd erklärte, es könne leider höchstens mit dem Verkauf von 3000 Büchern gerechnet werden, und dies allenfalls auf dem Subskriptionsweg.

Es kam alles so überstürzt, daß ich nicht wußte, mit welcher Arbeit ich zuerst beginnen sollte. Ich mußte die Texte schreiben und auch das Bildlayout übernehmen. Da ich mich noch schwach fühlte, beschloß ich, erst einmal alles hinauszuschieben und Urlaub zu machen.

Grand Cayman und Virgin Islands

Was für ein herrliches Gefühl, sich nach dieser harten Expedition und dem Wirbel, der ihr folgte, in dem blauen Wasser der Karibik zu entspannen! Die Unterwasserwelt in der Karibik ist von einer anderen Flora und anderen Fischen belebt als die des Roten Meers oder des Indischen Ozeans. Jeden Tag entdeckte ich Neues. Die Insel war uns von Tauchfreunden empfohlen worden. Wir wohnten in einem kleinen Bungalow in der «Spanish Bay Reef» und versäumten nicht einen Tauchgang. Hier waren nur Taucher versammelt, einige gute Unterwasserfotografen und ein Meeresbiologe. So führten wir viele anregende Gespräche. Der Aufenthalt hier war für uns wie ein Lehrgang. Fast jeden Abend fanden Diavorträge statt, die uns zum ersten Mal wissenschaftlich über die vielen kleinen Lebewesen im Meer informierten. Jetzt sah ich beim Tauchen meine Umgebung mit ganz anderen Augen. Eine wunderbare Bereicherung. Hier konnten wir auch zum ersten Mal an Nachttauchgängen teilnehmen. Welch ein Erlebnis, nachts ins dunkle Wasser zu springen und dann im Lichtkegel der Unterwasserlampe die schlafenden Fische zu beobachten, die sich sogar berühren lassen. Bei jedem Tauchgang fotografierte ich und wußte sehr bald, daß meine bescheidene Fotokamera bei weitem nicht ausreichte. Ich besaß damals nur eine einzige Optik. Auch stellte ich fest, daß das Fotografieren unter Wasser unendlich viel schwieriger ist als über Wasser.

Nachdem wir die meisten Plätze hier schon kannten, beschlossen wir, in den viel weiter östlich in der Karibik liegenden «Virgin Islands» zu tauchen. Aus der Literatur hatte ich erfahren, daß dort viele sehr interessante Fischarten lebten.

Über Miami und Puerto Rico flogen wir nach St. Thomas, einer Insel von großer landschaftlicher Schönheit, die leider von zu viel Touristen bevölkert wird, da man hier fast alles zollfrei kaufen kann. Es gibt da eine Geschäftsstraße, in der es sämtliche Spirituosen, kostbare Parfums und jede Art Schmuck zu kaufen gibt. Mir genügten eine Taucheruhr und einige Pullover, ich genoß aber die Abende in den zauberhaften kleinen Restaurants, die versteckt in den grünen, über dem Meer aufsteigenden Hügeln liegen und in deren Gärten stark duftende Tropenpflanzen wachsen.

Das Tauchen hier war weniger erfreulich. Der erste Tauchgang, den wir unternahmen, verlief gefährlich. In dem Boot, mit dem wir hinausfuhren, waren wir nur zu viert. Der Tauchlehrer, ein junger Mann, fuhr zu einem im Meer liegenden breiten Felsen. Er empfahl uns, um den Felsen herumzutauchen. Kaum waren Horst und ich im Wasser, gerieten wir in eine so starke Strömung, wie wir sie bisher noch nie erlebt hatten, wir mußten mit allen Kräften kämpfen, um wieder zum Boot zu kommen. Das erste Mal, daß wir uns beim Tauchen in Gefahr befunden hatten.

Am folgenden Tag besuchten wir die nahebei liegende kleine Insel St. John, auf der Rockefeller einen traumhaft schönen Naturpark anlegen ließ. Wir riskierten es noch einmal, mit einem fremden Tauchlehrer zu gehen, und dieser Tauchgang entschädigte uns für den gestrigen. Zuerst versprach ich mir nicht viel, das Wasser sah ungewöhnlich trüb aus. Da deutete Horst in eine Richtung, und verschwommen sah ich etwas Dunkles und Großes unbeweglich im Wasser liegen. Es sah aus wie eine Tonne, die sich plötzlich bewegte, und ich erkannte einen riesengroßen Fisch, keinen Hai, sondern einen uralten Barsch, einen Judenfisch, wie die Fischer ihn nennen. Wir folgten ihm und sahen ihn auf eine Höhle zuschwimmen. Beim Näherkommen entdeckte ich, daß in der Höhle zwei große Haie lagen, anscheinend Sandhaie, hinter die sich der riesige Fisch in den Sand legte. Ein unglaublicher Anblick. Der Fisch war so gewaltig, daß sein Körper hinter den Haien in der Höhle einem Tapetenmuster glich. Nach dem Tauchgang war der Tauchlehrer so aufgeregt, daß er sich gar nicht mehr beruhigen konnte. Immer wieder beteuerte er, er habe hier noch nie einen so großen Judenfisch gesehen, obgleich er seit vielen Jahren fast täglich tauche. Als wir nach einigen Tagen wieder auf die Insel kamen, bat er uns, seinen Bekannten dieses Taucherlebnis zu erzählen, da ihm niemand geglaubt hatte.

Unweit von St. Thomas, in der Nähe der englischen Insel Tortola, lag die berühmte «Rhone», angeblich für Taucher das schönste Wrack der Karibik, in dem die Amerikaner Aufnahmen für ihren Film «Die Tiefe» machten. Das Schiff, ein englischer Postdampfer von einhundert Meter Länge, war 1867 während eines Hurrikans gesunken. Bei ihm wollte ich gern tauchen. Mit einem der kleinen Wasserflugzeuge, die in den Virgin-Islands von Insel zu Insel hüpfen, waren wir in 20 Minuten in Tortola. Dort lernten wir den amerikanischen Unterwasserfotografen George Marler kennen, der uns gleich am ersten Tag mit seinem Schnellboot an die Stelle brachte, wo die «Rhone» liegt. War ich bisher schon dem Tauchen verfallen, so geschah es hier endgültig. In dem großen Wrack, in einer Tiefe von 10 bis 26 Meter liegend, hatten sich unzählige Fische einquartiert: Muränen, Barsche, Trigger- und Doktorfische, Barakudas und Papageifische, in überwältigender Vielzahl. Auch das Wrack selbst war eine Attraktion. Man konnte an verschiedenen Stellen hinein- und an anderen wieder hinausschwimmen.

Aber nicht nur die «Rhone», auch die Riffe, an denen George Marler mit uns tauchte, waren phantastisch. Er lieh uns eine 16-mm-Unterwasserfilmkamera, und so konnte Horst mich hier zum ersten Mal beim Tauchen filmen.

Vor unserer Rückkehr mußte ich noch nach New York. Dort waren wichtige Angelegenheiten zu klären. Es ging vor allem um die Urheberrechte meiner Filme in den USA. Seit Jahrzehnten wurde ich dort von unehrlichen Firmen immer wieder ausgebeutet, wurden meine Filme, ohne Genehmigung und ohne mir einen Dollar von den Gewinnen abzugeben, gezeigt. Es wurden sogar Kopien skrupellos auf dem «Schwarzen Markt» gehandelt, obwohl sie, mehrfach gedoubelt, von katastrophaler Qualität waren. In anderen Ländern würde man dafür zur Rechenschaft gezogen, aber das amerikanische Urheberrecht ist, wie mir die dortigen Anwälte sagten, ein undurchsichtiger Dschungel. Das liegt vor allem an einem im Ausland wenig bekannten Gesetz, wonach 38 Jahre nach der Uraufführung eines Films das Copyright in den USA erlischt. Die amerikanischen Lizenzrechte kommen dann in die «public domain». Mit diesem Augenblick beginnen die komplizierten Rechtsfragen, denn das persönliche Urheberrecht kann keinem Künstler genommen werden. Das ist international gültiges Recht.

Fast 30 Jahre lang habe ich unermüdlich versucht, diese Schwarzmarkt-Geschäfte zu verhindern. Bisher vergeblich. Es waren keine politischen Gründe. Das amerikanische Justiz-Department hatte mir schon im Januar 1963 die amerikanischen Lizenzrechte meiner Filme «Triumph des Willens», «Das blaue Licht», «Olympia I und II» sowie «Tiefland» zurückgegeben, was auch von seriösen Firmen wie «NET», «Janus-Films», «John G. Stratford» und einigen anderen respektiert wurde. Aber noch immer betreiben unseriöse Firmen diese Schwarzmarkt-Geschäfte weiter, keineswegs nur mit meinen, sondern ebenso mit anderen ausländischen Filmen, besonders solchen, die vor 1945 hergestellt wurden. Selbst die Anwälte in New York kannten sich nicht aus. Ich hatte mit verschiedenen verhandelt. Jeder gab eine andere Auskunft, bis ich keinen anderen Weg mehr sah, als mich in Washington in der Rechtsabteilung der «Library of Congress» selbst zu informieren.

In allen Abteilungen fand ich Entgegenkommen, bis ich aber eine klare Antwort erhielt, mußte ich mich bis zum höchsten Chef der zuständigen Rechtsabteilung durchfragen. Zu meiner Überraschung war dies eine Frau, Mrs. Dorothy Schröder. Von ihr erhielt ich Rat und Hilfe. Als auf ihre Anweisung die in der «Library» archivierten Unterlagen durchgesehen wurden, entdeckte ich, daß ein gewisser Mr. Raymond Rohauer schon 1940 auf seinen Namen die Urheberrechte meiner beiden Olympiafilme eintragen ließ. Da erinnerte ich mich, daß mir Ernst Jäger vor Jahren aus Californien geschrieben hatte, ein Herr Rohauer führe in seinem Kino in Hollywood meine Filme vor und habe den «Triumph des Willens» über ein Jahr in einem Kino in San Francisco gezeigt. Die Vorstellungen seien immer ausverkauft gewesen. In der Tat fiel mir wieder ein, er hatte mich einmal mit Buster Keaton, dessen Filme er neu herausbrachte, in meiner Münchner Wohnung besucht, mir alle möglichen Märchen erzählt und versprochen, mir 50 Prozent seiner bisherigen Gewinne aus meinen Filmen zu zahlen. Ich erhielt nicht eine Mark, hörte auch nie wieder ein Wort von ihm. Seine Copyright-Eintragung für die Olympiafilme war glatter Betrug. Ein Anwalt der «Library» sagte mir, Mr. Rohauer sei wegen ähnlicher Delikte schon mehrmals verklagt worden.

Ich hatte nicht das Geld, um in Amerika Urheberrechts-Prozesse zu führen, und daher keine andere Wahl, als es auf einem anderen Weg, den mir Mrs. Dorothy Schröder empfahl, zu versuchen. Ich sollte kleine Änderungen an meinen Filmen vornehmen, sie beispielsweise mit englischen Untertiteln versehen und ein neues Copyright beantragen. Hier lag eine Chance, aber sie bedeutete viel Arbeit und war sehr kostspielig. An fünf Filmen mußten Änderungen vorgenommen und neue Kopien hergestellt werden. Um die «Certification» für die neuen Copyrights zu erhalten, muß in der «Library» eine Kopie jedes Films hinterlegt werden, die alle im Antrag anzugebenden Änderungen enthält. Ich entschloß mich zu diesem Verfahren.

Mir schwirrte der Kopf. Schon die Beschäftigung mit juristischen Fragen machte mich krank. Daher war ich froh, als mich das «National-Geographic Magazine» einlud, meine neuen Nuba-Aufnahmen vorzuführen. Seit der Verstimmung, die ich vor Jahren mit dem Magazin hatte, was mich damals an den Rand der Verzweiflung getrieben hatte, war dies eine erste Verbindung. Alles schien vergessen zu sein. Ich wurde auch freundlich empfangen und die Vorführung ein großer Erfolg. Da es mir unmöglich war, die Originale dort zu belassen, Duplikate erst hergestellt werden mußten, vereinbarten wir, daß ich im Herbst wiederkomme. Bill Garrett, der Art-Director, äußerte den Wunsch, das Layout mit mir gemeinsam zu machen. Ich war erleichtert, daß ein freundschaftliches Verhältnis mit diesem wichtigen amerikanischen Magazin wieder zustande gekommen war.

Auch bei meinem amerikanischen Verleger, Harper & Row, hinterließen die neuen Aufnahmen tiefen Eindruck. Frances Lindley, die langjährige Mitarbeiterin des Verlags, beglückwünschte mich und sagte, noch ehe wir über Einzelheiten eines Vertrages sprachen, der Verlag werde mindestens 10 000 bis 15 000 Bücher bestellen.

Einen Tag vor meinem Rückflug konnte ich mich in einem herrlichen Haus, ungefähr eine Stunde von Manhattan entfernt, noch entspannen. Wir hatten eine Einladung von Frank Barsalona erhalten, einem der erfolgreichsten amerikanischen Plattenmanager, der insbesondere durch die Beatles unzählige Goldene Platten erhalten hatte. Sein Haus war, soweit man sehen konnte, von dichten Wäldern umgeben. Ich war hingerissen. Hier lernte ich neben anderen Künstlern auch den Filmregisseur Martin Scorsese kennen, eine höchst bemerkenswerte Persönlichkeit, zu der ich sofort guten Kontakt hatte. Auch hier erregten meine neuen Aufnahmen wie überall Staunen, und ein fröhlicher Abend beschloß meine Reise.

Ein Schicksalsschlag

In München erwartete mich eine schlimme Nachricht. Ein Freund, dem ich meine Ersparnisse der letzten Jahre anvertraute, hatte in kurzer Zeit sein Vermögen verloren. Er behauptete, auch mein Geld dabei verloren zu haben, obgleich ausdrücklich vereinbart war, daß das ihm Anvertraute sicher angelegt werden müsse. Es sollte später mit den anlaufenden Zinsen eine Sicherung meines Alters sein. Eine Rente hatte ich nicht. Besonders schwerwiegend war, daß dieser Verlust auch größere Beträge enthielt, die mir Bekannte erst vor kurzem auf Grund meiner großen Erfolge als Darlehen gegeben hatten, damit ich endlich den Nuba-Film fertigstellen konnte. Nicht nur, daß dieser Traum nun endgültig aus war, ich stand auch vor einem Schuldenberg, den ich abzutragen hatte. Ich war verzweifelt. Wie sollte ich das, ohne mit diesem Film herauszukommen, schaffen können! Ich war schon dreiundsiebzig und wußte nicht, wie lange meine Kräfte noch reichten. Sollte ich bis an mein Lebensende verurteilt sein, so schwer zu arbeiten und um meine Existenz kämpfen müssen, während ich mich immer mehr nach Ruhe und Frieden sehnte? In diesem Zustand von Niedergeschlagenheit, Schmerz und Schwäche war ich nahe daran, mein Leben zu beenden.

Ich brauchte dieses Mal sehr lange, bis ich auch diese Krise überwand. Aber mein Wesen veränderte sich. Noch mehr als bisher begann ich, mich zu isolieren, und versuchte, meinen Schmerz in der Arbeit zu überwinden. Es waren nicht nur die finanziellen Sorgen, die mein Leben wieder überschatteten, hinzu kamen neue Attacken meiner Gegner, die es darauf anlegten, auch meine neuen Arbeiten, die so erfolgreichen Nuba-Aufnahmen, zu diffamieren. Nachdem es töricht war, mich weiterhin als «Rassistin» zu verurteilen oder meine Filme als schlecht und untalentiert abzuwerten, fand man andere Aspekte, mich im Innersten zu treffen. So schrieb die bekannte amerikanische Journalistin und Filmemacherin Susan Sontag in der «New York Times» einen großen Bericht mit der Überschrift «Fascinating Fascism», der Aufsehen erregte und auch in Deutschland veröffentlicht wurde. Ihre These war, meine Nuba-Aufnahmen beweisen, daß ich nach wie vor eine Faschistin bin. Wörtlich schrieb sie: «Eine sorgfältige Betrachtung der Fotografien in Verbindung mit dem recht weitschweifigen Text der Riefenstahl macht deutlich, daß sie unmittelbar auf ihr nationalsozialistisches Werk aufbaut. Die Nuba», schrieb sie weiter, «kann als der dritte Teil von Leni Riefenstahls Triptychon bildhafter Vergegenwärtigungen faschistischer Denkweise angesehen werden.»

Diese «Denkweise» entdeckt Susan Sontag schon in den Bergfilmen, die ich mit Dr. Fanck oder in meinem «Blauen Licht» gemacht habe. So schreibt sie, daß dort «dick vermummte Menschen aufwärts streben, um sich in der Reinheit der Kälte zu beweisen». So einfach ist das. Damit stempelt sie Tausende und Abertausende von Bergsteigern zu Nazis oder Faschisten. Übrigens war das nicht einmal etwas Neues, nur eine Ausgrabung. Dieselbe These hat bereits vor Jahrzehnten Siegfried Kracauer in seinem von einigen Cineasten und Filmschülern geschätzten Film-Katechismus «Von Caligari bis Hitler» aufgestellt.

Ebenso unglaubwürdig ist Susan Sontag, wenn sie über meine Dokumentarfilme schreibt. So stellt sie die absurde Behauptung auf, der Nürnberger Parteitag von 1934 sei für meinen Film «Triumph des Willens» inszeniert worden: «Das Ereignis wurde nicht um seiner selbst willen in Szene gesetzt, sondern diente als Kulisse für einen Film, der dann wie ein authentischer Dokumentarfilm wirken sollte. In ‹Triumph des Willens› ist das Bild nicht länger als Protokoll der Wirklichkeit, die ‹Wirklichkeit› wurde geschaffen, um dem Bild zu dienen.» Schade, daß Susan nicht während meiner Arbeit an diesem Film dabei war.

Auch amerikanische Journalisten, die Susan Sontag im allgemeinen sehr schätzen, wollten ihr hier nicht folgen. Einige sagten mir, worin vermutlich der Grund für diese absurde Attacke zu suchen sei. Sie habe damit vielleicht jemandem, dem sie als Filmemacherin manches zu verdanken hatte, einen großen Gefallen getan. Und dieser «Jemand» war einer meiner anhänglichsten Feinde.

Einen anderen Versuch, mich auf seine Weise zu diffamieren, unternahm Glenn B. Infield mit seinem Buch «Leni Riefenstahl – The fallen film goddess». Typisch der Untertitel «Die intime und schockierende Geschichte von Adolf Hitler und Leni Riefenstahl». Schon in seinem

Schmöker «Eva und Adolf» hatte er die wildesten Geschichten über mich erzählt und setzte das nun fort. Wie schon aus dem Titel ersichtlich, badete er in Skandalgeschichten, die er Trenkers gefälschtem Eva Braun-Tagebuch und anderen Legenden verschiedener Boulevardzeitungen verdankte. Dabei bediente er sich auch gefälschter Briefe und Dokumente, obgleich in den Archiven, in denen er recherchierte, sich auch die echten Dokumente befanden, aber der Beweis des Gegenteils seiner veröffentlichten Phantasien paßte nicht in sein Konzept. Er hat bewußt die Wahrheit verschwiegen und Unwahres und Wahres durcheinandergemischt. Es ging ihm nur um die Sensation, aber sein Machwerk war so minderwertig und unglaubwürdig, daß es wenig Beachtung fand.

Ruhm und Schande

So sehr mich diese Art von Publizistik traf, sie konnte mein «Come back» nicht verhindern. Im Oktober 1975 erschienen in den großen internationalen Zeitschriften die Fotos der Nuba von Kau. Vor allem die Serie im «stern» war eine Sensation. Noch nie hatte eine Zeitschrift 20 Farbseiten mit mehr als 50 Aufnahmen zu einem Thema gebracht. Ich konnte es kaum fassen. Das «Sunday Times Magazine» zeigte eine Woche später eine gleiche Serie, auf zwei Nummern verteilt. Auch diese erregte Aufsehen. Vom «Art Directors Club Deutschland» erhielt ich für die «Beste fotografische Leistung des Jahres 1975» eine Goldmedaille. Nicht im Traum hätte ich mir das vorzustellen gewagt. Es war meine erste Auszeichnung nach dem Ende des Krieges und eine Belohnung für die Strapazen der Expedition. Auch der «stern» erfuhr diese Auszeichnung «für das beste Layout», das Rolf Gillhausen, wie immer in dieser Illustrierten, meisterhaft gestaltet hatte.

Inzwischen war es Oktober geworden, und ich sollte noch vor Jahresende zu meinen Verlegern in Paris, New York und London fahren, um mit ihnen die Details der Co-Produktion des zweiten Nuba-Buchs zu vereinbaren. Vor dieser Reise hatte ich noch die Texte zu schreiben und das Bildlayout zu entwerfen. Zum Glück war die Zusammenarbeit mit List ideal, wie auch mit der Druckerei Mondadori, die, ohne Rücksicht auf Mehrkosten, nur an Qualität interessiert war und alle gewünschten Farbkorrekturen ausführte.

Meine erste Reise führte mich nach Paris, wo mich Monsieur Herrscher vom Verlag «Editions du Chêne» erwartete. Wir kannten uns noch nicht. Sein ruhiges Wesen war wohltuend, und es schien mir, daß er sich mehr für das Künstlerische als für das Geschäftliche interessierte. Nachdem auch mit dem Übersetzer alle Fragen geklärt waren, führte ich bei «Paris Match» und «Photo», die beide an der Kau-Serie interessiert waren, meine Aufnahmen vor. Im Interesse der besseren Druckqualität entschied ich mich für «Photo», obgleich diese Zeitschrift eine viel kleinere Auflage als «Paris Match» hatte. Ich habe mich immer für Qualität entschieden.

In Paris war ich auch Gast der «Table Ronde», einem Verlag von hohem Ansehen, der die Cocteau-Bücher veröffentlicht hatte. Dort erschien ein Buch über mich von Charles Ford, einem bekannten Filmhistoriker – das erste, das der Wahrheit nahe kam. Wenn es trotzdem einige Irrtümer enthält, so ist dies meine Schuld. Die Afrika-Expeditionen ließen mir keine Zeit, mich für den Autor längere Zeit freizumachen und sein Manuskript zu lesen. Trotzdem ist das Buch mit dem Titel «Leni Riefenstahl» das einzige, in dem ernsthaft versucht wurde, herauszufinden, wer ich bin, und das die immer wieder heruntergeleierten Legenden zerstört.

Wie schon bei früheren Besuchen in Paris hielt ich in dem silbernen Spiegelsaal des Architekten Jean François Daigre einen Dia-Vortrag. Die Franzosen waren hingerissen. Der ungewöhnliche Rahmen der Veranstaltung trug dazu bei. Die Leinwand, die der Hausherr besorgen ließ, war so groß wie die ganze Wand, meiner Schätzung nach war sie vier bis fünf Meter breit. Der Raum war kaum zehn Meter lang, so daß von dieser großen Fläche eine ungewöhnlich starke Bildwirkung ausging. Die Gäste, nicht viel mehr als 40 oder 50 Personen, saßen auf dem Teppichboden. Unter ihnen bekannte Filmregisseure, Maler, Verleger, Theaterleute und sehr elegante Frauen, die mich umlagerten. Ich trug ein bodenlanges Goldkleid. Unter den enthusiastischen Bewunderern befand sich auch Pierre Cardin, der «Modezar», der ein eigenes Theater in Paris besitzt und an Kunst höchst interessiert ist. Er stellte nach der Vorführung hundert Fragen an mich. Daß ich selbst die Aufnahmen gemacht habe, wollte kaum einer glauben. Obgleich ich fast 300 Dias zeigte, wollten alle noch viel mehr sehen. Mein französischer Verleger erlebte diesen Triumph mit. Er strahlte.

In Washingthon erwartete mich Mary Smith von «National Geographic». Sie hatte mir inzwischen einen Vertrag geschickt, in dem sich das Magazin verpflichtet, 20 Farbseiten von den neuen Nuba-Aufnahmen zu bringen. Das Bild-Layout sollte ich gemeinsam mit Bill Garrett machen.

Das Wetter in Washington war herbstlich schön, die Leute gingen noch ohne Wintermäntel. Die Fahrt vom Flugplatz bis in die Stadt war eindrucksvoll. Auf dem dreispurigen Highway begegneten uns

nur wenige Autos, und links und rechts leuchteten die Herbstwälder
in bunten Farben.

Im Jefferson-Hotel war ein Zimmer für mich reserviert. Es machte
einen etwas traurigen, düsteren Eindruck. Aber der mit Langhaar-
Velour ausgelegte Boden war wunderbar, wie in einer Wollwiese
konnte ich barfuß darauf herumspazieren. Als ich mir etwas zu essen
und trinken bestellen wollte, bekam ich nichts, nicht einmal eine
Flasche Wasser. Samstag und Sonntag waren Küche und Bar geschlossen. Was blieb mir übrig, als noch einmal wegzugehen. So
geriet ich in ein fast unheimlich wirkendes Restaurant, das sich
«Devil's fork» nannte. Ich wagte mich kaum in die dunkle Höhle,
deren Wände aus riesigen Steinen zusammengesetzt waren, und entdeckte, nachdem sich meine Augen an das Dämmerlicht gewöhnt
hatten, superelegante Frauen und Männer, die Frauen in Abendkleidern mit viel Schmuck, die Männer nobel mit den modernsten Krawatten und Anzügen nach dem neuesten Schrei. Chinesinnen und
andere asiatische Frauen dominierten, die Hälfte der Tische war leer.
Von Decken und Wänden starrten Teufelsfratzen in den Raum, auf
keinen Fall für ein weibliches Wesen, das allein und unvorbereitet
den Raum betritt, besonders gemütlich. Man dirigierte mich an einen
kleinen Tisch und legte mir eine extravagante Speisekarte vor. Die
Preise waren enorm, und dankend verneinte ich alle die delikaten
Vorschläge wie Cocktails, Kaviar, Austern oder Hummer und ließ
mir nur eine Vorspeise, Scampi mit Reis und die kleinste Menge Wein
kommen, die es gab – einen halben Liter Rosé. Obgleich ich kaum die
Hälfte trank, genügte es, daß ich mit leicht schaukelndem Schritt in
mein Hotel fand.

Von nun an war ich täglich mehrere Stunden in dem großen
Arbeitsraum mit Bill Garrett beisammen, der mich an Rolf Gillhausen und Michael Rand erinnerte. Er war ein hervorragender Fotograf, hatte jahrelang in Burma, Thailand und Vietnam fotografiert
und arbeitete schon 20 Jahre für «National Geographic» als Art
Direktor. Die Arbeit mit ihm machte Spaß. Im allgemeinen entwarfen
seine Mitarbeiter die Layouts, da er gleichzeitig mit mehreren Serien
beschäftigt war, aber Bill Garrett war in die Nuba-Bilder verliebt und
legte daher Wert auf meine Mitarbeit. Ich konnte viel von ihm lernen.

In kürzester Zeit wurden von den Farb-Dias Schwarz-weiß-Fotos
in verschiedenen Größen gemacht, und mit ihnen entstand an einer
großen Magnetwand das Layout. Im Nu konnten so die Bilder ausge-
tauscht und verschoben werden. Auch ich arbeitete in München mit
Schwarz-weiß-Vergrößerungen, mußte sie aber auf den Fußboden
legen und war dadurch im Raum sehr beschränkt. Hier konnte man

schnell und übersichtlich die beste Zusammenstellung der Serie übersehen.

Während unserer Arbeit kamen immer mehr Mitglieder und Direktoren aus den verschiedenen Abteilungen und betrachteten die an der Wand hängenden Fotos. Auch Mr. Leakey war zugegen und viele andere, die in der Forschung einen Namen haben, so die englische Wissenschaftlerin Jane Goodall, die in Afrika jahrelang allein mit einer Gruppe von Schimpansen lebte und aufsehenerregende Berichte darüber veröffentlichte. Immer wieder hörte ich das Urteil «incredible». Selbst der Präsident von «National Geographic», Mr. Grosvenor, war beeindruckt.

Da geschah etwas Unerwartetes. Als ich am letzten Tag um zehn Uhr vormittags zu «National Geographic» kam, eröffneten mir Mary Smith und Bill Garrett mit versteinertem Gesicht, daß die Serie nicht erscheinen werde. Es verschlug mir die Sprache. Ich war zutiefst bestürzt. Auch den beiden sah ich an, daß sie ebenso betroffen waren wie ich. Über die Gründe dieser plötzlichen Entscheidung sagte Mary Smith, von Anfang an seien Einwände gegen meine Person erhoben worden, aber einige der maßgeblichen Redakteure hätten sich für das Erscheinen der Serie so nachdrücklich eingesetzt, wie sie selbst und besonders Bill Garrett, daß der Widerstand einiger Vorstandsmitglieder gebrochen schien. Dem allmächtigen Board des Magazins, der die letzte Entscheidung traf, gehörten ungefähr 20 superreiche, alte und extrem konservative Amerikaner an, die gleichzeitig auch Sponsoren waren und den Spitznamen «Halbgötter» trugen. Unter ihnen war noch einmal eine heftige Debatte über die Serie entbrannt, in der die Mehrzahl der Mitglieder sich gegen die Veröffentlichung des Berichts entschied. Diesem Beschluß konnte sich auch Gilbert W. Grosvenor, der Präsident, nicht widersetzen. Mitentscheidend war die Befürchtung, viele Abonnenten, die Mitglieder religiöser Sekten sind, könnten an der Nacktheit der Nuba Anstoß nehmen. Auf meine Frage, wieso diese Entscheidung so spät erfolgt sei, sagte Mary Smith, dieses Unheil habe sich erst nach Bekanntwerden von Susan Sontags vieldiskutiertem Bericht zusammengebraut. Dieser auch von Journalisten sehr umstrittene Artikel, in dem ich als fanatische Nationalsozialistin analysiert wurde, soll die Leute aufgescheucht und ängstlich gemacht haben. Ein anderer mißlicher Umstand: Der alte Grosvenor, von dem das Magazin Jahrzehnte geleitet worden war, hatte aus Altersgründen das Amt seinem Sohn übergeben. Und dieser war, so sagte man, wohl ebenfalls sehr intelligent, aber, anders als sein Vater, noch etwas unsicher und ängstlich. Er fürchtete um seine Position, wenn er sich gegen den Willen des Vorstandes stellte.

So gut es ging, versuchte ich über diesen neuen Schlag hinwegzukommen, aber leicht war es nicht. Wie ein Film lief in solchen Augenblicken mein Leben nach Kriegsende vor mir ab, und ich wünschte, wie schon früher sooft, mich irgendwohin zurückziehen und vergessen zu können.

Ich erhielt das vereinbarte Honorar und ebenso alle meine Auslagen, aber trösten konnte mich dies nicht. Der Schock und die Enttäuschung waren zu groß. Mary Smith und Bill Garrett trennten sich von mir als Freunde.

Die «Library of Congress» entschädigte mich etwas für diesen Verlust. Hier fand ich für die Eintragung meiner neuen «Copyrights» jede Unterstützung. Die fünf neuen Kopien, die ich anfertigen ließ, waren eingetroffen, und so hatte ich nur noch die diversen Anträge auszufüllen und die fälligen Gebühren zu entrichten. Auf dem Flug nach New York hatte ich die Urkunden-Dokumente schon in Händen. Nun hoffte ich den illegalen Handel mit meinen Filmen auf dem Schwarzen Markt in den USA stoppen zu können.

Wie immer wohnte ich wieder im «Westbury», in dem ich mich schon heimisch fühlte. Meine erste Verabredung war ein Lunch mit Frances Lindley. Es war immer ein Vergnügen, mit dieser geschäftlich klugen Lady, die meinen amerikanischen Verleger Harper & Row vertrat, zusammenzutreffen. Ich bewunderte ihre Tüchtigkeit und schätzte ihre Ratschläge. Da wir auf künstlerischem Gebiet einen ähnlichen Geschmack hatten, gab es zwischen uns auch keine Probleme. Nun brauchte ich nur noch für den neuen Bildband die Zustimmung meines englischen Verlegers Sir William Collins. Nach dem Abschied von meinen amerikanischen und deutschen Freunden flog ich nach London.

Hier erwartete mich etwas Besonderes. Mr. Buxton, Chef der «Survival Anglia-Film», einer der bemerkenswertesten Männer der englischen Filmindustrie, hatte mich eingeladen, um mit mir über das Nuba-Filmmaterial, das ihn sehr interessierte, zu sprechen. Seine aristokratische Erscheinung hatte eher den Anschein eines Rennstallbesitzers als den eines Filmproduzenten. Das täuschte. Mr. Buxton war ein gründlicher Kenner der gesamten Filmbranche, und die Dokumentarfilme, die in seiner Firma hergestellt wurden, gehörten zu den besten in der Welt. Ich erhielt Gelegenheit, einige zu sehen, und lernte Alan Root, einen seiner Regisseure, der hauptsächlich in Afrika arbeitete und gerade aus Kenia kam, kennen. Seine Filme über die Tierwelt und über die Eingeborenen waren hervorragend. Sofort hatten wir eine Unmenge von Gesprächsthemen, und am liebsten wäre ich länger in London geblieben. Aber ich mußte, nachdem ich mit Collins alles im besten Einvernehmen besprochen hatte, zur Fertigstellung meiner Bildbände dringend nach München zurück.

Hier hatte sich in der Zwischenzeit soviel Arbeit angestaut, daß ich bis Ende des Jahres alles absagte. Inge und Horst arbeiteten mit mir die halben Nächte hindurch, ein Privatleben gab es nicht mehr. Selbst für den Silvesterabend, den unsere Freunde Karin und Claus Offermann mit uns in ihrem Lokal «Die Kanne» in der Maximilianstraße verbringen wollten, konnten wir uns nicht freimachen.

Die letzte Eintragung in meinem Kalender von 1975 lautet: «Ein anstrengendes Jahr – keine Zeit für Weihnachten, keine für Silvester – nur Arbeit.»

Meine Antwort an Speer

Die Reaktion auf das letzte Jahr blieb nicht aus. Ich war zu keiner Unternehmung, gleich welcher Art, mehr imstande. Nicht einmal auf Lesen konnte ich mich konzentrieren. Selbst in den Bergen stellte sich kaum eine Besserung ein. Ich wollte es deshalb noch einmal mit einer Frischzellen-Behandlung versuchen. Es war das dritte Mal, daß ich zu Professor Block nach Lenggries fuhr. Schon die erste Kur hatte sich gelohnt. Ich glaube, ohne diese Frischzellenkur hätte ich die Anstrengungen während der Olympischen Spiele in München kaum durchgestanden. Auch die Kur zwei Jahre später bestätigte die Wirkung. Nach kurzer Zeit ließ die Müdigkeit nach, und ich konnte wieder besser schlafen. Auch dieser Aufenthalt in Lenggries war eine Wohltat, und abgeschirmt von der Hektik und den unaufhörlichen Sorgen, entspannten sich die strapazierten Nerven. Die Spritzen, die ich bekam, nahm ich gern in Kauf. Auch fand ich hier endlich die Zeit, Speers «Spandauer Tagebuch» zu lesen.

Er hatte es mir schon bei Erscheinen geschickt, aber ich brauchte für die Lektüre Ruhe. Speer schrieb, er schicke es mir nur mit Zagen und Zögern, da er befürchte, es widerspreche meiner Einstellung zu der uns gemeinsamen Vergangenheit. «Aber», schrieb er, «Du gehörst zu denjenigen, die auch andere Meinungen gelten lassen, dies ist nicht nur jetzt der Fall, sondern auch früher warst Du Andersgesinnten gegenüber duldsam und verständnisvoll. Daher bin ich gewiß, daß unsere Freundschaft durch dieses Buch nicht geschmälert wird.» Das hoffte ich auch, und ich war, noch bevor ich sein Buch las, sicher, daß Speer, was er auch schrieb, aus innerster Überzeugung berichtete. Dies war der Kern seines Wesens. Darum hatte ich für ihn große Hochachtung und Verehrung empfunden. Das würde sich auch nicht ändern, falls er andere Wege ginge als ich. Aber noch wußte ich nicht, ob sie wirklich so verschieden sein würden. Ich antwortete ihm:

8. Juni 1976

Mein lieber Albert,
wenn ich erst jetzt, nach so langer Pause, von mir hören lasse, so hat dies viele Gründe. Der wichtigste aber war der, daß ich erst Dein Buch lesen wollte, bevor ich schreibe. Um mich ungestört darin zu vertiefen, mußte ich aus München fortgehen, wo ich, in Folge des Klimas, meist zu müde bin, um etwas intensiv aufnehmen zu können.

Dein Gefühl, daß ich, was die Vergangenheit und vor allem die Person Hitlers betrifft, teilweise ganz andere Eindrücke, als Du sie beschreibst, empfangen habe, ist richtig. Aber das hat nichts mit unserer Freundschaft zu tun, die, wenigstens von meiner Seite, sehr tief ist und sich trotzdem niemals in ihrer Bedeutung ausdrücken konnte – weder vor noch nach dem Krieg. Dein Buch ist eine große Leistung – wie alles, was Du ausgeführt hast. Ich glaube, Dich auch zu verstehen. Dein Ringen mit der Vergangenheit, Deine inneren Auseinandersetzungen mit Deinem früheren Verhältnis zu Hitler und Dein Wunsch, alle jene zu warnen, die sich noch nicht von der Faszination, die Hitler ausstrahlte, freimachen konnten.

Niemand, der bisher aus der Umgebung von Hitler geschrieben hat, ist so nahe an die Wahrheit gelangt. Es ist bewundernswert, wie sehr Du Dich bemüht hast, und wieviel Mut Du aufbrachtest. Deine Schonungslosigkeit Dir selbst gegenüber wird auch Deine Gegner mit Achtung erfüllen müssen.

Trotzdem – und Du wirst mir verzeihen, wenn ich es Dir gegenüber ausspreche, gibst Du auf die millionenfachen Fragen, die nie aufhören werden: «Was war es an Hitler, daß nicht nur das deutsche Volk, sondern auch viele Ausländer von ihm so beeindruckt, ja geradezu verhext waren», keine befriedigende Antwort. Das liegt wohl vor allem daran, daß Du die negativen Seiten seiner Person stärker betont hast als seine positiven. Ein Hitler, wie Du ihn beschreibst, könnte wohl Ungewöhnliches im Guten wie im Schlechten vollbringen, nicht aber eine ganze Welt aus den Angeln heben, wie es ihm beinahe gelungen wäre. Hier gehen unsere Betrachtungen auseinander – aber warum nicht? Ich bin alles andere als Winifried Wagner, die heute noch sagt: «Wenn Hitler plötzlich vor mir stehen würde, ich würde ihn als Freund empfangen.» Auch ich kann nie die entsetzlichen Dinge, die im Namen Hitlers geschehen sind, vergessen oder verzeihen, und ich will es auch nicht. Aber ich will auch nicht vergessen, wie ungeheuer die Wirkung war, die von ihm ausging – damit würde ich es mir zu leicht machen. Aber diese beiden, scheinbar unvereinbaren Gegensätze in seiner Person – diese Schizophrenie – waren wohl das, was die ungeheuren Energien in seiner Gestalt erzeugte. Aber kann dies jemand noch nachempfinden, der wie Du mehr als 20 Jahre Gefängnis erlebt und durchgestanden hat?

Vielleicht – und ich hoffe es sehr, können wir uns einmal wiedersehen – ohne über die Vergangenheit zu sprechen.

Deine Leni

Tauchen in der Karibik

Seitdem ich den Bildband «The living reef» von Douglas Faulkner gesehen hatte, dessen phantastische Unterwasseraufnahmen mich tief beeindruckten, wurde mein Verlangen, wieder zu tauchen, immer stärker. Und nicht nur zu tauchen, ich wollte mich auch an solchen Aufnahmen versuchen. Die Fotos von Faulkner wirkten auf mich so stark, daß ich sie als die Geburtsstunde meiner Arbeit als Unterwasserfotografin bezeichnen möchte.

Wieder waren wir in der Karibik. Diesmal auf den Bahamas im «Current Club», der sich in North Eleuthera befindet. Ich arbeitete mit zwei Nikonos-Kameras, und Horst filmte mit einer Super-8. In meinem Taucher-Logbuch steht schon beim ersten Tauchgang «toll – super». Und so war es auch. Jeder Tauchgang war ein Erlebnis, besonders, seitdem ich mich auf das Fotografieren konzentrierte. Die Welt unter dem Meeresspiegel ist faszinierend, sie aufs Bild zu bekommen, aufregend. Fische begleiteten mich – aber wenn sie fotografiert werden sollten, hielten sie nicht still. Man muß viel Geduld haben und die Technik perfekt beherrschen: Die Entfernung genau schätzen, die richtige Blende wählen, und dies oft im Bruchteil einer Sekunde. Es gibt Erlebnisse unter Wasser, die man nur einmal hat, und nicht immer ist man in solchen Augenblicken mit der Kamera schußbereit.

Die Suche nach geeigneten Motiven war manchmal ein Abenteuer für sich. Oft steckten Barsche und Muränen in dicht bewachsenen Höhlen, in der Dunkelheit kaum zu entdecken, und wenn ich fotografierte, konnte ich nicht gleichzeitig mit dem Scheinwerfer leuchten. Oft stand ich vor der Wahl, Scheinwerfer oder Kamera mitnehmen, und jedesmal erschien mir der Tauchgang zu kurz. Die Zeit unter Wasser verging wie im Flug, da es immer Neues zu entdecken gab: Bizarre Seesterne, Nacktschnecken, Krabben und Muscheln. Das Wichtigste allerdings, was ich entdeckte, war eine «Nikon-Spiegelreflex-Kamera», die mir John Schultz, der Tauchmeister des «Current-Club», zeigte. Als er mich das erste Mal durch den Sucher sehen ließ, war ich begeistert. Noch nie hatte ich unter Wasser durch eine Kamera so gut das Motiv sehen können. Nicht nur die Schärfe, die leicht einzustellen war, sondern vor allem der exakte Bildausschnitt war es, der entscheidend ist. Sofort beschloß ich, mir diese Kamera und das dazu passende Unterwassergehäuse zu besorgen, was nicht ganz einfach war, da die Herstellerfirma «Oceanic» ihren Sitz in Californien hat. Ich telefonierte noch am selben Tag mit ihr und bestellte mir das Gehäuse. Die Lieferung sollte ins «Westbury-Hotel» erfolgen. Wir hatten ohnehin vor, unser Tauchen in der Karibik durch einen Besuch der Olympischen Spiele in Montreal zu unterbrechen, so konnte ich beim Rückflug über New York das «Oceanic»-Gehäuse im Hotel abholen und mir gleichzeitig dort die Nikon-Spiegelreflex kaufen. Ich freute mich darauf wie ein Kind auf Weihnachten.

Olympia in Montreal

Es war die erste Olympiade, wenn ich von den Olympischen Winterspielen von 1928 in St. Moritz absehe, die ich als Zuschauerin erlebte. Als Inhaberin des Olympischen Diploms war ich als Ehrengast nach Montreal eingeladen. Die Kamera hatte ich mitgenommen – ein herrliches Gefühl, ohne Zwang fotografieren zu können.

Die Tage, die ich in Montreal verlebte, sind unvergeßlich. Für Horst erhielt ich eine Pressekarte, während ich einen Platz auf der Ehrentribüne bekam. Außerdem wurde mir eine reizende Hostesse zugeteilt, die mich zu den verschiedenen Wettkampfplätzen führte und mir auch die Sehenswürdigkeiten der Stadt zeigte.

Die Zeit war viel zu kurz, um auch nur das Wichtigste anschauen zu können. Jede Minute war besetzt. Noch vor der Eröffnung der Spiele wurde ich um eine Menge Interviews gebeten, und auch der Regisseur Jean-Claude Labrecque, der den offiziellen Olympiafilm machte, nahm mich in Beschlag und zeigte mir voller Stolz die modernsten Aufnahmegeräte. Er sprühte vor Temperament.

Vor Beginn der Spiele verdunkelten noch politische Differenzen den Olympischen Himmel. Zahlreiche schwarzafrikanische Staaten boykottierten die Spiele. Es war ein Protest gegen die Teilnahme Neuseelands, dessen Rugby-Team kurz zuvor eine Südafrika-Tournee unternommen hatte. Von 120 gemeldeten Nationen marschierten nur 94 ins Stadion ein. Die Eröffnungsfeier war glänzend arrangiert. Bei strahlendem Sonnenwetter eröffnete Königin Elisabeth, ganz in Rosa gekleidet, die Spiele. Ich hatte einen idealen Platz, von dem aus ich mit meinen Teleoptiken gute Aufnahmen machen konnte.

Wenn ich an diesen Tag zurückdenke, erinnere ich mich einer hübschen Episode. Neben dem Block, in dem ich meinen Sitzplatz hatte, saßen die Vertreter der «Prominenz», die Staatsgäste der Regierung. Unter ihnen fiel mir ein gutaussehender Mann auf, den ich für Pierre E. Trudeau, den kanadischen Ministerpräsidenten, hielt. Von ihm und einer neben ihm sitzenden attraktiven Dame machte ich einige Aufnahmen. Als er den Platz verließ, fragte ich die Dame, die mich lächelnd beobachtet hatte, auf englisch, an welche Adresse ich die Fotos senden könnte. Ihre Antwort: «Please, send the pictures to our city.» Sie hat mich wohl für eine englische oder amerikanische Fotoreporterin gehalten. Am Abend sah ich mir mit Horst die entwickelten Filme an und sagte, ich hätte mir Trudeau nicht so jung vorgestellt. Horst sagte lachend: «Das ist doch nicht Trudeau, das ist doch unser Münchner Oberbürgermeister, der Kronawitter.» Tatsächlich hatte ich geglaubt, es sei Trudeau gewesen. Die Fotos habe ich nicht abgesandt, aber ich besitze sie noch.

Nach einigen Tagen, während ich die Wettkämpfe verfolgte, kam es wieder einmal zu einem Skandal um meine Person. Mitglieder einer bedeutenden Organisation protestierten in schärfster Form beim Canadischen Olympischen Komitee und bei dem Minister für Arbeit und Einwanderung gegen meine Anwesenheit. Sie behaupteten, wie in den canadischen Zeitungen zu lesen stand, meine Anwesenheit beleidige alle Canadier. Ich sollte sofort aus Canada deportiert werden, da, wie es wörtlich hieß, «ihre Philosophien einen schändlichen Affront gegen den olympischen Geist bedeuten». Auch machten sie mich für die Verbrechen des Dritten Reiches mitverantwortlich. Aber wie 1972 anläßlich der Olympischen Spiele in München, bei denen die «Sunday Times» die Proteste der jüdischen Gemeinde zurückwies, wirkten sich diese massiven Vorwürfe auch in Canada nicht nachteilig für mich aus. Wenige Tage danach erhielt ich mit anderen Ehrengästen eine ehrenvolle Einladung der canadischen Regierung. Mit einer Sondermaschine sollten wir zur James Bay im Norden Canadas fliegen, wo wir neben der arktischen Landschaft auch moderne Industrieanlagen und Entwicklungsprojekte besichtigen konnten. Leider wurde dieser vielversprechende Flug im letzten Augenblick wegen zu schlechten Wetters abgesagt.

Bevor ich Montreal verließ, war ich Gast einer Talkshow, die die berühmteste canadische Talkmeisterin moderierte. Meine Partner waren die kleine Rumänin Nadia Comaneci, Superturnerin und Goldmedaillengewinnerin, und Jean-Claude Labrecque, der Regisseur des canadischen Olympiafilms. Hinterher wurde im Kreise vieler neuer Freunde ein langer Abschied gefeiert.

Die neue Kamera

Mit 300 Kilo Gepäck landeten wir auf den «Virgin Islands» in St. Thomas, einer der schönsten Inseln in der südlichen Karibik. In New York hatte ich das «Oceanic»-Gehäuse abgeholt, mir eine Spiegelreflex mit verschiedenen Optiken, ein neues Blitzgerät und weitere Tauchutensilien gekauft. Ich konnte es kaum erwarten, die neue Kamera auszuprobieren. Noch hatten wir keine feste Reiseroute, aber ich wollte unbedingt noch einmal an der «Rhone» tauchen. Dort konnte man schon in geringer Tiefe fotografieren. Deshalb entschlossen wir uns, zuerst nach der englischen Insel Tortola zu fliegen, um dort mit George Marler möglichst oft zu dem Wrack zu fahren.

Besser hätten wir es nicht treffen können. George konnte sich freimachen und täglich mit uns an der «Rhone» oder anderen schönen Plätzen tauchen. Die ersten Aufnahmen machte ich von Papageifischen, die sich in einem am Wrack liegenden Stück Spiegelglas neugierig betrachteten. Dann wurde eine Muräne mein Modell, die darauf wartete, gefüttert zu werden. Schwieriger war es schon, als ich ein Porträt des so schön gezeichneten Triggerfischs machen wollte, das schaffte ich noch nicht.

Der Wunsch, gute Unterwasserfotos zu machen, beherrschte mich so sehr, daß ich keine Unbequemlichkeiten oder Mühen scheute, auch dann gute Tauchplätze aufzusuchen, wenn sie nicht leicht erreichbar waren. So bedeutete es eine ziemliche Plackerei, um in einer Bucht auf der Insel «Peter Island» zu fotografieren. Wir mußten ziemlich lange zu Fuß gehen und alles mit uns tragen, die schweren, gefüllten Flaschen, das nicht leichte Unterwassergehäuse, Kamera, Blitzgerät, Flossen und anderes mehr. Und das alles nur wegen der vielen kleinen Lebewesen, die es in dieser Bucht gab, vor allem die bunten hübschen Röhrenwürmer, deren Tentakel wie kleine Blüten aussehen. Hier versuchte ich die ersten Makroaufnahmen. Dabei verlor ich an einer flachen Stelle, an der mir das Wasser nur bis zu den Knien ging, das Gleichgewicht und fiel. Das Pech war, daß der Boden von stacheligen Seeigeln wie mit einem Teppich bedeckt war, die tief in meinen «Allerwertesten» eindrangen, und die meisten waren abgebrochen.

Von Peter Islands flogen wir nach Barbados. Der Wechsel wurde angelockt von einem Riff vor der Insel «Mustique», von dem mir eine Amerikanerin so vorgeschwärmt hatte, daß sie mir in einer Skizze der Grenadien-Inseln das Riff eingezeichnet hatte. Horst paßte die Reise dorthin überhaupt nicht. Zu Recht verwies er auf die schweren Gepäckstücke, die wir mitschleppen mußten, und auf die sündhaft hohen Transportkosten. Außerdem war ihm der ganze Plan zu abenteuerlich, auch im Hinblick darauf, daß wir unseren fest gebuchten verbilligten Rückflug ab New York nicht verpassen durften. Ich hatte mir nun einmal das Fotografieren an diesem Riff in den Kopf gesetzt, und mein Verlangen, dort zu tauchen, war so groß, daß ich Horst von der Wichtigkeit dieser Reise überzeugen konnte.

In Barbados, einer großen Karibik-Insel, vor allem von Leuten mit viel Geld besucht, blieben wir nur eine Nacht. Von hier wollten wir auf die Insel «Mustique» kommen. Zu unserer großen Enttäuschung erfuhren wir, daß es zu dieser Zeit keine Schiffsverbindungen mehr dorthin gab, womit ich nicht gerechnet hatte, denn aus der Presse wußte ich, daß Prinzessin Margaret sowie auch Mick Jagger dort öfter ihren Urlaub verbringen. Ich sah Horst ein Triumphgefühl an, da er sich in seiner Prophezeiung bestätigt fühlte. Es gab aber glücklicherweise kleine Charterflugzeuge, die für einen mäßigen Preis von Insel zu Insel flogen. Wir nahmen einen solchen «Inselhüpfer», in dem außer uns gerade noch das Gepäck unterzubringen war.

Nach einer guten Stunde Flug sahen wir die Insel «Mustique». Der Pilot setzte zur Landung an, und bald stand die kleine Maschine auf einer schmalen Landepiste. Merkwürdig, kein Mensch war zu sehen. Am Ende der Piste stand ein Schuppen, der geschlossen war. Wir schauten uns ratlos an, denn um uns herum sah alles wenig einladend aus. Kein Haus, kein Tier, kein Mensch. Da vernahmen wir ein Geräusch und sahen ein kleines Fahrzeug, mit einem Mann darin. Er begrüßte uns freundlich, und wir erfuhren, daß er in einer Person sämtliche Funktionen bei der Ankunft von Gästen ausübte: Paßkontrolle, Zollformalitäten etc. Was wir außerdem erfuhren, klang sehr enttäuschend. Angeblich war niemand auf der Insel. Das einzige Haus, in dem man vielleicht hätte übernachten können, war geschlossen. Auch meine Hoffnung, von der Insel aus zu dem Riff zu schwimmen und dort zu tauchen, erwies sich als unerfüllbar, da es weder Preßluftflaschen noch einen Kompressor gab. Die einzige Person, die solche Geräte besaß, ein Mitinhaber der bekannten amerikanischen Firma für Unterwasser-Geräte «Skubapro», weilte derzeit in Kalifornien.

Sollten wir nach Barbados zurückfliegen, wo es bekanntlich keine guten Tauchplätze gibt? Auf Vorschlag des Piloten flogen wir zu einer anderen Insel, der «Union Island», auf der es Tauchgeräte gab. Hier verließ uns der Pilot. Er gab uns noch für den Rückflug seine Telefonnummer, da man ohne Flugzeug nicht wieder nach Barbados kommt. Horst trug es mit Fassung.

Kaum war der Pilot entschwunden, stellten wir fest, daß es auch hier keine Tauchgeräte gab, aber Fischer sagten uns, es gäbe solche auf «Palm Island». Was blieb uns übrig, als von einem der Fischer ein Boot zu mieten und mit unseren Kisten und Koffern zu dieser Insel zu fahren – und wir fanden, was wir suchten. Bewohnt war sie von einem einzigen Ehepaar mit Sohn, der einen kleinen Tauchladen mit Flaschen und Kompressor hatte. Wir waren die einzigen Gäste.

Erstaunlich war die Geschichte des alten Mannes: Vor Jahrzehnten war er mit einem Segelschiff aus Australien unterwegs gewesen, das bei einem schweren Sturm in der Karibik sank und von dem er sich als einziger auf eine unbewohnte Insel retten konnte, auf der er eine Zeitlang wie ein Robinson Crusoe lebte. Er blieb in der Karibik und siedelte sich auf dieser kleinen Insel an, betrieb hier mit seiner Familie Fischfang und eine kleine Herberge, und so verdienten sie sich ihren Lebensunterhalt. Zum Dank für seine Rettung hatte er gelobt, jeden Tag eine kleine Palme zu pflanzen. Alle Palmen auf dieser Insel, die inzwischen herangewachsen waren, hatte er eigenhändig gepflanzt, auch die Palmen auf den Nachbarinseln.

Sein Sohn, der selbst nicht tauchte, fuhr uns täglich mit seinem kleinen Motorboot zu den verschiedenen Tauchplätzen. Meist tauchten wir in den «Tobago Keys». An manchen Stellen war die Unterwasserwelt wie ausgestorben, augenscheinlich war hier zuviel harpuniert worden. Aber es gab auch einige ungewöhnliche Plätze, von denen sich einer in einer Tiefe von nur vier Metern befand und «Teufelstisch» hieß. Hier gab es eine kleine Grotte, in der an Fischen, die in diesen Gewässern vorkommen, fast alles zu finden war. Ohne es zu bemerken, war ich mehrere Male hautnah an einem großen Sandhai, der in der Höhle lag, vorbeigeschwommen, bis Horst ihn entdeckte. Als er mit der Hand auf den Hai deutete, machte ich erschrocken einen Sprung und war nicht bereit, noch einmal an ihm vorbeizuschwimmen, was Horst unbedingt hätte filmen wollen.

Der zweite Platz, der auch gute Motive bot, war ein kleines mit Korallen bewachsenes Wrack, das in einer Tiefe von 17 Metern lag. Hier tummelte sich eine Unzahl von Fischen, und ich konnte gute Aufnahmen machen, vor allem wegen des herrlichen Korallenbewuchses, in dem sich viele kleinere Meeresbewohner versteckt hielten.

Aber an diesem schönen Platz sollte ich bei meinem letzten Tauchgang ein aufregendes Abenteuer erleben. Anders als an den vergangenen Tagen, wo das Meer ziemlich bewegt war, sah die Wasserfläche glatt wie ein Spiegel aus, war aber von merkwürdig dunkelgrüner Farbe. Ausnahmsweise tauchte ich zuerst ab, während Horst sich noch mit den Kameras beschäftigte. Am Wrack wollten wir uns treffen. Während des Abtauchens war die Sicht so schlecht, daß ich nichts erkennen konnte. Als ich die Tiefe von 17 Metern erreicht hatte, fand ich das Wrack nicht. Noch dachte ich mir nichts dabei, da ich Horst jeden Augenblick erwartete. Er kam nicht. Nach einigen Minuten wurde es mir unbehaglich, ich tauchte langsam zur Wasseroberfläche auf, konnte aber weder Horst noch das Boot sehen. Große Angst überfiel mich. Dann entdeckte ich es, weit entfernt, ganz klein am Horizont. Nun wurde mir erst bewußt, daß ich von einer extrem starken Strömung, die ich wegen der Dunkelheit im Wasser nicht wahrgenommen hatte, weit weggetrieben worden war. Zum Glück trug ich eine orangefarbene Weste. Bevor ich sie aufblies, tauchte ich noch einmal ab und versuchte, gegen die Strömung zu schwimmen. Es war hoffnungslos. Nun blies ich die Weste voll auf und winkte mit den Armen. Man entdeckte mich, das Boot kam näher. Aber ich habe große Angst ausgestanden, bis ich aus dem Wasser gezogen wurde. Der junge Mann in unserem Boot hatte vor unserem Tauchgang, als er die spiegelglatte Wasserfläche sah, erzählt, daß an solchen Tagen meist die großen Tigerhaie zur Oberfläche kämen. Er hatte ständig nach ihnen Ausschau gehalten. Und ausgerechnet an meinem Geburtstag hatte ich das erlebt.

Damit war es mit den Abenteuern und Aufregungen dieser Tauchreise noch nicht zu Ende. Der Heimflug hatte seine Tücken. Ein glücklicher Zufall brachte es mit sich, daß ein wohlhabender Geschäftsmann, der hier schon einige Male seinen Urlaub verbracht hatte, uns in seiner Maschine nach Trinidad mitnahm. Das Problem war, von Trinidad nach New York zu kommen. Sämtliche Flüge waren für Wochen ausgebucht. Um in Trinidad auf die Warteliste zu kommen, mußten wir uns jeden Tag von fünf Uhr früh bis zum Nachmittag abwechselnd an den Flughafenschaltern in Trinidad anstellen – bei 40 Grad. Am vierten Tag kippte ich in der Schlange der Wartenden um. Das war unsere Rettung. Ein Beamter nahm sich meiner an, wir bekamen die Tickets und erreichten noch im allerletzten Augenblick in New York unsere Maschine.

Kaum hatte ich in München meine Koffer ausgepackt, stand ich schon vor der Kamera. Der Termin war schon seit langem festgelegt. Es ging um ein Film-Porträt, das der Regisseur Fritz Schindler für den «Südfunk» produzierte, der erste Fernsehfilm, der nach Kriegsende in Deutschland über mich gemacht wurde. Die Arbeit mit Herrn Schindler war angenehm. Er war nicht an sensationellen Enthüllungen interessiert, sondern an meiner Arbeit als Regisseurin.

Wenige Tage danach interviewte mich Dr. Wolfgang Ebert für die Sendung «Aspekte». Die Redaktion interessierte sich für «Die Nuba von Kau», die von List auf der Frankfurter Buchmesse als Neuerscheinung herausgestellt werden sollten. Dieses Buch war ein noch größerer Erfolg als «Die Nuba». Alle seine Verleger waren mehr als zufrieden. Vor allem Sir William Collins, der in diesen Bildband verliebt war und mich im Anschluß an die Buchmesse nach London einlud. Es war meine letzte Begegnung mit ihm, denn nur wenige Tage vor meiner Ankunft in London starb er. Sein plötzlicher, unerwarteter Tod war nicht nur für mich, sondern für den ganzen Verlag und seine Autoren ein großer Verlust. Männer wie er sind in der internationalen Verlagswelt nur noch selten anzutreffen.

Robert Knittel, Chef-Editor des Verlags, Sohn des einst so erfolgreichen Schweizer Schriftstellers John Knittel, übernahm das Buch. Von seiner Frau, der Schriftstellerin Luise Rainer, wurde mir in ihrem Londoner Heim ein festlicher Empfang bereitet. Zu den Gästen zählten auch Joy Adamson, die durch ihre Bücher und Filme über die Löwin «Elsa» weltbekannt wurde, und Mirella Ricciardi, eine Künstlerin, die ich sehr verehre. Sie ist Fotografin, lebte in Paris und Kenia und brachte nach jahrelanger Arbeit unerhörte Aufnahmen von den Masai zurück, die besten, die ich jemals gesehen habe. Ihr Bildband mit diesen Fotos ist einzigartig. Als ich nach dem Dinner zum ersten Mal meine Unterwasseraufnahmen zeigte, die Staunen erregten, umarmte sie mich stürmisch. Aus dieser Begegnung entstand eine Freundschaft, die Jahre später durch ein Mißverständnis zerbrach. Der amerikanische Verlag «Crown Publishers» hatte für meinen letzten Bildband, der unter dem Titel «Mein Afrika» erschien, ohne mich zu verständigen, den Titel «Vanishing Africa» gewählt. So hieß Mirella Ricciardis Afrikabuch, das Collins in England schon vor einigen Jahren herausgebracht hatte. Als ich mein erstes Buch aus New York erhielt, war ich zutiefst erschrocken, es hatte tatsächlich Mirellas Titel. Ich war fassungslos wie die arme Mirella. Die Bücher waren gedruckt, und es konnte nichts mehr geändert werden. Das Unfaßbare an dieser Affäre aber war, daß Collins selbst dem amerikanischen Verlag Mirellas Titel empfohlen hatte. Obwohl Bob Knittel Mirella sofort informierte, daß sein Verlag für dieses Unheil verantwortlich sei und ich daran absolut unschuldig wäre, hat Mirella das nicht geglaubt.

Talkshow mit Rosenbauer

In London brachte BBC noch ein Interview, in dem ich über meine letzte Afrika-Expedition berichtete. Außer den Nuba-Fotos von Kau wurden hier erstmalig Ausschnitte aus dem Nuba-Filmmaterial gezeigt, das in einer Talkshow beim WDR in Köln ebenfalls vorgeführt werden sollte. Nach langem Zureden des Produzenten, Kay Dietrich Wulffen, hatte ich mich zu einer Zusage entschlossen. Ich war ein gebranntes Kind, was deutsche «Medien» betrifft, und wollte mir unangenehme Überraschungen ersparen. Auch Horst warnte mich, doch Herr Wulffen, der mit mir über diese Sendung auf der «Frankfurter Buchmesse» gesprochen hatte, schilderte mit einer solchen Überzeugung die Fairness der geplanten Talkshow, daß mein Mißtrauen schwand.

«Wir versprechen Ihnen», sagte er auf der Frankfurter Buchmesse, «daß wir Sie nicht mit Fragen über die Vergangenheit konfrontieren, sie höchstens streifen werden. Unsere Absicht ist es, das Publikum über Ihre Arbeit als Filmregisseurin und Fotografin zu informieren, wir wollen Ihre neuen Afrika- und Unterwasseraufnahmen zeigen.»

Als er den Ausdruck des Zweifels in meinem Gesicht bemerkte, sagte er beschwörend: «Sie müssen mir glauben, es wird eine interessante und für Ihren Bildband erfolgreiche Talkshow, das verbürgt schon der Name Hansjürgen Rosenbauer, der sich übrigens auf das Gespräch mit Ihnen freut. Es wird seine letzte Talkshow sein.»

Wenige Tage vor der Sendung besuchte mich Herr Rosenbauer in der Tengstraße. Ein junger Mann, der gut aussah und auch sympathisch auf mich wirkte. Als er sagte, man habe zuerst an Rainer Barzel als meinen Gesprächspartner gedacht, war ich irritiert. Ein Politiker wäre wohl der ungeeignetste Partner für mich bei einer Talkshow – ich fand diese Idee absurd, aber dann sagte er, man habe eine andere Wahl getroffen. Er hatte sich für eine ältere Frau aus dem Arbeitermilieu entschieden, weil, wie er sagte, diese Arbeiterfrau sich positiv über mich geäußert hätte, was ihn beeindruckt habe. Sie soll gesagt haben, es wäre ein Unrecht, wie man mich nach dem Krieg behandelt hätte. Wie sollte ich da ahnen, was auf mich zukommen würde?

Vor Sendebeginn wurden mir im Studio des WDR meine Gesprächspartner vorgestellt: Knut Kiesewetter, ein mir nicht bekannter Liedermacher, und Elfriede Kretschmer, die Arbeiterfrau. Am Beginn schien alles recht harmlos und friedlich zu sein, aber das währte nicht lange. Schon nach kurzer Zeit begann mich Frau Kretschmer zu attackieren. «Ich verstehe nicht», rief sie mir zu, «daß eine Frau Filme macht, die gegen die ganze Menschheit waren – das hätte ich nie gemacht.»

Rosenbauer: «Was haben Sie gemacht?»

Frau Kretschmer: «Ich habe gearbeitet.» – Großer Applaus von der mitgebrachten Claque, die, wie ich erst später erfuhr, mit einem Omnibus herangebracht worden war und sich mehr oder weniger als «Ultralinke» fühlte. Ich war bestürzt und ahnte die Falle. Trotzdem bemühte ich mich, zuerst diese Attacke noch ruhig abzuwehren. Das konnte nicht gelingen, besonders deshalb nicht, weil ich keine Hilfe von Herrn Rosenbauer erhielt, dem die Regie dieser Sendung immer mehr aus den Händen entglitt und der den Redefluß der Frau Kretschmer, die wie eine kommunistische Wahlrednerin auftrat, nicht stoppen konnte. Ihre Angriffe wurden immer heftiger. «Wie kommt man dazu, solche Filme zu drehen, die meiner Meinung nach Rattenfängerfilme sind?» sagte sie bissig, «ich könnte das nie in meinem Leben verantworten. Wir Menschen haben ja schon um dreißig herum gewußt, was wir machen und was die Umwelt brachte – das können Sie mir glauben, das haben wir gewußt.»

Nun verlor ich meine Ruhe, das war zuviel. Es begann eine erregte Diskussion, die von seiten meiner Gesprächspartner immer aggressiver wurde.

«Ich bin froh», sagte ich, «wenn wir abbrechen. Ich bin nicht hier, weil ich wollte, ich wurde gebeten, herzukommen – man hatte mir versprochen, daß es eine faire und unpolitische Unterhaltung wird.»

Tatsächlich war es aber ein Verhör vor einem Tribunal. Was ich auch sagte, es wurde von den drei Leuten, die an der Talkshow beteiligt waren, überhört und ignoriert. Sie stellten die unglaublichsten Fragen an mich. Als über den Olympiafilm diskutiert werden sollte, fragte man mich, warum ich nicht Filme über Behinderte mache und warum in meinen Olympiafilmen nur schöne, edel gestaltete Menschen gezeigt werden. Meine Argumente, daß ich die Teilnehmer doch nicht ausgewählt habe, daß sie von 30 Kameraleuten, die an ganz verschiedenen Plätzen arbeiteten, gefilmt wurden, und es nicht meine

Schuld sein kann, wenn Athleten nun einmal trainierter aussehen, wurden nicht zur Kenntnis genommen.

Eine sachliche Diskussion konnte nicht zustande kommen, die Vorurteile meiner Gesprächspartner waren zu groß. Ich war darauf nicht vorbereitet und versuchte, so gut es ging, aus dieser peinlichen Affäre herauszukommen. Schon oft hatte ich mit Gegnern des damaligen Regimes gesprochen und immer Verständnis für Andersdenkende gehabt, auch für überzeugte Kommunisten. Ich selber hatte noch 1944 einen Altkommunisten, wie es auch Frau Kretschmer war, in meiner Firma als Aufnahmeleiter angestellt, und als er 1944 wegen Führerbeleidigung verhaftet wurde, mich für ihn eingesetzt und weiter beschäftigt. Er hieß Rudolf Fichtner und war ein Münchner. Schade, daß er mir an diesem Abend nicht zur Seite stehen konnte, vielleicht würde dann Frau Kretschmer etwas weniger hart mit mir ins Gericht gegangen sein.

Es war kein guter Abgang für Hansjürgen Rosenbauer. In der Presse konnte man es am nächsten Tag lesen: «Als die Scheinwerfer verlöschten, herrschte im Studio peinliches Schweigen. Rosenbauer war mit einem Schlag allein. Sogar Bühnenarbeiter gingen ihm aus dem Weg. Das kalte Büfett, das zu seinem Abschied organisiert war, wurde abgeblasen. Hunderte von Fernsehzuschauer protestierten telefonisch beim WDR. Sie schämten sich der Art und Weise, in der eine alte Frau wie eine Angeklagte behandelt und moralisch hingerichtet wurde. Die Fernsehsendung wurde zum Skandal. Millionen von TV-Zuschauern waren Zeugen eines würdelosen Tribunals. Die Angeklagte, eine Frau mit brauner Vergangenheit – Leni Riefenstahl. Die Staatsanwälte: Eine Gewerkschafterin – Elfriede Kretschmer, und ein erfolgreicher Schlagersänger – Knut Kiesewetter. Der Richter: Hansjürgen Rosenbauer.» So stand es wörtlich in verschiedenen Zeitungen, die mir keineswegs sonst wohlgesinnt waren, sondern wesentlich mehr Sympathie für Frau Kretschmer bekundeten.

Man teilte mir mit, an die zweitausend Anrufe seien während der Sendung beim WDR in Köln registriert worden. Das soll es noch nie gegeben haben. Auch wurde ermittelt, daß die Fernsehzuschauer ausnahmslos Partei für mich ergriffen hatten. Meine Mitarbeiter und Freunde, Inge und Horst, die sich während der Sendung in meiner Wohnung aufhielten, erzählten, schon wenige Minuten nach Beginn der Talkshow hätten ununterbrochen empörte Zuschauer angerufen und wollten mich sprechen. Sie hatten nicht bemerkt, daß es eine Live-Sendung war und ich mich in dieser Zeit im Studio des WDR in Köln befand.

Die Briefe und Telegramme, die ich bekam, waren buchstäblich unzählbar. Ich bedauere es noch heute, daß ich außerstande war, sie zu beantworten, es waren zu viele, zum Teil ergreifende Briefe. Besonders berührten mich solche von Menschen, die als Opfer des NS-Regimes in Konzentrationslagern Qualen erlitten hatten. Unter den Tausenden von Briefen, die ich aus Deutschland, aus der Schweiz und Österreich erhielt, befand sich nur ein einziger Brief, in dem ich beschimpft wurde. Das Interesse war so groß, daß zwei namhafte Verleger mir damals das Angebot machten, die Briefe in Buchform herauszubringen.

Die Presse war zwiespältig. Im «Spiegel» entdeckte Wilhelm Bittorf bei den «Nuba von Kau» Parallelen zu meinen früheren Filmen. «Blut und Hoden» überschrieb er seinen Bericht. Da stand: «Von Schwarzen Korps der SS zu den schwarzen Körpern der Nuba trieb es Leni Riefenstahl auf ihrer Suche nach Kraft und Schönheit... Was ist so anders bei den Primitiven, wenn sich die Nuba-Jünglinge mit sorgsam enthaarten Hoden zur Schau stellen wie Coverboy-Anwärter für ‹Him›?... Wie ein spätes Dornröschen, das vom Gift der Enttäuschung und Verbitterung betäubt war, erwachte Leni Riefenstahl zum zweiten Mal. Und alle die wiederbelebte Begeisterungsfähigkeit, ja – Süchtigkeit, mit der sie die Kulte der Nazis und die Körper der Olympioniken gefeiert hatte, wandte sie nun den Kulten und Körpern der Nuba zu... Hier enthüllt sich vollends, wie unverbesserlich die Leidenschaft für das Starke und Gesunde in dieser Enthusiastin seit den Tagen von Glaube und Schönheit geblieben ist. Die Nuba, das sind im Grunde für sie die besseren Nazis, die reineren Barbaren, die wahren Germanen.»

Ich konnte nur staunen. Daß die Bilder «meiner» Nuba an die «SS» erinnern, darauf wäre ich nie gekommen. Da heißt es bei Unterwasserfotos aufzupassen, daß ich nicht «braune» Fische fotografiere. Bittorfs Analysen sind schon merkwürdig, denn überzeugte Nationalsozialisten waren doch Rassisten und ließen neben blonden Ariern nichts gelten. Wie verträgt sich das mit meiner Freundschaft und Liebe zu den schwarzen Nuba?

Von Analytikern wie Wilhelm Bittorf, Susan Sontag und anderen, denen es ihre Vorurteile nicht erlauben, meine Arbeit objektiv zu beurteilen, gibt es nicht allzu viele. Entschädigt wurde ich durch die Zuschriften und Leserbriefe, die das «Feme-Gericht» über mich verurteilen, aber auch durch die eindrucksvollen Bildberichte in den illustrierten Zeitschriften, die nach der Talkshow veröffentlicht wurden. Das Angebot, das Rolf Gillhausen mir für das Magazin GEO machte, bewies, daß die «Talkshow» ein Bumerang war. Auf seinen Wunsch sollte ich noch einmal die Nuba von Kau besuchen, um aufzunehmen, wie ihre Welt sich verändert hatte. Obwohl Gillhausen nun für den «stern» arbeitete, war GEO noch immer sein Lieblingskind – «sein» Magazin, das er ins Leben gerufen hatte.

So reizvoll diese Aufgabe auch war, wollte ich sie doch nicht übernehmen. Die Strapazen der letzten Expedition waren noch nicht völlig überwunden, auch hatte ich mir geschworen, nie mehr so gefährliche Abenteuer zu riskieren. Im übrigen bereitete ich eine neue Tauchreise vor, da außer Collins nun auch List meine Unterwasser-Fotos kannte, und beide wollten einen weiteren Bildband mit mir machen. Dazu fehlten mir noch eine Anzahl von Aufnahmen. Diese Arbeit zog ich einer neuen Sudan-Expedition vor.

Gillhausen gelang es, meine Bedenken auszuräumen, vor allem der Zeitpunkt der Expedition würde meine Tauchreise nicht tangieren. Auch wäre sie allem Anschein nach weniger strapaziös, weil ein erstklassiger Journalist uns begleiten und den Text schreiben sollte, so daß ich mich ganz auf das Fotografieren konzentrieren könnte. Und zum ersten Mal wäre ich außerdem von allen finanziellen Belastungen befreit. Das alles machte das Angebot mehr und mehr verlockend. Während ich noch schwankte, bekam ich überraschend eine Einladung aus Khartum. Freunde teilten mir mit, etwas «Besonderes» erwartete mich dort, verrieten aber nicht was. Trotz meiner Vorbereitungen für die kurz bevorstehende Tauchreise zum Indischen Ozean entschloß ich mich, sofort in die sudanesische Hauptstadt zu fliegen. Ich könnte dort am besten feststellen, ob eine neue Expedition überhaupt eine Chance haben würde – im Sudan immer ein großes Fragezeichen. Und schließlich war ich auch gespannt, warum ich denn eigentlich diese mysteriöse Einladung erhalten hatte.

In Khartum

Es war schön, wieder hier zu sein, wenn auch dieses Mal nur für wenige Tage. Meine Freunde hatten mich vom Flugplatz abgeholt, aber niemand konnte mir den Grund meiner Einladung nennen. Ich wohnte im Haus von Norbert und Inge Koebke. Schon bei unserer letzten Expedition hatten sie uns sehr geholfen. Nach der Turbulenz der letzten Wochen genoß ich hier die himmlische Ruhe.

Noch immer hatte ich weder von Nimeiri noch von einem seiner Mitarbeiter eine Nachricht erhalten, auch Abu Bakr wußte keine Erklärung.

Im ungeeignetsten Augenblick kam die Nachricht, Präsident Nimeiri würde mich in zwei Stunden erwarten. Als der Anruf von Herrn Koebke kam, befand ich mich gerade im Schwimmbecken vom Deutschen Klub. So ein Pech. Meine Haare waren naß, wie sollte ich das schaffen. Aber Inge machte es möglich. Sie föhnte mein Haar, half beim Anziehen und raste mit dem Auto durch die Straßen zum «People's Palace», wo ich schon erwartet wurde. Ein Beamter führte mich in das Zimmer des Präsidenten.

Als ich eintrat, bekam ich Herzklopfen. Außer Nimeiri erwarteten mich einige Minister und ein Kamera-Team. Der Präsident begrüßte mich mit einer Umarmung. Eine sonderbare, fast feierliche Stimmung lag über dem Raum. Auf einen Wink Nimeiris wurde ihm eine Lederschatulle übergeben, die er mit erwartungsvollem Lächeln an mich weiterreichte. Zögernd öffnete ich sie und sah darin einen Orden an einem breiten rosa Seidenband liegen. Nun löste sich die Spannung im Raum, alles lachte und redete durcheinander. Während ich noch leicht verwirrt den Orden betrachtete, sagte der Präsident in einer kurzen Ansprache, warum mir die Sudanesische Regierung den Orden verliehen habe. Er sprach begeistert über Inhalt und Gestaltung meiner beiden Bildbände, die es sogar Moslems erlaubten, die unbekleideten Nuba ohne Verletzung ihrer Gefühle betrachten zu können. «Deshalb und auch, weil der Sudan Ihre zweite Heimat wurde, möchten wir Sie mit diesem Orden ehren.» Mit den Worten: «We all love you very much, may God bless you», beendete er seine Rede.

Ergriffen über soviel Sympathie, ja Freundschaft, dankte ich dem Präsidenten. Am Abend war alles im Fernsehen zu sehen. Irgendwie erschien es mir irreal, wenn ich an die Augenblicke dachte, als ich in Washington bei dem Sudanesischen Botschafter um ein Visum bettelte oder in Kadugli vor einem kleinen Polizeichef auf dem Boden lag und weinte, weil er mich nicht weiterfahren lassen wollte.

Am nächsten Tag konnte ich noch mit Khalid El Kheir Omer, dem Minister of State, über die neue Expedition sprechen. Er versprach, daß dieses Mal Geschehnisse wie bei meiner letzten Expedition nicht mehr vorkommen würden. «Schreiben Sie mir auf, was Sie brauchen, Sie werden jede Hilfe von uns erhalten. Übrigens», setzte er hinzu, «es wird Sie freuen zu hören, daß wir in England und Amerika einige Hundert Ihrer Nubabücher bestellt haben. Die Regierung will sie den ausländischen Botschaften zu Weihnachten schenken.»

In diesem Augenblick stand für mich fest, daß ich die Nuba nun noch einmal für GEO besuchen werde.

Der Flug nach Malindi war gut verlaufen, aber gleich nach unserer Ankunft gab es einen schweren Schock. Unser gesamtes Gepäck, das wir in Nairobi noch durch den Zoll gebracht hatten, war verschwunden und unauffindbar. Es enthielt unsere gesamte Tauchausrüstung und die wertvollen Unterwasser-Kameras, auch hatten wir diesmal das Gepäck wegen der hohen Prämien nicht versichert. Horst mußte sofort nach Nairobi zurückfliegen, um eine Suchaktion einzuleiten. Was er dort erfuhr, war vernichtend. Die zuständigen Beamten versicherten, die gesamten Gepäckstücke wären mit unserer Maschine, die ohne Zwischenlandung nach Malindi flog, mitgekommen. Tatsächlich hatten sich auch die Frachtgutpapiere im Flugzeug befunden, das war aber auch alles. Horst verlangte, die großen Lagerhallen am Flughafen durchsuchen zu können. Nach Stunden, als er schon aufgeben wollte, entdeckte er das Gepäck in einer Ecke unter Decken und Säcken versteckt. Nur dem Zufall, daß unsere Kisten aus Aluminium waren und er ein Eckchen Metall zwischen den Säcken erspähte, verdanken wir die wunderbare Rettung.

Wir hatten Glück, daß «Stolli», unser Tauchlehrer, der uns vor drei Jahren hier alles beigebracht hatte, noch immer mit seiner Frau Jeany die Tauchbasis leitete. Er kannte die besten Plätze und war vor allem nicht nur ein guter, sondern auch ein verantwortungsbewußter Taucher. Ihm konnte man sich blind anvertrauen. Das Wasser war so warm, daß wir im Badeanzug tauchen konnten, ein herrliches Gefühl. Ohne Tauchanzug fühlt man sich freier und vor allem, man benötigt kaum Blei. Allerdings kann man im Indischen Ozean nicht mit so bequemen Tauchbooten wie in der Karibik aufs Meer hinausfahren, der Wellengang ist zu hoch. Stolli benutzte ein einfaches Fischerboot mit eingebautem Motor und manövrierte es geschickt durch das Außenriff, wo die Wellen am höchsten waren. Verglichen mit der Karibik, war das Tauchen hier wesentlich sportlicher.

In den nächsten Tagen mußten wir pausieren. Es war zu stürmisch. Als wir dann das erste Mal wieder tauchten, war die Sicht sehr schlecht. Da sah ich in wenigen Metern Entfernung etwas Dunkles, Großes auf uns zukommen, konnte aber nur einen Umriß erkennen. Als es näher kam, wirkte es wie ein großes Boot. Ich fühlte mich beklommen. Eine Begegnung mit einem Riesenhai wünschte ich mir nicht. Ich sah Stolli und Horst auf den dunklen Schatten zuschwimmen, und nun erkannte ich, es war ein riesengroßer Fisch, unter dem lange Pilotfische schwammen. Als wir auftauchten, sagte Stolli: «Das war der größte ‹Manta›, der mir je begegnet ist. Er war mindestens neun Meter lang.»

Schon der nächste Tauchgang brachte eine neue Überraschung. Stolli hatte uns von «seiner» Tigermuräne vorgeschwärmt. «Eine Schönheit», sagte er, «sie ist sehr fotogen und zahm wie ein Kätzchen.» Er hatte sie angefüttert. Aber zu seinem Kummer war sie verschwunden, er hatte sie lange Zeit nicht mehr gesehen. Wir befanden uns in einer Tiefe von 25 Metern, als ein langes weißes Tier vom Aussehen einer Riesenschlange auf mich zuschoß. Ich war für Sekunden vor Schreck wie gelähmt. Das Tier war blitzschnell zwischen meinem Körper und meinen Armen hindurchgeschwommen und hatte sich an mich geschmiegt: Es war Stollis heißgeliebte Tigermuräne. Da sie seit Tagen nicht gefüttert wurde und hungrig war, erwartete sie von mir die ihr sonst gereichten Würstchen. Stolli, dessen Gesicht strahlte, was ich durch seine Tauchbrille erkennen konnte, lockte sie fort. Er war «happy», daß seine Muräne noch da war.

Am nächsten Tag durfte auch ich sie füttern und erlebte, daß die Muräne vorsichtig wie ein gut erzogener Hund mir die Würstchen aus der Hand nahm, was von Stolli gefilmt wurde. Als ich die Szene später auf der Leinwand sah, fiel mir auf, daß, was wir alle nicht bemerkt hatten, drei große Rotfeuerfische dicht unter meinen Beinen schwammen. Ihre giftigen Stacheln berührten fast meine Knie.

Ich erinnere mich noch einer ganz besonderen Attraktion in diesem Gebiet. Unter dem Meeresspiegel liegt nur drei Meter tief eine Korallengrotte, in der drei bis vier uralte, riesige Barsche lebten, angeblich 200 Jahre alt. In dieser Grotte zu tauchen war nicht so einfach. Nur zweimal im Monat, bei einer bestimmten Stellung des Mondes, war die Differenz zwischen Ebbe und Flut für die Zeit von etwa einer Stunde so gering, daß man ohne Gefahr in die Höhle hineinschwimmen konnte, sonst machte es die Strömung auch dem besten Taucher unmöglich. Außerdem befand sich diese Stelle in dem geschützten Marinepark, und jeder, der dort tauchen wollte, hatte sich erst eine schriftliche Erlaubnis der zuständigen Behörde zu beschaffen. Die großen Barsche waren geschützt, und die Wasserpolizei überwachte diese Maßnahme. Schließlich durften im Höchstfall nur vier Taucher für eine knappe Stunde in die Grotte hinein. Da fast jeder, der hier tauchte, dieses seltene Schauspiel erleben wollte, war es wie das große Los, wenn man den Schein bekam.

Ich hatte das Glück, es mit Stolli und Horst zweimal zu erleben. Nach ungefähr 20 Minuten Bootsfahrt waren wir an der Stelle. Nichts verriet auf der Wasseroberfläche, was unter ihr verborgen war. Beim Abtauchen fand Stolli den Höhleneingang sofort. Hunderte großer

Fische deckten ihn wie einen lebenden Vorhang zu. Was wir dann sahen, war atemberaubend. Sonnenstrahlen, die durch ein Loch in der Höhlendecke drangen, durchfluteten die Grotte. Im Gegenlicht sahen wir die großen Barsche im Kreis herumschwimmen. Zum Greifen nah zogen sie langsam an uns vorbei. Der Boden, die Decke und die Wände waren bunt wie Perserteppiche, und in ihnen versteckten sich kleine farbige Lobster, bewachsene Muscheln, die aussahen, als blühten auf ihnen Vergißmeinnicht und rosa Heckenröschen, Tubkorallen in vielen Farben, Seesterne und Austern, aber auch Feuerfische. Eine solche Üppigkeit von Korallen und Meeresbewohnern hatte ich noch nie zuvor erlebt. Viel zu bald mußten wir diese Wunderwelt verlassen.

Die Woche, die wir noch vor uns hatten, wollten wir auf der Insel Mafia in Tansania verbringen, die gute Tauchgründe haben sollte. Stolli, der sie empfohlen hatte, warnte uns vor den starken, tückischen Strömungen, die es dort an verschiedenen Stellen gibt. Am nächsten Nachmittag waren wir schon dort. Von Dar-es-Salaam hatte uns eine kleine Verkehrsmaschine auf die Insel gebracht. Bevor wir in das Flugzeug einstiegen, kam es zu einer Szene mit einer italienischen Tauchgruppe, die bündelweise Harpunen mit sich führte. Ich hasse Harpunen. Sie vernichten das Leben in den Korallenriffen. Aber ich konnte nichts ausrichten, die Italiener nahmen die Harpunen mit. Schon am ersten Tag mußten wir mit ansehen, wie sie Wettbewerbe im Harpunieren veranstalteten. Als sie mit ihren Booten zurückkamen und ihre Beute auf den Strand warfen, waren es nur kleine Schmetterlings- und Kaiserfische, die, fast zerfetzt, wieder ins Meer geworfen wurden. Sieger im Wettbewerb war nicht, wer den größten Fisch harpuniert hatte, sondern wer die meisten vorweisen konnte. Diese «Supermänner» schossen alles ab, was sich bewegte, und ihnen ist es zuzuschreiben, daß in einer kurzen Zeitspanne dieser herrliche Fischbestand an den Riffen mehr und mehr dezimiert wird. Um diese Taucherparadiese im letzten Augenblick zu retten, gäbe es nur eine sehr rigorose Maßnahme: Ohne Rücksicht auf die Harpunenfabrikanten und die Vereine, die das Harpunieren noch immer als eine «Sportart» betreiben, *sollte die Harpunenjagd weltweit verboten werden.* Auch die Vernichtung der Riffe durch Dynamitsprengungen ist von kaum zu begreifender Kurzsichtigkeit. Auf diese Weise wurden auch die meisten der vor Dar-es-Salaam liegenden Korallenriffe zerstört.

Trotzdem war das Tauchen von der Insel Mafia ein Höhepunkt. Wo immer wir tauchten, glaubten wir uns in einem Aquarium zu befinden. Hier sah die Welt unter Wasser noch so aus, wie Costeau sie in einem seiner ersten Filme, «Die schweigende Welt», gezeigt hatte.

Eine nie wiederkehrende Chance

Wenige Tage vor unserem Aufbruch in München, am 9. Februar 1977
– diesen Tag habe ich mir im Kalender rot angestrichen –, kamen drei
Chefredakteure des «stern», Nannen, Gillhausen und Winter. In einer
zehnteiligen Serie sollte ich in Text und Bildern über mein Leben
berichten. Anläßlich meines 75. Geburtstages sollte die Serie erscheinen. Das Honorar war sagenhaft. Nannen wußte, daß alle Versuche,
meine Memoiren zu schreiben, bisher scheiterten. Ein Schriftsteller
oder ein guter Journalist sollte nach Tonbandgesprächen den Text
verfassen, wofür uns allerdings nur sechs Wochen zur Verfügung
standen. Es war mir klar, daß sich mir nie wieder eine solche Chance
bieten würde.

Während mir dies mit allen vorhersehbaren Konsequenzen durch
den Kopf schoß, ich an mein Alter und meine Schulden dachte, von
denen ich trotz der Bucherfolge noch lange nicht alle abgetragen hatte,
rangen «zwei Seelen in meiner Brust». Die eine Stimme sagte: «Du
mußt das Angebot annehmen», die andere: «Du darfst es nicht tun.»
Warum nicht? Eigentlich gab es für meine Abwehr nur einen einzigen
Grund, der stärker war als alle finanziellen Verlockungen: Ich konnte
mir nicht vorstellen, daß ich in einer so kurzen Zeitspanne über mein
langes und abenteuerliches Leben so berichten könnte, daß sein Ablauf
verständlich wäre und keine Mißverständnisse entstehen. Ich hätte in
der Tat nur sechs Wochen zur Verfügung. Da ich erst Ende Mai aus
dem Sudan zurückkommen würde, könnte es im besten Falle nur eine
oberflächliche Biographie werden und würde meine von mir selbst
geschriebenen Memoiren, die ich noch immer hoffte, eines Tages
schreiben zu können, entwerten.

Die «stern»-Redakteure und meine Freunde konnten meinen Verzicht nicht verstehen. In langen Gesprächen versuchten sie, mir meine
Bedenken auszureden. «Für Ihre Memoiren», sagte Nannen, «wäre
die Serie im ‹stern› doch nur die beste Werbung.»

Ich war anderer Ansicht. «Es ist einfach unmöglich», sagte ich, «in
sechs bis acht Wochen mein Leben zu erzählen, ich würde physisch
daran zerbrechen. Auch wäre es ja ungewiß, ob die Bearbeitung
meiner Texte, durch wen auch immer, die ‹Riefenstahl› so wiedergeben kann, wie sie wirklich ist.»

Es war fast Mitternacht, als wir uns trennten. Ich fühlte mich
beklommen, da ich unsicher war, ob ich nicht eine nie wiederkehrende
Chance verspielt hatte. Auch tat es mir leid, daß ich meine Freunde so
enttäuscht hatte.

Zwei Wochen später war ich in Khartum. Ich flog voraus, um an Ort und Stelle alles vorzubereiten, Fahrzeuge, Genehmigungen, Benzin und Proviant. Nimeiri hatte sein Wort gehalten. Wir erhielten zwei fast neue Fahrzeuge, einen Landrover und einen Achttonner-LKW, sowie zwei Fahrer aus der Präsidenten-Kanzlei, auch genügend Benzin, Öl und Ersatzteile. Noch nie hatte ich über eine solche Ausrüstung verfügt. Ich begann mich auf die Expedition zu freuen. Inzwischen war auch Horst mit dem Gepäck und unseren beiden Begleitern in Khartum eingetroffen. Einer war Peter Schille, der für GEO den Bericht schreiben sollte, der zweite, Wulf Kreidel, war als Assistent für Horst mitgekommen.

Die Fahrt nach Kau führte über sandige Pisten, durch verlassene Dörfer und durch immer schlechter werdendes Gelände. Ab und zu begegnete uns ein Araber freundlich grüßend, sonst trafen wir in dieser ziemlich trostlosen Landschaft nur auf einzelne Kamele und Ziegen. Am Tage litten wir unter der Hitze, in den Nächten fror ich in meinem Schlafsack. Nach drei anstrengenden Tagen sahen wir die ersten Nuba-Hütten. Die Neugierde unserer Begleiter, die Nuba zu sehen, war groß. Ali und Gamal, unsere beiden Fahrer, trauten ihren Augen nicht, als sie die ersten nackten Nuba erblickten – für sie als gläubige Moslems ein entsetzlicher Anblick.

Ebenso entsetzt war Peter Schille – nicht weil sie nackt waren, sondern, wie sie aussahen. Sie hatten sich unglaublich entstellt. Ich hatte ihn zwar vorbereitet, daß es die Nuba, wie ich sie noch erlebte und aufgenommen hatte, kaum noch gäbe, aber die Veränderungen, die mit ihnen vorgegangen waren, konnte nicht einmal ich fassen. Nicht mehr als zwei Jahre waren vergangen, daß ich sie noch in ihrer Ursprünglichkeit erlebt hatte.

Als wir durch Nyaro, das erste und hübscheste Nuba-Dorf kamen, wurde mein Wagen von den herbeilaufenden Nuba fast gestürmt. Sie hatten mich erkannt und riefen «Leni, Leni». Aber wie sahen sie aus! Bis zur Lächerlichkeit waren sie durch unmögliche Kleidungsstücke und Brillen entstellt. Auch waren sie im Gegensatz zu den Masakin-Nuba aufdringlich und verlangten alles Mögliche von uns, sogar unsere Kleider. Trotzdem war ihre Freude, uns wiederzusehen, überschwenglich.

In Kau begaben wir uns zum Omda. Er war wie immer freundlich und machte sich sofort mit uns auf die Suche nach einem geeigneten Lagerplatz. Bald fanden sich auch Jabor und Tute ein und boten ihre

Hilfe an. Schon nach zwei Tagen war unser Lager umzäunt, und immer mehr Nuba kamen, um uns zu begrüßen. Unsere sudanesischen Fahrer hatten ein großes Zelt mitgebracht, in dem sie sich häuslich einrichteten. Es war ihnen anzumerken, wie wenig wohl sie sich hier fühlten.

Jabor und Dr. Sadig, der sudanesische Arzt in Kau, berichteten, James Faris, der amerikanische Anthropologe, sei nach langjähriger Abwesenheit zum ersten Mal wieder hier gewesen und habe einen Film machen wollen. Er mußte aber abreisen, da er keine Aufenthaltsgenehmigung erhielt. Ärgerlich war, was uns Jabor noch von Faris berichtete: Er solle den Nuba in Nyaro erzählt haben, ich hätte in Kau 80 Pfund für einen Tanz der Mädchen gezahlt, und ebenso in Kau: ich hätte in Nyaro 80 Pfund für einen Nyertun-Tanz bezahlt. Solche Behauptungen machten mich sprachlos. Gerade ich hatte erfahren, wie sehr man sich alles verdirbt, wenn Eingeborene für ihre Bereitschaft, sich fotografieren zu lassen, Geld bekommen. Abgesehen davon, daß solche Aufnahmen meist gestellt aussehen, wollen alle, auch wenn sie sich nicht im Bild befinden, bezahlt werden und verlangen für weitere Aufnahmen immer mehr. Darum mußten wir oft wochenlang warten, bis wir zu unseren Bildern kamen. Anstelle von Geld schenkten wir den Nuba Öl, das in Kau nicht billig war. Ebenso hatten wir durch die Behandlung ihrer Kranken im Laufe der Zeit Freunde gewonnen, die uns das Fotografieren und Filmen erlaubten. Nur in seltenen Ausnahmefällen, wenn wir kein Öl mehr hatten, haben wir auch etwas gezahlt, aber nie mehr als maximal ein Pfund. Sollte es wahr sein, was Jabor uns von Faris erzählte, und es gab kaum einen Grund, daran zu zweifeln, weil Dr. Sadig es bestätigte, so entsprang das einem Vergeltungsdrang von James Faris, der den sensationellen Erfolg meiner Nuba-Bildbände in Amerika miterlebt hatte, während seine hervorragende wissenschaftliche Arbeit über die Südost-Nuba, die in England in einem kleinen Buch mit dem Titel «Nuba Personal-Art» herauskam, nicht so bekannt wurde, obwohl sie es verdient hätte. Daß er mir nicht freundlich gesinnt war, hatte ich schon seiner Kritik meines Bildbandes aus der «Newsweek» entnommen. Als ich vor zwei Jahren in Kau war, hatte ich James Faris eine Freude bereiten wollen, ich fotografierte «seine» Nuba, mit denen er früher gearbeitet hatte, wie sie in seinem Buch ihre Aufnahmen betrachten. Diese Fotos wollte ich ihm schicken. Als ich seine Meinung über meine Arbeit kennengelernt hatte, unterließ ich es.

Ich erfuhr auch, daß ein Schweizer, den sie «Woswos» nannten, sich in Fungor aufhielt und oft mit Faris zusammen gesehen wurde. Das konnte nur Oswald Iten sein. Noch konnte ich nicht ahnen, was für

Lügen dieser junge Student über mich verbreiten würde. Als wir ihn in Fungor besuchen wollten, um in einem Gespräch eventuelle Mißverständnisse aufzuklären, sagte uns der Omda, «Woswos» sei von der Polizei abgeholt worden. Das klang alles nicht sehr gut. Ich war froh, daß ich die Genehmigungen von höchster Stelle in Händen hatte.

Inzwischen bemühten sich Peter, Horst und Wulf, das Lager so praktisch wie möglich einzurichten. Peter Schille bewährte sich als ausgezeichneter Koch, während sich Horst und Wulf mehr mit den handwerklichen Arbeiten beschäftigten und Film- und Foto-Kameras zusammenbauten.

Aber bevor wir noch mit unserer Arbeit beginnen konnten, versetzte uns die Ankunft von zwei Bussen, mit Touristen beladen, in Schrecken. Die Veränderungen bei den Nuba waren allerdings am wenigsten durch Touristen, sondern vor allem durch die Islamisierung entstanden, auch nicht durch Missionare, die es hier nie gab. Der Vorwurf, meine Fotos trügen an diesen Veränderungen Schuld, ist töricht. Denn was sich nun bei den Kau-Nuba vollzog, war schon vor neun Jahren bei den Masakin-Nuba eingetreten, bevor auch nur eine einzige Reisegruppe Tadoro und die benachbarten Siedlungen besucht hatte.

Mit Recht erregten die Touristen, die meist ohne Genehmigung hierherkamen, das Mißfallen der sudanesischen Behörden, während sie selbst sich geprellt fühlten, da es verboten war, hier zu fotografieren. Also bestachen sie den Omda oder andere maßgebliche Scheichs mit Geld oder Whisky. Jabor wußte, Touristen zahlten bis zu 350 Mark, um einen Tanz zu sehen und ihn heimlich fotografieren zu können. In der Folge kamen Nuba mit den großen Geldscheinen zu uns, mit der Bitte, sie in Kleingeld zu wechseln.

Bei der Abreise der Touristen atmeten wir auf. Als der Omda uns erzählte, «Woswos» sei wieder in Fungor, entschlossen wir uns, ihn zu besuchen. In der Tür eines Nuba-Hauses, das er bewohnte, trat er mir entgegen. In seinen Augen sah ich nur Kälte und Ablehnung. Ein vernünftiges Gespräch mit ihm kam nicht zustande. Er schleuderte mir nur Anklagen ins Gesicht, vor allem die, ich hätte die Nuba mit Geld verdorben. Vielleicht glaubte er es sogar, denn die Nuba waren schlau geworden und sagten zu jedem, der etwas von ihnen wollte, die «Allemanis», so nannten sie die Touristen, gäben ihnen viel Geld. Aber unabhängig von diesem Vorwurf war er vom Neid auf den Erfolg meiner Nuba-Bilder zerfressen. Wie Faris hatte er nicht die Erlaubnis erhalten, hier zu filmen oder zu fotografieren, und mußte deshalb seine Fotos heimlich machen, weshalb die sudanesische Polizei ihn einige Male aus Fungor mitnahm.

Ein Glück, daß ich meine Aufnahmen, auch die für den Film, schon vor zwei Jahren machen konnte. So brauchte ich nur einige zusätzliche Szenen und die neuen Fotos für GEO. In der Zwischenzeit hatte sich hier nicht nur äußerlich im Leben der Eingeborenen viel verändert. Während damals nur selten ein Lastwagen durch Kau fuhr, kamen jetzt viel öfter Fahrzeuge mit Sudanesen, die Männer und Frauen der Nuba für Arbeiten verpflichteten. Viele ließen sich mitnehmen, um auf diese Weise Geld zu verdienen, oft waren sie monatelang nicht mehr in ihren Dörfern. Wir haben darum viele unserer Freunde nicht mehr gesehen.

Als wir in Fungor einen Messerkampf zwischen den Nuba von Nyaro und Fungor filmen wollten und Horst seine Kamera schon aufnahmebereit auf das Stativ gestellt hatte, stellte sich ein leprakranker Nuba, von Oswald Iten veranlaßt, mit dem Rücken vor Horsts Apparat, und auch mich versuchte ein anderer am Fotografieren zu hindern. Eine Unverschämtheit, da das Geschehen am Kampfplatz optisch für uns interessant war. Aber soweit ließ sich der Schweizer in seiner Wut hinreißen.

Uns war aufgefallen, daß wir den Omda längere Zeit nicht mehr gesehen hatten. Von Dr. Sadig und Jabor wußten wir, er war zum Gouverneur nach Kadugli bestellt worden. Was er uns nach seiner Rückkehr erzählte, verschlug uns die Sprache: Der Gouverneur hatte von ihm verlangt, er solle das «Bestechungsgeld» zurückgeben, Tausende von Pfunde, die er vor zwei Jahren von der «Riefenstahl» erhalten hätte, damit sie in Kau ungestört ihre Aufnahmen für ihr Buch machen könnte. Was für eine üble Verleumdung. Der arme Omda, der von uns nicht einen Piaster erhalten hatte, tat mir leid. Er war überzeugt zu wissen, wer diese Verleumdungen verbreitet hatte, und sich an ihm rächen wollte, da er ständig mit dem Schweizer Streit hatte, was uns Dr. Sadig, der diese Unterredung dolmetschte, bestätigte. Nicht weniger heftig war der Streit zwischen Iten und dem Scheich von Fungor verlaufen, der wiederholt vom Omda die Ausweisung des Schweizers gefordert hatte. Es war in Fungor zu einer Spaltung der Nuba in zwei feindliche Lager gekommen, und der Scheich war überzeugt, daß Iten die Nuba gegen ihn aufwiegelte, da die eine Gruppe ihm immer mehr den Gehorsam verweigerte. Er fürchtete nicht nur den Verlust seiner Autorität, sondern vor allem um die Gefährdung des Friedens in seinem Dorf.

Diese Intrigen und die ungute Atmosphäre, die daraus entsprang, machten es mir nicht schwer, meine Arbeit schon nach vier Wochen beenden zu können und ohne schmerzliche Gefühle Kau wieder zu verlassen. Gern hätte ich den Gouverneur in Kadugli noch über mein «Bestechungsgeld» aufgeklärt, aber Peter Schille mußte nach Deutschland zurück, und uns blieb nur wenig Zeit. Außerdem war es mir wichtiger, vor meiner Rückkehr noch einmal «meine» Nuba zu sehen.

Nach zehn Stunden Fahrt waren wir in den Nuba-Bergen. Große Freude in Tadoro – wir sahen alle unsere Nubafreunde, Natu, Alipo, Dia und Gabicke. Hier erlebten auch Peter Schille und Wulf Kreidel den Unterschied der Masakin zu den Südost-Nuba. Trotz ihrer Lumpen waren sie liebenswert geblieben und glücklich, daß ich noch am Leben war. Man hatte ihnen erzählt, ich wäre längst gestorben.

Wir konnten nur eine Nacht bleiben. Ich hatte eine schwere Augenentzündung bekommen und mußte so schnell wie möglich weiter nach Khartum, um dort einen Arzt aufzusuchen. Ali und Gamal, die große Sehnsucht nach ihren Frauen hatten, schafften die schwierige Strecke in nur zwölf Stunden. Erschöpft, aber froh, unser Pensum geschafft zu haben, trafen wir – was für ein Wunder – ohne eine Panne in Khartum ein.

Noch während wir uns in der sudanesischen Hauptstadt aufhielten, sah Horst in der Nähe des Präsidenten-Palastes das rote Auto unseres Freundes. Bald erfuhren wir von Inge Koebke, unserer Gastgeberin, ein Schweizer, der jetzt von den Nuba zurückkam, habe im Deutschen Klub erzählt, die «Riefenstahl» sei offiziell veranlaßt worden, sofort Kau zu verlassen. Der Grund: Es habe sich herumgesprochen, daß sie sich mit besonders großen und «kräftigen» Nuba-Männern ab und zu in ihr Zelt zurückgezogen hätte. Das war der Gipfel. Schmutziger konnten die Verleumdungen nicht mehr werden – sie widerten mich an. Iten setzte diese Kampagne jahrelang fort, in Zeitungsartikeln und sogar in einem Buch. Abgesehen von den Verunglimpfungen meiner Person warf er mir sogar die Zerstörung der traditionellen Sitten der Nuba vor, die ich durch viel Geld und Whisky, welche ich beide dort «fließen» ließ, erreichte. So sei ich es gewesen, die ihren Untergang herbeigeführt hätte. Ich besaß aber weder eine «Kriegskasse» mit Kisten voller Geld, wie er schrieb – wir hatten nur ein bescheidenes Budget –, noch brachten wir eine einzige Flasche Whisky mit. Nie hätte ich dem Omda oder einem anderen Nuba Alkohol geschenkt, in meinen Augen wäre dies verantwortungslos gewesen. Auch sein Vorwurf, die Veränderungen bei den Nuba und die Zerstörung ihrer Werte wären durch meine Bilder ausgelöst worden, ist eine Lüge. Vielmehr hatte Iten schon 1974, ein ganzes Jahr bevor auch nur ein einziges meiner Kau-Fotos veröffentlicht wurde, seinen mit Bildern groß aufgemachten Bericht über die Nuba von Kau oder, wie die Wissenschaftler sie nennen, die Südost-Nuba, in der «Zürcher Zeitung» herausgebracht. Schon damals wurden Reiseveranstalter durch seine Aufnahmen auf die Nuba von Kau aufmerksam – meine «Kau-Bilder» wurden erst ein Jahr danach veröffentlicht.

Aber auch durch das Faris-Buch «Nuba Personal-Art», das viele Farbfotos von den Südost-Nuba enthält und das Jahre, bevor ich in Kau war, herauskam, wurde der Stamm bekannt. Es lag lange, bevor mein Buch erschien, in den Buchläden von Khartum aus und hatte zur Folge, daß Angehörige der Botschaften und Fluggesellschaften nach Nyaro und Fungor reisten und dort heimlich fotografierten. Mitglieder der belgischen Botschaft erzählten es mir und zeigten mir auch ihre Fotos aus Nyaro und Kau. Deshalb ist es grotesk, wenn ausgerechnet Iten und Faris behaupten, daß die sudanesischen Behörden erst durch mich auf die Nuba aufmerksam wurden und daraufhin anfingen, sie zu islamisieren. Gerade diese beiden, die sich als Fremde dort unten so ungeschickt benommen haben, daß sie in Konflikt mit der Polizei verwickelt wurden, sollten still sein. James Faris, als er sich vor Jahren in Nyaro und Kau aufhielt, mußte sogar von den Nuba versteckt werden, damit er nicht verhaftet oder ausgewiesen wurde.

Ich habe nie behauptet, die Südost-Nuba «entdeckt» zu haben, und ebenso absurd ist der Vorwurf, ich hätte die Nuba als «Wilde» entwürdigt. Meine Bücher beweisen das Gegenteil. Ethnologen des Frobenius-Instituts und der Havard University haben mir bestätigt, daß ich den Nuba ein Denkmal gesetzt habe.

Auf Sanganeb

Vor unserem Rückflug wollten wir wieder im Roten Meer tauchen. Es sollte die Premiere für unsere eigene neue 16-mm-Unterwasser-Filmkamera sein. Da wir im voraus nicht wußten, wann unsere Arbeit in Kau beendet sein würde, war diese Tauchreise ein gewisses Risiko, denn in Port Sudan gab es keine Tauchbasis, wo man sich Flaschen, Kompressoren oder Boote mieten konnte. Wie schon sooft fuhren wir auf gut Glück los.

In Port Sudan trafen wir eine Gruppe von fünf Tauchern, alle aus Bayern. Sie waren bereit, uns bis nach Sanganeb, einem der schönsten Riffe im Roten Meer, auf dem nur ein Leuchtturm steht, mitzunehmen, doch wir konnten nicht auf dem viel zu kleinen Boot bleiben. Der uralte Kahn hatte kaum Platz für die Männer. Nachdem es nun gelang, zwei Preßluftflaschen und einen kleinen Kompressor aufzutreiben, waren wir froh, wenigstens bis nach Sanganeb zu kommen.

Nachdem wir den Hafen verlassen hatten, hörte ich, daß die Taucher nur über Haie sprachen, was mir überhaupt nicht behagte. Sie schienen «Hai»-besessen zu sein. Sie träumten von vierzig Hammerhaien, aber bald verflog die Begeisterung, als das Boot wie eine Nußschale zu schaukeln anfing. Bald waren wir ganz durchnäßt. Der Wind war nach drei Stunden Fahrt so stark, daß wir am Außenriff nicht ankern konnten, sondern in die Lagune fahren mußten. Die Besatzung des Leuchtturms, über unseren Besuch sehr erfreut, gab uns heißen Tee, und wir konnten uns trocknen.

Am nächsten Morgen war das Boot mit den Tauchern schon fort. Die Männer im Leuchtturm erzählten uns, die Gruppe wollte ganz früh an der Riffecke tauchen, weil sich dort die Hammerhaie befinden sollen. Schon am Tag vorher hatte ich bemerkt, daß sie auf diese Begegnung ganz verrückt waren. Vor allem der Leiter der Gruppe, den sie «Hans» nannten, schien dieses Abenteuer kaum erwarten zu können. Während wir noch frühstückten, hörten wir aufgeregte Stimmen. Die Taucher kamen zurück: «Leni, kannst du helfen, ein Unglück ist passiert – wir brauchen einen Hubschrauber, du kennst doch Nimeiri – Hans ist in Lebensgefahr!» Mit blutigem Schaum vor dem Mund, lag der Taucher bewußtlos im Boot – scheinbar ein Lungenriß.

Die Leuchtturmbesatzung bekam keinen Kontakt mit Port Sudan, auch gab es dort keinen Hubschrauber. Die Männer sagten, es gebe keinen anderen Weg, als den Verunglückten sofort mit dem kleinen Boot nach Port Sudan zu fahren und in ein Krankenhaus zu bringen. Schnellere Boote würde es hier nicht geben. Es war immer noch sehr stürmisch. Besorgt sahen wir, wie sich das Boot, langsam mit den großen Wellen kämpfend, von Sanganeb entfernte.

Außer der Leuchtturmbesatzung waren jetzt nur Horst und ich auf dem Riff. Dieses Erlebnis hat uns sehr getroffen und auch vorübergehend die Freude am Tauchen genommen. Als der Sturm endlich nachließ, entschlossen wir uns zum ersten Tauchgang in der Lagune. Die Sicht war schlecht, der Sturm hatte alles aufgewühlt, aber schon am nächsten Tag konnten wir am südlichen Landungssteg, wo das Riff steil in die endlose Tiefe abfällt, unsere Filmkamera ausprobieren – an genau der Stelle, von der Hans Hass schreibt, daß er hier in einer Tiefe von nur 15 Metern das einzige Mal von einem weißen Hai attackiert wurde. Im letzten Augenblick war er ihm gerade noch entkommen. Daran mußte ich denken, ehe ich in das tiefblaue Wasser sprang. Aber wie immer, wenn ich meinen Kopf unter Wasser habe, vergaß ich alles um mich.

Täglich tauchten wir dort mehrere Male. Da wir kein Boot hatten, war es ideal, unmittelbar von der Riffplatte an dieser senkrechten

Wand, die ins Endlose ging, abzutauchen. Hier konnten wir allein und ungestört mit unserer Filmkamera experimentieren.

Da sahen wir ein Boot auf uns zukommen. Die Taucher kamen zurück und zu unserer Überraschung und Freude mit ihnen auch der verunglückte Hans. Wie konnte der beinahe Totgeglaubte anscheinend gesund nach nur drei Tagen wieder zurückkommen?

Der Unglücksfall und vor allem die wundersame Rettung ist berichtenswert. In einer Tiefe von nur 20 Metern hatten die Taucher schon ihre Hammerhaie entdeckt – viele, wie sie sagten. Jeder versuchte, sie mit der Kamera einzufangen. «Als sich mir ein großer Hammerhai näherte», sagte Hans, «schaltete ich zuerst einen, dann beide Scheinwerfer ein und begann in aller Ruhe den in Bogen anschwimmenden Koloß zu filmen. Als er näher und näher kam, hielt ich die Luft an, um nicht durch die Luftblasen den Hai zu erschrecken und die Szene meines Lebens zu verpatzen. Der Hai wurde im Sucher immer größer, und da wurde mir blitzschnell klar, daß er nicht mehr vom Kurs abweichen und mich einfach umwerfen würde. Im letzten Moment schlug ich ihm die Filmkamera entgegen und stieß mit einem Schrei die Luft aus. Der Hai verschwand im Nu, als ich aber Luft holen wollte, kam nichts aus meinem Lungenautomat. Ein einsetzender Stimmritzenkrampf versetzte mich in Panik – wie ein Fahrstuhl schoß ich an die Oberfläche.»

«Im Krankenhaus in Port Sudan», berichtete einer seiner Kameraden, «war man ebenso ratlos wie wir. Hans war noch am Leben, aber neben der Erstickungsgefahr drohte ihm nun eine Embolie. Sein Gesicht war eingefallen, und braune Flecken markierten die Haut. Auf einer Röntgenaufnahme war ein faustgroßer Schatten als Blutgerinnsel oder Plasmaansammlung in der Lunge zu sehen. Es gab nur eine Rettungsmöglichkeit, ihn sofort in eine Dekompressionskammer zu legen. Aber die Druckkammer war defekt. Da erschien als Retter der in Port Sudan lebende, hoch angesehene Kapitän ‹Halim›. Er veranlaßte, daß Hans sofort ins Meer hinuntergelassen wurde, wo sie mit der Dekompression begannen. Fünf Stunden mußte er unten bleiben, während langsam die Tauchtiefe verringert wurde und die Kameraden sich bei seiner Betreuung abwechselten. Als er aus dem Wasser gezogen wurde, ging es ihm besser. Während der Nacht erhielt er alle drei Stunden eine halbe Million Penicillineinheiten gespritzt.» Das hatte sein Leben gerettet. Unfaßbar erschien mir, daß er gleich wieder tauchen wollte.

In dem flachen Wasser der Lagune, in dem wir gemeinsam tauchten, schwamm einer aus der Gruppe auf mich zu. Erst jetzt erkannte ich, daß er sich an einer riesengroßen Schildkröte festhielt und von ihr gezogen wurde. Horst machte mir ein Zeichen, ich sollte das auch versuchen, gar nicht so einfach, denn das Tier war keineswegs gewillt, mich durch das Wasser zu ziehen. Nur mit Mühe gelang es mir, mich mit beiden Händen an dem harten Panzer festzuhalten. Kaum aber hatte der Taucher mir die Schildkröte überlassen, sauste sie mit mir ab, wobei sie aufs heftigste versuchte, mich loszuwerden. Ich wurde hin- und hergeschleudert. Vergebens bemühte ich mich, sie zu steuern, sie schwamm mit mir einige Kurven, und ich sah, wie Horst uns filmte. Aber dann, o Schreck, schwamm sie, ohne daß ich es verhindern konnte, pfeilgerade auf den filmenden Horst zu und zerkratzte mit ihren scharfen Krallen die Frontscheibe seiner Filmkamera. Dies war mein erster und auch letzter Versuch, auf einer Schildkröte zu reiten.

Wir bekamen Besuch. Kapitän Halim kam mit seinem großen Schiff «Caroline» und einer Gruppe österreichischer Taucher, alle aus Linz. Er lud uns beide ein, die für zehn Tage vorgesehene Tauchfahrt mitzumachen. Ein Glücksfall, wie ich zuerst glaubte. Wir hatten noch nie eine Tauchreise auf einem Schiff erlebt. Die Österreicher erwiesen sich nicht nur als erfahrene Taucher, sondern waren auch sympathische Leute, so daß wir uns schnell anfreundeten. Der Leiter der Gruppe, Rainer Hamedinger, und sein Freund Wolfgang hatten sich mit ihren Unterwasserfilmen und Fotos schon internationale Preise geholt. So konnten wir viele Erfahrungen austauschen.

Der erste Tauchgang am «Shab Roumi Riff» war phantastisch. Hier hatte Cousteau vor Jahren das Verhalten von Haien studiert. Noch immer wird dort von Tauchern sein inzwischen mit Korallen überwachsener Haikäfig und sein Unterwasserhaus besucht. Eine so klare Sicht hatte ich an diesem Riff nie wieder erlebt. Natürlich bestand die Fahrt nicht nur aus solchen Höhepunkten. Das Wetter schlug um. Es wurde stürmisch. Nicht nur Horst wurde seekrank, auch einige der Österreicher fühlten sich hundeelend. Als ich mich in meiner Kajüte ausruhen wollte, erlebte ich eine ungute Überraschung. Nicht daß sie so winzig war, störte mich – selbst das kleinste Köfferchen hatte keinen Platz, sondern der unerträgliche Gestank, der aus dem knapp ein Meter entfernten «WC» kam, das seinerseits direkt neben der nicht gerade appetitlich aussehenden Küche lag. Die Gerüche von Zwiebeln, Knoblauch und Hammelfleisch waren penetrant. Und erst in zehn Tagen würden wir in Port Sudan sein! Ich sehnte mich nach unserem Leuchtturm zurück, wo es vor allem genügend Wasser gab. Auf der «Caroline» war schon ein Glas Wasser fast ein Luxus. So war ich trotz einiger guter Tauchgänge am Wingate-Riff und an dem berühmten Wrack der «Umbria» froh, als wir das Schiff verlassen konnten. Nachdem sich die netten Österreicher verabschiedet hatten, saßen wir wieder ohne Boot da. Ein Holländer, Manager von Shell, kam uns zu Hilfe. Er verschaffte uns eine Barke und zwei bejahrte sudanesische Fischer, die uns nach Sanganeb brachten. Dieses Mal hatten wir Glück mit dem Wetter. Aber die beiden Fischer, die uns zurückbringen sollten, hatten keine Lust zu bleiben. Sie fürchteten sich, wie sie sagten, vor den Haien und hatten Angst, nachts allein auf ihrem Boot zu sein. Sie konnten nicht begreifen, daß wir hier tauchen wollten, und hielten uns beide für wahnsinnig. Sie waren nicht davon abzubringen, daß es hier von vielen schwarzen Haien wimmelte, die ihr Boot umwerfen und uns alle auffressen würden. Es nutzte nichts, daß wir ihnen versicherten, nicht einen einzigen Hai hier gesehen zu haben, ihre Angst war größer als ein reichlich erhöhter Lohn. Sie fuhren zurück, versprachen aber, uns in einer Woche abzuholen.

Wir nutzten die Zeit gründlich und tauchten sooft wie möglich. Die schönsten und ergiebigsten Tauchgänge erlebten wir vor Sonnenuntergang, bevor die Dämmerung hereinbrach. Dann kamen die meisten Fische, unglaublich viele verschiedenfarbige Arten, aus ihrem Versteck und gingen auf Jagd.

Am faszinierendsten empfand ich die Nachttauchgänge. Im Licht der Lampen leuchten die Farben am intensivsten, und viele Korallen entfalten nur in der Dunkelheit die blühenden Tentakel in ihrer ganzen Pracht. Hier öffnen sich für die Mikrofotografie unbegrenzte Möglichkeiten.

In der Tat hielten die Fischer ihr Versprechen. Sie schienen verwundert, uns noch lebend anzutreffen. So unwahrscheinlich es klingen mag, wir sind hier keinem Hai begegnet. Nur selten sahen wir in respektvoller Entfernung einen oder auch mehrere vorbeiziehen. Ich begann Hans Hass zu glauben, der immer wieder versichert, daß die Gefährlichkeit dieser großen, faszinierenden Raubfische sehr überschätzt wird.

Die Japaner

Nach unserer Rückkehr überstürzten sich in München die Ereignisse, und ich kam nach wie vor nicht dazu, meinen Nuba-Film zu schneiden. Schon seit Tagen wartete ein japanisches Fernsehteam auf mich. Mr. Ono von der TV-Man-Union aus Tokio wollte mich zur Mitarbeit an einem 90-Minuten-Film über die Olympischen Spiele 1936 in Berlin gewinnen. Er hatte eine kuriose Idee: Die japanischen Athleten, die 1936 Medaillen gewannen, sollten als Senioren noch einmal ihre Wettkämpfe gegen ihre noch lebenden Konkurrenten im Berliner Stadion austragen. Zuerst hielt ich das für einen Scherz. Aber dann zeigte mir Mr. Ono auf seinem Videogerät die Aufnahmen, die sie schon in Berlin gemacht hatten.

Ein Fackelläufer, gekleidet wie damals, lief durch das Stadion und entzündete das Olympische Feuer. Das war keine Aufnahme aus meinem Film, sie war neu inszeniert. Stolz erzählte Mr. Ono, es sei derselbe Läufer, der auch 1936 das Feuer entzündet hatte. Es wäre ihnen gelungen, Fritz Schilgen, so hieß der Fackelläufer, der damals unter dem Jubel der Zuschauer mit dem Olympischen Feuer durch das Stadion lief, ausfindig zu machen. Aber Schilgen war nicht der einzige Senior der damaligen Olympiade, den die Japaner eingeladen und gefilmt hatten. Ich sah auf dem Bildschirm außer den früheren japanischen Athleten auch deutsche, finnische und aus anderen Ländern kommende Olympiateilnehmer von 1936. «Sehen Sie», sagte der japanische Regisseur, «das ist Salminen, der große finnische Läufer, Sie erinnern sich doch, der Nachfolger von Nurmi und damaliger Sieger im 10000-Meter-Lauf. Obwohl er schon 75 Jahre alt ist, läuft er immer noch sehr gut – schauen Sie, jetzt überholt er Murakoso – auch schon 72 Jahre alt, er kämpfte so tapfer gegen die drei siegreichen Finnen.» Ich erinnerte mich wohl daran: Der kleine Japaner war damals im Stadion der Liebling der Zuschauer. Fast ein halbes Jahrhundert war seitdem vergangen.

Unwahrscheinlich, wie geschickt die japanischen Filmleute Szenen aus den damaligen Wettkämpfen mit den Senioren nachgestaltet hatten. Am stärksten beeindruckte mich ein spannendes Finale aus dem Schwimm-Stadion, in dem der damalige Sieger im 200-Meter-Brustschwimmen, der Japaner Tetsuo Hamuro, und der Deutsche Erwin Sietas, der die Silbermedaille gewann, ältere Herren, nun Brust an Brust um den Sieg kämpften. Diesmal, nach 41 Jahren, schlug der Deutsche als erster an, der mit 62 Jahren ein wenig älter als Hamuro war. Der Japaner nahm seine Niederlage mit einem entwaffnenden Lächeln hin. Aber nicht nur die männlichen Teilnehmer hatten die Japaner eingeladen, sondern auch Damen wie Hideko Maehata, die 1936 im 200-Meter-Brustschwimmen Goldmedaillengewinnerin war und nun auch als Seniorin im Alter von 63 Jahren wieder die erste wurde.

Mit mir hatten die Japaner etwas anderes vor, einige Interviews mit Mr. Ogi, einem ihrer bekannten Filmkritiker, die in Berlin und in Tokio aufgenommen werden sollten. Da es ein großer Wunsch von mir war, Japan kennenzulernen, sagte ich begeistert zu.

Das Arbeiten mit den Japanern in Berlin war eine Freude. So

rücksichtsvoll, ruhig und zugleich begeisterungsfähig hatte ich selten ein Filmteam erlebt.

Ende Juni kam der Tag, an dem ich das Land der aufgehenden Sonne zum ersten Mal kennenlernen sollte. Ich genoß diesen Flug, der über Moskau ging, wie ein kostbares Geschenk. Bei meiner Ankunft am Airport übergaben mir die japanischen Filmleute kleine Geschenke. Eine besondere Überraschung war ihnen gelungen. Sie hatten auch Kitei Son, den Marathonsieger von 1936, aus Korea eingeladen. Im Hotel «Okura» erhielt ich eine Suite. Dort stellte mir Mr. Ono ein sehr charmantes junges Mädchen vor, das Noriko hieß. Sie sollte mir während meines ganzen Aufenthalts als Dolmetscherin und zu jeglicher Hilfe zur Verfügung stehen.

Schon am ersten Tag erlebte ich eine Vorstellung in dem berühmten Kabuki-Theater, in dem nach uralter Tradition auch die Frauenrollen von Männern gespielt werden. Es war nicht leicht, den Sinn der Stücke zu enträtseln, aber die Darstellung, die Verwandlungskunst der Schauspieler, ihre Masken und Kostüme machten mir einen großen Eindruck. Es war ein ästhetischer Genuß.

Noch hatte ich nicht erfahren, welches Programm man mit mir vorhatte, abgesehen von den Interviews. Wenn ich danach fragte, gab man sich ziemlich geheimnisvoll. An einem Nachmittag fuhren wir in ein Fernseh-Studio. Dort führte mich der japanische Regisseur hinter eine große Leinwand und bat mich, einen Augenblick zu warten. Ich war gespannt. Da vernahm ich hinter der Leinwand lang anhaltenden Applaus und hörte anschließend einen Japaner eine Ansprache halten und hörte meinen Namen. In dem gleichen Augenblick wurde die Leinwand hochgezogen, Scheinwerfer strahlten mich an, ich war geblendet – und schon war ich von jubelnden Japanern und Japanerinnen umringt. Was war geschehen? Die Filmgesellschaft hatte alle noch lebenden japanischen Teilnehmer der Berliner Olympiade nach Tokio eingeladen, auch solche, die wie Kitei Son im Ausland lebten. Ihnen war in diesem Studio die Vorführung meines Olympiafilms angezeigt worden, aber sie hatten keine Ahnung, daß ich selbst anwesend sein würde. Deshalb war ihre Überraschung, als der Vorhang aufging und ich auf der Bühne stand, für sie ebenso groß wie für mich. Und genau das hatte der Regisseur beabsichtigt und als Szene für seinen Film aufnehmen lassen. Ich verhehle nicht, daß ich von soviel Sympathie und Anerkennung ergriffen war. Ich durfte nicht an mein Heimatland denken.

Die Wiederbegegnung mit den Athleten jener Tage nach über vier Jahrzehnten wurde mit einer großen Feier begangen. Einige erkannte ich wieder, vor allem Tajima, der im Dreisprung Weltrekord sprang,

●編集委員＝木村尚三郎／辻邦生／三浦一郎

ROSA LUXEMBURG
ローザ・ルクセンブルク
ポーランド（1870～1919）
「両端の燃える蝋燭のように
生きたい」―ヨギヘスとの愛
に生き、ドイツ革命の嵐の中
に命を落とす"炎の革命家"。
伊藤成彦

SIMONE WEIL
シモーヌ・ヴェーユ
フランス（1909～1943）
不幸な人々への愛と献身に、
我身を燃焼し尽した若き哲学
者。短い生涯を真理と理想社
会の追求に捧げた稀有の魂。
山崎庸一郎

SAROJINI NAIDU
サロージニー・ナイドゥ
インド（1879～1949）
名門に生れ、12歳で天才少女
の名をあげ、16歳で英国留学、
「困難な闘いこそ詩人の運命」
とインド独立運動に身を挺す。
長崎暢子

HELEN KELLER
ヘレン・ケラー
アメリカ（1880～1968）
"闇と沈黙"の世界にその身は
光となって輝き、生きとし生
ける者すべての平等と平和を
求め続けた"三重苦の聖女"。
寿岳章子

MARIE LAURENCIN
マリー・ローランサン
フランス（1883～1956）
パリ・モンマルトルに花開く
女流画家。詩人アポリネール
の求愛を拒み、女の世界の憂愁
と魅惑を描き続けた秘密は？
粟津則雄

DOLORES IBARRURI
ドローレス・イバルリ
スペイン（1895～　）
鉱夫の娘、そして鉱夫の妻。大
衆の貧困と苦痛が生んだスペ
イン内戦の華、フランコ独裁
と闘った"ラ・パシオナリア"。
野々山真輝帆

GOLDA MEIR
ゴルダ・メイア
イスラエル（1898～1978）
「風雪に耐えたあの顔は、ある
民族の運命の証」―受難と試練
の80年の生涯を敢然として闘
い抜いたイスラエル建国の母。
林　弘子

LENI RIEFENSTAHL
レニ・リーフェンシュタール
ドイツ（1902～　）
類まれなる美貌と天才――舞
踏家、女優、そして「オリンピ
ア」の監督。不死鳥の如く現
代に甦った永遠の美の創造者。
石岡瑛子

ISADORA DUNCAN
イサドラ・ダンカン
アメリカ（1877～1927）
5歳にしてダンサーであり革
命家だった。時代の古い衣裳を
脱ぎ捨て、激しく自由を求め、
"裸足"で20世紀へ踊り出た。
海野　弘

ここに女性の歴史の
新しい時代がはじまる
渡辺一民

集英社●定価1200円　　ISBN4-08-181007-9 C1322 ¥1200E

Rückseite des Schutzumschlags zu
«Die Frauen, die Geschichte machten – Revolution, Krieg und Liebe»,
erschienen 1983 bei Shueisha, Tokio

auch Nishida, der damals in einem fünf Stunden dauernden Kampf im Stabhochsprung die Silbermedaille erringen konnte. An meinem Schneidetisch hatte ich sie unzählige Male gesehen. Mr. Ono, der diese tolle Idee hatte, und dem es auch gelungen war, sie zu verwirklichen, strahlte.

Bevor ich zurückflog, zwei Wochen war ich dort, arrangierte die Gesellschaft für mich eine Fahrt nach Kioto und Osaka. Der Filmkritiker Ogi und Noriko begleiteten mich. Was ich in Kioto sah, übertraf alle meine Erwartungen. Diese Welt, in der Tradition und Moderne wie selbstverständlich einander durchdringen, übte eine faszinierende Wirkung auf mich aus. Die kunstvollen Gärten, die Tempel und Teehäuser besitzen einen ungeahnten Zauber. Ich verstand, warum der japanische Stil, der Überflüssiges wegläßt und sich so sparsam in Linien und Formen ausdrückt, in unserem Jahrhundert die Kunst des Westens so stark beeinflußt hat. Das «Tawaraya-Hotel», in dem Noriko und ich übernachteten, war ein Erlebnis für sich. Auch das Bad, wo ich in einem großen Holzbottich von einer japanischen Frau abgeschrubbt wurde, und das Nachtlager auf dem Fußboden, dessen Matratzen unter wertvollen Decken lagen, worauf es sich wunderbar schlafen ließ.

In Osaka genoß ich die mir bis dahin ganz unbekannten Delikatessen, die uns in einem Luxus-Restaurant serviert wurden. Das Stunden dauernde Dinner war eine Zeremonie. Es sind ja nicht die Gerichte allein, die den Fremden so verblüffen, sondern der Stil, in dem die schier endlosen Gänge serviert werden, und die kostbaren Gefäße, Geschirre und Gläser, die dazu dienen. Während des Dinners hockte der japanische Küchenchef in einer Ecke unseres Raumes auf einer Strohmatte und beobachtete fast bewegungslos das für mich so fremde Ritual.

Der Abschied kam viel zu schnell. Die letzten zwei Tage waren irre. Fast jede Stunde empfing ich einen anderen Besucher, bekannte Schauspieler, Verleger, Filmregisseure. Vor allem aber waren es die Fotografen und Journalisten, die noch vor meiner Abreise Interviews haben wollten.

Am Flughafen erwartete mich eine letzte Überraschung. Nicht nur das japanische Filmteam und Noriko, sondern auch einige der Olympiateilnehmer waren zum Abschied gekommen. Wieder erhielt ich zahllose Geschenke – so viele, daß ich sie allein nicht hätte tragen können. Überwältigt von soviel Wärme und Herzlichkeit, verließ ich Tokio.

Wenn man Geburtstag hat

Schon einen Tag nach meiner Ankunft hatte ich mit Imre Kusztrich ein mehrstündiges Interview für die «Bunte» und dann jeden Tag ein anderes. Auch mit Peter Schille, unserem Begleiter auf der letzten Sudan-Expedition, der den Bericht für GEO schrieb und für den «stern» eine Kurzbiographie über mich verfassen sollte. Warum plötzlich so viel Interesse auch in Deutschland? Ein Geburtstag stand bevor, ich sollte fünfundsiebzig werden. Ein schrecklicher Gedanke. Ich hatte nie Zeit gehabt, über mein Alter nachzudenken. Da der Wirbel immer schlimmer wurde und mich das ziemlich erschöpfte, beschloß ich, noch vor dem unvermeidlichen Fest eine Woche nach Lenggries zu Professor Block zu gehen. In der Atmosphäre seines Hauses habe ich mich bei jeder Kur so wohl gefühlt.

Der List-Verlag, für den ich meinen dritten Bildband «Korallengärten», die erste Publikation meiner Taucherergebnisse, vorbereitete, hatte in der Stuckvilla eine glanzvolle Geburtstagsparty arrangiert. Robert Schäfers Ansprache bewegte mich sehr, wie dieser Abend überhaupt in meinem nicht sehr glücklichen Leben ein unvergeßliches Ereignis war. Sehr berührt war ich, als ich unter den Gästen meinen ältesten Verehrer entdeckte, den nun-80jährigen Professor Okajima, meinen Brieffreund, der aus Tokio gekommen war und mir in Kopie alle Briefe als Geschenk übergab, die er im Laufe der vergangenen 45 Jahre von mir erhalten hatte. Diese Brieffreundschaft begann schon 1932, als er «Das blaue Licht» gesehen hatte und ich seitdem durch ihn fast jeden Monat in den Besitz der schönsten japanischen Briefmarken kam, an denen ich mich wahrscheinlich erst, wenn ich einmal Rentnerin sein darf, so richtig erfreuen kann.

Mein unruhiges, abenteuerliches Leben ließ mir keine Zeit für Dinge, die nicht mit meinen verschiedenen Arbeiten in Zusammenhang standen. Ein Privatleben hatte ich kaum noch. Um so mehr genoß ich diesen Tag. Gelöst von allen Problemen, konnte ich mit Freunden, von denen ich einige seit Jahren nicht mehr gesehen hatte, beisammen sein. Viele fragten mich, wie es mit den «Memoiren» steht. In letzter Zeit hatte ich wieder mehrere lohnende Vorschläge erhalten, nicht nur aus dem Ausland, sondern sogar aus Deutschland. Die Versuchung war groß, aber der Preis war hoch – alles aufgeben müssen, was ich gern machte, das Tauchen, die Arbeit mit der Kamera und viel mehr als das – meine Freiheit. Schon von Kindheit an war Freiheit für mich das Wichtigste im Leben. Lieber auf alle Ansprüche verzichten, aber frei sein. Memoiren? Qualvolle Jahre – diese entsetzlichen Erlebnisse noch einmal durchzuleiden – ein furchterregender Gedanke. Nein, an diesem Tag wollte ich nicht daran denken, wollte alles vergessen.

Ich feierte mit meinen Freunden bis zum frühen Morgen.

Mein großer Wunsch

Schon seit Jahren wollte ich nicht mehr in der Stadt leben. Das Klima machte mir zu schaffen und nicht weniger die Raumnot in meiner Wohnung. Seit den Afrika-Expeditionen und den Tauchreisen hatte sich so vieles angesammelt, daß ich kaum noch etwas unterbringen konnte. Ich brauchte dringend ein Foto-Studio, eine Dunkelkammer und einen Reproraum für die Layouts meiner Bildbände, die ich in meiner Wohnung machte. Die kleine Küche mußte als Dunkelkammer herhalten, und in dem winzigen Bad wurden die großen Papierabzüge gewässert und getrocknet. Während dieser Arbeiten konnten wir uns nicht einmal Kaffee machen, da über der Heizplatte die Entwicklungsschalen standen. Und kamen Besucher, war es ein Problem, wir mußten erst einmal Bilder und Bücher vom Fußboden wegräumen. So träumte ich schon jahrelang von einem kleinen Studio-Haus, mit Schneide- und Vorführraum – außerhalb der Stadt und möglichst von vielen Bäumen umgeben.

Daß ich mir diesen Wunsch erfüllen konnte, verdanke ich vor allem, so wunderlich es sein mag, einem bitterbösen Zeitungsbericht, der wenige Tage nach der Rosenbauer-Talkshow in einer vielgelesenen Zeitung unter dem Titel «Was ist aus Ihnen geworden?» erschienen war. Ich habe dem Journalisten und dem Fotografen das erbetene Interview in meiner Wohnung gegeben. Zeuge ist Horst. Als ich das Produkt las, war ich einigermaßen fassungslos. Ich hatte ja schon allerhand erlebt, aber was hier gedruckt war, überstieg alles Bisherige an unwahren Geschmacklosigkeiten. Ich kann es mir nicht versagen, daraus einiges wiederzugeben:

«Was ist aus ihr geworden? Viereinhalbzimmerwohnung, 13 Uhr, Leni Riefenstahl hat ein seidenes Nachthemd an. Sie liegt im Bett. Eine Leinwand hängt am Fenster. Da projiziert sie ihre Dias. Auch jetzt. Sie arbeitet immer. Hitlers Filmerin ist Fotografin geworden. Aber was für eine. Die großen Illustrierten der Welt drucken ihre Fotos, weil sie unglaublich schön sind. Neger fotografiert sie. Stolze, große, schöne Neger mit ungewöhnlich großen Geschlechtsteilen. Hinter dem Bett ist ein riesiger Gardinenvorhang. Dahinter ihr großes Film- und Fotoarchiv. Ungewöhnlich auch der Mann an ihrer Seite, 40 Jahre jünger, also 34 Jahre jung. Er heißt Horst Kettner und ist ein Riese von einem Mann, 1,90 Meter lang ...

‹Warum arbeiten Sie noch so viel?›

‹Ich habe kein Vermögen, keine Rente, wohne nur zur Miete ...›

Und jetzt erzählt Leni Riefenstahl von ihrem Traum.

‹Ich will ein Häuschen haben, klein, mit Garten, was mir gehört – und wo mir niemand kündigen kann.› Sie sagt das mit 74 Jahren. Ein Alter, in dem die meisten an ein anderes Grundstück denken – drei mal zwei Quadratmeter, mit einem Stein darauf ... Wir suchen ein Foto aus, das sie zeigt, wie sie ist. Eine Frau mit 74. Mit gefärbten Locken. Mehr ist nicht drin.»

Menschen, die meine Filme und Bildbände kennen, werden sich kaum vorstellen können, daß ich ein Typ bin, der Journalisten im Nachthemd und Bett empfängt – wieder einmal war alles erfunden. Sollte ich die Zeitung verklagen? Ich war der vielen Prozesse, die ich gezwungen war zu führen, müde geworden, auch hatte ich dazu weder die Zeit noch das Geld. Aber der Gedanke an ein eigenes Haus, über das in diesem Interview überhaupt nicht gesprochen wurde, ließ mir keine Ruhe mehr. Tag und Nacht grübelte ich, wie ich bei meiner Schuldenlast dennoch zu einem Grundstück und einem Haus kommen könnte. Ich hatte hohe Schulden, ich hatte aber auch große Werte: Die Urheberrechte an meinen Filmen, Bildbänden und Fotos und das noch ungeschnittene Filmmaterial mehrerer Sudan-Expeditionen. Vielleicht könnte ich diese Werte verpfänden. Es ging mir wie einem Schachspieler, der nichts anderes denken kann als an die Züge, die er machen muß, um sein Spiel zu gewinnen.

Noch bevor ich eine Idee hatte, wie ich mir die Mittel verschaffen könnte, schaute ich mir in München eine Ausstellung von Fertighäusern an. Schon nach wenigen Minuten fand ich ein Haus, es war das erste, das ich sah, und auch das einzige, das mir gefiel – ein Haus der Firma «Huf» mit vielen Glasfenstern und viel Holz.

«Dieses Haus – und kein anderes möchte ich haben», sagte ich zu Horst. Es erinnerte mich in den Innenräumen mit ihren weißen Wandflächen und dunklem Holz an japanische Architektur.

Zu einem Haus gehört aber auch ein Grundstück, und das zu finden war schwieriger. Wochenlang suchte ich danach – es sah ziemlich hoffnungslos aus. Entweder waren sie viel zu teuer oder hatten eine ungünstige Lage, vor allem sollten auf dem Grundstück viele Bäume sein.

Im November 1977 – auch dieser Tag ist in meinem Kalender rot angestrichen – fand ich den Platz, wie ich ihn mir erträumt hatte. Nur knapp 35 Kilometer von München entfernt. Ich stand vor einer grünen

Wiese, die von herrlichen Buchen, Fichten, Birken und Eschen umrahmt war. Der schönste Baum aber war eine riesige Eiche, zweihundertfünfzig Jahre alt, in die ich mich verliebte. Hier, dachte ich, würde ich gern meinen Lebensabend beschließen und vielleicht eines Tages, mit Blick auf diesen wunderschönen Baum, meine Memoiren schreiben.

Ein folgenschwerer Unfall

Die Finanzierung gelang. In der Zwischenzeit waren die «Korallengärten» erschienen, in Deutschland und gleichzeitig in den Vereinigten Staaten, Frankreich, England und Italien. Ein weiterer Bildband mit meinen Afrikafotos sollte folgen. Das war eine große Hilfe, aber nicht genug. Am wichtigsten war, ob meine Freunde, denen ich große Darlehen schuldete, mir ein Stillhalteabkommen gewähren würden, und glücklicherweise sagten sie es zu.

Es war Juni geworden, als wir auf meiner Wiese, die mit tausenden von Gänseblümchen übersät war, standen, um den Platz für das Haus zu bestimmen. Der große Tag, an dem mein «Haus an der Eiche» aufgestellt werden sollte, kam. Es war ein aufregender Augenblick, als der riesige Kran mit den großen Fertigteilen langsam über die Baumgipfel schwenkte und sie dann zentimetergenau auf die inzwischen gebaute Kellerdecke stellte. Nur zwei Tage benötigten die Leute von «Huf». Am Abend des zweiten Tages konnten wir das Richtfest feiern, ein ereignisreicher und glücklicher Tag für mich – und wieder an meinem Geburtstag.

Bis ich aber einziehen konnte, verging noch viel Zeit. Die Fertigstellung des Nuba-Films mußte ich wieder verschieben, da die Arbeitsräume erst eingebaut werden mußten. Zum Glück hatte ich nicht nur an Horst eine gute Hilfe, sondern auch an dem sehr begabten jungen Architekten Josef Strobel, der mir bei der Einrichtung der Innenräume behilflich war. Bevor diese Arbeiten beendet waren, geschah ein Unglück. Beim Skilaufen erlitt ich einen Oberschenkelhalsbruch. Ich fuhr in St. Moritz von der Corviglia auf einer eisigen Piste hinunter ins Tal, ein Ski blieb an einem Stein hängen, und ich stürzte auf eine vereiste Felsplatte. Schon nach einer Stunde lag ich auf dem Operationstisch in der Unfallklinik von Dr. Gut. Als ich aus der Narkose erwachte, war ich noch optimistisch, die Operation war gut verlaufen. Ich hatte kein künstliches Gelenk erhalten, der Bruch konnte genagelt werden. Deshalb nahm ich den Unfall nicht so tragisch, gewöhnte mich schnell an die Krücken und durfte auch bald die Klinik verlassen, um in München weiterbehandelt zu werden. Die Röntgenaufnahmen vier Wochen nach dem Unfall zeigten, daß alles einwandfrei verheilt war. Täglich machte ich in einem Schwimmbecken Krankengymnastik, die Beweglichkeit wurde besser, aber die Schmerzen ließen nicht nach – manchmal waren sie unerträglich. Langsam wurde ich besorgt. Die schweren Schmerzmittel machten mich müde und erschwerten meine Arbeit. Als die Beschwerden nach drei Monaten noch immer anhielten, verordnete mir der Arzt eine Kur in Montegrotto. Vier Wochen wurde ich mit Fangopackungen, Thermalbädern und Heilgymnastik behandelt, aber die Schmerzen waren schlimmer als vorher. Ich mußte, so hart es war, lernen, mit ihnen zu leben. Alle orthopädischen Ärzte, die ich aufsuchte, sagten dasselbe – der Knochen sei einwandfrei verheilt. Aber die Ursache der Schmerzen, besonders heftig in Hüfte und Oberschenkel, konnte niemand feststellen. Vielleicht, sagten die Ärzte, ist es die Bandscheibe, vielleicht Rheuma, vielleicht sind es auch die Nerven, oder – oder... Schmerzfrei war ich nur noch beim Schwimmen. Deshalb hoffte ich, tauchen zu können, und flog mit Horst und unserer Film- und Fotoausrüstung nach San Salvador, einer Insel in den Bahamas, mit herrlichen Tauchgründen.

Glücklicherweise hatte ich beim Tauchen keine Schmerzen. Sobald ich aber aus dem Wasser kam, konnte ich nur noch humpeln. Das wurde ein Problem. In der Hoffnung, bald wieder gesund und schmerzfrei zu sein, hatte ich mich für zwei Filme verpflichtet, für eine japanische und eine englische Produktion. Die Aufnahmen sollten nun in San Salvador gemacht werden. Ich hatte mir unmöglich vorstellen können, daß ich acht Monate nach der Operation noch so große Beschwerden haben könnte, da im allgemeinen Patienten mit einer Hüftoperation nach zwei Monaten schmerzfrei sind. Meine Bemühungen, die Filmteams von ihrem Vorhaben abzuhalten, verliefen erfolglos. Zuerst kamen die Japaner aus Tokio angeflogen. Sieben an der Zahl, darunter wieder «meine Noriko». Sie hatte inzwischen einen deutschen Wissenschaftler geheiratet und lebte nun in München.

So gut es ging, mußte ich mich bemühen, die Aufnahmen zu ermöglichen. Soweit sie sich «unter» Wasser abspielten, war es problemlos, wenigstens für mich, schwieriger dagegen war es für den Kameramann mit dem damals noch riesigen Ungetüm eines Unterwassergehäuses. Sie hatten es aus Japan für ihre Video-Kamera hierhertransportiert. Mit Hilfe Horsts und einiger Taucher kamen die Aufnahmen, die wegen der Strömung nicht ganz einfach waren, zustande. Schwieriger war es für mich, wenn ich, der Tonkamera folgend, den Strand entlangschlendern und dabei aus meinem Leben erzählen sollte. Jeder Schritt war eine Qual. Die Japaner waren aber so verständnisvoll, daß ich ihnen nichts abschlagen konnte.

Kaum waren sie abgereist, erschienen die Engländer. Jeanne Solomon, die Produzentin von CBS NEWS, war eine junge, attraktive und energische Frau. Sie hatte ein Filmporträt für die in den USA bekannte TV-Sendung «60 Minutes» von mir herzustellen. Mein Gesprächspartner war Dan Rather, der in Amerika prominente, wegen seiner scharfen Zunge auch gefürchtete Moderator. Er kam mit seiner Frau aus den USA. So freundlich sie auch alle zu mir waren, so fürchtete ich mich vor dem Interview, auch darum, weil es englisch gesprochen werden sollte und meine englischen Kenntnisse nicht perfekt sind. Obgleich Mr. Rather, wie andere vor ihm, mir versprochen hatte, Fragen zu Hitler oder zur Politik nicht zu stellen, tat er es natürlich doch. Das erregte mich so sehr, daß wir die Aufnahmen abbrachen. Immer noch, obgleich schon ein Vierteljahrhundert seit Kriegsende vergangen war, fühlte ich mich gehemmt, über die Vergangenheit zu sprechen. Mr. Rather zeigte Verständnis, und so kamen wir zu einem Kompromiß, indem ich einige seiner Fragen beantwortete.

Diese Sendung wurde in den Vereinigten Staaten für mich ein außerordentlicher Erfolg. Ich erhielt zahlreiche Briefe. Auch Filmangebote kamen, das ungewöhnlichste von einem reichen Amerikaner, der schrieb, er wäre glücklich, jedes Filmprojekt, das ich machen möchte, zu finanzieren, gleichgültig welches Thema und welche Länge der Film haben würde. Welch eine Tragik! Ausgerechnet jetzt, wo ich so krank war und kaum noch Hoffnung auf Heilung hatte, stellten sich die Filmangebote ein, auf die ich jahrzehntelang gewartet hatte. Auch GEO machte mir ein Angebot für einen Unterwasserfilm. Was Schöneres hätte ich mir nicht wünschen können, aber ich konnte nicht einmal ernsthaft darüber nachdenken – ich war todunglücklich.

Als sich in dieser Zeit wieder Verleger um meine Memoiren bewarben, nahm ich solche Vorschläge zum ersten Mal ernst. Fast erschien mir der Unfall wie eine Schicksalsfügung. Nun hätte ich die Zeit, mich mit dieser Aufgabe zu befassen. Das interessanteste der deutschen Angebote machte mir Willy Droemer. Er war bereit, für die deutschsprachigen Rechte mir eine hohe Summe zu zahlen. «Time Books», der Buchverlag der «New York Times», bot für die Weltrechte, die deutschsprachigen Länder ausgenommen, das Doppelte. Beide Verleger waren zu einer deutsch-amerikanischen Co-Produktion bereit. Schon seit Jahren hatte mir «Time Books» Vorschläge unterbreitet und in München und New York mit mir verhandelt. Bei meiner Scheu vor dieser Arbeit habe ich die Entscheidung immer wieder hinausgezögert. Nach einer längeren Unterredung mit dem Chef der «New York Times», Mr. Sulzberger, verlor ich diese Angst. Zuerst wollte ich nicht glauben, daß dieser so einflußreiche Mann mich empfangen würde. Er war ganz anders, als ich ihn mir vorgestellt hatte, ein älterer, sehr liebenswürdiger Herr, der keine mich aufregenden Fragen stellte, sondern sich in fast familiärem Ton mit mir unterhielt. In keinem Augenblick verspürte ich etwas von der Macht, über die er verfügte. Frei und unbefangen konnte ich mit ihm sprechen. Diese Unterredung hat entscheidend dazu beigetragen, meinen Widerstand gegen die Memoiren aufzugeben. Und es war nicht nur Mr. Sulzberger, sondern auch andere einflußreiche Amerikaner, mit denen ich zusammenkam und die mich weder angriffen noch beleidigten, sondern ermunterten zu schreiben.

Kämen diese Verträge wirklich zustande, war der Gedanke, meine Schulden loszuwerden, den Nuba-Film selbst finanzieren zu können und bis ans Lebensende keine Geldsorgen mehr zu haben, schwindelerregend.

Noch war es nicht soweit. Es ging um die Person des Ghostwriters. Zum damaligen Zeitpunkt hatte ich nicht daran gedacht, selbst zu schreiben, ich wollte es mir nicht zutrauen. Daß nichts ohne mein Einverständnis veröffentlicht werden würde, war selbstverständlich. Ich sollte mein Leben nur erzählen.

Während meine Verleger auf der Suche nach einem geeigneten Schriftsteller waren, flog ich nach Tokio. Ich war zur Eröffnung einer ungewöhnlichen Ausstellung meiner Nuba-Fotos im «Seibu-Museum» eingeladen. Diese zweite Reise vertiefte meine Eindrücke von Japan. Initiator dieser Ausstellung war Eiko Ishioka, eine prominente Künstlerin, Graphikerin und preisgekrönter Art-Director von Filmen und Kunstausstellungen, nicht nur in Japan, sondern auch in Amerika. Dort war sie durch meine Nuba-Bücher auf mich aufmerksam geworden, besuchte mich dann in München und wählte drei Tage lang sehr sorgfältig über hundert Bildmotive für die geplante Ausstellung aus. Die Präsentation der Ausstellung war überwältigend. Bei allem Respekt, den ich vor den Japanern immer hatte, hier war ihnen technisch ein Wunder gelungen. Sie hatten von meinen Aufnahmen, die im Original ja nur Kleinbild-Dias waren, über Zwischennegative phantastische Vergrößerungen im Format von bis zu zwei mal fünf Meter hergestellt, die eine ganze Wand bedeckten. Die Aufnahmen wirkten in dieser Größe atemberaubend. Allein für die Laborarbeiten hatte das Museum an die 150000 DM aufgewendet. Wie besessen die Japaner in Dingen der Kunst sein können, beweist dies: Einen Tag vor der Eröffnung der Ausstellung fand Eiko, daß ihr die Farbe der Wände, an denen die Bilder festgemacht waren, nicht gefiel. Es gelang ihr, die Handwerker dafür zu gewinnen, die Nacht durchzuarbeiten und sämtliche Wände neu zu streichen. Völlig erschöpft, aber überglücklich umarmte sie mich vor der offiziellen Eröffnung. Auch Horst und Noriko, die mir wieder als Dolmetscherin zur Verfügung stehen sollte, waren eingeladen. Es waren Festtage, die schönsten, die ich nach Kriegsende erlebt habe. Ich war so beglückt, daß ich kaum noch meine Schmerzen spürte. Der Besucherrekord wurde um das Fünffache überboten. An manchen Tagen wurden bis zu 3000 Besucher gezählt. Meine Dia-Vorträge, die Noriko dolmetschte, waren ausverkauft, ebenso die Vorführungen aller meiner Filme. Auch der japanische Verleger, der Parco-Verlag in Tokio, war über den Erfolg überrascht. Schon in der ersten Woche wurden über 2000 Nuba-Bildbände der japanischen Ausgabe verkauft. Eine solche Begeisterungsfähigkeit und Gastfreundschaft, wie ich sie bei den Japanern erfahren habe, ist mir nirgendwo auf der Welt ein zweites Mal begegnet.

Bevor ich Tokio verließ, hatte ich noch ein besonders Erlebnis. Schon seit langem hatte mich die japanische Kunst des Tätowierens fasziniert, aber ich wußte, daß es schwierig wäre, mit den Meistern dieser Kunst zusammenzukommen. Ich hatte Glück. Issei Miyake, der berühmte japanische Mode-Designer, ein Freund von Eiko, machte mich in Yokohama mit ihnen bei Mitsuaki Ohwada, dem Chairman des «Japan Tattoo Club», bekannt. Überrascht sah ich in der kleinen Stube, in der ich von einer Anzahl tätowierter junger Japaner mit Jubel empfangen wurde, an den Wänden die großen Plakate meiner Bild-Ausstellung mit den Köpfen der eingeaschten oder bemalten Nuba. Damit hatte ich im Sturm die Herzen der «Tätowierten» erobert. Ich durfte so viele Fotos von ihnen machen, wie es mir in der kurzen Zeit dieses Besuchs möglich war. Zum Glück hatte auch Horst eine Leica dabei, und so konnten wir gemeinsam viele Aufnahmen machen. Natürlich schwebte mir sofort ein Film und ein Bildband vor, in der Hoffnung, für solche Pläne bald wieder gesund zu sein.

Als meine Verleger wie List, Herrscher und auch andere diese Tätoo-Fotos sahen, waren sie so begeistert, daß sie am liebsten gesehen hätten, wenn ich sofort wieder nach Japan gegangen wäre – auch ich hätte es nur zu gern getan. Aber jetzt hatten meine Memoiren den Vorrang. Während meiner Japanreise hatten Droemer und «Time Books» einen Schriftsteller gefunden, den sie als Ghostwriter für geeignet hielten. Es war Georg R. von Halban, dessen Romane in Deutschland bei Piper erschienen sind. Sein erfolgreichstes Buch war «Malik der Wolf».

Da kam es zu einem Ereignis, welches das ganze Projekt in Frage stellte. Nur wenige Tage, nachdem die letzten Einzelheiten des Vertrags mit Willy Droemer in einer sehr freundschaftlichen Atmosphäre besprochen worden waren, wurde bekannt, daß Herr Droemer aus seinem Verlag ausgeschieden war. In der deutschen und internationalen Verlagswelt eine Sensation. Willy Droemer hatte sich ins Privatleben zurückgezogen.

Es entstand für mich eine veränderte Lage. Die neue Verlagsleitung war mit dem Vertrag, wie er mit Willy Droemer vereinbart war, nicht einverstanden. Neue Verhandlungen sollten geführt werden. Die Amerikaner wurden ungeduldig und drängten auf eine Entscheidung. Man bat mich, nach New York zu kommen. Ich fürchtete Komplikationen, da der bisherige Leiter der «Time Books» fast zur gleichen Zeit aus dem Verlag ausschied wie Herr Droemer. Angesichts dieser unklaren Situation bat ich Gerda Hiller, meine Freundin, die einige Jahre in Amerika gelebt und gearbeitet hatte, mich zu begleiten.

Erfreulicherweise waren meine Befürchtungen unbegründet. Mr. Chase, der neue Direktor der «Time Books», war sehr entgegenkommend und erwies sich als ein angenehmer Partner. Mit ihm und seinen Mitarbeitern kam es in allen Details zu einer Übereinstimmung. Mr. Chase war ebenso wie sein Vorgänger von dem Erfolg der Memoiren so überzeugt, daß er offenbar bereit war, das Buch auch ohne deutschen Co-Partner herauszubringen.

Am Abend feierten wir das Ergebnis unserer Verhandlungen bei einem exzellenten Dinner im höchstgelegenen Restaurant New Yorks, in dem 110 Stock hohen «World Trade Center». Wir waren überzeugt, daß alle Hindernisse überwunden waren. Aber mir verblieb ein Problem: Meine immer stärker werdenden Schmerzen. Deshalb entschloß ich mich, noch vor meiner Rückkehr und vor Beginn der Arbeit in die südliche Karibik nach Bonaire zu fliegen. Ich hoffte, das Tauchen im warmen Meer würde mir Linderung verschaffen.

Mein neuer Verleger

Meine Hoffnung, das Tauchen könnte meinen Zustand verändern, erfüllte sich nicht. Zwar hatte ich wie immer im Wasser keine Beschwerden, aber sobald ich wieder festen Boden unter den Füßen hatte, traten sie um so stärker auf. Gern wäre ich länger in dem einzigartig schönen Bonaire und in dem am Meer gelegenen «Flamingo Beach Hotel» geblieben und hätte die von Peter Hughes so vorbildlich organisierte Tauchbasis weiter genützt, aber ich mußte mich wieder in ärztliche Behandlung begeben. Die Ärzte in München rieten mir, die Nägel, mit denen das Hüftgelenk genagelt war, entfernen zu lassen – es würde keine schwierige Operation sein. Ich fuhr nach St. Moritz, um mich mit Dr. Caveng, der mich operiert hatte, zu beraten. Nach Prüfung der Röntgenbilder, die Knochen waren einwandfrei verheilt und Durchblutungsstörungen des Hüftgelenkknochens nicht erkennbar, war er bereit, die Nägel zu entfernen. Aber so ganz teilte der Arzt dieses Mal meinen Optimismus über die Auswirkung der Operation nicht. Ich mußte wieder auf Krücken gehen und laufen lernen. Vergeblich wartete ich auf das Wunder, schmerzfrei zu sein.

Inzwischen hatten Robert Schäfer und Gerda Hiller mich in den Angelegenheiten der Memoiren vertreten. Noch immer war es nicht zu einer klaren Entscheidung gekommen. Die Verständigung zwischen dem deutschen und amerikanischen Verleger war unzureichend, es zeigten sich die Probleme einer Co-Produktion. Schon einige Male hatte man mir geraten, nur mit einem Verlag zu arbeiten – mit dem amerikanischen oder dem deutschen Verlag. Auch war ich betroffen über einen Brief von Mr. Chase, der vor Unterzeichnung eines Vertrags erst zwei Probekapitel sehen wollte, in denen es vor allem um meine Haltung zur Person Hitlers ging. Ich war verblüfft. Es war mir neu, daß ich selbst schreiben sollte. Das ganze Projekt schien mir wieder in Frage gestellt. Da kam es zu einer überraschenden Wendung. Herr Schäfer stellte mir Dr. Albrecht Knaus vor, einen angesehenen und erfolgreichen Verleger. Als ich ihn kennenlernte, faßte ich sofort Vertrauen. Schon bald entschloß ich mich zur Zusammenarbeit mit ihm. Dr. Knaus wurde mein neuer Verleger.

Noch immer erlaubte meine Krankheit es mir nicht, mit der Arbeit zu beginnen. Doch konnte ich an Tagen, an denen die Schmerzen erträglicher waren, ihm aus meinem Leben berichten. Bei dieser Vorarbeit wurde mir klar, wie notwendig zunächst die Archivierung meiner Unterlagen sein würde, die ich trotz großer Verluste nach Kriegsende in reichlichem Maße besitze, Briefe, Tagebücher, Kalender, Zeitungsberichte und unzählige Ordner, die sämtliche Nachweise über meine Prozesse, die Expeditionen und mein privates Leben enthalten. Mir graute vor der Vorstellung, wie aus der Menge dieser Dokumente ein Buch entstehen sollte.

Es war eine Flucht. Ich hielt es in München und auch in meinem Haus nicht mehr aus. Die Schmerzen waren unerträglich geworden. Ich hatte zu arbeiten versucht – es war nicht möglich. Trotz der Mittel, die ich einnahm, hatte ich schlaflose Nächte.

In der Traumwelt der aus Tausenden von Inseln bestehenden Malediven, die zwischen Indien und Sri Lanka liegen und die ich nun zum ersten Mal erlebte, sah das Leben ganz anders aus. Schon nach einigen Tauchgängen, die ich von der Insel Furana aus machte, wohin Stolli, unser Tauchlehrer vom Indischen Ozean, seine Basis verlegt hatte, fühlte ich mich wie neu geboren. War es das Klima, die Wärme oder die Faszination der Unterwasserwelt, ich weiß es nicht. Es mag wohl auch daran gelegen haben, daß ich unter Wasser frei von Schmerzen fotografieren konnte. Bei jedem Tauchgang, und ich machte wenigstens zwei am Tag, nahm ich meine Kamera mit. Die Suche nach Motiven wurde fast jedesmal zu einem Erlebnis.

Ich könnte viel über die Malediven schreiben, die sich auf ihre Weise von der Karibik und dem Roten Meer unterscheiden. Dafür ist hier kein Raum. Nur von meinen ersten, sehr nahen Begegnungen mit Haien will ich berichten. Trotz vieler Tauchgänge hatte ich nur selten Haie in der Nähe gesehen, meine Furcht vor ihnen aber nie ganz verloren. Allerdings stellte sie sich nur bei der Vorstellung ein, plötzlich stünde ein großer Hai vor mir mit aufgerissenem Maul. Solche Gedanken habe ich nie, wenn ich tauche, sondern nur, wenn über Haie diskutiert wird.

In den Malediven wurden Stolli, Horst und ich von einem französischen Filmproduzenten eingeladen, der auf vielen Meeren der Welt einen Film über das Verhalten der Haie herstellte, seinen Aufnahmen zuzuschauen. Obgleich mir bei dieser Einladung nicht ganz wohl zumute war, nahm ich sie an. Die Neugierde war stärker als die Angst. Die Aufnahmen entstanden an einer Stelle im Waadhoo-Kanal, an der die Strömung so extrem war, daß wir uns nur langsam, an den Korallen haltend, vorwärts bewegen konnten. Noch nie hatte ich eine so starke Strömung erlebt. An einer Riffkante machte sich das Filmteam für die Aufnahmen bereit. Auch wir hatten unsere Kameras mitgenommen. Dann geschah alles ganz schnell. Der französische Taucher, der die Haie anlocken sollte, öffnete einen mit Fischen gefüllten Sack, holte einen großen Fisch heraus und hielt ihn wedelnd über seinem Kopf. Im Nu war alles um uns schwarz. Fische in allen Größen schwammen zwischen uns und Michel, so hieß der Taucher, der kaum noch zu sehen war, obgleich er nur zwei bis drei Meter von uns entfernt auf dem Sand kniete. Nur durch eine plötzliche Bewegung der Fische konnten wir den ersten Hai bemerken, der sich blitzschnell seinen Fisch holte. Damit nicht genug. Erschrocken sah ich, wie sich Michel den nächsten Fisch in den Mund steckte – ich mußte wegschauen und wandte mich ab. Mir erschien dies ein wahnsinniges Spiel mit dem Tod. Jeden Augenblick fürchtete ich, ein Unglück würde geschehen. Aber nichts geschah. Nur an den zahlreich aufsteigenden Luftblasen war die große Erregung des Tauchers zu erkennen. Mehrere Haie hatten sich eingefunden, die aber durch die vielen Fische nur ab und zu sichtbar wurden. In einer knappen halben Stunde war der Fischsack leer, Michel hatte sie alle verfüttert.

Ich war froh, als wir wieder in unserem Boot saßen, ich fand an diesem Haifüttern keinen Gefallen, die Franzosen dagegen waren zufrieden. Sie hatten, ohne daß ich es bemerkte, diese Gelegenheit unter Wasser auch dazu benützt, mich beim Fotografieren zu filmen.

Ganz anders erlebte ich später eine Haifütterung auf der Insel Bandos. Sie erregte weltweit Aufsehen, aber auch Widerspruch. Der Zauberer, der zweimal wöchentlich seine unglaubliche Schau mit den Haien zeigt, Herwarth Voigtmann, ist einer der besten Spezialisten für Unterwasseraufnahmen. Was er vorführte, war in der Tat unerhört. In einer Tiefe von ungefähr 18 Metern spielte sich das ab. Während Herwarth in einem eleganten Tauchanzug, auf einem vorspringenden Korallenkopf kniend, sich für die Fütterung der Haie vorbereitete, saßen unter einer Riffkante, nur wenige Meter von ihm entfernt, die zuschauenden Taucher. Es war wie ein Rundtheater mit aufsteigenden Sitzreihen. Alle schauten auf das dunkle Wasser und warteten mit ihren Kameras gespannt auf das Erscheinen der ersten Haie. Auch Horst war mit unserer 16-mm-Filmkamera in Bereitschaft, die Haie möglichst nah ins Bild zu bekommen. Ein erregender Anblick.

Nur wenige Minuten nachdem Voigtmann einen Fisch aus dem Sack geholt hatte und kleine Fische danach schnappten, erschienen aus der Tiefe kommend die ersten Haie. Noch hielten sie sich in einiger Entfernung und schwammen ihre Runden. Als sie näher kamen, konnte man sehen, daß es große Haie waren, die durch das einfallende Tageslicht fast weiß aussahen und silbrig glänzten. Noch ehe ich es richtig erfassen konnte, war ein Hai auf Herwarth zugeschossen und hatte sich den Fisch aus seiner Hand geholt.

Was nun folgte, war wie ein spannendes Ritual. Manchmal drehten die Haie kurz vor ihm ab, kehrten aber wieder zurück. Jedesmal, wenn ein Hai auf ihn zuschwamm, ergab sich eine andere Situation, aber souverän beherrschte Herwarth auch die kritischsten Momente, die manchmal dadurch entstanden, daß zwei Haie gleichzeitig auf ihn zuschossen. Blitzschnell wehrte er dann mit einem Messer ab. Seine Sicherheit übertrug sich auch auf die Zuschauer. Ich habe es an mir selbst erlebt. Während ich beim ersten Mal das Füttern der Haie aus respektvoller Entfernung betrachtete, rückte ich von Mal zu Mal näher an Herwarth heran, ohne mehr Angst zu verspüren – so nah, daß ich, neben ihm kniend, die erregenden Augenblicke, in denen die aufgerissenen Haifischmäuler die Fische nun sogar aus Herwarths Mund wegschnappten, in Nahaufnahmen festhalten konnte. Ich bekam sogar ein Foto, auf dem ein Hai versehentlich in Herwarths Oberschenkel biß, aber sofort losließ, als er merkte, daß es kein Fisch war. Selbst solche Zwischenfälle konnten Herwarth nicht aus der Ruhe bringen. Gelassen, ohne sich um seine Verletzung zu kümmern, führte er seine Schau fort. Nur das im Wasser grün aussehende Blut verriet, daß der Hai tatsächlich zugebissen hatte. Es war mir unbegreiflich, daß sein Gesicht, wenn die großen Haie ihm den Fisch aus den Zähnen rissen, keine Kratzer erhielt.

Natürlich war Herwarth mit dem Verhalten der Haie vertraut, er hatte es viele Jahre studiert. Aber das allein erklärt nicht die Vollendung, mit der er diese Haischau jahrelang, ohne daß ihm etwas Ernsthaftes passierte, vorführte. Er ist ein Besessener, vernarrt in diese eleganten Raubfische, er ist von allem fasziniert, was im Meer lebt. Nur so erscheint es verständlich, daß er sechs Jahre opferte, bis es ihm gelang, die Haie aus einer Tiefe von 60 Metern nach oben zu locken. Wie er mir erzählte, erreichte er es nur dadurch, daß er ihnen zuerst an einer langen Stange ihr Fischgericht anbot und dann regelmäßig den Abstand mehr und mehr verkürzte und langsam dabei höherstieg. Bis er die Haie soweit hatte, daß sie ihm die Fische aus dem Mund nahmen.

Bei einigen Tauchgängen, die ich mit ihm gemeinsam machte, beobachtete ich, daß er nicht nur Haie, sondern auch andere Fische zu bändigen schien. Als ich einmal von einem großen Triggerfisch, der sein Eigelege bedroht fühlte, attackiert wurde, und der mich trotz meiner Abwehr mit Messer und Flossen immer wieder angriff, erschien Herwarth, führte mit seinen Armen eine einzige Bewegung aus, und der Fisch wurde sofort ruhig und griff nicht mehr an. Ähnliche Kunststücke gelangen ihm auch mit anderen Fischen.

Bevor wir die Malediven verließen, waren wir noch einige Tage Gäste von Eric Klemm auf dessen Trauminsel Cocoa. Wie ein Juwel liegt sie im blaugrünen glasklaren Wasser, von schneeweißem Sandstrand umgeben. Nur zwölf Palmen stehen auf Cocoa. Nicht nur dieser Romantik wegen verbringen Brautpaare so gern hier ihre Flitterwochen.

Noch keine Entscheidung

In München wurde ich mit Ungeduld erwartet. List benötigte für das kommende Buch «Mein Afrika» dringend das Bild-Layout, dessen Gestaltung ich wieder übernommen hatte. Auch wegen der Memoiren mußte es zur Entscheidung kommen.

Meine Hoffnung, nun wieder gekräftigt arbeiten zu können, erwies sich als ein Irrtum. Schon wenige Tage nach meiner Ankunft hatten sich die Schmerzen so verstärkt, daß ich verzweifelt einen Spezialisten aufsuchte, um endlich Gewißheit zu erlangen. Aber auch Professor Viernstein, der mich gründlich untersuchte, konnte die Ursache nicht feststellen. Ich erhielt Spritzen und neue Medikamente – keine Besserung. Und doch mußte ich für List ein neues Afrika-Buch fertigstellen, das zu meinem 80. Geburtstag in Deutschland und im Ausland erscheinen sollte.

Das Film- und Fotomaterial, das wir von den Malediven mitgebracht hatten, war eine Überraschung. So viele gute Aufnahmen hatte ich noch nie von einer Tauchreise heimgebracht. Auch die Filmaufnahmen, die Horst von der Haifütterung und dem Tauchen mit Herwarth gemacht hatte, waren erstklassig. Auf der Leinwand konnte ich erst sehen, daß einige der Haie dicht über meinem Kopf schwimmend mein Blitzgerät streiften. Schade, daß ich keine Zeit hatte, das Material zu schneiden. Noch heute lagert dieses Material ungeschnitten in einem Schneideraum, wie auch das Filmmaterial über die Nuba.

Vor meiner Reise nach den Malediven hatte sich Rainer Werner Fassbinder bemüht, mich als Fotografin für seinen Film «Querelle» zu verpflichten. Gern hätte ich diesen ungewöhnlich begabten, aber auch umstrittenen Regisseur kennengelernt und auch mit ihm gearbeitet, besonders nachdem er mir geschrieben hatte, wieviel ihm an meiner Mitarbeit läge. Doch abgesehen von meinem gesundheitlichen Zustand konnte ich nun überhaupt nichts mehr annehmen, auch keine Presse- oder Fernseh-Interviews.

Ein letztes Mal wollte ich mich in St. Moritz von Dr. Caveng untersuchen lassen. Ich konnte mich nur noch mit einem Stock bewegen. Zum ersten Mal war seine Diagnose pessimistisch.

Wie aber sollte nun die Arbeit an den Memoiren vor sich gehen? Wir versuchten es mit zwei ausgezeichneten Journalisten. Aber wie schon früher, war das Ergebnis bei aller Qualität nicht befriedigend. Außerdem hätte ich mich nicht mit der Person, die in einem von einem Ghostwriter geschriebenen Manuskript Leni Riefenstahl sein sollte, identifizieren können. Das waren weder meine Gedanken noch meine Gefühle. Mehr als einmal riet mir der Verleger: «Das Beste wäre, Sie schreiben selber.» Aber davon wollte ich zunächst nichts wissen. Auch Raimund le Viseur, den ich sehr schätze, und Will Tremper, ebenfalls ein Freund, der mich schon seit Jahren bedrängte, meine Erinnerungen aufzuzeichnen, versuchten mir Mut zu machen, selbst zu schreiben.

Im Klinikum Großhadern

Bevor ich nun endlich an die Arbeit gehen wollte, trat ein, was Dr. Caveng befürchtet hatte. Ich konnte von meinem Sitz in der Lufthansa-Maschine, als wir in Frankfurt/M. landeten, nicht mehr aufstehen. Kurz danach lag ich wieder auf dem Operationstisch, diesmal in München in der Orthopädie des Klinikums Großhadern. Die dritte Hüftoperation war unvermeidlich geworden. Die Computer-Tomographie hatte gezeigt, daß sich inzwischen eine Hüftkopfnekrose gebildet hatte, es mußte ein künstliches Gelenk eingesetzt werden. Professor Dr. Zenker, ein auf diesem Gebiet erfahrener Chirurg, nahm die Operation vor. Sie verlief, wie die Röntgenfotos beweisen, einwandfrei.

Über das, was darauf folgte, würde ich viel lieber nicht schreiben. Meine Arbeiten und ich selbst wurden aber so sehr davon beeinflußt, daß ich es nicht übergehen kann. Als ich zwei Wochen nach der Operation aus der Klinik entlassen wurde und zur Nachbehandlung in die Feldafinger Klinik überwiesen wurde, hoffte ich, in wenigen Wochen schmerzfrei zu sein. Tag für Tag wartete ich darauf vergebens. Im Gegenteil, die Schmerzen nahmen eher zu. Dennoch war der Aufenthalt in dieser Klinik angenehm. Durch das Fenster sah ich die grünen Bäume, und in dem Schwimmbad des Hauses konnte ich mich ohne Schmerzen bewegen. Dr. Bielesch, der leitende Arzt, ein ausgezeichneter Internist, nimmt sich Zeit für jeden seiner Patienten. Als nach weiteren Wochen die Schmerzen nicht nachließen, veranlaßte er eine gründliche Untersuchung durch den bekannten Münchner Neurologen Professor Dr. Paal, da er als Ursache der Schmerzen einen Schaden an der Bandscheibe für möglich hielt. Aber es konnte nichts festgestellt werden. Die Wiederbeweglichkeit des Beines und die Heilung der Narben stellten sich bald ein, aber ich mußte viel Geduld aufbringen und mich daran gewöhnen, so gut es ging, mit den Schmerzen zu leben.

Zwei Monate nach der Operation konnte die ambulante Behandlung daheim fortgesetzt werden. Die Schmerzen schwanden nicht, sie waren stärker als vor dem Eingriff. Kein Arzt konnte eine Erklärung dafür finden. Nur mit Hilfe starker Schmerzmittel, die mich aber sehr ermüdeten, konnte ich diesen Zustand ertragen.

Trotzdem mußte ich versuchen, an der Feier meines 80. Geburtstags, den der List-Verlag und Mondadori für die Presse, meine Freunde und näheren Bekannten im Schloßhotel Grünwald veranstalteten, «fit» zu erscheinen. Es sollte dabei auch der vierte Bildband «Mein Afrika» vorgestellt werden.

Es wurde ein sehr schöner, bewegender Tag. Die Freude, so viele alte Freunde zu begrüßen, von denen ich einige lange nicht mehr gesehen hatte, ließen mich die Beschwerden vergessen. Günther Rahn, mein alter Jugendfreund und Tennislehrer, der, zehn Jahre älter als ich, in Madrid lebt, hatte den Weg hierher nicht gescheut. Als ich den festlich geschmückten Raum betrat, kam er mit nahezu «jugendlichem Elan» auf mich zu, umarmte mich stürmisch und rief: «Leni, du siehst ja aus wie ein junges Mädchen!» Aus Vancouver kam Uli Sommerlath, der sich bei den Vorbereitungsarbeiten meiner Sudan-Expeditionen fast aufgeopfert hatte, und aus Los Angeles mein Skikamerad Bert Ziessau mit Peggy, seiner Frau. Unter den zahlreichen Gästen waren auch der Regisseur Rolf Hädrich, Wenzel Lüdecke, Horst Buchholz, Will Tremper und viele, viele, die mir etwas bedeuteten.

Nach diesem Tag, hatte ich mir geschworen, geht es an die Memoiren. Inzwischen hatte ich mich entschlossen, sie eigenhändig zu schreiben. Vorher wollte ich durch eine Kur in Ischia mir etwas Linderung der Schmerzen verschaffen. Aber eine wirkliche Besserung brachte auch sie nicht. Deshalb fuhr ich noch einmal zu Dr. Block, wo ich mich jedesmal nach einer Frischzellen-Behandlung wohler fühlte. Auch dieses Mal trat nicht nur eine Besserung meines Befindens ein, ich bekam auch Auftrieb für meine Arbeit.

Hexenjagd

Der Erfolg, den ich mit meinen Büchern hatte, der sich auch in den ganz ausgezeichneten dtv-Taschenbuchausgaben fortsetzte, und die zunehmende Anerkennung meiner Arbeiten veranlaßten meine alten Gegner, wieder massiv aktiv zu werden. Einige Bildreportagen von meinem 80. Geburtstag, die in vielen Zeitschriften erschienen, und die aus Paris kommende hervorragend gedruckte Broschüre «Double Page», in der die schönsten meiner Nuba-Fotos wiedergegeben waren und über die der französische Schriftsteller Jean-Michael Royer schrieb: «Leni Riefenstahl, der moderne Plato und Michelangelo der Leica...», mögen dazu beigetragen haben. Man bereitete eine neue Verleumdungskampagne vor, die ich wegen ihrer besonderen Bösartigkeit und Verschlagenheit erwähnenswert finde.

Meine Erfahrungen mit Live-Sendungen warnten mich, noch einmal im Fernsehen zu erscheinen. Die Schweizer Fernseh-Gesellschaft «Radio Television Suisse Romande» blieb hartnäckig. Über ein Jahr versuchte der Programmleiter Jean Dumur ein Treffen mit mir herbeizuführen. Als er mich dann besuchte, änderte ich meine Absicht. Ich gewann einen so guten Eindruck von ihm, daß ich meine Bedenken zurückstellte. Es gelang ihm, mein Vertrauen zu gewinnen. Nachdem ich mündlich wie schriftlich die Zusicherung erhalten hatte, es würde nur über meine Arbeit berichtet und Geschehnisse, die mit dem Dritten Reich in Verbindung stehen, nicht berührt werden, sagte ich zu. Einige Male filmte das Fernsehteam in meinen Arbeitsräumen. Die Beteiligten waren mir sympathisch. Marc Schindler, der Regisseur, versprach, daß er sich selbstverständlich an die Vereinbarungen halten würde, so daß sogar Horst sein Mißtrauen ablegte. Die Fernseh-Gesellschaft erwarb Material aus meinen Filmen, filmte Interviews mit einigen meiner früheren Mitarbeiter und drehte sogar bei meiner Geburtstagsfeier. Sie wünschten, sagte der Regisseur, die volle Wahrheit zu bringen und mich zu rehabilitieren. Vielleicht wußten die Leute des Aufnahmeteams gar nicht, was ihr Produzent vorhatte.

Kurz vor meiner Abreise zu der Live-Sendung nach Genf riefen mich Freunde an. Sie warnten mich und berichteten von Extrablättern einer Schweizer-Fernsehzeitung, die an den Zeitungskiosken auslagen und mich in einem Foto auf der Titelseite zeigten, darunter in großen Lettern: «Leni, die Nazifilmmacherin». Ich war erschrocken und beschloß, nicht nach Genf zu fahren. Sofort teilte ich dies telefonisch den maßgebenden Leuten der Fernseh-Gesellschaft mit, die mir nachdrücklich versicherten, sie hätten mit dieser Veröffentlichung nichts zu tun und bedauerten diese. In ihrem Film wären keine politischen Aufnahmen enthalten. Das Gespräch ist auf Band aufgezeichnet. Ohne Gegenbeweise wollte ich nicht vertragsbrüchig werden. In Genf wurde ich vom Flughafen abgeholt, im «Richmond» war eine Suite reserviert. Alle bemühten sich, ungemein freundlich zu mir zu sein.

Mein Mißtrauen blieb, und ich bestand darauf, daß ich vor der Live-Sendung den Film vorgeführt bekäme. Das lehnten sie, wie ich befürchtet hatte, ab. Ich wollte sofort abreisen. Mit allen möglichen Versprechungen versuchten sie, mich zu überreden, auf diese Vorführung vor der Abendsendung zu verzichten, und flehten mich um Vertrauen an. So kam es zu einer aufregenden Auseinandersetzung zwischen verschiedenen Personen dieser TV-Produktion und mir. Als man erkannte, daß ich auf meiner Forderung bestand, gaben sie schließlich nach.

Mit Herzklopfen saß ich in dem kleinen Vorführraum des Studios, ahnend, nun Schlimmes zu erleben. In meiner Erregung nahm ich nicht wahr, wer sich alles in dem Raum befand. Was ich dann erlebte, war allerdings unfaßbar. Es fing harmlos an – Ausschnitte aus meinen Filmen, dann Bilder, die mich als Kind und Tänzerin zeigten, Szenen aus Bergfilmen. Vielleicht ist es doch nicht so schlimm, dachte ich und spürte Erleichterung. Plötzlich hörte ich den Namen Adolf Hitler. Im Bild sah ich eine alte Dame, die bekannte Filmhistorikerin Lotte Eisner, die vor ihrer Emigration nach Paris in Berlin beim «Film-Kurier» als Kritikerin tätig war. Fassungslos hörte ich, wie sie in einem Interview folgendes erzählt: «Eines schönen Tages, es war entweder 1932 oder zu Beginn 1933, kam Leni Riefenstahl in mein Büro und sagte: ‹Frau Doktor, ich möchte Ihnen einen wunderbaren jungen Mann vorstellen.› Ich dachte ‹wunderbarer› Mann – merkwürdig – das kann doch nur Trenker sein – aber der hatte doch gesagt, er liebe die Leute um Leni herum überhaupt nicht. Mißtrauisch fragte ich: ‹Mit wem wollen Sie mich bekanntmachen?› Leni: ‹Nein, nicht mit Herrn Trenker, sondern mit Adolf Hitler.›»

Das war kein Scherz von Frau Eisner, sie sagte das mit solcher Überzeugung, daß man ihr unbedingt glauben mußte. So ein Blödsinn! Als ob Hitler, kurz bevor er an die Macht kam, nichts anderes zu tun hatte, als mit mir zum «Film-Kurier» zu gehen, um dort eine kommunistische Redakteurin kennenzulernen. Wie konnte nur eine intelligente Frau einen solchen Unfug reden. Ich habe mit Frau Eisner nie gesprochen und sie auch nicht kennengelernt, weder in Berlin noch in Paris, noch irgendwo. Man hätte mich ja fragen können, ob diese «Story» wahr ist. Aber es sollte schlimmer kommen. Die folgenden Aufnahmen hatten nichts mit meinen Filmen zu tun, sondern waren Szenen aus Holocaustfilmen, alten Wochenschauen, die Bücherverbrennungen zeigten, Bilder von der «Kristallnacht», von Judendeportationen und dazwischen immer Fotos von mir und schließlich als Höhepunkt dieser perfiden Zusammenstellungen die Behauptung, ich hätte von der Wehrmacht den Auftrag erhalten, Judenerschießungen der Wehrmacht in Polen zu filmen. Und dies alles, nachdem in jahrelangen Verhören und Untersuchungen von amerikanischen, französischen und deutschen Dienststellen festgestellt wurde, daß alle solche über meine Person verbreiteten Gerüchte unwahr sind.

Man hatte auch den Vorfall verfälscht, den ich kurz nach Kriegsausbruch in Polen als Kriegsberichterstatterin erlebte, und über den ich hier eingehend berichtet habe. Im Film wurde es so gezeigt:

Man sieht mein entsetztes Gesicht, es handelt sich dabei um dasselbe Foto, das mir der Erpresser, der sich «Freitag» nannte, vor dem Revue-Prozeß verkaufen wollte. Dann zeigt der Film am Boden kniende Menschen mit verbundenen Augen, auf die Gewehrläufe gerichtet sind, man hört eine Gewehrsalve und sieht in einer anderen Aufnahme auf der Erde Leichen liegen. Nächster Bildschnitt: Wieder mein entsetztes Gesicht, diesmal sehr vergrößert.

Jeder, der das sieht, muß glauben, ich hätte eine Exekution von Juden miterlebt. Solche Schnittmontagen verfälschen die Wahrheit ins Gegenteil. Schon 1950, als ich wegen derselben Verleumdung in der «Revue» gegen deren Herausgeber prozessierte, hatte die Berliner Spruchkammer diese Geschichte als unwahr zurückgewiesen. Ich habe in Polen nicht einen Toten gesehen, nicht einen Soldaten, nicht einen Zivilisten.

Als ich diese unglaubliche Verfälschung nun im Film vor mir ablaufen sah und mir durch den Kopf schoß, daß mir die Fernsehleute versprochen hatten, nur die Wahrheit über mich zu berichten, wurde ich fast verrückt – ich klappte zusammen, und ein Arzt mußte kommen.

Meine Bemühungen, die Vorführung dieses Films am Abend zu verhindern oder wenigstens das Herausschneiden der mich diskriminierenden Szenen zu erreichen, blieben erfolglos. Es war zu spät, dies durch eine Einstweilige Verfügung zu erzwingen. Der Arzt verbot mir, an der vorgesehenen Live-Sendung teilzunehmen. So mußte der Produzent dieses Machwerks, Claude Torracinta, seine Sendung ohne mich machen – mein Stuhl blieb leer. Ich glaube, ich wäre in meinem Zustand auch nicht in der Lage gewesen, mich in einer Live-Diskussion gegen Monsieur Torracinta zu verteidigen. Ich übergab den Vorfall meinem Anwalt, damit wenigstens weitere Sendungen dieses Films gestoppt würden. Dr. Müller-Goerne, der mich schon oft freundschaftlich beraten hatte, erreichte es ohne Prozeß. Ich verzichtete auf eine Schadensersatzklage. Ich brauchte Ruhe, um mich endlich auf meine Arbeit konzentrieren zu können.

Ich mußte schreiben

Nach meinem Kalender machte ich am 1. November 1982 den ersten Versuch. Vor mir ein weißer Papierblock, noch unbeschrieben. Hätte ich geahnt, daß mich diese Arbeit fünf Jahre kosten würde, ich hätte sie nicht übernommen. Es war eine schreckliche Zeit. Nicht nur, weil ich zur Gefangenen dieser Arbeit wurde, die mich an den Schreibtisch fesselte und mich zwang, fast auf alles zu verzichten, was ich gern machen würde, sondern, weil mich während dieser Jahre Krankheiten begleiteten, die mir das Schreiben manchmal bis zur Unerträglichkeit erschwerten.

Noch war ich unschlüssig, wie ich beginnen sollte, es gab verschiedene Möglichkeiten. Von der Mitte des Lebens oder auch von einem Zeitpunkt seines späteren Verlaufs rückblickend auf Jugend- und Entwicklungsjahre oder aber die konservative Form, das Leben von der Kindheit an aufzurollen. Ich entschied mich für diese Form, weil ich zu viel erlebt hatte und diese Erlebnisse, würden sie nicht chronologisch berichtet, ein unübersehbares Labyrinth ergeben würden. Außerdem, glaube ich, treten schon sehr früh Eigenschaften des Charakters in Erscheinung, die meinen Lebensweg bestimmt haben.

Ich muß gestehen, daß ich am Anfang ziemlich ratlos war und mich von der Aufgabe vielleicht sogar zurückgezogen hätte, wenn Will Tremper mir nicht immer wieder Mut zugesprochen hätte. Meine ersten Schreibversuche machte ich in seiner Gegenwart. Er ließ mich erzählen und sagte dann: «Genauso mußt du es schreiben.» Auch Raimund le Viseur war mein Pate. Ich ließ ihn die ersten Kapitel lesen, und sie gefielen ihm. Das stärkte mein Selbstvertrauen, so wurde ich langsam flügge.

Als es Winter wurde, bekam ich Fernweh nach den Bergen. Ich packte die Ordner mit den Unterlagen und fuhr mit Horst nach St. Moritz. In der guten Gebirgsluft konnte ich viel besser arbeiten und dort gleichzeitig auch meine Moorbäder nehmen. Kaum hatte ich meine Koffer ausgepackt, mußte ich von St. Moritz schon wieder weg, allerdings nur für wenige Tage. Das Internationale Olympische Komitee hatte mich zur Vorführung meiner Olympiafilme während der «Olympischen Woche» nach Lausanne eingeladen.

In Lausanne wurde ich von vielen der eingeladenen Gäste herzlich begrüßt, auch von Monique Berlioux, damals Direktor beim IOC und eine gute Freundin von mir. In dem eleganten Appartement, das mir das IOC zur Verfügung stellte, standen in großen Vasen die schönsten Rosen, die ich je gesehen habe. Diese Atmosphäre von Luxus, die ich nie gesucht habe, gefiel mir. Ich spürte ein Wohlbehagen – allerdings nur für einige Stunden. Als Monique Berlioux mich noch einmal wenige Stunden vor Beginn der Veranstaltung besuchte, sah sie bekümmert aus. «Leni, ich muß eine schlechte Nachricht überbringen», sagte sie, «es tut mir so leid. Wir haben uns alle so sehr auf Ihren Besuch gefreut.» Ich konnte kein Wort herausbringen.

Monique: «Heute morgen wurde unser Präsident Monsieur Samaranch gewarnt, es wären Proteste gegen Ihre Anwesenheit bei der Vorführung des Olympiafilms zu erwarten.»

Ich blieb stumm. Keine Frage, das war die verständliche Reaktion auf den Hetzfilm, der vor wenigen Wochen in Genf ausgestrahlt wurde.

«Und die Antwort des Komitees?» fragte ich.

«Natürlich», sagte Monique, «liegt die Entscheidung, ob Sie trotzdem heute abend zur Vorführung erscheinen, allein bei Ihnen. Das IOC läßt sich nicht unter Druck setzen. Aber ich muß Ihnen leider sagen, daß Demonstrationen angedroht wurden.»

Niedergeschlagen und deprimiert verabschiedete ich mich von Monique. Der Olympiafilm wurde dann ohne meine Anwesenheit gezeigt. Der Silberteller, den mir Samaranch, der IOC-Präsident, mit gravierter Widmung später schickte, war kein Trost.

Eines wußte ich nun: Ich mußte dieses Buch schreiben.

Meldebogen

auf Grund des Gesetzes zur Befreiung vom Nationalsozialismus und Militarismus vom März 1947

Deutlich und lesbar ausfüllen (Druckbuchstaben)! Dick umrahmtes nicht ausfüllen! √ VI
Jede Frage ist zu beantworten!

Zuname __Riefenstahl__   Vorname __Leni__

Berufe und Tätigkeiten (¹) __Filmschauspielerin, Filmregisseurin, Geschäftsführerin__

Wohnort __Königsfeld/Schwarzwald__   Straße __Friedrichstrasse 24__

Geburtsdatum __22.8.02__ Geburtsort __Berlin__   Familienstand, ledig/verheiratet/verwitwet/geschieden

Wohnorte seit 1933:   Zahl und Alter der Kinder __keine__

a) __Berlin__	von __1902__	bis __1943__
b) __Kitzbühel/Tirol__	von __1943__	bis __1946__
c) __Königsfeld/Schwarzwald__	von __1946__	bis __jetzt__

1.	Waren Sie jemals Angehöriger, Anwärter, Mitglied, förderndes Mitglied der:	Ja oder Nein	Höchster Mitgliedsbeitrag monatlich RM	von	bis	Mitglieds-Nr.	Höchster Rang oder höchstes bekleidetes Amt oder Tätigkeit, auch vertretungsweise oder ehrenhalber — Bezeichnung — von — bis	Klasse
a	NSDAP.	nein						
b	Allg. SS.	nein						
c	Waffen-SS.	nein						
d	Gestapo	nein						
e	SD. der SS. (Sicherheitsd.*)	nein						
f	Geheime Feldpolizei	nein						
g	SA. und SA.-Reserve	nein						
h	NSKK. (NS-Kraftf.-K.)	nein						
i	NSFK. (NS-Flieger-K.)	nein						
k	NSF. (NS-Frauenschaft)	nein						
l	NSDStB. (NS-Studentb.)	nein						
m	NSDoB. (NS-Dozentenb.)	nein						
n	HJ.	nein						
o	BdM.	nein						

*) Hier ist auch nebenamtliche Mitarbeit, z. B. Vertrauensmann aufzuführen

2.	Gehörten Sie außer Ziffer 1 einer Naziorganisation gemäß Anhang zu Gesetz an? *	nein			Höchster Rang oder höchstes bekleidetes Amt oder Tätigkeit, auch vertretungsweise oder ehrenhalber		
	Bezeichnung		von	bis	Bezeichnung	von	bis
a	NSV.						
b	Deutsche-Christen- oder Glaubensbewegung						
c							
d							
e							
f							
g							
h							
i							

* Es ist jedem kriegerpflichtet aber auch die Zugehörigkeit zu anderen Organisationen nachzuweisen.

3. Waren Sie Träger von Parteiauszeichnungen (Parteiorden), Empfänger von Ehrensold oder sonstiger Parteibegünstigungen? __nein__
Welcher?

4. Hatten Sie irgendwann Vorteile durch Ihre Mitgliedschaft bei einer Naziorganisation (z. B. durch Zuschüsse, durch Sonderzuteil. der Wirtschaftsgr., Beförderungen, UK-Stellung u. ä.)? __nein__

5. Machten Sie jemals finanzielle Zuwendungen an die NSDAP. oder eine sonstige Naziorg.? __nein__
an welche - - - - - - - - - in welchen Jahren: - - - - - - - - insgesamt RM - - - -

(¹) Alle Berufe, Tätigkeiten oder Ämter sind aufzuführen. Hauptberuf (oder Haupttätigkeit) ist zu unterstreichen.

6. Zugehörigkeit zur Wehrmacht, Polizeiformationen, RAD., OT., Transportgruppe Speer u. ä.

Genaue Bezeichnung der Formation	Höchster erreichter Rang	ab wann	Klasse
a	- - - - - - - -	- - - -	
b	- - - - - - - -	- - - -	
c	- - - - - - - -	- - - -	

a) Waren Sie NS-Führungsoffizier (auch wenn nicht bestätigt)? nein von - - - bis - - -
b) Waren Sie Generalstabsoffizier? nein Rang - - - von - - - bis - - -

7.	In welchen Organisationen (Wirtschaft, Wohlfahrt) bekleideten Sie ein Haupt-, Neben- oder Ehrenamt? Bezeichnung	von	bis	Höchster Rang oder höchstes bekleidetes Amt oder Tätigkeit, auch vertretungsweise oder ehrenhalber Bezeichnung	von	bis	—
a	- - - - -	-	-	- - - - -	-	-	
b	- - - - -	-	-	- - - - -	-	-	
c	- - - - -	-	-	- - - - -	-	-	
d	- - - - -	-	-	- - - - -	-	-	
e	- - - - -	-	-	- - - - -	-	-	

8. Angaben über Ihre Haupttätigkeit, Einkommen und Vermögen seit 1932

Zeit	Jahr	Waren Sie selbständig oder Arbeitnehmer?	Falls selbständig Zahl der Beschäftigten	Stellung oder Dienstbezeichnung als Arbeiter, Handwerker, Angestellter, Beamter, Vorstand, Gesellschafter, Aufsichtsrat, Unternehmer, freier Beruf etc.	Firma des Arbeitgebers oder eigene Firma bzw. Berufsbezeichnung mit Anschrift	Steuerpflichtiges Gesamt-Einkommen des betroffenen RM	Steuerpflichtiges Vermögen des Betroffenen RM	—
a	1932	selbstständg	18	freier Beruf Riefenstahl-				
b	1933	"	6	Gesellschafter Film G.m.b.H				
c	1934	"	12	u.Unternehmer -				
d	1935	"	13	"				
e	1936	"	23	"				
f	1937	"	23	"				
g	1938	"	23	"				
h	1939	"	16	"				
i	1940	"	17	"				
k	1941	"	17	"				
l	1942	"	15	"				
m	1943	"	19	"				
n	1944	"	20	"				
o	1945	"	19	"				
p	1946	"	14	"				

9. Haben Sie Unternehmen oder Betriebe betreut oder kontrolliert? ja
Welche? meine eigene "Riefenstahlfilm" G.m.b.H. als Geschäftsführerin

10. Wurden Ihnen vom Staat, Partei, Wirtschaft oder anderen Organisationen bisher nicht aufgeführte Titel, Dienstränge oder -bezeichnungen verliehen? nein
Welche? -

11. Läuft oder lief für Sie bereits ein Prüfungsverfahren? ja Akt. Zeichen? APO 758
Wo? Justizrat Haupt Mit welchem Ergebnis? UNBELASTET

12. Ist Ihre Beschäftigung von der Militärregierung schriftlich genehmigt?
Vorläufig? Endgültig? ? Ist Ihre Beschäftigung von der Militärregierung abgelehnt?
Durch welche örtl. Militärregierung und wann wurde Ihre Beschäftigung genehmigt oder abgelehnt? 1945/1946
in Österreich genehmigt durch die franz.Militärregierung in Österreich
(Anlage) nach Spatilierung noch keine Neuzulassung.
Ich versichere die Richtigkeit und Vollständigkeit der von mir gemachten Angaben.
Falsche oder irreführende oder unvollständige Angaben werden gemäß Art. 41 des Gesetzes zur politischen Befreiung vom Nationalsozialismus und Militarismus mit Gefängnis oder mit Geldstrafe bestraft.

13. Bemerkungen habe ich nach bestem Wissen und Gewissen aus dem Gedächnis gemacht. Genaue Angaben können von mir z.Zt. nicht gemacht werden, da die Unterlagen sich noch in Tirol befinden. Ferner alle meine Geld- und Steuerangelegenheiten von meiner früheren Kretaria, Frl.Gick, Berlin-Dahlem, Haide.stadt.str.175 erledigt wurden.
Unterschrift:

Datum Name Vorname
Königsfeld/Schwarzwald, den 26.11.47 *Leni Riefenstahl*

Buchdruckerei Möre & Singler

In der «Französischen Besatzungszone» war dieser «Fragebogen» in der vorliegenden Form gebräuchlich. Angaben über Einkommen und Vermögen sind persönliche Angelegenheit der Befragten.

Nachbemerkung

Bevor ich mein Manuskript abschloß, bat ich Freunde, mich auf mögliche Unklarheiten meiner Darstellung oder Fehler aufmerksam zu machen. So erfuhr ich, daß manche verwundert waren, daß ich genaue Daten vieler Vorgänge genannt, vor allem aber Äußerungen von Hitler, Goebbels und einigen anderen wörtlich wiedergegeben hatte. Man riet mir, auf solche direkten Zitate zu verzichten, da ich doch keine Unterlagen über deren Wortlaut mehr besitze. Ich habe über diesen Einwand nachgedacht, bin aber zu der Überzeugung gekommen, daß ich so schreiben mußte. Gleichwohl haben diese Ratschläge mich veranlaßt, den Lesern, die sich ähnliche Überlegungen machen könnten, zu erklären, weshalb ich zu dieser wörtlichen Wiedergabe imstande war.

Hitler hat mein Schicksal so sehr geprägt, daß ich noch jedes Wort aus Gesprächen mit ihm oder den wichtigsten Leuten seiner Umgebung in Erinnerung habe. Wie oft hatte ich Mitarbeitern und Freunden von diesen Begegnungen berichtet, wie viele Male mußte ich nach dem Krieg vor amerikanischen und französischen Behörden, militärischen wie zivilen, in den immer wieder von neuem angestellten Verhören während meiner jahrelangen Gefangenschaft jene Gespräche wiederholen.

Die meisten dieser Vernehmungen sind protokolliert und von mir signiert worden. Wie könnte ich heute etwas anderes berichten als damals? Schon um mich davor zu schützen, daß plötzlich aus Archiven in Washington oder Paris von mir unterzeichnete Protokolle auftauchen, die meine Gespräche mit Hitler in wörtlicher Rede festgehalten haben, mußte ich bei meinen früheren detaillierten Aussagen bleiben.

Wie ein Film sind die Erlebnisse jener Jahre unzählige Male vor meinen Augen wieder abgelaufen – und bis auf den heutigen Tag werde ich mit der Vergangenheit konfrontiert. Hinzu kommt, daß ich schon in jüngeren Jahren fast täglich Tagebuch geführt habe. Unersetzliche Aufzeichnungen und Dokumente wurden mir nach dem Krieg abgenommen oder gingen verloren. Die Franzosen haben mir in den fünfziger Jahren eine Reihe solcher Dokumente und auch Korrespondenz-Ordner zurückgegeben, die jahrelang in Paris beschlagnahmt waren. So konnte ich mit Hilfe meiner Freunde, von denen viele noch Zeugen meiner Darstellung sind und die alles sammeln, was irgendwo in der Welt über mich publiziert wird, wieder ein umfangreiches Archiv aufbauen, ohne das ich meine Lebenserinnerungen nie hätte schreiben können.

Meine Absicht war, vorgefaßten Meinungen zu begegnen und Mißverständnisse zu klären. Diese Arbeit am Manuskript hat mich fünf Jahre beschäftigt und ist mir nicht leichtgefallen, da nur ich selbst diese Erinnerungen schreiben konnte. Es wurde kein fröhliches Buch.

Juli 1987   *Leni Riefenstahl*

REGISTER

Baumbach, von, Kunstsammler 22
Bayer, Alexander 470f.
Bayer, Erich 167
Bayer, Oskar A. 578ff.
Beard, Peter 820
Becce, Guiseppe 137, 504
Bechtle, Richard 737, 771f.
Beckmann, Max 293
Beethoven, Ludwig van 22, 60, 87, 333
Beinhardt, Karl 460f., 487
Belmonte, Juan 391
Belveal, Dee 816ff.
Belveal, Happy 816ff.
Benitz, Albert 86, 116, 366, 380
Berber, Anita 33
Bergmann, Ingrid 529
Bergner, Elisabeth 105f., 194, 197
Berlioux, Monique 789, 909f.
Berndt, Alfred Ingemar 278
Bernhard, Prinz der Niederlande 622, 624
Berry, Ellen 784
Berry, Peter Robert 783
Berson, Arnold 712
Berton, Henri-Montan 139
Bethouart, franz. General 428, 433f.
Bielesch, Erich 904
Biennevenida, Antonio 391
Bier, August 72
Billinger, Richard 355
Bishara, Basili 720f.
Bishop, Barry 684
Bittorf, Wilhelm 869
Blanc, Baronesse Myrjan 495f., 498ff.
Blank, Hans 588
Blask, Erwin 269, 280
Block, Siegfried 843, 856, 890, 905
Boele, Klaus 769
Bogner, Maria 482, 520
Bogner, Willi 482, 520
Bollschweiler, Jakob Friedrich 291f.,
    286f., 549
Bonard, Abel 333
Bormann, Albert 309, 312

Bormann, Martin 309, 390, 418
Bouhler, Philipp 416
Brandler, Inge 733, 738, 772, 808, 843,
    856, 868
Brando, Marlon 813
Braumann, Randolph 775f.
Braun, Eva 251, 312, 403, 417, 448f., 454f.,
    459ff., 851
Braun, Harald 408
Breidenbach, Janet 816, 818
Brown, Alice 712
Brownlow, Kevin 99, 480, 717
Brückner, Wilhelm 156ff., 160, 179f.,
    185f., 196, 201, 204f., 221, 228, 280, 415
Brüning, Wolfgang 227
Bruhn, Erik 590
Brundage, Avery 325, 477, 585, 709, 789,
    792
Bryon, Großwildjäger 560f.
Buchholz, Horst 905
Buchholz, Karl 144
Büchner, Georg 357
Buñuel, Luis 136, 534, 713
Busch, Paula 441
Busoni, Ferruccio 22
Buxton, Tim 855

Callas (eigtl. Calogeropoulos), Maria 500
Camble, Alwyne 590, 610
Cameron, David 784
Campello, Olympia-Reiter 1936 276
Card, James 683, 713, 813, 815
Cardin, Pierre 852
Carné, Marcel 319
Caveng, Rico 899, 903f.
Cayatte, André 535
Cerruti, Vittorio 235
Cézanne, Paul 60
Chamberlain, Neville 322
Chaplin, Charlie 118, 136, 150, 265, 713,
    754
Chase, Edward T. 898f.
Chodorov, Stephan 792, 820

Elwenspoek, Anne 671
Engel, Rolf 627, 630, 637, 640, 642, 669f.
Engelberth, Rudolf 589
England, Regisseur 319
Erhard, Ludwig 520
Eriksen, Stein 520
Erikson, Marius 520
Ertl, Hans 166f., 170f., 175f., 198, 245,
    252, 258, 267, 280, 454
Esterházy, Agnes Gräfin von 122
Eysoldt, Gertrud 339, 437

Faghir, Mohamed Abbas 752
Fairbanks, Douglas 136, 150
Fanck, Arnold 69, 71–90, 92f., 95–98,
    103–116, 118, 122f., 125–129, 131–135,
    137f., 140f., 145, 149f., 153, 155f., 160,
    163, 165–170, 172, 174ff., 178, 182, 193,
    195, 198, 202, 206, 216, 230, 237f.,
    240f., 294, 312, 342, 355, 361f., 390, 393,
    435, 455, 471, 490, 607, 850
Fangauf, Eberhard 206
Faris, James 828, 830, 877, 881
Fassbinder, Rainer Werner 903
Faulkner, Douglas 858
Faust, Richard 615
Fehling, Jürgen 340f.
Fellini, Federico 136, 513, 535
Féral, Roger 287
Fest, Joachim 787, 789
Fichte, Johann Gottlieb 198
Fichtner, Rudolf 274, 360, 380, 471, 868
Figl, Leopold 517, 531
Flaherty, Robert 218
Flickenschildt, Elisabeth 291, 342
Ford, Charles 608, 717, 852
Ford, Henry 325
Forst, Willy 357, 399
Fourré-Cormeray, M. 487
Fox-Pitt, T. 546
Frank, Karl Heimann 778f.
Franz Joseph I., Kaiser von
    Österreich 673

Frauenfeld, Alfred von 415
Freddi, Luigi 529
Frenckell, Eric Baron von 478
Frentz, Walter 206, 223, 245, 258, 268,
    344, 454f
Frick, Wilhelm 286
Friedrich II., der Große 367, 533f., 540
Frings, Joseph 155
Fritsch, Willy 115
Froitzheim, Otto 33, 39, 56–59, 66, 68f.,
    74, 83, 109
Fromm, Gerhard 693–696, 702f.
Fruchtman, Milton 683, 704
Führer, Beni 114, 132
Funk, Walter 770
Furtwängler, Wilhelm 291, 306

Gabicke, Nuba-Masakin 662, 756f., 880
Gadalla, Gubara 631
Gaede, L. R.s Toncutter 230
Gaede, Renata 489, 492, 498
Galland, Adolf 407
Gamal, L. R.s Fahrer im Sudan 876, 880
Gance, Abel 99, 224
Garbo, Greta 125, 136
Gardner, Lee 683
Gardner, Robert 682, 686, 691, 704, 735,
    737
Garnett, Tay 193
Garrett, Bill 848, 852f., 855
Geffen, Sidney 820
George, Heinrich 217ff.
George, Manfred 150, 153, 157, 189, 194,
    196, 416, 478, 480, 526, 604
Georgi, Yvonne 59
Gert, Valesca 54, 60, 62
Geyer, Karl 226, 703
Gillhausen, Rolf 774ff., 810, 844, 851, 853,
    869f., 875
Giono, Jean 489
Girard, François 428 ff.
Gish, Lilian 136
Gladitz, Nina 472f., 475f.

Nagy, Andreas von 547, 551, 773
Naju, Nuba-Masakin 698
Nan, Shoryu 271
Nannen, Henri 293, 513, 678, 775f., 875
Napi, Nuba-Masakin 653, 655ff.
Napoleon I. 367
Nasser, Gamal Abd el 689
Natu, Nuba-Masakin 653, 655, 660–663,
    692, 698, 700, 724–731, 735, 752,
    760f., 799, 801, 803f., 880
Nears, Colin 787
Negri, Pola 33
Nielsen, Asta 125, 136
Nietzsche, Friedrich Wilhelm 77, 188, 249
Nimeiri, Gaafar Mohamed 765, 810,
    823f., 870f., 876, 882
Nischwitz, Theo 588
Nishida, Shuhei 272, 889
Nithak-Stahn, ev. Pfarrer 26
Noldan, Sven 232
Nolde, Emil 60, 293
Nordhoff, Heinrich 679
Notti, Nuba-Masakin 760
Nua, Nuba-Masakin 724
Nurmi, Paavo 317, 886
Nuschka, Maler 48

Obermaier, Familie 478
Oe, Sueo 272
Offermann, Claus 856
Offermann, Karin 856
Ogi, Masahiro 886, 889
Ohwada, Mitsuaki 897
Okajima, Koichi 890
Ono, Kenji 885–889
Opel, Fritz von 299ff.
Opel, Georg von 709
Opel, Margot von 277, 300f., 340
Opitz, Carl 768
Oppler, Ernst 56
Orff, Carl 496
Orska, Maria 106
Osman, Abdullahi Mohamed 824

Osman Nasr Osman, Colonel 645, 647,
    649, 652, 665
Osman, O. H. 749f.
Ostler, Hans 244, 477
Ott, Max 244
Owens, Jesse 268, 270f., 313, 601, 790
Owens, Peter 782

Paal, Arzt 904
Pabst, G. W. 99, 107, 109ff., 123f., 140,
    357f, 369f., 386, 399, 513
Pallenberg, Max 106
Palucca, Gret 59
Panone, Alfredo 488ff., 492, 494, 498
Parisch, Guido von 254
Parry, Lee 51f.
Pawlinin, Helge 532, 546, 559–566, 571,
    574ff., 580, 679, 712
Pawlowa, Anna 64, 67, 106, 308
Pechstein, Max 60
Pence, Bill 813
Pence, Stella 814
Peters, Christa 743
Peters, Erna 209, 226f., 230, 276, 281,
    380, 486, 714
Petersen, Ernst 81, 110
Petitjean, Jean 440, 445, 448
Pfeifer, Friedl 247
Pfnür, Hans 252
Piaz, Tita 321, 710
Picasso, Pablo 807, 835
Pick, Lupu 99
Pietri, franz. Marineminister und
    Botschafter 585
Pilsudski, Josef 349, 353
Piscator, Erwin 124
Plaetschke, Hannes 730, 736
Plaetschke, Ruth 736f.
Plehn, Herbert 195
Ploberger, Isabella 364, 399
Pommer, Erich 65, 118, 121, 189, 194
Poncet, Louis François 552f.
Porten, Henny 136

Ruttmann, Walter 100f., 203, 217f., 220f., 223, 230

Sachs, Ernst 780
Sadig, sudan. Arzt in Kau 877, 879
Salat, R. 527
Salminen, Ilmari 886
Samaranch, Antonio 910
Sandner, Heli 677
Sayn-Wittgenstein, Marianne Fürstin 784
Schaad, Rudi 230, 259
Schacht, Roland 93, 95, 470
Schäfer, Robert 796, 810, 890, 899
Schaub, Julius 158f., 179f., 196, 204, 249, 255, 304f., 395, 415, 417
Schaub, Wilma 251, 402f., 405
Schaumburg-Lippe, Friedrich Christian Prinz zu 325
Scheib, Hans 258
Schikowski, John 62
Schilgen, Fritz 886
Schille, Peter 876, 878ff., 890
Schindler, Fritz 865
Schindler, Marc 906
Schirach, Baldur von 406
Schleicher, Kurt von 185
Schließler, Martin 468
Schmidt, Otto 31f.
Schneeberger, Gisela 406–411, 423, 434, 503
Schneeberger, Hans 80f., 83–86, 89, 95, 100, 103, 105, 108f., 111, 113, 115ff., 121, 123, 128, 133, 135, 139, 143, 148, 166f., 171, 219, 312, 363, 408–411, 503, 505f.
Schneefloh s. Schneeberger, Hans
Schneider, Hannes 81, 90, 140, 191, 520
Schneider, Herta 455
Schörner, Ferdinand 385, 395
Schopenhauer, Arthur 249
Schreck, Julius 157
Schrieck, Franz 167
Schröder, Dorothy 847f.
Schröter, Heinz 510

Schubert, Beisitzer der Berliner Spruchkammer 510
Schubert, Franz 60, 65, 93
Schütz, Klaus 786
Schultz, Johannes H. 379f.
Schultz, John 859
Schulz, Sigi 302
Schulze, Heinz A. 300
Schulze-Wilde, Harry 508, 669
Schwarz, Franz Xaver 491
Schwarz, Wolf 524, 811
Schweitzer, Albert 442, 711, 754
Schwerin, Hermann 248, 505f., 678
Schwiers, Ellen 533
Scorsese, Martin 849
Seelos, Toni 215, 246
Segantini, Giovanni 142
Sellers, Peter 599
Servaes, Dagny 95
Servaes, Franz 93
Shaddad, Mubarak 751, 762
Shakespeare, William 333
Shaw, George Bernard 105
Sheehan, Film-Producer, Hollywood 328
Sietas, Erwin 886
Siopaes, Eugen 493
Six, George 551, 553–567, 571–574, 576–580
Six, Sally 557
Skoronell, Vera 59
Slezak, Gretl 181
Slezak, Leo 181
Smith, Godfrey 716
Smith, Mary 852, 854f.
Söhnges, Wilhelm 811
Sokal, Harry 50f., 61, 65ff., 79f., 82f., 95f., 106f., 111, 115f., 122–125, 140, 145, 149, 189, 194f., 480f., 484, 506
Solomon, Jeanne 895
Sommerlath, Uli 687, 691ff., 743f., 905
Son, Kitei 271, 887
Sontag, Susan 850, 854, 869
Sorge, Ernst 154, 163, 171ff., 620

Veidt, Conrad 95, 136

Velázquez (eigtl. Diego Rodriguez de Silva y Velázquez) 536

Victoria, Königin von Großbritannien und Irland 672

Vidor, King 324

Viernstein, Karl 903

Vietinghoff, Ursula von 578f.

Viseur, Raimund le 904, 909

Vita, Olinto de 502

Vogel, Ady 482, 671, 681, 737, 772

Vogel, Diana 681

Voigtmann, Herwarth 901ff.

Voll, Kurt 441

Vollmoeller, Karl 52ff., 64, 202, 319

Voltaire (eigtl. François-Marie Arouet) 534, 540

Wäscher, Aribert 358

Wagner, Richard 159, 319

Wagner, Robert 184

Wagner, Winifried 857

Waldmann, Bernt 476

Waldner, Francesco 498–501

Walters, James 602

Warhol, Andy 820f.

Weber, Hans 460, 532, 606ff., 678, 691, 768ff., 782

Wegener, Paul 95

Weidemann, Hans 252, 257, 280

Weigel, Hermann 785

Weinberg, von, Rennstallbesitzer 31f.

Weiser, Grete 505

Weissenberger, H. 703

Weistroffer, Rudi 689ff., 702, 711, 717, 719, 730, 750, 762, 766

Weistroffer, Ursula 689ff., 702, 711, 717, 719, 730, 741, 750, 752f., 766

Welczek, Johannes Graf von 288, 333

Wernicke, Rolf 298

Wessel, Horst 197

Westrich, Norbert 581f., 618

Whitehead, Emmy 330, 624f.

Wiechert, Ernst 514

Wiedemann, Fritz 324

Wieman, Mathias 139, 146ff., 358

Wiesenthal, Grete 61

Wiesinger, Paula 345

Wigman, Mary 54, 59, 62

Wilder, Billy 534

Will, Beisitzer der Berliner Spruchkammer 510

Williams, Tennessee 512

Windt, Herbert 213, 231, 298, 306, 339, 524, 586, 713

Wingate, H. H. 604, 610

Winkler, Max 491, 678

Winter, Anni 249, 253, 366, 369

Winter, Rolf 875

Wisbar, Frank 195, 201, 355

Wolf, Johanna 415, 417f.

Wolf, Peter 819

Wolfe, Thomas 787

Wolff, Karl 398

Wolper, David 790

Wong, Anna May 124

Würstlin, K. 706

Würtele, Ernst 503, 509, 522, 524

Wulffen, Kay Dietrich 866

Zabala, Juan Carlos 271

Zavattini, Cesare 506

Zeltwanger, Walter 717, 743, 843

Zenker, Herbert 904

Ziegler, Adolf 293

Zielke, Willy 242f., 245, 258, 273ff., 281ff., 407, 429, 584

Ziessau, Bert 905

Ziessau, Peggy 905

Zille, Heinrich 77

Zinnemann, Fred 535

Zöhrer, Direktor der «International» 526

Zogg, David 114, 125, 166, 170f., 175f.

Zola, Emile 55, 301

Zuckmayer, Carl 118, 120, 374